Mixed Martial Arts

Ein umfassender Leitfaden über das Boxen, brasilianisches Jiu-Jitsu, Muay Thai, Ringen, Karate, Taekwondo, Kung Fu, Judo, Sambo und Capoeira für MMA-Meister

© Copyright 2025

Alle Rechte vorbehalten. Kein Teil dieses Buches darf in irgendeiner Form ohne schriftliche Genehmigung des Autors reproduziert werden. Rezensenten dürfen in Besprechungen kurze Textpassagen zitieren.

Haftungsausschluss: Kein Teil dieser Publikation darf ohne die schriftliche Erlaubnis des Verlags reproduziert oder in irgendeiner Form übertragen werden, sei es auf mechanischem oder elektronischem Wege, einschließlich Fotokopie oder Tonaufnahme oder in einem Informationsspeicher oder Datenspeicher oder durch E-Mail.

Obwohl alle Anstrengungen unternommen wurden, die in diesem Werk enthaltenen Informationen zu verifizieren, übernehmen weder der Autor noch der Verlag Verantwortung für etwaige Fehler, Auslassungen oder gegenteilige Auslegungen des Themas.

Dieses Buch dient der Unterhaltung. Die geäußerte Meinung ist ausschließlich die des Autors und sollte nicht als Ausdruck von fachlicher Anweisung oder Anordnung verstanden werden. Der Leser / die Leserin ist selbst für seine / ihre Handlungen verantwortlich.

Die Einhaltung aller anwendbaren Gesetze und Regelungen, einschließlich internationaler, Bundes-, Staats- und lokaler Rechtsprechung, die Geschäftspraktiken, Werbung und alle übrigen Aspekte des Geschäftsbetriebs in den USA, Kanada, dem Vereinigten Königreich regeln oder jeglicher anderer Jurisdiktion obliegt ausschließlich dem Käufer oder Leser.

Weder der Autor noch der Verlag übernimmt Verantwortung oder Haftung oder sonst etwas im Namen des Käufers oder Lesers dieser Materialien. Jegliche Kränkung einer Einzelperson oder Organisation ist unbeabsichtigt.

Inhaltsverzeichnis

TEIL 1: BOXSPORT 1
   EINLEITUNG 3
   KAPITEL 1: DIE ANFÄNGE 4
   KAPITEL 2: ERSTE SCHRITTE BEIM BOXEN I: REGELN UND KAMPFSTILE 11
   KAPITEL 3: EINSTIEG IN DEN BOXSPORT II: AUSRÜSTUNG UND KONDITION 19
   KAPITEL 4: HALTUNG, FOKUS UND BEINARBEIT 29
   KAPITEL 5: SCHLÄGE UND GEGENSCHLÄGE 39
   KAPITEL 6: VERTEIDIGUNGSSTRATEGIEN UND TIPPS 50
   KAPITEL 7: 13 PROFI-KOMBINATIONEN, DIE SIE NOCH NICHT KANNTEN 57
   KAPITEL 8: „PEEK-A-BOO": SPARRINGGEHEIMNISSE VON PROFIBOXERN 66
   KAPITEL 9: TRAINING MIT DEM SCHWEREN BOXSACK 72
   KAPITEL 10: ZWANZIG HÄUFIGE FEHLER, DIE SIE VERMEIDEN SOLLTEN (EGAL OB SIE EIN ANFÄNGER SIND ODER NICHT) 78
   FAZIT 83
TEIL 2: BRASILIANISCHES JIU-JITSU 85
   EINLEITUNG 87
   KAPITEL 1: WAS IST BRASILIANISCHES JIU-JITSU? 88
   KAPITEL 2: WISSENSWERTES FÜR ALLE, DIE SICH MIT BRASILIANISCHEM JIU-JITSU BESCHÄFTIGEN 93
   KAPITEL 3: DIE GRUNDLAGEN DES GRAPPLINGS IM BRASILIANISCHEN JIU-JITSU: WIE MAN SICH IM KAMPF NICHT SCHIKANIEREN LÄSST 103
   KAPITEL 4: DAS GESETZ VON AKTION UND REAKTION 108
   KAPITEL 5: VERTEIDIGUNG GEGEN ANGRIFFE: DIE KUNST DER UMKEHRUNG 112
   KAPITEL 6: GUARD-POSITIONEN: WARUM IST ES SO WICHTIG, SIE ZU KENNEN? 116
   KAPITEL 7: DIE KUNST DES TAKEDOWNS 130
   KAPITEL 8: DIE KUNST DER SUBMISSION 134
   KAPITEL 9: KOMBINIERE DAS GELERNTE: FORTGESCHRITTENE TECHNIKEN 144
   KAPITEL 10: GEWICHTSDRUCK UND ENERGIEKONTROLLE 148
   KAPITEL 11: BRASILIANISCHES JIU-JITSU UND JAPANISCHES JIU-JITSU IM VERGLEICH 152
   KAPITEL 12: TÄGLICHE ÜBUNGEN IM BRASILIANISCHEN JIU-JITSU 156
   FAZIT 159

TEIL 3: MUAY THAI 161
   EINFÜHRUNG 163
   KAPITEL 1: REGELN UND PHILOSOPHIE VON MUAY THAI 164
   KAPITEL 2: AUSGANGSPUNKT IST DIE HALTUNG 171
   KAPITEL 3: CHOK: SCHLAGTECHNIKEN 177
   KAPITEL 4: SOK: ELLBOGENTECHNIKEN 185
   KAPITEL 5: TI KHAO: KNIETECHNIKEN 192
   KAPITEL 6: TRITTE: TRITTTECHNIKEN 199
   KAPITEL 7: TEEP: FUßTECHNIKEN 208
   KAPITEL 8: CHAP KHO: CLINCH- UND NACKENRINGTECHNIKEN 214
   KAPITEL 9: KOMBINATIONSTECHNIKEN 219
   KAPITEL 10: VERTEIDIGUNGSTIPPS UND -TECHNIKEN 223
   KAPITEL 11: SPARRING WIE EIN MEISTER 227
   KAPITEL 12: MUAY THAI IM VERGLEICH ZUM NIEDERLÄNDISCHEN KICKBOXEN 232
   KAPITEL 13: TÄGLICHE TRAININGSÜBUNGEN 239
   SCHLUSSFOLGERUNG 246

TEIL 4: RINGEN 247
   EINFÜHRUNG 249
   KAPITEL 1: WARUM SOLLTE ICH MICH FÜR DAS RINGEN ENTSCHEIDEN? 250
   KAPITEL 2: GRUNDREGELN UND FÄHIGKEITEN 257
   KAPITEL 3: KÖRPERHALTUNG UND GLEICHGEWICHT 263
   KAPITEL 4: DECKUNG DURCHDRINGEN, ANHEBEN UND ANDERE MANÖVER 271
   KAPITEL 5: ANGRIFF UND GEGENANGRIFF 280
   KAPITEL 6: WENDETECHNIKEN 289
   KAPITEL 7: ENTKOMMENSTECHNIKEN 295
   KAPITEL 8: PIN-KOMBINATIONEN 302
   KAPITEL 9: TRAINING ZU HAUSE 308
   KAPITEL 10: TRAINING UND BETREUUNG VON JUGENDLICHEN 314
   KAPITEL 11: ERFOLG IM RINGEN 320
   FAZIT 325

TEIL 5: KARATE 327
   EINLEITUNG 329
   KAPITEL 1: KARATEMENTALITÄT 330
   KAPITEL 2: KIHON I – GRUNDSTELLUNGEN UND ABWEHRTECHNIKEN 337
   KAPITEL 3: KIHON II SCHLÄGE UND TRITTE 345
   KAPITEL 4: WEIß- UND GELBGURT-KATAS UND KUMITE 353
   KAPITEL 5: ORANGE- UND GRÜNGURT-KATAS UND KUMITE 361
   KAPITEL 6: KATAS FÜR VIOLETT- UND BRAUNGURTE 369
   KAPITEL 7: KUMITE-WETTKÄMPFE FÜR BRAUNGURTE UND SCHWARZGURTE 380
   KAPITEL 8: SCHWARZGURT-KATAS I 384

KAPITEL 9: SCHWARZGURT-KATAS II 392
KAPITEL 10: GÜRTEL UND DOJO VERSTEHEN 401
KAPITEL 11: WIE SIE SICH MIT KARATE SELBST
VERTEIDIGEN KÖNNEN 407
KAPITEL 12: TÄGLICHE TRAININGSEINHEITEN 412
ZUSATZ: ÜBERSICHT ÜBER DRUCKPUNKTE UND
KARATEBEGRIFFE 415
SCHLUSSFOLGERUNG 418
TEIL 6: TAEKWONDO 419
EINLEITUNG 421
KAPITEL 1: EINE KURZE GESCHICHTE DES TAEKWONDO 422
KAPITEL 2: DIE URSPRÜNGLICHEN MEISTER DES
TAEKWONDO 426
KAPITEL 3: GRADUIERUNG UND DAS TAEKWONDO
GURTSYSTEM 428
KAPITEL 4: GRUNDLEGENDE BEWEGUNGEN IM
TAEKWONDO 431
KAPITEL 5: MEDITATION UND TAEKWONDO 441
KAPITEL 6: DIE 24 HAUPTMUSTER IM TAEKWONDO 445
KAPITEL 7: DIE FÜNF LEHREN DES TAEKWONDO 450
KAPITEL 8: TAEKWONDO HANDBEWEGUNGEN 454
KAPITEL 9: TAEKWONDO FUßBEWEGUNGEN 461
KAPITEL 10: SELBSTVERTEIDIGUNG IM TAEKWONDO 469
KAPITEL 11: DIE KUNST DES ANGRIFFSDURCHBRECHENS IM
TAEKWONDO 474
KAPITEL 12: DEHNUNG UND TRAININGSROUTINEN 479
KAPITEL 13: DIE TAEKWONDO GEWOHNHEITEN: TRAINING,
DISZIPLIN UND EINSTELLUNG 484
FAZIT 487
TEIL 7: KUNG FU 489
EINFÜHRUNG 491
KAPITEL 1: WAS IST KUNG FU? 492
KAPITEL 2: SHAOLIN KUNG FU IM VERGLEICH ZU ANDEREN
STILEN 499
KAPITEL 3: DIE 5 TIERMUSTER DES KUNG FU 505
KAPITEL 4: POSITIONEN IM KUNG FU 512
KAPITEL 5: DAS LOHAN-MUSTER 517
KAPITEL 6: CHI UND ZEN IM KUNG FU 530
KAPITEL 7: WAFFEN DES KUNG FU 537
KAPITEL 8: SCHLAGEN UND LAMA PAI KUNG FU 542
KAPITEL 9: TRITTE IM KUNG FU 547
KAPITEL 10: SELBSTVERTEIDIGUNG IM KUNG FU 557
KAPITEL 11: TÄGLICHE TRAININGSÜBUNGEN 561
FAZIT 568

TEIL 8: JUDO 569
    EINLEITUNG 571
    KAPITEL 1: JUDO-REGELN UND -PHILOSOPHIE 572
    KAPITEL 2: KATA-JUDO UND RANDORI-JUDO 577
    KAPITEL 3: JUDO-GRUNDLAGEN UND UKEMI BZW. SICHERES
    FALLEN 583
    KAPITEL 4: TE WAZA: HANDTECHNIKEN 592
    KAPITEL 5: KOSHI WAZA: HÜFTWÜRFE 595
    KAPITEL 6: ASHI WAZA: FUßTECHNIKEN 598
    KAPITEL 7: SUTEMI WAZA: OPFERTECHNIKEN 602
    KAPITEL 8: OSAE KOMI WAZA: HALTETECHNIKEN 607
    KAPITEL 9: SHIME WAZA: WÜRGETECHNIKEN 610
    KAPITEL 10: KANSETSU WAZA: GELENKHEBELTECHNIKEN 617
    KAPITEL 11: GOSHIN JUTSU KATA, DIE JUDO-
    SELBSTVERTEIDIGUNG 624
    KAPITEL 12: DIE WETTKAMPFORIENTIERTE SEITE DES JUDO 629
    KAPITEL 13: TÄGLICHE TRAININGSÜBUNGEN 634
    SCHLUSSFOLGERUNG 639
TEIL 9: SAMBO 641
    EINLEITUNG 643
    KAPITEL 1: WAS IST SAMBO? 644
    KAPITEL 2: SAMBO IM VERGLEICH ZU JUDO, JIU-JITSU UND
    RINGEN 649
    KAPITEL 3: BEVOR DU ANFÄNGST: SAMBO-GRUNDLAGEN
    UND -VORTEILE 657
    KAPITEL 4: WURFTECHNIKEN 663
    KAPITEL 5: GRIFFTECHNIKEN 671
    KAPITEL 6: SELBSTVERTEIDIGUNG IM SAMBO 678
    KAPITEL 7: OFFENSIVWÜRFE UND -SCHLÄGE 685
    KAPITEL 8: OBERKÖRPER-SUBMISSIONS 691
    KAPITEL 9: SUBMISSIONS AM UNTERKÖRPER 706
    KAPITEL 10: DIE EIGENEN SAMBO-FÄHIGKEITEN
    VERBESSERN 714
    SCHLUSSFOLGERUNG 720
TEIL 10: CAPOEIRA 721
    EINFÜHRUNG 723
    KAPITEL 1: WAS IST CAPOEIRA? 724
    KAPITEL 2: RODA, JOGO UND DAS GRADUIERUNGSSYSTEM 729
    KAPITEL 3: WARUM WIRD CAPOEIRA ALS KAMPFSPORTART
    PRAKTIZIERT? 733
    KAPITEL 4: CAPOEIRA ANGOLA VS. REGIONALES CAPOEIRA 738
    KAPITEL 5: GRUNDLEGENDE CAPOEIRA-PRINZIPIEN UND -
    BEWEGUNGEN 744
    KAPITEL 6: ANGRIFFSBEWEGUNGEN BEIM CAPOEIRA 751
    KAPITEL 7: VERTEIDIGUNGSFORMEN IM CAPOEIRA 757
    KAPITEL 8: GRUNDLEGENDE TECHNIKEN IM CAPOEIRA 765

KAPITEL 9: DIE VERBINDUNG VON CAPOEIRA MIT TANZ UND
MUSIK...773
KAPITEL 10: CAPOEIRA UND FITNESS...779
KAPITEL 11: DAS CAPOEIRA-WORKOUT 786
KAPITEL 12: VERBESSERE DEINE FÄHIGKEITEN 791
FAZIT...796
QUELLENANGABEN...797
BILDQUELLEN...813

Teil 1: Boxsport

Alles, was Sie von den Profiboxern über Training, Beinarbeit und Kampfstrategien lernen können

Einleitung

Haben Sie sich schon einmal über die eindrucksvolle Geschwindigkeit, Beweglichkeit und Technik von Profiboxern gewundert? Was wissen sie über deren Training, Beinarbeit und Kampftaktiken?

Durch stundenlanges intensives Training und jahrelange Erfahrung im Ring haben diese Spitzensportler Fähigkeiten entwickelt, die ihnen einen Wettbewerbsvorteil verschaffen. Wenn auch Sie derartige Übungen von den besten Boxern lernen, können Sie diese Fähigkeiten ebenfalls entwickeln und Ihr Trainingsniveau erheblich steigern. Dieser Leitfaden führt Sie durch die Grundlagen des Boxens, von der Beinarbeit und den Köperpositionen bis hin zu Schlägen, Verteidigungstipps und professionellen Bewegungskombinationen, damit Sie schnell auf dem Weg dazu sind, selbst zum Profiboxer zu werden.

Die spannende Geschichte des Boxens umspannt Jahrhunderte und erstreckt sich von der antiken griechischen Olympiade bis zu den heute üblichen extravaganten Live Shows. Dieser Sport hat legendäre Kämpfer, erbitterte Rivalitäten und unzählige bedeutsame Momente erlebt, die in die Geschichte eingegangen sind. Die Annalen der Boxgeschichte zeigen, wie sich dieser brutale Sport mit der Zeit entwickelt hat, von den Schlägereien mit bloßen Fäusten, die in den 1800er Jahren ausgetragen wurden, bis hin zur Erfindung der Boxhandschuhe, die den Sport weniger tödlich machten. Das Boxen ist ständig im Wandel. Schließlich handelt es sich um einen Sport, der Disziplin, Geschicklichkeit und Ausdauer von den Kämpfern verlangt, die danach streben, ihre Gegner zu überlisten und den perfekten k.o.-Schlag zu landen.

Bei einer so reichhaltigen Geschichte ist es kein Wunder, dass das Boxen auch heute noch Menschen auf der ganzen Welt fesselt. Dieser leicht verständliche Leitfaden bietet Ihnen einen Überblick über die Ursprünge des Boxens. Sobald Sie die diversen Zusammenhänge verstanden haben, können Sie zu den Techniken und Strategien übergehen, die auch von modernen Boxern verwendet werden. Sie werden dadurch wichtige Themen wie Stellungen, Deckungen, Schläge, Schrittkombinationen, Verteidigungstipps und das Training am schweren Boxsack kennenlernen. Sie erfahren außerdem, welche häufigen Fehler Sie beim Üben vermeiden sollten. Außerdem erfahren Sie Details zu hilfreichen Sparring-Geheimnissen, die sogar die Profis einsetzen und entdecken, wie Sie die Profibewegungen einsetzen können, die erfolgreiche Champions im Ring ausmachen.

Obwohl es sich beim Boxsport um eine ernste Angelegenheit handelt, müssen Sie ihn nicht zu ernst nehmen. Selbst Anfänger können viel Spaß dabei haben, die Grundlagen kennenzulernen und ihre Fähigkeiten mit diesem unglaublich lohnenden Sport weiterzuentwickeln. Alles, was es dazu braucht, sind Hingabe, harte Arbeit und die richtigen Mittel. Wenn Sie bereit dazu sind, den Sprung in die Welt des Boxens zu wagen, schnüren Sie Ihre Handschuhe fest und machen Sie sich bereit für eine aufregende Reise, die Ihre Aufmerksamkeit eine Weile fesseln wird. Dieses Buch ist ein hervorragender Anhaltspunkt, der Ihnen alles bietet, was Sie für den Anfang brauchen. Also, worauf warten Sie noch? Machen Sie sich bereit für den Ring.

Kapitel 1: Die Anfänge

Haben Sie sich je dabei erwischt, wie Sie die Boxer im Ring angefeuert und sich dabei gefragt haben, woher der Sport eigentlich stammt? Ob Sie es glauben oder nicht, das Boxen hat eine lange und ereignisreiche Geschichte, die Jahrhunderte zurückreicht. Zu Anfang waren die Boxkämpfe brutal und ohne jegliche Regeln. Die Boxer kämpften mit bloßen Knöcheln und ohne Zurückhaltung, was zu grausamen Verletzungen führte. Als der Sport jedoch immer beliebter wurde, wurden neue Gesetze erlassen, um die populären Kämpfer vor schweren Verletzungen zu schützen.

Im Laufe der Jahre hat sich das Boxen zu dem aufregenden und dynamischen Sport entwickelt, den die Menschen noch heute kennen und lieben. Lassen Sie uns also unsere Boxhandschuhe anlegen und in die Vergangenheit reisen, um mehr über die Ursprünge des Sports zu erfahren. Dieses Kapitel bietet Ihnen einen kurzen Überblick über die Geschichte und Entwicklung des Boxens, beginnend mit seinen antiken Wurzeln. Es macht Sie mit einigen der berühmtesten Boxern der Geschichte und deren bleibendem Vermächtnis vertraut. Am Ende des Kapitels werden Sie folglich besser verstehen, warum das Boxen zu einer so trendigen Sportart geworden ist.

Die faszinierenden Ursprünge des Boxens: Entdeckung der uralten Wurzeln

Das Boxen hat sich im Laufe der Jahrtausende auf unterschiedliche Weise entwickelt und zur Verbreitung von verschiedenen Stilen geführt, die heute noch von Enthusiasten praktiziert werden. Von den Gladiatoren im alten Rom bis hin zu den Faustkämpfen im 19. Jahrhundert hat das Boxen eine faszinierende Geschichte. In diesem Abschnitt erfahren Sie, wie der Sport entstanden ist und wie er sich im Laufe der Geschichte verändert hat.

Altes Ägypten und Griechenland

Antike griechische Boxer wurden auf einer Vase abgebildet. [1]

Die spektakuläre Geschichte dieses fantastischen Sports hat ihre Wurzeln in den antiken Zivilisationen von Ägypten, Griechenland und Rom. Die Griechen praktizierten das Boxen bereits im 7. Jahrhundert vor Christus. Tatsächlich wurde der Sport schnell zu einer der beliebtesten Sportarten der griechischen Kultur, mit Athleten, die an lokalen und nationalen Wettkämpfen teilnahmen. Der Sport wurde von mythischer Symbolik durchdrungen und galt als eine Allegorie für die Reise des Helden. In der altägyptischen Kunst werden Kämpfer mit bloßen Fäusten dargestellt, wie es bei einer der frühesten Formen des Boxens. Diese Kämpfe waren brutal und endeten oft tödlich, denn es gab keine Regeln, Handschuhe oder Gewichtsklassen. Stattdessen bandagierten die Kämpfer ihre Hände in Stoff oder Leder ein, was später zur Entwicklung der ersten Boxhandschuhe führte.

Boxen in Rom

Als der Sport auch im Römischen Reich eingeführt wurde, verwandelte sich das Boxen von einem Unterhaltungssport zu einem Schutzmittel - Söldner und Soldaten trugen Faustkämpfe aus, um in Form zu bleiben und ihre Kampffähigkeiten zu testen. Mit der zunehmenden Verbreitung des römischen Einflusses wurde auch das Boxen zu einem festen Bestandteil der sportlichen Wettkämpfe, die als Gladiatorenspiele bekannt wurden. Bei diesen Spielen trafen sich die mutigsten und stärksten Kämpfer aus dem ganzen Reich und große Menschenmengen versammelten sich, um diesen gefährlichen und tödlichen Sport persönlich zu sehen.

Früheste Beweise

Die frühesten Belege für das Boxen stammen aus dem alten Sumerien, um etwa 3000 v. Chr., da wir wissen, dass die Menschen dort ihre Hände zum Schutz mit Lederstreifen bandagierten. Zunächst handelte es sich um eine einfache Form des Kampfes, aber der Sport wurde im Laufe seiner Entwicklung immer strukturierter und raffinierter. Im antiken Griechenland wurde das Boxen während der Olympischen Spiele im Jahr 688 v. Chr. noch populärer, da er bei einer der prestigeträchtigsten Veranstaltungen ausgetragen wurde. Die Boxer trugen Lederhandschuhe mit Metall- oder Bleispitzen, um ihren Gegnern mehr Schaden zufügen zu können. Die Kämpfe waren brutal und endeten oft mit schweren Verletzungen oder gar dem Tod.

Transformation des Sports

Im frühen 18. Jahrhundert veränderte das Boxen England. Mit den Boxregeln von 1743, die verschiedene Gewichtsklassen festlegten, das Beißen und Hauen verboten und die Verwendung von Handschuhen standardisierten, wurde der Sport besser organisiert. Der erste anerkannte Schwergewichts-Champion war der englische Faustkämpfer James Figg, der den Sport in den frühen 1700er Jahren dominierte. Er gründete eine Boxschule, in der er junge Kämpfer ausbildete, die später ebenfalls zu Champions wurden.

Jüngste Entwicklungen

Der erste moderne Boxkampf fand 1867 zwischen John Sholto Douglas, dem Marquis von Queensbury, und John Graham Chambers, dem Gründer des Amateur Athletics Club, statt. Der Kampf folgte den Regeln des Marquis von Queensbury, die eine dreiminütige Runde, Handschuhe und eine zehnsekündige Zählung für niedergeschlagene Kämpfer vorsahen. Diese Regeln revolutionierten den Sport und machten das Boxen für die breite Masse zugänglich.

Gegenwart

Das Boxen entwickelte sich im Laufe der Zeit weiter und erreichte seine moderne Form schließlich im 18. und 19. Jahrhundert in England. Die Engländer führten weitere Innovationen ein, wie etwa verschiedene Runden, Gewichtsklassen und die traditionellen Queensberry-Regeln, die noch heute verwendet werden. Darüber hinaus wurde das Boxen besser organisiert und war nicht mehr auf einen bestimmten Stil oder eine bestimmte soziale Struktur beschränkt. Seit seinen bescheidenen Anfängen als brutaler Sport hat sich das Boxen über lange Jahre hinweg weiterentwickelt und gehört heute zu einer der beliebtesten Sportarten der Welt.

Im Laufe des 20. Jahrhunderts traten viele berühmte Kämpfer in den Ring, Kämpfer wie Muhammad Ali, Joe Frazier und George Foreman. Diese Kämpfer brachten neue Fähigkeiten, Strategien und Taktiken mit in den Sport und machten ihn weltweit unterhaltsamer und beliebter. Doch das Auftauchen von Floyd Mayweather Jr. - der als einer der besten Kämpfer aller Zeiten gilt - hat die Boxwelt für immer verändert. Seine rekordverdächtigen Gewinne und seine ungeschlagenen Erfolgsserien machten ihn zu einer Legende des Sports.

Seit seinen bescheidenen Anfängen hat sich der Boxsport erheblich weiterentwickelt. Was einst eine primitive Form des Kampfes war, ist im Laufe der Zeit zu einem hochentwickelten Sport mit strengen Regeln und Vorschriften geworden, der die Sportarena weltweit dominiert. Die ersten Boxer ebneten den Weg für die Champions von heute, die dem Sport Ruhm, Ehre und Unterhaltung gebracht haben. Der Boxsport entwickelt sich auch heute noch weiter, und die Welt kann sich auf weitere spannende Kämpfe und legendäre Kämpfer freuen.

Boxen in der Gegenwart: Ein beeindruckendes Vermächtnis

Von den ersten Kämpfen im antiken Griechenland bis in die Gegenwart handelte es sich beim Boxen stets um einen physischen und mentaler Test von Kraft, Ausdauer und Geschicklichkeit. Das Boxen in der Gegenwart hat einige der größten Athleten und unvergesslichsten Momente der Sportgeschichte hervorgebracht. Vom goldenen Zeitalter des Muhammad Ali und seiner Rivalität mit Joe Frazier bis hin zu den jüngsten Triumphen von Floyd Mayweather Jr. und Manny Pacquiao bleibt der Boxsport eine Quelle der Inspiration und der Ehrfurcht für Millionen von Fans weltweit.

Die Common Era des Boxens, auch bekannt als die *moderne Ära*, begann 1910, als der erste Schwergewichts-Champion, Jack Johnson, von Jim Jeffries in einem rassistischen und kontroversen Kampf entthront wurde. Diese Ära sah den Aufstieg von ikonischen Kämpfern wie Joe Louis, Rocky Marciano, Sugar Ray Robinson und Muhammad Ali, die ihre Divisionen dominierten und durch ihr Charisma, ihren Mut und ihren sozialen Einfluss enorme Erfolge verbuchen konnten.

Joe Louis, bekannt als „Brown Bomber", war rekordverdächtige 12 Jahre lang Schwergewichts-Champion und wurde wegen seines Sportsgeistes und Patriotismus zum Helden für schwarze und weiße Fans. Rocky Marciano, der einzige ungeschlagene Schwergewichts-Champion der Geschichte, war ein unerbittlicher und starker Kämpfer, der sich auf dem Höhepunkt seiner Karriere zurückzog, um sein Vermächtnis zu erhalten. Sugar Ray Robinson, der von vielen Experten als der größte pound-for-pound-Boxer aller Zeiten angesehen wird, verblüffte seine Gegner und Fans mit seiner Schnelligkeit, seiner Technik und seinem Showtalent.

Muhammad Ali, geboren als Cassius Clay, war eine Boxlegende, eine kulturelle Ikone und ein politischer Aktivist. Er gewann drei Schwergewichtstitel und bestritt einige der epischsten und umstrittensten Kämpfe der Geschichte, darunter sein Sieg im Jahr 1968 über Sonny Liston, 1971 sein Sieg über Joe Frazier im Kampf des Jahrhunderts und 1974 sein Rumble in the Jungle (in Zaire, Afrika) gegen George Foreman. Alis Charisma, sein Humor und seine Eloquenz machten ihn weltweit zu einer beliebten Kultfigur. Sein Widerstand gegen den Vietnamkrieg und sein Eintreten für die Bürgerrechte begeisterten Millionen von Menschen.

Während dieser Ära des Boxens gab es viele weitere große Champions und Rivalitäten, wie etwa Julio Cesar Chavez, Mike Tyson, Oscar De La Hoya, Roy Jones Jr., Lennox Lewis, Evander Holyfield, Bernard Hopkins und Manny Pacquiao. Diese Kämpfer zeichneten sich durch unterschiedliche Stile, Persönlichkeiten und Vermächtnisse aus, aber sie alle teilten die Leidenschaft für den Sport und den Wunsch, bis an ihre Grenzen zu gehen.

Heute entwickelt sich der Boxsport immer noch weiter und passt sich an neue Herausforderungen und Möglichkeiten an. Der Aufstieg von MMA (Mixed Martial Arts), das Wachstum der digitalen Medien und die Pandemie haben einen Einfluss darauf gehabt, wie der Sport gesehen und konsumiert wird, aber der Kernwert und die Spannung des Boxens sind intakt geblieben. Die aktuellen Champions und Anwärter wie Canelo Alvarez, Anthony Joshua, Terence Crawford, Gennady Golovkin, Ryan Garcia und Teofimo Lopez führen das Erbe der Größe fort, das der Boxsport seit über einem Jahrhundert pflegt.

Das Boxen in der heutigen Zeit ist nicht nur ein Sport, sondern auch ein Zeugnis menschlicher Widerstandsfähigkeit, Kreativität und Exzellenz. Die Kämpfer, die während dieser Ära in den Ring gestiegen sind, haben die Messlatte für künftige Generationen hoch gelegt und die Fans dazu inspiriert, große Träume zu haben und stets hart zu kämpfen. Ob Sie nun ein Gelegenheitszuschauer oder ein eingefleischter Fan sind, Boxen kann jedem, der eine gute Herausforderung, eine gute Geschichte und großartige Shows liebt, etwas bieten.

Im folgenden Abschnitt tauchen Sie tief in die Geschichten der Kämpfer ein, die diese Ära so besonders gemacht haben. Also, kommen Sie mit, es ist Zeit, in den Ring zu gehen.

Muhammad Ali

Muhammad Ali gilt einer der größten Boxer aller Zeiten - und das aus gutem Grund. Er gewann dreimal den Weltmeistertitel im Schwergewicht und war für seinen einzigartigen Kampfstil, seinen Humor und sein Charisma bekannt. Ali war ein blitzschneller Kämpfer, der „schwebte wie ein Schmetterling und stach wie eine Biene". Außerdem war er ein Bürgerrechtsaktivist, der ohne Rücksicht auf die Konsequenzen für seine Überzeugungen eintrat. Ali trat im Jahr 1981 vom Boxen zurück, blieb aber bis zu seinem Tod im Jahr 2016 eine Ikone des Sports und der Gesellschaft.

Bis heute gilt Muhammad Ali als einer der Größten aller Zeiten. [3]

Frühes Leben und Karriere als Boxer

Muhammad Ali wurde am 17. Januar 1942 in Louisville, Kentucky, geboren. Er trat zum ersten Mal im Alter von 12 Jahren in den Ring und erkannte kurz darauf sein Talent. Ali gewann als Amateurboxer zahlreiche Titel und gewann im Jahr 1960 sogar die olympische Goldmedaille. Kurz darauf wurde er Profi und wurde mit 22 Jahren Weltmeister im Schwergewicht. Ali war der erste Boxer, der diesen Titel im Schwergewicht dreimal gewann.

Persönlichkeit und Aktivismus

Muhammad Ali war mehr als nur ein Boxer. Er war eine charismatische Persönlichkeit mit einer natürlichen Begabung zum öffentlichen Reden. Er war schlagfertig, charmant und hatte immer einen guten Witz parat. Aber Ali war auch ein politischer und sozialer Aktivist, der für seine Überzeugungen eintrat, auch wenn es nicht der Mode der Zeit entsprach. In den 1960er Jahren weigerte er sich zum Beispiel, in die Armee eingezogen zu werden, um im Vietnamkrieg zu kämpfen, und berief sich dabei auf seine religiösen Überzeugungen, mit welchen er seine Ablehnung begründete. Diese Entscheidung kostete ihn drei Jahre seiner Boxkarriere, aber er ließ nie von seinen Ansichten ab.

Alis Philanthropie

Muhammad Ali war nicht nur ein großartiger Sportler und Aktivist, sondern auch ein Philanthrop. Er engagierte sich für zahlreiche wohltätige Organisationen und Zwecke, darunter die Make-A-Wish Foundation (die schwerkranken Menschen einen Wunsch erfüllt) und die Special Olympics (den Olympischen Spielen für Menschen mit Behinderungen). Er gründete das Muhammad Ali Center, ein Museum und Kulturzentrum in seiner Heimatstadt Louisville, Kentucky, das Respekt, Verständnis und Toleranz fördern soll. Ali war fest dazu entschlossen, der Gesellschaft etwas zurückzugeben und seinen Ruhm und Einfluss für das Gute einzusetzen.

Alis Vermächtnis

Muhammad Alis Vermächtnis steht für Exzellenz, Mut und soziale Verantwortung. Er war ein Wegbereiter in der Welt des Sports und ebnete anderen afroamerikanischen Sportlern den Weg zum Erfolg. Sein politischer und sozialer Aktivismus inspirierte eine ganze Generation, denn er trat stets für seine Überzeugungen ein, auch dann, wenn es schwierig war. Er engagierte sich auf unzählige Arten für die Gesellschaft und hinterließ dadurch einen bleibenden Eindruck in der Welt. Muhammad Alis Name wird folglich für immer mit Größe in Verbindung gebracht werden, und sein Vermächtnis wird noch über Generationen hinweg für Inspiration und Bewunderung sorgen.

Muhammad Ali war eine überlebensgroße Persönlichkeit, die einen bleibenden Eindruck in der Welt hinterlassen hat. Er war ein talentierter Sportler, ein politischer und sozialer Aktivist und ein Philanthrop. Vor allem aber war er ein großartiger Mensch, der andere dazu inspirierte, stets ihr Bestes zu geben. Das Vermächtnis und die Errungenschaften von Muhammad Ali werden noch Generationen später gefeiert werden und den Menschen in Erinnerung bleiben. Dadurch werden auch wir daran erinnert, wie viel ein einziger Mensch bewirken kann.

Mike Tyson

Mike Tyson war einer der aggressivsten und dominantesten Kämpfer in der Geschichte des Boxsports. Er wurde im Alter von 20 Jahren zum jüngsten Schwergewichts-Boxchampion und behielt diesen Titel drei Jahre lang. Tyson war bekannt für seine beeindruckende Beinarbeit, seine vernichtenden Schläge und seine einschüchternde Ausstrahlung. Er hatte eine kontroverse Karriere mit vielen persönlichen Problemen, aber Tyson bleibt trotz allem bis heute eine beliebte und einflussreiche Ikone des Boxens.

Mike Tyson wurde mit 20 Jahren zum jüngsten Schwergewichtschampion.

Karriere

Die Boxkarriere von Mike Tyson begann bereits im Teenageralter. Sein Profidebüt gab er 1985 und dominierte seine Gegner auch in der professionellen Arena schnell. Tysons Stil war hart und aggressiv, was ihm zahlreiche Siege einbrachte. Er gewann seine ersten zwanzig Kämpfe durch k.o.-Schläge und wurde so zum aufstrebenden Superstar. Tyson gewann im Jahr 1986 seinen ersten Weltmeistertitel durch einen Sieg über Trevor Berbick und wurde zum jüngsten Schwergewichts-Champion in der Geschichte des Sports.

Bemerkenswerte Siege

Tysons Stil und Erfolg im Ring zementierten sein Vermächtnis als einer der größten Boxer aller Zeiten. Er wurde wegen seiner Kraft und Beweglichkeit gefürchtet und gewann im Laufe seiner Karriere weitere Weltmeistertitel. Zu Tysons bemerkenswerten Siegen gehören unter anderem sein k.o.-Sieg über Larry Holmes, sein Sieg über Michael Spinks und sein Kampf gegen Frank Bruno, bei dem er den WBC-Titel gewann. Tyson zog sich im Jahr 2005 mit 50 Siegen, sechs Niederlagen und zwei Nichtantritten aus dem Profiboxen zurück. Seine Kraft und seine Hingabe für den Sport machten ihn zu einer Ikone und einem Vorbild für Boxer auf der ganzen Welt. Tysons Vermächtnis im Boxsport ist bis heute unbestreitbar - er gilt als einer der berüchtigtsten Boxer der Geschichte.

Tysons Persönlichkeit

Tysons Wirkung geht über den Boxring hinaus. Seine Persönlichkeit und sein Charisma machten ihn zu einer Ikone der Popkultur. Er hat in zahlreichen Filmen, Fernsehsendungen und Musikvideos mitgewirkt. Außerdem erzählt Tysons Memoir „Undisputed Truth" seine Lebensgeschichte und vermittelt dem Publikum ein besseres Verständnis von dem Mann, der sich hinter den Handschuhen verbirgt. Mike Tysons Vermächtnis und seine Leistungen als Boxer haben viele inspiriert. Seine Stärke, seine Unverwüstlichkeit und seine Hingabe an den Sport haben ihn zu einer Legende gemacht. Tysons Karriere mag von Kontroversen überschattet worden sein, aber seine Entschlossenheit, diese Herausforderungen zu überwinden, machten ihn zu einem Vorbild für Boxer auf der ganzen Welt. Er wird immer daher für immer als einer der größten Boxer aller gelten, und sein Einfluss auf den Boxsport wird nie vergessen werden.

Floyd Mayweather Jr.

Floyd Mayweather Jr., auch bekannt als „Money", ist ein amerikanischer Boxer im Ruhestand, der sich großer Bekanntheit erfreut. Er gilt als einer der größten Boxer aller Zeiten und hat im Laufe seiner Karriere unvergleichliche Erfolgen in diesem Sport erzielt. Floyd Mayweather Jr. machte sich mit seinem unschlagbaren Kampfstil, einer beeindruckenden Anzahl von Siegen und einem verschwenderischen Lebensstil außerhalb des Rings einen Namen. Darüber hinaus haben Mayweather Jr.'s Talent und seine Hingabe ihm weltweite Anerkennung eingebracht, und er wird von vielen noch heute als der beste Defensivboxer aller Zeiten gefeiert. Lassen Sie uns einen Blick auf sein Vermächtnis und seine Leistungen als Boxer werfen und verstehen, was ihn zum ungeschlagenen Champion gemacht hat.

Hintergrund und Karriere

Mayweather Jr. wurde am 24. Februar 1977 in Grand Rapids, Michigan, geboren. Er begann schon früh mit dem Training, inspiriert durch die Boxerfahrung seiner Familie. Sein Vater, sein Onkel und sein Großvater waren alle Boxer und haben ihm Disziplin, harte Arbeit und Entschlossenheit beigebracht. Die professionelle Boxkarriere von Mayweather Jr. Begann im Jahr 1996, als er seinen ersten Profikampf gegen Roberto Apodaca gewann. Danach gewann er viele weitere Titel, darunter auch den WBC-Titel im Superfedergewicht, den WBC-Titel im Leichtgewicht, den WBA-Titel im leichten Mittelgewicht, den WBC-Titel im leichten Mittelgewicht, den WBA-Titel im Superweltergewicht, den WBC-Titel im Weltergewicht, den WBA-Titel im Halbweltergewicht, den IBF-Titel im Weltergewicht und den WBO-Titel im Weltergewicht.

Bemerkenswerte Siege

Mayweather Jr. ist bekannt für seinen berühmten Kampf gegen Manny Pacquiao im Jahr 2015, der als „Kampf des Jahrhunderts" bekannt wurde. Mayweather Jr. gewann den Kampf durch eine einstimmige Entscheidung und behielt seinen ungeschlagenen Rekord. Der defensive Kampfstil von Mayweather Jr. unterscheidet ihn von anderen Boxern. Er wurde noch nie ausgeknockt oder niedergeschlagen und nutzt seine Fähigkeit, Schlägen auszuweichen und die Kontrolle im Ring zu behalten. Seine Technik hat viele junge Boxer inspiriert, und seine Hingabe zum Training ist lobenswert. Abgesehen von seinen Erfolgen im Ring ist Mayweather Jr. auch für seinen verschwenderischen Lebensstil bekannt. Er stellt oft seinen Reichtum, seine schicken Autos, Privatjets und teuren Uhren zur Schau. Seine Fans lieben ihn für seine extravagante Persönlichkeit und sein Selbstbewusstsein innerhalb und außerhalb des Rings.

Das Vermächtnis von Floyd Mayweather Jr. als Boxer wird immer unvergleichlich bleiben. Sein unschlagbarer Rekord, seine beeindruckende Titelsammlung und sein defensiver Kampfstil machen ihn zu einem der größten Boxer aller Zeiten. Mit seiner Hingabe zum Training und zur Perfektionierung seines Handwerks hat er viele junge Boxer inspiriert. Sein verschwenderischer Lebensstil außerhalb des Rings hat ihn zu einer Berühmtheit gemacht. Das Vermächtnis von Floyd Mayweather Jr. als Boxer wird die Menschen noch über Generationen hinweg inspirieren und beeindrucken.

Andere bemerkenswerte Boxer

Neben Ali und Tyson gab es viele andere legendäre Boxer der Gegenwart, darunter Sugar Ray Leonard, Julio Cesar Chavez, Oscar De La Hoya und Manny Pacquiao. Diese Männer brachten ihren einzigartigen Stil und ihre Persönlichkeit in den Ring und schufen ein Vermächtnis, das Generationen geprägt hat. Sie haben dem Boxen, dem Sport und der Gesellschaft ihren Stempel aufgedrückt und Menschen auf der ganzen Welt dazu inspiriert, den Sport anzunehmen, ihre Träume zu verfolgen und Widrigkeiten zu überwinden. Ihre Errungenschaften und Beiträge werden weiterhin gefeiert und auf verschiedene Weise untersucht, von Büchern und Dokumentationen bis hin zu Filmen und Kunst. Sie haben neue Maßstäbe für den Sport gesetzt und ihr Vermächtnis wird auch zukünftige Boxer und Athleten dazu inspirieren, nach Größe zu streben.

Boxen ist immer noch eine der beliebtesten und meistgesehenen Sportarten weltweit. Heute widmen sich viele talentierte Boxer diesem Sport und bauen ihr eigenes Vermächtnis auf. Der Einfluss von Ali, Tyson und anderen bemerkenswerten Boxern der Gegenwart hält an, da jüngere Kämpfer versuchen, ihren Stil und Erfolg nachzuahmen. Der Sport wäre nicht derselbe ohne diese großen Männer, deren Vermächtnis die Menschen auf der ganzen Welt weiterhin inspirieren und unterhalten wird.

Das Boxen ist eine zeitlose Kunst, und künftige Generationen von Kämpfern werden weiterhin von den Erfolgen der Großen lernen, die mit ihren eigenen Leistungen angefangen haben.

Dieses Kapitel behandelt die Ursprünge des Boxens, den Wandel des Sports während der Gegenwart und einige der bemerkenswertesten Boxer dieser Zeit. Von Muhammad Ali bis Floyd Mayweather, Jr. haben diese Männer den Sport auf einzigartige Weise geprägt und dem Boxsport, der Gesellschaft und der Welt einen unauslöschlichen Stempel aufgedrückt. Das Vermächtnis dieser Größen inspiriert und unterhält Menschen jeden Alters, und ihre Leistungen werden noch viele Jahre lang studiert, gefeiert und nachgeahmt werden.

Kapitel 2: Erste Schritte beim Boxen I: Regeln und Kampfstile

Möchten Sie mit dem Boxen beginnen, brauchen aber Hilfe, um herauszufinden, wo Sie anfangen sollen? Dann ist es an der Zeit, dass Sie sich rüsten und die Regeln und Kampfstile des Sports lernen.

Das Boxen dehnt nicht nur der körperlichen Fitness, sondern ist auch ein aufregender Sport zum Zuschauen und Mitmachen. Es gibt eine Vielzahl von Kampfstilen, von denen jeder seine eigenen Techniken und Strategien hat. Bevor Sie jedoch in den Ring steigen, sollten Sie die grundlegenden Regeln des Boxens, die richtige Kampfhaltung und die Art und Weise, wie man Schläge austeilt und sich verteidigt, kennenlernen.

Dieses Kapitel behandelt die allgemeinen Regeln des Boxens, das Regelwerk „Queensberry-Code of Rules for Boxing" und die verschiedenen Kampfstile. Von Schwarmboxern und „Konterschlagern" bis hin zu „Sluggern" und „Outboxern" finden Sie hier eine detaillierte Beschreibung jedes Stils, so dass Sie herausfinden können, welcher Ansatz am besten zu Ihnen passt. Die Liebe zum Boxen können Sie mit Freunden, der Familie oder Fremden teilen. Lassen Sie uns also in die Feinheiten des Boxens einsteigen und einige grundlegende Boxregeln gemeinsam erkunden.

Allgemeine Regeln des Boxens: Alles, was Sie wissen müssen

Boxen ist ein Sport, der von Millionen von Menschen auf der ganzen Welt bewundert wird. '

Das Boxen ist eine der beliebtesten Sportarten weltweit. Millionen von Fans genießen die Aufregung und den Nervenkitzel jedes Kampfes. Um das Spektakel zu genießen und die Kunst des Boxens schätzen zu lernen, ist es jedoch wichtig, die Regeln und Vorschriften ausreichend gut zu verstehen. Hier sind die allgemeinen Regeln, die Sie unbedingt kennen sollten, bevor Sie mit dem Zuschauen oder der Teilnahme an diesem Sport beginnen.

Zielsetzung

Das Hauptziel eines Boxkampfes ist es, je nach Sportart entweder durch einen k.o. Schlag oder nach Punkten zu gewinnen. Für einen k.o.-Sieg muss der Gegner so ausgeknockt werden, dass er 10 Sekunden lang nicht mehr in den Kampf zurückkehren kann, oder ein Ringrichter bricht den Kampf ab, weil der Boxer Gefahr läuft, sich ernsthaft zu verletzen oder anderweitig Schaden zu nehmen (technisches k.o.). Im Gegensatz dazu wird ein Sieg nach Punkten gegeben, wenn ein Kämpfer innerhalb der Kampfdauer mehr erfolgreiche Schläge auf den Gegner landet.

Bewertung

Die Bewertung basiert beim Boxen auf der Anzahl der erfolgreichen Schläge, die während des Kampfes gelandet werden. Außerdem bewerten die Punktrichter jeden Boxer nach seiner Fähigkeit, Schläge auf den Körper oder den Kopf des Gegners zu landen. Der Schlag muss mit dem vorderen Teil des geschlossenen Handschuhs landen, und nur Schläge, die oberhalb der Taille landen, werden berücksichtigt. Schläge unterhalb der Taille werden als Fouls gewertet, es sei denn, der Kopf des Boxers wurde auf diese Höhe gesenkt.

Fouls

Beim Boxen gibt es strenge Regeln, die festlegen, wann ein Foul vorgefallen ist. Zu den üblichen Fouls gehören das Festhalten des Gegners, Schläge unterhalb der Gürtellinie, Schläge auf den Hinterkopf und Kopfstöße. Boxer dürfen ihre Ellbogen oder andere Körperteile nicht benutzen, um den Gegner zu treffen. Außerdem dürfen Boxer ihren Gegner nicht beißen, bespucken oder ihm absichtlich Schaden zufügen.

Der Tonfall der Stimme

Ein Boxer muss beim Boxen einen respektvollen Ton und ein respektvolles Verhalten an den Tag legen. Respektloses Verhalten wie das Verspotten eines Gegners oder Beleidigungen gelten als unprofessionell und sind potenziell gefährlich. Boxer müssen die Anweisungen des Schiedsrichters befolgen und den Kampf beenden, wenn sie dazu aufgefordert werden. Die Nichtbefolgung derartiger Anweisungen kann zur Disqualifikation führen.

Schutzausrüstung

Schutzausrüstung ist sowohl für Amateur- als auch für Profiboxer unerlässlich. Die wichtigste Schutzausrüstung ist ein Mundschutz, der die Zähne und das Zahnfleisch vor Schäden schützt. Boxern wird außerdem empfohlen, Handschützer und Handschuhe zu tragen, um die Hände und Handgelenke vor Frakturen bei Schlägen zu schützen. Außerdem schützt der Kopfschutz beim Boxen den Kopf und das Gesicht vor Schnitten und Prellungen. Profiboxer tragen in der Regel nur Handschuhe und einen Mundschutz, während Amateurboxer in der Regel mehr Schutzausrüstung tragen.

Das Queensberry-Regelwerk für den Boxsport: Eine kurze Geschichte

Boxen ist ein Sport, den es schon seit der Zeit der alten Griechen gibt, der aber erst Mitte des 19. Jahrhunderts ein einheitliches Regelwerk bekommen hat. Der „Queensberry-Code of Rules for Boxing" wurde im Jahr 1867 eingeführt und läutete eine neue Ära des Boxens ein, in der Sicherheit, Fairness und Sportsgeist im Vordergrund standen. Lassen Sie uns die Ursprünge des Queensberry-Codes, seine wichtigsten Merkmale und seine Auswirkungen auf den Boxsport einmal genauer unter die Lupe nehmen.

Die Ursprünge des Queensberry-Code

Vor der Einführung des Queensberry-Code war Boxen ein brutaler und oft tödlicher Sport. Die Veranstalter ließen oft Männer mit sehr unterschiedlichen Größen gegeneinander antreten, was zu Verletzungen und manchmal sogar zum Tod führte. Die Regeln waren minimal und die Kämpfe wurden so lange fortgesetzt, bis ein Kämpfer kampfunfähig war. Dies führte schließlich zu einem öffentlichen Aufschrei und zu Forderungen nach Reformen. Im Jahr 1865 schrieb John Sholto Douglas, der 9. Marquess von Queensberry, einen Brief an die Zeitung „Sporting Life" und forderte einheitliche Regeln für den Boxsport. Zwei Jahre später wurde der Queensberry-Code veröffentlicht, der eine neue Ära des Fair Play und der Sicherheit im Boxsport einläutete.

Die wichtigsten Merkmale des Queensberry-Code

Der Queensberry-Code führte mehrere neue Regeln ein, die noch heute gelten. Erstens schrieb er die Verwendung von Handschuhen vor, um Verletzungen und Todesfälle in diesem Sport zu vermeiden. Er legte die Länge der Runden (drei Minuten), die Anzahl der Runden (bis zu 15) und die Dauer der Pausen zwischen den Runden (eine Minute) fest. Der Kodex führte das Konzept des „down and out" ein - wenn ein Kämpfer zu Boden ging und nicht innerhalb von 10 Sekunden wieder aufstehen konnte, war der Kampf vorbei. Darüber hinaus verbot der Queensberry-Code Grappling, Ringen und andere Formen des „Foulspiels".

Die Auswirkungen des Queensberry-Code

Der Queensberry-Code hatte einen unmittelbaren und tiefgreifenden Einfluss auf den Boxsport. Er machte das Boxen für die Kämpfer sicherer und für das Publikum angenehmer, was seine Popularität erhöhte. Der Kodex brachte eine neue Generation von Profiboxern hervor, die im Boxen geschult waren, anstatt sich hauptsächlich auf rohe Kraft zu verlassen. Darüber hinaus legte er den Rahmen für moderne Boxkämpfe fest, einschließlich Gewichtsklassen, Ranglisten und Meisterschaftskämpfe. Auch heute noch ist der Queensberry-Code in den meisten Ländern der Welt die Grundlage für alle Boxregeln.

Der „Queensberry-Code of Rules for Boxing" war ein Meilenstein in der Geschichte des Boxsports. Er verwandelte das Boxen von einem brutalen und oft tödlichen Spektakel in einen Sport, bei dem noch heute Geschicklichkeit, Sportsgeist und Fairness im Vordergrund stehen. Der Kodex schuf ein einheitliches Regelwerk und läutete die Ära des modernen Boxens ein, wie wir es heute kennen. Dank der Vision von John Sholto Douglas, dem 9. Marquess von Queensberry, ist das Boxen heute ein sicherer und angesehener Sport.

Verschiedene Kampfstile

Boxen ist ein Sport, der den Kämpfern Präzision, Kraft und Beweglichkeit erfordert. Bei so vielen verschiedenen Kampfstilen bringt jeder Boxer eine einzigartige Herangehensweise in den Ring, von der auffälligen Beinarbeit eines Muhammad Ali bis zu den verheerenden Aufwärtshaken eines Mike Tyson. Die Vielfalt der Boxstile sorgt jedes Mal für einen spannenden Kampf. Ganz gleich, ob ein Boxer die defensive Taktik des Gegenschlagens oder die unerbittliche Offensive des Swarmer-Stils bevorzugt, die Schönheit dieses Sports liegt in der Kreativität und Anpassungsfähigkeit jedes Kämpfers. Wer wird sich also im Ring durchsetzen? Die Antwort liegt in der einzigartigen Kombination aus Strategie und Athletik der beiden Kämpfer.

Der Swarmer-Stil: Die Kunst des Druckkampfes im Boxen

Jeder Boxstil hat seinen eigenen Charme. Beim Swarmer-Stil geht es um pausenlose Aggression und Druck. Sogenannte Schwärmer oder „Swarmer" sind bekannt für ihre unerbittliche Vorgehensweise und ihren ständigen Druck. Sie verbringen die meiste Zeit auf der Innenseite des Gegners und setzen ihn mit harten Schlägen und Kombinationen aus. Lassen Sie uns tiefer in den Swarmer-Stil eintauchen, seine Geschichte erkunden und erklären, wie er funktioniert.

Ursprünge

Der Swarmer-Boxstil verbreitete sich im frühen 20. Jahrhundert und wurde von Boxern wie Rocky Marciano und Joe Frazier populär gemacht. Der Stil zeichnet sich durch die Fähigkeit des Boxers aus, erfolgreich in die Deckung des Gegners einzudringen und schnelle, kraftvolle Schläge aus nächster Nähe zu landen. Darüber hinaus sind Swarmerboxer für ihre hohe Ausdauer und den intensiven Druck auf ihre Gegner bekannt. Sie üben konstanten und unerbittlichen Druck aus, um ihre Gegner mit der Zeit zu zermürben.

Grundlagen

Swarmerboxer sind in der Regel kleiner, haben aber einen kräftigen Körperbau und eine hohe Ausdauer. Ihre Strategie ist es, in die Deckung des Gegners einzudringen und schnell mehrere Schläge zu platzieren. So versuchen Sie, den Gegner in die Defensive zu drängen, nach vorne zu drängen und in mit Schlagkombinationen zu attackieren. Dieser Stil eignet sich hervorragend für Boxer mit einem starken Kinn, die Schläge abfangen können, da sie in der Regel recht häufig getroffen werden.

Attribute

Eine entscheidende Eigenschaft eines Swarmerboxers ist seine Beinarbeit. Seine Beine müssen schnell und wendig sein, um erfolgreich durch die Deckung des Gegners zu gelangen und sich in Schlagweite zu bringen. Swarmerboxer sind geschickt darin, Schlägen auszuweichen und sich einen Weg in die Deckung des Gegners zu bahnen. Sie brauchen jedoch ausgezeichnete Reflexe und ein Gefühl für die richtige Distanz, um effektive Schläge zu landen.

In der Popkultur

Der Swarmer-Stil wurde vor allem von Boxern wie Mike Tyson verwendet, der für seine unerbittlichen Angriffe, schnellen Schlagkombinationen und seine unglaubliche Schlagkraft bekannt ist. Tyson nutzte diesen Stil, um im Alter von 20 Jahren die Schwergewichtsmeisterschaft zu gewinnen und war damit der jüngste Schwergewichtschampion der Geschichte. Andere bemerkenswerte Boxer, die ebenfalls den Swarmer-Stil einsetzten, waren Joe Frazier, Roberto Duran und Julio Cesar Chavez.

Der Swarmer-Stil ist eine aufregende und effektive Kampfart im Boxen. Der Stil erfordert vom Kämpfer eine hohe Ausdauer, hervorragende Beinarbeit und unerbittlichen Druck auf den Gegner. Swarmerkämpfer sind bekannt für ihre Fähigkeit, in die Deckung des Gegners einzudringen und kraftvolle Schläge in schneller Folge zu landen.

Entfesseln Sie die Kraft des Outboxer-Boxstils

Boxen ist ein Kampfsport, bei dem Disziplin, Konzentration, Schnelligkeit und Strategie erforderlich sind, um Kämpfe zu gewinnen. Einer der überzeugendsten Boxstile ist der Outboxer-Stil. Dieser Stil legt den Schwerpunkt auf weitreichende Schläge, Beweglichkeit und Beinarbeit, um den Gegner auszumanövrieren. Im Folgenden finden Sie einen kurzen Überblick über den Out-Boxer-Boxstil, wie er funktioniert und warum er eine hervorragende Strategie für das Arsenal eines Boxers ist.

Der Outboxer-Stil wird oft als der „Schlagen und nicht getroffen werden"-Stil des Boxens bezeichnet. Das Hauptziel ist es dabei, eine sichere Distanz zum Gegner beizubehalten, indem man viel Beinarbeit und Beweglichkeit einsetzt und sich auf Schläge aus großer Entfernung konzentriert. Diese Taktik funktioniert nur mit schnellen Reflexen, genauem Timing und einer hervorragenden Hand-Augen-Koordination, was für jeden erfolgreichen Boxer unerlässlich ist.

Ein Boxer muss gut mit den verschiedenen Schlägen und Kombinationen vertraut sein, um die Outboxer-Taktik effektiv einzusetzen. Der sogenannte „Jab" ist ein Standardschlag, der sowohl in der Offensive als auch in der Defensive eingesetzt wird. Er hält den Gegner effektiv auf Distanz und bereitet andere Schläge vor. Der Kreuzschlag, der Haken und der „Uppercut" gehören zu den anderen Schlägen, die im Outboxer-Stil verwendet werden. Diese Schläge schaffen Winkel, stören das Gleichgewicht des Gegners und erhöhen die Gefahr von Gegenangriffen.

Die Beinarbeit ist ein wesentlicher Bestandteil des Kampfstils eines Outboxers. Die Kämpfer müssen beweglich und effizient sein, um sich in und aus der Reichweite zu bewegen und dabei das richtige Gleichgewicht und die richtige Technik zu bewahren. Die Beinarbeit des Outboxers kombiniert Drehungen, Kreisen und seitliche Bewegungen, so dass sie ihre Gegner schnell und effizient ausmanövrieren können. Die Verteidigung spielt beim Outboxer-Stil eine wichtige Rolle, denn hier geht es besonders um die Verteidigung vor der Offensive. Sie nutzen ihre Beinarbeit, um zu kreisen und den Schlägen des Gegners auszuweichen. Sie verlassen sich auf ihre Boxhaltung, ihre Kopfbewegungen und eine Kombination aus Blockierungen, Ausweichmanövern und Pariertaktiken, um nicht getroffen zu werden und gleichzeitig einen Gegenangriff vorzubereiten.

Eine Herausforderung des Outboxer-Stils ist, dass er vom Kämpfer außergewöhnliche Ausdauer erfordert. Die Boxer müssen sich über einen längeren Zeitraum schnell bewegen, Schläge aus großer Entfernung ausüben und dabei ihre Genauigkeit, ihr Timing und ihre Geschwindigkeit beibehalten. Sie müssen die Geduld haben, auf den richtigen Moment zu warten, um zuzuschlagen, und sie müssen ihre überlegenen Bewegungen nutzen, um sich Gelegenheiten für entscheidende Schläge zu schaffen. Der Outboxer-Stil ist eine ausgezeichnete Boxstrategie, die Ihnen eine einzigartige Mischung aus Geschwindigkeit, Genauigkeit und Beweglichkeit bietet. Es handelt sich um eine intelligente Technik, die es dem Boxer ermöglicht, das Tempo des Kampfes zu kontrollieren und gleichzeitig den Gegner auf Distanz zu halten. Allerdings erfordert die Beherrschung dieses Stils Disziplin, Konzentration, konsequentes Training und die Entwicklung spezifischer Fähigkeiten und Techniken.

Angehende Boxer können mehr über den Outboxer-Stil lernen und ihn meistern, indem sie erfolgreiche Outboxer-Kämpfer beobachten und ihnen nacheifern und mit erfahrenen Trainern zusammenarbeiten, die die Feinheiten dieses Kampfstils verstehen. Wenn Sie ein erfolgreicher Boxer werden wollen, sollten Sie den Outboxer-Stil in Ihr Repertoire aufnehmen und darauf vorbereitet sein, Ihre Kraft und Präzision im Ring zu entfesseln.

Was ist der Slugger-Boxstil und warum sollten Sie ihn ausprobieren?

Boxen ist ein Ganzkörpertraining, das Ihre Koordination und Ihre allgemeine Sportlichkeit schult. Bei so vielen verschiedenen Boxstilen kann es jedoch schwierig sein, den für Sie am besten geeigneten zu finden - hier kommt der Slugger-Boxstil ins Spiel. Diese Form des Boxens kombiniert Kraft mit Aggression. Wenn Sie also gerne auf Tuchfühlung gehen, könnte dies der perfekte Boxstil für Sie sein. Aber lassen Sie uns zunächst einmal ergründen, was den Sluggerboxing Style so einzigartig macht.

Schwer auf Macht

Der Slugger-Boxstil ist dafür bekannt, dass er sich stark auf Kraft und gezielte Schläge verlässt. Das bedeutet, dass es beim Slugger-Boxen darum geht, harte Schläge durchzuführen und mit der eigenen Kraft gezielt umzugehen, anstatt sich wie bei anderen Boxstilen auf schnelle Bewegungen und Beweglichkeit zu verlassen. Der Slugger-Boxstil ist perfekt für diejenigen, die eine natürliche Begabung für Kraft und anhaltende Stärke haben.

Konzentriert auf den Nahkampf

Ein weiteres wichtiges Element dieses Boxstils ist der Fokus auf den Nahkampf. Sie müssen sich sozusagen in der Hosentasche wohlfühlen und Schläge aus der unmittelbaren Umgebung des Gegners landen und einstecken können, um beim Slugger-Stil erfolgreich zu sein. Wenn Sie also gerne für andere in die Bresche springen und schmutzig kämpfen, könnte der Slugger-Boxstil etwas für Sie sein.

Geeignet für größere Boxer

Wenn Sie über zwei Meter groß sind, kann es schwierig sein, einen Boxstil zu finden, der zu Ihnen passt. Viele Boxtaktiken beruhen auf Beweglichkeit und Schnelligkeit, die für größere Boxer schwieriger absolvieren können. Der Slugger-Boxstil ist jedoch perfekt für einen größeren Kämpfer, da er Stärke und Kraft betont, was sich gut mit Boxern, die eine größere Reichweite haben, vereinbaren lässt.

Der Stil erfordert eine angemessene Verteidigungsstrategie

Während beim Slugging die Offensive und die harten Schläge im Vordergrund stehen, ist die Entwicklung solider Verteidigungsfähigkeiten gleichzeitig ebenso entscheidend. Da Sie sich ständig nah am Gegner befinden, müssen Sie sich vor den Schlägen Ihres Gegners gut schützen. Wenn Sie sich nicht richtig verteidigen, sind Sie anfälliger für Schläge auf den Körper, was Ihre Ausdauer verringert, Ihre Atmung beeinträchtigt und Ihren Schutz schwächt. Üben Sie daher Ihre Verteidigungstechniken und verbessern Sie sie ständig, um sich vor heftigen Angriffen zu schützen.

Fördert Disziplin und Konzentration

Jeder Boxstil erfordert harte Arbeit und Hingabe. Slugger-Boxing ist da keine Ausnahme, denn es erfordert viel Übung und Konzentration, aber der Lohn ist immens. Durch die Konzentration auf Bewegungen und Techniken, die sich auf Körperkraft und Power stützen, sorgt Slugging für Disziplin, die sich auch auf andere Aspekte des Lebens überträgt. Durch regelmäßiges Training und Ausdauer lernen Sie stets, konzentriert zu bleiben und Hindernisse innerhalb und außerhalb des Rings zu überwinden.

Der Slugger Boxstil ist ein einzigartiger Boxstil, der perfekt für jeden geeignet ist, der seine körperliche Kraft und seine Nahkampffähigkeiten verbessern möchte. Diese Boxtaktik ist eine dynamische und zugleich herausfordernde Methode, um Ihre Beweglichkeit, Kraft und Ausdauer zu verbessern. Der Slugger-Boxstil erfordert Hingabe und harte Arbeit, aber die körperlichen Vorteile und die Disziplin sind immens. Wenn Sie mit dem Gedanken spielen, verschiedene Boxstile in Kombination auszuprobieren, ist der Slugger-Boxstil eine hervorragende Option, um Ihr Training insgesamt zu verbessern.

Entfesseln Sie einen Konterschlag: Warum es sich lohnt, diesen Boxstil zu erlernen

Der Konterschlag (Gegenschlag) ist eine Taktik, die Ihnen gegenüber Ihrem Gegner einen Vorteil verschaffen kann. Dieser Boxstil nutzt die aggressiven Bewegungen Ihres Gegners und verwandelt diese in Möglichkeiten für einen effektiven Gegenangriff. Die Beherrschung eines Boxstils erfordert zwar Zeit und Mühe, aber es lohnt sich, diesen Stil zu erlernen; in folgenden Abschnitt erfahren Sie, warum.

Die Kraft der Überraschung

Der Konterschlag funktioniert dann gut, wenn Sie die Erwartungen Ihres Gegners ausnutzen können. In einem Moment denkt er, dass er die Oberhand hat. Im nächsten Moment wird er dann von der Effektivität Ihres Gegenschlages überrascht. Damit haben Sie die Kontrolle und können das Selbstvertrauen Ihres Gegners erschüttern, so dass er zögert, bevor er es wagt, Sie erneut anzugreifen.

Die Wichtigkeit der Verteidigung

Wie jeder Boxer weiß, ist die Verteidigung genauso wichtig wie der Angriff. Beim Konterschlag steht die Verteidigung im Vordergrund. Sie werden sich darauf konzentrieren, den Angriffen Ihres Gegners auszuweichen und sie zu blockieren, um so Gegenangriffsmöglichkeiten zu schaffen, die Sie mit einem Konterschlag ausnutzen können.

Strategisches Denken

Der Konterschlag erfordert von Ihnen viel Strategie und Timing. Sie müssen die Bewegungen Ihres Gegners lesen, seine Angriffe vorhersehen und wissen, wann Sie zuschlagen müssen, um die Effektivität Ihres Gegenschlags zu maximieren. Diese Fähigkeit verbessert Ihre Boxleistung und hilft Ihnen dabei, zu einen strategischeren Denker zu werden.

Vielseitigkeit

Einer der wichtigsten Vorteile Konterschlags, ist dessen Vielseitigkeit. Diese Taktik kann gegen verschiedene Gegner eingesetzt werden, von aggressiven Schlägern bis hin zu kalkulierten Boxern, was sie zu einer wertvollen Fähigkeit macht, die sich für diverse Situationen gut eignet. Das Wichtigste ist es dabei, zu üben, Ihre Fähigkeiten zu verfeinern und wachsam zu bleiben, um sich einen Vorteil im Ring zu verschaffen.

Vertrauen aufbauen

Schließlich kann das Erlernen vom Konterschlag Wunder für Ihr Selbstvertrauen im Ring bewirken. Je vertrauter Sie mit der Taktik werden, desto mehr Kontrolle entwickeln Sie während des Kampfes, was zu kühnen und selbstbewussten Bewegungen führt, die letztendlich zu besseren Leistungen und Siegen führen. Das Selbstvertrauen, das sich durch die Beherrschung dieser Technik einstellt, ist kaum zu überschätzen und jede Mühe wert.

Der Konterschlag ist eine schwierige Taktik, die gelernt sein will, aber deren Vorteile sind zahlreich. Es ist kein Wunder, dass viele Boxer diese Technik als unverzichtbares Werkzeug in ihrem Arsenal betrachten, da sie den Gegner in die Irre führt, Ihre Verteidigung verbessert und strategisches Denken, Vielseitigkeit und Selbstvertrauen fördert. Ziehen Sie also in Erwägung, diese Technik bei Ihrem nächsten Training mit in Ihr Repertoire aufzunehmen und beobachten Sie, wie Ihre Boxfähigkeiten und Ihr Selbstvertrauen stetig wachsen.

Mixed Martial Arts (MMA)

Mixed Martial Arts (MMA) ist eine Mischung aus verschiedenen Kampfsportarten, die sich auf Schlag- und Ringtaktiken konzentriert. Während MMA-Kämpfer vor allem Ellbogen, Knie und Tritte einsetzen, um Punkte zu erzielen oder ihre Gegner auszuknocken, ist das Boxen ein wesentlicher Aspekt des Sports. Der Boxstil betont die Bedeutung von präziser Beinarbeit, Kopfbewegungen und kraftvollen Schlägen. Lassen Sie uns die Bedeutung des Boxens im MMA erkunden und herausfinden, wie MMA-Kämpfer Ihr Können nutzen, um ihre Gegner im Käfig zu dominieren.

Mixed Martial Arts ist eine Mischung aus verschiedenen Kampfstilen.[5]

Beinarbeit und Kopfbewegung

Beim Boxen geht es vor allem um Beinarbeit und Kopfbewegungen; das Gleiche gilt für MMA. Ein MMA-Kämpfer muss sogenannte Takedowns und Schläge vermeiden, während er sich um den Käfig herum bewegt. Eine gute Beinarbeit ermöglicht es dem Kämpfer, in und aus der Reichweite zu kommen, die richtige Distanz zu halten und seine Schlagwinkel in Echtzeit anzupassen. Bei der Kopfbewegung bewegt der Verteidiger seinen Kopf, um einem Schlag auszuweichen und gleichzeitig einen Gegenschlag zu landen. Diese Taktik ist für Boxer unerlässlich und kann in das MMA integriert werden.

Beurteilen von Schlägen und Kombinationen

Beim Boxen geht es darum, die Schläge des Gegners einzuschätzen und zu antizipieren, welche Schläge als Nächstes kommen. Es ist unglaublich wichtig, die Bewegungen des Gegners zu lesen, sei es dessen Mimik, die Körpersprache oder die Art, wie er sich bewegt. Ein Boxer muss lernen, Kombinationen durchzuführen, um seinen Gegner in die Falle zu locken und einen k.o.-Schlag zu landen. MMA-Kämpfer nutzen diese Taktik, um die Bewegungen ihres Gegners vorauszusehen und einen effektiven Gegenangriff zu starten.

„Power Punches" und Verteidigung

Ein sogenannter Power Punch ist ein Schlag mit k.o.-Kraft oder mit der Fähigkeit, dem Gegner erheblichen Schaden zuzufügen. Power Punches können aus verschiedenen Winkeln eingesetzt werden und zielen darauf ab, den Gegner zu Boden zu bringen oder eine Öffnung für einen Folgeschlag zu schaffen. MMA-Kämpfer verwenden Power Punches und integrieren sie in Angriffsmuster, bei denen Sie versuchen, den Gegner zu Boden zu bringen und ihn dort weiter anzugreifen. Auch die Verteidigung, mit einem ähnlichen Ansatz wie beim Boxen ist ein wesentlicher Bestandteil des MMA. Die Kämpfer verwenden Schulterrollen, Parierbewegungen und Ausweichmanövern, um Schlägen und Gegenangriffen zu entkommen, wenn ihre Gegner sich entblößen.

Beinarbeit und Ringkontrolle

Bei der Beinarbeit geht es darum, die Kontrolle über den Ring zu behalten, sich Angriffswinkel zu schaffen und sich für den Angriff oder eine Verteidigung optimal zu positionieren. Beim MMA muss der Kämpfer den Ring kontrollieren, d.h. er muss sich gegen einen Ringer oder BJJ-Kämpfer (Brazilian Jiu-Jitsu) vom Ring fernhalten und sich so positionieren, dass er effektive Schläge einsetzen kann. Effektive Beinarbeit und Käfigkontrolle können den Unterschied zwischen Sieg und Niederlage in einem jeden Kampf ausmachen.

Konditionierung und Kampf-IQ

Das Boxen im MMA erfordert ein hohes Maß an Kondition, mentaler Vorbereitung und Kampf-IQ. Die Kämpfer müssen in der Lage sein, über mehrere Runden hinweg mit hoher Intensität zuzuschlagen und gleichzeitig die Ausdauer haben, in den späteren Runden zu ringen. Zum Kampf-IQ gehört ein hohes Maß an Kampfbewusstsein, das es einem Kämpfer ermöglicht, sich an das Tempo eines Kampfes anzupassen, gelassen zu bleiben und Strategien auf der Grundlage der Fähigkeiten des Gegners umzusetzen. Um ein erstklassiger MMA-Boxer mit einem Fight IQ zu sein, müssen Sie regelmäßig boxen, sich auf Ihre Kondition konzentrieren, Ihren Gegner studieren und neue Techniken lernen.

Ob es um Beinarbeit, Kopfbewegungen, kraftvolle Schläge, Verteidigung oder sogar Kampf-IQ geht, Boxen kann MMA-Kämpfern den Vorteil verschaffen, ihre Kämpfe zu dominieren und schneller zu gewinnen. Außerdem verbessert das richtige Erlernen und Anwenden dieser Techniken die Chancen der Kämpfer, einen Kampf zu gewinnen, erheblich. Daher sollten aufstrebende MMA-Kämpfer das Boxen in ihr Trainingsprogramm aufnehmen, um ihr Spiel zu verbessern, ihre Erfolgschancen zu erhöhen und schließlich Champions zu werden.

Boxen ist ein Sport, der nichts für schwache Nerven ist. Ziel des Boxens ist es, den Gegner durch Schläge auszuschalten oder mehr Punkte zu erzielen als er. Allerdings müssen viele Regeln und Vorschriften befolgt werden, um einen fairen Kampf zu gewährleisten. Kein Boxer würde sich absichtlich für ein Foul bestrafen lassen.

Der „Queensberry-Code of Rules for Boxing" ist der Standard für alle Boxkämpfe. Jenseits der Regeln gibt auch noch verschiedene Kampfstile, die Boxer anwenden. Einige sind Swarmerboxer - immer in der Offensive, während andere Outboxer sind, die lieber aus der Distanz kämpfen. Es gibt Boxer, die auf den k.o.-Schlag aus sind, und solche, die lieber mit dem Gegenschlag warten, bis sie sicher zuschlagen können. Durch den Aufstieg der Mixed Martial Arts (MMA) hat das Boxen eine neue Dimension bekommen. Mit seinen vielen Stilen und Regeln wird das Boxen Sie stets auf Trab halten.

Kapitel 3: Einstieg in den Boxsport II: Ausrüstung und Kondition

Sind Sie bereit, selbst mit dem Boxtraining zu beginnen? Wenn Sie selbst ein guter Boxer werden wollen, müssen Sie in eine hochwertige Ausrüstung investieren. Von Handschuhen und Kleidung bis hin zu Handbandagen und Fitnessgeräten - Ihre Ausrüstung ist entscheidend dafür, dass Sie gut geschützt sind und Ihr Bestes geben können. Ganz gleich, ob Sie nach atmungsaktiven Stoffen oder Polsterungen suchen, die Wahl der richtigen Kleidung kann Ihren Komfort und Ihre Leistung erheblich beeinflussen. Wenn Sie wie ein Profiboxer trainieren möchten, ist es wichtig, dass Sie mit der richtigen Ausrüstung beginnen.

In diesem Kapitel werden verschiedene Arten von Boxbekleidung und -ausrüstung besprochen, darunter auch Handschützer und Handschuhe. Es befasst sich außerdem mit Fitnessübungen, um Ihren Körper auf den Kampf vorzubereiten. Das Kapitel schließt mit Tipps von Boxexperten zum körperlichen Training ab. Denken Sie daran, dass auch die beste Boxausrüstung und die besten Fitnessübungen nur dann effektiv sind, wenn Sie sich richtig ernähren. Wenn Sie an das Ende dieses Kapitels gelangen, sollten Sie die Feinheiten des Boxens besser verstehen.

Die ultimative Einführung zum Thema Boxausrüstung, Kleidung und Equipment

Wenn Sie leidenschaftlich gerne boxen, wissen Sie sicher bereits, dass die richtige Ausrüstung den entscheidenden Unterschied für Ihr Training und Ihre Leistung ausmachen kann. Die Wahl Ihrer Ausrüstung und Kleidung kann jedoch bei der Vielzahl der verfügbaren Optionen überwältigend sein. In diesem Abschnitt erfahren Sie alles, was Sie für ein erfolgreiches und sicheres Boxtraining benötigen, von Handschuhen über Mundschutz und Bekleidung bis hin zum Rest der Ausrüstung.

Handschuhe

Boxhandschuhe. [6]

Ein gutes Paar Handschuhe ist für jeden Boxer unerlässlich. Handschuhe gibt es in verschiedenen Gewichtsklassen, in der Regel von 8 bis 20 Unzen. Das richtige Gewicht hängt von Ihrem eigenen Gewicht und Ihrem Leistungsniveau ab. Wenn Sie ein Anfänger sind, sollten Sie mit einem leichteren Handschuh beginnen. Achten Sie bei der Wahl der

Handschuhe auf die Passform und den Verschluss, Schnürung oder Klettverschluss. Lederhandschuhe sind haltbarer, aber Hybridhandschuhe aus Nylon und Kunstleder sind leichter.

Handbandagen

Handbandagen schützen Ihre Hände, Handgelenke und Knöchel. [7]

Handbandagen sind genauso wichtig wie Handschuhe. Sie schützen Ihre Hände, Handgelenke und Knöchel vor Verletzungen. Bandagen gibt es in verschiedenen Längen, aber eine 180-Zoll-Bandage ist die gebräuchlichste Variante. Das Umbandagieren Ihrer Hände hilft Ihnen, Ihre Handschuhe besser greifen zu können. Die grundlegende Technik besteht dabei darin, zunächst Ihr Handgelenk, die Knöchel und die Finger zu bandagieren.

Mundschutz

Der Mundschutz hilft dabei, Ihre Zähne zu schützen. [8]

Der Schutz Ihrer Zähne ist beim Boxen das A und O. Ein Mundschutz ist ein preiswertes und effektives Hilfsmittel, das Sie vor Mund- und in schweren Fällen auch vor Hirnverletzungen bewahren kann. Den Mundschutz gibt es in zwei Basisversionen und er kann so angepasst werden, dass er Ihren Zähnen bequem passt. Er muss dick genug sein, um die Wucht eines Schlags absorbieren zu können.

Kleidung

Die richtige Kleidung ist nicht nur für das Aussehen wichtig, sondern auch für den Komfort und die Sicherheit. Boxshorts sind in der Regel locker geschnitten und reichen bis zur Mitte des Oberschenkels, um die Bewegungsfreiheit des Trägers zu maximieren. Ein guter Trainingsschuh, der Ihre Knöchel stützt, ist ein wesentlicher Bestandteil der Ausrüstung. Tragen Sie ein Baumwollhemd oder eine Baumwollweste und einen Sport-BH (für Frauen), damit Sie sich wirklich wohlfühlen.

Boxausrüstung

Als Letztes geht es um die Boxausrüstung. Es gibt verschiedene Ausrüstungen, darunter zum Beispiel Trainingsboxsäcke, die auf Trainingsgeschwindigkeit, Gewicht oder mit einem doppelten Ende auf die Bedürfnisse des Trainierenden abgestimmt sind. Achten Sie stets darauf, dass die Ausrüstung zu Ihren körperlichen Fähigkeiten passt. Sie werden die besten Ergebnisse erzielen, wenn Sie mit der richtigen Ausrüstung trainieren.

Die Kunst und Wissenschaft der Handbandage beim Boxen

Wenn Sie das Boxen ernst nehmen, wissen Sie, wie wichtig es ist, dass Sie Ihre Hände beim Training und bei Wettkämpfen schützen. Die richtigen Handbandagen bieten Ihnen eine wertvolle Unterstützung und Schutz für Ihre Handgelenke, Knöchel und Finger. Sie verbessert Ihre Schlagkraft und verringert das Risiko von Verletzungen. In diesem Abschnitt werden die Kunst und die Wissenschaft des Bandagierens Ihrer Hände beim Boxen erörtert.

Wählen Sie die richtige Art von Handbandage

Auf dem Markt sind verschiedene Arten von Handbandage erhältlich, von normalen Baumwollbandagen bis hin zu Gelbandagen mit zusätzlicher Polsterung. Welches Material Sie wählen, hängt von Ihren Vorlieben und Bedürfnissen ab. Baumwollbandagen sind die gängigste und günstigste Option. Wenn Sie jedoch eine zusätzliche Polsterung benötigen, könnte eine Gelbandage die bessere Wahl sein.

Bereiten Sie Ihre Bandagen ordnungsgemäß vor

Bevor Sie mit dem Bandagieren beginnen, vergewissern Sie sich, dass der Stoff sauber und trocken ist. Jegliche Feuchtigkeit oder etwaiger Schweiß können zu Irritationen und Unbehagen beim Training oder Wettkampf führen. Rollen Sie die Bandage außerdem fest auf und bewahren Sie sie in einem verschließbaren Beutel auf, damit sie sich nicht verheddern und damit ihre Elastizität erhalten bleibt. Wenn Sie Gelbandagen verwenden, schütteln Sie diese vor dem Anlegen etwas.

Technik des Einbandagierens

Es gibt kein Patentrezept für das richtige Bandagieren Ihrer Hände. Es gibt viele verschiedene Methoden, aber es liegt letztlich an Ihnen, herauszufinden, welche für Ihre Handgröße und -form am besten geeignet ist. Hier ist ein allgemeiner Leitfaden für die gängigsten Bandagen:

1. Beginnen Sie, indem Sie die Schlaufe über Ihrem Daumen platzieren.
2. Wickeln Sie die Bandage mehrmals um Ihr Handgelenk, so dass eine Basis für den Knöchelschutz entsteht.
3. Bandagieren Sie Ihre Fingerknöchel mehrmals um und kreuzen Sie den Stoff dabei stets auf dem Handrücken.
4. Bedecken Sie den Daumen und bandagieren Sie weiter bis zum Handgelenk. Sichern Sie den Stoff am Ende mit einem Klettverschluss oder Klebeband.

Häufige Fehler, die Sie vermeiden sollten

Einige häufige Fehler, die Menschen beim Bandagieren ihrer Hände machen, können die Wirksamkeit der Bandage verringern oder zu Unbehagen und Verletzungen führen. Dazu gehören die folgenden:

1. Zu festes Einpacken und Einschränkung von Blutfluss und Bewegung.
2. Der Daumen wird nicht abgedeckt und bleibt somit ungeschützt.
3. Die Knöchel werden zu locker oder zu fest abgedeckt, wodurch sie geschwächt oder in ihrer Beweglichkeit eingeschränkt werden.

Pflegen Sie Ihre Bandagen

Nehmen Sie Ihre Bandagen nach dem Training oder Wettkampf vorsichtig ab, reinigen Sie sie gründlich und lassen Sie sie an der Luft trocknen. Das ist nötig, um die Ablagerung von Schweiß und Bakterien zu minimieren, die Geruch und Reizung verursachen können. Ersetzen Sie Ihre Wraps außerdem sofort, wenn sie an Elastizität verloren haben oder Verschleiß aufweisen. Eine lose Bandage bietet Ihren Händen nicht den nötigen Schutz und Halt.

Das Bandagieren der Hände mag Ihnen wie eine Kleinigkeit vorkommen, aber diese Maßnahme kann Ihre Leistung und Sicherheit beim Boxen erheblich beeinflussen. Daher ist es wichtig, dass Sie die richtige Bandage für Ihre Zwecke auswählen, sie richtig vorbereiten und die richtigen Bandagewickelmethoden anwenden, um maximalen Halt, Komfort und Schutz zu gewährleisten. Denken Sie außerdem daran, häufige Fehler zu vermeiden und Ihre Bandagen zu pflegen, um deren Lebensdauer und Wirksamkeit zu verlängern. Wenn Sie diese Tipps befolgen, können Sie sicherstellen, dass Ihre Hände geschützt und in der Lage sind, im Ring k.o.-Schläge zu erzielen.

Beste Kleidung und Handschuhe für den Boxsport

Egal, ob Sie neu im Boxen sind oder schon eine Weile trainieren, die richtige Kleidung und die richtigen Handschuhe sind entscheidend, um Ihre Leistung zu steigern und sich vor Verletzungen zu schützen. Bei der unendlichen Auswahl kann es aber schwierig sein, die besten Investitionen auszumachen. Dieser Abschnitt befasst sich mit der besten Kleidung und den besten Handschuhen für den Boxsport.

Boxhandschuhe

Boxhandschuhe sind die wichtigste Ausrüstung in diesem Sport. Sie schützen Ihre Hände und Handgelenke vor Verletzungen, während Sie gleichzeitig kraftvolle Schläge erzielen können. Der Handschuh, den Sie wählen, sollte sich nach Ihren Zielen und Ihrer Erfahrung richten. Idealerweise sollten Anfänger ein leichteres Paar Handschuhe mit einem Gewicht von 10-14 Unzen wählen, während Profis schwerere Handschuhe mit 16-20 Unzen Gewicht nutzen können. Die Marken „Everlast", „Cleto Reyes", „Winning und Rival" stellen die besten Handschuhe her.

Boxschuhe

Boxschuhe können Ihnen zu einer besseren Leistung verhelfen. [9]

Boxschuhe sollten leicht, stützend und stabil sein, wenn Sie sich im Ring bewegen. Suchen Sie nach Schuhen mit einer Gummisohle, damit Sie sich besser drehen können, und einem hohen Knöchel, der Ihnen ausreichend Halt bietet und verhindert, dass Ihre Knöchel umknicken. „Adidas", „Title" und „Ringside" gehören zu den besten Marken, Sie sollten diese Anbieter beim Kauf von Boxschuhen beachten.

Boxershorts

Boxerhosen müssen nicht teuer sein, aber sie sollten bequem sein und Ihnen freie Beweglichkeit ermöglichen. Vermeiden Sie Baumwollshorts, da sie zu viel Schweiß aufsaugen und schwer werden. Entscheiden Sie sich stattdessen für Nylon oder Polyester mit geteilten Seitennähten, um die Flexibilität der Kleidung zu erhöhen. Zu den empfohlenen Top-Marken gehören unter anderem „RDX", „Venum" und „Hayabusa".

Boxkopfbedeckung

Wenn Sie Sparring üben möchten, müssen Sie immer einen Kopfschutz tragen. Kopfbedeckungen bieten Ihnen zusätzlichen Schutz und verringern das Risiko von Schnittverletzungen und Hirnverletzungen. Ihr Kopfschutz sollte eng anliegen und ausreichend gepolstert sein, um Stöße zu absorbieren. Einige beliebte Marken, die für die Herstellung von hochwertigem Kopfschutz bekannt sind, sind „Title", „Ringside" und „Winning".

Eine hochwertige Boxausrüstung ist eine wichtige Investition, um Ihre Boxfähigkeiten zu verbessern. Die richtige Ausrüstung steigert Ihre Leistung und schützt Sie vor Verletzungen. Boxhandschuhe, Schuhe, Shorts, Handschützer und Kopfbedeckungen sind die wichtigsten Gegenstände, die es in Ihrer Ausrüstung gibt. Wenn Sie in hochwertige Ausrüstung von vertrauenswürdigen Marken investieren, kommen Sie Ihrem Ziel, eines Tages selbst zum Profi zu werden, einen Schritt näher.

Fitnesstraining für Boxer: Trainieren Sie Ihren Körper und Geist, um zum Champion zu werden

Der Boxsport gehört zu den beliebtesten Sportarten der Welt und bietet Ihnen eine großartige Möglichkeit, um fit und gesund zu bleiben. Um zum erfolgreichen Boxer zu werden, bedarf es großer Anstrengung und Hingabe. Es geht nicht nur um harte Schläge, sondern auch um Taktik, Geschwindigkeit, Beweglichkeit und Ausdauer. In diesem Abschnitt geht es um alles, was mit der Fitness von Boxern zu tun hat.

Kann jeder mit dem Training als Boxer beginnen?

Die Antwort ist ein großes JA. Jeder, der sich für das Boxen begeistert und sich engagiert, kann mit dem Lernen und Trainieren als Boxer beginnen. Unabhängig von Ihrem Alter oder Körperbau ist Boxen für jeden geeignet. Es ist jedoch wichtig zu wissen, dass Boxen ein intensiver Sport ist, der Konzentration und Disziplin erfordert. Wenn Sie also bereit dazu sind, hart zu arbeiten und zu schwitzen, gibt es keinen Grund, warum Sie nicht selbst zum großartigen Boxer werden können.

Trainieren Sie Ihren Körper auf das Boxen

Boxen ist ein intensiver Sport, der Ihrem Körper viel abverlangt, daher ist eine gute Vorbereitung unerlässlich. Herz-Kreislauf-Übungen sind ein grundlegender Aspekt des Boxens, daher sollten Sie Laufen, Seilspringen und Radfahren in Ihr Trainingsprogramm mit aufnehmen. Außerdem sind Kraftübungen wie Liegestütze, Klimmzüge und Kniebeugen ein Muss für den Aufbau starker Arme, Beine und der Stärkung der Körpermitte.

Ernährung und ihre Rolle beim Boxen

Eine gesunde und ausgewogene Ernährung ist für Boxer ebenso wichtig, um Höchstleistungen zu erbringen. Kämpfer brauchen viel Energie, um das harte Training und die Kämpfe durchzuhalten. Am besten ist es, sich proteinreich, kohlenhydratreich und mit gesunden Fetten zu ernähren. Dazu gehören Huhn, Fisch, Vollkornprodukte, Gemüse und Obst. Es ist wichtig, dass Sie den ganzen Tag über ausreichend Flüssigkeit zu sich nehmen, denn Dehydrierung kann sich negativ auf Ihre Leistung auswirken.

Psychische Gesundheit und Boxen

Boxen erfordert immense Konzentration und mentale Stärke. Die mentale Verfassung eines Boxers beeinflusst seine Leistung, daher ist es wichtig, dass Sie an Ihrer mentalen Gesundheit arbeiten. Praktizieren Sie Meditation, Yoga oder Visualisierung, um während Ihrer Kämpfe ruhig und konzentriert zu bleiben. Außerdem ist es wichtig, dass Sie sich erreichbare Ziele setzen und Ihre Erfolge feiern.

Allgemeines Krafttraining

Krafttraining ist nicht mehr nur etwas für Bodybuilder oder Gewichtheber. Es ist zu einem unverzichtbaren Bestandteil jeder Fitnessroutine geworden, und jeder, unabhängig von Alter oder Geschlecht, kann davon profitieren. Als Experten auf dem Gebiet des Krafttrainings haben die Boxer viele wertvolle Erkenntnisse zu bieten. Bei ihren

Trainingsplänen geht es darum, ihre Boxfähigkeiten und ihre allgemeine Kraft und Kondition zu verbessern. In diesem Abschnitt finden Sie einige der allgemeinen Tipps der besten Boxer zum Krafttraining.

Lassen Sie das Aufwärmen nicht weg

Vor einem intensiven Training ist es wichtig, dass Sie sich richtig aufwärmen. Die meisten Boxtrainer empfehlen, dass Sie mit leichten Aerobic-Übungen zu beginnen, um Ihr Blut in Wallung zu bringen. Einige ihrer bevorzugten Aufwärmübungen sind Hampelmänner, Joggen, Seilspringen und Schattenboxen. Diese Übungen tragen dazu bei, dass sich Ihre Herzfrequenz erhöht, die Muskeln aufgewärmt werden und das Verletzungsrisiko verringert wird.

Fokus auf Ganzkörperübungen

Die beste Strategie, um schneller Kraft aufzubauen, besteht darin, sich auf Übungen zu konzentrieren, die aus einer Zusammensetzung von verschiedenen Bewegungen bestehen. Bei diesen Übungen werden mehrere Muskelgruppen gleichzeitig beansprucht. Beispiele für Ganzkörperübungen sind Kniebeugen, Ausfallschritte, Kreuzheben, Bankdrücken und Klimmzüge. Diese Bewegungen tragen zur Entwicklung von Kraft und Stabilität bei, was sich positiv auf Ihre Boxtechniken und Ihre allgemeine körperliche Gesundheit auswirkt.

Integrieren Sie plyometrische Übungen

Plyometrische Übungen beinhalten Sprünge und explosive Bewegungen, um explosive Kraft zu entwickeln. Boxer machen oft plyometrische Übungen, um ihre Geschwindigkeit, Beweglichkeit und Koordination zu verbessern. Zu den plyometrischen Übungen gehören Boxsprünge, Burpees, Sprunghocken, Klatsch-Liegestütze und mehr.

Nehmen Sie sich Ruhetage

Es ist wichtig, dass Sie das Übertrainieren vermeiden, und erfahrene Boxer empfehlen meist Ruhetage zwischen den Trainingseinheiten, damit sich die Muskelfasern regenerieren und reparieren können. Ruhe ist für den Aufbau von Kraft ebenso wichtig wie Training, also planen Sie genügend Ruhezeiten in Ihr Programm ein. Streben Sie zwei bis drei Tage pro Woche an. Konzentrieren Sie sich an den verbleibenden Tagen auf Krafttrainingsübungen.

Bleiben Sie konsequent

Konsequenz ist der Schlüssel zum Erreichen Ihrer Ziele beim Krafttraining. Es geht nicht darum, eine Woche lang jeden Tag zu trainieren und die nächste Woche aufzugeben. Stattdessen geht es darum, eine konsistente Routine beizubehalten und für langfristige Ergebnisse zu sorgen. Boxtrainer empfehlen, mindestens drei bis vier Krafttrainingseinheiten pro Woche anzustreben und die Gewichte im Laufe der Zeit allmählich zu erhöhen.

Wenn Sie das Krafttraining in Ihre Fitnessroutine integrieren, können Sie sich stärkere Muskeln aufbauen, Ihre Ausdauer erhöhen und Ihre allgemeine körperliche Gesundheit verbessern. Wenn Sie beim Krafttraining auf Experten hören und von ihnen lernen, können Sie sich ein effektiveres Trainingsprogramm erstellen. Denken Sie daran, Aufwärmübungen einzubauen, sich auf zusammengesetzte Übungen zu konzentrieren, plyometrische Übungen einzubeziehen, Ruhetage einzulegen und konsequent zu trainieren. Wenn Sie diese Tipps befolgen, können Sie Ihre Ziele beim Krafttraining erreichen und Ihre allgemeine Gesundheit verbessern.

Kernübungen zur Verbesserung der Schlagkraft

Ganz gleich, ob Sie Profiboxer sind oder Kampfsportarten betreiben, eine solide Rumpfmuskulatur ist unerlässlich, um kraftvolle Schläge durchzuführen. Das Rumpftraining bezieht sich auf die Bauch-, Rücken- und Hüftmuskeln, die alle zusammenarbeiten, um Ihren Körper zu stabilisieren und die Kraft vom Boden auf Ihre Fäuste zu übertragen. In diesem Abschnitt lernen Sie fünf praktische Rumpfübungen kennen, mit denen Sie Ihre Schlagkraft verbessern und Ihre Taktik auf die nächste Stufe bringen können.

Liegestützposition

Die Liegestützposition eignet sich hervorragend für den Aufbau der Rumpfkraft, da sie Ihre gesamte Körpermitte beansprucht, einschließlich des Bauches, des Rückens und der Hüften. Bei der grundlegenden Liegestützposition halten Sie eine Übung so lange wie möglich und lassen Ihren Körper dabei gerade und parallel zum Boden. Wenn Sie eine zusätzliche Herausforderung suchen, können Sie Plankenvariationen wie seitliche Liegestützhalte, Beinheben oder Liegestützgang einsetzen. Wenn Sie Liegestützhalteübungen mit in Ihr Trainingsprogramm einbauen, entwickeln Sie eine hervorragende Stabilität und Kontrolle, so dass Sie mit weniger Anstrengung kraftvollere Schläge durchführen können.

Russischer Rotation

Die Russische Rotation ist eine hervorragende Übung, um Ihre seitlichen Bauchmuskeln, also die Muskeln an den Seiten Ihrer Taille, zu trainieren. Um diese Übung zu meistern, sollten Sie Folgendes tun:

1. Setzen Sie sich auf den Boden, bringen Sie die Füße flach auf den Boden und die Knie gebeugt.
2. Halten Sie dabei ein Gewicht oder einen Medizinball mit beiden Händen fest und drehen Sie Ihren Oberkörper nach rechts, wobei das Gewicht in Ihren Händen den Boden berühren sollte.
3. Drehen Sie sich anschließend nach links und wiederholen Sie die Bewegung. Diese Übung entwickelt die Rotationskraft Ihres Oberkörpers, die für die Erzeugung von Kraft bei Ihren Schlägen unerlässlich ist.

Russische Rotation.

Toter Käfer

Die Übung „Toter Käfer" zielt auf Ihre unteren Bauchmuskeln ab und hilft Ihnen dabei, die Stabilität Ihrer Bauchmuskeln zu verbessern. Um diese Übung durchzuführen:

1. Legen Sie sich auf den Rücken und strecken Sie Ihre Arme und Beine zur Decke.
2. Senken Sie den rechten Arm und das linke Bein, bis sie knapp über dem Boden schweben. Kehren Sie dann in die Ausgangsposition zurück und wiederholen Sie den Vorgang auf der gegenüberliegenden Seite.
3. Drücken Sie Ihren unteren Rücken in den Boden, um eine Beugung der Lendenwirbelsäule zu vermeiden, und achten Sie bei dieser Übung auf die richtige Technik.

Toter Käfer.

Medizinballwerfen

Medizinballwürfe gelten als eine fantastische Methode, um die explosive Kraft Ihrer Schläge zu steigern, indem Sie Ihren Körper darauf trainieren, die Kraft schnell in den Ball zu übertragen. Um diese Übung durchzuführen, stellen Sie sich mit schulterbreit auseinanderstehenden Füßen hin und halten Sie einen Medizinball über Ihren Kopf. Werfen Sie den Ball so hart wie möglich auf den Boden, fangen Sie ihn dann beim Abprall auf und wiederholen Sie die Übung. Diese Übung wird Ihnen dabei helfen, Ihre Geschwindigkeit und Kraft zu verbessern, so dass Sie blitzschnelle Schläge durchführen können, die es in sich haben.

Medizinballwurf.

Knie-zum-Ellbogen

Das Knie-zum-Ellbogen Training (auch als Bicycle Crunches bekannt) ist eine klassische Bauchmuskelübung, die Ihre Bauchmuskeln und die schräge Bauchmuskulatur anspricht und die Rotationskraft Ihres Rumpfes fördert. Um diese Übung durchzuführen:

1. Legen Sie sich auf den Rücken, lassen Sie die Hände hinter dem Kopf und die Knie gebeugt.
2. Heben Sie Ihre Schulterblätter vom Boden hoch und bringen Sie Ihren rechten Ellbogen zum linken Knie, während Sie Ihr rechtes Bein gerade ausstrecken.
3. Wechseln Sie die Seite und wiederholen Sie die Übung.

Durch viele Wiederholungen dieser Übung werden sowohl Ausdauer als auch Rumpfkraft gesteigert, was für das Boxen unerlässlich sind.

Knie zum Ellbogen. [10]

Die Verbesserung Ihrer Schlagkraft erfordert eine Kombination von Training und Technik, aber die Stärkung Ihrer Körpermitte durch gezielte Übungen macht einen wesentlichen Unterschied. Wenn Sie diese fünf Übungen für die Körpermitte in Ihre Trainingsroutine einbauen, werden Sie spürbare Verbesserungen bei Ihrer Stabilität, Kraft und Geschwindigkeit feststellen. Denken Sie daran, stets auf die richtige Technik zu achten und die Intensität der Übungen mit der Zeit zu steigern, um die besten Ergebnisse zu erzielen. Mit Hingabe und Konsequenz werden Sie Ihre Schlagkraft erhöhen und im Ring zunehmend dominieren.

Intervalltraining und andere Möglichkeiten, um sich als Boxer zu verbessern

Sind Sie ein Boxer, der nach Möglichkeiten sucht, um seine Fähigkeiten zu verbessern? Oder vielleicht fangen Sie gerade erst an und möchten wissen, wie Sie sich verbessern können? Was auch immer Ihre Situation ist, dieser Abschnitt stellt Ihnen das Intervalltraining und andere Möglichkeiten vor, um sich als Boxer zu verbessern. Diese Tipps werden Ihre Fähigkeiten verfeinern, Ihre Ausdauer verbessern und Ihnen das Erreichen ihrer Ziele im Ring ermöglichen.

Intervalltraining

Das Intervalltraining eignet sich hervorragend zum Aufbau von Ausdauer und zur Steigerung der Fitness. Bei diesem Training wechseln sich Phasen intensiver Bewegung mit Ruhephasen ab. Sie könnten zum Beispiel 30 Sekunden lang sprinten und sich dann 30 Sekunden lang ausruhen. Dieser Zyklus kann für eine bestimmte Zeit oder eine bestimmte Anzahl von Wiederholungen wiederholt werden. Intervalltraining ist praktisch, weil es Ihren Körper dazu bringt, härter zu arbeiten, mehr Kalorien zu verbrennen und die Ausdauer zu steigern. Integrieren Sie das Intervalltraining in Ihr Trainingsprogramm, um optimale Ergebnisse zu erzielen.

Schattenboxen

Das Schattenboxen ist eine weitere effektive Möglichkeit, mit der Sie sich als Boxer verbessern können. Bei dieser Trainingstechnik üben Sie Ihre Bewegungen ohne einen Gegner. Die Trainingsmethode kann überall durchgeführt werden und bietet Ihnen eine großartige Möglichkeit, an Beinarbeit, Schlägen und Kombinationen zu arbeiten. Konzentrieren Sie sich darauf, Ihre Kampfform und Technik zu perfektionieren und beschleunigen Sie Ihre Bewegungen, sobald Sie sich wohler fühlen. Schattenboxen kann entweder Aufwärmtraining oder eine eigenständige Übung sein, die dazu dient, Ihre Fähigkeiten zu verbessern.

Sparring

Das Sparring ist ein wesentlicher Bestandteil des Boxtrainings. Es gibt Ihnen die Möglichkeit, Ihre Bewegungen in einer realistischen Umgebung zu üben und aus Ihren Fehlern zu lernen. Sparring findet mit einem Partner oder einem Trainer statt und ist hervorragend geeignet, um die Reaktionszeit und die Beweglichkeit zu verbessern. Tragen Sie die richtige Schutzausrüstung und fangen Sie langsam an, um Verletzungen zu vermeiden. Mit zunehmender Erfahrung können Sie die Intensität des Sparrings allmählich steigern.

Kardiovaskuläre Konditionierung

Kardiovaskuläres Training ist für jeden Athleten wichtig, insbesondere für Boxer. Es verbessert die Ausdauer und erhöht das hohe Arbeitstempo während der Kämpfe. Integrieren Sie ein Herz-Kreislauf-Training in Ihre Routine, indem Sie laufen, schwimmen, Rad fahren oder ein Cardiogerät im Fitnessstudio benutzen. Versuchen Sie, täglich mindestens 30 Minuten Herz-Kreislauf-Training zu machen oder mehr, wenn Sie sich auf einen Kampf vorbereiten.

Investieren Sie in hochwertige Handschuhe, Handschützer und einen Mundschutz, um sich vor Verletzungen zu schützen und Ihr Selbstvertrauen im Ring zu stärken. Sobald Sie Ihre Ausrüstung haben, ist es an der Zeit, sich auf Ihre körperliche Verfassung zu konzentrieren. Boxen erfordert Kraft, Ausdauer und Beweglichkeit. Integrieren Sie also Cardio-, Kraft- und Flexibilitätsübungen in Ihr Programm. Denken Sie daran, dass Sie unbedingt an Ihrer Beinarbeit und Ihrem Gleichgewicht arbeiten müssen. Mit der richtigen Ausrüstung und körperlichen Vorbereitung werden Sie schneller bereit sein, in den Ring zu steigen und Ihren inneren Boxer zu entfesseln.

Kapitel 4: Haltung, Fokus und Beinarbeit

Boxen ist ein unglaublicher Sport, der körperliche Kraft, geistige Agilität und schnelle Reflexe erfordert. Einer der wichtigsten Faktoren beim Boxen ist Ihre Haltung, die die Effektivität Ihrer Bewegungen und Schläge bestimmt. Eine starke und stabile Haltung ist entscheidend, um in jedem Kampf die Oberhand zu behalten. Aufmerksamkeit und Fokus sind ebenso wichtig, um sich vor eintreffenden Schlägen zu schützen und um offensive Schläge vorzubereiten. Aber vergessen Sie nie die Beinarbeit. Eine gute Beinarbeit ermöglicht es Ihnen, sich selbstbewusst im Ring zu bewegen und Schlägen auszuweichen.

Wenn diese Fähigkeiten kombiniert werden, entsteht ein spannender und dynamischer Kampf, und die Beherrschung dieser Fertigkeiten kann Sie einen Schritt näher an den Status eines Champions bringen. In diesem Kapitel finden Sie die wichtigsten Haltungs-, Deck- und Beintechnikübungen, um Ihnen den Einstieg in das Training zu erleichtern. Um selbst ein vielseitiger Boxer zu werden, müssen Sie Ihren Körper, Ihren Geist und Ihre Seele trainieren. Beherzigen Sie die Tipps der in diesem Kapitel erwähnten Experten, und Sie werden schnell auf dem besten Weg sein, Ihre Fähigkeiten zu verbessern und Ihr Boxspiel auf die nächste Stufe zu heben.

In Position gehen: Verschiedene Boxhaltungen verstehen

Eines der ersten Dinge, die Sie beim Boxtraining lernen, ist die Bedeutung der richtigen Standhaltung. Wie Sie Ihre Füße, Hände und Ihren Körper positionieren, entscheidet über den Erfolg Ihrer Schläge und die Wirksamkeit Ihrer Verteidigung. Dieser Abschnitt befasst sich mit den Grundlagen der gängigsten Boxhaltungen und gibt Ihnen Tipps dazu, wie Sie nahtlos zwischen ihnen wechseln können.

Die orthodoxe Haltung

Die orthodoxe Haltung ist beim Boxen am weitesten verbreitet. Sie ist so bekannt, dass sie oft als „normale" Haltung bezeichnet wird. Dabei ist Ihr Körper so positioniert, dass Ihre linke Seite nach vorne zeigt, und Ihr linker Fuß steht stets vor dem rechten. Ihre linke Hand wird zum Schutz Ihres Gesichts hochgehalten, während Ihre rechte Hand dicht an Ihrem Kinn positioniert wird, um kraftvolle Schläge zu ermöglichen. Diese Haltung bietet Ihnen eine gute Kombination aus Angriff und Verteidigungsposition, so dass viele Boxanfänger hier beginnen. Denken Sie daran, dass Sie Ihren linken Ellbogen in der orthodoxen Haltung immer dicht an den Körper halten sollten.

Die orthodoxe Haltung gilt als die normale Boxhaltung. [11]

Die „Southpaw"-Haltung

Die sogenannte Southpaw-Haltung ist zwar weniger weit verbreitet, aber im Boxen dennoch unverzichtbar. Bei dieser Haltung zeigt Ihre rechte Seite nach vorne, und Ihr rechter Fuß steht vor dem linken. Ihre linke Hand wird dicht vor Ihr Gesicht gehalten, während Ihre rechte Hand nach vorne ausgestreckt wird, um Jabs und Haken zu schlagen. Der Kampf gegen Linkshänder kann dabei eine Herausforderung sein, da ihre Haltung für die meisten Boxer ungewohnt ist und ihre Schläge aus unerwarteten Winkeln kommen. Diese Haltung erfordert mehr Geschick und Übung, um sie zu beherrschen. Wenn Sie sich aber erst einmal daran gewöhnt haben, können Sie Ihre Gegner mit der Southpaw-Haltung überraschen.

Die Southpaw-Haltung ist beim Boxen weniger weit verbreitet.

Haltung wechseln

Die Fähigkeit, die Haltung schnell zu wechseln, ist für Boxer unerlässlich.

Boxer müssen dazu in der Lage sein, ihre Haltung schnell und effektiv zu wechseln. Diese Fähigkeit kann eine mächtige Waffe im Kampf gegen Gegner sein, die es gewohnt sind, aus einer bestimmten Haltung heraus zu kämpfen. Um die Haltung zu wechseln, machen Sie mit dem hinteren Fuß einen Schritt nach vorne oder hinten, drehen Sie den vorderen Fuß und rotieren Sie die Hüfte. Halten Sie Ihre Deckung während des gesamten

Übergangs aufrecht, um sich vor Gegenschlägen zu schützen. Üben Sie den Standwechsel regelmäßig, um sicherzustellen, dass Sie sich in der orthodoxen und der Southpaw-Haltung wohl fühlen und sicher sind.

Anpassungen der Haltung

Die Haltung eines Boxers muss je nach Situation angepasst werden. Wenn Sie beispielsweise gegen einen größeren Gegner kämpfen, ist es von Vorteil, wenn Sie Ihre Fäuste und Ihren Körper niedriger positionieren, um unter seinen Schlägen durchzutauchen und ihn kraftvollen Schlägen auf den Körper auszusetzen. Wenn Sie dagegen gegen einen kleineren Gegner kämpfen, ist es einfacher, ihn auf Distanz zu halten, wenn Sie Ihre eigene Haltung erhöhen. Achten Sie also auf die Haltung Ihres Gegners und passen Sie Ihre Körperposition entsprechend an, um die Oberhand zu gewinnen.

Vorteile der korrekten Haltung

Mithilfe der richtigen Boxhaltung können Sie kraftvolle, präzise Schläge landen und schützen gleichzeitig vor den Schlägen Ihres Gegners sicher. Die richtige Haltung verbessert Ihr Gleichgewicht und Ihre Beinarbeit, so dass Sie sich im Ring schnell und effizient bewegen können. Wenn Sie in der richtigen Position stehen, können Sie sich viel effektiver verteidigen und kraftvolle Bewegungskombinationen nutzen, mit denen Sie selbst die härtesten Gegner ausschalten können.

Ihre Haltung ist die Grundlage Ihrer Boxtechnik, und es ist wichtig, dass Sie sie schon früh in Ihrem Trainingsprogramm beherrschen. Wenn Sie die verschiedenen Stellungen verstehen, den flüssigen Wechsel zwischen ihnen üben und sich auf verschiedene Situationen einstellen, sind Sie auf dem besten Weg, ein hervorragender Kämpfer zu werden. Denken Sie daran, dass es bei der richtigen Boxhaltung nicht nur darum geht, im Ring gut auszusehen, sondern auch darum, kraftvolle Schläge durchzuführen und gleichzeitig den Schlägen Ihres Gegners auszuweichen. Mit Zeit, Übung und Hingabe können Sie ein erfahrener Boxer werden, der die verschiedenen Stellungen eindrucksvoll beherrscht. Also, gehen Sie in Position und lassen Sie die Schläge fliegen!

Defensiv werden: Überwachungs- und Blockierungsstrategien

Bei den meisten Sportarten ist die Verteidigung genauso wichtig wie die Offensive. Schließlich können selbst die besten Teams nicht gewinnen, wenn sie den Gegner nicht aufhalten können. Dies gilt insbesondere für Kampfsportarten wie Boxen, bei denen die Verteidigungsfähigkeit von entscheidender Bedeutung ist.

Einer der wichtigsten Aspekte der Verteidigung ist der Einsatz von Überwachungs- und Blockierungsstrategien. In diesem Abschnitt lernen Sie drei Standardmethoden kennen: die hohe Deckung, die niedrige Deckung und das Ausweichen und Rollen. Sie werden danach besser verstehen, wie Sie sich gegen Ihre Gegner verteidigen können.

Die Hohe Deckung

Die erste Überwachungshaltung ist die hohe Deckung. Sie ist eine der am häufigsten genutzten Techniken im Kampfsport, insbesondere im Boxen. Heben Sie beide Hände vor Ihr Gesicht, um eine hohe Deckung durchzuführen. Ihre Handflächen sollten nach innen zeigen und Ihre Finger sollten fest zusammengeballt sein. Ihre Ellbogen sollten nahe an Ihrem Brustkorb sein, um Ihren Körper zu schützen. Mit einer hohen Deckung können Sie viele Schläge abwehren, insbesondere solche, die auf Ihren Kopf ausgerichtet sind. Der Nachteil einer hohen Deckung ist, dass es schwierig sein kann, effektiv zu kontern, so dass sie am besten aus einer defensiven Position heraus eingesetzt wird.

Die hohe Deckung kann Ihr Gesicht schützen.

Die Niedrige Deckung

Eine weitere Technik ist die tiefe Deckung. Diese Strategie ist von Vorteil, wenn Sie Ihren Körper verteidigen wollen. Senken Sie Ihre Hände und bringen Sie sie für eine tiefe Deckung näher an Ihren Körper. Ihre Handflächen sollten nach außen zeigen und Ihre Finger müssen entspannt sein. Beugen Sie Ihre Knie leicht, um es Ihrem Gegner zu erschweren, einen Schlag auf Ihren Bauch zu landen. Mit einer niedrigen Deckung können Sie Ihren Körper besser verteidigen, aber Sie sind gleichzeitig anfälliger für Schläge, die auf Ihren Kopf abzielen, daher ist es wichtig, dass Sie Ihren Kopf stets in Bewegung halten.

Die niedrige Deckung kann bei der Verteidigung Ihres Körpers von Vorteil sein.

Ausweichen und Rollen

Mit der Ausweich und Roll Methode machen Sie Ihren Gegner verwundbar. [12]

Die letzte Strategie, die Sie nutzen können, ist die Ausweich und Roll Methode. Bei dieser Methode bewegen Sie Ihren Körper aus der Schlagbahn Ihres Gegners heraus. Bewegen Sie Ihren Kopf zur Seite und drehen Sie sich auf den vorderen Fuß, um Ihren Körper zu rotieren; dadurch geht der Schlag Ihres Gegners völlig an Ihnen vorbei. Dazu müssen Sie sich zur Seite lehnen, die Knie beugen und sich auf den hinteren Fuß drehen. Auch hier streift der Schlag Ihres Gegners an Ihnen vorbei. Das Ausweichen und Rollen ist auch fantastisch für Gegenschläge geeignet, da sie Ihren Gegner verwundbar macht und aus dem Gleichgewicht bringen.

Diese drei Standard-Schutz- und Blockierstrategien dienen der Verteidigung im Kampfsport. Jede Methode hat Stärken und Schwächen, daher ist es wichtig, sie alle zu üben und je nach Situation strategisch einzusetzen. Mit genügend Übung werden Sie die Bewegungen Ihres Gegners vorhersehen und sich effektiv verteidigen können. Denken Sie daran, dass die Verteidigung genauso wichtig ist wie der Angriff, und die beste Verteidigung ist immer guter Angriff. Üben Sie also weiter, lernen Sie weiter, und Sie werden im Handumdrehen zu einem unschlagbaren Gegner werden.

Die Beinarbeit meistern: Tipps und Übungen

Das Boxen ist eine Kunstform, die Ihnen gleichzeitig ein großartiges körperliches Training ermöglicht. Einer der wichtigsten Komponenten dieser Kunstform ist die Bein- und Beinarbeit. Die Beinarbeit ist von entscheidender Bedeutung, denn sie verleiht den Schlägen des Boxers Gleichgewicht und Kraft und ermöglicht es ihm, sich mit Geschwindigkeit und Beweglichkeit im Ring zu bewegen. Dieser Abschnitt befasst sich mit den wesentlichen Techniken der Beinarbeit, die jeder Kämpfer kennen sollte. Sie erhalten in diesem Abschnitt Tipps und Tricks, mit denen Sie Ihre Beinarbeit sofort verbessern können. Und schließlich finden Sie hier einige Übungen, die Ihnen dabei helfen, diese Methode zu meistern.

Schritt und Rutschen

Mit dieser Technik können Sie sich effizient von Ihrem Gegner entfernen.

Bei der Beinarbeit geht es darum, dass Sie sich richtig positionieren, um Schläge zu landen und sich gleichzeitig schnell und effizient aus der Gefahrenzone zu bewegen. Eine der grundlegendsten Fußtechniken ist der sogenannte „Step and Slide" (Die Schritt und

Rutsch Strategie). Bei dieser Technik gehen Sie mit dem vorderen Fuß auf Ihren Gegner zu, schieben den hinteren Fuß nach vorne und positionieren ihn neben dem vorderen Fuß. Auf diese Weise bewegen Sie Ihren Körper mit dem vorderen Fuß nach vorne und halten dabei stets das Gleichgewicht. Es ist wichtig, dass Sie nicht zu weit oder zu nah an Ihren Gegner herantreten, sonst riskieren Sie, das Gleichgewicht zu verlieren oder sich für Gegenschläge angreifbar zu machen.

Drehen

Drehungen können Ihnen helfen, die Ausrichtung Ihres Körpers zu kontrollieren.

Mit dieser Strategie können Sie die Ausrichtung Ihres Körpers steuern, während Sie einen Schlag durchführen oder sich im Ring bewegen. Die Drehung bezieht sich auf eine Bewegung des vorderen Fußes, bei der Sie ihn zur Seite drehen, so dass Ihr Körper mit rotiert wird und Sie dabei das Gleichgewicht halten. Beim Drehen ist es wichtig, dass Ihr hinterer Fuß verankert bleibt oder nur leicht bewegt wird, damit Sie nicht zu schnell das Gleichgewicht verlieren. Eine schnelle und effiziente Drehung verbessert Ihre Manövrierfähigkeit und ermöglicht es Ihnen, den Schlägen Ihres Gegners auszuweichen oder näher an einen Schlag heranzukommen.

Seitliche Bewegung

Die seitliche Bewegung ist ein weiterer wichtiger Teil der Beinarbeit beim Boxen. Eine gute Möglichkeit, um die seitliche Bewegung zu üben, besteht in der Leiterübung. Bei einer Leiterübung stellen Sie eine Leiter flach auf den Boden und bewegen sich auf ihr auf und ab, wobei Sie Ihre Füße immer zwischen den Sprossen lassen. Diese Übung verbessert die Schnelligkeit und Beweglichkeit Ihrer Beine – beides ist wichtig, wenn Sie Schlägen ausweichen oder sich im Ring bewegen wollen.

Übungen zur Beinarbeit

Neben dem Üben von Vorwärts-, Rückwärts- und Seitwärtsbewegungen können Sie Ihre Beinarbeit durch spezielle Übungen verbessern. Eine Übung, die diesem Zweck dienen kann, ist der Slalom-Drill - stellen Sie hierzu Kegel in einer Zickzack-Formation auf und üben Sie, von einer Seite zur anderen durch sie hindurch zu schlurfen. Eine weitere Übung ist das Üben mit dem Springseil - springen Sie hierzu über ein Springseil, während Sie die Füße zusammenlassen, und bewegen Sie sich dabei abwechselnd vorwärts und rückwärts. Oder nutzen Sie den Balancier Drill - stellen Sie sich auf eine Balancierscheibe und üben Sie verschiedene Beinbewegungen, während Sie gleichzeitig das Gleichgewicht halten müssen.

Wenn Sie Geschwindigkeitssandsäcke oder Säcke mit doppelten Enden mit in Ihr Trainingsprogramm einbeziehen, verbessern Sie so Ihre Beinarbeit. Diese Säcke simulieren die Bewegungen des Gegners. Indem Sie auf die Säcke einschlagen, üben Sie die Beinarbeitstechniken und verbessern so Ihre Reaktionszeit. Die Beinarbeit ist beim Boxen von entscheidender Bedeutung, denn sie sorgt für Gleichgewicht und Kraft bei Ihren Schlägen und ermöglicht es Ihnen, sich mit Geschwindigkeit und Beweglichkeit durch den Ring zu bewegen. Wenn Sie diese Übungen und Strategien mit in Ihr Trainingsprogramm einbauen, werden Sie die Beinarbeit im Handumdrehen verbessern.

Die Beherrschung von Beinarbeit ist für den Erfolg im Boxen entscheidend. Die richtige Beinarbeit kann Ihnen dabei helfen, Schlägen auszuweichen, sich in und aus der Reichweite des Gegners zu bewegen und kraftvolle Schläge durchzuführen. Wenn Sie diese Methoden anwenden und Übungen in Ihre Trainingsroutine einbauen, verbessern Sie Ihre Beinarbeit und werden so ein effektiverer Boxer. Denken Sie daran, dass die Beinarbeit die Grundlage des Boxens ist, trainieren Sie oft und verfeinern Sie Ihre Fähigkeiten.

Knockout-Tipps von Boxexperten

Ob Sie nun ein Anfänger oder Profi sind, das Boxen bleibt ein intensiver und lohnender Sport. Allerdings müssen Sie mehr als nur die Grundlagen kennen, um bei dieser beliebten Kampfsportart wirklich zu brillieren. Im Folgenden finden Sie eine Liste der besten Tipps von Boxexperten, mit denen Sie Ihre Fähigkeiten verbessern und Ihr volles Potenzial im Ring ausschöpfen können. Von der Ausgeglichenheit bis hin zur Entwicklung mentaler Stärke – mit diesen Tipps sind Sie auf alles gut vorbereitet.

Gleichgewicht halten: Es ist entscheidend, dass Sie das Gleichgewicht halten, um kraftvolle Schläge zu erzielen und den Angriffen Ihres Gegners auszuweichen. Boxexperten empfehlen, dass Sie die Füße schulterbreit auseinander und die Beine leicht angewinkelt positionieren, wobei Sie Ihr Gewicht gleichmäßig verteilen sollten. Wenn Sie außerdem Ihre Knie leicht beugen und Ihre Körpermitte anspannen, verbessern Sie Ihr Gleichgewicht und Ihre Beweglichkeit im Ring.

Konzentration: Das Boxen erfordert höchste Konzentration und exzellenten Fokus, denn schon die kleinste Ablenkung kann Sie den ganzen Kampf kosten. Experten empfehlen, Achtsamkeits- und Visualisierungstechniken zu üben, die Ihnen dabei helfen, fokussiert und präsent zu bleiben. Außerdem sorgt die richtige Atmung dafür, dass Ihr Geist und Körper unter Druck ruhig bleiben, was für den Erfolg im Ring unerlässlich ist.

Schnelles Reagieren: Beim Boxen kommt es auf Schnelligkeit an. Eine der besten Möglichkeiten, um Ihre Reaktionszeit zu verbessern, ist das Training mit einem Sandsack, einem kleinen Boxsack, der nach jedem Schlag schnell zurückfedert. Sie entwickeln dadurch Ihre Hand-Augen-Koordination und Ihre Reaktionszeit, indem Sie konsequent und schnell zuschlagen.

Die Bewegung Ihres Gegners nutzen: Die besten Boxer wissen, wie sie die Bewegungen ihres Gegners zu ihrem Vorteil nutzen können. Wenn sich Ihr Gegner zum Beispiel nach rechts bewegt, können Sie sich auf den linken Fuß drehen und einen kraftvollen linken Haken schlagen. Sie können sich einen Vorteil im Ring verschaffen, indem Sie den Stil Ihres Gegners studieren und entsprechend auf dessen Bewegungen reagieren.

Kombinieren Sie Position und Deckungen: Während die meisten Boxer eine traditionelle Haltung einnehmen, empfehlen Boxexperten, verschiedene Haltungen und Deckungen zu vermischen, um Ihren Gegner stets im Ungewissen zu lassen. Wechseln Sie zum Beispiel zwischen einer quadratischen Haltung, der orthodoxen Boxhaltung, und einer nach hinten versetzten Haltung ab, um mehr Kraft und Vielseitigkeit in Ihre Schläge zu bringen. Wenn Sie häufig Ihre Deckposition ändern, schützen Sie verschiedene Bereiche Ihres Körpers und bringt Ihren Gegner aus dem Konzept.

Entwickeln Sie Kraft, Stärke und Beweglichkeit: Boxen ist ein körperlicher Sport und erfordert Kraft, Stärke und Beweglichkeit, von allen, die ihn erfolgreich meistern wollen. Um diese Fähigkeiten zu entwickeln, empfehlen Boxexperten

Übungen wie Kniebeugen, Burpees und Liegestütze. Außerdem empfehlen sie, Sprints zu laufen oder eine elliptische Maschine zu benutzen, um die Ausdauer im Ring zu verbessern.

Arbeiten Sie an Ihrer Hand-Augen-Koordination: Die Hand-Augen-Koordination ist eine wichtige Fähigkeit für jeden Boxer und kann durch geeignetes Training effektiv verbessert werden. Dazu empfehlen Boxexperten Wurfübungen mit Medizinbällen oder das diszipliniertes Schattenboxen vor einem Spiegel. Außerdem empfehlen sie, die Hand-Augen-Koordination durch Sportarten wie Tennis oder Basketball ebenfalls zu trainieren.

Mentale Härte trainieren: Boxen ist sowohl mental anspruchsvoll, wie auch eine physische Herausforderung. Um im Ring erfolgreich zu sein, empfehlen Boxexperten, dass Sie Ihre mentale Stärke zu entwickeln, indem Sie sich einen Sieg vorstellen, sich erreichbare Ziele setzen und sich zu Höchstleistungen antreiben. Außerdem empfehlen sie, dass Sie sich jeden Schlag vorstellen und vor jedem Kampf eine positive Einstellung entwickeln.

Verbessern Sie Ihre Geschwindigkeit und Ihre kardiovaskuläre Ausdauer: Sie müssen schnelle, kraftvolle Schläge austeilen und sich zügig bewegen, um Ihr maximales Potenzial im Ring zu erreichen. Um Ihre Schnelligkeit und kardiovaskuläre Ausdauer zu verbessern, empfehlen Boxexperten Intervalltraining oder Sprints über kurze Strecken. Außerdem empfehlen sie, sich auf Übungen für die Beine zu konzentrieren, um Ihre allgemeine Kraft und Beweglichkeit im Ring zu verbessern.

Achten Sie auf Ihren Körper: Boxen ist ein körperlich anstrengender Sport, und es ist wichtig, dass Sie Ihren Körper nach jedem Kampf pflegen. Boxexperten empfehlen, dass Sie Ihre Muskeln sanft dehnen, viel schlafen, sich gesund zu ernähren und sich mit leichten Übungen oder Yoga abkühlen. Außerdem empfehlen sie, wunde Stellen mit Eispacks zu kühlen und viel Wasser zu trinken, um gut hydriert zu bleiben.

Training mit einem Partner oder Trainer: Boxen ist ein sehr komplexer Sport, daher ist es wichtig, dass Sie jemanden haben, der Sie anleitet und Ihnen dabei hilft, Ihre Technik weiterzuentwickeln. Um sicherzustellen, dass Sie das Beste aus dem Training herausholen, empfehlen Boxexperten, dass Sie mit einem erfahrenen Partner oder Trainer zusammenarbeiten. So erhalten Sie Feedback zu Ihrer Technik und können verschiedene Kombinationen aus einer sicheren Umgebung üben.

Analysieren Sie Ihre Kämpfe und bewerten Sie Ihre Leistung: Um ein besserer Boxer zu werden, müssen Sie Ihre Schwächen und Stärken kennen. Boxexperten empfehlen, dass Sie sich nach jedem Kampf das Filmmaterial des Kampfes ansehen und Ihre Leistung analysieren. So erkennen Sie verbesserungsbedürftige Bereiche und entwickeln Strategien für künftige Kämpfe. Außerdem empfehlen Experten, sich von Trainern oder Ausbildern Feedback zu Ihrer Technik zu holen, damit Sie die notwendigen Verbesserungen vornehmen können.

Das richtige Bandagieren Ihrer Hände: Das richtige Bandagieren Ihrer Hände ist für jeden Boxer eine wichtige Fähigkeit und hilft, Verletzungen im Ring zu vermeiden. Um Ihre Hände richtig zu bandagieren, empfehlen Boxexperten, vier bis sechs Zentimeter Mull um jede Hand zu legen. Legen Sie dann eine Lage Klebeband darüber. Zum Schluss befestigen Sie die Enden mit Klebeband, damit die Bandage gut sitzt und gesichert ist.

Ernähren Sie sich ausgewogen und bleiben Sie hydriert: Eine ausgewogene Ernährung und eine ausreichende Flüssigkeitszufuhr sind entscheidend für eine optimale Leistung im Ring. Boxexperten empfehlen, viel mageres Eiweiß, Vollkornprodukte, Obst und Gemüse zu essen, um Ihr Training zu unterstützen. Außerdem empfehlen sie, über den Tag verteilt viel Wasser zu trinken, damit Ihr Körper hydriert bleibt und optimal funktioniert.

Genügend Ruhe bekommen: Ruhe und Erholung sind für jeden Athleten wichtig, insbesondere für Boxer. Um sicherzustellen, dass Sie genug Ruhe bekommen, empfehlen Boxexperten, jede Nacht acht Stunden Schlaf anzustreben. Sie empfehlen kurze Pausen über den Tag verteilt, um Müdigkeit und Burnout zu vermeiden.

Nehmen Sie sich ausreichend Zeit für Erholung nach den Trainingseinheiten: Boxen ist ein körperlich anstrengender Sport, und es ist wichtig, dass Sie Ihrem Körper nach jeder Trainingseinheit Zeit für angemessene Erholung lassen. Um den Erholungsprozess zu beschleunigen, empfehlen Boxexperten, dass Sie nach jedem Training ein Eisbad zu nehmen und Kompressionskleidung zu tragen, um Schwellungen und Schmerzen zu reduzieren. Außerdem empfehlen sie, jede Woche ein paar Tage Pause zu machen, um Ihrem Körper eine zusätzliche Chance zu geben, sich zu erholen.

Positiv bleiben: Eine positive Einstellung kann den entscheidenden Unterschied für den Erfolg im Ring ausmachen. Um motiviert zu bleiben und sich auf das Training zu konzentrieren, empfehlen Boxexperten, dass Sie, sich realistische Ziele setzen und jeden Meilenstein zu feiern. Außerdem empfehlen sie Ihnen, dass Sie sich in der Gesellschaft von positiven Menschen aufhalten, die Sie auf Ihrem Weg unterstützen und ermutigen.

Von den Besten lernen: Um ein besserer Boxer zu werden, müssen Sie von den Besten lernen. Boxexperten empfehlen, dass Sie sich Videos von Weltklasseboxern ansehen und deren Taktiken studieren. Außerdem empfehlen sie die Lektüre von Büchern und Artikeln, die von erfahrenen Boxern geschrieben wurden, um einen Einblick in die Strategien und Taktiken des Sports zu erhalten.

Üben Sie Visualisierungstechniken: Mentale Stärke ist beim Boxen genauso wichtig wie körperliche Stärke. Zur Verbesserung der Willenskraft empfehlen Boxexperten das Training mit Visualisierungstechniken. Stellen Sie sich zum Beispiel einen Kampf vor und visualisieren Sie die Bewegungen, die Sie machen müssen, um bei dem Kampf erfolgreich zu sein. Außerdem wird empfohlen, dass Sie sich jeden Tag Zeit nehmen, um Visualisierungstechniken zu üben und Ihre mentale Stärke weiter aufzubauen.

Starkes Ende: Um einen Kampf stark zu beenden, empfehlen Boxexperten, dass Sie Ihre Energie für die letzten Runden aufsparen. Sie empfehlen außerdem, dass Sie sich auf Ihre Ziele konzentrieren und sich den Erfolg vorstellen, um bis zum Ende motiviert zu bleiben. Außerdem empfehlen sie, dass Sie tief durchatmen, damit Sie in den letzten Momenten eines Kampfes ruhig und energiegeladen bleiben.

Füße schulterbreit auseinanderstellen: Um Ihre Leistung zu verbessern, sollten Sie sich zunächst auf die Position Ihrer Füße konzentrieren. Achten Sie darauf, dass sie schulterbreit auseinanderstehen. Stellen Sie sich dann gerade hin und halten Sie Ihre Hände in der Nähe Ihres Kopfes. Mit dieser Haltung können Sie sich schnell im Ring bewegen, das Gleichgewicht halten und kraftvolle Schläge austeilen.

Bewegen Sie den hinteren Fuß: Um einen Schlag zu landen, müssen Sie Ihr Gewicht vom hinteren Fuß auf den vorderen Fuß verlagern. Lassen Sie Ihre Füße im Gleichgewicht und bleiben Sie stabil, um die Anspannung während der Bewegung aufrechtzuerhalten, indem Sie Ihr Gewicht gleichmäßig auf Ihre Füße verteilen.

Lassen Sie Ihre Füße parallel und bringen Sie Ihre Hüften nach vorne: Wenn Sie in der Ausgangsposition stehen, sollten Ihre Füße parallel zueinander bleiben. Ihre Füße sollten geradeaus zeigen und nicht nach innen oder außen abgewinkelt sein. Lassen Sie außerdem Ihre Hüften nach vorne, um den Körper auszurichten und das Gleichgewicht zu halten.

Behalten Sie einen niedrigen Körperschwerpunkt bei: Um einen soliden Boxstand zu haben, müssen Sie den Schwerpunkt niedrig halten, indem Sie Ihre Knie leicht beugen. Das hilft Ihnen dabei, das Gleichgewicht zu halten, sich leichter im Ring zu bewegen und zu verhindern, dass Sie von einem gegnerischen Schlag niedergeschlagen werden.

Lassen Sie Ihre Hände oben: Ihre Hände sind beim Boxen Ihre wichtigste Waffe. Lassen Sie sie in der Nähe Ihres Gesichts und Kinns, um zu verhindern, dass Ihr Gegner einen k.o.-Schlag landet. Halten Sie Ihren Ellbogen nahe am Körper und Ihre Führungshand etwas entfernt, um schneller Angriffsmöglichkeiten zu schaffen.

Entspannen Sie Ihre Schultern: Verspannungen in den Schultern können Ihre Bewegungen einschränken und es Ihnen viel schwieriger machen, den Schlägen Ihres Gegners auszuweichen. Achten Sie darauf, dass Ihre Schultern entspannt sind, um Roundhouse-Schläge und Haken erfolgreich durchzuführen.

Lassen Sie Ihren Kopf stets in Bewegung: Wenn Sie im Ring sind, müssen Sie Ihren Kopf ständig bewegen, um Schlägen auszuweichen, indem Sie Ihren Kopf nach oben, unten und zur Seite bewegen. Achten Sie jedoch darauf, dass Ihr Kinn immer auf der Brust bleibt, damit es von Ihrem Gegner nicht getroffen werden kann.

Bleiben Sie leichtfüßig: Bleiben Sie leichtfüßig, um Ihre Reaktionszeit kurz zu halten. Das bedeutet, dass Sie auf und ab hüpfen und Ihre Füße schnell bewegen können, um stets bereit dazu zu sein, einen Schlag zu landen oder einem entgegenkommenden Schlag auszuweichen.

Nutzen Sie den Schlagwinkel: Nutzen Sie Winkel, um sich einen Vorteil gegenüber Ihrem Gegner zu verschaffen. Sie können Sie zum Beispiel eine Öffnung schaffen, indem Sie Ihre Füße in einem diagonalen Winkel bewegen, statt perfekt nach vorne.

Üben Sie eine gute Haltung: Übung ist, wie Sie wissen, das A und O beim Boxen. Sie müssen üben, wie Sie Ihre Haltung beibehalten und verändern können, damit sich Ihre Muskeln an die richtige Haltung erinnern und es Ihnen mit der Zeit leichter fällt, während Ihrer Boxkämpfe die perfekte Haltung einzunehmen.

Boxen kann aufregend und herausfordernd sein, aber mit diesen Tipps von Boxexperten können Sie Ihre Fähigkeiten auf die nächste Stufe bringen. Von der Verbesserung Ihres Gleichgewichts und Ihrer Hand-Augen-Koordination bis hin zur Entwicklung mentaler Stärke und ausreichender Flüssigkeitszufuhr - es gibt unzählige Möglichkeiten, um Ihre Leistung im Ring zu steigern. Egal, ob Sie ein Anfänger oder bereits ein erfahrener Profi sind, das Wichtigste ist immer, dass Sie konzentriert und diszipliniert bleiben und nie aufhören, als Boxer zu lernen und an sich zu arbeiten. Denken Sie daran: Übung macht den Meister.

Bleiben Sie engagiert und arbeiten Sie jeden Tag an Ihren Fähigkeiten. Sie können Ihre Ziele beim Boxen mit harter Arbeit, Ausdauer und Hingabe erreichen. Es ist wichtig, die notwendigen Schritte zu unternehmen, um Verletzungen vorzubeugen, ausreichend zu trinken und Energie zu tanken, sich auszuruhen und Visualisierungstechniken zu üben. So können Sie sicherstellen, dass Sie im Ring gesund bleiben und Ihre Leistung maximieren können. Wenn Sie diese grundlegenden Boxtechniken anwenden, werden Sie auf dem Weg sein, ein besserer Boxer und Champion zu werden.

Kapitel 5: Schläge und Gegenschläge

„Schwebe wie ein Schmetterling, steche wie eine Biene". - Muhammad Ali

Beim Boxen geht es nicht nur darum, Schläge zu verteilen. Viel mehr ist ein Boxkampf wie ein komplizierter Tanz mit vielen Strategien, aufwändiger Beinarbeit und vor allem Schlägen und Gegenschlägen. Dies sind die wesentlichen Elemente, die das Boxen zu dem Sport machen, der es heute ist. Im Ring geht es nicht nur um die Stärke Ihrer Schläge. Es geht vielmehr auch darum, die Bewegungen Ihres Gegners zu nutzen, um den perfekten Gegenschlag zu landen. Ein erfolgreicher Boxer weiß, wie er den nächsten Zug seines Gegners vorhersehen und entsprechend reagieren kann. So entwickelt sich der Kampf wie ein Schachspiel, bei dem Sie Ihrem Gegner immer einen Schritt voraus sein müssen.

Schläge und Gegenschläge sind die Bausteine des Boxens, und wenn Sie sie beherrschen, sind Sie dem Ziel, zu einem großen Boxer zu werden, einen Schritt näher gekommen. Dieses Kapitel ist in Abschnitte unterteilt, die sich jeweils auf einen bestimmten Schlag oder Gegenschlag konzentrieren. Es erklärt den Zweck jedes Schlags und Gegenschlages, die Mechanik dahinter, häufige Fehler, die Sie vermeiden sollten, und Übungen, die Ihnen dabei helfen, sich zu verbessern. Nach der Lektüre dieses Kapitels sind Sie auf dem besten Weg, ein Meister im Ring zu werden.

Einführung in das Boxen mit Schlägen: Die Grundlagen und Sicherheitstipps

Boxschläge sind eine grundlegende Fähigkeit, die für einen erfolgreichen Kampf gemeistert werden muss. Es geht jedoch nicht darum, harte Schläge zu landen und Ihren Gegner zu besiegen. Beim Boxen geht es eher um eine Menge Technik und Sicherheit. Daher ist es wichtig, die Grundlagen der Boxschläge und ihren Zweck, die richtige Technik und die nötigen Sicherheitstipps zu kennen, um Ihr Verletzungsrisiko zu verringern.

Zweck der Schläge

Boxschläge zielen darauf ab, Punkte zu erzielen oder Ihren Gegner auszuknocken. Das Erzielen von Punkten bietet Ihnen eine technische Möglichkeit, um einen Boxkampf zu gewinnen. Ein Boxer muss die richtigen Schläge präzise und effektiv durchführen, um Punkte zu erzielen. Ein k.o. ist jedoch die beliebteste Art, wie ein Boxer ein Spiel gewinnt. Um Ihren Gegner k.o. zu schlagen, müssen Sie einen kräftigen Schlag durchführen, der den Gegner zu Fall bringt oder ihn das Bewusstsein verlieren lässt. Knockouts werden nicht nur durch kräftige Schläge erzielt. Sie können auch durch wiederholte Schläge erzielt werden, die den Gegner ermüden und ihn verwundbar machen.

Sicherheitstipps für Schläge

Boxhiebe können gefährlich sein, wenn sie nicht richtig durchgeführt werden. Daher sollte die Sicherheit beim Üben von Boxschlägen immer an erster Stelle stehen. Hier sind einige Tipps, die Ihnen dabei helfen, sich beim Üben zu schützen:

1. Tragen Sie immer die erforderliche Schutzausrüstung, wie beispielsweise Handschuhe, Kopfschutz, Mundschutz, Ellbogen- und Knieschoner, um das Verletzungsrisiko zu minimieren.
2. Wärmen Sie sich auf, bevor Sie mit den Schlägen beginnen, um Muskelverletzungen zu vermeiden. Dehnen Sie sich vor und nach dem Training, damit Ihre Muskeln entspannt bleiben.
3. Lassen Sie sich beim Training immer von einem Trainer beaufsichtigen, um Ihre Sicherheit zu gewährleisten und schlechte Angewohnheiten zu vermeiden.
4. Nehmen Sie sich immer Zeit und überstürzen Sie nichts. Machen Sie Pausen zwischen den Schlägen und hören Sie auf Ihren Körper.

Grundlegende Schlagmechanik

Zu den grundlegenden Schlagtechniken beim Boxen gehören unter anderem der Jab, der Kreuzschlag, der Uppercut und der Haken. Das Verständnis der grundlegenden Schlagtechniken ist wichtig, um Ihre Fähigkeiten zu entwickeln und Verletzungen zu vermeiden. Der sogenannte „Jab" ist ein schneller gerader Schlag, der mit der

Führungshand durchgeführt wird. Der Kreuzschlag ist hingegen ein gerader Schlag, der mit der hinteren Hand durchgeführt wird. Der Aufwärtshaken ist ein Schlag, der von unten gegen das Kinn Ihres Gegners gerichtet wird, indem Sie die Beine und den Rumpf beugen. Der Hakenschlag ist schließlich ein seitlicher Schlag, bei dem Sie den Arm in einem stumpfen Winkel abwinkeln und mit den Fingerknöcheln auf die Gesichtsseite des Gegners schlagen.

Bei der Schlagmechanik geht es um die richtige Ausrichtung des Schlags, den optimalen Stand und die Beinarbeit. Die richtige Schlagausrichtung basiert auf der richtigen Körperhaltung, um Ihre Kraft und Genauigkeit zu maximieren. Die Boxhaltung bedeutet, dass Sie mit schulterbreit auseinanderstehenden Füßen aufrecht stehen können, wobei ein Fuß leicht vor dem anderen steht. Die Beinarbeit bedeutet, dass Sie Ihre Füße nicht nur zur Bewegung, sondern auch zur Erzeugung von Kraft einsetzen können.

Um ein guter Boxer zu werden, ist es wichtig, die Grundlagen der Boxschläge und ihren jeweiligen Zweck zu kennen. Dazu gehört, dass Sie die Sicherheitstipps für die Ausführung von Schlägen, die grundlegende Schlagmechanik und die richtige Haltung und Ausrichtung kennen. Wenn Sie diese grundlegenden Fähigkeiten üben und perfektionieren, können Sie ein besserer Boxer werden und Ihr Verletzungsrisiko verringern. Denken Sie immer an die Sicherheit und hören Sie beim Training auf Ihren Körper. Die Entwicklung Ihrer Schlagfertigkeit beim Boxen erfordert Geduld, Hingabe und Übung.

Den Jab meistern: Eine Einführung für Anfänger

Der Jab ist einer der grundlegendsten Schläge, die Sie beherrschen müssen. Er mag Ihnen wie ein einfacher Schlag erscheinen, aber ein gut platzierter Jab kann den Unterschied im Ausgang eines Kampfes ausmachen. Ein schneller und effektiver Jab kann Ihren Gegner in Schach halten, andere Schläge vorbereiten und, was am wichtigsten ist, Punkte machen. In diesem Abschnitt erfahren Sie alles, was Sie über den Jab wissen müssen, einschließlich seiner Definition, seines Zwecks, seiner Ausführung, häufiger Fehler, die Sie vermeiden sollten, und Trainingsübungen zur Verbesserung Ihrer Technik.

Definition und Zweck eines Jabs

Der Jab ist ein schneller, gerader Schlag, der beim Boxen mit der Führhand ausgeübt wird. Sein Hauptzweck ist es, Ihren Gegner in Schach zu halten, so dass Sie Abstand gewinnen und andere Schläge vorbereiten können. Mit dem Jab erzielen Sie effektiv Punkte und stören den Rhythmus Ihres Gegners. Der Jab ist der häufigste Schlag beim Boxen und es gibt zahlreiche Variationen, darunter den Doppel Jab, den Dreifach Jab und den Jab auf den Körper.

Ein Jab kann in einem Kampf den Unterschied ausmachen. [18]

Schritt-für-Schritt Vorbereitung und Ausüben des Jab
Um einen Jab richtig auszuüben, sollten Sie die folgenden Schritte befolgen:
1. Beginnen Sie mit schulterbreit auseinanderstehenden Füßen, leicht gebeugten Knien und gleichmäßig verteiltem Gewicht.
2. Ihre Führungshand sollte in Höhe des Kinns platziert werden, wobei Ihr Ellbogen angewinkelt und Ihr Handgelenk gerade bleiben sollte.
3. Wenn Sie bereit für den Jab sind, treten Sie mit dem vorderen Fuß nach vorne und strecken Ihren Arm gerade aus, wobei Sie Ihr Handgelenk leicht drehen müssen.
4. Ihre Schultern und Hüften sollten leicht rotiert werden, um Kraft zu erzeugen, aber strecken Sie Ihren Arm nicht zu weit vom Körper weg und lehnen Sie sich nicht nach vorne.
5. Sobald Ihr Jab sein Ziel getroffen hat, ziehen Sie Ihren Arm schnell wieder zum Kinn zurück und vermeiden Sie dabei unnötige Bewegungen.
6. Lassen Sie Ihre freie Hand oben, um die Deckung Ihres Gesichts zu erhalten und bleiben Sie leichtfüßig, stets dazu bereit, sich erneut zu bewegen oder einen weiteren Schlag zu landen.

Häufige Fehler, die Sie vermeiden sollten
Hier sind einige häufige Fehler, die Sie beim Durchführen eines Jabs vermeiden sollten:
1. Wenn Sie Ihren Arm zu weit ausstrecken, sind Sie verwundbar und verlieren an Kraft. Lassen Sie Ihren Arm gerade, aber nie vollständig ausgestreckt, und üben Sie, ihn schnell wieder zurückzuziehen, um diesen Fehler zu vermeiden.
2. Wenn Sie mit Ihrem Jab zugreifen, verlieren Sie an Kraft und sind anfällig für Gegenschläge. Machen Sie stattdessen einen Schritt nach vorne in den Schlag hinein und lassen Sie dabei Ihr Kinn nach unten gedrückt.
3. Wenn Sie beim Jab nicht weit genug nach vorne treten, kann dies zu einem schwachen oder unwirksamen Schlag führen. Treten Sie stattdessen schnell mit dem vorderen Fuß nach vorne, bevor Sie Ihren Jab werfen.
4. Vermeiden Sie dabei den Fehler, Ihren Schlag zu telegrafieren, indem Sie Ihren Körper oder Ihre Hand vor dem Wurf positionieren. Erlauben Sie Ihrem Gegner nicht, Ihre Bewegung vorauszusehen und eine Verteidigung vorzubereiten.

Trainingsübungen zur Verbesserung Ihres Jabs
Der Jab ist der wichtigste Schlag beim Boxen und sollte im Mittelpunkt Ihres Trainings stehen. Ein guter Jab bereitet Ihre anderen Schläge vor und hilft dabei Ihnen, den Kampf zu dominieren. Probieren Sie die folgenden Übungen aus, um Ihre Jab-Technik zu verbessern.

Wand Jab Drill: Stellen Sie sich ein paar Meter von einer Wand entfernt hin und üben Sie, Jabs gegen die Wand zu imitieren. Konzentrieren Sie sich auf den Aufbau und die Durchführung des Schlags und achten Sie darauf, häufige Fehler zu vermeiden. Stellen Sie sich einen Gegner, der vor der Wand steht vor und üben Sie Ihre Technik, ohne tatsächlich einen Widerstand zu treffen.

Schattenboxen: Beim Schattenboxen lernen Sie, wie man Jabs und anderen Schlägen ohne den Druck eines echten Gegners ausweicht.

Sandsack: Die Arbeit an Ihrer Geschwindigkeit und Genauigkeit am Sandsack bietet Ihnen eine großartige Möglichkeit, um das schnelle und präzise Platzieren von Jabs zu üben.

1-2-3 Drill: Schlagen Sie einen Jab, und folgen Sie der ersten Bewegung dann mit der anderen Hand. Beenden Sie die Übung mit einem Hakenschlag, der gegen den Körper gerichtet ist. Wiederholen Sie diese Übung 3 Minuten lang, ruhen Sie sich 1 Minute lang aus und wiederholen Sie sie dann weitere dreimal.

Übung mit dem Sandsack mit doppeltem Ende: Richten Sie einen Jab gegen das obere Ende, und attackieren Sie anschließend zügig das andere Ende. Wiederholen Sie dies 30 Sekunden lang, ruhen Sie sich 30 Sekunden lang aus und wiederholen Sie die Übung dreimal.

Fokussierter Handschuhdrill: Lassen Sie sich von einem Partner einen Handschuh oder ein Schlagpolster vor das Gesicht halten und attackieren Sie es mit Schlägen, während Sie sich um Ihren Partner herum bewegen. Wiederholen Sie dies 3 Minuten lang, ruhen Sie sich 1 Minute lang aus und wiederholen Sie die Übung weitere dreimal.

Partnerübung: Sparring mit einem Partner kann Ihnen helfen, das Gelernte in einer echten Kampfsituation anzuwenden. Beginnen Sie langsam, konzentrieren Sie sich auf die Technik und steigern Sie die Intensität allmählich, wenn Sie sich verbessern.

Den Kreuzschlag im Boxen meistern: Eine Schritt-für-Schritt-Anleitung

Ein Kreuzschlag ist einer der effektivsten Schläge im Boxen. [14]

Boxen mag, wenn Sie Profis im Ring beobachten, mühelos aussehen - aber jede Bewegung erfordert viel harte Arbeit, Geschick und Kraft. Ein Kreuzschlag ist einer der effektivsten Schläge im Boxen und kann den Kampf innerhalb von Sekunden verändern. Daher ist es eine wesentliche Technik, die jeder Boxer beherrschen sollte, um zu einem beeindruckenden Gegner im Ring zu werden. Dieser Abschnitt befasst sich mit der Definition, dem Zweck und der Durchführung sowie häufigen Fehlern und Trainingsübungen, um Ihren Kreuzschlag im Boxen zu verbessern.

Definition und Zweck eines Kreuzschlags

Ein Kreuzschlag, auch bekannt als „Straight", ist ein kraftvoller Schlag, der von Ihrer hinteren Hand ausgeht in der Regel von Ihrer rechten Hand, wenn Sie Rechtshänder sind, oder umgekehrt, wenn Sie Linkshänder sind. Der Zweck des Kreuzschlags ist es, Abstand zwischen Ihnen und Ihrem Gegner zu schaffen und gleichzeitig einen kraftvollen Schlag gegen den Kopf oder den Körper des Gegners durchzuführen. Außerdem dient der Kreuzschlag oft als Vorbereitung für andere Schläge, wie etwa einen Haken oder einen Uppercut.

Schritt-für-Schritt Erklärung zum Ausüben eines Kreuzschlags
Um einen Kreuzschlag zu landen, sollten Sie folgendermaßen vorgehen:
1. Stellen Sie Ihre Füße schulterbreit auseinander, wobei der linke Fuß leicht nach vorne und der rechte Fuß leicht nach hinten zeigen sollte.
2. Bringen Sie als Nächstes Ihre Fäuste nach oben, die Ellbogen eng an den Körper und das Kinn nach unten, um sich vor Gegenangriffen zu schützen.
3. Benutzen Sie aus dieser Position heraus Ihre Hüften, Ihre Körpermitte und Ihre Schultern, um Ihren Körper zu drehen, während Sie Ihren hinteren Arm strecken, um den Schlag in Richtung Ihres Ziels durchführen.
4. Denken Sie daran, Ihr Handgelenk so zu drehen, dass Ihre Knöchel beim Kontakt mit Ihrem Gegner senkrecht stehen.
5. Erholen Sie sich zuletzt, indem Sie Ihre Rückhand schnell wieder in ihre ursprüngliche Position zurückbringen, nahe an Ihr Gesicht.

Häufige Fehler, die Sie vermeiden sollten
Viele Menschen nutzen den Kreuzschlag, ohne sich vorzubereiten. Ein erfolgreiches Kreuz erfordert jedoch mehr als nur einen kräftigen Schlag. Er muss richtig zeitlich abgestimmt sein und Ihren ganzen Körper einsetzen. Hier sind weitere häufige Fehler, die Sie vermeiden sollten:
1. **Nicht mit dem richtigen Gewicht üben:** Der Kreuzschlag ist ein mächtiger Schlag, und wenn Sie nicht daran gewöhnt sind, ihn mit dem richtigen Gewicht auszuüben, werden Sie in einem Kampf nicht die gleiche Kraft entwickeln. Verwenden Sie beim Üben einen schweren Sandsack, der die Belastung aushält und mit dem Sie Ihre Schläge mit dem richtigen Gewicht üben können.
2. **Sie halten Ihre Deckung nicht aufrecht:** Denken Sie daran, Ihr Kinn unten zu lassen, die Ellbogen einzuziehen, wenn Sie den Kreuzschlag nutzen, und auf einen Gegenschlag vorbereitet zu sein.
3. **Wilde Schläge austeilen:** Dieser Fehler wird Sie in einem Kampf schnell außer Gefecht setzen. Seien Sie konservativ mit Ihren Schlägen, und kontrollieren Sie Ihre Bewegungen und riskieren Sie Schläge nur, wenn Sie eine Chance haben.
4. **Ziehen Sie Ihre Schläge nicht durch:** Strecken Sie den Arm vollständig aus, lassen Sie die Handgelenke beim Schlag einschnappen und nutzen Sie Ihr ganzes Körpergewicht mit in den Schlag.
5. **Das Gleichgewicht verlieren:** Lassen Sie Ihre Füße fest auf dem Boden, wenn Sie den Ball werfen. Außerdem sollten Sie Ihren Körper locker und entspannt lassen, damit Sie Ihr Gewicht schnell von einem Fuß auf den anderen verlagern können.

Trainingsübungen, um Ihren Kreuzschlag zu verbessern
Wie jede Boxtechnik erfordert auch das Beherrschen des Kreuzschlags konsequentes Üben. Um Ihren Kreuzschlag zu verbessern, finden Sie hier einige Trainingsübungen, die Sie einsetzen können:
1. **Jab-Kreuzschlag-Drill:** Stellen Sie sich in Ihre Ausgangsposition, halten Sie die linke Hand vor sich und die rechte Hand an Ihr Kinn. Schlagen Sie mit der linken Hand zu und kreuzen Sie dann sofort mit der rechten Hand. Bewegen Sie sich beim Kreuzschlag zur Seite, so dass Sie nicht mehr vor Ihrem Gegner stehen, und dementsprechend nicht von dessen Gegenschlag getroffen werden können. Wiederholen Sie diese Übung 30 Sekunden lang.
2. **Jab-Jab-Kreuzschlag-Drill:** In der gleichen Position wie bei der ersten Übung, mit der linken Hand ausgestreckt und der rechten Hand am Kinn. Schlagen Sie zweimal mit der linken Hand zu und kreuzen Sie dann mit der rechten Hand. Wenn Sie kreuzen, machen Sie einen Schritt nach vorne, so dass Sie vor Ihrem Gegner stehen. Auf diese Weise können Sie Ihren Schlag landen und einen Folgeangriff vorbereiten. Wiederholen Sie diese Übung 30 Sekunden lang.
3. **Jab-Kreuzschlag-Uppercut Drills:** Nehmen Sie die gleiche Position ein wie bei den ersten beiden Übungen, wobei Ihre linke Hand ausgestreckt ist und Ihre rechte Hand an Ihrem Kinn liegt. Schlagen Sie mit der linken Hand zu und kreuzen Sie dann sofort mit der rechten Hand. Während Sie kreuzen, schlagen Sie mit Ihrer linken Hand einen Uppercut. Sie werden Ihren Gegner

überrumpeln und einen kräftigen Schlag landen. Wiederholen Sie diese Übung 30 Sekunden lang.

Die Kunst des Hakenschlags: Verbessern Sie Ihre Boxfähigkeiten

Der Hakenschlag ist eine Schlagtechnik, mit der Sie den Gegner von der Seite treffen. [16]

Ein Hakenschlag ist ein kraftvoller Schlag, der mit Geschwindigkeit, Genauigkeit und Technik kombiniert wird. Er ist ein großartiges Werkzeug in Ihrem Arsenal, egal, ob Sie ein Anfänger oder ein erfahrener Boxer sind. Dieser Abschnitt behandelt die Definition und den Zweck eines Hakenschlags, eine Schritt-für-Schritt-Anleitung für den Aufbau und das Ausüben eines Hakenschlags, häufige Fehler, die Sie vermeiden sollten, und Trainingsübungen zur Verbesserung Ihres Hakenschlags.

Definition und Zweck eines Hakenschlags

Ein Haken ist eine Schlagtechnik im Boxen, die genutzt wird, um einen Gegner von der Seite zu treffen, entweder gegen den Kopf oder gegen den Körper. Es handelt sich um einen effektiven Schlag, der Ihnen hervorragendes Timing und eine gute Koordination abverlangt. Ziel des Hakenschlags ist es, einen entscheidenden Schlag zu landen und dabei die Kontrolle und Genauigkeit beizubehalten. Ein richtig platzierter Hakenschlag kann den Unterschied zwischen Sieg und Niederlage in einem Kampf ausmachen.

Schritt-für-Schritt-Aufbau und Durchführung des Hakenschlags

Das erfolgreiche Durchführen eines Hakenschlags erfordert Geduld und Übung. Hier finden Sie eine Schritt-für-Schritt-Anleitung dafür, wie Sie sich auf den Hakenschlag vorbereiten und ihn durchführen können:

1. Stellen Sie sich in eine Position, von der aus Sie den Gegner gut im Blick behalten können.
2. Verlagern Sie Ihr Gewicht auf den hinteren Fuß und lassen Sie dabei den Ellbogen dicht am Körper.
3. Stellen Sie sich auf den Fußballen und drehen Sie Ihre Hüfte in Richtung Ihres Gegners, während Sie Ihren Arm in einer kreisförmigen Bewegung schwingen.

4. Zielen Sie auf die Schläfe, die Wange oder die Rippen Ihres Ziels ab und landen Sie den Schlag mit den Knöcheln Ihres Mittel- und Zeigefingers.
5. Halten Sie immer Ihren anderen Arm hoch, um sich zu schützen, und seien Sie auf Gegenangriffe vorbereitet.

Häufige Fehler, die Sie vermeiden sollten

Ein Hakenschlag ist zwar ein mächtiger und effektiver Schlag, aber es ist wichtig, dass Sie die unvermeidlichen Fehler dabei vermeiden:

1. **Sie drehen Ihren Körper nicht genug:** Sie müssen Ihren ganzen Körper und Ihre Hüfte während des Schlags drehen, um maximale Kraft zu erzeugen.
2. **Den Ellenbogen nicht nahe am Körper halten:** Das verringert die Kraft Ihres Schlags und macht es Ihrem Gegner leichter, zu blockieren oder zu kontern.
3. **Nicht auf dem Fußballen schwenken:** Sie müssen sich auf dem Fußballen drehen, um genügend Kraft zu erzeugen, damit der Schlag effektiv landen kann.
4. **Nicht auf das richtige Ziel zielen:** Sie müssen auf die Schläfe, die Wange oder die Rippen Ihres Ziels zielen, um den Schlag mit maximaler Kraft zu landen.
5. **Zu hohe oder zu niedrige Treffer:** Zielen Sie immer auf das richtige Ziel ab, um maximale Kraft und Genauigkeit zu gewährleisten.
6. **Sie machen sich angreifbar für Gegenangriffe:** Halten Sie Ihren anderen Arm immer oben, um sich vor Gegenangriffen zu schützen.

Trainingsübungen zur Verbesserung Ihres Hakenschlags

Sie können verschiedene Übungen machen, um die Genauigkeit und Kraft Ihres Hakenschlags zu verbessern. Hier sind ein paar Beispiele:

1. **Seilspringen:** Das Seilspringen ist eine großartige Methode, um Ihre Beinarbeit und Koordination zu verbessern. Konzentrieren Sie sich darauf, sich beim Seilspringen schnell und geschmeidig zu bewegen. Das wird Ihnen dabei helfen, die Beinarbeit zu entwickeln, die Sie brauchen, um präzise und kraftvolle Hakenschläge durchzuführen.
2. **Boxhandschuhe:** Boxhandschuhe bieten Ihnen eine großartige Möglichkeit, die Genauigkeit und Kraft Ihrer Schläge zu verbessern. Konzentrieren Sie sich bei der Arbeit mit Boxhandschuhen darauf, präzise und kraftvolle Schläge zu landen; das wird Ihnen helfen, diese Fähigkeiten in den Ring zu übertragen.
3. **Reflexball:** Ein Reflexball gibt Ihnen ein hervorragendes Hilfsmittel für die Entwicklung der Hand-Augen-Koordination. Konzentrieren Sie sich darauf, den Ball so schnell wie möglich zu treffen; das wird Ihnen dabei helfen, diese Fähigkeiten in den Ring zu übertragen.
4. **Schwerer Sandsack:** Eine der besten Möglichkeiten, Ihre Haken zu verbessern, ist das Training an einem schweren Sandsack. Ein schwerer Sandsack hilft Ihnen dabei, Kraft und Genauigkeit bei Ihren Hakenschlägen zu entwickeln. Sie sollten sich darauf konzentrieren, Ihre Hakenschläge mit der Absicht auszuüben, Ihren Gegner auszuknocken.
5. **Schattenboxen:** Das Schattenboxen ist eine großartige Möglichkeit, an Ihrer Technik zu arbeiten, ohne dass ein Gegner anwesend ist. Am besten wäre es, wenn Sie sich darauf konzentrieren, präzise und kraftvolle Schläge zu landen. Schattenboxen hilft Ihnen, das Muskelgedächtnis zu entwickeln, um im Ring beeindruckende kraftvolle Hakenschläge zu landen.

Ein Hakenschlag ist eine Technik, die Zeit und Übung erfordert, bis Sie sie richtig beherrschen. Wenn Sie den Hakenschlag mit in Ihr Training einbeziehen, verbessern Sie Ihre allgemeinen Boxfähigkeiten und verschaffen sich einen Vorteil im Ring. Denken Sie daran, sich auf Ihre Technik zu konzentrieren, auf das richtige Ziel abzuzielen und sich immer zu schützen. Mit diesen Tipps und Trainingsübungen werden Sie schnell auf dem besten Weg sein, kraftvolle Haken wie ein Profiboxer zu schlagen. Üben Sie weiter und geben Sie niemals auf.

Wie man den Uppercut meistert

Ein Uppercut kann dem Gegner einen k.o.-Schlag versetzen. [16]

Der Uppercut ist ein mächtiges Werkzeug, das Sie Ihrem Boxarsenal hinzufügen können. Dieser Schlag ist für einen k.o.-Schlag gedacht und ist im Kampf sehr nützlich. Allerdings erfordert die korrekte Ausführung eines Uppercut viel Geschick und Übung. Dieser Abschnitt führt Sie durch die Definition, den Zweck und die Ausführung des Uppercut. Außerdem erhalten Sie Tipps zur Vermeidung häufiger Fehler und Trainingsübungen, um Ihren Uppercut zu verbessern.

Definition und Zweck eines Uppercut

Der Uppercut ist ein kurzer Schlag, der nach oben zum Kinn oder zum Rumpf des Gegners geworfen wird. Der Uppercut sorgt für einen k.o.-Schlag, indem er die Deckung des Gegners ausnutzt. Die meisten Boxer setzen den Uppercut ein, wenn der Gegner sich nach vorne lehnt oder versucht, eine Bewegung zu machen. Dieser Schlag ist sehr effektiv, wenn der Gegner versucht, sich Ihnen zu nähern.

Schritt-für-Schritt Aufbau und Durchführung des Uppercut

Hier erfahren Sie, wie Sie den Uppercut richtig durchführen:

1. Stellen Sie sich in Ihre Boxposition, die Füße schulterbreit auseinander und das Kinn nach unten.
2. Verlagern Sie Ihr Gewicht auf den hinteren Fuß und stellen Sie sich auf den Fußballen. Das gibt Ihnen Kraft und Hebelwirkung für den Schlag.
3. Halten Sie Ihren Ellbogen nahe am Körper und werfen Sie den Schlag mit den Knöcheln Ihrer Mittel- und Zeigefinger nach oben.
4. Zielen Sie auf das Kinn oder den Solarplexus des Gegners und setzen Sie Ihren Körper ein.
5. Kehren Sie nach dem Schlag in Ihre Haltung zurück und seien Sie sofort auf einen Gegenangriff vorbereitet.

Häufige Fehler, die Sie vermeiden sollten

Von allen Schlägen ist der Uppercut oft einer der am meisten missbrauchten oder übermäßig angewandten. Hier sind einige häufige Fehler, die Sie vermeiden sollten:

1. **Hetzen:** Nehmen Sie sich Zeit und überstürzen Sie den Schlag nicht. Vergewissern Sie sich, dass Sie den Schlag richtig vorbereitet haben, bevor Sie ihn durchführen.
2. **Erreichen:** Warten Sie, bis Sie mit dem Schlag nach Ihrem Gegner greifen. Halten Sie ihn nah am Körper und drehen Sie sich auf den Fußballen, um Kraft und Hebelwirkung zu erzielen.
3. **Den Schutz senken:** Halten Sie Ihr Kinn immer unten und Ihre Deckung oben. Ein freiliegendes Kinn könnte ein potenzielles Ziel für einen Gegenschlag sein.
4. **Nicht laden:** Laden Sie den Schlag auf, indem Sie Ihr Gewicht auf den hinteren Fuß verlagern, bevor Sie ihn werfen.
5. **Absenken des Ellbogens:** Halten Sie Ihren Ellenbogen beim Schlag nahe am Körper. Das erhöht die Kraft des Schlags und verhindert, dass Sie gekontert werden.

Trainingsübungen zur Verbesserung Ihres Uppercut

Um Ihren Uppercut zu perfektionieren, sollten Sie die folgenden Trainingsübungen in Ihre Routine einbauen:

1. **Faust-Bewegungen:** Üben Sie, Ihre Faust aus der Deckung in die Uppercutposition und wieder zurück zu bewegen. Halten Sie Ihre Hand bei der Bewegung nah am Körper.
2. **Sparringspartner:** Suchen Sie sich einen Partner und üben Sie den Uppercut auf Fokusmatten oder schweren Säcken. Das Ziel ist es, den Schlag richtig vorzubereiten und auszuführen.
3. **Schattenboxen:** Üben Sie den Uppercut vor einem Spiegel oder ohne Spiegel. Konzentrieren Sie sich darauf, sich richtig aufzustellen und den Schlag mit der richtigen Form und Kraft zu werfen.
4. **Üben Sie selbständig den** Uppercut: Führen Sie den Uppercut selbstständig aus und achten Sie auf die Details. Konzentrieren Sie sich auf Ihre Form, Ihre Kraft und Ihr Timing. Je mehr Sie den Elementen Aufmerksamkeit schenken, desto besser wird Ihr Aufwärtshaken werden.
5. **Mit Kombinationen nachziehen:** Kombinieren Sie Uppercuts mit anderen Schlägen, nachdem Sie die Form perfektioniert haben. So können Sie lernen, den Schlag mit verschiedenen Schlägen zu verwenden.

Wie Sie Ihre Konterschläge im Boxen perfektionieren

Mit Konterschlägen können Sie die Schläge Ihres Gegners abwehren. [17]

Der große Boxer Muhammad Ali war für seine schnelle Beinarbeit und seinen kraftvollen Konterschlag bekannt. In einer Sportart wie dem Boxen kann es Ihnen einen erheblichen Vorteil verschaffen, wenn Sie die Bewegungen Ihres Gegners voraussehen und erfolgreich kontern können. Der Konterschlag ist eine strategische Bewegung, mit der Sie die Schläge Ihres Gegners ablenken und kontern können, während Sie Ihre Energie sparen und Ihre Chancen auf einen Treffer maximieren. In diesem Abschnitt geht es um die Definition und den Zweck eines Konterschlags, den schrittweisen Aufbau und die Durchführung. Außerdem erfahren Sie, wie Sie häufige Fehler vermeiden können, und Trainingsübungen zur Verbesserung Ihrer Konterschlagsfähigkeiten durchführen können.

Definition und Zweck eines Konterschlags

Der Konterschlag ist ein Schlag, den Sie erst einsetzen können, nachdem Sie einem Schlag Ihres Gegners ausgewichen sind. Der Gegenschlag zielt darauf ab, die Fehler Ihres Gegners auszunutzen, indem Sie ihn überrumpeln und sich dadurch eine Angriffsmöglichkeit verschaffen. Er ermöglicht es dem Konterschläger, die Runde dauerhaft zu beherrschen. Bei einem effektiven Gegenschlag kommt es vor allem auf Timing und Präzision an.

Schritt-für-Schritt Aufbau und Durchführung des Konterschlags

Denken Sie daran, dass der Konterschlag sparsam eingesetzt werden sollte. Mit den folgenden grundlegenden Schritten können Sie einen Gegenangriff vorbereiten und durchführen:

1. Gehen Sie dem Schlag Ihres Gegners aus dem Weg, indem Sie sich leicht zur Seite lehnen und Ihr Kinn nach unten drücken. So können Sie einen Gegenschlag durchführen.
2. Bringen Sie Ihren Schutz wieder nach oben und Ihre Faust nach vorne, während Sie sich auf Ihren Fußballen drehen.
3. Setzen Sie Kraft und Geschwindigkeit ein, um Ihren Schlag zu landen, während Sie Ihre Ellbogen nahe am Körper und Ihr Kinn unten halten.
4. Kehren Sie in die Deckungsposition zurück, sobald Sie den Schlag beendet haben.

Wenn Sie einen Schlag einstecken, bewegen Sie Ihren Oberkörper, Ihren Kopf und Ihre Füße weg von dem Schlag, der Sie zu treffen droht. Wenn es sich bei dem eingehenden Schlag um einen Jab handelt, weichen Sie in Richtung der Außenseite des Jabs aus und führen Sie einen Konterschlag in Richtung Kopf durch. Wenn ein Hakenschlag auf Sie zukommt, drehen Sie Ihre Füße weg, bewegen Sie Ihre Hüfte und schlagen Sie mit einem Konterschlag in Richtung Gesicht oder Körper. Bei eingehenden Uppercuts sollten Sie sich zur Seite lehnen und mit einem Schlag gegen Kopf oder Körper antworten.

Häufige Fehler, die Sie vermeiden sollten

Wenn Sie einen Konterschlag einsetzen wollen, sollten Sie die folgenden häufigen Fehler vermeiden:

1. **Zu langsam sein:** Denken Sie daran, Ihren Gegenschlag zeitlich genau richtig abzustimmen. Wenn Sie zu lange mit Ihrem Schlag warten, hat Ihr Gegner Zeit, sich zu erholen und einen weiteren Treffer zu landen.
2. **Das Gleichgewicht verlieren:** Achten Sie auf Ihr Gleichgewicht, indem Sie Ihre Füße, Knie und Hüften in einer geraden Linie lassen. Das hilft Ihnen, sich schnell zu bewegen und einen kraftvollen Konterschlag zu landen.
3. **Die Bewegung des Gegners nicht richtig einschätzen:** Achten Sie immer auf die Zeichen eines kommenden Schlags und antizipieren Sie die nächste Bewegung Ihres Gegners.
4. **Nicht die richtige Körperposition beibehalten:** Lassen Sie die Ellbogen angewinkelt, das Kinn unten und die Deckung aufrecht, damit Sie sich schnell bewegen und das Gleichgewicht halten können.

Trainingsübungen zur Verbesserung Ihrer Konterschlagsfähigkeiten

Im Folgenden finden Sie einige Trainingsübungen, die Ihnen dabei helfen, Ihre Fähigkeiten beim Konterschlag zu verbessern:

1. Doppelschritt-Drill: Bei dieser Übung weichen Sie zwei Jabs aus, bevor Sie einen Konterschlag platzieren.
2. Jab/Kreuzschlag: Bei dieser Übung weichen Sie einem Jab aus und kontern mit einem Kreuzschlag.
3. Hakenschlag/Uppercut-Drill: Bei dieser Übung nutzen Sie einen Hakenschlag und kontern mit einem Aufwärtshaken.
4. Schattenbox-Drill: Diese Übung beinhaltet Schattenboxen und sorgfältige Arbeit an Ihrem Timing.
5. Doppelter Uppercut-Drill: Bei dieser Übung werden zwei Uppercuts hintereinander eingesetzt, bevor Sie einen Konterschlag durchführen.

Das regelmäßige Üben dieser Schlagabläufe verbessert Ihr Timing, Ihre Kraft und Ihre Genauigkeit. Ihr Training hilft Ihnen, den effektiven Konterschlag erfolgreich zu vollenden. Außerdem können Sie mit diesen Tipps und Tricks Ihre Chancen maximieren, und mit etwas Übung einen kraftvollen Schlag landen.

Dieses Kapitel hat Ihnen einen Überblick über die verschiedenen Schläge und Gegenschläge beim Boxen gegeben. Dadurch haben Sie gelernt, mit welchen Trainingsübungen Sie Ihre Fähigkeiten verbessern können. Von Jabs und Kreuzschlägen bis hin zu Hakenschlägen und Uppercuts haben Sie die Grundlagen der einzelnen Schläge gelernt und erfahren, wie Sie einen Gegenschlag effektiv zeitlich einschätzen und durchführen können. Mit der nötigen Übung und Hingabe können Sie einen effektiven Konterschlag einsetzen, die Fehler Ihres Gegners ausnutzen und Ihre Chancen auf den Sieg in der Runde erhöhen. Viel Glück!

Kapitel 6: Verteidigungsstrategien und Tipps

Während der erfolgreiche Schlagaustausch der wohl auffälligste Teil des Sports ist, ist die Kunst der Verteidigung ebenso wichtig. Eine gute Verteidigung kann Ihnen dabei helfen, Schläge zu vermeiden und Energie zu sparen, wenn es darauf ankommt. Erfahrene Boxer können Schlägen ausweichen, sich durch die Deckung des Gegners hindurchschlängeln und mit ihrer Beinarbeit den Angriffen ausweichen. Das ist nicht einfach, aber das Ergebnis ist die Mühe wert. Eine erfolgreiche Verteidigung kann Ihnen den Vorteil verschaffen, aus einem brutalen Kampf siegreich hervorzugehen.

Dieses Kapitel befasst sich mit Tipps und Techniken für das defensive Boxen. Es zeigt Ihnen, wie Sie verschiedene Schläge blockieren und abwehren können, wie Sie Ihren Kopf verteidigen, die richtige Beinarbeit anwenden, ausweichen, den Gegner umklammern, rollen, Schläge parieren und sich drehen können. Diese entscheidenden Elemente des defensiven Boxens versetzen Sie in eine optimale Position, die Sie auf den Gewinn vorbereitet. Die Details sind beim Kampf das Wichtigste; manchmal hängt alles davon ab, ob Sie diese Fähigkeiten besitzen.

Defensives Blockieren

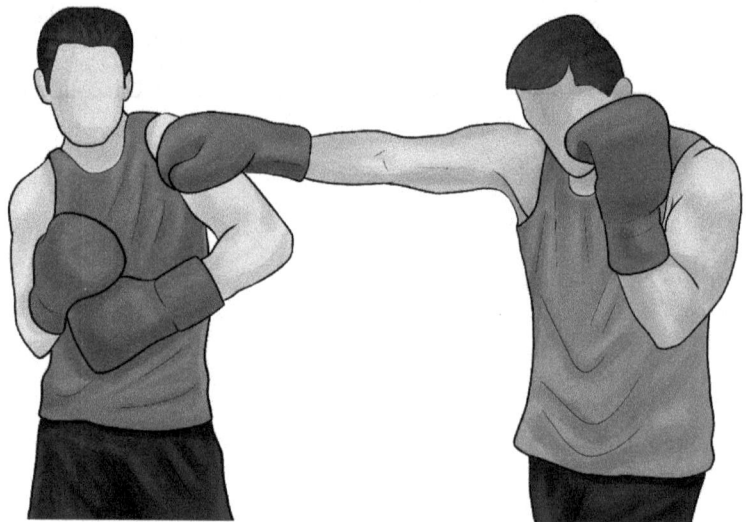

Defensives Blockieren kann auch für eine offensive Strategie genutzt werden.

Boxen ist oft ein aufregender Sport, aber er kann auch gefährlich werden. Ein gut zeitlich abgestimmter Schlag kann einen Kampf abrupt beenden, daher müssen die Kämpfer die Kunst der Verteidigung souverän beherrschen. Defensives Blockieren ist ebenso wichtig wie eine ausgezeichnete offensive Strategie. In diesem Abschnitt geht es um zwei wesentliche Boxtechniken: das Abwehren von Schlägen und den Schutz Ihres Kopfes. Ob Sie nun ein erfahrener Profi oder ein Anfänger sind, diese Strategien werden Sie schützen und Ihre Kampfkarriere verlängern.

Schläge abwehren

Das Ablenken von Schlägen ist eine wichtige defensive Blocktechnik, die jeder Kämpfer beherrschen sollte. Sie besteht darin, den Schlag des Gegners mit Ihrer Hand oder Ihrem Unterarm umzulenken, so dass er sein Ziel verfehlt. Richtig durchgeführt, kann das Abwehren von Schlägen den Rhythmus des Gegners stören, seine Energie verschwenden und eine riskante Gelegenheit für einen Gegenangriff schaffen. Hier finden Sie einige Tipps dazu, wie Sie diese Technik perfektionieren können:

1. **Behalten Sie eine entspannte Haltung bei:** Das Kämpfen mit einer angespannten Haltung ermüdet Sie schnell. Lassen Sie stattdessen Ihren Körper entspannt, behalten Sie einen niedrigen Körperschwerpunkt bei und bleiben Sie leichtfüßig. Wenn Sie wachsam bleiben, sind Ihre Reflexe schneller, so dass Sie die Gefahr von Schlägen besser wahrnehmen und umlenken können.
2. **Benutzen Sie den Unterarm:** Eine effektive Unterarmdeckung ist ein hervorragendes Mittel zum Abwehren von Schlägen. Lassen Sie Ihre Arme in einer abwehrenden Position und benutzen Sie den Unterarm, um jeden Ihnen entgegenkommenden Jab oder Schlag abzuwehren. Der Unterarm sollte dabei angewinkelt sein, um die Kraft des Schlags abzufangen und ihn von Ihrem Kopf oder Körper wegzuleiten.
3. **Behalten Sie die Schultern Ihres Gegners im Auge:** Der Rumpf initiiert alle Schläge. Wenn Sie die Schultern Ihres Gegners im Auge behalten, können Sie die Richtung des Schlags vorhersagen und sich entsprechend vorbereiten. Wenn Sie sehen, dass sich die Schultern des Gegners anspannen, wissen Sie, dass ein Schlag kommt, und wenden dann automatisch die entsprechende Abwehrtechnik an, um ihn zu vermeiden.
4. **Verwenden Sie eine Ablenkungstaktik:** Je nach Winkel und Richtung des Schlags können Sie verschiedene Ablenkungstechniken anwenden. Die gängigsten sind das Parieren, Blockieren und Schlagen. Wenn der Schlag von oben kommt, lenken Sie ihn mit einer Parade ab. Wenn der Schlag von unten kommt, blockieren Sie ihn. Wenn der Schlag von schräg oben kommt, lenken Sie ihn mit einem Konterschlag ab.

Schutz für Ihren Kopf

Der Schutz Ihres Kopfes ist die wichtigste defensive Blocktechnik beim Boxen. Ein Schlag auf den Kopf kann zu einem k.o., zu Gehirnschäden oder zum Tod führen. Hier sind einige Tipps zum Schutz Ihres Kopfes:

1. **Behalten Sie Ihre Deckung bei:** Halten Sie Ihre Hände nahe am Gesicht und die Ellbogen angewinkelt. Diese Haltung schirmt Ihren Kopf vor Schlägen ab. Die ideale Schutzhaltung ist mit dem Kinn nach unten, den Ellenbogen nach innen und den Fäusten um das Gesicht herum.
2. **Halten Sie den idealen Abstand:** Eine hervorragende Möglichkeit, um Ihren Kopf zu schützen, besteht darin, den richtigen Abstand zwischen Ihnen und Ihrem Gegner einzuhalten. Wenn Sie zu weit weg sind, wird es schwieriger, erfolgreich Schläge zu landen. Wenn Sie zu nahe dran sind, hat Ihr Gegner freie Bahn für einen Schlag auf Ihren Kopf. Daher ist der ideale Abstand gerade außerhalb der Reichweite der Schläge Ihres Gegners.
3. **Üben Sie die Kopfbewegung:** Zu einer guten Kopfbewegung gehören Ducken, Ausweichen und Vorwärts- und Rückwärtsbewegungen. Üben Sie diese Manöver, um besser ausweichen zu können und nicht getroffen zu werden. Außerdem ist es wichtig, dass Sie Ihren Kopf ständig in Bewegung halten, damit der Gegner nicht vorhersehen kann, wohin Sie sich bewegen wollen und seinen Schlag entsprechend ausrichten kann.
4. **Wissen, wie man mit dem Gegner ringen kann:** Wenn die Schläge Ihres Gegners zu schnell oder zu stark werden, dann ringen Sie mit ihm. Das Ringen, oder sogenannte „Clinchen" bedeutet, dass Sie Ihren Gegner in einer engen Umarmung festhalten, um ihn daran zu hindern, Sie mit seinen Schlägen zu treffen. Indem Sie die Arme des Gegners ergreifen und eng an dessen Körper drücken, verhindern Sie, dass er weitere Schläge gegen Sie austeilt.

Grundlagen der Beinarbeit beim Boxen: Wie man sich mit Geschwindigkeit und Präzision durch den Ring bewegt

Die Beinarbeit ist einer der wichtigsten Aspekte des Sports. Gute Beinarbeit ermöglicht es Boxern, sich schnell und effizient im Ring zu bewegen, effektive Schläge zu landen und gleichzeitig den Angriffen ihrer Gegner auszuweichen. Dieser Abschnitt befasst sich mit einigen grundlegenden Techniken der Beinarbeit, die Boxer verwenden, wenn sie sich im

Ring bewegen. Dabei geht es um alles von der Grundhaltung und dem Gleichgewicht bis hin zur Gewichtsverlagerung und der Anpassung der Fußposition für verschiedene Schläge. Ob Sie nun ein erfahrener Profi oder ein Anfänger sind, die Beherrschung dieser Grundlagen ist entscheidend für den Erfolg im Ring.

In Stellung gehen

Bevor Sie sich im Ring bewegen, müssen Sie die richtige Haltung einnehmen. Das bedeutet, dass Sie die Füße schulterbreit auseinanderstellen und die Zehen leicht nach außen zeigen sollten. Ihre Knie sollten leicht gebeugt sein, und Ihr Gewicht sollte gleichmäßig auf beide Füße verteilt sein. Sie können Ihre Haltung von hier aus je nach Position und Bewegungen Ihres Gegners anpassen.

Profiboxer passen ihre Haltung oft an, um je nach Situation aggressiver oder defensiver zu agieren. Wenn Ihr Gegner zum Beispiel viele Schläge austeilt, nehmen Sie vielleicht eine defensivere Haltung ein, mit den Händen höher in der Luft und dem Kinn auf der Brust. Wenn Sie hingegen eine Kombination von Schlägen ausüben wollen, können Sie Ihre Haltung etwas breiter und aggressiver gestalten.

Bewegung im Ring

Sobald Sie die richtige Haltung eingenommen haben, ist es an der Zeit, sich zu bewegen. Sie können sich vorwärts, rückwärts und seitwärts bewegen, indem Sie kleine, schnelle Schritte machen. Bleiben Sie leichtfüßig und lassen Sie Ihre Knie gebeugt, um das Gleichgewicht und die Stabilität zu erhalten. Machen Sie kurze Schritte mit dem vorderen Fuß und nutzen Sie Ihren hinteren Fuß, um sich bei Bedarf weiter vorwärts zu bewegen. Wenn Sie sich rückwärts bewegen, kehren Sie diese Bewegung um, indem Sie kleine Schritte mit dem hinteren Fuß machen und sich mit dem vorderen Fuß abstoßen. Bei der seitlichen Bewegung machen Sie kleine Schritte zur Seite, um den Schlägen Ihres Gegners auszuweichen oder um sich in eine bessere Ausgangsposition zu bringen.

Balancieren und Gewicht verlagern

Während Sie sich im Ring bewegen, müssen Sie das Gleichgewicht halten und Ihr Gewicht effektiv verlagern. Dazu müssen Sie Ihr Gewicht auf den Füßen zentrieren und es von einem Fuß auf den anderen verlagern. Wenn Sie beispielsweise einen Schlag mit der Führhand durchführen, verlagern Sie Ihr Gewicht leicht auf den vorderen Fuß, während Sie Ihren hinteren Fuß zur Stabilität mit Gewicht belasten und so verankern. Das gleiche Prinzip gilt, wenn Sie einen Schlag mit der Rückhand durchführen. Sie verlagern Ihr Gewicht auf die andere Seite und verwenden Ihren Führungsfuß für das Gleichgewicht.

Anpassen der Fußposition für verschiedene Positionen

Verschiedene Schläge erfordern eine stets unterschiedliche Fußstellung. Wenn Sie zum Beispiel einen Jab einsetzen, sollte Ihr Führungsfuß leicht nach vorne treten, damit Sie mehr Reichweite für Ihren Schlag haben. Bei einem Hakenschlag sollte Ihr vorderer Fuß nach außen schwenken, damit Sie Ihren Körper drehen und mehr Kraft in Ihren Schlag einbringen können. Für einen Aufwärtshaken schließlich sollten Sie nahe an Ihren Gegner herankommen und mit dem vorderen Fuß nach vorne treten, um in dessen Reichweite zu kommen.

Beinarbeit üben

Wie jede Fähigkeit beim Boxen erfordert auch die richtige Beinarbeit Übung. Arbeiten Sie im Fitnessstudio an Ihrer Beinarbeit und konzentrieren Sie sich darauf, sich schnell und effizient im Ring zu bewegen. Üben Sie verschiedene Schläge und Fußstellungen und machen Sie sich mit jeder Bewegung und jedem Übergang gut vertraut. Wenn Sie Ihre Beinarbeit verbessern, werden Sie effektivere Schläge durchführen und den Angriffen Ihres Gegners leichter ausweichen können. Hier sind einige Übungen, die Ihnen den Einstieg erleichtern:

1. **Schattenboxen**: Üben Sie Ihre Beinarbeit und Schläge am Sandsack und konzentrieren Sie sich dabei auf Geschwindigkeit, Kraft und Genauigkeit.
2. **Reaktionsübungen**: Lassen Sie sich von einem Partner Schläge mit unterschiedlichen Geschwindigkeiten und Winkeln zuwerfen. Üben Sie, wie Sie Ihr Gewicht richtig verlagern, Ihre Fußposition anpassen und den Schlägen ausweichen oder sie abblocken.
3. **Geschwindigkeitsübungen**: Stellen Sie fest, wie schnell Sie sich im Ring bewegen können, indem Sie die Beinarbeit in verschiedenen Geschwindigkeiten trainieren.

4. **Ausweichübungen:** Lassen Sie sich von Ihrem Partner Jabs und Kreuzschläge zuwerfen und üben Sie, den Schlägen auszuweichen oder zur Seite zu entkommen.

Die richtigen Kopfbewegungen

Beim Boxen geht es nicht nur darum, Schläge auszuführen, sondern auch darum zu wissen, wie man ihnen ausweichen kann. Daher sind Kopfbewegungstaktiken beim Boxen unerlässlich, wenn Sie sich erfolgreich verteidigen wollen. Diese Strategien können Ihnen dabei helfen, Schlägen auszuweichen, Gegenangriffe zu starten und sich selbstbewusst im Ring zu bewegen. In diesem Abschnitt werden diese Taktiken im Detail besprochen und Sie erfahren mehr darüber, wie Sie sie beherrschen können.

1. **Bobbing:** Das Bobbing ist eine Technik, bei der der Kopf auf und ab bewegt wird, während die Füße fest am Boden verankert bleiben. Es ist eine hervorragende Taktik, die besonders nützlich ist, um Uppercut und Hakenschlägen auszuweichen. Um diese Technik durchzuführen, sollten Sie Ihre Knie leicht gebeugt lassen und Ihren Kopf fließend nach oben und unten bewegen. Lassen Sie Ihre Hände oben, um sich gegen Jabs und andere direkte Schläge zu verteidigen. Üben Sie das Bobbing, indem Sie sich von Ihrem Partner mit Schlägen angreifen lassen, während Sie ausweichen.

2. **Weben:** Das Weben ist eine Strategie, bei der Sie Ihren Kopf von einer Seite zur anderen bewegen, während Sie Ihre Knie beugen. Dies ist eine effektive Taktik, um geraden Schlägen auszuweichen. Bei dieser Technik bewegen Sie Ihren Kopf nach links und rechts, während Sie Ihre Hände oben lassen, um Schläge abzuwehren. Sie können das Ausweichen üben, indem Sie einen Partner bitten, Sie mit direkten Schlägen anzugreifen, während Sie ausweichen.

3. **Ausweichen:** Beim Ausweichen bewegen Sie den Kopf zur Seite, um den Schlägen zu entgehen. Dies ist eine ausgezeichnete Taktik, um Jabs und anderen Schlägen auszuweichen. Um diese Taktik durchzuführen, bewegen Sie Ihren Kopf nach links oder rechts, während Sie Ihre Knie beugen. Üben Sie das Ausweichen, indem Sie sich von einem Partner Jabs und direkte Schläge zuwerfen lassen, während Sie ihnen ausweichen.

4. **Rotieren:** Beim Rotieren bewegen Sie Ihren Kopf in kreisförmigen Bewegungen, um Schlägen auszuweichen. Es ist eine effektive Taktik, um Hakenschläge und Uppercuts abzuwehren. Um diese Technik auszuüben, bewegen Sie Ihren Kopf in einer kreisförmigen Bewegung, während Sie Ihre Hände oben halten, um sich gegen Jabs und direkte Angriffe zu verteidigen. Üben Sie das Rotieren, indem Sie sich von einem Partner mit Hakenschlägen und Uppercutangriffen attackieren lassen, während Sie sich bewegen, um ihnen auszuweichen.

5. **Parieren:** Parieren ist eine Technik, bei der Sie einen Schlag mit Ihren Händen abwehren. Sie ist eine hervorragende Technik, um Jabs und Geraden auszuweichen. Um diese Taktik durchzuführen, weichen Sie mit Ihrer vorderen Hand einem Schlag aus, indem Sie den Arm des Gegners zur Seite schieben. Üben Sie das Parieren, indem Sie sich von einem Partner Jabs und direkte Schläge zuwerfen lassen, während Sie ausweichen, um sie abzuwehren.

6. **Pivotieren:** Beim Pivotieren geht es darum, dass Sie Ihren Körper drehen, um einem Schlag auszuweichen. Es handelt sich um eine effektive Taktik, um Hakenschlägen und Upercuts abzuwehren. Um diese Technik durchzuführen, drehen Sie sich auf dem vorderen Fuß, um Ihren Körper nach links oder rechts zu rotieren. Lassen Sie Ihre Hände oben, um Jabs und gerade Schläge abzuwehren. Üben Sie die Drehung, indem Sie sich von einem Partner Hakenschläge und Uppercuts zuwerfen lassen, während Sie sich drehen, um ihnen auszuweichen.

Das Beherrschen von Kopfbewegungstechniken ist für jeden, der ein guter Boxer sein will unerlässlich. Diese Methoden können Ihnen helfen, Schläge zu vermeiden und effektiv zu kontern. Bobbing, Weben, Ausweichen, Rotieren, Parieren und Pivotieren zählen zu den wichtigen Techniken, die jeder angehende Boxer beherrschen sollte. Trainieren Sie diese Fähigkeiten regelmäßig mit einem Partner, um Ihr Können und Ihr Selbstvertrauen im Ring zu verbessern. Denken Sie daran, Ihre Hände immer oben zu lassen, ruhig zu bleiben und sich flüssig und anmutig zu bewegen.

Ringen zur Verteidigung: Wie Sie Ihre Arme einsetzen und die Distanz kontrollieren

Beim Boxen müssen Sie manchmal Ihren ganzen Körper einsetzen, um sich zu verteidigen, einschließlich Ihrer Arme und Ringfähigkeiten. Beim Ringen halten Sie den Körper Ihres Gegners fest, um seine Bewegungen zu kontrollieren und möglichen Schaden zu verringern. Das Ringen kann ein wertvolles Verteidigungsmittel sein. In diesem Abschnitt geht es um zwei wichtige Aspekte des Ringens: den Einsatz Ihrer Arme zur Verteidigung und die Kontrolle der Distanz beim Ringen.

Verwenden Sie Ihre Waffen zur Verteidigung

Ihre Arme sind für den Erfolg beim Ringen entscheidend. Wenn Ihr Gegner angreift, nutzen Sie Ihre Arme, um Ihren Kopf und Körper zu schützen. Drücken Sie zum Beispiel Ihre Ellbogen an Ihren Körper und bringen Sie Ihre Hände vor Ihr Gesicht. Wenn Ihr Gegner versucht, Sie zu schlagen, sind so Ihr Kopf und Ihr Körper geschützt.

Ringen ist ein wertvolles Verteidigungsinstrument.

Wenn Sie mit Ihrem Gegner ringen, sollten Ihre Arme den Körper Ihres Gegners umfassen. Halten Sie dessen Ellbogen fest und drücken Sie Ihren Körper gegen den des Gegners. So können Sie die Bewegungen des Gegners kontrollieren und seinen Bewegungsspielraum um Sie herum einschränken. Verwenden Sie Ihre Arme, um die Knie Ihres Gegners zu blockieren. Das kann sehr effektiv gegen Kämpfer sein, die versuchen, Sie beim Ringen in die Knie zu zwingen.

Ein weiterer hervorragender Einsatz für Ihre Arme ist es, bei Bedarf mehr Platz zu schaffen. Wenn Sie sich zum Beispiel in einer engen Ringposition befinden und Ihr Gegner Ihre Bewegungen kontrolliert, stoßen Sie ihn mit Ihren Armen weg. Das schafft Abstand zwischen Ihnen und Ihrem Gegner und gibt Ihnen Raum, sich zu bewegen und sich zu verteidigen.

Kontrollieren Sie die Distanz beim Ringen

Die Kontrolle der Distanz ist ein grundlegender Teil des Ringens. Sie müssen wissen, wie Sie nahe an Ihren Gegner herankommen und dort bleiben können, ohne ihm zu viel Platz zu geben, so dass es sich nicht um Sie herum bewegen kann. Der Schlüssel dazu sind kleine Schritte und geringfügige Anpassungen Ihres Standes und Ihrer Körperposition. Wenn Sie zum ersten Mal die Ringposition einnehmen, bewegen Sie sich mit kleinen Schritten auf Ihren Gegner zu. Bringen Sie Ihren Kopf und Körper nahe an den des Gegners heran und legen Sie Ihre Arme um seinen Körper. Sobald Sie die Bewegung Ihres Gegners kontrollieren, machen Sie kleine Schritte rückwärts oder seitwärts, um Ihre Position beizubehalten.

Wenn Ihr Gegner versucht, sich von Ihnen zu entfernen, ziehen Sie ihn mit Ihren Armen zurück. Lassen Sie Ihre Ellbogen eng am Körper und drücken Sie mit Ihrer Brust und Ihren Schultern gegen die des Gegners. So kontrollieren Sie seine Bewegungen und halten ihn in Ihrer Nähe. Manchmal wird Ihr Gegner Sie zurückstoßen oder sich von Ihnen entfernen. Seien Sie in diesen Situationen geduldig und nehmen Sie kleine Anpassungen an Ihrer Haltung und Körperposition vor. Halten Sie Ihre Arme hoch, bereit zur

Verteidigung, und warten Sie auf die richtige Gelegenheit, um zuzuschlagen.

Das Ringen dient manchmal als ein sehr effektives Verteidigungsmittel, wenn es richtig eingesetzt wird. Der Einsatz Ihrer Arme zur Verteidigung und die Kontrolle der Distanz beim Ringen sind gehören zu den zwei entscheidenden Aspekten eines erfolgreichen Ringens. Üben Sie diese Fähigkeiten mit einem Partner, um Ihre Technik und Kontrolle zu verbessern. Denken Sie daran, Ihre Ellbogen dabei fest anzuspannen und Ihre Brust und Schultern einzusetzen, um die Bewegungen Ihres Gegners zu kontrollieren. Mit etwas Übung kann das Ringen zu einem wertvollen Bestandteil Ihres Kampfrepertoires werden.

Tipps von Profikämpfern zur Boxverteidigung

Egal, ob Sie noch ein Anfänger oder bereits ein erfahrener Boxer sind, die Verteidigung ist ein wesentlicher Bestandteil Ihres Trainingsplans. Die richtige Verteidigung kann den Schaden, den die Schläge eines Gegners anrichten, minimieren und ihn ermüden. Im Folgenden finden Sie einige der besten Verteidigungstipps von Profiboxern, die Sie in Ihr Training einbauen können.

1. **Lassen Sie Ihre Hände oben:** Einer der grundlegendsten und wichtigsten Aspekte der Boxverteidigung ist es, dass Sie Ihre Hände vor Ihrem Gesicht hochhalten. Ihre Hände sollten so positioniert werden, dass sie Ihre Nase und Ihr Kinn bedecken und gleichzeitig genug Platz bieten, um die Schläge Ihres Gegners zu sehen. Diese Abwehrtechnik blockiert Schläge, die direkt auf Sie zukommen und aus einem bestimmten Winkel kommen.

2. **Bleiben Sie wachsam und lassen Sie die Augen offen:** Während des Kampfes müssen Sie sich konzentrieren und wachsam bleiben. Beobachten Sie Ihren Gegner genau und achten Sie auf Anzeichen für einen Angriff. Auf diese Weise können Sie Ihre Züge auf der Grundlage der Züge Ihres Gegners planen. Das Offenhalten Ihrer Augen ist eine wichtige Fähigkeit, die Sie durch regelmäßiges Üben entwickeln müssen.

3. **Boxhaltung:** Eine solide Boxhaltung kann Ihnen dabei helfen zu lernen, wie Sie sich beim Kämpfen besser verteidigen können. Stellen Sie Ihre Füße schulterbreit auseinander, den linken Fuß nach vorne (wenn Sie Rechtshänder sind), beugen Sie die Knie leicht und heben Sie die Hände zum Schutz Ihres Gesichts nach oben. Verwenden Sie Ihre linke Hand, um den Jab Ihres Gegners abzublocken, während Sie Ihre rechte Hand für kräftige Schläge nutzen. Halten Sie Ihre Ellbogen nahe an Ihren Rippen, um es Ihrem Gegner zu erschweren, Ihren Körper zu treffen.

4. **Gegenangriff:** Die beste Verteidigung ist eine gute Offensive. Wenn Sie eine Lücke sehen, nutzen Sie sie voll aus. Setzen Sie einen Gegenschlag ein und sorgen Sie dafür, dass Ihr Gegner zurückschlägt, um den Druck auf Sie zu verringern und Ihnen dabei zu helfen, an Schwung zu gewinnen. Wenn Sie die Gelegenheit zum Gegenangriff bekommen, seien Sie schnell und aggressiv.

5. **Partnerübungen:** Üben Sie mit Ihrem Partner, um zu lernen, wie Sie sich richtig verteidigen. Machen Sie Partnerübungen und lernen Sie, wie Sie deren Schläge richtig blockieren und Ihre Schläge sicher landen. Das Üben mit einem Partner hilft Ihnen dabei, Ihr Timing und Ihre Reflexe zu entwickeln. In einem echten Kampf müssen Sie die Bewegungen Ihres Gegners vorhersehen und Ihre Schläge einbringen, bevor er es tut. Wenn Sie praktische Erfahrungen mit einem Partner sammeln, entwickeln Sie diese Fähigkeit.

6. **Konzentrieren Sie sich auf das Timing:** Das Timing ist eine wichtige Fähigkeit bei der Verteidigung im Boxen. Sie müssen Ihre Blocks und Gegenschläge perfekt timen, um nicht getroffen zu werden. Konzentrieren Sie sich auf die Entwicklung Ihres Timings und Ihrer Reflexe, indem Sie Übungen mit einem Partner machen. Denken Sie daran, dass Sie sich nur manchmal darauf verlassen können, dass Ihre Deckung Sie schützt. Sie müssen wachsam sein und das Blockieren richtig timen, um sich effektiv zu verteidigen.

7. **Achten Sie auf die Kombinationen, die Ihr Gegner nutzt:** Es ist wichtig, dass Sie auf die Kombinationen Ihres Gegners achten. Wenn Sie bemerken, dass er eine Vielzahl von Schlägen durchführt, seien Sie darauf vorbereitet, sie alle zu

blockieren. Lernen Sie, sich gegen Kombinationen zu verteidigen, indem Sie mit einem Partner üben und sicherstellen, dass Sie während Ihrer Kämpfe wachsam bleiben. Lernen Sie, die Bewegungen Ihres Gegners vorauszusehen und schnell zu reagieren.

Die Verteidigung ist entscheidend für Ihre Leistung beim Boxen. Es ist wichtig, dass Sie eine gute Verteidigung entwickeln, um unnötige Treffer zu vermeiden. In diesem Kapitel ging es um die Abwehr von Schlägen, das Ablenken von Schlägen, das Ausweichen, Ringen, Rotieren und Parieren. Es enthält einige der besten Verteidigungstipps von Profiboxern, die Sie in Ihr Trainingsprogramm einbauen können. Denken Sie daran, Ihre Hände oben zu lassen, wachsam zu bleiben und die Augen offen zu halten. Bewegen Sie immer Ihren Kopf, konzentrieren Sie sich auf Ihre Beinarbeit, seien Sie zum Gegenangriff bereit und üben Sie mit Partnerübungen. Diese Tipps werden Ihre Verteidigung verbessern und Sie zum Erfolg führen.

Kapitel 7: 13 Profi-Kombinationen, die Sie noch nicht kannten

Die Kunst des Boxens besteht nicht nur darin, zu lernen, wie man schlägt. Es geht darum, die Bewegungen so strategisch wie möglich zu kombinieren. Die richtige Kombination von Schlägen kann den Unterschied zwischen Sieg und Niederlage ausmachen. Zu einer gut durchgeführten Schlagkombination gehören Präzision, Genauigkeit und Timing. Es ist wie ein choreografierter Tanz, bei dem jeder Schritt voller Konzentration und Entschlossenheit durchgeführt werden muss. Das Kombinieren von Schlägen kann eine Herausforderung sein, vor allem, wenn Sie es mit einem erfahrenen Gegner zu tun haben, aber wenn Sie es erst einmal beherrschen, ist es eine wahre Schönheit.

Das Beherrschen von Kombinationen sollte ganz oben auf Ihrer Prioritätenliste stehen, wenn Sie je eine Chance haben wollen, ein Boxchampion zu werden. In diesem Kapitel lernen Sie die Grundlagen, erfahren, wie Sie mittlere und fortgeschrittene Kombinationen üben, und lernen einige sogenannte „Finishing Moves", die Ihnen dabei helfen, in einem Kampf die Oberhand zu gewinnen. Darüber hinaus behandelt es Schritt-für-Schritt-Anleitungen zu jeder Kombination, damit Sie diese üben und Ihre Fähigkeiten verbessern können, bis Sie diese völlig verinnerlicht haben. Schließlich macht Übung den Meister.

Basisboxkombinationen zur Verbesserung Ihrer Fähigkeiten

Jeder Boxer weiß, wie wichtig es ist, zunächst die Grundlagen zu beherrschen. Grundlegende Boxkombinationen sind die Basis des Boxens, die Ihnen dabei helfen, die Oberhand im Ring zu gewinnen. Sie müssen an Ihrer Technik und Form arbeiten, um den perfekten Schlag oder den perfekten Gegenangriff zu meistern. Dieser Abschnitt führt Sie durch die wichtigsten Kombinationen, um Ihre Boxfähigkeiten auf die nächste Stufe zu bringen.

Kombination aus Jab und Kreuzschlag

Kombination aus Jab und Kreuzschlag

Es handelt sich hierbei um eine der häufigsten und effektivsten Boxkombinationen. Beginnen Sie mit einem schnellen und scharfen Jab ins Gesicht Ihres Gegners, gefolgt von einem kräftigen Kreuzschlag mit Ihrer dominanten Hand. Lassen Sie nach dem Kreuzschlag Ihre Deckung oben, um einen Gegenschlag Ihres Gegners zu vermeiden. Üben Sie diese Schlagkombination mit einem schnellen oder schweren Sandsack, um Ihr Timing und Ihre Koordination zu verbessern.

Kombination aus Hakenschlägen und Uppercuts

Die Kombination aus Haken und Aufwärtshaken bietet Ihnen eine gute Möglichkeit, Ihren Gegner zu überraschen. Beginnen Sie mit einem schnellen Hakenschlag mit Ihrer dominanten Hand auf den Kopf oder Körper Ihres Gegners, gefolgt von einem Uppercut mit Ihrer anderen Hand, um ihn zu überrumpeln. Lassen Sie Ihren Körper während der Schlagkombination im Gleichgewicht und auf dem Boden, um zu vermeiden, dass Sie umgehauen werden. Üben Sie diese Kombination an einem schweren Sandsack, um Ihre Ausdauer und Kraft zu verbessern.

Rechte Oberhandkombination

Rechte Oberhandkombination. [18]

Die rechte Oberhandkombination ist ein kraftvoller Schlag, der Ihren Gegner zu Boden bringen kann. Beginnen Sie mit einem Jab, um Ihren Schlag vorzubereiten, und schlagen Sie dann mit Ihrer dominanten Hand einen rechten Überhandschlag direkt auf den Kopf Ihres Gegners. Diese Kombination muss mit der richtigen Technik durchgeführt werden, damit Sie Ihre Bewegung nicht übersehen. Der Schlüssel zu dieser Kombination ist es, die Hüfte zu drehen und während des Schlags mit der Schulter durchzuziehen.

Eins-Zwei-Drei-Kombination

Eins-Zwei-Drei-Kombination

Die Eins-zwei-drei-Kombination ist ein fester Bestandteil des Arsenals eines Boxers. Beginnen Sie mit einem Jab, gefolgt von einem Kreuzschlag und enden Sie mit einem Hakenschlag zum Kopf oder Körper Ihres Gegners. Drehen Sie Ihren Fuß während des Hakenschlags, um Ihrem Schlag mehr Kraft zu verleihen. Diese Kombination ist perfekt, um Ihren Gegner mit einer schnellen und kraftvollen Schlagfolge zu Fall zu bringen.

Boxen für Fortgeschrittene meistern

Zwischenschritte sind für Boxer entscheidend, um ihre Leistung im Ring zu verbessern. Diese Bewegungen umfassen Kombinationen von Schlägen, die Schnelligkeit, Beweglichkeit, Genauigkeit und Kraft erfordern. In diesem Abschnitt erfahren Sie, wie Sie sich einen Vorteil gegenüber Ihrem Gegner verschaffen können. Wenn Sie diese Schläge regelmäßig an einem schweren Sandsack und an einem kleineren Boxsack üben, um Ihre Bewegungen zu perfektionieren, werden Sie im Ring nicht mehr aufzuhalten sein.

Kombination aus linkem Haken und rechter Oberhand

Die Kombination aus linkem Haken und der rechten Oberhand ist eine kraftvolle Kombination, die Ihren Gegner verwirren und aus dem Gleichgewicht bringen kann. Beginnen Sie damit, einen linken Haken gegen den Kopf oder Körper des Gegners zu richten, gefolgt von einem Oberhandschlag mit der rechten Hand. Stellen Sie sicher, dass Sie Ihren linken Fuß drehen, während Sie den linken Haken platzieren. Diese Bewegung trägt dazu bei, dass die Kraft Ihres Schlags erhöht wird, indem Sie Ihr Gewicht auf den vorderen Fuß verlagern. Der rechte Oberhandschlag sollte Ihren Gegner überraschen und ihn aus dem Gleichgewicht bringen. Denken Sie daran, den Schlag konsequent durchzuziehen, um dessen Wirkung zu maximieren.

Kombination aus vorderem und hinterem Uppercut

VORDERER UPPERCUT   HINTERER UPPERCUT

Kombination aus vorderem und hinterem Uppercut

Eine Kombination aus vorderem und hinterem Uppercut ist im Kampf dann nützlich, wenn Sie die Distanz zu Ihrem Gegner verringern wollen. Beginnen Sie mit einem Aufwärtshaken mit der linken Hand und setzen Sie dann mit einem Aufwärtshaken mit der rechten Hand nach. Der vordere Aufwärtshaken sollte auf dem Kinn landen, während der hintere Aufwärtshaken auf den Solarplexus oder die Leber abzielt. Üben Sie diese Kombination mit einem Sandsack, um Ihre Genauigkeit und Geschwindigkeit zu erhöhen.

Doppelhaken und Uppercut Kombination

Die Kombination aus dem Doppelhaken und dem Uppercut ist eine auffällige und effektive Technik, mit der Sie Ihren Gegner verwirren können. Beginnen Sie mit einem linken Haken in Richtung Körper oder Kopf, lassen Sie einen rechten Haken zum Körper oder Kopf folgen und beenden Sie den Angriff mit einem linken Aufwärtshaken. Drehen Sie Ihre Füße und die Hüfte jedes Mal, wenn Sie die Schläge durchführen. Die Schläge sollten auf die Rippen oder die Schläfe zielen, während der Aufwärtshaken auf das Kinn abzielt. Üben Sie diese Kombo, indem Sie sich die Bewegung Ihres Gegners vorstellen und Ihre Schläge entsprechend anpassen.

Fortgeschrittene Combos

Boxkombos sind schwierig zu meistern, aber sie können Ihr Spiel auf die nächste Stufe heben, wenn Sie erst einmal den Dreh raus haben. Mit den richtigen Schlagkombinationen können Sie das Tempo bestimmen, sich Öffnungen schaffen und Ihre Gegner mit schnellen, kraftvollen Schlägen betäuben. Daher ist es an der Zeit, dass Sie Ihre Fähigkeiten steigern und an fortgeschrittenen Boxkombos arbeiten. In diesem Abschnitt finden Sie einige der effektivsten Kombos, mit denen Sie Ihre Kampffähigkeiten verbessern und Ihre Gegner auf Trab halten können.

Kombination aus rechtem Haken und linkem Haken

Diese Kombination beginnt mit einem rechten Haken

Die Kombination aus führendem rechten Haken und hinterem linken Haken ist eine kraftvolle Kampfstrategie, die dazu dient, die Distanz zum Gegner zu schließen und ihn dadurch zu überwältigen. Beginnen Sie mit einem Jab, schaffen Sie sich eine Öffnung und folgen Sie dem Jan mit einem rechten Haken. Wenn die Deckung Ihres Gegners nachlässt, um den vorderen Haken abzuwehren, lassen Sie einen hinteren linken Haken folgen, der Ihnen vielleicht sogar einen k.o.-Schlag ermöglichen kann. Diese Kombination erfordert gute Beinarbeit und gutes Timing, daher sollten Sie sie gemeinsam mit einem Sparringspartner üben.

Kombination aus rechtem Uppercut und linkem Haken von hinten

Die Kombination aus rechtem Aufwärtshaken und linkem Haken von hinten ist eine weitere effektive Kombination, mit der Sie Ihren Gegner überrumpeln können. Beginnen Sie mit einem schnellen Jab, gefolgt von einem schnellen Schlag mit dem rechten Uppercut. Der Uppercut sollte das Kinn Ihres Gegners treffen, so dass er betäubt und offen für einen weiteren Treffer durch den hinteren linken Haken ist. Der linke Haken ist ein verheerender Schlag, der Ihren Gegner außer Gefecht setzen kann. Achten Sie also auf ein gutes Gleichgewicht und eine gute Haltung, bevor Sie ihn versuchen.

Vier-Schlags-Kombination

Die Vier-Schlags-Kombination ist einen Versuch wert, wenn Sie eine komplexere Kampfkombination ausprobieren möchten. Diese Kombination beginnt mit einem linken Haupthaken, gefolgt von einem Jab, einem weiteren Haken und einem Kreuzschlag. Der erste Schlag sollte eine Öffnung für den Jab schaffen, der den Hakenschlag einleitet. Der letzte Schlag, der Kreuzschlag, kann ein k.o.-Treffer sein, der den Kampf beenden kann. Diese Kombination erfordert eine gute Koordination und gutes Timing. Üben Sie sie daher langsam und steigern Sie allmählich das Tempo.

Kombination aus rechtem Jab und linkem Uppercut von hinten

Die Kombination aus rechtem Jab und linkem Aufwärtshaken ist eine Variation der vorherigen Kombinationen und kann unterschiedlich durchgeführt werden. Beginnen Sie mit einem rechten Jab, gefolgt von einem Uppercut von hinten mit der linken Hand. Dann können Sie den Aufwärtshaken zum Kinn oder zum Körper Ihres Gegners bewegen, je nachdem, ob dieser in Deckung geht. Diese Kombination kann mit verschiedenen Bewegungsvarianten durchgeführt werden, z.B. mit einem linken Haken, einem rechten Haken oder einem Körpertreffer.

Doppelter Jab und rechte Kreuzschlagskombination

Die Kombination aus doppeltem Jab und rechtem Haken ist eine klassische Kombination, die dazu dient, das Tempo des Kampfes zu kontrollieren. Beginnen Sie mit zwei schnellen Jabs, die Ihnen eine Möglichkeit für eine kraftvolle rechte Flanke schaffen. Der doppelte Jab hält Ihren Gegner auf Trab und bereitet Ihre Kraftschläge vor. Diese Kombination erfordert gute Genauigkeit und Schnelligkeit, also üben Sie Ihre Jabs und Kreuzschläge, bevor Sie sie ausprobieren.

Beginnen Sie diese Kombination mit einem Jab mit der rechten Hand.

K.o.-Techniken: Meistern Sie diese „Finishing Moves"

Es ist kein Geheimnis, dass k.o.-Schläge den Unterschied zwischen Sieg und Niederlage ausmachen können. Aber als Boxer können Sie durch die Beherrschung von „Finishing Moves" die Oberhand gewinnen und den Kampf zu Ihren Gunsten beenden. Dieser Abschnitt befasst sich mit einigen der effektivsten „Finishing Moves" in Ihrem Arsenal.

Linker Führungshaken und rechter hinterer Haken

Einer der beliebtesten „Finishing Moves" im Boxen ist die Kombination aus linkem Vorhandhaken und rechtem Hinterhandhaken. Diese Technik beginnt mit einem linken vorderen Haken und einem hinteren rechten Haken, um Ihren Gegner aus dem Gleichgewicht zu bringen und seine Verteidigung zu untergraben. Der Schlüssel zu dieser Kombination liegt darin, beide Schläge mit schnellen, flüssigen Bewegungen durchzuführen. Achten Sie darauf, dass Sie Ihre Schläge mit Präzision und Kraft landen, um ein erfolgreiches k.o. zu erzielen.

Kombination aus führendem linken Uppercut, hinterem rechten Kreuzschlag und führendem rechten Uppercut

Ein weiterer effektiver „Finishing Move" ist die Kombination aus linkem Aufwärtshaken, Kreuzschlag von hinten und rechtem Uppercut von vorn. Diese Kombination beginnt mit einem linken Uppercut, gefolgt von einem rechten hinteren

Kreuzschlag und endet mit einem rechten Uppercut. Diese Bewegungsabfolge ist in Nahkampfsituationen sehr effektiv, da sie es Ihnen erlaubt, kraftvolle Schläge zu platzieren, sogar dann, wenn Ihr Gegner vorsichtig ist. Auch bei dieser Kombination kommt es auf eine gute Beinarbeit und Schnelligkeit an, um eine maximale Wirkung zu erzielen.

Sechs-Schläge-Kombination

Die Sechs-Schläge-Kombination ist eine kraftvolle und komplexe Bewegungsabfolge mit sechs schnell hintereinander durchgeführten Schlägen. Diese Technik kann in mehreren Varianten durchgeführt werden. Die häufigste ist eine Kombination aus zwei Jabs, Kreuzschlag und Hakenschlag. Diese Schlagabfolge erfordert ein exzellentes Timing und Präzision, daher ist es wichtig, dass Sie sich beim Üben auf Ihre Technik und Geschwindigkeit konzentrieren. Die Kombination aus sechs Schlägen ist effektiv, um Ihren Gegner zu zermürben und eine Gelegenheit für einen k.o.-Schlag zu finden.

Schläge gegen den Körper

Körpertreffer in die Leber und den Solarplexus.

Während sich viele „Finishing Moves" auf den Kopf Ihres Gegners konzentrieren, können auch Körpertreffer sehr effektiv sein, um einen Knockout zu erzielen. Diese Technik zielt auf den Mittelteil Ihres Gegners ab, insbesondere auf seine Leber. Ein gut platzierter Körpertreffer kann Ihren Gegner effektiv schwächen und ihn auf einen k.o.-Schlag gegen den Kopf vorbereiten. Um einen erfolgreichen Körpertreffer durchzuführen, zielen Sie auf die Körpermitte Ihres Gegners und setzen Sie Ihr Körpergewicht ein, um Kraft und Wucht hinter Ihrem Schlag zu erzeugen.

Finten und Abfälschen

Finten können Ihren Gegner ablenken

Eine weitere effektive Methode, um den Kampf zu gewinnen, ist die Verwendung von Finten und Täuschungen, um Ihren Gegner abzulenken und zu verwirren. Bei dieser Technik tun Sie so, als würden Sie einen Schlag in eine Richtung durchführen, bevor Sie einen k.o.-Schlag in eine andere Richtung einsetzen. Dies ist eine äußerst effektive Methode, um Ihren Gegner zu überrumpeln und einen erfolgreichen k.o.-Schlag zu landen. Seien Sie jedoch vorsichtig, wenn Sie diese Technik anwenden, denn sie erfordert ein hohes Maß an Können und kann riskant sein.

Tipps für die Suche nach den besten Boxkombinationen

Boxen ist ein faszinierender und anspruchsvoller Sport, der viel Geschick und Ausdauer erfordert. Einer der wichtigsten Aspekte des Boxens ist es, zu lernen, Kombinationen effektiv einzusetzen, um sich einen Vorteil gegenüber Ihrem Gegner zu verschaffen. Gute Boxkombinationen erfordern körperliche Stärke, strategische Planung und eine schnelle Ausführung. In diesem Abschnitt finden Sie ausgezeichnete Tipps, wie Sie die besten Boxkombinationen finden, um Ihre Boxfähigkeiten zu verbessern und den Ring zu dominieren.

Entwickeln Sie ein starkes Fundament

Bevor Sie komplizierte Boxkombinationen üben, müssen Sie eine solide Grundlage schaffen, die Grundtechniken wie Jabs, Crosses, Haken und Uppercuts umfasst. Diese Bewegungen können, wenn sie richtig ausgeführt werden, Ihren Gegner vernichten. Beginnen Sie mit den Grundlagen und üben Sie, bis Sie diese Bewegungen perfekt durchführen können. Gehen Sie dann allmählich zu komplexeren Kombinationen über. Ihre ersten Kombinationen sollten so einfach sein, dass Sie sie ohne Nachdenken durchführen können und sie Ihnen zur zweiten Natur werden.

Studieren Sie Profiboxkämpfe

Das Beobachten von Profiboxkämpfen bietet eine hervorragende Gelegenheit, die besten Kämpfer zu beobachten und von ihnen zu lernen. Wenn Sie sich diese Kämpfe ansehen, notieren Sie sich die Kombinationen, die Ihre Lieblingsboxer verwenden, und versuchen Sie, sie in Ihren Trainingseinheiten nachzumachen. Halten Sie die Videos an und üben Sie die Bewegungen langsam, um ein klares Verständnis dafür zu bekommen, wie Sie sie präzise durchführen können.

Üben Sie mit einem Partner

Das Üben mit einem Partner kann Ihnen helfen, Ihr Können zu verbessern. [19]

Wenn Sie mit einem Partner trainieren, bietet Ihnen dies eine großartige Möglichkeit, Ihre Boxtechnik zu verbessern. Suchen Sie sich jemanden, der bereit ist, bei Ihren Trainingseinheiten mitzumachen und verschiedene Kombinationen zu kreieren. Beginnen Sie mit einfachen Schlägen und fügen Sie nach und nach kompliziertere Bewegungen hinzu, sobald Sie sich dazu bereit fühlen. Die Arbeit mit einem Partner hilft Ihnen, Ihr Timing, Ihre Genauigkeit und Ihre Geschwindigkeit zu verbessern.

Entwickeln Sie Ihren Kampfstil

Ein guter Boxer hat einen einzigartigen Kampfstil. Es braucht Zeit, bis Sie Ihren Boxstil entwickelt haben, aber das Experimentieren mit verschiedenen Kombinationen und Techniken schafft einen persönlichen Stil, der zu Ihren körperlichen Fähigkeiten passt. Das Ausprobieren verschiedener Kombinationen wird Ihnen helfen, die richtigen Bewegungen zu finden, die für Sie im Ring funktionieren. Natürlich ist der beste Weg, Ihren Stil zu finden, das regelmäßige Üben. Verbringen Sie also genügend Zeit damit, die Grundlagen zu beherrschen und neue Kombinationen zu lernen.

Üben Sie, gegen verschiedene Gegner zu kämpfen

Sobald Sie ein paar Kombinationen entwickelt haben, ist es an der Zeit, diese gegen verschiedene Gegner zu testen. Sie werden die Stärken und Schwächen Ihrer Technik erkennen und die notwendigen Anpassungen vornehmen. Die Arbeit mit anderen Gegnern schärft Ihre Reflexe und verschafft Ihnen einen Vorteil im Ring. Je mehr Gegner Sie trainieren, desto höher sind Ihre Erfolgschancen.

Konsistenz ist der Schlüssel

Beständigkeit ist entscheidend für die Entwicklung von Boxfähigkeiten. Sie müssen regelmäßig trainieren, um das Beste aus Ihren Trainingseinheiten herauszuholen. Beständigkeit hilft beim Aufbau eines Muskelgedächtnisses, das für das Durchführen komplexer Techniken von großer Bedeutung ist. Ein großer Teil des Erfolgs im Ring hängt von Übung und Wiederholung ab. Konsequenz wird Ihre Boxfähigkeiten verbessern und Ihnen das Selbstvertrauen geben, im Ring erfolgreich zu sein.

Lassen Sie Ihre Kombinationen einfach

Der Schlüssel zum Erfolg im Ring liegt darin, dass Sie Ihre Kombinationen einfach, aber effektiv lassen. Sie brauchen nicht viele ausgefallene Bewegungen, um einen Kampf zu gewinnen. Alles, was Sie brauchen, sind ein oder zwei kraftvolle Schläge, die landen und Ihren Gegner treffen. Verlassen Sie sich auf die Grundlagen. Das ist viel effektiver, als komplexe Kombinationen durchzuführen, die ohnehin nicht funktionieren. Ein paar gut platzierte Schläge können einen langen Weg zurücklegen und den Unterschied im Ring ausmachen.

Das Meistern von Boxkombinationen erfordert Zeit, Hingabe und Geduld. Denken Sie daran, mit den Grundlagen zu beginnen und sich allmählich an kompliziertere Bewegungen heranzutasten. Das Beobachten von Profiboxkämpfen, die Arbeit mit einem Partner und die Entwicklung Ihres Stils sind Möglichkeiten, Ihre Boxfähigkeiten zu verbessern. Beständigkeit ist entscheidend, und Übung macht den Meister. Bleiben Sie konzentriert, arbeiten Sie weiter hart und Sie werden in kürzester Zeit beeindruckende Kombinationen durchführen können.

Beim Boxen geht es nicht nur um das Werfen von Schlägen, sondern auch darum, diese präzise und genau durchzuführen. Das Beherrschen der grundlegenden Boxkombinationen kann Ihnen dabei helfen, ein geschickterer Kämpfer zu werden. Es ist wichtig, mit den Grundlagen zu beginnen, an Ihrer Form und Technik zu arbeiten und dann zu komplexeren Kombinationen überzugehen. Suchen Sie sich einen guten Boxtrainer, der Sie durch diese Kombinationen führt und Ihre Fähigkeiten nach und nach verbessert. Denken Sie daran: Übung macht den Meister, also trainieren Sie weiter und bleiben Sie motiviert, um ein besserer Boxer zu werden.

Kapitel 8: „Peek-A-Boo": Sparringgeheimnisse von Profiboxern

Boxen ist ein intensiver Sport, der körperliche Fitness und geistige Beweglichkeit erfordert. Profiboxer sind für ihr Können und ihre Technik bekannt, aber Geheimnisse können Sie und über das Sparring lehren?

Der Schlüssel zum Sieg ist nicht nur die rohe Kraft, sondern Strategie und schnelles Denken. Mit einer gründlichen Vorbereitung und einer entschlossenen Einstellung kann jeder die Sparringsgeheimnisse der Profiboxer selbst lernen und ein Champion werden. Dieses Kapitel bringt Sie auf den Weg zum Erfolg.

In diesem Kapitel werden die Grundlagen des Sparrings erläutert, der richtige Zeitpunkt für den Beginn des Sparrings mit einem Gegner besprochen, die technischen Elemente des Sparrings aufgeschlüsselt und Tipps von Profis gegeben. Von Mike Tysons berühmt-berüchtigtem „Peek-a-boo"-Stil bis hin zu Kopfbewegungen und Beinarbeit - Sie werden gut auf Ihren ersten Kampf vorbereitet sein. Auf dem Weg zur Sparringsparty erfahren Sie dann alles über Sparring.

Die Grundlagen des Sparrings

Sparring kann Ihnen dabei helfen, Ihre Fähigkeiten zu verbessern. [20]

Sparring ist ein fester Bestandteil fast aller Kampfsportarten und bietet Ihnen eine großartige Möglichkeit, Ihre Fähigkeiten zu verbessern. Ob Sie nun Kampfsportarten lernen oder Kickboxen praktizieren, Sparring ist unerlässlich, um ein besserer Kämpfer zu werden. In diesem Abschnitt erfahren Sie alles, was Sie für den Anfang wissen müssen, von den Vorteilen des Sparrings bis hin zu den richtigen Techniken.

Warum Sie Sparring üben sollten

Das Sparring ist ein wesentlicher Bestandteil des Kampfsporttrainings, weil Sie dabei realen Situationen ausgesetzt sind. So können Sie Ihre Taktiken im Kampf gegen einen Gegner üben und lernen, in verschiedenen Situationen zu reagieren. Außerdem hilft Ihnen das Sparring, Ihre Reflexe, Ihr Timing, Ihre Beinarbeit und Ihre Ausdauer zu verbessern. Mit diesen Vorteilen ist Sparring unerlässlich, um ein guter Kämpfer zu werden.

Die verschiedenen Arten des Sparrings

Sparring kann in verschiedene Arten unterteilt werden, wie hart, leicht oder technisch. Hartes Sparring ist die intensivste Form, bei der die Gegner mit voller Kraft kämpfen. Im Gegensatz dazu ist leichtes Sparring weniger schwierig, wobei die Kämpfer nur 30-60% ihrer Kraft einsetzen. Das technische Sparring konzentriert sich schließlich mehr auf die Technik, bei der die Kämpfer bestimmte Bewegungen und Konter üben.

Tipps für Einsteiger

Sparring kann einschüchternd sein, besonders wenn Sie jemandem gegenüberstehen, der mehr Erfahrung hat als Sie. Sie können das Sparring jedoch in eine wertvolle Lernerfahrung verwandeln, wenn Sie die richtige Einstellung haben. Gehen Sie erstens unvoreingenommen an jede Sparringssitzung heran, bereit, zu lernen und sich zu verbessern. Zweitens: Tragen Sie immer die richtige Sicherheitsausrüstung, wie Kopfbedeckung, Handschuhe und Schienbeinschoner. Und schließlich sollten Sie nicht zögern, Ihren Trainer oder Sparringspartner nach jeder Sitzung um Feedback zu bitten, damit Sie die Bereiche identifizieren können, in denen Sie sich verbessern müssen, und Ihre Fortschritte verfolgen können.

Der richtige Zeitpunkt für den Beginn des Sparrings

Sind Sie ein angehender Boxer? Haben Sie nur auf den richtigen Zeitpunkt gewartet, um mit dem Sparring zu beginnen? Sparring ist ein wesentlicher Bestandteil des Boxtrainings, denn es bereitet einen Kämpfer auf Situationen im wirklichen Leben vor. Es kann jedoch schwierig sein, den richtigen Zeitpunkt für den Beginn des Sparrings zu bestimmen. In diesem Abschnitt erfahren Sie, wann es sinnvoll ist, mit dem Sparring zu beginnen und welche Vorteile es mit sich bringt.

Die richtigen Grundlagen schaffen

Vergewissern Sie sich vor dem Sparring, dass Sie die grundlegenden Boxtechniken beherrschen gelernt haben. So sollten Sie zum Beispiel über eine gute Beinarbeit, Balance und Kopfbewegungen verfügen, um den Schlägen Ihres Gegners effektiv auszuweichen. Vergewissern Sie sich außerdem, dass Sie mit der richtigen Körperhaltung vertraut sind und dass Ihre Schläge präzise und robust sind. Wenn Sie diese Grundlagen beherrschen, können Sie sich schützen und vermeiden, sich beim Sparring zu verletzen.

Bauen Sie Ihr Fitnessniveau auf

Vor dem Sparring müssen Sie unbedingt über eine ausreichende Fitness verfügen. Sparring ist eine intensive Form des Trainings, bei der Sie sich einige Runden lang ständig bewegen müssen. Es kann körperlich und geistig anstrengend sein, und Sie müssen Ihre Ausdauer aufbauen, um den Anforderungen des Sparrings gewachsen zu sein. Beginnen Sie daher mit einigen kardiovaskulären Übungen, um Ihre kardiovaskuläre Fitness zu verbessern, z.B. Joggen, Hüpfen oder Radfahren.

Zuversicht ist der Schlüssel

Gesundes Selbstvertrauen vor dem Sparring ist stets von Vorteil. Denken Sie daran, dass Sie einem Gegner gegenüberstehen, der versucht, Sie zu besiegen. Daher ist es wichtig, dass Sie Ihre Techniken sicher beherrschen und mental stark sind. Ihr Trainer kann Sie mental darauf vorbereiten, mit dem Stress und den Ängsten des Sparrings umzugehen. Außerdem wird ein wenig Selbstvertrauen dafür sorgen, dass Sie das Sparring genießen und Ihr Bestes geben können.

Sparring zwischen Gegnern mit ähnlichen Fähigkeiten

Als Anfänger ist Sparring mit Boxern mit ähnlichen Fähigkeiten unerlässlich. Außerdem hilft Ihnen das Sparring mit jemandem, der mehr Erfahrung hat, weil Sie von ihm eine Menge lernen können. Sparring mit jemandem, der über Ihrem Niveau ist, kann jedoch riskant und einschüchternd sein und Ihr Selbstvertrauen beeinträchtigen. Üben Sie daher Sparring mit jemandem auf Ihrem eigenen Niveau und arbeiten Sie sich langsam auf einen anspruchsvolleren Gegner vor.

Vom Sparring lernen

Schließlich bietet Ihnen das Sparring eine Gelegenheit, aus Fehlern zu lernen und Ihre Technik zu verbessern. Beobachten Sie die Bewegungen Ihres Gegners genau und lernen Sie, sie zu kontern. Probieren Sie verschiedene Kombinationen und Methoden aus und testen Sie sie beim Sparring. Ihr Trainer wird Ihnen Feedback zu Ihrer Leistung geben und Verbesserungsvorschläge machen.

Sparring ist ein wesentlicher Bestandteil des Boxtrainings, erfordert aber Vorbereitung und Timing. Vergewissern Sie sich, dass Sie die Grundlagen gelernt, Ihre Fitness aufgebaut, Selbstvertrauen entwickelt, mit ähnlich starken Boxern trainiert und aus den Sparringerfahrungen gelernt haben. Denken Sie daran, dass Sparring mit einer guten Vorbereitung zu einem angenehmen und nützlichen Teil Ihres Trainings wird, der Ihnen dabei helfen wird, Ihre Ziele im Boxen zu erreichen.

Technische Aspekte des Sparrings

Sparring schärft Ihre Techniken, verbessert Ihr Selbstvertrauen und schärft Ihre Reflexe. Die technischen Aspekte des Sparrings machen es effektiv. Wenn Sie die Details kennen, von Ihrer Haltung über Ihren Blick und Ihre Körperbewegungen bis hin zur Technik, können Sie ein besserer Boxer werden. Lassen Sie uns auf die technischen Aspekte des Sparrings eingehen.

Haltung

Die Haltung, die Sie beim Sparring einnehmen, ist entscheidend. Die richtige Haltung sorgt für ein gutes Gleichgewicht, das für die Aufrechterhaltung der Stabilität beim Sparring unerlässlich ist. Die Haltung hilft Ihnen außerdem dabei, dass Sie sich effizienter bewegen und gleichzeitig Ihre Deckung aufrechterhalten. Es ist wichtig, dass Ihre Füße bei der richtigen Boxhaltung schulterbreit auseinanderstehen, Ihr Kopf und Ihre Schultern entspannt sind und Ihre Knie leicht gebeugt sind.

Beinarbeit

Die Beinarbeit hilft Ihnen dabei, sich schnell und effektiv zu bewegen, um Angriffen auszuweichen und Ihre eigenen Angriffspläne vorzubereiten. Eine gute Beinarbeitstechnik umfasst:

1. Verlagern Sie Ihr Gewicht auf die Fußballen.
2. Verlagern Sie Ihr Gewicht von einem Fuß auf den anderen.
3. Bewegen Sie sich mit kleinen und schnellen Schritten fort.

Schlagtechniken

Das Schlagen ist die wichtigste Technik beim Sparring, und die Beherrschung der Schlagtechniken kann einen großen Unterschied bei Ihrer Fähigkeit zum Sparring ausmachen. Zu einer ausgezeichneten Schlagtechnik gehören die richtige Körperhaltung, das richtige Timing und die richtige Genauigkeit. Konzentrieren Sie sich auf die Kontrolle Ihrer Schläge, Tritte und anderen Kampfbewegungen. Ihre Schlagtechniken sollten schneller und komplexer sein als die Ihres Gegners, um ihn auf Trab zu halten.

Verteidigungstechniken

Die Verteidigung ist ein wesentlicher Aspekt des Sparrings, denn sie hilft Ihnen dabei zu vermeiden, von Ihrem Gegner getroffen zu werden. Es gibt verschiedene Verteidigungstechniken, darunter unter anderem das Blockieren, Ausweichen und Parieren. Eine gute Verteidigung verlangt:

1. Dass Sie Ihre Hände oben halten.
2. Dass Sie Angriffe mit Ihren Armen und Beinen blockieren.
3. Dass Sie Ihre Beinarbeit nutzen, um sich aus der Reichweite zu entfernen.

Wie beim Schlagen ist es wichtig, dass Sie Ihre Verteidigung fest unter Kontrolle haben. Beim Sparring sollten Sie immer dazu bereit sein, sich zu verteidigen.

Zählen und Kombinationstaktiken

Gegenangriffe und Kombinationstechniken helfen Ihnen, beim Sparring die Oberhand zu gewinnen. Die Kombination verschiedener Methoden, wie beispielsweise Schlägen und Tritten, kann Ihren Gegner aus dem Gleichgewicht bringen und Gegenangriffe können die Bewegungen Ihres Gegners strategisch kontern. Zu einer guten Konter- und Kombinationstechnik gehört ein effizientes Timing Ihrer Angriffe und der Einsatz verschiedener Techniken, die genutzt werden können, um Ihren Gegner in die Irre zu führen.

Beim Sparring gibt es viele wichtige technische Aspekte, die es zu beachten gilt, um Ihr Können zu verbessern. Ihre Haltung, Ihre Beinarbeit, Ihre Schlag- und Verteidigungstechniken und Ihre Fähigkeit, Gegenangriffe einzusetzen, sind allesamt wichtig, um zu einem effektiven Sparringspartner zu werden. Indem Sie diese technischen Aspekte entwickeln, werden Sie ein besserer Boxer, gewinnen mehr Selbstvertrauen und holen das Beste aus Ihrem Training heraus.

Expertentipps zur Verbesserung Ihres Sparringkampfes

Jeder, der schon einmal Sparring gemacht hat, weiß, dass es dabei nicht nur um das Austeilen von Schlägen geht. Sie müssen strategisch vorgehen und lernen, sich richtig zu bewegen, um ein Sparringspiel zu gewinnen. Hier sind ein paar Expertentipps, die Ihnen dabei helfen können, Ihr Sparringspiel zu verbessern und Ihren Gegnern einen Schritt voraus zu sein. Vom Peek-a-boo-Stil bis hin zu Timing und Distanzkontrolle - diese Tipps werden Ihnen dabei helfen, ein besserer und effektiverer Kämpfer zu werden.

„Peek-a-Boo"-Stil

Einer der beliebtesten und effektivsten Stile im Boxen ist der sogenannte „Peek-a-Boo"-Stil. Hierbei wird eine hohe Deckung mit wippenden und wechselhaften Bewegungen kombiniert, Taktiken, die diesen Stil kennzeichnen. Wenn Sie Ihre Arme hochhalten, schützen Sie Ihr Gesicht, während Sie sich hin- und herbewegen, so dass es für Ihren Gegner schwieriger ist, Sie zu treffen. Um den „Peek-a-boo"-Stil zu üben, sollten Sie sich darauf konzentrieren, Ihr Kinn unten zu lassen, die Ellbogen nah an den Körper zu bringen und Ihren Oberkörper zu entspannen. Sie können das Ausweichen üben, während Sie Treffer landen, um Ihren Gegner im Ungewissen zu lassen und Möglichkeiten für Gegenangriffe zu schaffen.

Kopfbewegungen und Beinarbeit

Ein weiterer wichtiger Aspekt des Sparrings sind Kopfbewegungen und Beinarbeit. Wenn Sie lernen, Ihren Kopf und Ihre Füße im Einklang zu bewegen, können Sie den Schlägen Ihres Gegners ausweichen und Möglichkeiten für Ihre Angriffe schaffen. Stellen Sie Ihre Füße schulterbreit auseinander und verteilen Sie Ihr Gewicht gleichmäßig, damit Sie sich in jede Richtung bewegen können. Wenn Sie Ihren Kopf von einer Seite zur anderen bewegen, können Sie Schlägen ausweichen; wenn Sie sich auf den hinteren Fuß drehen, können Sie schnell zur Seite bewegen und der Gefahr entkommen.

Zeitmessung und Abstandskontrolle

Timing und Distanzkontrolle sind bei jedem Sparringkampf entscheidend. Die Kontrolle des Abstands zwischen Ihnen und Ihrem Gegner ist essenziell. Wenn es Ihnen gelingt, die Bewegungen Ihres Gegners vorauszuahnen, indem Sie seine Bewegungsmuster analysieren, können Sie Ihr Timing verbessern. Üben Sie, schnell auf die Bewegungen zu reagieren, indem Sie Schattenboxbewegungen machen oder gemeinsam mit einem Partner üben.

Um die Distanz zu kontrollieren, sollten Sie sich schnell in und aus der Reichweite des Gegners bewegen, während Sie Ihren Gegner am Ende Ihres Kampffeldes halten. Nutzen Sie die Beinarbeit, um sich in und aus der Reichweite des Gegners zu bewegen, und lernen Sie, aus der Bewegung heraus Treffer zu landen. Je mehr Kontrolle Sie über die Distanz zum Gegner haben, desto besser werden Ihre Sparringfähigkeiten.

Mentale Vorbereitung

Beim Sparring geht es nicht nur um körperliche Stärke und Technik, sondern auch um mentale Vorbereitung. Wenn Sie für einen Sparringkampf mit einer klaren und konzentrierten Einstellung antreten, bleiben Sie ruhig und treffen bessere Entscheidungen. Lernen Sie, tief zu atmen und sich auf die Aufgabe zu konzentrieren. Lassen Sie sich nicht von Ihren Emotionen leiten, sondern nutzen Sie sie, um Ihre Bewegungen zu unterstützen und sich zu motivieren.

Konsequentes Training

Regelmäßiges Training ist entscheidend, um ein besserer Kämpfer zu werden und das nötige Selbstvertrauen zu gewinnen, um eine Disziplin zu meistern. Suchen Sie sich einen Sparringpartner, dem Sie vertrauen können, und trainieren Sie regelmäßig mit ihm. Achten Sie auch auf Ihre Taktik, konzentrieren Sie sich auf die richtige Form und holen Sie sich Feedback von Ihrem Trainer. Je mehr Sie üben, desto besser werden Sie als Boxer.

Reflexe schärfen

Gute Reflexe sind für ein erfolgreiches Sparringtraining unerlässlich. Als Boxer müssen Sie offensive und defensive Reaktionen haben. Je reflexiver Sie sind, desto besser werden Sie als Boxer. Sie können Ihre Reflexe verbessern, indem Sie Übungen machen, die schnelle Reaktionen auf Schläge oder Bewegungen Ihres Gegners erfordern. Betrachten Sie Sparring als eine Möglichkeit, um zu üben und Ihre Grenzen in einer sicheren Umgebung zu testen. Es geht nicht um Sieg oder Niederlage, sondern darum, zu lernen und sich als Boxer weiterzuentwickeln.

Auf die Plätze, fertig, Spar! Vorbereitungen für Ihr erstes Sparringtraining

Wenn Sie zu Ihrem ersten Sparringkampf in den Ring steigen, kann das oft einschüchternd sein. Sie haben es mit einem Gegner zu tun, der aktiv versucht, Sie mit seinen Schlägen zu treffen. Das kann nervenaufreibend sein. Aber mit der richtigen Vorbereitung können Sie Ihren ersten Sparringkampf selbstbewusst angehen. Ob es nun Ihr erstes oder Ihr hundertstes Kampf ist, ausreichend Übung ist entscheidend. Im Folgenden finden Sie einige Tipps und Richtlinien, die Ihnen dabei helfen, sich auf Ihren ersten Sparringkampf vorzubereiten.

Vorbereitung

Ausreichendes Training ist die Grundlage für jeden erfolgreichen Sparringkampf. Bevor Sie also in den Ring steigen, sollten Sie regelmäßig Übungen machen, die Ihre Ausdauer, Kraft, Beweglichkeit und Ihr Gleichgewicht trainieren. Ihr Training sollte Schattenboxen, Sandsacktraining und Partnerübungen umfassen. All dies wird Ihnen später helfen, Ihre Technik und Reaktionszeit zu verbessern.

Sicherheitsausrüstung

Sicherheit sollte für Sie beim Training an erster Stelle stehen. Investieren Sie in hochwertige Schutzausrüstung, um Ihren Kopf, Ihren Mund und Ihre Hände zu schützen. Wenn Sie Kickboxen machen, sollten Sie auch eine Schutzausrüstung für Ihre Schienbeine und Füße haben. Achten Sie darauf, dass Sie Ihre Ausrüstung sauber und in gutem Zustand halten und ersetzen Sie sie bei Bedarf.

Kennen Sie die Regeln

Verschiedene Kampfsportarten haben spezifische Regeln für Sparringkämpfe. Stellen Sie also sicher, dass Sie wissen, was Sie erwartet, bevor Sie den Ring betreten. Machen Sie sich zum Beispiel mit dem Punktesystem, der Kampfdauer und den erlaubten Schlägen vertraut. Sie sollten auch wissen, welche Schutzausrüstung Sie tragen müssen. Dieses Wissen wird Ihnen dabei helfen, ein sicheres und angenehmes Sparringerlebnis zu haben.

Achten Sie auf Ihren Gegner

Ihr Gegner kann Sie das Kämpfen am besten lehren, also achten Sie darauf, wie er sich im Ring bewegt und lernen Sie von seinen Taktiken. Respektieren Sie die physischen und emotionalen Grenzen Ihres Gegners und seien Sie stets höflich. Nutzen Sie den Sparringkampf als Gelegenheit, eine Beziehung zu Ihrem Gegner aufzubauen, denn er kann Ihnen wertvolles Feedback und konstruktive Kritik geben.

Konzentration auf die Beinarbeit

Die Beinarbeit wird beim Training oft übersehen, ist aber für einen erfolgreichen Sparringkampf entscheidend. Schließlich hilft Ihnen Ihre Beinarbeit, eingehenden Schlägen auszuweichen, das Gleichgewicht zu halten und Ihre Gegenangriffe vorzubereiten. Nehmen Sie also Übungen zur Beinarbeit in Ihre Trainingsroutine auf und üben Sie, sich in und aus der Reichweite des Gegners zu bewegen.

Meistern Sie Ihre Schläge

Ihre Schläge sind Ihre stärksten Waffen im Ring. Sie müssen üben, verschiedene Schläge mit der richtigen Technik zu platzieren. Achten Sie auf Ihre Technik und Kraft. Sie sollten sicherstellen, dass Sie präzise und kraftvolle Schläge durchführen und gleichzeitig Ihre Körperbewegungen kontrollieren können. Testen Sie Ihre Jabs, Kreuzschläge, Hakenschläge und Uppercuts in Sparringkämpfen, um zu sehen, wie sie Ihren Gegner beeinflussen.

Wählen Sie Ihre Gegner mit Bedacht

Beim Sparringtraining ist die Auswahl des richtigen Partners entscheidend. Sie brauchen jemanden, der Sie herausfordert und Ihnen dabei hilft, Ihre Fähigkeiten auf die nächste Stufe zu bringen. Wenn Sie Anfänger sind, ist es vielleicht am besten, mit jemandem zusammenzuarbeiten, der ähnlich viel Erfahrung hat wie Sie. Wenn Sie erfahrener sind, suchen Sie sich jemanden, der Sie herausfordern und Ihnen dabei helfen kann, Ihre Technik zu verfeinern. Bitten Sie Ihren Trainer um Rat, wenn Sie Hilfe bei der Auswahl eines Partners benötigen.

Achten Sie auf eine selbstbewusste Körperhaltung

Ihre Einstellung ist für den Sparringkampf genauso wichtig wie Ihre körperliche Vorbereitung. Bevor Sie in den Ring steigen, sollten Sie sich auf positive Gedanken konzentrieren und sich Ihren Erfolg vorstellen. Treten Sie selbstbewusst auf und erinnern Sie sich daran, warum Sie sich überhaupt für den Sport begeistern. Haben Sie Spaß, bleiben Sie entspannt und verlassen Sie sich auf Ihr Training und Ihre Instinkte.

Visualisieren Sie den Erfolg

Die Visualisierung ist für Sportler ein mächtiges Werkzeug und kann Ihnen dabei helfen, sich auf die Strapazen Ihres ersten Sparringkampfes vorzubereiten. Verbringen Sie Zeit damit, sich genau vorzustellen, wie Sie Ihre Strategie erfolgreich einsetzen, den Angriffen Ihres Gegners ausweichen und als Sieger aus dem Kampf hervorgehen. Bleiben Sie positiv, glauben Sie an sich selbst und denken Sie daran, dass Sparring eine sowohl mentale als auch körperliche Herausforderung ist.

Das Sparring kann eine herausfordernde und lohnende Erfahrung sein, und es ist ganz natürlich, dass Sie vor Ihrem ersten Kampf nervös sind. Aber mit der richtigen Einstellung und Vorbereitung können Sie Ihren Sparringkampf selbstbewusst angehen. Konzentrieren Sie sich auf Ihr Training, investieren Sie in Sicherheitsausrüstung, machen Sie sich mit den Regeln vertraut, legen Sie Wert auf Ihre Beinarbeit und bleiben Sie positiv. Wenn Sie diese Tipps befolgen, sind Sie auf dem besten Weg zum Erfolg im Ring. Viel Spaß beim Sparring.

Kapitel 9: Training mit dem schweren Boxsack

Es ist kein Geheimnis, dass Boxen ein intensiver Sport ist, der die körperliche und geistige Belastbarkeit der Kämpfer herausfordert. Aber haben Sie schon einmal versucht, gegen den schweren Sandsack zu schlagen, um Ihr Fitnesstraining auf die nächste Stufe zu bringen? Dieser Workouttipp wird Sie dazu bringen, jedes Quäntchen Kraft, das Sie besitzen, zu entfesseln. Beim hochintensiven Training werden Schläge und Tritte auf den schweren Sandsack rhythmisch und kontinuierlich durchgeführt. Derartige Übungseinheiten beanspruchen viele Muskeln und zwingen Sie dazu, Ihre Körpermitte, Beine, Arme und Schultern zu trainieren.

Wenn Sie die Bewegungen richtig beherrschen, werden Sie sich wie ein Champion fühlen, wenn Sie gegen den Sandsack schlagen und treten und alles auf der Matte liegen lassen. In diesem Kapitel erfahren Sie, welche Vorteile das Training mit einem schweren Sandsack hat, welche Materialien Sie für den Anfang benötigen und welche Übungen Ihnen dabei helfen können, Ihre Technik zu perfektionieren. Also, schnappen Sie sich Ihre Handschuhe, setzen Sie Ihr Pokerface auf und beginnen Sie, mit dem Sandsack zu trainieren. Es ist an der Zeit, dass Sie Ihre Kraft entfesseln.

Mit dem Boxsack zur Fitness: Vorteile des Trainings mit einem schweren Sandsack

Ein schwerer Sandsack kann Ihnen dabei helfen, Ihre Koordination und Ihr Gleichgewicht zu verbessern. [21]

Das Boxtraining ist nicht nur ein Mittel zur Selbstverteidigung, sondern auch ein außergewöhnliches Ganzkörpertrainingsprogramm. Das Training mit einem schweren Boxsack bietet Ihnen eine großartige Möglichkeit, um fit zu werden, Ihre Kraft und Ausdauer aufzubauen und die allgemeine Koordination und das Gleichgewicht zu verbessern. Wenn Sie also Ihre Fitnessroutine verbessern wollen, sollten Sie die Vorteile des Trainings mit einem schweren Boxsack besser kennenlernen.

Ganzkörper-Workout

Das Boxen am Sandsack ist eine großartige Methode, um überflüssige Pfunde loszuwerden und eine schlanke und straffe Figur zu erreichen. Die Schlag-, Tritt- und Ausweichbewegungen beanspruchen Ihren gesamten Körper und aktivieren mehrere Muskelgruppen. Außerdem zwingen Sie Ihren Körper durch die hochintensiven Kombinationen dazu, viel Energie zu verbrauchen und Kalorien zu verbrennen. Führen Sie verschiedene Schläge und Bewegungen durch und denken Sie daran, Ihre Körpermitte

während der gesamten Übung anzuspannen, um das Beste aus Ihrem Workout herauszuholen.
Verbessern Sie Ihre kardiovaskuläre Ausdauer
Das Boxsacktraining eignet sich hervorragend, um Ihre kardiovaskuläre Ausdauer zu verbessern. Die ständige Bewegung Ihres Körpers bei den verschiedenen Schlagkombinationen stellt eine große Herausforderung für Ihr Herz und Ihre Lunge dar. Die erhöhte Herzfrequenz während des Trainings trägt dazu bei, dass Sie Ihre Ausdauer, Ihre Kondition und Ihre kardiovaskuläre Gesundheit verbessern. Wenn Sie die Intensität des Trainings allmählich steigern und ein hochintensives Intervalltraining (HIIT) in Ihre Trainingsroutine einbauen, können Sie ein optimales Fitnesslevel erreichen.

Gesteigerte Stärke und Kraft
Das Gewicht des Boxsacks liegt zwischen 32 und 45 Kilo, was bedeutet, dass Sie Ihre Ober- und Unterkörpermuskeln beanspruchen und darauf hinarbeiten, stärkere Schläge, Tritte und eine höhere allgemeine Kraft zu entwickeln. Außerdem hilft Ihnen das Widerstandstraining beim Sandsackboxen und dabei, Muskeln aufzubauen und Ihre allgemeine Kraft zu steigern. Dieses Training kann besonders für Sportler wie Ringer und Fußballspieler von Vorteil sein, da es ihre Kraft, Geschwindigkeit und Explosivität verbessert.

Verbesserte Beinarbeit und Balance
Ihre Beinarbeit und Ihr Gleichgewicht sind beim Boxen entscheidend. Ohne gute Beinarbeit und ein gutes Gleichgewicht riskieren Sie, die Kontrolle über Ihre Schläge zu verlieren, wodurch Sie anfälliger für Angriffe werden. Durch das Training mit einem schweren Boxsack lernen Sie verschiedene Techniken der Beinarbeit, verbessern Ihr Gleichgewicht und verstehen besser, wie Sie Ihr Gewicht während der Boxkombinationen verlagern können. Wenn Sie außerdem Schattenboxen und seitliche Bewegungen in Ihr Training mit einbeziehen, verbessern Sie Ihre Beinarbeit und Ihr Gleichgewicht insgesamt.

Verbessern Sie Genauigkeit und Timing
Beim Sandsackboxen können Sie an Ihrer Genauigkeit arbeiten, indem Sie Ihre Schläge auf bestimmte Teile des Sandsacks fokussieren. Dieses Trainingsprogramm verbessert Ihr Timing und Ihre Reaktionsschnelligkeit, indem es Sparringbedingungen nachahmt. Das Durchführen von schnellen und präzisen Kombinationen verbessert die Hand-Augen-Koordination und macht es Ihnen leichter, schneller auf Schläge zu reagieren.

Aufwärmübungen
Das Boxen ist eine der intensivsten und körperlich anspruchsvollsten Sportarten. Es erfordert Kraft und Ausdauer sowie die richtige Technik und Form. Bevor Sie mit dem Training mit einem schweren Boxsack beginnen, müssen Sie daher Aufwärmübungen machen, um Ihren Körper auf die Strapazen des Trainings vorzubereiten. In diesem Abschnitt werden die Vorteile von Aufwärmübungen vor dem Training erörtert und fünf Aktivitäten vorgestellt, die Ihren Körper auf ein intensives Boxtraining vorbereiten können.

Hampelmann
Der Hampelman oder sogenannte „Jumping Jacks" sind eine klassische Aufwärmübung, und das aus gutem Grund – es handelt sich um eine effiziente Möglichkeit, Ihre Herzfrequenz zu erhöhen und die Durchblutung anzuregen. Beginnen mit beiden Füßen nebeneinander und mit den Armen an Ihren Seiten. Springen Sie dann in die Luft, spreizen Sie die Beine und heben Sie die Arme zur Seite hoch, bis Sie Ihre Hände über Ihrem Kopf zusammengebracht haben. Kehren Sie anschließend in die Ausgangsposition zurück und wiederholen Sie die Übung. Führen Sie diese Übung etwa eine Minute lang durch oder bis Ihre Herzfrequenz hoch genug ist.

Hohe Knie
Hohe Knie sind eine weitere Aufwärmübung, die dazu dient, Ihre Herzfrequenz und Ihren Blutkreislauf zu steigern. Stellen Sie sich mit den Füßen hüftbreit auseinander. Heben Sie dann Ihr rechtes Bein und bringen Sie Ihr Knie zur Brust. Während Sie das rechte Bein absenken, heben Sie das linke Bein auf die gleiche Weise und wechseln die Beine schnell miteinander ab. Machen Sie dies etwa eine Minute lang oder bis Sie sich aufgewärmt fühlen.

Armkreise

Armkreise bereiten Ihren Oberkörper auf das Workout vor. Stellen Sie sich mit den Füßen schulterbreit auseinander und strecken Sie die Arme seitlich aus, bis sie sich parallel zum Boden befinden. Machen Sie mit Ihren Armen kleine Kreise und steigern Sie die Größe der Kreise allmählich, bis Sie mit Ihrem gesamten Arm große Kreise machen. Nachdem Sie dies mehrfach in eine Richtung gemacht haben, kehren Sie die Richtung um und wiederholen Sie die Übung auf der anderen Seite. Machen Sie dies etwa 30 Sekunden lang in jede Richtung weiter.

Beinschwünge

Beinschwünge sind eine hervorragende Aufwärmübung. Stellen Sie sich neben eine Wand oder eine Stange, um Ihr Gleichgewicht zu halten. Schwingen Sie dann Ihr rechtes Bein so weit wie möglich nach vorne und hinten, während Sie Ihren Oberkörper ruhig halten. Nachdem Sie einen Satz mit einem Bein absolviert haben, wiederholen Sie die Bewegungen mit dem anderen Bein. Machen Sie dies mit jedem Bein etwa zehn Schwünge lang.

Dynamische Dehnung

Dynamische Dehnübungen beinhalten Bewegungen mit kontrolliertem Schwung, die gleichzeitig den Bewegungsumfang und die Flexibilität verbessern sollen. Beginnen Sie mit einem Ausfallschritt und gehen Sie zu einer Dehnung der Kniesehne über, indem Sie Ihr vorderes Bein strecken und sich dabei nach vorne lehnen. Kehren Sie dann in die Ausfallschrittposition zurück und gehen Sie zu einer Oberschenkeldehnung über, indem Sie das hintere Bein beugen und die Ferse zum Gesäß führen. Wiederholen Sie diese Bewegung für 5-10 Wiederholungen, bevor Sie die Beine wechseln.

Das Training mit einem schweren Boxsack ist sehr vorteilhaft für Ihre allgemeine Fitness, aber es stellt auch eine große Belastung für Ihren Körper dar, wenn Sie es nicht richtig machen. Wenn Sie diese Aufwärmübungen zu Ihrer Boxroutine hinzufügen, verringern Sie das Verletzungsrisiko und steigern Ihre Leistung. Wärmen Sie sich immer vor dem Training auf und machen Sie es zu einem regelmäßigen Bestandteil Ihrer Routine, um sicherzustellen, dass Sie das Beste aus Ihrem Training herausholen.

Grundlegende Übungen für den schweren Sandsack: Die Bausteine des Boxens

Beim Boxen geht es nicht nur darum, hart zuzuschlagen und Ihren Gegner auszuknocken - es handelt sich vor allem um eine Fähigkeit, die Disziplin und konsequentes Training erfordert. Eine der besten Möglichkeiten, um Ihre Boxfähigkeiten zu verbessern, besteht darin, regelmäßige Übungen am schweren Sandsack in Ihre Übungsroutine miteinzubauen. Übungen am schweren Sandsack helfen Boxern aller Leistungsstufen dabei, ihre Ausdauer zu steigern, ihre Technik zu verbessern und ihre Kraft zu erhöhen. In diesem Abschnitt werden die grundlegenden Übungen am schweren Sandsack besprochen, die jeder Boxer beherrschen sollte.

Jabs und Kreuzschläge

Der Jab ist ein grundlegender Schlag beim Boxen. Er ist effizient und bereitet andere Schläge vor. Um eine grundlegende Übung mit dem Jab am Sandsack durchzuführen, müssen Sie Folgendes beachten:

1. Stellen Sie sich zunächst mit schulterbreit auseinanderstehenden Füßen vor den Sack, wobei Ihr dominanter Fuß leicht hinter dem anderen stehen sollte.
2. Legen Sie Ihre führende Hand in die Nähe des Sacks und strecken Sie Ihren Arm aus, um einen schnellen, zügigen Schlag durchzuführen.
3. Treten Sie nach dem Jab einen Schritt zurück und versetzen Sie dem Sandsack einen Kreuzschlag.

Der Kreuzschlag ist ein gerader Schlag, der mit Ihrer dominanten Hand durchgeführt wird und der auf den Jab folgt. Jab-Kreuzschlagskombinationen auf dem Sandsack eignen sich hervorragend zum Aufwärmen und Perfektionieren der Techniken.

Uppercuts und Hakenschläge

Aufwärtshaken und Hakenschläge sind Schläge, die aus nächster Nähe eingesetzt werden sollten. Stellen Sie sich zunächst mit leicht gebeugten Knien nahe an den Sandsack, um eine Übung mit Uppercuts und Hakenschlägen durchzuführen. Beugen Sie dann Ihren Arm und nutzen Sie Ihr Körpergewicht, um den Schlag nach oben in Richtung Sandsack zu initiieren. Hakenschläge nutzen hingegen die Rotationskraft Ihres Körpers, um einen Schlag von der Seite auf den Sandsack auszuüben. Übungen mit Hakenschlägen am Sandsack sind ideal geeignet, um an der Körpermechanik zu arbeiten. Üben Sie auf beiden Seiten, um sicherzustellen, dass Sie in beiden Armen die gleiche Menge an Kraft haben.

Ganzkörper Übungskombinationen

Ganzkörper Übungskombinationen gehören zu den Basisbestandteilen des Boxtrainings. Diese Kombinationen trainieren den gesamten Körper und bringen den Boxer dazu, sich um den Sandsack herum zu bewegen. Diese Übungen am Sandsack umfassen Bewegungen wie Jabs auf den Körper, Hakenschläge auf den Körper und Kreuzschläge auf den Körper, die auf den Torso des Gegners abzielen. Mischen und kombinieren Sie diese Kombinationen, um sich endlose Übungen zur Verbesserung Ihrer Boxfähigkeiten zu erarbeiten.

Übungen zur Verbesserung der Beinarbeit

Übungen zur Verbesserung der Beinarbeit fördern Geschwindigkeit, Beweglichkeit und Balance. Die „Schritt und Drehung"-Übung ist für Anfänger besonders gut geeignet. Bringen Sie Ihren Körper in Grundstellung, machen Sie einen kleinen Schritt mit dem vorderen Fuß und drehen Sie sich dann auf den Fußballen, um Ihren Körper zu rotieren. Wiederholen Sie die Übung, indem Sie einen Schlag oder eine Kombination folgen lassen. Diese Übung hilft bei der Stabilität und fördert das Gleichgewicht.

„Fill the bag"- Übungen

Bei „Fill the bag"-Übungen setzen Sie den gesamten Ober- und Unterkörper ein, um den Sandsack so hart wie möglich zu treffen. Beginnen Sie die „Fill-the-Bag"-Übung mit einer Runde von Schlagkombinationen. Lassen Sie dann eine Reihe von aggressiven Jabs, Kreuzschlägen, Uppercuts und Hakenschlägen folgen. Diese Übung stärkt das Selbstvertrauen und bietet Ihnen eine großartige Möglichkeit, sich selbst herauszufordern und Ihr Energieniveau hoch zu halten.

Kommen Sie ins Schwitzen: Eine Einführung für Übungen am Boxsack

Das Training am Boxsack bietet Ihnen nicht nur eine großartige Möglichkeit, um Stress abzubauen und aufgestaute Frustrationen loszuwerden, sondern das Training mit einem schweren Sandsack gibt Ihnen auch eine fantastische Möglichkeit, um Ihre körperliche Gesundheit zu verbessern. Professionelle Boxer und MMA-Kämpfer nutzen das Training mit dem schweren Sandsack, um ihre Stärke, Kraft und Ausdauer zu verbessern. Aber lassen Sie sich davon nicht einschüchtern. In diesem Kapitel finden Sie einfache Übungen, die Sie für großartige Trainingseinheiten mit dem schweren Boxsack befolgen können:

Runden 1-3: Grundlegende Schläge

Die ersten drei Runden Ihres Trainings sollten sich auf die Perfektionierung der Grundlagen konzentrieren: Jabs, Kreuzschläge und Hakenschläge. Diese drei Schläge ermöglichen es Ihnen, einen Rhythmus zu finden, ein Gefühl für den Sandsack zu entwickeln und zu prüfen, ob Sie die gewünschte Wirkung erzielen können. Konzentrieren Sie sich danach auf die richtige Technik. Bewegen Sie sich zum Beispiel aus der Hüfte heraus, rotieren Sie die Schultern und stellen Sie sich Ihr Ziel vor. Das trainiert Ihren Oberkörper und Ihre Rumpfmuskulatur. Jede Runde sollte 1-2 Minuten lang dauern, und Sie müssen ein gleichmäßiges Tempo beibehalten. Denken Sie daran, zwischen den Runden eine Pause von 30 bis 60 Sekunden einzulegen.

Runde 4: Füllen Sie den Sandsack

Jetzt ist es an der Zeit, etwas von dem aufgestauten Frust abzulassen. Konzentrieren Sie sich in dieser Runde darauf, den Sandsack mit so viel Wut und Kraft wie möglich zu treffen. Wenn Sie den Sandsack treffen, sollten Sie gleichzeitig das Tempo erhöhen und die Bewegungskombination einsetzen, an der Sie gerade gearbeitet haben. Halten Sie dies für eine komplette Runde von zwei Minuten durch und machen Sie dann eine Pause von 30 Sekunden. Wiederholen Sie dies zwei bis drei Runden lang und erhalten Sie dabei die gleiche Intensität.

Runde 5: Übungen zur Beinarbeit

In der fünften Runde dreht sich alles um die richtige Beinarbeit. Trainieren Sie zu einer Ihrer Lieblingsmelodien und umrunden Sie den Beutel mit verschiedenen Kombinationen von Schritt-für-Schritt-Bewegungen. Sie können in verschiedenen Richtungen um den Sack herumgehen. Beginnen Sie z.B. mit einem Schritt nach links und beginnen Sie dann, während Sie den Beutel vollständig umrunden, mit der Schlagkombination, die sich nach rechts bewegt. Auch hier haben Sie die Möglichkeit, wichtige Trainingsübungen mit einzubringen, um Ihre Beinarbeit und Kernkraft zu verbessern und gleichzeitig Kalorien zu verbrennen.

Runden 6-8: Körperkombinationen

Konzentrieren Sie sich in diesen drei Runden darauf, den Sandsack mit Schlagkombinationen, die von Ihrem Ober- und Unterkörper ausgehen zu treffen. Die Körperkombinationen sollten in dieser Runde im Vordergrund stehen. Denken Sie daran, dass die Kraft aus Ihren Hüften kommt. Bewegen Sie diese also ständig und wechseln Sie zwischen Schlägen von beiden Seiten des Körpers. Jede Runde sollte zwei Minuten lang dauern, mit einer Minute Pause dazwischen. Diese Trainingsrunden trainieren Ihren gesamten Körper, nicht nur die Arme.

Runden 9-15: Jabs, Kreuzschläge und Hakenschläge

Konzentrieren Sie sich in den letzten Runden auf kurze Energieausbrüche mit hoher Intensität, mit kurzen Pausen zwischen den Runden. Führen Sie eine Reihe von Jabs, Kreuzschlägen und Hakeschlägen an den schweren Sandsäcken durch und behalten Sie dabei den Rhythmus bei, den Sie sich in den ersten drei Runden erarbeitet haben. Geben Sie jeder Kombination ausreichend viel Kraft und spüren Sie die Wirkung jedes Schlags. Wiederholen Sie diese Runden ein-, zwei- oder dreimal und machen Sie zwischen jeder Runde eine 30-sekündige Pause.

Dehnübungen nach einer Trainingseinheit am Sandsack

Wenn Sie schon einmal an einem Kickbox- oder Boxkurs teilgenommen haben, wissen Sie bereits, wie intensiv das Training am Sandsack sein kann. Das Schlagen, das Treten und die Beinarbeit erfordern viel Energie und Anstrengung. Nach einem intensiven Training ist es daher wichtig, dass Sie sich ein paar Minuten Zeit nehmen, um Ihre Muskeln richtig zu dehnen. In diesem Abschnitt werden praktische Dehnübungen beschrieben, mit denen Sie Verletzungen vermeiden und sich von Ihrem Training mit dem schweren Sandsack erholen können.

Waden dehnen

Die Waden gehören zu den Körperbereichen, die sich nach einem intensiven Sandsacktraining steif und schmerzhaft anfühlen können. Stellen Sie sich mit dem Gesicht in Richtung einer Wand, die etwa eine Armlänge von Ihnen entfernt ist, um die Waden richtig zu dehnen. Legen Sie Ihre Handflächen an die Wand und treten Sie mit einem Fuß nach hinten, so dass er flach auf dem Boden steht. Lehnen Sie sich gegen die Wand, bis Sie eine Dehnung in der Wade des hinteren Beins spüren. Halten Sie die Dehnung für 15-30 Sekunden lang durch und wechseln Sie dann das Bein. Wiederholen Sie diese Dehnübung ein paar Mal auf beiden Seiten.

Quadrizeps dehnen

Der Quadrizeps, also der vordere Oberschenkelmuskel, wird bei einem schweren Sandsacktraining ebenfalls stark beansprucht. Stellen Sie sich zunächst mit den Füßen hüftbreit auseinander und beugen Sie ein Knie, wobei Sie die Ferse in Richtung Ihrer Gesäßmuskeln bringen sollten. Fassen Sie dann an Ihren Knöchel und ziehen Sie ihn sanft in Richtung Gesäß, so dass Sie eine Dehnung in Ihrem Quadrizeps spüren. Halten Sie die Dehnung für 15-30 Sekunden lang durch und wechseln Sie dann die Beine. Wiederholen Sie diese Dehnung auf beiden Seiten ein paar Mal.

Gesäßdehnübungen

Die Gesäßmuskeln werden bei einem schweren Sandsacktraining häufig beansprucht. Um diese richtig zu dehnen, sollten Sie Folgendes tun:

1. Legen Sie sich auf den Rücken, beugen Sie die Knie und stellen Sie die Füße flach auf den Boden.
2. Kreuzen Sie den linken Knöchel über das rechte Knie, fassen Sie den rechten Oberschenkel und ziehen Sie das Bein sanft zu Ihrer Brust. Sie sollten eine Dehnung in Ihrem linken Gesäß spüren.
3. Halten Sie die Dehnung für 15-30 Sekunden und wechseln Sie dann die Beine.
4. Wiederholen Sie diese Dehnung ein paar Mal auf beiden Seiten.

Nacken- und Schulterdehnübungen

Verspannungen im Nacken und in den Schultern sind keine Seltenheit, besonders nach einem schweren Sandsacktraining. Setzen oder stellen Sie sich gerade hin und rollen Sie Ihren Kopf langsam von einer Seite zur anderen, wobei Sie Ihr Ohr zur Schulter bringen, um die Spannung im Nacken zu lösen. Lassen Sie sich Zeit und erzwingen Sie die Dehnung nicht. Als Nächstes sollten Sie die Schultern zu den Ohren ziehen, sie einige Sekunden lang hochhalten und sie dann wieder fallenlassen. Wiederholen Sie diese Dehnübungen ein paar Mal.

Yogapositionen

Yogapositionen sind hervorragend geeignet, um Ihren gesamten Körper zu dehnen und die Entspannung nach einem anstrengenden Sandsacktraining zu fördern. Zu den nützlichsten Positionen gehören der „Down Dog" (Herabschauender Hund), die „Child's Pose" (Position des Kindes) und die „Cat-Cow Position" (Katze-Kuh-Position). Konzentrieren Sie sich bei allen Positionen auf Ihren Atem und darauf, Verspannungen in Ihren Muskeln zu lösen.

Wenn Sie sich nach einem Training am Boxsack ein paar Minuten Zeit nehmen, um sich zu dehnen und das Training zu beenden, hat das einen erheblichen positiven Einfluss darauf, wie Sie sich am nächsten Tag fühlen. Indem Sie Waden-, Quadrizeps-, Gesäß-, Nacken- und Schulterdehnübungen sowie Yogapositionen in Ihr Training integrieren, können Sie Verletzungen vorbeugen und die Erholung der Muskeln fördern. Hören Sie immer auf Ihren Körper und überfordern Sie sich beim Dehnen nicht.

Das Training mit dem schweren Boxsack ist hervorragend dazu geeignet, Ihren gesamten Körper zu trainieren und Stress abzubauen. Das Training mag zwar zunächst einschüchternd wirken, aber jetzt, da Sie wissen, was zu tun ist, ist es einfacher denn je, gleich damit anzufangen. Befolgen Sie die oben genannten Tipps, und werden Sie schon bald zum Experten. Denken Sie daran, dass der Schlüssel zum Training mit dem schweren Sandsack in der Technik und der Kraft liegt, also nehmen Sie sich die nötige Zeit, um Ihre Technik zu perfektionieren, und treiben Sie sich selbst immer weiter an. Sie werden bald Ergebnisse und kraftvolle Schläge erzielen.

Kapitel 10: Zwanzig häufige Fehler, die Sie vermeiden sollten (egal ob Sie ein Anfänger sind oder nicht)

Das Boxen ist eine wahre Herausforderung, vor allem, weil man gegen einen Gegner kämpft und oft den Druck verspürt, gewinnen zu müssen. Wie bei jeder Fertigkeit sind Fehler vorrauszusehen, egal ob Sie ein erfahrener Profi oder noch ein Anfänger sind. Fehler können jedoch in Chancen für Wachstum und Verbesserung umgewandelt werden. Der Schlüssel liegt darin, dass Sie aus ihnen lernen, Ihre Technik anpassen und vorankommen. Egal, ob Sie versehentlich Ihre Deckung fallen gelassen oder einen wilden Schlag durchgeführt haben, Sie sollten nicht zu hart zu sich selbst sein. Sehen Sie derartige Situationen stattdessen als Chance, um sich zu verbessern und weiter im Ring zu kämpfen.

In diesem Kapitel werden einige der häufigsten Fehler von Anfängern und sogar fortgeschrittenen Boxern untersucht. Es wird erklärt, was an ihnen falsch ist und wie Sie sie vermeiden oder korrigieren können. Von falscher Atmung bis hin zu vergessenen Pausen werden alle Themen behandelt. Wenn Sie sich beim Boxen wirklich verbessern wollen, sollten Sie diese Fehler unbedingt vermeiden. Die besten Kämpfer lernen aus ihren Fehlern und bemühen sich, sich ständig zu verbessern.

Häufige Fehler, die Anfänger beim Boxen machen

Es erfordert viel Mühe und Zeit, die erforderlichen Fähigkeiten und Boxtechniken beherrschen zu lernen. Als Anfänger müssen Sie jedoch häufige Fehler vermeiden, die Ihr Training und Ihren Fortschritt beeinträchtigen könnten. Dieser Abschnitt erklärt häufige Fehler, die Anfänger beim Boxen machen, betont warum diese falsch sind und wie Sie sie vermeiden und korrigieren können.

Nicht ordnungsgemäßes Aufwärmen

Das Aufwärmen ist für jede Sportart wichtig. [22]

Das Aufwärmen ist bei jeder Sportart sehr wichtig, und auch das Boxen ist keine Ausnahme. Manche Boxanfänger schenken ihm jedoch nicht die Aufmerksamkeit, die es verdient. Das richtige Aufwärmen bereitet Ihren Körper und Geist auf das bevorstehende intensive Training vor und beugt Verletzungen vor. Wenn Sie das Aufwärmen auslassen, kann dies zu Muskelzerrungen und Muskelkater führen, was Ihren Fortschritt verzögern oder sogar Ihre Karriere beenden kann.

Verbringen Sie 10-15 Minuten mit dem Aufwärmen, bevor Sie mit dem Training beginnen, um diesen Fehler zu vermeiden. Ein adäquates Aufwärmtraining sollte Herz-Kreislauf-Übungen (Hampelmänner oder Seilspringen), Übungen zur Mobilisierung der Gelenke (Beinschwingen oder Armkreisen) und dynamische Dehnübungen (wie Ausfallschritte oder Kniebeugen) umfassen. Achten Sie darauf, das Training mit Dehnübungen zu beenden, damit sich Ihr Körper erholen kann und kein Muskelkater entsteht.

Die falsche Technik einsetzen

Die richtige Technik ist beim Boxen entscheidend. Wenn Sie falsch vorgehen, steigt das Risiko, dass Sie sich selbst oder Ihren Gegner verletzen. Leider vernachlässigen viele Boxanfänger die richtige Technik, weil sie denken, diese sei unwichtig. Dabei ist sie die Grundlage für alles, was Sie beim Boxen tun. Lernen Sie die richtige Technik für jeden Schlag, um diesen Fehler zu vermeiden. Arbeiten Sie zunächst an den Grundlagen wie etwa Beinarbeit, Standposition und Kopfbewegungen, bevor Sie zu den fortgeschrittenen Techniken übergehen. Üben Sie dann jeden Schlag sorgfältig und achten Sie dabei auf die richtige Form und die richtigen Bewegungen. Ziehen Sie außerdem in Erwägung, einen Trainer oder Mentor zu engagieren, der Sie durch die technischen Aspekte des Boxens coachen kann.

Die falschen Nahrungsmittel zu sich nehmen

Boxen erfordert viel Energie und Ausdauer, also müssen Sie Ihren Körper richtig versorgen. Manche Boxanfänger achten jedoch nicht genug auf ihre Ernährung, weil sie denken, das sei unnötig. Das ist falsch. Der Verzehr der richtigen Lebensmittel wird sich erheblich auf Ihre Leistung und Ihren Fortschritt auswirken.

Um diesen Fehler zu vermeiden, gehen Sie wie folgt vor:
1. Achten Sie auf eine ausgewogene und gesunde Ernährung, die Kohlenhydrate, Proteine und Fette enthält.
2. Essen Sie außerdem viel Obst und Gemüse, da Ihnen dies wichtige Vitamine und Mineralien liefet.
3. Vermeiden Sie den Verzehr von Junkfood und industriell verarbeiteten Lebensmitteln, da diese Ihrem Körper schaden und sich negativ auf Ihre Leistung auswirken können.
4. Trinken Sie ausreichend Wasser, um Ihren Körper stets hydriert zu halten.

Die Bewegungen Ihres Gegners nicht richtig vorhersehen

Beim Boxen müssen Sie die Bewegungen Ihres Gegners vorhersehen, um sie erfolgreich zu kontern. Leider bedenken viele Boxanfänger dies nicht, so dass sie für Angriffe anfälliger sind. Die meisten Gegner sind jedoch erfahren, so dass sie etwaige mangelnde Vorbereitung spüren und ausnutzen können.

Um diesen Fehler zu vermeiden, gehen Sie wie folgt vor:
1. Bleiben Sie auf Zack und achten Sie auf die Körpersprache Ihres Gegners.
2. Lernen Sie, dessen Bewegungen zu interpretieren, um vorherzusagen, was er als Nächstes tun wird.
3. Üben Sie Schlagabwehrübungen mit einem Partner, um gute Reflexe und Antizipationsfähigkeiten zu entwickeln.

Nichtbeachtung der 3-Sekunden-Regel

Die 3-Sekunden-Regel ist eine klassische Boxstrategie, die es schon seit vielen Jahren gibt. Sie besagt, dass Sie sich nach einem Schlag 3 Sekunden Zeit nehmen sollten, um nachzudenken und Ihren nächsten Schritt zu planen. Diese Regel ist wichtig, denn sie ermöglicht es Ihnen, die Situation einzuschätzen, eine Strategie zu entwickeln und diese umzusetzen. Leider halten sich einige Boxanfänger nicht an diese Regel, was zu übereilten und unüberlegten Entscheidungen führen kann.

Um diesen Fehler zu vermeiden, gehen Sie wie folgt vor:
1. Nehmen Sie sich ein paar Sekunden Zeit zum Nachdenken, bevor Sie handeln.
2. Konzentrieren Sie sich auf Ihre Atmung und klären Sie Ihren Geist.
3. Analysieren Sie die Situation und entscheiden Sie sich dann überlegt über den nächsten Schritt.

Üben Sie diese Regel am besten gemeinsam mit einem Partner, damit Sie ein besseres Gefühl für das richtige Timing entwickeln können.

Nicht an der Beinarbeit arbeiten

Die Beinarbeit ist entscheidend für einen erfolgreichen Boxer. Leider vernachlässigen viele Anfänger diesen Aspekt ihres Trainings und leiden später unter den Folgen. Eine gute Beinarbeit ermöglicht es den Kämpfern, sich effizient im Ring zu bewegen, Schlägen auszuweichen und ihre eigenen zu landen. Daher sollten sich Boxanfänger darauf konzentrieren, Übungen zur Beinarbeit in ihre Trainingsroutine einzubauen, um ihre Beweglichkeit, Koordination und Balance zu verbessern.

Keine Konzentration auf die Verteidigung

Die Verteidigung ist beim Boxen genauso wichtig wie die Offensive. Leider konzentrieren sich viele Anfänger nur darauf, Schläge zu landen, anstatt sich abzusichern, wodurch sie den Angriffen ihres Gegners schutzlos ausgeliefert sind. Eine gute Verteidigung ermöglicht es einem Boxer, Angriffe zu blockieren, auszuweichen, sich zu ducken, um Schlägen auszuweichen und einen effektiven Gegenangriff zu starten. Boxanfänger sollten Verteidigungsübungen mit in ihr Trainingsprogramm einbauen, um diese Fähigkeiten zu verbessern. Dazu gehören auch das Abwehren von Schlägen, das Ausweichen und das Bewegen des Kopfes.

Falsche Atmung

Boxer müssen lernen, während des Trainings und der Kämpfe richtig zu atmen. Viele Anfänger kontrollieren ihre Atmung nicht adäquat. Dadurch verlieren sie Energie und die Sauerstoffzufuhr zu ihren Muskeln, was zu Erschöpfung und einer entsprechend schlechteren Leistung führt. Boxer müssen lernen, tief durchzuatmen und ihre Atmung während des Trainings zu regulieren, um ihre Ausdauer und Kondition zu verbessern.

Kein Fokus auf Kraft und Kondition

Boxer erfordern ein hohes Maß an Kraft und Kondition, um erfolgreich zu sein. Leider konzentrieren sich viele Anfänger mehr auf die Boxübungen und vernachlässigen ihr allgemeines Kraft- und Konditionstraining. Der Aufbau und die Aufrechterhaltung von Kraft und Kondition durch Krafttraining, Cardio-Übungen und andere Konditionierungsübungen machen jeden Boxer im Ring effektiver. Die Kombination von Kraft- und Konditionsübungen verbessert die Leistung und erhöht Ihr Niveau.

Nicht genug Dehnung

Das Dehnen vor dem Training ist wichtig, um Verletzungen vorzubeugen und die Flexibilität und den Bewegungsumfang zu erhöhen. Leider lassen einige Boxanfänger das Dehnen ausfallen oder arbeiten nur minimal an ihrer Beweglichkeit. Wenn Sie sich nicht ausreichend dehnen, kann dies zu Muskelzerrungen und -rissen führen und Ihren Trainingsfortschritt dadurch erheblich beeinträchtigen. Planen Sie vor jeder Trainingseinheit ausreichend Zeit zum Dehnen ein, um derartige Fehler zu vermeiden. Beginnen Sie mit einfachen Dehnübungen, wie Nackenrotation, Armkreisen und Rumpfrotationen. Arbeiten Sie sich dann allmählich an fortgeschrittenere Dehnungen wie Spagat, Rückenbeugen und Hüftöffner heran.

Nicht ausreichend hydriert bleiben

Boxen ist ein hochintensiver Sport, bei dem Sie stark schwitzen, was schnell zu Dehydrierung führt, wenn Sie die verlorene Flüssigkeit nicht wieder auffüllen. Wenn Sie nicht ausreichend Flüssigkeit zu sich nehmen, führt dies zu Müdigkeit, Schwindel und Krämpfen. Außerdem beeinträchtigt dies Ihre Ausdauer und Leistung während des Trainings erheblich. Trinken Sie vor, während und nach dem Training viel Flüssigkeit, um diesen Fehler zu vermeiden. Halten Sie eine Flasche Wasser in der Nähe und trinken Sie regelmäßig, um hydriert zu bleiben. *Vermeiden Sie zuckerhaltige oder koffeinhaltige Getränke, da diese zu einer Dehydrierung führen können.*

Ein übermäßiges Verlassen auf die Kraft des Oberkörpers

Beim Boxen geht es nicht nur um die Kraft des Oberkörpers. Ihr Unterkörper, Ihre Körpermitte und Ihre Koordination sind wichtig und bestimmen, wie Sie boxen. Leider machen viele Anfänger den Fehler, sich zu sehr auf die Kraft des Oberkörpers zu konzentrieren, was zu Muskelungleichgewichten, schlechter Form und Ermüdung führt. Bauen Sie Übungen für den unteren Körper und die Körpermitte mit in Ihr Trainingsprogramm ein, um diesen Fehler zu vermeiden. Zu den Beispielen für Übungen für den unteren Körperbereich gehören Kniebeugen, Ausfallschritte und Seilspringen. Zur Stärkung der Körpermitte können Liegestützhalte, russische Rotationen und Sit-ups eingesetzt werden.

Schlechte Beinarbeit

Boxen ist ein Sport, der von den Kämpfern eine hervorragende Beinarbeit erfordert. Anfänger achten jedoch nicht auf die Bedeutung der Beinarbeit, was zu verschiedenen Fehlern führen kann, darunter schlechtes Gleichgewicht, schlechte Bewegungsabläufe und Verletzungsanfälligkeit. Um diesen Fehler zu vermeiden, sollten Sie sich darauf konzentrieren, Ihre Beinarbeit zu verbessern, indem Sie Übungen wie Schattenboxen, Leiterübungen und Drehungen üben. Trainieren Sie außerdem Ihre Reaktionszeit und Koordination, indem Sie Übungen wie Kniebeugen, Hürdensprünge und Burpees machen.

Übermäßig intensives Training

Es ist zwar wichtig, dass Sie hart trainieren, aber Übertraining kann zu Burnout, Verletzungen und Müdigkeit führen. Anfänger machen oft den Fehler, zu hart oder zu häufig zu trainieren, was auf lange Sicht Fortschritte hemmen kann. Stellen Sie einen regelmäßigen Trainingsplan auf und planen Sie Ruhetage ein, um diesen Fehler zu vermeiden. Arbeiten Sie daran, die Intensität Ihrer Trainingseinheiten allmählich zu steigern, während Sie auf Ihren Körper hören und sich nicht bis zur Erschöpfung verausgaben.

Nicht an der Schlagzahl arbeiten

Einer der häufigsten Fehler von Boxanfängern besteht darin, dass sie nicht an ihrer Schlaggeschwindigkeit arbeiten. Ihre Schlaggeschwindigkeit ist beim Boxen entscheidend; wenn Sie sie vernachlässigen, kann Sie das den Kampf kosten. Sie können Schnelligkeitsübungen mit in Ihr Trainingsprogramm aufnehmen, um diesen Fehler zu vermeiden. Üben Sie Schattenboxen, Übungen mit dem Sandsack und Übungen mit dem Sandsack mit doppeltem Ende, um Ihre Schlaggeschwindigkeit zu verbessern. Eine weitere Möglichkeit, um Ihre Schlaggeschwindigkeit zu verbessern, besteht in der Verbesserung Ihrer Beinarbeit. Gute Beinarbeit ermöglicht es Ihnen, sich schnell zu bewegen und schneller zuzuschlagen. Lernen Sie, die richtige Boxhaltung und Beinarbeit zu perfektionieren, um Ihre Geschwindigkeit zu verbessern.

Das Gleichgewicht nicht halten

Boxanfänger übersehen oft, wie wichtig das Gleichgewicht beim Boxen ist. Es ist entscheidend, dass Sie Ihr Gleichgewicht halten. Dies ermöglicht es Ihnen, sich schnell zu bewegen und Schlägen auszuweichen. Wenn Sie das Gleichgewicht nicht halten, werden Sie zu einem leichten Ziel für Ihren Gegner. Üben Sie spezielle Gleichgewichtsübungen für das Boxen, um diesen Fehler zu vermeiden. Üben Sie, sich im Ring zu bewegen, Ihr Gewicht zu verlagern und sich auf den Füßen zu drehen. Regelmäßige Wiederholungen dieser Übungen werden Ihnen helfen, Ihr Gleichgewicht während Ihrer Kämpfe besser zu halten.

Während der Runden nicht entspannen

Einer der häufigsten Fehler von Boxanfängern ist, sich während der Runden nicht zu entspannen. Boxen erfordert viel Energie, und die müssen Sie sich während der Kämpfe aufsparen. Wenn Sie sich verkrampfen, wird Ihre Energie verbraucht und Sie werden schnell müde. Üben Sie während Ihrer Trainingseinheiten Atemübungen, um diesen Fehler zu vermeiden. Atmen Sie beispielsweise tief ein und atmen Sie langsam aus, um Ihre Muskeln zu entspannen. Konzentrieren Sie sich außerdem auf Ihre Technik und nicht auf das Ergebnis, um Energie zu sparen und während Ihrer Runden entspannt zu bleiben.

Mangelnde mentale Stärke

Einer der größten Fehler von Boxanfängern besteht darin, dass sie die Bedeutung der mentalen Stärke unterschätzen. Boxen ist ein geistig anspruchsvoller Sport, und Ihre Fähigkeit, konzentriert und entschlossen zu bleiben, ist mindestens genauso wichtig wie Ihre körperlichen Fähigkeiten. Wenn Sie nicht über die nötige mentale Stärke verfügen, können Sie sich beim Training nur schwer richtig anstrengen und schrumpfen angesichts des Drucks während des Kampfes. Es ist wichtig, dass Sie an Ihrer mentalen Stärke arbeiten. Setzen Sie sich gut erreichbare Ziele, visualisieren Sie den Erfolg und bleiben Sie während des Trainings positiv und konzentriert, um diesen Fehler zu vermeiden. Sie können auch mit einem Trainer oder Sportpsychologen zusammenarbeiten, der Ihnen dabei hilft, mehr mentale Stärke zu entwickeln.

Kein gutes Trainingsprogramm ausarbeiten

Ein weiterer Fehler, den Anfänger beim Boxen machen, ist, dass sie sich kein konsequentes und abgerundetes Trainingsprogramm ausarbeiten. Kämpfer brauchen Kraft, Ausdauer und Beweglichkeit, aber Sie werden im Ring im Nachteil sein, wenn Sie sich nur auf einen Aspekt des Trainings konzentrieren. Um diesen Fehler zu vermeiden, ist es wichtig, ein umfassendes Trainingsprogramm zu entwickeln, das Krafttraining, Ausdauertraining und Beweglichkeitsübungen umfasst. Es ist wichtig, dass Sie Ihr Training variieren, um ein Plateau zu vermeiden. Die Zusammenarbeit mit einem Personal Trainer oder Coach kann Ihnen dabei helfen, einen individuellen Trainingsplan zu erstellen, der auf Ihre speziellen Bedürfnisse und Ziele abgestimmt ist.

Keine Pausen einlegen

Viele Boxanfänger fallen dem Übertraining zum Opfer. Sie leiden unter der fälschlichen Annahme, dass sie sich schneller verbessern werden, je mehr sie trainieren. Tatsächlich kann Übertraining jedoch zu Verletzungen, Burnout und Plateaus führen. Um diesen Fehler zu vermeiden, ist es wichtig, regelmäßig Pausen und Ruhetage einzulegen. Ruhepausen ermöglichen es Ihren Muskeln, sich zu erholen und zu regenerieren, wodurch das Verletzungsrisiko verringert und ein Burnout verhindert wird. Es ist wichtig, dass Sie auf Ihren Körper hören und Ihren Trainingsplan entsprechend anpassen. Wenn Sie sich also erschöpft oder wund fühlen, nehmen Sie sich einen zusätzlichen Tag frei, um sich zu erholen.

Boxen ist ein intensiver Sport, der Disziplin, Konzentration und harte Arbeit erfordert. Als Anfänger ist es wichtig, dass Sie diese häufigen Fehler vermeiden, um das Verletzungsrisiko zu minimieren und beständig Fortschritte zu machen. Um ein erfolgreicher Boxer zu werden, müssen Sie sich die Zeit nehmen, um sich zu dehnen, ausreichend viel zu trinken, sich auf die Kraft des ganzen Körpers und auf die Beinarbeit zu konzentrieren und ein Gleichgewicht zwischen harter Arbeit und Ruhe zu finden.

Um ein erfolgreicher Boxer zu werden, braucht es mehr als nur harte Schläge. Sie müssen auch mental stark sein, ein umfassendes Trainingsprogramm absolvieren und regelmäßig Pausen einlegen. Wenn Sie an Ihrer Schlaggeschwindigkeit arbeiten, Ihr Gleichgewicht halten und sich während Ihrer Runden entspannen, werden Sie Ihre Boxfähigkeiten verbessern und kostspielige Fehler vermeiden. Denken Sie daran, dass Erfolg beim Boxen Zeit braucht, und der Weg zum Erfolg erfordert oft Geduld und Ausdauer. Wenn Sie diese Tipps befolgen, sind Sie auf dem besten Weg, um ein erfolgreicher Boxer zu werden.

Fazit

Boxen ist ein intensiver und fesselnder Sport, den es schon seit Jahrhunderten gibt. Von den bescheidenen Anfängen bis hin zu den spektakulären Weltmeisterschaften, die wir heutzutage sehen, hat das Boxen die Zuschauer mit seiner Betonung auf Geschicklichkeit, Geschwindigkeit und Kraft in seinen Bann gezogen. In diesem ultimativen Boxhandbuch erfahren Sie alles über den Einstieg ins Boxen, von den Grundlagen des Sports bis hin zu Übungen und Taktiken für Fortgeschrittene. In diesem leicht verständlichen Leitfaden erfahren Sie, wie sich der Sport entwickelt hat und sich seit der griechischen Antike bis in die Gegenwart internationaler Popularität erfreut hat. Dieses Buch geht auf die verschiedenen modernen Boxstile ein, von der Amateur- bis zur Profiliga, und auf die verschiedenen Gewichtsklassen und Regeln, die es zu beachten gilt.

Das Boxen eignet sich großartig dazu, an Ihrer Fitness zu arbeiten, Ihre Koordination zu verbessern und Dampf abzulassen. Aber wenn Sie in den Ring steigen wollen, müssen Sie zunächst die grundlegenden Regeln und Vorschriften des Boxens kennenlernen. Dazu brauchen Sie erst einmal ein robustes Paar Boxhandschuhe, um Ihre Hände vor Verletzungen zu schützen und um effektive Schläge zu landen. Ein schwerer Sandsack dient als ein weiteres wichtiges Utensil zum Üben von Jabs, Hakenschlägen und Uppercuts. Handbandagen helfen Ihnen dabei, Ihre Handgelenke zu stützen und Verletzungen vorzubeugen, und ein Mundschutz ist wichtig, um Ihre Zähne und Ihren Kiefer zu schützen. Schließlich sorgen bequeme und strapazierfähige Boxschuhe für den nötigen Halt und die nötige Bodenhaftung im Ring. Mit der richtigen Ausrüstung sind Sie dann bereit, Ihre Schläge wie ein Profi auszuüben.

Um ein erfolgreicher Boxer zu sein, müssen Sie die Bedeutung Ihrer Haltung, Ihrer Deckung und Ihrer Beinarbeit besser verstehen lernen. Diese drei Elemente bilden die Grundlage der Boxtechnik und können über Ihre Leistung im Ring entscheiden. Die Beherrschung der richtigen Haltung hilft Ihnen dabei, das Gleichgewicht und die Stabilität beizubehalten, während eine solide Deckung Sie vor den Schlägen Ihres Gegners schützt. Die Beinarbeit ist wichtig, damit Sie erfolgreich auf den Beinen bleiben und stets bereit sind, sich in jede Richtung zu bewegen.

Dieses Buch befasst sich mit den verschiedenen Schlägen und Gegenschlägen, die es beim Boxen gibt. Es erklärt den Jab, den frontalen Schlag, den Hakenschlag und den Uppercut und beschreibt, wie man die Schläge richtig nutzt. Außerdem deckt es einige der effektivsten Gegenschläge ab, mit denen Sie sich im Ring einen Vorteil verschaffen können. Sie werden jedoch, um ein erfolgreicher Boxer zu werden, immer eine solide Verteidigung brauchen, unabhängig davon, wie gut Ihre Offensive ist. Dieses Buch diskutiert die effektivsten Verteidigungstechniken im Boxen. Außerdem geht es um die Bedeutung der Distanzkontrolle, das richtige Ausweichen und Blockieren von Schlägen und den Einsatz Ihrer Deckung, um nicht getroffen zu werden.

Dieses ultimative Boxhandbuch hat Ihnen einen ausgezeichneten Überblick über den Sport und alles, was Sie für den Einstieg in den Boxsport brauchen, gegeben. Angefangen mit der Geschichte des Sports bis hin zur Peek-A-Boo-Technik hat es Ihnen eine Fülle von Themen nähergebracht und wertvolle Einblicke und Tipps geliefert. Denken Sie daran, dass Boxen ein hochqualifizierter und anspruchsvoller Sport ist, der viel Hingabe, Disziplin und Training erfordert, um ihn zu meistern. Ob Sie also ein Neuling oder ein erfahrener Profi sind, nutzen Sie dieses Buch als Grundlage, um Ihre bestehenden Fähigkeiten optimal zu erweitern.

Teil 2: Brasilianisches Jiu-Jitsu

Ein umfassender Leitfaden zur Einführung in die Grundlagen des Grappling im Brazilian Jiu-Jitsu und ein Vergleich mit dem japanischen Jiu-Jitsu

Einleitung

Möchtest du mehr über brasilianisches Jiu-Jitsu erfahren? Das auch als sanfte Kunst bezeichnete Brazilian Jiu-Jitsu (BJJ) wurde in den frühen 90er Jahren bekannt, als Royce Gracie, ein Jiu-Jitsu-Experte, dreimal (jeweils den ersten, zweiten und vierten Platz) bei den Ultimate Fighting Championships gewann.

Gracies Gegner waren viel größer und hatten ein umfangreiches Training in anderen Stilen und Techniken wie Ringen, Karate, Muay Thai und Boxen absolviert, aber er konnte sie dennoch besiegen. Sein Erfolg war der Grund dafür, dass Jiu-Jitsu zu einem beliebten MMA-Stil wurde, bei dem der Schwerpunkt auf dem Bodenkampf liegt.

Brasilianisches Jiu-Jitsu ist eine Kampfsporttechnik, die auch schwächeren und kleineren Teilnehmern die Möglichkeit gibt, sich erfolgreich gegen stärkere und größere Angreifer zu verteidigen. Sie konzentriert sich auf Bodenkampf, Grappling und das Anwenden von Hebel- und Würgegriffen, um Gegner zu besiegen. Darüber hinaus umfasst diese Sportart auch Schläge, Würfe und Tritte.

Der Schlüssel ist die Hebelwirkung, die es auch kleinen Personen ermöglicht, die Technik zu erlernen und zu beherrschen.

Die gute Nachricht ist, dass jeder brasilianisches Jiu-Jitsu lernen und meistern kann. Man muss nur über das richtige Material und die richtige Art von Training verfügen, das alle wichtigen Details und die richtige Ausführung behandelt. Die Inhalte dieses Buches sind sehr leserfreundlich geschrieben und konzentrieren sich mehr auf die detaillierten Abläufe und Techniken, die du für diese Kampfkunst benötigst.

Der wichtigste Aspekt beim Jiu-Jitsu ist das Grappling, und mit diesem Buch als Leitfaden kannst du es effizient meistern. Das Tolle an diesem Buch ist, dass es so geschrieben ist, dass du Konzepte, Techniken, Formen und alle anderen wichtigen Aspekte des brasilianischen Jiu-Jitsus schnell verinnerlichen kannst. Es werden einfache Begriffe verwendet, die du leicht verstehen kannst.

Nach dem Lesen wirst du das Meiste, wenn nicht sogar alles, über brasilianisches Jiu-Jitsu wissen und deine ersten Schritte auf dem Weg zum Meister machen können. Wenn du das hier erworbene Wissen in die Praxis umsetzt, wirst du in den Genuss der lohnenden Vorteile des brasilianischen Jiu-Jitsus kommen, darunter eine bessere Balance und Koordination, Selbstdisziplin, Selbstvertrauen und mentale Konzentration.

Ich empfehle dringend, dieses Material mit relevanten Videos über brasilianisches Jiu-Jitsu zu kombinieren, damit du einen aktiveren visuellen Input erhältst. Auf diese Weise wird es einfacher sein, den Techniken und Anweisungen in diesem Buch zu folgen.

Kapitel 1: Was ist brasilianisches Jiu-Jitsu?

Das brasilianische Jiu-Jitsu, auch als BJJ bezeichnet, ist eine Form der Kampfkunst mit Techniken, die sich mehr auf das Grappling konzentrieren. Diese auf Grappling basierende Kampfkunst legt auch den Schwerpunkt auf die Nutzung von Körperkraft und Techniken, die Gegner durch Würgegriffe und durch das Blockieren einzelner Gelenke zur Aufgabe zwingen können. BJJ ist weitläufig als äußerst effektive Methode des unbewaffneten Kampfes anerkannt und erfreut sich immer größerer Beliebtheit, da es in globalen Kampfsportorganisationen wie der UFC ständig vertreten ist.

Die Geschichte des brasilianischen Jiu-Jitsus

Die Wurzeln des brasilianischen Jiu-Jitsus lassen sich bis zum japanischen Kodokan-Judo zurückverfolgen, einer Kampfkunst, die ursprünglich von Jigoro Kanos japanischem Jujutsu abgeleitet wurde. Da Judo als Kampfkunst eingestuft wurde, bestand es aus den Wurftechniken des Jujutsu und den grundlegenden Techniken am Boden. Der Fokus auf den Bodenkampf war begrenzt, weswegen BJJ eine Revolution darstellte.

1904 reiste einer der besten Experten für den Bodenkampf im Judo, Mitsuyo Maeda, von Japan aus an verschiedene Orte auf der ganzen Welt, um Judo zu unterrichten. In seinen Lehren legte er den Schwerpunkt vor allem auf Bodenkampftechniken. Maeda erreichte Brasilien im Jahr 1914, wo er ebenfalls mit dem Unterrichten begann und versuchte, eine japanische Gemeinschaft aufzubauen.

Carlos Gracie, einer von Maedas Schülern in Brasilien, studierte etwa fünf Jahre lang bei ihm. Gracie gab die Techniken, die er von Maeda gelernt hatte, an seine vier Brüder weiter, und gemeinsam eröffneten sie 1925 die erste Jiu-Jitsu-Akademie in Brasilien.

Gracies Bruder Helio war gesundheitlich angeschlagen und von kleiner Statur. Als kleinere Person wurde er ermutigt, den von Maeda gelehrten Techniken mehr Aufmerksamkeit zu schenken. Er begann, selbst die grundlegendsten Techniken und Konzepte des Judo zu bearbeiten und anzupassen, indem er Hebelwirkung einbaute. Seine Modifikationen erhöhten die Wahrscheinlichkeit, dass auch kleinere Gegner kämpfen konnten – und größere besiegten.

Er begann auch, mit den Grundtechniken des Judo zu experimentieren, um sie zu optimieren und zu verbessern. Dies führte zur Entwicklung und Entstehung des Gracie Jiu-Jitsu, besser bekannt als brasilianisches Jiu-Jitsu, einer effektiveren und dennoch sanfteren Version dieser Kampfkunst.

Als sich Judo weiterentwickelte, gab es auch einige Änderungen in den Regeln, die den Schwerpunkt von grundlegenden Techniken auf Würfe verlagerten. Dadurch wurde auch die Anwendung erlaubter Hebeltechniken eingeschränkt. In dieser Zeit begann sich das brasilianische Jiu-Jitsu als eigenständige Sportart zu entwickeln. Beim brasilianischen Jiu-Jitsu sind alle Takedowns aus dem Judo erlaubt.

Abgesehen davon legte Helio Gracie beim Training des brasilianischen Jiu-Jitsus großen Wert auf Vollkontaktkämpfe, einschließlich Schlägen, und erhöhte die Praktikabilität des Sports als Form der Selbstverteidigung. Diese Regeln führten dazu, dass sich das brasilianische Jiu-Jitsu in Brasilien zu einem unverwechselbaren und einzigartigen Kampfstil weiterentwickelte.

Dies führte zu Kämpfen ohne Regeln, bei denen die Teilnehmer des brasilianischen Jiu-Jitsus gegen andere Kampfsportdisziplinen antraten. Durch diese Kämpfe wurde die Effektivität des brasilianischen Jiu-Jitsus als einzigartiges Kampfsystem allgemein anerkannt.

1972 reiste Carley Gracie in die USA und begann dort, brasilianisches Jiu-Jitsu zu unterrichten. 1978 folgte ihm Rorion Gracie. Da das brasilianische Jiu-Jitsu in den USA immer beliebter wurde, gründete Rorion Gracie unter anderem die Ultimate Fighting Championship.

In der Anfangsphase der UFC zeigte Royce Gracie, wie mächtig brasilianisches Jiu-Jitsu war, indem er Kämpfer besiegte, die in vielen anderen Disziplinen bekannt waren. Die Effektivität und Kraft des brasilianischen Jiu-Jitsus wurden auch einem breiteren Publikum bei der ersten UFC-Veranstaltung präsentiert, die als Pay-per-View verfügbar war.

Wichtige Meilensteine in der Geschichte des brasilianischen Jiu-Jitsus

- **1925** - Academia Gracie de Jiu-Jitsu, die erste Schule für die Ausübung des Sports, wurde von Meister Carlos Gracie eröffnet.
- **1990er-Jahre** - brasilianisches Jiu-Jitsu gewinnt in den USA an Bekanntheit. In den 90er-Jahren errang Royce Gracie auch einen Sieg gegen einen starken Gegner, der einen anderen Kampfsport ausübte. Er erlangte diesen Titel während der Ultimate Fighting Championship (UFC).
- **1994** - Gründung der IBJJF (International Brazilian Jiu-Jitsu Federation). Ziel dieser Organisation ist es, die Wettkämpfe des Sports zu regeln und zu verwalten.

Kernkonzepte und Aspekte des brasilianischen Jiu-Jitsus

Die Kern- und Grundkonzepte des brasilianischen Jiu-Jitsus bestehen darin, jeden Kampf zu Boden zu bringen. Es geht darum, den Gegner zu pinnen und Angriffe in Form einer Submission auszuführen.

Jedes Mal, wenn du unten liegst, solltest du dir zum Ziel setzen, durch Rutschen und Schieben Platz zu schaffen und Abstand zu gewinnen. Dies ist auch möglich, indem du deinen Gegner mit Hebelwirkung umdrehst, wodurch du die Möglichkeit erhältst, eine dominantere Position einzunehmen.

Hinweis: Die Kernkonzepte und Grundlagen von Jiu-Jitsu müssen in jedem Konzept, jeder Technik und jeder Position dieses Sports angewendet werden. Während dieser Sport immer wieder neue Methoden und Techniken übernimmt, bleiben die Grundlagen des Sports, die als Basis dienen, unverändert.

Deshalb musst du dir immer wieder vor Augen führen, dass der Hauptfokus beim brasilianischen Jiu-Jitsu darin besteht, Gegner zu Boden zu bringen und zu besiegen, da es bei dieser Form der Kampfkunst um Grappling am Boden geht. Beim brasilianischen Jiu-Jitsu musst du deinen Gegner zu Boden bringen, da dies die einzige Möglichkeit ist, ihm die Kraft zu nehmen und den Kampf im Stehen zu beenden.

Die Positionen unten und oben gelten als das Herzstück des brasilianischen Jiu-Jitsus, da dies die einzigen verfügbaren Optionen sind, wenn sich beide Gegner am Boden befinden. Es ist notwendig zu lernen, in dominantere Positionen zu wechseln und aus dominanteren Positionen zu entkommen, um Gegner zu besiegen und zu überleben.

Beim Training von brasilianischen Jiu-Jitsu wirst du neue und moderne Techniken kennenlernen; einige davon werden vielleicht in Vergessenheit geraten. Die Kernkonzepte werden jedoch erhalten bleiben, was beweist, dass sie tatsächlich grundlegend sind. Mehrere Techniken, die im brasilianischen Jiu-Jitsu angewendet werden, zeigen, wie diese Grundlagen funktionieren.

Zum Beispiel zeigt der Scissor Sweep, wie wichtig Griffe, Hebel, das Verlagern des Gleichgewichts und das Schaffen von Raum sind, wenn man den Gegner zu Boden wirft oder schlägt.

Das 4-Schritte-System verstehen

Wenn du die Grundregeln und -konzepte des brasilianischen Jiu-Jitsus lernen und verstehen willst, hilft es, sich mit dem von John Danaher entwickelten 4-Stufen-System vertraut zu machen. Dieses 4-Stufen-System beinhaltet, den Gegner zu Boden zu bringen, die Beine zu überwinden, sich durch die Hierarchie der Pins zu arbeiten und dann mit einer Submission-Technik anzugreifen.

Um dieses System umzusetzen, sind insgesamt drei Positionen erforderlich – stehend, unten am Boden und oben am Boden. Der erste Schritt besteht darin, den Gegner zu Boden zu bringen, und das Ziel ist es, sich von der natürlichen Unberechenbarkeit des Kampfes im Stehen fernzuhalten.

Der Vorteil, den Kampf auf den Boden zu verlagern, besteht darin, dass die Kraft, die dein Gegner mit seinen Armen und Beinen erzeugen kann, eliminiert wird. Du kannst dann den Beinen ausweichen, was entscheidend ist, um die Gefahren, die von deinem Gegner ausgehen, zu eliminieren. Verwende deine Beine, um zu treten, und schwinge dich über sie hinweg, um in eine untere Bodenposition zu gelangen.

Nachdem du die Beine deines Gegners überwunden hast, ist es dein Ziel, eine dominante Position zu erreichen und beizubehalten. Dein Fokus liegt auf den Positionen Knie auf Bauch, Back Mount, Mount und Side Control, da sie als Kernpositionen gelten. Da es sich um die wichtigsten Kernpositionen handelt, helfen sie dir, deinen Gegner unter Kontrolle zu halten.

Außerdem kannst du mit nur minimalem Risiko angreifen, eine Submission vorbereiten und durchführen. Es ist wie bei einem Schachspiel, bei dem du deinem Gegner immer eine Bewegung voraus sein musst, um dir einen Vorteil zu verschaffen.

Hand-zu-Hand-Kampf-Bereiche

Der Nahkampf, der auch im brasilianischen Jiu-Jitsu eine entscheidende Rolle spielt, umfasst drei Hauptbereiche oder -kategorien.

Stehende Position und freie Bewegung

Die meisten Wettbewerbe oder Kämpfe beginnen im Stehen. Wenn der Kämpfer Tritte und Schläge ausführt, spricht man von der Schlagdistanz. Viele Schlagdisziplinen, wie Boxen und Kickboxen, verbringen in der Regel einen Großteil ihrer Zeit in dieser Distanz. Auch die meisten Grappling-Disziplinen beginnen Kämpfe und Wettkämpfe im Stehen, gehen jedoch oft schnell in den Clinch, die zweite Distanz, über.

Clinch

Im Clinchbereich greifen und halten sich die Kämpfer im Stehen. Da beide Kämpfer noch stehen, wird dies auch als stehendes Grappling bezeichnet. Andere Kampfsportarten, die sich auf Clinch oder stehendes Grappling spezialisiert haben, sind griechisch-römischer Ringkampf, Sambo, Muay Thai Kickboxen und Judo.

Das Hauptziel des Clinch besteht darin, Schläge zu stoppen oder abzuschwächen, Würfe und Takedowns vorzubereiten, Schläge aus dem Clinch heraus anzubringen und Takedowns zu blockieren, bis sich ein Kämpfer befreien kann. Das letztendliche Ziel hängt immer von der Situation und der aktuellen Position des Kämpfers ab.

Bodenkampf

Die dritte Kategorie ist der Bodenkampf, der stattfindet, wenn einer der beiden Kämpfer nicht mehr steht. Während in verschiedenen Kampfsportarten ein Kampf am Boden als Niederlage gewertet wird, trainiert dich das brasilianische Jiu-Jitsu, den Kampf bewusst dorthin zu verlagern. Bodenkampf ist das, worauf du dich beim Training des brasilianischen Jiu-Jitsus spezialisieren solltest. Es ist auch wichtig, sich auf das Training anderer Grappling-Künste wie Ringen, Judo und Sambo zu konzentrieren, bei denen du ebenfalls einen beträchtlichen Teil deiner Zeit damit verbringst, am Boden zu kämpfen.

Warum liegt der Schwerpunkt beim brasilianischen Jiu-Jitsu auf Grappling und Bodenkampf?

Bei Wettkämpfen und Kämpfen, die länger als gewöhnlich dauern, kommt es höchstwahrscheinlich zu einer Bewegung im Clinch, und aus dieser Position heraus bringen die Kämpfer den Kampf zu Boden. In den meisten Fällen kommt es durch einen absichtlichen Takedown, einen Schoolyard-Tackle oder einen Verlust des Gleichgewichts, z. B. durch Stolpern oder einen starken Schlag, zu einem Bodenkampf.

Eine wichtige Tatsache, die man sich merken sollte, ist, dass die Gracies sich einen ausgezeichneten Ruf erarbeitet haben, indem sie sich an die Prämisse hielten, dass der Teilnehmer selbst verhindern muss, im Stehen k. o. zu gehen. Ihr Ziel war es, ihren Gegner zu kontrollieren, sobald er bereits am Boden lag. Sie wurden darin geschult, einige grobe Takedowns einzusetzen, die zu Bodenkämpfen führten, und die sie in die Lage versetzten, die Unerfahrenheit und Unkenntnis ihrer Gegner mit diesem spezifischen Bereich voll auszunutzen.

Wenn du brasilianisches Jiu-Jitsu trainierst, solltest du daran denken, dass es bei diesem Sport im Gegensatz zu anderen Kampfsportarten nicht viele Möglichkeiten gibt, wieder in den Stand zurückzukehren. Außerdem gewinnst du nicht durch Festhalten, wie es beim Judo oder Ringen der Fall ist.

Vor diesem Hintergrund müssen sich Kämpfer im brasilianischen Jiu-Jitsu auf den Bodenkampf konzentrieren, da die meisten Kämpfe in diesem Bereich stattfinden und auf dem Boden bleiben, wenn man den Kampf natürlich ablaufen lässt.

Rangordnung nach Position und Dominanz

Ein weiteres grundlegendes Konzept und eine der wichtigsten theoretischen Grundlagen des brasilianischen Jiu-Jitsus ist die Positionshierarchie oder -dominanz. Dieses Konzept umfasst bestimmte Positionen, die bessere oder schlechtere Ergebnisse erzielen. Daher ist es wichtig, diese zu kennen und zu wissen, was zu tun ist, wenn man in eine solche Position gerät.

Wenn du die Positionsdominanz oder -hierarchie kennst, bekommst du ein klares Verständnis dafür, was im Bodenkampf passiert, und kannst dich besser schützen und den Kampf möglicherweise gewinnen. Wenn du dich auf der dominanten oder oben liegenden Seite befindest, sieht die traditionelle Hierarchie wie folgt aus:

- Rear Mount
- Mount
- Knie auf dem Bauch
- Side Control
- Turtle

Half, open, dann closed guard

Wenn du in die unterlegene oder unterste Position der oben genannten Stellungen gerätst, solltest du damit rechnen, dass sich auch diese traditionelle Hierarchie umkehrt, d. h. die schlechteste der genannten Stellungen wird oben sein, gefolgt von den weniger schlechten Positionen, usw..

Um deinen Gegner erfolgreich zu besiegen, musst du so oft wie möglich versuchen, eine dominante Position einzunehmen. Du weißt, dass du dich in einer dominanten Position befindest, wenn du sie leicht halten kannst, anstatt dich aus ihr zu befreien. Eine dominante Position verschafft dir außerdem einen Hebel und einen mechanischen Vorteil. Sie schützt dich vor Submissions und Schlägen und gibt dir viele Möglichkeiten, den Kampf durch Submissions oder Schläge gegen deinen Gegner zu beenden.

Während eines Kampfes im brasilianischen Jiu-Jitsu erhältst du Punkte, wenn du im Verlauf des Kampfes verschiedene dominante Positionen am Boden einnimmst und dich durch diese bewegst. Hier ist eine Übersicht über das Punktesystem im brasilianischen Jiu-Jitsu, das auf dominanten Positionen basiert.

- Rear Mount = 4 Punkte
- Passieren der Deckung = 3 Punkte
- Mount = 4 Punkte
- Takedown aus dem Stand = 2 Punkte
- Knie auf dem Bauch = 2 Punkte
- Sweep aus der Guard-Position = 2 Punkte

Position vor Submission

Das brasilianische Jiu-Jitsu arbeitet auch nach seinem traditionellen Mantra, das lautet: Position vor Submission. Das bedeutet, dass eine sichere und geschützte Positionshierarchie wichtiger ist als die Submission.

Es wäre beispielsweise nicht klug, deinen Gegner zur Aufgabe zu zwingen, wenn du dich noch in einer schlechten Position oder in seinem Schutz befindest. Es ist auch nicht ratsam, in Armhebel zu fallen oder zu springen, da diese fehlschlagen können und du Gefahr läufst, unter deinem Gegner zu landen.

Wenn du mehr Erfahrung und Fähigkeiten in diesem Sport hast, kannst du dein Mantra anpassen, denn durch die Verbesserung deiner Fähigkeiten wirst du selbstbewusster und sicherer in deinen potenziellen Befreiungs- und Verteidigungsaktionen.

Mit anderen Worten: Auch wenn du bei deinen Versuchen, den Gegner zu Submission zu zwingen, gescheitert bist, helfen dir die Fähigkeiten, die du durch Training und Erfahrung erworben hast, dich selbstbewusst zu erholen und eine andere, effektivere Position zu versuchen. Anfänger müssen sich jedoch an das Mantra halten, da es die Konzentration auf die Position vor der Submission verlangt – die Grundlage des brasilianischen Jiu-Jitsus.

Vorteile des brasilianischen Jiu-Jitsus

Jetzt, da du die Kernkonzepte und Grundlagen des brasilianischen Jiu-Jitsus kennst, ist es an der Zeit, mehr über die Vorteile zu erfahren, die du durch das Erlernen dieser alten Kampfkunst erzielen kannst. In diesem Abschnitt erfährst du mehr über die Vorteile des brasilianischen Jiu-Jitsus und welche positiven Auswirkungen es auf dich haben kann.

Eine Form der Selbstverteidigung

Beim Training des brasilianischen Jiu-Jitsus lernst du Bewegungen, die sich als nützlich erweisen, wenn du dich in einer Situation befindest, in der du dich schützen musst, insbesondere bei einer körperlichen Auseinandersetzung. Als bewährtes Selbstverteidigungssystem trainiert dich das brasilianische Jiu-Jitsu, dich zu verteidigen, wenn du angegriffen wirst, und du wirst genau wissen, wie du deinen Angreifer zu Boden bringen, ihn kontrollieren und seine Angriffe abwehren kannst.

Bessere körperliche Fitness

Brasilianisches Jiu-Jitsu ist zweifellos eine großartige Trainingsform. Jede Sparringsrunde dauert etwa 5 Minuten, beinhaltet aber verschiedene Bewegungen mit geringer und hoher Intensität mit nur minimaler Pause. Brasilianisches Jiu-Jitsu ist in der Tat ein fantastisches Training, das anaerobe und aerobe Ausdauer erfordert. Wenn du eine halbe Stunde lang hart trainierst, verbrennst du etwa 500 Kalorien.

Gut für deine psychische Gesundheit

Ein weiterer unglaublicher Vorteil des brasilianischen Jiu-Jitsus ist, dass es deine psychische Gesundheit verbessern kann. Es ist sogar ein wirksames Mittel zum Stressabbau, das deine Stimmung heben kann. Jedes Mal, wenn du mit dem Training von Jiu-Jitsu beginnst, hast du die Möglichkeit, dich von der Welt und den Sorgen um dich herum zu lösen.

Brasilianisches Jiu-Jitsu hilft dir sogar, im Hier und Jetzt zu leben, was sich positiv auf den Aufbau deines Selbstwertgefühls und die Schaffung eines positiven Selbstbildes auswirkt. Da es sich positiv auf die psychische Gesundheit auswirkt, kann es dir helfen, Depressionen und Angstzustände zu verhindern.

Fördert Disziplin

Die mentalen und körperlichen Herausforderungen, denen du beim Training des brasilianischen Jiu-Jitsus wahrscheinlich begegnen wirst, werden sich positiv auf deine Disziplin auswirken und diese fördern. Allein die Anforderung, jede Woche ohne Ausnahme am Unterricht teilzunehmen, trägt bereits zur Entwicklung von Disziplin bei. Du musst auch diszipliniert mit Niederlagen beim Sparring umgehen, was für dein Wachstum unerlässlich ist.

Verbessert die Fähigkeiten zur Problemlösung und zum kreativen Denken

Deine Fähigkeiten zur Problemlösung und zum kreativen Denken werden beim Training des brasilianischen Jiu-Jitsus auf die Probe gestellt, weshalb viele diesen Sport auch als menschliches Schachspiel bezeichnen. Bei dieser Kampfkunst musst du dich ständig an verschiedene Körpertypen, Techniken und Stile anpassen.

Dein Gehirn wird darauf trainiert, kreativ wie auch ruhig zu sein, selbst unter Stress und Druck. Außerdem wird dein Gehirn darauf trainiert, komplexe Probleme zu bewältigen und zu lösen. Deine Fähigkeit, dich anzupassen und schnell zu denken, wird ebenfalls verbessert, da du bei jedem Training mit anderen Herausforderungen konfrontiert wirst.

Wenn du regelmäßig brasilianisches Jiu-Jitsu trainierst, kannst du dich aus deiner Komfortzone herauswagen. Dieser Sport wird dich herausfordern, zu wachsen und ständig etwas Neues zu lernen. Du wirst darin geschult, deine Ängste zu überwinden und Dinge zu tun, die du zuvor für unmöglich gehalten hast. Brasilianisches Jiu-Jitsu ist daher wertvoll für deine persönliche Entwicklung.

Kapitel 2: Wissenswertes für alle, die sich mit brasilianischem Jiu-Jitsu beschäftigen

Wie du wahrscheinlich inzwischen weißt, handelt es sich beim brasilianischen Jiu-Jitsu um eine Bodenkampfkunst, bei der verschiedene Halte- und Hebeltechniken eingesetzt werden, um den Gegner zu besiegen. Jeder, der Erfahrung mit Judo oder Ringen hat, wird sofort erkennen, dass Jiu-Jitsu eine einzigartige und andere Herausforderung darstellt.

Bevor du deinen Gegner zur Submission zwingen kannst, musst du ihn erst einmal auf die Matte bringen. Sobald du auf dem Boden bist, kannst du deine Judo-Fähigkeiten einsetzen und verschiedene Takedown-Techniken und Würfe anwenden. Beim brasilianischen Jiu-Jitsu verbringst du die meiste Zeit im Stehen mit Würfen, Ringtechniken und Tritten.

Das Stehen ist auch beim brasilianischen Jiu-Jitsu von entscheidender Bedeutung, aber der Schwerpunkt liegt mehr auf dem Bodenkampf. Das letztendliche Ziel dieser Strategie besteht darin, sich durch effektives Ringen eine dominante Position zu verschaffen und eine Vielzahl von Kampftechniken einzusetzen, um den Kampf zu beenden.

Ähnlich wie bei anderen Kampfsportarten basieren die Prinzipien des brasilianischen Jiu-Jitsus fest auf Tradition, Respekt und Ehre. Daher müssen Anfänger jegliche übermäßige Selbstsicherheit und Egoismus zu Hause lassen, wenn sie an Kursen teilnehmen.

Außerdem solltest du wissen, dass das einzige Mittel, um deine Herausforderungen im brasilianischen Jiu-Jitsu zu meistern, darin besteht, Bescheidenheit zu üben. Sei bescheiden und höre aufmerksam zu, was deine Trainer dir beibringen. Es kann auch hilfreich sein, wenn du den Rat deiner erfahreneren und geschickteren Teamkollegen einholst.

Vorbereitung auf den ersten Kurs in brasilianischem Jiu-Jitsu

Der Schlüssel für Anfänger, um die anfänglichen Trainingsschwierigkeiten beim brasilianischen Jiu-Jitsu zu überwinden, ist, sich vollständig auf die erste Trainingseinheit vorzubereiten. Jeder, der ernsthaft daran interessiert ist, brasilianisches Jiu-Jitsu zu lernen und zu meistern, kann unangenehm schwitzende Hände und ein leichtes Kribbeln im Bauch verspüren, insbesondere wenn er noch unsicher ist, was ihn erwartet, wenn er zum ersten Mal durch die Türen seiner gewählten Akademie geht.

Viele Schulen für brasilianisches Jiu-Jitsu bieten neuen und potenziellen Schülern die Möglichkeit, zunächst einmal einer Unterrichtsstunde beizuwohnen. Du kannst den Trainer kennenlernen und hast die Möglichkeit, vor Beginn des Trainings einige Fragen zu stellen. Einige Schulen bieten sogar eine Probestunde an, damit angehende Schüler des brasilianischen Jiu-Jitsus entscheiden können, ob sie wirklich mit dem eigentlichen Unterricht und Training fortfahren möchten.

Was solltest du anziehen?

Als Anfänger musst du während deiner Probestunde oder der ersten Trainingseinheit nicht in einen BJJ-Gi investieren. Ein T-Shirt oder ein Rashguard und Shorts sind völlig in Ordnung. Achte jedoch darauf, dass du keine Kleidung mit Taschen, weite Stoffe oder Gürtelschlaufen trägst, da diese eine Gefahr darstellen können, insbesondere wenn sich deine Zehen oder Finger darin verfangen.

Es ist auch ratsam, anstelle von Schuhen ein Paar Flip-Flops zu tragen, da auf der Matte keine Schuhe getragen werden. Wenn du dich nach einer Probestunde für brasilianisches Jiu-Jitsu entscheidest, muss die Anschaffung eines Gi oberste Priorität haben und sollte bei allen Kursen getragen werden.

Die traditionelle Uniform für brasilianisches Jiu-Jitsu benötigt einen Gürtel, um die Jacke an Ort und Stelle zu halten. Der Gürtel wird auch für einige defensive oder offensive Positionen verwendet, die du im Laufe des Trainings erlernen wirst. Gürtel repräsentieren auch deinen Rang als Kampfsportler im brasilianischen Jiu-Jitsu. Du benötigst außerdem eine Grappling-Hose, die nicht so leicht verrutscht und dir die dringend benötigte Flexibilität am Boden bietet. Ein Rashguard ist immer eine gute Idee, da er Feuchtigkeit absorbieren und deinen Körper während des Trainings und der Kämpfe kühl halten kann. Du brauchst auf jeden Fall einen Mundschutz, obwohl es beim brasilianischen Jiu-Jitsu keine Tritte oder Schläge gibt, aber er dient der Sicherheit, falls du kopfüber fällst oder sich während des Trainings ein Unfall ereignet.

Du solltest dir vielleicht auch einen Tiefschutz zulegen, da dieser Bereich beim brasilianischen Jiu-Jitsu stark exponiert ist und leicht verletzt werden kann. Kopf- und Ohrenschutz schützen die empfindlichen Bereiche. Beim Ringen wird am Kopf gezogen, was zu schweren Ohrverletzungen führen kann; insbesondere das sogenannte Blumenkohlohr ist eine häufige Verletzung beim brasilianischen Jiu-Jitsu. Als Anfänger solltest du dir Knieschoner und -bandagen zulegen, da du wahrscheinlich hinfallen und auf den Knien landen wirst.

Hygiene

Auch auf die richtige Hygiene ist zu achten, bevor du den ersten Kurs besuchst. Achte darauf, dass deine Fuß- und Fingernägel gepflegt sind. Wenn du lange Haare hast, binde sie während des Kurses zu einem Dutt oder Pferdeschwanz zusammen. Entferne Piercings und Schmuck, um Verletzungen zu vermeiden. Generell solltest du auf Sauberkeit achten, denn niemand möchte mit einem ungepflegten Partner trainieren. Achte darauf, dass du die Art von Person bist, mit der andere trainieren möchten. Vergewissere dich, dass deine Uniform immer sauber ist und dein Atem frisch, um zu vermeiden, dass du deine Trainingspartner vor den Kopf stößt und die Erfahrung für andere negativ wird.

Was erwartet dich in der ersten Stunde?

Da du zum ersten Mal am Kurs für brasilianisches Jiu-Jitsu teilnimmst, ist es ratsam, frühzeitig zu kommen. Wenn möglich, solltest du 5 bis 10 Minuten vor Beginn des Kurses in der Schule oder Akademie sein. So hast du Zeit, dich deinem Trainer vorzustellen. Wenn du die Schule noch nicht besucht hast, kannst du diese zusätzlichen Minuten nutzen, um dich umzuschauen.

Beachte auch, dass du möglicherweise ein Haftungsausschlussformular unterschreiben musst, bevor du an deinem ersten oder Probetraining teilnehmen kannst. Ziehe dich vor Beginn des Trainings angemessen an und dehne dich, um deinen Körper vorzubereiten.

Jede Trainingseinheit beginnt mit einer Gruppenaufstellung, also stelle dich darauf ein, wenn du zum ersten Mal am Kurs teilnimmst. Beachte, dass diese Aufstellung nicht die klassische oder traditionelle Aufstellung ist, die oft in Kickboxkursen durchgeführt wird. Beim brasilianischen Jiu-Jitsu werden die Gruppen nach Erfahrungsstufen und Gürteln aufgeteilt. Da du noch Anfänger bist und möglicherweise weder das eine noch das andere hast, stellst du dich am Ende auf, wo sich die Anfängergruppe befindet.

Aufwärmübungen

In deiner ersten BJJ-Stunde wirst du lernen, wie wichtig das Aufwärmen ist. Das Aufwärmen ähnelt dem in anderen Sportarten. Wenn du jedoch Kondition nicht zu deinen Stärken zählst, solltest du es nicht überstürzen. Es wäre besser, deine Energie für das aufzuheben, was als Nächstes kommt.

Da du noch Anfänger bist, wirst du wahrscheinlich mehr Zeit damit verbringen, deinem Trainer zuzuschauen und zu beobachten, wie er grundlegende Techniken des brasilianischen Jiu-Jitsus und die Logik hinter jeder einzelnen dieser Techniken demonstriert. In dieser Anfangsphase wirst du höchstwahrscheinlich die folgenden Bodenpositionen erlernen:

- Boden (offene, geschlossene und Halb-Guard-Positionen)
- Full und Back Mounts
- Side Control

Einige Trainer lassen dich leichte Aufwärmübungen machen, während andere ihren Unterricht mit einem intensiven Konditionstraining beginnen. Einige Kurse beginnen auch mit einem Aufwärmen in der Gruppe, wie Liegestützen und Runden laufen. Nach diesen Aufwärmübungen in der Gruppe folgen Einzelübungen wie Rückwärts- und Vorwärtsfallübungen und das sogenannte Shrimping.

Einige Bewegungen sind dir vielleicht noch völlig neu, aber keine Sorge. Schau dir an, was die anderen machen, und mach es ihnen nach. Dein Ziel ist es, zu lernen, wie man sicher auf den Boden fällt. Sei außerdem als Anfänger nachsichtig mit dir selbst. Sei nicht zu streng mit dir, wenn es dir anfangs schwerfällt, die Übungen und das Training korrekt auszuführen.

Denke daran, dass niemand am ersten Tag alles richtig machen kann. Es erfordert viel Übung. Mit Disziplin und Ausdauer wirst du schließlich einen weiter fortgeschrittenen Gürtel erhalten. Dein Trainer wird dir beibringen, wie du die Bewegungen und Techniken des brasilianischen Jiu-Jitsus korrekt ausführst.

Worauf du bei einem Trainer für brasilianisches Jiu-Jitsu achten solltest

Den richtigen Trainer für brasilianisches Jiu-Jitsu zu finden, ist einer der wichtigsten Schritte auf deinem Weg zum schwarzen Gürtel. Ohne den richtigen Lehrer könntest du leicht frustriert werden oder dich ernsthaft verletzen. Ein guter Trainer wird dich dazu ermutigen, dich zu verbessern, aber gleichzeitig wird er nicht so überheblich und unausstehlich sein, dass dir die Erfahrung keinen Spaß macht. Letztendlich solltest du Spaß und eine gute Zeit beim Training haben, auch wenn der Sport hart und herausfordernd ist. Hier ist, worauf du achten solltest, wenn du einen Trainer für brasilianisches Jiu-Jitsu suchst.

Kenntnisse und Fähigkeiten: Das Wichtigste bei einem Trainer für brasilianisches Jiu-Jitsu ist technisches Wissen. Er muss kein Weltmeister sein, sondern einfach nur jemand, der den Sport lange genug praktiziert hat, um zu wissen, was er tut. Du darfst nicht vergessen, dass Champions nicht unbedingt gute Trainer sind. In vielen Fällen sind sie es nicht. Du brauchst einen Trainer für brasilianisches Jiu-Jitsu, der über das nötige Wissen über die Grundlagen des Sports und die Besonderheiten der Techniken verfügt. Dabei ist nicht nur das aktuelle Wissen des Trainers zu berücksichtigen, sondern auch, wie lern- und entwicklungsbereit er ist. Das Letzte, was du brauchst, ist ein starrer Lehrer, der nicht bereit ist, neue Bewegungen zu lernen, geschweige denn zu lehren.

Die Frage ist, wie du herausfindest, ob dein Lehrer über gute technische Kenntnisse und Fähigkeiten verfügt. Nimm an ein oder zwei Kursen teil und beobachte, wie er die Dinge macht. Wenn dein Lehrer die Bewegungen nur schnell ausführt, ohne sich die Zeit zu nehmen, die Details jeder Bewegung zu erläutern und zu erklären, warum er sie so ausführt, ist die Wahrscheinlichkeit hoch, dass sein technisches Wissen nicht sehr gut ist und er dir nicht viel beibringen kann. Ein sachkundiger Lehrer wird dir erklären, wie alles gemacht wird und wie du diese Bewegungen nachmachen kannst. Er wird sich die Zeit nehmen, dir auch die kleinsten Details zu erklären und alle deine Fragen zu beantworten.

Betreuungsniveau: Das Letzte, was du brauchst, ist ein Trainer, der nicht einmal darauf achtet, was du im Unterricht machst. Es kann durchaus vorkommen, dass der Haupttrainer in der Schule herumläuft, den Schülern bei ihren Techniken zuschaut und hier und da eine Bemerkung macht. Das ist keine gute Herangehensweise, um Jiu-Jitsu zu lernen. Du brauchst praktische Erfahrung, einen Trainer, der in den Ring steigt und dir hilft, zu lernen und dich weiterzuentwickeln, und nicht am Rand sitzt und seine sozialen Medien überprüft. Dein BJJ-Trainer muss aktiv sein und sich an deinem Training beteiligen. Es ist auch ein Zeichen des Respekts für den Sport und dich; Respekt war schon immer ein Eckpfeiler der Kampfkünste und wird es auch immer sein.

Du zahlst viel Geld für deinen Unterricht, also sollte der Trainer auch derjenige sein, der dich trainiert. Achte darauf, dass du nicht an einen unerfahrenen Trainer verwiesen wirst, der noch in der Ausbildung ist. Darüber hinaus zeigt sich die Sorgfalt, die du in der Schule erfährst, in ihrem Unterrichtsstil. Gibt es einen festen Lehrplan oder werden die Dinge einfach ohne einen richtigen Kurs durchgeführt? Du brauchst einen Plan mit Endzielen, um deine Steigerung zu überwachen und zu bewerten. Bei Kampfsportarten ist Improvisation nicht der richtige Weg. Ein fester Plan, der von allen neuen Schülern befolgt wird, stellt sicher, dass du es mit Profis zu tun hast, die wissen, was sie tun.

Kommunikationsfähigkeiten: Ein guter Lehrer ist ein guter Kommunikator, egal ob in den Naturwissenschaften oder in den Kampfkünsten. Das Unterrichten von brasilianischem Jiu-Jitsu erfordert nicht nur körperliche, sondern auch verbale Fähigkeiten. Wie gut ist dein Trainer darin, seinen Standpunkt zu vermitteln und seine beabsichtigte Botschaft zu erklären? Sind seine Anweisungen klar? Ein Trainer kann über alle technischen Kenntnisse und Erfahrungen der Welt verfügen, aber wenn er diese Informationen nicht effektiv vermitteln kann, nützt er seinen Schülern nichts. Auch die Körpersprache des Lehrers ist wichtig. Wie zugänglich ist er? Ist er jemand, dem man Fragen und Bedenken anvertrauen kann? Du möchtest nicht mit einem konfrontativen Lehrer für brasilianisches Jiu-Jitsu trainieren, der für Fragen nicht offen ist. Du möchtest auch nicht von jemandem unterrichtet werden, der seine Tätigkeit nicht mag und den Unterricht nur ungern abhält.

Das bringt uns zur Geduld, der Eigenschaft, die du bei deinem Trainer am meisten brauchst. Es dauert lange, bis man in diesem Sport besser wird, und anfangs wirst du Schwierigkeiten haben, neue Bewegungen zu lernen und neue Techniken zu verstehen. Du brauchst einen geduldigen Trainer, der dir den Raum gibt, den du zum Lernen brauchst. Viele Trainer scheinen zu vergessen, wie beängstigend es sein kann, etwas Neues zu beginnen, insbesondere Kampfsport, und sie zeigen sich frustriert über die Unfähigkeit ihrer Schüler, die Begriffe und Bewegungen zu verstehen. Das überträgt sich auf deine eigenen Gefühle als Schüler und du beginnst, ihre Frustration zu spüren. Wenn du feststellst, dass dein Trainer von Anfang an ungeduldig ist, solltest du dir einen anderen suchen. Ein geduldiger Lehrer kann dir beim Lernen helfen und dir einen sicheren Raum dafür bieten. Seine Geduld wirkt sich auch auf Schüler mit höherem Gürtel aus, die genauso geduldig sind wie ihr Lehrer mit Anfängern mit niedrigerem Gürtel. So entsteht eine gesunde Umgebung, in der Schüler aller Gürtel gemeinsam wachsen und lernen können, ohne gehetzt zu werden. Außerdem entsteht eine starke Bindung zwischen dir und deinem Lehrer, die nur schwer zu lösen ist.

Verhalten: Ein guter BJJ-Lehrer verhält sich außerhalb des Rings genauso gut wie innerhalb. Du musst einen qualifizierten Lehrer finden, der auch ein anständiger Mensch ist. Wie du in diesem Buch erfahren wirst, geht es beim brasilianischen Jiu-Jitsu - wie bei vielen Kampfkünsten - darum, sich selbst zurückzunehmen und sein Ego loszulassen. Es geht darum, ehrenhaft und freundlich zu sein. Deshalb ist das Verhalten des Trainers außerhalb des Rings genauso wichtig. Du möchtest nicht von jemandem unterrichtet werden, der missbräuchlich oder tyrannisch ist und sein Kampfkunstwissen dazu nutzt, Schwächere zu terrorisieren. Du denkst vielleicht, dass es möglich ist, zwischen den Lehrfähigkeiten und dem Verhalten zu trennen - aber das ist es nicht - und bevor du dich versiehst, könntest du dich in diese Person verwandeln und deine neu erlernten Fähigkeiten missbrauchen.

Informiere dich online über einen Trainer und lies, was andere ehemalige Schüler über sein Verhalten sagen. Wenn ehemalige Schüler oder Eltern sagen, dass der Trainer missbräuchlich oder tyrannisch ist, halte dich von ihm fern. Wenn du online nicht viel über den Trainer findest, nimm ein paar Stunden bei ihm und schau, ob die Kultur der Schule und die Grundhaltung des Trainers zu dir passen, bevor du dich entscheidest, weiterzumachen oder einen anderen Trainer zu suchen.

Einige erste BJJ-Techniken

Nach dem Aufwärmen wird dein Trainer dir möglicherweise einen Partner zuweisen. Ähnlich wie andere Anfänger in ihrer ersten Unterrichtsstunde musst du wahrscheinlich am Rand der Matte bleiben, um zu beobachten und grundlegende Techniken des brasilianischen Jiu-Jitsus zu üben. Es wird jedoch auch Situationen geben, in denen du direkt in den Unterricht integriert wirst.

Manche Schulen lassen dich nach ihrem Anfängerlehrplan BJJ üben, während andere verlangen, dass du die Techniken lernst, die am Tag deines ersten Unterrichts gelehrt werden. Einige grundlegende Techniken, die du höchstwahrscheinlich in deinem ersten BJJ-Kurs lernen wirst, sind der Scissor Sweep, Mount Escape, Side Control und Escape sowie Guard Pass.

Wenn du in den Anfängerkurs aufgenommen wirst, solltest du deinen Partner darüber informieren, dass dies deine erste Unterrichtsstunde ist. So weiß dein Partner, dass er es langsam angehen lassen, dich anleiten und mit dir kommunizieren muss.

Nach deiner ersten Unterrichtsstunde solltest du über deine Gesamterfahrung nachdenken, um zu entscheiden, ob du das Training fortsetzen möchtest. Wenn du dich dafür entscheidest, weiterzumachen, besprich die Mitgliedsbeiträge und die Verfügbarkeit von Kursen. Außerdem benötigst du einen Gi. Du kannst deinen Anzug für brasilianisches Jiu-Jitsu bei den meisten Lehrern und in seriösen Online- und Kampfsportgeschäften kaufen.

Wichtige Tipps für Anfänger im brasilianischen Jiu-Jitsu

Nachdem du dich entschieden hast, mit dem Training zu beginnen, solltest du deine Kenntnisse mit wertvollen Tipps erweitern, die über die aus dem ersten Kurs hinausgehen. Wenn du dich an zusätzlichen nützlichen Informationen orientierst, wird das etwas einschüchternde Gefühl beim Erlernen dieses Kampfsports weniger stark sein.

Verpflichte dich zu konsequentem Training

Natürlich ist regelmäßiges Training unerlässlich, um brasilianisches Jiu-Jitsu erfolgreich zu meistern. Auch wenn es keine Garantie dafür gibt, dass du an jeder Trainingseinheit teilnehmen kannst, z. B. bei Notfällen, solltest du dennoch konsequent am Training festhalten. Dies ist der Schlüssel, um deine Fähigkeiten zu entwickeln und mit den Fortschritten in der Klasse Schritt zu halten.

Zum Beispiel: Wenn dein Trainer eine bestimmte Technik, Position oder Bewegung mindestens eine Woche lang unterrichtet und du erst gegen Ende am Unterricht teilnimmst, wird es schwieriger sein, die gesamte Trainingseinheit zusammenzufassen.

Wenn du also bereit bist, zu üben und die Ausführung zu wiederholen, wirst du eine deutliche Verbesserung deiner gesamten Leistung feststellen.

Trainiere mindestens zwei- bis dreimal pro Woche und nimm, wenn möglich, auch an zusätzlichen Trainings teil – bleibe nach dem Unterricht für zusätzliche Trainingseinheiten, besuche offenes Training und arbeite zu Hause an Solo-Übungen. Du kannst dich auch mit deinen Teammitgliedern abstimmen, damit ihr auch dann trainieren könnt, wenn die Sporthalle nicht geöffnet ist. Durch zusätzliches Training wirst du eine stetige Steigerung deiner Leistung bemerken.

Stelle Fragen

Als Anfänger wirst du viele Fragen zur Ausübung des brasilianischen Jiu-Jitsus haben. Zögere nicht und scheue dich nicht, während des Unterrichts alle Fragen zu stellen, die dir auf dem Herzen liegen. Wenn du deine Fragen nicht stellst, kann es sein, dass du Schwierigkeiten hast, diese neue Aktivität zu meistern.

Zum Glück sind die meisten erfahrenen Mitglieder, Trainer oder Ausbilder immer in der Nähe, um deine Fragen und Bedenken zum brasilianischen Jiu-Jitsu zu beantworten. Möglicherweise musst du bis zum Frage-und-Antwort-Teil warten, der oft am Ende jeder Klasse oder jedes Trainings stattfindet, um deine Bedenken zu äußern.

Außerdem solltest du dir angewöhnen, nach jeder Trainingseinheit Tipps von anderen mit mehr Erfahrung einzuholen. Deine Klassenkameraden werden dir gerne ihr Wissen über diesen Sport weitergeben und du kannst sie bitten, dir ihre ehrliche Meinung zu deiner Leistung zu sagen.

So erfährst du, wo deine Fehler liegen und in welchen Bereichen du dich verbessern solltest. All diese Details spielen eine entscheidende Rolle für deine Leistung und werden dir sicherlich dabei helfen, dich zu steigern.

Sei früh da

Ein weiterer wichtiger Tipp für Anfänger im brasilianischen Jiu-Jitsu ist, so früh wie möglich zum Unterricht zu kommen, oder mindestens 10 Minuten vor dem geplanten Unterrichtsbeginn. So hast du genügend Zeit, dich umzuziehen, dich zu lockern und auf deine Matte zu gehen, um dich kurz aufzuwärmen.

Solltest du aus irgendeinem Grund zu spät zu einer Trainingseinheit kommen, informiere deinen Trainer darüber. Eine kurze Entschuldigung für deine Verspätung ist ein Muss, bevor du dich ohne Verzögerung auf die Matte begibst. Was auch immer du tust, vermeide es, unbemerkt auf deine Matte zu rutschen, da dies das Training der gesamten Klasse stören könnte.

Halte deine Finger- und Fußnägel kurz

Wenn du einen Kurs in brasilianischem Jiu-Jitsu besuchst, musst du deine Finger- und Fußnägel kurz halten, um sicherzustellen, dass weder du noch deine Trainingspartner sich beim Sparring oder beim Üben verletzen. Das ist keine Übertreibung, denn lange Finger-

und Fußnägel können bei jeder Trainingseinheit zu Verletzungen führen, und einige haben sogar Narben als Beweis für die durch lange Nägel verursachten Schäden.

Außerdem tummeln sich unter deinen Fingernägeln viele Bakterien, die dazu führen können, dass sich Schnittwunden infizieren. Achte also darauf, dass deine Nägel vor dem Training geschnitten sind. Das zeugt auch von guter Hygiene.

Meistere zuerst die grundlegenden Bewegungen

Als Anfänger solltest du unbedingt vermeiden, komplexe Bewegungen auszuführen, bevor du die Grundlagen beherrschst. Als Träger des weißen Gürtels (ein neuer Schüler des brasilianischen Jiu-Jitsus) musst du dich darauf konzentrieren, die Grundlagen zu erlernen und zu beherrschen, um dich auf komplexere Techniken vorzubereiten. Du solltest dich zunächst auf einige grundlegende Bewegungen konzentrieren: Shrimping, Bridging, Sweeping und Aufstehen.

- **Bridging** - Lege dich auf den Rücken und hebe beide Knie an, wobei deine Beine in einem 90-Grad-Winkel gebeugt bleiben. Hebe dann deine Hüften an, um in Position einer Brücke zu kommen.
- **Shrimping** - Bei dieser Bewegung geht es um Beweglichkeit, auch wenn du auf dem Rücken liegst. Du musst deine Hüften und Schultern so einsetzen, als wären sie Füße, um dich bequem bewegen zu können.
- **Sweeping** - Bei dieser Bewegung im brasilianischen Jiu-Jitsu benutzt du beide Füße, um die Beine und die Basis deines Gegners außer Gefecht zu setzen. Das Ergebnis dieser Bewegung ist eine bessere Position am Boden, was deine Gewinnchancen erhöht.
- **Aufstehen** - Dazu gehört natürlich die Bewegung in eine stehende Position. Es ist jedoch wichtig, sich an einen technischen Aufstehvorgang zu halten, da der wichtigste Aspekt darin besteht, sicherzustellen, dass man seinen Kopf nie gefährdet.

Shrimping und Bridging sind zwei der wichtigsten Bewegungen, die alle anderen Bewegungen und Techniken miteinander verbinden. Es ist auch wichtig, das Bridging zu perfektionieren, bevor man die Grundlagen des Entkommens aus einer schlechten und unerwünschten Position lernt und versteht. Darüber hinaus musst du das Shrimping auf beiden Seiten entwickeln und deine Fähigkeit verbessern, aufzustehen und einen Sweep zu vollenden, bevor du schließlich weiter fortgeschrittene und komplexere Submissions und Positionen ausprobieren kannst. Wenn du deine Fähigkeiten in diesen Grundlagen verfeinerst und sie reibungslos miteinander verbindest, wirst du als Anfänger (Träger des weißen Gürtels) einen deutlichen Fortschritt erzielen.

Locker bleiben beim Rollen

Ein weiterer wichtiger Tipp für Anfänger im brasilianischen Jiu-Jitsu ist, Nervosität, Angst und Anspannung während des ersten Wurfes loszulassen. Wenn du zum ersten Mal einen Wurf ausführst, ist dies auch deine erste Gelegenheit, alles, was du geübt und gelernt hast, in die Tat umzusetzen.

Denke daran, dass du dich noch in der Anfangsphase des Lernprozesses befindest und dein Verständnis und Wissen über diese Position daher noch begrenzt sein wird. Das ist jedoch kein Grund, bei deinem ersten Versuch, eine Rolle zu machen, nervös und angespannt zu sein. Lasse diese Emotionen los, indem du akzeptierst, dass du noch ein Anfänger bist, und dass du im Moment nur mit dem Strom schwimmen kannst.

Du kannst diese Gelegenheit auch nutzen, um neue Dinge auszuprobieren – Fehler zu machen und Risiken einzugehen. Lerne, wie du deinen Körper vor dieser Bewegung entspannen kannst, und bleibe währenddessen entspannt, denn das ist der Schlüssel zu mehreren Rollen und zur Beschleunigung deines Lernprozesses.

Kraft- und Ausdauertraining

Integriere etwas Kraft- und Ausdauertraining in deine Routine. Diese Fähigkeiten brauchst du, um Bewegungen im brasilianischen Jiu-Jitsu effektiver und leichter auszuführen. Du musst dich nicht in einen Powerlifter oder Langstreckenläufer verwandeln. Du musst lediglich Kraft und Ausdauer trainieren, um in die beste Form zu kommen und Verletzungen zu vermeiden.

Bring dein Ego nicht mit zum Unterricht

Am besten lässt du dein Ego zu Hause. Wenn du mit dem Training beweisen willst, dass du besonders gut in etwas bist, solltest du jetzt vielleicht aufhören. Denke daran, dass du dich als Anfänger in dieser Kampfkunst nur weiterentwickeln kannst, wenn du mit Bescheidenheit und ohne deine egoistische Persönlichkeit trainierst. Du wirst bessere Ergebnisse erzielen, wenn du das Training mit offenem Geist angehst.

Hier sind einige Punkte, die du während des Trainings beachten solltest, damit du weiterhin mit Bescheidenheit und Offenheit üben kannst:

- Erwarte nie, alles zu lernen, vor allem nicht, wenn du gerade erst anfängst.
- Vermeide es, dich zu verletzen, indem du so oft tappst, wie nötig.
- Vermeide es, eine Position zu erzwingen, wenn dein Partner sagt, dass er sie nicht möchte. Wenn er beispielsweise nicht gerne die Handfläche benutzt, zwinge ihn nicht dazu. Du kannst davon nicht profitieren und es könnte deinem Partner nur wehtun.
- Mach dich nicht fertig, wenn du Fehler machst. Erlaube dir diese Fehler ab und zu und lerne daraus.
- Nimm jeden Ratschlag unvoreingenommen an.

Lass dein Ego während des Trainings niemals im Vordergrund stehen. Andernfalls könntest du es verletzen und das Training abbrechen. Um im brasilianischen Jiu-Jitsu erfolgreich zu sein, ist Bescheidenheit ein Muss, und du musst dich demütig zeigen und hart trainieren.

Apropos Bescheidenheit: Setze dir beim Training das Ziel, eine bessere Version deiner selbst zu werden, anstatt andere zu übertreffen. Die Philosophie hinter Kampfsport im Allgemeinen besteht nicht darin, besser zu sein als andere, sondern über sich selbst hinauszuwachsen. Das ist nicht nur eine Lektion in Sachen Bescheidenheit, sondern auch eine Möglichkeit, stetige Steigerungen zu erzielen, ohne Rückschläge und Frustrationen zu erleiden. Der sicherste Weg, um deine eigene Weiterentwicklung zu behindern, ist, dich mit anderen zu vergleichen. Wir alle haben unseren eigenen Weg, und deiner ist etwas Besonderes und Einzigartiges. Wenn du dir ansiehst, was andere tun, und dich mit ihnen vergleichst, wirst du nur deprimiert. Die Menschen, mit denen du dich vergleichst, haben vielleicht mehr Zeit zum Trainieren oder sind von Natur aus sportlich. Der Wettbewerb, den du mit ihnen eingehst, ist sinnlos und wird nicht zu deinen Gunsten ausgehen, also lass es gar nicht erst darauf ankommen.

Dein eigentliches Ziel sollte es sein, an deinen eigenen Fähigkeiten zu arbeiten und dich zu verbessern, unabhängig von den Fortschritten anderer. Diszipliniere dich selbst, um dich auf deine eigene Entwicklung zu konzentrieren. Anstatt zu fragen, ob du deinen Klassenkameraden besiegen könntest, frage dich, ob du dich selbst von vor ein paar Wochen schlagen kannst. So hörst du auf, dir Gedanken darüber zu machen, ob deine Klassenkameraden besser sind oder nicht. Das spielt keine Rolle; das Einzige, was zählt, ist deine eigene Entwicklung.

Geduld und Ausdauer

Nur mit Geduld und Ausdauer kannst du dich im brasilianischen Jiu-Jitsu verbessern. Diese Art von Kampfsport ist eine Kunstform, die wie jede andere Kunstform Zeit braucht, um sie zu meistern. Es geht nicht um natürliches Talent oder Fähigkeiten. Es geht darum, wer durchhalten und den anstrengenden Trainingsprozess auf sich nehmen kann, um mit jedem Tag besser zu werden. Das Besondere an Kampfsportarten ist, dass sie eine starke Arbeitsmoral aufbauen, denn jede noch so kleine Steigerung, die du erreichst, ist hart verdient - durch Tränen, Schweiß und wahrscheinlich Blut. Das macht den ganzen Weg sehr erfüllend, aber du musst geduldig sein und dem Prozess vertrauen.

Die Abbruchquote beim brasilianischen Jiu-Jitsu ist sehr hoch, weil viele Anfänger frustriert sind, wenn sie mit dem Training beginnen. Die Übungen sehen schwierig aus und fühlen sich auch so an, und oft hat man das Gefühl, dass man sie nie gut beherrschen wird. Man kann monatelang trainieren und trotzdem das Gefühl haben, nicht voranzukommen, was auch normal ist. Das ist jedoch nicht der Fall. Man wird besser und macht Fortschritte. Man sieht sie nur nicht. Diejenigen, die sich durch die negativen Emotionen und die Frustration kämpfen, werden es jedoch schaffen. Eines Tages wirst du dich beim Sparring mit deinem Klassenkameraden stärker und selbstbewusster fühlen und gewinnen. Es dauert

Jahre, bis man sich im brasilianischen Jiu-Jitsu sicher fühlt, und das ist nichts, was nach ein paar Monaten Training passiert. Sinnvoll ist es, sich kurz- und langfristige Ziele zu setzen. Natürlich musst du Fortschritte in deinem eigenen Tempo erzielen, aber das bedeutet nicht, dass du keine langfristigen Ziele und Hoffnungen haben solltest. Du solltest nicht den Blauen Gürtel anstreben, sondern den Schwarzen. Das mag jetzt noch weit entfernt erscheinen, aber je mehr du arbeitest und Zeit investierst, desto näher rückt dieses Ziel.

Aufgeben

Eine der wichtigsten Lektionen, die du dir merken und verinnerlichen solltest, wenn du trainierst, ist, dass es keine Schande ist, aufzugeben. Das soll nicht heißen, dass du dich einfach ergeben oder aufgeben solltest, wenn es schwierig wird, aber es ist wichtig zu lernen, wann du verloren hast und dich geschlagen geben solltest. Dies ist ein sehr häufiger Fehler bei vielen Anfängern, die sich einfach nicht geschlagen geben wollen. Kampfgeist ist beim brasilianischen Jiu-Jitsu zwar lobenswert und etwas, das du dir bewahren solltest, aber wenn du nicht weißt, wann du dich geschlagen geben solltest, kann dies zu schweren Verletzungen führen und deinen Weg erschweren, bevor er überhaupt begonnen hat.

Denke daran, dass das Ziel des Trainings darin besteht, zu lernen und sich zu verbessern. Du musst niemandem etwas beweisen. An diesem Punkt deines Weges geht es nicht um Gewinnen oder Verlieren. Du musst dich darin üben, die traditionellen Vorstellungen von Gewinnen und Verlieren hinter dir zu lassen, weil du damit nichts Gutes erreichst. Wenn du aufgibst, kannst du immer etwas lernen. Sieh es nicht als Niederlage, sondern als Lernmöglichkeit. Wenn du besser wirst, lernst du die notwendigen Techniken, um dich aus Würgegriffen und Submission-Versuchen zu befreien, aber bis dahin solltest du auf deine Sicherheit achten und lernen, wann es Zeit ist, aufzugeben.

Häufige Anfängerfehler beim brasilianischen Jiu-Jitsu

Um das Beste aus deinem BJJ-Unterricht herauszuholen, solltest du dir gängige Fehler bewusstmachen. In diesem Abschnitt werden häufige Fehler von Anfängern besprochen.

Ungeeignete Griffe

Beim Grappling musst du deinen Gegner festhalten. Viele Anfänger sind sich nicht bewusst, wie wichtig es ist, den richtigen Griff zu finden, und das musst du unbedingt beherrschen, wenn du im brasilianischen Jiu-Jitsu erfolgreich sein willst. Es gibt drei entscheidende Komponenten für einen effektiven Griff: Die Kraft der Hände, die genaue Stelle, an die du greifen solltest, und das effiziente Greifen.

Die Kraft der Hände ist im Jiu-Jitsu von entscheidender Bedeutung, daher ist es notwendig, die Muskeln in deinen Händen richtig zu trainieren, um die Handkraft zu verbessern. Es gibt einige Übungen, die deine Hände kräftigen sollen, darunter Kettlebell-Schwünge, Seilziehen, Seilklettern und das Hanteltraining mit Greif- und Klemmgriffen.

Es ist auch wichtig zu lernen, wie man einen effizienten Griff ausführt, denn egal wie stark deine Hände sind, ein ineffizienter Griff führt immer noch dazu, dass deine Unterarme ermüden und du den Griff verlierst. Zu den Griffen, die du als Anfänger beherrschen musst, gehören die folgenden:

- **Pistol Grip** – Greife den brasilianischen Jiu-Jitsu-Gi mit dem kleinen Finger, der dem Handgelenk deines Gegners am nächsten ist. Achte darauf, dass du viel vom Material greifst. Der Griff ist derselbe wie beim Halten des Griffs einer Pistole.
- **C-Grip** – Greife deinen Gegner mit vier Fingern an Arm oder Handgelenk, indem du deinen Daumen nach innen krümmst, ähnlich wie beim Formen des Buchstabens C.
- **Spider-Grip** – Bei diesem Griff musst du vier Finger verwenden und sie nach innen krümmen, um den GI-Ärmel deines Gegners zu greifen.
- **Monkey-Grip** – Greife mit den obersten Teilen der Gelenke deiner vier Finger.
- Ein weiterer wichtiger Faktor beim Greifen ist die genaue Stelle, an die du greifen solltest, um die beste Hebelwirkung zu erzielen.

Wenn du keine Ahnung hast, wo genau du greifen solltest, wirst du keine Hebelwirkung erzielen können, egal wie sicher du denkst, dass dein Griff ist. Um dir eine Vorstellung zu geben: Zu den perfekten Griffstellen gehören die Hose, die Manschetten, die Revers und die Enden des Kragens.

Kein Fokus auf die Grundlagen

Einige Anfänger im brasilianischen Jiu-Jitsu sind so begeistert davon, zu komplexeren und fortgeschritteneren Techniken überzugehen, dass sie die Bedeutung der Verfeinerung ihrer Grundfertigkeiten vernachlässigen. Als Weißgurt könntest du auch versucht sein, alles auf einmal zu lernen. Versuche jedoch, diesen häufigen Fehler zu vermeiden.

Konzentriere dich darauf, die grundlegenden Bewegungen im Jiu-Jitsu zu perfektionieren, und sei dabei geduldig. Du wirst dich schließlich mit einer viel besseren Erfahrung belohnen, wenn du zu komplexeren Techniken übergehst.

- **Side Control Escape** - Diese berühmte Bewegung ermöglicht es dir, deine Hüften effektiv von unten aus zu bewegen, und sie ist auch die grundlegendste Bewegung, die du für eine erfolgreiche Flucht ausführen kannst.
- **Triangle Choke** - Diese charakteristische Bewegung dient der Submission. Es handelt sich um eine grundlegende Bewegung, die du beherrschen musst, da du sie bei einem Gegner anwenden musst, der größer ist als du.
- **Scissor Sweep** - Dies ist eine weitere grundlegende Bewegung, die du beherrschen solltest, da jede Sweep-Technik auf diesem Sweep basiert. Wenn du den Scissor Sweep anwendest, verliert dein Gegner das Gleichgewicht, was dir zugutekommt. Am besten ist es, den Scissor Sweep zusammen mit anderen grundlegenden Bewegungen anzuwenden, um die besten Ergebnisse zu erzielen.
- **Cross-Collar Choke** - Dieser Griff dient als Ausgangspunkt, bevor du einen Sweep oder Angriff ausführst.
- **Americana-Lock** - Diese grundlegende Bewegung bezieht sich auf einen gängigen Griff, der beim Grappling eines Gegners verwendet wird. Bei korrekter Ausführung hast du die vollständige Kontrolle über den Arm deines Gegners.
- **Hip Bump Sweep** - Meistere diese Sweep-Technik, da du sie anwenden wirst, sobald dein Gegner bereits auf den Knien ist.

Wenn du diese grundlegenden Bewegungen beherrschst, bist du auf dem besten Weg, einer der besten Meister des brasilianischen Jiu-Jitsus zu werden.

Vernachlässigung der Bedeutung der Selbstverteidigung

Man sollte nie unterschätzen, wie wichtig es ist, ein paar Selbstverteidigungstechniken zu lernen. Einige Anfänger machen diesen Fehler und können sich folglich nicht aus einem einfachen Würgegriff befreien, weil sie die grundlegenden Selbstverteidigungstechniken nicht kennen.

Anstatt Selbstverteidigung zu vernachlässigen, solltest du die Grundlagen, die du zu Beginn deines Trainings gelernt hast, immer wieder durchgehen. Sobald du sie beherrschst, wirst du wissen, wie du sie neu aufbereiten und in eine Verteidigungstaktik umwandeln kannst.

Zu langes Festhalten einer Submission oder Position

Eines der ersten Dinge, die du beim Üben von brasilianischem Jiu-Jitsu lernst, ist der perfekte Zeitpunkt, um loszulassen, wenn du dich in einer Position befindest, die für dich nicht funktioniert.

Als Anfänger solltest du die Bewegung zum Cross Choke beherrschen, nachdem du zu lange für den Mount in Position warst – wenn der Gegner bereits weiß, wie er dich abwehren kann. Je schneller du die Kunst des Loslassens beherrschst, desto schneller wirst du deine Fähigkeiten verbessern.

Kenne deine körperlichen Grenzen

Wenn du ernsthaft brasilianisches Jiu-Jitsu meistern willst, dann lerne, wie man sinnvoll trainiert. In ihrem Bestreben, diese Kampfkunst schnell zu erlernen und zu meistern, zwingen sich einige Anfänger, zweimal täglich an sechs Tagen in der Woche zu trainieren. Letztendlich ist dies nicht sinnvoll und kann nur zu einem Burnout führen.

Wenn du erst einmal ausgebrannt bist, hast du vielleicht das Bedürfnis, eine Weile mit dem Training aufzuhören, was dem Ziel, die Kampfkunst zu meistern, zuwiderläuft. Anstatt dich völlig zu verausgaben, solltest du dich an die durchschnittliche Trainingshäufigkeit von zwei- bis dreimal pro Woche halten. Vergiss nicht, dass brasilianisches Jiu-Jitsu kein Sprint ist, lerne also langsam, aber sicher.

Der wahrscheinlich wichtigste aller Anfänger-Tipps ist, Spaß zu haben. Vertraue dem gesamten Prozess und vergiss nicht, die gesamte Erfahrung zu genießen. Vermeide es, das Training nach drei Taps zu vollenden. Wenn du Zweifel hast, ob dein Partner getappt hat, lass einfach los. Es ist viel besser, vorsichtig zu sein, als sich mit Unbehagen auseinandersetzen zu müssen.

Vertraue auch deinen Trainern, Ausbildern und Partnern. Du sorgst dafür, dass die Umgebung, in der du trainierst, sicherer ist und sich sicherer anfühlt, was dazu führt, dass das Erlernen dieser Kampfkunst viel angenehmer und vergnüglicher wird.

Kapitel 3: Die Grundlagen des Grapplings im brasilianischen Jiu-Jitsu: Wie man sich im Kampf nicht schikanieren lässt

Beim Zweikampf bedeutet Grappling, einen Gegner aus nächster Nähe zu packen oder zu greifen, um sich einen bedeutenden Vorteil zu verschaffen. Kämpfer tun dies, indem sie eine stabile Position einnehmen. Grappling umfasst viele Disziplinen – darunter auch solche, die von Kämpfern im brasilianischen Jiu-Jitsu ausgeübt werden.

Der Begriff Grappling umfasst Techniken, die in vielen Kampfsportarten, insbesondere in Martial Arts und im brasilianischen Jiu-Jitsu, zum Einsatz kommen. Erfolgreiches Grappling bedeutet, dass du deinem Gegner effektiv Konter und Manöver entgegensetzt, um dir eine bessere Position und einen körperlichen Vorteil zu verschaffen.

Es umfasst auch Techniken, die darauf abzielen, deine Gegner zur Aufgabe zu zwingen. Bedenke jedoch, dass beim Grappling niemals Waffen zum Einsatz kommen und du deinen Gegner niemals schlagen solltest, wenn du eine Grappling-Technik anwendest.

Die Bedeutung von Grappling im brasilianischen Jiu-Jitsu

In der Disziplin des brasilianischen Jiu-Jitsus liegt der Schwerpunkt immer auf dem Grappling am Boden. Du musst die Grappling-Techniken beherrschen, da sie der Schlüssel sind, um deine Gegner zu Boden zu bringen und durch Würgetechniken eine Submission zu erzielen.

Grappling am Boden umfasst alle Grappling-Stile und -Techniken, die du anwendest, wenn du nicht mehr stehst. Der wichtigste Teil bei der Umsetzung dieser Technik ist die richtige Positionierung. Du musst dich in einer dominanten Position befinden, was oft dadurch gekennzeichnet ist, dass du dich auf deinem Gegner befindest.

In dieser dominanten Position hast du viele Möglichkeiten, das weitere Vorgehen zu bestimmen. Du kannst versuchen, dich durch Aufstehen zu befreien, deinen Gegner zu schlagen, einen Submission Hold auszuführen oder einen Hold-down oder Pin zu erzielen, um deinen Gegner zu erschöpfen und zu kontrollieren. In der Zwischenzeit solltest du davon ausgehen, dass der unterlegene Grappler sich mehr darauf konzentriert, wie er entkommen und seine Position verbessern kann. In diesem Fall kann er eine Umkehrung oder einen Sweep anwenden.

Das Beherrschen von Grappling-Techniken sollte eines deiner obersten Ziele sein, wenn du brasilianisches Jiu-Jitsu lernst und praktizierst, damit du deine Gegner kontrollieren und besiegen kannst. Viele Kampfsportler legen sogar Wert darauf, einige Submission-Techniken und Konter zu erlernen, um sicherzustellen, dass sie ein Bodenelement in ihr übliches, traditionelles Training integrieren können.

Am besten ist es, wenn du deine Kenntnisse und Fähigkeiten im Grappling unter der Aufsicht eines Kampfsportlehrers trainierst und verfeinerst. So kannst du Verletzungen vermeiden und sicherstellen, dass du die richtigen Techniken lernst und beherrschst.

Grappling-Klassifikationen

Grappling ist ein effektives Mittel, um deine Ausdauer und Kraft zu verbessern und zu verhindern, dass du von deinem Angreifer schikaniert wirst. Es werden verschiedene Muskelgruppen eingesetzt und ihre Effizienz maximiert. Neben dem Muskelaufbau bieten Grappling-Techniken auch Vorteile für das Herz-Kreislauf-System und fördern gleichzeitig deine mentale Konzentration. Dies sind alles wichtige Fähigkeiten, die für ein intensives körperliches Training im brasilianischen Jiu-Jitsu erforderlich sind.

Das Gute am Grappling ist, dass man es auch zur Selbstverteidigung einsetzen kann. Wenn du Grappling-Techniken beherrschst, kannst du eine oder zwei davon anwenden, um dich erfolgreich vor Angreifern zu schützen. Es gibt unendlich viele Möglichkeiten und Variationen beim Grappling, um einen Takedown zu erreichen und deinen Gegner zu ergreifen und zu kontrollieren. Beachte auch die folgenden Klassifizierungen im brasilianischen Jiu-Jitsu:

- **Clinching** – Bei dieser Grappling-Klassifikation sind beide Kämpfer auf den Beinen und verwenden eine Vielzahl von Clinch-Griffen, die auf den Oberkörper des Gegners gerichtet sind. Clinchen wird oft als Mittel zur Vorbereitung oder Verteidigung gegen Takedowns oder Würfe eingesetzt.
- **Takedown** – Ein Takedown ist die effektive Manipulation eines Gegners, um ihn aus einer stehenden Position zu Boden zu bringen. Dein Ziel beim Takedown ist es, in eine dominante Position zu gelangen.
- **Wurf** – Bei dieser Grappling-Technik wird der Gegner angehoben oder aus dem Gleichgewicht gebracht, sodass du ihn mit Kraft zu Boden bringen kannst. Das Hauptziel von Würfen unterscheidet sich von Disziplin zu Disziplin, aber der Werfer kann eine kontrollierende Position einnehmen, einen Takedown erzielen oder den Kontrahenten stehen lassen.
- **Submission Holds** – Es gibt zwei Arten von Submission Holds: Den Choke, bei dem du deinen Gegner möglicherweise würgen oder ihm die Luft abdrücken musst, und den Lock, bei dem du ein Gelenk oder ein anderes Körperteil blockieren musst. Wenn du einen Submission Hold ausführst und dein Gegner nicht mehr entkommen kann, rechne damit, dass er sich durch Abklopfen oder sogar durch verbale Äußerungen ergibt. Ein Kämpfer, der sich weigert oder nicht abklopft, riskiert eine schwere Verletzung oder wird bewusstlos.
- **Sprawling** – Dies ist eine defensive Grappling-Technik, die du anwenden kannst, wenn dein Gegner versucht, einen Takedown auszuführen. Verlagere deine Beine nach hinten und spreize sie dann in einer einzigen, schnellen Bewegung. Die korrekte Ausführung von Sprawling führt dazu, dass dein Gegner auf dem Rücken landet, wodurch du die vollständige Kontrolle über ihn hast.
- **Kontroll- oder Sicherungstechniken** – Eine Technik, die unter diese Klassifizierung fällt, ist ein Pin, den du ausführen kannst, indem du deinen Gegner auf dem Rücken festhältst. Der Pin zwingt deinen Gegner in eine Position, in der er nicht mehr angreifen kann.

Bei einigen Wettkampfstilen im Grappling gilt die erfolgreiche Ausführung eines Pins als sofortiger Sieg. Bei anderen Stilen gilt er als dominante Position, die dem Athleten mehrere Punkte einbringt.

Neben dem Pin gibt es noch andere Kontroll- und Sicherungstechniken, wie das Festhalten des Gegners mit dem Gesicht nach unten oder auf allen Vieren, um ihn am Angreifen oder Entkommen zu hindern. Alle diese Techniken führen bei erfolgreicher Ausführung zu einem Submission Hold.

- **Escape** – Diese Grappling-Klassifizierung wird angewendet, wenn du dich aus einer gefährlichen oder unterlegenen Position herausmanövrierst. Zum Beispiel, wenn der Grappler, der sich unter seinem Gegner befindet, zur Verteidigung seitwärts die Bewegungen kontrolliert oder erfolgreich in eine als neutral geltende, stehende Position zurückkehrt. Auch wenn der Grappler einem Submission-Versuch entkommt und in eine Position zurückkehrt, die das Risiko einer Submission reduziert.
- **Turnover** – Der Turnover wird eingesetzt, um deinen Gegner zu kontrollieren, insbesondere wenn er auf allen Vieren ist, sich auf einen Pin vorbereitet oder in eine dominante Position gerät. Mit einem Turnover kannst du wertvolle Punkte sammeln.
- **Sweep oder Reversal** – Bei dieser Grappling-Technik manövriert ein Grappler die Position unter seinem Gegner, während er sich auf dem Boden befindet. Das Ziel des Sweeps oder Reversals ist es, eine obere Position zu erreichen.

Grappling-Stile und -Techniken

Neben den bereits erwähnten Hauptklassifizierungen des Grapplings gibt es noch einige andere Stile und Techniken, die sich perfekt für das brasilianische Jiu-Jitsu eignen.

Leg Trip

Bei dieser Methode musst du dein Bein einsetzen, um deinen Gegner aus dem Gleichgewicht zu bringen und zu Boden zu werfen. Diese Technik wird weiter in zwei Varianten unterteilt - den einfachen und den doppelten Leg Trip.

Der einbeinige Takedown - Greife mit beiden Händen ein Bein deines Gegners. Das Ziel hierbei ist es, deinen Gegner zu Boden zu bringen, indem du mit deiner Schulter am unteren Teil des Beins ziehst.

Es gibt auch verschiedene Arten von einbeinigen Takedowns: den Ankle Lift, bei dem du das Bein am Knöchel anhebst, und den High Crotch, bei dem du das Bein deines Gegners im Schrittbereich hochziehst. Bei beiden Techniken kannst du das Bein diagonal oder vom Körper weg angreifen.

Der beidseitige Takedown

Greife mit beiden Armen die Beine deines Gegners. Halte deine Brust näher am Bein deines Gegners und drücke ihn zu Boden, was das ultimative Ziel des Grapplings ist.

Andere Techniken, um deinen Gegner zu Boden zu zwingen, sind das Schmettern, das Ziehen an den Beinen und das Vorwärtsdrücken mit den Schultern.

Ankle Pinch Takedown

Diese Technik ist vielleicht eine der besten Techniken, die das brasilianische Jiu-Jitsu zu bieten hat. Drücke den Kopf deines Gegners in Richtung eines Knies. Dein Ziel ist es, das Bein deines Gegners zu immobilisieren. Schließe den Takedown mit einem Knöchelgriff ab, indem du nach innen trittst und den Zielfuß blockierst, bevor du den Knöchel greifst. Hebe dann den Fuß deines Gegners an, sodass er fällt.

Triangle Choke

Dies ist ein ikonischer und beliebter Submission Hold im brasilianischen Jiu-Jitsu. Viele Kämpfer wenden den Triangle Choke aus der Guard an. Es handelt sich jedoch um eine sehr vielseitige Technik, die auf viele Arten ausgeführt werden kann.

Benutze deine Beine, um den Hals und einen Arm deines Gegners zu umschließen.

Der Druck deines Oberschenkels auf den Hals deines Gegners unterbricht die Blutzufuhr. Diese Technik ist sehr effektiv, da der Gegner höchstwahrscheinlich aufgeben wird, was bedeutet, dass er seine Niederlage akzeptiert.

Rear Naked Choke

Dies ist eine weitere beliebte Technik für Submission Holds, die von Grapplern im brasilianischen Jiu-Jitsu verwendet wird. Übe Druck auf die Durchblutung des Kopfes deines Gegners aus, was ihm Unbehagen bereitet und ihn anfällig für Bewusstlosigkeit macht, es sei denn, er gibt auf.

Diese Technik folgt in der Regel auch einem Back Mount, bei dem du deinen Arm um den Hals deines Gegners legen musst. Greife mit deinem anderen Arm nach dem Bizeps deines Gegners oder halte ihn fest. Übe mit der Kraft und Stärke deines Bizeps Druck auf den vorgesehenen Bereich aus.

Übe mit deiner freien Hand Druck auf den Hinterkopf deines Gegners aus, um die Würgetechnik zu intensivieren.

Guard

Fange deinen Gegner zwischen deinen Beinen ein. Du kannst diese Position mit deinen Knöcheln öffnen oder verriegeln. Die Deckung ist so konzipiert, dass sie deinen Gegner dazu zwingt, seine Körperhaltung zu ändern, wodurch er ermüdet. Du kannst die Deckung auch als eine Verteidigungsstrategie betrachten, wobei Schläge erforderlich sind.

Closed Guard

Closed Guard ist ein entscheidendes Konzept beim Grappling mit vielen Variationen. Du kannst davon ausgehen, dass Closed Guard eine der ersten Guard-Techniken ist, die du als Weißgurt oder Anfänger im brasilianischen Jiu-Jitsu lernst.

Schließe deinen Gegner zwischen deinen Beinen ein, indem du deine Füße hinter seinem Rücken kreuzt. Ein wesentlicher Vorteil des Closed Guard ist, dass du gleichzeitig die Möglichkeit zur Submission oder zum Sweep hast.

Beachte, dass es bei den Schutzstellungen keine überlegene Technik gibt, da sie von der Situation abhängt. Neben dem Closed Guard gibt es noch den Half Guard, den X Guard, den Butterfly und den Open Guard.

Technischer Mount

Der Mount ist eine weitere kraftvolle Position für diejenigen, die das Beste aus dem Grappling herausholen wollen. Es ist jedoch wichtig, alles über diese Bewegung und Position zu verstehen, damit du sie optimal nutzen kannst.

Auch wenn einige sie für überbewertet halten, handelt es sich um eine äußerst wichtige Bewegung, die du einsetzen kannst, sobald du fortgeschrittenere Stufen des brasilianischen Jiu-Jitsus erreichst. Es handelt sich um eine nützliche Kontertechnik, die es dir ermöglicht, eine gute und optimale Position für einen Angriff beizubehalten.

Warum Stretching und Beweglichkeit so wichtig sind

Unbestreitbar ist brasilianisches Jiu-Jitsu ein Sport, der körperlich und geistig anspruchsvoll ist. Allein das Grappling umfasst viele Techniken, Variationen und Positionen, die von dir unkonventionelle Bewegungen verschiedener Körperteile verlangen. Aus diesem Grund musst du mehr über Stretching und Flexibilität lernen, da beide eine entscheidende Rolle bei der Verbesserung deiner Grappling-Technik spielen.

Dehnübungen und Flexibilität helfen dir, gesund zu bleiben und dich beim weiteren Training vor Verletzungen zu schützen. Darüber hinaus sorgt das Dehnen in deinem Training langfristig für ein ausgewogenes Programm.

Je nach deiner Taktik und deinem Grappling-Stil ist deine Flexibilität höher oder niedriger als die deines Gegners. Je besser du deine Flexibilität einschätzen kannst, desto eher kannst du deinen Gegner kontrollieren und zur Aufgabe zwingen.

Um im brasilianischen Jiu-Jitsu erfolgreich zu sein, musst du mit den verschiedenen Dehnungstechniken vertraut sein. Diese Techniken verbessern deine Flexibilität und führen zu einer besseren Leistung.

Aktives Stretching

Aktive Dehnübungen sind Übungen, die aktive Bewegungen der Gelenke ermöglichen. Sie sind ideal als Teil der Aufwärmübungen vor dem Training oder vor dem Konditionstraining. Aktives Dehnen kann auch als Teil einer unabhängigen Mobilitätsroutine eingesetzt werden, die unabhängig vom sonstigen Training durchgeführt wird, z. B. morgens nach dem Ruhetag oder direkt nach dem Aufwachen.

Einige Aufwärmübungen, die speziell für das brasilianische Jiu-Jitsu entwickelt wurden, wie Shrimping und Bridging, können als aktives Dehnen eingestuft werden, vorausgesetzt, du übst sie aus, während du bewusst Anstrengung aufbringst, um den gesamten Bewegungsumfang auszuführen.

Passives Stretching

Dehnübungen und -techniken gelten als passiv, wenn sie Bewegungen der Gelenke bis zu ihrer Flexibilitätstoleranz beinhalten. Halte die spezifische Position mindestens 20 Sekunden lang, wenn du leichten Schmerz verspürst. Dazu gehört auch externe Unterstützung, wie ein BJJ-Gurt, um deine Oberschenkelmuskulatur zu dehnen.

Genau wie die aktiven Dehnübungen kannst du auch die passiven Dehnübungen am Ende der Mobilitätsroutine selbstständig durchführen. Führe die passiven Dehnübungen nach deinem Training durch, vorzugsweise innerhalb von fünf bis zehn Minuten nach der Trainingseinheit, da du dann auch eine erhöhte Körpertemperatur hast.

Passives Stretching nach dem Training verbessert auch deine Beweglichkeit und deinen Bewegungsumfang, vorausgesetzt, es wird regelmäßig durchgeführt.

Welche Muskelgruppen und Gelenke solltest du regelmäßig dehnen?

Da du nun mit dem Dehnen und seiner Bedeutung für die Steigerung deiner Flexibilität vertraut bist, ist es wichtig zu wissen, welche spezifischen Muskelgruppen und Gelenke du dehnen solltest, um deine Leistung zu verbessern. Regelmäßiges Dehnen der richtigen Muskelgruppen und Gelenke verbessert deine Kraft, wodurch du beim Grappling noch effektiver werden kannst.

Fußgelenke

Um brasilianisches Jiu-Jitsu zu meistern, musst du die Beweglichkeit und Flexibilität deiner Knöchel verbessern, um Techniken korrekt auszuführen und Verletzungen während des Trainings und bei Wettkämpfen zu vermeiden. Beachte, dass verspannte Wadenmuskeln auch zu steifen Knöcheln führen und die Beugung des Fußes einschränken können.

Bei der Ausführung starker Butterfly-Hooks ist eine Spannung in den Füßen nach hinten erforderlich, und dies ist ein Beweis dafür, dass du die Beweglichkeit deiner Knöchel durch kontrollierte Rotationen verbessern musst. Wenn sich deine Wadenmuskeln verspannen, solltest du statische Waden-Dehnübungen machen.

Hüfte

Für Kämpfer im brasilianischen Jiu-Jitsu ist es unerlässlich, die Beweglichkeit der Hüfte zu verbessern (um Verletzungen vorzubeugen), was ihnen auch dabei hilft, herausragende Leistungen zu erbringen. Externe Hüftrotationen helfen dir dabei, eine starke offensive und defensive Deckung zu entwickeln.

Eine gute Hüftstreckung ist auch immer dann hilfreich, wenn du aus einer schlechten Position entkommen, Bridging anwenden, die Submission abschließen oder die Guard überwinden musst. Führe passive und aktive Dehnübungen durch, die auf Gesäßmuskeln, hintere Oberschenkelmuskeln, Hüftrotatoren und Quadrizeps abzielen, um die Beweglichkeit der Hüfte zu verbessern.

Oberer Rücken

Der obere Rücken muss sehr flexibel sein, um Verletzungen der Wirbelsäule und des oberen Rückens zu vermeiden. Wenn du verspannte Schultern, Rücken- und Brustmuskeln hast, ist dein oberer Rücken wahrscheinlich nicht beweglich genug. Beim brasilianischen Jiu-Jitsu sind viele runde Verteidigungshaltungen erforderlich, und eine geringe Flexibilität führt zu einem steifen oberen Rücken.

Schultern

Verbessere die Beweglichkeit deiner Schultern durch geeignete Dehnübungen, die auf die Muskeln in diesem Bereich abzielen. Durch eine verbesserte Schulterbeweglichkeit kannst du die häufigsten Schulterverletzungen verhindern, mit denen viele Grappler zu kämpfen haben. Ähnlich wie die defensive und abgerundete Körperhaltung, die eine Steifheit der Halswirbelsäule auslöst, führt eine solche Haltung auch zu Unbeweglichkeit oder Inflexibilität der Schultern.

Wann und wie oft sollte man sich dehnen?

Wenn du Grappling meistern willst, solltest du nie vernachlässigen, wie wichtig es ist, sich regelmäßig zu dehnen. Abgesehen von den genannten Muskelgruppen und Gelenken solltest du auch deinen Nacken und deine Handgelenke regelmäßig dehnen, um deine Beweglichkeit zu verbessern. Es ist ratsam, sich so oft wie möglich zu dehnen, und es ist noch wichtiger, wenn du Probleme mit der Beweglichkeit hast. Mache deine gewählten aktiven Dehnübungen täglich als Teil deiner Morgenroutine.

Konzentriere dich auf passive Übungen nach dem Training oder vor dem Schlafengehen. Füge ein paar passive Dehnübungen zu den aktiven hinzu, aber vermeide passives Dehnen vor schweren körperlichen Aktivitäten. Es wird dringend empfohlen, vor dem Kraft- und Konditionstraining zu dehnen.

Du wirst eine deutliche Verbesserung deiner Beweglichkeit, Flexibilität und Kraft feststellen, wenn du diese empfohlenen Dehnübungen machst. Letztendlich wirst du verschiedene Grappling-Techniken ohne Probleme ausführen können und dich als vielversprechender zukünftiger dominanter Kämpfer im brasilianischen Jiu-Jitsu erweisen.

Kapitel 4: Das Gesetz von Aktion und Reaktion

Von außen betrachtet könnte man beim brasilianischen Jiu-Jitsu den Eindruck gewinnen, dass es bei diesem Sport ausschließlich um komplizierte Würgegriffe und Grappling geht. Als Weißgurt oder Anfänger mit nur wenigen Trainingstagen magst du das brasilianische Jiu-Jitsu vielleicht genauso sehen.

Du wirst feststellen, dass die meisten Bewegungen und Techniken viele Schritte erfordern. Man hat das Gefühl, dass es nur nach vielen Jahren des Übens möglich ist, sie effektiv zu beherrschen und anzuwenden.

Mit zunehmender Erfahrung wirst du jedoch ein tiefes Verständnis für das hohe Maß an Geschicklichkeit, Wissen und Hingabe entwickeln, das erforderlich ist, um zu einem großartigen Kämpfer im brasilianischen Jiu-Jitsu zu werden.

Auch wenn du anfangs Schwierigkeiten hast, versuche, alles zu begreifen, was dir im Unterricht beigebracht wird. Irgendwann wirst du feststellen, dass du einen Vorteil gegenüber anderen hast, wenn du die Grundprinzipien und Disziplinen des brasilianischen Jiu-Jitsus verinnerlichst und verstehst.

Die Bedeutung des prinzipienbasierten Lernansatzes beim brasilianischen Jiu-Jitsu

Das brasilianische Jiu-Jitsu beruht, wie andere Kampfsportarten auch, auf seinen Kerndisziplinen und -prinzipien. Es geht nicht darum, jeden Schritt, jede Technik oder jede Bewegung zu beherrschen; es geht darum, seine Prinzipien zu verstehen und sie auf der Grundlage verschiedener Szenarien und Gegner zu modifizieren.

Obwohl du die Prinzipien, Theorien und Disziplinen des brasilianischen Jiu-Jitsus weiterhin anerkennst, kannst du ein paar persönliche Akzente setzen, um dein eigenes künstlerisches Niveau zu demonstrieren. Man kann mit Sicherheit sagen, dass sich der prinzipienbasierte Ansatz zur Beherrschung des brasilianischen Jiu-Jitsus stark vom gedächtnisbasierten Ansatz unterscheidet.

Denke daran, dass das Auswendiglernen jeder Bewegung zwar wichtig ist, um die Grundlagen des brasilianischen Jiu-Jitsus zu erlernen, aber auch hinderlich sein kann. Der Grund dafür ist, dass das Auswendiglernen bestimmter Bewegungen auch darauf hinweisen kann, dass dir das Verständnis für die Kernprinzipien fehlt.

Dies kann sich als nachteilig erweisen, insbesondere wenn dich eine unbekannte Bewegung deines Gegners unvorbereitet trifft. Um dies zu vermeiden, müssen Anfänger (Weißgurte) mit verschiedenen Partnern trainieren, da dies dabei hilft, sich verschiedene Kampfszenarien vorzustellen.

Es ist eine fantastische Gelegenheit, die im Unterricht erlernten Bewegungen in der Praxis anzuwenden. Außerdem hilft es dir, die zugrundeliegenden Theorien zu verstehen, die die Bewegungen effektiv machen.

Grundprinzipien und Disziplinen des brasilianischen Jiu-Jitsus und anderer Kampfsportarten

Wie bereits erwähnt, ist das brasilianische Jiu-Jitsu eine Kampfkunst, die sich auf Grappling konzentriert und Hebelprinzipien nutzt. Der Fokus des brasilianischen Jiu-Jitsus liegt immer auf Positionskontrolle, Takedowns, Submissions und Grappling, und dies ist ein effektives Mittel, um jede Art von Fitness zu verbessern, wie Beweglichkeit, Mobilität und Muskelkraft.

Mental kann man brasilianisches Jiu-Jitsu mit einem Schachspiel vergleichen, da taktisches Denken die richtige Strategie ist und zum Erfolg beiträgt. Wenn du in der Trainingshalle oder in deinem Kurs bist, ist es wichtig zu zeigen, dass du die grundlegenden Prinzipien und Disziplinen des brasilianischen Jiu-Jitsus sicher beherrschst. Einige der wesentlichen Prinzipien und Disziplinen des brasilianischen Jiu-Jitsus und anderer Kampfsportarten werden in diesem Abschnitt behandelt.

Zen-Phase

Die Zen-Phase ist ein entscheidendes Prinzip, das es Kämpfern ermöglicht, brasilianisches Jiu-Jitsu zu erlernen und zu verstehen. Die Prinzipien betonen die Bedeutung der Ausführung. Beachte, dass die mehrmalige Wiederholung einer Jiu-Jitsu-Technik über viele Jahre hinweg dazu führen kann, dass du sie ausführst, ohne darüber nachzudenken.

Es ist sogar möglich, dass dein Muskelgedächtnis die Techniken des brasilianischen Jiu-Jitsus wie ein Autopilot ausführt, ähnlich wie sich Gewohnheiten bilden. Daher musst du die Ausführung korrekt wiederholen, um in den Genuss der vielfältigen Vorteile zu kommen, einschließlich, aber nicht beschränkt auf die hier aufgeführten.

- **Perfektioniere die Technik** - Dies bildet eine solide Grundlage für alle Bewegungen, egal wie unterschiedlich sie sind. Darüber hinaus schaffst du dir eine solide Basis, um deine Kraft, die allgemeine Qualität der Ausführung und die Bewegungsabläufe zu verbessern.

- **Bringt deinen Geist in einen Zustand der Leere** - dies ist für eine effektivere Ausführung deiner Bewegungen und Techniken erforderlich.

- **Wird zur Gewohnheit** - Wenn du eine Technik des brasilianischen Jiu-Jitsus wiederholt und korrekt übst, wird sie zur Gewohnheit. Menschen sind Gewohnheitstiere, daher macht das, was du wiederholt tust, dich aus. Wenn du also deine Gewohnheiten verbesserst, kannst du davon ausgehen, dass sich deine Leistung im Wettkampf verbessert.

Allerdings musst du besonders vorsichtig sein, wenn du eine bestimmte Technik falsch wiederholst, da zu häufiges Wiederholen zu falschen und unerwünschten Gewohnheiten führt. Arbeite mit einem guten Trainer zusammen, der in der Lage ist, deine Fehler aufzuzeigen und dich bei der Entwicklung guter und gesunder Gewohnheiten anzuleiten.

Balance

In der Welt der Kampfkünste, insbesondere im brasilianischen Jiu-Jitsu, ist das Prinzip des Gleichgewichts ein Kernkonzept - nicht zu wenig und nicht zu viel. Dieses spezifische Prinzip ist sowohl im Kampfsporttraining als auch in Bezug auf verschiedene Aspekte deines Alltags, deines Körpers und deiner Emotionen nützlich.

Für Kämpfer im brasilianischen Jiu-Jitsu - und alle anderen Kampfsportler - bedeutet Balance, dass Bewegungen weder zu langsam noch zu schnell sind, d. h. man sollte weder zu zögerlich noch zu aggressiv sein und weder zu tief noch zu hoch, weder zu weit rechts noch zu weit links agieren. Es ist unerlässlich, das Prinzip der Balance zu üben, um das eigene Timing und Tempo zu kontrollieren. Wenn du im brasilianischen Jiu-Jitsu und in anderen Kampfsportarten erfolgreich sein willst, musst du lernen, dich auf deine Balance zu verlassen.

Gleichgewicht hilft auch dabei, deine Gedanken während des Trainings zu filtern. Wenn du das Prinzip des Gleichgewichts vollständig verstanden hast, akzeptierst du, dass deine Trainingstage nicht immer gut sein werden und dass du schlechte Tage erleben wirst. Lass dich also nicht zu sehr von deinen unrealistischen Erwartungen frustrieren oder verunsichern, denn nicht jeder Trainingstag wird gut sein.

Die Entwicklung dieses Prinzips ist auch der Schlüssel, um deinen Geist davon zu befreien, vom Ergebnis einer bestimmten Trainingseinheit abhängig zu sein. Konzentriere dich stattdessen auf den praktischen Prozess des Trainings und erkenne, dass es auch wichtig ist, ein Gleichgewicht zu erreichen, indem du sowohl gute als auch schlechte Tage akzeptierst.

Du kannst deine Trainingseinheit so gestalten, dass sie deinen Körper, deine Emotionen und deinen Geist in Einklang bringt und so zu einer hervorragenden körperlichen Leistung beiträgt.

Natürliche Ordnung

Um ein erfolgreicher Kämpfer im brasilianischen Jiu-Jitsu zu werden, musst du die Prinzipien der natürlichen Ordnung vollständig verstehen. Bei diesem spezifischen Prozess geht es darum, die progressiven und kontinuierlichen Veränderungen und Entwicklungen zu verstehen, also bereite dich darauf vor, anstatt ihnen auszuweichen.

Fortschritte im brasilianischen Jiu-Jitsu und in anderen Kampfsportarten sind immer eine Frage von Konzentration und Zeit. Es erfordert nur minimale Zeit, um ähnliche Fortschritte zu erzielen, wenn du dich auf die Intensität konzentrierst, aber du musst trotzdem das Gleichgewicht halten. Wenn du dich zu intensiv und über einen längeren Zeitraum zum Training zwingst, führt dies nur zu Übertraining oder Burnout. Unter Umständen ist dein Körper nicht in der Lage, sich richtig von Stress zu erholen.

Allerdings kann es auch passieren, dass du deine Ziele nicht erreichst, wenn du nicht ausreichend trainierst und keine Leidenschaft für diese Kampfkunstform aufbringst. Es ist also wichtig, das Gleichgewicht zu halten und sich an seine natürliche Ordnung zu halten.

Ein Zeichen dafür, dass du die richtige Balance in deiner Grundhaltung gegenüber dem Training des brasilianischen Jiu-Jitsus erreicht hast, ist, wenn du wirklich Freude an dem Prozess hast. Du bist dir auch bewusst, dass deine Leistungen im brasilianischen Jiu-Jitsu und in den Kampfkünsten im Vergleich zum Kosmos und dem allgemeinen Weltgefüge nicht so wichtig sind.

Aktion und Reaktion

Der wichtigste Aspekt der vielen Prinzipien und Disziplinen, die jede Kampfkunstform regeln, ist das Prinzip von Aktion und Reaktion. Mit anderen Worten: Erwarte für jede Aktion eine Reaktion.

Beim brasilianischen Jiu-Jitsu sind minimale Anstrengungen erforderlich, um maximale Ergebnisse zu erzielen. Das Prinzip von Aktion und Reaktion ist also der beste Weg, um in diesem Sport erfolgreich zu sein.

Als Anfänger, der gerade erst mit dem brasilianischen Jiu-Jitsu beginnt, besteht die Möglichkeit, dass du dich häufig auf das Reagieren konzentrierst. Du verteidigst Submissions oder versuchst, das Gleichgewicht zu halten, und bist immer in der Defensive. Das ist in Ordnung, da du noch Anfänger bist und die Grundlagen des Sports erlernst.

Sobald du jedoch anfängst, instinktiv zu verteidigen, wird sich einiges ändern. Eine wesentliche Änderung besteht darin, dass du weniger Gehirnleistung für die Verteidigung und mehr für deine Absicht aufwenden musst. Wenn ein Angreifer beispielsweise auf der Hut ist, während du dich für den Kimura in Position bringst, fragst du dich vielleicht, was in seinem Kopf vorgeht.

Denk daran, dass dein Angreifer in diesem Moment nicht denkt – er reagiert. Er denkt nicht an diesen Moment, er ergreift defensive/offensive Maßnahmen.

Überlege dir nun, was passieren wird, wenn du nur ein wenig länger wartest, um ihre Bewegungen zu beobachten. Das beste Szenario wäre, dass sie an deiner Deckung vorbeikommen. Der Schlüssel, um einen guten Kämpfer zur Aufgabe zu zwingen, besteht darin, ihn von einem Moment des Nachdenkens abzuhalten.

Bedeutung des Prinzips von Aktion und Reaktion

Das Prinzip von Aktion und Reaktion ist für Kämpfer im brasilianischen Jiu-Jitsu und andere Kampfsportler immer von entscheidender Bedeutung, da du dieses Prinzip nutzen kannst, um die meisten deiner Takedowns und Würfe vorzubereiten.

Einen Gegner zu kontrollieren, der noch steht, kann schwieriger sein als der Kampf am Boden. Der Grund dafür ist, dass dein Gegner sich frei bewegen, sofort reagieren und entkommen kann, wenn er steht.

Um die Bedeutung des Prinzips von Aktion und Reaktion zu verstehen, stelle dir deinen Gegner vor, der gerade eine Bewegung gegen dich ausführt – das ist eine Aktion. Die entsprechende Reaktion ist, wenn du schnell denkst und handelst, basierend auf dieser Bewegung, vergleichbar mit einem Gegenangriff.

Wenn du dir außerdem der möglichen Verteidigungsreaktionen deines Gegners bewusst bist, kannst du angemessen angreifen. Wenn du die beste Verteidigungsreaktion deines Gegners kennst, hast du die Möglichkeit, dich mit Wissen und Informationen auszustatten, um mehr Einfluss oder Kontrolle zu erlangen. Mit dem Prinzip von Aktion und Reaktion besteht deine Strategie darin, eine Reaktion deines Gegners zu erzwingen, diese auszunutzen und sofort zu reagieren, um seine Energie zu nutzen und deinen Bewegungen mehr Kraft und Einfluss zu verleihen.

Wann sollte man agieren und wann reagieren?

Wenn du dir darüber im Klaren bist, dass jeder Angriff eine Reaktion hervorrufen kann, wirst du auch deine Angriffe geschickt einsetzen. Du kannst beispielsweise einen Angriff vortäuschen, um deine wahre Absicht zu verschleiern, und die Reaktion deines Gegners als Gelegenheit für deine Angriffstechnik nutzen.

Du musst sehr aufmerksam sein, um die Hinweise zu erkennen, die es dir ermöglichen, angemessen zu handeln und zu reagieren. Wende dieses Prinzip immer an, auch wenn du nicht mehr im Unterricht bist. Du kannst deinen Gürtel verlieren oder sogar wegen Körperverletzung verhaftet werden, wenn du jemandem mit Bewegungen und Techniken des brasilianischen Jiu-Jitsu Schaden zufügst, unabhängig davon, ob du provoziert wurdest oder nicht. Daher ist es entscheidend, die Handlungen und Reaktionen einer Person vorherzusehen.

Im Unterricht wirst du feststellen, dass die Fähigkeiten, die mit dem richtigen Handeln und Reagieren verbunden sind, auf die Übung zurückzuführen sind. Je mehr Training du absolvierst, desto schneller wirst du die geübten Techniken ausführen und dein Muskelgedächtnis wird sich entwickeln.

Wenn du im Wettkampf deinen Gegner angreifst, rechne damit, dass er mit ähnlicher oder höherer Intensität zurückschlägt, was das Prinzip von Aktion und Reaktion erfordert. Ebenso verhält es sich beim Ziehen: Wenn du deinen Gegner nach vorne ziehen willst, musst du ihn zuerst nach hinten stoßen.

Sobald dein Gegner reagiert, indem er dich stößt, ziehe ihn. Du nutzt seine Energie und verbrauchst nur minimale Energie, wenn du deinen Gegner nach vorne ziehst. Du wirst dies auch tun, wenn du die Kunst der Umkehrung (mehr zu diesem Thema später) in deinen Kämpfen anwendest.

Das Prinzip von Aktion und Reaktion nutzen

Es gibt mehrere Möglichkeiten, dieses Prinzip anzuwenden, insbesondere wenn du vorhast, deinen Gegner in eine andere Position zu führen als die, die er geplant hat. Willst du ihn nach links stoßen? Dann ist es eine kluge Entscheidung, ihn dazu zu bringen, sich zuerst nach rechts zu bewegen, da dies das Gleichgewicht deines Gegners beeinträchtigt. Entscheide dann über deine nächste Bewegung, basierend auf dem, was passiert.

Eine andere Möglichkeit, das Prinzip von Aktion und Reaktion zu betrachten, ist als Köder und Falle, d. h. du lockst deinen Gegner an, damit er so reagiert oder antwortet, wie du es beabsichtigt hast. Es ist hilfreich, schnell auf die Bewegungen deines Gegners zu reagieren, damit du das Beste aus diesem Prinzip machen kannst.

Zum Beispiel, wenn dein Gegner seinen Körper mit einer bestimmten Geschwindigkeit nach vorne bewegt, erhöhe deine Geschwindigkeit weiter, indem du ihn in eine ähnliche Richtung ziehst. Dies kann dazu führen, dass dein Gegner das Gleichgewicht verliert, was du zu deinem Vorteil nutzen kannst.

Je tiefer du in das brasilianische Jiu-Jitsu eintauchst und je mehr Erfahrung du sammelst, desto mehr wirst du feststellen, dass eine einzelne Bewegung oder ein einzelner Angriff nicht so effektiv ist, wenn er gegen erfahrenere und geschicktere Kämpfer eingesetzt wird. Du musst verschiedene Techniken kombinieren, um die besten Ergebnisse zu erzielen, wenn du das Prinzip von Aktion und Reaktion anwendest.

Am besten wendest du dieses Prinzip an, indem du analysierst, was schiefgelaufen ist, nachdem eine Technik versagt hat. Analysiere und überlege dir, wie deine Gegner reagiert haben, und erstelle einen Plan B, auf den du dich bei deinem nächsten Kampf freuen kannst, insbesondere wenn du das Gefühl hast, dass deine Gegner eine Verteidigung gegen deinen Plan A vorbereiten werden.

Kapitel 5: Verteidigung gegen Angriffe: Die Kunst der Umkehrung

Ein Grund, warum sich viele Menschen für brasilianisches Jiu-Jitsu interessieren, ist, dass es eine hervorragende Form der Selbstverteidigung ist. Das Wissen über diese Form der Kampfkunst ist der Schlüssel für jemanden, um sich gegen einen Angriff zu verteidigen. Abgesehen vom Prinzip von Aktion und Reaktion hilft dir brasilianisches Jiu-Jitsu auch dabei, dein Wissen über die Kunst der Verteidigung und Umkehrung zu erweitern.

Das Prinzip von Aktion und Reaktion hat eine starke Verbindung zur Kunst der Selbstverteidigung und Umkehrung, die auch ein wichtiger Bestandteil des brasilianischen Jiu-Jitsus ist, denn du musst das Prinzip von Aktion und Reaktion befolgen, um eine starke Verteidigung gegen einen Angriff aufbauen zu können. Deine Verteidigung basiert auf dem Angriff deines Gegners.

Was ist ein Reversal?

Beim brasilianischen Jiu-Jitsu spricht man von einem Reversal, wenn es einem Kämpfer in einer nachteiligen Position oder am Boden gelingt, seine Position umzukehren. Durch die erfolgreiche Umkehrung gelangt der Kämpfer in eine vorteilhafte oder obere Position. Dies ist eine großartige Fähigkeit, die Kämpfer im brasilianischen Jiu-Jitsu beherrschen müssen, da es ihnen die Möglichkeit gibt, bei jedem Positionswechsel einige Schritte zu überspringen, wenn sie die Umkehrung einleiten.

Eine typische Umkehrung resultiert in einer Bewegung des Kämpfers durch neutrale bis gute Positionen, nachdem er sich in einer schlechten Position befand. Je nach gewählter Umkehrtechnik kann man direkt in eine gute Position gelangen. Die Kunst der Umkehrung ist der Schlüssel, um sich vor einem Angriff zu schützen.

Brasilianisches Jiu-Jitsu und Selbstverteidigung

Selbstverteidigung ist ein wichtiger Bestandteil des brasilianischen Jiu-Jitsus. Es basiert auf dem ursprünglichen japanischen Jiu-Jitsu, als die Samurai um ihr Überleben kämpften, und ist auch heute noch ein praktisches Kampfsystem. Alle Bewegungen, die im brasilianischen Jiu-Jitsu gelehrt werden, sind effektive Selbstverteidigungsbewegungen, und einige dieser Techniken sind speziell für diesen Zweck konzipiert.

Daher ist es nicht überraschend, dass die meisten Schulen für brasilianisches Jiu-Jitsu weltweit der Selbstverteidigung besondere Aufmerksamkeit und Priorität widmen. Im modernen Jiu-Jitsu zur Selbstverteidigung sind Schläge nicht Teil des Systems. Dennoch ist es unerlässlich, die Grundlagen der Bewegung, des Blockens und ihrer Anwendung zu erlernen.

Es ist nicht so wichtig, komplexe Sprungangriffe und Drehkicks zu lernen und zu beherrschen. Stattdessen ist es besser, sich einfachere Ziele zu setzen, wie z. B. dem Angreifer oder Gegner nahe zu kommen, um ihn zur Submission zu zwingen oder ihn zu Boden zu bringen.

Außerdem solltest du bedenken, dass etwa 90 Prozent der Auseinandersetzungen oder Kämpfe damit enden, dass die Kämpfer zu Boden gehen. Menschen ohne Kenntnisse im brasilianischen Jiu-Jitsu sind unsicher, was sie tun sollen, wenn sie zu Boden gebracht werden. Durch deine Kenntnisse im brasilianischen Jiu-Jitsu, insbesondere im Grappling, kannst du das ändern und deine besten Techniken einsetzen.

Mit deinem Training weißt du genau, wie du dich verteidigen und in Sicherheit bringen kannst, egal ob du dich in der oberen, hinteren oder unteren Position befindest. Die Selbstverteidigung, die du im brasilianischen Jiu-Jitsu lernst, wird dich darin schulen, Dominanz aufzubauen, selbst wenn du in eine schlechte Position gebracht wirst.

Sobald du dich selbst schützen und eine dominante Position einnehmen kannst, bietet dir das brasilianische Jiu-Jitsu eine Möglichkeit, die andere Kampfsportarten nicht bieten – die Situation zu lösen, ohne deinem Gegner Schaden zuzufügen oder ihn zu verletzen. Die

Selbstverteidigung im brasilianischen Jiu-Jitsu und verschiedene andere Techniken helfen dir, jemanden festzuhalten und gleichzeitig die Situation zu deeskalieren.

Andererseits ist es dir auch erlaubt, eine Submission-Technik anzuwenden, die darauf ausgelegt ist, deinen Angreifer oder Gegner zu verletzen, wenn nötig. Wenn du möchtest, kannst du auch Schläge ausführen. Insgesamt wirst du keine andere Kampfkunst finden, die sich so gut zur Selbstverteidigung eignet wie das brasilianische Jiu-Jitsu, insbesondere bei Zweikämpfen oder Auseinandersetzungen.

Warum eignet sich brasilianisches Jiu-Jitsu perfekt für die Selbstverteidigung?

Erinnere dich immer wieder daran, dass die beste Waffe zur Selbstverteidigung deine Fähigkeit ist, Konfrontationen aus dem Weg zu gehen. Wenn möglich, solltest du aus der Situation fliehen. Wenn die Situation jedoch so weit eskaliert, dass es zu Handgreiflichkeiten kommt, solltest du dein Training nutzen, um Probleme zu vermeiden.

Was sind die spezifischen Gründe, warum brasilianisches Jiu-Jitsu gut für die Selbstverteidigung ist?

Es verbessert dein Wohlbefinden im Kampf

Wenn du schon einmal erlebt hast, dass jemand versucht hat, dich zu würgen, bis du bewusstlos wirst, weißt du wahrscheinlich, wie unangenehm das ist. Durch dein Training wirst du lernen, dich mit dem Unbehagen und manchmal auch mit den Schmerzen zu arrangieren, und du wirst automatisch mit der Situation umgehen können.

Im Gegensatz zu Kampfsportarten wie Muay Thai, bei denen nur etwa 20 Prozent des Trainings aus Sparring bestehen, macht beim brasilianischen Jiu-Jitsu das Sparring fast 100 Prozent des Trainings aus. Das Rollen im brasilianischen Jiu-Jitsu kommt einem echten Kampf sehr nahe, auch wenn dabei nicht getreten und geschlagen wird.

Wenn du dich in einer Situation befindest, in der du dich verteidigen musst, wirst du aufgrund deines Sparring-Trainings nicht von der Körpergröße des Kämpfers schockiert oder eingeschüchtert sein. Du wirst dich auch nicht unwohl fühlen, wenn du mit jemandem kämpfst und ihn zu Boden bringst.

Da du bereits mit Grappling und Kämpfen vertraut bist, wirst du nicht die Fehler von Untrainierten oder Anfängern machen, wie z. B. dem Angreifer den Rücken zuzukehren, um dich zu schützen. Dies ist eine natürliche Reaktion auf eine gefährliche Situation, aber sie birgt ein größeres Risiko für dich, da du deinen Gegner nicht sehen und seine möglichen Angriffsmethoden nicht vorhersehen kannst.

Als jemand, der im brasilianischen Jiu-Jitsu ausgebildet ist, bist du geschickter und geübter darin, dich zu schützen und die Angriffe deines Gegners zu verstehen, sodass du leicht Maßnahmen ergreifen kannst, um sie zu vermeiden. Du wirst dich auch wohler fühlen, wenn du mit anderen kämpfst und Grappling-Techniken anwendest, was deine Chance erhöht, den Kampf zu gewinnen oder der Situation unversehrt zu entkommen.

Ideal für alle Menschen, unabhängig von ihrer Größe

Wenn du dich mit brasilianischem Jiu-Jitsu auskennst, hast du eine reelle Chance, dich gegen einen Angreifer zu verteidigen oder dich in einer Situation zu behaupten, in der du dich verteidigen musst. Das Gute an dieser Kampfkunst ist, dass sie für jeden geeignet ist, unabhängig von der Körpergröße.

Selbst wenn du klein bist, kannst du brasilianisches Jiu-Jitsu zur Selbstverteidigung einsetzen. Es gibt keine Probleme, die bei kleineren Schülern anderer Kampfsportarten auftreten, wie z. B. ihre leichteren Knochen und ihr geringeres Gewicht, die es ihnen erschweren, einem größeren Gegner Schaden zuzufügen. Mit brasilianischem Jiu-Jitsu haben auch kleinere Personen die Chance, einen größeren Gegner zu besiegen.

Außerdem solltest du bedenken, dass Personen mit kleinerem Körperbau nur begrenzte Kraft gegen ihre Angreifer oder Gegner aufbringen können. Wenn du größer bist, kannst du davon ausgehen, dass deine Treffer mehr Kraft haben, weil du zusätzliches Gewicht hast.

Das brasilianische Jiu-Jitsu ist eine unglaubliche Selbstverteidigungsmethode, da es dir beibringt, wie du größere und schwerere Personen als dich würgen und im Grappling besiegen kannst, wodurch Größenunterschiede keine Rolle mehr spielen.

Im Gegensatz zu Muay Thai, Boxen oder anderen Kampfsportarten, bei denen es auf Athletik, Kraft und Schnelligkeit ankommt, liegt der Schwerpunkt beim brasilianischen Jiu-Jitsu auf der Technik. Kleinere Kämpfer können eine Submission erzwingen, weil sie Vertrauen in ihre Selbstverteidigungstechniken gewonnen haben.

Ein perfektes Beispiel für die Effektivität des brasilianischen Jiu-Jitsus im Umgang mit größeren Gegnern ist Royce Gracie und seine Dominanz in der UFC. In seinen Kämpfen zwang er seine Gegner konsequent zur Aufgabe, unabhängig von ihrer Größe. Was die Bodenkampftechnik betrifft, ist das brasilianische Jiu-Jitsu mit keiner anderen Kampfkunst zu vergleichen.

Es hilft dir, in einem Kampf die Kontrolle zu behalten

Brasilianisches Jiu-Jitsu eignet sich auch perfekt zur Selbstverteidigung, da diese Form der Kampfkunst äußerst effektiv ist, um den Gegner zu kontrollieren. Du kannst deine Fähigkeiten einsetzen, um deinen Angreifer oder Gegner zu stoppen und gleichzeitig dafür sorgen, dass er nicht verletzt wird.

Beim Training lernst du, wie du Hebel und Griffe einsetzt, um das Gewicht deines Gegners zu kontrollieren. Einige Positionen, wie die Knie-auf-Bauch-Position, ermöglichen die Kontrolle über einen am Boden liegenden Gegner.

Du kannst auch eine Shoulder-Lock-Position anwenden, mit der du die Kontrolle über einen Angreifer erhöhen kannst, insbesondere wenn dieser noch nicht trainiert ist. Wenn du es mit einem Angreifer zu tun hast, der eine Waffe trägt, kann brasilianisches Jiu-Jitsu zwar nicht das höchste Schutzniveau garantieren, aber es ist immer noch vorteilhafter als andere Kampfsportarten wie Muay Thai.

Brasilianisches Jiu-Jitsu ist effektiver, wenn es um Situationen mit einem Messer geht, da es dir beibringt, deinen Angreifer zu kontrollieren. Positionen wie die Omoplata oder der Shoulder Lock ermöglichen es dir, die Hand deines Gegners genau zu beobachten, was dir einen Vorteil gegenüber dem Gegner verschafft.

Du bist im Vorteil, da du genau sehen kannst, was der andere als Nächstes tun wird. So hast du beispielsweise genügend Zeit, um zu reagieren und den Angriff zu stoppen, wenn der andere nach der Waffe oder dem Messer greift.

Selbstverteidigungstechniken im brasilianischen Jiu-Jitsu

Wenn du brasilianisches Jiu-Jitsu zur Selbstverteidigung einsetzt, solltest du daran denken, dass Schläge allein nicht anwendbar sind, und es notwendig sein kann, Schläge mit anderen Taktiken des brasilianischen Jiu-Jitsus zu kombinieren, um effektiv zu sein. Die meisten Schulen empfehlen jedoch, das Training ohne Schläge zu beginnen, insbesondere beim Stand-up-Grappling.

Füge Schläge erst hinzu, wenn du eine solide und stabile Basis im Grappling hast. Eine Sekunde kann einen großen Unterschied machen, besonders wenn der Kampf schnell ist. Diese Sekunde kann über Sieg oder Niederlage entscheiden, also praktiziere die Selbstverteidigung unter Verwendung deines Wissens über Angriffe.

Closed Guard

Beim brasilianischen Jiu-Jitsu gibt es verschiedene Arten von Guard, aber für die Selbstverteidigung konzentrieren wir uns auf den Closed Guard, da diese Technik derzeit von Grapplern verwendet wird. Sie bietet auch in einer Selbstverteidigungssituation mehrere Vorteile.

Die Deckung beim brasilianischen Jiu-Jitsu bezieht sich darauf, wie du deine Beine einsetzt, wenn du es mit einem Gegner zu tun hast, z. B., indem du deine Beine um deinen Gegner schlingst. Du kannst dies auf dem Rücken liegend tun und den Angreifer oder Gegner auf diese Weise von dir fernhalten.

Eine angemessene Verwendung des Closed Guard in einer Selbstverteidigungssituation ist das Blocken von Schlägen.

Armbar im Stand

Armbar im Stehen ist eine einfache, aber äußerst effektive Selbstverteidigungstaktik, die du im Training erlernen kannst. Sie ist auch eine effektive Technik für Submission im Kampf. Armbar im Stehen stammt aus dem japanischen Jiu-Jitsu.

Sie führte zur sitzenden Version des Armbar, die häufig im brasilianischen Jiu-Jitsu verwendet wird. Der Unterschied besteht darin, dass Kämpfer beim japanischen Jiu-Jitsu auf den Beinen bleiben müssen, da die Wahrscheinlichkeit größer ist, dass die Gegner oder Kämpfer eine Waffe verwenden, wie die Samurai.

Knie auf dem Bauch

Diese Technik ist unerlässlich, wenn du die Kontrolle über deinen Gegner oder Widersacher haben willst. Sie ist ideal in Situationen, in denen du die Oberhand im Kampf gewinnen kannst. In dieser Position kannst du dich mit dem Knie auf dem Bauch leicht über deinen Gegner bewegen. Ein Beispiel ist, wenn dein Gegner eine Waffe, wie ein Messer, aus seinem Stiefel oder seiner Tasche zieht, während du ihn mit dem Knie auf dem Bauch kontrollierst. Du kannst dich leichter lösen, dich wegbewegen oder ihm entkommen.

Wenn du eine andere Bewegung oder Position verwendest, wie z. B. den Mount, kann dies für deinen Gegner bedeuten, dass du aufgibst. Es kann auch deine Bewegung einschränken und es schwierig machen, sich zu lösen.

Cross-Face

Bei dieser speziellen Position musst du dich über deinen Gegner oder Widersacher begeben, um ihn zu kontrollieren. Greife mit deinem Arm hinter den Kopf deines Gegners oder Widersachers. Platziere deine Schulter seitlich an der Kieferpartie deines Gegners. Der durch diese Position ausgeübte Druck gibt dir die Kontrolle.

Die korrekte Ausführung dieser Technik und der richtig angewandte Druck deiner Schulter bewirken, dass dein Gegner wegschaut und seine Bewegungen einschränkt. Da dein Gegner von dir wegschaut, ist es für ihn schwierig, jegliche Bewegungen oder Techniken auszuführen.

Side Control Escape

Viele halten diese Technik für die Position, aus der man am schwersten entkommen kann, und es gibt sie in verschiedenen Variationen. Es wäre jedoch am besten, die grundlegenden Prinzipien und Disziplinen der Side Control zu erlernen, damit du einem Angriff entkommen kannst.

Kann man brasilianisches Jiu-Jitsu anwenden, wenn es mehrere Angreifer gibt?

Wie bereits erwähnt, funktioniert das brasilianische Jiu-Jitsu perfekt bei Zweikämpfen. Die Frage ist jedoch, ob seine Selbstverteidigungstechniken auch bei mehreren Angreifern effektiv sind. Die Antwort lautet nein. Dieses Kampfsystem ist ungeeignet für den Einsatz gegen mehrere Gegner oder auf dem Schlachtfeld.

Die Grundvoraussetzung der Selbstverteidigung besteht darin, einen Angreifer oder Gegner zu Boden zu werfen. Auch Schnelligkeit ist bei der Selbstverteidigung von entscheidender Bedeutung, und genau in diesem Bereich könnte das brasilianische Jiu-Jitsu für die Selbstverteidigung Schwächen aufweisen.

Das lässt sich jedoch leicht ändern, wenn du Zeit damit verbringst, Judo-Würfe zu lernen, anstatt Takedowns zu üben. Dein Ziel sollte es sein, Würfe zu meistern, mit denen du deinen Angreifer am Boden halten kannst, während du selbst stehst.

Wenn möglich, kombiniere dies mit den anderen Techniken und Disziplinen des brasilianischen Jiu-Jitsus, um das Beste aus Selbstverteidigung und Umkehrung zu machen.

Wo kann man brasilianisches Jiu-Jitsu zur Selbstverteidigung anwenden?

Die Wirksamkeit des brasilianischen Jiu-Jitsus als Selbstverteidigung hängt von der Umgebung oder dem Ort ab, an dem der Kampf oder die Auseinandersetzung stattfindet. Es wäre beispielsweise schwierig, das brasilianische Jiu-Jitsu bei einem Kampf in einer überfüllten Bar einzusetzen; in diesem Fall wäre es viel besser, den Gegner aus einer stehenden Position heraus zu kontrollieren.

Wenn die Auseinandersetzung auf einem offenen Platz stattfindet, z. B. auf einem Parkplatz, und der Angreifer keine Waffe hat, dann ist der Ort für die Selbstverteidigungstechniken des brasilianischen Jiu-Jitsus geeignet.

Auf offenem Gelände hast du mit Takedowns bessere Chancen, da es keine Hindernisse gibt, die dich daran hindern, deinen Angreifer oder Gegner unter Kontrolle zu bringen. Die beste Position, um deinen Angreifer unter Kontrolle zu halten und gleichzeitig deine Selbstverteidigungsfähigkeiten zu verfeinern, ist die Knie-auf-Bauch-Position.

Kapitel 6: Guard-Positionen: Warum ist es so wichtig, sie zu kennen?

Die Guard-Position im brasilianischen Jiu-Jitsu ist eine der nützlichsten und effektivsten Positionen beim Grappling am Boden. Bei dieser Position liegt der Kämpfer mit dem Rücken auf dem Boden und versucht, seinen Gegner mit den Beinen zu kontrollieren.

Die Guard-Position ist eine günstige Position, um brasilianisches Jiu-Jitsu zu meistern, da du deinen Gegner von unten mit verschiedenen Würgegriffen und Hebeln angreifen kannst. Andererseits besteht die Priorität deines Gegners, der sich oben befindet, darin, in eine bessere und dominantere Position zu gelangen. Dies ist ein Prozess, der als *Passing the Guard* bezeichnet wird.

Angesichts der erwiesenen Bedeutung und der unbestreitbaren Vorteile dieser Position ist es nicht überraschend, dass es mehrere Arten davon gibt. Welche Art verwendet wird, hängt von deinen spezifischen Griffen oder Kontrollpunkten ab. Einige Guard-Positionen sind ideal, wenn du einen Gegner in stehender Position hast, und andere Guard-Positionen funktionieren gut, wenn der Gegner kniet.

Wenn du dich mit den Guard-Positionen im brasilianischen Jiu-Jitsu befasst, solltest du bedenken, dass einige perfekt für Submissions beim Grappling sind, aber bei MMA-Turnieren (Mixed Martial Arts) schädlich sein können. Andere Guard-Positionen eignen sich hervorragend, um sich aus dominanten Positionen des Gegners zu befreien oder sich zu verteidigen.

Insgesamt wird die Guard-Position immer eine Schlüsselkomponente des brasilianischen Jiu-Jitsus sein, wenn man bedenkt, wie nützlich sie ist, um eine Angriffsposition zu erkämpfen. In diesem Kapitel erfährst du mehr über die Guard-Position, ihre verschiedenen Arten, das Guard-Passing, Sweep-Techniken, Übungen und Angriffe im brasilianischen Jiu-Jitsu. Nach dem Lesen dieses Kapitels wirst du in der Lage sein, dieses wichtige Element des brasilianischen Jiu-Jitsus optimal zu nutzen.

Closed Guard und Open Guard – Die Unterschiede

Zwei der grundlegendsten und beliebtesten Guard-Positionen, denen du begegnen wirst, sind Closed Guard und Open Guard. Beide sind beliebt, weil sie den Kämpfern hervorragende Werkzeuge an die Hand geben, egal ob sie oben oder unten sind.

Die Closed und Open Guard-Positionen bieten dir die Möglichkeit, deinen Gegner zu sweepen, zu kontrollieren und zu unterwerfen, und ermöglichen dir so ein starkes und solides defensives und offensives Vorgehen beim Grappling.

Closed Guard

So hältst du eine starke Closed-Guard-Position

Dies ist eine grundlegende Guard-Position, die du in deinem BJJ-Training lernen wirst. Der Closed Guard wird hauptsächlich von Anfängern und hochrangigen Wettkämpfern im brasilianischen Jiu-Jitsu verwendet. Es ist die grundlegende Guard-Position und eine der ersten Positionen, die du zu Beginn deines Trainings lernen wirst.

Die auch als Full Guard bezeichnete Closed Guard-Position entsteht, wenn du deine Beine um die Hüfte oder Taille deines Gegners schließt und gleichzeitig den Kragen oder Ärmel deines Gegners greifst.

Die Closed Guard zeigt perfekt, wo die Kraft und Stärke der Guard-Positionen liegt, insbesondere beim Distanzmanagement. Das bedeutet, dass du die vollständige Kontrolle hast, wenn du den spezifischen Bereich bestimmst, in dem das Grappling stattfindet, und einen freien Arm für Angriffe hast.

Du musst dich auch darauf konzentrieren, die entscheidenden Aspekte einer Closed Guard-Position erfolgreich umzusetzen. Diese werden im Folgenden kurz erläutert.

- **Beinposition** - Schlinge beide Beine um die Taille deines Gegners und verschränke deine Knöchel hinter dem Rücken deines Gegners, um die Position zu sichern. Möglicherweise musst du beide Knie zusammenpressen, während du sie gleichzeitig an deine Brust ziehst. So kannst du deinen Gegner zu dir ziehen und ihm den Raum für eine angemessene Körperhaltung nehmen.
- **Griff** - Bevor du die Closed Guard-Position ausführst, solltest du dir die Bedeutung der Griffplatzierung bewusstmachen, denn die Position deines Griffs gibt dir die Vielseitigkeit, die Bewegung erfolgreich auszuführen.
- Wenn du jedoch aus einer Closed Guard-Position heraus greifst, wirst du in den meisten Kampfsportarten und Selbstverteidigungssituationen den Doppelarm-/Handgelenkgriff verwenden. Dieser Griff ermöglicht es dir, die Arme deines Gegners zu kontrollieren und dich vor jeder Form von Angriff zu schützen.
- Wenn du diesen Griff mit einer effektiven Körperbeherrschung, insbesondere mit deinen Beinen, kombinierst, befindest du dich in einer dominanten Position, um deinen Angriff zu starten.
- **Ziele** - Lege auch beim Ausführen der Guard-Position deine Ziele fest. Wie bei anderen Guard-Positionen besteht dein Hauptziel beim Closed Guard darin, zu verhindern, dass deine Guard-Position durchbrochen wird. Nur so kannst du sicherstellen, dass deine Guard-Position undurchdringlich ist, und das wird dir helfen, deine Angriffe zu starten.

Bei Angriffen ist es von Vorteil, zuerst die Stellung deines Gegners zu brechen. Beachte, dass du nicht viel von einem Gegner erreichen kannst, der aufrecht sitzt, während du deine gewählte Guard-Position einnimmst.

Die gute Nachricht ist, dass der effektive Einsatz deiner Beine und der doppelte Handgelenkgriff dir die Arbeit erleichtern. Wenn dein Gegner seine Haltung aufgegeben hat, kannst du Sweeps, Angriffe und Back Takes anwenden.

Open Guard-Position

So forcierst du eine Open Guard-Position

Die Open Guard unterscheidet sich von der Closed Guard dadurch, dass du deine Beine nicht um die Taille oder Brust deines Gegners schließen musst. Verwende die Open-Guard-Position, um von einer halben oder schwachen Full-Guard-Position, die durch die Bewegungen des Gegners ausgelöst wurde, in eine andere Position zu wechseln.

Es gibt mehrere Übergangspositionen, Submissions und Sweeps, wenn du die Open Guard-Position ausführst. Du kannst beispielsweise zu einer Butterfly-, Reverse De La Riva-, De La Riva- und Spider-Guard-Position übergehen. Sie unterscheidet sich in einigen Aspekten von der Closed Guard:

- **Beinposition** – Deine Beine haben in einer Open Guard bestimmte Funktionen, die unabhängig von der Guard-Position immer gleich bleiben. In der Open Guard dient ein Bein immer als Fangbein und ist das Bein, mit dem du dich an deinem Gegner festhältst.
- Das andere Bein wird je nach beabsichtigter Aktion eingesetzt, insbesondere bei der Verteidigung der Guard-Position, bei Submissions und Sweeps. Die genaue Positionierung der Beine hängt stark von der Art der Open Guard ab, die du verwenden möchtest.
- **Griffe** – Die Open Guard-Position ermöglicht eine Vielzahl von Griffoptionen. Denke jedoch an das zugrunde liegende Prinzip, nämlich immer diagonale Kontrolle. Vorzugsweise musst du ein Bein und den gegenüberliegenden Seitenarm greifen, unabhängig davon, welche Guard-Variante du verwendest.
- **Ziele** – Eine Open Guard-Position bedeutet, dass du zuerst die Position halten musst, bevor du einen Angriff ausführen kannst. Mehrere Open Guard-Positionen bieten nur wenige Angriffe, da sie mehr Wert auf Sweeps und Off-Balancing legen.

Andere Guard-Positionen ermöglichen dir eine Reihe von Sweeps und Angriffen und können einen Gegner dazu zwingen, sich die ganze Zeit in einer defensiven Position zu befinden.

Andere Guard-Positionen und Variationen im brasilianischen Jiu-Jitsu

Neben den für Anfänger im brasilianischen Jiu-Jitsu beliebten Open und Closed Guards gibt es noch weitere Arten und Variationen, mit denen du dich vertraut machen solltest. Diese Guard-Positionen sind nützlich, um jede Position im brasilianischen Jiu-Jitsu zu meistern und einen Kampf oder Angriff zu gewinnen.

High Guard

Fixiere die Schulter des Gegners in der High Guard-Position

Auch Climb Guard oder Crooked Guard genannt. Manövriere deine Beine, um den Gegner zu erklimmen und eine oder beide seiner Schultern zu fixieren. Das Fixieren der Schultern bringt deinen Gegner in Gefahr, da du leicht Armbar-, Sweep- und Triangle-Attacken ausführen kannst.

Im Vergleich zu anderen Guard-Positionen, insbesondere der Rubber-Guard-Position, erfordert die High-Guard-Position nur minimale Flexibilität. Es gibt jedoch Ähnlichkeiten, da beide Beine eingesetzt werden, um den Gegner in einer geduckten Haltung zu halten. Es handelt sich um eine fantastische Guard-Position im brasilianischen Jiu-Jitsu, da es für deinen Gegner schwierig sein wird, dich zu schlagen oder deine Guard-Position zu überwinden, ohne dir eine Gelegenheit zur Submission oder zum Sweep zu bieten.

Deep Half Guard

Die Deep Half Guard-Position mit angewinkelten Beinen

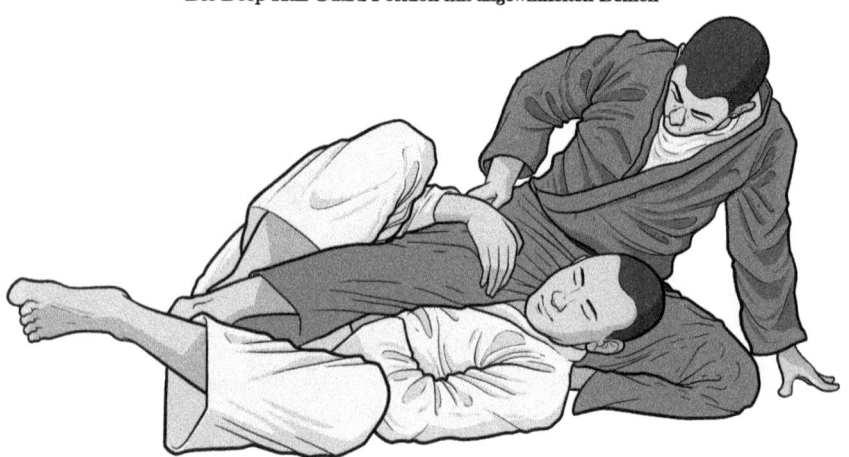

Im No-Gi-Stil mit einem Butterfly Hook unter dem Unterschenkel des Gegners

Diese Guard-Position erfordert, dass du dich unter deinen Gegner rollst, damit du sein Gewicht leicht übernehmen kannst. Sobald du in dieser Position bist, benutze deine Beine, um die Beine deines Gegners einzuklemmen, während du mit beiden Armen um seine Hüften greifst. Schwinge deine Beine, um deinen Gegner aus dem Gleichgewicht zu bringen. Der Deep Half Guard bietet nur wenige Submissions, aber es ist immer noch eine großartige Position, um zu sweepen.

Rubber-Guard-Position

Die Rubber-Guard-Position ist anspruchsvoll und schwierig auszuführen, da sie mehr Flexibilität erfordert. Führe diese Position aus, wenn du aus einer hohen oder vollen Guard-Position heraus agierst. Im Jiu-Jitsu kann die Rubber-Guard-Position eine Variante der High-Guard-Position sein, bei der du beide Füße verwendest, und sie in eine hohe Position bringen musst. Diese Position hilft dir, den Hals deines Gegners zu kontrollieren und sicherzustellen, dass sein Kopf unten bleibt. Das Ergebnis ist eine perfekte Kontrolle über deinen Gegner, der sich in einer unvorteilhaften Position befindet.

Spider-Guard-Position

Die Spider Guard-Position wird gegen einen knienden Gegner angewendet (beide Füße auf dem Bizeps)

Gegen einen stehenden Gegner, einen Fuß auf dem Bizeps und den anderen auf der Hüfte

Gegen einen stehenden Gegner, einen Fuß auf dem Bizeps und ein Bein um den Arm geschlungen

Beim Spider Guard handelt es sich um eine anspruchsvolle Guard-Position im brasilianischen Jiu-Jitsu, mit der du die Distanz zu deinem knienden oder stehenden Gegner hervorragend kontrollieren kannst. Diese Position kann dazu beitragen, deinen Gegner aus dem Gleichgewicht zu bringen, und dir die Möglichkeit für einige Submissions oder Sweeps geben, einschließlich Armbar und Triangle Chokes.

Du kannst die Spider-Guard-Position auch als Übergang zu anderen Guard-Positionen verwenden, wie z. B. der De-la-Riva-Position. Du kannst sie als Open Guard ausführen, indem du die Ärmel oder Handgelenke deines Gegners greifst und mit einem Fuß auch seine Arme kontrollierst.

In den meisten Fällen musst du nur einen Fuß gegen den Bizeps deines Gegners setzen. Andernfalls besteht die Gefahr, dass dein Bein in der Nähe des Ellbogens deines Gegners abrutscht und deine Zehen unter seinem Oberarm verschwinden.

Butterfly-Guard-Position

Die Butterfly-Guard-Position mit Untergriff und Griff am Gürtel

Kreuzgriff am Hosenbein und am Revers

Die Butterfly Guard-Position mit einem Bearhug-Griff. Gelegentlich in MMA verwendet, da es für den Gegner schwierig ist, viel Kraft in seine Schläge zu setzen.

Eine sehr schwierige Position, um den Butterfly Guard (von den frühen UFC-Kommentatoren als TK Guard bezeichnet) einzusetzen.

Diese dynamische Butterfly-Guard-Position bietet mehrere Optionen für Sweeps und kann beim No-Gi- und Gi-Grappling eingesetzt werden. Um diese Guard-Position auszuführen, macht man sich zunächst mit der Sitzposition vertraut und lernt, wie man aktiv bleibt, wenn man versucht, den Gegner aus dem Gleichgewicht zu bringen.

Viele Kämpfer im brasilianischen Jiu-Jitsu nutzen diese Position, um Leg Lock Submissions einzuleiten. Einige nutzen diese Position, um in die Half Guard-, Single Leg X Guard- und X Guard-Positionen überzugehen.

Knee Shield oder Z-Guard

Die Z-Guard-Position mit dem unteren Bein eingehakt und dem oberen Knie, das gegen die Hüfte drückt

Die gleiche Position mit dem oberen Knie, das in den Brust-/Schulterbereich drückt

Diese spezielle Guard-Position kann aus der Standard-Halb-Guard-Position heraus ausgeführt werden. Hebe ein Knie an, um das Gewicht von deinem Gegner zu nehmen. Dadurch entsteht ein Schutzrahmen, der sicherstellt, dass du nicht von deinem Gegner mit Submissions und Sweeps überwältigt wirst. Um eine Submission abzuwehren, greife den entfernten Arm an, und um Sweeps auszuführen, hake die nahestehende Seite unter und setze gleichzeitig den Rücken unter Druck.

Octopus-Guard-Position

Die Octopus-Guard-Position im No-Gi Stil

In den meisten Fällen erhältst du eine Chance auf die Octopus Guard-Position, wenn dein Gegner einen Hip Switch ausführt, nachdem er sich in einer Knee Shield-Position befand. Eine weitere Möglichkeit, die Octopus Guard-Position einzunehmen, ist eine Bewegung deiner weiter entfernten Schulter hinter die deines Gegners.

Verwende diese spezielle Position, um in den Mount zu wechseln oder den Rücken zu erreichen. Die auch als umgekehrte Guard-Position bezeichnete Octopus-Guard-Position erfordert auch, dass du dich auf deinen Ellbogen stützt oder verlässt, um in die Position zu gelangen.

Koala-Guard-Position

Koala-Guard-Position

Die Koala Guard-Position kannst du einnehmen, wenn du gegen einen stehenden Gegner in eine sitzende Position gehst. Klammer dich an das Bein deines Gegners, ähnlich wie ein Koala, was zu einer stabileren Verbindung führt. Die Koala Guard-Position wird häufig als Übergang zu anderen Guard-Positionen verwendet und ist auch nützlich, wenn du Leg Locks, wie z. B. Foot Locks, Achilles Locks und Knee Bars, anwenden musst.

Collar Sleeve Guard

Collar Sleeve Guard

Um in diese Guard-Position zu gelangen, greifst du mit einer Hand den Ärmel deines Gegners, mit der anderen Hand den Kragen und legst dein Bein auf den Bizeps des Arms, den du im Griff hast.

Platziere dein anderes Bein an der Hüfte deines Gegners. Alternativ kannst du dieses Bein als Haken ansetzen. Wie bei anderen Sleeve Guards auch ist es dein Ziel, deinen Gegner aus dem Gleichgewicht zu bringen, indem du ihn schiebst und ziehst. Du kannst verschiedene Sweeps effektiv ausführen und eine Submission erzwingen, bei der es sich in der Regel um das Triangle handelt.

Quarter-Guard-Position

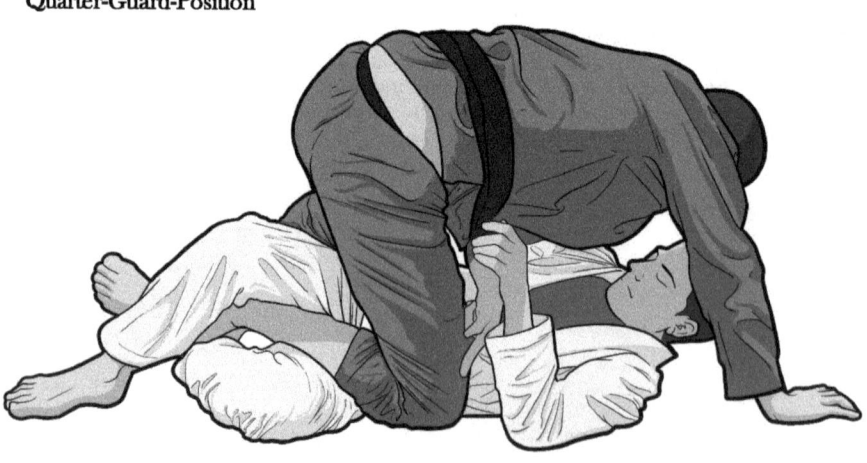

Quarter Guard

Diese Position liegt zwischen Mount Guard und Half Guard. In den meisten Fällen bietet der Quarter Guard wenig Angriffsfläche, sodass er hauptsächlich als Verteidigungsposition eingesetzt wird, um zu verhindern, dass du deine Guard-Position durchbrichst.

Die meisten Kämpfer mögen die Quarter Guard-Position nicht, da sie als unterlegene Position gilt. Bei dieser Position muss der Fuß des Gegners festgehalten werden, nicht sein Knie. Trotzdem ist sie nützlich für Sweeps, wenn dein Gegner einen Fehler macht.

Was ist die Guard Retention?

Jetzt, da du einige der nützlichsten Guard-Positionen kennst, ist es an der Zeit zu verstehen, wie du diese Position halten kannst. Als Anfänger im brasilianischen Jiu-Jitsu musst du nicht nur verschiedene Guard-Positionen beherrschen, sondern auch lernen, wie du sie halten kannst.

Das Ziel der Beherrschung der Guard-Position besteht darin, zu vermeiden, dass man von den Guard-Pässen des Gegners überwältigt wird, ohne die Chance zu haben, die Position zu halten. Reagiere sofort, wenn du spürst, dass dein Gegner im Begriff ist, deine Guard-Position zu passieren.

Der erste Schritt, um dieses zu vermeiden, ist natürlich, ruhig zu bleiben. Außerdem ist es wichtig, dass du deinem Gegner zugewandt bleibst. Denke daran, dass dein Gegner auf deine Seite kommen und dich in Side Control bringen muss, um deine Guard-Position zu überwinden. Drehe deinen Körper also weiter, um sicherzustellen, dass du deinem Gegner die ganze Zeit zugewandt bleibst.

Auf diese Weise kann dein Gegner nicht in die Position gelangen, die dich dazu verleiten würde, die Guard-Position aufzugeben. Das wichtigste Prinzip, um die Guard-Position zu halten, ist, dass du deinem Angreifer oder Gegner immer zugewandt sein musst.

Den Kopf unter Kontrolle halten

Mache dir keine Sorgen, wenn dein Gegner bereits auf halbem Weg ist, dich aus deiner Guard-Position zu bringen, denn es ist immer noch möglich, deine Position zu retten und wiederherzustellen. Die beste Möglichkeit, mit dieser Situation umzugehen, besteht darin, den Kopf deines Gegners mit beiden Händen zu kontrollieren.

So verhinderst du, dass dein Gegner sich effizient bewegen und sich auf den Kampf mit deinen Händen konzentrieren kann, und verschaffst dir ausreichend Zeit, um deinen Körper aus dem Weg zu bewegen. Nutze diese Zeit, um deine Hauptposition wiederherzustellen, was auch für eine effektive Verteidigung in der Guard-Position unerlässlich ist.

Richtige Positionierung der Knie

Die richtige Kniepositionierung ist auch für die Beibehaltung der Guard-Position von entscheidender Bedeutung. Das Ziel besteht darin, sicherzustellen, dass deine Knie so weit wie möglich zusammenbleiben, was jedoch nicht unbedingt bedeutet, dass deine Knie komplett geschlossen bleiben müssen. Die beste Position für deine Knie ist es, sie sehr nah an deiner Brust zu halten. Dein Gegner wird es schwer haben, dich aus deiner Guard-Position zu bringen, wenn es dir gelingt, deine Knie erfolgreich nah an deiner Brust zu halten.

Du musst jedoch auch lernen, wie du dich aus deinen Beinen herausziehen kannst, um eine Möglichkeit für einen Einstieg in die Side Control zu schaffen. Die Guard-Position zu halten ist möglich, wenn du sicherstellst, dass dein Gegner nah bei dir bleibt.

Kapitel 7: Die Kunst des Takedowns

Takedowns sind für das brasilianische Jiu-Jitsu von entscheidender Bedeutung, daher müssen alle Teilnehmer wissen, wie sie ausgeführt werden, unabhängig von Gürteln, Fachwissen und Können. Bei Wettkämpfen beginnt der eigentliche Kampf im Stehen, aber du erhältst wertvolle Punkte, wenn du einen guten Takedown landest. Der Takedown bestimmt auch, wie der Kampf endet.

Das Beste an einem guten Takedown ist, dass er dir eine hervorragende Position am Boden verschafft, wie z. B. Side Control und Mount. Du hast sogar die Möglichkeit, deinem Gegner in den Rücken zu fallen.

Warum es wichtig ist, die Kunst des Takedowns im brasilianischen Jiu-Jitsu zu erlernen

Wenn man die Bedeutung von Takedowns begreift, ist es wichtig, die Wurzeln dieser Form der Kampfkunst zu verstehen – darunter die Selbstverteidigung, die von großer Bedeutung ist. Takedowns bieten die Möglichkeit einer schnellen Flucht, wenn du dich verteidigen oder deine Bodenkampffähigkeiten einsetzen musst.

Gute Takedowns zu meistern ist entscheidend, da es dir großartige Verteidigungsfähigkeiten verleiht, insbesondere wenn die Situation mehr als einen Angreifer umfasst. Fast jeder glaubt, dass bei Straßenkämpfen die am wenigsten bevorzugte Fläche der Boden ist.

Zwar hast du durch dein Training im brasilianischen Jiu-Jitsu einen guten körperlichen Vorteil, wenn du zu Boden gehst, aber es wäre am besten, dies zu vermeiden, wenn du in Gefahr bist. Dein Ziel sollte eine schnelle Flucht sein, und dein Wissen über Takedowns wird es dir ermöglichen, dies zu erreichen.

Takedowns sind auch wichtig, wenn es um Regeln geht, die das Herausziehen aus der Guard-Position bestrafen, außerdem helfen sie dir zu entscheiden, ob du den Kampf aus der Top-Position heraus beginnen solltest. Darüber hinaus dient der Takedown dazu, einen Angreifer oder deinen Gegner bei Wettkämpfen zu überraschen.

Unterschätze niemals die Bedeutung von Takedowns, nicht nur bei Wettkämpfen im brasilianischen Jiu-Jitsu, sondern auch in gefährlichen Situationen.

Grundlagen des Takedowns

Bei allen Kampfsportarten und Kampfkünsten, wie dem brasilianischen Jiu-Jitsu, wird die Fähigkeit, jemanden zu Boden zu bringen, als entscheidender Aspekt angesehen. Deine Fähigkeit, jemanden zu Boden zu bringen, wird bei Straßenkämpfen eine wertvolle Selbstverteidigung sein. Mit einem erfolgreichen Wurf oder Takedown schwächst du die Position deines Angreifers oder Gegners und bringst ihn in eine schwierige und verwundbare Lage, die dir zum Vorteil gereicht.

Es ist unerlässlich, zunächst die Grundlagen von Takedowns zu erlernen, damit du sie erfolgreich ausführen kannst. In diesem Abschnitt findest du Konzepte, Tipps und Übungen, um deine Takedowns zu verbessern.

Die Schwachstelle ins Visier nehmen

Die Schwachstelle ist ein grundlegender Aspekt des Takedowns, den Anfänger im brasilianischen Jiu-Jitsu lernen und verstehen müssen. Die Schwachstelle bezieht sich auf den Punkt, der ein Dreieck mit der Linie bildet, die du dir vorstellst, wenn du deine beiden Füße verbindest. In dieser Linie findest du einen Schwerpunkt.

Wenn ein Angreifer oder Gegner beispielsweise mit parallelen Füßen auf dem Boden steht, befindet sich seine Schwachstelle höchstwahrscheinlich direkt nach hinten oder vorne. Denke daran, dass sich die Schwachstelle ständig ändert, aber nicht verschwindet.

Sobald du deine Fähigkeiten bei der Ausführung von Takedowns verbessert hast, wird es dir leichter fallen, automatisch die genaue Schwachstelle deines Gegners zu spüren. Du kannst sie nutzen, um mit nur einem Blick die perfekte Richtung für den Takedown zu bestimmen.

Deinen Gegner aus dem Gleichgewicht bringen

Wenn du Takedowns ausführst, ist es äußerst wichtig zu lernen, wie du deinen Angreifer oder Gegner aus dem Gleichgewicht bringst. Es ist extrem schwierig, deinen Gegner zu Boden zu bringen, wenn er perfekt im Gleichgewicht ist. Im Judo wird dies auch Kuzushi genannt. Du kannst deinen Gegner durch Ziehen und Snapdowns aus dem Gleichgewicht bringen.

Du kannst dies auch erreichen, indem du an seinem Gi ziehst, wodurch er aus dem Gleichgewicht gerät. Das Ausbalancieren deines Gegners geht mit dem Anvisieren der Schwachstelle einher, und zwar aus dem Grund, dass du diese Technik nutzen kannst, um die Schwachstelle deines Gegners aufzudecken.

Das Ziel besteht darin, deinen Gegner zu zwingen, in eine bestimmte Richtung zu treten, um leichter an seine Schwachstelle zu gelangen. Es hilft auch, das Bein deines Gegners freizulegen, was die Ausführung der Takedowns weiter erleichtert.

Weitere grundlegende Strategien und Konzepte

Jeder Grappling-Stil hat sein eigenes grundlegendes Konzept, das seine Effektivität verbessert. Zu den wichtigsten und grundlegendsten Strategien und Konzepten, die deine Takedown-Fähigkeiten noch weiter verbessern, gehören:

Ablaufplan für Takedowns

Es ist notwendig, deine Fähigkeit zu verbessern, die Abfolgen für Takedowns miteinander zu verketten und sie mit verschiedenen Clinch-Setups zu kombinieren. Mit anderen Worten: Du musst einen Ablaufplan mit den spezifischen Techniken erstellen, die sich für eine Paarung oder Kombination eignen.

Die Erstellung eines Ablaufplans hilft dir auch bei der Auswahl bestimmter Clinch-Positionen, die je nach Reaktion deines Gegners garantiert für dich funktionieren. Ablaufpläne tragen dazu bei, eine starke und solide Grundlage für die Bewegung aus allen möglichen Takedowns und Setups zu schaffen.

Kämpfen und Manipulieren der Kopfposition

Du solltest auch wissen, wie du um die Kopfposition deines Gegners kämpfst und sie mit deiner Stirn manipulierst. Dadurch wird seine Sicht behindert und er aus dem Gleichgewicht gebracht. Vergiss nicht, dass beim Grappling der Kopf als fünftes Glied dient. Du kannst dich als hervorragenden Grappler bezeichnen, wenn du weißt, wie du deinen Gegner mit deinem Kopf in die richtige Position drückst.

Grab and Go-Technik

Wenn du gegen einen größeren Gegner kämpfst, der dir wahrscheinlich an Kraft überlegen ist, konzentriere dich auf Vorbereitungsbewegungen, die es dir ermöglichen, ihn schnell zu greifen und seine Haltung oder sein Gleichgewicht sofort zu stören. Während er sich erholt, kannst du versuchen, ihn zu Boden zu bringen.

Trainiere, die Bewegungen schnell auszuführen, damit dein Gegner dich nicht festhalten oder greifen kann. Wenn du beim ersten Versuch scheiterst, löse die Technik. Einige Beispiele für Grab-and-Go-Bewegungen sind Snapdowns und Armdrags.

Lass deinen Gegner deine nächsten Bewegungen erraten

Die wiederholte Verwendung ähnlicher Technikkombinationen und Bewegungen ist beim brasilianischen Jiu-Jitsu nicht gut, da dein Gegner deine Bewegungen dann leichter vorhersehen und kontern kann. Verwende deinen Ablaufplan für Takedowns, um dies zu vermeiden. Stelle sicher, dass der Ablaufplan umfangreich genug ist, um die Vorhersehbarkeit in deinen Kämpfen zu eliminieren. Ändere deine Takedown-Kombinationen und Positionierungen häufig und lasse deinen Gegner ständig raten.

Bringe den Gegner in deine bevorzugte Position

Während deiner Kämpfe solltest du darauf achten, dass deine Taktik deinen Gegner dazu bringt, sich in die von dir beabsichtigte Position zu bewegen. Wenn du zum Beispiel einen Takedown mit einem Bein durchführst, während du in einem Clinch bist, bewege deine Hände so, dass sie nach vorne gleiten, um eine doppelte Bizepskontrolle zu erlangen.

Wenn der Arm auf der Seite deines Standbeins gezogen wird, nutze stattdessen deine Beinarbeit und zwinge deinen Gegner, sich mit deinem Körper zu bewegen, anstatt die Kraft deiner Arme einzusetzen.

Erwarte, dass dein Gegner einen Schritt nach vorne macht, um das Gleichgewicht zu halten. Dieser Schritt wird höchstwahrscheinlich auf der Seite des gezogenen Arms erfolgen, was dazu führt, dass sein Standbein mit deinem übereinstimmt. Dies ist der perfekte Zeitpunkt, um mit einem Beinangriff zu kontern.

Grundlegende Takedowns, die BJJ-Anfänger kennen müssen

Um die Kunst des Takedowns zu meistern, sind hier die grundlegenden Takedowns für Anfänger:

Double Leg

Ein Double-Leg-Takedown ist eine wichtige Takedown-Technik, die viele Anwendungen im brasilianischen Jiu-Jitsu hat. Es ist schwierig, eine Liste von Takedowns für Anfänger zu erstellen, ohne den Double Leg aufzunehmen. Es ist der am häufigsten verwendete Takedown in allen Kampfsportarten, da die Technik einfach und leicht zu verstehen ist.

Um den Double Leg Takedown erfolgreich auszuführen, musst du zuerst die Kampfebene wechseln, d. h. deinen Kopf auf die Gürtellinie deines Gegners senken und den Stechschritt ausführen. Greife dann die Beine deines Gegners und drücke dich durch.

Wenn du diese Technik oft übst, wirst du sofort eine Verbesserung feststellen, wenn es darum geht, deine Angreifer oder Gegner aus der Guard-Position zu erwischen und sie mit dieser Technik zu überraschen. Beachte, dass du den Double-Leg-Takedown zwar blitzschnell ausführen kannst, dies aber oft nicht notwendig ist.

Es ist viel besser, langsam zu beginnen und sich allmählich zu steigern, damit dein Partner genug Zeit hat, den Sturz abzufangen.

Ankle Pick

Dieser Takedown ist wahrscheinlich die effektivste Technik, die vom brasilianischen Jiu-Jitsu übernommen wurde. Die relative Einfachheit der Ankle-Pick-Technik ist der Grund, warum sie eine der ersten ist, die im brasilianischen Jiu-Jitsu und anderen Kampfsportarten gelehrt wird.

Um den Ankle Pick Takedown auszuführen, drücke den Kopf deines Gegners über eines seiner Beine und immobilisiere das Bein, da es das zusätzliche Gewicht tragen muss. Während das Bein keine Bewegung zulässt, vollende diese Takedown-Technik, indem du einen Schritt nach vorne machst. Dies ist notwendig, um den Zielfuß zu blockieren, bevor du nach unten zum Knöchel greifst.

An diesem Punkt hebst du den Fuß des Gegners an, was zum Takedown oder Sturz deines Gegners führt. Wie du vielleicht bemerkt hast, ist diese Technik nicht wie andere Takedowns, die mit hohen Schlägen und Würfen verbunden sind. Du musst nur einen Fuß deines Gegners unter ihm wegziehen, und er wird sicher auf die Matte fallen.

Ein Vorteil des Ankle Pick Takedown ist, dass die Strafe für ein Scheitern sehr gering ist. Außerdem ist es im Gegensatz zum herkömmlichen Ringen nicht notwendig, unter den Gegner zu gehen, wenn man den Knöchelgriff ausführt, wodurch die Möglichkeit ausgeschlossen wird, unter dem Gewicht des Gegners eingequetscht zu werden.

Ein weiterer Grund, den Ankle Pick Takedown zu trainieren, ist, dass er Ringer lehrt, ihre Takedown-Strategien während Live-Wettkämpfen und Runden ohne Frustration zu priorisieren. Es ist auch eine unglaubliche Technik, die man lernen sollte, wenn man sich im Stehen unwohl fühlt.

Single Leg Takedown

Als wichtige Technik im Ringen ist der Single-Leg Takedown auch im brasilianischen Jiu-Jitsu nützlich. Diese Technik ist im Vergleich zu anderen Takedowns stärker von der Kraft abhängig. Im brasilianischen Jiu-Jitsu, insbesondere im No-Gi, führen mehrere Sweeps zu Single-Leg Takedowns, daher musst du lernen, wie du einen Single-Leg Takedown beendest, wenn du am No-Gi Grappling beteiligt bist.

Beim Single-Leg Takedown wechselst du zuerst die Kampfebene und schlingst dann deinen linken Arm um das rechte Knie deines Gegners, während du dich zu deinem linken Bein drehst. Hebe das Bein deines Gegners vom Boden, während du deine Hände zusammenführst und die Ellbogen geschlossen hältst. Achte darauf, dass auch der oberste Teil deines Kopfes zur Brust deines Gegners fährt. Klemme sein Bein zwischen deinen Beinen ein.

Beende diese Technik mit einem Double-Leg Takedown. Greife mit deiner rechten Hand das Knie des Standbeins deines Gegners; dies wird die Ausführung des Double Leg begünstigen. Du kannst es auch mit einem Foot Sweep beenden – fege das Standbein deines Gegners mit einem deiner Füße aus.

High Crotch

Der High Crotch ist eine Mischung aus dem Single und dem Double Leg Takedown. Für den High Crotch ist nicht die gleiche Athletik erforderlich wie für den Double Leg. Allerdings musst du bei der Ausführung dieses Takedowns technisch versierter sein als beim Single Leg.

Ähnlich wie beim Single Leg Takedown solltest du beim High Crotch auf das Standbein zielen. Allerdings muss sich dein Kopf eher an der Außenseite des Angreifers oder Gegners befinden als an der Innenseite.

Collar Drag

Der Collar Drag ist ein gängiger Takedown, der nur im brasilianischen Jiu-Jitsu angewendet wird. Es handelt sich um einen beliebten Sweep aus der Guard-Position, den du auch im Stehen ausführen kannst und der sehr einfach zu erlernen ist, weshalb er zum Arsenal der meisten Teilnehmer gehört.

Der Collar Drag ist leicht zu erlernen, da man sich nicht unter den Schwerpunkt des Gegners begeben muss und auch nicht viel aus dem Gleichgewicht bringen muss. Außerdem ähnelt die Bewegung des Collar Drag dem Ziehen einer Half Guard.

Um den Collar Drag auszuführen, greifst du deinen Gegner mit der rechten Hand von oben und von vorne und bringst deinen linken Fuß außerhalb des rechten Fußes deines Gegners in Position. Schiebe ein Bein zwischen die Beine deines Gegners und lasse deine rechte Körperseite zu Boden sinken.

Stelle dir vor, wie du die Guard-Position herstellst. Während du die rechte Hüfte und das rechte Bein nach vorne schiebst, ziehst du den Kragen deines Gegners zu Boden. Dein Takedown endet mit einem Kniestoß gegen deinen Angreifer oder Gegner, falls nötig.

Kapitel 8: Die Kunst der Submission

Die auch als sanfte Kunst bekannte Art der Submission im brasilianischen Jiu-Jitsu ist der Höhepunkt des Erfolgs, wenn du diese Kampfkunst beherrschst. Beachte, dass alle Wettkämpfer immer eine Submission anstreben, obwohl viele Wettbewerbe und Kämpfe im brasilianischen Jiu-Jitsu nach Punkten entschieden werden.

Als Anfänger kann es sein, dass du von den zahlreichen Submissions, die du lernen, verstehen und beherrschen musst, überwältigt bist. Aber keine Panik. Du musst nur die grundlegenden Kategorien der Submissions im brasilianischen Jiu-Jitsu lernen, um die wesentlichen Prinzipien zu verstehen und es leichter zu haben, deinen Gegner zu Submission zu zwingen.

Wie dir jede Submission im brasilianischen Jiu-Jitsu gelingt

Es gibt viele Submissions im brasilianischen Jiu-Jitsu, sodass es schwierig sein kann, sich jede einzelne als eigene Taktik und Technik zu merken. Wenn du jedoch die spezifischen Gründe für Submissions herausgefunden und dich mit dem Kategorisierungssystem vertraut gemacht hast, kannst du jede einzelne davon vollständig verstehen und leicht meistern. Ein weiterer entscheidender Punkt ist, dass diese spezifischen Aspekte des Beendens von Submissions für jede abschließende Bewegung des brasilianischen Jiu-Jitsus als universell gelten; daher ist die Positionierung ein wichtiger Faktor und ein wichtiges Konzept. Um Submissions zu erzielen, ist es notwendig, möglichst viel deiner Körpermasse gegen ein einzelnes Körperteil deines Gegners zu positionieren. Durch den Einsatz deiner eigenen starken Körperteile wird es dir leichter fallen, die schwächeren Körperteile deines Gegners anzugreifen.

Grifftechniken gehören ebenfalls zu den wichtigsten Aspekten der Submission im brasilianischen Jiu-Jitsu, da du mit ihnen deine beabsichtigten Submission-Versuche entweder zum Erfolg führen oder zum Scheitern bringen kannst. Grifftechniken tragen wesentlich dazu bei, Spannung in den spezifischen Körperteilen aufzubauen, die du angreifen möchtest. Mithilfe der richtigen Grifftechniken kannst du auch einen Torsionseffekt erzeugen, um bei jeder Submission eine Drehbewegung einzubringen.

Dies sind einige mechanische Prinzipien, die als Hauptelemente bei der Ausführung von Jiu-Jitsu-Submissions dienen. Denke jedoch daran, dass verschiedene Submissions auch auf verschiedenen Grundlagen basieren, was bedeutet, dass du all diese Submissions nur überblicken kannst, wenn du sie in ein sinnvolles System einordnest.

Effektive Submission-Techniken im brasilianischen Jiu-Jitsu

Dieser Abschnitt gibt dir auch eine Vorstellung davon, wie du die Submissions anordnen kannst, um sie dir leicht zu merken.

Außerdem erfährst du, wie du mehrere Tap-Techniken anwenden kannst. Um verschiedene Submissions besser zu verstehen, teile sie nach ihren Hauptkategorien ein, wobei jede Kategorie spezifische Unterkategorien in Bezug auf Taktiken und Techniken hat.

Würgegriffe (Chokes)

Würgegriffe oder Chokes sind einfach und leicht verständlich. Bei dieser Technik wird etwas um den Hals des Gegners gewickelt und festgezogen. Es gibt vier Würgetechniken, um Submission im brasilianischen Jiu-Jitsu zu erzielen – drei davon können als Finishing Chokes eingesetzt werden.

- Air Chokes durch Blockieren der Luftröhre
- Chest Compressions durch Verhindern der Brustkorbausdehnung durch Druck
- Blood Chokes durch Zusammendrücken der Halsschlagadern auf beiden Seiten des Halses

Es ist auch möglich, den Neck Crank auszuführen, obwohl diese Bewegung in die Kategorie der Wirbelsäulen-Locks fällt. Bei der Ausführung von Würgegriffen ist es wichtig, darauf zu achten, dass der Hals des Gegners komplett blockiert wird.

Du kannst nicht erwarten, dass ein Würgegriff funktioniert, wenn um den Hals deines Gegners herum noch Platz ist. Indem du alle strukturellen Elemente zusammenfügst, kannst du die Chance auf einen erfolgreichen Würgegriff erhöhen.

Außerdem ist es wichtig, Geduld zu haben, wenn man darauf wartet, dass der Würgegriff greift. Sobald du sicher bist, dass der Würgegriff sitzt, zähle bis 20, passe ihn an, wenn der Gegner immer noch nicht aufgibt, und drücke fester zu oder führe den Würgegriff erneut aus.

Im Folgenden geht es um Submissions, die unter die Kategorie Würgegriffe fallen.

Rear-Naked Choke

Diese wichtige Submission ist ein Muss für Anfänger. Der Rear-Naked Choke wird oft aus der Rückenlage heraus ausgeführt, insbesondere wenn deine Arme den Hals deines Gegners umschließen. Durch eine Armhaltung, ähnlich wie in der Abbildung, kannst du diese Position verstärken.

Halte deine Ellbogen eng am Körper. Drücke dabei zu, um sicherzustellen, dass du eine ausreichende Verengung und Spannung erzielst. Diese Würgetechnik ist in allen Kategorien des brasilianischen Jiu-Jitsus erlaubt und kann mit oder ohne Gi angewendet werden.

Guillotine Choke

Guillotine Choke

Im Gegensatz zum Rear-Naked Choke bezeichnet der Guillotine Choke eine Submission von vorne, häufig aus der Guard-Position oder anderen Positionen. Um diesen Choke perfekt auszuführen, achte darauf, dass der Kopf deines Gegners sich unter deiner Achselhöhle befindet. Setze dann den entscheidenden Griff am Kinn ein.

Der Erfolg des Guillotine Choke hängt maßgeblich von der genauen Variante ab, für die du dich entscheidest. Der Würgegriff kann auch als Luft- oder Blutsperre eingesetzt werden, da bei jeder Variante eine Brustkompression stattfindet.

Der Guillotine Choke führt zu positiven Ergebnissen, unabhängig davon, ob du einen Gi verwendest oder nicht. Du kannst ihn auch aus der Guard-Position, im Stehen, in der Halb-Guard-Position und im Mount anwenden. Es gibt auch mehrere Varianten, darunter der High-Elbow, Power Guillotine, Ten-Finger, Low-Elbow und Arm-in.

Triangle Choke

Triangle Choke

Beim Triangle Choke, einer wichtigen Submission beim Grappling, werden die Beine und der Arm des Gegners benutzt. Diese spezielle Würgegriff-Variante stammt aus dem Judo, ist aber heutzutage eine berühmte Submission im brasilianischen Jiu-Jitsu, da sie unabhängig von der Position und mit oder ohne Gi gute Ergebnisse liefert.

Du kannst die Triangle Choke Submission aus einer Closed Guard heraus einleiten. Es ist jedoch auch möglich, sie aus anderen Positionen heraus einzuleiten, wie z. B. aus einer Open Guard, Back Control, Half Guard, Mount und im Stand.

Grapefruit oder Helio Gracie Choke

Grapefruit- oder Helio-Gracie-Choke

Viele BJJ-Kämpfer lieben diese Submission, da sie eine einfache Methode darstellt, um einen Gegner zu würgen. Es handelt sich um einen traditionellen Choke, den du von oben ausführen kannst, indem du die Knöchel auf beiden Seiten des Halses deines Gegners positionierst.

Balle dabei deine Fäuste. Es ist auch hilfreich, die Ellbogen auf dem Boden abzustützen, um eine optimale Position zu erreichen, in der deine Knöchel direkten Druck auf die Arterie ausüben können. Es handelt sich um eine schnelle Submission, die effektiv und schmerzhaft ist.

Bow and Arrow Choke

Bow and Arrow Choke

Dieser spezielle Choke ähnelt einem Collar Choke, der von der Back Control aus eingeleitet wird. Bei dieser Technik greifst du das Bein und das Revers deines Gegners, während du seine Beinbewegungen kontrollierst.

Der Name dieser Submission leitet sich von der Körperhaltung ab, die die beiden Körper bei der Ausführung des Chokes einnehmen. Du kannst den Bow and Arrow Choke auch aus der Closed Guard, der Side Control und der Turtle heraus einleiten.

Arm and Shoulder Locks

Eine weitere Kategorie von Submission-Techniken im brasilianischen Jiu-Jitsu, mit der du dich vertraut machen solltest, sind Arm- und Shoulder Locks. Die meisten Submissions in dieser Kategorie beinhalten Angriffe auf die Gelenke der Arme, einschließlich der Schultern, Handgelenke und Ellbogen, und es ist die heutzutage am häufigsten verwendete Submission.

Obwohl es für den Armlock verschiedene Unterkategorien gibt, hängt es stark davon ab, ob der Zielarm gebeugt oder gerade ist, neben dem Angriff auf das Gelenk. Das Hauptprinzip, das für alle Armlocks gilt, ist das der Kontrolle von zwei benachbarten Gelenken auf beiden Seiten deines Gegners.

Armbar

Armbar

Beim Armbar werden die Ellenbogengelenke mit dem gestreckten Arm angegriffen. Wenn du das obere oder untere Grappling abgeschlossen hast, drücke mit der Hüfte auf den Ellbogen deines Gegners und zwinge ihn, den Arm in eine unangenehme und ungünstige Richtung zu beugen.

Mit Hüfte und Beinen hast du die volle Kontrolle über die Schultergelenke deines Gegners, und dein Oberkörper und deine Arme wirken sich auch auf seine Handgelenke aus. Diese spezielle Submission wird oft aus der Guard-Position oder dem Mount heraus ausgeführt. Allerdings kann man fast aus jeder Position heraus einen Armbar ansetzen. Diese Submission ist für jeden erlaubt und funktioniert in der Regel gut, egal ob du einen Gi trägst oder nicht.

Straight Armlock

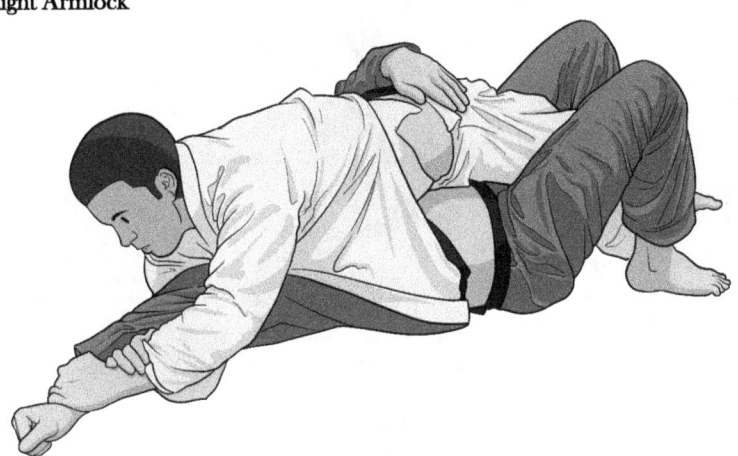

Straight Armlock

Diese spezielle Submission beginnt in der Regel entweder von unten oder von oben. Wenn du sie aus der Guard-Position heraus ausführst, wird sie als Inverted Armlock bezeichnet. Das Ziel besteht darin, mit den Armen Druck auf den Ellbogen auszuüben, anstatt auf die Hüfte. Außerdem sollen die Beine das Schultergelenk des Gegners kontrollieren. Blockiere das Handgelenk mit dem Kopf und klemme den Arm mit der Schulter ein.

Kimura

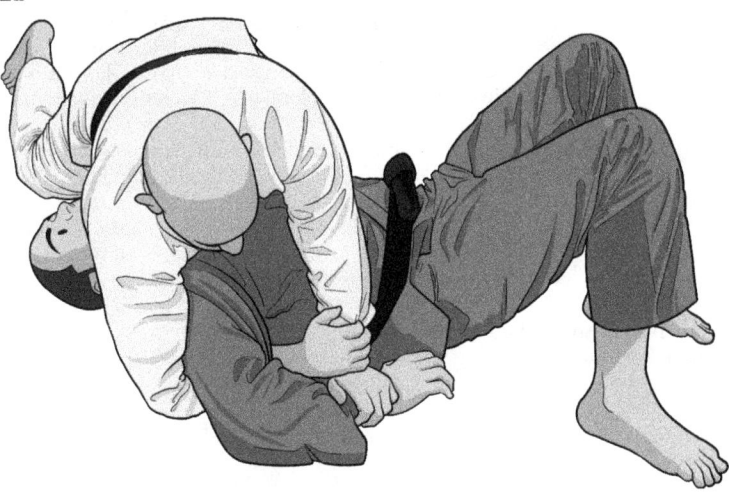

Kimura

Diese Submission fällt in die Kategorie der gebogenen Armlocks, die oft auf die Schultergelenke des Gegners abzielen. Es handelt sich um eine beliebte Form der Jiu-Jitsu-Submission, die von vielen Kämpfern eingesetzt wird. Greife das Handgelenk deines Gegners mit der Figur-4-Griffkonfiguration.

Das bedeutet, dass du den Ellbogen mithilfe von Hebelwirkung und deine Beine zur Kontrolle des Nackens einsetzt. Beim Kimura werden Arme und Rumpf in eine Drehbewegung versetzt, aber der Griff kann gelöst werden, wenn er nicht effektiv ausgeführt wird.

Americana

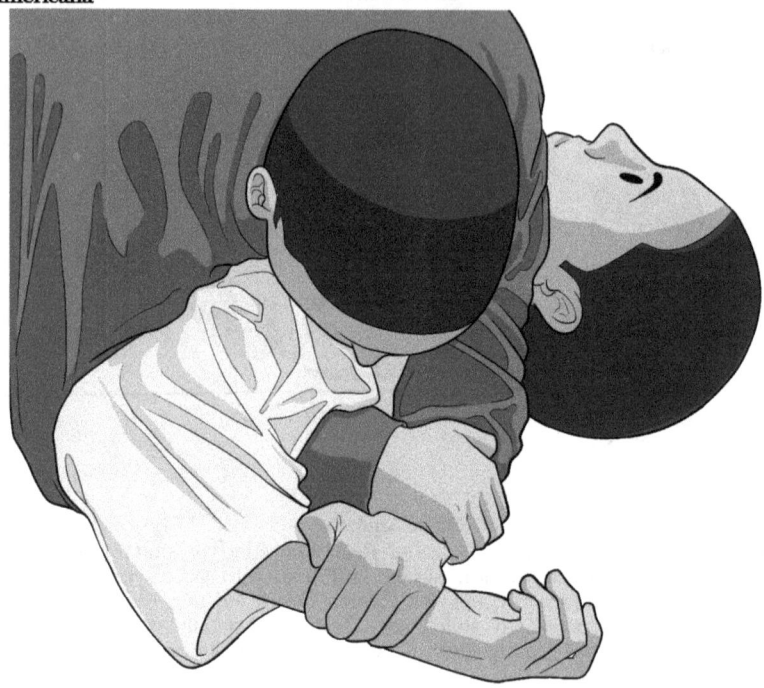

Americana

Die Americana Submission dient als Kimura, während der Arm in die entgegengesetzte Richtung gebeugt ist. Diese Form der Submission ist Kämpfern in Top-Positionen vorbehalten, insbesondere wenn man die Richtung des Arms berücksichtigt. Die Americana Submission ist effektiv, sobald du das Handgelenk deines Gegners im Figure-4-Griff hast.

Achte darauf, deinen Ellbogen zu benutzen, um den Hals deines Gegners zu fixieren, damit du dessen Ellbogen greifen kannst. Ziehe die Handflächen über die Matte in Richtung Hüfte deines Gegners.

Americana ist aus der Mount-, Top Half Guard- und Side Control-Position möglich. Es gibt keine strengen Einschränkungen, wer diese Submission anwenden darf, und Americana kann mit vielen anderen Armlocks kombiniert werden.

Squirrel Lock

Viele halten den Squirrel Lock für die hinterhältigste aller Armlock Submissions im brasilianischen Jiu-Jitsu. Du kannst mit dieser Bewegung einen Tap erzielen, indem du deine Beine einsetzt. Die Bottom Side Control verleiht ihr jedoch einen besonderen Reiz und die gesamte Submission kommt sehr unerwartet.

Die gesamte Ausführung muss erst einmal ausgetüftelt und trainiert werden. Im Grunde führst du jedoch einen Kimura aus, da du deine Beine benutzt, um den äußeren Arm des Gegners zu umschlingen und ihn von unten zu fixieren. Du kannst den gesamten Vorgang auch abschließen, indem du dich auf den Gegner rollst.

Neck Crank

Neck Crank

Der Neck Crank fällt unter die Kategorie der Spinal Locks und ist eine einfache Form der Submission. Bei dieser Technik wird der Nacken deines Gegners in eine bestimmte Richtung gebogen, wodurch Druck auf die Wirbelsäule ausgeübt wird. Diese gefährliche Bewegung kann starke Schmerzen verursachen, daher musst du besonders vorsichtig sein.

Der Neck Crank kann auf verschiedene Arten ausgeführt werden, darunter die folgenden:

- **Can Opener** – Eine Submission-Bewegung, der ein schlechter Ruf vorauseilt. Der Can Opener wird aus der Guard-Position heraus ausgeführt. Dein Ziel ist es, den Kopf deines Gegners mit beiden Händen zu umfassen, ähnlich wie beim Thai Clinch. Beuge den Nacken nach vorne und verstärke den Druck mit den Hüften.
- **Vom Mount aus:** Wenn du den Neck Crank vom Mount aus einleitest, wirst du feststellen, wie einfach und unkompliziert er auszuführen ist. Der Vorgang ist für viele recht intuitiv, da er es dir ermöglicht, einen eher seltenen Naked Choke aus dem Mount heraus auszuführen.
    - Ein Arm wird um den Kopf deines Gegners gelegt und während du den Griff fixierst, liegt deine Handfläche auf der Stirn deines Gegners. Dabei kann es zu unangenehmem Druck kommen, da du deinen Unterarm direkt auf die Wirbelsäule drücken musst.
- **Von hinten** – Du kannst den Neck Crank auch von hinten ausführen. Wenn du von hinten angreifst, gibt es viele Submission-Techniken im brasilianischen Jiu-Jitsu, die du anwenden kannst. Achte darauf, dass der Unterarm über den Kiefer geht, sodass der Kopf des Gegners zur Seite gedreht werden kann. Achte darauf, dass deine Arme in einem Handflächen-zu-Handflächen-Griff fixiert bleiben, um ein Herausziehen zu verhindern.

Hip Lock

Hip Lock

Der Hip Lock ist eine weitere Kategorie von Submission-Techniken im brasilianischen Jiu-Jitsu mit einigen Variationen.

- **Banana Split** – Diese spezielle Hip Lock-Technik kannst du einleiten, wenn du dich in der Turtle-Position befindest. Fange ein Bein deines Gegners mit deinen Beinen und Armen ein, um das andere Bein wegzuspreizen, was zu einem schmerzhaften und unangenehmen Hip Lock führt.
- **Electric Chair** – Diese Form der Submission besteht aus einer Dehnung der Leiste und einem Sweep, die du aus einer Half-Guard- und Lockdown-Position heraus einleiten kannst. Du kannst diese Submission ausführen, wenn du einen Lockdown etablierst. Nutze deine Hände, um deinen Gegner aus dem Gleichgewicht zu bringen, und greife dann sein Bein.
- Beende dies, indem du das Bein auf deiner Schulter hältst. Diese Form der Submission funktioniert nicht immer bei vielseitigen Gegnern, d. h. es besteht auch die Möglichkeit, dass dein Gegner in die Knie geht, während er die Griffe für die Einleitung der Guard-Position beibehält.

Foot Lock

Die Foot Lock Submission gibt es in einer Vielzahl von Variationen. Diejenigen, die du im brasilianischen Jiu-Jitsu verwendest, umfassen immer die folgenden:

Straight Ankle Lock
Diese Submission zielt auf die Gelenke im Knöchel und in der Achillessehne ab. Führe sie aus, indem du das Bein deines Gegners mit deinen beiden Beinen fixierst und mit deinem Arm den Fuß deines Gegners umschlingst.

Überstrecke den Fuß vom Bein weg und nach unten; dies ist möglich, wenn du den Rücken beugst. Diese vielseitige Submission ist aus zahlreichen Positionen möglich, wie z. B. aus der Guard-Position, der Back Control und dem Leg Drag Pass.

Kneebar
Die Kneebar-Submission ist besonders effektiv, wenn sie in einer bestimmten Position ausgeführt wird. Dein Ziel beim Kneebar ist es, dich auf die Hüfte deines Gegners zu setzen und seine Beine zu umfassen, bevor du auf die Seite fällst.

Diese Position bietet ausreichend Spielraum, um deine Beine zu einem Dreieck zu verschränken und dich darauf zu konzentrieren, das Bein in einen Figure-4-Griff zu bekommen. Bei korrekter Ausführung ist es möglich, das Knie deines Gegners zu brechen. Dafür streckst du deine Hüfte und drehst deine Schultern zur Decke. Beachte, dass nur Kämpfer mit Schwarz- und Braungurt die Kneebar ausführen dürfen.

Kapitel 9: Kombiniere das Gelernte: Fortgeschrittene Techniken

Nachdem du die grundlegenden Techniken für Anfänger im brasilianischen Jiu-Jitsu erlernt hast, ist es an der Zeit, zu weiter fortgeschrittenen Techniken überzugehen. Wenn du die grundlegenden Techniken des brasilianischen Jiu-Jitsus beherrschst und sie in einem Kampf gekonnt einsetzen kannst, ist es an der Zeit, über Kombinationen nachzudenken.

Ein direkter Angriff reicht möglicherweise nicht aus, insbesondere wenn es sich um einen erfahrenen Gegner handelt. Erfahrene und geschickte Gegner werden deine Absichten sofort erkennen, noch bevor du die Chance hast, eine Bewegung auszuführen und dich zu verteidigen.

Fortgeschrittene und erfahrene Kämpfer müssen Angriffe mit verschiedenen taktischen und technischen Kombinationen ausführen. Das in einem früheren Kapitel behandelte Prinzip von Aktion und Reaktion ist für den Erfolg von Angriffskombinationen von entscheidender Bedeutung. Wenn du versuchst, deinen primären oder ersten Angriff auszuführen, wird dein Gegner eine Verteidigung aufbauen, wodurch er deinem zweiten Angriff ausgesetzt ist.

Die Bedeutung des Erlernens von Kombinationen

Das ultimative Geheimnis, um ein vielseitiger Kämpfer im brasilianischen Jiu-Jitsu und allen Kampfkünsten zu werden, ist das Erlernen von Kombinationen. Dein Wissen über Schlag- und Wurfkombinationen kann einen Anfänger von einem erfahrenen und versierten Kämpfer im brasilianischen Jiu-Jitsu unterscheiden.

Kampfkunst-Neulinge, insbesondere im brasilianischen Jiu-Jitsu, müssen erst noch lernen, wie man Würfe mit einer gewissen Struktur und Geschmeidigkeit kombiniert. Alle Taktiken und Bewegungen sind noch neu, sodass es für sie schwierig ist, mehrere Taktiken zu kombinieren, während sie die Grundlagen erlernen und verstehen. Sobald du jedoch mehr Erfahrung gesammelt hast, bist du bereit für ein fortgeschritteneres Niveau, auf dem diese Kombinationen gelehrt werden.

Die Fähigkeit, Kombinationen auszuführen, ist sowohl bei Wettkämpfen als auch beim Training im brasilianischen Jiu-Jitsu von entscheidender Bedeutung. Wenn du keine Kombinationen ausführen kannst, wird es für dich schwierig sein, einen erfahrenen Gegner zu besiegen, da sich erfahrene Kämpfer gegen einen einzelnen Schlag oder Takedown, den du ausführst, verteidigen werden.

Wenn du Täuschungen, Tricks und Konter in deine Angriffe, Schläge oder Würfe integrierst, kann dies die Intensität eines Kampfes verändern. Egal wie erfahren und defensiv ein Kämpfer ist, er wird von einer Kombination aus verschiedenen Takedowns und Schlägen überwältigt sein. Der Versuch, eine Verteidigung für einen Angriff aufzubauen, kann zu einem Gegenangriff führen.

Wenn du nur gelernt hast, einzelne Jabs auszuteilen, ist es unmöglich, den Kopf eines erfahrenen Strikers zu treffen. Deine Bewegungen werden für deinen Gegner vorhersehbar sein.

Ein einzelner Angriff, der allein ausgeführt wird, ist nutzlos, wenn er gegen einen erfahrenen Gegner eingesetzt wird, und funktioniert nur, wenn man gegen einen ungeübten und unerfahrenen Gegner kämpft.

Kombinationen im brasilianischen Jiu-Jitsu

Wie du bereits festgestellt hast, ist das brasilianische Jiu-Jitsu eine Bodenkampfkunst. Diese Kampfkunst zielt darauf ab, deinen Gegner zu Boden zu bringen und ihn zur Aufgabe zu zwingen. Diese Technik wird Teil deines Repertoires, wenn der Kampf auf dem Boden stattfindet.

Ähnlich wie beim Judo konzentriert sich auch das brasilianische Jiu-Jitsu auf die Gewichtsverteilung zwischen dir und deinem Gegner. Jedes Mal, wenn dein Gegner seinen

Arm oder sein Bein falsch positioniert, kannst du ihn angreifen und die falsche Position deines Gegners nutzen, um ihn mit dem Rücken auf die Matte zu zwingen.

Im brasilianischen Jiu-Jitsu werden Kombinationen ähnlich wie im Judo eingesetzt. Du kannst beispielsweise mehrere Angriffe aneinanderreihen, um deinen Gegner oder Kontrahenten aus der Guard-Position zu holen und die vollständige Kontrolle zu übernehmen.

Einige erfahrene Kämpfer im brasilianischen Jiu-Jitsu können von einem Armbar zu einem Rear-Naked Choke wechseln oder umgekehrt, wodurch sichergestellt wird, dass ihre Gegner nicht vorhersehen können, welcher Angriff als Nächstes kommt.

Wenn du viele Angriffe miteinander kombinierst, wird es deinem Gegner schwerfallen, darauf zu reagieren und sich zu verteidigen, und es wird für ihn schwierig sein, eine Verteidigung aufzubauen, die zu einer Submission führt.

Welche Kombinationen kannst du also verwenden, um ein vielseitigerer und erfahrener Kämpfer im brasilianischen Jiu-Jitsu zu werden? Diese Kombinationen gehören zu den besten Optionen:

Verbundene Kombinationen

Diese spezielle Kombination kann mehrere verschiedene Angriffe und Übergänge beinhalten und sich mit verschiedenen Escapes und Verteidigungen bei Submission befassen. Beginne diese Kombination in der Position Knie auf dem Bauch und erzeuge dann einen starken und stabilen Spinning Armbar.

Umfasse den Arm deines Gegners fest und achte darauf, dass du ihn nah am Körper hältst. Setze deinen Fuß nah an der Schulter deines Gegners auf. Möglicherweise versucht dein Gegner, sich während des Übergangs in eine bessere Position zu bringen. Daher ist es wichtig, dass du nicht lockerlässt.

Drehe deinen Körper, um dich für deinen nächsten Angriff, den Kimura, den du von unten beginnst, richtig zu positionieren. Verwende diese Technik, um deinen Gegner umzudrehen, sodass er sich in einer Armbar-Position befindet.

Während du den Arm streckst, kann dein Gegner seinen Daumen nach oben strecken, um sich so aus der Armbar zu befreien. Im Grunde genommen läuft er im Kreis, während er versucht, erfolgreich zu entkommen. Lass deinen Gegner weitermachen, während du zur Omoplata übergehst, indem du deinen Winkel änderst und dein Bein durchstreckst.

Dein Gegner könnte sich möglicherweise aufrichten und sich auf die Omoplata vorbereiten, weshalb du dann zum Triangle wechseln solltest. Das Ziel dieser Technik ist es, dass du, sobald du das Gefühl hast, deine angegriffene Submission zu verlieren, zu einer neuen Submission wechseln solltest.

Um sicherzustellen, dass du mit dieser Kombination hervorragende Ergebnisse erzielst, solltest du ein Gefühl dafür bekommen, wie dein Gegner deiner Submission entkommt. Gib ihm eine kleine Chance zu entkommen, um dir eine Gelegenheit für einen weiteren Angriff zu verschaffen. So lernst du, was funktioniert und was nicht.

Kombination, sodass dein Unterkörper in Bewegung bleibt

Diese kurze Kombination ist für die Flow Drill konzipiert, kann aber sehr vielversprechende Ergebnisse liefern. Es ist eine großartige Kombination, wenn dein Gegner beim Rollen mehr Arbeit leistet als du. Beginne mit der Vorbereitung für die Ausführung des umgekehrten Heel Hooks. Sobald du beginnst, die Ferse deines Gegners zu verdrehen, halte den Griff, während er versucht, sich zu befreien.

An diesem Punkt könntest du geneigt sein, deinem Gegner zu folgen, was keine schlechte Taktik ist, wenn du dir hundertprozentig sicher bist, dass du den ersten Angriff beenden kannst. Wenn er jedoch auch nur einen halben Schritt voraus ist, wäre es am besten, ihn entkommen zu lassen, während du deine nächste Bewegung bestimmst.

Widerstehe dem Drang, die Position deiner Hüfte zu verändern, während dein Gegner um dich herumkreist, es sei denn, du führst den Kneebar-Finish aus. Wenn du den Kneebar bereits ausgeführt hast, lass deinen Partner über den Kneebar hinaus weiterkreisen oder sich weiterdrehen. Dies dient als Ausgangspunkt für den einfachen Wechsel in die 50/50-Position, mit der du den Kampf mit einem Heel Hook beenden kannst.

Guard-Passing und Submission-Angriffs-Kombination

Diese spezielle Taktik bietet dir die Möglichkeit, einen Guard-Pass oder positionsbedingten Vorstoß mit einer Submission zu kombinieren. Das Tolle an dieser Combo ist, dass sie das Niveau deiner Kampffähigkeiten auf ein völlig neues Level hebt, da es schwierig ist, einen Submission-Angriff und einen Guard-Pass gleichzeitig abzuwehren.

Es kann sogar sein, dass es deinem Gegner schwerfällt, sich zu verteidigen, wenn du diese Bewegungen nacheinander ausführst. Sobald er den ersten Angriff abgewehrt hat, gehst du bereits zum nächsten Angriff über, sodass es für ihn schwierig ist, mitzuhalten.

Für diese spezielle Technik beginnst du mit einem Knee-Cut Guard Pass. Der Schlüssel zum schnellen Beenden des Passes ist die häufige Verwendung des Unders Hook. Wenn dein Gegner jedoch während des Unders Hook-Kampfes immer noch triumphiert, kannst du einen Schritt zurücktreten und eine solide Kneebar-Attacke ausführen.

Warte, bis dein Gegner seine Beine zu einem Triangle Choke bringt, um sich gegen die Kneebar zu verteidigen, und führe dann einen Slide aus, um den Kampf mit einer Straight Ankle Lock Submission zu beenden.

Guard zu Triangle Choke

Guard-Position zum Triangle Choke

Wenn du nach einer angesagten Technik suchst, ist der Triangle Choke aus jeder Form der Guard-Position die beste Bewegung. Der Triangle Choke ist im brasilianischen Jiu-Jitsu extrem beliebt, da ihn jeder Kämpfer zu verwenden scheint, vom Weiß- bis zum Schwarzgurt. Der Triangle Choke ist eine unverzichtbare Technik im MMA und anderen globalen Wettbewerben für Gi und No-Gi.

Um diese Kombination auszuführen, greife deinen Gegner mit beiden Beinen und von unten an. Diese spezielle Technik ist besonders effektiv, wenn dein Gegner größer ist als du. In diesem Fall kann es schwierig sein, die Positionen umzudrehen und dich selbst in die obere Position zu bringen.

Beginne mit einer beliebigen Guard-Position und bereite den Triangle Choke entsprechend vor. Stelle jedoch sicher, dass du mit den Mechanismen der von dir gewählten Guard-Position vertraut bist. Du musst verschiedene Möglichkeiten studieren, um die Guard-Position perfekt zu beherrschen.

Achte auch darauf, den Triangle Choke nicht für einen Angriff zu verwenden, wenn dein Gegner bereits eine gute Position und Haltung eingenommen hat. Deine Gewinnchancen sinken, da eine hervorragende Haltung die zuverlässigste Position für die Verteidigung mit dem Triangle Choke ist.

Hol das Beste aus den Kombinationen heraus

Experten und Koryphäen des brasilianischen Jiu-Jitsus sind sich einig, dass Teilnehmer nur durch die Verwendung von Sequenzen und Kombinationen exponentiell wachsen können. Sobald du dich auf mittlerem Niveau bewegst und die Grundlagen erlernst, suche nach Sequenzen oder Taktiken, die du sicher und bequem ausführen kannst. Übe sie regelmäßig mit deinem Trainingspartner.

Es ist auch wichtig, dynamische Partner zu finden, insbesondere solche, die deine Versuche zur Submission nicht abwehren, sondern sich ausreichend bewegen, um dich herauszufordern, deine Kombinationen zu meistern. Dies hat den Vorteil, dass du ein neues Level der Leistungssteigerung erreichst.

Du musst die von dir erstellten Abläufe und Kombinationen an die Anstrengungen und Bewegungen deines Trainingspartners anpassen. Du wirst gezwungen sein zu verstehen, wann und wie du bei Bedarf andere Taktiken einsetzt. Dies ist der Schlüssel zur Stärkung und Festigung deiner bereits zunehmenden Fähigkeiten im brasilianischen Jiu-Jitsu.

Kapitel 10: Gewichtsdruck und Energiekontrolle

Druck ist ein weiterer wichtiger Aspekt und ein Konzept, das man im brasilianischen Jiu-Jitsu beherrschen muss. Schon in den ersten Phasen deines Anfängertrainings im brasilianischen Jiu-Jitsu wirst du feststellen, dass Druck deine Grappling-Fähigkeiten erheblich verbessern kann.

Durch das Ausüben von Druck in einer Trainingseinheit oder einem Kampf kannst du die andere Person über einen längeren Zeitraum am Boden halten, was zu einer Submission führt. Druck muss auch immer dann ausgeübt werden, wenn du die Guard-Position überwinden oder bestimmte Bewegungen und Positionen ausführen willst. Druck ist auch erforderlich, um die Effektivität deiner Submissions von oben zu verbessern.

Arten von Druck im brasilianischen Jiu-Jitsu

Im brasilianischen Jiu-Jitsu bedeutet der Begriff Druck mehr als nur das Konzept des Gewichts oder wie schwer ein Gegner ist. In den meisten Fällen geht es um kontrollierte Griffe und die spezifische Art und Weise, wie du diese Griffe halten kannst.

Druck ermöglicht es dir auch, die Kontrolle zu behalten, wenn du wichtige Positionen ausführst, einschließlich Mount, Back Mount und Side Control. Dieser Druck tritt in drei Formen auf.

Gewichtsverteilung

Ein Bereich, auf den du dich beim brasilianischen Jiu-Jitsu konzentrieren musst, ist die Gewichtsverteilung, ein wesentliches Element oder Konzept des brasilianischen Jiu-Jitsus, das auch als Druck bezeichnet wird. Im Gegensatz zu Geschwindigkeit und Kraft, die mit zunehmendem Alter nachlassen, lassen deine Fähigkeiten, dein Gewicht zu deinem Vorteil zu nutzen, nicht nach.

Hierbei geht es darum, dass du dein Gewicht richtig einsetzen musst, um weniger Energie zu verbrauchen, während dein Gegner Gefahr läuft, sich mehr zu verausgaben. Der richtige Einsatz deines Gewichts führt dazu, dass ein Gegner mit niedrigerem Gürtel schneller ermüdet. Wenn du andererseits gegen einen Kämpfer mit höherem Gürtel kämpfst, kannst du dein Gewicht einsetzen, um ihn zu behindern.

Beachte, dass du bei Kämpfen gegen Kämpfer mit höherem Gürtel mehr Zeit benötigst, um zu lernen, wie du dein Gewicht am besten einsetzen kannst, aber mit ständigem Üben wirst du es schließlich verstehen.

Zum Beispiel: Wenn du die obere Position einnimmst, eliminiere schnell die Kontaktpunkte, die dein Gegner mit dem Boden hat. Zu diesen Kontaktpunkten gehören die Schultern, der Hinterkopf deines Gegners und die Ellbogen.

Dies kann deinen Gegner dazu zwingen, dein Gewicht auf dem weichen Mittelteil zu tragen, und der auf diesen Bereich ausgeübte Druck kann seine Atmung stark beeinträchtigen. Beachte außerdem Folgendes, um sicherzustellen, dass du die Gewichtsverteilung zu deinem Vorteil nutzt:

- **Gewicht oben** - Back Mount, Side Control, Guard-Passing, Mount
- **Gewicht unten** - Closed Guard. Es wird dringend empfohlen, das Gewicht beider Beine konsequent auf dem Rücken deines Gegners zu verlagern und dabei sicherzustellen, dass der Winkel stimmt.
- **Winkel anpassen** - Ein richtiger Winkel zu deinem Gegner sorgt dafür, dass du für ihn schwerer wirkst, weil er sich unwohl fühlt.
- **Gewicht verlagern** - Hüften heben, Hüften senken, rotieren

Ein Zeichen dafür, dass du dein Gewicht richtig verteilst, ist, wenn du nur minimalen Halt und Druck ausübst, d. h. du verbrauchst nur minimale Energie, während dein Gegner einen höheren Energieaufwand hat.

Eine weitere Möglichkeit, dein Gewicht besser einzusetzen, besteht darin, deine Bewegungen zu verringern und stattdessen die Schwerkraft zu nutzen. Dein Gegner wird sich fühlen, als läge er unter einer schweren nassen Decke oder als würde er in Zement versinken.

Es ist wichtig, sich bei der Verteidigung des Gewichts auf die Atmung zu konzentrieren. Darüber hinaus solltest du dich auf eine optimale Körperhaltung konzentrieren, indem du darauf achtest, dass deine Knie unterhalb deiner Taille bleiben. So verhinderst du, dass dein Gewicht eine Rippe zerquetscht oder dein Bein nach innen rotiert und die Kniebänder beschädigt werden.

Pain Compliance Pressure

Pain Compliance Pressure wird oft beim Catch Wrestling eingesetzt, aber auch beim Jiu-Jitsu und beim Grappling. Er wird als Mittel eingesetzt, um schnelle Stellungswechsel und Reaktionen zu erzwingen und so eine Submission zu erreichen.

Das Tolle am Pain Compliance Pressure ist, dass er bei deinen Gegnern deutliche und schnelle Reaktionen hervorrufen kann. Dein Gegner wird in Panik geraten, springen oder sogar zusammenzucken, und das sind die Reaktionen, die du dir von diesem Druck erhoffst.

Allerdings ist der Pain Compliance Pressure nicht wirksam, wenn er gegen einen Gegner mit einem höheren Gürtel oder Rang angewendet wird, da die meisten hochrangigen und fortgeschrittenen Kämpfer bereits gelernt haben, sich in unangenehmen Situationen sicher zu fühlen.

Dennoch kannst du den Pain Compliance Pressure bei den folgenden Techniken mit dem richtigen Gegner anwenden.

- **Sawing** - Bei dieser Technik wird der Ellenbogen verwendet, um Druck auf die Druckpunkte deines Gegners auszuüben. Dies kann der vordere Deltamuskel oder der Kiefer sein.
- **Schulterdruck** - Wende den Schulterdruck an, beginnend mit der Side Control, und quetsche den Kiefer deines Gegners oder führe einen Würgegriff aus, was zu einer schnellen Reaktion deines Gegners führt.
- **Muffler** - Bei dieser Technik werden die Atemwege eingeschränkt. Diese Technik fällt unter die Kategorie Pain Compliance Pressure, da sie eine Schmerzreaktion beim Gegner auslösen kann.
- **Knie auf Bauch oder Hals** - Diese Technik gehört ebenfalls zum Druck durch Gewichtsverlagerung. Das Knie übt Druck auf den Hals oder den Bauch des Gegners aus und löst so heftige Reaktionen aus.

Bevor du Pain Compliance Pressure anwendest, solltest du daran denken, dass du nicht erwarten kannst, dass die Technik bei fortgeschrittenen Kämpfern im brasilianischen Jiu-Jitsu funktioniert. Deshalb musst du dich auf diese Drucktaktiken vorbereiten, bevor du sie anwendest. Durch regelmäßiges Üben wirst du die Anwendung von Pain Compliance Pressure-Taktiken für Kämpfe, Turniere und Selbstverteidigung effektiv beherrschen.

Panic Pressure

Die letzte Art von Druck, die du im brasilianischen Jiu-Jitsu anwenden kannst, ist Panic Pressure. Du wirst diese Art von Druck höchstwahrscheinlich verspüren, wenn du dich in den frühen Phasen deines Trainings befindest. Deine Panik kann auf die Sorge zurückzuführen sein, dass du ständig in schlechten Positionen landest, wodurch du nicht richtig atmest oder klar denkst. Schlimmer noch, du wirst immer denken, dass du Gefahr läufst, dich deinem Gegner zu unterwerfen.

Nach viel Übung und mehr Wissen und Fähigkeiten wird jedoch alles weniger stressig. Du wirst lernen, das panische Gefühl zu nutzen, um mit deinem Gegner umzugehen.

Sobald du ein höheres Level erreichst, kannst du bei einem Kämpfer mit niedrigerem Gürtel Panik auslösen, indem du Panic Pressure anwendest, wenn du dich in einer dominanten Position befindest. Dein Ziel ist es, deinen Gegner so zu kontrollieren, dass er das Gefühl hat, es gäbe kein Entkommen.

Du kannst diese Taktik mit Position Control beginnen - indem du die Position kontrollierst und dominierst und so jede mögliche Fluchtmöglichkeit verhinderst. Wenn deine beabsichtigten Submissions noch nicht verfügbar sind und dein Gegner noch voller

Energie und Vitalität ist, stoppe seine Fluchtmöglichkeiten, indem du dich mehr darauf konzentrierst, seine Bewegungen zu kontern. Das wird ihn so frustrieren, dass er in Panik gerät.

Wenn du vermutest, dass dein Gegner an diesem Punkt ist, versuche es mit einigen Untergriffen. Kontrolliere die Position und schränke die Bewegungsfreiheit deines Gegners ein, indem du sein Bein, seinen Hals oder seinen Arm fixierst, um eine Panik- oder Frustrationsreaktion hervorzurufen. Dein Gegner wird das Gefühl haben, in die Ecke gedrängt zu werden und keine andere Wahl zu haben, als sich zu ergeben.

Energiemanagement und seine Bedeutung im brasilianischen Jiu-Jitsu

Unter den vielen grundlegenden Prinzipien des brasilianischen Jiu-Jitsus nimmt das Energiemanagement einen wichtigen Stellenwert ein. Viele Kämpfer übersehen das Energiemanagement und erkennen nicht, wie wichtig es für den Sieg in einem Kampf ist. Stell dir vor, was mit dir während eines Kampfes passiert, wenn du zuerst erschöpft bist. Du wirst wahrscheinlich verlieren, weil du nicht mehr die Energie hast, weiterzukämpfen.

Du musst lernen, deine Energie richtig zu verwalten, denn beim brasilianischen Jiu-Jitsu ist eine hohe Ausdauer entscheidend und gibt dir ein überlegenes Maß an Kontrolle im Kampf. Dein Ziel ist es, im Kampf nie die Kraft zu verlieren. Mit einem hervorragenden Energiemanagement wirst du dich durchsetzen und deinen Gegner überdauern.

Ein gesunder Lebensstil und ein tägliches Trainingsprogramm sorgen dafür, dass du deine Energie auch bei hoher Belastung richtig einteilst. Dein Ziel ist es, in Topform und körperlich fit zu sein, um einen schnellen Energieverlust zu vermeiden.

Wie kannst du während deiner Kämpfe ein Maximum an Energie aufrechterhalten?

Hier sind einige Möglichkeiten, wie du sicherstellen kannst, dass dein Energielevel während deiner Kämpfe auf konstant hohem Niveau bleibt und deine Erfolgschancen steigen.

Richtig atmen

Beim brasilianischen Jiu-Jitsu geht es bei der richtigen Atmung darum, die Luft durch die Nase oder den Mund herauszudrücken, anstatt sie einzusaugen. Beachte, dass das Einatmen nach einer vollständigen Ausatmung ganz natürlich erfolgt, sodass es nicht notwendig ist, die Luft erneut einzusaugen.

Ein weiterer Tipp für die richtige Atmung ist, bei jedem Ausatmen Geräusche zu erzeugen. Auf diese Weise hörst du, wie du ausatmest, bis du dich schließlich daran gewöhnst.

Das Ziel dieser Übung ist es, dass du deine Atmung während des gesamten Kampfes überwachst. Atme durch die Nase ein und nutze dein Zwerchfell zum Atmen, anstatt den oberen Teil deiner Lunge.

Entwickle die richtige Einstellung

Wenn du die richtige Atmung beherrschst und deinen Atem effektiv kontrollieren kannst, wirst du feststellen, dass du auch deine Gedanken leicht kontrollieren kannst. Bei einem Kampf trägt deine Einstellung auch zu deinem Energieniveau bei. Das Ziel ist es, auch unter Druck ruhig zu bleiben, da du sonst Gefahr läufst, deine Energie zu schnell zu verlieren.

Eine Möglichkeit, während eines Kampfes ruhig zu bleiben, besteht darin, sich auf die Atemmuster zu konzentrieren, z. B. über einen längeren Zeitraum mehr auszuatmen. Lerne auch, deine Emotionen wie Aufregung, Angst und Furcht zu kontrollieren. Unabhängig von deinem Niveau im brasilianischen Jiu-Jitsu besteht jedoch immer noch das Risiko, dass du mindestens eine der oben genannten Emotionen verspürst.

Wenn du deine Emotionen nicht kontrollieren und zu deinem besten Vorteil nutzen kannst, läufst du Gefahr, deine Position zu verlieren, nicht klar über deine nächste Bewegung nachzudenken und in die Submission zu fallen. Denke daran, dass diese Emotionen in deinem Kopf entstehen, weshalb du während deiner Kämpfe die richtige

Einstellung entwickeln musst.

    Wenn du dich in einem Kampf im Hier und Jetzt befindest, stellst du sicher, dass dein Geist auf dein Ziel fokussiert bleibt und du klügere Entscheidungen treffen kannst. Außerdem hilft es dir, deine Emotionen zu kontrollieren, und verhindert, dass du an Energie verlierst, was dazu führen kann, dass selbst ein kleiner Fehler deine Kampferfolge gefährdet.

Kapitel 11: Brasilianisches Jiu-Jitsu und japanisches Jiu-Jitsu im Vergleich

Ein weit verbreitetes Missverständnis in Bezug auf Jiu-Jitsu ist, dass die brasilianische und die japanische Variante gleich sind; das kann leicht zu Verwirrung führen. Es gibt zwar Ähnlichkeiten in der Geschichte, Herkunft und den Techniken, aber auch einige Unterschiede.

In diesem Kapitel werden die Gemeinsamkeiten und Unterschiede zwischen dem brasilianischen und dem japanischen Jiu-Jitsu erläutert, damit du die Gründe für die einzelnen Missverständnisse kennenlernst. Wenn du die jeweiligen Fakten kennst, kannst du auch besser entscheiden, welche Art von Jiu-Jitsu am besten zu dir passt.

Die Gemeinsamkeiten

Die erste Gemeinsamkeit zwischen japanischem und brasilianischem Jiu-Jitsu ist, dass beide Disziplinen eng mit Judo verwandt sind. Wenn du mit Kodokan-Judo vertraut bist, wirst du feststellen, dass es sich um eine modifizierte Variante des traditionellen japanischen Jiu-Jitsus handelt.

Die Entstehung des brasilianischen Jiu-Jitsus ist auf den Wissensschatz des Kodokan-Judo zurückzuführen, sodass man davon ausgehen kann, dass japanisches Jiu-Jitsu und brasilianisches Jiu-Jitsu in einer indirekten Beziehung zueinanderstehen.

Abgesehen von ihrer indirekten Beziehung, was den Ursprung betrifft, gibt es Ähnlichkeiten bei einigen Techniken, nämlich Pins, Leg Locks, Armlocks, Chokeholds und Manöver an den Gelenken.

Eine weitere Gemeinsamkeit besteht darin, dass beide Kampfsportarten für Teilnehmer unabhängig von ihrer Größe und körperlichen Statur konzipiert sind. Beide sind so ausgelegt, dass kleinere Teilnehmer gegen stärkere und größere Gegner antreten können. Die Fähigkeiten und Kenntnisse, die man im Rahmen beider Kampfsportarten erwerben kann, sind nützlich für Selbstverteidigung, Kampf und Wettkämpfe.

Die Unterschiede

Das brasilianische Jiu-Jitsu und das japanische Jiu-Jitsu unterscheiden sich in vielen wichtigen Bereichen.

Die Geschichte

Ein wichtiger Bereich, in dem sich die beiden stark unterscheiden, ist ihre Geschichte. Das japanische Jiu-Jitsu kam zuerst und gilt sogar als die älteste Form der Kampfkunst mit Wurzeln, die von 780 n. Chr. bis 1200 n. Chr. zurückreichen. Im frühen 14. Jahrhundert nutzten viele das japanische Jiu-Jitsu, um sich auf dem Schlachtfeld vor schwer gepanzerten und bewaffneten Gegnern zu schützen.

Während der Edo-Zeit im 17. Jahrhundert in Japan wurden Jiu-Jitsu und andere Formen des Nahkampfs populär. In dieser Zeit wurden auch Grappling-Künste unter dem Begriff Jiu-Jitsu zusammengefasst.

Im späteren 19. Jahrhundert nahm Jigoro Kano, ein Anhänger des Jiu-Jitsus, einige Änderungen an der Kunst vor und konzentrierte sich mehr auf Submissions. Er nannte diese neue Kunst Kodokan Judo und begann, sie im Kodokan-Institut in Tokio zu unterrichten. Dies führte zur Geburt des modernen Judo oder des japanischen Jiu-Jitsus.

Die Geschichte des brasilianischen Jiu-Jitsus ist eine ganz andere. Wie in einem früheren Kapitel besprochen, begann die Geschichte des brasilianischen Jiu-Jitsus nach der Entstehung des Judo, insbesondere als Judo-Experten begannen, um die Welt zu reisen. Einige von ihnen fanden sich in Brasilien wieder, wo sie die Kunst vorstellten - einer von ihnen war Mitsuyo Maeda, ein Judo-Experte, Meister und Preiskämpfer. Maeda reiste in den Zwanziger- und Dreißigerjahren durch Brasilien und forderte viele Kämpfer anderer Kampfkünste heraus. Schließlich kreuzten sich die Wege von Maeda und Carlos Gracie, was zur Geburt des brasilianischen Jiu-Jitsus führte.

Die Regeln

Das brasilianische Jiu-Jitsu und das japanische Jiu-Jitsu unterscheiden sich erheblich in ihren Regeln. Das japanische Jiu-Jitsu ist weniger streng und hat nicht die starke sportliche Komponente, die das brasilianische Jiu-Jitsu hat, wie die weltweit ausgetragenen Wettkämpfe zeigen.

Was die eigentlichen Regeln betrifft, beginnen Wettkämpfe im brasilianischen Jiu-Jitsu im Stehen. Die Kämpfer versuchen, sich gegenseitig zu Boden zu bringen oder direkt in die Guard-Position zu gelangen, die auch als Pulling Guard bezeichnet wird. Wenn der Kampf zu Boden geht, versuchen sie, ihren Gegner durch Grappling zur Aufgabe zu zwingen oder in eine dominantere Position zu gelangen, um mehr Punkte zu erhalten.

Der Kämpfer, dem es gelingt, seinen Gegner zur Submission zu zwingen, geht sofort als Sieger hervor. Bei einer erfolglosen Submission entscheiden die von jedem Kämpfer erzielten Punkte über den Sieger des Kampfes.

- 2 Punkte für Takedowns
- 3 Punkte für einen Guard-Pass
- 2 Punkte für die Knie-auf-Bauch-Position
- 4 Punkte für Mount
- 4 Punkte für Back Control
- 2 Punkte für Sweeps

Mehrere Organisationen für brasilianisches Jiu-Jitsu veranstalten jedes Jahr Wettkämpfe für diese Kampfkunst, und jede Organisation hat möglicherweise ihre eigenen Regeln, aber es ist sehr wahrscheinlich, dass die Regeln größtenteils ähnlich sind.

Traditionelles japanisches Jiu-Jitsu hat kein derart solides und starkes Umfeld für Sportwettkämpfe wie das brasilianische Jiu-Jitsu. Dennoch gibt es moderne Ableger davon, darunter die JJIF (Jiu-Jitsu International Federation). Die von der JJIF veranstalteten Wettkämpfe umfassen drei Disziplinen: Duo, Fighting und Ne-Waza.

- **Duo** - Zwei Kämpfer müssen Selbstverteidigungstaktiken anwenden, die zufällig auf den Anweisungen des Schiedsrichters basieren. Zu den Beurteilungskriterien gehören unter anderem Kontrolle, Realitätsnähe und Kraft.
- **Fighting** - Dies ist ein dreiteiliger Wettbewerb, bei dem in der Anfangsphase des Kampfes Schläge eingesetzt werden. Sobald ein Kämpfer den anderen festhält, dürfen keine Schläge mehr eingesetzt werden. Ab diesem Zeitpunkt ist das Ziel der Kämpfer, sich gegenseitig zu Boden zu bringen.
- Wenn der Kampf zu Boden geht, versuchen die Teilnehmer, einander durch Würgen oder Grifftechniken zur Aufgabe zu zwingen. Dieser Wettkampf wird nach einem Punktesystem bewertet, bei dem die Teilnehmer während des gesamten Kampfes Punkte für ihre Techniken erhalten.
- **Ne-Waza** - Die letzte Variante ist dem Kampf oder Wettbewerb im brasilianischen Jiu-Jitsu sehr ähnlich. Dabei treten zwei Kämpfer zunächst im Stehen gegeneinander an, wobei Schläge nicht erlaubt sind.

Das Ziel der Teilnehmer besteht darin, ihren Gegner zu Boden zu bringen und ihn durch Würgen oder den Einsatz von Hebelgriffen zur Aufgabe zu zwingen. Die Teilnehmer erhalten auch Punkte für dominante Positionen, Würfe und Takedowns.

Stufen und Gürtel

Das brasilianische Jiu-Jitsu und das japanische Jiu-Jitsu unterscheiden sich auch in den Gürteln und darin, wie man in den Leistungsstufen aufsteigt. Das brasilianische Jiu-Jitsu verwendet ein Gurtsystem, das aus acht Gürteln besteht.

- Weiß für diejenigen, die noch die Grundlagen erlernen
- Blau für technische Fertigkeiten
- Lila für Spieldynamik, Experimentierfreude und Submissions
- Braun für konzeptionelles Denken, Schwächen ausgleichen und Fallen stellen

- Schwarz für Reflexion, Lehren und Neuanfang
- Rot und Schwarz für den schwarzen Gürtel siebten Grades
- Rot und Weiß für den schwarzen Gürtel achten Grades
- Rot für den schwarzen Gürtel neunten und zehnten Grades

Jeder Gürtel unterhalb des schwarzen Gürtels hat vier Streifen, die das jeweilige Können innerhalb eines bestimmten Gürtels anzeigen. Der Ausbilder ist befugt, Streifen und Gürtelbeförderungen zu gewähren. Beachte auch, dass jede Schule ihre eigenen Regeln und Richtlinien für die Leistung von Schülern des brasilianischen Jiu-Jitsus hat.

Einige Schulen verwenden ein Graduierungssystem für die Vergabe von Streifen oder Gürteln an ihre Schüler. Die erreichten Graduierungen basieren auf den gezeigten Sparrings und Techniken. Andere Schulen verlassen sich bei Entscheidungen über Leistungssteigerungen und Aufstiege vollständig auf ihre Ausbilder. Du kannst dir also einen neuen Gürtel verdienen, basierend auf deiner Leistung in Kombination mit technischem Wissen, Zeit oder Geschwindigkeit und Sparringsfertigkeiten.

Japanisches Jiu-Jitsu folgt einem anderen Gurtsystem, das von der Schule abhängt, in der du Unterricht nimmst.

- Weiß
- Gelb
- Orange
- Grün
- Blau
- Violett
- Braun
- Schwarz

Einige Schulen bieten Anfängern einen roten Gürtel an, bevor sie den weißen Gürtel erhalten. Andere Schulen wiederum bieten Zwischenstufen an. Die meisten Jiu-Jitsu-Schulen verlangen von ihren Schülern, dass sie am formellen Graduierungssystem teilnehmen, um den nächsthöheren Gürtel zu erhalten. Die Schule legt fest, welche spezifischen Techniken du erlernen musst.

Beispielsweise verlangen Schulen wie die World Ju-Jitsu Federation in Irland von ihren Schülern, dass sie eine bestimmte Anzahl von Taktiken, einige japanische Begriffe und etwas über Anatomie lernen und vorführen.

Uniform

Bei beiden Kampfsportarten tragen die Teilnehmer dieselbe Uniform, den Jiu-Jitsu-Gi. Diese Uniformen unterscheiden sich jedoch im Gewicht. Der im brasilianischen Jiu-Jitsu verwendete Gi ist in der Regel schwerer als der im Karate verwendete, während der japanische Jiu-Jitsu Gi leichter ist.

Abgesehen von der Kleidung (Gi) müssen BJJ-Schüler auch einen Mundschutz tragen. Japanische Jiu-Jitsu-Schüler müssen einen Tiefschutz tragen, um sich vor Verletzungen durch Schläge zu schützen.

Wichtige technische und taktische Unterschiede

Der Schwerpunkt des brasilianischen Jiu-Jitsus liegt auf Grappling und Bodenkampf. BJJ-Teilnehmer setzen Würgegriffe, Joint Locks und Chokes ein, um ihre Gegner zur Aufgabe zu zwingen. Beim japanischen Jiu-Jitsu liegt der Fokus auf Joint Manipulation, Schlägen, Blocks, Würgegriffen, Chokes und dem Werfen von Gegnern.

Beim brasilianischen Jiu-Jitsu werden Takedowns eingesetzt, um den Gegner zu Boden zu bringen. Der Fokus liegt auf der Etablierung dominanter Positionen, um die Gegner zu kontrollieren und zur Aufgabe zu zwingen.

Eine der markantesten Positionen im brasilianischen Jiu-Jitsu ist die Guard-Position. Dabei handelt es sich um einen Überbegriff für verschiedene Positionen, bei denen die Teilnehmer auf dem Gesäß oder dem Rücken liegen und ihre Beine defensiv um oder vor ihren Gegnern positionieren. Viele der potenziellen Techniken im brasilianischen Jiu-Jitsu werden eingesetzt, um Gegner zur Aufgabe zu zwingen, Positionen einzunehmen und aus Positionen zu entkommen.

Beim japanischen Jiu-Jitsu lernen die Teilnehmer, sich auf verschiedene Weise gegen einen Angreifer zu verteidigen. Es werden Techniken für Submission oder Schläge gelehrt, um Angreifer kampfunfähig zu machen. Das Üben dieser Techniken beinhaltet auch das Sparring mit einem Partner in verschiedenen Szenarien, um die ersten Schläge eines Angreifers zu blockieren und Joint Locks auszuführen. Es ist dem brasilianischen Jiu-Jitsu recht ähnlich, da es sich auch auf Selbstverteidigung konzentriert.

Brasilianisches und japanisches Jiu-Jitsu – die Vor- und Nachteile

Bevor du dich für brasilianisches oder japanisches Jiu-Jitsu entscheidest, solltest du dir unbedingt über die Vor- und Nachteile im Klaren sein. Nur wenn du die einzigartigen Stärken und Schwächen dieser beiden Kampfsportarten kennst, kannst du entscheiden, welche davon am besten zu dir passt.

Vor- und Nachteile des brasilianischen Jiu-Jitsus

Ein wesentlicher Vorteil des brasilianischen Jiu-Jitsus besteht darin, dass es schneller und körperlich anspruchsvoller ist als das japanische Jiu-Jitsu. Wenn du ein anspruchsvolles Training suchst, ist brasilianisches Jiu-Jitsu die richtige Wahl. Mit dem, was du in dieser Kampfkunst lernst, einschließlich grundlegender Techniken, wirst du in Wettkämpfen und Kämpfen versierter sein.

Deine verbesserten Fähigkeiten im brasilianischen Jiu-Jitsu ermöglichen dir die Teilnahme an Wettkämpfen und hochkarätigen Trainings als Partner und am wettkampforientierten Sparring. Brasilianisches Jiu-Jitsu eignet sich auch hervorragend zur Selbstverteidigung.

Es lehrt dich, wie du bestimmte Techniken anwenden kannst, wenn du dich in einer Selbstverteidigungssituation befindest. Viele grundlegende Techniken im brasilianischen Jiu-Jitsu, darunter Befreiungen, Back Takes und Takedowns, sind äußerst nützlich, um deine Gegner oder Angreifer zu bändigen.

Allerdings hat das brasilianische Jiu-Jitsu auch seine Schwächen. Zum einen werden keine Schläge ausgeführt, was bei der Selbstverteidigung sehr nützlich ist. Beim brasilianischen Jiu-Jitsu wird außerdem der Schwerpunkt darauf gelegt, den Schülern das Kämpfen am Boden beizubringen, und in einigen Fällen werden Takedowns ignoriert.

Vor- und Nachteile des japanischen Jiu-Jitsus

Ein Vorteil des japanischen Jiu-Jitsus ist, dass es dir eine Vielzahl von Fähigkeiten und Techniken zur Selbstverteidigung vermittelt. In einigen Fällen ähnelt das Training realen Kampfszenarien, aber es bereitet dich nicht auf die Teilnahme an Wettkämpfen vor.

Außerdem wirst du durch deine Entscheidung, japanisches Jiu-Jitsu zu lernen, mit wertvollen Techniken vertraut gemacht, die du bei Kämpfen und gegen Angreifer einsetzen kannst, darunter Schläge, Würfe und zugrundeliegende Taktiken.

Es hat jedoch auch seine Schwächen. Eine davon ist, dass es kein Sparring-Training gibt, so wie es oft in Kursen für brasilianisches Jiu-Jitsu angeboten wird. Außerdem liegt der Schwerpunkt eher auf Teilnehmern mit geringem Trainingsniveau, weshalb die Bewegungen ruhiger und kontrollierter sind als beim brasilianischen Jiu-Jitsu.

Abgesehen davon bietet das japanische Jiu-Jitsu nicht viele Möglichkeiten für Wettkämpfe, sodass es möglicherweise nicht geeignet ist, wenn du gerne an offiziellen Kämpfen und Wettbewerben teilnehmen möchtest.

Kapitel 12: Tägliche Übungen im brasilianischen Jiu-Jitsu

Möchtest du zu den führenden Experten und Meistern im brasilianischen Jiu-Jitsu gehören? Dann musst du dich genau wie die anderen, die diese Form der Kampfkunst bereits beherrschen, anstrengen und endlose Stunden mit dem Training verbringen. Nicht nur die Anstrengung bringt dich deinem Ziel, das brasilianische Jiu-Jitsu zu beherrschen, näher, sondern auch deine Beständigkeit und dein Engagement.

Die gute Nachricht ist, dass jeder diese Kampfkunst meistern kann, vorausgesetzt, man ist hartnäckig und engagiert genug. Eine Möglichkeit, sich in diesem Bereich zu verbessern, besteht darin, sich regelmäßig im brasilianischen Jiu-Jitsu zu üben. Durch die Übungen, die du zu Hause durchführst, wirst du die ungewohnten Bewegungen verinnerlichen.

Ein tägliches Trainingsprogramm ist wie das Schärfen deines Schwertes. Wenn du dies jeden Tag machst, verbesserst du die Flexibilität deines Körpers, wirst weniger verspannt, sorgst für fließende Bewegungen und kannst deine Techniken problemlos ausführen.

Deine täglichen BJJ-Übungen machen dich auch weniger anfällig für Verletzungen während eines Kampfes. Dieses Bonuskapitel, informiert dich über die besten BJJ-Übungen, mit denen du dein tägliches Training und deine Praxis beginnen kannst, unabhängig davon, wo du dich befindest.

Verwende sie, um brasilianisches Jiu-Jitsu auf eigene Faust zu lernen, oder kombiniere sie mit deinen eigentlichen Kursen, um deine Fachkenntnisse und dein Wissen weiter zu verbessern.

Was sind brasilianische Jiu-Jitsu-Drills?

Unter brasilianischen Jiu-Jitsu-Drills versteht man eine Bewegung oder eine Reihe von Bewegungen, die einen tatsächlichen Kampf oder eine Sparringsrunde im brasilianischen Jiu-Jitsu nachahmen. Einige der Übungen können allein durchgeführt werden, andere erfordern einen Partner. Wenn du brasilianische Jiu-Jitsu-Drills ausführst, übe die spezifische Technik, um jede noch so kleine Komponente deines Kampfstils zu verfeinern. Die Übungen sind nützlich, um die generellen Bewegungsabläufe zu verbessern, die du in verschiedenen Positionen während des Sparrings anwenden kannst.

Soloeinheiten für brasilianisches Jiu-Jitsu

Wie bereits erwähnt, sind Solo-BJJ-Übungen solche, die du allein machen kannst. Hier sind einige Beispiele.

Shrimping

Eine grundlegende Bewegung im brasilianischen Jiu-Jitsu, die du während des Trainings oder im Unterricht lernen wirst, ist das Shrimping. Es sollte Teil deiner täglichen BJJ-Übungen sein, da du mit dieser Bewegung leicht aus einer schlechten oder unerwünschten Position entkommen kannst, z. B. unter einem Mount oder Side Control.

Stelle ein Bein auf und rutsche dann mit dem Po zur Seite. Setze beide Hände ein, um die Bewegung zu erleichtern und hervorragende Ergebnisse zu erzielen. Mache diese Bewegung so lange als Teil deiner Aufwärmübungen, wie du möchtest.

Technischer Stand-up

Diese wichtige Übung im brasilianischen Jiu-Jitsu ist perfekt für Anfänger und es wird dringend empfohlen, sie täglich zu üben. Viele halten sie für eine sichere und effektive Bewegung, die es dir ermöglicht, wieder aufzustehen, nachdem du zu Boden gegangen bist.

Beginne, indem du auf dem Boden sitzt, deine Knie beugst und deine Füße flach auf den Boden stellst. Neige dich zu einer Seite und stütze dein Bein und deine Hüfte auf dem Boden ab. Deine Hand auf derselben Seite muss ebenfalls mit der Handfläche flach auf dem Boden liegen, in der Nähe deiner Hüfte und etwas nach hinten versetzt.

Drücke mit dem immer noch gebeugten Knie auf deinen anderen Fuß und verlagere dein Gewicht auf deine freie Hand und deinen Fuß auf dem Boden, wobei du nach oben drückst.

Reverse Shrimping

Dies ist eine umgekehrte Variante des Shrimping. Sie ist etwas schwieriger auszuführen als das typische Shrimping, hat aber viele Einsatzmöglichkeiten, z. B., um sich aus einer North-South-Position zu befreien, aus einem Armbar zu entkommen und die Lücke oder Distanz zwischen dir und deinem Gegner zu schließen.

Lege dich mit ausgestreckten Beinen auf den Boden und halte beide Hände hoch. Wähle eine Seite, auf die du dich rollen möchtest, und drücke dann deine Schultern in Richtung deiner Taille nach unten und drehe dich mit einer Schulter.

Verwende deine Fersen, um eine Bewegung deines Körpers in Richtung deiner Füße zu erzeugen. Strecke beide Beine nach außen und rolle dich auf die andere Seite. Wiederhole die Schritte.

Bridge zu Shrimping

Diese Bewegung kannst du auch allein ausführen und sie ist nützlich, wenn du es mit einem Gegner zu tun hast, der dich bereits überwältigt hat. Diese Bewegung bietet dir eine effektive Möglichkeit zur Flucht.

Als erstes musst du in eine Brücke gehen, indem du deinen Po hebst, während du auf dem Rücken liegst und die Shrimp-Bewegung ausführst. Es ist eine fantastische Bewegung, die sehr effektiv ist, wenn du deine Fähigkeit zur Flucht aus einer schlechten oder unerwünschten Position verbessern möchtest.

Granby Roll

Die Granby-Rolle wird als Wrestling-Technik eingestuft, ist aber auch im brasilianischen Jiu-Jitsu nützlich. Sie ist eine großartige Technik, um aus unterlegenen und schlechten Positionen zu entkommen und sich gegen Angriffe zu verteidigen. Du musst bereit sein, viel Zeit mit dem Üben zu verbringen, bis du sie perfektioniert hast. Sobald du die Technik beherrschst, wird es relativ einfach sein, sie auszuführen.

Beachte, dass Flexibilität nicht der entscheidende Faktor für die Ausführung einer Granby-Rolle ist. Es ist vielmehr eine gute Technik. Wenn du diese Bewegung ausführst, vermeide es, dich auf den Hinterkopf oder den Nacken zu rollen.

Beginne diese Bewegung aus den Knien heraus. Stecke einen Arm zwischen deine Beine, bis du merkst, dass deine Schulter den Boden berührt. Es ist wichtig, beim Ausführen dieses Schritts den Blick abzuwenden, sodass du deine abgesenkte Schulter nicht siehst. Hebe dich leicht auf die Zehenspitzen, sodass beide Knie von der Matte kommen.

Dann gehst du auf allen Vieren in eine spezifische Richtung. Deine andere Schulter kommt der Matte näher und du solltest zwischen deinen Beinen hindurch zur Decke schauen.

Achte darauf, dass sowohl deine Schultern als auch deine Füße auf dem Boden sind. Mach weiter bis du wieder auf den Knien bist.

Sprawls

Sprawls sind Abwehrbewegungen im brasilianischen Jiu-Jitsu und du kannst sie ausführen, wenn du den Takedown-Versuchen deines Gegners konterst. Diese Technik erfordert, dass du deinen Körper streckst, während du versuchst, dich auf deinen Gegner zu stürzen und ihn zu dominieren.

Stehe zunächst aufrecht. Beuge dich leicht und strecke beide Hände nach außen. Lass dich auf den Boden sinken, bis dein Rücken flach auf dem Boden liegt. Achte darauf, dass du dein gesamtes Körpergewicht auf deine Handflächen verlagerst. Deine Beine müssen sich ebenfalls nach hinten strecken.

Halte dein rechtes Bein gestreckt und beuge dein linkes Knie. Hebe deinen Körper schnell an und gehe in die Kniebeuge, während du dich auf deinen Handflächen drehst. Mache die gleichen Schritte auf der anderen Seite.

BJJ-Übungen ohne Partner

Übungen ohne Partner werden durchgeführt, wenn du keinen Trainingspartner hast. Es wäre hilfreich, eine Grappling-Puppe zu haben, um diese Übungen bequem zu Hause durchführen zu können.

Leg Drag

Diese spezielle Übung im brasilianischen Jiu-Jitsu kann sehr viel Spaß machen und ist gleichzeitig sehr spannend, da sie dir zeigt, wie du deine Koordination verbessern kannst. Es handelt sich um eine grundlegende Bewegung, die immer Teil deines Trainings und deiner Praxis im brasilianischen Jiu-Jitsu sein wird. Beginne die Leg-Drag-Übung, indem du dicht neben deinem Partner oder Gegner stellst.

Dein Gegner muss auf dem Boden liegen und seine Füße müssen sich auf deinen Hüften befinden. Greife eines seiner Knie und schiebe es zur Seite, und zwar auf eine Seite deines Körpers. Dies ist notwendig, um die Guard-Position deines Gegners zu passieren. Wiederhole die Schritte.

Bridge Drill

Diese Übung im brasilianischen Jiu-Jitsu macht Spaß, könnte aber auch etwas gefährlich sein. Lege dich zunächst neben deinen Gegner. Umfasse seine Beine und mache einen Überschlag über seinen Körper. Achte darauf, dass du auf dem Rücken und den Beinen landest. Halte die Beine deines Gegners während der Bewegung weiterhin fest. Wiederhole die Schritte, aber diesmal auf der anderen Seite.

Tornado Drill

Diese Übung aus dem brasilianischen Jiu-Jitsu ähnelt dem Leg Drag, mit dem Unterschied, dass bei dieser Übung die Beine des Gegners zur Seite gezogen werden müssen. Führe eine Bewegung zur Seite aus und durchbrich dann die Guard-Position deines Gegners. Kehre in die Ausgangsposition zurück und wiederhole die gleichen Schritte auf der anderen Seite.

Fazit

Mit Disziplin, Engagement, harter Arbeit und Ausdauer wirst du brasilianisches Jiu-Jitsu in kürzester Zeit meistern. Sei darauf vorbereitet, das gesamte Training zu absolvieren, in dem du alles lernst, was du über diese Kampfkunst wissen musst.

Brasilianisches Jiu-Jitsu macht viel Spaß, besonders jüngeren Schülern, und bietet viele Vorteile. Selten wirst du einen Sport wie brasilianisches Jiu-Jitsu finden, der während jeder Unterrichtsstunde und Trainingseinheit eine enorme mentale und physische Herausforderung bietet. Während du trainierst, wird diese Kampfkunst zu einem festen Bestandteil deines Alltags.

Wir hoffen, dass dieses Buch für Anfänger im brasilianischen Jiu-Jitsu dir dabei hilft, diese Kampfkunst zu meistern. Mithilfe der bereitgestellten Informationen kannst du dein Wissen über brasilianisches Jiu-Jitsu erweitern und dich optimal auf das Training vorbereiten.

Teil 3: Muay Thai

Ein umfassender Leitfaden zu den Grundlagen des Thaiboxens für Anfänger – und ein Vergleich mit dem niederländischen Kickboxen

Einführung

Zu Thailands reicher Kulturgeschichte gehört seit Hunderten von Jahren körperliches Fitnesstraining wie Muay Thai. Aus vielen Berichten geht hervor, dass es sich dabei um eine wesentliche Selbstverteidigungstechnik handelt, die thailändische Krieger häufig in verschiedenen Schlachten einsetzten. Das Chupasart-Kriegsmanuskript weist darauf hin, dass es entscheidend ist, jeden Teil des Körpers zu nutzen, um effektive Techniken auszuführen, wenn man einen Gegner mit vollem Einsatz von Geist, Körper und Seele bekämpft.

Kickboxen zielt darauf ab, den Körper vorzubereiten und die Konzentration zu verbessern. Deshalb muss man in einer Umgebung trainieren, die dem echten Leben nahekommt. Muay Thai hat sich als die beste Schlagtechnik im Kickboxen erwiesen. Es gibt andere brillante Techniken, wie das niederländische Kickboxen, aber Muay Thai ist viel praktischer und einsteigerfreundlicher. Wenn man Selbstvertrauen aufbauen und körperlich fit werden möchte, ist dies der beste Sport, den man ausüben kann.

Muay Thai ist ein Sport, bei dem alle Gliedmaßen des Körpers eingesetzt werden. Er konzentriert sich auf die Verbesserung der Konzentration und Kraft in und außerhalb kontrollierter Situationen. Es sind mehrere Techniken erforderlich, aber als Anfänger ist es notwendig, sich zunächst auf die Grundlagen des Muay Thai zu konzentrieren.

Dieses Buch erläutert die Philosophie hinter Muay Thai und warum es als die praktischste Form des Kickboxens gilt, die weltweit, insbesondere im Westen, anerkannt ist.

In diesem Buch lernen Sie praktische Techniken des thailändischen Kickboxens - Muay Thai - kennen, bei denen Sie Ellbogen, Knie, Arme, Beine, Tritte und Schläge einsetzen, um einen Gegner anzugreifen und sich mit denselben Mitteln gegen ihn zu verteidigen.

Dieses Buch ist ein umfassender und dennoch einfacher Leitfaden, der den Leser in einem schrittweisen, aber praktischen Prozess zur Anwendung jeder aufgeführten Technik führt. Es ist ein praxisorientierter Ansatz, und seine leichte Lesbarkeit hebt ihn von anderen ab.

Dieses Buch lehrt Sie, dass Ihr Geist entscheidend ist, um Konzentration und Belastbarkeit aufzubauen, Ihre Haltung zu bewahren und durch Übung und Beständigkeit mehr zu erreichen.

Während des Trainings werden Sie auf Sparring, Rhythmen, Grundbewegungen, Tritte und Kniehebel treffen. Sie werden die Grundlagen jeder einzelnen Technik erlernen und sich mit noch fortgeschritteneren Stilen wie Aufwärtshaken, Kopfstößen und Drehungen mit den Ellbogen befassen. Zu Beginn werden Sie vielleicht nur sehr langsame Fortschritte machen, aber mit Übung und Ausdauer werden Sie sich stetig verbessern.

Ergreifen Sie also diese Gelegenheit und lesen Sie weiter, um das Niveau zu erreichen, das Sie sich wünschen, und die Kunst des Muay Thai zu meistern.

Kapitel 1: Regeln und Philosophie von Muay Thai

Muay Thai, auch als Thai-Boxen bekannt, ist ein Kampfsport, dessen Wurzeln in der thailändischen Kultur und Geschichte liegen. *Muay* bedeutet Boxen, Muay Thai also Thai-Boxen. Diese Kampfsportart wurde vor einigen hundert Jahren entwickelt und ermöglicht es dem Boxer, seinen gesamten Körper als Waffe im Nahkampf einzusetzen.

Muay Thai ist ein Nahkampfsport.[38]

Obwohl Historiker davon ausgehen, dass Muay Thai vor Hunderten von Jahren entstanden ist, gibt es aufgrund der Invasion und Plünderung durch die Burmesen keine historischen Aufzeichnungen über den Sport vor dem 14. Jahrhundert. Der Großteil historischer Aufzeichnungen aus dieser Zeit ging verloren, nachdem die Burmesen Ayudhaya, die Hauptstadt von Siam (dem heutigen Thailand), geplündert hatten.

Im Gegensatz zum Boxen sind das Ausführen von Kniestößen und das Schlagen des Gegners mit Ellbogenstößen und Tritten die Norm. Darüber hinaus sind auch Ringtechniken, das Ausführen von Würfen und das Klammern weitere Techniken, die im Muay Thai erlaubt sind und weit verbreitet praktiziert werden. Wenn Sie mit Muay Thai nicht vertraut sind, können Sie es leicht mit MMA oder anderen Kampfsportarten verwechseln, aber es gibt einige Unterschiede. Der offensichtlichste Unterschied, der Muay Thai einen einzigartigen Platz in den Kampfkünsten einräumt, sind die acht Kontaktpunkte.

Andere Kampfsportarten haben in der Regel zwei oder vier Kontaktpunkte, während Muay Thai die Kunst der acht Gliedmaßen verfolgt. Ein Kämpfer kann acht Kontaktpunkte nutzen, indem er Schläge, Kniestöße und Ellbogenschläge ausführt.

Bei diesem Kampfsport wird viel Wert auf kulturelle Aspekte gelegt, darunter die Teilnahme am Wai Kru Ram Muay, einem Ritualtanz, der von Muay-Thai-Kämpfern vor dem Kampf aufgeführt wird, das Tragen eines Mongkon, einer traditionellen Kopfbedeckung, und das Spielen von Sarama-Musik während des gesamten Wettkampfs.

Dieses Kapitel konzentriert sich auf die Ursprünge des Muay Thai und gibt einen kurzen Überblick über seine Geschichte. Erfahren Sie mehr über die Philosophie hinter dieser Kampfkunst und die charakteristischen Merkmale, die Muay Thai von anderen Kampfkunstarten unterscheiden.

Die Geschichte

Bevor wir uns mit der Philosophie hinter diesem kraftvollen Kampfstil befassen, werfen wir einen kurzen Blick auf die Geschichte des Muay Thai. Das traditionelle Muay Boran, aus dem das heutige Muay Thai hervorging, war eine Form der thailändischen Kampfkunst, die Soldaten beigebracht wurde, um das thailändische Königreich vor feindlichen Angriffen und Invasionen zu schützen. Aufgrund der häufigen Kriege mit den Nachbarn wurde der Muay-Thai-Kampfstil in ihre Kultur und ihren Lebensstil eingebettet.

Ursprünge des Muay Thai

Der Ursprung des Muay Thai liegt in der burmesischen Invasion von Ayudhaya. Die Invasoren plünderten alles, was ihnen in die Hände fiel, und verwandelten alles andere in Schutt und Asche. Die Invasionstruppen nahmen Menschen als Kriegsgefangene mit. Unter diesen Gefangenen befand sich eine beträchtliche Anzahl thailändischer Kickboxer, die hauptsächlich in der Stadt Ungwa festgehalten wurden.

Später, im frühen 18. Jahrhundert, ehrte der birmanische Herrscher die Reliquien Buddhas mit einer siebentägigen Feier. Während der Festtage wurden Comedy-Shows, Theaterstücke, Schwertkämpfe und Kämpfe im Thaiboxen veranstaltet, bei denen thailändische Boxer gegen birmanische Kämpfer antraten.

Die Geschichte von Nai Khanom Tom markiert den Ursprung dieses Kampfsports. Während der Feierlichkeiten führte ein burmesischer Adliger Nai Khanom Tom in den Ring, um seine Kraft mit der eines burmesischen Boxers zu messen. Wie üblich leitete Nai Khanom Tom den Tanz vor dem Kampf ein und faszinierte damit die Menge. Der burmesische Kämpfer war dem erfahrenen Muay-Thai-Boxer nicht gewachsen, sodass Nai Khanom seinen Gegner gnadenlos angriff und dieser zu Boden ging.

Der Sieg über den birmanischen Kämpfer wurde jedoch nicht als solcher anerkannt, und die Kampfrichter entschieden, dass der thailändische Boxer gegen neun weitere birmanische Kämpfer antreten müsse, da der erste durch den traditionellen Tanz vor dem Kampf abgelenkt worden war. Als andere thailändische Boxer, die als Gefangene gehalten wurden, von dieser Entscheidung hörten, boten sie sich freiwillig an, gegen Nai Khanom Tom zu kämpfen, nur um den Ruf des thailändischen Boxens zu wahren. Sein letzter Gegner war ein erfahrener Boxlehrer, den Nai Khanom Tom früher besucht hatte. Auch er wurde im Kampf besiegt, woraufhin kein anderer burmesischer Boxer es wagte, ihn herauszufordern.

Als der burmesische Herrscher Zeuge der mutigen und geschickten Kämpfe wurde, wollte er ihn belohnen. Der Muay-Thai-Kämpfer hatte die Wahl zwischen Geld oder schönen Mädchen als Ehefrauen und entschied sich für die burmesischen Mädchen. Der Kämpfer wurde aus der Gefangenschaft entlassen und in seine Heimatstadt geschickt, wo er den Rest seines Lebens verbrachte.

Nachdem wir uns nun mit der Geschichte und dem Ursprung des Muay Thai befasst haben, wollen wir uns näher mit dem modernen Muay Thai, seinen Grundsätzen und verwandten Themen befassen, um Sie über diesen robusten Kampfsport aufzuklären.

Modernes Muay Thai

Die moderne Form des Muay Thai wurde im 20. Jahrhundert zur Norm, insbesondere nach dem Ersten Weltkrieg. Der Kampfring und die kodifizierten Regeln zeigen, wie stark der Kampfsport vom britischen Boxen beeinflusst ist. Weitere Änderungen wurden ebenfalls übernommen, wie das Tragen von Handschuhen anstelle von Seilen um die Hände.

Elemente des traditionellen Boxens wie gepolsterte Boxhandschuhe, eine Begrenzung auf drei oder fünf Runden pro Kampf und die Einführung mehrerer Regeln prägen diesen Kampfsport. Wie bereits erwähnt, ist der Kampfstil von der traditionellen Kampfkunstform Muay Boran inspiriert, die für den Nahkampf entwickelt wurde.

Die Einführung von Regeln, die bestimmte Schwellenwerte und Grenzen festlegen, ist notwendig, da mehrere im Muay Boran gelehrte Techniken bei Ausführung für den Gegner tödlich sein können. Zum Beispiel ist es verboten, den Gegner an den Gelenken oder am Hals zu treffen. Neben zahlreichen Schlagvarianten wie Aufwärtshaken und Stößen können im Muay Thai auch Würfe, Schwünge und Klammern ausgeführt werden. Aufgrund der vielen erlaubten Kampfvarianten im Muay Thai hat es den Titel eines

Allround-Kampfsports erhalten, der mehrere verschiedene Kampftechniken enthält und Regeln aus verschiedenen Kampfsportarten umfasst.

Die Prinzipien des Muay Thai

Unabhängig davon, ob Sie ein Veteran in diesem Sport oder ein Neuling sind, benötigen Sie viel Ausdauer, Leidenschaft und Hingabe, um sich zu verbessern. Hier sind einige Prinzipien, die Sie verstehen und in Ihr Training und Ihr Leben integrieren sollten, um die besten Ergebnisse zu erzielen.

Eine solide Verteidigung haben

Anstatt endlos daran zu arbeiten, Ihre offensiven Schläge und Bewegungen zu perfektionieren, ist es ebenso wichtig, an Ihrer Verteidigung zu arbeiten, um gute Allroundfähigkeiten zu erlangen. Wenn Sie keine starke Verteidigung haben, geben Sie dem Gegner mehr Chancen, Sie zu treffen, indem Sie ihm Lücken bieten. Hier ist es wichtig, wachsam zu bleiben und die nächste Bewegung des Gegners vorherzusehen.

Anstrengung

Wenn Sie bessere Ergebnisse erwarten, müssen Sie Ihr Bestes geben und Einsatz zeigen. Um in einer Sportart gut zu sein, ist es entscheidend, beim Training sein Bestes zu geben.

Arbeit an der Technik

Sorgen Sie für ein Gleichgewicht zwischen Kraft- und Techniktraining, um Ihr optimales Niveau zu erreichen. Vielleicht haben Sie schon einmal gesehen, wie ein Muay-Thai-Kämpfer seinen Gegner mit einem einzigen Schlag k. o. schlägt. Auf den ersten Blick scheint es einfach auszuführen zu sein, aber der Kämpfer investiert viel Zeit und Hingabe in die Perfektionierung dieser Techniken. Beginnen Sie mit den Grundlagen, um eine Technik zu meistern, z. B. mit dem Erlernen der richtigen Haltung für die Technik, mit dem Erkennen von Angriffspunkten während eines Kampfes und mit dem wiederholten Üben der Technik, um ein Muskelgedächtnis und schnelle Reflexe aufzubauen.

Machen Sie, was Sie wollen

Es gibt keine Vorschriften, wie man kämpfen soll, solange die festgelegten Regeln befolgt werden. Da Muay Thai ein körperlich anspruchsvoller Sport ist, ist ein regelmäßiges Training und das Beherrschen der Techniken nur möglich, wenn man Spaß an dem hat, was man tut. Diese reine Freude kann motivieren, die gesetzten Ziele rechtzeitig zu erreichen.

Timing und Distanz

Neben der Arbeit an der Perfektionierung von Techniken und dem Erlernen neuer Bewegungen ist es im Kampf unerlässlich, das richtige Timing und den richtigen Abstand zu haben. Wenn Sie Ihre Treffer nicht gut timen oder der Abstand nicht stimmt, wird der Treffer keine Wirkung zeigen und kann zu Selbstverletzungen führen.

Folgen Sie einem Plan

Wenn Sie für Muay Thai trainieren, stellen Sie sicher, dass Sie einen realisierbaren Plan haben. Ähnlich verhält es sich bei einem Kampf: Ein Muay-Thai-Kämpfer kann die Bewegungen seines Gegners nach einigen Minuten Kampfzeit vorhersehen und sofort einen realisierbaren Plan entwickeln. Ein Muay-Thai-Boxer sollte zum Beispiel nach der ersten Runde einen Plan entwickeln, z. B. ob er seinen Gegner mit einem Schein-Kick ablenken oder ihn wahrscheinlich in den Clinch nehmen wird.

Körperliche Entspannung

Durch übermäßige körperliche Aktivität wird der Körper erschöpft. Beim Training oder im Kampf ist es wichtig, den Körper nicht zu sehr zu belasten. Um Verletzungen zu vermeiden, sollte man den Körper nicht bis an seine Grenzen bringen. Neben dem Training und der Verbesserung der eigenen Fähigkeiten sollte man sich gut ausruhen und nahrhafte, ausgewogene Lebensmittel anstelle von frittierten und verarbeiteten Lebensmitteln zu sich nehmen.

Muay-Thai-Techniken

Muay Thai verwendet drei grundlegende Techniken: Angriff, Verteidigung und Konter. Das konsequente Üben dieser Techniken ist unerlässlich, da es die Anwendung dieser speziellen Techniken verbessert und das Muskelgedächtnis aufbaut. Das Training beginnt mit der Arbeit an der Haltung und den Bewegungen, um den Körper während des Kampfes zu kontrollieren.

Die Beine sind fast einen halben Meter auseinander, der Körper ist aufrecht und die Hände schützen den Kopf. Kämpfer, die die rechte Hand bevorzugen, halten ihren linken Fuß nach vorne und ihren rechten Fuß in einem 45-Grad-Winkel nach außen. Linkshänder positionieren ihren rechten Fuß nach vorne und ihren linken Fuß in einem Winkel.

Nachdem die Haltung und die Bewegungen geübt wurden, besteht der nächste Schritt darin, Angriffs-, Verteidigungs- und Konterbewegungen zu erlernen. Die grundlegendsten Angriffsmanöver sind Klammern, Schläge, Tritte, Stoßtritte und Ellbogenschläge. Zu den Verteidigungsmanövern gehören Beinschlingen, Ausweichen, das Umleiten von Schlägen, Zurücklehnen und Blocken. Durch die Kombination dieser grundlegenden und anderer fortgeschrittener Techniken und deren Einsatz zum richtigen Zeitpunkt kann ein Kämpfer den Kampf gewinnen.

Anfängern wird im Training häufig die Kombination aus Jab-Cross-Low-Kick beigebracht. Der Kämpfer kann dann zur Steigerung andere fortgeschrittene Techniken und Kombinationen üben. Bitte beachten Sie, dass die hier vorgestellten Techniken grundlegend sind und mehrere Variationen haben. Kommen wir nun ohne weitere Umschweife zu den gängigen Techniken und ihren Variationen.

Schläge

Sie sind die gebräuchlichste Angriffstechnik in jeder Kampfsportart, einschließlich Muay Thai. Es gibt hunderte von Schlagvarianten, aber in diesem Buch werden nur die etablierten Schlagtechniken und -varianten behandelt. Der Cross Punch (gerader Rückhandschlag), der Jab (gerader Vorhandschlag), der Haken, die drehende Rückhand, der Aufwärtshaken und der Überkopfschlag sind einige typische Schlagvarianten.

Diese Schlagstile haben unterschiedliche Stände, da die Bewegung dem Schlag Kraft verleiht. Zum Beispiel erfordert ein normaler Schlag eine schnelle Bewegung der Füße durch Verlagerung des Körpergewichts und Drehung der Hüfte und Schultern.

Tritte

Muay-Thai-Boxer können mit ihren Schienbeinen wirkungsvolle Tritte ausführen, um ihren Gegner zu Fall zu bringen. Die meisten Tritte werden von außen ausgeführt, während der gegenüberliegende Arm nach hinten geschwungen wird. Gleichzeitig wird das Hüftgelenk gedreht, um Kraft zu erzeugen und einen effektiven Tritt zu landen.

Niedrige Tritte werden gegen die Beine des Gegners ausgeführt, mittlere gegen den Oberkörper und hohe gegen den Kopf. Neben dem typischen Roundhouse-Seitenkick gibt es im Muay Thai zahlreiche Kickvarianten wie Spinning Back Kicks, Cartwheel Kicks, Jumping Kicks und Axe Kicks, um nur einige zu nennen.

Ellbogenstöße

Muay-Thai-Kämpfer sind berühmt für ihre Schienbeintritte und Ellbogenstöße, da diese Körperteile dem Gegner einen effektiven Schlag versetzen können. Es gibt verschiedene Varianten, den Gegner mit dem Ellbogen zu treffen, z. B. seitlich am Kopf, am Kinn, von oben nach unten oder in die entgegengesetzte Richtung. Andere Varianten sind der berühmte fliegende Ellbogen und der drehende zurückgeführte Ellbogen, die den Gegner verwirren können, sodass er seine Deckung senkt und einen verheerenden Schlag einstecken muss. Perfekte Ellbogenschläge haben die Kraft, schwere Platzwunden zu verursachen und den Gegner schnell zu Boden zu schicken.

Teep Kicks

Im Muay Thai wird ein Push Kick als *Teep Kick* bezeichnet und wird sowohl zur Verteidigung als auch zum Angriff eingesetzt. Diese Kicks werden vor allem dann eingesetzt, wenn der Gegner auf einen zustürmt und man sich für den nächsten Angriff etwas Distanz verschaffen möchte. Die Vorstöße des Gegners werden durch den Push Kick auf das Standbein und den Oberkörper gestoppt. Einige Teeps zielen auf das Gesicht und werden absichtlich eingesetzt, um Dominanz zu zeigen. Teeps können mit Kick-Varianten kombiniert werden, um den Gegner weiter zu drängen. Wenn ein Teep mit einem springenden Frontkick kombiniert wird, kann der Gegner weggestoßen werden oder aus dem Gleichgewicht gebracht werden.

Knee Throws

Knee Throws sind die effektivste Waffe im Muay Thai, wenn man sich auf kurze Distanz befindet oder sich im Clinch befindet. Knee Throws zielen meist auf den Oberkörper, den Brustkorb, die Oberschenkel und den Kopf des Gegners. Springende Knee Throws werden in diesem Kampfsport häufig eingesetzt und können zu einem Knockout führen, wodurch der Kampf vorzeitig beendet wird.

Clinching

Clinchen ist eine Muay-Thai-Grappling-Technik, bei der Knie- und Ellbogenschläge für maximalen Schaden kombiniert werden. Obwohl das Clinchen auf den ersten Blick einfach erscheinen mag, kann es mehrere Jahre dauern, bis man die Technik beherrscht. Das Clinchen ist eine Bewegung, die den Kampf verändern kann, wenn sie perfekt ausgeführt wird, sodass der Gegner in kürzester Zeit aufgibt.

Um sich im Muay Thai zu verbessern, ist es entscheidend, diese grundlegenden Techniken zu erlernen und kontinuierlich zu üben, um ein Muskelgedächtnis aufzubauen. Die meisten Muay-Thai-Kämpfer trainieren zweimal täglich und teilen ihr Training in zwei Teile auf. Diese Routine wird meist das ganze Jahr über befolgt, außer sonntags. Da Muay Thai tief in der thailändischen Kultur verwurzelt ist, ist es nicht verwunderlich, dass Muay-Thai-Boxer bereits im Alter von fünf Jahren trainieren, um im Kampfsport besser zu werden.

Während man durch die ständige Wiederholung der Techniken ein Muskelgedächtnis aufbaut, sind der Aufbau von Muskelkraft und Ausdauer gleichermaßen wichtig. Daher werden Ausdauer- und Kraftübungen in das Trainingsprogramm eines Muay-Thai-Boxers integriert. Diese bemerkenswerte Balance aus Kraft, Beweglichkeit und schnellen Reflexen verbessert einen Muay-Thai-Kämpfer. Für Anfänger ist es am besten, einen Lehrer oder Mentor zu finden, um eine solide Grundlage für die Philosophie, die Prinzipien und die Praktiken des Muay Thai zu schaffen.

Vorteile von Muay Thai

Obwohl Muay Thai ein Kampfsport ist, interessieren sich immer mehr Menschen für diesen Sport, und zwar aus einer Vielzahl von Gründen, die über den Wettkampf im Ring hinausgehen. Zu diesen Gründen gehören das Training zu Freizeitzwecken und die Verbesserung der körperlichen und geistigen Gesundheit. Im Folgenden betrachten wir die Vorteile des Muay-Thai-Trainings im Detail.

Kalorienkontrolle

Wie bereits erwähnt, umfasst der Kampfsport Ausdauer- und Kraftübungen sowie das wiederholte Üben von Techniken. Bei richtiger Ausführung verbrennen diese Trainingseinheiten Kalorien wie kein anderes Workout. Eine typische Muay-Thai-Trainingseinheit dauert mindestens zwei Stunden. Sie umfasst ein Aufwärmen mit Ausdauerübungen, einige Minuten Schattenboxen, das Wiederholen von Verteidigungs- und Angriffstechniken und die Durchführung zahlreicher Kraftübungen. Bei diesen Trainingseinheiten können leicht mehr als tausend Kalorien verbrannt werden, was sie nicht nur äußerst effektiv macht, um Gewicht zu verlieren, sondern auch Ausdauer, Kraft und Beweglichkeit fördert.

Verbesserte psychische Gesundheit

Neben der Verbesserung der Gesundheit fördern diese Workouts und Trainingseinheiten auch die psychische Gesundheit. Körperliche Bewegung, Fitness und Ausdauertraining sind einige effektive Methoden, die mit einer Verringerung von Angstzuständen, Stress und Depressionen in Verbindung gebracht werden. Die Routine aus Bewegung, Schlaf und Ernährung, die ein Muay-Thai-Boxer befolgt, ist effektiv genug, um den Stresspegel in Schach zu halten und klare Gedanken zu fassen.

Verbesserte Selbstverteidigung

Das Erlernen von Angriffs- und Verteidigungstechniken sind die Grundpfeiler des Muay Thai. Muay-Thai-Training kann jemandem helfen, im Nahkampf Schaden zuzufügen und sich vor Schaden zu schützen, da der Kampfsport aus einem früheren thailändischen Kampfkunststil hervorgegangen ist, der hauptsächlich für die Kriegsführung entwickelt wurde. Zu den Selbstverteidigungs- und Entwaffnungstaktiken gehören Angriffstechniken wie Kniestöße, Ellenbogenschläge und Stoßtritte.

Mentale Stärke

Neben der Verbesserung der psychischen Gesundheit nimmt die mentale Stärke eines Muay-Thai-Kämpfers drastisch zu, sodass der Boxer seine Emotionen kanalisieren, beunruhigende Gedanken in Schach halten und mentale Stärke entwickeln kann. Beim Muay Thai geht es darum, geistig und körperlich stark genug zu sein, um widrige und unsichere Situationen mit Mut, Entschlossenheit und einer siegreichen Grundhaltung zu meistern.

Endorphinschub

Im Muay Thai werden lange Trainingseinheiten absolviert, auf die eine Ruhephase folgt, in der man sich entspannt und neue Energie tankt. Während dieser Entspannungsphase setzt das Gehirn Endorphine frei, die für Entspannung und Wohlbefinden sorgen und beim Stressmanagement helfen.

Soziale Bindungen

In einem Muay-Thai-Studio herrscht ein Gefühl der Kameradschaft, in dem Menschen zusammenkommen, die die gleichen Ziele verfolgen und ähnliche Leidenschaften teilen. Die Schmerzen, die man beim Training mit seinen Partnern im Kampfsportstudio erträgt, können starke Bindungen und Beziehungen entstehen lassen, die einen langen Weg gehen können.

Mehr Selbstvertrauen

Durch das Training verbessert sich Ihr körperliches Erscheinungsbild, was Ihr Selbstvertrauen stärkt. Ein körperlich starker und attraktiver Körper gibt Ihnen das Selbstvertrauen, sich keine Sorgen, um Ihre Körperform zu machen und das zu sein, was Sie wirklich sein wollen.

Bessere Gesundheit

Das Risiko häufiger Erkrankungen wie Herz-Kreislauf-Erkrankungen, Bluthochdruck und Diabetes kann durch angemessenes Muay-Thai-Training gesenkt werden. Da der Sport sehr ausdauernd ist, verbessert er die kardiovaskuläre Gesundheit und senkt den Blutdruck.

Neben diesen Vorteilen ist Muay Thai ein großartiger Kampfsport für Fitnessbegeisterte, die mehr wollen als nur ins Fitnessstudio zu gehen und Gewichte zu stemmen. Anstatt immer wieder dieselben Übungen zu wiederholen, können Sie Ihre Routine optimieren und eine neue Technik oder Kombination erlernen.

Nachfolgend wird Muay Thai kurz mit anderen beliebten Kampfsportarten verglichen.

Muay Thai vs. Boxen

Beim traditionellen Boxen sind nur Schläge erlaubt, beim Muay Thai können Sie jedoch ohne Einschränkungen Knie, Ellbogen, Tritte, Klammern und andere Techniken einsetzen. Beide Kampfsportarten eignen sich ideal für die Selbstverteidigung und den professionellen Wettkampf. Letztendlich kommt es jedoch auf die persönliche Präferenz an, welcher Kampfsportart man nachgehen möchte.

MMA vs. Muay Thai

Der offensichtlichste Unterschied zwischen diesen beiden Kampfsportarten besteht darin, dass MMA-Kämpfer effizienter im Grappling sind und mehrere dieser Techniken anwenden, um ihren Gegner zur Aufgabe zu zwingen. Anderseits ist ein Muay-Thai-Boxer effizienter darin, wirkungsvolle Schläge zu landen.

Brasilianisches Jiu-Jitsu vs. Muay Thai

Muay Thai ist ein eher athletischer Kampfsport. Im Gegensatz dazu ist das brasilianische Jiu-Jitsu (BJJ) eine Kampfkunst, die sich mehr auf Grappling und Bodenkampf konzentriert. Muay-Thai-Kämpfer glauben, dass ihre Techniken einen BJJ-Kämpfer sofort k. o. schlagen können. Anderseits können BJJ-Kämpfer fortgeschrittene

Grappling-Techniken anwenden, um den Kämpfer auf den Boden zu drücken und ihn zur Submission zu zwingen.

Wichtige Regeln im Muay Thai

Die Regeln und Vorschriften können sich geringfügig unterscheiden, aber hier sind die gängigsten Regeln, die praktisch jede Muay-Thai-Organisation befolgt.

- Ein Standardring sollte zwischen 4,9 x 4,9 m und 7,3 x 7,3 m groß sein. An den vier Eckpfosten und auf dem Boden muss ausreichend Polstermaterial angebracht werden.
- Das offizielle Mindestalter für Muay-Thai-Kämpfer, die professionell antreten möchten, liegt je nach Land zwischen 15 und 18 Jahren.
- Schutzausrüstung wie Handschuhe, Ellbogenschützer, Kopfschutz und sogar eine gepolsterte Weste sind manchmal Pflicht.
- Die Handschuhgröße sollte je nach Gewichtsklasse zwischen 170 und 280 Gramm liegen. Einige Organisationen erlauben MMA-Handschuhe mit offenen Fingern zwischen 110 und 170 Gramm.
- Das Wiegen findet einen Tag vor oder am Tag des Kampfes statt. Die Kämpfer werden nach ihrer Gewichtsklasse eingeteilt.
- Als Bekleidung für männliche Kämpfer sind nur Muay-Thai-Shorts erlaubt. Einige Muay-Thai-Kämpfer mit starkem traditionellem Glauben tragen heilige Armbinden, die *Prajiad* genannt werden.
- Jeder Kampf besteht aus fünf Runden zu je drei Minuten mit zweiminütigen Pausen nach jeder Runde. Für den gelegentlichen Zuschauer schneiden einige Fernsehprogramme und Sportsender den Kampf auf drei Runden zu je drei Minuten.
- Der Gewinner wird durch ein Punktesystem ermittelt, wenn es in einem Kampf keinen Knockout gibt. Der Muay-Thai-Boxer, der effektiver landet und mehr Schaden zufügt, gilt als Sieger. Wenn ein Kämpfer eine Runde gewinnt, erhält er zehn Punkte, während der Gegner je nach Leistung in dieser Runde eine niedrigere Punktzahl erhält.
- Ein Schiedsrichter hat die Befugnis, den Kampf im Falle eines K. o. oder wenn ein Muay-Thai-Boxer seinen Gegner eindeutig überwältigt, zu beenden.
- Wenn der Kämpfer als kampfunfähig eingestuft wird (was zu anderen Gesundheitsproblemen führen könnte), kann der Bereitschaftsarzt den Kampf abbrechen.
- Zu den häufigsten Vergehen, die zur Disqualifikation eines Kämpfers führen, gehören Kopfstöße, Schläge in die Leistengegend, Tritte gegen die Kniegelenke und Stöße gegen die Augen.
- Spucken oder Fluchen sind ebenfalls verboten und können zu einer Strafe führen.

Muay Thai hat eine reiche und faszinierende Geschichte, die über Generationen und Stile hinweg weitergegeben wurde und sich zum heutigen intensiven und anspruchsvollen Kampfsport entwickelt hat.

Kapitel 2: Ausgangspunkt ist die Haltung

Die Grundlage des Muay Thai ist das Jot Muay, ein entscheidendes Element für die effektive Ausführung von Kampftechniken. Ohne eine stabile Haltung ist es unmöglich, fortgeschrittene Kampffertigkeiten zu entwickeln.

Im Laufe der Zeit wurden immer wieder neue Kampfhaltungen entwickelt, die ältere ablösten. Heute trainieren viele Zentren ihre Schüler mit einer Variante der westlichen Boxhaltung, die von Ausbildern weltweit als Standard angesehen wird. Bei der Betrachtung der traditionellen Praktiken wurde festgestellt, dass die meisten Trainingslager unterschiedliche Techniken lehrten, die auf der geografischen Lage basierten, d. h. Nord-, Nordost-, Süd- oder Zentralthailand.

In diesem Kapitel lernen Sie jedoch die traditionellen Kampfstellungen des Muay Thai kennen, die den Ursprung der heute verwendeten verschiedenen Techniken und Varianten bilden. Dieses Kapitel enthält detaillierte Anweisungen zum Üben jeder Stellung unter Berücksichtigung von Faktoren wie Gleichgewicht, Rhythmus und grundlegende Beinarbeit. Sie lernen zusätzliche Tipps, um diese Stellungen und Positionen zu meistern, und erfahren, wie Sie häufige Fehler vermeiden können.

Die Bedeutung der Fußstellung im Muay Thai

Wenn Sie die siamesische Kampfkultur meistern wollen, ist es ein Muss, die Genauigkeit und Präzision Ihrer Füße zu trainieren. Gemäß den jahrhundertealten Bräuchen der Muay-Thai-Kampfkunst gibt es drei Kategorien für Fußpositionen: Stützen auf einem Punkt, Stützen auf zwei Punkten und Stützen auf drei Punkten, einschließlich der Dreiecksstellung - imaginäre Eckpunkte, auf denen die Kämpfer stehen.

Das Wechseln zwischen den einzelnen Positionen ist wichtig, um schnell auf die Bewegungen des Gegners reagieren zu können. Die Dreiecksstellung ist die Grundlage für alle anderen Techniken im Muay Thai und untermauert dessen Philosophie.

Kenntnisse über Standtechniken sind für ein umfassendes Verständnis dieser Disziplin unerlässlich. Daher ist die strikte Einhaltung der konventionellen Regeln für den Erfolg von entscheidender Bedeutung, während die von Experten empfohlene Standbeintechnik, bei der die Beine schulterbreit auseinanderstehen, perfektioniert wird.

Balance spielt beim Muay Thai eine entscheidende Rolle, und die richtige Fußstellung macht den Unterschied. Versuchen Sie, Ihre Füße so zu positionieren, dass der hintere Fuß etwas hochgestellt ist, um die Kunst des Gleichgewichts zu meistern. Diese Haltung ermöglicht neben schnellen, präzisen und schlagkräftigen Kontern auch hervorragende Ausweichmanöver.

Die Bedeutung der Armhaltung

Um im Muay Thai zu überzeugen, müssen Sie die optimale Haltung beherrschen, bei der der Körper eine Dreiecksform bildet. Diese Technik ermöglicht es Profis, sich mühelos zu bewegen und gleichzeitig das Potenzial ihrer Gliedmaßen als gefährliche Waffen zu maximieren.

Um die gewünschte Kampfhaltung zu erreichen, ist es notwendig, die Hände richtig zu platzieren und Schwachstellen wie die Kehle abzuschirmen, um sich nicht der Gefahr durch den Gegner auszusetzen.

Bei Begegnungen auf engem Raum, bei denen Stabilität Vorrang vor Bewegung oder Flexibilität bei Begegnungen auf Distanz hat, müssen bei den Verteidigungsmaßnahmen gefährdete Bereiche wie der Oberkörper und vordere Regionen geschützt werden.

Der Erfolg bei der Ausführung von Muay-Thai-Techniken hängt hauptsächlich von der Taktik des niedrigen Schwerpunkts ab. Die Knie sollten leicht gebeugt, die Schultern leicht nach unten gezogen, die Beine leicht gespreizt und der Brustkorb aufrecht sein. Diese entscheidenden Elemente bieten den Kämpfern optimale Stabilität und schützen ihre Kehlen vor Angriffen, wenn sie sich frontal mit dem Gegner messen.

Traditionelle Muay-Thai-Kampfstellungen

In diesem Abschnitt werden die fünf gängigen traditionellen Muay-Thai-Kampfstellungen beschrieben.

1. Muay Chaiya

Effizienz ist der Schlüssel zum Sieg durch die Muay Chaiya-Kampfhaltung, wie von Großmeister Khet Sriyaphai empfohlen. Diese Haltung ähnelt einer Durianfrucht, die von Dornen geschützt wird und jedem, der sie berührt, Schmerzen zufügt.

Jot Muay Chaiya kann einen Gegner auf ähnliche Weise verletzen, solange die Haltung korrekt ausgeführt wird. Ein Kämpfer muss seinen Körper in sechs Quadranten unterteilen: links unten, rechts oben, links oben, rechts Mitte, links Mitte und rechts unten. Für jeden Quadranten ist eine eigene, auf die entsprechenden Angriffe zugeschnittene Verteidigungstechnik erforderlich.

Die Arme verteidigen die oberen bis mittleren Quadranten, während die Beine die unteren schützen. Verteidigungsmanöver zielen auf maximale Effizienz ab, indem sie den kürzesten Weg nutzen, um einen gefährdeten Quadranten abzudecken, wodurch unnötige Bewegungen vermieden werden.

Muay Chaiya Kampfhaltung

2. Muay Korat

Im Gegensatz zu Chaiya stellt die Muay Korat Kampfhaltung einen offensiven Ansatz dar. Diese Kampfhaltung wurde sorgfältig entworfen, um die Effektivität des Angriffs zu maximieren. Die Umsetzung dieser Kampfhaltung erfordert selbstbewusste und aggressive Bewegungen mit kraftvollen Schlägen, bei denen sowohl Arme als auch Beine eingesetzt werden.

Die Fäuste sollten parallel zur Brust sein, wobei ein Arm nach außen gestreckt wird, um einen großen Bereich vor dem Körper abzudecken und mögliche Angriffspunkte für den Gegner zu blockieren. Diese Position ermöglicht schnelle, heftige Gegenangriffe. Der starke defensive Charakter dieser Haltung ermöglicht schnelle, gefährliche Gegenangriffe.

Die Position der Füße vermittelt eine aggressive, gebieterische Haltung, bei der der Großteil des Körpergewichts auf dem vorderen Bein lastet. Das hintere Bein bietet Stabilität und Unterstützung und verkürzt den Abstand zwischen den Knien, die gebeugt bleiben müssen. Die Stabilität des hinteren Beins und der geringere Abstand zwischen den Knien ermöglichen eine schnelle, dynamische Beinarbeit.

Muay Korat Kampfhaltung

3. Muay Lopburi

Die *Muay Lopburi* Kampfhaltung hat eine einzigartige Handposition mit gedrehten Fäusten, Handflächen nach oben und gebeugten Ellbogen. Die Hände sind tiefer als bei den anderen beiden Haltungen.

Die Deckung der westlichen Boxer mit bloßen Fäusten hat diese Haltung inspiriert, um schnelle Schläge zu ermöglichen, insbesondere den bei Lopburi-Boxern beliebten Aufwärtsschwung. Die Positionierung der Füße ist bei dieser Haltung entscheidend, um Flexibilität bei Angriff und Verteidigung zu ermöglichen.

Man benötigt eine schnelle Fußarbeit mit nicht zu weit auseinanderstehenden Beinen, um das Gleichgewicht und den Schwerpunkt zu halten. Bei der Verteidigung sollte der hintere Fuß fest auf dem Boden stehen, aber beim Angriff oder bei der Bewegung nach vorne angehoben werden, um Vielseitigkeit zu zeigen.

Muay Lopburi Kampfhaltung

4. Muay Pranakorn

Muay Pranakorn Kampfhaltung

Eine der dynamischsten Kampfhaltungen ist als *Muay Pranakorn bekannt*. Sie lehnt sich an bestimmte Elemente anderer Stile an und kombiniert sie zu einer abgerundeten Haltung, dessen Beherrschung sich lohnt.

Das Bemerkenswerteste an dieser Haltung ist, wie weit die Beine auseinanderstehen, sodass viel Platz zwischen ihnen entsteht, was bei Zuschauern oder Gegnern sofort auffällt.

Im festen Stand ist ein Bein um 90 Grad nach außen gedreht, das andere Bein ist nach vorne gerichtet und zeigt zum Gegner. Die Knie des Kämpfers sind stark gebeugt, um den Schwerpunkt zu senken und das Gleichgewicht zu verbessern.

Der Vorteil dieser Haltung besteht darin, dass sie den Kämpfer kleiner erscheinen lässt und ihm gleichzeitig einen Vorteil im Kampf verschafft, indem sie den Gegner verunsichert.

Der angewinkelte Ellenbogen des hinteren Arms bietet Schutz vor möglichen Angriffen auf den Oberkörper und sorgt so für einen zusätzlichen Verteidigungsvorteil. Die einzigartige Form und die Verteidigungsfähigkeiten machen die Muay-Pranakorn-Haltung perfekt für kraftvolle Schläge auf die Gliedmaßen.

Zusätzliche Tipps zur Beherrschung dieser Haltungen

Um im Muay Thai zu glänzen, müssen Sie verstehen, wie wichtig die richtige Positionierung für einen effektiven Angriff und eine effektive Verteidigung ist. Wenn Sie diese Fähigkeit nicht beherrschen, könnten sich Sparringsessions eher frustrierend als angenehm anfühlen. Außerdem wird beim Schlagen auf Schlagpolster oder Sandsäcke nicht viel Kraft erzeugt.

Beim westlichen Boxen und beim Kampfsport Muay Thai gibt es zwei Kampfstile - orthodox oder southpaw - je nachdem, ob ein Athlet seine linke oder rechte Hand häufiger als Hauptschlagwaffe einsetzt.

Der orthodoxe Kämpfer steht mit dem linken Fuß nach vorne und verlässt sich hauptsächlich auf seine rechte Seite, um kraftvolle Schläge auszuführen. Umgekehrt steht der Linkshänder normalerweise mit dem rechten Fuß nach vorne und greift mit dem linken Arm an.

Interessanterweise zeigen einige Muay-Thai-Kämpfer ihre bevorzugte Seite, indem sie Knöchelriemen tragen. Einige wählen einen Riemen am stärkeren Fuß, während andere einen auffälligen Knöchelriemen wählen, der sich farblich von der Farbe ihrer Shorts am gegenüberliegenden Knöchel abhebt.

Unabhängig davon, ob es sich um Linkshänder oder Rechtshänder handelt, ist die richtige Körperhaltung entscheidend, wenn man maximale Leistung und Erfolgsquoten erzielen möchte.

Hier sind einige wesentliche Faktoren, die jeder berücksichtigen sollte, um eine unerschütterliche Grundlage für seine persönliche Herangehensweise zu schaffen und erstklassige Ergebnisse im Muay Thai zu erzielen.

Positionierung von Ellbogen, Kopf und Händen

Die falsche Position von Ellbogen, Kopf und Händen kann zu schweren Verletzungen führen und ist daher unbedingt zu vermeiden - egal, wie cool Sie dabei aussehen!

Für die richtige Positionierung und um die Hände natürlich nach unten hängen zu lassen, bringen Sie beide Daumen auf Augenhöhe und die Handflächen zueinander.

Um optimale Ergebnisse zu erzielen, muss auf die Form geachtet werden, einschließlich der Positionierung der Ellbogen etwas weiter auseinander als die Hände. Erzwingen Sie jedoch nichts. Sie sollten nicht das Gefühl haben, dass Sie einen Teil Ihres Körpers in eine unbequeme oder unnatürliche Position drücken oder ziehen.

Ihre Hände sollten Ihre Stirn berühren, und Sie sollten Ihr Kinn gerade so weit einziehen, dass es mit beiden Schultern geschützt ist, falls ein Schlag von einer der beiden Seiten auf Sie zukommt. Neigen Sie nicht zu viel, sondern halten Sie Ihr Kinn oben.

Nachdem Sie Ihre Haltung und Körperausrichtung optimiert haben, ist es an der Zeit, sich auf die Verfeinerung der Beinarbeitstechniken für eine optimale Leistung zu konzentrieren.

Beinarbeit

Die Beibehaltung der richtigen Form ist der Schlüssel für eine gute Haltung beim Kampfsporttraining. Während es normalerweise empfohlen wird, dass Kämpfer ihre Füße leicht auseinanderhalten, mindestens schulterbreit oder breiter, sind Ausnahmen wie die des Kämpfers Nong O Gaiyanghadao, der den Fußabstand während der Kämpfe variiert, nicht zu übersehen.

Indem er bei einigen Kämpfen im Rahmen von Ausweichmanövern und Schlägen eine breitere Haltung einnimmt, behält er unter Druck das Gleichgewicht und absorbiert eingehende Tritte besser als bei der engeren Fußstellung, die bei Teep-Schlägen verwendet wird.

Wer mit Kampfsport beginnt, sollte mit einer guten Grundhaltung beginnen, bei der die Füße mehr als schulterbreit auseinanderstehen, während man mit gebeugten und flexiblen Knien stabil auf den Füßen bleibt. Wenn Sie sich in Ihrer Grundstellung wohler fühlen, experimentieren Sie mit verschiedenen Fußabständen, um herauszufinden, was am besten funktioniert, ohne dabei das Gleichgewicht zu verlieren.

Ihre Hüfte sollte immer direkt auf den Gegner ausgerichtet sein und nicht seitlich wie bei einem Boxer. Passen Sie Ihre Fußposition immer an die Technik an, die Sie anwenden möchten, um optimale Ergebnisse zu erzielen, und achten Sie dabei stets auf eine gute Form.

Ein entscheidender Punkt, den Sie sich merken sollten, ist, dass dieses Prinzip auch für Ihre Hände und Arme gilt. Sorgen Sie für ein harmonisches Zusammenspiel von Beinarbeit und Ihrem gesamten Kampf, um Bestleistungen zu erzielen.

Fehler, die Sie in der Kampfhaltung vermeiden sollten

Die Kampfhaltung ist ein Thema, das in Muay-Thai-Kreisen heiß diskutiert wird, da es unterschiedliche Meinungen darüber gibt, welche Haltung und Herangehensweise im Kampf die beste ist. Kritische Fehler können Ihre Leistung jedoch erheblich beeinträchtigen. In diesem Abschnitt werden einige Fehler genauer betrachtet.

1. Mangelnde Flexibilität und Anpassungsfähigkeit

Flexibilität und Anpassungsfähigkeit sind für eine richtige Kampfhaltung unerlässlich, da es keine einzige universelle Haltung gibt, die für alle Situationen gilt. Es geht darum, sich an bestimmte Umstände anzupassen, anstatt sich auf einen bestimmten Ansatz oder Stil zu verlassen. Seien Sie immer bereit zuzuschlagen, während Sie die verletzlichen Körperregionen vor den Angriffen des Gegners schützen.

Je nach Situation können Sie für Techniken wie Sidekicks gerader stehen oder eine niedrigere Position einnehmen, um sich besser vor Angriffen zu schützen.

Was passiert, wenn sich taktisch besondere Gelegenheiten bieten? Manchmal kann ein absichtliches Herabsetzen der Deckung einen unachtsamen Gegner direkt in die Falle Ihres Gegenangriffs locken.

Das Entscheidende ist, den Kontext im Auge zu behalten und sich flexibel an veränderte Umstände anzupassen. Flexibilität ist der Schlüssel zum Erfolg im Kampf. Vermeiden Sie es, sich durch eine starre Kampfhaltung festzufahren. Seien Sie bereit und willens, Ihre Taktik je nach Szenario anzupassen.

2. Vernachlässigung des Nackens

Der Schutz des Nackenbereichs wird von vielen Kampfsportlern bei der Einnahme einer Kampfhaltung vernachlässigt. Ein Schlag in diese verletzliche Region kann schwerwiegende Folgen wie Gehirnerschütterungen oder den Tod haben.

Seien Sie sich bewusst, dass dieser Bereich unter keinen Umständen übersehen oder vernachlässigt werden darf. Daher ist es unerlässlich, seiner Verteidigung Priorität einzuräumen, wenn man einen Ansatz entwickelt oder anwendet, der mit einer Teildisziplin wie Thai-Boxen oder Kickboxen zusammenhängt.

Für eine korrekte Kampfhaltung müssen die Arme angehoben werden, während das Kinn sicher eingezogen und der Oberkörper nach vorne geneigt wird, um den Nacken optimal zu schützen. Anfänger übersehen diesen Aspekt jedoch oft und halten die Hände hoch, was sich nachteilig auswirken kann.

Konzentrieren Sie sich daher beim Sparring oder bei Trainingsübungen in erster Linie darauf, Ihren Nacken effektiv abzuschirmen. Sobald dieses Ziel erreicht ist, ergeben sich die anderen notwendigen Aspekte einer vollständigen Kampfhaltung ganz von selbst.

3. Nicht entspannen

Wenn man zum ersten Mal Thaiboxen oder Kickboxen ausprobiert, fällt es vielen Menschen schwer, Spannung und Entspannung auf der Matte in Einklang zu bringen. Dies ist verständlich, denn schnelle Bewegungen auszuführen und dabei unter Druck einen kühlen Kopf zu bewahren, erfordert Zeit und Übung. Wie sieht also die Lösung aus?

Ein Trick besteht darin, sich vorzustellen, wie man sich nach einem anstrengenden Marathon völlig erschöpft fühlt. Lassen Sie sich in völlige Erschöpfung sinken, bevor Sie allmählich die Arme zum Kinn heben, und bleiben Sie bei jeder Bewegung so locker wie möglich. Es mag anfangs schwierig sein, aber die Beherrschung dieses Grads an Entspannung ist für die Verbesserung Ihrer Leistung im Thaiboxen unerlässlich.

Ob Sie ein erfahrener Kämpfer sind oder gerade erst in die Welt des Thaiboxens einsteigen, die Perfektionierung Ihrer Kampfhaltung ist entscheidend für den Erfolg. Eine solide Haltung ermöglicht eine effizientere Ausführung von Angriffs- und Verteidigungsbewegungen. Es geht aber nicht nur darum, eine feste Position einzunehmen.

In Wirklichkeit werden Kampfhaltungen in Übergangsmomenten zwischen Bewegungen eingenommen, die Flexibilität und Flüssigkeit erfordern, um richtig ausgeführt zu werden. Verschiedene Kampfsportarten haben einzigartige Regeln dafür, welche Schläge im Wettkampf erlaubt sind. Daher wurden verschiedene Haltungen entwickelt, die den spezifischen Anforderungen entsprechen.

Wenn Sie Ihr Verständnis für diese Techniken verfeinern und herausfinden, welche für Ihren speziellen Stil am besten geeignet sind, erhöhen Sie Ihre Chancen, in einem Wettkampf als Sieger hervorzugehen.

Kapitel 3: Chok: Schlagtechniken

Obwohl Muay Thai weltweit als Kunst der acht Gliedmaßen bekannt ist, sind Schläge ein wichtiger Aspekt des Sports. Früher waren die Schläge in diesem Sport begrenzt und es wurde hauptsächlich mit Knien, Tritten, Klammern und einfachen Schlagtechniken gekämpft.

Dies hat sich jedoch geändert, und das Boxen ist heute ein grundlegender Bestandteil des Sports, wodurch Kämpfer, die nur auf ihre Hände beschränkt sind, im Nachteil sind. Zahlreiche Muay-Thai-Stars sind für ihre Techniken, ihr Fachwissen und ihre plötzlichen und schnellen Schläge bekannt. Saensak Muangsurin, Veeraphol Sahaprom und der berühmte Samart Payakaroon sind Beispiele für Kämpfer, die erfolgreich von Muay Thai zum Boxen übergegangen sind.

Die wichtigsten Schlagtechniken

Muay Thai wurde von westlichen Boxstilen beeinflusst, und die Entwicklung der Schlagtechniken resultierte aus dieser Kombination. Derzeit werden diese Schlagtechniken in acht Haupttypen unterteilt. Die folgenden Beschreibungen der Schläge werden aus der Sicht eines typischen Kämpfers erklärt. Wenn Sie orthodox kämpfen, werden die Schläge mit den entgegengesetzten Füßen, Händen und Gliedmaßen ausgeführt.

1. Der Jab

Der Jab wird häufig im Muay Thai und im Boxen eingesetzt und ist damit der wichtigste Schlag in diesem Sport. Er ist der einfachste Schlag und sehr wichtig, im Gegensatz zum Boxen, wo er keine Dominanz garantiert. Als Muay-Thai-Anfänger wird Ihr Trainer sicherlich darauf achten, den Jab zu verbessern. Er eignet sich für die Verteidigung und den Angriff. Aus dem Jab können verschiedene Kombinationen gebildet werden, die einem Kämpfer helfen, Abstand zum Gegner zu halten.

Warum wird der Jab häufig eingesetzt? Der Jab ist der schnellste Schlag und wird in der Regel ausgeführt, wenn man sich in Reichweite des Gegners befindet. Ein Jab ist praktisch, um einem Gegner entgegenzuwirken, der aggressiv auf einen zukommt. Die Kraft, die für einen hervorragenden Jab erforderlich ist, kann man nur mit viel Training aufbauen. Bei richtiger Anwendung kann der Jab eine Technik sein, um die Kombinationen des Gegners durcheinanderzubringen. Außerdem können Jabs andere Bewegungen und Schläge einleiten. Der Gegner ist in Reichweite und offen für weitere Angriffe, sobald der Jab trifft.

Der Jab ist der einfachste Schlag.[44]

Um den Jab zu kontern, müssen Sie ihn mit der rechten Hand abwehren oder parieren. Dann können Sie Ihren Jab mit einem kleinen Jab-Schritt nach vorne bringen, während die Abwehr erfolgt. Boxer schützen sich durch ein müheloses Abducken vor Jabs. Das Abducken ist eine Bewegung, um den Gegner zu umgehen und zu verwirren.

Wie man einen Jab ausführt

Um einen Jab richtig auszuführen, stoßen Sie Ihre Schultern beim Schlagen nach vorne, um einen schönen Schwung zu erzeugen, sodass Ihr Kiefer und Ihre Schulter aufeinandertreffen. Dadurch wird die Reichweite des Jabs erhöht und Ihre Schultern schützen Ihr Kinn. Wenn Sie Ihre Fäuste ausstrecken, lassen Sie Ihre Knöchel nach oben und Ihre Handfläche nach unten zeigen, während Ihr Ellbogen gestreckt ist. Vergessen Sie nicht, Ihre Knie während des Schlags ein wenig zu beugen und sich nach dem Jab wieder aufzurichten. Wenn Sie die Knie durchstrecken, gerät Ihr Gleichgewicht aus dem Lot, wodurch die Kraft und Kontrolle Ihres Jabs verringert wird.

Halten Sie Ihre hintere Hand immer nah und fest an Ihrem Gesicht, wenn Sie den Jab mit der vorderen Hand ausführen. Wenn Sie Ihre Deckung fallen lassen, ist Ihr Gesicht für einen linken Haken des Gegners weit offen. Denken Sie auch daran, dass Ihre Haltung stimmen muss, um einen guten Jab auszuführen.

2. Der Cross

Weitaus wirksamer als ein Jab ist der Cross[35]

Der Cross, auch als Straight Punch bekannt, ist ein kraftvoller Schlag, der aus der Rückhand ausgeführt wird. Er wird normalerweise als Schlag eingesetzt, um den Gegner im Muay Thai k. o. zu schlagen. Obwohl er wie der Jab regelmäßig eingesetzt wird, wird er nicht regelmäßig als Schlag verwendet, um Kombinationen vorzubereiten. Er wird meist nach einer Kombination oder einem Jab ausgeführt. Im Gegensatz zum Jab wird der Cross nicht sofort nach dem Ausführen des Schlags ausgeführt. Darüber hinaus hat er die größte Reichweite.

Der Cross-Schlag wird mit der Hand ausgeführt, die am weitesten vom Gegner entfernt ist. Diese Distanz und die Möglichkeit, dem Schlag Rotationskraft und Gewicht zu verleihen, machen ihn zu einem Ihrer stärksten Schläge. Der Cross kann Ihre Gegner abwehren, weil er ein sehr starker Schlag ist. Wenn ein guter Cross das Kinn eines Gegners trifft, kann er ihn ausschalten oder zumindest benommen machen.

Jabs können mit einem Cross gekontert werden. Der Cross eignet sich hervorragend, um kraftvolle Schläge auf die Außenseite des Gegners zu landen, und kann vor oder nach einem Low Kick ausgeführt werden. Sie können ihn mit normalen Schlag- und Trittkombinationen kombinieren oder ergänzen. Der Trick, um einen großartigen Cross auszuführen, besteht darin, mit einem Körpertreffer zu beginnen, um die Deckung des Gegners zu senken und die Öffnung für den Treffer zu schaffen.

Wie man einen Cross landet

Die übliche Vorbereitung für einen Cross ist ein harter, schneller Jab. Der Trick besteht darin, den rechten Fuß in den Boden zu drücken, während Sie Ihren Körper drehen, die Knie beugen und den Oberkörper leicht nach vorne lehnen, um sich auf den Gegner auszurichten. Dann führen Sie den Schlag mit nach unten gerichteten Daumen aus, wobei Sie den Ellbogen beim Ausstrecken nach unten richten. Achten Sie auch darauf, dass Ihr hinterer Fuß beim Ausführen eines Cross gedreht wird. Wenn Sie dies richtig machen, zeigt Ihre Ferse nach oben und Ihre Zehen stehen auf dem Boden und zeigen genau in die

Richtung, in die Ihr Schlag geht. Sie müssen alles in einer Bewegung ausführen, damit die Kraft Ihres Körpers mit dem Schlag einhergeht. Führen Sie dann die Hand schnell zurück, um einen Konter zu vermeiden.

3. Der Haken

Ein Haken ist ein Schlag, der schwer zu perfektionieren ist[86]

Mit dem Haken können die seitlichen Körperpartien des Gegners angegriffen werden. Er wird mit der Führungs- oder der Rückhand ausgeführt. Einen Haken mit der Führungshand zu schlagen, ist eine gute Strategie, um einen sich gut bewegenden Gegner zu erwischen, wobei es schwierig ist, vorherzusehen, ob man den Gegner in eine Falle locken kann. Wenn Sie die Technik beherrschen, können Sie den Haken leicht ausführen und sogar im Sprung ansetzen.

Er ist im Muay Thai weit verbreitet und wird dort häufig eingesetzt, obwohl er am schwierigsten zu perfektionieren ist. Eine schlechte Hakentechnik kann zu einem Handgelenksbruch und sogar zu Rückenbeschwerden führen. Ein mit der hinteren Hand ausgeführter Haken kann den Gegner oft k. o. schlagen und ist nur schwer zu vertuschen. Er wird in der Regel aus nächster Nähe zum Gegner ausgeführt. Allerdings ist man bei einem schlecht getimten und unachtsam ausgeführten Haken anfällig für Gegenangriffe. Dennoch ist er eine gute Möglichkeit, einen Kampf zu beenden. Bevor Sie sich zurückziehen, schlagen Sie Ihrem Gegner einen Haken zum Kopf und beenden Sie den Kampf mit einem Schlag in die Rippen.

Der linke Haken wird regelmäßig in Kombinationen eingesetzt. Wie der Cross ist auch der Haken kein Schlag mit großer Reichweite, um den Gegner zu treffen. Daher ist es selten, dass ein Rechtsfuß in seiner Grundstellung einen rechten Haken ausführt. Angenommen, Sie führen einen rechten Haken in einer Rechtsfußstellung aus; Ihre Faust wäre nur wenige Zentimeter von Ihrer Führungshand entfernt. Dadurch werden rechte Haken nicht unmöglich, sie sind nur nicht so konventionell wie der linke Haken.

Wie man einen Haken ausführt

Verlagern Sie Ihr Körpergewicht aus einer korrekten Haltung auf Ihr hinteres Bein, während Sie Ihre Knie leicht beugen. Drehen Sie im selben Moment Ihren Körper mit der Hüfte und übertragen Sie die gesamte kinetische Energie auf den Schlag. Beugen Sie Ihren Arm in einem Winkel von 90 Grad, während Sie Ihren Ellbogen direkt hinter Ihrer Führungshand platzieren, um den Schlag mit dem Ellbogen Ihrer Führungshand zu landen, wobei Ihre Knöchel und Ihre geschlossene Faust zum Boden zeigen. Schulter, Ellbogen und Hand müssen sich in einer Linie befinden. Um die Schlagkraft zu erhöhen, drehen Sie sich gleichzeitig mit Ihrem Führungsfuß, während Ihre rechte Hand Ihr Kinn zur Verteidigung schützt.

4. Der Aufwärtshaken

Ein Aufwärtshaken ist ein Angriff, der auf das Kinn zielt[27]

Diejenigen, die nicht der Meinung sind, dass der Haken der stärkste Schlag im Muay Thai ist, behaupten normalerweise, dass es der Aufwärtshaken ist. Die Methode zur Ausführung dieses Schlags ähnelt dem Haken, aber der Angriffswinkel zielt auf das Kinn. Der Aufwärtshaken ist ein kniffliger Schlag, der bei einem Treffer großen Schaden anrichten kann. Stellen Sie sich vor, Sie bekommen einen harten Schlag auf Ihr Kinn. Das kann Sie aus dem Gleichgewicht bringen und einen Knockout bewirken, wenn der Schlag stark genug ist.

Der Aufwärtshaken kann im Nahkampf brutal und verheerend sein, aber es ist schwierig, den Gegner von außen damit zu treffen. Er wird selten als Start- oder Führungstechnik eingesetzt, da er leicht erkannt, geblockt oder gekontert werden kann. Aufgrund der Geschicklichkeit und des Timings, die erforderlich sind, um diesen Schlag zu meistern, ist er am schwierigsten zu landen.

Wenn Sie Muay Thai trainieren, sollten Sie Ihren Haken perfektionieren und wissen, dass Sie nach dem Landen dieses Schlags für Ellbogen und Frontkicks anfällig sind.

Um einen Aufwärtshaken auszuführen, müssen Sie sicherstellen, dass die Aufwärtsbewegung Ihre Verteidigung nicht stört. Drehen Sie sich zuerst, bevor Sie Ihr Gewicht auf die Seite verlagern, von der aus Sie schlagen, und heben Sie dann Ihren geschwungenen Arm in Richtung des Kiefers oder Kinns des Gegners.

Wie man einen Aufwärtshaken kontert

Die beiden häufigsten Fehler, die Sie für Aufwärtshaken anfällig machen, sind die falsche Haltung, das Herausstrecken des Kinns und zu weit ausholende Schläge. Die richtige Haltung und enge Techniken helfen, sich vor den Aufwärtshaken des Gegners zu schützen. Um einen Aufwärtshaken zu kontern, müssen Sie einen Jab ausführen, wenn Ihr Gegner zuschlägt. Viele Kämpfer machen eine Vorwärtsbewegung, bevor sie den

Aufwärtshaken ausführen, sodass Sie diese sofort abfangen müssen. Der Schritt wird ausgeführt, sobald der Kopf die Mittellinie überschreitet.

5. Der Swing Punch

Die Bewegung beim Swing Punch ähnelt der des Hakens[28]

Die Bewegung des Swing Punch ist fast die gleiche wie beim Haken, aber der Arm ist weiter ausgestreckt. Der Punch ist eher als eine Art Schwinger zu verstehen. Seine Reichweite macht seine unzureichende Kraft wett. Ein Kämpfer kann weit ausholen, wenn er den Swing als Angriff auf die Seite des Gegners ausführt. Wie der Haken wird er nicht oft mit der Rückhand ausgeführt oder als Lead Punch eingesetzt. Ein Jab oder ein anderer Schlag verdeckt normalerweise diesen Swing Punch. Außerdem wird er nicht im Nahkampf eingesetzt, weil er eine große Reichweite hat.

Der Swing Punch gilt nicht als K. o.-Schlag, weil ihm die Kraft fehlt, aber er ist eine gute Methode, um den Gegner unvorbereitet zu treffen. Normalerweise wird ein Haken aus der Distanz nicht ausgeführt. Gegner zu erwischen, wenn sie nicht damit rechnen, macht sich jedoch gut und macht sie nervös. Der Swing Punch ist nützlich für Kämpfer, die nicht groß sind, weil er ihnen hilft, die Distanz zu verringern.

Sie müssen Abstand halten, um einem wild um sich schlagenden Kämpfer entgegenzuwirken. Wenn das nicht möglich ist, versuchen Sie, den Schlag kurzzeitig zu blocken. Ein Schlag mit der bloßen Hand kann leicht geblockt werden. Treten Sie also schnell einen Schritt zurück und stürzen Sie sich auf die Beine unterhalb des Knies, um den Gegner zu Boden zu bringen.

6. Überhandschlag

Der Überhandschlag ist schwierig zu erlernen[39]

Der Überhandschlag ist ein weiterer Hakenschlag, der von hinten ausgeführt wird und über den Kopf schwingt. Bei korrekter Ausführung und ausreichender Kraft kann er den Gegner k. o. schlagen. Allerdings ist diese Technik sehr schwierig zu erlernen.

Diese Technik hat zwei Nachteile:
- Wenn Sie nicht treffen, verlieren Sie das Gleichgewicht und sind anfällig für Gegenangriffe.
- Der Schlag ist nicht einfach auszuführen, wenn Sie gegen Linkshänder antreten, da Ihr Ziel, der Kopf, weit entfernt ist.

Diese Technik eignet sich gut für den Kampf gegen größere Gegner, da sie diese überraschen und ihre Verteidigung überwinden kann. Eine gute Kombination, bei der dieser Schlag eingesetzt werden kann, ist nach einem Onside-Kick mit dem linken Bein. Eine geeignete Möglichkeit, diese Technik zu kontern, besteht darin, sich nach hinten zu neigen und den Schlag auszuführen, bevor der Gegner wieder in seine Ausgangsposition zurückkehrt. Wenn Sie die linke Hand nach oben heben, als würden Sie ein Telefon abheben, können Sie den Überhandschlag blockieren.

Wie man einen Überhandschlag ausführt

Angenommen, der Abstand zwischen Ihnen und Ihrem Gegner verringert sich und Sie sehen eine Lücke, um einen Überhandschlag anzubringen. In diesem Fall muss der Schlag schnell ausgeführt und auf den Kopf des Gegners gerichtet werden. Sie müssen Ihre Ellbogen in einem Winkel zwischen 90 und 135 Grad beugen, je nach Abstand zwischen Ihnen und Ihrem Gegner. Achten Sie darauf, dass der Schlag über Ihre Schulter und Ihren Kopf in einer Schleifenbewegung erfolgt, um den Schlag nach unten zu führen, während Sie sich leicht nach außen über Ihren Führungsfuß lehnen. Es ist wichtig, dass Sie beim Schlagen gleichzeitig die Knie beugen, um das Gleichgewicht zu halten.

7. Spinning Back Fist

Die Spinning Back Fist ist eine fortgeschrittene Technik[80]

Diese Technik ist fortgeschritten. Die Ausführung und die Bewegungen sind einzigartig im Vergleich zu anderen Schlägen. Um dieser Technik entgegenzuwirken, ducken Sie sich, wenn Ihr Gegner sie ausführt, oder bleiben Sie in einer High-Guard-Position, drehen Sie Ihren Kopf und führen Sie einen Konterhaken aus.

Wie man eine Spinning Back Fist ausführt

Um eine Spinning Back Fist auszuführen, gehen Sie wie folgt vor:
- Machen Sie einen Schritt und drehen Sie dabei Ihren Körper. Wer konventionell kämpft, würde mit der Führungshand einen Schritt nach rechts machen.
- Heben Sie dann Ihr rechtes Bein an und drehen Sie sich mit Ihrem linken Bein, während Sie Ihren rechten Arm vollständig ausstrecken.
- Schlagen Sie Ihren Gegner mit der Rückseite Ihrer Hand oder der Basis Ihrer Faust.
- Die Drehbewegung mit der Zentrifugalkraft aus der Drehung verleiht diesem Schlag eine starke Wirkung. Wenn Sie diese Technik richtig ausführen, wird sie viel Kraft haben und Ihren Gegner k. o. schlagen.

8. Superman Punch

Der Superman Punch ist auch als Flying Punch bekannt[81]

Diese Technik ist ein einfacher Flying-Overhand-Punch. Auch wenn viele Menschen diese Technik für spektakulär halten, ist es nicht der stärkste Schlag. Er kann leicht gekontert werden, da der Schlag schnell erkannt wird, sobald er ausgeführt wird.

Um einen Superman Punch zu kontern, lenken Sie ihn ab oder weichen Sie ihm aus.

Wie man einen Superman Punch ausführt

So führen Sie einen Superman Punch aus:

- Sie müssen einen Tritt vortäuschen, bevor Sie in die Luft springen
- Führen Sie Ihre Hand nach vorne in die Luft und strecken Sie gleichzeitig Ihr Bein aus

Diese Technik eignet sich gegen große Gegner, da sie die Distanz verringert und ihre Verteidigung überwindet. Der Schlag sollte nicht zu häufig ausgeführt werden, da er sehr exponiert ist und leicht gekontert werden kann.

Wie heißt es so schön: Übung macht den Meister. Diese alte Weisheit ist nie verkehrt. Achten Sie darauf, diese Techniken regelmäßig anzuwenden. Der Superman und die Drehschläge mögen cool aussehen, haben aber bei falscher Ausführung keine Wirkung auf den Gegner. Wenn sie von einem unerfahrenen Kämpfer ausgeführt werden, sind die Gegenangriffe leicht zu kontern. Versuchen Sie, diese Techniken erst dann anzuwenden, wenn Sie sich sicher sind, dass Sie sie korrekt und damit *effektiv* ausführen können.

Kapitel 4: Sok: Ellbogentechniken

Muay Sok bedeutet in Thailand Ellbogenkämpfer. Der Kämpfer konzentriert sich darauf, beim Muay Sok in nächster Nähe zu seinem Gegner zu sein. Das Ziel besteht darin, viele Tritte zu vermeiden und den Gegner aus dem Gleichgewicht zu bringen, um einen schönen, scharfen Ellbogenschlag anzubringen. Wer die Distanz verringert, hat eine bessere Chance, das Ziel zu treffen und den Gegner zu zwingen, in einer für den Kämpfer günstigen Distanz zu agieren.

Was diese Technik so einzigartig macht, ist das Maß an Aggression. Der Muay-Sok-Kämpfer setzt verschiedene Ellbogenschläge ein, um in verschiedenen Positionen erfolgreich zu sein. Es gibt mehrere Ellbogenschläge, darunter *Sok Ping* (seitlicher Ellbogenschlag), *Sok Tad* (waagerechter Ellbogenschlag), *Sok Ngad* (Ellbogenschlag mit Aufwärtshaken), *Sok Ti* (Diagonaler Ellbogenschlag) und *Sok Klap* (Ellbogenschlag mit Drehung). Diese Schläge werden unterschiedlich eingesetzt, d. h. waagerecht, diagonal nach oben und unten, als Aufwärtshaken usw.

In diesem Kapitel lernen Sie die verschiedenen praktischen Möglichkeiten kennen, jede Technik anzuwenden, um aus dem Angriff eines Gegners eine Verteidigung und einen Gegenangriff zu machen. Sie lernen die kleinen Fehler kennen, die Ihnen als Anfänger wahrscheinlich unterlaufen werden, und wie Sie sie vermeiden können.

Was diese Kickboxtechnik von anderen unterscheidet, sind die Ellbogenschläge. Diese Schläge können einen Gegner auf kürzere Distanz ausschalten und dem Ziel einen Schnitt oder Schlag wie mit einer Klinge ins Gesicht versetzen. Dies ist die Einzigartigkeit von Muay Sok, die kein anderer Kampfstil verwendet.

Die Verwendung der Ellbogenschläge

Der Ellenbogen ist so scharf und hart, dass er der Haut Ihres Gegners einen stumpfen Schnitt zufügen kann, wenn Sie aus nächster Nähe oder auf Bodenhöhe angreifen. Der Ellenbogenschlag eignet sich effektiv als Gegenangriff auf einen Schlag des Gegners. Aufgrund dieser vielfältigen Vorteile sollte der Ellenbogenschlag Bestandteil jedes Selbstverteidigungsmechanismus sein.

Im Kampfsport ist es nicht so effektiv, einfach nur die Ellbogen zu benutzen, um das Gesicht des Gegners zu treffen, stattdessen sollte man lieber ein paar andere effektive Techniken anwenden. Beim Muay-Thai-Boxen werden die Ellbogen auf verschiedene Weise eingesetzt: horizontale Bewegung, aufrechte Aufwärtsbewegung, aufrechte Abwärtsbewegung, Aufwärtshaken, rückwärts kreisende Bewegung und der sogenannte fliegende Ellbogen. Der Ellbogen kann das Gesicht des Gegners von der Seite angreifen und ihm eine Platzwunde an der Stirn zufügen. Aufrechte Ellbogenangriffe sind schneller, wenn auch nicht so schnell wie die anderen.

Ellbogenschläge werden auf zwei Arten ausgeführt: als Einzelschlag und als Folgeschlag. Es gibt jedoch einen großen Unterschied zwischen beiden. Der Einzelschlag ist unabhängig von anderen Schlägen, während der Folgeschlag mit demselben Arm auf dasselbe Ziel ausgeführt wird. Man kann zum Beispiel einen Schlag ausführen und den Gegner sofort mit dem Ellbogen treffen. Ellbogen werden jedoch nur eingesetzt, wenn der Abstand zwischen den Gegnern gering ist. Ellbogen sind eine gute Verteidigung gegen seitliche Knie, Tritte, Schläge usw.

Beim Muay-Thai-Boxen gibt es neun Ellbogenschläge, darunter:

Sok Tad (horizontaler Ellbogen)

Sok Tad ähnelt einem Haken

Der horizontale Ellbogen ist der einfachste und beliebteste Ellbogenschlag. Dieser Ellbogenschlag kann mit einem Haken verglichen werden. Wieso das? Beim Schlagen drehen Sie die Hüfte und bewegen die Füße entsprechend der Körperseite, von der der Schlag ausgeführt wird. Halten Sie während des Schlags den anderen Arm über das Gesicht, um sich vor Gegenangriffen zu schützen. Das Ziel dieser Bewegung ist das Kinn und der untere Gesichtsbereich des Gegners. Mit dieser Bewegung können Sie die Verteidigung Ihres Gegners durchbrechen.

Sok Ngad (Ellbogen-Aufwärtshaken)

Der Aufwärtshaken ist einer der eindrucksvollsten und schnellsten Ellbogenschläge im Muay Thai. Dieser Schlag ist schnell und landet auf dem Ziel wie ein scharfer Messerschnitt. Mit diesem Schlag kann die Verteidigung des Gegners geschwächt werden. Wie gelingt das? Beim Aufwärtshaken schlägt man mit dem Ellbogen zwischen den Armen des Gegners hindurch direkt auf dessen Kinn. Dies kann zu einem sauberen K. o. führen.

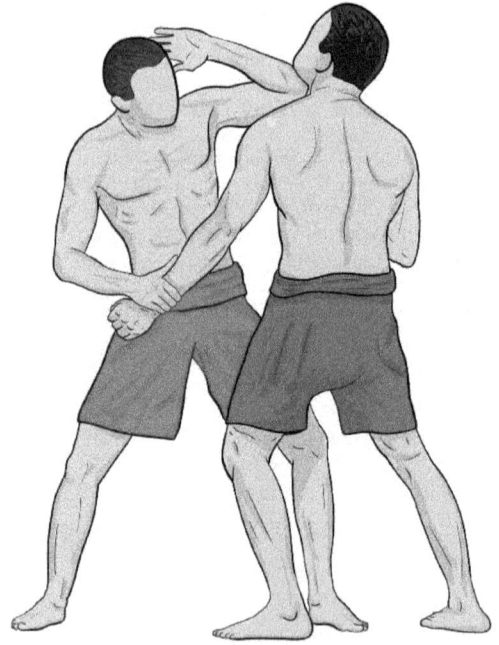

Sok Ngad ist einer der schnellsten Schläge im Muay Thai

Sok Ti (diagonaler oder schneidender Ellbogen)

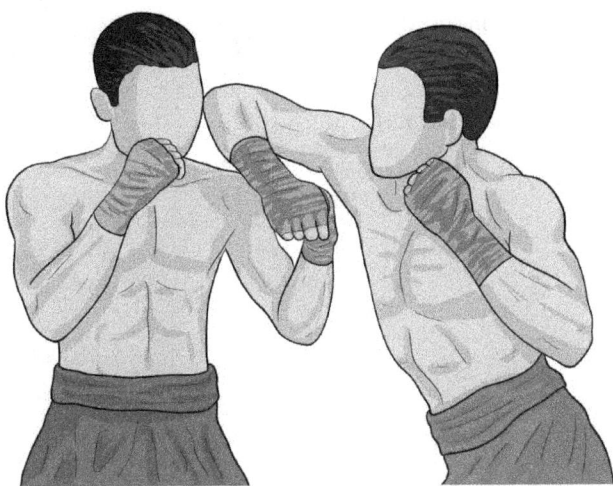

Sok Ti kann die Verteidigung deines Gegners durchbrechen

Diese Ellbogenbewegung wird in einer schneidenden Abwärtsbewegung ausgeführt. Der Zielpunkt für diesen Schlag ist die Stirn, die Wangen oder direkt über den Augen deines Gegners. Dieser Schlag ist effektiv, um die Verteidigung deines Gegners zu durchbrechen. Dein Gegner wird eine Verteidigung aufbauen, um deinen Angriff abzuwehren, aber du kannst ihn schwächen, wenn du weiter mit deinem Ellbogen schlägst.

Sok Klap (Drehender Ellbogen)

Diese Bewegung ist ein klassischer Muay-Thai-Move. Um diese Technik anwenden zu können, muss man die vorherigen Techniken beherrschen. Diese Bewegung erfordert Vorsicht, da sie mit dem Rücken zum Gegner ausgeführt werden muss, während man mit dem anderen Ellbogen zuschlägt. Unterschätzen Sie diese Bewegung nicht, da sie dem Gegner einen effektiven K. o.-Schlag versetzen kann. Wie wendet man sie an? Treten Sie mit den Füßen seitlich an Ihren Gegner heran und drehen Sie Ihren Oberkörper. Führen Sie mit dem hinteren Ellbogen einen Schlag an den seitlichen Gesichtsbereich des Gegners aus. Achten Sie darauf, Ihr Ziel während der Ausführung dieses Schlags von der Seite Ihrer Schulter aus zu beobachten, und drehen Sie sich sofort nach dem Schlag wieder zurück.

Sok Klap ist eine klassische Muay-Thai-Bewegung

Sok Phung (vorwärts gerichteter Ellbogenschlag)

Diese Ellbogenbewegung wird oft mit dem Aufwärtshaken verwechselt. Der einzige Unterschied zwischen beiden besteht darin, dass der Ellbogen beim Vorwärtsstoß nach vorne und nicht wie beim Aufwärtshaken nach oben geworfen wird. Wie wendet man diese Technik an? Gehen Sie auf Ihren Gegner zu und stoßen Sie ihn mit der Hüfte. Richten Sie Ihren Ellbogen wie einen Speer aus und stoßen Sie ihn in das Ziel.

Sok Phung ähnelt dem Aufwärtshaken

Sok Ku (Doppelter Ellbogen)

Sok Ku kann Ihnen helfen, Ihren Gegner auszuschalten

Dies ist eine fantastische Bewegung, die, wenn sie richtig eingesetzt wird, einen klugen Zug darstellen. Diese Bewegung kann hervorragend dazu geeignet sein, Ihren Gegner zu besiegen. Wenn Sie während des Kampfes eine Lücke erkennen, durch die Ihr Gegner verwundbar oder verletzbar ist, können Sie hochspringen und mit beiden Ellbogen auf seinem Kopf landen.

Sok Tong (abwärts gerichteter Ellbogen)

Dieser Schlag wird oft als 12-6-Schlag bezeichnet, da die Landung des Ellbogens dem Lesen der Uhrzeit 12-6 ähnelt. Dieser Ellbogenschlag wird im Kampf nicht häufig eingesetzt und ist in einigen Kämpfen verboten. Er wird ähnlich wie Sok Ku angewendet. Bei dieser Technik schlagen Sie auf den Oberschenkel Ihres Gegners, fangen seinen Tritt ab und schlagen mit dem Ellbogen zu.

Abwehr von Ellbogenschlägen

Muay Thai ist Kickboxen mit verschiedenen Clinchtechniken, einschließlich Blocken. Blocken ist eine entscheidende Fähigkeit im Rahmen der Verteidigung, bei der Sie die Schläge Ihres Gegners mit Ihren Armen, Beinen oder Ausweichmanövern abwehren müssen. Bei der Verteidigung absorbieren Ihre Arme und Hände die Schläge Ihres Gegners. Es gibt noch andere defensive Methoden beim Blocken, wie z. B. Ausweichen oder Rutschen.

Sok Tong wird im Kampf nicht häufig eingesetzt

Ein Ellbogenschlag ist einer der stärksten Schläge im Muay Thai. Diese Schläge zielen in der Regel auf das Gesicht, den Hals oder den Körper des Gegners. Mit diesem Schlag können Sie Ihren Gegner verwunden, sodass er blutet und abgelenkt wird. Um effektiv zu sein, muss die Technik präzise und vorsichtig angewendet werden. Sie verwenden Ihren Ellbogen, um den Tritt oder den Schlag eines anderen Kämpfers zu blockieren. Bringen Sie Ihren Ellbogen nach unten, um eine Seite Ihres Körpers abzuschirmen, und nehmen Sie dabei eine gute Kampfhaltung ein. Um die Kunst der Selbstverteidigung zu meistern, müssen Sie zunächst lernen, Schläge mit der Schulter, dem Arm oder dem Ellbogen abzuwehren, sodass die Kraft auf diese empfindlichen Körperbereiche abgeschwächt wird.

Angesichts der Härte des Ellenbogens braucht es einen erfahrenen Kämpfer, um ihn effektiv einzusetzen, um sein Ziel k. o. zu schlagen oder ihm Schaden zuzufügen, da es schwierig ist, mit dem Ellenbogen zu treffen. Sie sind effektiver in einem kombinierten Angriff mit Schlägen oder Tritten, die Angriffe aus nächster Nähe ermöglichen. Es ist wichtig zu lernen, wie man Ellenbogenangriffe mit den Unterarmen und Schultern abwehrt. Durch das Blocken ist man in einer guten Position, um mit demselben Arm einen Gegenangriff auszuführen, sobald der Ellenbogen des Gegners einen berührt.

Häufige Fehler beim Einsatz des Ellenbogens und wie man sie vermeidet

Muay Thai ist eine Kunst, die in der westlichen Welt relativ neu ist. Ellenbogenschläge werden nicht oft geübt, da es sich dabei um eine sehr scharfe und gefährliche Technik handelt, die leicht zu Verletzungen und Schäden führen kann. Der Ellenbogenschlag ist nur erlaubt, wenn nach den vollständigen thailändischen oder MMA-Regeln gekämpft wird. Das bedeutet jedoch nicht, dass die Ellbogentechnik verworfen werden sollte, sondern dass sie unter sorgfältiger Übung ohne Fehler eingesetzt werden sollte. Anfänger müssen wissen, was sie tun und was nicht, bevor sie sich an diese Technik wagen. Im Folgenden werden einige Fehler beim Ellbogenschlag aufgeführt, die sowohl Anfänger als auch fortgeschrittene Kämpfer begehen, und wie man sie vermeidet.

Fehler 1: Übermäßiges Schwingen des Arms

Ein häufiger Fehler ist es, den Arm übermäßig zu schwingen, um den Gegner zu treffen. Diese Technik bringt einem Kämpfer wenig oder gar keinen Vorteil, da der Schlag aus dem Ellbogen mehr Kraft und weniger Wirkung hat. Das Ziel ist es, nahe an das Ziel heranzukommen und den Oberkörper so flexibel zu machen, dass man sich drehen und einen Ellbogenschlag präzise und direkt auf das Ziel landen kann. Anstatt also den Arm übermäßig zu schwingen, sollte man den Oberkörper in den Drehungen flexibel lassen.

Auch wenn es schwerfallen mag, dem Impuls zu widerstehen, den Ellbogen einzusetzen, sollten Sie darauf achten, dass sich Ihr Oberkörper ausreichend dreht und bewegen kann, damit Ihr Ellbogen den Gegner auch trifft.

Fehler 2: Das Kinn ungeschützt lassen

Dies ist ein häufiger Fehler beim Schlagen. Wenn Sie sich darauf konzentrieren, Ihren Gegner zu lesen und anzuvisieren, verlieren Sie möglicherweise den Fokus auf sich selbst und lassen Ihr Kinn ungeschützt. Dies kann bei einem Gegenangriff einen hohen Tribut fordern. Wenn Sie Ihren Gegner lesen und mit einem Schlag angreifen, achten Sie darauf, dass Ihr Oberarm über Ihrem Kinn liegt, wie ein Schal. Wenn Ihr Gegner einen Gegenangriff startet, schützt Ihr Arm Ihr Gesicht vor Treffern.

Dies ist besonders wichtig, da Ellbogenschläge aus nächster Nähe ausgeführt werden und Sie leicht überrascht werden können, wenn Ihr Gegner einen solchen Schlag ausführt.

Fehler 3: Den Ellbogen anheben

Anfänger sind davon besonders betroffen. Wenn Sie beim Ellbogenschlag den Ellbogen anheben, bevor Sie ein Ziel treffen, wird Ihr Gegner Ihre Haltung erkennen, bevor Sie zuschlagen. Ihr Ellbogen sollte sich in Richtung des Ziels befinden, bevor Sie sich drehen und das Ziel treffen. Diese Bewegung macht es für Ihren Gegner schwierig, Ihre nächste Bewegung vorherzusagen.

Fehler 4: Ein harter Schlag

Sie möchten vielleicht einen harten Schlag landen, um Ihren Gegner zu besiegen, mit dem Ellbogen würden Sie größeren Schaden anrichten und die Auswirkungen auf Ihre Hände verringern. Ihre Hände sind zerbrechlich und können leicht verletzt werden, aber ein Ellbogen ist ein starker Knochen, mit dem Sie dem Ziel erheblichen Schaden zufügen können. Die beste Art, einen Ellbogen einzusetzen, ist ein horizontaler oder aufrechter Schlag.

Fehler 5: Faustballen

Dieser Fehler tritt auf allen Niveaus auf, bei Anfängern und Fortgeschrittenen. Einen Ellbogenstoß führt man nicht mit geballter Faust aus. Dies ist eine schlechte Technik, die zu Verspannungen im Unterarmmuskel führt und den Kämpfer dazu bringt, den Ellbogenstoß unbeholfen auszuführen. Wie kann man dieses Problem lösen? Halten Sie Ihre Hände und Finger locker oder entspannt, wenn Sie einen Ellbogenstoß ausführen. Dadurch entsteht eine fließende Bewegung des Arms und die Hände können sich frei bewegen.

Tipps und Techniken im Sok

Zunächst müssen Sie mit den Grundtechniken vertraut sein. Durch regelmäßiges Training können diese Techniken Ihrem Gegner echten Schaden zufügen, wenn sie sorgfältig angewendet werden. Zu den Grundtechniken gehören der Haken, der Aufwärtshaken, der spitze Ellbogen, der horizontale Ellbogen und der drehende Ellbogen.

Ellbogen können in einer engen oder geschlossenen Position unabhängig von der Entfernung eingesetzt werden. Der wichtigste Aspekt ist, dass Ihr Schlag stark genug ist, um Ihren Gegner zu treffen. Hier sind Tipps, wie Sie die Ellbogentechnik besser einsetzen können:

Bewegen Sie Ihre Hüfte explosionsartig auf den Gegner zu. Beim Erlernen von Schlägen und Tritten sollten Sie auch lernen, Ihre Hüfte mit Schwung auf den Gegner zu bewegen, um einen Ellbogenschlag aus nächster Nähe auszuführen. Versuchen Sie, beim Versuch zuzuschlagen, aus der Hüfte heraus Kraft zu schöpfen, um mehr Energie für einen Ellbogenschlag zu erzeugen. Ihr Ellbogen wird stärker, wenn Sie lernen, Ihre Hüfte kraftvoll zu bewegen.

Stabilisieren Sie Ihren unteren Rumpf. Wenn die Muskeln im unteren Rückenbereich gestärkt sind, stabilisieren sie die Rotation der Hüfte und ermöglichen eine effiziente Bewegung der Schultern. Um Kraft zu erzeugen, stellen Sie sich vor, Sie stoßen Ihre Schultern mit einem starken Ellbogenschlag frei auf einen Gegner zu.

Halten Sie Ihre Schultern entspannt und flexibel. Um die Energie, die Ihre Hüften erzeugen, auf Ihren Ellbogen zu übertragen, müssen Sie lernen, Ihre Schultern zu entspannen. Der Körper hat hart gearbeitet, um die Energie zu erzeugen, sodass Ihre Schultern ausgerichtet sein müssen, um Ihre Ellbogen zu stärken.

Muay Sok ist ein entscheidender Aspekt des thailändischen Kickboxens und nutzt den Ellenbogen, um einen Gegner zu treffen. Dieser Aspekt des Kampfes unterscheidet ihn von allen anderen Kickboxformen. Der Ellenbogen, einer der härtesten Körperteile, wird als Waffe eingesetzt und kann nur auf kurze Distanz und im Clinch eingesetzt werden. Er kann gefährlich sein, wenn er korrekt und präzise eingesetzt wird.

Diese Technik kann auf verschiedene Arten angewendet und gekontert werden. Als Anfänger im Muay Thai muss man die Grundtechniken lernen, jede Stufe meistern und sich dann anderen Bereichen des Kampfes zuwenden. Sich nur auf ein Lehrbuch zu verlassen, hätte nicht so viel Wirkung wie das Training im Fitnessstudio und die Anmeldung bei einem Trainer. Am wichtigsten ist jedoch, dass Übung der Schlüssel zur Meisterschaft ist.

Kapitel 5: Ti Khao: Knietechniken

Unter der alten thailändischen Herrschaft war die Kampftechnik mit dem Knie eine hoch angesehene und effektive Methode. Bei richtiger Ausführung kann man damit den Gegner mit dem Gesicht auf den Boden befördern. Im Muay Thai ist der Kniestoß die bekannteste und vielseitigste Schlagtechnik, die einem den Sieg im Kampf bescheren kann. Der Teil des Knies, der für die perfekte Ausführung dieser Bewegung verantwortlich ist, ist die Kniescheibe (Patella). Sie funktioniert in der Regel am besten und hat die verheerendste Wirkung.

Sie werden beobachten, dass sich Ihre Kniescheibe bewegt, wenn Sie sich mit ausgestrecktem Bein auf den Boden setzen oder gerade stehen. Wenn Sie sie jedoch gegen den Oberschenkelknochen beugen oder eine Kung-Fu-Pose mit angewinkeltem Bein einnehmen, werden Sie feststellen, dass die Kniescheibe fest wird. Achten Sie beim Angriff darauf, dass ihre Ferse bis zum Gesäß angehoben ist, während die Zehen des anderen Beins den Boden berühren, und schlagen Sie dann mit der Kniescheibe zu. Diese Haltung erleichtert es, den Gegner anzugreifen, und wenn Sie diesen Angriffspunkt mit Präzision und der Kraft aus der Hüfte treffen, wird der Schlag noch effektiver.

Muay-Thai-Knietechniken

Muay Thai verfügt zweifellos über die besten Knietechniken aller Kampfsportarten. Im Folgenden finden Sie einige Techniken, die das Potenzial haben, einen Gegner bewusstlos zu machen, ihm die Rippen zu brechen, ihn zu lähmen oder schwer zu verletzen:

Gerade Knietechnik (Khao Trong)

Für Anfänger ist dies die einfachste und direkteste Knietechnik im Muay Thai. Das gerade Knie kann von innerhalb oder außerhalb des Doppelkragens (Clinch) ausgeführt werden und zielt meist auf den Rumpf des Gegners, wobei es unterhalb des Brustbeins trifft. Auch wenn es einfach erscheinen mag, lassen Sie sich nicht von der Einfachheit dieser Schlagtechnik täuschen, denn bei korrekter Ausführung verursacht sie unerträgliche Schmerzen am Oberkörper Ihres Gegners.

Wenn Sie den Aufwärtsstoß und Schwung nutzen können, wenn Sie Ihre Hände hinter dem Schädel Ihres Gegners verschränken, wird der Aufprall des Schlags noch stärker sein. Jeder zielorientierte Kämpfer muss den Trick hinter dieser Technik lernen.

Hier sind ein paar Tipps zur Anwendung dieser Technik:

- Bewegung nach vorne, während ein Bein ausgestreckt wird.
- Hüfte nach vorne stoßen, um Kraft zu erzeugen und Schwung zu holen.

Khao Trong ist die einfachste Knietechnik im Muay Thai

- Zielen Sie auf den Oberbauch Ihres Gegners, während Sie Ihr Knie diagonal strecken; dies verbessert die Effektivität Ihres Schlags.
- Sie müssen sich zurücklehnen, um Ihre Kraft zu erhöhen.
- Schützen Sie Ihr Kinn, indem Sie es an die Brust ziehen.
- Wenn Sie nach Ihrem Treffer landen, sollte Ihr Schienbein aufrecht sein.
- Strecken Sie den oberen Teil Ihres Ellbogens nach vorne, wenn Sie aus mittlerer Distanz einen Schlag ausführen, um sich gegen Gegenangriffe zu verteidigen und das Gleichgewicht zu halten.

Technik mit gebeugtem Knie (Khao Khong)

Khao Khong ist im Nahkampf effektiv

Eine weitere ausgezeichnete Technik für Anfänger ist die Technik mit dem gebeugten Knie. Dieser Kniestoß ist besonders effektiv auf engem Raum, wie bei einem engen Clinch. Dieser Angriff kann auf die Seiten des Gegners gerichtet werden, insbesondere auf seine Hüften, Oberschenkel und Rippen. Obwohl diese Knietechnik Ihrem Gegner nicht so viel Schaden zufügt wie andere, kann sie ihn durchaus ausbremsen und seine Energie erschöpfen.

Hier sind ein paar Tipps, die Ihnen helfen, Ihren Gegner mit dieser Technik zu besiegen:

- Wenn Sie Ihr Knie in Richtung des Angriffsziels bewegen, drehen Sie Ihre Hüften.
- Bewegen Sie sich auf die gegenüberliegende Seite oder neigen Sie den Körper Ihres Gegners leicht.
- Achten Sie darauf, dass Sie einen festen Stand haben, wenn Sie in der Clinch-Position sind.
- Treten Sie ein Stück zurück, bevor Sie Ihr Knie auf den Körper Ihres Gegners bewegen.

Horizontale Knietechnik (Khao Tat)

Die horizontale Knietechnik ist eine unter Kämpfern weit verbreitete Bewegung, sowohl offensiv als auch defensiv. Diese Knietechnik kann gelegentlich lebensrettend sein, da sie mit der richtigen Technik recht einfach auszuführen ist. Sobald sie eine Verbindung zu ihrem Gegner hergestellt haben, wechseln einige Kämpfer in einen horizontalen Knieschutz.

Das horizontale Knie ist effektiv, wenn es von hinten und dem führenden Bein aus eingesetzt wird. Der Wechsel erhöht die Vielseitigkeit dieses Kniestoßes, insbesondere im Clinch, da er den Gegner überraschen kann. Arbeiten Sie hart an Ihrem Gleichgewicht und lernen Sie, sich im Clinch einen Vorteil gegenüber Ihrem Gegner zu verschaffen, während Sie diesen Schlag üben, denn wenn Sie ihn nicht richtig ausführen, riskieren Sie, von Ihrem Standbein gefegt zu werden.

Beachten Sie bei der Ausführung des Khao Tat folgende Tipps:

Khao Tat kann sowohl offensiv als auch defensiv eingesetzt werden

- Bewegung des Schlagbeins parallel zum Boden nach oben.
- Starten Sie den Angriff aus dem Stand, indem Sie Ihr Schienbein in Richtung des Angriffsziels beugen.
- Generieren Sie Kraft durch Rotation und Drehung auf dem Standbein.

Diagonale Knietechniken (Khao Chiang)

Das diagonale Knie ist ein zweiter Schlag für kurze Distanzen, der innerhalb und außerhalb des Clinchs funktioniert. Er zielt auf die seitlichen Bereiche des Gegners, insbesondere auf die Rippen. Aufgrund seiner Dynamik ist er schwer vorherzusagen und kann, wenn er gut ausgeführt wird, ein echter Show-Stopper sein. Wenn Sie aus einem offenen Clinch heraus das diagonale Knie ausführen, gehen Sie wie folgt vor:

- Machen Sie mit dem vorderen Fuß einen leichten Schritt nach hinten.
- Gleichzeitig das Schlagbein nach vorne bewegen.
- Das Bein gerade so weit beugen, dass der Teil des Beins vom Knie abwärts am Kontaktpunkt in einem 45-Grad-Winkel nach oben zeigt.

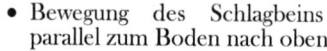

Khao Chiang ist für kurze Distanzen geeignet

Fliegende Knietechnik (Khao Loi)

Obwohl diese Technik weit davon entfernt ist, worauf sich ein Anfänger konzentrieren sollte, ist es in Ordnung, einen Überblick darüber zu haben, wie sie funktioniert. Um diesen Schlag zu landen, müssen Sie über beträchtliche technische Fähigkeiten verfügen und Gleichgewicht und Körperhaltung entwickeln. Mit genügend Übung und Einsatz können Sie es dennoch schaffen.

Eine der schwierigsten Techniken, die man im Muay Thai gegen einen Gegner anwenden kann, ist das verdeckte Ausführen eines fliegenden Knies. Dieser Schlag ist sehr effektiv, wenn der Gegner nicht darauf vorbereitet ist. Sie haben vielleicht schon einige spektakuläre k.o.-Schläge durch fliegende Schläge im MMA gesehen. Dennoch sind Ihre Chancen, diese Technik im Muay Thai auszuführen, höchstwahrscheinlich begrenzt, da die Kämpfer dieses Knie als Überraschungsangriff gegen den Versuch des Gegners einsetzen, sie zu Boden zu bringen. Dennoch erfahren Sie hier, wie Sie ein fliegendes Knie landen:

Khao Loi ist eine fortgeschrittenere Technik

1. Stellen Sie sicher, dass Sie Ihren Gegner im Blick haben.
2. Während Sie die Bewegung ausführen, schießen Sie nach oben und beugen Sie dabei leicht die Knie, bevor Sie nach oben stoßen.
3. Drehen Sie die Hüfte auf der Führungsseite nach hinten und dann auf der Gegenseite.
4. Wenn Sie die höchste Stelle Ihres Sprungs erreichen, strecken Sie Ihr Knie aus.
5. Schützen Sie zum Schluss Ihr Kinn vor Gegenangriffen.

Kleine Knietechnik (Khao Noi)

Im Clinch kann das kleine Knie als kraftvoller Schlag ausgeführt werden. Sie können die Bewegungsfähigkeit Ihres Gegners einschränken, indem Sie ihm schnelle, kleine Knie an die Oberschenkel versetzen. Dadurch kann der Schwung des Gegners gestoppt, und die Kraft seiner Tritte und Knie verringert werden. Ein Gegner, der im Clinch im Vorteil ist, kann durch den kleinen Kniestoß zum Abbruch überredet werden, sodass Sie Zeit haben, die Situation zu ändern.

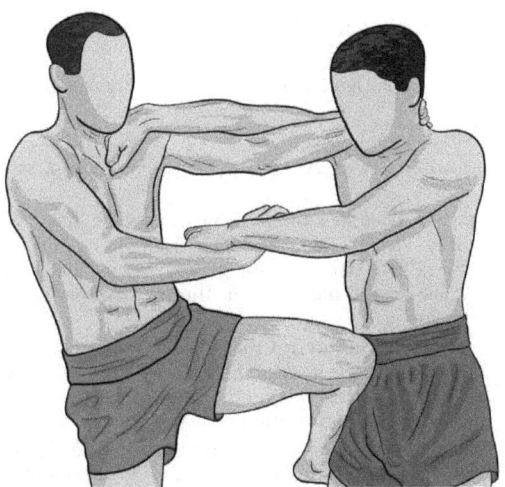

Khao Noi schwächt die Angriffe deines Gegners ab

Langer Kniestoß (Khao Yao)

Khao Yao ist aus großer Entfernung wirksam

Der lange Kniestoß ist der effektivste Schlag aus großer Entfernung. Er kann aufgrund der erhöhten Wucht des Aufpralls ein spektakulärer Anblick sein. Ihr Gegner ist möglicherweise nicht in der Lage, Ihren Angriff abzuwehren oder sich dagegen zu verteidigen, selbst wenn er den Schlag erwartet. Nachfolgend einige Tipps für den langen Kniestoß:

- Treten Sie leicht versetzt auf, anstatt direkt auf Ihren Gegner zuzugehen
- Heben Sie das Knie an, während Sie sich von Ihrem Vorderfuß aus drehen und Ihr Knie gegen das Ziel drücken
- Achten Sie darauf, dass Ihr Knie fest mit dem Körper Ihres Gegners verbunden ist
- Erhöhen Sie das Tempo, wenn Sie diese Knietechnik üben, da das Ausführen einfacher ist als das langsame Üben

Fehler beim Schlagen mit dem Knie

Im Folgenden sind einige Fehler aufgeführt, die Anfänger beim Ausführen von Knietechniken machen.

Aufrechtes Knie: Bei der Ausführung des Kniestoßes müssen Sie verstehen, dass Sie nicht versuchen, den Körper einer Person zu streifen, sondern Ihren Gegner zu destabilisieren. Die meisten Anfänger stoßen ihre Knie häufig gerade nach oben, als würden sie ihren Gegner berühren. Denken Sie daran, dass Sie mit Ihrem Knieangriff die Verteidigung Ihres Gegners durchdringen müssen.

Obwohl es sich nach oben bewegt, müssen Sie den Oberkörper Ihres Gegners angreifen, während Sie versuchen, Ihr Knie in ihn zu stoßen. Stellen Sie sich vor, Sie würden in einem Winkel versuchen, die Rippen Ihres Gegners zu greifen. In dieser Situation sollte Ihre Kniescheibe den Gegner am Brustkorb treffen.

Keine flüssige Bewegung: Sie müssen die Kraft, die Distanz und die Power Ihres Knies voll ausnutzen, um einen Kniestoß auszuführen. Nur wenn Sie diese drei Komponenten kombinieren, können Sie eine flüssige Bewegung erzeugen. Obwohl es für Anfänger schwierig sein kann, die Hüfte zu strecken, ist dies mit regelmäßigem Training möglich.

Knie nicht beugen: Das Knie nicht zu beugen, ist ein ziemlich häufiger Fehler von Anfängern. Der Aufprall des Schlags wird abgeschwächt, wenn das Knie nicht gebeugt ist, da es nicht ausreichend stabilisiert ist. Wenn Sie es falsch machen, riskieren Sie außerdem eine schwere Verletzung.

Hände tief fallen lassen: Die meisten Anfänger machen den Fehler, eine Hand tief zu positionieren, um sich nach einem Schlag auf einen Jab vorzubereiten. Das ist keine gute Angewohnheit; Sie sollten sie nach Möglichkeit vermeiden. Heben Sie stattdessen beide Hände gleichzeitig an, um Ihren Kiefer vor einem Angriff zu schützen.

Aus der Ferne losstürmen: Anfänger glauben, dass sie ihren Gegner aus der Ferne wie mit einem Sandsack treffen können. Sie stellen jedoch schnell fest, dass ihre Reichweite nicht ausreicht, da sie die Reichweite, die sie mit dem Sandsack trainiert haben, überschreitet. Wenn Sie also versuchen, das Knie während eines Kampfes aus derselben Entfernung zu landen, werden Sie scheitern.

Wie man das Knie für starke Angriffe stärkt und trainiert

Die Kraft im Knie lässt sich nur mit der Zeit aufbauen, aber Sie können den Prozess beschleunigen, indem Sie die richtigen Methoden und Übungen erlernen. Hier sind einige nützliche Tipps, die Ihnen dabei helfen, es zu schaffen.

Kondition

Egal wie geschickt oder talentiert Sie sind, es nützt Ihnen nichts, wenn Sie nicht in Form sind. Manchmal haben Sie vielleicht Glück, aber das wird nicht immer so sein. Sie müssen sicherstellen, dass Sie in der besten Verfassung sind, um starke Knie zu haben. Jedes Mal, wenn Sie kämpfen, sollten Sie in Topform sein, denn Sie können darauf wetten, dass Ihr Gegner es auch sein wird.

Wenn man über Kondition spricht, denkt man schnell an eine batteriebetriebene Taschenlampe. Wenn die Batterien aufgeladen sind, wird sie heller; das gilt für alle Kämpfer gleichermaßen. Training ist unerlässlich. Ihre Beine, auf die Sie sich beim Muay Thai für Bewegungen und Schläge verlassen, werden nachlassen, wenn sie müde werden. Als Anfänger müssen Sie in ausgezeichneter Form sein, damit Sie sich auf Ihre Beine verlassen können. So verbessern Sie Ihre Kondition:

- Laufen Sie an fünf oder mehr Tagen pro Woche einen 10-Kilometer-Langstreckenlauf
- Machen Sie eine Reihe von Sprints, z. B. fünf Runden 100-Meter-Sprints hintereinander
- Laufen Sie Bergläufe
- Regelmäßig Dehnübungen und Liegestütze machen
- Regelmäßig Treppen steigen oder laufen

Der richtige Trainer und das richtige Team

Mit dem richtigen Trainer und Team werden Sie Ihre Kniestöße unweigerlich verbessern. Bevor Sie die Kontrolle über diese Knie übernehmen, müssen Sie viel Aufwand in Ihre Technik investieren. Das Heben von Gewichten oder das kurze Tragen schwerer Gegenstände über dem Kopf ist nicht gleichbedeutend mit der Erzeugung von Energie bei Kniestößen.

Ihre Technik muss perfektioniert werden, um die größtmögliche Kraft zu erzeugen. Jeder Teil eines Schlags kann von einem sachkundigen Trainer analysiert werden, der sich darauf konzentriert, wie Sie stehen, sich aufstellen, die Ausführung und die Wirkung - das Training mit Kämpfern, die hier und da ein paar Vorschläge machen, ist ebenfalls unerlässlich.

Übungen

Bevor Sie Ihrem Kniestoß mehr Kraft verleihen, müssen Sie zunächst verstehen, wie wichtig Ihre Haltung, Hüften, Füße, Beine und Knie für einen guten Schlag sind. Jede Technik, sei es das gebogene, gerade, horizontale oder diagonale Knie, muss geübt werden, um Kraft zu entwickeln. Wenn Sie beträchtliche Kraft entwickeln, sollte die Ausführung des Schlags intuitiv sein.

Während der verschiedenen Trainingseinheiten müssen Sie Knietraining üben. Wählen Sie den Kniestoß aus, den Sie meistern möchten, und verbringen Sie dann so viel Zeit wie nötig damit, die erforderlichen Übungen zu verfeinern und zu wiederholen. Wenn Sie beim Sparring, am Sandsack, an den Pratzen und beim Schattenboxen mit den Knien schlagen, können Sie Ihr Gleichgewicht, Ihre Position, Ihre Durchschlagskraft und Ihr Timing verbessern. Die Kraft Ihres Knies kann durch die Stärkung seiner vitalen Teile erhöht werden. Sie werden eine Veränderung in der Kraft spüren, die Sie einsetzen, um den Schlag zu verstärken, auch wenn es einige Wochen dauern kann. Sie können schneller ans Ziel kommen, als Sie denken, wenn Sie sorgfältig auf Details achten und sich angemessen konzentrieren.

Wie man ein Knie im Kampf am besten abwehrt

Wenn sie nicht richtig abgewehrt werden, können die Knie beim Muay Thai die Rippen brechen. Die folgenden Tipps helfen Ihnen, sich gegen die Knie Ihres Gegners zu verteidigen, egal ob im Clinch oder außerhalb.

Wenn Sie Ihren Arm (stoßend) zur Brust Ihres Gegners ausstrecken, blockieren Sie das Knie Ihres Gegners, wenn er sich nicht im Clinch befindet. Ihr Arm sollte weiter als das Knie Ihres Gegners reichen, wenn Sie sich leicht in ihn hineinlehnen. Sie sollten das Kinn und nicht die Brust treffen.

Wenn Ihr Gegner sein Bein hebt, und versucht, Sie mit dem Knie zu treffen, während Sie sich noch im Clinch befinden, können Sie versuchen, ihn aus dem Gleichgewicht zu bringen. Drehen Sie ihn in Richtung seines Standbeins. Wenn er sein rechtes Knie einsetzt, können Sie sich nach rechts drehen.

Wenn der Gegner sein Gewicht über sein Standbein verlagert, können Sie ihn zu Boden werfen oder mit Ihrem (rechten Knie) kontern. Es erfordert einige Übung, diese Bewegung zu meistern, da es schwierig ist, das Bein des Gegners zu sehen, wenn man sich im Clinch befindet. Sie müssen üben, es zu erkennen, indem Sie beobachten, wie sich sein Gewicht verändert.

Die beste Verteidigung ist im Muay Thai die beste Offensive. Daher ist es für Muay-Thai-Kämpfer unerlässlich, über effektive Techniken zu verfügen, zu wissen, wie man Kraft für seine Techniken erzeugt, häufige Fehler vermeidet und die Taktiken des Gegners blockiert. Als Anfänger sollten Sie sich genauso viel Mühe geben, diese Knietechniken zu erlernen und zu üben, da sie in Notfällen wirklich nützlich sein können. Die beste Möglichkeit, die Knietechnik zu beherrschen, ist ein guter Trainingspartner. Sie können sich gegenseitig in Ihren Stärken und Schwächen unterstützen und sich so in die bestmögliche Position bringen.

Kapitel 6: Tritte: Tritttechniken

Starke Tritte sind ein wesentlicher Bestandteil des Muay Thai. Wenn Sie verschiedene Tritttechniken beherrschen, können Sie kraftvolle Angriffe entwickeln, und sie können auch sehr nützlich für die Verteidigung sein. Sie helfen Ihnen, Abstand zum Gegner zu halten, sodass es für ihn schwieriger ist, Sie zu erreichen, während Sie dennoch kraftvolle Schläge auf alle Körperregionen landen können. Wenn Sie die Beine des Gegners treffen wollen, ist es außerdem am effektivsten, gute Tritte einzusetzen.

Hier sind einige der nützlichsten Tritttechniken, mit denen Sie sich auskennen sollten, sowie zusätzliche Informationen, die Ihnen helfen, Ihre Tritttechniken zu optimieren.

Die wichtigsten Tritttechniken

Diese Tritttechniken können einzeln oder in Kombination angewendet werden. Je nach Situation und dem Angriff, den Sie ausführen möchten, können Sie zwei Tritte kombinieren oder einige Schläge und Bewegungen des Oberkörpers mit diesen Tritten kombinieren.

1. Rundtritt mit Drehung – Tae Klap Lang

Tae Klap Lang ist ein kraftvoller Tritt

Dieser Tritt ist einer der kraftvollsten Tritte, die Sie beherrschen können. Bei richtiger Anwendung kann er Ihre Gegner leicht ausschalten. Bei unachtsamer Anwendung kann er tödlich sein. Dieser Tritt wird hauptsächlich als Verteidigungsstrategie eingesetzt, kann aber mit den richtigen Kombinationen und Voraussetzungen Teil Ihrer Offensivstrategie sein.

Für diesen Tritt benutzt du dein hinteres Bein und erzeugst eine Drehbewegung. Du drehst dich mit dem Rücken zum Gegner und wirfst dann dein Angriffsbein um deinen Körper, um Schwung zu erzeugen. Das Ziel sind der Oberkörper, der Hals und das Gesicht des Gegners.

Es ist die Drehbewegung, die den Schwung erzeugt und den runden Tritt so gefährlich macht. Für diesen Tritt solltest du deine Beine auf Flexibilität und Geschicklichkeit trainieren und an der Beweglichkeit der Hüfte arbeiten.

2. Gesprungener Stoßtritt – Kradot Teep

Kradot Teep wird Ihnen helfen, einen Vorteil zu erlangen

Wenn Sie nicht genug Platz haben, um sich zu drehen, um zusätzliche Kraft in Ihrem Tritt zu erzeugen, oder wenn Sie mehr Kraft in einem Tritt erzeugen möchten, während Sie sich einem Gegner nähern, ist der gesprungene Stoßtritt nützlich.

Dieser Tritt ähnelt dem geraden Tritt, nur dass Sie mit dem hinteren Bein abspringen und so mehr Schwung erzeugen. Eine beliebte Technik besteht darin, den Gegner mit dem Trittbein anzuvisieren und es wie bei einem geraden Tritt gerade nach oben zu strecken, dann aber in der Mitte des Tritts vom hinteren Bein abzuspringen, um zusätzliche Kraft zu erzeugen.

Dieser Tritt ist ideal für den Oberkörper und den Gesichtsbereich. Wenn Sie einen normalen geraden Tritt ausführen möchten, können Sie diesen im Handumdrehen in einen gesprungenen Stoßtritt verwandeln.

3. Gerader Fronttritt – Tae Trong

Der gerade Frontkick wird häufig im Karate eingesetzt. Im Japanischen wird er *Mae Geri* genannt.

Bei diesem Kick wird der Gegner nicht mit der Fußsohle, sondern mit den Zehen oder dem oberen Teil des Fußes angegriffen. Es handelt sich um einen einfachen Vorwärtskick, der auf das Kinn oder die Seiten des Gesichts zielt.

Tae Trong ähnelt der Mae-Geri-Karate-Technik

4. Abwärts-Roundhouse-Kick – Tae Kod

Tae Kod ist auch als brasilianischer Kick bekannt[32]

Dieser Tritt ist als Fragezeichen-Tritt oder brasilianischer Tritt bekannt. Auch dieser Tritt generiert aufgrund der für einen Roundhouse-Kick erforderlichen Drehbewegung viel Schwung und kann bei richtiger Anwendung verheerend sein.

Der Hauptunterschied zum traditionellen Roundhouse-Kick besteht darin, dass das Bein beim abwärts gerichteten Roundhouse-Kick höher angehoben werden muss. Im Wesentlichen müssen Sie Ihr Bein über Ihrem Ziel positionieren und es dann in einem

Winkel nach unten auf das Ziel richten, um die Bewegung abzuschließen. Es kann besonders schwierig sein, wenn Ihr Gegner größer ist als Sie. Außerdem müssen Sie für diese Bewegung über eine ausgezeichnete Beweglichkeit der Hüfte verfügen, da Sie sich herumdrehen und Ihr Bein nach oben drücken.

Dies ist ein hervorragender Tritt, da Sie die Deckung des Gegners aufheben und den Kopf-, Nacken- und Schulterbereich von oben angreifen, anstatt von vorne, wo Sie die Deckung durchdringen müssten.

5. Diagonaler Tritt - Tae Chiang

Tae Chiang ist ein schneller Tritt

Dabei handelt es sich um einen sehr schnellen Tritt, bei dem mit dem Schienbein auf den Körper des Gegners, insbesondere auf die Rippen, geschlagen wird. Dieser Tritt eignet sich perfekt für Situationen auf engem Raum und kann, wenn er richtig ausgeführt wird, einen sehr schmerzhaften Schlag darstellen.

In der Regel befindet sich das Bein des Angreifers in einem 45-Grad-Winkel zum Boden und wird direkt in die Seiten des Gegners gestoßen.

6. Axttritt – Tae Khao

Tae Khao zielt auf Gesicht, Hals und Schultern ab

Der Axttritt ähnelt dem abwärts gerichteten Roundhouse-Kick, jedoch ohne die Drehbewegung, die für Schwung sorgt. Dieser Tritt zielt auf Gesicht, Hals und Schultern ab.

Aus dem Stand führt der Angreifer einen geraden Tritt etwas oberhalb des Zielbereichs aus und drückt dann die Ferse des Fußes auf den Zielbereich. Ähnlich wie eine Axt, die auf ihr Ziel herabfällt.

Obwohl dies ein kraftvoller Tritt ist, ist der Angreifer dadurch anfällig für einen schnellen Gegenangriff, sodass Kämpfer ihn selten einsetzen.

7. Stoß mit dem Fuß – Teep Top

Teep Top ist hilfreich für die Verteidigung

Bei diesem Tritt ist das Knie des Schlagbeins gebeugt und die Fußspitze oder der gesamte Fuß wird verwendet, um den Gegner zu treffen. Je nachdem, wie hoch Sie das Schlagbein heben und ob Sie sich während dieses Tritts drehen, kann es sich um einen geraden Tritt in den Bauch, einen Schlag auf die Rippen oder sogar einen Schlag auf den Kopf handeln.

Dieser Tritt ist eine großartige Bewegung in einer defensiven Situation. Er hilft, den Angreifer auf Distanz zu halten, und bringt den Gegner aus dem Gleichgewicht. Allerdings kann mit diesem Tritt nicht viel Kraft erzeugt werden.

8. Gerader Fußstoß - Teep Trong

Teep Trong wird normalerweise auf den Unterleib gerichtet

Dieser schnelle, scharfe, gerade Tritt kann als die Beinversion eines geraden Stoßes betrachtet werden. Bei dieser Bewegung lehnen Sie sich leicht zurück und stoßen mit Ihrem Trittbein in einer geraden Linie nach vorne. Dieser Tritt zielt normalerweise auf den Unterleib und die Brust, kann aber auch auf den Kopf gerichtet werden.

Diese Bewegung eignet sich hervorragend, um den Abstand des Gegners zu kontrollieren. Sie kann sehr effektiv eingesetzt werden, um den Gegner wegzustoßen oder aus dem Gleichgewicht zu bringen, wenn er sich einem Angriff nähert. Es kann auch ein guter Tritt sein, um den Gegner aus dem Gleichgewicht zu bringen, bevor Sie Ihren Angriff starten. Diese Tritte werden als Block- oder Kontrolltritte bezeichnet.

9. Seitentritt - Te Tad

Te Tad ist etwas anders als ein normaler Seitentritt

Der Seitentritt im Muay Thai ist etwas anders als in anderen Disziplinen wie Taekwondo und Karate. Beim Muay Thai wird das Bein für den Tritt nicht angezogen. Stattdessen tritt der Kämpfer mit dem Standbein nach vorne, um Schwung zu holen, und schießt dann das Bein für den Tritt seitlich aus der Hüfte heraus nach vorne. Das Ziel besteht darin, das Ziel mit der Fußsohle, der Seite der Sohle oder sogar der Ferse zu treffen, wenn der Tritt etwas höher auf das Kinn oder die Nase zielt.

In anderen Disziplinen wird das Bein angezogen (das Knie wird an die Brust gezogen), um Kraft zu erzeugen. Dies verlangsamt jedoch die Bewegung und macht den Kämpfer anfällig für einen Gegenangriff.

10. Roundhouse Kick-Te Tat

Der Muay-Thai-Roundhouse-Kick ist der bekannteste Kick dieser Kampfkunst. Es ist auch der eine Kick, der einen Muay-Thai-Kämpfer von anderen Kampfsportlern unterscheidet.

Bei diesem Kick wird das Schienbein gegen den Gegner geschlagen. Dieser Kick kann gegen die Beine, den Bauch, den Kopf oder die Arme des Gegners ausgeführt werden. Er kann aus dem Stand ausgeführt werden, oder es kann eine Drehung in die Bewegung integriert werden, um noch mehr Kraft zu erzeugen.

Wenn er richtig ausgeführt wird, ist es eine äußerst kraftvolle und gefährliche Bewegung. Sie kann schwere Schäden verursachen und sogar harte Knochen brechen, wie z. B. das Schienbein oder den Oberschenkelknochen des Gegners.

Te Tat
unterscheidet Muay Thai von anderen Kampfsportarten

Tipps für den Roundhouse-Kick

Der Roundhouse-Kick ist ein sehr flexibler und vielseitiger Kick, der in fast jeder Situation und für jeden Zweck eingesetzt werden kann. Wenn Sie wissen, wie Sie diesen Kick mit äußerster Präzision ausführen, wird er Ihnen in unzähligen Situationen helfen.

Die beste Haltung für Roundhouse-Kicks

Bevor Sie Ihren Roundhouse-Kick ausführen, stellen Sie sicher, dass Sie sich in der richtigen Position befinden. Zunächst müssen Ihre Füße schulterbreit auseinanderstehen, wobei der Großteil Ihres Gewichts auf den Fußballen liegt. Sie können keine Kraft oder Genauigkeit in den Tritt bringen, wenn Sie beim Treten nicht im Gleichgewicht sind.

Als Nächstes sollten Sie Ihren Abstand zum Ziel berücksichtigen. Eine gute Möglichkeit, dies zu überprüfen, ist ein schneller Stoß. Wenn Sie den Stoß bequem landen können, haben Sie den richtigen Abstand, da der Schienbein- oder Kniestoß etwas weiter reicht.

Schließlich müssen Sie beim Ausführen des Tritts und während der gesamten Bewegung die richtige Haltung einnehmen. Wenn Sie einen kraftvollen Tritt ausführen wollen, müssen Sie das Gleichgewicht halten. Denken Sie auch daran, was der Gegner als Reaktion auf den Tritt tun kann. Sie sollten in der Lage sein, auf jede Reaktion zu reagieren.

Um einen erfolgreichen Roundhouse-Kick auszuführen, müssen Sie sich auf einige Dinge konzentrieren. Erstens sollten Sie beim Ausführen des Kicks Ihr Gewicht auf dem Fußballen halten und während der gesamten Drehung auf dem Fußballen bleiben. Idealerweise sollten Sie beim Ausführen des Kicks von der Ferse auf den Fußballen springen. Durch diese Verlagerung wird mehr Kraft in den Kick eingebracht.

Achten Sie außerdem darauf, dass der Fuß Ihres Schwungbeins beim Kicken in einem 45-Grad-Winkel nach außen zeigt. Dadurch werden zwei Dinge erreicht: 1. Sie haben beim Kicken das richtige Gleichgewicht und damit mehr Kraft. 2. Sie befinden sich nicht in der

Mittellinie des Kicks, sodass Sie auf eine Reaktion des Gegners reagieren können. Außerdem verringert ein angewinkelter Fuß die Bewegung, die das Bein ausführen muss, wodurch die Geschwindigkeit und Kraft des Tritts erhöht werden.

Eine offene Hüfte ist ein wesentlicher Bestandteil des Roundhouse-Kicks. Sie ermöglicht es Ihnen, den Tritt effektiver zu gestalten, sorgt für ein besseres Gleichgewicht, erleichtert die Energieübertragung und überträgt den Schwung Ihres gesamten Körpers auf den Tritt. Darüber hinaus hilft sie bei der Stabilisierung nach dem Tritt und sorgt dafür, dass Sie schneller wieder in Position kommen.

Häufige Fehler

Wie im Abschnitt über die beste Körperhaltung erläutert, ist die Hüfte beim Roundhouse-Kick von entscheidender Bedeutung und oft der Bereich, in dem Menschen Fehler machen. Dieser eine Fehler kann zu zahlreichen Problemen führen. Wenn Sie sicherstellen, dass Ihre Hüfte offen ist und Ihre Füße in der richtigen Position sind, ist dieses Problem gelöst.

Ein weiteres Problem ist das Treten mit dem Fuß, was bei Muay-Thai-Neulingen sehr häufig vorkommt. Wenn man mit dem Schienbein auf etwas trifft, kann das ziemlich wehtun, daher ist es wichtig, die Schienbeine zu trainieren. Beim Training des Trittes muss man sich jedoch darauf konzentrieren, das Ziel mit der Mitte des Schienbeins zu treffen, wo man den größten Schwung hat.

Die Rückkehr aus dem Tritt ist ein weiteres Problem. Ihr Bein muss genauso schnell wieder auf den Boden kommen, wie es mit dem Roundhouse-Kick nach oben gegangen ist. Wenn Sie in diesem Teil des Tritts zu langsam sind, geraten Sie in eine verwundbare Position, in der Sie leicht zu Boden gebracht werden können.

Ein weiteres Problem ist das Timing des Tritts und eine gute Verteidigung während des Tritts. Auch wenn sie kraftvoll sind, müssen die Roundhouse-Kicks richtig getimt werden, um die besten Ergebnisse zu erzielen. Sie wollen nicht vom Gegner erwischt werden oder so stark abgewehrt werden, dass Sie in Schwierigkeiten geraten! Wenn Sie ein paar Schläge ausführen oder Tritte abblocken, überprüfen Sie, ob Sie sich auf einer Seite des Gegners befinden, und achten Sie auf eine gute Positionierung Ihrer Arme, um Ihr Kinn zu schützen. Dies wird einen großen Unterschied darin machen, wie sicher Sie den Roundhouse-Kick landen, ohne ein leichtes Ziel für den Gegner zu sein.

Beinkonditionierung

Sie benötigen starke Beine und Schienbeine, um die Roundhouse-Kicks zu beherrschen. dafür gibt es einige Hilfsmittel:

Das erste ist der Boxsack. Idealerweise sollten Sie dreimal pro Woche 200 Tritte auf jedes Bein am Boxsack ausführen. Es muss nicht sehr hart sein, auch ein weicher Boxsack reicht aus. Die Idee ist, die Nerven am Schienbein zu betäuben. Mit der Zeit, wenn die Nerven weniger auf die Tritte reagieren, werden sie nicht mehr so wehtun, da sie keine Schmerzsignale mehr an Ihr Gehirn senden.

Als Nächstes sollten Sie viele Box Jumps und Kniebeugen machen, um die Tibia und Fibula zu stärken. Wenn Sie zwei- bis dreimal pro Woche fünf Sätze mit je 15 dieser Übungen machen, werden Ihre Schienbeinknochen trainiert und auf die starke Belastung im Ring vorbereitet.

Zu guter Letzt müssen Sie viel Sparring mit den Schienbeinschonern machen. Selbst mit Schienbeinschonern hat hartes Sparring massive Auswirkungen auf Ihre Schienbeine. Es wird Wunder wirken, um sie zu stärken und abhärten, damit sie starken Stößen standhalten können.

Tritte blockieren

Um einen Roundhouse-Kick zu blocken, heben Sie Ihr Schienbein an und blocken Sie mit Schienbein auf Schienbein. Heben Sie Ihr Knie in einem Winkel von etwa 90 Grad zwischen Schienbein und Oberschenkel an. Wenn Sie einen Tritt in die Körpermitte blockieren, ist Ihr Knie natürlich höher. Sie können Ihr Schienbein verwenden, um Schläge auf Schienbein, Oberschenkel und Bauch zu blocken. Sie müssen Ihre Arme zur Verteidigung gegen alles verwenden, was auf Ihre Brust oder Ihren Kopf zukommt.

Der Roundhouse-Kick ist ein fantastischer Kick, der in vielen Situationen eingesetzt werden kann. Um das Beste aus ihm herauszuholen, müssen Sie jedoch wissen, wie man ihn richtig ausführt, häufige Fehler vermeiden und über Beine verfügen, die für diese

Fertigkeit richtig trainiert sind. Ein gutes Beintraining hilft Ihnen, hervorragende Kicks zu landen und sich vor Roundhouse-Kicks zu schützen.

Kapitel 7: Teep: Fußtechniken

Sweeps mit dem Fuß sind im Muay Thai von großer Bedeutung. Ob beim Sparring oder bei Wettkämpfen auf höchstem Niveau – wenn Sie über mehrere verschiedene Fußtritte und -kicks verfügen, sind Sie im Kampf besser aufgestellt.

Kicks und Sweeps mit dem Fuß sind zwar einfach, können aber auf vielfältige Weise eingesetzt werden, um den Gegner aus dem Gleichgewicht zu bringen, ihn zu entwaffnen oder ihn für einen Angriff zu positionieren. Wie bei vielen anderen Dingen im Muay Thai kommt es auch bei einer hervorragenden Fußtechnik auf Geschwindigkeit und Timing an. Hier erfahren Sie alles über die verschiedenen Fußtechniken im Muay Thai.

Fußtritte im Muay Thai

Fußtritte sind im Muay Thai ein wichtiges Kampfmittel. Sie lenken gegnerische Angriffe ab, bringen den Gegner aus dem Gleichgewicht und blocken oder parieren Tritte. Diese Tritte zielen in erster Linie auf den Bauch, die Brust oder das Gesicht des Gegners. Sie können aber auch gegen die Beine eingesetzt werden und zur Abwehr von Tritten dienen. Bei diesen schnellen Tritten können die Zehen, die Ferse oder die Sohle verwendet werden, um den Gegner anzugreifen. Sie werden auch als Fußschläge bezeichnet, da sie weniger kraftvoll sind als ein gerader Tritt oder ein gut platzierter Faustschlag. Mit Schnelligkeit und Präzision können sie jedoch sehr effektiv eingesetzt werden.

Es gibt zwei Hauptformen von Fußtritten, die unten aufgeführt sind.

1. Gerader oder Vorwärtstritt (Teep Trong)

Aus dem Stand hebt der Kämpfer sein Knie an und tritt mit dem Schienbein nach vorne, um seinen Fuß auf dem Gegner zu landen. Typischerweise wird dies für Angriffe oberhalb der Gürtellinie eingesetzt. Es ist ein ausgezeichneter Angriff auf den Bauch, die Brust oder das Gesicht des Gegners, muss aber schnell ausgeführt werden. Der Tritt zum Körper muss genauso schnell ausgeführt werden wie der Tritt zum Gegner. Eine gute Beweglichkeit der Hüfte ist auch erforderlich, um den Teep Trong für das Gesicht einzusetzen.

2. Seitlicher Fußtritt (Teep Khang)

Teep Khang wird ähnlich wie ein gerader Tritt eingesetzt

Dieser Tritt wird auf die gleiche Weise wie der gerade Tritt eingesetzt. Der Unterschied besteht darin, dass sich der Kämpfer beim Ausführen des Angriffs seitlich befindet. Auf diese Weise zeigt die Seite des Kämpfers zu seinem Gegner, die Hüften sind zur Seite gedreht und nach unten geneigt, sodass sie zum Boden zeigen, und die Seite der Sohle landet auf dem Gegner. Da bei dieser Bewegung die Hüfte gedreht wird, ist der Tritt etwas kraftvoller, da der Schwung des Oberkörpers auf den Tritt übertragen wird. Dieser Tritt ist etwas anspruchsvoller, da er eine bessere Beweglichkeit der Hüfte und ein besseres Gleichgewicht erfordert, um richtig ausgeführt zu werden. Die Fußposition, die Hüftdrehung und sogar die Position des Oberkörpers beeinflussen, wie gut man bei einem Teep Khang das Gleichgewicht halten kann.

Kicks und Sweeps mit dem Fuß im Stehen

Sweeps werden im Muay Thai ausgiebig eingesetzt und können dem Kämpfer zugutekommen. Je nach Situation können verschiedene Versionen von Sweeps eingesetzt werden. In diesem Abschnitt werden einige der grundlegendsten, aber auch vielseitigsten Sweeps behandelt, die Sie beherrschen sollten.

1. Catch und Sweep

Catch und Sweep ist eine großartige Reaktion auf Tritte

Catch und Sweep ist eine großartige Technik, die mit erstaunlicher Wirkung als Reaktion auf Tritte eingesetzt werden kann. Es ist eine der Techniken, mit denen die meisten Gegner nicht rechnen. Normalerweise wird ein Check-Kick eingesetzt, um Tritte zu blockieren. Der Sweep blockiert den Tritt und macht es für den Gegner weniger wahrscheinlich, diesen Tritt erneut einzusetzen, da er weiß, dass er brutal gekontert wird.

Bei diesem Sweep fangen Sie den Seiten- oder Roundhouse-Kick mit Ihren Armen ab und umschließen dabei praktisch das Bein, um den Aufprall zu minimieren. Heben Sie dann das Bein des Gegners leicht an und wechseln Sie Ihren Stand. Dadurch gerät der Gegner aus dem Gleichgewicht und kann leichter zu Boden gebracht werden. Wenn Ihr Gegner versucht, das Gleichgewicht wiederzuerlangen, können Sie ihn mit einem Tritt gegen die Wade seines Standbeins zu Boden bringen.

2. Roundhouse Sweep

A

B

Der Roundhouse-Sweep kann Ihnen dabei helfen, Ihren Gegner auszutricksen

Dieser Sweep nutzt die Tendenz der meisten Kämpfer aus, auf einen Tritt mit einem Tritt zu reagieren. Wenn Sie einen Roundhouse-Kick gegen Ihren Gegner ausführen, können Sie fast sicher sein, dass er einen zurückschlägt.

Für diesen Sweep sollten Sie einen Roundhouse-Kick zum Körper ausführen, um zu sehen, wie Ihr Gegner reagiert. Wenn Sie einen Rückschlag von ihm erhalten, führen Sie einen weiteren aus, um ihn auf den Sweep vorzubereiten. Diese ersten Tritte dienen dazu, den Gegner vorzubereiten. Es ist nicht notwendig, zu viel Kraft in den Tritt zu legen, da Sie sonst Gefahr laufen, gefangen und kontert zu werden.

Bevor der Gegner mit seinem zweiten Tritt antworten kann, nutzen Sie Ihr hinteres Bein, um den Knöchelbereich des hinteren Beins des Gegners zu treffen und ihn aus dem Gleichgewicht zu bringen, während sein vorderes Bein für einen Angriff in der Luft ist. Idealerweise sollten Sie Ihren Sweep ausführen, während das Angriffsbein des Gegners in der Luft ist. Auf diese Weise können Sie sicherstellen, dass sein Gewicht auf seinem Bein liegt und der Sweep effektiv ist. Je nach Größe und Reichweite Ihres Gegners kann es erforderlich sein, dass Sie einen kleinen Schritt nach vorne machen.

3. Rückwärtssweep

Dies ist ein großartiger Sweep und ziemlich schmerzhaft für den Gegner, da er mit seinem gesamten Gewicht vollständig auf seinem Körper landet. Dieser Sweep wird am besten nach ein paar Schlägen oder Tritten ausgeführt, um sicherzustellen, dass der Gegner den Großteil seines Gewichts auf das hintere Bein verlagert.

Wenn Sie die rechte Körperseite des Gegners treten, wird er sein rechtes Bein zur Verteidigung anheben. Beim zweiten oder dritten Tritt täuschen Sie einen Tritt nach rechts an und bewegen sich mit Ihrem hinteren Bein nach vorne, um das Bein, auf dem Ihr Gegner steht, wegzuziehen. Für eine noch bessere Wirkung können Sie das Bein des Gegners mit der anderen Hand aus dem Weg bewegen, um näher an ihn heranzukommen und ihn auf sein Standbein zu drücken, sodass sein gesamtes Gewicht auf dem Bein lastet, das Sie wegziehen wollen.

Der Rückwärtssweep kann für den Gegner schmerzhaft sein

4. Teep Counter Sweep

Teep-Counter-Sweep ist eine wertvolle Fähigkeit

Einer der häufigsten Angriffe, denen Sie begegnen werden, ist der Forward Teep. Zu wissen, wie man diesen Angriff mit einem schnellen und effektiven Sweep kontert, ist eine wertvolle Fähigkeit.

Das Ziel ist es, das Bein des Gegners, während eines Teeps zu fangen, ihn zu sich heranzuziehen, sein Schwungbein zu blockieren und ihn nach unten zu drücken, während er fällt, um einen größeren Aufprall auf die Plane zu erzielen.

Idealerweise fasst man das Bein des Gegners mit einem festen Griff, wobei man mit einer Hand die Rückseite des Knöchels umfasst. Dann zieht man den Gegner zu sich heran, um ihn aus dem Gleichgewicht zu bringen und sein Standbein in Reichweite zu bringen. Als Nächstes tritt man das Standbein im Knöchelbereich, um den Schwung auszuführen, und beendet den Vorgang mit einem kräftigen Stoß gegen die Brust oder die Schultern, um den Fall zu beschleunigen und den Aufprall auf die Plane zu verstärken.

5. Niedriger Tritt als Finte für den Sweep

Der Scheinangriff mit einem Low Kick kann Ihnen helfen, die Angriffe Ihres Gegners abzuwehren

Das Ziel ist es, unter dem hinteren Oberschenkel Ihres Gegners hindurchzuschwingen, um ihn auf die Matte zu bringen. Auch hier müssen Sie Ihren Gegner mit ein paar Low Kicks oder Kicks gegen die Rippen in die richtige Position bringen, um Ihren Schwung ausführen zu können.

Bei der Bewegung, bei der der Gegner sein Bein anhebt, um sich gegen etwas zu verteidigen, das wie ein Tritt aussieht, gehen Sie nah an ihn heran. Wenn sein Bein in der Luft ist und sein gesamtes Gewicht auf dem Schwungbein lastet, führen Sie einen harten Tritt zur Innenseite seines hinteren Oberschenkels aus, damit er flach auf dem Boden landet. Es ist auch eine gute Herangehensweise, die Hand vor sich ausgestreckt zu halten und das Kinn in die Schulter zu ziehen, damit Sie bereit sind, alle Gegenangriffe abzuwehren.

Wenn Sie die Wirkung verstärken möchten, stoßen Sie den Gegner an, wenn er zu fallen beginnt, um die Fallgeschwindigkeit zu erhöhen.

Vorteile von Kicks und Sweeps mit dem Fuß

Sweeps werden häufig in vielen Kampfsportarten eingesetzt. Jede Kampfsportart hat bestimmte Sweeps, die nur für diese bestimmte Disziplin gelten. Außerdem sind viele Sweeps in einer Kampfsportart erlaubt, in einer anderen Kampfsportart jedoch nicht, wenn es um Wettkämpfe geht.

Als Muay-Thai-Athlet wäre es gut, mehrere Sweeps zur Verfügung zu haben. Hier sind einige der wichtigsten Vorteile, die ein Sweep bietet:

Schlagvorbereitung

Sweeps sind eine hervorragende Möglichkeit, den Gegner aus dem Gleichgewicht zu bringen. Wenn man lernt, einen Sweep auszuführen, wird es viele Situationen geben, in denen man keinen sauberen Sweep hinbekommt, aber selbst dann hat man den Gegner aus dem Gleichgewicht gebracht. Dieser Moment der Instabilität ist alles, was man braucht, um einen vollständigen Angriff zu starten und den Kampf möglicherweise zu beenden.

Wenn Sie Muay Thai als Teil Ihres MMA-Trainings verwenden, bei dem Schläge und Tritte am Boden erlaubt sind, sind Sweeps eine nützliche Technik, um den Gegner auf den Boden zu bringen. Wenn ein Gegner bei einem Sweep hart auf dem Boden landet, ist es für ihn außerdem schwierig, sich zu stabilisieren und sich auf die für den Bodenkampf erforderlichen grundlegenden Techniken einzustellen. In beiden Fällen profitieren Sie vom Sweep.

Rhythmus im Kampf

Der Rhythmus eines Kämpfers ist für seine Leistung im Kampf von entscheidender Bedeutung, insbesondere wenn der Kämpfer seine Bewegungen mit seiner Beinarbeit und einem natürlichen Kampfrhythmus synchronisieren kann. Mit Sweeps können Sie diesen Rhythmus effektiv stören. Wenn Sie einen Gegner sweepen, braucht er einen Moment, um wieder auf die Beine zu kommen und seinen Rhythmus wieder aufzunehmen. Wenn Sie dies während eines Kampfes oft genug und mit genügend Kraft tun, kann dies verheerende Auswirkungen auf den Rhythmus des Gegners haben. Ein fehlender Rhythmus führt zu schlechtem Timing, was wiederum zu schwachen Treffern führt und es dem Gegner erschwert, Ihren Angriffen auszuweichen und sie abzuwehren.

Sweeps haben eine viel größere Wirkung als ein einfacher Tritt oder Schlag auf den Körper. Wenn Sie Ihren Gegner ermüden, sein Selbstvertrauen brechen und Verletzungen zufügen wollen, sind Sweeps effektiver als schnelle Tritte und Stöße. Wenn Sie einen Sweep mit einem harten Stoß kombinieren, ist er sogar noch gefährlicher.

Raum

Unabhängig davon, wie erfahren Sie sind, kann es anstrengend sein, gegen einen starken Gegner anzutreten. Sweeps sind eine großartige Möglichkeit, sich ein paar Momente zu verschaffen, um ein paar Mal tief durchzuatmen und sich zu erfrischen. Wenn Ihr Gegner ständig auf Ihnen ist, erschwert dies das Atmen und die Konzentration. Sweeps verschaffen Ihnen etwas Raum, um sich zu sammeln. Wenn Sie sich jemals in einer schwierigen Situation befinden, hilft Ihnen ein Sweep, den Durchblick zu behalten.

Dominanz

Die mentale Stärke, insbesondere Ihre Gemütsverfassung, spielt eine wichtige Rolle für Ihre Kampfleistung. Sweeps sind eine dieser Bewegungen, die Ihnen Selbstvertrauen geben und gleichzeitig Ihren Gegner demotivieren. Sie verschaffen Ihnen einen Moment zum Nachdenken, und wenn Sie selbstbewusster sind, können Sie bessere Pläne entwickeln.

Wenn Sie nach einem Sweep über Ihrem Gegner stehen, wirkt sich das direkt und unterbewusst auf Ihre Psyche aus. Wenn Sie das Gefühl haben, dass Sie nichts bei Ihrem Gegner landen können, aber dann erfolgreich einen Sweep ausführen, kann das die Situation drastisch verändern. Außerdem zehrt es am Selbstvertrauen eines Kämpfers, wenn er im Wettkampf auf dem Rücken auf der Matte liegt. Hinfallen und wieder aufstehen macht einen Kämpfer müde - ein weiterer Vorteil von Sweeps.

Punkte

Es geht nicht immer darum, den Gegner zu verletzen. In einem Wettkampf geht es darum, Punkte zu erzielen, und mit Sweeps können wertvolle Punkte bei den Kampfrichtern erzielt werden. Außerdem zeigen sie den Kampfrichtern, dass man die Situation unter Kontrolle hat und über ein ausgezeichnetes räumliches Vorstellungsvermögen verfügt.

Sweeps können den Gegner mit kleinen, schnellen Bewegungen daran hindern, zu viele einfache Punkte zu erzielen. Wenn man das Gefühl hat, dass eine Runde außer Kontrolle gerät, kann man mit einem Sweep wieder für etwas mehr Ausgeglichenheit sorgen.

Illegale Sweeps

Es ist wichtig, die illegalen Sweeps zu kennen, insbesondere für Kämpfer, die aus anderen Kampfsportarten kommen. Kämpfer, die aus Taekwondo, Jiu-Jitsu und Judo kommen, haben in dieser Hinsicht die meisten Probleme. Gängige Sweeps in diesen Sportarten, wie Ouchi Gari und Ostoro Gari, sind im Muay Thai verboten. Alle Sweeps, bei denen der Gegner an der Taille hochgehoben oder ein Gliedmaß benutzt wird, sind im Muay Thai ebenfalls verboten.

Das Wissen um die Sweeps ist von entscheidender Bedeutung, aber es braucht Zeit und Übung, um die Kunst zu perfektionieren, einen guten Sweep im richtigen Moment einzusetzen und das Blatt zu wenden. Es erfordert viel Übung, Bewegungen vorherzusehen und den richtigen Sweep für die jeweilige Situation zu entwickeln. Die folgenden Kapitel befassen sich damit, wie man Sweeps mit anderen Bewegungen kombiniert, um Kombinationen zu erstellen, mit denen man den Gegner besiegen kann.

Kapitel 8: Chap Kho: Clinch- und Nackenringtechniken

Abgesehen vom Mangkon sind die Bewegungen, die die Kämpfer beim Clinchen und Nackenringen ausführen, vielleicht das ikonischste Merkmal des Muay Thai. Beim westlichen Boxen und sogar bei einigen Kampfsportarten ist Clinchen nicht erlaubt. Wenn zwei Kämpfer in einen Clinch geraten, werden sie sofort getrennt oder der Kampf wird unterbrochen. Kämpfer in anderen Kampfsportarten, insbesondere im westlichen Boxen, nutzen das Clinchen, um sich gegen Angriffe zu verteidigen und um eine kleine Pause während des Kampfes zu bekommen.

Im Muay Thai ist das Clinchen ein wesentlicher Bestandteil des Kampfes. Es ist eine der intensivsten und gefährlichsten Situationen, in denen sich ein Kämpfer befinden kann. Mit den richtigen Fähigkeiten und der richtigen Herangehensweise an das Clinchen kann es für einen Kämpfer, der weiß, was er in einem Kampf zu tun hat, eine spielentscheidende Fähigkeit sein. Bei Kämpfern, die die Muay Plam-Technik bevorzugen, dreht sich alles um das Clinchen, genauso wie es bei Muay Sok um die Ellbogen geht; bei Muay Thai geht es um Tritte. Wenn Sie sich auf Muay Plam spezialisieren oder einfach nur Ihre Fähigkeiten im Clinchen verbessern möchten, finden Sie in diesem Kapitel alles Wissenswerte.

Die häufigsten Clinchtechniken

Es gibt verschiedene Clinchtechniken, die eingesetzt werden können, um den Gegner in Position zu bringen, sich zu verteidigen, zu sweepen, zu treten, einen Kniestoß zu landen oder andere Ziele zu erreichen. Zu den am häufigsten verwendeten und vielseitigsten Techniken gehören:

1. **Doppelter Kragengriff**

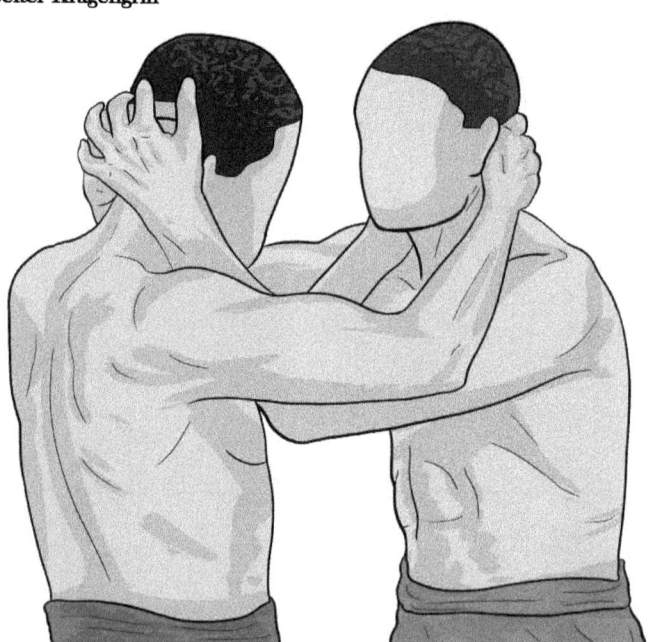

Beim doppelten Kragengriff handelt es sich um eine gängige Clinchtechnik

Diese Technik ist eine der gängigsten Clinchtechniken im Muay Thai. Sie wurde von vielen der besten Kämpfer des Sports mit erstaunlicher Wirkung eingesetzt, darunter auch der hochdekorierte Petchboonchu. Diese Technik ist bei Kämpfern, die mit dem Knie arbeiten, sehr beliebt, da sie eine hervorragende Kontrolle über den Gegner ermöglicht und dessen Kopf und Bauch für Knieattacken öffnet.

Es gibt zwei Versionen des doppelten Kragengriffs: um den Kopf oder um den Hals.

Wenn Sie den Kopf Ihres Gegners treffen wollen, beginnen Sie damit, Ihre Hand durch seine Deckung zu führen und um seinen Hinterkopf zu legen. Führen Sie dann die zweite Hand auf ähnliche Weise, sodass Sie beide Hände hinter dem Kopf Ihres Gegners haben. Von dieser Position aus ist es sehr einfach, den Kopf nach unten zu bringen, um einen Schlag mit dem Ellbogen oder Knie auszuführen. Außerdem ist es viel einfacher, den Körper zu manövrieren, wenn man den Kopf gut unter Kontrolle hat. Sie können den Körper des Gegners leicht für Knieschläge auf das Brustbein und die Bauchmuskeln in Position bringen. In diesem Griff ist es einfacher, den Gegner herumzudrehen und seinen Körper zu bewegen, wenn Sie ihn für andere Angriffe in Position bringen möchten.

Die andere Möglichkeit ist, den Gegner am Hals zu packen. Greifen Sie dazu mit den Händen um den Nacken des Gegners und verschränken Sie die Hände mithilfe eines Gabelgriffs. Dieser Griff bietet Ihnen eine hervorragende Kontrolle, sodass es für den Gegner schwieriger ist, Ihren Griff zu lösen, und Sie ihm den Hals abdrücken können. Dieser Griff kann sehr schmerzhaft sein, wenn Sie Ihre Unterarme an den Seiten des Halses des Gegners zusammenpressen, was ihn effektiv macht. In dieser Position haben Sie nicht so viel Kontrolle über den Körper Ihres Gegners, aber es ist in vielen Situationen immer noch ein effektiver Griff. Dies ist besonders nützlich bei Gegnern, die etwas größer sind als Sie. Wenn Sie nach dem Kopf Ihres Gegners greifen, liegt Ihr Unterleib frei, was äußerst riskant sein kann. Wenn Sie jedoch nach dem Hals Ihres Gegners greifen, schützen Sie sich selbst und bringen sich gleichzeitig in Schlagdistanz zum Gegner.

2. Einfacher Kragengriff

Der doppelte Kragengriff kann Ihrem Gegner sicherlich großen Schaden zufügen. Er ist jedoch leicht zu verteidigen und nicht allzu schwer zu brechen, wenn man erst einmal verstanden hat, wie man ihn kontert. Der einfache Kragengriff ist aus diesen Gründen eine häufiger praktizierte Technik.

Bei dieser Technik wird eine Hand um den Hals des Gegners gelegt, während die andere Hand fest um den Bizeps des Gegners auf der gegenüberliegenden Seite gelegt wird. Während Sie mit der rechten Hand den Hals des Gegners umfassen, sollte Ihre linke Hand fest den rechten Bizeps des Gegners greifen. Auf diese Weise haben Sie eine gute Kontrolle über den gesamten Körper des Gegners, da es zwei Stellen gibt, an denen Sie das Gewicht des Gegners verlagern und ihn aus dem Gleichgewicht bringen können. Außerdem ist es schwieriger, diesen Clinch zu lösen, und obwohl Sie den Kopf aus dieser Position nicht leicht treffen können, haben Sie dennoch reichlich Gelegenheit, mit den Knien gegen Bauch und Brust zu stoßen und den Gegner zu Boden zu werfen.

Der einfache Kragengriff wird häufiger praktiziert

In dieser Position können Sie mit der linken Hand (die auf dem Bizeps) kräftige Aufwärtshaken und Haken zum Gesicht des Gegners landen. Je mehr Erfahrung Sie in dieser Position sammeln, desto besser lernen Sie, mit der rechten Hand harte Ellbogenstöße zum Gesicht und zur Brust des Gegners zu führen.

3. Over-Under-Clinch-Position

Der Over-Under-Clinch ist eine der häufigsten Clinch-Positionen im Muay Thai. Er ist vielseitig und kann effektiv eingesetzt werden, wenn man versteht, wie er funktioniert.

In dieser Position kommt ein Arm über den Arm des Gegners, wobei die Hand auf dessen Nacken liegt, während der andere Arm sich unter den gegenüberliegenden Arm des Gegners schiebt. Je nach Reichweite können beide Hände am Hals des Gegners liegen oder eine Hand greift nach dessen Schulter oder Bizeps. In jedem Fall können Sie mit einem guten Griff aus dieser Position heraus zahlreiche Manöver ausführen.

Sie können Ihren Oberarm verwenden, um Ihren Gegner nach unten zu ziehen, und Ihren Unterarm, um ihn nach oben zu drücken. Wenn Sie eine größere Reichweite haben, können Sie Ihren Gegner umgreifen und Ihre Hände zu einer festen Klammer schließen, um mehr Kontrolle über die Situation zu erlangen.

In diesem Clinch können Sie Ihre Knie effektiv an den Seiten oder am Bauch des Gegners ansetzen und sind in einer guten Position, um ankommende Knieattacken abzuwehren. Es ist einfach, den Gegner zu schieben und zu ziehen, um ihn aus dem Gleichgewicht zu bringen und ihn sogar auf die Matte zu werfen. Aufgrund der geringen Distanz erfordert die Verteidigung in dieser Position jedoch viel Übung und Kampferfahrung.

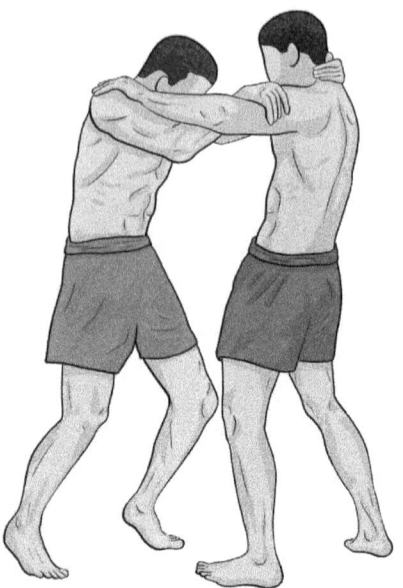

Die Over-Under-Clinch-Position ist im Muay Thai sehr verbreitet

4. Doppelter Untergriff

Dies ist ein gängiger Clinch im Western Wrestling, MMA, Judo und anderen Kampfsportarten, bei denen Bodenkampf eine Rolle spielt. Im Muay Thai gibt es so gut wie keinen Bodenkampf. Dieser Clinch kann jedoch immer noch effektiv eingesetzt werden, um den Gegner aus dem Gleichgewicht zu bringen und die Kontrolle über die Situation zu erlangen. Außerdem schützt die Nähe zum Gegner und dient als eine Art Verteidigung gegen Kniestöße, auch wenn die Seiten immer noch ungeschützt sind. Seien Sie also bereit zu reagieren. Wenn Sie Sweeps ausführen möchten, ist dies auch ein guter Clinch für diesen Zweck. Dieser Griff bietet eine gute Ausgangsposition, um Kraft zu erzeugen, und genügend Reichweite, um den Gegner zu sweepen, selbst wenn beide Füße auf der Matte stehen.

Um in diesen Clinch zu gelangen, greifen Sie mit den Händen unter die Arme des Gegners und greifen Sie um seinen Rücken herum. Ihre Arme sollten unter seinen Armen hindurch, unter seinen Schultern hindurch und um seinen Rücken herum nach unten gehen. Sie können Ihre Hände hinter seinem Rücken verschränken, wenn Sie so weit reichen können. Führen Sie gleichzeitig eine Bewegung mit der Hüfte aus, sodass Sie fast die

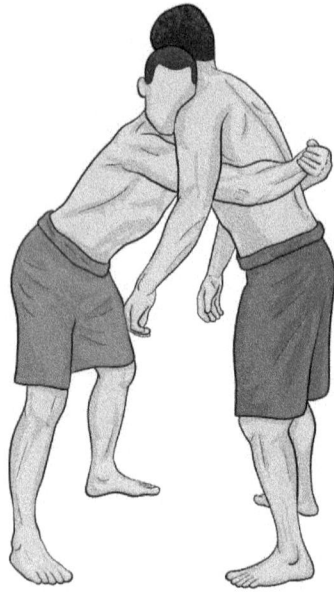

Der doppelte Untergriff ist ein gängiger Clinch im Kampfsport

Hüfte des Gegners berühren. Je näher Ihre Hüften an denen des Gegners sind, desto mehr Kontrolle haben Sie, da Ihr Körpergewicht eine große Rolle spielt und nicht nur die Kraft Ihres Oberkörpers.

Die Schwierigkeit bei diesem Clinch besteht darin, sich nicht zu sehr hin- und herzubewegen und den Gegner zu schubsen. Zu viel Bewegung bringt Ihr Zentrum aus dem Gleichgewicht, und Ihr Gegner kann dies leicht zu seinem Vorteil nutzen. Das Ziel besteht darin, die Bewegungen des Gegners mit entgegengesetzten Zügen zu kontern, während Sie Ihr Körpergewicht in die entgegengesetzte Richtung bewegen.

Sobald Sie die Grundlagen beherrschen, können Sie diese Umklammerung nutzen, um Ihren Gegner zu stoßen, hochzuheben und zu drehen. Dazu müssen Ihre Hände tiefer auf dem Rücken des Gegners liegen, um den Rippenansatz herum, von wo aus Sie ihn enger umschließen und dann hochheben, stoßen, drehen und auf den Boden werfen können. Wenn Sie das Gewicht Ihres Gegners aus dieser Position heraus kontrollieren, können Sie auf vielfältige Weise leichter Sweep-Techniken anwenden.

Häufige Fehler beim Clinchen

Eine gute Clinchtechnik zu entwickeln ist ein wichtiger Bestandteil des Ringens. Sie müssen viele andere Aspekte des Clinchens perfektionieren, um diese Art und Phase des Kampfes zu beherrschen. Hier sind einige häufige Probleme, die Sie berücksichtigen sollten:

Haltung - Viele Kämpfer gehen mit ihrer normalen Kampfhaltung in den Clinch; dies führt zu einem schwachen Clinch und setzt Sie mehreren Angriffsmöglichkeiten aus. Die Clinch-Haltung unterscheidet sich deutlich von Ihrer normalen Kampfhaltung. Achten Sie darauf, dass Sie die beiden nicht verwechseln und die Änderung zum richtigen Zeitpunkt vornehmen. Wie reibungslos Sie in die Clinch-Haltung übergehen können, spielt eine große Rolle dabei, wie effektiv Sie im Clinch sind.

Effektive Kniestöße - In den Clinch zu gehen ist eine Sache, aber das Beste aus dem Clinch zu machen, hängt davon ab, wie effektiv Sie Ihrem Gegner mit dem Knie zusetzen können. Anfangs werden Ihre Knie nicht viel Wirkung zeigen, sodass der Gegner denkt, dass Sie ihn nur mit den Knien touchieren. Während Sie vielleicht das Gefühl haben, viel Kraft in die Knie zu bringen. Es braucht Übung, um einen schmerzhaften Kniestoß in den Unterleib zu versetzen.

Diese Technik erfordert viel Übung am Sandsack. Üben Sie, die Spitze Ihres Knies gezielt in den Gegner zu stoßen. Wenn Sie seitlich Knieangriffe ausführen, achten Sie darauf, dass Sie den harten Knieknochen in den Gegner stoßen und nicht nur Ihr Knie gegen seine Seite drücken. Bei einem leichten Kniestoß ist Ihre Clinchtechnik wenig nützlich.

Freier Hals - Beim Clinch geht es darum, den Hals oder den Kopf zu treffen. Viele Kämpfer lassen ihren Hals völlig ungeschützt, wenn sie in den Clinch gehen, was ihrem Gegner leichten Zugang und damit auch die Kontrolle über den Clinch ermöglicht. Achten Sie darauf, dass Sie sich verteidigen können, wenn Sie in den Clinch gehen, und machen Sie es Ihrem Gegner so schwer wie möglich, Ihren Hals oder Kopf zu erreichen. Wehren Sie sich und leisten Sie Widerstand, wenn Sie spüren, dass Ihr Gegner es auf Ihren Hals abgesehen hat. Sie können sich jederzeit befreien und erneut in den Clinch gehen, sodass Sie zuerst an seinen Hals gelangen.

Ringen - Es ist schwierig, sich aus dem Clinch zu befreien, insbesondere wenn man gegen einen größeren oder stärkeren Gegner antritt. Das Ziel des Clinchs besteht jedoch nicht darin, den Gegner durch Ringkampf zu überwältigen. Hier können Sie zeigen, was Sie mit Ihren Knien und möglicherweise mit Ihren Ellbogen und Fäusten anstellen können. Nutzen Sie die Situation auf engem Raum, um Schaden zuzufügen, und nicht, um Ihren Gegner in Bewegung zu halten.

Übergang zur Verteidigung - Kämpfer haben eine gute Verteidigungshaltung, aber sobald es Zeit ist, in den Clinch zu gehen, lassen sie die Arme sinken oder richten den Kopf auf. Dadurch hat der Gegner leichten Zugang zu Ihrem Körper, und ein Schlag aus dieser Nähe kann leicht zum K. o. führen. Sie müssen bis zum letzten Moment, in dem Sie den Gegner greifen, eine gute Verteidigungshaltung beibehalten.

Den Clinch optimieren

Hier sind ein paar Tipps, die Ihnen helfen, Ihren Clinch-Kampf auf die nächste Stufe zu bringen:

Richtige Haltung – Wenn Sie Ihren Gegner im Clinch haben, halten Sie ihn so lange wie möglich in einer nach vorne gebeugten Haltung. Die einzige Möglichkeit für ihn, sich gegen Knieangriffe zu verteidigen, besteht darin, wieder eine aufrechte Haltung einzunehmen. Je länger Sie ihn daran hindern können, desto länger können Sie die Kontrolle über die Situation behalten und Ihre Schläge landen.

Schützen Sie Ihren Nacken – Solange Sie Ihrem Gegner nicht Ihren Kopf oder Nacken hinhalten, haben Sie den Clinch unter Kontrolle. Je schwerer es für ihn ist, Sie im Clinch zu packen, desto geringer ist die Wahrscheinlichkeit, dass Sie getroffen oder zu Boden geworfen werden.

Flexibilität – Es gibt mehrere Möglichkeiten, im Clinch anzugreifen. Wenn Sie Ihre Knie nicht einsetzen können, versuchen Sie es mit Ellbogen, Schlägen, dem Werfen Ihres Gegners oder allem anderen, was funktioniert. Behalten Sie die Situation im Auge und seien Sie flexibel, was verschiedene Angriffsoptionen angeht, je nach den Umständen. Landen Sie alles, was Sie können, solange es präzise ist.

Die meisten Kämpfer ziehen es vor, nicht in den Clinch zu geraten. Wenn Sie jedoch die Grundlagen des Clinchs beherrschen und wissen, wie Sie die Situation meistern können, können Sie ihn zu Ihrem Vorteil nutzen. Besonders wenn Sie auf jemanden treffen, der nicht sehr gut im Clinch ist, kann dies Ihre Chance sein, den Kampf zu Ihren Gunsten zu entscheiden.

Kapitel 9: Kombinationstechniken

Muay Thai ist ein temporeicher Sport, bei dem harte Schläge und komplexe Kombinationen, die den Gegner ins Straucheln bringen, zum Einsatz kommen. Als Muay-Thai-Kämpfer müssen Sie in beiden Aspekten des Kampfes kompetent sein. Sie müssen mit Ihren Tritten, Schlägen und Ellbogen über eine laserscharfe Präzision verfügen und diese hart landen.

Muay Thai ist ein schneller Sport[33]

Verwenden Sie diese auch in verschiedenen Kombinationen, um in einem Kampf die Oberhand zu gewinnen. In diesem Kapitel werden einige der besten Kombinationen vorgestellt, um einen Sieg zu sichern.

Kombinationen

Wenn Sie Kombinationen verwenden, ist es wichtig, die Distanz zu bestimmen, bevor Sie die Kombination starten, und während der Kombination zu verfolgen, wo Sie sich befinden. Manchmal müssen Sie während der Kombination einen Schritt nach vorne machen, z. B. wenn Sie die Kombination ausführen, während Sie auf den Gegner zugehen. In anderen Fällen kann es auch umgekehrt sein.

Achten Sie auch darauf, wie der Gegner auf die Kombination reagiert. Es wird nicht immer möglich sein, die gesamte Kombination zu landen, und in einigen Fällen müssen Sie Platz haben, um weitere Bewegungen zu den Kombinationen hinzuzufügen.

1. Vorgetäuschter Push Kick – Linker Haken – Rechter Low Kick

1. Täuschen Sie zunächst einen Push Kick vor, um den Gegner auf diesen Angriff vorzubereiten. Dadurch erhalten Sie den nötigen Freiraum und können einschätzen, wie der Gegner auf einen Push Kick reagieren wird.
2. In neun von zehn Fällen wird der Gegner ein Bein anheben, um sich gegen den ankommenden Kick zu verteidigen. Hier wollen Sie ihn überraschen und Ihren linken Haken werfen.
3. Nachdem der Haken getroffen hat, folgen Sie mit einem starken Tritt gegen das Standbein oder den Unterleib des Gegners, je nachdem, was angesichts seiner Verteidigung und Reaktion leichter zugänglich ist.

4. Wenn Sie es schaffen, alle drei Treffer zu landen, wird Ihr Gegner definitiv Sterne sehen. Der Schlüssel zu diesem Angriff ist jedoch die Täuschung. Diese Kombination wird gegen Kämpfer, die mit Ihrem speziellen Täuschungsstil vertraut sind, und auch gegen Kämpfer, die Täuschungen schnell erkennen, eine größere Herausforderung darstellen.

2. Jab – Rechte Überhand – Leberkick
1. Bei dieser Kombination beginnen Sie mit einem schnellen Jab mit der Führhand. Dies dient zwei Zwecken. Zum einen soll Ihr Gegner in Richtung des Jabs schauen. Zum anderen soll er für den Rest des Angriffs geöffnet werden.
2. Folgen Sie dem Jab mit einem Schlag mit der Rückhand. Dieser Schlag wird Wirkung zeigen, da Sie für diesen zweiten Schlag über den vollen Bewegungsumfang verfügen.
3. Führen Sie in schneller Folge einen Tritt (vom Bein gegenüber dem Schlagarm) gegen den Oberkörper des Gegners aus, idealerweise gegen die Leber. Wenn Sie mit Ihrem zweiten Schlag treffen, wird der Gegner die Hände heben, um sich zu verteidigen, sodass Ihr Tritt die Leber trifft. Sie müssen jedoch schnell sein, um das Beste aus dieser Gelegenheit zu machen.
4. Diese Kombination umfasst Treffer gegen den Ober- und Unterkörper, die schwer abzuwehren sind, verwirrend wirken und auch ziemlich schmerzhaft sind, wenn sie richtig ausgeführt werden.

3. Linkes Knie – Rechter Ellbogen – Linker Haken
1. Diese Kombination beginnt mit dem linken Knie. Um sie noch effektiver zu machen, können Sie den Gegner mit einem rechten Beintritt täuschen, um ihn zu öffnen, und dann einen Schritt nach vorne machen, um Ihr linkes Knie in seinen Rumpf zu rammen.
2. Bringen Sie Ihr linkes Knie so schnell wie möglich wieder nach unten und verlagern Sie Ihr Gewicht nach rechts, von wo aus Sie Ihren rechten Ellbogen einsetzen. Sie sollten mit Ihrem Ellbogen auf Schläfe, Nase, Kiefer oder Schlüsselbein zielen.
3. Verlagern Sie Ihr Gewicht wieder auf die andere Seite, und während Ihr Gegner mit den Händen die rechte Seite verteidigt, kommen Sie mit einem schwingenden linken Haken.
4. Bei dieser Kombination geht es darum, von gegenüberliegenden Seiten mit Geschwindigkeit anzugreifen, ohne dem Gegner Zeit zu geben, die notwendigen Abwehrmaßnahmen zu ergreifen. Sie müssen Ihre Schläge gut platzieren und eine hervorragende Balance haben, um dies richtig auszuführen.
5. Wenn Ihr Gegner diesen Angriff nicht abwehren kann, fahren Sie mit einem weiteren Ellbogenstoß von rechts fort und dann zurück zum linken Knie, um die Kombination von vorne zu beginnen.

4. Push Kick – Haken – Cross
1. Beginnen Sie mit einem Push Kick (Teep), um Ihren Gegner ein oder zwei Schritte von Ihnen weg und aus dem Gleichgewicht zu bringen. Die zusätzliche Distanz hilft Ihnen, einen Schritt nach vorne zu machen, verleiht dem Schlag Schwung und ermöglicht Ihnen einen vollen Schwung.
2. Schlagen Sie mit einem starken Haken zur Seite des Kopfes zu. Idealerweise sollten Sie die Schläfe treffen, aber alles an der Seite des Kopfes reicht aus.
3. Gleich nach dem Haken verlagern Sie Ihr Gewicht in die Mitte und schlagen mit einem Cross zur Nase oder zum Kinn durch die Deckung.
4. Für eine maximale Wirkung müssen Sie nach dem Haken blitzschnell sein, um das durch den Push Kick entstandene Ungleichgewicht auszunutzen.

5. Jab – Cross – High Kick
1. Beginnen Sie den Angriff mit einem Jab. Dies wird etwas Schaden anrichten, aber noch wichtiger ist, dass es den Gegner ablenkt.
2. Schlagen Sie sofort einen Cross von der gegenüberliegenden Seite. Hier müssen Sie so viel Wirkung wie möglich erzielen.

3. Als Nächstes führen Sie einen hohen Tritt zum Gesicht, Hals oder Schlüsselbeinbereich aus. Im Allgemeinen ist ein gerader Tritt die schnellste Option, aber wenn Sie außergewöhnlich schnell sind, können Sie auch einen Roundhouse Kick einbauen. In jedem Fall ist der Überraschungseffekt das Highlight dieser Kombination.

6. Jab – Cross – Linker Haken – Rechtes Knie

1. Beginnen Sie mit einem schnellen Jab, um zu sehen, wie Ihr Gegner reagiert, und um in der Mitte etwas Platz für Ihre nächste Bewegung zu schaffen.
2. Führen Sie in fast derselben Bewegung wie beim ersten Jab einen geraden Cross durch seine Deckung. Sie wollen das Beste aus dem Moment machen, in dem er durch den Jab abgelenkt ist.
3. Wieder in schneller Folge den linken Haken einschieben, während sich der Gegner von der Rechten erholt und die Handschuhe vors Gesicht hebt, in Erwartung eines weiteren Schlags, aber die Seiten des Gesichts offen lässt.
4. Zuletzt ein kräftiger rechter Kniestoß in die Körpermitte. Wenn Sie die Gelegenheit haben, halten Sie den Gegner fest, um sicherzustellen, dass er in der richtigen Position bleibt, um den Kniestoß zu erhalten.

7. Jab-Cross-Switch Kick

1. Hier verwenden Sie einen schnellen Jab, um den Angriff zu eröffnen.
2. Sobald Ihr Gegner beginnt, potenzielle Haken abzuwehren, schlagen Sie ihm ein Cross direkt durch die Deckung. Dadurch bringen Sie ihn vorübergehend aus dem Gleichgewicht, sodass es für ihn schwieriger wird, sich auf die nächste Verteidigung zu konzentrieren.
3. Wechseln Sie an dieser Stelle das Standbein, sodass Ihr Spielbein nach hinten fällt. Mit dem Schwung, den Sie durch die Fußwechseltechnik gewonnen haben, schwingen Sie Ihr hinteres Bein nach außen und zielen auf den Hals oder den Kopf des Gegners. Je mehr Platz Sie haben, desto höher können Sie schwingen und desto mehr Kraft können Sie in den Tritt bringen.

8. Linker Ellbogen – Rechte Gerade – Linker Aufwärtshaken

1. Einen Ellbogenstoß gegen den Gegner zu landen, kann den Kampf entscheiden. Selbst wenn Sie ihn nicht mit 100-prozentiger Genauigkeit landen, kann er dennoch viel Schaden anrichten. Beginnen Sie in dieser Kombination mit einem linken Ellbogenstoß gegen das Gesicht, den Hals oder das Schlüsselbein des Gegners.
2. Das reicht aus, um den Gegner aus dem Gleichgewicht zu bringen, da hinter einem Ellbogen viel Körpergewicht steckt. Wenn der Gegner aus dem Gleichgewicht gebracht wurde und seine Deckung durch den Schlag mit dem Ellbogen nicht mehr vorhanden ist, haben Sie die Möglichkeit, eine rechte Gerade zu landen. Idealerweise sollten Sie dies mit demselben Arm tun, mit dem Sie den Ellbogen eingesetzt haben. Führen Sie den Schlag aus, ohne den Ellbogen zurückzuziehen, sondern schlagen Sie mit einem geraden Schlag in diesen kleinen Bereich.
3. Damit haben Sie eine gute Öffnung geschaffen. Nutzen Sie die Gelegenheit und setzen Sie Ihren linken Arm erneut für einen Aufwärtshaken oder einen Schlag auf den Solarplexus ein.

Diese Kombination ins Gesicht eignet sich am besten für Kämpfer, die sich in Situationen aus nächster Nähe wohlfühlen. Sie eignet sich jedoch auch hervorragend für das Training gegen die Pratzen oder den Sandsack, um die Geschwindigkeit zu erhöhen. Sie verbessert die Flüssigkeit Ihrer Bewegungen auf engem Raum und nutzt den verfügbaren Platz optimal aus.

9. Push Kick – Cross – Linker Haken – Rechtes Knie

1. Auch hier kommt der zeitlose Teep (Push Kick) ins Spiel. Beginnen Sie die Kombination, indem Sie Ihren Gegner zurückstoßen und ihn aus dem Gleichgewicht bringen.
2. Mit einer schnellen Bewegung holen Sie Ihren Gegner ein und folgen mit einem Cross.

3. Ein linker Haken an der Seite des Kopfes sollte kurz nach dem Cross folgen.
4. Als Nächstes bringen Sie das rechte Knie mit so viel Kraft wie möglich in die Körpermitte des Gegners. Auch hier können Sie den Bizeps oder den Hals greifen, um Ihren Gegner in Position zu halten, während Sie das Knie einsetzen.

Diese Kombination ist ein umfassender Angriff, der hervorragende Ergebnisse erzielen kann, aber es erfordert Übung, um die Technik richtig auszuführen. Diese Kombination erfordert ein höheres Maß an Koordination und Ausdauer. Üben Sie diese Technik gründlich, bis Sie sie fehlerfrei ausführen können, bevor Sie sie in einem Kampf einsetzen. Sie wollen schließlich nicht mitten in Ihrer Kombination von einem Gegenangriff erwischt werden.

10. Rechte Gerade – Linker Aufwärtshaken – Rechter Roundhouse-Kick

1. Dies ist eine weitere Kombination, die mit einem Schlag ins Gesicht beginnt. Um dies zu ermöglichen, müssen Sie nach der richtigen Öffnung suchen, um einen guten Cross zur Nase, Wange oder zum Kinn des Gegners zu landen.
2. Ein guter Cross wird Ihren Gegner desorientieren und Ihnen den Raum geben, mit dem nächsten Schritt fortzufahren, einem linken Aufwärtshaken. Wenn Sie diesen linken Aufwärtshaken zum Kinn des Gegners landen, wird er mit Sicherheit mit wackeligen Beinen herumlaufen.
3. Das letzte Puzzleteil ist der Roundhouse-Kick. Wenn Sie Ihren Aufwärtshaken landen, verlagern Sie Ihr Gewicht auf den vorderen Fuß und verlagern den Schwung auf die andere Seite, wo Sie einen heftigen Roundhouse-Kick auf den Körper oder den Kopf des Gegners ausführen können.

Das Hauptelement dieser Kombination ist der Roundhouse-Kick am Ende, der hoffentlich zu einem K. o.-Sieg führt. Allerdings müssen Sie bei den Schlägen auf den Punkt genau sein, um es richtig zu machen. Durch die Schläge wird der Gegner in die richtige Position gebracht, um den Roundhouse-Kick leicht auszuführen, ohne dass er geblockt oder gekontert wird.

Wie effektiv eine Kombination ist, hängt vom Timing ab, mit dem Sie sie ausführen. Eine gute Strategie ist es, nach dem perfekten Moment zu suchen, um eine Kombination zu starten, die über die gesamte Länge anhält. Die andere Möglichkeit besteht darin, anzugreifen, sobald sich eine kleine Lücke auftut, und mit der Kombination so weit wie möglich zu gehen. Sie können nie sicher sein, wie Ihr Gegner reagieren wird, daher ist es am besten, das Meiste aus jeder Chance zu holen und bei jedem Angriff so viel Schaden wie möglich zu verursachen (so viele Punkte wie möglich zu erzielen).

Dies sind einige der besten Kombinationen im Muay Thai. Denken Sie jedoch daran, dass es in einem Wettkampfumfeld Regeln gibt, an die Sie sich halten müssen. Es gibt andere Möglichkeiten, diese Kombinationen auszuführen, und viele Möglichkeiten, sie gefährlicher zu machen – aber halten Sie sich im Wettkampf immer an die Regeln.

Unabhängig davon, wie gut Sie in den Kombinationen sind, müssen Sie auch das Gewicht Ihres Gegners im Ring beherrschen. Die Kraft, die Sie für diese Kombinationen entwickeln, entsteht durch den Schwung, den Sie durch die Gewichtsverteilung und die Verlagerung Ihres Gewichts auf die Seite, von der aus Sie angreifen, erhalten. Je besser Sie das Gewicht Ihres Gegners kontrollieren können, desto mehr Schwung können Sie in Ihre Angriffe bringen. Üben Sie diese Kombinationen an Pratzen und Sandsäcken, aber auch beim Sparring. So erhalten Sie die echte Kampferfahrung, sich selbst und Ihren Gegner zu managen.

Kapitel 10: Verteidigungstipps und -techniken

Muay Thai ist eine gefährliche Kampfkunst mit Techniken, die zur Verteidigung im Ring, auf der Straße und im Freien eingesetzt werden können. Dieser Kampfstil ist weltweit als Kampfkunst der acht Gliedmaßen bekannt, bei der Tritte, Knie, Ellbogen, Schläge, Klammergriffe usw. zum Einsatz kommen. Der Ursprung dieser Kampfkunst reicht bis in die Zeit des alten südasiatischen Kickboxens zurück. Als Muay-Thai-Kämpfer reicht es nicht aus, bessere Schlag- oder Angriffstechniken zu erlernen. Die Verteidigung ist genauso wichtig wie der Angriff.

Muay Thai ist ein Sport, bei dem man in der Lage sein muss, sich zu verteidigen[84]

In diesem Kapitel werden die vielen Möglichkeiten zum Blocken eines Schlags und zum Ausführen eines Gegenangriffs in jeder Position, im Ring oder auf der Straße, sowie die wesentlichen Elemente für eine gute Verteidigung zu jeder Zeit und an jedem Ort vermittelt.

Muay Thai lenkt das Augenmerk auf eine einfache, aber effektive Schlagposition, bei der mehrere Gliedmaßen zum Angriff oder zur schnellen Verteidigung gegen einen Angriff eingesetzt werden. Diese Aktionen erfolgen in Sekundenschnelle, sodass Sie als Kämpfer einen starken Fokus und Schnelligkeit aufbauen müssen, um in der Welt des Thaiboxens einen echten Vorteil zu haben. Beim Durcharbeiten der Verteidigungstipps und -techniken für Muay Thai werden Sie sich mit den Grundlagen, den Vorteilen guter Verteidigungstechniken und praktischen Möglichkeiten zur Verteidigung und zum Behaupten im Ring und auf der Straße vertraut machen.

Grundlagen einer guten Verteidigung

Im Gegensatz zu den meisten Kampfsportarten müssen beim Muay Thai viele Faktoren berücksichtigt werden. Sie müssen grundlegende Fähigkeiten erlernen, um gute Verteidigungstechniken aufzubauen. Diese Techniken mögen Anfängern schwierig erscheinen, aber denken Sie daran, dass selbst Weltklasse-Profis Schwierigkeiten hatten, als sie zum ersten Mal trainierten. Lassen Sie sich also auf Ihrem Weg nicht entmutigen. Befolgen Sie die folgenden Tipps, um Ihre Verteidigung in diesem Kampfsport zu verbessern:

Eine enge Deckung haben

Im Kampf kommen sämtliche Angriffe auf die Gliedmaßen aus allen Richtungen, weshalb man immer auf der Hut sein muss. Wenn Sie gut geschützt sind, wird es für Ihren Gegner schwierig sein, Schläge und Stöße auf empfindliche Bereiche wie Ihr Gesicht oder Ihren Kopf zu landen. Es wird auch empfohlen, dass Sie bei einer engen Deckung darauf achten, dass diese flexibel genug ist, um andere Körperteile zu schützen. Der Grund dafür ist, dass die Flexibilität Ihrer Deckung es einfach macht, den nächsten Zug Ihres Gegners zu sehen oder vorherzusagen und den Schlag zu blockieren oder abzuwehren. Diese Fähigkeit ist unerlässlich, wenn Sie Muay-Thai-Techniken anwenden.

Bewegung des Kopfes

Die Fähigkeit, den Kopf zu bewegen und Schlägen auszuweichen, ist nützlich, wenn man einem Gegner gegenübersteht, der viele Schläge landet. Unvorhersehbare Kopfbewegungen sind nicht nur für Boxer, sondern können auch in einer Sportart wie Muay Thai angewendet werden. Kopfbewegungen sind eine gute Möglichkeit, Schläge ins Gesicht zu vermeiden. Obwohl man im Muay Thai wissen sollte, dass das Ducken unter Schlägen eine schreckliche Art ist, sich zu verteidigen und sie zu verhindern. Wenn Sie das tun, werden Sie wahrscheinlich einen Kniestoß ins Gesicht bekommen. Die Notwendigkeit, Schlägen auszuweichen, soll damit nicht außer Kraft gesetzt werden, sondern es soll nur zur Vorsicht gemahnt werden, bestimmte Kopfbewegungen nicht zu übertreiben, um zu vermeiden, dass der Gegner einen Vorteil erlangt.

Gleichgewicht

In der Kunst der Selbstverteidigung ist das Gleichgewicht ein entscheidender Faktor, den man bedenken muss. Wenn Ihr Verteidigungsstil zwar standfest, aber abenteuerlich ist, könnten Sie einen Tritt ins Gesicht bekommen und aus dem Gleichgewicht geraten. Wenn Ihre Beine nicht fest auf dem Boden stehen, geraten Sie aus dem Gleichgewicht und Ihr Gegner ist im Vorteil. Wie können Sie sich das also zu eigen machen? Nehmen Sie eine Haltung ein, mit der Sie auch bei mehreren Schlägen auf den Beinen bleiben. Halten Sie den Abstand zwischen Ihren Füßen groß genug, um eine gute Standfestigkeit zu gewährleisten. So stolpern Sie nicht so leicht, wenn Sie einen Tritt oder Schlag abbekommen.

Kalkulierte Bewegung

Genauigkeit ist entscheidend, um einen gezielten und perfekten Treffer bei Ihrem Gegner zu erzielen. Eine gut kalkulierte Bewegung kann Ihren Gegner überraschen und ihn dazu bringen, seinen nächsten Schritt zweimal zu überdenken. Ellbogenschläge sind beispielsweise eine wichtige Bewegung, wodurch sie mit dem richtigen Timing und Abstand Ihren Gegner ausschalten können. Ellbogenschläge und Tritte sind die gefährlichsten und kraftvollsten Techniken im Muay-Thai-Kampf.

Vorteile der Muay-Thai-Verteidigung

Bei allen Kampfstilen außerhalb des Muay Thai sind Verteidigung und Angriff gängige Themen, die nie vernachlässigt werden. Obwohl andere Kampfstile gute Verteidigungs- und Angriffstechniken haben, übertrifft keine die des Muay Thai. Beim thailändischen Kickboxen können Sie so viele Techniken wie möglich kombinieren. Aufgrund seiner Praktikabilität und Flexibilität und der Verwendung aller Körperteile können Sie während des Trainings mehrere Techniken erlernen.

Wenn Sie diese Techniken in Ihren Selbstverteidigungsstil integrieren, können Sie sich in jeder Situation verteidigen, was diesen Kampfsportstil zu einem großen Vorteil macht. Wenn Sie beispielsweise in einen Straßenkampf verwickelt werden, müssen Sie wissen, wie Sie Ihren Angreifer schnell in den Schatten stellen und überlisten können.

Wenn man jedoch in Straßenkämpfe verwickelt ist, braucht es viel mehr als Selbstverteidigung, um einen Angriff zu überwinden; es müssen Gegenangriffe erfolgen, um ein Gleichgewicht herzustellen, und Muay Thai kann Ihnen dabei helfen.

Warum Muay Thai innerhalb und außerhalb des Rings wichtig ist

Selbstverteidigungstraining schützt nicht nur Sie selbst, sondern auch andere. Es hält Sie körperlich und emotional fit und in der Lage, sich zu verteidigen, während es gleichzeitig Ihr Selbstwertgefühl und Ihr Selbstvertrauen steigert. Selbstverteidigung zu lernen, hilft Ihnen, in Form und gesund zu bleiben. Zwar verlangen diese Techniken viel von Ihnen in

Bezug auf Kraft, Training und Konzentration, aber sie haben viele Vorteile. Im Folgenden finden Sie weitere Gründe, warum Muay Thai als wichtig für die Selbstverteidigung anzusehen ist:

- **Sozialisierung** - Es mag ein Einzelsport sein, aber man lernt während der Trainingseinheiten und Turniere verschiedene Schüler und Trainer kennen. Wie im Film Rocky Balboa hatte der Schüler eine enge Begegnung mit seinem Trainer, was ihm am Ende die Oberhand verschaffte.
- **Disziplin und Konzentration** - Diese Form des Kampfs erfordert viel Hingabe und Disziplin. Man muss sich konsequent an Routinen halten und konzentriert und entschlossen bleiben. Wenn man die Kunst der Entschlossenheit noch nicht beherrscht, ist man schnell geneigt aufzugeben, aber Muay Thai hilft auf natürliche Weise, Disziplin aufzubauen.
- **Selbstverteidigung** - Beim Muay Thai lernt man nicht nur die Angriffstechniken, sondern auch die Verteidigungstechniken. Man muss sicherstellen, dass sie Hand in Hand gehen. Was auch immer Sie tun, vermeiden Sie als Anfänger Konfrontationen, aber wenn es das Leben so will, setzen Sie lieber Ihre Verteidigungsfähigkeiten ein.
- **Grenzen respektieren** - So sehr Sie auch Ihre Fähigkeiten unter Beweis stellen möchten, während Sie an Erfahrung gewinnen, kann es sein, dass Sie sich plötzlich in einer Situation befinden, in der Sie das Gefühl haben, den Gegner dominieren zu müssen. Das ist eine falsche Einstellung, und Muay Thai lehrt, dass man kämpft, um zu gewinnen, nicht um den Gegner zu verletzen. Daher sollten Sie mit den Ellbogen oder K. o.-Schlägen vorsichtig sein.
- **Es stärkt das Selbstvertrauen** - Wie bereits erwähnt, gibt Ihnen Muay Thai ein Gefühl der Zugehörigkeit und stärkt Ihr emotionales Wohlbefinden. Sie lassen sich nicht mehr so leicht einschüchtern und gehen und sprechen selbstbewusst.

Muay Thai im Ring

Im Muay Thai ist es eine wichtige Fähigkeit, in den engen Grenzen eines Rings die Oberhand zu gewinnen. Das ist nicht einfach, denn es erfordert Ausdauer und Geschicklichkeit, um dorthin zu gelangen. Selbst Spitzenkämpfer verlieren gelegentlich Kämpfe, weil sie Bewegungen falsch einschätzen oder einen Vorteil gegenüber ihren Gegnern verlieren. Aber im Ring stärkt es Ihr Selbstvertrauen, wenn Sie die Schwäche Ihres Gegners kennen und wissen, wie Sie seine Deckung überwinden und ihn dominieren können.

Wie kann man also der beste Ringkämpfer werden? Mit einem guten Verteidigungssystem und schnellen Bewegungen, um jeden Angriff des Gegners zu kontern, zeigen Sie, dass Sie den Ring beherrschen. Seien Sie bereit und in einer guten Position, um jeden Angriff eines Gegners schnell zu kontern. Konzentrieren Sie sich auf eine schnelle und unvorhersehbare Technik, denn mit dieser Haltung dominieren Sie den Ring. Wenn alle Ihre Bewegungen schnell und unvorhersehbar sind, wird Ihr Gegner ins Hintertreffen geraten, während Sie in der Offensive sind.

Verteidigung und Konter einsetzen

- **Catching und Sweeping** - Dies hat viele Vorteile, wenn Sie es als Verteidiger gut einsetzen. Zum Beispiel: Ihr Gegner führt einen Tritt aus und Sie greifen schnell nach seinem Bein und heben seinen anderen Fuß vom Boden. Sie könnten diese Maßnahme nutzen, um zuzuschlagen, da Ihr Gegner zu diesem Zeitpunkt aus dem Gleichgewicht gebracht wurde. Es gibt viele Möglichkeiten, Tritte abzufangen, aber es erfordert Präzision und Timing. Beim Muay Thai sollte es Ihnen nicht an Ideen für praktische Möglichkeiten mangeln, gegnerische Angriffe abzufangen.
- **Blocken und Gegenangriffe** - Es ist gut, sich in einem Kampf verteidigen zu können, aber Sie sollten wissen, dass es mehr als nur Blocken und Selbstverteidigung braucht, um einen Kampf zu gewinnen. Sie müssen lernen, Gegenangriffe zu starten, wenn man es am wenigsten erwartet.

Muay Thai bei Straßenkämpfen

Muay Thai verfügt über kraftvolle und gefährliche Techniken, was es für Straßenkämpfe besonders interessant macht. Mit ein paar gezielten Ellbogenstößen gegen Kopf oder Gesicht des Gegners kann man ihn leicht zu Boden bringen und dort halten. Die Knie können sehr gefährlich sein, insbesondere wenn sie gegen die Rippen des Gegners eingesetzt werden. Die Ellbogen sind scharf und verursachen schmerzhafte Schnittwunden am Körper. Die Knie sind stark und verursachen innere Verletzungen.

Ein Hauptgrund dafür, dass Muay Thai bei Straßenkämpfen sehr effizient ist, ist die subtile Gewalt, die es auf den Körper ausübt. Das Hauptziel besteht darin, zuzuschlagen und den Angreifer mit allen Mitteln davon abzuhalten, auf einen zuzugehen. Es ist eine aggressive und direkte Bewegung, die bei einem Treffer Spuren hinterlässt. Das unterscheidet es von anderen Sportarten. Man muss gut mit seinen Tritten, Schlägen, Ellbogen, Knien und Stolperfallen (um den Gegner aus dem Gleichgewicht zu bringen) umgehen können, um einen guten Verteidigungsmechanismus im Muay Thai zu haben. Je stärker Sie werden, desto größer ist Ihre Chance, sich in einem Straßenkampf verteidigen zu können.

Welche Vorteile bietet Muay Thai also bei Straßenkämpfen?

Es ermöglicht Techniken auf kurze Distanz

Bei einem Nahkampf sparen die Kämpfer Energie und Distanz. Diese Praxis ist bei Kampfsportlern am beliebtesten. Zum Beispiel können Sie Ihren Gegner umklammern und ihn bei Straßenkämpfen aus dem Gleichgewicht bringen. Der Clinch ist eine wesentliche Technik im Muay Thai. Sie können die Distanz zwischen sich und Ihrem Gegner verringern und ihm mit den Knien gegen die Seite oder den Kopf Verletzungen zufügen, wodurch Sie mehr Kontrolle über den Kampf - und über ihn - erhalten.

Straßenkämpfe beinhalten viele Griffe

Obwohl es als Foul gewertet wird, wenn Sie Ihren Gegner festhalten oder greifen, sollten Sie auf seine Angriffe achten, es sei denn, Sie wollen ihn angreifen. Wenn Sie von einem Gegner angegriffen werden, sollten Sie eine gute Haltung einnehmen und jederzeit zum Gegenangriff bereit sein. Sie können Folgendes tun: den Schlag, den Tritt oder den Stoß blocken und den Gegner zu Boden bringen. Sie können Ihre Gegner auch durch Festhalten ihrer angreifenden Gliedmaßen zu Manövern zwingen, um sich selbst zu verteidigen.

Eine gute Verteidigungsposition

Wenn Sie Ihre Schultern und Füße in der Breite auseinanderhalten, nehmen Sie eine gute, stabile Verteidigungshaltung ein, die Ihnen im Kampf eine leichte Beweglichkeit ermöglicht. Sie können flüssigere Bewegungen ausführen und Ihre Reaktionen sind schnell und präzise, wenn Sie sich bewegen. Verwenden Sie Ihre Ellbogen, um Ihren Körper vor Angriffen und Gegenangriffen zu schützen. Eine weitere gute Kampfhaltung besteht darin, die Hände locker und nicht zu einer Faust geballt zu halten. Halten Sie sie oben und schützen Sie Ihr Gesicht vor Angriffen, indem Sie Ihr Kinn bedecken.

Unabhängig davon, ob Sie einen Kampf im Ring oder auf der Straße in Betracht ziehen, ist es am besten, sich mit Muay-Thai-Techniken zu verteidigen. Diese sind hart und präzise und nutzen acht Gliedmaßen für den Kampf. Um sich auf einen Kampf, ob auf der Straße oder im Ring, einzulassen, müssen Sie bestimmte grundlegende Fähigkeiten aufbauen: Gleichgewicht, Kopfbewegungen, fester Griff und Schutz des Gesichts. Mit diesen können Sie Ihre Verteidigung durch kalkulierte Bewegungen aufbauen. Für jede Verteidigung muss es einen Gegenangriff geben. Während Sie also die Techniken, die Kraft und die Schwächen Ihres Gegners einschätzen, sollten Sie daran arbeiten, durch Schnelligkeit und Flexibilität zu dominieren. Nehmen Sie eine gute Verteidigungsposition ein und lernen Sie, Ihre Ellbogen und Knie einzusetzen, um Ihrem Gegner bei kurzen Distanzen zuzusetzen und ihn aus dem Gleichgewicht zu bringen.

Kapitel 11: Sparring wie ein Meister

Sparring ist einer der wichtigsten Bestandteile des Boxtrainings. Es kommt einem echten Kampf am nächsten. Es hilft Ihnen, die im Training erlernten Fähigkeiten und Strategien besser zu verstehen (in Bezug auf Reichweite, Rhythmus und Zeit sowie verschiedene Kraftniveaus). Dieses Kapitel führt Sie durch die Grundlagen des Sparrings und hilft Ihnen zu entscheiden, wann Sie am besten damit beginnen. Sie lernen die Sparrings-Etikette, die Ausrüstung und andere relevante Tipps kennen, damit Ihr Einstieg ins Sparring reibungslos verläuft.

Sparring kann Ihnen helfen, die erlernten Fähigkeiten zu üben[85]

Grundlagen des Sparrings

Das Hauptziel des Sparrings besteht darin, Sie und Ihren Partner mit den Herausforderungen eines echten Kampfes vertraut zu machen. Ziel ist es, bestimmte Ereignisse und Situationen zu imitieren, denen Sie im Ring oder im echten Leben begegnen könnten, damit Sie bei Bedarf Ihre Talente voll einsetzen können.

Als Anfänger im Boxen oder Kickboxen kann es einschüchternd sein, Sparring zu machen. Der Gedanke, in den Ring zu steigen und das Gelernte gegen ein lebendes Subjekt anzuwenden, kann einem Unbehagen bereiten. Es ist eine Realität, der man noch nie begegnet ist, und nichts ist damit vergleichbar.

Mit der Zeit werden Sie jedoch ein hohes Niveau in Ihrem Training erreichen. Ihre Fähigkeiten verbessern sich, ebenso wie Ihre Technik. In der Tat ist Sparring für diejenigen, die sich nicht auskennen und nicht trainiert sind, eher einschüchternd.

Wann beginnt ein Anfänger mit Sparring?

Die Frage, wann man mit Sparring beginnen sollte, stellt sich vielen Boxern, die schon seit einigen Monaten trainieren, immer wieder. Die Antwort fällt von Person zu Person unterschiedlich aus, aber in der Regel wird empfohlen, nach etwa drei bis vier Monaten regelmäßigem, solidem Training mit Sparring zu beginnen.

Es ist ein guter Zeitpunkt, mit dem Sparring zu beginnen, wenn Sie mit den grundlegenden Bewegungen des Muay Thai wie Beinarbeit, Schlägen und Abwehr vertraut sind.

Die Grundlagen sollten Teil Ihres regelmäßigen Trainingsprogramms sein. Zu den grundlegenden defensiven taktischen Strategien gehören Ausweichen, Entkommen, Kontern sowie grundlegende offensive und defensive Kombinationen. Sie sollten sich nicht in eine Sparringsitzung stürzen, sondern warten, bis Sie sich Ihrer Fähigkeiten zumindest theoretisch sicher sind.

Sobald Sie ausreichend trainiert und geübt haben, ist es an der Zeit, zu Duellen überzugehen. Ihre Reflexe, Ihr Timing und Ihre allgemeinen Kampffähigkeiten werden sich dann verbessern.

Es ist auch eine gute Idee, Ihren Trainer zu fragen, ob Sie für Sparring bereit sind. Der Trainer kann Ihre Fortschritte beurteilen und entscheiden, ob Sie das nötige Niveau erreicht haben, um Ihre Fähigkeiten im Ring gegen einen echten Gegner zu testen. Sie sind auf jeden Fall bereit, wenn Ihr Trainer es auch ist.

Sparring-Ausrüstung

Ihr Bankkonto und Ihre Sporttasche sind die einzigen Einschränkungen beim Kauf von Muay-Thai-Trainingsausrüstung. Die meisten Anfänger kommen mit wenig Ausrüstung aus. Wenn Sie sich jedoch einen Namen gemacht haben, werden Sie feststellen, dass der Kauf von Muay-Thai-Ausrüstung genauso viel Spaß macht wie die Praxis.

Um sicherzustellen, dass Sie richtig ausgestattet sind, verwenden Sie die entsprechende Sparringsausrüstung, um Verletzungen zu vermeiden:

Schienbeinschoner

Ein wichtiger Ausrüstungsgegenstand für einen Muay-Thai-Kämpfer sind die Schienbeinschoner oder Schutzpolster. Sie schützen Schienbein und Fuß vor starken Tritten und Schlägen. Sie sind unerlässlich, um die reflexartigen Abwehrbewegungen zu trainieren.

Obwohl es sie in vielen Größen und Materialien gibt, ist bereits die einfachste Version für Anfänger geeignet. Achten Sie darauf, dass Sie sich frei bewegen können, ohne sich eingeengt zu fühlen. Achten Sie auch darauf, dass sie dick genug sind, um Sie und Ihren Begleiter durch eine ausreichende Polsterung zu schützen.

Knöchelbandagen

Wenn Sie mehr Unterstützung für Ihre Knöchel wünschen, besorgen Sie sich ein Paar Knöchelbandagen. Sie sind vielleicht nicht das Erste, was Sie in Ihre Sporttasche packen, aber sie sind für Ihre Knöchel wirklich nützlich.

Sparringshandschuhe

Ihr Gewichtsindex, Ihre Erfahrung und Ihr Kampfstil sind für die Wahl Ihres Handschuhs von Bedeutung. Im Allgemeinen sind jedoch 16-Unzen-Boxhandschuhe die beste Option für Sparrings. Handschuhe sind unerlässlich, da sie Ihre Hände und die Ihres Gegners schützen. Handschuhe sind zwar in der Regel im Fitnessstudio erhältlich, aber es ist ratsam, sich eigene zuzulegen, um mit ihnen vertraut zu werden und die persönliche Hygiene zu gewährleisten.

Am besten kaufen Sie Ihre Handschuhe selbst, damit Sie sie anprobieren können. Die Handschuhe müssen die richtige Größe haben, das Handgelenk ausreichend stützen und gepolstert sein.

Mundschutz

Ein hochwertiger Mundschutz schützt vor Schlägen und bewahrt Ihre Zähne vor Brüchen oder Sprüngen. Zwar können Sie durch festes Zubeißen und Anspannen des Kiefers Druck ausüben, doch ein Mundschutz trägt dazu bei, das Risiko von Gehirnerschütterungen oder anderen Kopfverletzungen zu senken. Es gibt verschiedene Arten von Mundschutz, aber ein einfacher herausnehmbarer Mundschutz ist ideal für Anfänger. Ein häufiges Problem bei einem solchen Mundschutz ist jedoch, dass er gelegentlich nicht richtig passt, weshalb Spitzensportler maßgefertigte Mundschutze tragen. Obwohl ein maßgefertigter Mundschutz für das normale Training nicht notwendig ist, können Sie sich für zusätzliche Sicherheit einen zulegen.

Kopfschutz

Kopfschutz ist eine kluge Idee. Aber lassen Sie sich davon nicht zu der Annahme verleiten, dass Sie sicher sind. Nur weil Sie einen Kopfschutz tragen, sind Sie nicht vor Kopftreffern gefeit. Wenn in Ihrem Fitnessstudio häufig intensive Sparringskämpfe stattfinden oder wenn Sie Thaiboxen mit reinem Boxen kombinieren, häufen sich mit der Zeit Kopftraumata an. Unter diesen Umständen ist es sinnvoll, eine schützende

Kopfbedeckung zu tragen. Bei der Auswahl der besten Kopfbedeckung müssen Sie einige Dinge berücksichtigen: Schutzwirkung, Passform, Visibilität und Gewicht. Die Visibilität verbessert sich jedoch mit weniger Schutzwirkung und umgekehrt.

Wie bei Ihren Handschuhen gilt: Je mehr Schutz durch eine dichtere Polsterung geboten wird, desto schwerer ist die Kopfbedeckung. Eine Kopfbedeckung mit höherem Schutzfaktor bietet zwar einen besseren Schutz vor Schlägen auf den Kopf, kann aber Ihre Fähigkeit, Angriffen auszuweichen, beeinträchtigen. Der effektivste Weg, sich vor Kopfverletzungen zu schützen, ist zweifellos, sie zu vermeiden. Die ideale Kopfbedeckung bietet daher ein ausgewogenes Verhältnis zwischen ausreichender Sicherheit und hoher Visibilität und verfügt über eine natürliche und bequeme Passform.

Handbandagen

Handbandagen schützen die 27 kleinen Knochen in Ihren Händen und bewahren sie (und das sie umgebende Weichgewebe) vor Verletzungen. Darüber hinaus sorgen Handbandagen für einen sicheren Halt Ihrer Hand, sodass Ihre Finger und Handgelenke beim Schlagen keine Bewegungen ausführen. Investieren Sie beim Kauf von Handbandagen in ein hochwertiges Paar, da diese länger halten und zusätzlichen Schutz bieten. Neben der Investition in gute Handbandagen ist es wichtig, dass Sie die richtigen Techniken zum Anlegen von Handbandagen kennen.

Tiefschutz

Aufgrund der biologischen und anatomischen Beschaffenheit der Genitalien von Männern ist der Tiefschutz für Männer sinnvoll. Ein Tiefschlag in die Leistengegend ist dafür bekannt, so manches Ego zu erschüttern. Selbst die stärksten Männer schreien vor Schmerzen und krümmen sich wie ein Wurm. Schützen Sie sich selbst und tragen Sie beim Sparring immer einen Tiefschutz. Er könnte Ihr Leben retten.

Ein paar praktische Ratschläge zur Auswahl eines Tiefschutzes: Wichtige Körperteile sollten durch den richtigen Tiefschutz vollständig und rutschfest bedeckt sein. Der Schutz sollte bequem und eng anliegend sein, damit er sich bei Ihren Bewegungen nicht verschiebt. Für einen wirksamen Schutz vor unbeabsichtigten, starken Schlägen muss der Tiefschutz natürlich stabil und langlebig sein.

Es gibt drei Hauptvarianten von Tiefschützern: das Suspensorium, Kompressionsshorts mit Körbchen und Thai-Stahlkörbchen mit Schnürung. Alle haben identische Ziele und unterschiedliche Designs. Bei der Auswahl kommt es auf die persönlichen Vorlieben für eine gute Passform und Haptik an.

Muay-Thai-Knie- und Ellbogenschützer

Muay-Thai-Ellbogen- und Kniepolster werden beim Sparring seltener verwendet. Personen mit Knieverletzungen oder -problemen oder die einen umfassenderen Schutz wünschen, tragen in der Regel Kniepolster. Niemand wird Sie daran hindern, Knieprotektoren als zusätzliche Maßnahme zu tragen, wenn Sie Muay Thai in Ihrer Freizeit ausüben.

Der Kniepolster kann den Druck minimieren, wenn Sie Ihre Sparringspartner mit Kniestößen treffen. Während Ellbogenschläge beim Sparring erlaubt sind, werden Ellbogenschützer getragen, um Schäden zu verringern und die Ellbogen zu schützen.

Ellbogenschläge sind extrem riskant, daher sind sie in den meisten Fitnessstudios während des Sparrings verboten. Trotz des Tragens von Schutzausrüstung können Ellbogenschläge sehr gefährlich sein. Daher sollte das Ellbogensparring unter professioneller Anleitung durchgeführt werden, und es muss besonders darauf geachtet werden, die Kraft oder das Tempo zu regulieren, um Körperverletzungen zu vermeiden.

Muay-Thai-Shorts

Besorgen Sie sich ein Paar Muay-Thai-Shorts, denn nichts wäre schlimmer, als mit Basketballshorts in einem Muay-Thai-Fitnessstudio aufzutauchen. Die Oberschenkel und die Leistengegend der Muay-Thai-Shorts sind so geschnitten, dass man frei zuschlagen kann. Führen Sie beim Anprobieren ein paar Tritte aus, um zu beurteilen, ob die Shorts bequem sitzen und genug Platz zum Treten bieten.

Bequeme Kleidung

Auch wenn die meisten männlichen Athleten nur in Shorts trainieren, sollten Frauen in ein Oberteil investieren, das den Schweiß nicht speichert. Erfahrene Kampfsportler empfehlen Frauen in der Regel ein ärmelloses, figurbetontes und bequemes Oberteil.

Wenn Sie sich nicht sicher sind, lassen Sie sich ein speziell für das Muay-Thai-Training angefertigtes Oberteil anfertigen. Besorgen Sie sich außerdem ein passendes Paar Sport-BHs. Diese haben drei Vorteile: Sie sind bequem, schützen Ihre Brüste und bestehen aus atmungsaktivem Material.

Sparring-Etikette

Nachfolgend finden Sie einige Sparring-Etiketten, die Sie im Muay Thai kennen müssen:
- Tragen Sie die erforderliche Ausrüstung.
- Halten Sie den Kontakt angenehm und leicht; Sparring ist kein Kampf.
- Zeigen Sie immer Respekt.
- Kommunizieren Sie mit Ihrem Sparringspartner.
- Vermeiden Sie es, durch Schläge und Tritte hindurchzugehen.

Sparring-Tipps

Sparringsübungen sind für Kämpfer ein wesentliches Element, um ihre Kampftechnik zu entwickeln und Erfahrungen in einer realen Kampfsituation zu sammeln. Muay-Thai-Sparring ist für Anfänger einschüchternd und aufregend zugleich. Muay-Thai-Sparring hilft Ihnen, sich darauf vorzubereiten, Ihre Fähigkeiten richtig einzusetzen, wenn es die Situation erfordert.

Im Folgenden finden Sie einige Tipps für Sparrings-Anfänger, die Sie kennen sollten, bevor Sie mit Ihrem Sparringspartner in den Ring steigen.

Ihre Sicherheit hat Vorrang vor allem anderen

Bei Ihrer ersten Sparrings-Sitzung ist es am wichtigsten, dass Ihre Sicherheit immer an erster Stelle steht. Ein Sparrings-Kampf muss in einer sicheren und geregelten Atmosphäre stattfinden, damit Sie und Ihr Sparringspartner Ihre Techniken ohne Angst vor unnötigen Verletzungen verfeinern können.

Außerdem ist das Tragen der richtigen Schutzausrüstung wie Kopfschutz, Mundschutz, Handschuhe und Schienbeinschoner unerlässlich. Um die Effektivität Ihrer Trainingseinheiten zu erhöhen, müssen Ihr Trainer und andere Trainer vor Ort sein, um Ihre Sparringsessions zu überwachen.

Sie müssen beim Sparring nicht gewinnen

Beim Sparring gibt es kein Gewinnen. Lesen Sie das noch einmal – und merken Sie es sich!

Es gab schon zahlreiche Sparrings, bei denen Anfänger versuchten, sich gegenseitig zu zerstören, als ginge es um einen Titelkampf. Diese Denkweise führt dazu, dass Sie sich zu sehr darauf konzentrieren, Ihrem Partner kräftige Schläge zu versetzen, und dabei vernachlässigen, Ihre Technik zu verfeinern. Niemand wird glauben, dass Sie ein großer Kampfkünstler sind, nur weil Sie in einer Runde Sparring gut abgeschnitten haben.

Der Trick besteht darin, sich zu verbessern. Beim Sparring müssen Sie ständig versuchen, es besser zu machen als zuvor. Wenn dies also Ihr erster Sparringsversuch ist, werden Sie zweifellos eine Menge Strategien haben, die Sie üben und perfektionieren können. Entspannen Sie sich und konzentrieren Sie sich vor allem darauf, was Sie aus dieser Erfahrung lernen können.

Wählen Sie einen Aspekt, auf den Sie sich konzentrieren möchten

Sie müssen vor Ihren Muay-Thai-Sparring-Kämpfen entscheiden, welche Bereiche Sie verbessern möchten. Dies ist von entscheidender Bedeutung, da es Ihnen hilft, Ihre Trainingseinheiten besser zu organisieren, indem Sie Ihrem Sparring ein bestimmtes Ziel setzen.

Wählen Sie einige Hauptbereiche aus, auf die Sie sich während Ihres Sparrings konzentrieren möchten. Wenn Sie beispielsweise Ihre Ellbogentechniken verbessern möchten, können Sie in Ihrem Sparring verschiedene Ellbogenschläge und -kombinationen verwenden. Auf diese Weise können Sie eine bestimmte Fähigkeit oder einen bestimmten Aspekt effektiver verbessern.

Stellen Sie sicher, dass Ihr Trainer zustimmt

Machen Sie nicht den Fehler, eine Sparrings-Debüt-Sitzung ohne Aufsicht zu absolvieren. Sie haben wahrscheinlich noch keine Schläge ausgetauscht, weil Ihr Trainer denkt, dass Sie nicht bereit sind. Wenn Ihr Trainer so denkt, sind Sie nicht für einen Sparrings-Kampf qualifiziert.

Dies ist für Ihren Schutz und den Ihrer Sparringspartner von entscheidender Bedeutung. Viele Veteranen haben bei ihren ersten Sparrings mit Leuten trainiert, die immer verrücktspielen, Schläge mit voller Wucht austeilen und sich wie in einer Schlägerei verhalten. Vermeiden Sie es, *diese Person* zu sein.

Entwickeln Sie einen Strategieplan

Es ist hilfreich, sich vorzustellen, dass Sie ein Spiel spielen, während Sie sparren, denn wie bei jedem Spiel ist es wichtig, eine Gewinnstrategie zu entwickeln. Das grundlegendste Prinzip des Muay Thai besteht darin, die meisten Punkte zu sammeln und gleichzeitig den Gegner daran zu hindern, dasselbe zu tun. Körpertreffer bringen im traditionellen Muay Thai mehr Punkte als andere Techniken wie Low Kicks, Kniestöße und Schläge. Die Entwicklung eines Strategieplans vor dem Sparring bietet einen klaren Weg, an den man sich halten kann. Je nachdem, ob Sie in der Verteidigung oder im Angriff agieren, sollten Sie außerdem im Voraus überlegen, nach welcher Strategie Sie vorgehen möchten.

Genießen Sie es

Nehmen Sie es locker und haben Sie Spaß dabei. Sie sollten stolz auf sich sein, dass Sie den Mut haben, zu kämpfen. Seien Sie immer freundlich zu Ihren Rivalen und genießen Sie die neuen Bindungen, die Sie zu Ihren Sparringspartnern aufbauen.

Muay-Thai-Sparring hilft Ihnen als Anfänger, Ihre Fähigkeiten zu entwickeln und Ihren Körper besser zu kontrollieren.

Kapitel 12: Muay Thai im Vergleich zum niederländischen Kickboxen

Nachdem wir uns nun mit den Grundlagen wie der richtigen Kampfhaltung und verschiedenen Angriffs- und Verteidigungstechniken befasst haben, ist es an der Zeit, sich mit einer der größten Rivalitäten zwischen zwei Kampfsportarten zu befassen. Ja, Sie haben richtig gelesen. Diese Rivalität besteht zwischen Muay Thai und dem niederländischen Kickboxen – ein Thema, das Kampfsportbegeisterte seit mehreren Jahrzehnten bewegt.

In diesem Kapitel werden beide Kampfstile verglichen, indem die wichtigsten Unterschiede zwischen ihren Regeln, ihrem Training, ihren Techniken und relevanten Informationen aufgelistet werden, damit Sie entscheiden können, welcher Boxstil am besten zu Ihnen passt.

Eine Einleitung in das niederländische Kickboxen

Das niederländische Kickboxen ist eine Kombination aus Muay Thai und Kyokushin Karate[86]

Da die Geschichte und die Ursprünge des Muay Thai bereits behandelt wurden, wollen wir uns nun einen kurzen Überblick über den ebenso beliebten Rivalen des Muay Thai verschaffen.

Das niederländische Kickboxen ist eine Mischung aus Muay Thai, japanischem Kickboxen und Kyokushin-Karate-Kampfstilen und hat seinen Ursprung in den Niederlanden. Dieser Kampfstil ist bereits seit seiner Entstehung beliebt und hat es geschafft, Hunderte und Tausende von Menschen für das niederländische Kickboxen zu begeistern. Ein wesentlicher Unterschied, der das niederländische Kickboxen auszeichnet, ist der Einfluss des Kyokushin-Karate. Die Bewegungen, Kombinationen und Techniken des niederländischen Kickboxens stammen größtenteils aus dem Muay Thai und dem japanischen Kickboxen, aber die Schnelligkeit und Aggressivität stammen aus dem Kyokushin. Um den Druck aufrechtzuerhalten, nehmen diese Boxer immer eine aggressive Haltung ein.

Ein weiterer allgemeiner Grund, der die beiden Kampfstile unterscheidet, ist der starke Einsatz von Schlägen und Low Kicks für Finishing-Moves.

Der niederländische Kickboxstil wurde von örtlichen Karatekas entwickelt, die nach Japan reisten, um japanisches Kickboxen und Kyokushin-Karate zu lernen. Diese niederländischen Boxer kehrten nach Hause zurück, um diese Stile zu unterrichten, und im Laufe der Zeit entstand aus einer Mischung dieser japanischen Kampftechniken und Muay Thai das niederländische Kickboxen.

Hauptunterschiede
Trainingsprotokolle im niederländischen Kickboxen

Die Trainingsprotokolle und Drilltechniken im niederländischen Kickboxen und Muay Thai unterscheiden sich stark. Die niederländischen Kickbox-Drills unterscheiden sich beispielsweise in der Pratzenarbeit, da die Trainer die Pratzen beim Drill nicht halten müssen. Die Boxer führen die Übungen gegenseitig aus und ersetzen die Pratzen durch Boxhandschuhe.

Das niederländische Sparring ist als Trainingsprotokoll sehr beliebt, da es den Körper an seine Grenzen bringt und zu besseren Ergebnissen bei der körperlichen Stärke und der kardiovaskulären Gesundheit führt.

Stärken der niederländischen Kickboxübungen
- Das Training wird effizienter, wenn Sie mit einem Partner üben.
- Konterbewegungen und die Umsetzung von Bewegungsabläufen für eine bessere Haltung werden trainiert.
- Schrittweise können neue und komplexe Übungen zur Steigerung des Trainingserfolgs hinzugefügt werden.

Nachteile der niederländischen Kickboxübungen
- Obwohl Sie Übungen durchführen können, gibt es wenig bis gar keinen Raum, um neue Bewegungen zu erlernen oder bestehende zu verbessern, da viele Kämpfer keine Trainer sind und die andere Person nicht korrigieren können, wenn sie einen Fehler macht.
- Beim Schlagen während des Trainings ist der Einsatz von Kraft begrenzt, da es keine Polster gibt, die starken Stößen standhalten.
- Sie wiederholen die gleichen Übungen, anstatt unter der Aufsicht eines Trainers zu trainieren.
- Sie erhalten kein sofortiges Feedback vom Trainer und wissen nicht, welche Bewegungen richtig sind.

Trainingsprotokolle für Muay Thai

Beim Muay-Thai-Training müssen Unterarm- und Bauchschützer getragen werden. Während des Muay-Thai-Trainings haben die meisten Kämpfer einen erfahrenen Partner oder einen Trainer, der die Polster hält. Diese Trainingspartner tragen auch Schienbein- und Fußspannschützer, um während des Trainings Tritte auszuführen und die Reflexe weiter zu verbessern.

Ein wesentlicher Unterschied zwischen Muay Thai und dem niederländischen Kickboxtraining besteht in einer Technik, die als Clinchen bekannt ist. Clinchen und das entsprechende Training werden Sie nur in einem Muay-Thai-Fitnessstudio sehen, da alle anderen Kampfsportarten diese Technik eingeschränkt oder ausgeschlossen haben.

Stärken des Muay-Thai-Trainings
- Sie haben enorme Chancen, Ihre Techniken und Kombinationen zu verbessern, da der Trainer da ist, um Ihre Techniken zu korrigieren.
- Da Trainer darauf trainiert sind, die Fähigkeiten des Kämpfers zu verbessern, hat der Kämpfer die Möglichkeit, mit verschiedenen Tempi, Rhythmen und Reichweiten zu experimentieren, um seine Fähigkeiten zu verbessern.
- Sie müssen sich keine Gedanken über die Auswirkungen machen und können beim Training Ihre volle Kraft entfalten.
- Die Trainingseinheit ist nicht nur auf Schläge beschränkt. Sie können jede Technik mit Leichtigkeit ausprobieren.

Nachteile des Muay-Thai-Trainings

- Nicht jeder Pratzenhalter kann beim Training die Wucht der Schläge abfangen. Wenn der Pratzenhalter seine Aufgabe nicht effektiv erfüllt, sinken die Chancen des Kämpfers, seine Fähigkeiten zu verbessern.
- Eine schlechte Handhabung der Pratzen kann dazu führen, dass der Kämpfer ineffektive oder falsche Techniken entwickelt.

Während es beim Training im niederländischen Kickboxen darum geht, Kombinationen zu wiederholen oder für eine bestimmte Anzahl von Runden zu trainieren, verfolgt Muay Thai einen entspannteren Ansatz ohne bestimmte Trainingssätze oder das Wiederholen derselben Übungen. Darüber hinaus wird die Entwicklung neuer Fähigkeiten und die Verfeinerung bestehender Fähigkeiten unter der Aufsicht eines Trainers viel einfacher.

Verwendung von Pratzen

Die Verwendung von Pratzen für das Training ist beim Muay Thai weiter verbreitet als beim niederländischen Kickboxen, vor allem, weil die meisten niederländischen Kickbox-Fitnessstudios es vermeiden, sie in ihre Trainingseinheiten einzubauen. Das bedeutet jedoch nicht, dass diese Pratzen verboten sind oder nicht verwendet werden können; es ist lediglich eine Frage der Präferenz. Im Gegensatz dazu verwenden viele Fitnessstudios und niederländische Kickboxtrainer diese Trainingspratzen regelmäßig beim Training ihrer Kämpfer.

Bevor wir fortfahren, muss ein weiteres Missverständnis ausgeräumt werden. Viele Menschen glauben, dass man beim niederländischen Kickboxen nur Schläge und Low Kicks einsetzt. Das stimmt jedoch nur teilweise. Man kann die Knie und Ellbogen einsetzen und ein paar High Kicks wie beim Muay Thai ausführen. Wenn Sie immer noch verwirrt sind und denken, dass, wenn alle Bewegungen in beiden Kampfstilen vorkommen, was sie dann unterscheidet?

Die Antwort ist die Grundhaltung oder die Aufstellung des Kämpfers in beiden Kampfstilen. Ein Muay-Thai-Kämpfer führt zum Beispiel eine Reihe von Bewegungen aus und setzt Techniken strategisch ein, um seinen Gegner zu schwächen. Im Gegensatz dazu behält ein niederländischer Kickboxer immer eine aggressive Haltung bei und konzentriert sich auf die Anzahl der Schläge. Nur mit Schlägen kann die größte Wirkung erzielt werden – das ist der Hauptunterschied zwischen diesen robusten Kampfsportarten.

Die Unterschiede in den Techniken

In diesem Abschnitt werden Techniken verglichen, deren Unterschiede aufgezeigt und die Gründe für die Unterschiede zwischen diesen beiden Kampfstilen näher erläutert.

Schläge

Die Anwendung von Schlägen ähnelt dem westlichen Boxen, aber das niederländische Kickboxen weist einige zusätzliche Variationen auf, wie den Superman Punch oder die Back Fist. Beim niederländischen Kickboxen geht es weniger um die Beherrschung einer Vielzahl von Schlägen, sondern vielmehr darum, eine aggressive Haltung einzunehmen und aus der Bewegung heraus wirkungsvolle Schläge auszuführen.

Muay-Thai-Kämpfer hingegen verfolgen einen anderen Ansatz beim Einsatz von Schlägen. Anstatt eine hohe Schlagzahl in schnellem Tempo zu erzielen, setzen Muay-Thai-Kämpfer eine Kombination von Techniken ein, um effektive Ergebnisse zu erzielen. Zum Beispiel könnten sie einen linken Jab ausführen und den Gegner sofort umklammern, um ihn am Boden festzuhalten, oder eine Mischung aus Kniestößen und Schlägen einsetzen, um eine Öffnung für den nächsten Schlag zu schaffen.

Kurz gesagt konzentriert sich ein niederländischer Kickboxer auf sein Tempo und die Anzahl der Angriffe, während ein Muay-Thai-Kämpfer immer verschiedene Techniken miteinander kombiniert und sie strategisch für die gewünschten Ergebnisse einsetzt.

Kicking

Wenn Sie kein Boxer sind, kann es schwierig sein, die Unterschiede im Kickstil zu verstehen. Zwar gibt es in beiden Kampfstilen identische Techniken, aber die Art und Weise und die Häufigkeit, mit der sie ausgeführt werden, variieren. Zum Beispiel liegt der Schwerpunkt in einem niederländischen Kickbox-Kampf darauf, eine hohe Anzahl von Schlägen und Low Kicks auszuführen. Beim Muay Thai hingegen gibt es mehr Raum für verschiedene Tritttechniken, anstatt sich nur auf einige wenige zu beschränken.

Kniestöße

Das Ausführen von Kniestößen und das Zielen auf die Beine mit den Knien sind nur im Muay Thai zu sehen. Das Ausführen von Kniestößen ins Gesicht ist jedoch auch im niederländischen Kickboxen üblich. Bei korrekter Ausführung kann dieser gefährliche Schlag den Gegner innerhalb weniger Sekunden k. o. setzen.

(Ebenso verwenden Muay-Thai-Boxer gefährliche Ellbogenschläge, um ihre Gegner k. o. zu setzen.)

Haltung

Die Haltung niederländischer Kickboxer ist eher eckig und dynamisch. Sie stellen ihre Füße immer eng zusammen, sodass ihre Haltung schwere Schläge und schnelle Bewegungen ermöglicht. Ohne eine feste Haltung können sie ihren Oberkörper nicht effektiv einsetzen und Schläge ausführen, um den Gegner möglicherweise k. o. zu schlagen. Wenn sie eine Schutzhaltung einnehmen, sind Kopf und Gesicht die Hauptbereiche, auf die sich ein niederländischer Kickboxer konzentriert, um sie zu schützen.

Im Gegensatz dazu konzentrieren sich Muay-Thai-Boxer auf eine Haltung, die sie auf den Kampf vorbereitet, aber in einer etwas entspannten Art und Weise. Ihre Füße sind weiter auseinander und angewinkelt, was es einfacher macht, Tritttechniken einzusetzen, das Gleichgewicht zu halten und die Beweglichkeit zu verbessern. Die Schutzhaltung beim Muay Thai konzentriert sich auf den Schutz des Mittelteils und des Unterkörpers und nicht nur auf den Schutz des Gesichts. Diese Schutzhaltung beim Muay Thai ermöglicht es den Boxern, eingehende Schläge mit verschiedenen Kontertechniken zu erwidern und die Auswirkungen dieser Schläge auf den Körper zu minimieren.

Schlagtechniken

Beim niederländischen Kickboxen liegt der Schwerpunkt auf kraftvollen Schlägen und zusätzlichen Low Kicks. Diese Kombination ist sehr beliebt und wird von einigen Enthusiasten sogar zu einer Kunstform erhoben. Die Schläge erfolgen blitzschnell und wechseln im Handumdrehen von Schlägen zu Low Kicks und wieder zurück. Die Schläge zielen auf das Gesicht oder eine Öffnung am Oberkörper, und die Low Kicks zielen auf die Beine.

Im Gegensatz dazu beinhaltet Muay Thai eine Vielzahl von Bewegungen, die ihren Ursprung in der Kunst der acht Gliedmaßen haben. Die Mischung aus Stößen, Tritten, Ellbogenschlägen und dem sogenannten Grappling kann den Gegner zermürben und das Blatt wenden. Egal, ob der Gegner sich in kurzer oder großer Distanz befindet, es gibt Bewegungen und endlose offensive und defensive Kombinationen, die gegen den Gegner eingesetzt werden können.

Clinchen

Das Clinchen im Muay Thai unterscheidet sich vom Clinchen im niederländischen Kickboxen, da viele Muay-Thai-Kämpfer das Clinchen mit Ellbogen-, Knie- und Unterarmschlägen kombinieren, um verschiedene Körperbereiche anzugreifen. Im Gegensatz zum Muay Thai wird das Clinchen im niederländischen Kickboxen nur gelegentlich eingesetzt, z. B. wenn der Gegner zu nah ist, um nach Lücken für einen Schlag zu suchen. Das Clinchen wird auch eingesetzt, um ein paar Schläge anzubringen und Abstand zu gewinnen.

Wie bereits erwähnt, ist das Clinchen eine der Kerntechniken im Muay Thai und mehr als in anderen Kampfsportarten. Die Kämpfer investieren endlose Stunden in das Training und die Perfektionierung der Techniken, um Kämpfe zu gewinnen. Beim Muay Thai halten die Boxer immer Ausschau nach einer Möglichkeit, ein Grappling einzuleiten, verwenden verschiedene Clinchtechniken und suchen nach Gelegenheiten, Schläge zu landen, die ihren Gegner aus dem Gleichgewicht bringen können, oder nach anderen Techniken wie Sweeps und Kniestößen.

Kampfstil

Der Kampfstil des niederländischen Kickboxens ist aggressiv und besteht aus einer Reihe kraftvoller Schläge und Low Kicks. Durch diese Vorgehensweise wird der Druck auf den Gegner aufrechterhalten. Mit jedem Schlag geht der niederländische Kickboxer einen Schritt nach vorne, um den Gegner zu überwältigen und das Tempo, den Rhythmus und die Geschwindigkeit des Duells zu kontrollieren.

Im Gegensatz dazu sind Muay-Thai-Boxer darauf trainiert, harte Schläge und Stöße zu ertragen, Schaden zu erleiden und ständig nach den Schwächen des Gegners zu suchen. Durch die Beibehaltung dieser Grundhaltung und das Erkennen der Schwachstellen können diese Boxer ihre nächste Aktion effektiv planen. Durch effektive Gegenbewegungen und harte Treffer zum richtigen Zeitpunkt unterscheidet sich ein Muay-Thai-Kämpfer von seinem Rivalen im Kampfsport, dem niederländischen Kickboxen.

Trainingsschwerpunkte

Obwohl wir bereits einige Unterschiede im Training erläutert haben, wollen wir noch etwas tiefer eintauchen. Das Training im niederländischen Kickboxen konzentriert sich auf die Entwicklung von Kraft und Ausdauer, um in erster Linie eine aggressive Haltung einzunehmen und einen kraftvollen Schlag nach dem anderen auszuführen, um die Dominanz im Kampf zu behaupten. Die Übungen sind hochintensiv und zielen darauf ab, die körperliche Kraft und Beweglichkeit zu verbessern.

Während niederländische Kickboxer an bestimmten Fähigkeiten arbeiten, verfolgen Muay-Thai-Boxer einen ganzheitlichen Ansatz, bei dem sie versuchen, Techniken, Kraft, Beweglichkeit und Bewegungsfluss in Einklang zu bringen. Darüber hinaus verbringen Muay-Thai-Boxer den größten Teil ihrer Trainingseinheit damit, ihre Clinchtechniken zu verbessern. Ihr Ansatz ist vielseitig und sie sind immer bereit, sich unterschiedlichen Situationen im Ring zu stellen.

Kampfentfernung

Beim niederländischen Kickboxen wird eine mittlere bis große Kampfentfernung zwischen den Gegnern bevorzugt. Im Gegensatz dazu kann beim Muay Thai problemlos auf große, mittlere und kurze Distanz gekämpft werden. Ein Nahkampf beim Muay Thai kann zu einem Knockout führen, da der Boxer seine Clinch-Bewegungen und das Ausführen von Kniestößen für einen Knockout einsetzen kann. Einem niederländischen Kickboxer fällt es möglicherweise nicht so leicht, die Kampfentfernung zu wechseln, wie einem Muay-Thai-Boxer, der seine Haltung ändern und im Handumdrehen eine neue Reihe von Bewegungen ausführen kann.

Defensivtechniken

Mit den Konterbewegungen versucht ein niederländischer Kickboxer, den Schlägen auszuweichen und ihre Wirkung zu minimieren. Während er sich verteidigt, ändert der Boxer sofort seine Fußstellung und Körperhaltung und führt gleichzeitig Offensivschläge aus, sobald sich eine Gelegenheit bietet.

Wie bei den offensiven Bewegungen gibt es auch beim Muay Thai eine Vielzahl von defensiven Techniken und Kombinationen, um praktisch jeden eingehenden Schlag zu kontern. Das Blockieren der Angriffe, das Parieren und das Umlenken des Angriffs sind gängige Verteidigungstechniken. Auch das Clinchen ist ein defensives Mittel, das effektiv eingesetzt wird, um die Anzahl der Angriffe zu begrenzen und ihre Wirkung zu verringern.

Kampfkultur

Obwohl beide Kampfsportarten einige Unterschiede aufweisen, besteht ein klarer Unterschied in ihrer Kampfkultur. Während das niederländische Kickboxen ein hybrider Kampfstil ist, der hauptsächlich von anderen professionellen Martial-Arts- und Kampfsportarten beeinflusst wird und wettbewerbsorientiert ist, ist Muay Thai tief in der Kultur und den Traditionen der Region verwurzelt. Ein niederländischer Kickboxer verfolgt beim Training einen professionellen, organisierten und strukturierten Ansatz. Im Gegensatz dazu sind Tänze vor dem Kampf, zeremonielle Veranstaltungen nach dem Kampf und die Ehrerbietung gegenüber ihren Vorfahren und Lehrern die häufigsten Ausdrucksformen von Muay-Thai-Kämpfern.

Punktesystem

Einige offensichtliche Unterschiede gibt es bei den Punktesystemen. Bei einem niederländischen Kickboxkampf werden für saubere Treffer auf die Zielregionen Punkte vergeben. Ebenso wirkt sich ein K. o. des Gegners auf das Endergebnis aus. Beim Muay Thai werden für K. o. und saubere Treffer zwar ähnliche Punktzahlen vergeben, aber es wird zusätzlich Wert auf die Schläge gelegt, die während des Clinchings ausgeführt werden. Effektive Verteidigung und Dominanz während des gesamten Kampfes sind weitere Faktoren, die das Endergebnis beeinflussen.

Treffen Sie Ihre Wahl

Bevor Sie sich für einen Kampfstil entscheiden, sollten Sie die folgenden Faktoren kennen, um den für Sie passenden Kampfstil zu finden.

Trainingsumgebung

Die Umgebung, in der Sie trainieren, bestimmt die Lernergebnisse. Wenn Sie in einer Trainingsumgebung trainieren, die zu Ihrem inneren Selbst passt, sorgt dies für Entspannung und wirkt wie ein Zufluchtsort, der Sie dazu bringt, Ihren Kampf auf die nächste Stufe zu heben. Unabhängig davon, für welchen Kampfsport Sie sich entscheiden, muss das Studio oder die Trainingsstätte, in der Sie sich anmelden, eine unterstützende Gemeinschaft, eine Lernatmosphäre und Trainer mit genügend Erfahrung bieten, um Ihr wahres Potenzial zu entfalten. Im Laufe der Zeit werden Sie unzertrennliche Beziehungen zu anderen Mitgliedern aufbauen und die gleiche Leidenschaft teilen, die Sie antreibt, wenn Sie sich niedergeschlagen fühlen.

Persönliche Ziele

Nehmen Sie sich eine Auszeit und tauchen Sie in Ihr Inneres ein, um Ihre Vorlieben zu verstehen. Wenn Sie zum Beispiel spirituell sind und bereit sind, sich auf eine kulturelle Reise zu begeben, die eine tiefe Verbindung zu Ihrem Training herstellt, dann wäre Muay Thai eine gute Wahl. Im Gegensatz dazu könnte das niederländische Kickboxen die Antwort sein, wenn Sie einen eher professionellen, trainingsbasierten Ansatz beibehalten und Selbstvertrauen entwickeln möchten. Wenn Sie jedoch Ihre persönlichen Ziele und Vorlieben erforschen, werden Sie zu dem Kampfstil geführt, der am besten zu Ihren Wünschen passt.

Kampfstil

Stellen Sie sich beide Kampfstile vor und überlegen Sie, ob Sie sich mit Nahkampf, Clinchen und wirkungsvollen Schlägen wohlfühlen würden. Oder möchten Sie den Druck erhöhen und lieber ständig Schläge auf den Gegner ausführen? Wählen Sie den Kampfstil, der Ihnen am meisten zusagt, damit es einfacher wird, zu trainieren, zu lernen und diese Kampfstile zu beherrschen.

Körperliche Anforderungen

Obwohl beide Sportarten körperlich anstrengend sind, ist es für das Training unerlässlich, körperlich fit zu sein. Darüber hinaus unterscheiden sich die körperlichen Anforderungen der beiden Stile geringfügig. Zum Beispiel erfordert Muay Thai ein Gleichgewicht zwischen Kraft und Ausdauer. Im Gegensatz dazu konzentriert sich das Kickboxen mehr auf die Beweglichkeit, um konstante Treffer zu erzielen. Wenn Sie sich einige Kämpfe beider Stile ansehen, fällt Ihnen die Entscheidung leichter.

Kurz gesagt sollte die Wahl zwischen Muay Thai und Kickboxen immer von den Vorlieben und Zielen einer Person abhängen. Wenn Sie die kulturelle Verbindung suchen und sich mit einem ausgewogenen Verhältnis von Schlägen, Klammern, Verteidigung und Kraftanwendungen anfreunden können, ist Muay Thai eine ausgezeichnete Wahl. Kickboxen ist jedoch die perfekte Sportart, wenn Sie schnell sind und Ihre Dominanz über den Gegner immer wieder unter Beweis stellen wollen, während Sie ständig Treffer landen.

Probetraining

Die beste Möglichkeit, eine Kampfsportart zu erlernen, ist durch praktische Erfahrung. Viele Studios und Vereine bieten Probetrainings an, die meist kostenlos oder gegen eine geringe Gebühr sind. Egal für welche Kampfsportart Sie sich entscheiden, Sie werden beim Training auf Herausforderungen stoßen, aber es wird Ihnen dabei helfen, Ihre grundlegenden Kampffähigkeiten zu verbessern.

Wenn Sie an einigen Probestunden teilnehmen, werden Sie die grundlegenden Bewegungen, Techniken und damit zusammenhängenden Schritte verstehen und besser beurteilen können, ob Sie körperlich und geistig in der Lage sind, Kampfsport zu trainieren und Wettkämpfe zu bestreiten. Da die meisten Kampfsportstudios neue Mitglieder gewinnen möchten, bieten sie gelegentlich Gebührenbefreiungen und Rabatte an, wodurch Sie am Ende viel mehr Geld sparen als beim Kauf einer Mitgliedschaft für reguläre Tage.

Kosten des Programms

Die meisten Studios und Kampfsportvereine bieten kostenpflichtige Mitgliedschaften mit unterschiedlichen Beträgen und Leistungen an. Sie sollten alle Kosten im Zusammenhang mit Ihrem Training im Voraus berechnen. Berücksichtigen Sie zum

Beispiel die Trainingsgebühr, die Kosten für die Ausrüstung und andere damit zusammenhängende Gebühren, damit Sie wissen, wie viel Geld Sie für diese Trainingseinheiten beiseitelegen müssen.

Es ist immer verlockend, ein Studio oder einen Trainingskurs zu wählen, der am wenigsten kostet, aber in den meisten Fällen stimmt das Preis-Leistungs-Verhältnis nicht. Es ist besser, sich für ein Studio zu entscheiden, indem man dessen Leistungen bewertet und weiß, dass man den Kampfsport erlernt, um an Wettkämpfen teilzunehmen, oder einfach nur, um sich einer körperlich unterhaltsamen Aktivität hinzugeben, während man Selbstverteidigung lernt. Wenn Sie die Antworten auf diese Fragen finden, wird Ihre Wahl fundierter und besser zu Ihnen passen.

Sie sollten jedoch niemals Kompromisse bei der Qualität des Trainings und der Erfahrung des Trainers in der jeweiligen Kampfsportart eingehen. Je besser die Trainingsqualität und das Coaching, desto besser sind die Ergebnisse beim Erlernen der Kampfkunstform. Daher ist eine seriöse Trainingsumgebung mit der erforderlichen Ausstattung unerlässlich, wenn Sie Ihren Kampf verbessern möchten.

Kapitel 13: Tägliche Trainingsübungen

Möchten Sie Ihre tägliche Routine verbessern? Oder möchten Sie Ihr Fitnessprogramm aufpeppen? Was auch immer Ihre Ziele für Ihr tägliches Fitnessprogramm sind, dieses umfassende Kapitel hat alles, was Sie brauchen.

In diesem letzten Kapitel werden Sie viele Möglichkeiten entdecken, wie Sie einen täglichen Muay-Thai-Trainingsplan speziell für Anfänger erstellen können (entweder in den eigenen vier Wänden oder in einem örtlichen Fitnesscenter). Von bewährten Routinen bis hin zu nachweislich effektiven Trainingstechniken wird Ihnen in diesem Kapitel alles Wissenswerte vermittelt.

Dehnung, Beweglichkeit und Hüftrotation trainieren

Dehnbarkeit, Flexibilität und Beweglichkeit sind für Muay Thai unerlässlich[87]

Rückblickend sind sich die meisten Menschen darüber im Klaren, dass sie bessere Kämpfer geworden wären, wenn sie sich beim ersten Muay-Thai-Training auf Hüftrotation, Flexibilität, Körperhaltung und Beweglichkeit konzentriert hätten. Die richtige Ausführung der Hüftrotation ist von entscheidender Bedeutung, da sie bestimmt, wie viel Kraft Sie in Ihre Tritte und Kniestöße stecken können. Überraschenderweise kann jeder diese Übungen mit minimalen Mitteln überall durchführen.

Gute Hüftrotation

Stellen Sie sich vor, jemand würde bei Ihnen zu Hause einbrechen: Würden Sie einen Baseballschläger aufrecht schwingen oder Ihre Hüfte einsetzen, um die volle Kraft zu entfalten? Beim Muay Thai hängt der richtige Tritt von der richtigen Hüftrotation ab. Ein unerfahrener Kämpfer, der versucht, Tritte nach oben auszuführen, könnte unbeabsichtigte Effekte wie Selbstverletzungen verursachen, anstatt den Gegner effektiv zu treffen.

Ebenso sollten Sie bei der Ausführung eines Roundhouse-Kicks im Muay Thai immer Folgendes beachten:

- Strecken Sie die Ferse Ihres vorderen Beins über Ihre Zehen hinaus, während Sie es um 180 Grad in Richtung des Tritts drehen.
- Konzentrieren Sie sich darauf, Ihre Kraft nach oben statt nach unten zu richten, um einen effektiveren Tritt auszuführen.
- Schwingen Sie außerdem schnell Ihren Arm, wobei Sie denselben Arm wie Ihr Trittbein verwenden, während Sie Ihre Schulter nach vorne bewegen.

Der Schlüssel zur korrekten Ausführung dieser Technik liegt in der Aktivierung der seitlichen Gesäßmuskulatur bei gleichzeitiger Rotation der Hüfte. Sie werden ein bestimmtes Gefühl spüren, das Ihnen sagt, wann Sie es richtig gemacht haben. Obwohl dies im Muay Thai unkonventionell ist, ist die Beherrschung der richtigen Hüftrotation für effiziente Tritte von entscheidender Bedeutung. Diese Übung sollte Teil Ihrer täglichen Routine sein, um die Beweglichkeit der Hüfte zu verbessern.

1. Stellen Sie zunächst einen Fuß auf eine erhöhte Fläche wie ein Sofa und den anderen Fuß auf die Zehenspitzen, wie Sie es bei der Vorbereitung eines Tritts tun würden.
2. Rotieren Sie den erhöhten Fuß, während Sie Ihre Arme einsetzen, und wiederholen Sie diese Sequenz 25-Mal, bevor Sie die Beine wechseln und sie jeweils 100-mal pro Bein wiederholen.
3. Streben Sie täglich mindestens 100 Ausführungen pro Bein an und sogar bis zu 300 pro Bein, wenn Sie verspannte Hüften haben, so wird es auch in Thailand gemacht.

Beweglichkeit

Wenn Sie in der westlichen Welt einen sitzenden Lebensstil führen, sind Ihre Hüften wahrscheinlich verspannt. Dies wirkt sich auf Ihre sportliche Leistung bei der Ausführung von Tritten aus, insbesondere bei Sportarten wie Muay Thai. Glücklicherweise gibt es Möglichkeiten, wie Sie Ihre Hüftbeweglichkeit selbstständig wiedererlangen können. Die Aufrechterhaltung einer korrekten Hüftrotation ist für Profisportler unerlässlich und minimiert Verletzungen bei körperlichen Aktivitäten wie Fußballspielen.

Untersuchungen zur Verletzungsprävention bei Profisportlern, die Muskel-Beweglichkeitsübungen in ihr Trainingsprogramm aufgenommen haben, haben beeindruckende Ergebnisse gezeigt. Das Üben allein bietet eine hervorragende Möglichkeit, die Bewegungsqualität zu verbessern.

Ein hervorragender Videoclip, der von Don Heatrick geteilt wurde, enthält nützliche Ratschläge, die Muay-Thai-Praktizierenden dabei helfen sollen, ihre Hüftgelenke zu lockern. Die darin vorgestellten Routinen haben sich als bemerkenswert erfolgreich bei der Verbesserung von Trittechniken erwiesen, unabhängig von der Form.

Sie können die Beweglichkeit Ihrer Hüfte erheblich verbessern, indem Sie die Anweisungen in diesem Abschnitt befolgen und alle drei täglichen Übungsroutinen mit Materialien wie Schaumstoffrollen, Lacrosse-Bällen und Widerstandsbändern (zu erschwinglichen Preisen bei Amazon erhältlich) durchführen.

1. Hüften lockern

- Legen Sie zu Beginn eine Schaumstoffrolle direkt über Ihre Knie und bewegen Sie sie dann allmählich an Ihren Oberschenkeln entlang, um das Muskelgewebe effektiv zu lockern.
- Wenn Sie während dieser Übung verspannte Stellen bemerken, bewegen Sie Ihr Bein vorsichtig von links nach rechts und konzentrieren Sie sich dabei auf die betroffenen Stellen, während Sie die Hüftgelenkmuskeln anspannen.
- Ignorieren Sie die IT-Bänder (Iliotibialbänder) in der Mitte, da sie anfällig für Verletzungen sind, wenn direkt darauf gerollt wird.

2. Öffnen Sie Ihre Hüften

Befestigen Sie ein Ende eines Widerstandsbandes fest an festen Strukturen wie Klimmzugständern oder TV-Ständern.

1. Steigen Sie in das Band, das hoch hinter den Gesäßmuskeln platziert ist, sodass eine erhebliche Spannung an der Hüfte entsteht.
2. Beginnen Sie die Bewegung, indem Sie die Gesäßmuskeln fest anspannen und das Becken nach vorne kippen, sodass das Hüftgelenk vor das Knie geschoben wird.
3. Beugen Sie den Rücken nicht zu stark, sondern achten Sie auf die Beweglichkeit der Hüfte. Insbesondere das Wechseln der Standposition hilft Ihnen, aus verschiedenen Winkeln zu üben.

4. Nehmen Sie sich 1-2 Minuten Zeit für gleichmäßige Ausführungen auf jeder Seite, bevor Sie mit der nächsten Bewegung fortfahren.

3. Stabilisierung der Hüften

Die Stabilisierung der Hüften erfordert mehr als nur die Einhaltung eines beliebigen Trainingsprogramms; es erfordert Anstrengung, Präzision und Technik.

- Am besten suchen Sie sich zunächst eine stabile Plattform, eine Bank oder einen Stuhl, dessen Oberfläche genau mit der Stelle übereinstimmt, an der Ihr Fuß Unterstützung benötigt.
- Sobald Sie diese Position gefunden haben, achten Sie beim Aufstützen darauf, dass eine Hüfte tiefer sitzt als die andere oder genau auf Kniehöhe ausgerichtet ist. So wird während der gesamten Ausführung eine korrekte Ausrichtung gewährleistet.
- Achten Sie außerdem bei jedem Schritt auf eine gute Körperhaltung: Brust aufrecht und Kinn nach unten gerichtet.
- Indem Sie Kraft von den Füßen aus ausüben und gleichzeitig die Gesäßmuskulatur anspannen (genießen Sie ruhig die sanfte Dehnung), stabilisieren Sie Ihre Hüften im Handumdrehen effektiv.
- Zu guter Letzt sollten Sie Gewichte in das Training einbauen und drei Sätze mit je zehn Wiederholungen pro Bein anstreben, um Ihre Grenzen zu testen.

Möchten Sie Ihre Muay-Thai-Leistung auf ein neues Niveau bringen? Dann machen Sie die folgenden Übungen. Sie steigern Ihr allgemeines Wohlbefinden und haben eine starke Wirkung auf die Muskellänge, die Gelenkausrichtung, die neuromuskuläre Kontrolle und die entscheidenden Komponenten zur Optimierung des Bewegungsumfangs für eine verbesserte Kampffähigkeit.

Stellen Sie sicher, dass Sie diese Übungen in eine robuste Aufwärmroutine mit dynamischen Bewegungen integrieren, um die korrekte Ausführung des Kicks zu gewährleisten und gleichzeitig das Risiko von Verletzungen durch falsche Bewegungsmuster zu verringern.

Das Lockern und Öffnen der Hüften kann zu jeder Tageszeit als aktive Erholungstechnik zwischen den Gewichthebe-Sessions erfolgen oder an bestimmten Erholungstagen, an denen Haltungsprobleme angegangen und Muskelbeschwerden gelindert werden.

Die Investition in hochwertige Ausrüstung ist von entscheidender Bedeutung, um den maximalen Nutzen aus diesen Muay-Thai-Übungen zu ziehen und eine gute Körperhaltung beizubehalten.

Die heutigen technologischen Fortschritte wie Smartphones und Computer haben jedoch zu einer schlechten Körperhaltung geführt, die in Zukunft zu gesundheitlichen Komplikationen führen wird. Aber keine Sorge. Die verschiedenen oben beschriebenen Routinen helfen dabei, Verspannungen in den Hüften zu lösen und sie zu stabilisieren.

Dehnen

Beim Muay Thai, wo Präzision eine große Rolle spielt, steigert das Dehnen die Gesamtleistung erheblich. Nachdem Sie sich mit Mobilitätsübungen angemessen aufgewärmt haben, konzentrieren Sie sich darauf, Ihre Muskeln durch Dehnen zu verlängern.

Regelmäßiges Dehnen führt zu einer besseren Flexibilität, was sich in einer verbesserten Beweglichkeit bei Schlägen oder Tritten niederschlägt, die eine gute Körperbeherrschung erfordern. Darüber hinaus hilft ein ausgiebiges Dehnen vor dem Training oder Wettkampf, Verletzungen vorzubeugen, da die Muskeln elastischer werden.

1. Aufwärmen

Lassen Sie das Aufwärmen nicht aus, bevor Sie mit den Dehnübungen beginnen, denn Sie wollen doch keine Muskelzerrungen oder -verstauchungen riskieren. Beginnen Sie mit einigen leichten aeroben Aktivitäten wie Joggen oder Hampelmann für 5-10 Minuten, um Ihren Kreislauf in Schwung zu bringen und Ihre Muskeln auf das Dehnen vorzubereiten.

2. Dynamische Dehnübungen

Dynamische Dehnübungen eignen sich hervorragend zum Aufwärmen und als Bewegungen, die das simulieren, was Sie während des Trainings oder bei Wettkämpfen tun. Sie verbessern die Durchblutung, erweitern den Bewegungsumfang und trainieren die Muskeln. Zu den dynamischen Dehnübungen gehören Beinschwingen, Armkreisen und Rumpfbeugen. Um dynamische Dehnübungen durchzuführen, gehen Sie wie folgt vor:

1. Stellen Sie sich neben eine Wand oder eine andere stabile Struktur und schwingen Sie ein Bein vor und zurück, während Sie das Gleichgewicht halten. Wiederholen Sie dies 10- bis 15-mal pro Bein.
2. Fahren Sie mit seitlich ausgestreckten Armen fort und machen Sie kleine kreisende Bewegungen im Uhrzeigersinn, die Sie allmählich vergrößern, bis Sie das Gefühl haben, dass Sie ausreichend gedehnt sind.
3. Halten Sie die Dinge frisch, indem Sie die Richtung Ihrer Drehungen abwechseln; wechseln Sie nach ein paar Umdrehungen gegen den Uhrzeigersinn.
4. Stellen Sie sich mit schulterbreit auseinanderstehenden Füßen hin und legen Sie die Hände auf die Hüften, bevor Sie den Oberkörper von links nach rechts und wieder zurückdrehen.

3. Statische Dehnübungen

Statische Dehnübungen sind eine gute Option, um mehrere wichtige Muskelgruppen anzusprechen und die Flexibilität während der Dehnübungen zu verbessern. Bei diesen Übungen müssen Sie die Positionen etwa 15 bis 30 Sekunden lang halten, was dabei hilft, Verspannungen in diesen Bereichen zu lösen.

Versuchen Sie nach dem Aufwärmen oder den Übungen, sich so gut wie möglich auf die richtige Ausführung der Techniken und das Halten der Positionen zu konzentrieren. Bei statischen Dehnübungen sollten Sie sich auf Muskelgruppen wie die Oberschenkelmuskulatur, den Quadrizeps, die Brust, die Schultern, die Hüftbeuger, den Trizeps und die Leisten konzentrieren.

- Eine Methode ist die Dehnungsübung der Oberschenkelmuskulatur, bei der man sich auf eine flache Oberfläche setzt und ein Bein gerade ausstreckt, während man das andere beugt, bevor man sich leicht nach vorne beugt und mit geradem Rücken nach den Zehen greift.
- Das Dehnen des Quadrizeps ist eine weitere nützliche Technik zur Verbesserung der Flexibilität, indem die entsprechenden Fersen (gegenüberliegende Seite) zum Gesäß gezogen werden, ohne den Rücken zu krümmen, während man das Gleichgewicht hält und aufrecht steht.
- Wenn Sie die Brustmuskeln trainieren möchten, nutzen Sie Türrahmen, indem Sie den Unterarm gegen den Rahmen lehnen, bevor Sie sich für eine effektive Dehnung leicht nach vorne lehnen.
- Das Dehnen der Schulter- und Hüftbeuger wirkt sich ebenfalls positiv aus. Strecken Sie die Arme über den Körper oder knien Sie sich mit einem Knie auf den Boden, während Sie das andere Bein nach vorne strecken, um bessere Ergebnisse zu erzielen.
- Möchten Sie angestaute Spannungen in den Hüftbeugemuskeln lösen? Achten Sie einfach auf eine korrekte Standhaltung und stoßen Sie sich ein paar Mal von den Hüften ab, wobei Sie jedes Mal zwischen der linken und rechten Seite wechseln, bis Sie ein angenehmes Dehnungsgefühl verspüren.
- Für die Trizepsregion heben Sie einen Arm hoch über den Kopf und führen ihn zurück zum Genick, bevor Sie mit der anderen Hand leicht am Ellbogen ziehen, um die Intensität zu erhöhen, bis Sie ein angenehmes Ziehen spüren. Wiederholen Sie diesen Vorgang mit dem anderen Arm.
- Sie können auch die Leistengegend ansprechen, indem Sie sich hinsetzen, die Füße berühren sich und die Knie sind nach außen gestreckt. Während Sie beide Füße fest mit den Händen umfassen, ziehen Sie sie mit den Ellbogen gegen die Knie nach innen, um die Dehnung in diesem Bereich zu maximieren.

4. Propriozeptive neuromuskuläre Fazilitation

Wenn Sie nach anspruchsvolleren Dehnungstechniken suchen, die Interaktion erfordern, sollten Sie PNF (propriozeptive neuromuskuläre Fazilitation) ausprobieren. Dieser einzigartige Ansatz kombiniert strategische Muskelkontraktionen mit Entspannungsphasen, um die Flexibilität zu erhöhen und den Bewegungsumfang in verschiedenen Körperteilen zu erweitern.

Probieren Sie zunächst diese unkomplizierte PNF-Dehnung aus, die sich auf die hinteren Oberschenkelmuskeln konzentriert:

1. Legen Sie sich zunächst mit einem in die Luft gehobenen Bein auf den Rücken.
2. Positionieren Sie sich so, dass Sie Ihr Fußgelenk leicht mit einer Hand erreichen können, während Sie den Arm nach außen strecken, um den Griff Ihres Partners mit der anderen Hand zu treffen.
3. Führen Sie nun eine intensive Push-Pull-Übung durch, bei der Sie sich mit aller Kraft 6–10 Sekunden lang in Richtung Ihres Partners drücken, bevor Sie sich schließlich entspannen.
4. Ihr Partner führt Ihr Bein weiter nach vorne und drückt es bei jeder Steigerung, die 20–30 Sekunden dauert, sanft in eine stärkere Streckung.
5. Testen Sie jedes Bein, bis beide gleichmäßig ausgestreckt sind.

5. Dehnübungen mit der Faszienrolle

Die Faszienrolle ist eine effektive Methode, um Muskelverspannungen zu lösen, und die Flexibilität in verschiedenen Körperteilen durch selbstständige myofasziale Entspannung zu verbessern. Damit diese Technik bei Verspannungen Wunder wirkt, benötigen Sie eine Faszienrolle, um die spezifischen Muskeln zu behandeln, die Aufmerksamkeit benötigen.

- Um Verspannungen in den Quadrizepsmuskeln entlang der Vorderseite der Oberschenkel zu lindern, legen Sie sich mit dem Gesicht nach unten auf den Boden und legen Sie eine Schaumstoffrolle unter die Oberschenkel. Führen Sie die Rolle von der Hüfte bis knapp über die Kniescheiben und halten Sie an den empfindlichen Stellen auf diesem Weg an.
- Ähnlich verhält es sich bei den Kniesehnen. Setzen Sie sich aufrecht hin und legen Sie eine Schaumstoffrolle unter beide Oberschenkel. Gleiten Sie mit der Rolle sanft von Ihrem Gesäß zu Ihren Knien und üben Sie dabei gleichmäßigen Druck auf die schmerzenden Stellen aus.
- Wenn die Wadenmuskeln Probleme bereiten, setzen Sie sich mit ausgestreckten Beinen auf den Boden und rollen Sie mit langsamen Bewegungen nach oben.
- Schmerzen im oberen Rückenbereich können gelindert werden, indem Sie sich flach auf den Rücken legen und eine zylindrische Schaumstoffrolle unter Ihre Schulterblätter legen. Führen Sie dann sanfte Auf- und Abwärtsbewegungen entlang Ihrer Wirbelsäule durch.
- Achten Sie darauf, anzuhalten und innezuhalten, wenn Sie auf empfindliche Partien stoßen.

Tägliches Schattenboxen

Jede Muay-Thai-Trainingsroutine erfordert eine solide Grundlage für außergewöhnliche Leistungen, die das Schattenboxen dank seiner zahlreichen Vorteile wie der Verfeinerung von Techniken, komplizierten Beinarbeitsmustern und der Verbesserung der Distanzkontrolle bieten kann.

Im Folgenden finden Sie einige wertvolle Tipps, um das Beste aus den täglichen Schattenboxübungen herauszuholen:

- Beginnen Sie immer mit einem ausreichenden Aufwärmen, bevor Sie mit den Trainingseinheiten beginnen. Diese Routine zielt darauf ab, die Muskeln angemessen auf die bevorstehenden intensiven Trainingseinheiten vorzubereiten.
- Nutzen Sie dynamisches Dehnen zusammen mit Gelenkrotationen und beenden Sie das Training mit leichten Ausdauerübungen wie Seilspringen oder

Hampelmann. Dadurch werden die Muskeln frühzeitig aktiviert und die Wahrscheinlichkeit von Muskelverstauchungen oder -zerrungen bei nachfolgenden Trainingseinheiten verringert.
- Wählen Sie einen geräumigen Trainingsbereich, der uneingeschränkte Mobilität ohne das Risiko gefährlicher Objekte oder Hindernisse ermöglicht. Bei ausreichend Platz können Sie selbstbewusst Verteidigungstechniken und eine Vielzahl von schlagenden Bewegungen mit maximaler Präzision und Wirkung ausführen.
- Um die Effektivität des Schattenboxens während des Trainings zu maximieren, ist es ratsam, sich vor Beginn jeder Trainingseinheit einen Gegner vorzustellen, der vor einem steht. Stellen Sie sich seine Bewegungen vor, antizipieren Sie seine Schläge und versetzen Sie sich in intensive Kampfszenarien, um fokussierter vorzugehen.
- Perfektionieren Sie Ihre Haltung und Deckungsposition, indem Sie eine balancierte Position einnehmen, die einen einfachen Übergang zwischen Angriffs- und Verteidigungsmodus ermöglicht. Halten Sie Ihre Füße immer schulterbreit auseinander, wobei der Führungsfuß leicht nach außen gedreht sein sollte.
- Achten Sie darauf, dass Sie eine erhöhte Schutzhaltung einnehmen, die das Gesicht bedeckt; ziehen Sie das Kinn nach unten und halten Sie beide Ellbogen für zusätzlichen Schutz eng am Körper.
- Integrieren Sie beim Schattenboxen verschiedene Schlagtechniken, beginnend mit grundlegenden Bewegungen wie Jabs, Crosses, Haken und Aufwärtshaken, und wenden Sie die richtigen Techniken an, bevor Sie langsam zu schwierigeren Techniken wie Ellbogen, Knien oder Tritten übergehen.
- Achten Sie immer auf fließende Bewegungen, ohne dabei an Präzision und Kraft zu verlieren.
- Um Ihre Verteidigungstaktiken beim Muay-Thai-Boxen zu verbessern, verfeinern Sie Ihre Fähigkeit, eingehende Schläge zu blockieren oder ihnen auszuweichen, indem Sie Methoden wie Rutschen, Ducken, Ausweichen oder Parieren anwenden, während Sie in ständiger Bewegung eine stabile Schutzposition einnehmen. Stellen Sie sich mit der Kraft der Visualisierung vor, gegen die Angriffsstile verschiedener Gegner anzutreten, während Sie durch wiederholte Ausführung schnelle Ausweichmanöver mit schnellen Reflexen üben.
- Das richtige Timing ist entscheidend, um im Kampf kraftvolle Treffer zu landen. Daher ist es ratsam, regelmäßig Schattenboxtechniken in das Trainingsprogramm aufzunehmen, um die Bewegungen des Gegners zu visualisieren, bevor Sie gut getimte Gegenschläge ausführen.

Ausdauer
In diesem Abschnitt werden die wichtigsten Übungen und Techniken vorgestellt, die Ihnen dabei helfen, Ausdauertraining in das tägliche Muay-Thai-Training zu integrieren:
- Bevor Sie mit einem Trainingsprogramm beginnen, definieren Sie, was Sie mit dem zusätzlichen Ausdauertraining erreichen möchten, um Ihre Ausdauer zu steigern oder Ihre kardiovaskuläre Fitness zu verbessern.
- Vor einer intensiven Ausdauereinheit ist ein Aufwärmen erforderlich, um sich richtig vorzubereiten. Führen Sie dynamische Dehnübungen wie Armkreisen, Rumpfbeugen oder Beinschwingen durch, um die Muskeln zu lockern, die Durchblutung zu fördern, das Verletzungsrisiko zu senken und die Leistung zu steigern.
- Achten Sie auf die richtige Ausführung, um Ihre Leistung in zukünftigen Kämpfen zu steigern. Das Training mit einem Trainingspartner oder Trainer an einem Box- oder Pratzensimulator kann Ihre Ausdauer erheblich verbessern und gleichzeitig Ihre Schlagtechniken verfeinern. Durch die Verwendung der Pratzen wird ein Widerstand erzeugt, der die Intensität eines echten Kampfes imitiert und Sie dazu zwingt, maximale Anstrengung zu erbringen.

- Laufen ist seit jeher beliebt, um die kardiovaskuläre Fitness zu steigern. Es stärkt die Beinmuskulatur und verbessert die Ausdauer und das Durchhaltevermögen erheblich.
- Erwägen Sie, Dauerläufe, Bergsprints oder Intervallläufe in Ihr Programm aufzunehmen, um Abwechslung in Ihre Laufeinheiten zu bringen.
- Zirkeltraining könnte die perfekte Wahl für ein umfassendes Ganzkörpertraining sein, das Kraftübungen mit Ausdauerintervallen kombiniert (wie Liegestütze, Kniebeugen, Burpees und Kettlebell-Schwingen). Für maximale Wirkung sollten Sie jede Übung zügig und ohne Pausen dazwischen ausführen.
- Workouts mit hoher Intensität sind eine weitere hervorragende Ergänzung Ihres Trainingsprogramms. Sie fördern explosive Bewegungen, kombinieren Techniken und schnelle Bewegungen und verbessern die Ausdauer des Herz-Kreislauf-Systems, indem sie Sie dazu herausfordern, während jeder Runde ein schnelles Tempo beizubehalten.
- Ob Sie sich von intensiven Trainingseinheiten erholen oder einfach nur Ihre Gelenke von Aktivitäten mit hoher Belastung ausruhen möchten, das Schwimmen von Bahnen oder das Intervalltraining im Wasser kann die Herz-Kreislauf-Funktion verbessern und gleichzeitig gefährdete Bereiche schützen.

In diesem letzten Kapitel wurden mehrere Alternativen für die Erstellung eines effektiven täglichen Muay-Thai-Trainingsprogramms vorgestellt, das für jede Umgebung geeignet ist. Wenn Sie sich im Laufe der Zeit diesen Übungen widmen, können Sie Ihre Techniken und Ihre körperliche Ausdauer verbessern und verfeinern. Zu guter Letzt sollten Sie unbedingt auf die Sicherheit achten. Seien Sie immer wachsam und holen Sie sich im Zweifelsfall fachkundigen Rat ein. Vergessen Sie nicht, dass Sie diese unglaubliche Kampfkunst in jeder Hinsicht genießen sollten.

Schlussfolgerung

Kickboxen hat in Thailand eine jahrhundertealte Geschichte und ist heute eine weltweit anerkannte Kunst. Bei dieser Kampfsportart werden alle acht Gliedmaßen eingesetzt. Als Anfänger führen Sie beeindruckende Kampftechniken mit Tritten, Ellbogen, Schlägen und Knien aus.

Hierbei handelt es sich um Waffen, die ein Muay-Thai-Kämpfer einsetzt, wodurch sich dieser Kampfsport von anderen Kampfsportarten abhebt. Vor Jahrhunderten waren Muay-Thai-Kämpfe oft brutal. Heute wurde der Sport modifiziert, sodass er zu einem sichereren Wettkampfsport geworden ist, bei dem der Schiedsrichter die Punktzahl aufzeichnen und die Sicherheit in den Vordergrund stellen.

Muay Thai ist zwar eine moderne Sportart, aber das bedeutet nicht, dass sie für jeden sicher ist. Dennoch kann man die Grundlagen dieses Kampfsports erlernen und mit dem richtigen Training und Coaching ein professioneller Kämpfer werden. Der Kampfsport mag für einen Anfänger, von außen betrachtet, gefährlich erscheinen, aber beim Muay Thai gibt es bessere Möglichkeiten, die Techniken zu erlernen, sodass er genauso ungefährlich ist wie andere Sportarten.

Ein großer Vorteil von Muay Thai ist, dass es den inneren Krieger in Ihnen zum Vorschein bringt. Es hält Sie körperlich und emotional fit, während Sie im Training realen Angriffsszenarien ausgesetzt sind. Es ist eine hervorragende Möglichkeit, Selbstverteidigung zu erlernen und zu lernen, wie man angesichts realer Gegner ruhig bleibt. Mit Muay Thai können Sie selbstbewusst in den Ring oder in den Kampf steigen. Während Sie trainieren, bauen Sie Ausdauer und Standfestigkeit auf und verbessern Ihre Konzentrationsfähigkeit.

Nachdem Sie nun diese praktischen Tipps und Techniken des Muay Thai kennengelernt haben, sollten Sie alles in die Praxis umsetzen. Ziel dieses Leitfadens ist es, Sie auf einfache und verständliche Weise durch jede Technik zu führen. Also machen Sie die ersten Schritte, gehen Sie ins Studio, trainieren Sie unter Anleitung eines Trainers, legen Sie eine Routine fest und stellen Sie sicher, dass Sie jemandem Rechenschaft ablegen.

Es kann sein, dass Sie in den ersten Monaten des Trainings ein Burnout erleben, aber das ist in Ordnung; es ist Teil des Prozesses. Geben Sie nicht auf. Während Sie trainieren, müssen Sie jede Technik, die Sie lernen, mit anderen Trainierenden üben; beginnen Sie vorsichtig und verwenden Sie Schutzausrüstung für empfindliche Bereiche.

Muay Thai ist eine der praktischsten und härtesten Kampfsportarten. Wir wünschen Ihnen viel Glück auf Ihrem Weg, diese Sportart zu meistern!

Teil 4: Ringen

Das ultimative Lehrwerk für Anfänger, die Techniken im Ringen zur Selbstverteidigung, für die körperliche Fitness oder für Wettkämpfe erlernen möchten

Einführung

Sind Sie auf der Suche nach einer Möglichkeit, um Ihre Fitness und Ihre sportlichen Fähigkeiten auf ein höheres Niveau zu bringen? Dann könnte das Ringen die perfekte Wahl für Sie sein. Die Kombination aus Kraft, Beweglichkeit und Technik macht das Ringtraining unglaublich herausfordernd, was Ihnen gleichzeitig beim Erwerb von Fähigkeiten hilft, die auch in anderen Bereichen nützlich sind.

Ringen ist nicht nur ein Sport, sondern wird für viele Menschen zu einer lebensverändernden Erfahrung. Es fordert Sie dazu heraus, körperlich und geistig an Ihre Grenzen zu gehen, und lehrt Sie Disziplin, Ausdauer, Teamwork und Widerstandsfähigkeit. Ringer lernen, mit Widrigkeiten umzugehen, Rückschläge zu überwinden und kreative Lösungen für Probleme auf der Matte und in anderen Lebensbereichen zu finden. Dieses Lehrwerk bringt Ihnen die Grundlagen des Ringens näher, von Regeln und Fertigkeiten über Körperhaltung und Gleichgewicht bis hin zu erfolgsversprechenden Trainingstechniken.

Über den Wettkampf hinaus fördert das Ringen wie kein anderer Sport die Kameradschaft und den Zusammenhalt. Beim Ringen entsteht eine Gemeinschaft von Individuen, die ihre Liebe zum Sport und das gemeinsame Streben nach Spitzenleistungen gemeinsam haben. Beim Ringen geht es nicht nur um Sieg oder Niederlage, sondern auch um die Erfahrungen und die Lektionen, die man im Laufe der Zeit für sich gewinnt. Dieses Buch enthält Lektionen zum Thema Deckung durchdringen, Anheben, Angreifen und Gegenangriffe durchführen, Umkehrstrategien, Fluchttechniken, Pinn-Kombinationen und vieles mehr. Sie erfahren außerdem, wie Sie zu Hause trainieren und jugendliche Ringkämpfer trainieren können.

Ringen lehrt Sie unschätzbar wertvolle Lektionen zum Thema Lebenskompetenz und Charakterstärke, von denen Sie Ihr ganzes Leben lang profitieren können. Von Disziplin und Ausdauer bis hin zu Bescheidenheit und Führungsqualitäten – das Ringen vermittelt Ihnen wertvolle Eigenschaften und macht die Teilnehmer zu besseren Menschen. Die Bindung zwischen den Mannschaftskameraden ist unzerstörbar und der Adrenalinrausch, den der Wettkampf auf der Matte auslöst, ist mit nichts anderem vergleichbar. Ringen fordert die Menschen körperlich und geistig heraus, treibt sie an ihre Grenzen und hilft ihnen dabei, ihr wahres Potenzial zu entdecken. Dieses Buch behandelt all diese Themenbereiche und vieles mehr.

Wenn Ihnen die Welt des Ringens bis jetzt unbekannt war, kann sich der Versuch, sich in dieser zurechtzufinden, anfänglich überwältigend anfühlen. Die Intensität des Sports, die scheinbar endlosen Regeln und Vorschriften und die schieren körperlichen Herausforderungen können zunächst einschüchternd wirken. Aber lassen Sie sich davon nicht abschrecken, denn wenn Sie sich erst einmal darauf eingelassen haben, bringt Ihnen das Ringen endlose Vorteile. Ein Gefühl der Disziplin und Harmonie durchdringt jeden Aspekt des Ringens, vom Training bis zum Wettkampf. Darüber hinaus sind das persönliche Wachstum und das Selbstvertrauen, das Sie dann gewinnen, wenn Sie bis an Ihre Grenzen gehen, von unschätzbarem Wert. Diese Erfahrungen bringen manchmal große Herausforderungen mit sich, aber der Lohn ist die Mühe immer wert. Treten Sie also mit Begeisterung auf die Matte, denn die Welt des Ringens wartet mit offenen Armen und endlosen Möglichkeiten auf Sie.

Am Ende der Lektüre dieses praktischen und prägnanten Lehrwerks werden Sie den Sport und alles, was er mit sich bringt, gründlich verstanden haben. Wenn Sie ein Auge fürs Detail und ein Streben nach Exzellenz mit sich bringen, wird das Ringen Sie zu einem besseren Sportler und Menschen machen. Vom Erlernen der Grundlagen bis hin zum Erfolg auf höchstem Niveau - dieses Lehrwerk deckt alle Bereiche ab. Die Welt des Ringkampfs ist riesig und unglaublich bereichernd. Also, worauf warten Sie noch? Wagen Sie den ersten Schritt und lassen Sie sich von diesem Buch auf Ihrer Reise begleiten.

Kapitel 1: Warum sollte ich mich für das Ringen entscheiden?

Das Ringen könnte zu Ihrer neuesten Obsession werden, wenn Sie nach einer Sportart suchen, die Sie sowohl körperlich als auch geistig herausfordert. Es erfordert von Ihnen nicht nur unglaubliche Kraft und Ausdauer, sondern auch mentale Stärke und strategische Denkfähigkeiten. Das Ringen wird dadurch zu einem großartigen Charaktertest. Es lehrt Sie, Schmerzen und Widrigkeiten zu überwinden und niemals aufzugeben, wenn es schwierig wird. Außerdem lassen sich die Fähigkeiten, die Sie auf der Matte lernen, auf alle anderen Bereiche Ihres Lebens übertragen. Durch diese Erfahrungen gewinnen Sie an Selbstvertrauen und Disziplin, die sich auch positiv auf Ihre Beziehungen, Ihr Studium und Ihre Karriere auswirken können.

Wenn Sie zu einer besseren Version Ihrer selbst werden wollen, während Sie gleichzeitig viel Spaß haben und lebenslange Freundschaften schließen, sollten Sie sich für das Ringen entscheiden. Dieses Kapitel befasst sich mit den Ursprüngen, der Philosophie und den Vorteilen des Ringens. Im Folgenden wird erörtert, wie das Ringen im Vergleich zu anderen Kampfsportarten abschneidet und welche Techniken für das Selbstverteidigungstraining eingesetzt werden können. Das Kapitel endet mit Ratschlägen für Eltern, die erwägen, ihre Kinder beim Ringtraining anzumelden. Am Ende des Kapitels sollten Sie das Ringen besser verstehen und wissen, warum es sich um einen so beliebten Sport handelt.

Einleitung ins Ringen

Das Ringen ist eine der ältesten und beliebtesten Sportarten der Welt. Es ist eine Kampfsportart, bei der zwei Wettkämpfer gleichzeitig versuchen, ihren Gegner auf die Matte zu legen oder ihn aus dem Ring zu drängen. Das Ringen erfordert körperliche Stärke, Beweglichkeit und geschultes strategisches Denken. Außerdem handelt es sich um einen Sport, der sich im Laufe der Jahrhunderte von seinen Ursprüngen in antiken Zivilisationen bis hin zu den modernen olympischen Wettkämpfen entwickelt hat. In

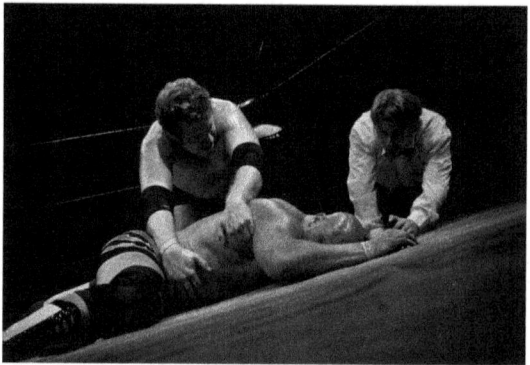

Ringen ist ein Sport, bei dem Sie versuchen, Ihren Gegner auf die Matte zu pinnen. **88**

diesem Abschnitt erfahren Sie mehr über die Geschichte des Ringens, seine Ursprünge und die Philosophie, die sich hinter diesem Sport verbirgt.

Ursprünge

Das Ringen gibt es schon seit über 15.000 Jahren. Man nimmt an, dass es seinen Ursprung in antiken Zivilisationen wie etwa Griechenland, Ägypten und Rom hat. Ringen war schon bei den ersten Olympischen Spielen in Griechenland beliebt, wo es eine der fünf Disziplinen des Fünfkampfs war. Im Mittelalter wurde Ringen zu einem beliebten Sport in Europa. Es gibt historische Belege für organisierte Wettkämpfe in Frankreich, Deutschland und England. Ringen wurde auch zur Selbstverteidigung und zur Vorbereitung auf den Nahkampf eingesetzt.

Geschichte

In den Vereinigten Staaten wurde das Ringen Anfang des 20. Jahrhunderts mit der Gründung der Amateur Athletic Union (AAU) und der National Collegiate Athletic Association (NCAA) populär. Ringen wurde an den Universitäten zunehmend beliebter, und die High Schools (weiterführende Schulen) nahmen es in ihre Sportprogramme auf.

Professionelles Ringen entwickelte sich in den Vereinigten Staaten als Unterhaltungsform mit inszenierten Kämpfen und Geschichten und ist auch unter dem Namen „Wrestling" bekannt.

In der zweiten Hälfte des 20. Jahrhunderts wurde Ringen zu einem internationalen Sport, als die International Federation of Associated Wrestling Styles (FILA) gegründet und Ringen in die modernen Olympischen Spiele aufgenommen wurde. Ringen ist nach wie vor ein weltweit beliebter Sport, an dem jedes Jahr Millionen von Menschen teilnehmen und Ringkämpfe verfolgen.

Philosophie

Das Ringen ist mehr als nur ein rein körperlicher Sport. Tatsächlich handelt es sich um eine geistige und spirituelle Kampfdisziplin. Ringer trainieren ihren Körper, um stark und beweglich zu werden, und entwickeln eine ausgeprägte Arbeitsmoral, Ausdauer und mentale Widerstandsfähigkeit. Das Ringen lehrt Kämpfer Fähigkeiten wie Konzentration, Disziplin und Selbstbeherrschung, die Sie auch in anderen Bereichen Ihres Lebens anwenden können. Ringen betont außerdem den Respekt vor sich selbst und vor dem Gegner. Bei Ringkämpfen schütteln sich die Teilnehmer vor und nach dem Spiel die Hände, und Sportlichkeit wird hoch geschätzt. Ringen lehrt Demut und betont die Bedeutung von harter Arbeit und Hingabe.

Von seinen Ursprüngen in antiken Zivilisationen bis hin zu den modernen Olympischen Spielen hat sich das Ringen im Laufe der Jahrhunderte weiterentwickelt. Heutzutage ist es eine geistige und spirituell wertvolle Sportart, die den Kämpfern wichtige Lebenskompetenzen wie Selbstbeherrschung, Disziplin und Respekt vor sich selbst und dem Gegner vermittelt. Ob Sie nun selbst ein Ringkämpfer oder ein begeisterter Sportfan sind, das Ringen bietet Ihnen eine einzigartige und lohnende Erfahrung.

Die Vorteile des Ringens

Wenn sich die Menschen einen Ringkampf vorstellen, denken sie oft an zwei Sportler, die sich gegenseitig auf die Matte werfen. Das ist zwar zweifellos ein wichtiger Teil des Sports, aber beim Ringen geht es noch um viel mehr als nur das. Das Ringen dient dem Ganzkörpertraining, das Kraft, Beweglichkeit und Ausdauer erfordert. Es fordert Sie geistig heraus und verlangt Disziplin, Sportsgeist und persönliches Wachstum. In diesem Abschnitt erfahren Sie mehr über die vielen Vorteile des Ringens und darüber, warum es mehr als nur ein Sport ist.

- **Körperliche Stärke und Ausdauer:** Das Ringen ist ein körperlich anspruchsvoller Sport, der sowohl Kraft als auch Ausdauer erfordert. Alle wichtigen Muskelgruppen werden beim Ringen beansprucht, von den Armen und Schultern bis hin zu den Beinen und der Körpermitte. Ringer müssen über eine hervorragende kardiovaskuläre Ausdauer verfügen, um ihre Anstrengungen während eines Kampfes aufrechterhalten zu können. Dieses intensive Training hilft den Ringern dabei, ihre Muskeln aufzubauen, Fett zu verbrennen und ihre Fitness zu verbessern.

- **Mentale Zähigkeit und Disziplin:** Beim Ringen geht es nicht nur um Körperlichkeit. Es handelt sich darüber hinaus auch um eine mentale Herausforderung. Ringer müssen schnell denken, blitzschnelle Entscheidungen treffen und während des gesamten Kampfes konzentriert bleiben. Das erfordert mentale Stärke und Disziplin und wirkt sich positiv auf alle Aspekte des Lebens eines Ringers aus.

- **Teamwork und Sportsgeist:** Auch wenn Ringen Ihnen wie ein Einzelsport erscheinen mag, verlangt es von Ihnen doch ein hohes Maß an Teamarbeit und Sportsgeist. Ringer trainieren oft zusammen und unterstützen sich gegenseitig bei harten Trainingseinheiten und Wettkämpfen. Durch diesen Sport lernen Sie, Ihre Gegner zu respektieren und selbst im Eifer des Gefechts stets guten Sportsgeist zu zeigen.

- **Gemeinschaft und Zugehörigkeit:** Viele Ringkämpfer fühlen sich mit ihren Mannschaftskameraden verbunden und entwickeln lebenslange Freundschaften. Ringer können Clubs beitreten, an Veranstaltungen teilnehmen und sich an philanthropischen Aktivitäten beteiligen, wodurch sie sich mit etwas verbunden fühlen, das größer ist als sie selbst. Daher hält die Ringergemeinschaft stets eng zusammen und viele Ringer fühlen sich in ihrer Sportgemeinschaft gut aufgehoben.

- **Persönliches Wachstum und Selbstvertrauen:** Das Ringen kann dem Einzelnen in vielerlei Hinsicht dabei helfen, zu wachsen und sich weiterzuentwickeln. Es lehrt Sie Widerstandsfähigkeit, Ausdauer und den Wert harter Arbeit. Es fördert die Selbsterkenntnis und das Selbstvertrauen, da ein Ringer sich Ziele setzt und tapfer darauf hinarbeitet, diese zu erreichen. Das Ringen kann für Sie eine transformative Erfahrung sein, die dem Einzelnen hilft, das Beste aus sich herauszubringen.

Die Vorteile des Ringens gehen weit über den körperlichen Aspekt des Sports hinaus. Es fördert außerdem die mentale Stärke, Disziplin und Sportsgeist und schafft gleichzeitig ein Gefühl von Gemeinschaft und Zugehörigkeit. Dadurch ist das Ringen eine hervorragende Option für Menschen, die an sich arbeiten, Selbstvertrauen aufbauen und ihr Bestes geben wollen. Ob Sie nun ein erfahrener Athlet sind oder gerade erst mit dem Training anfangen, das Ringen hat jedem etwas zu bieten.

Ringen im Vergleich zu anderen Kampfsportarten

Kampfsportarten gibt es schon seit Jahrhunderten und viele von ihnen werden von Menschen aller Altersgruppen mit Begeisterung betrieben. Als Kampfsportart, die auf dem sogenannten „Grappling" basiert, bietet Ringen Ihnen eine großartige Möglichkeit, um Ihre Kraft, Beweglichkeit und Koordinationsfähigkeiten zu verbessern und gleichzeitig wertvolle Fähigkeiten zur Selbstverteidigung zu erwerben. Zahlreiche andere Kampfsportarten, wie Judo, Karate, Taekwondo und Boxen, fördern diese Fähigkeiten ebenfalls. Zwar sind alle Kampfsportarten auf ihre Weise effektiv, aber jede hat einzigartige Eigenschaften, die sie von den anderen unterscheiden. Dieser Abschnitt vergleicht Ringen mit anderen Kampfsportarten und hebt die Unterschiede und Gemeinsamkeiten hervor, um Ihnen die Entscheidung zu erleichtern, überlegen zu müssen, welche am besten für Sie geeignet ist.

Das Ringen ist ein großartiger Kampfsport für Menschen, die sich gerne körperlich betätigen und hochintensiv trainieren wollen. Ringen beinhaltet eine Menge Grappling- und Clinchtechniken und gilt als eine der anspruchsvollsten Kontaktsportarten. Ringen konzentriert sich im Allgemeinen mehr auf sogenannte „Takedowns", Bodenkämpfe und Unterwerfungsbewegungen als andere Kampfsportarten wie beispielsweise Karate oder Kickboxen. Es eignet sich hervorragend, um Muskelkraft, Ausdauer, Beweglichkeit und Gleichgewicht zu entwickeln.

Während das Ringen ein Nahkampfsport ist, ist Judo eine etwas weniger körperlich anstrengende und defensivere Sportart. Beim Judo handelt es sich um eine Kampfsportart, bei der Würfe und Griffe eingesetzt werden, um die eigenen Gegner zu Fall zu bringen. Sie gilt als eine der besten Formen der Selbstverteidigung, insbesondere gegen größere oder stärkere Gegner. Daher ist Judo eine großartige Kampfsport für Menschen mit einem anderen körperlichen Fitnessniveau als dem, das für das Ringen erforderlich ist.

Das Boxen, eine weitere berühmte Kampfsportart, ist ein Sport, bei dem Schlagtechniken wie Jabs, Haken und Uppercuts eingesetzt werden. Im Gegensatz zum Ringen und Judo konzentriert sich das Boxen vor allem auf Schläge, schnelle Beinarbeit und Ausweichbewegungen. Die Sportart ist sehr beliebt, weil sie das Herz-Kreislauf-System stärkt, beim Abnehmen hilft und die kognitiven Funktionen und das Gleichgewicht verbessert.

Taekwondo, eine koreanische Kampfsportart, ist eine Disziplin, bei dem schnelle, explosive Bewegungen und hohe Tritte im Vordergrund stehen. Beim Taekwondo dreht sich alles um dynamische Bewegungsabfolgen. Diese Kunstform hat sich in der Selbstverteidigung als außerordentlich effektiv erwiesen und wurde als Vollkontaktsportart mit in die Olympischen Spiele aufgenommen.

Ein Vergleich zwischen Ringen und anderen Kampfsportarten zeigt, dass jede der Sportarten einzigartige Stärken hat, die je nach den Interessen und körperlichen Fähigkeiten verschiedener Menschen mehr oder weniger attraktiv sind. Das Ringen ist möglicherweise die beste Wahl, um Ihre Kraft, Koordinations- und Grappling-Fähigkeiten zu verbessern. Judo könnte die beste Wahl für einen weniger strengen, defensiven Ansatz in der Kampfkunst sein. Boxen und Taekwondo sind Kickboxkünste, die sich an Personen richten, die sich mehr auf Schlagtechniken als auf das Grappling verlassen möchten. Die Wahl der richtigen Kampfsportart (für Sie selbst) sollte sich am besten nach Ihren Interessen, Zielen und körperlichen Fähigkeiten richten. Für welche Sportart Sie sich auch entscheiden, das regelmäßige Training und die harte Arbeit werden Ihnen zweifellos zu Selbstdisziplin, mentaler Stärke und körperlicher Leistungsfähigkeit verhelfen.

Ringen in das Kampfsporttraining integrieren

Kampfsportarten werden seit Jahrhunderten praktiziert und umfassen viele Kampftechniken, die die körperliche Stärke, die geistige Adaptabilität und das allgemeine Wohlbefinden verbessern können. Von Karate bis Jiu-Jitsu hat jeder Kampfkunststil seine eigenen Bewegungen, Philosophien und Strategien. Ringen ist eine beliebte Kampfsportart, die sich im Laufe der Jahre als äußerst effektive Form des Kampfes und der Selbstverteidigung bewährt hat. Dieser Sport hat seinen Ursprung in der Antike und erforderte intensive körperliche Anstrengung, Disziplin und Übung. In diesem Abschnitt erfahren Sie, welche Vorteile die Integration von Ringen in Ihr Kampfsporttraining hat und wie der Sport Ihre Trainingserfolge verbessern kann.

Verbesserte körperliche Fitness

Beim Ringen handelt es sich um einen anspruchsvollen Sport, der Kraft, Schnelligkeit, Beweglichkeit und Ausdauer erfordert. Wenn Sie Ringen mit in Ihr Kampfsporttraining einbeziehen, fordern Sie Ihren Körper auf neue und anspruchsvolle Weise heraus und verbessern so Ihre körperliche Fitness erheblich. Das Ringen stärkt die Körpermitte, verbessert das Gleichgewicht und die Koordination, entwickelt die explosive Kraft und erhöht die kardiovaskuläre Ausdauer. Diese körperlichen Eigenschaften sind entscheidend, um im Kampfsport zu glänzen und kommen der allgemeinen Gesundheit und dem Wohlbefinden zugute.

Ein Hauptgrund dafür, dass Menschen Kampfsport betreiben, ist deren Bestreben, Selbstverteidigungstechniken zu lernen, um sich in gefährlichen Situationen vor Schaden schützen zu können. Das Ringen ist eine Technik, die Ihre Selbstverteidigungsfähigkeiten verbessert und Ihnen mehr Selbstvertrauen in Ihre Fähigkeit, sich selbst zu verteidigen gibt. Beim Ringen lernen Sie, Ihren Gegner zu Boden zu bringen, seine Bewegungen zu kontrollieren und Ihr Körpergewicht zu nutzen, um im Kampf die Oberhand zu gewinnen. Diese Fähigkeiten können auch in realen Selbstverteidigungssituationen eingesetzt werden, was Ringen zu einer praktischen Kampfsportart macht, die Sie meistern lernen sollten.

Mentale Widerstandsfähigkeit

Neben der körperlichen Fitness werden beim Ringen auch die mentale Stärke, Disziplin und Konzentration entwickelt und gefördert. Die intensiven körperlichen Anforderungen des Ringens erfordern von Ihnen ein hohes Maß an geistiger Stärke, Konzentration und die nötige Disziplin, um immer wieder über Ihre Grenzen hinauszugehen. Diese mentalen Eigenschaften sind entscheidend, um Ihren Erfolg im Kampfsport zu gewährleisten. Beim Ringen lernen Sie, mentale Barrieren zu überwinden, eine willensstarke Denkweise zu entwickeln und unter Druck ruhig und konzentriert zu bleiben.

Abwechslung in Ihrem Trainingsprogramm

Wenn Sie Ringen mit in Ihr Kampfsporttraining aufnehmen, können Sie Ihr Training abwechslungsreich und spannend gestalten. Ringen bietet Ihnen eine andere Form des Trainings als viele andere Kampfsportarten, wie z. B. die auf Schlägen basierenden Kampfsportarten wie Karate oder Taekwondo. Wenn Sie das Ringen in Ihr Training miteinbeziehen, werden Ihr Geist und Ihr Körper auf neue und aufregende Weise herausgefordert und Sie erhalten umfassendere Kampfsporterfahrung.

Chancen im Wettkampf

Zu guter Letzt ist das Ringen eine exzellente Wahl, wenn Sie Spaß am Wettkampfsport haben und Ihr Kampfsporttraining auf ein höheres Niveau bringen möchten. Beim Ringen haben Sie schließlich die Möglichkeit, sich im Zweikampf zu messen. Ringer haben zahlreiche Gelegenheiten, um ihr Können zu zeigen und sich mit anderen erfahrenen Kämpfern zu messen, von lokalen bis hin zu nationalen Meisterschaften. Wenn Sie das Ringen in Ihr Kampfsporttraining miteinbeziehen, kann Ihnen dies Türen zu neuen

Erfahrungen und Möglichkeiten öffnen, zu dehnen Sie sonst vielleicht keinen Zugang gehabt hätten.

Die Tatsache, dass Kampfsport eine fantastische Möglichkeit ist, körperlich fit, geistig scharf und diszipliniert zu bleiben, ist unbestreitbar. Wenn Sie Ringen in Ihr Kampfsporttraining einbeziehen, werden diese Vorteile noch erheblich verstärkt. Sie verbessern dadurch Ihre körperliche Fitness und Ihre Selbstverteidigungsfähigkeiten, entwickeln mentale Stärke, bringen Abwechslung in Ihr Training mit ein und öffnen Ihnen die Tür zu Wettkämpfen. Ganz gleich, ob Sie ein erfahrener Kampfsportler oder ein Anfänger sind, sollten Sie überlegen, Ringen in Ihr Kampfsporttraining aufzunehmen und Ihr Training auf die nächste Stufe zu bringen.

Wie wird das Ringen praktiziert?

Das Ringen ist eine uralte Sportart, die im Laufe der Jahre an Popularität gewonnen hat. Es handelt sich um einen intensiven und körperlich anspruchsvollen Sport, der von Ihnen Geschicklichkeit, Beweglichkeit und Kraft erfordert. Aber haben Sie sich jemals gefragt, wie Ringer trainieren, um dieses Maß an Wettbewerbsfähigkeit und Zähigkeit zu erreichen? Beim rigorosen Ringtraining werden verschiedene Techniken, Strategien und körperliche Konditionierung miteinander verbunden.

Schulungsorte

Das Ringtraining findet in der Regel in einem Raum oder auf einer Matte statt, die speziell für den Ringsport entwickelt wurde. Die Sportart erfordert den Einsatz einer speziellen Matte aus hochdichtem Schaumstoff und Vinylgewebe. Diese Matten werden verwendet, um sicherzustellen, dass sich die Ringer während des Trainings nicht verletzen. Sie helfen dabei, Stöße zu absorbieren und das Risiko von Verletzungen zu verringern. Während des Trainings absolvieren die Ringer Kraft- und Konditionsübungen in der Sporthalle. Dazu gehören unter anderem Gewichtheben, Konditionsübungen und kardiovaskuläre Übungen zur Steigerung von Ausdauer, Beweglichkeit und Kraft.

Intensität

Das Ringen ist ein intensiver und körperlich anstrengender Sport. Die meisten Teams trainieren regelmäßig, oft mehrere Stunden am Tag. Die Intensität des Trainings nimmt zu, je wettbewerbsfähiger die Ringer werden, und das Training beinhaltet oft hochintensive Workouts, die die Kämpfer an ihre Grenzen bringen. Um im Ringen erfolgreich zu sein, braucht man Hingabe, Ausdauer und die Bereitschaft, über seine Grenzen hinauszugehen.

Techniken und Strategien

Ringen ist ein strategischer Sport, der eine Kombination aus körperlichen und geistigen Fähigkeiten erfordert. Während des Trainings lernen die Sportler verschiedene Techniken, mit denen sie ihre Gegner unter Kontrolle bringen können. Zu diesen Techniken gehören Takedowns, Ausweichbewegungen, Pinn-Kombinationen und das Ringen vom Stand auf den Boden. Ringer sollten ihre Gegner eindringlich analysieren, ihre Stärken und Schwächen verstehen und Strategien entwickeln, um die Oberhand zu gewinnen. Um an der Spitze zu bleiben, müssen erfolgreiche Ringer ständig an der Perfektionierung ihrer Technik arbeiten.

Sicherheit

Die Sicherheit ist in jeder Sportart von größter Bedeutung, und das Ringen ist da keine Ausnahme. Während des Ringertrainings ergreifen Trainer und Athleten alle Maßnahmen, um Verletzungen zu vermeiden. Dazu gehören angemessene Aufwärmroutinen, Dehnübungen und Übungen zur Verletzungsvorbeugung. Während des Trainings überwachen die Trainer die Athleten genau, um sicherzustellen, dass sie die richtigen Techniken anwenden, um Verletzungen zu vermeiden. Viele Teams verlangen, dass sie Athleten Schutzausrüstungen tragen, einschließlich von Kopfschutz, Mundschutz und Knieschonern.

Ringer unterziehen sich einem rigorosen Training, das verschiedene Techniken, Strategien und körperliche Konditionierungsübungen umfasst - alles mit dem Ziel, die Athleten muskulöser und beweglicher zu machen. Die Intensität des Trainings kann hoch sein, aber Trainer und Athleten legen Wert auf die nötigen Sicherheitsmaßnahmen, um Verletzungen zu vermeiden. Alles in allem ist das Ringtraining ein gut organisiertes, strukturiertes System, das sicherstellt, dass die Kämpfer ihr optimales Trainingsniveau erreichen und bereit für den Wettkampf sind, was es zu einem hervorragenden Test der körperlichen und geistigen Stärke macht.

Ringstile

Auch wenn Ringen auf den ersten Blick wie ein einfacher Sport aussehen mag, haben die verschiedenen Stile entsprechend einzigartige Regeln und Techniken. In diesem Abschnitt werden die verschiedenen Ringstile, ihre Ursprünge und ihre Besonderheiten genauer erläutert.

Freistil-Ringen

Das Freestyle-Ringen ist die weltweit am meisten verbreitete Form des Ringens und wird regelmäßig bei den Olympischen Spielen ausgetragen. Dieser Ringstil stammt aus Großbritannien und betont schnelle und wendige Bewegungen statt roher Gewalt. Die Ringer können die Beine ihres Gegners festhalten und fangen und ihre Arme einsetzen, um Takedowns wie beim griechisch-römischen Ringstil einzusetzen. Der Sieger wird durch die meisten Punkte ermittelt, die durch Takedowns, Umdrehungen und Befreiungserfolge erzielt werden.

Griechisch-römisches Ringen

Das griechisch-römische Ringen ist eine weitere Art des Ringens, die auf die Zivilisationen der Antike zurückgeht. Dieser Ringstil wurde nach seinen Ursprüngen in Rom benannt und erlaubt keine Angriffe unterhalb des Gürtels, keine Beingriffe und keinen Einsatz der Beine des Gegners. Stattdessen liegt der Schwerpunkt auf der Kraft des Oberkörpers und Wurfbewegungen, die durch die Arme und Schultern durchgeführt werden. Obwohl Takedowns erlaubt sind, sollten diese im Stehen durchgeführt werden. Griffstärke, explosive Kraft und die richtigen Hebeltechniken sind beim griechisch-römischen Ringen unerlässlich.

Folkstyle-Ringen

Das Folkstyle oder College-Ringen, ist der Stil, den die meisten Amerikaner kennen. Diese Form des Ringens ist an High Schools und Colleges in den Vereinigten Staaten und Kanada beliebt und legt den Schwerpunkt auf Takedowns und Pinnen. Beim Ringen im Folkstyle sind Takedowns zwei Punkte wert, während ein Pin fünf Punkte wert ist. Ein Ringer gewinnt, wenn er die Schultern seines Gegners auf die Matte drückt oder die meisten Punkte im Kampf erzielt.

Sumo-Ringen

Das Sumo-Ringen stammt aus Japan und kombiniert Elemente des Ringens und des japanischen Shinto-Glaubens. Sumo-Kämpfe werden in einem kreisförmigen Ring ausgetragen, wobei das Ziel des Ringers darin besteht, seinen Gegner aus dem Ring zu stoßen oder ihn mit irgendeinem Körperteil außer den Füßen den Boden berühren zu lassen. Um effektiv zu kämpfen, müssen Sumo-Ringer eine strenge Diät einhalten und trainieren, um das erforderliche Gewicht und die erforderliche Größe zu erreichen.

Strand-Ringen

Das Strand-Ringen, auch bekannt als Sand-Ringen, ist im Vergleich zu den anderen Stilen relativ neu. Dieser Stil findet normalerweise auf einer Sandfläche statt und erfordert ein hohes Maß an explosiver Kraft und Beweglichkeit. Beim Strand-Ringen sparen sich die Ringer die Zeit, in den Clinch zu gehen und zu versuchen, die Kontrolle zu erlangen. Stattdessen versuchen sie sofort, die Beine des Gegners zu greifen oder einen Wurf durchzuführen. Der Kampf endet, wenn der Ringer die Schultern des Gegners auf den Boden drückt.

Freistil-Ringen, griechisch-römisches Ringen, College-Ringen, Sumo-Ringen und Strand-Ringen haben jeweils eigene Regeln, Techniken und Traditionen. Darüber hinaus erfordert jeder Stil unterschiedliche Fähigkeiten, was die verschiedenen Ansätze einzigartig und spannend macht.

Ringen als Sport für Kinder

Ringen ist ein hart umkämpfter und anspruchsvoller Sport, der immense Energie, Ausdauer und ein hohes Durchhaltevermögen erfordert. Darüber hinaus wirkt sich der Sport positiv auf die körperliche und geistige Gesundheit aus, insbesondere bei Kindern. In diesem Abschnitt erfahren Sie mehr über die Vorteile des Ringens für Kinder und darüber, wie Sie das richtige Trainingsumfeld finden.

Vorteile für Kinder

- **Körperliche Entwicklung:** Ringen ist eine intensive körperliche Aktivität, die das Herz-Kreislauf-System, die muskuläre Ausdauer und die Muskelkraft fördert. Es hilft Kindern dabei, schlanke Muskeln aufzubauen, die Knochendichte zu verbessern und die Flexibilität zu fördern. Darüber hinaus fördert das Ringen die kardiovaskuläre Gesundheit der Kinder, was zu einem gesunden Gewicht und einem aktiven Lebensstil beiträgt.
- **Disziplin und Charakterbildung:** Das Ringen dient mehr als nur der körperlichen Betätigung. Es lehrt Kinder Konzentration, Disziplin und Durchhaltevermögen. Beim Ringen lernen Kinder, wie sie sich Ziele zu setzen und hart für diese arbeiten können. Es lehrt sie wichtige Fähigkeiten für das Leben, wie etwa Widerstandsfähigkeit, Mut und Teamwork.
- **Psychische Gesundheit:** Das Ringen wirkt sich positiv auf die geistige Gesundheit aus, insbesondere bei Kindern. Es stärkt das Selbstvertrauen, das Selbstwertgefühl und das Selbstbewusstsein. Kinder, die am Ringen teilnehmen, haben mehr Kontrolle über ihren Körper und ein besseres Selbstbild.

Das richtige Umfeld finden

- **Altersgerecht:** Es ist wichtig, dass Sie ein altersgerechtes Ringprogramm für Ihre Kinder finden. Kleine Kinder sollten mit grundlegenden Ringtechniken beginnen, während ältere Kinder komplexere Bewegungen erlernen können. Das Programm sollte auf die körperlichen Fähigkeiten und den Erfahrungsstand der Kinder abgestimmt sein.
- **Sicherer Raum:** Das Ringen erfordert engen Kontakt mit anderen Ringern, was das Verletzungsrisiko erhöhen kann. Daher ist es wichtig, dass Sie ein Ringprogramm wählen, das sich auf Sicherheit konzentriert und Schutzausrüstung anbietet. Außerdem sollte ein gutes Ringprogramm über erfahrene Trainer verfügen, die wissen, wie man Ringen sicher unterrichtet.
- **Kulturelles Umfeld:** Das Umfeld, in dem Ihre Kinder lernen und an dem Sport teilnehmen, ist von entscheidender Bedeutung. Es ist wichtig, dass das Programm eine positive und unterstützende Kultur fördert, die Ihrem Kind Werte wie Disziplin, Sportlichkeit, Teamwork und Respekt vermittelt.

Das Ringen ist ein ausgezeichneter Sport für Kinder, da er ihnen viele körperliche und geistige Vorteile bietet. Es lehrt die Athleten Fähigkeiten wie Disziplin, Ausdauer und Konzentration, die im Leben wichtig sind. Wenn Sie ein Ringprogramm für Ihre Kinder auswählen, suchen Sie eines, das altersgerecht und sicher ist und ein positives kulturelles Umfeld fördert. Es ist wichtig, zukünftige Kämpfer zu fördern und Kindern die Möglichkeit zu geben, die Vorteile des Sports zu erleben.

Kinder sind nicht die Einzigen, die vom Ringen profitieren können. Auch Erwachsene können ihre körperliche und geistige Gesundheit mithilfe des Sports verbessern. Beim Ringen lernen Sie, stark und doch bescheiden zu sein, sich zu konzentrieren und diszipliniert zu bleiben. Es bietet Ihnen eine großartige Möglichkeit, Dampf abzulassen, an Kraft zu gewinnen und das Gleichgewicht zu trainieren. Wie bei jeder anderen Sportart auch ist es beim Ringen am besten, wenn Sie in einer sicheren Umgebung mit sachkundigen Trainern und Lehrern trainieren. Lassen Sie sich nicht durch Schüchternheit vom Ringen abbringen und bemühen Sie sich darum, den Sport auszuprobieren. Es gibt viele verschiedene Niveaus und Stile, so dass für jeden etwas dabei ist, egal ob Sie ein Anfänger sind oder schon seit Jahren trainieren. Also, schnappen Sie sich Ihre Ausrüstung und kämpfen Sie mit.

Kapitel 2: Grundregeln und Fähigkeiten

Das Erlernen der grundlegenden Regeln und Fähigkeiten ist entscheidend für den Erfolg beim Ringen. Ob Sie nun ein Anfänger oder ein erfahrener Ringer sind, wenn Sie die Grundlagen des Sports verstehen, haben Sie einen entscheidenden Wettbewerbsvorteil. Von grundlegenden Bewegungen wie Takedowns und Pins bis hin zum Verständnis des Punktesystems und der Regeln für illegale Aktivitäten - ein solides Fundament an Basiswissen wird Ihnen helfen, Ihre Gegner zu übertreffen. Außerdem können Sie durch das Erlernen der Grundlagen Ihre Technik verbessern und Verletzungen auf der Matte vermeiden.

In diesem Kapitel werden die grundlegenden Regeln und Fähigkeiten des Ringens besprochen, damit Sie bei diesem aufregenden Sport einen guten Start haben. Es behandelt die grundlegenden Gesetze des Ringens, sowie entscheidende Fähigkeiten und Techniken, die Sie beherrschen sollten. Mit diesem Wissen sind Sie schnell auf dem besten Weg, um ein erfahrener und erfolgreicher Ringer zu werden. In den folgenden Kapiteln werden Ihnen spezifische Fähigkeiten und Strategien näher erläutert. Aber lassen Sie uns erst einmal die Grundlagen intensiver betrachten.

Grundlegende Regeln des Ringens

Im Grunde genommen geht es beim Ringen um den Kampf zwischen zwei Athleten, der durch Regeln geregelt wird, die die Fairness und die Sicherheit der Teilnehmer gewährleisten. Dieser Abschnitt befasst sich mit den grundlegenden Gesetzen des Ringens, einschließlich des Kampfaufbaus, des Punktesystems und der Disqualifikationen und Strafen. So erhalten Sie ein solides Verständnis dafür, wie Ringen funktioniert und was dazu nötig ist, um in diesem spannenden Sport erfolgreich zu sein.

Kampfvorbereitung

Bevor ein Ringkampf beginnt, müssen ein paar Dinge geschehen. Zunächst müssen sich die Ringer wiegen, um festzustellen, in welcher Gewichtsklasse sie antreten werden. Sobald sie sich gewogen haben, werden die Athleten auf die Matte gerufen und dem Publikum vorgestellt. Jeder Ringer nimmt seine Position auf der Matte ein, wobei ein Kämpfer in der blauen Ecke und der andere in der roten Ecke steht. Dann gibt der Schiedsrichter das Signal zum Beginn des Kampfes und die Ringer kämpfen mit Takedowns, Umdrehungen und Befreiungsversuchen, um Punkte zu erzielen und den Kampf zu gewinnen.

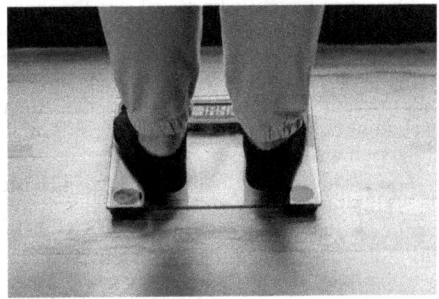

Die Ringer wiegen sich vor dem Kampf, um die Klasse zu bestimmen, in der sie antreten werden.[89]

Punktesystem

Das Punktesystem im Ringen ist relativ einfach. Punkte werden für verschiedene Manöver vergeben, wie z. B. Takedowns, Befreiungserfolge, Umdrehungen und Pins. Ein Takedown liegt dann vor, wenn ein Ringer seinen Gegner zu Boden bringt und die Kontrolle über ihn behält. Ein Befreiungserfolg liegt vor, wenn ein Ringer unter seinem Gegner durchkriecht und sich aus dessen Griff befreit. Eine Umdrehung liegt vor, wenn es einem Ringer am Boden gelingt, seinen Gegner umzudrehen und die Kontrolle über ihn zu erlangen. Ein Pin entsteht schließlich, wenn ein Ringer die Schultern seines Gegners für eine bestimmte Zeit (in der Regel zwei Sekunden lang) auf der Matte hält, um sich den Sieg zu sichern. Punkte werden auch für Strafen und Disqualifikationsversuche vergeben.

Disqualifikationsversuche und Strafen

Das Ringen ist ein Wettkampfsport, und manchmal können sich die Gemüter während des Kampfes erhitzen. Aus diesem Grund gibt es mehrere Regeln für Disqualifikationen und Strafen, um die Sicherheit der Teilnehmer und die Integrität des Sports zu gewährleisten. Zum Beispiel dürfen Ringer ihren Gegner nicht mit irgendeinem Körperteil schlagen oder beißen und auch nicht an dessen Haaren ziehen. Wenn ein Ringer gegen diese Regeln verstößt, kann er je nach Schwere des Vergehens mit einer Verwarnung, einem Punktabzug oder einer Disqualifikation bestraft werden. Diese Regeln dienen dem Schutz der Ringer und des Sports.

Gewichtsklassen und Divisionen

Eine der grundlegendsten Regeln des Ringens sind die Gewichtsklassen und Divisionen. Für jeden Wettkampf gibt es eine Gewichtsklasse, und die Ringer müssen sich vor jedem Kampf wiegen. Die Gewichtsklassen sorgen für einen fairen Wettbewerb zwischen Athleten mit ähnlicher Größe, ähnlichem Gewicht und ähnlicher Stärke. Wenn ein Ringer für seine Gewichtsklasse übergewichtig ist, kann er bestraft, disqualifiziert oder in die nächste Gewichtsklasse versetzt werden.

Außerhalb der Grenzen

Eine weitere wichtige Regel beim Ringen ist das Vermeiden eines Kampfes „out-of-bounds" oder außerhalb der Grenzen. Die Matte ist beim Ringen die Kampffläche, wird auch „Ring" genannt, und ist in der Regel durch einen äußeren Kreis markiert. Wenn ein Ringer die Matte verlässt, erhält er eine Strafe oder verliert den Kampf. Daher ist es wichtig, dass Sie den Mattenrand im Auge behalten und dafür zu sorgen, dass Ihr Körper die Linie während des Kampfes nicht überschreitet. Außerdem muss ein Ringer ständig den Kontakt mit dem Untergrund aufrechterhalten und darf seinen Gegner nicht absichtlich aus den Grenzen schieben.

Zeitliche Begrenzung

Die meisten Ringkämpfe haben ein Zeitlimit, und es ist wichtig zu verstehen, wie dieses funktioniert. In der Regel bestehen die Kämpfe auf High School- und College-Ebene aus drei Zeitabschnitten, die jeweils zwei Minuten dauern. Wenn der Kampf unentschieden endet, gehen die Athleten in die Verlängerung und haben eine Minute Zeit, um zu gewinnen. In der Verlängerung gewinnt der erste Kämpfer, der einen Punkt erzielt.

Bewertung

Die letzte wesentliche Regel des Ringens ist die Punktevergabe. Nach dem Ende einer jeden Kampfperiode gewinnt der Ringer mit den meisten Punkten die Runde. Wenn am Ende der letzten Runde ein Gleichstand besteht, geht es in die Verlängerung. Punkte werden für verschiedene Aktionen innerhalb des Rings vergeben: 1 Punkt für ein Entkommen, 2 Punkte für einen Takedown und 3 Punkte für eine Kombination aus sogenannter „Riding Time" und einem Beinahe-Fall, bei dem ein Ringer seinen Gegner fast erfolgreich festhält.

Die Grundregeln des Ringens gewährleisten einen fairen und sicheren Wettbewerb für alle Teilnehmer. Um ein erfolgreicher Kämpfer zu werden, ist die Beherrschung dieser Regeln unerlässlich. Gewichtsklassen, Ausscheidungskämpfe, Zeitlimits und Punktevergabe sind für das strategische Ringen von entscheidender Bedeutung. Wenn Sie den Kampfaufbau, das Punktesystem sowie Disqualifikationen und Strafen verstehen, werden Sie Ihre Gegner auf der Matte besser in den Griff bekommen und mehr Kämpfe gewinnen.

Grundlegende Fertigkeiten des Ringkämpfers

Das Ringen erfordert eine einzigartige Kombination aus Kraft, Beweglichkeit und Gleichgewicht. Um erfolgreich zu sein, müssen Sie grundlegende Fähigkeiten entwickeln, um Ihren Gegner zu besiegen. In diesem Abschnitt geht es um grundlegende Fähigkeiten, die jeder Ringer beherrschen sollte, um seine Leistung auf ein höheres Niveau zu bringen.

Balance

Eine der wichtigsten Fähigkeiten beim Ringen ist das Gleichgewicht. Ein guter Gleichgewichtssinn beim Ringen ermöglicht es Ihnen, Ihre Position zu verteidigen und Ihren Gegner davon abzuhalten, die Kontrolle zu übernehmen. Gute Balance beginnt mit der richtigen Körperausrichtung und Fußarbeit. Um Ihr Gleichgewicht zu verbessern, sollten Sie regelmäßig an Ihrer Haltung und Körperposition arbeiten. Dazu gehört auch das Üben grundlegender Bewegungen wie Takedowns mit einem und zwei Beinen und das Ausprobieren von Variationen dieser Bewegungen, um Ihr Gleichgewicht noch mehr zu verbessern.

Stärke
Das Ringen erfordert eine Menge Kraft. Sie müssen Kraft auf Ihren Gegner ausüben und Ihre Position effektiv halten. Das Krafttraining ist ein wesentlicher Bestandteil des Trainingsprogramms eines Ringers. Es umfasst Hanteltraining und anderes Widerstandstraining zum Aufbau der allgemeinen Körperkraft. Konzentrieren Sie sich auf Übungen wie Kniebeugen, Kreuzheben und Bankdrücken, um Ihre funktionelle Kraft zu entwickeln. Die Arbeit an der Griffstärke ist wichtig, damit Sie Ihren Gegner kontrollieren und Ihre Bewegungen effektiver durchführen können.

Gewandtheit
Beweglichkeit ist die Fähigkeit, sich schnell zu bewegen, und auf die Bewegungen Ihres Gegners zu reagieren, eine weitere entscheidende Fähigkeit im Ringen. Konzentrieren Sie sich auf Übungen zur Verbesserung Ihrer Schnelligkeit und Reaktionszeit, um Ihre Beweglichkeit zu fördern. Beweglichkeitsübungen und Mittelkörperübungen können Ihre Beinarbeit und Reaktionszeit verbessern. Pliometrische Übungen, wie Boxsprünge und seitliche Sprünge, können Ihnen dabei helfen, explosive Kraft und Geschwindigkeit zu entwickeln.

Widerstandsfähigkeit
Mentale Stärke ist zwar keine körperliche Fähigkeit, aber nichtsdestotrotz eine wichtige Eigenschaft, die jeder Ringer kultivieren muss. Ringkämpfe sind geistig und emotional anstrengende Ereignisse, die Ihre Grenzen testen. Die Entwicklung mentaler Stärke hilft Ihnen, die Schwierigkeiten eines Kampfes zu überwinden und sich beim Training zu motivieren. Um mentale Stärke zu entwickeln, müssen Sie sich auf Ihre Ziele konzentrieren und Ihren Erfolg vorstellen. Denken Sie immer daran, dass Ringen Disziplin, Ausdauer und mentale Stärke erfordert.

Ausdauer
Beim Ringen handelt es sich um einen intensiven Sport, der eine große körperliche Ausdauer erfordert. Daher brauchen Ringer ein konsequentes Herz-Kreislauf-Training, welches sich beispielsweise durch Laufen, Radfahren oder Schwimmen realisieren lässt. Das Ausdauertraining verbessert Ihre Fähigkeit, ein Maß an körperlicher Aktivität aufrechtzuerhalten und bei Ringkämpfen länger durchzuhalten. Darüber hinaus sollten Sie sich auf die Entwicklung von Kraft und Flexibilität konzentrieren, um die richtige Haltung und harmonische Bewegungen beim Ringen aufrechtzuerhalten. Der Aufbau von Ausdauer erfordert Zeit und Disziplin, ist aber eine wichtige Fähigkeit, die den Unterschied zwischen Sieg und Niederlage ausmachen kann.

Mentale Stärke
Beim Ringen stehen die Athleten unter großem Druck, und es ist leicht, von Stress und Angst überwältigt zu werden. Die nötige mentale Stärke hilft Ihnen dabei, während der Kämpfe ruhig und konzentriert zu bleiben, Höchstleistungen zu erbringen und bessere Entscheidungen zu treffen. Sie können Ihre mentale Stärke verbessern, indem Sie sich realistische Ziele setzen, an Ihren Visualisierungsfähigkeiten arbeiten und positive Selbstgespräche führen. Lernen Sie, Ihre Emotionen zu kontrollieren, besonders dann, wenn es im Kampf schwierig wird. Ein Ringer, der seine mentale Stärke verfeinert hat, ist besser darauf vorbereitet, Herausforderungen zu meistern, die auf ihn zukommen.

Grundkenntnisse in Strategie und Taktik
Ringkämpfe erfordern strategische Planung und das souveräne Absolvieren verschiedener Bewegungen. Die Kenntnis der grundlegenden Taktiken und Strategien des Ringens ist unerlässlich, um in diesem Sport erfolgreich zu sein. Zu den wichtigsten Strategien gehören die Fähigkeit, die Mattenmitte zu kontrollieren, das Gleichgewicht zu halten und aggressiv zu bleiben. Die Kenntnis verschiedener Techniken, wie beispielsweise Takedowns, Ausbrüche und Pins, die Ihnen im Kampf einen Vorteil verschaffen, ist entscheidend. Ein guter Ringer muss wissen, wie er die Bewegungen seines Gegners antizipieren und gleichzeitig vorhersehbare Muster vermeiden kann. Arbeiten Sie mit Ihrem Trainer zusammen, um ein solides Verständnis der verschiedenen Strategien und Taktiken zu entwickeln.

Selbstvertrauen
Das Ringen ist ein Zweikampfsport, bei dem Sie auf Ihre Fähigkeiten und Fertigkeiten vertrauen müssen. Selbstvertrauen ist entscheidend, um Kämpfe zu gewinnen. Sie müssen von Ihren körperlichen Fähigkeiten, Ihrer mentalen Stärke und Ihrem Wissen über den

Sport überzeugt sein; das kommt mit Übung und Erfahrung. Konzentrieren Sie sich auf Ihre Stärken, um Ihr Selbstvertrauen aufzubauen, analysieren Sie Ihre Schwächen und setzen Sie sich erreichbare Ziele, um beides zu verbessern. Am besten ist es, wenn Sie sich mit positiven und unterstützenden Menschen umgeben, die an Sie glauben. Selbstvertrauen hilft Ihnen dabei, Widrigkeiten zu überwinden, was zu mehr Erfolg auf der Matte führt.

Ringen ist ein anspruchsvoller, aber lohnender Sport, und die Beherrschung der in diesem Abschnitt besprochenen grundlegenden Fähigkeiten wird Ihnen dabei helfen, ein erfolgreicher Ringkämpfer zu werden. Ausdauer, mentale Stärke, Strategie und Taktik sowie Selbstvertrauen sind entscheidende Aspekte des Ringens, die Ihre Leistung verbessern und Sie zum Sieg führen können. Denken Sie daran, dass Ringen ein Sport ist, der Hingabe, harte Arbeit und Disziplin erfordert, aber die Belohnungen sind ebenso zahlreich. Arbeiten Sie also weiter an Ihren Fähigkeiten, bleiben Sie konzentriert und verbessern Sie sich ständig.

Tipps für Anfänger

Das Ringen ist ein körperlich anspruchsvoller Sport, bei dem es um Ausdauer, Kraft, Beweglichkeit und Technik geht. Es ist ein Sport, der die körperlichen Fähigkeiten und die geistige Widerstandsfähigkeit herausfordert. Wenn Sie gerade erst mit dem Ringen anfangen, gilt es einige Dinge zu beachten.

- **Trainieren Sie Ihr Herz-Kreislauf-System:** Die kardiovaskuläre Ausdauer ist beim Ringen unerlässlich, da der Sport eine hohe Intensität über einen längeren Zeitraum erfordert. Sie müssen Ihr Herz und Ihre Lungen trainieren, um Ihre Muskeln effizient mit Sauerstoff zu versorgen. Zu den guten Möglichkeiten zur Verbesserung des Herz-Kreislauf-Systems gehören Laufen, Radfahren, Schwimmen und Seilspringen. Integrieren Sie das Ausdauertraining in Ihr Trainingsprogramm, dann halten Sie in den Kämpfen länger durch.
- **Richtige Ernährung:** Die richtige Ernährung ist bei jeder Sportart entscheidend, und das Ringen ist da keine Ausnahme. Als Ringkämpfer müssen Sie eine ausgewogene Ernährung mit Proteinen, Kohlenhydraten und gesunden Fetten zu sich nehmen. Essen Sie außerdem viel Obst und Gemüse. Vermeiden Sie zuckerhaltige und verarbeitete Lebensmittel, da diese Ihre Energielevel beeinträchtigen und Ihre Leistung mindern können.
- **Beherrschen Sie die Grundlagen:** Das Ringen erfordert ein starkes Fundament, das auf den Grundlagen basiert. Am besten lernen Sie die grundlegenden Stellungen, Schläge und Takedowns. Verbringen Sie viel Zeit damit, diese grundlegenden Bewegungen zu üben, damit diese sich mit der Zeit zunehmend natürlicher anfühlen. Sobald Sie die Grundlagen fest im Griff haben, können Sie zu fortgeschritteneren Techniken übergehen.
- **Trainieren Sie mit Partnern unterschiedlicher Leistungsniveaus:** Das Training mit Partnern unterschiedlichen Niveaus bietet Ihnen eine große Herausforderung. Wenn Sie zum Beispiel mit jemandem ringen, der besser ist als Sie, können Sie Ihre Techniken verbessern, während Sie, wenn Sie mit jemandem ringen, der weniger gut ist, Ihre Bewegungen verfeinern können. Sie können von jedem Gegner etwas lernen. Fordern Sie sich also ruhig heraus und trainieren Sie mit verschiedenen Partnern.
- **Bleiben Sie motiviert:** Ringen kann körperlich und geistig anstrengend sein, daher ist es wichtig, stets motiviert zu bleiben. Setzen Sie sich realistische Ziele und verfolgen Sie Ihre Fortschritte. Umgeben Sie sich mit positiven, gleichgesinnten Menschen, die Sie unterstützen und motivieren werden. Seien Sie mutig und lassen Sie sich von Spitzenringern inspirieren, und denken Sie immer daran, warum Sie überhaupt mit dem Ringen angefangen haben.

Grundlegende Techniken im Ringen

Ob Sie nun ein gelegentlicher Beobachter oder ein ernsthafter Athlet sind, das Ringen ist ein unterhaltsamer, anspruchsvoller und lohnender Sport. Von der Highschool-Matte bis zur olympischen Bühne erfordert das Ringen eine perfekte Mischung aus Kraft, Geschwindigkeit und Technik. Eines der wichtigsten Dinge, an die Sie denken sollten, wenn Sie mit dem Ringen beginnen, ist die Notwendigkeit, die Grundlagen zu beherrschen. Sie brauchen keine ausgefallenen Bewegungen oder komplizierte Beinhebel. Konzentrieren Sie sich stattdessen auf einfache Techniken, die auf der Matte viel bewirken können. In diesem Abschnitt werden einige der grundlegendsten Bewegungsabläufe im Ringen erklärt.

Haltung und Bewegung

Bevor Sie eine Bewegung – mindestens *gut* – durchführen können, müssen Sie die Grundstellung beim Ringen beherrschen. Dabei handelt es sich um eine ausgewogene und athletische Position. Beginnen Sie mit den Füßen schulterbreit auseinander und beugen Sie die Knie leicht. Ihr Rücken muss gerade bleiben und Ihr Kopf sollte nach vorne ausgerichtet sein. Halten Sie Ihre Hände oben und lassen Sie die Ellbogen angewinkelt. In dieser Position können Sie sich schnell bewegen, ohne aus dem Gleichgewicht zu geraten. Halten Sie Ihre Füße immer in Bewegung, trippeln Sie von einer Seite zur anderen, umkreisen Sie Ihren Gegner und wechseln Sie die Ebenen, um ihn im Ungewissen zu lassen.

Entfliehen

Befreiungsversuche sind der Schlüssel, um sich aus schwierigen Positionen zu befreien und zu vermeiden, dass Sie von Ihrem Gegner auf dem Boden festgehalten werden. Die einfachste Fluchtstrategie ist der sogenannte „Stand-up", bei dem Sie sich mit den Händen von der Matte abstoßen und auf die Füße rollen. Von dort aus können Sie sich aus dem Griff Ihres Gegners befreien, auf Ihre Füße zurückkehren und von vorne beginnen. Ein weiterer guter Ausweg ist der Hüftschwung, bei dem Sie Ihre Hüften einsetzen, um Platz zu schaffen, und sich aus einem Griff herauszudrehen. Aber auch hier sollten Sie darauf achten, dass Ihre Bewegungen schnell und dynamisch sind und dass Ihr Gegner es sich nicht zu bequem auf Ihnen macht.

Wendeversuche

Bei Wenden geht es darum, den Spieß umzudrehen, dem Gegner zu nehmen, was er hatte, und es sich zu eigen zu machen. Die einfachste Wende ist der sogenannte „Switch". Bei dieser Strategie sollten Sie sich in Ihren Gegner hineindrehen und ihn auf den Rücken rollen. Diese Bewegung kann sehr effektiv sein, wenn sie reibungslos und schnell durchgeführt wird. Eine weitere klassische Wendestrategie ist die Peterson-Rolle. Diese Bewegung erfordert mehr Finesse und Übung, kann aber vielseitig sein, wenn Sie sie beherrschen. Auch hier wäre es am besten, Ihren Gegner zu ködern, bevor Sie ihn auf den Rücken drehen oder seine Schultern entblößen.

Wenn Sie die Grundlagen des Ringens, die Haltung, die Ausweichbewegung und die Wenden lernen, werden Sie Ihre Fähigkeiten schnell entwickeln und zu einem selbstbewussteren Ringer werden. Denken Sie daran, Ihre Bewegungen schnell und flüssig zu halten und Ihr Kinn hochzuhalten. Beim Ringen geht es darum, sich selbst herauszufordern, an seine Grenzen zu gehen und Spaß zu haben. Ob Sie nun ein Anfänger oder bereits ein erfahrener Ringer sind, die Grundlagen sind stets der Weg zum Erfolg.

Takedowns

Takedowns sind beim Ringen unerlässlich, denn sie bringen Punkte und verschaffen einem Ringer einen Vorteil. Das Ziel ist es, Ihren Gegner auf die Matte zu bringen, indem Sie ihn von den Füßen holen. Zu den verschiedenen Takedown-Ansätzen gehören das einbeinige, das beidbeinige und das Unterachselwurf (der „Fireman's Carry"). Die Beherrschung von ein oder zwei Takedown-Techniken durch Wiederholung und Übung ist entscheidend für den Erfolg. Die Methode erfordert, dass Sie die Bewegungen Ihres Gegners studieren und seine nächste Bewegung vorhersehen. Sobald Sie den Gegner auf der Matte haben, besteht der nächste Schritt darin, eine Pinning-Kombination zu initiieren.

Pinning-Kombinationen

Pinning-Kombinationen sind die Eckpfeiler des Ringens. Wenn Ihr Gegner auf der Matte liegt, ist es wichtig, die verschiedenen Techniken zu kennen, um Punkte zu erzielen. Zu den verschiedenen Pinning-Techniken gehören der Cradle oder Zangengriff auf Deutsch, der halbe Nelson und der Chicken Wing. Ein guter Ringer sollte ein umfassendes Repertoire an verschiedenen Pinning-Techniken haben, um seinen Gegner zu überraschen und wichtige Punkte zu erzielen. Je nach Situation können Pinning-Techniken nach einem Takedown oder aus dem Stand durchgeführt werden. Die Fähigkeit eines Ringers, den

Gegner zu lesen und seine Schwächen zu erkennen, ist entscheidend für die erfolgreiche Durchführung dieser Techniken.

Praxis

Um die Grundlagen des Ringens zu beherrschen, müssen Sie konsequent und mit einer positiven Einstellung trainieren, damit Sie aus Ihren Fehlern lernen können. Die sich wiederholenden Übungen helfen Ihnen dabei, Ihre Bewegungen zu perfektionieren und ein Muskelgedächtnis aufzubauen, wodurch Sie Ihre technischen Fähigkeiten und Ihre Effizienz steigern. Das Beobachten und Lernen von anderen Ringern und Trainern ist eine hervorragende Möglichkeit, um sich diese Fähigkeiten anzueignen.

Konditionierung

Und schließlich ist die Konditionierung, einschließlich Kraft- und Ausdauertraining, unerlässlich, um die eigene Ausdauer aufzubauen und mit den körperlichen Anforderungen des Ringens Schritt zu halten. Daher sollte ein guter Ringer ein ausgewogenes Trainingsprogramm mit Kraft- und Ausdauertraining absolvieren, um athletische Fähigkeiten aufzubauen und Ermüdungserscheinungen zu vermeiden.

Das „Riding" und die Kontrolle der Beine

Das „Riding" auf den Beinen und die Beinkontrolle sind grundlegende Techniken im Ringen. Der erste Schritt besteht darin, die Kontrolle über das Bein des Gegners zu erlangen, indem Sie Ihr Bein um ihn wickeln oder Ihren Arm unter seinem Bein einhaken. Sobald Sie die Kontrolle haben, konzentrieren Sie sich darauf, Druck und Gleichgewicht zu halten. Lassen Sie Ihr Gewicht auf Ihrem Gegner, damit er nicht entkommen kann. Um die Beine effektiv festzuhalten, nutzen Sie die Kontrolle über Knöchel und Hüfte. Halten Sie den Knöchel Ihres Gegners fest an Ihren Körper gepresst und üben Sie mit Ihrer Hüfte Druck aus, um es Ihrem Gegner zu erschweren, zu entkommen oder seinen Körper zu manövrieren. Von hier aus können Sie zu verschiedenen Bewegungen übergehen, wie z. B. einem Tilt oder einer Drehung.

Beenden

Sobald Sie die Kontrolle über Ihren Gegner erlangt haben, ist es an der Zeit, ein sogenanntes „Finish" durchzuführen. Die häufigsten Finishes beim Ringen sind Pins, Takedowns und Drehungen. Jedes dieser Finishes erfordert unterschiedliche Techniken und Strategien. Um einen Pin durchzuführen, müssen die Schultern Ihres Gegners zwei Sekunden lang auf der Matte liegen. Die einfachste Möglichkeit, um dies zu erreichen, besteht darin, das Bein Ihres Gegners anzuheben und seinen Oberkörper auf die Matte zu fegen. Sobald Ihr Gegner auf dem Rücken liegt, halten Sie ihn mit Ihrem Körpergewicht fest und drücken Sie ihm die Schulter in die Brust.

Das Ziel von Takedowns ist es, Ihren Gegner auf die Matte zu bringen. Der Schlüssel dazu ist, dass Sie Ihren Schwung und Ihre Hebelwirkung nutzen, um Ihren Gegner zu überwältigen. Einer der häufigsten Takedowns ist der Takedown mit zwei Beinen. Dabei schießen Sie schnell auf die Beine Ihres Gegners zu, wickeln Ihre Arme um sie und heben sie vom Boden ab. Drehungen werden eingesetzt, um Punkte zu erzielen, indem Sie den Rücken Ihres Gegners auf die Matte bringen, in der Regel aus der oberen Position heraus. Setzen Sie Ihr Gewicht und Ihre Hüftkontrolle ein, um Ihren Gegner auf den Rücken zu drehen, und halten Sie ihn dann fest, um die Punkte zu sichern.

Ringen ist ein Sport, der körperliche Ausdauer, geistige Beweglichkeit und die Beherrschung grundlegender Ringkampftechniken erfordert. Takedowns und Pinning-Kombinationen sind grundlegende Fähigkeiten, die jeder Ringer beherrschen muss. Grundlegende Techniken helfen den Ringern, eine dominante Position gegenüber ihren Gegnern aufzubauen und zu halten. Die Verfeinerung grundlegender Ringtechniken erfordert viel Übung, Ausdauer und Hingabe. Der Aufbau von Ausdauer ist für einen Ringer von entscheidender Bedeutung, um die Härte des Sports zu überstehen, und ein ausgewogenes Trainingsprogramm, das Kraft- und Kardioübungen umfasst, ist unerlässlich. Mit einer positiven Einstellung und regelmäßigem Training wird das Beherrschen dieser grundlegenden Techniken Ihnen dabei helfen, ein besserer Ringer zu werden.

Kapitel 3: Körperhaltung und Gleichgewicht

Körperhaltung und Gleichgewicht sind die wichtigsten Faktoren für den Erfolg auf der Matte. Eine gute Körperhaltung sorgt dafür, dass Sie bei Ihren Bewegungen maximale Kraft und Hebelwirkung erzielen und gleichzeitig Verletzungen vermeiden können. Ein ausgezeichnetes Gleichgewicht ermöglicht es Ihnen, die Kontrolle über Ihren Gegner zu behalten und ihn daran zu hindern, die Oberhand zu gewinnen. Die Beherrschung dieser Fähigkeiten ist jedoch eine große Herausforderung. Es erfordert Zeit, Hingabe und die Bereitschaft, bis an Ihre Grenzen zu gehen.

Mit Geduld und Übung werden Sie sich jeden Tag verbessern. Dieses Kapitel befasst sich eingehend mit der Bedeutung von Körperhaltung und Gleichgewicht beim Ringen und den Übungen, mit denen Sie diese entwickeln können. Das Kapitel untersucht, wie sich diese Balance positiv auf Ihr tägliches Leben auswirkt. Sie werden sehen, welche Fehler Menschen häufig bei Haltung und Gleichgewicht machen und wie sie sich auf Ihre Gesundheit auswirken. Sie werden verstehen, wie wichtig Haltung und Gleichgewicht für den Erfolg im Ringen sind.

Körperhaltung und Gleichgewicht beim Ringen

Ringen ist ein intensiver und körperlich anspruchsvoller Sport, der Beweglichkeit, Kraft und Geschicklichkeit erfordert. Ringer müssen lernen, die richtige Haltung und das Gleichgewicht zu halten, um in diesem Sport zu brillieren. Eine gute Körperhaltung und ein gutes Gleichgewicht können den Unterschied zwischen Sieg und Niederlage ausmachen. In diesem Abschnitt erfahren Sie, wie wichtig die richtige Körperhaltung und das Gleichgewicht beim Ringen sind.

Die Bedeutung einer guten Körperhaltung

Die Körperhaltung ist entscheidend für die Leistung eines Ringers. Eine gute Körperhaltung hilft den Ringern, das Gleichgewicht zu halten, Verletzungen zu vermeiden und ihre Gegner zu kontrollieren. Ringer mit einer guten Körperhaltung können in einer vorteilhafteren und stabileren Position bleiben, was ihnen einen taktischen Vorteil verschafft. Ringer, die eine gute Körperhaltung haben, sind weniger anfällig für Verletzungen wie Zerrungen und Verstauchungen. Außerdem sorgt eine gute Körperhaltung dafür, dass die Kämpfer ein Maximum an Kraft und Hebelwirkung aus ihren Bewegungen herausholen können.

Vorteile einer guten Balance

Das Gleichgewicht ist ein weiterer entscheidender Faktor beim Ringen. Ringer, die über ein gutes Gleichgewicht verfügen, können sich schnell und flüssig bewegen und so den Angriffen des Gegners ausweichen und Gegenangriffe starten. Eine gute Balance ermöglicht es den Ringern, beim Grappling auf der Matte die Kontrolle zu behalten. Außerdem kann ein Ringer mit guter Balance seine Körperposition nutzen, um den Gegner an Ort und Stelle zu halten und zu verhindern, dass er niedergepinnt wird. Außerdem ist ein Ringer mit guter Balance weniger anfällig für Verletzungen.

An Haltung und Gleichgewicht arbeiten

Ringer können ihre Körperhaltung und ihr Gleichgewicht durch gezielte Übungen verbessern. Die Stärkung der Rumpfmuskulatur ist entscheidend, um eine solide Grundlage für eine gute Haltung und ein gutes Gleichgewicht zu schaffen. Eine Übung, die die Rumpfmuskulatur anspricht, ist die sogenannte Planke, bei der eine Liegestützposition für eine bestimmte Zeit lang durchgehalten wird. Auch Ausfallschritte können das Gleichgewicht verbessern, indem sie die Beine und die Hüften stärken. Auch Übungen mit dem Widerstandsband sind praktisch, um das Gleichgewicht zu verbessern. Wenn Sie zum Beispiel auf einem Bein stehen und dabei ein Widerstandsband halten, können Sie Ihr Gleichgewicht und Ihre Körperstabilität verbessern.

Eine gute Körperhaltung und ein gutes Gleichgewicht beugen Verletzungen vor, erhalten die Kontrolle während des Spiels und verschaffen strategische Vorteile. Sie können eine bessere Körperhaltung und ein besseres Gleichgewicht erreichen, indem Sie Übungen zur Stärkung Ihrer Körpermitte und Ihres Unterkörpers einbauen und während der Kämpfe die richtige Position beibehalten. Das Wichtigste ist, dass Sie konsequent und ausdauernd trainieren und eine gute Körperhaltung und ein gutes Gleichgewicht zu einem natürlichen Teil Ihrer Ringkampftechnik machen. Mit der Zeit werden Sie die Vorteile des disziplinierten Übens sehen und Ihre Gegner dominieren.

Übungen für eine gute Körperhaltung und Balance

Sie brauchen Konzentration und Aufmerksamkeit, um eine gute Körperhaltung und ein gutes Gleichgewicht während eines Kampfes zu bewahren. Um eine gute Haltung zu bewahren, ist es wichtig, den Kopf hochzuhalten und die Schultern zurückzunehmen. Außerdem müssen Sie sich ständig Ihrer Fuß- und Körperposition bewusst sein, um ein gutes Gleichgewicht zu halten. In diesem Abschnitt werden die wichtigsten Übungen zur Verbesserung der Körperhaltung und des Gleichgewichts behandelt, die Ringer in ihrer Trainingsroutine zur Priorität machen sollten.

Plank

Planks können für die Entwicklung der Rumpfkraft hilfreich sein. [40]

Die „Plank" oder (Liegestützhalte) ist eine der besten Übungen, um die Rumpfkraft zu entwickeln, die für eine gute Körperhaltung und das Gleichgewicht unerlässlich ist. Diese Übung trainiert alle wichtigen Muskeln der Körpermitte, einschließlich der Bauchmuskeln, der seitlichen Bauchmuskulatur und des unteren Rückens. Um eine Planke durchzuführen, müssen Sie eine Liegestützposition einnehmen, wobei Ihre Unterarme auf dem Boden liegen sollten. Ihre Ellbogen sollten sich direkt unter Ihren Schultern befinden. Halten Sie diese Position zwischen 30 Sekunden bis einer Minute lang durch oder so lange, wie Sie können, ohne die Anspannung zu verlieren.

Mini-Resistenzbandgang

Der Seitengang mit dem Resistenzband kann dabei helfen, das Gleichgewicht und die Stabilität zu verbessern.

Mini-Resistenzbandgänge sind hervorragende Übungen zur Verbesserung von Gleichgewicht und Stabilität. Sie trainieren die Muskeln in Ihren Beinen und Hüften, die die seitliche Bewegung kontrollieren, die für eine solide Basis beim Ringen unerlässlich ist. Legen Sie sich ein Resistenzband um die Knöchel und stellen Sie sich mit schulterbreit auseinanderstehenden Füßen hin. Machen Sie dann kleine Schritte zur Seite und halten Sie dabei die Spannung des Bandes während der gesamten Übung aufrecht. Wiederholen Sie diese Aktion mit zehn Schritten in jede Richtung.

Ausfallschritt

Ausfallschritte können die Haltung, das Gleichgewicht und die Beinkraft verbessern. [41]

Ausfallschritte sind hervorragend geeignet, um Haltung, Gleichgewicht und Beinkraft zu verbessern. Sie trainieren die Gesäßmuskeln, die Kniesehnen und die Quads, die für einen stabilen Stand beim Ringen unerlässlich sind. Treten Sie zum Beispiel mit einem Fuß nach vorne und senken Sie Ihren Körper nach vorne, bis Ihr vorderes Knie in einem 90-Grad-Winkel gebeugt ist, um einen Ausfallschritt durchzuführen. Ihr hinteres Knie sollte sich gerade über dem Boden befinden. Wiederholen Sie die gleiche Bewegung mit dem anderen Bein.

Einbeinige Deadlifts

Einbeinige Deadlifts trainieren Ihre Hüften, Kniesehnen und Ihre untere Rückenmuskulatur.

Das einbeinige Kreuzheben oder der sogenannte Deadlift ist eine anspruchsvolle Übung, die Ihre Hüften, Kniesehnen und die Muskeln des unteren Rückens trainiert. Sie verbessern das Gleichgewicht und die Stabilität, was für Ringer unerlässlich ist, um ihr Gleichgewicht zu halten, während sie ihre Gegner zu Boden bringen. Stellen Sie sich auf einen Fuß und beugen Sie Ihr Knie leicht, um ein einbeiniges Kreuzheben durchzuführen. Senken Sie Ihren Oberkörper langsam in Richtung Boden, während Sie Ihr anderes Bein hinter sich ausstrecken. Halten Sie Ihren Rücken gerade und lassen Sie Ihre Körpermitte angespannt. Wiederholen Sie die Übung mit dem anderen Bein.

Gymnastikball-Pikes

Die Gymnastikball-Pikes trainieren Ihre Rumpf-, Schulter- und Hüftmuskulatur.

Gymnastikball-Pikes sind eine fortgeschrittene Übung, die Ihre Rumpf-, Schulter- und Hüftmuskulatur anspricht. Sie verbessern das Gleichgewicht, die Stabilität und die allgemeine Körperkontrolle. Um einen Gymnastikball-Pike durchzuführen, beginnen Sie in einer Liegestützposition mit den Füßen auf einem Gymnastikball. Heben Sie dann Ihre Hüften in Richtung Decke, während Sie Ihre Füße zu den Händen bringen. Senken Sie sich schließlich langsam wieder in die Ausgangsposition zurück.

Vorteile einer guten Körperhaltung und Balance

Das Ringen ist eine der körperlich anspruchsvollsten Sportarten, die Kraft, Beweglichkeit und Koordination erfordert. Diese Fähigkeiten hängen stark von der Körperhaltung und dem Gleichgewicht der Person ab. Als Ringer wissen Sie, wie wichtig diese beiden Komponenten für die Leistung im Ring sind. Darüber hinaus sind eine gute Körperhaltung und ein gutes Gleichgewicht beim Ringen von entscheidender Bedeutung, da sie das Verletzungsrisiko verringern und die Gesamtleistung verbessern. In diesem Abschnitt werden die Vorteile einer guten Körperhaltung und eines guten Gleichgewichts beim Ringen erörtert und wie Sie diese verbessern können, um Ihr Spiel auf die nächste Stufe zu bringen.

Verbesserte Technik

Die Technik eines Ringers ist das A und O seiner Kunst. Um Techniken präzise durchzuführen, müssen Sie eine gute Körperhaltung und ein gutes Gleichgewicht haben. Eine gute Körperhaltung ermöglicht es Ihnen, eine stabile Basis aufrechtzuerhalten, während Sie offensive oder defensive Bewegungen durchführen. Mit dem richtigen

Gleichgewicht können Sie Ihre Gewichtsverteilung und Bewegung anpassen, um die nächste Bewegung Ihres Gegners zu antizipieren. Wenn Sie Ihre Haltung und Ihr Gleichgewicht verbessern, sind Sie in der Lage, Ihre Techniken effektiv durchzuführen und selbstbewusst auf die Bewegungen Ihres Gegners zu reagieren.

Geringeres Verletzungsrisiko

Ringen ist eine risikoreiche Sportart, die häufig zu Verletzungen führt. Eine gute Körperhaltung und ein gutes Gleichgewicht helfen, den Körper richtig auszurichten und das Risiko von Verletzungen zu verringern. Eine korrekte Haltung hält Ihre Wirbelsäule in einer neutralen Position, wodurch die Belastung Ihrer Rückenmuskeln minimiert und das Risiko von Rückenverletzungen verringert wird. Durch das richtige Gleichgewicht können Sie Ihr Gewicht gleichmäßig verteilen und so verhindern, dass Sie ungünstig landen und Ihre Gelenke verletzen.

Gesteigerte Kraft und Ausdauer

Eine gute Körperhaltung und ein gutes Gleichgewicht sind für den Aufbau von Kraft und Ausdauer beim Training unerlässlich. Die Aufrechterhaltung einer guten Körperhaltung und des Gleichgewichts erfordert jedoch viel Energie, insbesondere bei langen Ringkämpfen. Durch das Üben von Gleichgewichtsübungen und -techniken entwickeln Sie Ihre Rumpf- und Beinmuskulatur, wodurch Sie Kraft und Ausdauer aufbauen können. Außerdem hilft Ihnen die verbesserte Ausdauer, während des gesamten Kampfes konzentriert und aufmerksam zu bleiben, was Ihnen einen Wettbewerbsvorteil gegenüber Ihrem Gegner verschafft.

Bessere Bewegungskoordination

Beim Ringen sind viele schnelle und nahtlose Bewegungen erforderlich, die die Koordination zwischen Oberkörper, Unterkörper und Bauchmuskulatur erfordern. Eine gute Körperhaltung und ein gutes Gleichgewicht verbessern Ihre Bewegungskoordination, indem sie alle Muskeln miteinander verbinden und es ihnen ermöglichen, reibungslos zusammenzuarbeiten. Eine verbesserte Koordination ermöglicht es Ihnen, sich effizient und schnell zu bewegen, wodurch Ihre Muskeln weniger belastet werden und weniger schnell ermüden.

Verbesserte Konzentration

Schließlich können eine gute Körperhaltung und ein gutes Gleichgewicht Ihre geistige Konzentration verbessern. Ringer brauchen ein hohes Maß an mentaler Stärke, um in diesem Sport zu brillieren. Das Trainieren von Körperhaltung und Gleichgewicht hilft Ihnen dabei, sich auf Ihre körperlichen Bewegungen zu konzentrieren und Ihren Geist von Ablenkungen zu befreien. Ein fokussierter Geist hält Sie in Situationen mit hohem Druck wach, konzentriert und ruhig.

Um ein erfolgreicher Ringer zu werden, müssen Sie regelmäßig Ihre Körperhaltung und Ihr Gleichgewicht verbessern. Wenn Sie Haltungs- und Gleichgewichtsübungen in Ihre Routine einbauen, können Sie Ihre Technik verbessern, Verletzungen vorbeugen und Kraft, Ausdauer, Bewegungskoordination und mentale Konzentration entwickeln. Eine ausgewogene Leistung erfordert eine solide Grundlage, basierend auf der richtigen Haltung und einem robusten Gleichgewicht. Mit Hingabe und Anstrengung können Sie so Ihr volles Ringer-Potenzial entfalten.

Fehler bei der Körperhaltung und beim Gleichgewicht

Leider machen viele Ringer häufige Fehler in Bezug auf ihre Körperhaltung und auf ihr Gleichgewicht, die zu Verletzungen und Kampfverlusten führen können. Es ist wichtig, dass sich Ihr Körper in der richtigen Position befindet und Ihr Gewicht gleichmäßig verteilt ist. Eine zu breitbeinige Standposition kann die Bewegung behindern und Sie aus dem Gleichgewicht bringen. Hier finden Sie einige weitere häufige Fehler, die Ringer in Bezug auf Haltung und Gleichgewicht machen, und Informationen dazu wie Sie diese korrigieren können.

Buckeln der Schultern

Einer der häufigsten Fehler, den Menschen beim Ringen machen, ist das Einziehen der Schultern. Das Einziehen der Schultern belastet die Nacken- und Rückenmuskulatur und führt zu chronischen Schmerzen und Verletzungen. Daher ist es wichtig, beim Ringen die

Schultern unten und den Rücken gerade zu halten. Diese Haltung verhindert eine unnötige Belastung der Schultern und der Rückenmuskulatur und hält das Gleichgewicht aufrecht.

Zu weit nach vorne gelehnt

Das übermäßige Vorlehnen ist ein weiterer häufiger Fehler beim Ringen und kann zu Verletzungen führen. Wenn sich Ringer zu weit nach vorne lehnen, üben sie viel Druck auf ihre Knie aus und sind anfälliger dafür, zu Boden zu gehen. Die beste Möglichkeit, diesen Fehler zu vermeiden, ist eine ausgewogene Haltung. Stellen Sie Ihre Füße schulterbreit auseinander und beugen Sie Ihre Knie leicht, um Ihr Gewicht zu zentrieren.

Das Kinn anheben

Viele Ringer heben beim Ringen ihren Kopf und ihr Kinn an, was sich auf ihr Gleichgewicht auswirkt. Aus dieser Haltung heraus ist es schwieriger, den Augenkontakt mit Ihrem Gegner aufrechtzuerhalten und dessen Bewegungen zu antizipieren. Ziehen Sie stattdessen Ihr Kinn vor die Brust, senken Sie Ihren Kopf und halten Sie den Augenkontakt mit Ihrem Gegner. So haben Sie eine bessere Balance und Kontrolle über den Kampf.

Die Rumpfmuskulatur entspannen

Ein weiterer Fehler, den manche Menschen beim Ringen machen, besteht darin, dass sie ihre Rumpfmuskeln nicht anspannen. Die Rumpfmuskulatur ist für ein gutes Gleichgewicht und eine gute Körperhaltung unerlässlich. Ringer verlieren infolgedessen die richtige Körperhaltung und werden anfälliger für Verletzungen, wenn sie ihre Rumpfmuskeln nicht anspannen. Konzentrieren Sie sich während des gesamten Kampfes auf die Atmung und die Anspannung Ihrer Bauchmuskeln, damit Ihre Rumpfmuskeln aktiv bleiben.

Überstreckung der Beine zulassen

Beim Ringen machen viele Kämpfer den Fehler, die Beine zu überstrecken. Diese Haltung kann dazu führen, dass Sie das Gleichgewicht verlieren und bei einem Angriff durch Ihren Gegner ungeschützt sind. Dies kann zu Verletzungen Ihrer Beine und Gelenke führen. Konzentrieren Sie sich stattdessen darauf, Ihre Füße hüftbreit auseinander zu lassen und die Muskeln in Ihren Beinen anzuspannen, um Ihr Gleichgewicht zu halten. So behalten Sie eine bessere Kontrolle über den Kampf und vermeiden unnötige Schäden an Ihrem Körper.

Wenn Sie diese häufigen Fehler vermeiden, können Sie Ihre Leistung optimieren und das Verletzungsrisiko verringern. Denken Sie daran, das Gleichgewicht zu halten, Ihre Rumpfmuskulatur anzuspannen, und auf Ihre Haltung zu achten, und Sie sind auf dem besten Weg, ein besserer Ringer zu werden.

Körperhaltung und Gleichgewicht für das Ringen trainieren

Eine gute Körperhaltung und ein gutes Gleichgewicht ermöglichen es Ihnen, Ihre Stabilität und Kontrolle zu bewahren, während Sie die Bewegungen im Ring durchführen. Eine gute Körperhaltung sorgt dafür, dass Ihr Körper richtig ausgerichtet ist, wodurch das Verletzungsrisiko verringert und die allgemeine Stärke erhöht wird. Um Ihre Kampffähigkeiten zu verbessern, müssen Sie also eine solide Grundlage für Ihre Körperhaltung und Ihr Gleichgewicht schaffen. Im Folgenden finden Sie Tipps und Übungen, die Ihnen dabei helfen, sich eine gute Haltung und Balance aufzubauen.

Üben Sie Ihre Körperhaltung

Der erste Schritt zur Entwicklung einer guten Körperhaltung ist die tägliche Übung. Stellen Sie sich zum Beispiel bewusst gerade hin, ziehen Sie die Schultern zurück und heben Sie den Kopf. Indem Sie stets auf diese Haltung achten, bauen Sie sich ein Muskelgedächtnis auf, das Ihnen dabei hilft, beim Ringen eine gute Körperhaltung beizubehalten. Achten Sie auch beim Sitzen, Gehen und Schlafen auf eine gute Haltung. Wenn Sie beispielsweise häufig mit hängenden Schultern stehen oder sitzen, führt dies mit der Zeit zu einem muskulären Ungleichgewicht und einer schlechten Körperhaltung. Außerdem ist es am besten, wenn Sie sich eine bequeme Matratze und Kissen anschaffen, die Ihren Rücken stützen, um eine gute Haltung beim Schlafen zu gewährleisten.

Stärken Sie Ihren Mittelkörper

Ihre Rumpfmuskulatur ist die Grundlage für Ihre Körperhaltung und Ihr Gleichgewicht. Eine Stärkung dieser Muskelgruppe sorgt für eine korrekte Ausrichtung und Stabilität während des Ringkampfes. Einige Übungen zur Stärkung der Rumpfmuskulatur sind Planks, sogenannte V-Ups und Radfahrbewegungen. Diese Übungen trainieren Ihre Bauchmuskeln, den unteren Rücken und die schrägen Bauchmuskeln, die für eine gute Haltung und ein gutes Gleichgewicht entscheidend sind.

Verbessern Sie Ihr Gleichgewicht

Ein gutes Gleichgewicht ist beim Ringen entscheidend. Glücklicherweise können Sie verschiedene Übungen und Drills durchführen, um an Ihrem Gleichgewicht zu arbeiten. Beginnen Sie mit grundlegenden Gleichgewichtsübungen wie dem Stehen auf einem Bein oder der Verwendung einer Balanceplatte. Sobald Sie diese beherrschen, können Sie zu fortgeschritteneren Übungen wie einbeinigen Kniebeugen, Variationen von Ausfallschritten und Übungen mit dem Gymnastikball übergehen. Diese Übungen verbessern Ihr Gleichgewicht und stärken gleichzeitig Ihre Beine und Ihren Rumpf.

Arbeiten Sie an Ihrer Beinarbeit

Die Fußarbeit ist eine weitere entscheidende Bedingung für eine gute Körperhaltung und Balance. Schnelle und präzise Bewegungen erfordern ein solides Fundament, auf dem man aufbauen kann. Dieses Fundament ist in der Regel die richtige Fußarbeit. Nehmen Sie sich die nötige Zeit, um grundlegende Übungen für die Beinarbeit wie Trippeln, Leiterübungen und Ausweichen zu üben. Sobald Sie diese beherrschen, können Sie zu fortgeschritteneren Übungen übergehen, um Bewegungen zu simulieren, die in Ringkämpfen üblich sind.

Konzentrieren Sie sich auf Ihre Atmung

Die Atmung wird bei Diskussionen über Haltung und Gleichgewicht oft übersehen, aber sie ist ein entscheidender Teil des Gesamtkonzepts. Die richtigen Atemtechniken ermöglichen es Ihnen, beim Durchführen von Bewegungen Stabilität und Kontrolle zu bewahren und die Ausdauer zu erhöhen. Üben Sie, stets tief und bewusst zu atmen, während Sie an Ihrer Körperhaltung und Ihren Gleichgewichtsübungen arbeiten. Das Einatmen auf dem Weg nach oben und das Ausatmen auf dem Weg nach unten fördern das Gleichgewicht.

Ob Sie nun ein erfahrener Ringer oder erst ein Anfänger sind, die Arbeit an Haltung und Gleichgewicht ist für Ihren Erfolg im Ring unerlässlich. Mit diesen Tipps und Übungen können Sie für sich eine Grundlage für Stabilität und Kontrolle entwickeln, um Ihre Bewegungen mit größerer Präzision und Beweglichkeit durchzuführen. Denken Sie daran: Arbeiten Sie an Ihrer Haltung, Ihrer Körpermittelkraft, Ihrem Gleichgewicht, Ihrer Beinarbeit und Ihrer Atmung, und schon bald werden Sie eine spürbare Verbesserung Ihres Ringkampfes feststellen.

Tipps für eine gute Körperhaltung und Balance während eines Ringkampfes

Eine gute Körperhaltung und ein gutes Gleichgewicht während des Kampfes sind von entscheidender Bedeutung, denn sie helfen Ihnen dabei, Energie zu sparen, Verletzungen zu vermeiden und letztendlich das Spiel zu gewinnen. Sie müssen regelmäßig eine gute Körperhaltung und ein gutes Gleichgewicht trainieren, um während eines Kampfes die Kontrolle zu behalten und Ihren Gegner zu beherrschen. Hier finden Sie Tipps, die Ihnen dabei helfen, während eines Ringkampfes eine gute Körperhaltung und ein gutes Gleichgewicht zu bewahren.

Aktivieren Sie Ihr Herzstück

Ihre Rumpfmuskulatur stabilisiert Ihren Körper und sorgt für eine gute Körperhaltung während des Kampfes. Aktivieren Sie Ihre Bauchmuskulatur, indem Sie Ihren Bauchnabel zur Wirbelsäule ziehen und Ihren Rücken gerade halten. Das schützt Ihr Gleichgewicht und verhindert, dass Sie von Ihrem Gegner aus dem Gleichgewicht gebracht werden. Das Wichtigste ist, dass Sie Ihre Rumpfmuskulatur während des gesamten Kampfes beibehalten, indem Sie Ihre Bauchmuskeln kontinuierlich anspannen.

Lassen Sie Ihre Füße schulterbreit auseinander

Wenn Sie Ihre Füße schulterbreit auseinander stehen lassen, haben Sie eine solide Standbasis, um das Gleichgewicht zu halten und Takedowns zu widerstehen. Verteilen Sie Ihr Gewicht gleichmäßig auf beide Füße, um nicht aus dem Gleichgewicht zu geraten. Wenn Ihr Gegner versucht, Sie zu schubsen, bleiben Sie mit den Füßen fest auf der Matte stehen und widerstehen Sie seiner Kraft. Sie können seine Bewegungen besser abwehren, wenn Ihre Füße stabil stehen.

Niedriger Körperschwerpunkt

Wenn Ihr Körperschwerpunkt niedrig bleibt, können Sie das Gleichgewicht halten, während Sie Takedowns und Umdrehungen durchführen. Halten Sie Ihre Hüften unter dem Niveau Ihres Gegners, um eine Hebelwirkung zu erzielen und die Kontrolle zu verbessern. So können Sie vermeiden, dass Sie zu Boden gebracht oder umgedreht werden. Wenn Sie sich in der Defensive befinden, bleiben Sie tief und nutzen Sie Ihre Körpermitte, um der Kraft Ihres Gegners zu widerstehen.

Offene Hände bewahren

Offene Hände sorgen für Gleichgewicht und einen besseren Griff. Wenn Ihre Hände geschlossen sind, ist es schwierig, schnell auf die Bewegungen Ihres Gegners zu reagieren, und Sie geraten schneller aus dem Gleichgewicht. Wenn Ihr Gegner nahe genug herankommt, um Sie zu packen, haben Sie mit offenen Händen die Flexibilität, sich anzupassen und seine Bewegungen zu kontern. Sobald Sie sich angewöhnt haben, Ihre Hände offen zu halten, können Sie Gelegenheiten für Takedowns und Wendetechniken besser nutzen.

Beugen Sie die Knie

Wenn Sie Ihre Knie leicht beugen, können Sie das Gleichgewicht halten und schnell auf die Bewegungen Ihres Gegners reagieren. Dadurch können Sie Ihren Körperschwerpunkt senken, so dass es für Ihren Gegner schwieriger wird, Sie vom Boden hochzuheben. Das Wichtigste ist, dass Sie Ihre Knie leicht beugen, sie aber dennoch gerade genug halten, um sich schnell bewegen zu können. Lassen Sie Ihren Körperschwerpunkt niedrig und beugen Sie Ihre Knie noch mehr, wenn Sie sich in einer Verteidigungsposition befinden. So haben Sie mehr Kontrolle und können gegen Ihren Gegner eine Hebelwirkung ausüben.

Lassen Sie den Kopf oben

Wenn Sie den Kopf oben halten, hilft es Ihnen dabei, eine gute Körperhaltung zu bewahren und Ihre Umgebung wahrzunehmen. Das ist beim Ringen von entscheidender Bedeutung, denn so können Sie die Bewegungen Ihres Gegners vorhersehen und entsprechend reagieren. Ideal ist es, wenn Sie Ihr Kinn hochhalten und Ihren Blick nach vorne richten. So können Sie vermeiden, von Ihrem Gegner zu Boden oder aus dem Gleichgewicht gebracht zu werden.

Yoga praktizieren

Wenn Sie regelmäßig Yoga praktizieren, kann dies Ihr Gleichgewicht, Ihre Flexibilität und Ihre Haltung verbessern. Yogastellungen, die sich auf das Gleichgewicht konzentrieren, wie z. B. die Baumposition und Krieger III, können beim Ringen besonders nützlich sein. Selbst wenn Sie nur ein paar Stellungen fünf Minuten täglich üben, können Sie sich damit einen Vorteil gegenüber Ihren Gegnern verschaffen. Die Vorteile werden noch deutlicher, wenn Sie regelmäßig und über einen längeren Zeitraum hinweg üben.

Benutzen Sie Ihren Atem

Ihre Atmung ist beim Ringen entscheidend, denn sie hilft Ihnen dabei, entspannt und konzentriert zu bleiben. Wenn Sie während des Kampfes tief einatmen, sparen Sie Energie und lassen Sie Ihre Muskeln locker. Wenn Sie ausatmen, stellen Sie sich die Bewegung Ihres Körpers vor, als ob Sie eine Bewegung fehlerfrei durchführen würden. Das hilft Ihnen dabei, sich auf die Aufgabe zu konzentrieren und eine gute Balance und Haltung beizubehalten.

Eine gute Körperhaltung und ein gutes Gleichgewicht während des Ringkampfes sind entscheidend für den Erfolg. Indem Sie Ihre Körpermitte anspannen, die Füße schulterbreit auseinander positionieren, die Knie beugen, den Kopf oben halten und Yoga praktizieren, können Sie Ihr Gleichgewicht und Ihre Haltung verbessern und zu einem besseren Ringer zu werden. Üben Sie diese Tipps regelmäßig und beobachten Sie, wie sich Ihre Leistung auf der Matte verbessert.

Kapitel 4: Deckung durchdringen, Anheben und andere Manöver

Das Ringen ist eine komplizierte Mischung aus Beweglichkeit, Kraft und Strategie. Das Ringen besteht im Kern aus mehreren Hauptbewegungen, darunter sind das Durchdringen und Heben, die das Meistern von Takedowns, Pins und Kapitulation erfordern. Dies sind spannende Taktiken, die die Zuschauer in Atem halten, die über die Kraft, das Können und die Technik der Ringer staunen. Der Sport erfordert Hingabe, Ausdauer und Disziplin, aber er ist auch eine hervorragende Möglichkeit, fit zu werden und Selbstvertrauen aufzubauen.

Ob Sie nun ein Fan oder selbst ein Ringer sind, der Nervenkitzel, wenn ein perfektes Manöver auf der Matte durchgeführt wird, ist unbestreitbar. Dieses Kapitel konzentriert sich auf einige der gängigsten und wertvollsten Manöver im Ring und enthält Details zu jeder Bewegung sowie Vorsichtsmaßnahmen, um körperliche Schäden zu vermeiden. Es erklärt die verschiedenen Bewegungsebenen und worauf Sie sich unbedingt konzentrieren müssen. Am Ende dieses Kapitels werden Sie besser verstehen, wie Sie diese Bewegungen durchführen können und warum sie so wichtig sind.

Deckungsdurchdringen

Das Durchdringen von Deckungshaltungen ist eine wichtige Fähigkeit im Ringen, bei der ein Ringer einen erfolgreichen Angriff durchführt, indem er die Verteidigung seines Gegners durchbricht und so die Kontrolle erlangt. Dies erfordert eine Kombination aus Technik, Kraft und Beweglichkeit. In diesem Abschnitt werden drei Durchdringungstechniken erklärt: das Durchstoßen, Umdrehen und Rollen. Jede Technik funktioniert anders, stets abhängig von der Körperbewegung des Gegners, seiner Positionierung und seinem Timing. Tauchen Sie also in das Thema Deckungsdurchdringen ein, um die Matte beim Ringen zu dominieren.

Durchstoßtechnik

Die Durchstoßtechnik ist am besten geeignet, wenn der Gegner aufrecht steht.

Bei der Durchstoßtechnik stürmt der Ringer mit Geschwindigkeit und Aggression nach vorne. Das Ziel ist es, die Verteidigung des Gegners zu überwältigen, indem er festen Druck auf den Oberkörper ausübt. Hier erfahren Sie, wie Sie diese Technik durchführen:

- Beginnen Sie mit einer niedrigen Körperhaltung und positionieren Sie Ihren Kopf auf Höhe der Brust des Gegners.
- Als Nächstes sollten Sie die Schulter gegen die Brust des Gegners drücken und mit dem Führungsbein zustoßen.
- Ziehen Sie mit dem hinteren Bein nach und positionieren Sie sich hinter Ihrem Gegner.
- Sichern Sie die Kontrolle, indem Sie die Hände oder die Taille des Gegners festhalten.

Die Durchstoßtechnik ist am besten geeignet, wenn der Gegner aufrecht steht oder eine schwache Verteidigungshaltung einnimmt. Wenn der Gegner die Bewegung jedoch antizipiert, kann er mit einem sogenannten „Sprawl" oder einem „Whizzer" kontern.

Umdrehtechnik

Die Umdrehtechnik beinhaltet eine kreisförmige Bewegung mit dem Bein, um die Verteidigung des Gegners zu umgehen und die Kontrolle von hinten zu sichern. Sie erfordert gute Fußarbeit und ein gutes Timing, um sie effektiv durchzuführen. Befolgen Sie die folgenden Schritte, um diese Technik durchzuführen:

- Fangen Sie an, indem Sie einen Angriff vortäuschen, um den Gegner zu einer Reaktion zu zwingen.
- Treten Sie an die Außenseite des gegnerischen Führungsbeins und umkreisen Sie es.
- Lassen Sie den Kopf niedrig und schlingen Sie die Arme um die Taille des Gegners.
- Sichern Sie schließlich die Kontrolle über den Rücken des Gegners und werfen Sie ihn auf die Matte.

Die Umdrehtechnik eignet sich für Gegner mit einem soliden Oberkörper, aber einer schwachen Verteidigung des Unterkörpers. Wenn der Gegner jedoch ausweicht, kann der Ringer zu einem einbeinigen Takedown wechseln oder zu einer anderen Technik übergehen.

Die Umdrehtechnik erfordert gute Fußarbeit.

Rolltechnik

Die Rolltechnik eignet sich am besten, wenn der Gegner eine starke Haltung einnimmt.

Die Rolltechnik bietet Ihnen eine einzigartige Möglichkeit, die Verteidigung des Gegners zu durchdringen, indem Sie seinen Schwung gegen ihn einsetzen. Dabei rollen Sie

über den Körper des Gegners und erhalten die Kontrolle von der Seite. Um diesen Ansatz im Kampf durchzusetzen, befolgen Sie die folgenden Schritte:
- Beginnen Sie mit der nötigen Hals- oder Handgelenkkontrolle, um die Bewegungen des Gegners zu manipulieren.
- Lassen Sie Ihr Gewicht fallen und rollen Sie über den Rücken des Gegners, indem Sie den Kopf und die Schultern des Gegners beugen.
- Drehen Sie sich auf die andere Seite und sichern Sie die Kontrolle, indem Sie das Bein oder die Taille des Gegners festhalten.
- Treiben Sie den Gegner auf die Matte oder gehen Sie zu einer anderen Bewegung über.

Die Rolltechnik wird am besten dann durchgeführt, wenn der Gegner einen Standardangriff erwartet oder eine stabile Körperhaltung einnimmt. Sie erfordert jedoch ein exzellentes Timing und eine gute Koordination, um effektiv eingesetzt zu werden.

Das Durchdringen der gegnerischen Abwehrhaltung ist beim Ringen eine entscheidende Fähigkeit, die einem Ringer die Oberhand im Kampf gibt. Die Durchstoß-, Umdrehungs- und Rolltechniken bieten Ihnen drei Möglichkeiten, um die gegnerische Verteidigung zu durchdringen und die Kontrolle zu erlangen. Daher ist es wichtig, dass Sie diese Techniken regelmäßig üben und das Timing, die Beinarbeit und die Positionierung beherrschen. Denken Sie daran, dass der Schlüssel zum erfolgreichen Durchdringen der Abwehr darin liegt, die Bewegungen des Gegners zu antizipieren, den Druck aufrechtzuerhalten und Konzentration und Disziplin zu bewahren. Mit Hingabe und harter Arbeit kann jeder die Kunst des Durchdringens im Ringen beherrschen und ein beeindruckender Gegner auf der Matte werden.

Heben

Ringen ist ein Kampfsport, der Kraft, Beweglichkeit, Ausdauer und Technik erfordert. Das Anheben des Gegners ist ein wesentlicher Bestandteil des Ringens. Das Heben kann Ihnen helfen, Ihren Gegner zu besiegen, den Kampf zu kontrollieren und Punkte zu erzielen. Das Heben ist jedoch außerdem eine anspruchsvolle Aufgabe und erfordert souveränes Training und eine gute Technik. In diesem Abschnitt werden die drei effektivsten Hebetechniken im Ringen besprochen: Hüftüberschlag, Step-Over und Rolling Split. Außerdem erhalten Sie Tipps dazu, wie Sie Ihre Hebetechniken verbessern und häufige Fehler vermeiden können.

Hüftüberschlag

Der Hüftüberschlag oder „Hip Heist" ist die grundlegendste Hebetechnik im Ringen.

Der Hüftüberschlag ist die grundlegendste Hebetechnik im Ringen, bei der Sie Ihren Gegner mithilfe Ihrer Hüfte anheben. Um einen Hüftüberschlag durchzuführen, müssen Sie eine tiefe Haltung einnehmen, die Füße schulterbreit auseinanderstellen, die Hände auf dem Rücken Ihres Gegners und auf den Kopf gesenkt haben. Drücken Sie Ihre Hüften nach vorne und heben Sie Ihren Gegner an, während Sie selbst sich zur Seite drehen. Das gibt Ihnen die Möglichkeit, die Kontrolle über den Kampf zu übernehmen und Punkte zu erzielen.

Step-Over

Der Step-Over Ansatz ist effektiv, wenn sich Ihr Gegner in einer niedrigen Haltung befindet.

Beim Step-Over handelt es sich um eine weitere effektive Hebetechnik im Ringen, vor allem dann, wenn sich Ihr Gegner in einer niedrigen Ausgangshaltung befindet. Am besten führen Sie dieses Manöver durch, indem Sie mit einem Fuß über das Bein Ihres Gegners treten, während Sie den anderen Arm ergreifen, um einen Step-Over durchzuführen. Dann heben Sie das Bein Ihres Gegners mit der anderen Hand in die Luft und treten mit dem Fuß nach vorne. Dadurch wird Ihr Gegner aus dem Gleichgewicht gebracht und Sie können ihn zu Boden bringen.

Rolling Split

Der Rolling Split ist eine fortgeschrittene Hebetechnik.

Der Rolling Split ist eine fortgeschrittene Hebetechnik im Ringen und setzt voraus, dass der Angreifer gut im Training ist und eine gute Strategie hat. Um einen Rolling Split durchzuführen, greifen Sie das Bein Ihres Gegners und ziehen es zu sich heran, während

Sie sich auf den Rücken rollen. Dann spalten Sie Ihre Beine und heben Ihren Gegner mit den Beinen an, so dass er auf den Rücken fällt. Diese Technik erfordert eine Menge Flexibilität und Mobilität, kann aber bei richtiger Durchführung das Spiel verändern.

Tipps und zu vermeidende Fehler

Sie müssen sich auf Ihre Technik, Kraft und Flexibilität konzentrieren, um Ihre Hebefähigkeiten im Ringen zu verbessern. Es ist wichtig, dass Sie mit einem Partner trainieren, der Ihnen Feedback geben und Ihnen dabei helfen kann, Ihre Technik zu verbessern. Sie sollten jedoch stets einige häufige Fehler vermeiden, wie z. B. das Heben mit den Armen statt mit der Hüfte, die Tendenz, die Beine nicht zur Unterstützung des Hebens einzusetzen und das Gleichgewicht nicht halten zu können.

Das Heben ist ein entscheidender Teil des Ringens und die Beherrschung der richtigen Techniken gibt Ihnen den Vorteil, Kämpfe gewinnen zu können. Beim Hüftüberschlag, dem Step-Over und dem Rolling Split handelt es sich um drei effektive Hebetechniken, mit denen Sie Ihren Gegner zu Fall bringen und Punkte erzielen können. Die Beherrschung dieser Techniken erfordert jedoch die richtige Herangehensweise, Kraft und Flexibilität. Sie können Ihre Hebetechniken verbessern und ein besserer Ringer werden, indem Sie mit einem Partner trainieren, sich auf Ihre Technik konzentrieren und häufige Fehler vermeiden. Trainieren Sie also weiter und verfeinern Sie Ihre Fähigkeiten. Denken Sie daran: Übung macht den Meister.

Rückwärtsschritt

Eine der wichtigsten und grundlegendsten Techniken im Ringen ist der Rückwärtsschritt. Der Rückwärtsschritt ermöglicht es Ringern, Hebelwirkung und Kontrolle zu ihrem Vorteil zu nutzen und dadurch Punkte gegen ihre Gegner zu erzielen. In diesem Abschnitt werden die drei beliebtesten Rückwärtsschrittmanöver, darunter der Krabbengang, der Rückschritt und die Rückwärtsrolle, sowie deren Anwendung im Ringkampf besprochen. Egal, ob Sie noch ein Anfänger oder bereits ein erfahrener Ringer sind, dieser Abschnitt bietet Ihnen wichtige Einblicke und Strategien, um Ihre Fähigkeiten im Rückwärtsgehen zu verbessern und auf der Matte zu dominieren.

Krabbengang

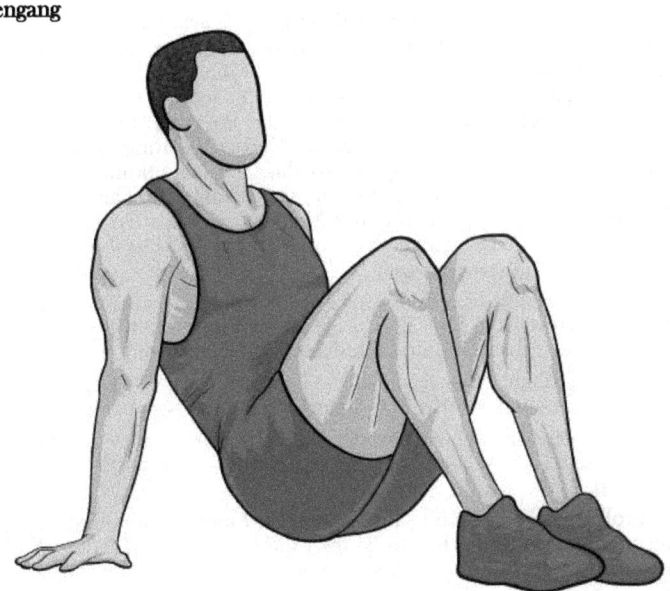

Mit dem Krabbengang können Sie sich diagonal rückwärts bewegen.

Der Krabbengang ist ein Rückwärtsschrittmanöver, bei dem sich der Ringer diagonal nach hinten bewegt und mit dem Fuß über den Fuß des Gegners tritt. Der Körper des Ringers senkt sich dabei und drückt den Brustkorb gegen den Rücken des Gegners. Diese

Bewegung ist von Vorteil, wenn der Gegner des Ringers einen Angriff nach vorne startet und der Ringer dem Angriff ausweichen und eine Hebelwirkung erzielen möchte. Der Krabbengang dient Ihnen als ein großartiges Verteidigungsmittel, kann aber zu Kontern führen, weshalb er schnell und effizient durchgeführt werden muss.

Rücktritt

Der Rücktritt ist ein weiteres nützliches Rückwärtsschrittmanöver, bei dem Sie diagonal nach hinten treten und sich gleichzeitig um den Körper des Gegners herumbewegen. Der Ringer setzt seinen Fuß dabei hinter den des Gegners und kontrolliert dessen Hüfte. Diese Bewegung eignet sich hervorragend, um eine vorteilhafte Position gegenüber dem Gegner zu erlangen, vor allem dann, wenn der Gegner nach vorne angreift. Die Trittbewegung ist effektiv und lässt den gegnerischen Ringer für viele andere Angriffsformen offen, was sie zu einer vielseitigen und effektiven Technik für den Wettkampf macht.

Rückwärtsrolle

Eine Rückwärtsrolle kann die Richtung eines Kampfes ändern.

Die Rückwärtsrolle ist ein Rückwärtsmanöver, bei dem der Ringer seinen Körper in einer kreisförmigen Bewegung nach hinten bewegt, während er hinter das Bein seines Gegners tritt. Der Ringer dreht seinen Körper so, dass er seinem Gegner zugewandt ist. In dieser Position hat er eine klare und dominante Position, um seinen Gegner zu kontrollieren. Diese Technik ist nützlich, wenn der Gegner des Ringers versucht, Punkte zu machen, indem er nach dessen Bein greift, so dass dieser entkommen, und aus einer dominanten Position angreifen kann. Wenn sie richtig durchgeführt wird, ist die Rückwärtsrolle ein schnelles und dynamisches Manöver, welches dazu dient, die Richtung eines Kampfes zu ändern und den Gegner verwundbar und deckungslos zu machen.

Tipps für Rückwärtsschrittbewegungen

Rückwärtsschritttechniken dienen als großartige Werkzeuge, müssen aber mit Vorsicht und Präzision eingesetzt werden. Hier finden Sie einige Tipps, die Ihnen dabei helfen, Ihre Rückschritttechniken zu verbessern und sie in Kämpfen nützlich zu machen.

- **Regelmäßig üben:** Das regelmäßige Üben mit einem Trainingspartner kann Ihnen dabei helfen, die Kunst des Rückwärtsschrittes sicher zu beherrschen.
- **Seien Sie wendig:** Der Rückwärtsschritt zielt darauf ab, dass Sie dem Angriff Ihres Gegners ausweichen können. Daher ist es wichtig, dass Sie leichtfüßig und flink sind.
- **Kontrollieren Sie die Hüfte Ihres Gegners**: Einer der wichtigsten Aspekte beim Rückwärtsschritt ist die Kontrolle über die Hüfte Ihres Gegners. So können Sie die Richtung des Kampfes diktieren und Ihren Gegner unter Druck setzen.
- **Verwenden Sie Bewegungskombinationen:** Die Beherrschung von Rückwärtsschritten sollte als Teil des Arsenals eines exzellenten Ringers verstanden werden. Daher ist es hilfreich, wenn Sie diese Technik in verschiedene andere Methoden wie Würfe, Takedowns und Überschläge integrieren können.

Rückwärtsschritte gehören zu den grundlegenden Fähigkeiten, die jeder Ringer beherrschen sollte. Der Krabbengang, der Rückwärtsschritt und die Rückwärtsrolle sind vielseitige Manöver, mit denen Ringer Angriffen ausweichen und eine vorteilhaftere Position im Kampf einnehmen können. Es ist wichtig, diese Bewegungen zu üben, sie beherrschen zu lernen und gleichzeitig Ihre Beweglichkeit und Kontrolle zu verbessern. Diese Bewegungen bieten Ihnen großartige Möglichkeiten, die Sie mit anderen Methoden kombinieren können. Denken Sie daran, dass ein guter Ringer Geduld, Fleiß und Strategie braucht.

Rückenwölbung

Eine wichtige Fähigkeit beim Ringen ist es, so schnell wie möglich vom Boden aufzustehen, vor allem dann, wenn Ihr Gegner versucht, Sie festzuhalten. Eine Technik, um vom Boden aufzustehen, ist das Aufschaukeln, aber es gibt auch andere, wie etwa das „Kip-up" und das Aufspringen. In diesem Abschnitt erfahren Sie mehr über die verschiedenen Methoden, die Sie beim Ringen zum Aufstehen nutzen können und erhalten Tipps dazu, wie Sie diese meistern können.

Kip-up

Ein Kip-up kann Ihnen helfen, schnell aufzustehen.

Das Kip-Up ist eine weit verbreitete Technik im Ringen und viele Ringer nutzen sie, um schnell vom Boden aufzustehen. Bei dieser Technik wippen Sie mit den Beinen, um Schwung zu holen, und stoßen dann Ihren Körper mit den Händen nach oben, um auf Ihren Füßen zu landen. Um das Kip-up zu meistern, müssen Sie sich zunächst auf den Rücken legen, die Knie beugen und die Füße flach auf den Boden stellen. Schwingen Sie dann Ihre Beine zur Brust, um Schwung zu erzeugen, und stoßen Sie sie gerade nach oben, während Sie Ihren Körper mit den Armen vom Boden abstoßen. Um den Kip-up zu meistern, müssen Sie sicherstellen, dass Sie Ihre Beine mit genügend Kraft schwingen, um den nötigen Schwung für den Aufstieg zu erzeugen. Außerdem müssen Sie Ihren ganzen Körper vom Boden abstoßen, nicht nur Ihren Oberkörper.

Aufschaukeln

Das Aufschaukeln ist eine weitere berühmte Technik, die Ringer verwenden, um schnell vom Boden aufzustehen. Bei dieser Technik rollen Sie Ihre Schultern über den Boden, um Schwung zu holen, und bringen dann Ihre Knie unter sich, um aufzustehen. Um das Aufschaukeln zu meistern, sollten Sie sich zunächst auf den Rücken legen, die Knie beugen, die Füße flach auf den Boden stellen und die Arme an die Seite legen. Bewegen Sie dann Ihre Schultern nach vorne, um Schwung zu erzeugen, und bringen Sie Ihre Knie nach oben, während Sie sich mit den Armen vom Boden abstoßen. Um das Aufschaukeln zu meistern, rollen Sie Ihre Schultern weit genug nach vorne, um Schwung zu erzeugen. Stoßen Sie sich auch mit den Armen vom Boden ab und lassen Sie Ihre Körpermitte angespannt, um die Bewegung Ihres Körpers zu kontrollieren.

Aufsprung

Das Aufspringen ist eine weniger verbreitete Technik im Ringen, dient aber als eine effektive Methode, um schnell aufzustehen. Bei dieser Technik springen Sie von Ihren Füßen und Händen noch, um eine stehende Position zu erreichen. Um den Aufsprung durchzuführen, legen Sie sich zunächst auf den Rücken, die Knie gebeugt, die Füße flach auf dem Boden und die Arme an Ihre Seiten. Stoßen Sie sich dann mit Ihren Füßen und Händen in einer schnellen Bewegung vom Boden ab, bringen Sie Ihre Knie nach oben und stehen Sie auf. Um das Aufspringen zu meistern, stoßen Sie sich mit viel Kraft vom Boden ab und machen Sie die Bewegung dabei so fließend wie möglich.

Das Aufrichten des Rückens ist eine wichtige Fähigkeit im Ringen, und die Beherrschung der verschiedenen Techniken kann Ihnen einen Vorteil auf der Matte verschaffen. Das Kip-up, das Aufschaukeln und das Aufspringen gehören zu den drei effektivsten Techniken, die Ringer verwenden, um schnell auf die Beine zu kommen. Um diese Techniken beherrschen zu lernen, müssen Sie die Grundlagen jeder Technik üben und sich auf Ihre Form konzentrieren. Denken Sie daran, Ihre Beine mit genügend Kraft zu schwingen, die Bewegung zu kontrollieren und Ihre Bauchmuskeln anzuspannen. Wenn Sie fleißig üben, können Sie diese Techniken meistern und Ihre Ringfähigkeiten auf das nächste Niveau bringen.

Verschiedene Bewegungsebenen

Das Verständnis und die Umsetzung der verschiedenen Bewegungsebenen sind entscheidend, um das Ringen zu meistern. In diesem Abschnitt werden die verschiedenen Bewegungsebenen beim Ringen erörtert, darunter solche mit hoher, mittlerer und niedriger Energie. Am Ende des Abschnitts werden Sie besser verstehen, wie Sie diese Bewegungsebenen in Ihre Ringkampfstrategie einbauen können.

Hohe Energie

Schnelle, explosive Bewegungen sind charakteristisch für das Ringen. Diese Art Bewegung erfordert viel Ausdauer und Kraft. Ringer mit hoher Energie sind ständig in Bewegung und greifen unerschrocken an. Sie geben ihren Gegnern kaum eine Chance, zu Atem zu kommen - dieser Ringkampfstil eignet sich am besten für agile Athleten, die sich schnell und leicht bewegen können. Um das Ringen mit hoher Energie in Ihre Strategie einzubauen, konzentrieren Sie sich darauf, schnelle und explosive Bewegungen wie Takedowns und Umdrehungen zu initiieren.

Mittlere Energie

Das mittlere Energieniveau ist langsamer als das hohe Energieniveau, erfordert jedoch erhebliche Energie und Anstrengung. Beim Ringen mit mittlerer Energie bewegen sich die Athleten ständig, aber in einem etwas langsameren Tempo. Dieses Bewegungsniveau wird oft aus strategischen Gründen genutzt, z. B. um einen Takedown vorzubereiten oder den richtigen Moment für einen Schlag abzuwarten. Gute Ringer mit mittlerer Energie können während des gesamten Kampfes ein konstantes Tempo beibehalten und so Energie für spätere Runden sparen.

Niedrige Energie

Energiearmes Ringen ist die langsamste Bewegungsebene und wird typischerweise für defensive Strategien verwendet. Diese Bewegungsebene erfordert viel Geduld und Geschick, denn die Ringer müssen sich geschickt bewegen und dabei vermeiden, von den Angriffen ihres Gegners überrascht zu werden. Die Athleten kontrollieren die Bewegungen ihres Gegners, während sie auf eine Gelegenheit warten, um beim Ringen mit niedriger Energie zuzuschlagen. Dieses Bewegungsniveau eignet sich am besten für Ringer mit starken defensiven Fähigkeiten, die auch in Situationen mit hohem Druck die Ruhe bewahren können.

Die verschiedenen Bewegungsebenen beim Ringen sind in jedem Kampf entscheidend. Durch die Beherrschung der verschiedenen Bewegungsebenen können Ringer ihre Energie strategisch einsetzen, ihren Gegnern immer einen Schritt voraus sein und schließlich den Sieg davontragen. Ganz gleich, ob Sie Ringen mit hoher, mittlerer oder niedriger Energie bevorzugen, das Verständnis dieser Bewegungsebenen hilft Ihnen dabei, ein effektiverer Athlet zu werden. Wenn Sie also das nächste Mal auf die Matte gehen, denken Sie daran, diese Bewegungsebenen in Ihre Technik einzubauen, und Sie werden sehen, wie Ihre Leistung ansteigt.

Wesentliche Ansätze

Ringer müssen geistig und körperlich stark sein, um miteinander zu konkurrieren und im Kampf erfolgreich zu sein. Daher erfordert der Sport Strategie, Übung und Disziplin, um die Techniken und Taktiken des Ringens beherrschen zu lernen. Für einen Ringer ist der Fokus entscheidend und beginnt mit dem Verständnis der wesentlichen Fokuspunkte. In diesem Abschnitt geht es um drei entscheidende Schwerpunkte beim Ringen: den Schwerpunkt, das Gleichgewicht und das kinästhetische Bewusstsein.

Zentrum der Schwerkraft

Einer der wichtigsten Ansätze beim Ringen ist der Körperschwerpunkt. Ihr Schwerpunkt ist der Punkt in Ihrem Körper, an dem Ihre Gewichtsverteilung gleichmäßig ist. Ein niedriger Schwerpunkt ist beim Ringen von entscheidender Bedeutung. Je tiefer Ihr Körperschwerpunkt positioniert ist, desto schwieriger ist es für Ihren Gegner, Sie zu Fall zu bringen. Ringer müssen diesen niedrigen Schwerpunkt beibehalten, um im Gleichgewicht zu bleiben und zu verhindern, dass ihr Gegner eine Hebelwirkung erzielt. Konzentrieren Sie sich daher darauf, Ihre Hüften nach unten und eng an Ihren Gegner zu bringen, um Ihren Schwerpunkt effektiv aufrechtzuerhalten.

Gleichgewicht

Eine ausgewogene Gewichtsverteilung ist ein weiterer wichtiger Ansatz beim Ringen. Sie müssen stets Ihr Gleichgewicht bewahren, um die verschiedenen Bewegungen durchzuführen und sich gegen Ihre Gegner zu verteidigen. Dies erfordert eine starke Körpermitte und die richtige Position Ihrer Füße. Wenn Sie Ihr Gleichgewicht verlieren, ist es für Ihren Gegner viel einfacher, eine Bewegung, die gegen Sie gerichtet ist, durchzuführen. Ringer arbeiten an ihrem Gleichgewicht, indem sie Bewegungen üben, bei denen sie ihr Körpergewicht verlagern und die Kontrolle behalten müssen. Wenn Sie sich auf das Gleichgewicht konzentrieren, können Sie während eines Ringkampfes die Kontrolle behalten.

Kinästhetisches Bewusstsein

Das kinästhetische Bewusstsein bedeutet, dass Sie sich der Positionierung und der Bewegungen Ihres Körpers bewusst sind. So ist es zum Beispiel entscheidend, die Position Ihres Körpers zu kontrollieren, um Bewegungen durchzuführen, mit denen Sie Ringkämpfe gewinnen können. Es geht darum zu wissen, wo sich Ihr Körper im Verhältnis zu Ihrem Gegner und der Matte befindet, dies wiederum erfordert einen speziellen Sinn, der auch kinästhetisches Bewusstsein genannt wird. Dieses Bewusstsein kann durch rigoroses Training entwickelt und verbessert werden, indem Sie routinemäßig an Übungen arbeiten und sich auf die Bewegungen Ihres Gegners konzentrieren.

Durch das Erkennen der wesentlichen Fokuspunkte beim Ringen, wie etwa dem Schwerpunkt, dem Gleichgewicht und dem kinästhetischen Bewusstsein, können sich Ringer in eine bessere Position bringen, um sich im Kampf einen Vorteil zu verschaffen. Diese drei Kernansätze sind nicht nur beim Ringen wichtig, sondern auch im täglichen Leben entscheidend. Wie beim Ringen ermöglicht Ihnen die Aufrechterhaltung eines niedrigen Schwerpunkts, einer ausgewogenen Gewichtsverteilung und des Bewusstseins für die Bewegungen des Gegners, beim Training Fortschritte zu machen und bei allem, was Sie sich vornehmen, erfolgreich zu sein. Konzentrieren Sie sich also, üben Sie und arbeiten Sie so gut wie möglich an Ihrer Disziplin.

In diesem Kapitel ging es um Deckungsdurchbrechen, Heben und andere Standardbewegungen des Ringkampfes. Das Wissen darüber, wie man diese Bewegungen richtig einsetzt, ist für den Erfolg auf der Matte unerlässlich, und um die Manöver zu meistern braucht es Konzentration, Übung und Disziplin. Das Bewusstsein für die Position Ihres Körpers und die Verteilung des Gewichts sind entscheidende Elemente bei der Vorbereitung auf diese Bewegungen. Außerdem müssen Sie die verschiedenen Bewegungsebenen beim Ringen verstehen, wie zum Beispiel die hohe, mittlere und niedrige Energie. Indem Sie diese Bewegungsebenen beherrschen lernen, erhöhen Sie Ihre Mobilität und Agilität auf der Matte, was Ihnen letztlich auch dabei hilft, zu einem besseren Ringer zu werden. Konzentrieren Sie sich also auf das Wesentliche und beobachten Sie, wie schnell Ihre Leistung steigt.

Kapitel 5: Angriff und Gegenangriff

Das Ringen ist ein Sport, bei dem Geschick und Strategie gefragt sind, um als Sieger aus dem Wettkampf hervorzugehen. Ringer müssen sich ihrer Fähigkeiten sicher sein, effektiv angreifen und kontern können, und sie müssen wissen, wie sie die Bewegungen ihres Gegners effektiv lesen können. Dabei geht es darum, die Schwächen des Gegners zu verstehen und etwaige Chancen zu nutzen. Ob Takedown, Pin oder Unterwerfung - jeder Ringer hat seine bevorzugten Techniken, auf die er sich verlässt. Wenn Sie wissen, wie man diese Bewegungen kontern kann, gelingt es Ihnen, im Spiel die Nase vorn zu haben.

Mit Übung und Entschlossenheit können Ringer die Kunst des Angriffs und des Gegenangriffs beherrschen, und auf der Matte eine beeindruckende Kraft entfesseln. In diesem Kapitel werden einige der gebräuchlichsten Angriffs- und Kontertechniken im Ringen sowie Tipps zur Vermeidung von Fehlern und zur Minimierung von Körperverletzungen beschrieben. Diese Techniken sind von großem Vorteil, wenn es darum geht, die Kontrolle über einen Gegner zu erlangen. Am Ende dieses Kapitels werden Sie die verschiedenen Angriffe und Gegenangriffe im Ringen besser verstehen können.

Die Macht des Schwitzkastens beim Ringen nutzen

Schwitzkästen sind beim Ringen beliebt.

Der Schwitzkasten ist beim Ringen eine beliebte Bewegung, die für ihre Effektivität und Durchführbarkeit bekannt ist. Allerdings sind nicht alle Schwitzkastenmanöver gleich gut geeignet. Einige sind effektiver als andere, und einige können schwere Verletzungen verursachen, wenn sie nicht korrekt durchgeführt werden. In diesem Abschnitt werden die verschiedenen Schwitzkastenbewegungen, deren Vorteile und deren richtige Durchführung erläutert. Sie erhalten außerdem Tipps zu häufigen Fehlern und Informationen dazu, wie Sie Verletzungen vermeiden können. Lassen Sie uns also mehr zum Thema Schwitzkastenangriffe erfahren.

Den Aufbau vorbereiten

Die erste Bedingung für einen erfolgreichen Schwitzkastenangriff ist der richtige Aufbau. Es geht dabei darum, die richtige Position für das Durchführen der Bewegung zu finden. Die Position für einen Schwitzkasten beginnt normalerweise damit, dass sich beide Ringer gegenüberstehen. Der angreifende Ringer legt seinen Arm über den Kopf des Gegners und greift nach seinem Handgelenk oder dem Arm des Gegners. Der Ringer muss seinen Körper dicht an den des Gegners heranführen, wobei er seinen Kopf eng an den Kopf oder den Hals des Gegners legt. So entstehen ein fester Griff und eine gute Position, um die Bewegung zu meistern.

Die Bewegung durchführen

Sobald Sie die Bewegung richtig vorbereitet haben, ist es an der Zeit, sie durchzuführen. Der Ringer drückt seinen Arm dazu fest gegen den Hals des Gegners und dreht seinen Körper zur Seite, um Druck auszuüben und die Kontrolle zu behalten. Dies sollte schrittweise geschehen, ohne plötzlich zu stark am Gegner zu ziehen, da dies zu Verletzungen führen könnte. Die Bewegung übt immensen Druck auf den Hals des Gegners aus und erschwert es ihm, zu atmen und zu entkommen, wenn sie korrekt durchgeführt wird.

Häufige Fehler

Ein häufiger Fehler, den Ringer beim Versuch eines Schwitzkastengriffs machen, ist, zu stark am Gegner zu ziehen. Das kann potenziell gefährlich sein, vor allem wenn der Gegner nicht auf die Bewegung vorbereitet ist. Ein weiterer häufiger Fehler besteht darin, die Bewegung nicht richtig vorzubereiten, was dazu führt, dass Sie die Kontrolle verlieren und der Versuch fehlschlägt. Vermeiden Sie es, mit dieser Bewegung zu vorhersehbar zu sein, damit Ihr Gegner nicht einfach kontern kann.

Wie man Verletzungen vermeidet

Wie bei jeder Bewegung im Ringen ist es wichtig, dass Sie die Körpersprache Ihres Gegners genau beobachten und nur Bewegungen ausüben, die Sie geübt haben und mit denen Sie gut vertraut sind. Wenn Sie während der Bewegung Unbehagen oder Widerstand verspüren, sollten Sie den Griff unbedingt aufgeben und es später noch einmal versuchen. Ausreichendes Dehnen und Aufwärmen sind ebenfalls unerlässlich, bevor Sie eine Ringkampfbewegung, einschließlich eines Schwitzkastens, durchzuführen versuchen.

Der Schwitzkasten ist eine entscheidende Bewegung im Ringen, mit der Sie Ihren Gegner effektiv kontrollieren können. Es ist wichtig, diese Bewegung korrekt durchzuführen, sie richtig vorzubereiten, langsam vorzugehen, sobald Sie den Gegner gepackt haben, und häufige Fehler zu vermeiden. Wie bei allen Bewegungen beim Ringen ist die Sicherheit entscheidend. Achten Sie immer auf die Körpersprache Ihres Gegners und vermeiden Sie es, zu viel Kraft anzuwenden. Mit etwas Übung können auch Sie ein Meister des Schwitzkastens werden und zu einem dominanten Gegner auf der Ringermatte werden.

Meistern Sie die Kunst der Takedowns

Takedowns sind im Kampfsport notwendig.

Takedowns gehören zu den wichtigsten Fähigkeiten in der Kampfkunst und im Kampfsport. Beim Takedown handelt es sich um eine Bewegung, die den Verlauf eines Kampfes sofort ändern und Ihnen die Oberhand über Ihre Gegner verschaffen kann. Die Durchführung eines Takedowns ist jedoch komplexer, als man denkt. Ein Takedown erfordert eine Kombination aus Technik, Timing und Strategie. Ob Sie nun ein Anfänger oder ein erfahrener Kämpfer sind, dieser Abschnitt wird Ihnen dabei helfen, die Kunst der Takedowns beherrschen zu lernen und Verletzungen zu vermeiden.

Den Takedown vorbereiten

Bevor Sie den Takedown einsetzen, müssen Sie ihn richtig vorbereiten. Ein Takedown kann auf viele Arten durchgeführt werden, z. B. durch Clinchen, energiereiches Vorstoßen oder indem Sie den Gegner überrumpeln. Die Verwendung von Scheinangriffen oder Finten ist eine beliebte Methode, einen Takedown vorzubereiten, um die Aufmerksamkeit Ihres Gegners abzulenken und sich Angriffsöffnungen zu schaffen. Viele erfahrene Kämpfer verwenden diese Technik im Stand und am Boden. Zu den anderen Möglichkeiten, um Takedowns vorzubereiten, gehören die Fußarbeit, das Abwinkeln oder der Kampf mit unausgeglichenen Angriffspositionen, um Ihren Gegner aus dem Gleichgewicht zu bringen.

Durchführung des Takedowns

Sobald Sie den Takedown vorbereitet haben, ist es an der Zeit, ihn durchzuführen. Ein erfolgreicher Takedown erfordert das richtige Timing, eine gute Technik und ausreichend Geschwindigkeit. Zu den gängigen Takedowns gehören der Takedown mit zwei Beinen, der Takedown mit einem Bein und der Hüftwurf. Um den Takedown richtig einsetzen zu können, müssen Sie sicherstellen, dass Sie sich in der richtigen Ausgangsposition befinden und prüfen, ob das Gewicht Ihres Gegners in die richtige Richtung verlagert ist. Takedowns können während des Kampfes angepasst werden, daher ist es wichtig, dass Sie sich beim Durchführen der Bewegung alle Optionen offen halten.

Häufige Fehler

Wie bei anderen Techniken gibt es auch bei Takedowns häufige Fehler, die Ihre Kampfleistung negativ beeinträchtigen können. Ein häufiger Fehler besteht zum Beispiel darin, den Takedown nicht richtig vorzubereiten, was dazu führen kann, dass die Bewegung gegen Sie gekontert wird oder Sie in einer Unterwerfung gefangen werden. Wenn Sie den Takedown überstürzen oder die Bewegung zu früh ankündigen, hat Ihr Gegner genug Zeit, um sich zu verteidigen und einen Gegenangriff vorzubereiten. Andere Fehler bestehen darin, dass Kämpfer sich zu sehr verausgaben (anstatt den Schwerpunkt des Gegners effektiv zu kontrollieren) und den Takedown nicht zu Ende zu bringen.

Wie man Verletzungen beim Kämpfen vermeidet

Takedowns sind kraftvoll und mit einem hohen Verletzungsrisiko für Sie und Ihren Gegner verbunden. Um Verletzungen zu vermeiden, sollten Sie zunächst sicherstellen, dass Sie eine kontrollierte Bewegung durchführen können. Vermeiden Sie den Einsatz von übermäßiger Kraft oder exzessiven Schwung, da diese Sie oder Ihren Gegner ernsthaft verletzen können. Tragen Sie außerdem die richtige Schutzausrüstung, wie z.B. einen Mundschutz und eine Kopfbedeckung. Wenn Sie sich nicht sicher sind, ob ein Takedown richtig durchgeführt wurde, oder Sie sich unwohl fühlen, wenden Sie sich an einen Trainer oder Arzt.

Es ist eine entscheidende Fähigkeit für einen angehenden Kämpfer, die Kunst des Takedowns zu beherrschen. Sie können Ihre Chancen, einen Kampf zu gewinnen, erheblich verbessern, wenn Sie die Bewegung richtig vorbereiten, sie mit dem richtigen Timing und der richtigen Technik durchführen und häufige Fehler und Verletzungen vermeiden. Egal, ob Sie noch ein Anfänger oder bereits ein erfahrener Kämpfer sind, denken Sie an diese wichtigen Tipps und üben Sie weiter, um Ihre Takedowns zu perfektionieren.

Den Submission Hold meistern

Sogenannte „Submission Holds" oder Unterwerfungsgriffe bieten Ihnen die effektivste Möglichkeit, um Ihren Gegner zu überwältigen. "

Haben Sie sich schon einmal darüber gewundert, wie technisch und präzise manche Bewegungen im professionellen Ringen aussehen? Sogenannte Submission Holds gehören zu diesen Techniken. Hierbei handelt es sich um eine der komplexesten und effektivsten Methoden, um Ihren Gegner zu dominieren und einen Kampf zu gewinnen. Allerdings können Submission Holds auch einschüchternd wirken, besonders für Anfänger. In diesem Abschnitt lernen Sie die Grundlagen von Submission Holds kennen und erfahren, wie Sie diese fehlerfrei durchführen können.

Den Griff vorbereiten

Vergessen Sie nicht, dass alle Unterwerfungsgriffe mit der richtigen Vorbereitung beginnen, wobei es darum geht, dass Sie die Körperposition Ihres Gegners kontrollieren. Sie müssen Ihren Gegner in eine verwundbare Position bringen, um einen Submission Hold initiieren zu können. Und so machen Sie es richtig: Sie müssen sich geeignete Öffnungen schaffen, indem Sie die Haltung Ihres Gegners beobachten und nach Anzeichen von Schwäche Ausschau halten. Wenn Sie eine passende Gelegenheit bemerken, ergreifen Sie sie und führen Sie die Bewegungen souverän durch. Wenn Ihr Gegner versucht zu kontern oder sich zu wehren, bleiben Sie ruhig, aber selbstbewusst. Halten Sie den Druck aufrecht, bis Sie die Bewegung durchgeführt haben. Der Erfolg mit einem Unterwerfungsgriff erfordert Geschick, Aufmerksamkeit und vorsichtige Bewegungen.

Den Submission Hold einsetzen

Nachdem Sie die Bewegung vorbereitet haben, müssen Sie sie effizient durchführen, sonst verlieren Sie den Kampf. Das wiederholte Üben des Submission Hold bietet Ihnen die beste Möglichkeit, um die Bewegung fehlerfrei durchzuführen. Mithilfe der folgenden Schritte. Können Sie den Submission Hold üben. Sie sollten zunächst nahe an Ihren Gegner herankommen. So haben Sie einen besseren Griff, und es gelingt Ihnen, ihn festzuhalten. Verriegeln Sie dann Ihren Griff und umfassen Sie die Gliedmaßen Ihres Gegners, besonders dessen Arme und Beine, um dessen Bewegungen zu kontrollieren. Bei einigen Submission Holds müssen Sie den Griff einige Augenblicke lang festhalten. Seien Sie also geduldig und bleiben Sie konzentriert und behalten Sie Ihren Griff bei und vermeiden Sie es, das Gleichgewicht zu verlieren. Stellen Sie sicher, dass Ihr Griff ausreicht, um Ihren Gegner zum Aufgeben zu zwingen.

Häufige Fehler

Einige Ringer machen beim Submission Hold Fehler, die dazu führen, dass sie Kämpfe verlieren. Im Folgenden erfahren Sie mehr über ein paar Fehler, die häufig bei Submission Holds gemacht werden, die aber schnell korrigierbar sind:

- Wenn Sie anfangs nicht geduldig genug sind, um die richtige Position für den Angriff einzunehmen, kann dies zu Gegenangriffen führen.
- Wenn Sie nicht fest genug zupacken, können Sie den Gegner aus dem Griff und dadurch auch die Kampfrunde verlieren.
- Wenn Sie die Kontrolle über den Körper Ihres Gegners verlieren, kann dieser Ihrem Griff schnell entkommen.
- Die Nichtbeachtung des Gleichgewichts kann einen Ringer zu Fall bringen und dazu führen, dass Sie den Kampf verlieren.

Verletzungsvermeidung

Verletzungen sind beim Ringen an der Tagesordnung. Sie können das Risiko von Verletzungen jedoch verringern, indem Sie:

- Sich vor dem Training immer richtig dehnen.
- Schutzkleidung beim Training und während Kämpfen tragen.
- Ihre Grenzen kennenlernen und nicht über Ihre Fähigkeiten hinausgehen.
- Im Falle einer Verletzung sofort einen Arzt aufsuchen.

Denken Sie daran, dass die allgemeine Gesundheit und das Wohlbefinden eines Ringers für dessen Leistungsfähigkeit, dessen Gewinnchancen und dessen Freude am Sport unerlässlich sind.

Submission Holds geben dem Kämpfer eine großartige Möglichkeit, seine technischen Fähigkeiten zur Schau zu stellen und Kämpfe zu gewinnen. Um Unterwerfungsgriffe miteinzubringen, sollten Sie wachsam bleiben, nach Lücken Ausschau halten und sich konzentrieren. Wenn Sie Submission Holds meistern wollen, erfordert dies Übung, Geduld, Gleichgewicht und ein hervorragendes Konzentrationsvermögen. Wenn Sie die häufigsten Fehler vermeiden, die Ringer beim Versuch Unterwerfungsgriffe einzusetzen machen, können Sie Ihre Gewinnchancen erhöhen. Zu guter Letzt sollten Sie immer auf Ihre Gesundheit und Ihr Wohlbefinden achten und bei Bedarf ärztliche Hilfe in Anspruch nehmen. Mithilfe der Tipps in diesem Abschnitt können Sie Submission Holds meistern und zu einem erfolgreichen Ringer werden.

Durch Ausweichmanöver zum Sieg

Eine der wichtigsten Fähigkeiten beim Ringen ist die Fähigkeit, dem Griff des Gegners zu entkommen. Wenn Sie in dessen Griff gefangen sind oder von Ihrem Gegner bewegt werden, kann ein Fluchtversuch den Verlauf eines Kampfes verändern oder Ihren Gegner daran hindern, zu punkten. Diese Technik erfordert Kraft, Flexibilität und schnelles Denken. In diesem Abschnitt erfahren Sie, wie Sie die Bewegung des Gegners erkennen, das Ausweichmanöver planen, häufige Fehler vermeiden und unnötige Verletzungen verhindern.

Wie man die Bewegungen des Gegners analysiert

Der erste Schritt bei der Vorbereitung eines Ausweichmanövers ist das Erkennen des Griffs oder der Bewegung, die Ihr Gegner auf Sie ausüben möchte. Das kann sich als große Herausforderung erweisen, da verschiedene Bewegungen beim Ringen unterschiedliche Ausweichmanöver erfordern. Eine gute Möglichkeit, um die Bewegung zu erkennen, die Ihr Gegner auf Sie ausübt, besteht darin, sich auf den Körperteil zu konzentrieren, mit dem Ihr Gegner Sie festhält oder zu kontrollieren versucht. Wenn Ihr Gegner Sie z. B. mit den Beinen festhält, können Sie versuchen, Ihre Beine mithilfe von verschiedenen Ausweichmanövern zu befreien. Wenn Sie die Bewegungen Ihres Gegners genau beobachten, können Sie seine nächsten Manöver vorhersehen und so Ihre Flucht vorbereiten.

Ausweichmanöver durchführen

Sobald Sie den Zug Ihres Gegners erkannt haben, müssen Sie schnell handeln, um ihm zu entkommen. In dieser Situation ist es wichtig, ruhig und besonnen zu bleiben, denn Sie müssen schnell denken. Zu den üblichen Ausweichmanövern gehören sogenannte Sit-Outs, Wechsel und Aufstehbewegungen, die Kraft, Flexibilität und Technik erfordern. Wenn Sie diese Bewegungen im Voraus üben, erhöhen sich dadurch Ihre Chancen auf eine erfolgreiche Flucht während eines Kampfes.

Häufige Fehler

Einer der häufigsten Fehler, den Ringer bei einem Ausweichversuch machen, besteht darin, dass sie sich nur teilweise auf die Bewegung einlassen. Wenn Sie sich zurückhalten oder zögern, verlieren Sie die Oberhand und ermöglichen es Ihrem Gegner dadurch, Sie zu überwältigen. Ein weiterer Fehler besteht darin, sich ausschließlich auf die eigene Kraft zu verlassen und nicht auf die richtige Technik. Der Einsatz von roher Gewalt funktioniert zwar gelegentlich, ermüdet Sie aber oft schnell und macht Sie für den nächsten Zug Ihres Gegners deutlich anfälliger.

Wie man Verletzungen vermeidet

Das Verletzungsrisiko ist beim Ringen sehr hoch. Üben Sie die richtigen Techniken und wärmen Sie sich vor dem Kampf auf, um Verletzungen zu vermeiden. Vermeiden Sie es beim Durchführen von Ausweichmanövern, den Rücken zu krümmen oder den Nacken zu verdrehen – bei all diesen Bewegungen kann es zu Verletzungen kommen. Und schließlich ist es wichtig zu wissen, wann Sie aufgeben sollten. Obwohl das Aufgeben als Zeichen von Schwäche angesehen werden kann, ist es klug, den Körper vor unnötigem Schaden zu bewahren.

Aber das Ausweichen beim Ringen ist nicht nur eine Fähigkeit, die Ihnen dabei hilft, Punkte zu erzielen, sondern auch eine Technik, die Ihren Gegner daran hindert, zu punkten. Es erfordert Geduld, Übung und ein feines Gespür für die Bewegungen Ihres Gegners. Wenn Sie die Ausweichmanöver jedoch meistern, können sie den Unterschied in einem Kampf ausmachen. Denken Sie daran, konzentriert zu bleiben, lassen Sie sich auf den Zug ein und stellen Sie die Sicherheit dabei an erste Stelle.

Wie man Wendebewegungen beim Ringen meistert

Um Wendebewegungen zu meistern, müssen Sie die Züge Ihres Gegners vorhersehen können.

Das Ringen ist ein hochtechnischer Kampfsport, bei dem Muskelkraft, Schnelligkeit, Beweglichkeit und strategisches Denken gefragt sind. Einer der wichtigsten Aspekte des Ringens besteht in der Fähigkeit, die Bewegungen des Gegners umzukehren. Diese

Technik ist für die Selbstverteidigung unerlässlich und kann Ihnen gegenüber Ihrem Gegner einen erheblichen Vorteil bringen. Dieser Textabschnitt befasst sich mit der Kunst des Wendens der gegnerischen Angriffe und behandelt alles, einschließlich des richtigen Erkennens der gegnerischen Bewegung, der Durchführung der Wendebewegungen, des Vermeidens häufiger Fehler und des Schutzes vor Verletzungen.

Wie man den nächsten Zug des Gegners erkennt

Bevor Sie eine erfolgreiche Wendebewegung beim Ringen durchführen können, müssen Sie die Bewegung Ihres Gegners richtig erkennen. Zu den Standardbewegungen der Ringer gehören der Takedown mit zwei Beinen, der Takedown mit einem Bein oder der Takedown mithilfe eines Ausfallschritts. Der Schlüssel zum Ausweichen von gegnerischen Bewegungen liegt in der Analyse von dessen Position, der richtigen Hebelwirkung und dem Schwung Ihres Gegners. Lernen Sie die verschiedenen Ringkampftechniken, Übungen und Sparringkampfübungen mit erfahrenen Ringkämpfern.

Die Wendebewegung umsetzen

Sobald Sie die Bewegung Ihres Gegners richtig erkannt haben, wird das richtige Timing beim Absolvieren der Wende entscheidend. Zu den verschiedenen Wendetechniken beim Ringen gehören das Sit-Out und die Wechsel Wendebewegung, das sogenannte Granby Roll Reversal, der Hüftüberschlags Wendeversuch und der sogenannte Whizzer. Um einen Wendeversuch erfolgreich zu meistern, müssen Sie Ihre Kraft, Geschwindigkeit und Beweglichkeit einsetzen, um den Schwung Ihres Gegners zu kontern. Timing und Präzision sind dabei entscheidend für eine erfolgreiche Wende. All dies braucht Übung und Training, um schließlich die Kunst der Wendebewegung zu beherrschen. Lassen Sie sich also nicht entmutigen, wenn Sie anfangs Schwierigkeiten haben.

Häufige Fehler

Selbst erfahrene Ringer machen bei Wendeversuchen Fehler. Einer der häufigsten Fehler besteht darin, eine Wendebewegung vor dem richtigen Moment zu erzwingen. Ein weiterer Fehler passiert, wenn der Wendeversuch nicht zu Ende geführt wird, so dass Sie offen einem möglichen Gegenangriff ausgesetzt werden. Schließlich kann es vorkommen, dass Ringer zu viel Kraft anwenden und ihren Gegner verletzen, was wiederum zur Disqualifikation führen kann. Um Strafen oder Verletzungen zu vermeiden, ist es wichtig, dass Sie die Regeln und Vorschriften des Ringens kennenlernen.

Wie man Verletzungen vermeidet

Schließlich ist es wichtig, beim Durchführen eines Wendeversuches stets auf die eigene Deckung zu achten und Verletzungen zu vermeiden. Die richtige Technik, das nötige Krafttraining, die bedachte Ernährung und Strategien zur Vermeidung von Verletzungen tragen dazu bei, dass Sie sich selbst schützen. Bevor Sie eine Bewegung durchführen, sollten Sie Ihre Muskeln dehnen und aufwärmen, um Verstauchungen und Zerrungen zu vermeiden. Achten Sie außerdem immer auf Ihren Körper und sprechen Sie mit Ihrem Trainer, wenn Sie Schmerzen oder Unwohlsein verspüren. Das Ringen ist ein körperlich anstrengender Sport, und es ist wichtig, dass Sie sich um Ihren Körper kümmern, um Ihre beste Leistung erbringen zu können.

Umdrehbewegungen gehören im Ringen zu den wichtigsten Manövern, da Sie, wenn Sie diese beherrschen lernen, dazu in der Lage sind, sich Ihrem Gegner gegenüber einen erheblichen Vorteil zu verschaffen. Um die Wendebewegung erfolgreich durchzuführen, müssen Sie die Bewegung Ihres Gegners erkennen, seine Körperposition und Hebelwirkungsfähigkeiten analysieren und sich mit Präzision und dem richtigen Timing bewegen. Vermeiden Sie häufige Fehler, wie z. B. den Versuch, die Wendebewegung zu früh zu erzwingen oder sie nicht ganz durchzuziehen. Achten Sie auf Ihre eigene Sicherheit und vermeiden Sie Verletzungen, indem Sie die richtigen Ringkampftechniken, das richtige Krafttraining und Strategien zur Verletzungsprävention anwenden. Mit der nötigen Übung und der Hingabe zum Sport können Sie den Ring dominieren und zu einem furchterregenden Gegner werden.

Kontern Sie die Bewegung Ihres Gegners effektiv

Sie müssen dazu in der Lage sein, die Züge Ihres Gegners schnell zu kontern.

Als Ringer müssen Sie versuchen, Ihren Gegner auf der Matte festzuhalten oder die meisten Punkte zu erzielen. Diese Ziele können Sie jedoch nur erreichen, wenn Sie schnell auf die Bewegungen und Konter Ihres Gegners reagieren. In diesem Abschnitt erfahren Sie, wie Sie die Bewegung Ihres Gegners richtig erkennen, den Konter durchführen, häufige Fehler vermeiden und Techniken zur Vermeidung von Verletzungen anwenden.

Wie man den Zug eines Gegners vorzeitig erkennt

Der Schlüssel zum Kontern eines gegnerischen Angriffs liegt darin, ihn frühzeitig zu erkennen. Deshalb ist es wichtig, dass Sie die Grundlagen des Ringens gut verstehen. Studieren Sie die Bewegungen Ihres Gegners während des Kampfes genau, indem Sie seine Position und Bewegungen intensiv beobachten. Achten Sie auf die subtilen Veränderungen in seiner Haltung oder Körperposition, denn diese können darauf hindeuten, welche Bewegung er als Nächstes durchführen möchte. Einige Ringer sind für ihre charakteristischen Bewegungen bekannt. Schauen Sie sich also Videos von ihren Kämpfen an, um sich mit deren Kampfstil vertraut zu machen. Das hilft Ihnen dabei, ihre Bewegungen zu erahnen und sie gegebenenfalls zu kontern, sodass Sie Ihre eigene Technik zur Vorbereitung auf den Kampf anpassen können.

Das richtige Kontern

Das erfolgreiche Kontern erfordert schnelle Reflexe, präzises Timing und die richtige Kampftechnik. Ihre Gegenbewegungen hängen von den Bewegungen, der Position und dem Ringkampfstil Ihres Gegners ab. Ein Standard-Gegenzug ist dabei beispielsweise ein „Switch", bei dem Sie schnell Ihre Position wechseln, um die Bewegung, die Ihr Gegner gerade durchgeführt hat, umzukehren. Beim sogenannten „Roll-out" handelt es sich um eine weitere Technik, bei dem Sie Ihren Schwung nutzen können, um sich aus dem Griff Ihres Gegners herauszurollen die Kontrolle des Kampfes übernehmen zu können. Sobald Sie die Bewegung Ihres Gegners erkannt haben, sollten Sie den Konter sofort durchführen. Es ist wichtig, dass Sie während des Konters selbstbewusst und entschlossen sind, denn ein Zögern kann Ihrem Gegner einen entscheidenden Vorteil verschaffen.

Häufige Fehler

Das Kontern einer gegnerischen Bewegung kann zwar aufregend und lohnend sein, kann aber auch zu Verletzungen führen, wenn man nicht auf die korrekte Technik achtet. Zu den Fehlern, die Ringer beim Kontern machen, gehören unter anderem schlechtes Timing, eine unsaubere Technik und mangelnde Konzentration. Diese Fehler führen dazu, dass Sie die Kontrolle über den Kampf verlieren und es dem Gegner ermöglichen könnten, aus Ihrem Fehler Kapital zu schlagen. Um diese Fehler zu vermeiden, müssen Sie sich stets gut konzentriert und geduldig bleiben. Behalten Sie die Kontrolle über die Situation und geraten Sie niemals in Panik, da dies zu überstürzten Handlungen und technischen Fehlern führen kann. Nehmen Sie sich stattdessen Zeit, um den Konter mit der richtigen Technik und dem richtigen Timing durchzuführen.

Wie man Verletzungen vermeidet

Es ist wichtig, dass Sie beim Durchführen von Kontern auf Ihre Sicherheit achten. Viele Verletzungen, wie z. B. Verstauchungen, Brüche und Verrenkungen, sind die Folge von Kontern. Um diese Verletzungen zu vermeiden, müssen Sie sich vor dem Kampf aufwärmen, die richtige Technik anwenden und sich Ihre Flexibilität erhalten. Ein weiterer wichtiger Tipp ist die allmähliche Steigerung der Trainingsintensität, um eine Überanstrengung und Überlastung Ihrer Muskeln zu vermeiden. Wenn Sie Muskel- oder Gelenkschmerzen oder Unwohlsein verspüren, sollten Sie sofort aufhören und einen Arzt aufsuchen.

Um zu einem erfolgreichen Ringer zu werden, müssen Sie lernen, wie Sie die Bewegungen Ihres Gegners abfangen und kontern können. Dazu gehört auch, dass Sie die Bewegung Ihres Gegners erkennen, die Strategie richtig durchführen, häufige Fehler vermeiden und die Sicherheit in den Vordergrund stellen. Dieses Kapitel enthält Tipps und Techniken, die Ihnen dabei helfen, Ihre Fähigkeiten als Ringer zu verbessern. Denken Sie daran, dass Übung den Meister macht. Üben Sie also weiter und verbessern Sie Ihre Fähigkeiten, bis Sie Ihre Ziele erreicht haben.

Kapitel 6: Wendetechniken

Es gibt für Ringer nichts Befriedigenderes, als in einer kniffligen Situation zu landen und dieser durch ein perfektes Wendemanöver zu entkommen. Dadurch kann, was einst wie eine todsichere Niederlage aussah, durch die richtige Technik in einen glorreichen Triumph verwandelt werden. Es gibt verschiedene Arten von Wendetechniken: Sie können den Schwung Ihres Gegners ausnutzen oder Ihre Kraft einsetzen, um die Situation zu Ihren Gunsten zu wenden. Wie auch immer die Taktik aussieht, wichtig ist, dass Sie sich sicher sind, dass Sie die Taktik durchziehen können.

Der Aufbau eines Arsenals von Wendetechniken ist unerlässlich, um auf der Matte zu einer ernstzunehmenden Bedrohung zu werden. Machen Sie sich also dazu bereit, Ihre Ringfähigkeiten zu verbessern und Ihre Gegner zu dominieren. Dieses Kapitel befasst sich mit diversen Wendemanövern, von grundlegenden Wechseltechniken bis hin zu fortgeschrittenen offensiven Kontern. Sie lernen dadurch Strategien kennen, mit deren Hilfe Sie Ihren Gegner analysieren und die Oberhand gewinnen können.

Wechselmanöver

Beim Ringen geht es darum, Ihren Gegner zu überwältigen und dabei in Ihren Bewegungen wendig und schnell zu bleiben. Ein entscheidender Faktor beim Ringen ist der Wechsel zu einer günstigeren Position, wenn der Gegner Sie in einer kompromittierenden Lage erwischt hat. Wechselmanöver helfen Ringern, sich aus Haltegriffen und Sperren zu befreien und die Kontrolle über den Kampf zu erlangen. Dieser Abschnitt beschäftigt sich mit den verschiedenen Wechselmanövern und deren Anwendungen.

Was ist ein Wechselmanöver?

Wechselmanöver sind auch als „Switching" bekannt und beschreiben die Änderung von einer Körperposition von einem Griff oder einer Bewegung zu einer anderen. Das Switching ermöglicht es dem Ringer, sich aus dem Griff seines Gegners zu befreien und dadurch die Kontrolle zu erlangen. Ein Wechselmanöver kann auch dazu verwendet werden, einen Gegenangriff zu starten oder eine ähnliche Bewegung durchzuführen. Einer der häufigsten Wechselbewegungen im Ringen ist der „Sit Out"-Wechsel. Bei dieser Bewegung muss der Ringer sein Gewicht auf die Hüfte des Gegners verlagern, während er seinen Gegner zu sich zieht und sein Gewicht verlagert. Der Kämpfer muss seine Position wechseln und übernimmt so die Kontrolle von hinten, während der Gegner sich nach vorne bewegt.

Wie Sie sogenannte Body Locks rückgängig machen

Der Body Lock ist ein gängiges Manöver, bei dem der Gegner seine Arme um die Taille und die Schultern des Ringers schlingt, so dass es schwierig für den Kämpfer wird, den Oberkörper zu bewegen. Um sich aus diesem Griff zu befreien, können Ringer den sogenannten „Hüftüberschlag wechsel" anwenden. Bei diesem Manöver lässt der Ringer seine Hüften auf den Boden fallen, während er den Gegner zu sich zieht. Während der Gegner nach vorne fällt, verlagert der Ringer sein Gewicht und verschafft sich so eine günstige Angriffsposition. Der Hüftschwung kann auch zum Gegenangriff genutzt werden.

Dem Backbreaker entkommen

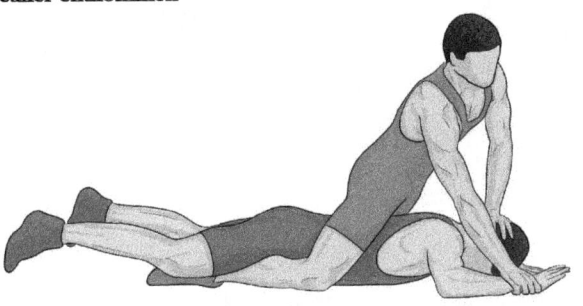

Mit dem sogenannten Grapevine Switch verschaffen Sie sich einen Vorteil.

Der Backbreaker ist ein schmerzhafter Griff, der Druck auf die Wirbelsäule und den Nacken des Ringers ausübt. Ringer können sich gegen den Griff wehren, indem Sie den „Grapevine"-Switch verwenden, um sich aus diesem Griff zu befreien. Bei diesem Manöver schlingt der Ringer sein Bein um das Bein des Gegners und dreht seinen Körper, um Druck auf das Knie und den Knöchel des Gegners auszuüben. Der Grapevine Switch dient als ein effektives Manöver, um sich aus dem Backbreaker Hold zu befreien und die Kontrolle über den Kampf zu übernehmen.

Dem Würgegriff entkommen

Das Entkommen mithilfe des Schwitzkastens ermöglicht es Ihnen, die Kontrolle zurückzuerlangen.

Beim Würgegriff handelt es sich um ein gefährliches Manöver, das die Luftzufuhr zur Lunge und zum Gehirn des Ringers einschränkt. Um sich aus diesem Griff zu befreien, können Ringer den „Schwitzkasten" einsetzen. Bei diesem Manöver schlingt der Ringer seinen Arm um den Hals des Gegners und bringt sein Gewicht nach unten. Dadurch wird der Griff des Gegners gelockert, so dass der Ringer sein Gewicht verlagern und die Kontrolle gewinnen kann. Der Schwitzkastenwechsel ist ein effektives Manöver, um sich aus Würgegriffen zu befreien und die Kontrolle über den Kampf zu übernehmen.

Dem Pin Hold entkommen

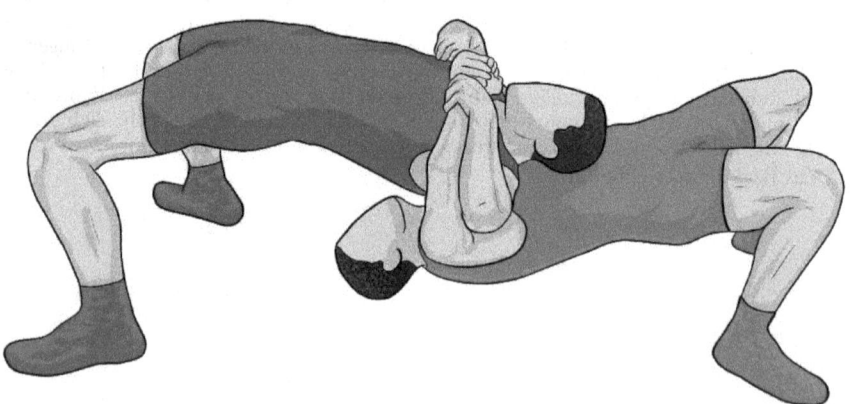

Mit einem Brückengriff können Sie einen Pin Hold abwenden.

Beim Pin Hold versucht der Gegner, die Schultern des Ringers auf der Matte festzuhalten, und dort mindestens drei Sekunden lang zu verharren. Ringer können sich mit dem „Brückengiff" aus dieser Position befreien. Dazu verlagert der Ringer sein Gewicht auf die Füße und dreht seinen Körper auf die Schultern, so dass er das Gewicht des Gegners mit anheben kann. Der Ringer verlagert sein Gewicht auf die Füße und bringt sich in eine günstige Position, um einen Angriff zu initiieren. Der Brückengriff oder sogenannte Bridge Switch bietet den Kämpfern eine effektive Möglichkeit, um aus den Pin Holds zu entkommen und die Kontrolle über den Kampf zu übernehmen.

Ausweichmanöver sind ein weiterer wichtiger Aspekt des Ringens. Sie können mithilfe dieser den Ausgang eines Kampfes verändern und dem Ringer einen Vorteil verschaffen. Wenn Sie die verschiedenen Ausweichmanöver und ihre Anwendungen verstehen, können Sie Ihre Fähigkeiten und Techniken entsprechend verbessern.

Übergangsmanöver

Ringer sind immer auf der Suche nach Möglichkeiten danach, ihre Gegner im Kampf zu überlisten. Die Fähigkeit, nahtlos von einer Bewegung zur anderen überzugehen, ist dabei entscheidend, um sich einen Vorteil gegenüber seinem Gegner zu verschaffen. Übergangsbewegungen verbinden verschiedene Ringkampftechniken miteinander, die, wenn sie richtig durchgeführt werden, einen bedeutenden Unterschied für den Ausgang eines Kampfes zur Folge haben können.

In diesem Abschnitt werden drei Übergangsmanöver besprochen, die Sie zu einem besseren Ringer machen. Zu diesen Bewegungen gehören die Umkehr zur Brücke, die Flucht durch die Rolle und der Wendeschwung. Jede der Bewegungen erfordert Präzision und Timing, kann aber mit gezieltem Training souverän gemeistert werden.

Wende zur Brücke

Die Wende zur Brücke ist eine großartige Übergangsbewegung, da sie dem Kämpfer das Kontern eines gegnerischen Takedown-Versuchs ermöglicht. Begeben Sie sich dazu in eine sitzende Position, während Ihr Gegner auf Ihnen liegt, und drücken Sie eine Ihrer Schultern auf die Matte. Drücken Sie von hier aus die Schulter, die nicht festgehalten wird, nach oben und wölben Sie gleichzeitig Ihren Rücken, um Ihren Gegner über Ihren Körper auf den Rücken zu rollen.

Sie können eine Brücke machen und angreifen, sobald Ihr Gegner auf der Matte liegt. Das Timing ist entscheidend, um diese Bewegung erfolgreich zu absolvieren. Sie sollten die Bewegung einleiten, sobald Sie spüren, dass sich der Griff Ihres Gegners lockert, selbst wenn die Veränderung minimal ist. Es ist hilfreich, wenn Sie Ihren Kopf in Richtung der freien Schulter bewegen, um sich selbst einen längeren Hebel zu verschaffen.

Flucht durch die Rolle

Mit der Flucht durch die Rolle entkommen Sie dem seitlichen Griff des Gegners.

Bei der Flucht durch die Rolle handelt es sich um eine weitere hervorragende Übergangsbewegung, die Ihnen dabei hilft, der seitlichen Kontrolle Ihres Gegners zu entkommen. Schaffen Sie zunächst Platz zwischen sich selbst und Ihrem Gegner. Drehen Sie sich dann auf die Seite, weg von der Brust Ihres Gegners, und bringen Sie Ihr Knie zu Ihrer Brust, während Sie mit der anderen Hand nach Ihrem Knöchel greifen. Nutzen Sie diesen Schwung, um sich auf den Rücken zu rollen und Ihr Knie in Richtung Ihres Gegners zu bewegen.

Sobald Sie sich in einer günstigeren Position befinden, können Sie angreifen. Das Wichtigste bei dieser Bewegung ist es, Ihren Schwung zu nutzen und dabei entspannt zu bleiben. Die Rolle sollte mit glatten und fließenden Bewegungen durchgeführt werden, fast wie eine Art Tanz. Es ist wichtig, dass Sie Ihre Bewegungen kontrollieren, damit Sie Ihrem Gegner keine Gelegenheit geben, daraus Kapital zu schlagen.

Momentum nutzen, um die Bewegung umzukehren

Mithilfe des Schwungs nach einer Rückwärtsbewegung lässt sich ein Konterangriff als Teil einer Übergangsbewegung gegen den Gegner durchführen. Nehmen Sie dazu eine defensive Position ein und warten Sie auf den Angriff Ihres Gegners. Wenn er auf Sie zukommt, nutzen Sie seinen Schwung gegen ihn, indem Sie ihm ausweichen und ihn dann nach vorne ziehen, so dass er das Gleichgewicht verliert. Nutzen Sie dann Ihren Schwung, um die Position umzukehren und Ihren Gegner anzugreifen. Diese Bewegung erfordert exzellentes Timing und ein hohes Maß an Aufmerksamkeit. Es ist wichtig zu wissen, wann Ihr Gegner zum Angriff ansetzt, und dann die nötigen Reflexe zu haben, um schnell auf den Angriff zu reagieren. Lassen Sie Ihren Körperschwerpunkt niedrig und entspannt und nutzen Sie die Kraft Ihres Gegners gegen ihn, um die Oberhand zu gewinnen.

Übergangsmanöver sind ein wesentlicher Bestandteil des Ringens, denn sie verschaffen Ihnen einen strategischen Vorteil gegenüber Ihrem Gegner. Die drei in diesem Abschnitt besprochenen Bewegungen, die Wende der Brücke, die Flucht durch die Rolle und der Schwung zur Wende des Angriffs, sind effektive Übergangsmanöver, die Ihnen dabei helfen, ein besserer Ringer zu werden.

Offensive Manöver

Ob Sie nun ein Anfänger oder ein erfahrener Ringer sind, das Erlernen von Offensivmanövern kann Ihnen einen Vorteil verschaffen, um den Kampf zu dominieren. In diesem Abschnitt werden drei effektive Offensivmanöver besprochen, die Ringer einsetzen, um sich in Kämpfen einen Vorteil zu verschaffen. Zu diesen Manövern gehört es, den Schwung des Gegners gegen ihn zu nutzen, Wendeschwünge und Slams durchzuführen und Wendekonter zu vollziehen.

Das Momentum des Gegners gegen ihn einsetzen

Das erste offensive Manöver besteht darin, den Schwung des Gegners gegen ihn einzusetzen. Bei dieser Technik müssen Sie die Bewegungen Ihres Gegners genau beobachten und seine nächste Bewegung vorhersehen. Das Ziel ist es dabei, die Energie Ihres Gegners zu Ihrem Vorteil zu nutzen, indem Sie sie umleiten und ihn zu Fall bringen. Wenn Ihr Gegner zum Beispiel nach vorne stürmt, treten Sie zur Seite, ergreifen Sie seinen Arm und nutzen den Schwung, um ihn über Ihre Schulter zu werfen. Diese Bewegung ist auch unter dem Namen Hüftüberschlag bekannt.

Eine weitere Bewegung, die diese Technik einsetzt, ist der Armzug. Greifen Sie nach dem Arm Ihres Gegners und ziehen Sie ihn an sich vorbei. Wenn er sich dann nach vorne bewegt, treten Sie zur Seite und nutzen Sie seinen Schwung, um seinen Körper zu drehen und ihn zu Boden zu bringen.

Offensive mit Sweeps und Slams

Das zweite Offensivmanöver ist der sogenannte „Reversal Sweep" und Slam. Diese Technik kontert den Takedown Versuch Ihres Gegners, indem Sie schnell zu Ihrem eigenen Takedown übergehen. Wenn Ihr Gegner zum Beispiel einen Takedown mit einem Bein versucht, können Sie schnell Ihr Gewicht verlagern und ihn mit einem Hüftwurf zu Boden bringen. Diese Bewegung erfordert viel Geschwindigkeit und Gleichgewicht, kann aber, wenn sie richtig angewandt wird, verheerend sein. Eine weitere Bewegung, die diese Technik nutzt, ist der Armzug-Takedown. Greifen Sie dabei nach dem Arm Ihres Gegners und nutzen Sie dessen Schwung, um ihn zu Boden zu werfen.

Sprawling-Konter

Das dritte offensive Manöver ist der Wendekonter. Bei dieser Bewegung müssen Sie den Takedown-Versuch Ihres Gegners vorhersehen und ihn gegen ihn verwenden. Wenn Ihr Gegner z.B. einen Takedown mit zwei Beinen versucht, weichen Sie ihm aus und nutzen Sie seinen Schwung, um ihn zu Boden zu bringen. Diese Bewegung wird als Sprawling-Konter bezeichnet und ist eine der effektivsten Bewegungen im Ringen. Eine weitere Bewegung, die diese Technik nutzt, ist der sogenannte Switch. Beginnen Sie auf dem Rücken und benutzen Sie Ihr Bein, um Ihren Gegner in dieser Bewegung zu fangen. Wenn er sich dann nach vorne bewegt, drehen Sie sich schnell um und bringen Sie ihn zu Fall.

Offensive Manöver sind beim Ringen unerlässlich. Sie können den Schwung des Gegners gegen ihn nutzen, Wendeschwünge und Slams durchführen und Wendekonter durchzuführen sind drei effektive Möglichkeiten, um den Sport zu dominieren. Der Schlüssel zur Beherrschung dieser Manöver liegt darin, sie regelmäßig zu üben, und genau auf die Bewegungen Ihres Gegners zu achten. Wenn Sie diese offensiven Techniken mit in Ihr Arsenal aufnehmen, sind Sie auf dem besten Weg, um zu einem dominanten Ringer zu werden.

Wendestrategien

Das Ringen, die älteste Sportart der Welt, ist mehr als nur ein Wettkampf, bei dem es um körperliche Kraft geht. Bei dem Sport geht es um Intelligenz und Strategie, weswegen die besten Ringer immer die Bewegungen ihres Gegners beobachten. Wenn Sie sich mitten in einem Kampf befinden, müssen Sie ruhig und geduldig sein, egal ob Sie im Kampf die Ober- oder die Unterhand haben. Wendemanöver können Sie in kürzester Zeit vom Außenseiter zum Gewinner machen. Wenn Sie solide Wendestrategien entwickeln, können Sie schnell wieder die Kontrolle übernehmen und Ihren Gegner verwirrt und gestresst zurücklassen. Dieser Textabschnitt befasst sich mit der Kunst der Wendemanöver im Ringen und behandelt drei wichtige Techniken, um sie zu meistern.

Die Grundlagen beherrschen

Der erste Schritt, wenn es um die Kunst des Wendens geht, ist das Erlernen der Grundlagen. Ein solides Verständnis der grundlegenden Bewegungen und Techniken, wie z. B. des Hüftüberschlags, der Granby Rolle, des Wechsels und des Sit-out, sind die Eckpfeiler für die Entwicklung einer effektiven Wendestrategie. Üben Sie diese Grundlagen täglich auf einer Matte. Wendetechniken erfordern blitzschnelle Reaktionen und Timing. Wenn Sie sicherstellen, dass diese Bewegungen für Sie ganz natürlich werden, haben Sie einen entscheidenden Vorteil. Außerdem ist es wichtig, dass Sie an Ihrer Griffstärke arbeiten. Ein fester Griff hilft Ihnen dabei, Ihren Gegner während des gesamten Kampfes zu kontrollieren.

Die Entwicklung von Gegenangriffen

Ein Gegenangriff ist eine offensive Bewegung, die dazu dient, die Aggression oder den Angriff des Gegners abzuwehren und umzulenken. Die Entwicklung dieser Gegenangriffe ist während eines Ringkampfes äußerst effektiv. Machen Sie sich zunächst mit den Bewegungen Ihres Gegners vertraut, antizipieren Sie seine nächsten Schritte und bereiten Sie Ihren Gegenangriff vor. Konterstrategien wie die Peterson- und Granby-Rolle dienen als Beispiele für effektive Gegenangriffe, die Sie erlernen sollten.

Arbeiten Sie an Ihrem Timing und an der richtigen Durchführung

Das Timing ist beim Ringen von entscheidender Bedeutung. Das Gleiche gilt für Wendestrategien. Der Ringer, der besonders schnell von der Verteidigung in die Offensive wechseln kann, wird höchstwahrscheinlich gewinnen. Wenn Sie eine Wendebewegung anstreben, müssen Sie sich auf ein exzellentes Timing und eine sorgfältige Durchführung der Bewegungen verlassen. Seien Sie geduldig, antizipieren Sie die Bewegungen Ihres Gegners und wählen Sie die effektivste Wendestrategie zum richtigen Zeitpunkt. Denken Sie stets daran: Timing ist alles.

Mentale Widerstandsfähigkeit entwickeln

Gute Ringer verfügen über eine herausragende mentale Stärke - sie lassen sich von den Bewegungen ihres Gegners nicht beeinflussen. Stattdessen nutzen sie diese zu ihrem Vorteil. Daher sind sie auch unter Druck ruhig und gelassen und können Kämpfe schnell entscheiden. Um mentale Stärke zu entwickeln, müssen Sie ständig üben und Selbstvertrauen aufbauen. Die Teilnahme an Ringturnieren und die Konfrontation mit harten Gegnern bieten Ihnen eine gute Möglichkeit, um Erfahrungen zu sammeln und mentale Stärke aufzubauen.

Analysieren Sie Ihren Gegner

Beim Ringen muss man seinen Gegner richtig einschätzen, bevor man den nächsten Zug machen kann. Ringer müssen ihre Stärken nutzen und die Schwächen ihres Gegners ausnutzen, um sich einen Vorteil zu verschaffen. Daher ist es am besten, wenn Sie die Bewegungen, das Timing und die Tendenzen Ihres Gegners kennen, um Ihre Züge richtig zu planen. Die Analyse Ihres Gegners ist entscheidend für einen Sieg im Ring. In diesem Abschnitt finden Sie einige wichtige Tipps, die Ihnen zum Erfolg auf der Matte verhelfen können.

Schwachstellen erkennen

Der erste Schritt zur erfolgreichen Analyse Ihres Gegners besteht darin, seine Schwächen zu erkennen. Jeder Ringer hat seine Stärken und Schwächen, einschließlich Ihres Gegners. Achten Sie darauf, wie er sich bewegt, auf seinen Körperbau, seine Position und seinen Stil. Sie können erkennen, ob er Probleme mit Takedowns, Befreiungsversuchen oder Pins hat. Wenn Sie seine Schwächen kennen, können Sie strategische Manöver planen, die auf diese Schwachstellen abzielen. Bauen Sie dann Ihre Kampfstrategie auf der Grundlage der Schwächen Ihres Gegners auf und versuchen Sie, ihn zu überlisten.

Auf der Suche nach strategischen Gelegenheiten

Wenn Sie die Schwächen Ihres Gegners erkennen können, ermöglicht Ihnen dies, nach Gelegenheiten zu suchen, um Ihre Stärken einzusetzen. Beobachten Sie Ihren Gegner beim Aufwärmen oder zu Beginn des Kampfes. Studieren Sie seine Beinarbeit und sein Timing, um seine Züge vorherzusagen und Gegenzüge zu planen. Bedenken Sie stets, dass sich während eines Kampfes jederzeit neue Gelegenheiten ergeben können, also seien Sie wachsam und ständig dazu bereit, Ihre Strategie anzupassen.

Verteidigungstaktiken anwenden

Sie müssen lernen, sich gegen die Angriffe Ihres Gegners zu verteidigen. Der Selbstschutz ist ebenso wichtig wie die richtigen Takedowns. Studieren Sie die Technik Ihres Gegners und lernen Sie erkennen, wann Sie verwundbar sind. Ihr Gegner wird die beobachteten Schwächen wahrscheinlich ausnutzen, also üben Sie, seine Angriffe zu kontern und in der Offensive zu bleiben.

Ausdauer demonstrieren

Ausdauer ist für Ringer, die Ihre Kämpfe gewinnen wollen, unerlässlich. Ihre Fähigkeit, während des gesamten Kampfes Höchstleistungen zu erbringen, hängt stark von Ihrer Fitness ab. Ein Mangel an Ausdauer und Kraft wird Ihre Siegchancen fast sofort zunichtemachen. Halten Sie daher Ihr Training aufrecht, um Ihre Energie und Konzentration für den gesamten Kampf aufrechtzuerhalten.

Umdrehungen sind für den Spielplan eines Ringers unerlässlich; Sie erfordern eine umfassende Strategie, um sie zu meistern. Mit Übung, einer soliden Grundlage, der Entwicklung von Gegenangriffen und einem guten Gefühl für Timing und Implementation können Sie Ihren Gegner jedoch schnell überlisten. Arbeiten Sie an der Perfektionierung Ihrer grundlegenden Bewegungen, studieren Sie die Bewegungen Ihres Gegners, machen Sie sich mit Ihren Kontertechniken vertraut und bauen Sie körperliche und geistige Widerstandsfähigkeit auf. Denken Sie daran, dass jede Sekunde eines Kampfes Ihnen eine Chance bietet; und mit der richtigen Strategie können Sie Ihren Gegner besiegen.

Kapitel 7: Entkommenstechniken

Es geht nichts über die aufregende Intensität eines Ringkampfes. Wenn Sie Ihre Gegner in einem Clinch festhalten, ist das Einzige, an das Sie denken können, einen möglichen Ausweg zu finden. Daher sind Fluchttechniken von größter Bedeutung. Mit diesen Techniken können Sie sich aus dem Griff Ihres Gegners befreien und sich einen Vorteil verschaffen. Als Ringer ist die Beherrschung von Fluchttechniken für Sie unerlässlich, um an die Spitze zu gelangen. Die besten Ringer sind in der Lage, den Schwung ihres Gegners gegen ihn einzusetzen, indem sie ihr Körpergewicht und ihre Hebelkraft einsetzen, um im Kampf die Oberhand zu gewinnen. Aber es geht nicht nur um rohe Kraft. Es geht um Strategie, Instinkte und schnelle Reflexe.

Mit den richtigen Fluchttechniken kann jeder den Spieß im Kampf umdrehen und sich den Sieg erringen. Dieses Kapitel befasst sich mit verschiedenen Fluchttechniken und damit, wie Sie diese effektiv einsetzen können. Es erläutert Verteidigungstechniken und Tipps dazu, wie Sie die Effizienz Ihrer Flucht steigern können. Wenn Sie also bereit sind, Ihre Ringfähigkeiten zu verbessern, dann fangen Sie an, diese Ausweichmanöver zu meistern und zeigen Sie Ihren Gegnern, wer der Boss ist.

Angriffen aus erhobener Position entfliehen

Ringen erfordert körperliches Geschick, mentale Stärke und ein gutes Verständnis der verschiedenen Kampftechniken. Egal, ob Sie ein Anfänger oder ein fortgeschrittener Ringer sind, die Beherrschung der verschiedenen Befreiungstechniken, um schwierigen Situationen zu entkommen, ist entscheidend. Zum Beispiel, wenn Ihr Gegner Sie aus der Oberhand durch einen Takedown oder eine Pinn-Kombination erwischt. Dieser Abschnitt befasst sich mit Fluchtmöglichkeiten, wenn Sie aus einer eröhten Position aus angegriffen werden und die Kontrolle über den Kampf zurückgewinnen müssen.

Dem Overhook entkommen

Wenn Ihr Gegner einen Overhook einsetzt, kann es schwierig sein, sich von dessen Griff zu befreien. Die beste Möglichkeit, um sich aus einem Überhaken zu befreien, ist die Overhook Handgelenkskontrolle. Bewegen Sie zunächst Ihren Arm unter den Arm Ihres Gegners und fassen Sie an sein Handgelenk, damit Sie eine bessere Hebelwirkung ausüben und ihn unter Kontrolle bringen können. Drücken Sie mit dem anderen Arm auf die Schulter des Gegners und drehen Sie ihn auf die Matte. Gleiten Sie nun mit Ihrem Körper weg und nehmen Sie eine neutrale Position ein. Diese Technik hilft Ihnen dabei, sich aus dem Overhook Griff Ihres Gegners zu befreien und wieder ins Spiel zu kommen.

Das Entkommen aus dem Overhook kann eine Herausforderung sein. [48]

Dem Underhook entkommen

Das Entkommen aus dem Underhook ist effektiv, um Ihren Gegner zu Boden zu bringen.

Wenn Ihr Gegner einen starken Underhook ausüben kann, können Sie einige Techniken anwenden, um ihm zu entkommen. Eine der effektivsten Strategien um einem Griff zu entkommen ist der sogenannte *Whizzer*. Greifen Sie zunächst mit einer Hand nach dem Handgelenk Ihres Gegners und mit der anderen nach seinem Trizeps. Drücken Sie dann den Arm Ihres Gegners nach oben und außen, während Sie Ihren Körper von ihm wegdrehen, so dass Sie genug Platz haben, um zu entkommen und die Kontrolle über Ihre Position zu erlangen. Üben Sie diese Technik so lange, bis Sie sie während eines Kampfes mühelos durchführen können.

Befreiung aus dem Schwitzkasten

Ein Schwitzkasten kann schnell in einen Pin verwandelt werden.

Ein Schwitzkasten ist eine gefährliche Position, die schnell zu einem Pin eskaliert werden kann. Wenn Sie sich in einem Schwitzkasten befinden, dürfen Sie nicht in Panik geraten. Wenden Sie stattdessen die Wechselstrategie an, um zu entkommen. Fassen Sie mit einer Hand an den Ellbogen Ihres Gegners und mit der anderen an das gegenüberliegende Handgelenk. Rollen Sie nun auf den gefangenen Arm zu und schaffen Sie mit Ihren Beinen Platz. Sobald Sie sich aus dem Schwitzkasten befreit haben, kommen Sie wieder auf die Beine und setzen Sie Ihre Techniken ein, um die Kontrolle über den Kampf zu übernehmen. Mit genügend Übung wird Ihnen die Wechseltechnik zunehmend vertrauter vorkommen.

Bear Hug entkommen

Ein Bear Hug kann tödlich sein, wenn Sie nicht wissen, wie Sie sich aus der Angriffsposition befreien können. Um sich aus dem Griff zu befreien, müssen Sie zunächst Ihre Arme so fest wie möglich um die Taille Ihres Gegners legen, um ihn daran zu hindern, seinen Griff um Sie zu verstärken. Lassen Sie nun Ihr Gewicht fallen und heben Sie Ihren Gegner mit den Beinen von der Matte hoch. Drehen Sie Ihren Körper, während Sie sich nach unten fallen lassen, um genügend Platz zu schaffen, um sich aus der Umarmung zu befreien. Sobald Sie sich befreit haben, sollten Sie die Ermüdung Ihres Gegners ausnutzen, um die Kontrolle über den Kampf zurückzugewinnen.

Ein Bear Hug kann sehr gefährlich sein, wenn Sie ihm nicht entkommen können.

Dem Waist Lock entkommen

Es kann schwierig sein, sich aus dem Waist Lock oder Taillengriff zu befreien, aber es ist nicht unmöglich. Sie können die „Granby Roll"-Technik anwenden, um sich zu befreien. Ziehen Sie dazu den Kopf ein und rollen Sie Ihren Körper auf die Seite des Waist Locks. Greifen Sie dabei nach den Knöcheln Ihres Gegners und ziehen Sie ihn zu sich heran. Das lockert den Griff um Ihre Taille, so dass Sie sich wegbewegen und die Kontrolle zurückgewinnen können. Sobald Sie entkommen sind, können Sie mit Ihren Techniken die Kontrolle über den Kampf gewinnen.

Wenn Sie in einer erhobenen Position festgehalten werden, kann dies entmutigend sein, aber mit diesen effektiven Entkommensstrategien ist es einfacher für Sie, die Kontrolle über den Kampf zurückzugewinnen. Das Beherrschen dieser Ausweichmanöver aus einer Oberhandsposition erfordert Übung, aber mit harter Arbeit und Hingabe können Sie sich an das Bewegungsmuster gewöhnen. Wenn Sie wissen, wie Sie sich aus den Griffen Ihres Gegners befreien können, kann sich das Blatt in einem Ringkampf zu Ihren Gunsten wenden. Wenn Sie diese Entkommensmanöver aus der erhobenen Position heraus in Ihrem Arsenal haben, sind Sie gut gerüstet, um selbst mit den stärksten Gegnern fertig zu werden.

Aus der niedrigeren Position entkommen

Das Ringen ist ein herausfordernder und körperlich hochintensiver Sport, der ein hohes Maß an Können erfordert, um einen Gegner zu dominieren. Er kombiniert Technik, Kraft und Ausdauer und erfordert ständiges Training. Die Bodenlage ist eine der schwierigsten Positionen beim Ringen und es ist schwierig, sich aus dieser Situation zu befreien. In diesem Abschnitt geht es um effektive Entkommensstrategien, die Ringer nutzen können, um der Bodenlage zu entkommen, um sich aus dieser Position zu befreien.

Der Granby Rolle entkommen

Die Granby Rolle ist effektiv, wenn man aus der unteren Position aus entkommen muss.

Die Granby Rolle ist einer der häufigsten Ausbrüche aus der Bodenlage im Ringen. Sie erfordert Schnelligkeit, Flexibilität und Koordination. Die Granby Rolle beginnt damit, dass der Ringer in der Bodenlage eine Rolle einleitet, während er das Gewicht seines Gegners von sich weg hält. Die Ringer sollten ihre Hände benutzen, um das Gewicht abzuwehren, während sie sich in die entgegengesetzte Richtung rollen. Sobald die Rolle beendet ist, muss der Ringer Abstand zu seinem Gegner gewinnen. Die Granby Rolle ist eine effektive Ausbruchstrategie, die den Ringern hilft, aus der Bodenlage in eine neutrale Position zurückzugelangen.

Switching Bases Entkommensstrategie

Ringer können die Switching Bases Strategie als weiteren effektiven Ausweg aus der Kontrolle ihres Gegners über die Bodenposition nutzen. Mithilfe dieses Entkommensmanövers verschafft sich der Ringer Abstand von seinem Gegner. Der Ringer in der Bodenlage sollte mit seinem Unterkörper gegen die Arme seines Gegners drücken, um sich eine Angriffsmöglichkeit zu schaffen. Sobald der Ringer sich Platz geschaffen hat, muss er seine Arme benutzen, um seine Ausgangsposition zu wechseln, und wieder auf die Beine zu kommen. Dieser Fluchtversuch ist effektiv, weil er es dem Ringer in der Bodenlage ermöglicht, sich schneller wieder von seinem Gegner zu befreien.

Dem Hüftüberschlag entkommen

Der Hüftüberschlag oder sogenannte Hip Heist bietet Ihnen eine weitere praktische Ausbruchmöglichkeit, um der Bodenposition zu entkommen, durch die der Ringer sich von seinem Gegner befreien kann. Der Ringer nutzt seine Hüften, um Platz zwischen sich und seinem Gegner zu schaffen. Der Ringer in der Bodenlage stützt sich mit den Händen auf der Matte ab und hebt seine Hüfte. Als Nächstes sollte der Ringer sein Gewicht auf eine Seite verlagern, während er das andere Bein nach hinten bewegt, um sich eine Möglichkeit zu schaffen, aus dem Griff zu entkommen. Mithilfe des Hip Heist können Ringer effektiv der Bodenhaltung entkommen und in eine neutrale Position zurückkehren.

Die Leg Lace Entkommensstrategie

Die Leg Lace Strategie bietet Ihnen eine weitere Bodenposition, die Ringer nutzen können, um der Kontrolle ihres Gegners zu entkommen. Der Ringer schafft dadurch Platz zwischen sich und seinem Gegner, indem er seine Beine zusammenschnürt oder zusammenbindet. Der Ringer am Boden legt seine Hände auf die Matte und schnürt seine Beine zusammen. Der Ringer hebt die Hüfte, um Platz zwischen sich und seinem Gegner zu schaffen. Sobald der Ringer sich ausreichend Platz geschaffen hat, benutzt er seine Arme, um seine Position zu ändern, und wieder auf die Beine zu kommen. Der Leg Lace ist eine effektive Entkommensstrategie und kann Ringern dabei helfen, schnell vom Boden zurück in eine neutrale Position zu gelangen.

Durch die Brücke entkommen

Die Brücke ist die letzte Bodenposition, die ein Ringer nutzen kann, um der Kontrolle seines Gegners zu entkommen. Der Ringer schafft dazu Raum zwischen sich und seinem Gegner, indem er eine Brücke in die entgegengesetzte Richtung vom Körper des Gegners macht. Der Ringer stützt sich mit den Händen auf der Matte ab, wölbt den Rücken und hebt die Hüften. Dann benutzt der Ringer seine Hände und Füße, um sich von seinem Gegner zu entfernen. Sobald der Ringer sich den nötigen Platz geschaffen hat, benutzt er seine Arme, um seine Position zu wechseln, und wieder auf die Beine zu kommen. Die Brücke bietet Ihnen einen weiteren Ausweg, der Ringern hilft, schnell vom Boden hoch und zurück in eine neutrale Position zu gelangen.

Das Entkommen aus der Bodenlage ist eine Herausforderung, die Geschick und Training erfordert. Die Granby Rolle, Switching Bases und Hip Heists gehören zu den drei effektivsten Entkommensstrategien um aus der Bodenlage heraus und zurück zu einer neutralen Position zu kommen. Diese Bewegungen erfordern Schnelligkeit, Flexibilität und eine hervorragende Koordination. Sie helfen dem Ringer jedoch, sich der Kontrolle seines Gegners zu entziehen und wieder auf die Beine zu kommen. Diese Entkommensversuche brauchen Zeit und Übung, um sie zu perfektionieren, aber sie dienen auch als praktische Werkzeuge für Ringer, um einen Kampf zu gewinnen, wenn sie sie einmal beherrschen.

Verteidigungsstrategien

Das Ringen ist ein Sport, der offensive und defensive Fähigkeiten erfordert. Viele Ringer sind großartig darin, ihre Gegner anzugreifen, aber beim Ringen geht es auch darum, sich gegen die Angriffe des Gegners zu verteidigen. In diesem Abschnitt geht es um Verteidigungstechniken, die beim Ringen häufig verwendet werden. Zu diesen Techniken gehören beispielsweise die Schildkrötenverteidigung, der Reverse Motion Breakdown und der Whizzer Konter. Das Verständnis und die Beherrschung dieser Techniken sind für jeden Ringer, der sich in diesem Sport auszeichnen möchte, von entscheidender Bedeutung.

Schildkrötenverteidigung

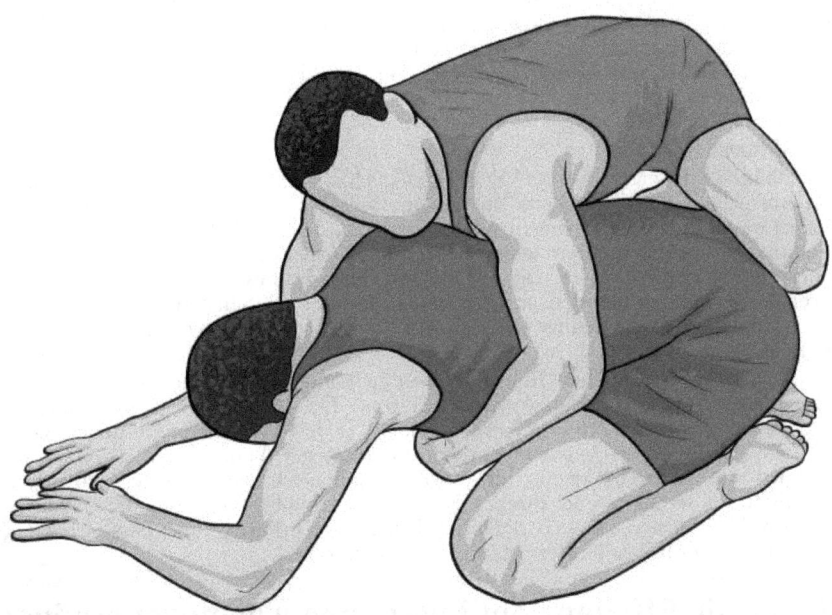

Die Schildkrötenverteidigung macht es dem Gegner schwer, Sie anzugreifen.

Die Schildkrötenverteidigung ist eine Verteidigungstechnik, die Ringer anwenden, wenn ihr Gegner sie mit einem Takedown angreifen will. Um diese Technik durchzuführen, geht der Ringer in die Knie und legt seine Hände auf die Matte, so dass er eine schildkrötenartige Position einnimmt. In dieser Position ist es für den Gegner schwierig, den Kämpfer mit einem Takedown anzugreifen, da der Ringer nah am Boden liegt und sein Kopf dadurch geschützt ist. Die Schildkrötenverteidigung ist eine einfache, aber effektive Technik, die einen Ringer davor bewahren kann, von seinem Gegner zu Boden gebracht zu werden.

Rückwärtsbewegung Breakdown

Die umgekehrte Bewegungsaufteilung verhindert, dass Ihre Gegner Punkte machen können.

Der Reverse Motion Breakdown ist eine Verteidigungstechnik, die von Ringern eingesetzt wird, wenn ihr Gegner sie am Boden kontrolliert. Wenn der Ringer das Gefühl hat, dass sein Gegner die Kontrolle erlangt hat, wendet er den Reverse Motion Breakdown an, um die Situation umzukehren. Um diese Bewegung auszuführen, rollt sich der Ringer schnell auf den Bauch und wieder auf den Rücken, wobei er seinen Gegner mitnimmt. So kann der Ringer in die neutrale Position zurückkehren und seinen Gegner daran hindern, Punkte zu erzielen.

Der Whizzer Konter

Der Whizzer Konter ist eine Verteidigungstechnik, die Ringer einsetzen, wenn ihr Gegner versucht, einen Takedown mit einem Bein durchzuführen. Um den Whizzer Konter zu meistern muss der Ringer mit seinem Arm den Kopf des Gegners nach unten drücken und gleichzeitig mit dem anderen Arm den Körper des Gegners umschlingen, um nach dessen Ellbogen zu greifen. Diese Bewegung ermöglicht es dem Ringer, sich aus dem Griff seines Gegners zu befreien und die Kontrolle über die Situation zu gewinnen. Der Whizzer Konter ist eine effektive Technik zur Verteidigung gegen einen Takedown mit einem Bein.

Um zu einem erfolgreichen Ringer werden zu können, ist es wichtig, dass Sie über ausgezeichnete Verteidigungsfähigkeiten verfügen. Die Schildkrötenverteidigung, die Wendebewegung und der Whizzer Konter gehören zu den Techniken, mit denen Sie sich gegen die Angriffe Ihres Gegners verteidigen können. Wenn Sie diese Techniken beherrschen und zu Ihrem Arsenal hinzufügen, erhöhen Sie dadurch Ihre Chancen, sich vor Angriffen zu schützen und Punkte zu erzielen, erheblich. Denken Sie daran, dass Ringen sowohl offensive als auch defensive Fähigkeiten erfordert und dass sich ein gut ausgebildeter Ringer in beiden Bereichen auszeichnen sollte.

Wie Sie die Effizienz der Entkommensmanöver erhöhen

Das Ringen ist ein anspruchsvoller und intensiver Sport voller zermürbender körperlicher Anforderungen und geistiger Herausforderungen. Eine der wichtigsten Fähigkeiten beim Ringen ist das Ausweichen, also die Fähigkeit, dem Gegner zu entkommen oder zu verhindern, dass man am Boden festgehalten wird. Die Entwicklung Ihrer Entkommensfähigkeiten kann den Unterschied zwischen Sieg und Niederlage bei einem Kampf ausmachen. Dieser Abschnitt befasst sich mit den drei wichtigsten Dingen, mit denen Sie Ihre Ausbruchsfähigkeiten verbessern können: Übung und Wiederholung, der richtigen Körpermechanik und des Erkennens von Entkommensmöglichkeiten.

Training und Wiederholung

Die Konzentration auf Training durch regelmäßige Wiederholungen ist der erste Schlüssel zur Verbesserung Ihrer Effizienz, wenn es um Entkommensversuche beim Ringen geht. Das Ausweichen ist eine Fähigkeit, die gelernt und geübt werden muss. Die Trainer sollten die Ringer bei jedem Training mit verschiedenen Techniken und Szenarien an der Befreiung arbeiten lassen. Die Ringer sollten auch eigenständig trainieren und sich die nötige Zeit nehmen, um bestimmte Techniken zu üben, bis sie ihnen zur zweiten Natur werden. Je mehr Sie eine bestimmte Befreiungstechnik üben, desto sicherer und komfortabler können Sie sie später während eines Kampfes später anwenden.

Die richtige Körpermechanik

Die Konzentration auf die richtige Körpermechanik gilt als der zweite Schlüssel zur Verbesserung Ihrer Entkommensfähigkeiten. Bei Entkommensmanövern handelt es sich häufig um komplexe Bewegungen, bei denen Ihr ganzer Körper zum Einsatz kommt. Sie müssen Ihre Hüften, Knie und Schultern koordinieren und gleichzeitig einsetzen, um Ihren Körper erfolgreich zu manövrieren und Ihrem Gegner zu entkommen. Außerdem müssen Sie eine starke Rumpf- und Beinkraft entwickeln, damit die Flucht für Sie einfacher und effizienter wird. Zu einer korrekten Körpermechanik gehören außerdem eine gute Körperhaltung und Balance, damit Sie nicht steckenbleiben, sodass Sie sich nicht mehr bewegen können.

Das Erkennen von Fluchtmöglichkeiten

Der dritte Schlüssel zur Verbesserung Ihrer Entkommenskünste ist das Erkennen von Fluchtmöglichkeiten. Jeder Kampf ist anders, also müssen Sie dazu in der Lage sein, stets den richtigen Moment für eine Bewegung zu erkennen. Das erfordert Intelligenz, das Lesen der Bewegungen Ihres Gegners und das Vorhersehen seines nächsten Zuges. Am besten konzentrieren Sie sich darauf, eine Reihe von Ausweichmanövern zu entwickeln und gleichzeitig flexibel genug zu bleiben, um sich an den Kampfstil Ihres Gegners anzupassen. Seien Sie geduldig und halten Sie Ausschau nach dem richtigen Moment, um Ihren Kampfzug einzusetzen.

Neben der Konzentration auf diese drei Trainingsbereiche finden Sie im Folgenden noch einige andere Tipps, um Ihre Effizienz beim Entkommen zu verbessern. Erstens müssen Sie dazu aber Ihr Fitnessniveau aufrechterhalten, um während des gesamten Kampfes stark und beweglich zu bleiben. Üben Sie Visualisierungstechniken, die Ihnen dabei helfen, sich geistig auf Ausweichszenarien vorzubereiten. Schließlich gilt zu beachten, dass Sie sich nicht von Ihrem Ego davon abhalten lassen sollten, Ihre Fluchttechniken zu verbessern. Sie müssen dazu bereit sein, neue Techniken von Trainern, Teamkollegen und Gegnern zu erlernen.

Das Entkommen gilt im Ringen als grundlegende Fähigkeit, und die Verbesserung Ihrer Effizienz beim Entkommen kann Ihnen im Kampf einen Vorteil verschaffen. Daher müssen Sie sich auf das Üben konzentrieren und die Bewegungen mehrmals wiederholen, um die richtige Körpermechanik und das Erkennen von Entkommensmöglichkeiten zu perfektionieren. Wenn Sie diese drei Dinge üben und die zusätzlichen Tipps beherzigen, werden Sie schnell zu einem besseren Ringer und zu einem erfolgreicheren Wettkämpfer. Denken Sie daran, dass jeder Kampf eine neue Herausforderung für Sie darstellt. Indem Sie Ihre Entkommenstechniken verbessern, sind Sie folglich besser für alles gerüstet, was auf Sie zukommt.

Kapitel 8: Pin-Kombinationen

Das Ringen ist eine Kunstform, bei der Kraft, Technik und Strategie zusammenkommen, um es dem Kämpfer zu ermöglichen, den Gegner auf der Matte festzuhalten. Als Ringer müssen Sie genau wissen, wie Sie Ihren Gegner zu Boden bringen, ihn kontrollieren und ihn schließlich auf die Matte legen können. Ein sogenannter Pin erfordert Übung, Disziplin und eine furchtlose Einstellung, all diese Voraussetzungen müssen erfüllt werden, um die Kunst des Ringens zu beherrschen. Aber wenn Sie sich diese Fähigkeiten erst einmal zu eigen gemacht haben, gibt es nichts Berauschenderes, als zu spüren, wie Ihr Gegner nachgibt und sich Ihrem geschickten Pin ergibt.

Das Ringen mit Pin-Kombinationen wird Ihnen helfen, zu einem besseren Kämpfer zu werden. "

Schnappen wir uns also unsere Trainingsklamotten, gehen wir auf die Matte und arbeiten wir daran, die verschiedenen Pin-Kombinationen zu perfektionieren, bis sie sich wie selbstverständlich anfühlen. Dieses Kapitel erklärt Ihnen die Grundlagen der Kombination von Bewegungen, die Sie zu einem geübten Ringer machen, und enthält Details dazu, wie man effektive Strategien einsetzt, um den Gegner auf die Matte zu pinnen. Das Kapitel behandelt Bewegungen zur Optimierung von Bewegungskombinationen und ausführliche strategische Hinweise, um diese effektiver zu machen. Dabei werden sowohl Kombinationen, die für Anfänger geeignet sind und auch Kampfmethoden für Fortgeschrittene werden erläutert.

Bewegungen zur Optimierung von Bewegungsabläufen

Einer der Schlüssel zum Erfolg liegt beim Ringen in der Kombination verschiedener Techniken, die dazu dienen, Ihren Gegner nahtlos und effektiv auszuschalten. Durch die Kombination verschiedener Techniken können Ringer in einem Kampf die Oberhand gewinnen und schließlich als Sieger aus dem Wettkampf hervorgehen. Dieser Abschnitt erklärt die Bewegungen, die Ringern dabei helfen, ihre Bewegungskombinationen zu optimieren, um so ihre Chancen auf einen erfolgreichen Wettkampf zu erhöhen. Er untersucht die Kombination von Schlägen und Pinhaltegriffen, sowie den fließenden Übergang zwischen den unterschiedlichen Bewegungen.

Der richtige Einsatz von Schlägen beim Angreifen

Schläge gelten als ein wesentlicher Bestandteil des Ringens und helfen Ihnen dabei, Ihren Gegner effektiv zu besiegen. Wenn sie kreativ miteinander kombiniert werden, können sie zu einer mächtigen Waffe in Ihrem Arsenal werden. Der Schlüssel zu einer effektiven Kombination von Schlägen liegt darin, dass Sie stets an Ihren nächsten Schritt denken. Sie können zum Beispiel einen Ellbogenschlag durchführen und dann nahtlos in einen doppelten Beinangriff übergehen, um Ihren Gegner zu Boden zu bringen. Eine weitere effektive Technik ist die Kombination eines geraden Schlags mit einem Angriff auf die Beine des Gegners. Dabei üben Sie einen Schlag aus, treten dann schnell hinter Ihren Gegner und ziehen sein Bein unter ihm weg. Diese Bewegungskombination überrascht den Gegner und bringt ihn so aus dem Gleichgewicht, was es Ihnen erlaubt, ihn zu Boden zu bringen.

Kombination Sperrgriffen und Haltepositionen

Sperrgriffe und Haltepositionen gehören zu den einflussreichsten Ringtechniken. Wenn man diese miteinander kombiniert, können sie sogar noch besser eingesetzt werden. Wenn Sie Sperrgriffe und eine Halteposition miteinander kombinieren wollen, müssen Sie zunächst das Handgelenk Ihres Gegners ergreifen, so dass Sie die Kontrolle über seinen Arm erhalten. Verwenden Sie dann diesen Griff, um den Arm Ihres Gegners zu blockieren und gleichzeitig hinter ihn zu gelangen, wodurch Sie sich in eine äußerst vorteilhafte Position bringen, in der Sie Ihren Gegner leicht zu Boden bringen können. Sie können alternativ auch einen sogenannten Half Nelson verwenden, um sich auf einen Zangengriff vorzubereiten. Bei dieser Technik halten Sie den Arm Ihres Gegners mit einem Half Nelson fest und rollen ihn dann mithilfe eines Zangengriffs auf den Rücken. Diese Technik erfordert viel Übung und Geschicklichkeit, kann aber in einem Kampf das Blatt effektiv wenden.

Zwischen den verschiedenen Manövern wechseln

Beim Ringen ist es entscheidend, dass die verschiedenen Bewegungen der Kämpfer nahtlos ineinander übergehen. Dazu Sie müssen die nächste Bewegung Ihres Gegners vorhersehen und Ihre Strategie schnell anpassen. Nehmen wir zum Beispiel an, Sie versuchen einen Takedown und Ihr Gegner kontert. In diesem Fall müssen Sie sofort zu einer anderen Bewegung übergehen, um die Kontrolle zu behalten. Ein weiterer wichtiger Faktor ist die Kombination von Bewegungen, die sich gegenseitig ergänzen. Sie können zum Beispiel einen Takedown mit zwei Beinen mit einer Kombination aus Jab und Kreuzschlag einleiten. Die Schlagkombination wird Ihren Gegner ablenken und Ihnen die Möglichkeit geben, den Takedown zu versuchen.

Strategien zum Einsatz wirksamer Schlagkombinationen

Das Ringen ist ein dynamischer und hochtechnischer Sport, der großes Geschick, Kraft und Ausdauer erfordert. Egal, ob Sie ein Anfänger oder bereits ein erfahrener Ringkämpfer sind, das Erlernen von Kombinationsbewegungen ist unerlässlich, um Ihre Fähigkeiten zu verbessern. Sie können wirksame Schlagkombinationen durch unterschiedliche Strategien entwickeln, aber alle Ansätze laufen auf drei entscheidende Grundprinzipien hinaus: die Schwächen und Stärken erkennen, aus den Schwächen Ihres Gegners Kapital schlagen und Anpassungsfähigkeit entwickeln. In diesem Abschnitt gehen wir näher auf diese drei Strategien ein und geben Ihnen praktische Tipps dazu, wie Sie Ihre Leistung steigern können, um zu einem beeindruckenden Ringkämpfer zu werden.

Identifizieren von Schwächen und Stärken

Der erste Schritt zur Entwicklung effektiver Schlagkombinationen ist die Identifizierung Ihrer Stärken und Schwächen als Ringkämpfer. Die Analyse Ihrer Kampffähigkeiten hilft Ihnen dabei, die Bereiche zu erkennen, in denen Sie bereits überragend sind, und Bereiche, die Sie verbessern können. Dieses Wissen ist entscheidend, denn es ermöglicht es Ihnen, auf Ihren Stärken aufzubauen und Ihre Schwächen zu überwinden. Sobald Sie Ihre Stärken und Schwächen kennen, können Sie Ihr Training auf diese Bereiche abstimmen. Wenn Sie zum Beispiel im Stehen stärker sind als auf der Matte, sollten Sie sich mehr auf Ihr Bodentraining konzentrieren. Wenn es Ihnen an Ausdauer mangelt, sollten Sie mit Cardio-Übungen und Drills arbeiten, um Ihre Fitness zu verbessern.

Die Schwächen des Gegners nutzen

Die nächste Strategie besteht darin, sich auf die Schwächen Ihres Gegners zu konzentrieren. Mit zunehmender Erfahrung lernen Sie, dass jeder Ringer bestimmte Schwächen hat, die Sie ausnutzen können. Wenn Sie diese Schwächen erkennen, sei es nun ein Mangel an Ausdauer, ein schlechtes Gleichgewicht oder eine Anfälligkeit für bestimmte Bewegungen, verschaffen Sie sich dadurch einen erheblichen Vorteil. Eine Möglichkeit, diese Fähigkeit zu entwickeln, besteht darin, mehrere Kämpfe zu beobachten und den Ringkampfstil Ihres Gegners zu analysieren. Schauen Sie sich die Leistungen Ihres

Gegners im Kampf gegen andere an und stellen Sie fest, ob er in bestimmten Bereichen Probleme hatte. Nutzen Sie dann dieses Wissen, um Bewegungen und Kombinationen zu entwickeln, die diese Schwächen effektiv ausnutzen und Ihren Gegner in die Defensive zwingen.

Entwicklung der Anpassungsfähigkeit

Die Anpassungsfähigkeit ist einer der wichtigsten Aspekte bei der Entwicklung effektiver Kombinationen. Beim Ringen handelt es sich um einen unvorhersehbaren Sport, bei dem Sie mitdenken und Ihre Strategie im Laufe des Kampfes anpassen müssen. Die Entwicklung von Anpassungsfähigkeit setzt voraus, dass Sie Situationen einzuschätzen und Ihren Spielplan entsprechend schnell zu ändern wissen. Eine der Möglichkeiten, um an Ihrer Anpassungsfähigkeit zu arbeiten, besteht darin, Ihre Bewegungen ständig zu üben und regelmäßig zu verfeinern. Wenn Ihnen die Techniken vertrauter werden, können Sie mit verschiedenen Variationen experimentieren und neue Kombinationen kreieren. Diese Methode hilft Ihnen dabei, sich auf unerwartete Situationen vorzubereiten, und gibt Ihnen mehr Möglichkeiten, mit denen Sie während eines Kampfes arbeiten können.

Kombinationen, die Anfänger üben können

Um einen Ringkampf zu gewinnen, müssen Sie stärker als Ihr Gegner sein und die richtigen Techniken zum richtigen Zeitpunkt einzusetzen wissen. Sie können zum Beispiel versuchen, Ihre Technik zu verbessern, indem Sie Anfängerkombinationen üben. Diese Kombinationen beinhalten eine große Anzahl von Bewegungen, die Sie miteinander kombinieren können, um sich einen Vorteil gegenüber Ihrem Gegner zu verschaffen. In diesem Abschnitt werden einige grundlegende Kombinationen erzählt, die Anfänger üben sollten, um ihre Ringkampffähigkeiten zu verbessern.

Basisschlagkombinationen

Die Basisschlagkombinationen sind beim Ringen unerlässlich. Dazu setzen Sie verschiedene Schläge ein, um sich Angriffsmöglichkeiten in der Deckung Ihres Gegners zu schaffen und diese dann mit Takedowns oder Würfen auszunutzen. Zu den grundlegenden Schlagkombinationen gehören der Kreuzschlag, der Uppercut und die rechte Überhand.

- Beim Kreuzschlag handelt es sich um eine Standardkombination, mit der Sie Abstand zu Ihrem Gegner gewinnen und richtig zuschlagen können. Der Jab ist ein schneller, kräftiger Schlag, der auf das Gesicht oder den Körper des Gegners abzielt. Der Kreuzschlaf wird in einer geraden Linie durchgeführt, die auf das Kinn und die Brust des Gegners abzielt. Diese Kombination kann dazu benutzt werden, um einen Takedown oder einen Wurf vorzubereiten.

- Die Kombinationen aus Jab und Uppercut dienen als eine weitere grundlegende Bewegungskombination, mithilfe derer Sie sich Möglichkeiten für Takedowns oder Würfe verschaffen können. Der Jab hält den Gegner auf Distanz, während der Uppercut die Distanz überbrückt und zuschlägt. Beim Uppercut handelt es sich um einen Schlag, der auf das Kinn oder den Körper des Gegners abzielt. Diese Kombination funktioniert am besten, wenn Sie den Gegner an den Rand oder in die Ecke der Matte zwingen können.

- Bei der Kombination mithilfe der rechten Überhand handelt es sich um eine kraftvolle Kombo, die es Ihnen erlaubt, mit Wucht zuzuschlagen. Der Schlag mit der breiten rechten Überhand zielt auf das Kinn oder die Wange des Gegners ab. Diese Kombination eignet sich am besten, wenn Ihr Gegner nicht mit ihr rechnet und schnell reagieren muss. Die rechte Überhand kann einen Takedown oder einen Wurf einleiten.

Wichtige Sperrgriffe und Haltekombinationen

Die Sperr- und Haltegriffkombinationen sind ein weiterer wichtiger Aspekt des Ringens. Hierbei setzen Sie Hebelwirkungen und Druck ein, um den Körper Ihres Gegners zu kontrollieren und ihn bewegungsunfähig zu machen. Der Armbar, der Kimura und der sogenannte Rear-Naked Choke gehören zu den wichtigsten Sperrgriffen und Haltepositionen.

- Der Armbar ist ein effektiver Haltegriff, der dazu dient den Arm des Gegners zu kontrollieren. Dazu packen Sie den Arm des Gegners und wickeln Ihre Beine um ihn. Dann üben Sie Druck auf den Ellbogen des Gegners aus und zwingen ihn dazu, sich entweder zu fügen oder einen gebrochenen Arm zu riskieren. Sie können diesen Griff nutzen, wenn Sie auf Ihrem Gegner sitzen oder ihn am Boden haben.
- Die Kimura ist ein weiterer effektiver Griff, um den Arm des Gegners zu kontrollieren. Bei diesem Griff packen Sie das Handgelenk Ihres Gegners und verdrehen es hinter seinem Rücken. Dann üben Sie mit der anderen Hand Druck auf den Ellbogen des Gegners aus, um ihn zum Aufgeben zu zwingen oder Verletzungen zu riskieren. Auch hier kann der Kimura von oben oder von unten aus eingesetzt werden.
- Der Rear-Naked Choke ist ein sehr bekannter Haltegriff, bei dem der Hals des Gegners kontrolliert wird. Bei diesem Griff wickeln Sie Ihre Arme um den Hals des Gegners und drücken zu, bis dieser aufgibt oder ohnmächtig wird. Dieser Griff eignet sich am besten, wenn sich Ihr Gegner hinter Ihnen befindet.

Kombinationen für Anfänger

Kombinationen für Anfänger basieren auf Schlag- und Griffstrategien, die fließend von einer Bewegung zur anderen übergehen. Diese Bewegungen helfen Ihnen dabei, Ihr Muskelgedächtnis aufzubauen und Ihre Reaktionszeit zu verbessern. Im Folgenden finden sich einige Anfängerbewegungen:

- Die Kombination aus Jab und Takedown nutzt die Kraft des Jabs, um sich eine Möglichkeit für einen Takedown zu schaffen. Dazu schlagen Sie zum Beispiel auf das Gesicht des Gegners ein, schaffen sich einen guten Abstand und versuchen anschließend einen Takedown.
- Die sogenannte Jab-Kreuzschlagstrategie bietet Ihnen eine Kombination aus Schlag- und Takedown-Techniken, die Sie im Kampf miteinander verbinden können. Beginnen Sie mit einem Jab, nutzen Sie dann einen Kreuzschlag und gehen Sie dann zum Takedown über.
- Der Doppeljab, Doppelbein Takedown kombiniert Schlag- und Takedown-Techniken miteinander. Beginnen Sie zu diesem Zweck mit zwei Jabs, schaffen Sie sich ausreichend Abstand und führen Sie einen Takedown mit beiden Beinen durch.

Wirksame Kampfstrategien

Die nahtlose Kombination der Bewegungen ist eines der wichtigsten Merkmale der Ringsports. Wenn sie richtig eingesetzt wird, kann die Kombination von verschiedenen Bewegungen Ihren Gegner überraschen, ihn in die Defensive drängen und Sie schließlich zum Sieg führen. Dieser Abschnitt befasst sich mit einigen der effektivsten Schlagkombinationen beim Ringen.

Die Multi-Schlag-Kombination

Die Multi-Schlag-Kombination wird im Arsenal des Rinkämpfers zu einem mächtigen Werkzeug. Sie besteht aus verschiedenen miteinander kombinierten Schlägen, um sich eine Gelegenheit für einen Pin oder Takedown oder Pin zu schaffen. Diese Kombination kann Schläge, Tritte oder sogar Kopfstöße beinhalten - manche Ringer beginnen beispielsweise mit einem Schlag in den Magen, gefolgt von einem Tritt gegen das Bein oder einem Kopfstoß gegen die Brust. Das Ziel ist es dabei, Ihren Gegner zu verwirren und ihn aus dem Gleichgewicht zu bringen, so dass er sich schwer gegen Ihren Takedown-Versuch verteidigen kann. Wenn Sie diese Strategie richtig einsetzen, kann die Kombination aus mehreren Schlägen verheerend sein.

Die Lock und Strike Kombination

Die Lock und Strike Kombination bietet Ihnen eine weitere effektive Möglichkeit, um Ihren Gegner zu Fall zu bringen. Bei dieser Technik geht es darum, den Gegner mit einem Haltegriff unter Ihre Kontrolle zu bringen. Attackieren Sie ihn dann mit einer Reihe von Schlägen, um sich eine Gelegenheit für einen Takedown oder für einen Unterwerfungsgriff zu schaffen. Diese Kombination umfasst Schläge gegen den Kopf, den Bauch oder die Beine. Sobald Ihr Gegner durch die Schläge betäubt wird, nutzen Sie den Sperrgriff, um ihn in eine verwundbare Position zu bringen. Viele Ringer verwenden derartige

Kampfstrategien, um den Gegner in einen Würgegriff zu bringen oder einen Armbar einzubringen.

Die Ausweichkombination

Bei der Ausweichkombination dreht sich alles um die richtigen Bewegungen. Bei dieser Strategie geht es um schnelle Ausweichbewegungen, um den Schlägen Ihres Gegners auszuweichen und gleichzeitig Ihren Takedown-Versuch vorzubereiten. Zu den typischen Ausweichbewegungen gehört das sogenannte „Slip and Rip". Dabei weichen Sie dem Schlag Ihres Gegners zu einer Seite aus und schlagen Sie dann mit einem Jab oder Uppercut zu. Eine weitere Standard-Ausweichbewegung ist das sogenannte „Duck-under". Bei dieser Strategie ducken Sie sich unter dem Arm Ihres Gegners hinweg und versuchen dann, ihn zu überwältigen. Die Ausweichbewegung eignet sich hervorragend für Ringer, die die Bewegungen ihres Gegners gut lesen und dann entsprechend schnell reagieren können.

Beim Ringen ist das Beherrschen von Haltepositionen entscheidend, um Ihren Gegner zu besiegen. Wenn Sie die hier erläuterten Strategien beim Training üben, werden Sie zu einem furchterregenden Gegner auf der Matte und dominieren den Kampf im Ring. Denken Sie daran, dass es beim Ringen vor allem um Technik geht und darum, wie Sie jede Bewegung zu Ihrem Vorteil nutzen können. Wenn Sie also Ihre Kombinationen üben, lernen Sie, wie Sie die Bewegungen und Reaktionen Ihres Gegners lesen lernen. So entwickeln Sie sich mit der Zeit zu einem wahren Champion im Ring.

Fortgeschrittene Techniken

Das Ringen ist für seine einzigartige Mischung aus Kraft, Beweglichkeit und Technik bekannt und hat sich im Laufe der Jahre zu einem Wettkampfsport entwickelt, der hervorragende körperliche und geistige Fähigkeiten erfordert. Als Ringer müssen Sie fortgeschrittene Techniken entwickeln, um der Konkurrenz immer einen Schritt voraus zu sein. In diesem Abschnitt geht es um fortgeschrittene Strategien, mithilfe derer Sie im Kampf die Oberhand gewinnen können.

Fortgeschrittene Kombinationen für den One-to-One Kampf

Beim Ringen ist das Aneinanderreihen verschiedener Techniken entscheidend, um eine überzeugende Strategie zu entwickeln. Fortgeschrittene Ringer wissen, wie sie verschiedene Griffe, Würfe und Takedowns flüssig miteinander kombinieren können. Um Ihre Fähigkeiten zu verbessern, müssen Sie sich ein solides Verständnis der Grundlagen erarbeiten und anschließend darauf aufbauen. Sie können zum Beispiel einen einfachen Schulterwurf mit dem Wegziehen eines Beines kombinieren, um den Takedown abzuschließen. Wenn Sie dabei Fortschritte machen wollen, können Sie verschiedene Techniken miteinander kombinieren, um Ihren Gegner zu überraschen. Wenn Sie einen Schlag antäuschen, ist der Gegner weniger gut auf den Angriff auf sein Bein vorbereitet. Wenn Sie fortgeschrittene Kombinationen beherrschen lernen, können Sie Ihren Gegner auf der Matte überlisten und ausmanövrieren.

Grandmaster Kombinationen für mehrere Gegner

Viele Ringer fühlen sich durch den Kampf gegen mehrere Gegner gleichzeitig herausgefordert und haben Schwierigkeiten, dabei einen Sieg zu erzielen. Die Großmeister des Ringes haben im Laufe der Jahre Strategien entwickelt, um diese Herausforderung zu meistern. Eine dieser Strategien basiert auf dem Versuch, den Schwung aus dem Angriff eines Gegners gegen einen anderen Gegner umzuleiten. Sie können zum Beispiel an dem Arm eines Ringers ziehen, um ihn gegen einen der anderen Gegner zu werfen. Wenn Sie es mit mehreren Gegnern gleichzeitig aufnehmen, ist es wichtig, dass Sie das periphere Sehen und Ihr Situationsbewusstsein nutzen. Alternativ können Sie den Takedown mit beiden Beinen für fortgeschrittene Ringer nutzen, um Ihren Gegner herauszufordern. Diese fortgeschrittenen Strategien erfordern Präzision, Timing und eine ausreichend gute Beweglichkeit, können aber in einem harten Kampf das Blatt wenden.

Kombinieren Sie die Strategien mit psychologischen Einschüchterungstaktiken

Beim Ringen geht es nicht nur um handfeste Kampfstrategien. Es geht dabei auch darum, innovativ und strategisch kompetent zu sein. Elite Ringer wissen, wie sie Bewegungen durchführen und wann sie sie einsetzen müssen. Psychologische Einschüchterungstaktiken verschaffen Ihnen einen entscheidenden Vorteil, z.B. wenn Sie es Ihnen erlauben die Schwächen Ihres Gegners zu identifizieren oder aus dessen Fehlern

Kapital zu schlagen. Wenn Sie verschiedene Strategien miteinander kombinieren, kann es Ihnen dabei helfen, Ihren Gegner aus dem Gleichgewicht zu bringen. Wenn Sie zum Beispiel für Ihre starken Takedown-Fähigkeiten bekannt sind, könnten Sie den nächsten Kampf mit der Aufstehstrategie beginnen, um Ihren Gegner zu überrumpeln. Sie können zu einem beeindruckenden Ringkämpfer werden, wenn Sie dazu in der Lage sind, um die technischen Strategien mit den Einschüchterungstaktiken zu kombinieren.

Finten und Täuschungen einsetzen

Finten und Täuschungsmanöver können Ihnen beim Ringen als mächtige Werkzeuge dienen. Sie könnten beispielsweise eine einfache Finte antäuschen, indem Sie so tun, als wollten Sie das Bein des Gegners angreifen, um ihn dazu zu verleiten, seine Arme zu öffnen, wodurch Sie kontern und den Gegner zu Boden werfen können. Mit Finten können Sie die Reaktionen Ihres Gegners testen, bevor Sie die eigentliche Bewegung durchführen. Mit Finten und Täuschungsversuchen können Sie die Verteidigung Ihres Gegners durchbrechen und ihn aus dem Gleichgewicht bringen.

Fortgeschrittene Ringtechniken lassen sich nur durch viel Zeit und Übung perfektionieren. Die Kombination verschiedener Stile, die Verwendung strategischer Täuschungstaktiken und die Integration von Flinten können Ihnen die Dominanz auf der Matte leichter machen. Wenn Sie diese Techniken beherrschen, können Sie die Bewegungen Ihres Gegners vorhersehen, Lücken in der gegnerischen Verteidigung ausnutzen und entscheidende Takedowns und Würfe erfolgreich durchführen. Denken Sie daran, dass nur einige Ihrer Strategien und Pläne zum Erfolg führen können. Daher ist es am besten, wenn Sie mit verschiedenen Kombinationen experimentieren, um herauszufinden, was für Sie am besten funktioniert. Wenn Sie dann Ihre Fähigkeiten weiter verbessern und Ihre Techniken verfeinern, sind Sie auf dem besten Weg, ein Elitekämpfer zu werden.

Kapitel 9: Training zu Hause

Sind Sie es leid, Ihr Ringen-Training aufgrund der Schließung von Fitnessstudios oder durch Terminkonflikte zu verpassen? Lassen Sie sich nicht so leicht davon abhalten, Ihre Ziele zu erreichen. Mit der richtigen Ausrüstung können Sie auch zu Hause effizient trainieren und an Kraft, Technik und Ausdauer arbeiten. Dabei ist es egal, ob Sie eine Matte in Ihrer Garage aufstellen, in eine Dummy-Ringerpuppe investieren oder einfach andere kreative Möglichkeiten finden, um Ihren Trainingspartner zu ersetzen - es gibt unendlich viele Möglichkeiten, um auch zu Hause regelmäßig zu trainieren.

Mit Hingabe und einer konzentrierten Einstellung können Sie Ihr Zuhause in eine beeindruckende Trainingsarena verwandeln und der Konkurrenz stets einen Schritt voraus sein. In diesem Kapitel werden die Drills und Übungen beschrieben, die Sie allein zu Hause mit und ohne Ausrüstung trainieren können. Wenn Sie alleine trainieren und täglich üben ist dies genauso wichtig wie das Üben mit einem Gegner, um Ihre Fähigkeiten und Ihre körperliche Fitness zu verbessern.

Soloübungen

Ringer müssen dazu in der Lage sein, ihre Fähigkeiten überlegt und präzise zu nutzen, was Ihnen wiederum durch ständiges Training möglich wird. Manchmal machen Verletzungen oder ein Mangel an Partnern oder geeigneten Sportclubs das Einzeltraining zur einzigen verbleibenden Möglichkeit. Soloübungen sind wichtig, um den Kämpfern dabei zu helfen, ihre Fähigkeiten beim unabhängigen Training zu verfeinern und weiterzuentwickeln. In diesem Abschnitt werden einige Solotrainingsübungen erklärt, die Ringer in ihr Heimtraining integrieren können, um sich zu verbessern.

Schattenboxen

Das Schattenboxen hilft beim Training, indem es den Kampf mit einem Gegner suggeriert. [45]

Das Schattenboxen gehört zu den wichtigsten Soloübungen für Ringkämpfer. Die Technik erfordert die Visualisierung und das Nachstellen von verschiedenen Manövern mit einem unsichtbaren Gegner. Der Vorteil des Schattenboxens besteht darin, dem Kämpfer bei der Verfeinerung seiner Bewegungen und seiner Technik zu helfen. Gleichzeitig dient dieser Ansatz zur Verfeinerung von Gleichgewicht und Koordination und dazu, mehr Beinarbeit und Reichweite zu entwickeln. Soloübungen beim Schattenboxen werden ohne Ausrüstung oder Requisiten durchgeführt. Außerdem geht es beim Schattenboxen darum, dass Sie einen echten Kampf simulieren. Die Ringkämpfer müssen ihre Techniken mit Präzision und Kraft durchführen, wie bei einem echten Wettkampf. Beim Schattenboxen stehen Beinarbeit, Kopfbewegung, Haltung und Handpositionierung im Vordergrund.

Die richtige Fußarbeit und die korrekten Bewegungsmuster

Ringer benötigen eine hervorragende Beinarbeit, um ihre Gegner zu überholen, deren Reichweite zu kontrollieren und dabei das Gleichgewicht zu halten, während sie die Strategie einsetzen. Bewegungsübungen sind besonders wichtig, um die für das Ringen erforderliche Flexibilität und Beweglichkeit zu entwickeln. Die Übungen helfen Ihnen dabei, das Gewicht schnell von einem Fuß auf den anderen zu verlagern, sich zu drehen und Variationen in der Bewegung des Gegners aufrechtzuerhalten. Zu den Fußarbeits- und Bewegungsübungen gehören unter anderem das Umschwenken, das Trippeln, der Seitwärtsschritt, das Seilspringen und vieles mehr.

Polsterübungen

Sie können Übungen mit Polstern nutzen, um die richtige Gewichtsverteilung, die richtige Reichweite und eine adäquate Schlagtechnik zu entwickeln. Die Polster bieten Ihnen einen Widerstand und ahmen den Körper des Gegners nach, was dem Kämpfer dabei hilft, die nötige Präzision und Kraft in seine Schläge zu bringen. Die Focus-Glove-Übung gehört zu den beliebtesten Trainingsdrills am Polster. Bei dieser Übung konzentrieren sich die Ringer darauf, einen Rhythmus und gleichmäßigen Bewegungsablauf in ihren Schlagtechniken einzubringen, um die Bewegung des Gegners besser simulieren zu können.

Übung am schweren Boxsack

Die Übungen am schweren Boxsack sind für den Aufbau von Kraft, Ausdauer und Explosivität für das Ringtraining unerlässlich. Darüber hinaus sind die Übungen wichtig, um das richtige Zielen und die Bewegungen zur Vorbereitung auf reale Kampfsituationen zu verfeinern. Bei den Übungen am schweren Boxsack wird mit Intensität und Präzision auf einen schweren Sack eingeschlagen. Die Athleten verwenden dazu eine Reihe von Schlägen, wie beispielsweise Tritte, Schläge und Kniebewegungen, um an ihrer Haltung, ihrer Kraft und ihrer Reichweite zu arbeiten. Die Ringer müssen sich dabei darauf konzentrieren, ihre Schläge mit der richtigen Technik durchzuführen, um den Schutz ihrer Gelenke zu gewährleisten.

Partnerübungen

Während Einzeltrainingseinheiten für die persönliche Entwicklung von entscheidender Bedeutung sind, sind Partnerübungen für die Perfektionierung von Ringkampftechniken und die Förderung von Problemlösungsstrategien unerlässlich. Darüber hinaus helfen sie den Ringern, bestimmte Techniken zu üben, ihr Timing und ihr Bewusstsein zu verbessern und ihre Ausdauer aufzubauen, um ihren Wettbewerbsvorteil zu vergrößern. In diesem Abschnitt werden einige der effektivsten Partnerübungen für Ringer im Detail beschrieben. Ganz gleich, ob Sie ein Anfänger sind oder ob Sie bereits eine Menge Ringkampferfahrung haben, die Übungen und Drills werden Ihnen dabei helfen, Ihre Fähigkeiten zu schärfen und zu einem furchterregenden Gegner zu werden.

Sparring

Das Sparring ist ein Teil des Grundlagentrainings beim Ringen und gilt als eine der besten Partnerübungen für Ringkämpfer. Dabei können Sie die Techniken, die Sie beim Training gelernt haben, in einer realen, wettbewerbähnlichen Situation zur Übung anwenden. Mit einem Partner können Sie abwechselnd das Angreifen und Verteidigen üben, und dabei alle verschiedenen Strategien wie etwa Schläge und Ausweichmanöver nutzen, um sich durchzusetzen. Das Sparringstraining kann auf verschiedene Art und Weise durchgeführt werden, aber das freie Sparring und das Live-Ringen gehören zu den zwei beliebtesten. Beim freien Sparring können die Ringer ihre Bewegungen und Konter ohne vorgegebene Aktionen üben. Im Gegensatz dazu schränkt das Live-Ringen die im Kampf verwendeten Techniken ein, um den Ringern das Gefühl eines organisierten Ringtrainings zu vermitteln.

Polsterübungen mit Partner

Die Polsterübungen mit einem Partner eignen sich hervorragend, um die Kraft und Genauigkeit Ihrer Schläge und Würfe zu trainieren und diese zu verbessern. Bei diesen Übungen arbeiten Sie mit einem Partner zusammen, der Boxhandschuhe hält und Ihnen Ziele vorgibt, die Sie treffen müssen. Bei der fokussierten Handschuhübung müssen Sie beispielsweise auf die beweglichen Ziele (also die Handschuhe) einschlagen, die von Ihrem Partner gehalten werden. Mit dieser Übung können Sie an Ihren Schlägen, Tritten und anderen Schlagtechniken arbeiten und gleichzeitig Ihre Kraft und Geschwindigkeit steigern.

Der Partner kann Handschuhe halten und Ihnen Ziele geben, auf die Sie sich konzentrieren können, um Ihre Würfe und Takedowns zu perfektionieren.

Clinch- und Grappling-Übungen

Die Clinch- und Grappling-Übungen verbessern Ihre Positionierung, Kontrolle und Ihre Unterwerfungstechnik. Sie verhelfen Ihnen außerdem zur Stärkung Ihres Griffvermögens und Ihrer Armkraft. Übungen wie das sogenannte „Pummeling", bei dem die Ringer im Clinch liegen und ihre Arme im Stand neu positionieren, und verschiedene Takedowns und Verteidigungsstrategien gehören zu den besten Übungen, um diese Fähigkeiten zu verfeinern. Der Affengriff ist eine weitere Übung, mit der Sie Ihre Griffstärke verbessern können. Bei dieser Übung halten Sie das Handgelenk und die Hand Ihres Partners fest, während dieser seinen Arm wegzieht. Das Ziel ist es, dass Sie Ihren Griff erfolgreich sichern und eine stabile Haltung beibehalten, während Ihr Partner versucht, sich zu befreien.

Konditionierungsübungen

Obwohl Ringkämpfe in der Regel nur wenige Minuten dauern, erfordern sie ein hohes Maß an Ausdauer und Stehvermögen. Daher sind Konditionierungsübungen für Ringer am besten geeignet, um Ausdauer aufzubauen und die eigene Fitness zu verbessern. Eine Übung, die diesem Zweck dient, ist der sogenannte „Suicide Drill". Bei diesem Drill laufen Sie mit voller Geschwindigkeit von einer Linie zur anderen und wechseln dann die Richtung, um den nächsten Lauf zu beginnen. Bei dieser Übung werden die Runden gestaffelt und die gelaufene Distanz mit jeder Wiederholung erhöht. Eine weitere effektive Übung zur Förderung der Konditionierung ist der Bärengang. Bei dieser Übung gehen Sie auf alle viere und krabbeln vorwärts, indem Sie zunächst die linke Hand und den rechten Fuß und dann die andere Hand und den anderen Fuß bewegen. Ziel ist es dabei, eine bestimmte Anzahl von Metern zu krabbeln oder so lange weiterzumachen, bis Sie nicht mehr können.

Reaktionsübungen

Reaktionsübungen sind in allen Kampfsportarten unerlässlich, haben beim Ringen aber einen besonders hohen Wert. Mithilfe der Reaktionsübungen verbessern Sie die Fähigkeit der Ringer, die nächste Bewegung ihres Gegners zu antizipieren und gleichzeitig ihr Schlag- und Reaktionstiming zu verbessern. Die Schattenübung ist eine der beliebtesten Reaktionsübungen. Bei dieser Übung geht es darum, dass Sie mit einem Partner eine Reihe von Bewegungen durchführen, auf die der andere Ringkämpfer dann mit Gegenbewegungen reagiert, um Ihre Reflexe und Reaktionszeit zu verbessern. Diese Übung verbessert auch die Beinarbeit, die Kopfbewegung und die allgemeine Körperbeherrschung.

Übungen für zu Hause ohne Geräte

Das Ringen ist ein Sport, der körperliche und geistige Beweglichkeit und viel Kraft erfordert. Es ist unterhaltsam und trägt zur Verbesserung der allgemeinen Gesundheit des Einzelnen bei. Wenn Sie ein Ringer sind, wissen Sie bereits, wie wichtig es ist, dass Sie Ihre Körperkraft stärken. Die gute Nachricht ist aber, dass Sie dies ganz einfach zu Hause ohne Fitnessstudio und teure Sportausrüstung erreichen können. In diesem Abschnitt erfahren Sie mehr über einige Ringtrainingsübungen, die sich gut für zu Hause eignen und ohne Geräte umsetzbar sind.

Springseilspringen

Das Seilspringen mag Ihnen wie eine sehr einfache Aktivität erscheinen, aber tatsächlich handelt es sich hierbei um eine der besten Übungen, um die eigene Beweglichkeit, Koordination und die Fußarbeit zu verbessern. Das Seilspringen bietet Ihnen eine effektive Kardiotrainingsmöglichkeit und verbessert Ihre Ausdauer und Fitness. Wenn Sie mindestens 10 Minuten lang regelmäßig Seil springen, können Sie bis zu 100 Kalorien verbrennen. Bei Ringern verbessert das Seilspringen außerdem das Gleichgewicht und fördert die schnelle Beinarbeit, welche wiederum unerlässlich sind, um Ihren Gegner zu besiegen.

Burpees

Burpees sind eine Ganzkörpertrainingsübung, die alle Muskelgruppen beansprucht. Es handelt sich um eine Übung im Sinne des hochintensiven Intervalltrainingsansatzes (HIIT), welcher die kardiovaskuläre Fitness verbessert und gleichzeitig Muskeln aufbaut. Burpees lassen sich einfach zu Hause durchführen, ohne dass Sie etwaige Hilfsmittel benötigen und können angepasst werden, um dem Fitnesslevel des Trainierenden zu entsprechen. Burpees sind hervorragend dazu geeignet, Ausdauer und Durchhaltevermögen zu verbessern.

Liegestütze und Sit-ups

Liegestütze und Sit-ups gehören zu den klassischen Fitnessübungen, die Sie überall machen können. Da Sie für diese Trainingsübungen keinerlei Ausrüstung benötigen, sind Liegestütze und Sit-ups gut für das Heimtraining realisierbar. Ringer nutzen diese Übungen, um die Kraft ihres Oberkörpers, die Stabilität ihres Rumpfes und das Gleichgewicht der Kämpfer zu fördern. Die Liegestütze trainieren die Brust, die Schultern, den Trizeps und den oberen Rücken, während Sit-ups die Bauchmuskeln stärken.

Kniebeugen und Ausfallschritte

Kniebeugen und Ausfallschritte gehören zu den zwei wichtigsten Übungen für den Aufbau der Beinmuskulatur. Sie helfen Ihnen dabei, Ihr Gleichgewicht, Ihre Flexibilität und Ihre Mobilität zu verbessern. Kniebeugen trainieren Ihre Quadrizepsmuskulatur, Ihre Beinsehnen und Gesäßmuskeln, während Ausfallschritte Ihre Waden, Quadrizepsmuskulatur und Ihre Gesäßmuskeln beanspruchen. Regelmäßige Kniebeugen und Ausfallschritte können die Beweglichkeit, die Ausdauer und das Gleichgewicht der Kämpfer verbessern, die für das Ringen unerlässlich sind.

Laufen, Radfahren oder Schwimmen

Ein gutes Herz-Kreislauf-Training ist für jede Fitnessroutine unerlässlich. Wenn Sie laufen, radfahren oder schwimmen können Sie dadurch Ihre kardiovaskuläre Gesundheit verbessern und gleichzeitig in ausgezeichneter körperlicher Verfassung bleiben. Das Laufen hilft Ihnen dabei, Kalorien zu verbrennen, es erhöht die Ausdauer und baut die Beinmuskulatur auf. Das Radfahren dient als sanfte Übung, die die Quad- und Kniesehnenmuskeln stärkt und gleichzeitig die Ausdauer verbessert. Schwimmen bietet Ihnen eine hervorragende Trainingsmöglichkeit mit geringer Belastung, die den ganzen Körper beansprucht und gleichzeitig die kardiovaskuläre Gesundheit verbessert.

Übungen für zu Hause mit Trainingsgeräten

Das Ringen ist eine der anspruchsvollsten Sportarten, da es Kraft, Ausdauer und Beweglichkeit erfordert. Aber wenn Sie ein begeisterter Ringkämpfer sind, müssen Sie nicht immer ins Fitnessstudio gehen, um sich einen gut trainierten Körper zu erhalten. Stattdessen können Sie auch bequem von zu Hause aus trainieren. Im Folgenden erfahren Sie mehr über die besten Ringübungen für zu Hause, mit denen Sie an Ihrer Fitness, an Ihrer Gesundheit und an Ihren Ringfähigkeiten arbeiten können.

Widerstandsbänder

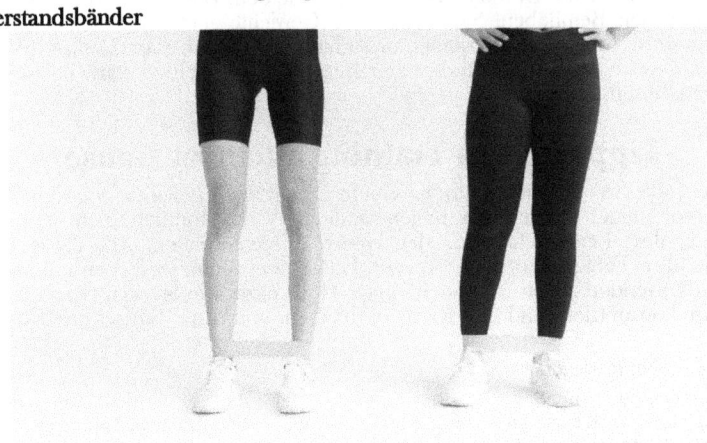

Widerstandsbänder können Ihre Kraft steigern und den Körper straffen.

Widerstandsbänder bieten Ihnen eine großartige Möglichkeit, um Ihre Kraft zu steigern und Ihren Körper zu straffen. Wickeln Sie sich die Bänder um Ihre Füße, nehmen Sie dann das andere Ende in die Hände und machen Sie Übungen wie das Brustdrücken im Stehen, Bizepsbeuger und Trizepsstrecker im Stehen. Sie können die Bänder auch nutzen, um Ihre Beine zu trainieren, indem Sie Kniebeugen, Ausfallschritte und Beinbeuger üben. Außerdem können Sie die Intensität der Übungen anpassen, indem Sie verschiedene Bänder mit unterschiedlichen Widerständen verwenden, um das Training an Ihr Fitnessniveau anzupassen.

Medizinbälle

Medizinbälle sind ein weiteres nützliches Gerät, das Ihnen dabei helfen kann, Ihre Fitness zu verbessern. Es gibt Medizinbälle in verschiedenen Gewichten und Größen, also wählen Sie sich sorgfältig einen bequemen und für Sie geeigneten Ball aus. Halten Sie den Ball mit beiden Händen fest und machen Sie verschiedene Übungen. Drücken Sie den Medizinball zum Beispiel über Kopf, werfen Sie ihn vor Ihrer Brust hoch, machen Sie seitliche Würfe und werfen Sie ihn kraftvoll auf den Boden. Sie können außerdem Partnerübungen wie die russische Drehung, den Wandpass und Sit-ups mit dem Medizinball machen. Diese Übungen eignen sich hervorragend, um die Mittelkörperkraft, die eigene Schnelligkeit und die Beweglichkeit zu fördern.

Boxsack oder Boxhandschuhe

Das Boxen ist ein wesentlicher Bestandteil des Ringens, und ein Boxsack oder Boxhandschuhe bieten Ihnen eine gute Möglichkeit, um Ihre Technik und Ausdauer zu verbessern. Hängen Sie den Boxsack zum Beispiel in Ihrer Garage auf oder kaufen Sie sich ein Paar Boxhandschuhe und bitten Sie einen Partner darum, den Boxsack für Sie zu halten. Üben Sie dann Ihre Jabs, Hakenschläge, Kreuzschläge und Uppercuts, um für ein großartiges Cardio-Training zur Stärkung Ihrer Arme und Ihres Oberkörpers zu sorgen.

Kettlebells

Kettlebells eignen sich hervorragend zum Ganzkörpertraining und helfen Ringkämpfern dabei, hervorragende Trainingsergebnisse zu erzielen. Es gibt sie in verschiedenen Gewichtsklassen, also wählen Sie eine Gewichtsklasse aus, mit der Sie sich wohlfühlen. Führen Sie dann Übungen wie den Kettlebell Swing, den Goblet Squat, den Clean Jerk und den Turkish Get-up durch, um Ihre Kraft aufzubauen und Ihre allgemeine Konditionierung zu verbessern. Kettlebells können für manche Athleten eine Herausforderung sein. Beginnen Sie also mit einem niedrigeren Gewicht und arbeiten Sie sich langsam hoch, wenn Sie stärker werden.

Knöchelgewichte

Knöchelgewichte helfen Ihnen dabei, mehr Kraft und Stärke in Ihrem Unterkörper zu entwickeln. Tragen Sie die Gewichte bei Übungen wie dem Beinheben, dem Wadenheben und dem seitlichen Beinheben. Sie können die Gewichte auch zum Gehen oder Joggen anlegen, um Ihre Ausdauer zu trainieren. Achten Sie jedoch darauf, dass Sie es nicht übertreiben, denn Knöchelgewichte können Ihre Gelenke auch zu stark belasten und zu Verletzungen führen.

Tipps für das Training allein zu Hause

Ringkämpfer, die es gewohnt sind, in einem Team zu trainieren, wurden durch die Pandemie vor neue Herausforderungen gestellt. Viele konnten sich jedoch durch Heimtraining ihre Leidenschaft für den Sport aufrechterhalten. Mit etwas Kreativität können Sie Ihre Fähigkeiten auch von zu Hause aus weiter verbessern und in Form bleiben. Im Folgenden geben wir Ihnen einige Tipps dazu, wie Sie sich richtig vorbereiten können um konzentriert und motiviert zu bleiben und Ihre Fortschritte sorgfältig zu verfolgen.

Einen Zeitplan festlegen

Das Einhalten eines robusten Zeitplans gehört zu einer der wichtigsten Herausforderungen, der Sie sich beim Einzeltraining stellen müssen. Ohne einen Trainer oder Teamkollegen ist es leicht, den Fokus zu verlieren und sich weniger intensiv für Ihre Trainingseinheiten zu engagieren. Vermeiden Sie dies, indem Sie jeden Tag eine bestimmte Zeit für Ihr Training festlegen und sich strikt daran halten. Erstellen Sie einen

Zeitplan, der für Sie am besten geeignet ist und es Ihnen ermöglicht, sich auf Ihre täglichen Aktivitäten zu konzentrieren.

Identifizieren Sie eine Vielzahl von Übungen

Die Auswahl von einer Vielzahl von Übungen zur Verbesserung der verschiedenen Ringkampffähigkeiten ist für die Entwicklung eines abgerundeten Trainingsprogramms entscheidend. Beginnen Sie also mit grundlegenden Übungen, die Kraft, Schnelligkeit und Ausdauer fördern, wie etwa Liegestütze, Kniebeugen und Sit-ups. Als Nächstes sollten Sie plyometrische Übungen wie Boxsprünge, Sprünge und Hocksprünge in Ihr Training integrieren. Sie können Übungen die das eigene Körpergewicht zum Krafttraining nutzen, einsetzen und, Burpees und Liegestützposition mit in das Programm einbeziehen.

Konzentration auf Technik und Form

Beim Ringen ist es erforderlich, dass Sie die richtige Technik meistern und stets auf die richtige Form achten. Um Ihr volles Potenzial auszuschöpfen, müssen Sie sich Zeit zum Training nehmen, um an Ihrer Form zu arbeiten und sicherzustellen, dass Sie die Übungen korrekt durchführen. Obwohl es schwierig ist, sich während des Trainings gleichzeitig selbst zu analysieren, können Sie erhebliche Verbesserungen erzielen, wenn Sie sich Lernvideos ansehen und Ihre Bewegungen sorgfältig aufschlüsseln.

Vernachlässigen Sie das Ausdauertraining nicht

Beim Ringen ist die Kondition alles. Ihre Ausdauer entscheidet darüber, ob Sie einen ganzen Kampf durchhalten und am Ende gewinnen können oder nicht. Wenn Sie alleine trainieren, sollten Sie unbedingt Konditionierungsübungen mit in das Programm einbauen, die die Intensität und Dauer eines Ringkampfes imitieren. Aktivitäten wie Laufen, Sprinten, Anläufe am Berg und Intervalltraining bilden dabei eine starke Grundlage.

Verfolgen Sie Ihren Fortschritt

Wenn Sie alleine trainieren, ist es wichtig, dass Sie Ihre Fortschritte zu verfolgen, um motiviert zu bleiben und Ihre Erfolge zu dokumentieren. Führen Sie zu diesem Zweck ein Tagebuch oder laden Sie sich eine Trainings-App herunter, um Ihre Fortschritte zu messen und die verschiedenen Trainingsbereiche zu überwachen, die Sie verbessern können. Das Wissen um Ihre Erfolge hilft Ihnen auch dabei, herausfordernde Trainingseinheiten in positivere Erfahrungen umzuwandeln, und bringt Sie Ihren Zielen stetig näher.

Das Ringen kann für viele Menschen eine Herausforderung sein, aber Ihre Mühe wird sich am Ende merklich lohnen. Mit Disziplin und Hingabe können Sie Ihre Fähigkeiten verbessern, weiterhin alleine trainieren und das Niveau Ihrer Ringkünste erhöhen. Wenn Sie sich einen Zeitplan aufstellen, eine Vielzahl von Übungen auswählen, sich auf Technik und Form konzentrieren, die Konditionierung nicht vernachlässigen, Ihre Fortschritte verfolgen, motiviert bleiben und regelmäßig Pausen einlegen, werden Sie sich schnell verbessern und die Herausforderungen durch Fleiß und Inspiration überstehen. Lassen Sie sich nicht davon überzeugen, dass ein Trainingsprogramm ohne Ausrüstung oder Einzeltrainingsansätze unzureichend ist. Beide Strategien können für Ihre Karriere als Ringkämpfer entscheidend sein.

Kapitel 10: Training und Betreuung von Jugendlichen

Das Ringen ist nicht nur ein Sport - vielmehr handelt es sich um eine Lebenseinstellung. Um Jugendlichen die Kunst des Ringens beizubringen, braucht es Hingabe, Geduld und die richtigen Trainingsstrategien. Es reicht also nicht aus, ihnen die Techniken und Bewegungen zu zeigen. Sie müssen ihnen auch die Disziplin, die Widerstandsfähigkeit und das Selbstvertrauen vermitteln, die einen erfolgreichen Ringkämpfer ausmachen. Als Trainer ist es wichtig, dass Sie die unterschiedlichen Lernstile der einzelnen Ringkämpfer zu verstehen und ein unterstützendes Umfeld schaffen, das ihre Stärken und Schwächen fördert.

Indem Sie Zeit in die Entwicklung junger Ringer investieren, bauen Sie herausragende Athleten und ehrenhafte Führungspersönlichkeiten auf, die die Lektionen, die sie auf der Matte gelernt haben, in die anderen Bereiche ihres Lebens integrieren werden. Dieses Kapitel soll Trainern und Eltern die notwendigen Informationen zur Hand geben, um sicherzustellen, dass jeder jugendliche Ringkämpfer beim Training sicher ist, gefördert wird und ein unterhaltsames Lernumfeld vorfindet, in dem er sich optimal entfalten kann. Denken Sie immer daran, dass diese angehenden Athleten mit der richtigen Anleitung und Unterstützung ihr volles Potenzial erreichen können.

Sicherheit und Vorsichtsmaßnahmen für die Betreuung junger Ringkämpfer

Junge Ringkämpfer sollten Schutzkleidung tragen.[47]

Das Ringen ist ein anspruchsvoller und körperlich herausfordernder Sport. Auch wenn der Sport für viele Kinder wie ein lustiges Spiel mit Freunden aussieht, dürfen Sie nicht vergessen, dass beim Ringen ein erhöhtes Verletzungsrisiko besteht. Als Eltern oder Trainer müssen Sie dafür sorgen, dass die Ringkämpfer mit der richtigen Ausrüstung an diesem Sport teilnehmen. Schutzkleidung und Vorsicht sind innerhalb und außerhalb des Rings entscheidend. In diesem Abschnitt geht es um einige wichtige Sicherheitsvorkehrungen für junge Ringkämpfer, die jedem Trainer, jedem Elternteil und jedem Sportler bekannt sein sollten.

Schutzausrüstung für Ringer

Viele junge Ringer stürzen sich ohne die richtige Schutzausrüstung in den Kampf. Die richtige Ausrüstung ist jedoch unerlässlich, um die Sicherheit der Kämpfer während des Trainings zu gewährleisten. Im Folgenden erfahren Sie Informationen zu den wichtigsten Schutzmitteln, die jeder junge Ringer haben muss:

- **Kopfschutz:** Der Kopfschutz ist der wichtigste Teil der Schutzausrüstung, die ein Ringer tragen sollte. Er minimiert und vermeidet kritische Kopf- und Ohrverletzungen.
- **Ringerschuhe:** Ringerschuhe schützen die Füße der Kämpfer und bieten auf der Matte Halt.
- **Mundschutz:** Ein Mundschutz wird empfohlen, um die Zähne und den Kiefer der Athleten vor Verletzungen zu schützen. Ein Kopfstoß oder ein versehentlicher Ellbogenschlag gegen den Mund können dazu führen, dass einem Kämpfer die Zähne ausgeschlagen werden, oder dass es zu schweren Kiefer- und Halsverletzungen kommt.
- **Knieschützer:** Knieschützer sind nicht zwingend notwendig, sind aber sehr empfehlenswert, um die Knie zu schützen und Schürfwunden, Schnitte oder Prellungen zu vermeiden.

Zusätzliche Regeln, um Sicherheit und Spaß zu gewährleisten

Beim Ringen geht es nicht nur um die körperliche Stärke. Es geht auch um das Befolgen von Regeln und das Meistern der richtigen Techniken. Hier sind einige zusätzliche Regeln und Tipps, um die Sicherheit und den Spaß jedes jungen Ringers zu gewährleisten:

- Achten Sie auf den Respekt für den Gegner und vermeiden Sie grobes oder unsportliches Verhalten, wenn Sie Kämpfer trainieren oder wenn Kämpfer an Wettkämpfen teilnehmen.
- Vermeiden Sie es, die Kämpfer professionelle Techniken aus dem Fernsehen imitieren zu lassen, da diese für junge Ringer gefährlich sein können.
- Beachten Sie die Gewichtsvorgaben, um zu vermeiden, dass die Kämpfer mit jemandem konkurrieren, der viel größer oder schwerer ist als sie selbst.
- Ausreichende Flüssigkeitszufuhr ist entscheidend. Ringer sollten vor, während und nach den Kämpfen viel Wasser trinken und zuckerhaltige Getränke vermeiden.

Die Grundlagen des Ringens erlernen

Bevor junge Ringer in den Ring steigen und an Wettkämpfen teilnehmen, müssen sie die Grundlagen des Ringens erlernen. Die richtigen Techniken und Respekt für die Regeln können Ihnen helfen, Verletzungen zu vermeiden. Professionelle Trainer sollten sich um die Vermittlung dieser grundlegenden Techniken kümmern. Hier sind einige der wichtigsten Strategien für Anfänger:

- **Takedowns:** Bringen Sie Kindern und Jugendlichen die richtigen Angriffstechniken bei, um Kopf- und Nackenverletzungen zu vermeiden.
- **Ausweichen:** Diese Technik kann Ringern dabei helfen, wieder auf die Beine zu kommen und zu vermeiden, dass sie auf die Matte gepinnt werden.
- **Pin-Kombination:** Diese Strategie ermöglicht es den Ringern, im Kampf zu dominieren, und den Gegner auf die Matte zu bringen.

Die Wichtigkeit von Ruhezeiten und Erholung

Ausreichend Ruhe ist für junge Ringer unerlässlich, um sicherzustellen, dass diese sich von der körperlichen und geistigen Belastung durch den Sport erholen. Junge Ringkämpfer sollten beim Training nicht zu sehr unter Druck gesetzt werden, da dies zu Burnout und Verletzungen führen kann. Ausreichend Ruhe und Erholung helfen den Kämpfern dabei, Muskelzerrungen und andere Verletzungen zu vermeiden.

Förderung des Respekts für den Sport

Es ist wichtig, dass Sie jungen Ringkämpfern beibringen, wie wichtig es ist, den Sport und ihre Gegner zu respektieren. Als Trainer oder Elternteil ist es Ihre Aufgabe, dafür zu sorgen, dass Ihre Ringkämpfer verstehen, wie wichtig es ist, den Sport zu respektieren und die entsprechenden Verhaltensweisen an den Tag zu legen. In diesem Abschnitt wird erörtert, wie Sie den Respekt für den Sport bei jungen Ringkämpfern fördern und so die Basis für ein positives Verhalten schaffen können.

Als guter Trainer oder kompetentes Elternteil fungieren

Sie sollten als Trainer oder Elternteil mit gutem Beispiel vorangehen. Junge Ringkämpfer achten auf das Verhalten der Menschen in ihrer Umgebung auf und ahmen deren Benehmen nach. Wenn Sie ein positives Verhalten an den Tag legen und den Sport und Ihre Gegner respektieren, ist es wahrscheinlicher, dass Sie Ihre Schüler dazu inspirieren, das gleiche zu tun. Machen Sie Ihre Erwartungen deutlich und gehen Sie konsequent mit gutem Vorbild voran.

Die offene Kommunikation mit Ihren Schülern ist entscheidend. Ermutigen Sie sie dazu, ihre Gedanken, Bedenken und Ideen zu äußern. Auf diese Weise zeigen Sie ihnen, dass ihre Meinung zählt und dass sie von konstruktiver Kritik lernen können. Stellen Sie sicher, dass Sie ansprechbar und unterstützend wirken, zeigen Sie, dass Sie verstehen, was Ihre Ringer motiviert, und dass Sie ihnen den nötigen Rückhalt geben.

Gutes Benehmen lehren

Den Ringern sollten die Regeln des Sports und der Verhaltenskodex frühzeitig beigebracht werden. Betonen Sie Werte wie Integrität, Demut und Respekt vor den Gegnern, sowohl auf als auch neben der Matte. Die Kämpfer müssen wissen, dass sie sich selbst und ihr Team, ihre Schule und ihre Gemeinschaft repräsentieren. Ermutigen Sie sie dazu, nach Spitzenleistungen zu streben und erinnern Sie sie daran, wie wichtig es ist, jeden Menschen zu respektieren. Vermitteln Sie ihnen dieses Verhalten, indem Sie diejenigen belohnen, die sich besonders vorbildlich benehmen.

Wenn Sie den Ringkämpfern einen guten Sportsgeist beibringen, erteilen Sie ihnen eine Lektion fürs Leben. Ein guter Sportgeist wird beispielsweise ausgedrückt, wenn Kämpfer dem Gegner gratulieren, ihm wieder auf die Beine helfen und wenn sie niemals Schadenfreude zeigen. Dieses Verhalten sollte regelmäßig geübt werden, da es den Respekt gegenüber allen anderen Menschen fördert.

Belohnungen für gutes Benehmen

Eine Möglichkeit, um respektvolles Verhalten zu fördern, besteht darin, Anreize für positives Verhalten zu schaffen. Wenn Sie Ringer für gutes Verhalten belohnen fördern Sie dadurch ein positives Umfeld und tragen dazu bei, dass Sie den Schülern Werte wie Respekt und Integrität näherbringen. Belohnen Sie die Kämpfer zum Beispiel mit Auszeichnungen, Medaillen, Abzeichen, Zertifikaten und anderen Dingen, die Ihren Schülern wichtig sind. Dadurch stärken Sie die Motivation der Kämpfer und ermutigen sie dazu, shr bestes Verhalten an den Tag zu legen, um Anerkennung zu finden.

Das Ringen ist ein individueller Sport, aber man braucht trotzdem ein Team, um erfolgreich zu sein. Schaffen Sie daher eine gute Teamatmosphäre, die Einigkeit, Respekt und gegenseitige Unterstützung vermittelt. Wenn sich alle Beteiligten stärker zusammengehörig und wertgeschätzt fühlen, trägt dies dazu bei, dass sie sich beim Training motivierter und erfüllter fühlen.

Geben Sie Kindern die Chance zu glänzen

Beim Ringen geht es um körperliche Stärke, mentale Widerstandsfähigkeit und strategisches Denken. Für junge Ringer kann der Sport daher eine herausfordernde, aber lohnende Erfahrung sein. Für Eltern und Trainer ist der Sport eine Chance sein, zukünftige Champions zu trainieren und ihnen wichtige Lebenskompetenzen zu vermitteln. In diesem Abschnitt erfahren Sie, wie Sie junge Ringkämpfer zum Mitmachen ermutigen können und wie Sie sie dabei unterstützen, sich Ziele zu setzen, diese zu erreichen, Erfolge zu feiern und aus Fehlern zu lernen.

Ermutigung und Anerkennung für die Teilnahme

Es ist sehr wichtig, dass Eltern und Trainer die Teilnahme junger Ringer an dem Sport fördern und unterstützen. Das bedeutet, dass sie bei wichtigen Kämpfen anwesend sind und ihnen emotionale Unterstützung, positives Feedback und konstruktive Kritik geben. Ermutigung lässt sich auf verschiedenste Art und Weise ausdrücken, beispielsweise durch Aufmunterung vor einem Kampf, als Lob für harte Arbeit und Verbesserungen und als Anerkennung für die Leistungen eines Kämpfers. Zur Anerkennung der Teilnahme gehört auch, dass junge Ringer Zugang zu geeigneter Ausrüstung, Transportmöglichkeiten zur

Teilnahme an Kämpfen und Zugang zu Trainern und anderen Ressourcen haben. Mithilfe dieser Herangehensweise können Eltern und Trainer jungen Ringern dabei helfen, motiviert zu bleiben und Spaß am Sport zu haben, indem sie ein unterstützendes Umfeld für die Kämpfer schaffen.

Ziele setzen und erreichen

Das Festlegen von klaren Zielen ist ein wesentlicher Bestandteil jeder Sportart; das Ringen ist da keine Ausnahme. Das Setzen von Zielen hilft jungen Kämpfern dabei, konzentriert und motiviert zu bleiben, den eigenen Fortschritt zu messen und Erfolge zu feiern. Ziele können kurz- oder langfristig sein. Der Sieg bei einem Wettkampf kann als wichtiger Meilenstein gelten, ebenso wie das Erreichen eines bestimmten Fitnesslevels. Trainer und Eltern können jungen Ringern helfen, sich realistische Ziele zu setzen, die erreichbar, aber anspruchsvoll sind und den Kämpfern dabei helfen, ihre Fähigkeiten zu entwickeln und ihre Leistung zu verbessern. Indem sie sich Ziele setzen und diese erreichen, gewinnen junge Ringer Vertrauen in ihre Fähigkeiten und entwickeln eine positive Mentalität.

Erfolge feiern und aus Fehlern lernen

Beim Ringen, wie auch im Leben, entstehen durch Erfolg und Misserfolg wichtige Lernmöglichkeiten. Wenn junge Ringer ihre Ziele erreichen oder einen Kampf gewinnen, ist es wichtig, ihre Leistungen zu feiern und ihre harte Arbeit und ihr Engagement anzuerkennen. Dies kann in vielerlei Form geschehen, z. B. durch Lob, geeignete Belohnungen oder öffentliche Anerkennung. Wenn Sie Erfolge feiern, helfen Sie jungen Ringern dabei, sich wertgeschätzt und anerkannt zu fühlen und motivieren sie dazu, weiterhin hart zu arbeiten. Gleichzeitig ist es aber auch wichtig, aus Fehlern und Rückschlägen zu lernen. Nach einer Niederlage oder einem Misserfolg müssen Trainer und Eltern den jungen Ringern dabei helfen, herauszufinden, was falsch gelaufen ist und wie sie sich zukünftig verbessern können. Dazu können Sie konstruktive Kritik einsetzen, bestimmte Fähigkeiten einsetzen um neue Wege zu finden, und versuchen, neue Herausforderungen anzugehen.

Schaffen Sie eine positive Lernumgebung

Junge Ringer, insbesondere diejenigen, die gerade erst mit dem Sport anfangen, brauchen ein sicheres, positives und ermutigendes Umfeld, um ihre Fähigkeiten effektiv zu entwickeln und als Sportler zu wachsen. In diesem Abschnitt finden Sie einige wichtige Tipps, die Trainer und Eltern nutzen können, um ein positives Umfeld für junge Kämpfer zu schaffen.

Sorgen Sie für eine sichere und stressfreie Umgebung

Die Sicherheit ist die erste und wichtigste Bedingung eines positiven Lernumfelds. Trainer und Eltern müssen dafür sorgen, dass junge Athleten in einer sicheren Umgebung trainieren können, ohne Verletzungen zu riskieren. Dazu gehört auch, dass die Ausrüstung in Ordnung sein muss, die Matten sauber und gepflegt sind und den Athleten gute Techniken beigebracht werden, um Verletzungen zu vermeiden.

Außerdem muss die Umgebung stressfrei sein. Junge Menschen können leicht durch Überforderung entmutigt werden, wenn sie sich unter Leistungsdruck gesetzt fühlen oder Angst davor haben, Fehler zu machen. Stattdessen sollten sich Trainer und Eltern darauf konzentrieren, eine positive und ermutigende Atmosphäre zu schaffen, in der sich die Athleten wohl und unterstützt fühlen und sich nicht davor scheuen, Risiken einzugehen und neue Dinge auszuprobieren.

Ermutigung zum Spaß beim Lernen

Ringen ist ein anspruchsvoller und herausfordernder Sport, aber das bedeutet nicht, dass er keinen Spaß machen kann. Trainer und Eltern sollten sich darum bemühen, das Erlernen von Ringfähigkeiten zu einer angenehmen Erfahrung für die jungen Kämpfer zu machen, indem sie Spiele, Herausforderungen und andere Aktivitäten in das Training einbauen, um die jungen Athleten zu beschäftigen und zu motivieren. Trainer können zum Beispiel Übungen und Spiele organisieren, bei denen die Ringer ihre Fähigkeiten trainieren und gleichzeitig Spaß haben können. Auch die Eltern können sich hierbei mit einbringen, indem sie die Wettkämpfe besuchen und ihre Kinder anfeuern, um ihnen zu zeigen, dass es beim Ringen nicht nur ums Gewinnen geht, sondern auch darum, Spaß zu haben.

Das Training mit Spaß gestalten

Es ist wichtig, den Ringerunterricht unterhaltsam und ansprechend zu gestalten, damit junge Kämpfer während des Trainings konzentriert und motiviert bleiben. Daher sollten die Trainer ihre Lehrmethoden variieren und verschiedene Techniken nutzen, um neue Fähigkeiten und Techniken effektiv zu vermitteln. So können die Trainer beispielsweise Videodemonstrationen, Gruppendiskussionen und Einzeltrainingsmethoden nutzen, um den Ringkämpfern bestimmte Fähigkeiten zu vermitteln. Sie können den Kämpfern regelmäßiges Feedback und Ermutigung näherbringen und individuelle Trainingspläne erstellen, die auf die Stärken und Schwächen der einzelnen Athleten eingehen.

Förderung von Motivation

Zu guter Letzt sollten Trainer und Eltern bei jungen Ringern das Interesse an Wachstum und die Motivation fördern. Die Wachstumsmentalität ist die Überzeugung, dass die eigenen Fähigkeiten und Fertigkeiten durch harte Arbeit, Hingabe und Beharrlichkeit verbessert werden können. Sie ermutigt junge Sportler dazu, Herausforderungen und Rückschläge als Lerngelegenheit zu verstehen und sich nicht entmutigen zu lassen. Eltern und Trainer können dazu beitragen, die Motivation der Kämpfer zu fördern, indem sie die Ringer für ihre Anstrengungen und Fortschritte loben und nicht nur für die Erfolge, die diese erzielen. Sie sollten die jungen Sportler darin bestärken, dass sie sich realistische und erreichbare Ziele setzen und ihre Erfolge feiern.

Ein derart positives und produktives Lernumfeld ist für junge Kämpfer unerlässlich, damit sie ihre Fähigkeiten entwickeln und als Sportler wachsen können. Trainer und Eltern schaffen ein Umfeld, in dem junge Athleten gedeihen und ihr volles Potenzial ausschöpfen können, indem sie der Sicherheit den Vorrang geben, den Spaß am Ringen fördern, den Unterricht unterhaltsam und abwechslungsreich gestalten und die Motivation der Sportler fördern. Als Trainer oder Elternteil liegt es in Ihrer Verantwortung, junge Ringer richtig anzuleiten, sie zu unterstützen und ihnen die Liebe zum Sport zu vermitteln, damit sie über Jahre hinweg engagiert und motiviert bleiben.

Tipps für Training und Wettkämpfe

Das Ringen gilt als hervorragende Möglichkeit für Kinder, um Disziplin zu lernen, die körperliche Gesundheit zu verbessern und Selbstvertrauen aufzubauen. Wie bei jeder Sportart sind jedoch auch beim Ringen Vorsichtsmaßnahmen erforderlich. Dazu gehören die richtige Ernährung, das richtige Aufwärmen und das Einhalten von Regeln, an die sich junge Kämpfer und deren Eltern erinnern müssen. Dieser Abschnitt gibt Eltern und jungen Sportlern wichtige Hinweise zum Thema Training, sowie Tipps für die Teilnahme an Wettkämpfen, um für die Sicherheit der Kämpfer zu sorgen und deren Leistungsfähigkeit zu verbessern.

Die richtige Ernährung

Die meisten Menschen wissen zwar, dass die Ernährung für einen Sportler wichtig ist, aber junge Ringer müssen sich gezielt ernähren, um die nötige Energie für die Teilnahme an Wettkämpfen zu haben. Eine ausreichende und gesunde Ernährung sollte dem wachsenden Körper eines Sportlers genügend Kohlenhydrate und Proteine bieten, um die anspruchsvollen Trainingseinheiten und rasanten Kämpfe gut zu überstehen. Ein Proteinsnack und eine Banane vor dem Training oder einem Wettkampf geben dem Sportler beispielsweise ein angemessenes Maß an Energie. Darüber hinaus können sich Eltern bei Trainern oder Ernährungsberatern informieren, um sicherzustellen, dass ihre Kinder die richtigen Nährstoffe erhalten.

Aufwärmübungen und Dehnung

Das Ringen erfordert intensive körperliche Anstrengung, und junge Ringer müssen ihre Muskeln richtig auf die Verausgabung vorbereiten, bevor die Kämpfe oder Trainingseinheiten beginnen können. Daher sollten Trainer Aufwärmübungen durchführen, die bis zu 30 Minuten dauern. Dazu gehören Dehnübungen, um Muskelverletzungen vorzubeugen, Beweglichkeitsübungen, um die Flexibilität und Explosivität der Kämpfer zu verbessern, und Kraftübungen wie Liegestütze und Sit-ups, um die Kraft der Athleten zu verbessern. Darüber hinaus sollten junge Kämpfer angewiesen werden, sich richtig zu dehnen. Dazu gehört auch, dass sie vorsichtig sind, falls sie während der Aufwärmübungen Zerrungen oder Schmerzen verspüren.

Hinweise zu den Kampfrichterregeln

Bei Ringkämpfen sind Schiedsrichter zugegen, um sicherzustellen, dass alle Kämpfe den erforderlichen Regeln entsprechen und Verletzungen wie Stürze und Zerrungen vermieden werden. Daher sollten junge Ringer die Regeln des Sports kennen, damit die Kämpfe sicher und fair bleiben. Sie sollten zum Beispiel wissen, dass bestimmte Griffe erlaubt sind, während Strategien wie Kopfstöße, Beißen oder das Stechen in die Augen des Gegners verboten sind. Darüber hinaus müssen junge Ringer auf die Anweisungen ihrer Trainer und des Schiedsrichters hören und sich respektvoll gegenüber ihren Gegnern, Trainern und Schiedsrichtern verhalten. Sie müssen lernen, mit mental und emotional herausfordernden Situationen umzugehen, z. B. wenn sie einen Kampf verlieren oder mit aggressivem Verhalten konfrontiert werden.

Stressbewältigung

Das Ringen ist ein intensiver und anspruchsvoller Sport, der bei jungen Ringern oft zu einem hohen Maß an emotionalem und mentalem Stress führt. Stress dieser Art kann die Leistung während des Trainings und der Wettkämpfe beeinträchtigen. Wenn Sie junge Ringer über die Bedeutung von Stressbewältigungstechniken wie Atemübungen, Yoga und Visualisierungsmethoden aufklären, können Sie deren Stressniveau senken und ihre Gesamtleistung steigern. Darüber hinaus können Eltern ihren Kindern helfen zu verstehen, was ihre Stressauslöser sind, und sie zu Entspannungsübungen ermutigen, um dieses Stressgefühl zu bewältigen.

Das Ringen ist ein aufregender Sport, der das körperliche und emotionale Wohlbefinden junger Sportler fördern kann. Junge Kämpfer müssen jedoch die notwendigen Vorsichtsmaßnahmen ergreifen und wesentliche Überlegungen anstellen, um beim Training stets sicher zu bleiben und ihr Bestes zu geben. Die richtige Ernährung, angemessene Aufwärmübungen, die Kenntnis der Kampfrichterregeln und Stressbewältigungsstrategien machen den Erfolg junger Ringer auf und neben der Matte aus. Daher müssen Eltern, Trainer und Kämpfer zusammenarbeiten, um eine sichere, gesunde und erfolgreiche Erfahrung für alle Beteiligten zu gewährleisten.

Kapitel 11: Erfolg im Ringen

Beim Ringen geht es um Hingabe, harte Arbeit und um die Leidenschaft, die in jeder Trainingseinheit und in jedem Moment auf der Matte steckt. Erfolgreiche Ringer wissen, dass jeder Zug zählt und dass ihre Einstellung und die richtige Vorbereitung das Ergebnis des Kampfes bestimmen. Sie haben das Selbstvertrauen und die Entschlossenheit, die erforderlich sind, um sich jedem Gegner mit einem strategischen Plan zu stellen, und die mentale Stärke, die Müdigkeit und die Schmerzen, die mit dem Sport einhergehen, zu überwinden. Der Erfolg wird beim Ringen durch kontinuierliches Training, Aufopferung und Durchhaltevermögen erkämpft.

Wenn sich all die harte Arbeit auszahlt und Sie siegreich auf der Matte stehen, sind die Befriedigung und der Stolz, die damit einhergehen, unglaublich. Dieses Kapitel wird den Erfolgsgeschichten von Ringern gewidmet, die Großes erreicht haben, und gibt Ihnen Ratschläge dazu, wie Sie als angehender Sportler Ihre Träume verwirklichen können. Diese Geschichten und Tipps werden Sie inspirieren und Sie dazu bringen, jede Herausforderung dankend anzunehmen. Die Erfolge dieser Ringer zeugen von der harten Arbeit und der Beharrlichkeit der Kämpfer. Lassen Sie uns einen näheren Blick auf die erfolgreichsten Champions werfen.

Die Triumphe der Champions

Das Ringen ist weit mehr als nur ein Sport, der zur Unterhaltung dient. Viel mehr geht es um Leidenschaft, Ausdauer und Hingabe. Im Laufe der Jahre haben viele Ringer Grenzen überschritten und neue Meilensteine erreicht. Einige der Kämpfer mit den beeindruckendsten Karrieren sollten Ihnen bekannt sein. In diesem Abschnitt werden die Erfolgsgeschichten von Champions aus der amerikanischen Wrestlingszene wie John Cena, The Rock, Charlotte Flair, Hulk Hogan und CM Punk genauer dargelegt.

John Cena

John Cena ist eine bekannte Ikone des Wrestlings und hat eine große Fangemeinde. Er begann seine Ringerkarriere beim Ultimate Pro Wrestling (UPW) und unterschrieb dann im Jahr 2000 bei der WWE einen Vertrag. Cena kann bei der WWE die Teilnahme an 25 Meisterschaften vorweisen. Seine Geschichte ist besonders aufgrund seiner Beharrlichkeit inspirierend. Cena musste zahlreiche Rückschläge und Verletzungen verkraften, verlor aber nie sein Ziel aus den Augen und arbeitete unermüdlich daran, wieder ins Spiel zu kommen. Durch harte Arbeit und Hingabe wurde er zu einem der berühmtesten Ringkämpfer aller Zeiten.

John Cena ist eine bekannte Ikone des Wrestlings. "

The Rock

The Rock, alias Dwayne Johnson, hat eine der inspirierendsten Karrieren im professionellen Ringen. Er begann seine Karriere im Ringen mit seinem Vater Rocky Johnson und trat später der WWE bei. Nach Jahren harter Arbeit und großer Hingabe wurde er zu einem der größten WWE-Champions aller Zeiten. Auch nach seinem großen Erfolg trieb The Rock sich selbst immer weiter an seine Grenzen. Er verfolgte unter anderem seine Leidenschaft für die Schauspielerei und spielte in mehreren Blockbuster-Filmen mit. Seine Hartnäckigkeit und seine Hingabe für sein Handwerk machen ihn zu einer wahren Inspiration.

Charlotte Flair

Charlotte Flair ist die Tochter des bekannten Ringers Ric Flair, und musste schon immer in große Fußstapfen treten. Sie begann ihre Karriere im Jahr 2012 und wurde bald von der WWE unter Vertrag genommen. Seitdem hat sie zahlreiche Titel gewonnen und mehrere Rekorde gebrochen. Ihr Weg zum Erfolg basiert auf harter Arbeit, Hingabe und einer Leidenschaft für den Sport. Flair arbeitet weiterhin unermüdlich und inspiriert Ringerinnen auf der ganzen Welt dazu, ihren Träumen zu folgen.

Hulk Hogan

Hulk Hogan ist ein Name, der in der Geschichte des Ringens immer wieder auftaucht. Sein dynamisches Auftreten und seine Präsenz im Ring machten ihn einst zu einem der bekanntesten Gesichter des Wrestlings. Hogan begann seine Karriere in Tennessee und wurde bald von der WWE unter Vertrag genommen. Sein Weg zum Erfolg ist das Ergebnis von ununterbrochener Hingabe, harter Arbeit und viel Übung. Trotz zahlreicher Rückschläge machte er immer weiter und wurde zu einer lebenden Legende des Ringens.

CM Punk

CM Punk begann seine Karriere als Ringer im Independent Circuit und trat später der WWE bei. Aufgrund seiner einzigartigen Persönlichkeit und seines Ringstils gewann er schnell an Popularität. Punk wurde zu einer der treibenden Kräfte in der WWE. Doch trotz seiner Erfolge fühlte sich Punk unerfüllt und zog sich schließlich 2014 zurück. Seitdem hat er Ringer auf der ganzen Welt dazu inspiriert, ihre Träume zu verfolgen und sich ständig weiterzuentwickeln.

Die Karrieren von John Cena, The Rock, Charlotte Flair, Hulk Hogan und CM Punk deuten auf die grundlegenden Züge eines wahren Champions hin. Ihr Werdegang ist inspirierend und hat vielen Ringern als Maßstab gedient und sie dazu inspiriert, in ihre Fußstapfen zu treten. Diese Ikonen haben den Höhepunkt ihrer Karrieren nicht nur einmal, sondern immer wieder erreicht. Sie erinnern uns daran, dass wir mit harter Arbeit und Entschlossenheit alles erreichen können, was wir uns vorgenommen haben.

Profi-Tipps

Das professionelle Ringen ist ein körperlich anspruchsvoller Sport, der Kraft, Beweglichkeit und mentale Stärke erfordert. Um ein Profi-Ringkämpfer zu werden, braucht es viel harte Arbeit und Hingabe, aber mit der richtigen Herangehensweise können Sie Ihre ambitionierten Ziele erreichen und Ihre Leistung auf ein höheres Niveau bringen. In diesem Abschnitt finden Sie wertvolle Tipps zum Profi-Ringen, die Ihnen dabei helfen, Ihre Fähigkeiten zu verbessern und in diesem aufregenden Bereich erfolgreich zu sein.

- **Trainieren Sie hart und beständig:** Der Schlüssel zum Erfolg liegt beim Profi-Ringen im hartnäckigen und konsequenten Training. Arbeiten Sie an Ihrer Kraft, an Ihrer Beweglichkeit und an Ihrer Ausdauer, um zu einem besseren Ringer zu werden. Stellen Sie sicher, dass Sie ein abgerundetes Trainingsprogramm einhalten, das Gewichtheben, Cardio- und Beweglichkeitstraining umfasst. Üben Sie regelmäßig Ringtechniken, um Ihre Fähigkeiten zu verbessern und Ihr Muskelgedächtnis aufzubauen.

- **Bleiben Sie positiv und glauben Sie an sich selbst:** Profi-Ringer müssen eine positive Einstellung haben und an ihre Fähigkeiten glauben. Dieser Sport ist sehr anspruchsvoll und es wird Zeiten geben, in denen Sie Rückschläge und Misserfolge hinnehmen müssen. Es ist jedoch wichtig, stets positiv zu bleiben um immer weiter voranzukommen. Glauben Sie an sich und Ihre Fähigkeiten und geben Sie Ihre Träume nie auf.

- **Nutzen Sie Mentoren und Coaches:** Das professionelle Ringen ist ein Mannschaftssport, daher ist es wichtig, dads Sie durch ein Netzwerk von Mentoren, Trainern und Teamkameraden unterstützt werden. Suchen Sie sich einen Mentor, der Sie durch die Herausforderungen des Profisports begleiten kann und Sie dazu berät, wie Sie Ihre Fähigkeiten verbessern können. Arbeiten Sie außerdem mit einem Trainer zusammen, der Ihnen dabei helfen kann, ein auf Ihre Bedürfnisse zugeschnittenes Trainingsprogramm zu entwickeln.

- **Nehmen Sie sich Zeit zum Ausruhen und Erholen:** Das professionelle Ringen ist ein sehr anstrengender Sport, und es ist wichtig, dass Sie sich ausreichend ausruhen und erholen können. Achten Sie darauf, dass Sie ausreichend schlafen, sich gesund ernähren und auf Ihren Körper achten. Hören Sie auf Ihren Körper und machen Sie Pausen, wenn es nötig ist. So beugen Sie Verletzungen vor und stellen sicher, dass Sie stets Ihre beste Leistung bringen können.

- **Konzentrieren Sie sich auf Ihre Ziele:** Um ein erfolgreicher Profi-Ringer zu werden, brauchen Sie klare und fokussierte Ziele. Ganz gleich, ob Sie eine Meisterschaft gewinnen, bei einer großen Ringen-Organisation unter Vertrag genommen werden oder einfach nur Ihre Fähigkeiten verbessern wollen, stellen Sie sicher, dass Sie einen Plan haben und engagiert bleiben. Konzentrieren Sie sich auf Ihre Stärken, arbeiten Sie an Ihren Schwächen und streben Sie stets danach, Ihre Fähigkeiten zu optimieren.

Ratschläge für professionelle Ringkämpfer

Das professionelle Ringen ist eine aufregende Karriereoption. Es ist allgemein bekannt, dass Profi-Ringer zu den talentiertesten Sportlern der Welt gehören. Um jedoch ein erfolgreicher Profi-Ringer werden zu können, muss jeder aufstrebende Ringer einige Dinge beachten. In diesem Abschnitt finden sich einige wichtige Ratschläge für diejenigen, die eine Karriere als Profi-Ringer anstreben. Egal, ob Sie gerade erst anfangen oder schon eine Weile ringen, die folgenden Tipps werden Ihnen zum Erfolg verhelfen.

Suchen Sie sich die richtigen Trainingsressourcen, um erfolgreich zu sein

Der erste und wichtigste Ratschlag für jeden, der am professionellen Ringen teilnehmen möchte, besteht darin, sich ein gutes Trainingsprogramm zu suchen. Es reicht dabei nicht aus, sportlich zu sein oder einen guten Körperbau zu haben. Sie müssen zusätzlich auch eine gute Ausbildung in der Kunst des professionellen Ringens haben. Es gibt viele Ringschulen und Trainer, also nehmen Sie sich die Zeit, diejenigen zu finden, die für Sie am besten geeignet sind. Suchen Sie nach erfahrenen Trainern, die in der Vergangenheit erfolgreich Ringer trainiert haben. Eine gute Ausbildung wird Ihnen dabei helfen, die Feinheiten der Branche zu verstehen und Sie auf alles vorzubereiten, was dazugehört.

Suchen Sie einen Mentor oder Coach, der Sie anleitet

Neben einer guten Ausbildung ist es wichtig, einen Mentor oder Coach zu finden, der Sie anleiten kann. Das ist besonders in den frühen Phasen Ihrer Karriere wichtig. Ein Mentor gibt Ihnen wertvolle Ratschläge zu allem, von der Ringausrüstung bis zur Psychologie im Ring. Er kann Sie mit anderen Ringern und Promotern bekannt machen, was für den Aufbau von Kontakten in der Branche von unschätzbarem Wert sein kann. Mentoren können fast überall gefunden werden, von Ihrer Ringen-Schule bis hin zu unabhängigen Shows. Nutzen Sie die Gelegenheit, von den Menschen zu lernen, die bereits dort waren, wo Sie hinwollen.

Entwickeln Sie Ihre mentale Stärke und bleiben Sie positiv

Das professionelle Ringen ist ein heikles Geschäft. Die körperlichen Anforderungen des Jobs sind nur der Anfang. Sie müssen mit Ablehnung, Enttäuschungen und Verletzungen umgehen können. Um in dieser Branche erfolgreich zu sein, müssen Sie also mental stark sein und mit Widrigkeiten klarkommen. Versuchen Sie, trotz allem positiv zu bleiben. Konzentrieren Sie sich auf die Dinge, die Sie kontrollieren können, und lassen Sie sich nicht von denen entmutigen, die Sie nicht kontrollieren können. Glauben Sie stattdessen an sich und Ihre Fähigkeiten und machen Sie weiter.

Setzen Sie sich realistische Ziele und halten Sie an ihnen fest

Einer der größten Fehler von aufstrebenden Ringkämpfern besteht darin, dass sie sich unrealistische Ziele setzen. Zwar ist es wichtig, große Träume zu haben, aber es ist auch wichtig, sich erreichbare Ziele zu setzen. Das bedeutet, dass Sie kurzfristig und langfristig Ziele setzen können. Zu den kurzfristigen Zielen gehört es zum Beispiel, für mehrere Kämpfe in einem Monat gebucht zu werden. Langfristig können Sie versuchen, bei einer großen Ringagentur unter Vertrag genommen zu werden. Sobald Sie sich Ihre Ziele gesetzt haben, ist es wichtig, dass Sie sich an diese Ziele halten. Bleiben Sie konzentriert und engagiert und machen Sie weiter, auch wenn die Dinge nicht so schnell passieren, wie Sie es sich wünschen.

Suchen Sie Kontakt zu anderen Ringern und Agenturen

Die richtigen Kontakte sind für den Erfolg in der Branche entscheidend. Der Aufbau von Kontakten zu anderen Ringern und verschiedenen Agenturen, die Ringer vertreten ist von großem Vorteil. Besuchen Sie Shows und Kongresse und stellen Sie sich dort den Leuten vor. Bieten Sie Ihnen an, bei Shows und Veranstaltungen zu helfen, und seien Sie dazu bereit, von den Menschen in Ihrer Umgebung zu lernen. Je mehr Leute Sie in der

Branche kennen, desto besser sind Ihre Chancen, für Shows gebucht zu werden und Ihre Karriere voranzutreiben.

Tipps für Ringerinnen

Frauen, die sich für den Ringkampfsport interessieren, schrecken oft vor dem Sport zurück, weil er als sehr körperlich und von Männern dominiert empfunden wird. Dabei ist der Ringsport für Frauen genauso zugänglich wie für Männer. Alles, was Sie brauchen, sind Ausdauer, Hingabe und ein unerschütterlicher Glaube an sich selbst. In diesem Abschnitt erfahren Sie mehr über Tipps, die Frauen dabei helfen, diesen fantastischen Sport für sich zu erobern.

Haben Sie keine Angst davor, für sich selbst einzutreten

Ringerinnen fühlen sich oft eingeschüchtert, wenn sie nur von Männern umgeben sind. Aber jeder Kämpfer muss den Sport erst einmal lernen. Es ist wichtig, dass Sie Ihre Grenzen und Ihre Komfortzone offen ansprechen und durchsetzen, denn niemand kennt Sie besser als Sie sich selbst. Schrecken Sie nicht davor zurück, Ihre Trainer und Mannschaftskameraden um Hilfe oder um Tipps zu bitten. Wenn Sie Ihre Bedürfnisse lautstark äußern, werden Sie schnell den Respekt und die Unterstützung der anderen Kämpfer gewinnen.

Fangen Sie klein an und arbeiten Sie sich hoch

Klein anfangen heißt, dass Sie eine Hürde nach der anderen bewältigen. Stürzen Sie sich nicht gleich in fortgeschrittene Trainingsprogramme, ohne die Grundlagen zu beherrschen. Beginnen Sie mit den Grundlagen, konzentrieren Sie sich auf den richtigen Stand und Ihre Fußarbeit und machen Sie die Basisbewegungen richtig. Üben Sie dann die Techniken, die Ihnen am besten liegen, und bauen Sie diese anschließend aus. Indem Sie die Grundlagen perfektionieren, schaffen Sie sich eine solide Basis für ein späteres fortgeschrittenes Lernen.

Haben Sie Vertrauen in Ihre Fähigkeiten und Fertigkeiten

Das Ringen ist einschüchternd, besonders wenn man erfahrene Ringer in Aktion sieht. Aber lassen Sie sich davon nicht entmutigen. Der Glaube an sich selbst und an Ihre Fähigkeit zu lernen und zu wachsen hängt wie bei jedem Ringer von Ihrer grundlegenden Einstellung ab. Betreten Sie den Ring mit einer positiven Einstellung. Stellen Sie sich Ihren Auftritt vor, geben Sie Ihr Bestes und konzentrieren Sie sich auf die Bewegungen, die Sie besonders gut können. Glauben Sie an Ihre Fähigkeiten und Fertigkeiten, um das Spiel mit Sicherheit zu gewinnen.

Finden Sie Mentoren, die Ihnen dabei helfen können, Ihre Fähigkeiten zu erweitern

Es ist für Ringer von großem Vorteil, einen Mentor zu haben. Halten Sie Ausschau nach Ringern, die dort waren, wo Sie sind, und die Ziele erreicht haben, die Sie sich auch gesetzt haben. Mentoren bieten Ihnen klare Anleitungen, Motivation und praktisches Training und teilen ihre Erfahrungen mit Ihnen. Sie können viel von den Menschen lernen, die das durchgemacht haben, was Sie gerade durchmachen.

Erhalten Sie sich eine positive Einstellung und glauben Sie an sich selbst

Eine positive Einstellung ist in jedem Bereich des Lebens entscheidend für den Erfolg; beim Ringen ist das nicht anders. Eine positive Einstellung verlangt nicht, dass man immer alles richtig machen muss. Sie bedeutet, dass man dazu bereit ist, aus seinen Fehlern zu lernen und sich zu verbessern. Kein Ringkämpfer ist perfekt. Aber jeder Fehler kann eine Chance sein, um zu lernen und sich zu verbessern. Bleiben Sie bei guter Laune und geben Sie sich selbst die Möglichkeit, zu wachsen und Ihre Fähigkeiten zu entwickeln.

Frauen können beim Ringen Erfolg haben. Beim Ringen gibt es keine geschlechtsspezifischen Einschränkungen, und wenn Sie mit ganzem Herzen dabei sind und die oben genannten Tipps beherzigen, können Sie zu einem weiblichen Champion werden. Seien Sie mutig und stehen Sie für sich selbst ein, fangen Sie klein an und bauen Sie auf dieser Basis auf, haben Sie Vertrauen in Ihre Fähigkeiten und Fertigkeiten, suchen Sie sich Mentoren, die Sie anleiten, und behalten Sie immer eine positive Einstellung bei. Glauben Sie an sich selbst, um Ihre Ziele im Handumdrehen zu erreichen. Denken Sie daran: Je mehr Sie üben, desto besser werden Sie, und seien Sie immer bereit, noch mehr zu lernen. Schließlich ist es an der Zeit, auf die Matte zu gehen.

Allgemeine Tipps zum professionellen Ringen

Ganz gleich, ob Sie sich zum Profi-Ringer ausbilden lassen oder ob Sie ein Neuling sind, es ist wichtig, die Grundlagen richtig zu erlernen, um mögliche Verletzungen zu vermeiden. In diesem Abschnitt finden Sie einige allgemeine Tipps zum professionellen Ringen, die Ihnen dabei helfen, sich geistig und körperlich auf die bevorstehenden Herausforderungen vorzubereiten.

- **Sicheres Training zur Vermeidung von Verletzungen**: Das Ringen ist ein Kontaktsport mit vielen Körperkontakten, die zu Verletzungen führen können. Daher ist es wichtig, sichere Techniken einzusetzen und Schutzausrüstung wie Helme, Ellbogenschützer, Knieschützer, Mundschutz und Leistenschützer zu tragen. Wärmen Sie sich vor dem Training oder einem Wettkampf immer auf, um Verletzungen zu vermeiden.

- **Erlernen Sie die Regeln des professionellen Ringens**: Sie müssen die Regeln des professionellen Ringens beherrschen, um erfolgreich zu sein. Es ist wichtig, die verschiedenen Kämpfe zu studieren, den Aufbau des Rings genau zu verstehen und die spezifischen Bewegungen und Griffe zu erlernen. Schauen Sie sich dazu beispielsweise Ringkämpfe an, um von anderen erfahrenen Ringern zu lernen.

- **Bleiben Sie in Form und achten Sie auf die Hydration**: Im Profi-Ringen sind Ausdauer und Kraft entscheidend. Daher ist es wichtig, dass Sie mit einer ausgewogenen Ernährung und einem Trainingsprogramm, das Ausdauer- und Krafttraining umfasst, in Form bleiben. Außerdem ist die ausreichende Flüssigkeitszufuhr bei jeder Sportart für eine optimale Leistung unerlässlich. Trinken Sie vor, während und nach dem Training oder Wettkampf viel Wasser.

- **Hören Sie auf Ihren Körper und respektieren Sie Ihre Grenzen**: Beim Profi-Ringen ist es wichtig, dass man seine Grenzen kennt und respektiert. Wenn Sie sich zu sehr anstrengen, kann das zu Verletzungen führen. Hören Sie also auf Ihren Körper und machen Sie Pausen, wenn es nötig ist. Gehen Sie beim Kämpfen keine unnötigen Risiken ein. Ihre Sicherheit und die der anderen Ringer hat immer Vorrang.

- **Nutzen Sie die Visualisierungsmethode, um Ihre Ziele zu erreichen**: Die Visualisierung bietet Ihnen eine hervorragende Technik, um Ihre Ziele im professionellen Ringen zu erreichen. Wenn Sie sich zum Beispiel vorstellen, wie Sie eine perfekte Bewegung durchführen oder die Bewegungen Ihres Gegners vor dem Kampf beobachten, können Sie sich einen Vorteil verschaffen. Außerdem können Sie sich vorstellen, wie sich ein Sieg anfühlt, da dies Ihr Selbstvertrauen und Ihre Motivation steigern kann.

Um im Ringen erfolgreich zu sein, sind ein paar Dinge wirklich wichtig. Erstens müssen Sie den Sport leidenschaftlich betreiben. Das Ringen ist nichts, was Sie halbherzig betreiben können und von dem Sie erwarten können, dass Sie mit wenig Mühe Erfolge erzielen. Sie müssen dazu bereit sein, Zeit und Mühe zu investieren, um körperlich und geistig effektiv zu trainieren. Darüber hinaus müssen Sie eine starke Arbeitsmoral und ein unerschütterliches Engagement für Ihre Ziele mit sich bringen.

Ganz gleich, ob Sie eine Meisterschaft gewinnen oder Ihre Fähigkeiten verbessern wollen, Sie brauchen eine unnachgiebige Leidenschaft für Ihr Handwerk. Schließlich ist es am besten, wenn Sie sich mit Menschen umgeben, die Sie auf Ihrem Weg unterstützen und ermutigen. Ihre Trainer, Mannschaftskameraden und Familienmitglieder sind entscheidend für Ihren Erfolg auf der Ringermatte. Mit Leidenschaft, harter Arbeit und einem starken Team können Sie beim Ringen und weit darüber hinaus alles erreichen.

Fazit

Das Ringen ist eine der ältesten und anspruchsvollsten Sportarten der Welt. Die Kampfsportart bietet denjenigen, die bereit sind, die nötige Zeit und Mühe zu investieren, um die richtigen Techniken zu beherrschen, unzählige Vorteile und Belohnungen. Von einer verbesserten Körperhaltung und einem hervorragenden Gleichgewicht bis hin zur Lehre von fortgeschrittenen Manövern und Techniken ist das Ringen ein umfassender Sport, der Kraft, Beweglichkeit und einen scharfen Verstand erfordert. Ganz gleich, ob Sie ein Jugend-, Highschool- oder College-Sportler sind oder einfach nur wieder in Form kommen wollen, das Ringen bietet Ihnen eine aufregende und lohnende Herausforderung, und kann Ihr Leben innerhalb und außerhalb des Rings verbessern.

Beim Ringen geht es darum, einen Gegner zu packen, um ihn zu kontrollieren und am Boden festzuhalten. Zu den grundlegenden Regeln und Techniken, die jeder Ringer beherrschen muss, gehören die richtige Haltung, die zweckmäßige Platzierung der Hände und der richtige Griff. Ziel des Ringens ist es, Ihren Gegner zu Boden zu bringen und ihn mit geschickt kombinierten Bewegungen wie Takedowns, Gelenksperrgriffen und Pin-Manövern zu kontrollieren. Dieses Lehrwerk behandelt die Grundlagen des Ringens, von den grundlegenden Regeln und Techniken bis hin zu fortgeschrittenen Bewegungen und Strategien. Das Buch hat die Grundlagen der richtigen Körperhaltung und des guten Gleichgewichts sowie die Durchführung von Entkommens- und Hebemanövern behandelt. Außerdem wurde die Kunst des Angreifens und Konterns erörtert und erklärt, wie man Wendetechniken effektiv einsetzt.

Eine der wichtigsten Voraussetzungen für den Erfolg beim Ringen sind die richtige Körperhaltung und ein gutes Gleichgewicht. Das heißt, dass Sie Ihren Schwerpunkt niedrig halten, die Füße schulterbreit auseinanderstellen und auf ein mittiges Gleichgewicht achten müssen. Diese Fähigkeit erfordert Übung und Disziplin, die durch konsequentes Training und Coaching entwickelt werden können. Das Ringen umfasst mehrere fortgeschrittene Manöver und Techniken, die Kraft, Beweglichkeit und Präzision erfordern. Zu diesen Manövern gehören durchschlagende Bewegungen, wie Takedowns mit zwei Beinen, Angriffe mit einem Bein sowie Hebe- und Wurfmanöver, die schnelle Reflexe und ein gutes Timing erfordern.

Zu den wichtigen Aspekten des Ringens gehören effektive Angriffs- und Gegenangriffsmanöver. Bei dieser Fähigkeit geht es darum, dass Sie sich Gelegenheiten schaffen, um Punkte zu erzielen, und die Bewegungen Ihres Gegners vorauszusehen und zu neutralisieren. Dies erfordert strategisches Denken, körperliches Geschick und mentale Stärke. In diesem Leitfaden finden Sie verschiedene Übungen und Trainingstipps, um Ihre offensiven und defensiven Fähigkeiten zu entwickeln.

Das Ringen erfordert außerdem ein ausgeprägtes Verständnis von Wende- und Fluchtstrategien, die es Ihnen ermöglichen, sich aus einer ungeschützten Position zu befreien und die Kontrolle über den Kampf zurückzugewinnen. Diese Fähigkeiten erfordern schnelles Denken, Beweglichkeit und die Bereitschaft, kalkulierte Risiken einzugehen, um sich einen Vorteil zu verschaffen. Schließlich besteht das Ringen aus verschiedenen Pin-Kombinationen, bei denen die Körperkraft und das strategische Denken des Kämpfers zum Einsatz kommen. Diese Bewegungen ermöglichen es Ihnen, die Kontrolle über Ihren Gegner zu erlangen, und sich einen Sieg zu erringen. Aber Sie müssen lernen, sich an wechselnde Umstände anzupassen und schnell auf die Bewegungen Ihres Gegners zu reagieren.

Das Ringen ist ein einzigartiger Sport, der Ihnen sowohl geistige als auch körperliche Herausforderungen bietet und somit eine ideale Wahl für all diejenigen ist, die ihre Gesundheit und Fitness verbessern wollen. Ganz gleich, ob Sie an einem Wettkampf auf hohem Niveau interessiert sind oder einfach nur wieder in Form kommen und wertvolle Fähigkeiten für das Leben erlernen möchten, das Ringen bietet Ihnen eine aufregende und lohnende Herausforderung, die Ihnen dabei hilft, auf und neben der Matte Selbstvertrauen, Disziplin und Widerstandsfähigkeit aufzubauen. Warum probieren Sie das Ringen also nicht einmal aus und entdecken Sie, wie dieser uralte Sport Ihr Leben verbessern könnte?

Viel Glück bei Ihrer Ausbildung zum Ringkämpfer!

Teil 5: Karate

Ein umfassender Leitfaden über Karatetechniken für Anfänger, die von den Grundlagen bis zum schwarzen Gürtel alle Techniken erlernen möchten

Einleitung

Haben Sie sich jemals gefragt, wie es ist, Karate zu lernen? Wollten Sie schon immer eine alte und kraftvolle Kampfkunst erlernen, wissen aber nicht, wo Sie anfangen sollen? Dieses Buch bietet Ihnen alle Informationen, um loszulegen und diese zeitlose Kunst zu meistern.

Karate konzentriert sich auf die Entwicklung von Körper, Geist und Seele. Es geht nicht nur um Schläge und Tritte, sondern auch um die Entwicklung von Charakter, Disziplin und Belastbarkeit. Mit jeder Technik und Form lernen Sie, Ihren Geist zu fokussieren, Ihre Kraft zu nutzen und Ihre Grenzen zu erweitern. Wenn Sie fleißig Karate üben, werden Sie schnell Fortschritte machen und Ihre Fähigkeiten und Ihr Verständnis werden zunehmen.

Die Hingabe und das Engagement, die Karatepraktizierende an den Tag legen, gehen weit über die Dojo-Mauern hinaus und beeinflussen jeden Aspekt ihres Lebens. Die Entwicklung einer Karatementalität erfordert mentale Stärke, einen unerschütterlichen Willen und eine Grundhaltung, die sich durch nichts unterkriegen lässt. Mit diesen Eigenschaften kann ein Karateka körperliche Herausforderungen und Hindernisse, mit denen er im Leben konfrontiert wird, überwinden. Die Grundprinzipien und Methoden des Karatetrainings bilden die Grundlage für jeden Praktizierenden, unabhängig vom Gürtelrang. Ein gründliches Verständnis von Stellungen, Blöcken, Schlägen, Tritten, Katas und Kumite ist für eine erfolgreiche Kampfkunstreise unerlässlich.

Karategürtel sind nicht nur ein Stück Stoff, das um die Taille eines Kampfkünstlers gebunden wird. Sie stehen für Meilensteine und Erfolge auf dem Weg des Karateka. Jede Gürtelfarbe hat eine Bedeutung und symbolisiert die harte Arbeit und das Engagement des Karateka. Vom weißen Gürtel für Anfänger bis zum schwarzen Gürtel für Fortgeschrittene ist die Reise ein nie endender Prozess des Lernens und der Verbesserung. Die Karategemeinschaft ist begeistert und stolz, wenn ein Karateka mit einem neuen Gürtel das Dojo betritt. Jede Gürtelfarbe ist bedeutungsvoll und wichtig für die Reise des Karateka. Sie vermittelt ein Gefühl der Erfüllung und beweist, dass es sich lohnt, bis an seine Grenzen zu gehen.

Dieser umfassende Leitfaden geht auf die Details des Karate ein, von Stellungen und Blöcken bis hin zu Katas und Kumite. Sie werden die Grundlagen, fortgeschrittene Techniken, Druckpunkte und Übungen kennenlernen. Sie erhalten einen Einblick in die Karatekultur und erfahren, was es braucht, um diese Kampfkunst zu meistern. Von der Bedeutung des Respekts bis hin zur Kraft der Karatedenkweise – dieses Buch lehrt Sie alles über diese alte Kunst.

Bevor Sie Ihre Entdeckungsreise beginnen, sollten Sie sich mit Wissen ausrüsten. Lesen Sie dieses Buch und lernen Sie alles, was Sie wissen müssen, um als Karateka erfolgreich zu sein. Mit der richtigen Einstellung und Hingabe können Sie sich verteidigen und Ihre Freunde mit beeindruckenden Formen und Techniken beeindrucken. Machen Sie sich bereit, in die Welt des Karate einzutauchen und Ihre Leidenschaft für Kampfkunst auf die nächste Stufe zu heben.

Kapitel 1: Karatementalität

Sind Sie bereit, Ihre körperlichen und geistigen Fähigkeiten zu verbessern? Können Sie Ihre mentale Einstellung ändern und einen unerschütterlichen Geist entwickeln? Karate fördert Ihre physische Kraft und Beweglichkeit und lehrt Sie Werte wie Selbstvertrauen und Disziplin.

Die mentale Einstellung beim Karate konzentriert sich darauf, den Geist so stark zu trainieren wie den Körper."

Bei der mentalen Einstellung im Karate geht es darum, seinen Geist so zu trainieren, dass er genauso stark ist wie der Körper. Es geht darum, über seine Grenzen hinauszugehen und eine Konzentration und Disziplin zu erreichen, die man nie für möglich gehalten hätte. Wenn man die Karatementalität annimmt, wird man geduldiger, bescheidener und belastbarer. Man lernt, Misserfolge als Sprungbrett zum Erfolg zu betrachten und eine tiefe Wertschätzung für die Mühen und die Ausdauer zu entwickeln, die für den Erfolg notwendig sind.

Ob Sie ein erfahrener Kampfsportler oder ein blutiger Anfänger sind, dieses Kapitel hilft Ihnen, die philosophischen Lehren und psychologischen Aspekte des Karate zu verstehen, die seit Jahrhunderten weitergegeben werden. Es gibt einen kurzen Überblick über die vier Hauptkaratestile, ihre entsprechenden Techniken und die drei Hauptelemente des Karate im Detail. Wenn Sie diese Konzepte beherrschen, werden Ihre körperlichen und geistigen Fähigkeiten auf die nächste Stufe gehoben.

Philosophische Lehren des Karate

Um Karate wirklich zu verstehen, müssen Sie tief in die Materie eintauchen und sich mit den philosophischen Lehren auseinandersetzen. Karate hat Menschen gelehrt, sich ihrer selbst bewusster zu werden, inneren Frieden zu finden und über das Dojo hinaus Disziplin zu entwickeln. Das Verständnis der philosophischen Lehren des Karate ist unerlässlich, um das volle Potenzial und die wahre Essenz dieser alten Kunst zu erschließen. In diesem Abschnitt wird die Verbindung zwischen der Harmonie von Körper und Geist in den traditionellen Karatelehren beleuchtet.

Bewusstsein

Eine der grundlegenden Lehren des Karate ist das Bewusstsein. Karatepraktizierende lernen immer, im Moment präsent zu sein, sich ihrer Umgebung bewusst zu sein und auf potenzielle Gefahren zu achten. Dieses Bewusstsein ist für die Selbstverteidigung und das tägliche Leben unerlässlich. Wenn Sie Ihre Umgebung, Handlungen und Gedanken kennen, können Sie sich besser im Leben zurechtfinden und unnötige Ablenkungen vermeiden. Das erhöhte Bewusstsein, das mit dem Karatetraining einhergeht, ist ein mächtiges Werkzeug für die persönliche Weiterentwicklung und das persönliche Wachstum.

Einheit von Körper und Geist

Karate lehrt, dass Körper und Geist keine getrennten Einheiten sind, sondern miteinander verbunden. Beim Karate lernen Sie, Ihren Geist und Körper zu beherrschen und sie aufeinander abzustimmen. Sie lernen, Ihren Geist zur Kontrolle Ihres Körpers und Ihren Körper zur Unterstützung Ihres Geistes einzusetzen. Das Karatetraining fördert die geistige Klarheit und Konzentration, steigert die körperliche Kraft und Flexibilität und verbessert die allgemeine Gesundheit und das Wohlbefinden. Durch das Karatetraining entwickeln Sie eine tiefere Verbindung zwischen Körper und Geist - eine wesentliche Voraussetzung, um Ihre Ziele zu erreichen und inneren Frieden zu finden.

Disziplin

Ein weiterer wichtiger Aspekt beim Karate ist Disziplin. Karate erfordert Disziplin in allem, was man tut, vom Training und Üben bis hin zum täglichen Leben. Disziplin ist das, was einen Kampfkünstler von einem bloßen Kämpfer unterscheidet. Kampfkünstler sind disziplinierte Menschen, die sich in allen Lebensbereichen der Suche nach Exzellenz verschrieben haben. Durch Disziplin lernt man, sich selbst, andere und die Welt um sich herum zu respektieren. Disziplinierte Menschen können ihre Aufmerksamkeit und Energie auf das Erreichen ihrer Ziele richten, ohne sich von negativen Gedanken oder äußeren Einflüssen ablenken zu lassen.

Bescheidenheit

Bescheidenheit ist ein Eckpfeiler des traditionellen Karateunterrichts. Bescheidenheit bedeutet, seine Grenzen, Schwächen, Stärken und Fähigkeiten zu erkennen. Karate lehrt, dass jeder unvoreingenommen und mit der Bereitschaft, von anderen zu lernen, an das Training herangehen sollte, unabhängig von Fähigkeiten oder Rang. Wenn man eine bescheidene Haltung einnimmt, sieht man sich selbst und andere als gleichwertig an und entwickelt Toleranz und Respekt. Bescheidenheit verhindert Arroganz und Ego, die das persönliche Wachstum erheblich behindern können.

Ausdauer

Ausdauer ist die Fähigkeit, trotz Widrigkeiten, Herausforderungen und Rückschlägen an seinen Zielen festzuhalten. Das Karatetraining kann körperlich und geistig anstrengend sein und erfordert viel Ausdauer, um die eigenen Fähigkeiten kontinuierlich zu verbessern und einen höheren Rang zu erreichen. Ausdauer ist für die Entwicklung eines starken Geistes unerlässlich, um Hindernisse zu überwinden und erfolgreich zu sein. Mit einer belastbaren und entschlossenen inneren Einstellung können Sie jede Herausforderung meistern.

Die philosophischen Lehren des Karate sind unerlässlich, um das volle Potenzial dieser alten Kunst zu entfalten. Die Lehren von Achtsamkeit, der Einheit von Körper und Geist, Disziplin, Bescheidenheit und Ausdauer tragen alle zu einer ganzheitlichen Lebenseinstellung bei. Das ultimative Ziel des Karate besteht nicht nur darin, körperlich stark zu werden oder Kampftechniken zu erlernen, sondern auch darin, ein besserer Mensch zu werden und ein erfüllteres Leben zu führen. Ein besseres Verständnis der tieferen Bedeutung und des Zwecks des Karate kann Ihnen helfen, Körper und Geist in Einklang zu bringen.

Die Bedeutung des richtigen Kokoro

Karate ist ein Sport, der sowohl den Körper als auch den Geist beansprucht und eine ausgewogene Balance zwischen Körper und Geist erfordert. Daher ist das Kokoro, der japanische Begriff für Herz, Verstand und Geist, beim Karate von entscheidender Bedeutung. Ihr Kokoro sollte rein und fokussiert sein, damit Sie sich auf das Wesentliche konzentrieren und Ihr volles Potenzial ausschöpfen können. In diesem Abschnitt wird erläutert, warum das richtige Kokoro beim Karate von entscheidender Bedeutung ist und wie es sich auf Ihre Gesamtleistung auswirkt.

Ein starkes Kokoro hilft Ihnen, Herausforderungen zu meistern

Ein starkes Kokoro bedeutet, einen klaren Fokus und eine positive Grundhaltung zu haben. Wenn Sie Karate trainieren, werden Sie manchmal auf Herausforderungen stoßen, die scheinbar unüberwindbar sind. Mit dem richtigen Kokoro können Sie diese

Herausforderungen jedoch mit Mut, Entschlossenheit und Durchhaltevermögen meistern. Es hilft Ihnen, in schwierigen Situationen die Fassung zu bewahren, und macht Sie zu einem besseren, belastbareren Karatekämpfer.

Ein reines Kokoro hilft Ihnen, Ihre Technik zu entwickeln

Die Bedeutung des richtigen Kokoro im Karate geht über die mentale Stärke hinaus. Ein klarer Geist hilft Ihnen, Techniken effektiv zu erlernen und zu beherrschen. Wenn Sie mental abgelenkt sind, folgt Ihr Körper auf natürliche Weise, was zu einer falschen Körperhaltung und Bewegung führt. Umgekehrt werden Ihre Handlungen präziser und Ihre Aktivitäten flüssiger, wenn Ihr Kokoro klar und fokussiert ist. Sie werden Ihre Technik schneller entwickeln und bessere Ergebnisse auf der Matte erzielen.

Ein reines Kokoro hilft Ihnen, eine Verbindung zu Ihren Trainingspartnern herzustellen

Mit dem richtigen Kokoro können Sie eine tiefere Verbindung zu Ihren Trainingspartnern herstellen. Wenn Ihr Herz rein ist, ist Ihre Energie positiv und Ihre Absichten sind aufrichtig. Dadurch entsteht eine Umgebung des gegenseitigen Respekts und Vertrauens, die eine hervorragende Trainingsatmosphäre fördert, in der alle gemeinsam wachsen und lernen können.

Ein offenes Kokoro hilft Ihnen, Einheit und Kameradschaft zu fördern

Karate ist ein inklusiver Sport, der Menschen aus allen Lebensbereichen willkommen heißt. Das richtige Kokoro fördert den Geist der Inklusion und fördert die Einheit und Kameradschaft unter den Praktizierenden. Sie werden zum Botschafter des Sports und helfen, seine Werte über das Dojo hinaus zu verbreiten.

Das richtige Kokoro hilft Ihnen, inneren Frieden zu finden

Beim Karate geht es nicht nur darum, Medaillen und Wettbewerbe zu gewinnen. Es geht auch darum, inneren Frieden und Ausgeglichenheit zu finden. Das richtige Kokoro hilft Ihnen dabei. Wenn Sie einen klaren Verstand, ein reines Herz und einen fokussierten Geist haben, verbinden Sie sich mit Ihrem inneren Wesen und erreichen Gelassenheit, was sich positiv auf andere Bereiche Ihres Lebens auswirkt.

Die Bedeutung des richtigen Kokoro im Karate kann gar nicht genug betont werden. Es geht über das körperliche Training hinaus und ermöglicht es Ihnen, ein ganzheitlicher Praktizierender in Geist und Körper zu werden. Ein klares und fokussiertes Kokoro hilft Ihnen, Herausforderungen zu meistern, Ihre Technik zu entwickeln, sich mit Ihren Trainingspartnern zu verbinden, die Einheit zu fördern und inneren Frieden zu finden. Um Ihr Karatetraining auf die nächste Stufe zu bringen, konzentrieren Sie sich auf die Kultivierung des richtigen Kokoro und beobachten Sie, wie Ihre Leistung steigt.

Psychologische Aspekte des Karate

Karate ist mehr als eine Reihe von Schlägen, Tritten und Blocks – es ist eine Lebenseinstellung. Abgesehen von den körperlichen Vorteilen des Karate, wie verbesserter Fitness und Selbstverteidigungsfähigkeiten, können Kampfkünste tiefgreifende psychologische Auswirkungen haben. In diesem Abschnitt werden die psychologischen Aspekte des Karate untersucht und wie das Praktizieren dieser alten Kunst Ihnen geistig und körperlich zugutekommt.

Geistige Stärke

Karate fördert Disziplin und Selbstbeherrschung. Die mentale Stärke, die erforderlich ist, um diese Kampfkunst zu beherrschen, erfordert Hingabe, harte Arbeit und Ausdauer. Karatetraining ist ein Weg, um die Kraft des Geistes zu verstehen und zu lernen, wie man diese Kraft nutzen kann, um Hindernisse zu überwinden. Das Gefühl, etwas erreicht zu haben, wenn man eine neue Technik oder einen neuen Gürtelgrad meistert, überträgt sich auf alle Aspekte des Lebens und gibt den Praktizierenden die Kontrolle über ihr Schicksal.

Unterstützungssystem

Zweitens fördert Karate das Gemeinschafts- und Zugehörigkeitsgefühl. Karate zusammen mit anderen zu trainieren, die dasselbe Ziel verfolgen, schafft ein Support-System über das Dojo hinaus. Dieses Gefühl der Kameradschaft und Zugehörigkeit führt zu einem verbesserten Selbstwertgefühl und einem höheren Wohlbefinden. Darüber hinaus bietet Karate die Möglichkeit, sich mit Traditionen und Kulturen zu verbinden, die seit Jahrhunderten praktiziert werden, sodass sich die Praktizierenden geerdeter und mit einer größeren Gemeinschaft verbunden fühlen.

Bewältigungsmechanismus

Drittens stärkt Karate die Widerstandsfähigkeit und mentale Stärke. Selbst die erfahrensten Karateka (Karateexperten) erleben im Dojo und im Leben Rückschläge. Die Ausübung von Karate hilft dem Einzelnen, die Bewältigungsmechanismen zu entwickeln, die erforderlich sind, um diese Herausforderungen zu meistern und gestärkt aus ihnen hervorzugehen. Dieser Ansatz zur Bewältigung von Widrigkeiten lässt sich auf jeden Lebensbereich anwenden und führt zu einer besseren emotionalen Stabilität und einer positiven Einstellung zur Welt.

Stressabbau

Viertens fördert Karate Achtsamkeit und Stressabbau. Die Ausübung von Karate erfordert die vollständige Konzentration auf den Moment und hilft den Praktizierenden, in allen Lebensbereichen mehr Fokus und Konzentration aufzubringen. Darüber hinaus bietet Karate ein gesundes Ventil für Stress und Angst, was besonders für Personen in stressigen Berufen oder mit psychischen Problemen von Vorteil ist. Die physische Freisetzung von Energie hilft dem Einzelnen, sich entspannter und wohler zu fühlen.

Spirituelles Wachstum

Schließlich bietet Karate einen Weg zu persönlichem und spirituellem Wachstum. Ob durch Meditation, Atemübungen oder Kata (festgelegte Bewegungsabläufe), Karate bietet Möglichkeiten zur Selbstreflexion und persönlichen Entwicklung. Dieser Ansatz hilft dem Einzelnen, seine Werte, Überzeugungen und Ziele zu erforschen, was zu einem größeren Selbstbewusstsein und einem tieferen Sinn führt.

Die psychologischen Aspekte des Karate bieten über die körperlichen Vorteile der Kampfkunst hinaus einen Weg für persönliches Wachstum und Entwicklung. Es bietet eine Möglichkeit, Disziplin, mentale Stärke, Belastbarkeit und Achtsamkeit zu kultivieren und gleichzeitig ein Gefühl der Gemeinschaft und Zugehörigkeit zu fördern, sodass der Einzelne innerhalb und außerhalb des Dojos aufblühen kann. Ganz gleich, ob Ihr Ziel darin besteht, Ihre körperliche Fitness zu verbessern, Selbstverteidigung zu erlernen oder herauszufinden, was Karate zu bieten hat, die psychologischen Vorteile dieser alten Kunst sind unbestreitbar.

Die vier Mindsets

Eines der entscheidenden Elemente des Karate ist die mentale Einstellung, die vier Perspektiven: Shoshin, Mushin, Fudoshin und Zanshin. Das Verständnis dieser vier Perspektiven kann Ihr Karatetraining und Ihren Alltag verbessern. Lassen Sie uns also jede Perspektive, ihre Bedeutung und wie man sie entwickelt, näher betrachten.

Shoshin

Shoshin ist der Geist des Anfängers. Es bedeutet, offen zu sein, frei von Vorurteilen, Meinungen oder Voreingenommenheit. Wenn Sie sich dem Karate oder einer Lernerfahrung mit Shoshin nähern, werden Sie empfänglich für neue Ideen, bereit, aus Ihren Fehlern zu lernen, und bescheiden genug, um um Hilfe zu bitten. Shoshin ist die Grundlage für kontinuierliches Wachstum und Verbesserung. Sie müssen Ihr Ego loslassen, tief durchatmen und sich auf den gegenwärtigen Moment konzentrieren, um Shoshin zu entwickeln. Üben Sie Karate, als würden Sie es zum ersten Mal üben, mit Neugier und Begeisterung statt mit automatischen Gewohnheiten.

Mushin

Mushin ist das Bewusstsein ohne Bewusstsein. Es bedeutet, sich in einem Zustand des Fließens zu befinden, in dem Ihre Handlungen spontan, intuitiv und mühelos sind. Mushin bezieht sich auf einen leeren Geist, frei von Ablenkungen, Zweifeln oder Ängsten, in dem Sie instinktiv und selbstbewusst handeln. Mushin ist das Ziel aller Kampfkunstübungen, bei denen Körper und Geist eins werden und Sie sofort und angemessen auf jede Situation reagieren. Um Mushin zu entwickeln, müssen Sie sich voll und ganz auf Ihre Praxis konzentrieren und frei von äußeren oder inneren Ablenkungen sein. Sie müssen Ihren intuitiven Sinn entwickeln und den natürlichen Reaktionen Ihres Körpers vertrauen.

Fudoshin
Fudoshin ist der unerschütterliche Geist. Es bedeutet, eine ruhige, stabile und entschlossene mentale Einstellung zu haben, unabhängig von äußeren Umständen. Fudoshin bezieht sich auf den Geist eines Kriegers, der auf Herausforderungen vorbereitet und unerschütterlich gegenüber Hindernissen oder Rückschlägen ist. Fudoshin ist im Karate unerlässlich, wenn man es mit Gegnern zu tun hat, die einen einschüchtern oder ablenken wollen. Um Fudoshin zu entwickeln, muss man seinen Geist gleichzeitig darauf trainieren, unnachgiebig und flexibel zu sein. Man muss mentale Stärke entwickeln, sich auf die Atmung konzentrieren und sich selbst als unbesiegbar visualisieren.

Zanshin
Zanshin ist der verharrende Geist. Es bedeutet, auch nach einer Handlung einen bewussten, aufmerksamen und reflektierenden Geist zu haben. Zanshin bezieht sich auf einen Zustand erhöhter Aufmerksamkeit, in dem Sie wachsam, aufmerksam und bereit für Folgemaßnahmen bleiben. Im Karate ist Zanshin von entscheidender Bedeutung, da es Ihnen ermöglicht, einen Gegenangriff, eine Flucht oder eine Verteidigung zu antizipieren. Zanshin lässt sich auch auf das tägliche Leben übertragen, um wachsam und aufmerksam gegenüber Ihrer Umgebung zu bleiben, auch nachdem Sie eine Aufgabe erledigt haben. Um Zanshin zu entwickeln, müssen Sie Ihren Geist trainieren, um achtsam, aufmerksam und reflektiert zu sein. Sie müssen mit Ihrer Umgebung verbunden bleiben, sich auf Ihre Atmung konzentrieren und sich selbst als wachsam und bereit visualisieren.

Die vier mentalen Einstellungen im Karate sind mehr als abstrakte Konzepte oder philosophischer Jargon. Sie sind praktische Fähigkeiten, die Ihre Karatepraxis und Ihr Leben verbessern. Durch die Entwicklung von Shoshin werden Sie empfänglich für neue Ideen und verbessern sich kontinuierlich. Durch die Schaffung von Mushin befinden Sie sich in einem Zustand des Fließens und reagieren sofort auf eine Situation. Durch die Entwicklung von Fudoshin werden Sie widerstandsfähig und unnachgiebig angesichts von Herausforderungen. Und schließlich sind Sie durch die Schaffung von Zanshin immer aufmerksam und wachsam. Pflegen Sie also diese mentalen Einstellungen und sehen Sie, wie sich Ihr Karate und Ihr Leben verändern.

Karatestile und -techniken

Karate ist eine Kampfkunst, die sich aus alten japanischen Traditionen entwickelt hat. Sie umfasst Schlag-, Tritt- und Stoßtechniken zu Verteidigungszwecken. Je nach Region und Lehrer gibt es verschiedene Karatestile und -Ausführungen. Wenn Sie neu im Karate sind, kann es sein, dass Sie von den vielen verschiedenen Stilen und Ausführungen überwältigt sind. Um Ihnen den Einstieg zu erleichtern, finden Sie hier einige der wichtigsten Karatestile und -techniken, die Sie kennen sollten:

- **Shotokan Karate:** Shotokan ist einer der beliebtesten Karatestile. Er legt den Schwerpunkt auf kraftvolle und gerade Bewegungen, bei denen Schläge und Tritte linear ausgeführt werden. Darüber hinaus konzentriert sich Shotokan stark auf Haltungen und Atemtechniken, die Kraft und Ausdauer fördern.
- **Wado-Ryu Karate:** Wado-Ryu ist ein weiterer beliebter Karatestil. Er legt den Schwerpunkt auf schnelle Bewegungen und Ausweichtechniken. Wado-Ryu konzentriert sich auf Körperverlagerung und -positionierung, wodurch der Praktizierende seine Kraft und Geschwindigkeit maximieren kann.
- **Goju-Ryu Karate:** Goju-Ryu ist ein Karatestil, der sich auf kreisende Bewegungen und Körperkonditionierung konzentriert. Er legt den Schwerpunkt auf Nahkampftechniken, einschließlich Grappling und Gelenkhebel. Beim Goju-Ryu liegt der Schwerpunkt auf Atemtechniken, der Verbesserung der kardiovaskulären Gesundheit und der Förderung der natürlichen Selbstheilungskräfte des Körpers.
- **Kyokushin Karate:** Kyokushin ist ein Karatestil, bei dem Vollkontakt-Sparring und Körperkonditionierung im Vordergrund stehen. Der Stil legt großen Wert auf kraftvolle Schläge und die Abhärtung des Körpers durch wiederholtes Schlagtraining. Kyokushin umfasst Würfe, Gelenkhebel und kraftvolle Tritte gegen Körper und Beine.

- **Bunkai:** Bunkai ist kein Karatestil, sondern eine Reihe von Techniken, um Karatebewegungen in einem realistischen Selbstverteidigungskontext zu üben. Bunkai beinhaltet das Aufschlüsseln der Bewegungen von Kata (eine vorab festgelegte Abfolge von Aktionen) und das Üben dieser Bewegungen mit einem Partner. Der Schwerpunkt liegt auf praktischen Selbstverteidigungstechniken, die in realen Situationen eingesetzt werden können.

Karate ist eine vielfältige und spannende Kampfkunst mit einer Reihe von Stilen und Techniken, die es zu entdecken gilt. Unabhängig davon, welche Art Sie ausüben, bietet Karate zahlreiche Vorteile. Von der Verbesserung der körperlichen Fitness bis hin zur Entwicklung von Selbstdisziplin und Selbstverteidigungsfähigkeiten hat Karate für jeden etwas zu bieten.

Die drei Grundelemente des Karate

Karate ist eine alte japanische Kampfkunst, die weltweit beliebt ist. Das Wort Karate bedeutet leere Hand, was bedeutet, dass die Kampfkunst nicht auf Waffen angewiesen ist. Stattdessen stützt sich Karate auf drei wesentliche Elemente: Kihon, Kata und Kumite. Jeder Anfänger muss diese Elemente lernen und beherrschen. Sie bilden die Grundlage des Karate und jeder anderen Kampfkunst. In diesem Abschnitt werden diese drei wesentlichen Elemente des Karate ausführlich erläutert, damit Sie Ihre Fähigkeiten verbessern und ein besserer Karateka werden können.

Kihon

Das erste und wichtigste Element des Karate ist Kihon. Es bedeutet Grundtechniken und umfasst verschiedene Blöcke, Schläge, Stöße, Tritte und Stellungen. Kihon ist die Grundlage des Karate und hilft dabei, die richtige Körperhaltung, das Gleichgewicht und die Koordination zu entwickeln. Daher muss ein Karateka Kihon beherrschen, bevor er zu fortgeschritteneren Techniken übergeht. Ein Karateka kann die beiden anderen Elemente nur dann effektiv ausführen, wenn er Kihon beherrscht.

Kata

Das zweite wesentliche Element des Karate ist Kata. Kata bedeutet Form und ist eine Reihe festgelegter Bewegungen, die einen Kampf gegen imaginäre Gegner simulieren. Jede Kata hat eine bestimmte Abfolge von Handlungen und jede Bewegung hat einen Zweck. Kata hilft dabei, das Muskelgedächtnis, das Timing, den Rhythmus und die Atmung zu entwickeln. Das Üben von Kata verbessert das Gleichgewicht, die Koordination und die Konzentration eines Karateka. Denken Sie daran, dass Kata nicht mechanisch, sondern mit Geist, Emotion und Ausdruck ausgeführt werden sollte.

Kumite

Das dritte grundlegende Element des Karate ist Kumite. Kumite bedeutet Sparring und ist das dynamischste und aufregendste Element des Karate. Kumite ist ein simulierter Kampf mit einem Partner und der ultimative Test für die Fähigkeiten eines Karateka. Kumite entwickelt Reflexe, Timing, Geschwindigkeit und Beweglichkeit. Es lehrt einen Karateka, wie er in einer echten Kampfsituation reagieren muss. Kumite sollte jedoch nicht auf die leichte Schulter genommen werden, da es bei falscher Ausführung gefährlich sein kann. Deshalb muss ein Karateka Kumite immer sicher und unter der Aufsicht eines qualifizierten Lehrers üben.

Wie man diese Elemente meistert

Sie müssen kontinuierlich üben und Ihre Fähigkeiten verfeinern, um ein geschickter Karateka zu werden. Eine hervorragende Möglichkeit, Kihon zu üben, besteht darin, jede Technik so lange zu wiederholen, bis sie automatisch ausgeführt wird. Üben Sie Kata, indem Sie sich die Bewegungsabläufe einprägen und sie mit Gefühl und Ausdruck ausführen. Sie können Kumite üben, indem Sie mit einem Partner Sparring betreiben und die Intensität des Kampfes allmählich steigern. Ein Karateka muss Atemtechniken, Meditation und Visualisierung üben, um seine Konzentration, Entspannung und geistige Klarheit zu verbessern.

Karate ist eine Kampfkunst, die Hingabe, Ausdauer und Geduld erfordert, um sie zu meistern. Durch die Beherrschung der drei wesentlichen Elemente des Karate kann ein

Anfänger eine solide Grundlage für seine weitere Entwicklung im Karate schaffen. Diese Elemente sind miteinander verbunden, und durch das Erlernen eines Aspekts verbessert ein Karateka die anderen. Denken Sie daran, immer sicher und unter Anleitung eines qualifizierten Lehrers zu üben. Üben Sie weiter und geben Sie niemals Ihre Karateleidenschaft auf.

In diesem Kapitel wurde die mentale Einstellung im Karate und ihre Bedeutung für die Kampfkunst behandelt. Von den vier mentalen Einstellungen Shoshin, Mushin, Fudoshin und Zanshin bis hin zu den vier Hauptkaratestilen Shotokan, Wado-Ryu, Kyokushin und Goju-Ryu – Sie müssen die richtige Grundhaltung und Herangehensweise haben, um ein besserer Karateka zu werden. Außerdem wurden die drei wesentlichen Elemente Kihon, Kata und Kumite ausführlich besprochen, damit Karatekas ihre Fähigkeiten üben und verfeinern können. Ein Karateka kann mithilfe von Hingabe, Ausdauer und Geduld ein versierter Kampfkünstler werden.

Kapitel 2: Kihon I – Grundstellungen und Abwehrtechniken

Karate ist eine Kampfkunst, die dank ihrer einzigartigen Techniken und ihres intensiven Trainingsprogramms weltweit an Beliebtheit gewonnen hat. Einer der grundlegenden Aspekte des Karate ist die Beherrschung des Kihon. Diese Grundstellungen und Abwehrtechniken sind die Bausteine für alle anderen Karatetechniken und daher für das Training eines jeden Praktizierenden unerlässlich. Von der robusten und verwurzelten Zenkutsu-Dachi-Haltung bis hin zu den eleganten Drehungen und Wendungen von Hidari Gedan Barai erfordert jede Kihon-Technik Disziplin, Konzentration und ein unerschütterliches Streben nach Exzellenz. Schüler können diese Bewegungsabläufe durch ausgiebiges Training perfektionieren und dabei ihre Beweglichkeit, Koordination und allgemeine Kraft steigern.

In diesem Kapitel werden Ihnen die grundlegenden Positionen und Abwehrtechniken des Karate vorgestellt. Es zeigt, wie man sie richtig übt, und hebt ihre Bedeutung für ein korrektes Training hervor. Wenn Sie diese grundlegenden Kihon-Techniken beherrschen, können Sie sich fortgeschritteneren Techniken zuwenden. Das Selbstvertrauen, das Sie nach nur wenigen Monaten des Übens gewonnen haben, kann ein Leben lang anhalten. Am Ende dieses Kapitels werden Sie mit den grundlegenden Positionen und Abwehrtechniken des Karate vertraut sein. Der Aspekt des Karate wird Ihnen viel weniger einschüchternd und eher erreichbar erscheinen.

Grundstellungen

Beim Karate geht es nicht nur darum, Schläge und Tritte auszuführen. Es geht darum, die Kunst der Grundstellungen zu beherrschen. Die Stellungen, die als Tachikata bekannt sind, bilden die Grundlage für jede Bewegung und Technik im Karate. Jede Stellung erfordert eine präzise Ausrichtung und Balance, von der klassischen Frontstellung bis zum fortgeschritteneren Pferdestand. Es ist wichtig, die Stellungen korrekt zu halten und sich schnell und einfach zwischen ihnen zu bewegen. Bei perfekter Ausführung verleihen die Stellungen den Karatepraktizierenden die Kraft, Geschwindigkeit und Flexibilität, um jede Bewegung effektiv auszuführen.

Tachikata und Anforderungen

Karate hat seinen Ursprung in Japan und ist heute eine weit verbreitete Sportart mit Millionen von Anhängern weltweit. Die Kraft und die präzisen Techniken des Karate sind legendär. Dabei ist eine gute Haltung für die Ausführung kraftvoller Schläge und Tritte von entscheidender Bedeutung. In diesem Abschnitt werden die Grundlagen von Tachikata und die Anforderungen an eine gute Haltung im Karate erläutert.

Grundhaltungen

Tachikata, die Grundhaltung, bildet die Grundlage aller Bewegungen im Karate. Eine gute Haltung ist im Karate unerlässlich, da sie dem Körper Gleichgewicht und Stabilität verleiht, was für die Kraftentfaltung bei Schlägen von entscheidender Bedeutung ist. Im Karate gibt es drei Grundstellungen: Zenkutsu-dachi, Kiba-dachi und Kokutsu-dachi. Die Zenkutsu-dachi-Haltung, auch als Vorwärtsstellung bekannt, ist die häufigste im Karate. Dabei wird ein Fuß nach vorne und der andere nach hinten gesetzt, wobei die Knie gebeugt sind und das Gewicht gleichmäßig auf beide Beine verteilt ist.

Beim Kiba-dachi, auch als der Pferdestand bekannt, stehen die Füße schulterbreit auseinander und die Knie sind gebeugt, als würde man auf einem imaginären Stuhl sitzen. Beim Kokutsu-dachi, auch als Rückwärtsstellung bekannt, steht man mit einem Fuß nach hinten und dem anderen nach vorne, wobei der Körper nach hinten geneigt ist.

Eine gute Haltung

Um im Karate eine gute Haltung einzunehmen, müssen die Praktizierenden bestimmte Anforderungen erfüllen. Zunächst müssen Sie das richtige Gleichgewicht halten, indem Sie Ihren Körperschwerpunkt niedrig halten und Ihr Gewicht auf beide Beine verteilen. Ihre Hüften sollten eingezogen und auf Ihre Wirbelsäule gerade ausgerichtet sein, der Rücken sollte gerade sein. Schließlich ist es unerlässlich, die Atmung zu kontrollieren, tief durch die Nase einzuatmen und langsam durch den Mund auszuatmen.

Zweitens ist die Platzierung der Füße entscheidend für einen guten Stand beim Karate. Der Abstand zwischen den Füßen und der Winkel der Zehen müssen für jede Stellung angepasst werden. Der vordere Fuß sollte auf das Ziel gerichtet sein, während der hintere Fuß leicht zur Seite geneigt sein sollte, um Stabilität und Gleichgewicht zu gewährleisten.

Drittens ist die Knieposition entscheidend für den richtigen Stand. Die Knie müssen gebeugt sein, aber nicht zu sehr, dass sie über die Zehen hinausragen, da dies die Kniegelenke zu sehr belasten kann. Achten Sie auf die Ausrichtung Ihrer Knie zu Ihren Zehen; sie sollten immer in die gleiche Richtung zeigen.

Außerdem sollten Ihre Hände in der richtigen Höhe positioniert sein. Die Hände sollten zum Schutz des Gesichts erhoben werden, die Ellenbogen sollten anliegen, um die Rippen zu schützen. Vermeiden Sie es, die Hände sinken zu lassen, da dies die Verteidigung schwächt. Schließlich ist es wichtig, Blickkontakt und Konzentration aufrechtzuerhalten, denn dies ist für eine gute Ausgangsposition im Karate entscheidend. Ihr Blick sollte permanent auf Ihren Gegner gerichtet sein, damit Sie ankommende Schläge vorhersehen und schnell reagieren können.

Ausgangspositionen

Karatetechniken basieren auf einer soliden Haltung, die dem Ausführenden Stabilität verleiht und die vom Boden aufsteigende Kraft kanalisiert. Stellungen sind im Karate viel mehr als nur Stehen oder Gehen. Sie sind die Grundlage jeder Bewegung, die Sie ausführen. Daher ist es für jeden Schüler, der die Kunst meistern möchte, von entscheidender Bedeutung, die verschiedenen Karatestellungen zu verstehen. In diesem Abschnitt werden die vier Grundstellungen im Karate, ihre Vorteile und die korrekte Ausführung ausführlich erläutert.

Parallelstellung

Die Parallelstellung ist die wichtigste Haltung im Karate und die Ausgangsposition für die meisten Bewegungen. Es handelt sich um eine einfache, aber effektive Haltung, die dadurch gekennzeichnet ist, dass die Füße schulterbreit auseinanderstehen, die Zehen gerade nach vorne zeigen und die Knie leicht gebeugt sind. Dies ist Ihre Standardhaltung und die Position, in die Sie nach jeder Bewegung zurückkehren. Die Parallelstellung bildet die Grundlage für Gleichgewicht, Kraft und Beweglichkeit. Spannen Sie Ihre Körpermitte an und verteilen Sie Ihr Gewicht gleichmäßig auf den Fußballen. Denken Sie daran, den Kopf aufrecht zu halten, die Schultern entspannt und das Kinn eingezogen, und geradeaus zu schauen. Diese Haltung ist besonders für Anfänger von Vorteil, da sie die Entwicklung von Koordination und Gleichgewicht fördert.

Heiko-Dachi, die Parallelstellung

Reiterstellung

Bei der Reiterstellung, auch Kiba-dachi genannt, stehen Sie mit den Füßen weiter auseinander und die Zehen zeigen nach außen. Diese Stellung konzentriert sich auf die Entwicklung der Kraft, Stabilität und des Gleichgewichts in den Beinen. Bei dieser Stellung kann sich Ihr Schwerpunkt senken, sodass Sie mehr Kraft für Techniken wie Schläge erzeugen können. Stellen Sie die Fersen zusammen, die Zehen zeigen etwa 45 Grad nach außen, verlagern Sie Ihr Gewicht nach hinten auf die Fersen und beugen Sie die Knie gleichmäßig. Halten Sie den Rücken gerade, das Kinn eingezogen und den Rumpf angespannt. Diese Haltung ist besonders vorteilhaft, wenn Sie mit den Füßen Schläge ausführen oder sich auf einen Nahkampf einlassen.

Kiba-dachi, die Reiterstellung

Vorwärtsstellung

Die Vorwärtsstellung ist fortgeschrittener. Bei dieser Stellung geht es darum, die Kraft der Techniken durch Muskelspannung zu maximieren. Drehen Sie den vorderen Fuß in einem 45-Grad-Winkel nach außen und drücken Sie die Ferse des hinteren Fußes vom Körper weg, während Sie die Zehen auf dem Boden halten. Die Bewegung beansprucht die Hüften und den Rumpf und betont die seitlichen Muskeln. Sie beansprucht den unteren Rücken, die Hüften und die Beinmuskulatur. Die äußere Spannung verbessert die Trittfähigkeit, einschließlich hoher und drehender Tritte. Darüber hinaus wird eine umfassendere, längere und stabilere Basis geschaffen, die den Unterkörper stärkt.

Vorwärtsstellung

Rückwärtsstellung

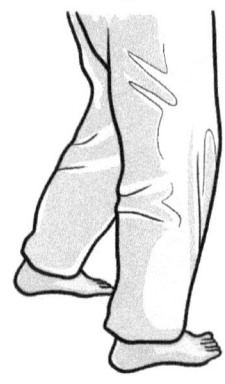 

Rückwärtsstellung

Die Rückwärtsstellung ähnelt der Vorwärtsstellung, allerdings sind der vordere und hintere Fuß vertauscht. Sie betont die inneren Muskeln und erzeugt Spannung vom Gesäß bis zu den unteren Bauchmuskeln. Sie übt mehr Druck auf die Knie aus und ist daher eine hervorragende Stellung zur Entwicklung von Stabilität und Kraft. Der Schwerpunkt liegt auf Beweglichkeit und schnellen Bewegungen der Hüften und Beine. Platzieren Sie Ihren vorderen Fuß in einem 45-Grad-Winkel, aber richten Sie den hinteren Fuß geradeaus aus. Beugen Sie das Knie des hinteren Beins, um sich in die Pose zu begeben. Achten Sie darauf, dass Ihr Rücken gerade ist und Ihr Kopf gestreckt ist. Diese Haltung ist ideal für Offensivbewegungen wie Kniestöße und Nahkampftechniken.

Die Parallelstellung und die Reiterstellung sind Stellungen für Anfänger, die dabei helfen, Koordination, Flexibilität und Gleichgewicht zu entwickeln. Darüber hinaus ermöglichen sie es dem Übenden, Kraft für Schläge und Tritte zu erzeugen. Die Vorwärts- und Rückwärtsstellung sind dagegen für fortgeschrittene Angriffs- und Verteidigungstechniken gedacht. Diese Stellungen betonen die seitlichen und inneren Muskeln und erzeugen eine Spannung, die Energie in die Hüften, Beine und den Rumpf leitet. Die korrekte Ausführung der Stellungen ist im Karate von entscheidender Bedeutung, da sie der Schlüssel zur Beherrschung kraftvoller und entscheidender Bewegungen ist. Mit der richtigen Technik und Übung kann die Perfektionierung der verschiedenen Stellungen im Karate Ihren Kampf entscheidend verbessern.

Stabilität im Karate

Für Karatekämpfer ist die Beherrschung der Stabilität ein entscheidender Aspekt dieser Kunst, da sie es Ihnen ermöglicht, Ihr Körpergewicht effektiv zu verlagern, Bewegungen zu kontrollieren und präzise Schläge auszuführen. Leider konzentrieren sich Karatekämpfer oft auf Techniken und vergessen dabei, dass Stabilität die Grundlage für einen erfolgreichen Angriff oder eine erfolgreiche Verteidigung ist. In diesem Abschnitt finden Sie praktische Tipps und Tricks, die Ihnen helfen, Stabilität im Karate zu erreichen, von der Senkung Ihres Schwerpunkts bis hin zur Positionierung Ihrer Knie, Knöchel, Fußsohlen und Hüften.

Den Schwerpunkt senken

Wenn Sie Ihren Schwerpunkt senken, können Sie Ihre Bewegungen stabilisieren und eine ausbalancierte Haltung beibehalten. Bei dieser Technik beugen Sie die Knie und senken die Hüften leicht ab, sodass sich Ihr Körpergewicht gleichmäßig auf beide Beine verteilt. Um diese Technik zu erlernen, gehen Sie wie folgt vor:

1. Beginnen Sie in einer natürlichen Standposition und beugen Sie die Knie, wobei Sie sich vorstellen, auf einem imaginären Stuhl zu sitzen.
2. Halten Sie Ihre Füße hüftbreit auseinander und richten Sie sie an Ihren Schulterblättern aus.
3. Spannen Sie Ihre Rumpfmuskulatur an, indem Sie Ihren Bauchnabel in Richtung Wirbelsäule ziehen und langsam ausatmen.

4. Verteilen Sie Ihr Gewicht gleichmäßig auf beide Füße und vermeiden Sie es, sich zu weit nach vorne oder hinten zu lehnen (halten Sie Ihren Rücken gerade).
5. Üben Sie diese Haltung regelmäßig, bis sie sich natürlich und bequem anfühlt. Je niedriger Ihr Schwerpunkt liegt, desto stabiler sind Ihre Bewegungen.

Positionierung von Knien, Knöcheln, Fußsohlen und Hüften

Die richtige Positionierung von Knien, Knöcheln, Fußsohlen und Hüften trägt wesentlich zur Stabilität beim Karate bei. Ihre Knie sollten in die gleiche Richtung zeigen wie Ihre Zehen, und Ihre Knöchel sollten flexibel und entspannt bleiben. Ihre Fußsohlen sollten fest auf dem Boden stehen, damit Sie sich bei den Techniken drehen und wenden können. Ihre Hüften sollten sich geschmeidig drehen und den Bewegungen Ihres Oberkörpers folgen. Stellen Sie sich seitlich vor einen Spiegel und führen Sie einen einfachen Fauststoß aus, um Ihre Position zu überprüfen. Achten Sie auf Ihre Knie, Knöchel, Fußsohlen und Hüften und korrigieren Sie Fehlstellungen. Eine gute Haltung wirkt sich positiv auf Ihre allgemeine Stabilität und Technik aus.

Was Sie tun und lassen sollten

Um Ihre Stabilität im Karate weiter zu verbessern, sollten Sie Folgendes beachten:

- Halten Sie Ihre Schultern entspannt und das Kinn eingezogen, um Nackenverspannungen zu vermeiden.
- Vermeiden Sie Gelenkhebel und Überstreckungen der Gliedmaßen, da dies zu Instabilität und Verletzungen führen kann.
- Spannen Sie Ihre Rumpfmuskulatur an und atmen Sie tief durch, um Stabilität und Konzentration zu erhöhen.
- Denken Sie daran, sich vor dem Training aufzuwärmen, um Muskelverspannungen und Steifheit zu vermeiden.
- Trainieren Sie auf verschiedenen Untergründen, wie z. B. weichem Boden oder Sand, um Ihre Stabilität und Ihr Gleichgewicht zu trainieren.
- Nehmen Sie sich Zeit für Ihre Techniken und Bewegungen, um Stabilität und Präzision zu gewährleisten.

Mentale Stabilität

Mentale Stabilität ist im Karate genauso wichtig wie körperliche Stabilität. Die Kraft der Gedanken besteht darin, einen klaren, fokussierten Geist zu entwickeln, der frei von Ablenkungen und negativen Gedanken ist. Üben Sie regelmäßig Meditation und Achtsamkeit, visualisieren Sie Ihre Ziele und bleiben Sie motiviert, um mentale Stabilität zu erreichen. Verwenden Sie positive Affirmationen und feiern Sie kleine Erfolge auf dem Weg dorthin. Mentale Stabilität verbessert Ihre Kampfsportfähigkeiten und Ihr allgemeines Wohlbefinden.

Atemtechniken für Karate

Karate ist eine Kampfkunst, die viel körperliche Anstrengung, Schnelligkeit und Präzision erfordert. Sie müssen viele Techniken beherrschen, einschließlich der Atmung, um ein geübter Karatekämpfer zu werden. Die richtigen Atemtechniken helfen, Kraft zu erzeugen, den Geist zu fokussieren und das Gleichgewicht zu halten. In diesem Abschnitt werden Atemtechniken für Karate behandelt, die Ihre Leistung verbessern und Sie der Beherrschung dieser aufregenden Kampfkunst einen Schritt näher bringen.

- **Bauchatmung:** Die Bauchatmung ist eine wesentliche Atemtechnik im Karate. Dabei atmen Sie durch die Nase ein, füllen Ihren Bauch mit Luft und atmen durch den Mund aus. Diese Technik sorgt für eine gleichmäßige Sauerstoffversorgung der Muskeln, erhöht die Ausdauer und reduziert die Müdigkeit. Sie beruhigt den Geist und reguliert die Herzfrequenz.
- **Umgekehrte Atmung:** Bei der umgekehrten Atmung wird beim Einatmen die Bauchmuskulatur angespannt und beim Ausatmen entspannt. Diese Technik hilft, beim Schlagen und Blocken zusätzliche Kraft zu erzeugen und die Rumpfmuskulatur zu stärken. Allerdings muss diese Technik richtig angeleitet werden, da sie bei falscher Ausführung zu Schwindel und Ohnmacht führen kann.

- **Atemkontrolle:** Die Atemkontrolle ist ein wesentlicher Aspekt des Karate. Dabei geht es darum, die Atmung mit den Bewegungen zu synchronisieren. Zum Beispiel könnten Sie einatmen, während Sie die Arme heben, und ausatmen, während Sie einen Schlag ausführen. Diese Technik verbessert das Gleichgewicht und die Koordination und macht Ihre Bewegungen flüssiger und effizienter.
- **Ki-Atmung:** Ki-Atmung ist eine Meditation, die tiefe Entspannung und kontrollierte Atmung beinhaltet. Diese Technik erhöht Ihr Bewusstsein für Ki, die Lebensenergie, die durch Ihren Körper fließt. Bei der Ki-Atmung atmen Sie langsam und tief durch die Nase ein, halten den Atem einige Sekunden lang an und atmen dann langsam durch den Mund aus. Diese Technik beruhigt den Geist, baut Stress ab und verbessert die allgemeine Gesundheit und das Wohlbefinden.
- **Dynamische Atmung:** Bei der dynamischen Atmung werden beim Schlagen oder Blocken kurze, kräftige Ausatmungen eingesetzt. Diese Technik erhöht die Kraft und Geschwindigkeit und hilft, Gegner einzuschüchtern. Bei der dynamischen Atmung wird mit Kraft durch den Mund ausgeatmet, während die Bauchmuskeln angespannt werden. Es ist wichtig, diese Technik regelmäßig zu üben, um eine Hyperventilation zu vermeiden.

Atemtechniken sind ein wesentlicher Aspekt des Karate, und ihre Beherrschung hilft Ihnen, Ihre Leistung zu verbessern und Ihre Ziele zu erreichen. Ob Anfänger oder erfahrener Praktiker – wenn Sie diese Atemtechniken in Ihr Trainingsprogramm integrieren, können Sie ein tieferes Verständnis für die Kunst entwickeln und Ihre Fähigkeiten auf die nächste Stufe bringen. Denken Sie daran, diese Techniken langsam und stetig zu üben und sich immer von einem qualifizierten Lehrer beraten zu lassen, bevor Sie fortgeschrittene Techniken ausprobieren. Mit konsequentem Üben und Geduld können Sie ein Karatemeister werden und die Kontrolle über Ihren Geist, Ihren Körper und Ihre Seele erlangen.

Blocktechniken (Uke)

Karate ist eine alte Kampfkunst, die für ihre kraftvollen Blocks (Uke) bekannt ist. Der Hauptzweck eines Blocks besteht darin, sich gegen die Schläge und Tritte eines Angreifers zu verteidigen. Karateblocks sind nicht nur einfache Bewegungen, sondern eine Kombination aus Technik, Geschwindigkeit und Kraft. In diesem Abschnitt tauchen wir tiefer in die Welt der Blocktechniken, ihrer Formen und ihrer Bedeutung im Karate ein.

Grundlagen

Blocks gehören zu den grundlegenden Techniken des Karate und jeder Anfänger muss sie beherrschen. Ein Block oder Uke ist eine Abwehrbewegung, die den Verteidiger vor einem Angriff schützt. Die häufigsten Blocks im Karate sind der nach Oberblock (Age Uke), der Innenblock (Uchi Uke), der nach Außenblock (Soto Uke) und der Unterblock (Gedan Barai). Jeder Block ist von entscheidender Bedeutung und ein Karateka muss sie alle beherrschen.

Karate ist bekannt für seine Uke[60]

Der nach Oberblock (Age Uke) ist eine Aufwärtsbewegung, die einen Angriff von oben abwehrt. Der nach Innenblock (Uchi Uke) hebt den Unterarm an, um eingehende Schläge oder Stöße abzuwehren. Der nach Außenblock (oder Soto Uke) wehrt Schläge von außen ab, und der Unterblock (Gedan Barai) zielt darauf ab, sich gegen Tritte und Angriffe von unten zu verteidigen.

Ein weiterer wichtiger Block ist der Kombinationsblock, bei dem mehrere einzelne Blöcke in schneller Folge kombiniert werden, um sich gegen die kontinuierlichen Angriffe eines Angreifers zu verteidigen. Das Kombinationsblockieren ist im modernen Karate von entscheidender Bedeutung, und ein Karateka muss verschiedene Kombinationen üben, um instinktiv auf die Bewegungen eines Angreifers reagieren zu können.

Die Bedeutung und Wichtigkeit von Blocktechniken im Karate kann nicht genug betont werden. Abgesehen davon, dass sie den Verteidiger vor einem Angriff schützen, bietet das Beherrschen dieser Techniken dem Karateka viele Vorteile. Das Üben von Blocks verbessert Ihre Muskelkraft, Geschwindigkeit und Flexibilität und erleichtert Ihnen die Ausführung komplexerer Techniken. Blocks verbessern das Bewusstsein und die Reaktionszeit, wesentliche Eigenschaften in den Kampfkünsten.

Ein Karateka muss regelmäßig Blocks üben, um seine Techniken zu perfektionieren. Regelmäßige Trainingseinheiten sollten Aufwärmübungen, Drills und Sparring mit einem Gegner beinhalten, um einen realen Angriff zu simulieren. Das Üben mit einem Partner hilft Ihnen, Verteidigungstechniken zu meistern, während Sie Selbstvertrauen aufbauen und lernen, instinktiv zu reagieren.

Jeder Block, von Innen- und Außenblöcken bis hin zu Kombinationsblöcken, zielt darauf ab, den Verteidiger vor einem Angriff des Angreifers zu schützen. Blocks bieten dem Karateka unzählige Vorteile, darunter eine verbesserte Muskelkraft, Schnelligkeit, Flexibilität, Aufmerksamkeit und Reaktionszeit. Daher sind regelmäßiges Üben und Training für einen Karateka unerlässlich, um Blocks und andere Karatetechniken zu meistern.

Timing der Blocks

Karate ist eine Kampfkunst, die sich auf Selbstverteidigungstechniken konzentriert. Daher erfordert es viel Übung und Disziplin, die verschiedenen Bewegungen und Techniken zu beherrschen. In diesem Abschnitt wird erläutert, wie Sie Ihre Blocks zeitlich abstimmen und in effektive Gegenangriffe im Karate umwandeln können. Diese Technik ist für Kampfsportler von entscheidender Bedeutung, da sie Ihnen in einem Kampf die Oberhand verschaffen und Ihnen helfen kann, sich effektiv zu verteidigen.

Timing ist alles

Das richtige Timing ist entscheidend für Ihren Kampf. Das Blocken zum richtigen Zeitpunkt ist unerlässlich, um den Gegner davon abzuhalten, Sie anzugreifen, aber noch besser ist es, wenn Sie den Block zum richtigen Zeitpunkt ausführen und ihn in einen Gegenangriff umwandeln. Wenn Sie Ihre Blocks genau im richtigen Moment ausführen, können Sie einen effektiven Gegenschlag landen und Ihren Gegner überwältigen. Sie müssen konzentriert bleiben und die Bewegungen und die Körpersprache Ihres Gegners beobachten, um Ihre Blocks richtig zu timen. Wenn Sie Ihren Block zu früh oder zu spät timen, könnte Ihre Abwehr unwirksam sein und Ihr Gegner hat die Möglichkeit, Sie anzugreifen.

Kontern

Wenn Sie Ihren Block richtig getimt haben, ist es an der Zeit, zu kontern. Bei einem Gegenangriff nutzen Sie den Schwung, den Ihr Gegner erzeugt hat, zu Ihrem Vorteil. Sie sollten auf verwundbare Stellen wie Rippen, Hals oder Leiste zielen, um Ihren Gegenangriff effektiv zu gestalten. Diese Bereiche sind empfindlich und können Ihrem Gegner immense Schmerzen zufügen. Wenn Sie einen effektiven Gegenangriff landen, könnte Ihr Gegner gezwungen sein, sich zurückzuziehen, sodass Sie entkommen oder einen weiteren Angriff starten können.

Aus Blocken wird ein Gegenangriff

Das richtige Timing beim Blocken und die Umsetzung in einen Gegenangriff erfordern viel Übung. Am besten üben Sie mit einem Partner, mit dem Sie verschiedene Bewegungen und Techniken üben können. Während der Übungseinheit spielt Ihr Partner die Rolle des Angreifers und Sie die des Verteidigers. Wenn Ihr Partner angreift, müssen Sie sich darauf konzentrieren, den Block richtig zu timen und sofort einen Gegenangriff zu starten. Mit etwas Übung lernen Sie, Ihre Blocks besser zu timen, und Ihre Gegenangriffe werden effektiver.

Denken Sie daran, dass das Timing von Blocks und deren Umsetzung in Gegenangriffe Geduld und Disziplin erfordern. Warten Sie am besten auf den richtigen Moment, um zuzuschlagen, und stürzen Sie sich nicht Hals über Kopf in einen Angriff. Es erfordert viel Übung, um die Technik zu beherrschen, lassen Sie sich also nicht entmutigen, wenn es beim ersten Mal nicht klappt. Üben Sie weiter, dann werden Sie mit der Zeit besser darin.

Zusätzlich zu den in diesem Kapitel besprochenen grundlegenden Blocks kann ein Karateka viele fortgeschrittenere Techniken üben. Blocks wie Spagatblocks, Kreuzblocks und Handballenblocks können den Verteidiger zusätzlich vor einem Angriff des Angreifers schützen. Diese Techniken erfordern mehr Übung und Geschicklichkeit, bieten aber, wenn sie einmal beherrscht werden, einen noch besseren Schutz. Beim Üben dieser fortgeschrittenen Blocks ist es wichtig, die gleichen Prinzipien des Timings im Auge zu behalten. Durch das richtige Timing dieser Blocks ist es wahrscheinlicher, dass der Gegenangriff des Verteidigers erfolgreich ist.

Eine gute Haltung ist entscheidend für die effektive Ausführung von Tritten, Schlägen und Blocks. Eine korrekte Haltung erfordert, dass der Schwerpunkt in der Körpermitte liegt. Dadurch wird sichergestellt, dass das Gewicht gleichmäßig verteilt ist und die Bewegungen präzise sind. Eine gute Tachikata unterscheidet einen Anfänger von einem erfahrenen Karateka, und regelmäßiges Training kann helfen, die Haltung zu verbessern. Die Entwicklung einer ausbalancierten und stabilen Körperhaltung ist entscheidend, um im Karate voranzukommen, und es lohnt sich, diese Herausforderung anzunehmen. Also, Schuhe aus, aufrecht hinstellen und los geht's mit der perfekten Haltung.

Kapitel 3: Kihon II Schläge und Tritte

Schläge und Tritte sind nur ein kleiner Teil dessen, was Karate so innovativ macht. Wenn Sie einen erfahrenen Karatekämpfer beobachten, werden Sie feststellen, dass seine Bewegungen fast mühelos und dennoch unglaublich kraftvoll sind. Ebenso sind die Tritte und Schläge im Karate dazu gedacht, schnell und effektiv zu sein, was Karate zu einer äußerst wirkungsvollen Selbstverteidigung macht. Das Beherrschen der Karatetechniken braucht Zeit, wobei das Verständnis der Grundlagen ein wesentlicher Ausgangspunkt ist.

In diesem Kapitel werden die Grundlagen von Karate-Schlägen und -Tritten erläutert, damit Sie Ihre ersten Schritte im Karate selbstbewusst beginnen können. Zunächst werden die wichtigsten Griffe und Schläge behandelt, von einfachen geraden Schlägen und Stößen bis hin zu fortgeschrittenen Techniken wie Rückwärtsschlägen und Katas. Anschließend lernen Sie die Grundlagen verschiedener Tritttechniken kennen, von Vorwärtstritten bis hin zu Seitwärtstritten und Rückwärtstritten. Schließlich werden fortgeschrittene Karatetritte, Beinangriffe und unkonventionelle Tritte behandelt.

Schläge

Vom klassischen Frontschlag bis zum Roundhouse- und Aufwärtshaken - Karate ist eine Kampfkunst, bei der die Kraft des Schlags an erster Stelle steht. Jeder Schlag erfordert Präzision und Technik, um fehlerfrei ausgeführt zu werden, was es umso befriedigender macht, wenn man sie schließlich beherrscht. Sie werden den Adrenalinstoß nicht vergessen, wenn Sie im Sparring oder in einem echten Kampf zuschlagen. Karateschläge wirken einschüchternd, aber mit etwas Übung und Hingabe können sie sehr wirkungsvoll sein. Also, ziehen Sie die Handschuhe an, lassen Sie Ihren inneren Karatemeister raus und legen Sie los.

Die richtige Schlaghaltung

Karate ist eine Kampfkunst, die Schlag-, Tritt- und Stoßtechniken umfasst. Das Halten des Schlags ist für die Effektivität Ihrer Schlagtechniken von entscheidender Bedeutung. Beim Karate ist es wichtig, einen festen Schlaggriff zu haben, da dies zur Genauigkeit und Kraft Ihrer Schläge beiträgt. In diesem Abschnitt wird untersucht, wie wichtig es ist, einen Schlaggriff beim Karate zu halten, warum dies wichtig ist und wie Sie Ihre Schlaggrifftechnik verbessern können.

Bedeutung des Schlaggriffs

Ein fester Schlaggriff ist im Karate unerlässlich, da er Ihnen dabei hilft, mehr Kraft in Ihre Schlagtechnik zu bringen. Je mehr Muskeln Sie in Ihre Schläge legen, desto mehr schüchtern Sie Ihre Gegner ein und desto schneller erringen Sie einen Sieg. Ein Schlaggriff kann auch ein Indikator für Ihre Technik sein. Ein korrekter Schlaggriff zeigt, dass Sie die Methode beherrschen.

Beim Karate ist es wichtig, einen Schlag zu halten.

Verbesserung Ihres Schlaggriffs

Eine Möglichkeit, Ihren Schlaggriff im Karate zu verbessern, besteht darin, die Muskeln in Ihrer Hand zu stärken. Handgreifgeräte können dabei helfen, oder auch einfache Übungen wie das Drücken eines Tennisballs oder das Greifen von Widerstandsbändern. Sie können Ihren Griff verbessern, indem Sie sich auf die Position Ihrer Finger konzentrieren. Beispielsweise sollten sie eng aneinander in einer Faust positioniert sein. Dadurch stellen Sie sicher, dass Sie mit Ihren Knöcheln den Boxsack berühren und sie vor Verletzungen schützen.

Tipps für den Schlaggriff

Beim Karatetraining ist es wichtig, einen lockeren Schlaggriff beizubehalten, um Verletzungen zu vermeiden. Mit einem lockeren Griff kann sich Ihre Hand schnell an die Bewegung des Schlags anpassen und Verletzungen des Handgelenks vermeiden. Außerdem müssen Sie darauf achten, dass Ihr Handgelenk beim Schlag gerade ist, da ein Beugen des Handgelenks die Sehnen beschädigen kann. Außerdem sollten der Winkel Ihres Handgelenks und die Flexibilität Ihrer Hand bei jedem Schlag gleich bleiben. Zu guter Letzt sollten Sie Ihren Daumen immer fest in die Hand drücken. Wenn Sie Ihren Daumen beim Schlagen nicht im Weg haben, kann er nicht verletzt werden.

Perfekter Schlaggriff

Ein perfekter Schlaggriff im Karate ist natürlich und bequem. Ihr Griff sollte stark genug sein, um Bretter zu zerbrechen. Vermeiden Sie es jedoch, zu fest zuzugreifen, da dies zu Verletzungen und Schäden an den Fingerknöcheln führen kann. Versuchen Sie stattdessen, im richtigen Winkel zu schlagen, wobei Ihre Knöchel auf das Ziel gerichtet sind. Mit der richtigen Technik wird es Ihnen in Fleisch und Blut übergehen. Konzentrieren Sie sich darauf, die Muskeln in Ihren Händen zu stärken, Ihre Finger richtig zu positionieren und einen lockeren Griff beizubehalten, um Ihren Schlaggriff zu verbessern. Meistern Sie beim Karatetraining die Kunst des Schlags mit einem festen Schlaggriff und einer guten Technik; Ihre Schläge werden mehr Kraft und Genauigkeit haben und eine gute Erfolgschance bieten.

Vier Grundschläge

Im Karate sind Schläge eine der wichtigsten Angriffstechniken. Die Kunst des Karate ist für ihre kraftvollen und präzisen Schläge bekannt, mit denen ein Gegner mit einem einzigen Schlag zu Boden gebracht werden kann. In diesem Abschnitt werden die vier Grundschläge des Karate erläutert, mit denen Sie Ihr volles Potenzial als Karatekämpfer entfalten können. Wenn Sie diese Schläge beherrschen, verbessern Sie Ihre körperliche Kraft und fördern Ihre mentale Disziplin.

Gerader Fauststoß

Der Seiken-Schlag ist im Karate von grundlegender Bedeutung.

Der gerade Fauststoß, auch als Seiken-Schlag bekannt, ist die grundlegendste Technik im Karate. Dabei wird mit gestrecktem Arm geschlagen und das Körpergewicht nach vorne verlagert. Dieser Schlag zielt auf das Gesicht, den Solarplexus oder die Rippen des Gegners. Halten Sie beim Ausführen eines geraden Faustschlags die Ellenbogen eng am Körper und drehen Sie das Handgelenk am Ende des Schlags, um mehr Kraft zu erzeugen. Um diese Technik zu beherrschen, ist viel Übung erforderlich. Konzentrieren Sie sich darauf, Ihre Körperhaltung, Ihr Gleichgewicht und Ihr Timing zu perfektionieren.

Ausfallschritt- Fauststoß

Oi-Zuki ist kraftvoller als ein gerader Fauststoß.

Der Ausfallschritt- Fauststoß, auch als Oi-Zuki-Fauststoß bekannt, ist kraftvoller als der gerade Fauststoß. Dabei tritt man mit einem Fuß nach vorne und führt gleichzeitig einen Fauststoß aus. Die bei dieser Technik erzeugte Kraft kommt aus dem Schwung Ihres Körpers, wenn Sie nach vorne treten. Zielen Sie mit diesem Fauststoß auf die Brust oder den Bauch Ihres Gegners. Halten Sie Ihren Rücken gerade und drehen Sie Ihren hinteren Fuß, während Sie zuschlagen, um maximale Kraft zu erzielen. Diese Technik ist anspruchsvoller als der gerade Fauststoß und erfordert mehr Training in Bezug auf Schnelligkeit und Genauigkeit.

Umgekehrter Fauststoß

Gyaku-Zuki erzeugt mehr Kraft und Geschwindigkeit als ein gerader Fauststoß.

Der umgekehrte Fauststoß, auch Gyaku-Zuki genannt, wird aus der Hüfte heraus ausgeführt. Dieser Fauststoß kann mehr Schaden anrichten als der gerade Fauststoß, da er mehr Kraft und Geschwindigkeit erzeugt. Um diese Technik auszuführen, drehen Sie Ihren hinteren Fuß um 90 Grad und verdrehen Sie Ihre Hüfte, wodurch ein Drehmoment in Ihrem Körper erzeugt wird. Der Fauststoß wird in einer geraden Linie ausgeführt und zielt auf den Brustkorb oder den Kopf Ihres Gegners. Der umgekehrte Fauststoß ist eine charakteristische Bewegung im Karate und kann Ihren Gegner bei korrekter Ausführung mit einem Schlag zu Boden werfen.

Gleichseitiger Fauststoß

Der Stoß, der als Oi-Zuki bekannt ist, ist ein schneller, scharfer Stoß, um den Gegner abzulenken. Er wird oft als Vorbereitung für andere Schläge oder als Gegenschlag auf den Stoß des Gegners ausgeführt. Diese Technik wird ausgeführt, indem Sie Ihren Arm gerade ausstrecken und ihn schnell zurückziehen und dabei auf das Gesicht des Gegners zielen. Halten Sie Ihren Ellenbogen nah am Oberkörper und lassen Sie Ihre Faust in die Ausgangsposition zurückschnellen. Dieser Schlag ist ein wertvolles Werkzeug für das Sparring, da er den Gegner verwirren und Öffnungen für andere Angriffe bieten kann.

Karate ist eine Kunst, die jahrelanges Training und Disziplin erfordert, aber die Beherrschung der vier Grundschläge ist die Grundlage, um ein geschickter Karateka zu werden. Der gerade Fauststoß, der Ausfallschritt-Fauststoß, der Umgekehrte Fauststoß und der Gleichseitige Fauststoß sind

Oi-Zuki kann als Vorbereitung für andere Schläge verwendet werden.

Techniken, die jeder Karateschüler erlernen muss, um in dieser Sportart erfolgreich zu sein. Diese Techniken helfen dabei, Kraft, Schnelligkeit und Präzision aufzubauen und werden beim Sparring oder bei der Selbstverteidigung eingesetzt. Denken Sie daran, diese Techniken so lange zu üben, bis sie intuitiv werden, und Sie sind auf dem besten Weg, ein erfahrener Karatekämpfer zu werden.

Fortgeschrittene Fauststöße und Katas

Karate ist mehr als nur eine Kampfkunst. Es entwickelt Ihre Denkweise, Ihren Körper und Ihren Geist. Mit fortschreitendem Training lernen Sie immer kraftvollere Techniken und Bewegungen, die Präzision, Kraft und Balance erfordern. In diesem Abschnitt werden fortgeschrittene Schläge und Katas im Karate untersucht. Ob Sie nun ein erfahrener Kämpfer oder ein Neuling sind, Sie werden wertvolle Einblicke erhalten, die Ihnen helfen, Ihre Kraft zu entfesseln und Ihre Fähigkeiten zu verbessern.

Mechanik fortgeschrittener Schläge

Das Schlagen ist eine der grundlegenden Karatefähigkeiten, aber es erfordert jahrelanges Training und Hingabe, um sie zu meistern. Im fortgeschrittenen Karate werden die Schläge komplexer und kraftvoller. Der Schlüssel liegt darin, den gesamten Körper einzusetzen, nicht nur die Faust, um maximale Kraft und Geschwindigkeit zu erzeugen. Sie müssen Ihren Atem, Ihre Haltung und Ihre Hüften koordinieren, um einen Schlag auszuführen, der Ihren Gegner zu Boden bringt. Zu den fortgeschrittenen Schlägen im Karate gehören der Rückwärtsschlag, der Doppelschlag und die drehende Rückwärtsfaust. Um diese Schläge auszuführen, müssen Sie Ihre Muskeln, Reflexe und Ihr Timing trainieren. Arbeiten Sie mit Ihrem Sensei oder Trainer zusammen, um die richtige Technik zu erlernen und die Intensität und Genauigkeit schrittweise zu steigern.

Kata: Die Kunst der Bewegungsmeditation

Kata ist eine Abfolge von Bewegungen, die einen Kampf gegen mehrere Gegner simuliert. Es ist ein grundlegender Aspekt des Karatetrainings, bei dem Sie Ihre Koordination, Ihr Gleichgewicht, Ihre Konzentration und Ihre Kampfkunstfähigkeiten entwickeln. Kata erfordert Präzision, Anmut und Ausdrucksstärke. Es geht nicht nur darum, die Arme und Beine willkürlich zu bewegen. Jede Bewegung hat einen Zweck und eine Bedeutung. Es ist wie ein Tanz, der eine Geschichte erzählt. Im fortgeschrittenen Karate werden Kata immer komplexer und anspruchsvoller. Sie müssen sich längere und kompliziertere Abfolgen einprägen und diese mit unglaublicher Geschwindigkeit und Kraft ausführen. Kata ist eine körperliche, geistige und emotionale Übung. Sie lehrt Sie Disziplin, Geduld und Belastbarkeit.

Doppelhand-, Fingerknöchel- und Speerhandschläge

Nachdem Sie nun die Grundlagen des Schlagens kennen, wollen wir uns mit fortgeschritteneren Schlägen befassen. Diese Schläge sind in Kampf- und Selbstverteidigungssituationen von entscheidender Bedeutung. Wenn Sie sie lernen, lernen Sie, einen Schlag auszuführen und die maximale Wirkung richtig zu erzielen. Hier ist eine kurze Übersicht über jeden Schlag:

Doppelhandschlag

Der Doppelhandschlag ist eine Technik, die von vielen Kampfsportlern weltweit eingesetzt wird. Dabei werden beide Hände verwendet, um einen Gegner zu schlagen. Um diesen Schlag auszuführen, müssen Sie mit dem vorderen Fuß einen Schritt nach vorne machen und beide Hände an die Brust bringen. Dann stoßen Sie beide Hände nach vorne, während Sie die Fäuste zusammenhalten und Ihr Körpergewicht hinter Ihren Schlag bringen. Diese Technik kann den Organen, Rippen und der Wirbelsäule Ihres Gegners erheblichen Schaden zufügen. Bei korrekter Ausführung kann dieser Schlag einen K. o. bewirken.

Schlag mit den Fingerknöcheln

Der Schlag mit den Fingerknöcheln ist einer der effektivsten Schläge in den Kampfkünsten. Bei dieser Technik wird der Gegner mit den Knöcheln des Zeige- und Mittelfingers getroffen. Um diesen Schlag auszuführen, formen Sie eine Faust, wobei der Daumen außen an den Fingern anliegt. Strecken Sie die Knöchel des Zeige- und Mittelfingers aus, sodass diese nach vorne zeigen und einen Fauststoß bilden. Führen Sie diesen Fauststoß aus, indem Sie Ihren Arm nach vorne stoßen und mit Ihrer Schulter führen. Dieser Fauststoß kann dem Gesicht, der Nase und dem Kiefer Ihres Gegners erheblichen Schaden zufügen. Daher sind Genauigkeit und die richtige Ausrichtung entscheidend, um die Wirkung dieses Fauststoßes zu maximieren.

Speerhandstoß

Der Speerhandstoß ist eine Technik, bei der die Hand zu einem Speer geformt wird. Dabei werden die Fingerspitzen direkt in die verletzlichen Bereiche des Oberkörpers des Gegners getrieben. Wenn dieser Schlag mit Kraft ausgeführt wird, kann er lebenswichtige Organe wie den Solarplexus, die Leber und das Herz schädigen. Um den Speerhandschlag auszuführen, schließen Sie die Hand und strecken Sie die Finger nach vorne, wobei Sie die Finger gerade halten und den Daumen neben dem Zeigefinger ablegen. Als Nächstes stoßen Sie Ihren Arm nach vorne und drücken Ihre Fingerspitzen in Richtung Ihres Ziels, während Sie das Handgelenk steif halten.

Die Vorteile des Speerhandschlags sind, dass er blitzschnell und direkter kraftvoll ist als ein gewöhnlicher Handschlag. Der Schlüssel ist, diesen Schlag mit einem soliden und stabilen Vorwärtsantrieb auszuführen, um Ihre Finger in den Körper Ihres Gegners zu treiben. Darüber hinaus ist ein richtiges Training der Handgelenk- und Unterarmmuskulatur für einen effektiven Speerhandstoß unerlässlich.

Diese drei Schläge sind sehr effektiv und müssen von allen erlernt werden, die sich in den Kampfkünsten verbessern möchten. Sie sind vielseitig und können in verschiedenen Kampf- und Selbstverteidigungssituationen eingesetzt werden. Diese Techniken sollten jedoch nur zur Selbstverteidigung und niemals gewalttätig oder aggressiv eingesetzt werden. Verbessern Sie Ihre Fähigkeiten durch ständiges Üben und Lernen, diese Schläge kraftvoll auszuführen. Meistern Sie diese Techniken und werden Sie zu einem leistungsfähigeren Kampfkünstler, der bereit ist, sich selbst und andere zu verteidigen.

Kombination von Schlägen und Katas

Schläge und Katas sind wie die zwei Seiten einer Karatemedaille. Sie ergänzen einander und verbessern Ihre Kampfkunstfähigkeiten. Die Kombination von Schlägen und Katas schafft ein dynamisches und vielseitiges Trainingsprogramm, das Körper und Geist herausfordert. Sie können verschiedene fortgeschrittene Schläge in Ihre Kata-Sequenzen einbauen, um Abwechslung, Kraft und Überraschung zu erzeugen. Sie können Katas als Aufwärm- oder Abkühlübung vor oder nach einer Schlagübung verwenden. Der Schlüssel liegt darin, Schläge und Katas auszubalancieren und zu vermeiden, dass jedes Element über- oder unterbeansprucht wird.

Trainingstipps für fortgeschrittene Schläge und Katas

Um Ihre Leistung zu verbessern und Verletzungen zu vermeiden, finden Sie hier einige Tipps für das Training fortgeschrittener Schläge und Katas:

- Wärmen Sie sich vor Beginn des Trainings richtig auf. Machen Sie einige Dehn-, Ausdauer- und Gelenkbeweglichkeitsübungen.
- Konzentrieren Sie sich auf Qualität, nicht auf Quantität. Führen Sie Ihre Schläge oder Katas nicht zu schnell aus. Konzentrieren Sie sich stattdessen auf die Details und die Form.
- Steigern Sie sich allmählich. Versuchen Sie nicht, alle fortgeschrittenen Schläge und Katas auf einmal zu meistern. Beginnen Sie stattdessen mit den Grundlagen und arbeiten Sie sich Schritt für Schritt voran.
- Machen Sie Pausen und ruhen Sie sich zwischen den Trainingseinheiten aus. Ihr Körper braucht Zeit, um sich zu erholen und sich an die Belastung durch das Training anzupassen.
- Hören Sie auf Ihren Körper und Ihren Sensei. Überanstrengen Sie sich nicht und ignorieren Sie Ihre Schmerzen oder Beschwerden nicht. Sprechen Sie stattdessen mit Ihrem Sensei über Bedenken oder Fragen.

Tritte

Es ist wirklich faszinierend, einem erfahrenen Karatekämpfer dabei zuzusehen, wie er den perfekten Tritt mit anmutigen Bewegungen, Präzision und blitzschneller Geschwindigkeit ausführt. Es ist, als würde man ein Kunstwerk in Bewegung betrachten. Darüber hinaus sind Karatetritte unglaublich effektive Selbstverteidigungswerkzeuge. Ob Anfänger oder Schwarzgurt – die Perfektionierung Ihrer Tritte ist unerlässlich, um die Kunst des Karate zu meistern, aber vergessen Sie nicht den Spaßfaktor. Es ist unglaublich befriedigend, den Aufprall des Fußes auf ein Ziel zu spüren. Es ist ein Rausch, der Karateenthusiasten immer wieder auf den Geschmack kommen lässt. Also, bringen Sie Ihre Beinmuskeln auf Hochtouren und schärfen Sie Ihren Fokus, denn dieser Abschnitt befasst sich eingehender mit Karatetritten.

Wichtige Tipps für Tritte

- **Wählen Sie die richtige Karateschule:** Der erste und wichtigste Schritt auf dem Weg zum erfolgreichen Karateka ist die Wahl der richtigen Karateschule. Es gibt viele verschiedene Karatestile, daher ist es wichtig, eine Schule zu finden, die den Stil unterrichtet, der Sie interessiert. Außerdem ist es wichtig, eine Schule mit erfahrenen und qualifizierten Lehrern zu finden.
- **Setzen Sie sich realistische Ziele:** Einer der größten Fehler, den Menschen beim Einstieg in das Karate machen, ist, sich unrealistische Ziele zu setzen. Denken Sie daran, dass Karate eine lebenslange Reise ist und nicht etwas, das man über Nacht meistern kann. Anstatt sich also Ziele wie *Ich möchte in sechs Monaten den schwarzen Gürtel haben* zu setzen, sollten Sie sich Ziele wie *Ich möchte dreimal pro Woche am Unterricht teilnehmen* oder *Ich möchte jede Woche eine neue Technik lernen* setzen.
- **Seien Sie geduldig:** Karate erfordert Zeit und Geduld, um es zu meistern. Es wird Tage geben, an denen Sie das Gefühl haben, große Fortschritte zu machen, und Tage, an denen Sie das Gefühl haben, nicht voranzukommen. Es ist wichtig, dass Sie dranbleiben und Geduld mit sich selbst haben. Denken Sie daran, dass jede große Fähigkeit zunächst gefördert werden muss.
- **Üben, üben, üben:** Die einzige Möglichkeit, sich im Karate zu verbessern, ist regelmäßiges Training. Zusätzlich zum Besuch des Unterrichts ist es wichtig, auch zu Hause zu üben. Sie können dies durch Schattenboxen, das Üben von Techniken an einem Sandsack oder sogar durch Liegestütze und Sit-ups tun. Je mehr Sie üben, desto besser werden Sie.

- **Bleiben Sie gesund und verletzungsfrei:** Um ein Meister im Karate zu werden, ist es wichtig, gesund und verletzungsfrei zu bleiben. Das bedeutet, sich ausgewogen zu ernähren, gut zu schlafen und sich vor und nach jeder Trainingseinheit zu dehnen. Es ist wichtig, auf seinen Körper zu hören und sich auszuruhen, wenn man Schmerzen hat oder müde ist.
- **Haben Sie Spaß:** Denken Sie daran, dass Karate Spaß machen soll. Wenn Sie keinen Spaß daran haben, dann macht es keinen Sinn, es zu tun. Suchen Sie sich stattdessen eine Aktivität, die Ihnen Spaß macht, und gehen Sie ihr mit Freude nach.

Wichtige Tritte, die man beherrschen sollte

Karate ist eine Kampfkunst, die für ihre schnellen Bewegungen, kraftvollen Schläge und dynamischen Tritte bekannt ist. Obwohl es im Karate viele Techniken gibt, ist die Beherrschung der verschiedenen Tritte für jeden Praktizierenden unerlässlich. Bei so vielen Tritten, die es zu lernen gilt, kann es jedoch eine Weile dauern, bis man weiß, wo man anfangen soll. In diesem Abschnitt werden die wesentlichen Tritte vorgestellt, die man beherrschen muss, um Karate zu meistern. Ob Anfänger oder erfahrener Kampfsportler, der die Grundlagen noch einmal auffrischen möchte – diese Anleitung hilft Ihnen, Ihre Fähigkeiten zu entwickeln und Ihre Leistung zu verbessern.

- **Frontkick:** Der Frontkick ist einer der grundlegendsten Kicks im Karate und wird oft als Erstes von Anfängern erlernt. Um einen Frontkick auszuführen, nehmen Sie eine Kampfhaltung ein, wobei sich Ihr dominanter Fuß hinter Ihnen befindet. Heben Sie Ihr Knie in Richtung Brust und strecken Sie Ihr Bein aus, wobei Sie Ihren Gegner mit dem Fußballen treffen. Auch hier ist es wichtig, die Zehen nach oben zu richten und die Ferse nach unten, um Verletzungen zu vermeiden.
- **Seitlicher Tritt:** Der seitliche Tritt ist kraftvoll und kann Ihren Gegner bei korrekter Ausführung zu Boden werfen. Um einen seitlichen Tritt auszuführen, heben Sie Ihr Knie in Richtung Brust und drehen Sie Ihren Körper, um Ihr Ziel anzuvisieren. Strecken Sie Ihr Bein aus, während Sie Ihre Zehen nach oben und Ihre Ferse nach unten halten. Versuchen Sie, mit der Fußaußenkante zu treten, dem Bereich an der Außenseite Ihres Fußes.
- **Roundhouse-Kick:** Der Roundhouse-Kick ist ein vielseitiger Tritt, der auf den Kopf, den Oberkörper oder die Beine des Gegners abzielt. Um einen Roundhouse-Kick auszuführen, nehmen Sie eine Kampfhaltung ein und heben Sie das Knie in Richtung Brust. Drehen Sie sich dann auf dem stehenden Fuß und treten Sie mit dem Bein nach außen, wobei Sie versuchen, Ihr Ziel mit dem Schienbein zu treffen. Es ist wichtig, das Bein nach dem Schlag schnell wieder einzuziehen, um sich nicht für Gegenangriffe zu öffnen.
- **Halbmond- und Rückwärts-Halbmond-Tritte:** Halbmond- und Rückwärts-Halbmond-Tritte sind fortgeschrittene Techniken, die viel Übung erfordern, um sie zu beherrschen. Um einen Halbmondtritt auszuführen, heben Sie Ihr Knie in Richtung Brust und strecken Sie Ihr Bein aus, während Sie mit Ihrem Fuß eine kreisende Bewegung ausführen. Ziel ist es, Ihren Gegner mit der Fußspitze zu treffen, während Sie Ihr Bein um seinen Kopf schwingen. Bei einem Rückwärts-Halbmondtritt wird das Bein in die entgegengesetzte Richtung bewegt, sodass es in Richtung Hinterkopf des Gegners zeigt.

Das Beherrschen verschiedener Karatetritte erfordert Zeit, Übung und Hingabe. Ob Sie nun grundlegende Frontkicks oder fortgeschrittene Halbmondtritte lernen, konzentrieren Sie sich auf die Details wie Körperhaltung, Fußposition und Timing. Wenn Sie diese grundlegenden Tritte in Ihr Trainingsprogramm aufnehmen, werden Sie ein vielseitiger Karateschüler und verbessern Ihre Technik und Leistung im Dojo. Denken Sie wie immer daran, sicher und unter Anleitung eines qualifizierten Lehrers zu trainieren.

Fortgeschrittene Tritte und Beinangriffe

Sie müssen hart an der Geschwindigkeit, Kraft und Genauigkeit Ihrer Tritte arbeiten, um ein hervorragender Karatekämpfer zu werden. Das Training fortgeschrittener Tritte und Beinangriffe im Karate ist eine herausfordernde, aber lohnende Erfahrung, bei der Sie verschiedene Techniken erlernen, um Ihren Gegner im Unklaren zu lassen. In diesem Abschnitt erkunden wir die Welt der unkonventionellen Tritte und Beinangriffe.

- **Spinning Back Heel Kick:** Die Standard-Kicks im Karate, wie der Front-, Roundhouse- und Side-Kick, sind bekannt und werden häufig eingesetzt, aber es gibt noch viele weitere Kicks, die Sie Ihrem Arsenal hinzufügen können. Der erste unkonventionelle Kick ist der Spinning Back Heel Kick. Beginnen Sie, indem Sie Ihr hinteres Bein drehen und anheben, und schwingen Sie es dann herum, um Ihren Gegner mit der Ferse zu treten. Dieser Kick eignet sich hervorragend als Überraschungsangriff und zum schnellen Richtungswechsel.
- **Haken-Kick:** Ein weiterer effektiver Kick ist der Haken-Kick oder Ura Mae Geri. Schwingen Sie ihn in einem Kreis, indem Sie Ihr hinteres Bein einsetzen, um Schwung zu erzeugen, und strecken Sie Ihr Bein in der Mitte des Schwungs zu einem Kick aus. Dieser Kick ist schwer zu erkennen und aufgrund seiner einzigartigen Bewegung für Ihren Gegner schwer zu blocken. Nutzen Sie die Unvorhersehbarkeit dieses Kicks, indem Sie ihn im richtigen Moment einsetzen, um Ihren Gegner zu verwirren.
- **Low-Spinning Back Kick:** Ein Low-Spinning Back Kick ist äußerst effektiv und wird zu selten eingesetzt. Dieser Kick ist eine niedrige Schwungbewegung und kann Gegner zu Boden bringen, indem er auf ihre Knöchel zielt. Um diesen Kick auszuführen, beginnen Sie in einer tiefen Haltung, drehen Sie sich, um Ihren Rücken Ihrem Gegner zuzuwenden, und fegen Sie seine Beine mit Ihrer Ferse von sich weg.
- **Knie-Kick:** Trotz seines Namens ist der Knie-Kick oder Hiza Geri ein unglaublich effektiver Angriff, wenn er richtig ausgeführt wird. Die Bewegung des Knie-Kicks eignet sich hervorragend, um dem Gegner einen verheerenden Schlag in den Bauch oder die Brust zu versetzen. Um den Kick auszuführen, bringen Sie Ihr Knie in Richtung Brust des Gegners und strecken Sie Ihr Bein aus. Es ist wichtig, diesen nicht-traditionellen Kick sorgfältig zu üben, da Sie sich sonst am Knie verletzen könnten.
- **Stampfkick:** Ein weiterer Kick, der oft übersehen wird und viele Kämpfer unvorbereitet trifft, ist der Fumikomi oder Stampfkick. Bei diesem Kick wird das Spielbein nach vorne gesetzt und auf den Gegner gedrückt. Ein gut ausgeführter Stampfkick kann die Bewegungen des Gegners stören oder ihm Knochen brechen.

Um ein hervorragender Karatekämpfer zu werden, sollten Sie über eine breite Palette an Tritten und Beintechniken verfügen. Die klassischen Tritte sind unerlässlich, aber die hier besprochenen nicht-traditionellen Tritte können Ihren Gegner überraschen, verwirren oder in eine Falle für Ihren nächsten Zug locken. Trainieren Sie gründlich, um Ihre Bewegungen so schnell und präzise wie möglich zu machen und ein geschickter Karatekämpfer zu werden. Mit viel Übung und Engagement können Sie diese fortgeschrittenen Tritte und Beinangriffe meistern und ein gefürchteter Karatekämpfer werden.

Am Ende dieses Buches finden die interessierten Leser ein umfassendes Glossar, das alle hier behandelten Themen abdeckt. Dieses Glossar enthält detaillierte Informationen zu jedem Schlag, Tritt und Angriff, der in diesem Kapitel behandelt wird. Nachdem Sie nun die Grundlagen von Schlägen und Tritten verstanden haben, werden im nächsten Kapitel die Katas Kumite für Weiß- und Gelbgurte behandelt.

Kapitel 4: Weiß- und Gelbgurt-Katas und Kumite

Karategürtel sind ein faszinierender Bestandteil der Kampfkunsttradition, die seit Generationen Menschen in ihren Bann zieht. Die ersten beiden Gürtel des Gürtelsystems, Weiß und Gelb, stehen für Neuanfänge, markieren aber auch einen wichtigen Meilenstein in der Karatepraxis. Sie stehen nicht nur für die ersten Schritte auf dem Weg eines Schülers zum Meister, sondern sind auch mit einzigartigen Herausforderungen und Belohnungen verbunden. Ob Sie nun ein Anfänger sind, der seine ersten Schritte im Karate machen möchte, oder einfach nur neugierig auf die Feinheiten einer Kampfkunstpraxis sind, die weißen und gelben Gürtel sind eine lebendige Erinnerung an die Hingabe und Entschlossenheit, die erforderlich sind, um diese faszinierende Kunst zu meistern.

Dieses Kapitel konzentriert sich auf die Kata und Kumite, die für Karatepraktizierende mit weißem und gelbem Gürtel erforderlich sind. Es untersucht die Heian Shodan, Heian Nidan und Heian Sandan Katas. Zur Veranschaulichung des Bewegungsablaufs finden Sie Abbildungen der Schrittfolgen. Im zweiten Teil dieses Kapitels werden Gohon Kumite und Sanbon Kumite behandelt. Dieses Kapitel soll angehenden Kampfsportlern ein klares Verständnis der Grundlagen vermitteln, um eine solide Grundlage zu schaffen und ihr Training zu steigern.

Katas

Als Anfänger in der Karatewelt wirken die Katas für Weiß- und Gelbgurte zunächst einschüchternd, aber keine Sorge. Diese Katas vermitteln die grundlegenden Bewegungen und Techniken des Karate und schärfen gleichzeitig Ihren Fokus und Ihre Konzentration. Ob Sie nun die grundlegenden Schläge und Tritte üben oder sich komplexeren Abläufen zuwenden, die korrekte Ausführung der Katas verbessert Ihre körperlichen Fähigkeiten und bietet ein unglaubliches mentales Training. Wenn Sie im Laufe Ihres Trainings Fortschritte machen, werden Sie mit Stolz und Dankbarkeit auf Ihre frühen Gürtel-Katas zurückblicken, die Ihnen eine solide Grundlage geboten haben. Hier sind die drei Katas, auf die Sie sich konzentrieren werden:

Heian Shodan

Heian Shodan

Durchführung der Heian Shodan.

Karate ist nicht nur eine körperliche Kunstform, sondern auch ein Ausdruck mentaler und spiritueller Fähigkeiten, die über Jahrhunderte hinweg praktiziert und verfeinert wurden. Kata, eine legendäre Praxis des Karate, ist eine einzigartige Sammlung von Kampfkunstbewegungen, die die Kraft, Ausdauer und Flexibilität eines Karatekas verbessern. Heian Shodan Kata ist die erste Kata der Heian-Kata-Serie und gehört zu den beliebtesten Katas im Karate, insbesondere bei Anfängern. In diesem Abschnitt werden die Feinheiten der Heian Shodan Kata, ihre fehlerfreie Ausführung und ihre Bedeutung im Karate untersucht.

Die Heian Shodan Kata besteht aus 21 Bewegungen, die in einer bestimmten Reihenfolge ausgeführt werden müssen. Dabei muss jede Bewegung präzise und konzentriert ausgeführt werden. Die Kata beginnt mit der Ready-Haltung, gefolgt von der Kamae-Haltung und den Oi Zuki-Bewegungen. Die Oi Zuki-Bewegung ist ein Vorwärtsschlag, der auf einen imaginären Gegner gerichtet ist.

Als Nächstes folgt die Gedan Barai-Bewegung, eine schwungvolle Abwärtsbewegung, gefolgt von der Age Uke-Bewegung. Die Age Uke-Bewegung ist ein Aufwärtsblock, der auf das Gesicht des imaginären Gegners gerichtet ist. Als Nächstes wird die Gedan Barai-Bewegung in die entgegengesetzte Richtung wiederholt, gefolgt von der Shuto Uke-Bewegung und erneut Oi Zuki. Die Shuto Uke-Bewegung ist Handkantenschlag, der auf den Halsbereich des Gegners gerichtet ist.

In der Heian Shodan Kata gibt es mehrere Beinbewegungen, wie die Kekomi- und Mawashi Geri-Tritte, die eine perfekte Ausführung erfordern, da ein Fehler zu einem katastrophalen Ergebnis führen könnte. Darüber hinaus muss jede Bewegung präzise und mit perfektem Timing ausgeführt werden, einschließlich der Tate Zuki-Bewegung, bei der es sich um einen aufrechten Schlag handelt, der auf den Solarplexus des Gegners zielt.

Das regelmäßige Üben der Heian Shodan Kata verbessert die körperliche Technik und vermittelt ein tieferes Verständnis für die praktische Anwendung des Karate. Die Kata umfasst verschiedene Techniken wie Blöcke, Tritte und Schläge, und jede Bewegung muss präzise und konzentriert ausgeführt werden. Die Bewegungsabfolge dieser Kata zu perfektionieren und korrekt auszuführen, führt zum Erfolg. Entdecken Sie die Feinheiten dieser Kata und lassen Sie sich von der Schönheit und Disziplin des Karate begeistern.

Heian Nidan

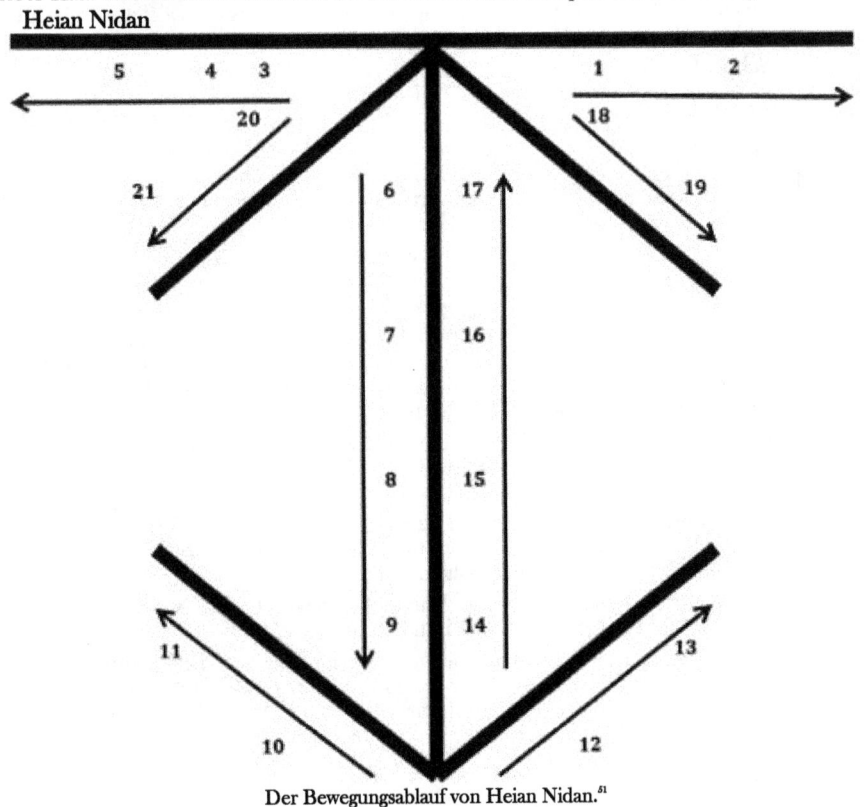

Der Bewegungsablauf von Heian Nidan.[81]

Karate ist Selbstverteidigung und eine Lebenseinstellung. Kata, wie Heian Nidan, ist ein wesentlicher Bestandteil des Karate und hilft Schülern, ihre Selbstverteidigungsfähigkeiten, Flexibilität und Konzentration zu entwickeln. Obwohl Heian Nidan als grundlegende Kata im Karate gilt, erfordert ihre Beherrschung dennoch Übung, Geduld und Disziplin. Jeder, der Karate lernen möchte, sollte mit Heian Nidan beginnen und sich auf die Grundbewegungen konzentrieren, bevor er zu anderen fortgeschrittenen Katas übergeht. In diesem Abschnitt wird die Heian Nidan Kata vorgestellt und erklärt, wie sie ausgeführt wird.

Die Heian Nidan Kata ist die zweite Kata der Heian-Serie und besteht aus 26 Bewegungen. Heian bedeutet friedvoller Geist und Nidan steht für zweite Stufe. Die Kata ist relativ einfach und ein hervorragender Ausgangspunkt für alle, die Karate lernen. Hier sind die Schritte zur Ausführung der Heian Nidan:

- **Schritt 1:** Ausgangsposition. Stehen Sie still, verbeugen Sie sich nach vorne und machen Sie einen Schritt mit dem linken Fuß in Heisoku Dachi oder eine geschlossene Haltung.
- **Schritt 2.** Führen Sie Ihre rechte Faust an Ihre rechte Hüfte und schlagen Sie mit der linken Hand auf der linken Seite. Machen Sie während des Schlagens zwei Schritte nach vorne.
- **Schritt 3:** Führen Sie Ihre linke Hand an Ihre linke Hüfte und schlagen Sie mit der rechten Hand auf der rechten Seite.
- **Schritt 4:** Bringen Sie Ihren linken Fuß in die Kiba-Dachi-Haltung und führen Sie zwei aufeinanderfolgende Blöcke mit geringerer Kraft aus, erst links, dann rechts, wobei das Bein der jeweils anderen Hand nach vorne zeigt.
- **Schritt 5:** Drehen Sie Ihren linken Fuß um 90 Grad und treten Sie mit dem rechten Fuß nach vorne in eine Vorwärtsstellung, wobei Sie gleichzeitig mit der rechten Hand einen Block nach unten ausführen.
- **Schritt 6:** Ohne anzuhalten, drehen Sie Ihren rechten Fuß um 180 Grad nach hinten und führen einen rechten Block nach unten aus.
- **Schritt 7:** Bringen Sie Ihren linken Fuß zurück, drehen Sie Ihren linken Fuß nach hinten und bewegen Sie Ihren rechten Fuß nach hinten, um in eine neue Vorwärtsstellung überzugehen. Führen Sie mit Ihrer linken Hand einen Überkopfblock aus. Gleichzeitig wird Ihre rechte offene Hand nach hinten zur rechten Seite der Hüfte gezogen.
- **Schritt 8:** Bringen Sie Ihre Füße zusammen und führen Sie eine Bewegung in die Ausgangsposition aus, wobei Sie nach vorne schauen.
- Die oben genannten Schritte stellen die erste Hälfte der Kata dar. Wie bereits erwähnt, besteht Heian Nidan aus 26 Bewegungen; jede einzelne ist von entscheidender Bedeutung. Es erfordert Übung, Konzentration und Disziplin, um die Kata vollständig zu verstehen und zu meistern. Hier sind einige zusätzliche Schritte, die Sie ausführen werden, wenn Sie die Kata abschließen:
- **Drehungen und Blöcke:** Führen Sie aus Ihrer Ausgangsposition eine Reihe von Drehungen und Blöcken aus, um sich gegen die imaginären Angreifer zu verteidigen.
- **Tritte:** Führen Sie verschiedene Tritte aus, wie Mae Geri, Kekomi und Mawashi Geri. Das richtige Gleichgewicht und die Kraft in den Beinen sind für die Ausführung von Tritten unerlässlich.
- **Schläge:** Wie andere Katas im Karate beinhaltet Heian Nidan verschiedene Schläge, wie Age Uke, Yoko Uchi und Uchi Uke.
- **Kombination von Techniken:** Sie müssen verschiedene Techniken vorführen, darunter Blocks, Tritte und Schläge. Es erfordert Konzentration und Präzision, alle Bewegungen korrekt auszuführen.

Heian Sandan

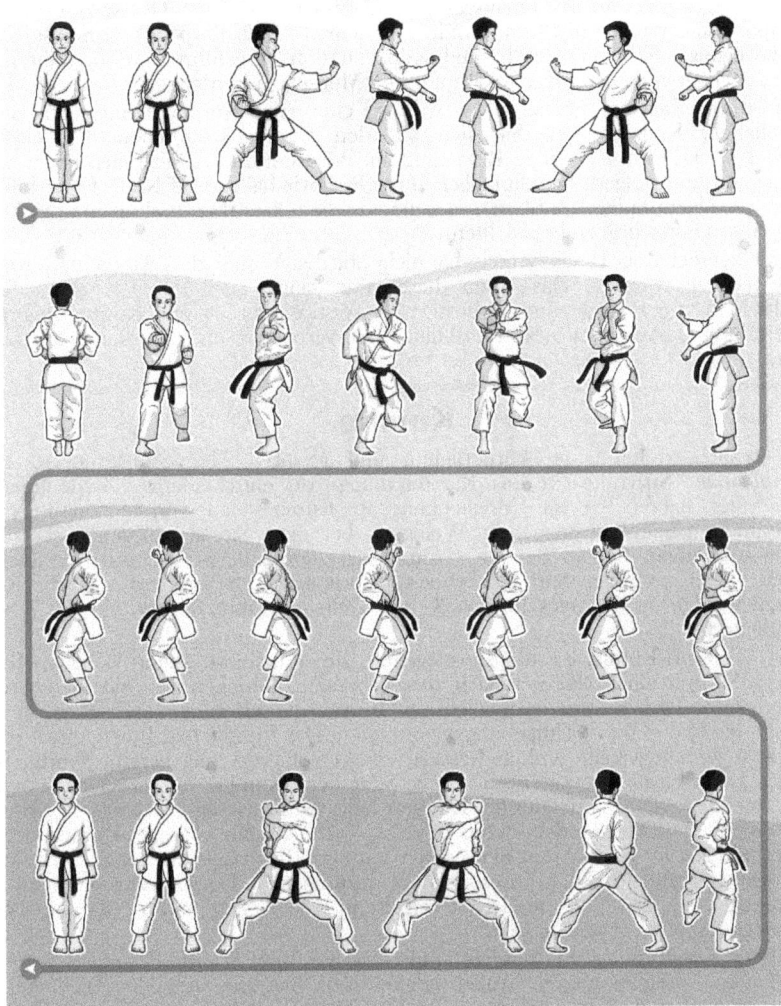

Heian Sandan wird oft als Brücke zwischen einfachen und fortgeschrittenen Katas angesehen.

Für Karatekämpfer ist die Heian Sandan-Kata ein wesentlicher Bestandteil ihres Trainings. In diesem Abschnitt wird die Heian Sandan-Kata, eine der fünf Heian-Katas im Karate, untersucht. Diese Kata wird oft als Brücke zwischen den Grund- und den fortgeschritteneren Katas bezeichnet. Sie lernen, diese Kata auszuführen, ihre Bedeutung, wie man sie übt und ihre Vorteile in den Kampfkünsten und im Alltag.

Die Kata Heian Sandan besteht aus 20 Bewegungen, die Ihnen kraftvolle Techniken wie Age Uke (oberer Block), Shuto Uchi (Handkantenschlag) und Gedan Barai (untere Fegeabwehr) beibringen. Die Kata beginnt mit einem Schritt nach vorne und einem Abwärtsblock, gefolgt von einem Doppelschlag. Dann werden die Arme angehoben und Sie führen einen Handkantenschlag und einen Rückwärtsschlag aus. Als Nächstes führen Sie einen tiefen Block und einen aufsteigenden Ellenbogenschlag aus.

Im weiteren Verlauf der Kata werden verschiedene Techniken ausgeführt, wie z. B. Frontkicks, Schläge und Blöcke. Die Heian Sandan Kata zeigt, wie man fließend von einer Methode zur anderen übergeht und wie man die aus den Hüften gewonnene Kraft für effektive Schläge nutzt. Diese Kata legt den Schwerpunkt auf Timing, Geschwindigkeit und Beweglichkeit, wesentliche Elemente im Karate.

Die Heian Sandan Kata hat eine tiefere Bedeutung, die über das Erlernen von Selbstverteidigungstechniken hinausgeht. Die Kata spiegelt die spirituellen und philosophischen Aspekte des Karate wider. Sie lehrt Demut, Respekt und Selbstdisziplin. Jede Bewegung sollte mit Absicht und Konzentration ausgeführt werden, während Sie danach streben, ein besserer Karatekämpfer und Mensch zu werden.

Um diese Kata zu üben, ist es wichtig, eine gute Körperhaltung und Balance beizubehalten. Konzentrieren Sie sich auf den Übergang zwischen den einzelnen Bewegungen und führen Sie jede Bewegung mit Präzision und Absicht aus. Üben Sie die Kata langsam und steigern Sie allmählich Ihre Geschwindigkeit und Kraft. Es ist hilfreich, die Kata vor einem Spiegel zu üben, um sicherzustellen, dass Ihre Techniken korrekt sind, und um Ihren Fortschritt zu beobachten.

Das Üben der Kata Heian Sandan hat nicht nur den Vorteil, dass Sie dadurch robuster und beweglicher werden. Das Üben dieser Kata stärkt auch den Charakter, fördert Selbstdisziplin und Respekt und verbessert die geistige Klarheit und Konzentration. Die Kata erhöht die Ausdauer und Flexibilität und verbessert die allgemeine körperliche Fitness.

Kumite

Karate besticht durch seine körperlichen und geistigen Herausforderungen. Daher ist *Kumite* (oder Sparring) für das Karatetraining von entscheidender Bedeutung. Als Karateschüler haben Sie die Möglichkeit, an Kumites auf verschiedenen Niveaus teilzunehmen, beginnend mit dem Weißgurt, bei dem Sie grundlegende Techniken erlernen und üben. Sobald Sie die Grundfertigkeiten beherrschen und den Gelbgurt erhalten haben, nehmen Sie an wettbewerbsorientierteren Kumites teil. In diesem Abschnitt werden die Kumites für Weiß- und Gelbgurte, ihre Regeln und das Training dafür erläutert.

Der Weißgurt-Kumite ist die Einstiegsstufe für Karatekas. Beim Weißgurt-Kumite trainieren Sie mit einem Partner nach vorgegebenen Techniken, die Sie im Unterricht gelernt haben. Der Kumite ermöglicht es Ihnen, die erlernten Techniken in einer kontrollierten und sicheren Umgebung anzuwenden. Der Kumite hilft Ihnen, einen starken Kampfgeist zu entwickeln und zu lernen, respektvoll und mit fairem Sportsgeist zu kämpfen. Der Gelbgurt-Kumite ist die zweite Stufe beim Kumite. Auf dieser Stufe nehmen Sie an mehr wettkampforientierten Kumites teil. Beim Gelbgurt kämpfen Sie gegen jemanden mit demselben oder einem höheren Gürtel. Beim Gelbgurt-Kumite liegt der Schwerpunkt auf der Entwicklung eines guten Timings, Rhythmus und Abstand. Sie lernen, die Bewegungen und Absichten Ihres Gegners einzuschätzen. Der Gelbgurt-Kumite ist eine Gelegenheit, sich einem anspruchsvolleren Kampf zu stellen und zu lernen, sich an verschiedene Kampfstile anzupassen.

Um für die Kumites zu trainieren, müssen Sie Ihre Standfestigkeit, Balance und Körperhaltung perfektionieren. Außerdem müssen Sie grundlegende Techniken wie Blocks, Schläge und Tritte beherrschen. Das Sparring mit einem Partner, bei dem Schutzausrüstung wie ein Karate-Gi und ein Helm verwendet werden, hilft Ihnen, den Kumite zu simulieren und Ihre Fähigkeiten zu testen. Am besten üben Sie das Schlagen auf einen Makiwara, einen Boxsack, um die Kraft Ihrer Schläge und Tritte zu entwickeln.

Das Karate-Kumite bietet eine praktische Möglichkeit, Kampfsportfähigkeiten zu entwickeln. Kumites für Träger des weißen und gelben Gürtels sind ein guter Ausgangspunkt für junge Karateenthusiasten. Neben dem Erlernen grundlegender Techniken lernen die Schüler auch die Bedeutung von Sportsgeist kennen. Wenn Sie Ihr Karatetraining fortsetzen, lernen Sie, sich an verschiedene Kampfstile anzupassen und Ihren Kampfgeist zu verbessern. Durch regelmäßiges Training und vollen Einsatz können Sie höhere Gürtelstufen erreichen und gleichzeitig den Nervenkitzel von Kumites genießen.

Gohon Kumite

Gohon Kumite-Technik

Karate ist für sein rigoroses Training und anspruchsvolle Techniken wie Gohon Kumite bekannt. Gohon Kumite ist eine fünfstufige Sparringsübung für fortgeschrittene Karateschüler. Dabei muss man sich gegen fünf verschiedene Angriffe verteidigen und mit vorgegebenen Techniken reagieren.

Für Gohon Kumite benötigen Sie einen Partner. Die Übung sollte in einem gleichmäßigen Tempo durchgeführt werden, wobei es wichtig ist, die Kontrolle zu behalten. Hier sind die Schritte, um Gohon Kumite zu meistern:

- **Schritt 1:** Der erste Angriff ist ein gerader Faustsstoß von vorne. Ihr Partner führt den Faustsstoß mit der Führungshand aus und Sie blocken mit Ihrem vorderen Arm und treten gleichzeitig mit dem anderen Fuß nach vorne. Führen Sie dann einen Gegenangriff mit Ihrem Führungsfaustsstoß aus.
- **Schritt 2:** Der zweite Angriff ist ein Roundhouse-Kick. Ihr Partner führt einen Roundhouse-Kick zu Ihren Rippen aus und Sie blocken mit Ihrem Unterarm, treten dann nach vorne und führen einen Gegenangriff mit einem Faustsstoß aus.
- **Schritt 3:** Der dritte Angriff ist ein gerader Faustsstoß, gefolgt von einer Kombination aus einem Rückwärtsfaustsstoß. Ihr Partner führt einen geraden Faustsstoß mit einer Hand aus und setzt unmittelbar darauf einen Rückwärtsfaustsstoß mit der anderen Hand. Sie blocken den ersten Faustsstoß mit der anderen Hand, den zweiten mit derselben Hand, treten vor und kontern mit einem Faustsstoß.
- **Schritt 4:** Der vierte Angriff ist ein Frontkick. Ihr Partner führt einen Frontkick auf Ihre Brust aus. Sie blocken mit Ihrem vorderen Arm, während Sie gleichzeitig mit dem anderen Fuß einen Schritt nach vorne machen. Führen Sie dann einen Gegenangriff mit einem Faustschlag aus.
- **Schritt 5:** Der fünfte und letzte Angriff ist ein einfacher Griff und Faustschlag. Ihr Partner greift nach Ihrem vorderen Handgelenk und schlägt Sie mit der anderen Hand. Sie entkommen dem Griff am Handgelenk, blocken den Schlag mit der anderen Hand und kontern mit einem Schlag.

Gohon Kumite ist eine hervorragende Technik, um Karateschüler voranzubringen. Sie hilft ihnen, Kontrolle zu erlangen, ihr Timing zu verbessern und ihre Reaktion auf verschiedene Angriffe zu verbessern. Denken Sie daran, die Übung schrittweise anzugehen, die Kontrolle zu behalten und sich auf die Technik zu konzentrieren. Mit etwas Übung werden Sie Gohon Kumite im Handumdrehen meistern.

Sanbon Kumite

Karate nutzt Schläge, Tritte und Stöße als Selbstverteidigungsmechanismen. Sanbon Kumite wird in den meisten Schulen praktiziert. Es handelt sich um eine dreistufige Sparrings-Technik zur Verbesserung der Reflexe, Beweglichkeit und Koordination der Schüler in realen Situationen. Für dieses Kumite sind grundlegende Techniken wie Jabs, Frontkicks und Rückwärts-Roundhouse-Kicks erforderlich. In diesem Abschnitt werden die Schritte zur Durchführung von Sanbon Kumite erläutert.

- **Schritt 1:** Ausgangsposition: Die Ausgangsposition erfordert, dass Sie 2 Meter von Ihrem Gegner entfernt stehen. Der Angreifer und der Verteidiger stehen in einer Sanchin-Dachi-Haltung mit den Händen vor dem Gesicht. Der Angreifer leitet das Sparring ein, indem er einen Jodan-Schlag in Richtung des Gesichts des Verteidigers ausführt. Der Verteidiger blockt den Schlag mit einem steigenden Block und geht in eine eigene Schlagbewegung über.

- **Schritt 2:** Der erste Schlagabtausch: Nach dem ersten Block schlägt der Verteidiger mit einem Jodan-Schlag auf das Gesicht des Angreifers. Der Angreifer blockt den Schlag mit einem steigenden Block und schlägt mit einem Chudan-Schlag auf die Brust des Verteidigers zurück. Der Verteidiger blockt den Schlag mit einem tieferen Block und beendet so den Schlagabtausch.

- **Schritt 3:** Der zweite Austausch: Sobald der erste Austausch abgeschlossen ist, leitet der Angreifer den zweiten Austausch mit einem Gyaku-Zuki oder einem Rückwärtsschlag zum Solarplexus des Verteidigers ein. Der Verteidiger blockt den Angriff mit einem Innen- oder Außenblock und kontert mit einem Mae Geri oder einem Frontkick. Während der Verteidiger den Frontkick ausführt, muss er den Angreifer auf Distanz halten und in die Ausgangsposition zurückkehren.

- **Schritt 4:** Der dritte Austausch: Im dritten Austausch beginnt der Angreifer das Sparring mit einem Mawashi-Geri oder einem Roundhouse-Kick. Der Verteidiger blockt den Kick mit einem steigenden Block und kontert mit einem Gyaku-Zuki oder einem Rückwärtsschlag in Richtung des Gesichts des Angreifers. Der Angreifer blockt den Schlag mit einem Innen- oder Außenblock und kehrt in die Ausgangsposition zurück.

- **Schritt 5:** Vorgang wiederholen: Nach dem dritten Schlagabtausch werden die Rollen von Angreifer und Verteidiger getauscht und die Schritte werden wiederholt. Der Verteidiger wird zum Angreifer und so weiter. Dieser Vorgang wird dreimal wiederholt, um den Schülern zu helfen, die Sanbon-Kumite-Technik zu beherrschen.

Sanbon Kumite ist eine wesentliche Technik im Karate, die die defensiven und offensiven Sparringsfähigkeiten eines Schülers verbessert. Durch das Verstehen und Beherrschen der Schritte in diesem Kumite erlangen die Schüler eine fließende Kampffähigkeit und werden letztendlich zu besseren Karatekas. Es braucht Zeit und Übung, um die Sanbon Kumite-Technik zu perfektionieren, aber wenn man diese Schritte befolgt, kann sie jeder lernen und meisterhaft ausführen. Wenn Sie also das nächste Mal im Karateunterricht sind, probieren Sie Sanbon Kumite aus und entwickeln Sie sich zu einem besseren Kampfsportler.

Wenn Sie die Welt der Kampfkünste für sich entdecken, bilden die Katas und Kumite (Sparring) für Weiß- und Gelbgurt die Grundlage für Ihr Training. Diese ersten Stufen ermöglichen es Ihnen, präzise Bewegungen zu entwickeln und sich in realen Situationen zu verteidigen. Kata ist eine vorab festgelegte Übung, mit der Sie Ihre Technik und Geschmeidigkeit verbessern können. Wenn Sie sich dem Kumite zuwenden, treten Sie gegen einen Gegner an und konzentrieren sich auf Timing, Distanz und Strategie. Lassen Sie sich nicht von der Farbe Ihres Gürtels entmutigen. Diese grundlegenden Fähigkeiten sind unerlässlich, um in den Kampfkünsten voranzukommen und Ihnen das Selbstvertrauen zu geben, jede Herausforderung zu meistern. Machen Sie sich also bereit, sich mit Tritten, Schlägen und Hieben den Weg zum Erfolg zu bahnen.

Kapitel 5: Orange- und Grüngurt-Katas und Kumite

Während Karatekas in den Rängen aufsteigen, werden sie in eine Reihe von Katas und Kumite eingeführt, die ihnen helfen, ihre Technik zu verbessern und die Kunst der Selbstverteidigung zu meistern. Schüler mit orangefarbenem und grünem Gürtel müssen eine bestimmte Reihe von Katas und Kumite lernen, um ihre körperlichen und geistigen Fähigkeiten unter Beweis zu stellen. Diese Katas und Kumite helfen den Schülern, disziplinierter, konzentrierter und selbstbewusster an ihre Karateübungen heranzugehen. Durch hartes Training und konsequentes Üben können die Schüler den Schwarzgurt erreichen, den höchsten Rang im Karate.

Wenn Sie ein aufstrebender Karateka sind, bereit, sich anzustrengen und Ihr wahres Potenzial zu entfalten, ist dieses Kapitel genau das Richtige für Sie. Von der Heian Yondan bis zum Kihon-Ippon Kumite bietet dieses Kapitel einen detaillierten Einblick in die Techniken, die Orangegurt- und Grüngurt-Schüler erlernen, um Fortschritte zu erzielen. Darüber hinaus soll es Ihnen ein besseres Verständnis für die Katas und Kumite vermitteln, die Sie beim Training für die mittleren Gürtelränge meistern müssen.

Heian Yondan Kata

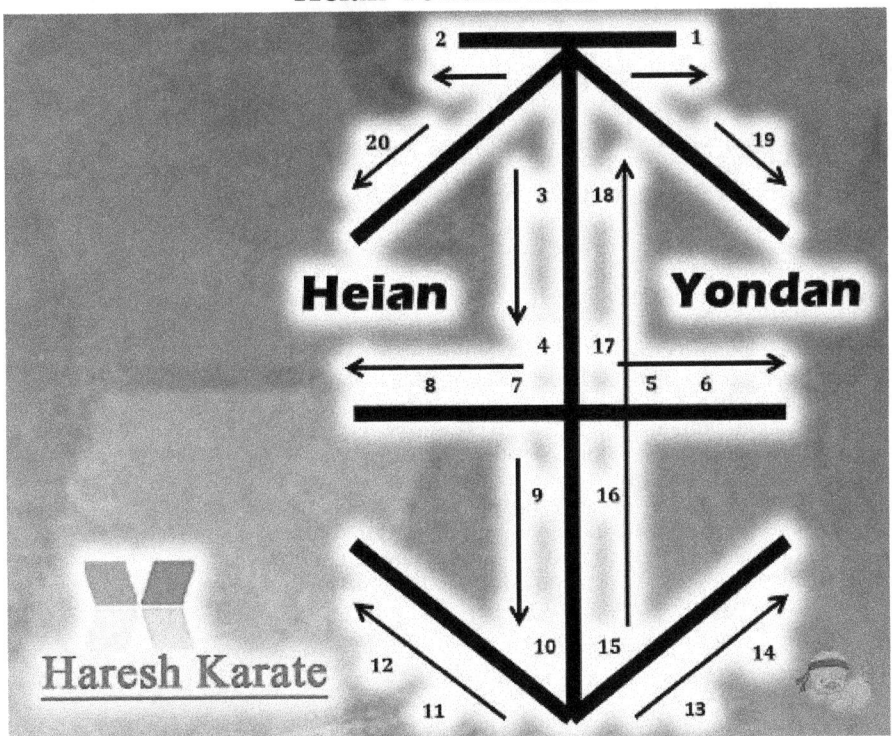

Schema der Heian Yondan.[53]

Eine der entscheidenden Komponenten des Karate ist die Kata, eine Reihe von Bewegungen, die in einer bestimmten Abfolge ausgeführt werden, um einen Kampf gegen mehrere Gegner zu simulieren. Die Heian Yondan Kata ist eine Kata für Fortgeschrittene, die in der Regel nach dem Üben der ersten drei Heian-Katas erlernt wird. In diesem Abschnitt wird die Heian Yondan Kata aufgeschlüsselt und Sie erhalten Tipps, wie Sie sie meistern können.

Verstehen Sie die Konzepte

Bevor Sie versuchen, die Heian Yondan Kata zu lernen, ist es wichtig, das Konzept zu verstehen. Diese Kata besteht aus einer Reihe von Bewegungen, die einen Kampf gegen mehrere Gegner simulieren. Sie umfasst Techniken wie Blocken, Schlagen, Treten und Positionswechsel. Es ist auch wichtig, den Rhythmus der Bewegungen zu verstehen und zu wissen, wie sie zusammenfließen, um eine flüssige Abfolge zu schaffen.

Übungstechniken

Zunächst ist es wichtig, die einzelnen Techniken zu üben, aus denen sich die Heian Yondan Kata zusammensetzt. Konzentrieren Sie sich darauf, diese zu perfektionieren, bevor Sie zur nächsten übergehen, um sicherzustellen, dass Sie über eine solide Grundlage verfügen, bevor Sie versuchen, die Kata auszuführen. Einige Techniken, auf die Sie sich konzentrieren sollten, sind:

- **Frontkick:** Bei diesem primären Kick wird mit dem vorderen Fuß gekickt. Üben Sie, die richtige Form beizubehalten, das Gleichgewicht zu halten und das Bein für den Kick vorzubereiten.
- **Abwärtsblock:** Bei diesem Block wird der Arm von außen nach innen an den Körper geführt, um einen Überkopfangriff abzuwehren. Achten Sie darauf, dass Arm und Handgelenk in einer Linie bleiben und der Ellenbogen unten ist.
- **Doppelter Fauststoß:** Bei dieser Technik werden beide Hände gleichzeitig zum Fauststoß eingesetzt. Üben Sie, die richtige Form beizubehalten, einschließlich der Ausrichtung von Ellenbogen und Fäusten mit den Schultern.

Lernen Sie die Abfolge

Sobald Sie über ein solides technisches Fundament verfügen, ist es an der Zeit, die Heian Yondan Kata-Sequenz zu erlernen. Teilen Sie diese in kleinere Abschnitte auf und üben Sie jeden einzelnen, bis Sie ihn nahtlos ausführen können. Bauen Sie die gesamte Sequenz langsam auf und üben Sie sie, bis Sie sie sicher und fließend beherrschen. Halten Sie Ihre Übungen auf Video fest, damit Sie Bereiche identifizieren können, in denen Sie sich verbessern können.

Konzentrieren Sie sich auf die Atmung

Die richtige Atmung ist ein wesentlicher Aspekt des Karate. Achten Sie beim Üben der Heian Yondan Kata auf einen regelmäßigen Atemrhythmus. Atmen Sie tief ein, bevor Sie eine Technik ausführen, und atmen Sie bei jedem Schlag oder Block aus, um den Rhythmus beizubehalten und Ihre Bewegungen zu kontrollieren. Je stabiler Ihre Atmung ist, desto flüssiger und kraftvoller wird Ihre Kata sein.

Üben Sie mit Partnern

Das Üben mit Partnern ist für die Beherrschung von Techniken und Kata im Karate unerlässlich. Suchen Sie sich einen Trainingspartner und üben Sie gemeinsam die Heian Yondan Kata. Dadurch werden Ihre Bewegungen und Ihr Timing verfeinert und Sie gewinnen an Selbstvertrauen und Ausdauer. Kommunizieren Sie mit Ihrem Partner, um sich gegenseitig zu verbessern.

Die Beherrschung der Heian Yondan Kata im Karate erfordert Geduld, Disziplin und Hingabe. Denken Sie daran, sich auf die Konzepte zu konzentrieren, einzelne Techniken zu üben, die Abfolge zu lernen, sich auf die Atmung zu konzentrieren und mit Partnern zu üben. Mit konsequentem Training und unerschütterlichem Engagement können Sie die Heian Yondan Kata im Karate meistern.

Heian Godan Kata

Heian Godan

Ablauf der Heian Godan Kata

Die Heian Godan Kata ist Ihre nächste Herausforderung, wenn Sie den grünen Gurt haben. Diese traditionelle Kata erfordert Konzentration, Präzision, Timing, Gleichgewicht und Koordination. Dieser Abschnitt bietet einen Überblick über die Bewegungen und erklärt ihre Übersetzungen, um Ihnen zu helfen, diese Kata zu meistern.

Vorbereitung

Der erste Schritt besteht darin, sich in die Mitte der Matte zu stellen und mit dem Gesicht nach vorne zum Dojo zu schauen. Halten Sie Ihre Füße schulterbreit auseinander und die Arme an den Seiten. Verbeugen Sie sich, um dem Dojo und Ihrem Sensei Respekt zu erweisen. Führen Sie Ihre Hände zur Brust und machen Sie mit dem linken Fuß einen Schritt nach vorne. Dies ist die Ausgangsposition für die Heian Godan Kata.

Bewegungen

Die Heian Godan Kata besteht aus 23 Bewegungen, die in vier Teile unterteilt sind. Der erste Teil umfasst drei Bewegungen nach links, gefolgt von einem Block mit der rechten Hand. Der zweite Teil bewegt sich nach rechts und besteht aus einer Reihe von Schlägen und Tritten. Der dritte Teil umfasst einen Schritt zurück und Blocken, gefolgt von einer Drehung und einem Schlag. Der vierte Teil umfasst eine Reihe von Blöcken und Schlägen, die mit einer hammerartigen Faustbewegung der rechten Hand enden.

Timing

Timing ist im Karate von entscheidender Bedeutung, und Heian Godan Kata bildet da keine Ausnahme. Jede Bewegung muss präzise und rechtzeitig ausgeführt werden. Achten Sie darauf, die Schritte zu zählen und sich auf jede Technik zu konzentrieren. Überstürzen Sie nichts, aber zögern Sie auch nicht. Denken Sie daran, vor jeder Bewegung tief einzuatmen, um konzentriert, zentriert und entspannt zu bleiben.

Visualisierung

Visualisierung ist eine wirkungsvolle Technik, die Ihnen dabei hilft, Ihr Karatetraining zu verbessern. Bevor Sie mit der Kata beginnen, gehen Sie wie folgt vor:

1. Stellen Sie sich vor, wie Sie jede Bewegung fehlerfrei ausführen.
2. Stellen Sie sich vor, wie Sie sich fließend bewegen, mit perfektem Timing und perfekter Technik.
3. Stellen Sie sich vor, wie Sie sich selbstbewusst, stark und konzentriert fühlen.
4. Stellen Sie sich vor, wie Sie erfolgreich sind, und es wird Wirklichkeit werden.

Übung

Die Beherrschung der Heian Godan Kata erfordert Hingabe und Anstrengung. Wiederholen Sie die Kata mehrmals langsam und erhöhen Sie allmählich die Geschwindigkeit. Üben Sie mit einem Partner oder vor einem Spiegel, um Feedback zu erhalten und Ihre Technik zu verbessern. Scheuen Sie sich nicht, Fehler zu machen. Lernen Sie stattdessen daraus und machen Sie weiter. Wenn Sie hart arbeiten, werden Sie die Heian Godan Kata bald beherrschen. Denken Sie daran, sich mental vorzubereiten, jede Bewegung präzise auszuführen, sich auf das Timing zu konzentrieren, sich den Erfolg vorzustellen und konsequent zu üben. Mit Hingabe und Anstrengung können Sie die Heian Godan Kata meistern und große Fortschritte machen.

Tekki Shodan

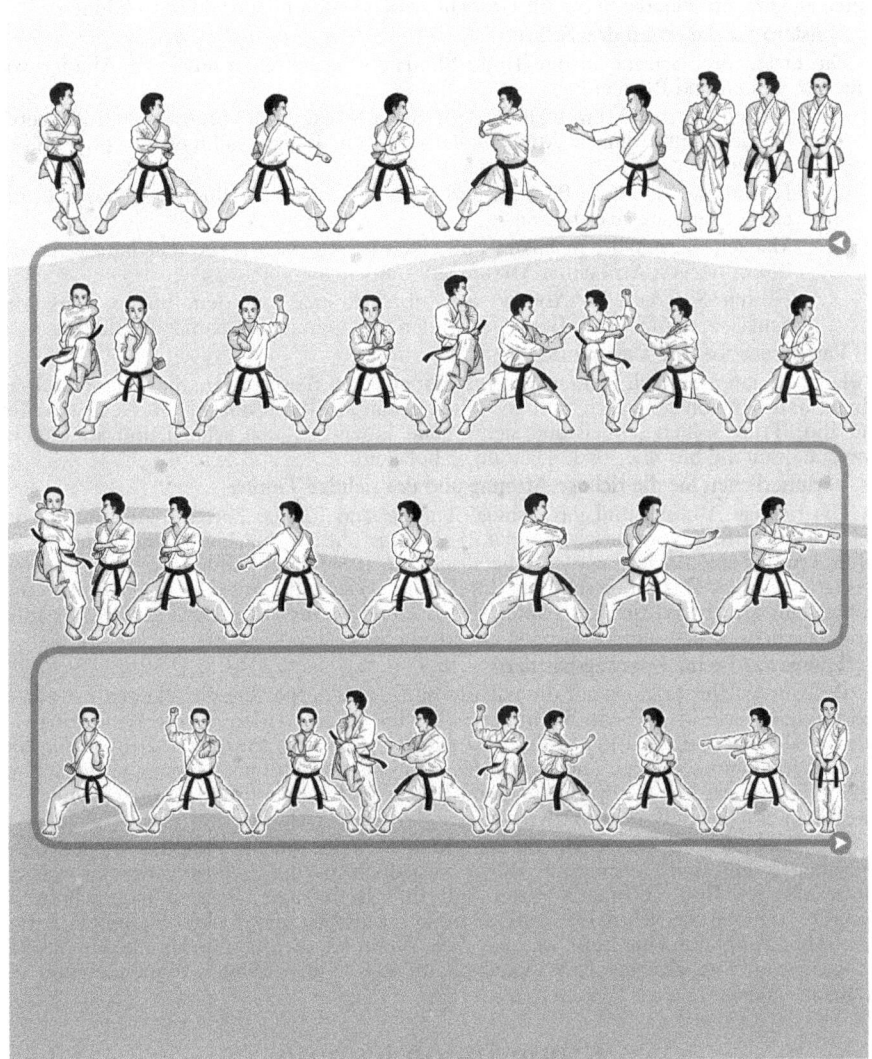

Techniken und Bewegungsabläufe von Tekki Shodan.

Der grüne Gürtel im Karate symbolisiert, dass Sie die grundlegenden Konzepte der Kampfkunst erlernt haben und auf dem besten Weg sind, Ihre Techniken zu beherrschen. Eine der Voraussetzungen für diesen Rang ist die Beherrschung der Tekki Shodan Kata. Diese Kata konzentriert sich auf die Entwicklung weicher, fließender Bewegungen, um effektiv mit dem Gegner zu interagieren. Die Tekki Shodan Kata besteht aus einer Reihe aufeinanderfolgender Aktionen, bei denen Sie in verschiedene Richtungen treten und dabei verschiedene Tritte, Schläge und Blöcke ausführen. In diesem Abschnitt werden Sie durch die Tekki Shodan Kata geführt und die entscheidenden Schritte hervorgehoben, die für die Beherrschung der Kata erforderlich sind.

Erlernen der Grundstellung

Sie müssen die Grundstellung lernen, um die Tekki Shodan Kata korrekt ausführen zu können. Beginnen Sie, indem Sie mit geschlossenen Füßen stehen und dann den rechten Fuß nach vorne bewegen, während Sie sich auf dem linken Fuß drehen. Ihre Füße sollten schulterbreit auseinanderstehen, wobei der hintere Fuß in einem 45-Grad-Winkel stehen sollte, um das Gleichgewicht zu halten. Die Knie sollten leicht gebeugt sein und die Hüften sollten eingezogen sein, damit Sie Ihr Gewicht zwischen den Füßen verlagern können.

Meistern Sie die ersten drei Schritte

Die ersten drei Schritte in der Tekki Shodan Kata bestehen aus einer Abfolge von Schlägen, Tritten und Blöcken:

1. Führen Sie mit Ihrem rechten Arm einen Schlag nach vorne aus und platzieren Sie dann Ihren linken Arm parallel zu Ihrem Bauch, während Sie Ihre Hüften drehen.
2. Heben Sie Ihr linkes Bein an und drehen Sie sich auf Ihrem rechten Fuß, um einen Frontkick auszuführen.
3. Machen Sie mit Ihrem linken Fuß einen Schritt nach vorne und führen Sie mit Ihrem rechten Arm einen Abwärtsblock aus.
4. Führen Sie dieselbe Abfolge aus, aber diesmal mit dem linken Arm zum Schlagen, dem rechten Bein zum Treten und dem linken Arm zum Blocken.

Verbessern Sie Ihre Bewegungen

Konzentrieren Sie sich beim weiteren Üben auf Ihre Bewegungen. Sie sollten fließend, schnell und kraftvoll sein. Ihre Schläge sollten genau auf Ihren imaginären Gegner treffen und Ihre Tritte sollten schnell und sicher sein. Üben Sie, sich schnell und anmutig zu bewegen, während Sie eine solide Haltung beibehalten.

Verinnerlichen Sie die richtige Atmung und das richtige Timing

Die richtige Atmung und das richtige Timing sind für die korrekte Ausführung der Tekki Shodan Kata von entscheidender Bedeutung. Atmen Sie kräftig ein, während Sie Ihren Arm für einen Schlag zurückziehen, und atmen Sie dann kräftig aus, wenn Sie einen Schlag ausführen. Das Geräusch, das durch Ihre Ausatmung entsteht, sollte hörbar und kräftig sein. Durch das richtige Timing der Atmung werden Ihre Bewegungen mit Ihrer Atmung synchronisiert und Sie können effektivere Schläge ausführen.

Trainieren Sie mit Sparringspartnern

Bringen Sie Ihr Training auf die nächste Stufe, indem Sie Ihre Fähigkeiten mit einem Sparringspartner testen. Wenn Sie mit einer Person üben, werden Sie die Bedeutung von Timing, Distanz und Präzision in Ihren Bewegungen zu schätzen wissen. Beobachten Sie, wie sich Ihr Partner bewegt, und passen Sie sich entsprechend an. Sparring ermöglicht es Ihnen, die richtige mentale Einstellung von Ruhe, Konzentration und Aufmerksamkeit zu entwickeln und die Reflexe zu verbessern.

Die Beherrschung der Tekki Shodan Kata ist keine leichte Aufgabe. Sie erfordert Hingabe, Geduld und Genauigkeit. Wenn Sie jedoch mit der Abfolge vertrauter werden, entwickeln sich Ihre Techniken weiter und Ihre Bewegungen werden natürlicherweise flüssiger. Nehmen Sie sich daher Zeit, üben Sie regelmäßig und denken Sie immer daran, dass wahre Perfektion eine Reise ist, kein Ziel. Wenn Sie die oben beschriebenen Schritte befolgen, wird Ihre Zeit bis zum Violettgurt im Karate angenehmer, lohnender und vor allem erfolgreicher.

Kihon-Ippon Kumite

Kihon-Ippon Kumite ist ein wesentlicher Bestandteil des Karatetrainings mit One-Step-Sparring-Techniken. In diesem Abschnitt wird Kihon-Ippon Kumite näher betrachtet und wie man es meistert. Von den Grundlagen bis hin zu fortgeschrittenen Techniken werden verschiedene Ansätze und Übungen vorgestellt, die Ihnen dabei helfen, ein besserer Kampfkünstler zu werden.

Grundlagen

Kihon-Ippon Kumite ist eine Sparrings-Technik, bei der eine festgelegte Abfolge von Bewegungen mit einem Partner ausgeführt wird. Diese Technik ist im Karate von grundlegender Bedeutung, da sie den Schülern hilft, in verschiedenen Situationen schnell und effektiv zu reagieren. Die Methode eignet sich auch hervorragend zur Verbesserung von Konzentration und Koordination.

Ablauf

Kihon-Ippon Kumite besteht aus einer Reihe von Bewegungen, die in zwei Teile unterteilt sind. Im ersten Teil führt der Angreifer einen Angriff aus, den der Verteidiger abwehrt. Der zweite Teil besteht aus einem Gegenangriff des Verteidigers mit einer festgelegten Abfolge von Bewegungen. Nach jeder Sequenz tauschen Angreifer und Verteidiger die Rollen, sodass beide Partner ihre Fähigkeiten üben können.

Sparring mit Partner

Es ist wichtig, Kihon-Ippon Kumite mit einem Partner zu beginnen, der das gleiche oder ein etwas höheres Niveau hat. So wird sichergestellt, dass die Technik korrekt und sicher ausgeführt wird. Die Partner müssen die entsprechende Schutzausrüstung tragen, um sich vor Verletzungen zu schützen. Zur Schutzausrüstung gehören Handschuhe, Mundschutz und Tiefschutz.

Formübungen

Beim Üben von Kihon-Ippon Kumite ist es wichtig, eine korrekte Haltung einzunehmen. Die richtige Karatehaltung zeichnet sich durch leicht gebeugte Knie, schulterbreit auseinanderstehende Füße und eine gleichmäßige Gewichtsverteilung aus. Halten Sie Ihre Hände zum Schutz Ihres Gesichts nach oben und die Ellenbogen eng am Körper. Behalten Sie Ihren Partner immer im Auge. Üben Sie die Technik zunächst langsam und steigern Sie dann allmählich die Geschwindigkeit und Intensität. Achten Sie genau auf Ihren Partner und stellen Sie sicher, dass Sie effektiv kommunizieren. Teilen Sie den Vorgang in kleine Schritte auf und üben Sie jeden Schritt, bis er Ihnen in Fleisch und Blut übergegangen ist.

Kihon-Ippon Kumite ist ein entscheidendes Element des Karatetrainings, das den Schülern hilft, schnell und effektiv zu reagieren. Es ist eine hervorragende Technik zur Verbesserung der Konzentration, Koordination und körperlichen Kraft. Es ist wichtig, die Technik sicher und mit einem Partner zu üben, der über das gleiche oder ein etwas höheres Niveau verfügt. Denken Sie daran, eine korrekte Haltung einzunehmen, effektiv mit Ihrem Partner zu kommunizieren und die Technik in kleinen Schritten zu üben. Mit Zeit und Hingabe werden Sie diese Technik meistern und zu einem erfahrenen Karateschüler werden.

Tipps zum Meistern von Orange- und Grüngurt-Katas und Kumite

Karate ist eine Kampfkunst, bei der körperliche Fitness, mentale Stärke und Disziplin im Vordergrund stehen. Orange und grüne Gürtel sind bedeutende Meilensteine auf diesem Weg und stellen die mittleren Ränge dar. Katas und Kumite auf diesem Niveau zu meistern, kann eine Herausforderung sein, aber mit dem richtigen Training und der richtigen Anleitung können Sie Ihr Ziel erreichen. In diesem Abschnitt finden Sie Tipps und Techniken, um Ihre Katas und Kumite für Orange- und Grüngurte zu verbessern.

Tägliches Training

Regelmäßigkeit ist für die Beherrschung von Katas und Kumite unerlässlich. Nehmen Sie sich jeden Tag etwas Zeit zum Üben und halten Sie sich daran. Konzentrieren Sie sich bei jedem Training auf mindestens ein oder zwei Katas und zerlegen Sie jede Bewegung in überschaubare Schritte. Dasselbe gilt für Kumite: Üben Sie verschiedene Bewegungen so lange, bis Sie sie perfekt beherrschen. Nehmen Sie sich Zeit und lassen Sie sich nicht hetzen, denn das kann zu schlechten Gewohnheiten führen. Konzentrieren Sie sich stattdessen darauf, jeden Schritt zu meistern, bevor Sie zum nächsten übergehen.

Konzentrieren Sie sich auf die richtige Technik

Achten Sie darauf, dass Sie jede Technik von Anfang an richtig ausführen. Wenn Sie sich auf die richtige Form konzentrieren, können Sie vermeiden, dass Sie sich schlechte Gewohnheiten aneignen, die später nur schwer zu durchbrechen sind. Wenn Sie Hilfe bei der Ausführung einer bestimmten Technik benötigen, fragen Sie Ihren Sensei oder schauen Sie sich Trainingsvideos an, um die richtige Ausführung zu erlernen. Die Kampfrichter achten auf Präzision und Genauigkeit, also stellen Sie sicher, dass Ihre Techniken stimmen. Eine ausgezeichnete Möglichkeit, Ihre Technik zu überprüfen, besteht darin, sich selbst aufzunehmen und sich die Aufnahme anzusehen.

Verbessern Sie Ihre Fitness

Orange und grüne Gürtel erfordern eine gute körperliche Fitness. Sie sollten über eine hervorragende kardiovaskuläre Ausdauer, Kraft und Flexibilität verfügen. Je besser Ihre körperliche Fitness ist, desto besser sind Sie in Kata und Kumite. Stabilität, Flüssigkeit und Kontrolle sind für den Erfolg unerlässlich. Integrieren Sie daher Fitnessübungen in Ihr Trainingsprogramm. Integrieren Sie eine Mischung aus Kraft-, Ausdauer- und Dehnübungen in Ihr Trainingsprogramm.

Ernährung und Ruhe

Die richtige Ernährung und Flüssigkeitszufuhr sind für das Meistern von Katas und Kumite unerlässlich. Essen Sie gesunde Mahlzeiten mit den richtigen Proteinen, Kohlenhydraten und Fetten. Achten Sie auf Ihren Flüssigkeitsstand, der für die Leistung von Bedeutung ist. Achten Sie schließlich auf ausreichende Ruhezeiten. Genügend Ruhe zwischen den Trainingseinheiten ist für die Erholung von Körper und Geist unerlässlich. Eine gute Nachtruhe kann viel zur Verbesserung Ihrer Leistung beitragen.

Wöchentliche Bewertungen

Nehmen Sie sich jede Woche Zeit, um Ihre Fortschritte zu bewerten. Notieren Sie die Katas und Kumite, die Sie gelernt haben, und alle Schwierigkeiten, auf die Sie gestoßen sind. Führen Sie ein Tagebuch über Ihre Fortschritte und setzen Sie sich damit Ziele für die kommende Woche. So bleiben Sie auf Kurs und können kontinuierliche Fortschritte erzielen. Wenn Sie Schwierigkeiten haben, bitten Sie Ihren Sensei um Rat und Unterstützung. Mit seiner Hilfe können Sie sich weiter in die richtige Richtung entwickeln.

Glauben Sie an sich selbst

Einer der wichtigsten Aspekte beim Meistern von Katas und Kumite ist Ihre mentale Verfassung. Glauben Sie an sich selbst. Lassen Sie sich nicht von Angst oder Selbstzweifeln aufhalten. Stellen Sie sich vor, wie Sie Katas und Kumite fehlerfrei ausführen. Setzen Sie sich Ziele und arbeiten Sie hart daran, diese zu erreichen. Denken Sie daran, dass der Geist im Karate genauso wichtig ist wie der Körper. Wenn Sie glauben, dass Sie es schaffen können, dann werden Sie es auch.

Das Meistern von Katas und Kumite für den orangefarbenen und grünen Gürtel im Karate kann eine Herausforderung sein, aber mit eisernem Willen und der richtigen Anleitung ist es machbar. Sie können Ihre Ziele durch konsequentes Üben, Konzentration auf die richtige Technik, Verbesserung Ihrer Fitness, Training mit einem Partner und den Glauben an sich selbst erreichen. Denken Sie daran, dass Karate mit Geduld, Ausdauer und harter Arbeit verbunden ist. Bleiben Sie Ihrem Training treu, und Sie werden in kürzester Zeit aufsteigen.

Kapitel 6: Katas für Violett- und Braungurte

Karatebegeisterte wissen, dass der Weg zum schwarzen Gürtel über die Beherrschung einer Reihe von Katas führt, von denen eine komplizierter ist als die andere. Die Katas für Violett- und Braungurte bilden da keine Ausnahme. Mit ihren komplexen Kombinationen aus Schlägen, Tritten und Blocks stellen diese Formen selbst die erfahrensten Praktiker vor Herausforderungen. Der Schlüssel zum Erfolg liegt jedoch in Disziplin und Übung. Indem sie sich der Kunst widmen und sich voll und ganz auf jede Bewegung einlassen, können Karatekas ein völlig neues Niveau an Geschicklichkeit und Präzision erreichen.

    Ob Sie nun einen lila oder braunen Gürtel anstreben, der Weg zur Meisterschaft ist aufregend und voller Herausforderungen und Belohnungen. Dieses Kapitel behandelt vier grundlegende Katas, die von lila und braunen Gürteln geübt werden. Von den fließenden Bewegungen des Bassai-Dai bis hin zur dynamischen Enpi Kata sind diese Katas für jeden ernsthaften Praktizierenden von entscheidender Bedeutung. In diesem Kapitel werden die Techniken zur Ausführung jeder Kata erklärt, erläutert und veranschaulicht. Am Ende dieses Kapitels werden Sie auf dem besten Weg sein, diese komplexen Katas zu meistern und Ihren nächsten Gürtel zu erreichen.

Bassai-Dai

Bewegungen von Bassai-Dai

Bassai-Dai ist eine Kyokushin-Kata, bei der Kraft und Schnelligkeit im Vordergrund stehen. Sie umfasst mehrere Techniken wie Schläge, Tritte und Blöcke. Diese Schlagtechniken müssen mit Leidenschaft und Präzision ausgeführt werden. Die Tritte sind schnell und hart und unterstreichen die Bedeutung von Gleichgewicht und Beweglichkeit. Die Grundbewegung in Bassai-Dai ist die Reiterstellung, die die Kraft im Unterkörper aufbaut. Die in Bassai-Dai vorgestellten Techniken ermöglichen es den Schülern, selbstbewusst und kraftvoll zu kämpfen.

Die Bassai-Dai-Kata wird in einer einschüchternden Haltung mit hoch erhobenen Armen ausgeführt. Diese Form konzentriert sich auf energische, schnelle Bewegungen, die Kraft und Beweglichkeit erfordern. Der Schlüssel zur Beherrschung dieser Kata liegt darin, sich präzise und zielgerichtet zu bewegen und jeden Schlag und Tritt gezielt einzusetzen. In diesem Abschnitt werden die Bassai-Dai Kata, ihre Bedeutung und die wesentlichen Techniken zur Ausführung dieser Kata erklärt. Am Ende dieses Kapitels werden Sie besser verstehen, was es braucht, um die Bassai-Dai Kata zu meistern und Ihre Freunde und Trainingspartner zu beeindrucken.

Bedeutung

Lassen Sie uns zunächst einmal aufschlüsseln, was die Bassai-Dai Kata auf Deutsch bedeutet. Bassai-Dai bedeutet eine Festung durchdringen, was dafür steht, dass Sie Ihre innere Festung beherrschen und diese Kraft in die Praxis umsetzen. Diese Kata symbolisiert oft die Kraft und Disziplin, mit der man jedes Hindernis überwindet.

Techniken

Zu Beginn der Kata werden eine Reihe von Bewegungen ausgeführt, die darauf abzielen, den Gegner durch Blocken und Schlagen zu destabilisieren. Um dies effektiv ausführen zu können, benötigen Sie eine solide Grundlage und einen stabilen Schwerpunkt. Achten Sie darauf, die Füße schulterbreit auseinander und die Knie leicht gebeugt zu halten, auch wenn Sie die Schritte der Kata ausführen. Nutzen Sie Ihre Rumpfmuskulatur, um während der gesamten Bewegung Kraft und Gleichgewicht zu erzeugen. Eine stabile und geerdete Haltung ist entscheidend.

Als Nächstes kommt die sog. Hinge-Technik. Bei dieser Technik werden die Arme eingesetzt, um den Angriff des Gegners abzuwehren, während gleichzeitig ein Gegenschlag ausgeführt wird. Drehen Sie sich zunächst mit der Hüfte zur Seite, um dem Angriff auszuweichen. Bleiben Sie dann mit den Füßen fest auf dem Boden, beugen Sie die Knie und blocken Sie mit den Armen. Während Sie blocken, drehen Sie sich mit der Hüfte wieder in Richtung des Gegners und führen einen Schlag oder einen Hieb aus. Diese Bewegung sollte fließend und schnell sein.

Nach der Hinge-Technik folgen mehrere Kombinationsbewegungen, bei denen es darum geht, den Gegner zu Boden zu bringen, seine Gliedmaßen zu kontrollieren und sein Gleichgewicht zu destabilisieren. Sie müssen Bewegungen wie den Sweep und den Hook lernen. Beim Sweep bringen Sie Ihren Gegner mit Ihrem Fuß zu Fall, während Sie gleichzeitig seinen Arm ziehen, um ihn aus dem Gleichgewicht zu bringen. Bei der Hook-Technik schlagen Sie mit Ihrem Ellenbogen oder Unterarm auf den Arm oder das Bein Ihres Gegners, um ihn zum Stolpern oder Fallen zu bringen. Diese Bewegungen erfordern gutes Timing und Genauigkeit.

Die Bassai-Dai Kata endet mit einer Reihe von Bewegungen, die darauf abzielen, den Gegner vollständig außer Gefecht zu setzen. Dazu gehört ein letzter, kraftvoller Schlag, um ihn zu kampfunfähig zu machen. Um dies effektiv auszuführen, müssen Sie sich darauf konzentrieren, Kraft von Ihren Beinen über Ihre Hüften und Ihren Rumpf bis in Ihre Arme zu erzeugen. Wenn Sie eine solide Haltung bewahren und Ihren gesamten Körper einsetzen, können Sie einen kraftvollen Schlag ausführen, der Ihren Gegner außer Gefecht setzt.

Um die Bassai-Dai Kata zu meistern, sind Kraft, Technik und Präzision erforderlich. Sie werden große Fortschritte bei der Beherrschung dieser kraftvollen Kata machen, wenn Sie sich auf Ihre Basis, die Drehtechnik, die Destabilisierungsbewegungen und die finalen Schläge konzentrieren. Denken Sie daran, dass konsequentes Training und Genauigkeit die Schlüssel zum Erfolg im Karate sind. Bleiben Sie also am Ball, dann werden Sie schon bald ein Meister der Bassai-Dai Kata sein.

Kanku-Dai

Kanku Dai

Schema und Bewegungen von Kanku-dai

Kanku-Dai Kata ist eine der komplexesten und faszinierendsten Karateformen. Sie entwickelt einen starken Stand, fließende Bewegungen und eine präzise Körperhaltung. Mit fünf Ständen, mehreren Schlägen und einer Reihe komplizierter Drehungen ist es kein Wunder, dass Anfänger oft Hilfe benötigen, um sie fehlerfrei auszuführen. Mit Übung und einem tiefen Verständnis der Techniken ist es jedoch möglich, die Kanku-Dai Kata zu meistern. In diesem Abschnitt wird jede Technik der Kata besprochen und mit klaren Erklärungen und Abbildungen versehen, um Ihnen dabei zu helfen, Ihre Form zu perfektionieren.

- **Mawashi Geri (Roundhouse Kick):** Der Mawashi Geri ist ein einzigartiger Tritt, bei dem das Bein in einer kreisförmigen Bewegung geschwungen und das Ziel mit dem Fußballen getroffen wird. Um diese Technik korrekt auszuführen, stellen Sie sich in einen Ausfallschritt nach links und heben Sie das rechte Bein an. Als Nächstes drehen Sie den linken Fuß und treten mit dem rechten Bein in einem 45-Grad-Winkel. Bringen Sie das Bein wieder in die Ausgangsposition und kehren Sie in einen Ausfallschritt nach rechts zurück. Halten Sie die Arme beim Treten eng am Körper und achten Sie darauf, dass Sie das Gleichgewicht halten.

Mawashi Geri[58]

- **Tettsui Uchi (Hammerfaustschlag):** Tettsui Uchi ist eine entscheidende Technik in der Kanku-Dai-Kata, da sie die lebenswichtigen Punkte des Gegners trifft. Beginnen Sie in einer linken Hüftstellung und heben Sie beide Arme auf Schulterhöhe an. Ballen Sie Ihre rechte Hand zu einer festen Faust und führen Sie sie in einer hämmernden Bewegung nach unten, wobei Sie den Gegner mit der geballten Faust treffen. Halten Sie während der gesamten Ausführung Blickkontakt mit Ihrem Ziel und strecken Sie Ihren linken Arm nach vorne, während Sie mit dem rechten Arm zuschlagen.

Tettsui-Uchi

- **Yoko-Geri (Seitwärtskick):** Yoko-Geri ist eine vielseitige und kraftvolle Technik, um die Beine oder die Seite des Körpers des Gegners anzugreifen. Beginnen Sie in einer linken Frontstellung, heben Sie Ihr linkes Bein an und drehen Sie sich auf Ihrem rechten Fuß. Als Nächstes treten Sie mit Ihrem linken Bein zur Seite und treffen Ihr Ziel mit der Fußspitze. Kehren Sie in Ihre Ausgangsposition zurück und wiederholen Sie die Technik mit Ihrem anderen Bein. Halten Sie Ihre Deckung oben und Ihre Arme nah am Körper, um sich vor Gegenangriffen zu schützen.

Yoko-Geri

- **Morote-Uke (beidhändiger Block):** Morote-Uke ist eine Verteidigungstechnik, bei der die Arme des Gegners blockiert und kontrolliert werden. Um diese Technik auszuführen, stellen Sie sich in einen linken Frontschritt, heben Sie das rechte Knie an und führen Sie beide Hände vor der Brust zusammen. Wenn der Gegner angreift, blockieren Sie seine Arme mit beiden Armen und stoßen Sie ihn weg. Achten Sie dabei auf einen festen Stand und das richtige Gleichgewicht.

Morote-Uke

- **Gyaku-Zuki (entgegengesetzter Fauststoß):** Gyaku-Zuki ist eine grundlegende Technik, bei der der Gegner mit einem kraftvollen entgegengesetzten Fauststoß getroffen wird. Um diese Technik auszuführen, stellen Sie sich in einen linken Frontschritt, beugen Sie den linken Ellenbogen und ziehen Sie ihn in Richtung Ihres Körpers, wodurch eine kraftvolle Kettenreaktion entsteht, die die Kraft Ihres gesamten Körpers auf Ihren Schlagarm überträgt. Dann, ohne Ihre Haltung zu verändern, bringen Sie Ihren rechten Arm nach vorne, während Sie Ihre Hüften drehen, und führen Sie einen Schlag mit Ihrem rechten Arm aus. Halten Sie Ihren Ellenbogen unten und Ihr Handgelenk gerade, während Sie zuschlagen.

Kanku-Dai ist eine Kata, die viele komplexe Bewegungen beinhaltet und bei der Geschwindigkeit, Konzentration und Kraft im Vordergrund stehen. Es handelt sich um eine kraftvolle und dynamische Karateform, die ein ausgezeichnetes Gleichgewicht und Kontrolle erfordert. Die Kata besteht aus einer ausgeklügelten Abfolge von Bewegungen, darunter mehrere Dreh- und Sprungtechniken. Sie verbessert die Reflexe und die Hand-Augen-Koordination des Schülers. Diese Kata bietet den Schülern eine hervorragende Gelegenheit, ihren Mitschülern und Lehrern ihre Fähigkeiten zu präsentieren.

Jion Kata

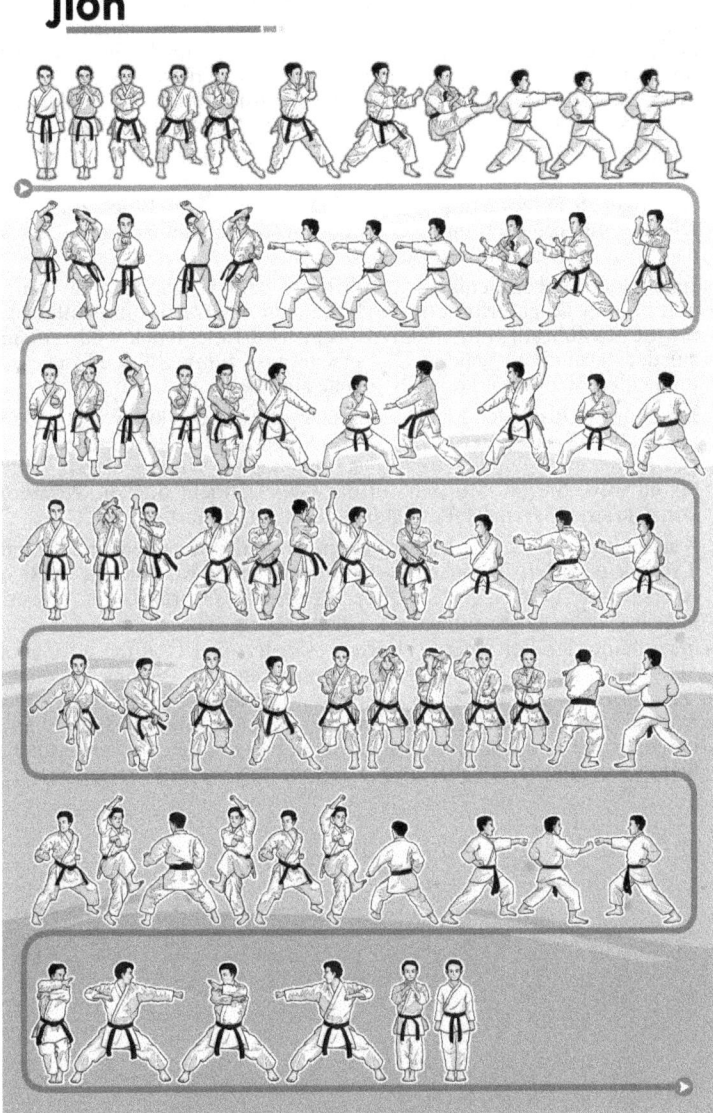

Ausführung und Bewegungsabläufe der Jion Kata

Die Jion Kata ist eine traditionelle Kata aus Okinawa, bei der Konzentration, Balance und Beinarbeit im Vordergrund stehen. Sie umfasst mehrere Block- und Schlagtechniken, die von den Schülern eine hervorragende Körperbeherrschung verlangen. Diese Kata fördert das Timing der Schüler, hilft ihnen, ihre Konzentration zu verbessern, und lehrt sie, sich an verschiedene Situationen anzupassen. Sie ist anspruchsvoll und erfordert Ausdauer und Geduld, um sie zu meistern.

Für Karatebegeisterte ist die Beherrschung der Jion Kata ein bedeutender Meilenstein auf ihrem Weg zum Schwarzgurt. Diese Kata stammt aus dem 12. Jahrhundert und wird für ihre kraftvollen, schnellen Bewegungen hochgeschätzt, die einen echten Kampf simulieren. Die Jion Kata besteht aus einer Abfolge von Bewegungen, die Kraft, Schnelligkeit und eine präzise Ausführung erfordern. In diesem Abschnitt werden die Techniken zur korrekten Ausführung dieser Kata ausführlich behandelt.

- **Frontal-Snap-Kick:** Der Frontal-Snap-Kick wird zu Beginn der Kata ausgeführt und erfordert schnelle Bewegungen. Bei dieser Technik wird mit einem Bein nach vorne gekickt, wobei man auf demselben Fuß landet und sofort einen weiteren Kick mit dem anderen Fuß ausführt. Um diese Bewegung auszuführen, ist es entscheidend, sich auf die fließende Ausführung und Geschwindigkeit der Technik zu konzentrieren und dabei das Gleichgewicht zu halten.
- **Niedriger Block und hoher Block:** Diese beiden Bewegungen werden während der Kata-Sequenz häufig in einer Aktion kombiniert. Der niedrige Block wird zur linken Seite ausgeführt, gefolgt von einem hohen Block zur rechten Seite. Die Technik erfordert eine hervorragende Koordination und ein gutes Timing, damit die Bewegung flüssig aussieht.
- **Innenblock und Außenblock:** Ähnlich wie bei der Kombination aus niedrigem und hohem Block erfordern die Techniken des Innen- und Außenblocks eine präzise Ausführung, um effektiv zu sein. Der Innenblock wird mit einer Hand auf der gegenüberliegenden Körperseite ausgeführt, während der Außenblock mit beiden Händen auf derselben Seite ausgeführt wird.
- **Ellenbogenschlag:** Der Ellenbogenschlag ist eine der kraftvollsten Bewegungen in der Jion-Kata-Sequenz. Die Technik erfordert eine schnelle und kraftvolle Bewegung, wobei der Einsatz des Ellenbogens zum Schlagen und Blocken betont wird. Sie müssen sich auf das Gleichgewicht und die Körperbewegung konzentrieren, um diese Bewegung korrekt auszuführen.
- **Knieschlag:** Der Knieschlag wird gegen Ende der Kata-Sequenz ausgeführt. Die Technik erfordert die schnelle Ausführung eines Knieschlags in Richtung der Körpermitte des Gegners. Diese Bewegung erfordert ein ausgezeichnetes Gleichgewicht und Koordination, um effektiv zu sein.

Die Beherrschung der Jion-Kata-Techniken erfordert viel Übung und Geduld. Es ist wichtig, die Geschmeidigkeit, Kraft und Geschwindigkeit der Technik zu verstehen und sich darauf zu konzentrieren. Die oben genannten Techniken bilden die Grundlage, um Ihre Karatekünste zu verbessern. In allen Karatedisziplinen, einschließlich Shito Ryu und Shotokan Karate, ist die Jion-Kata von entscheidender Bedeutung für den Aufbau geistiger und körperlicher Disziplin.

Enpi Kata

Enpi

Ausführung und Bewegungsabläufe der Enpi Kata

Enpi Kata, auch bekannt als Flug der Schwalbe, legt den Schwerpunkt auf Beweglichkeit, Schnelligkeit und Geschicklichkeit. Die Kata beinhaltet mehrere hohe Tritte und Schläge und die Bewegungen sind fließend und anmutig. Diese Kata verbessert die

Flexibilität, Schnelligkeit und Präzision des Schülers. Darüber hinaus lernen die Schüler, wie sie während eines Kampfes schnell reagieren und die Richtung schnell ändern können.

Wenn Sie vorhaben, die Enpi Kata zu lernen, können Sie sich auf eine spannende Erfahrung gefasst machen. Diese Kata ist eine der visuell beeindruckendsten im Shotokan-Karate und bekannt für ihre schnellen und scharfen Bewegungen, Tritte, Schläge und Blöcke. Die Enpi Kata ist eine traditionelle japanische Kampfkunst, die schwer zu meistern ist. Mit den richtigen Techniken und Übung können Sie diese Kata jedoch perfektionieren. In diesem Abschnitt werden einige grundlegende Techniken vorgestellt, die Sie für eine erfolgreiche Ausführung der Enpi Kata benötigen.

- **Stampftritt (Fumikomi):** Die Schritttechnik der Enpi Kata ist entscheidend für die Erzeugung von Schwung und Kraft. Um die Fumikomi-Technik auszuführen, machen Sie drei Schritte nach vorne mit dem linken Fuß, strecken ihn fest aus und ziehen den rechten Fuß zurück. Diese Bewegung sollte ein Geräusch erzeugen, das als Kiai bekannt ist und Ihren ganzen Körper in den Angriff einbezieht.

Fumikomi

- **Ellenbogenschlag (Empi Uchi):** Diese Technik ist ein wesentlicher Bestandteil der Enpi Kata. Nach drei Schritten nach vorne mit der Fumikomi-Technik drehen Sie Ihren Körper nach links, heben Ihren rechten Arm und Ellenbogen an. Dann stoßen Sie Ihren Ellenbogen nach vorne und treffen den Kopf oder den Hals Ihres imaginären Gegners und ziehen ihn sofort zurück.

Empi Uchi

- **Hoher Block und Tritt (Jodan Uke und Mae Geri):** Enpi Kata beinhaltet viele Tritt- und Blocktechniken, darunter die Kombination aus hohem Block und Tritt. Um diese Technik auszuführen, heben Sie Ihren linken Arm für einen Jodan Uke (hoher Block), heben Sie Ihr rechtes Knie an und führen Sie einen Mae Geri (Vorwärtstritt) aus, der den Gegner im Gesicht trifft.

Jodan Uke

Mae Geri⁵⁴

- **Entgegengesetzter Faststoß (Gyaku Zuki):** Der entgegengesetzte Faststoß (Gyaku Zuki) ist eine grundlegende Technik im Shotokan-Karate und ein entscheidender Bestandteil der Enpi Kata. Um den entgegengesetzten Faststoß auszuführen, bringen Sie Ihre rechte Hand an der Hüfte in Position, treten Sie mit dem linken Fuß vor, drehen Sie den linken Fuß und drücken Sie die rechte Faust in Richtung des Gesichts Ihres Gegners.

- **Springen und Drehen (Tobi und Kaiten):** Enpi Kata endet mit einer Reihe dynamischer Bewegungen, darunter Springen und Drehen. Um den Tobi (Sprung) auszuführen, gehen Sie in die Hocke, stoßen Sie sich mit ausgestreckten Beinen vom Boden ab und landen Sie wieder in Ihrer Kibadachi-Haltung. Was Kaiten (Drehen) betrifft, so drehen Sie Ihren Körper und schlagen Sie Ihren imaginären Gegner in der Luft.

Enpi Kata ist nicht leicht zu meistern, aber wenn Sie diese grundlegenden Techniken üben, sind Sie auf dem besten Weg, ein Profi zu werden. Denken Sie daran, dass konsequentes und ausdauerndes Training der Schlüssel zum Erfolg ist. Wir hoffen, dass diese Techniken Ihnen dabei helfen, Ihre Fähigkeiten zu verbessern. Ob Anfänger oder fortgeschrittener Karateka, diese Techniken eignen sich für alle, die ihre Enpi Kata verbessern möchten.

Die Katas für den violetten und braunen Gürtel, darunter Bassai-Dai, Kanku-Dai, Jion Kata und Enpi Kata, sind für die Entwicklung der Fähigkeiten und Fertigkeiten eines Schülers von entscheidender Bedeutung. Diese Katas helfen dabei, die Beweglichkeit, Schnelligkeit, Kraft und Konzentration zu verbessern. Außerdem betonen sie die Bedeutung von Selbstdisziplin, Geduld und mentaler Konzentration, entscheidende Eigenschaften, die ein Karateschüler besitzen sollte. Wenn Sie also ein Karateschüler mit violettem oder braunem Gürtel sind, sollten Sie diese Katas perfektionieren.

Kapitel 7: Kumite-Wettkämpfe für Braungurte und Schwarzgurte

Das Kumite-Training, auch Sparring genannt, ist ein entscheidender Bestandteil des Kampfsporttrainings. Für Karatekas, die den schwarzen Gürtel anstreben, sind Kumite-Übungen mit braunem und schwarzem Gürtel ein wesentlicher Bestandteil des Trainings. Sobald sie die Kumite-Grundlagen perfektioniert haben, können die Übenden zum halbfreien Sparring (Jiyu Ippon Kumite) und zum freien Sparring (Jiyu Kumite) übergehen. Obwohl die beiden Formen Ähnlichkeiten aufweisen, gibt es entscheidende Unterschiede zwischen ihnen.

Braune und schwarze Gürtel trainieren im Sparring.[65]

In diesem Kapitel werden die Hauptmerkmale, Techniken und Schritte von Jiyu Ippon Kumite und Jiyu Kumite beschrieben. Das Verständnis dieser Übungen ist von entscheidender Bedeutung, da sie für das Training mit braunen und schwarzen Gürteln von großer Bedeutung sind. Das hier erworbene Wissen wird Karatekas dabei helfen, diese Übungen optimal auszuführen. Die Beherrschung dieser Kumites ist unerlässlich, bevor man zur nächsten Stufe übergeht. Lesen Sie weiter, um mehr über Kumite mit braunen und schwarzen Gürteln zu erfahren.

Braun- und Schwarzgurt - Kumites

Braune und schwarze Gürtel Kumites testen Ausdauer, Strategie und Geschicklichkeit. Es handelt sich um Vollkontakt-Sparring mit einem Gegner des gleichen oder eines höheren Niveaus. Der Karateka muss seine Beherrschung von Techniken wie Blöcken, Schlägen und Tritten unter Beweis stellen. Das Ziel besteht nicht darin, den Gegner k. o. zu schlagen, sondern durch die korrekte Ausführung von Techniken Punkte zu erzielen.

Timing

Ein wichtiger Bestandteil von Kumite-Wettkämpfen für Braun- und Schwarzgurte ist das Timing. Ein Sekundenbruchteil kann über Sieg oder Niederlage entscheiden. Karatekas müssen eine effektive Abstandskontrolle demonstrieren, um die Distanz zwischen sich und ihrem Gegner zu kontrollieren. Die Beinarbeit ist entscheidend, um sich schnell zu bewegen und dem Angriff des Gegners auszuweichen.

Kontrolle

Kontrolle ist ein weiterer entscheidender Aspekt, der bei Kumites mit braunen und schwarzen Gürteln berücksichtigt werden sollte. Karatekas müssen ihren Gegner mit genügend Kraft treffen, um einen Punkt zu erzielen, aber nicht so stark, dass sie ihn verletzen. Sie müssen bei ihrer Verteidigung die Kontrolle behalten, die Bewegungen ihres Gegners im Auge behalten und seine Angriffe vorhersehen. Dies erfordert körperliche Beherrschung, mentale Konzentration und Scharfsinn.

Charakter

Braune und schwarze Gürtel im Kumite stellen den Charakter eines Karatekas auf die Probe – Respekt für den Gegner, Einhaltung von Regeln und Vorschriften und Bescheidenheit bei Sieg und Niederlage. Karatekas müssen Ausdauer zeigen, um ihre Fähigkeiten und Techniken zu verbessern. Dies sind wesentliche Eigenschaften, die ein wahrer Kampfkünstler besitzen muss. Die Fähigkeit, Emotionen zu kontrollieren und konzentriert zu bleiben, sind wichtige Eigenschaften, die es zu entwickeln gilt.

Mut

Schließlich ermöglichen Kumites mit braunen und schwarzen Gürteln den Karatekas, ihre Grenzen zu testen und sich ihren Ängsten zu stellen. Es erfordert viel Mut, sich einem erfahrenen Gegner zu stellen und das Risiko einzugehen, getroffen zu werden. Ein

Scheitern in einem Kumite mit braunem oder schwarzem Gürtel scheint entmutigend, aber es ist eine Gelegenheit, darüber nachzudenken, was schiefgelaufen ist, und sich zu verbessern. Am Ende gehen Karatekas gestärkt und selbstbewusster aus der Situation hervor.

Kumites mit braunen und schwarzen Gürteln sind mehr als nur Sparring mit einem Gegner. Sie testen die körperlichen und geistigen Fähigkeiten, den Mut und den Charakter eines Karatekas. Es geht um etwas anderes als um Gewinnen oder Verlieren, sondern darum, dass jeder Karateka das, was er im Training gelernt hat, verfeinert, um seine Fähigkeiten, Intelligenz und Kontrolle unter Beweis zu stellen. Kumite mit braunen und schwarzen Gürteln bringen Karatekas an ihre Grenzen, aber sie werden dadurch robuster, disziplinierter und belastbarer.

Jiyu Ippon Kumite (Halbfreies Sparring)

Jiyu Ippon Kumite, auch bekannt als halbfreies Sparring, ist eine beliebte Methode im traditionellen Karatetraining. Es ist eine der anspruchsvollsten und zugleich befriedigendsten Übungsformen, die den Übenden dabei hilft, ihre Technik und ihre Sparringsfähigkeiten zu verbessern. Darüber hinaus ermöglicht Jiyu Ippon Kumite den Karatekas, ihre Beweglichkeit, ihr Timing und ihre Präzision unter Beweis zu stellen. Im Folgenden werden die wichtigsten Merkmale, Techniken und Schritte zur Beherrschung von Jiyu Ippon Kumite erläutert.

Hauptmerkmale

Jiyu Ippon Kumite ist eine Kombination aus Technik und Sparring. Die Teilnehmer dürfen beliebige Techniken anwenden, solange sie kontrolliert sind und dem Gegner keinen Schaden zufügen. Bei Jiyu Ippon Kumite gibt es keine vorgeplante Angriffssequenz, und der Gegner greift spontan an oder kontert. Dieses Training beinhaltet Geschwindigkeits- und Distanzmanagement und ermöglicht es den Teilnehmern, ihre Beinarbeit und Körperkoordination zu perfektionieren.

Verwendete Techniken

Jiyu Ippon Kumite ermöglicht es den Trainierenden, Techniken in einer kontrollierten, aber realistischeren Umgebung anzuwenden. Ein meisterhaftes Jiyu Ippon Kumite erfordert, dass man grundlegende Techniken kennt und sie sofort ausführen kann. Hier sind die effektivsten Techniken im Jiyu Ippon Kumite und Tipps zur Verbesserung Ihrer Technik.

- **Nutzen Sie Ihre Beinarbeit zu Ihrem Vorteil:** Beinarbeit ist im Jiyu Ippon Kumite von entscheidender Bedeutung. Es ist wichtig, Ihre Füße schnell und effizient zu bewegen, um Ihren Gegner auszumanövrieren. Ein Tipp ist, das Bewegen in alle Richtungen und das Ausweichen zu üben, um nicht getroffen zu werden. Sie sollten schnell in die Schlagreichweite hinein- oder aus ihr herausgehen, um es Ihrem Gegner zu erschweren, einen sauberen Treffer zu landen.

- **Konzentrieren Sie sich auf das Blocken:** Effektives Blocken ist im Jiyu Ippon Kumite unerlässlich. Es ist notwendig, das Blocken mit Präzision zu üben und Hände und Arme zum Schutz der lebenswichtigen Bereiche einzusetzen. Eine Technik besteht darin, den Schlag des Gegners nach außen zu blocken, was als Uke bekannt ist. Sie können Tritte verwenden, um Schläge zu blocken. Es ist entscheidend, sofort zu blocken, sobald Ihr Gegner eine Bewegung einleitet.

- **Führen Sie Gegenangriffe aus:** Gegenangriffe sind im Jiyu Ippon Kumite von großer Bedeutung. Sobald Sie den Angriff Ihres Gegners blocken, können Sie zurückschlagen. Zu den Techniken gehören Jodan, ein Schlag auf den Kopf, und Chudan, ein Schlag auf den Oberkörper. Sie können auch Tritte und Schwünge einsetzen, um Ihren Gegner aus dem Gleichgewicht zu bringen. Es ist wichtig, dass Ihre Gegenangriffe präzise und kontrolliert sind.

- **Nutzen Sie Ablenkungen:** Ablenkungen sind effektiv, um Ihren Gegner unvorbereitet zu erwischen und eine Angriffschance zu schaffen. Einige Techniken sind Finten - das Vortäuschen einer Bewegung, um den Gegner zu täuschen - und bewegliche Ziele - das Bewegen des Kopfes oder Körpers, um

Treffer zu erschweren. Durch den Einsatz dieser Techniken schaffen Sie Öffnungen, um Ihren Gegner zu treffen.
- **Konzentriert und ruhig bleiben:** Schließlich ist es für die Beherrschung von Jiyu Ippon Kumite entscheidend, konzentriert und ruhig zu bleiben. Eine klare und fokussierte Geisteshaltung ist unerlässlich, auch unter Druck. Vermeiden Sie es, sich aufzuregen und die Beherrschung zu verlieren, was zu Fehlern führt. Wenn Sie konzentriert bleiben, können Sie die Bewegungen Ihres Gegners vorhersehen und entsprechend reagieren.

Schritte des Jiyu Ippon Kumite

Die Schritte zum Üben von Jiyu Ippon Kumite variieren von Dojo zu Dojo, aber die Grundlagen bleiben gleich.

1. Beginnen Sie zunächst mit einer gründlichen Aufwärmphase, um Verletzungen zu vermeiden.
2. Stellen Sie sich Ihrem Gegner und verbeugen Sie sich, um das Sparring zu beginnen.
3. Legen Sie fest, wer der Angreifer und wer der Verteidiger sein wird.
4. Der Angreifer entscheidet, welche Technik er anwenden möchte, während der Verteidiger eine Abwehr ausführt, und setzt dann schnell eine Kontertechnik ein.
5. Bleiben Sie entspannt, achten Sie auf den richtigen Abstand und sorgen Sie für eine gut koordinierte Beinarbeit während des Sparrings.
6. Verbeugen Sie sich zum Schluss vor Ihrem Gegner, um das Ende der Trainingseinheit anzuzeigen.

Jiyu Ippon Kumite ist ein hervorragendes Trainingsinstrument zur Verbesserung Ihrer Karatefähigkeiten. Es testet Ihre Technik und Sparringsfähigkeiten und hilft, Selbstvertrauen aufzubauen. Sie können diese Karateform meistern und durch regelmäßiges Üben grundlegende Fähigkeiten wie Beweglichkeit, Timing und Präzision entwickeln. Die Techniken sind vielfältig und ermöglichen endlose Kreativität. Der Schlüssel liegt darin, entspannt und konzentriert zu bleiben und während des Sparrings stets eine gute Beinarbeit beizubehalten. Üben Sie regelmäßig Jiyu Ippon Kumite und sehen Sie, wie es Ihre Karatefähigkeiten verbessert.

Jiyu Kumite (Freies Sparring)

Kampfkunst ist mehr als nur das Erlernen von Formen und Techniken. Es geht darum, sich körperlich und geistig mit anderen zu messen. Karatekas können beim Jiyu Kumite ihre Fähigkeiten unter Beweis stellen und aus ihren Fehlern lernen. Jiyu Kumite, auch bekannt als Freikampf, ist ein wichtiger Bestandteil des traditionellen Karatetrainings. In diesem Abschnitt werden die wichtigsten Merkmale, Techniken und Schritte dieser dynamischen und spannenden Praxis vorgestellt.

Hauptmerkmale

Jiyu Kumite ist Freikampftraining, bei dem Schüler lernen, schnell und effektiv auf verschiedene Kampfstile zu reagieren. Im Gegensatz zum festgelegten Kumite gibt es beim Jiyu Kumite keine festgelegten Abläufe. Stattdessen müssen die Schüler ihre Angriffe und Verteidigungen spontan entwickeln. Dieser Ansatz hilft den Trainierenden, schnell zu denken und sich an veränderte Situationen anzupassen. Darüber hinaus betont Jiyu Kumite die Bedeutung von Kontrolle und Respekt gegenüber dem Gegner, um die Sicherheit beider Kampfsportler während des Sparrings zu gewährleisten.

Verwendete Techniken

Jiyu Kumite ist einer der spannendsten und anspruchsvollsten Aspekte des Karatetrainings. Wie bei einem echten Kampf sind schnelle Reflexe, strategisches Denken und die Fähigkeit, sich an jede Situation anzupassen, erforderlich. Bei Jiyu Kumite müssen Sie darauf vorbereitet sein, mit einer Vielzahl von Angriffstechniken zu arbeiten, von Schlägen über Tritte bis hin zu Ellenbogenschlägen.

Zunächst einmal sind Schläge eine grundlegende Technik im Jiyu Kumite. Beim Sparring ist es besonders wichtig, die Deckung oben zu halten, wenn man einen Schlag ausführt. Ihr Gegner wird nach Schwächen in Ihrer Verteidigung suchen, also halten Sie Ihre Hände oben, um Ihr Gesicht und Ihren Körper zu schützen. Zielen Sie beim Schlagen auf das Kinn, den Solarplexus oder die Rippen. Verwenden Sie Ihren ganzen Körper, nicht nur Ihren Arm, um Kraft zu erzeugen.

Ellenbogenschläge (Empi) sind eine weitere entscheidende Technik im Jiyu Kumite. Ellenbogenschläge können im Nahkampf eingesetzt werden und sind bei korrekter Ausführung äußerst effektiv. Um einen Ellenbogenschlag auszuführen, bringen Sie Ihren Ellenbogen nach oben und zur Seite Ihres Körpers und stoßen ihn dann mit Ihrem ganzen Körper nach vorne. Das Ziel eines Ellenbogenschlags ist in der Regel die Schläfe, der Kiefer oder das Schlüsselbein. Ellenbogenschläge sind kraftvoll und können einen Gegner schnell benommen machen oder außer Gefecht setzen.

Schwerthandschläge (Shuto) werden häufig im Jiyu Kumite eingesetzt. Shuto-Schläge werden mit der Seite der Hand ausgeführt und auf verschiedene Weise eingesetzt. Zum Beispiel können Sie einen Shuto-Schlag auf den Hals oder die Schläfe ausführen, um Ihren Gegner handlungsunfähig zu machen, oder auf die Rippen schlagen, um ihm die Luft zu nehmen. Um einen Shuto-Schlag auszuführen, halten Sie Ihre Finger zusammen und den Daumen nach innen gedreht und schlagen dann mit dem fleischigen Teil Ihrer Hand zu.

Tritte sind im Jiyu Kumite unerlässlich und umfassen drei Haupttechniken: Frontkicks (Mae Geri), Seitkicks (Yoko Geri) und Roundhouse-Kicks (Mawashi Geri). Frontkicks sind kraftvoll und können Ihren Gegner in Schach halten. Zielen Sie beim Frontkick auf den Solarplexus oder das Kinn. Seitliche Tritte sind hilfreich, wenn sich Ihr Gegner seitwärts bewegt, und können gegen die Rippen oder das Knie ausgeführt werden. Roundhouse-Kicks sind kraftvoll, aber langsamer als andere Kicks. Sie zielen auf die Seite des Kopfes oder die Rippen.

Schritte des Jiyu Kumite

Vor dem Sparring müssen sich die Schüler aufwärmen und richtig dehnen. Üblicherweise werden dann vorab festgelegte Übungen durchgeführt, um ihre Fähigkeiten und Techniken zu verfeinern. Sobald das Sparring beginnt, gibt es einige wichtige Schritte zu beachten.

1. Beginnen Sie mit einer Verbeugung und nehmen Sie eine Kampfhaltung ein.
2. Testen Sie sich gegenseitig mit leichten Stößen oder Fußarbeit, bevor Sie fortgeschrittenere Techniken austauschen.
3. Achten Sie auf Ihre Distanz und Position, wenn Sie sich auf Ihren Gegner einlassen.
4. Verwenden Sie verschiedene Techniken zum Angreifen, Verteidigen und Gegenangriff.
5. Achten Sie auf die Position, Bewegungen und Reaktionen Ihres Gegners auf Ihre Angriffe.
6. Verwenden Sie leichten Kontakt und behalten Sie jederzeit die Kontrolle.
7. Respektieren Sie Ihren Gegner und seine Fähigkeiten.
8. Wenn der Kampf beendet ist, verbeugen Sie sich und schütteln Sie sich die Hände.

Jiyu Ippon Kumite ist ein Sparringsdrill, der von Braun- und Schwarzgurtträgern geübt wird. Dieses Sparring ist strukturierter als Jiyu Kumite und folgt einer vorgegebenen Abfolge von Angriffen und Blöcken. Bei diesem Drill üben die Schüler vorher festgelegte Techniken aus offensiver und defensiver Perspektive, um Punkte zu erzielen. Zu den Techniken bei diesem Drill gehören Schläge, Tritte, Ellenbogenschläge und Schwerthandschläge.

Jiyu-Ippon und Jiyu Kumite sind für die Beherrschung des Karate und die Entwicklung wichtiger Kampfkunstfähigkeiten wie Konzentration, Gleichgewicht, Präzision und Respekt unerlässlich. Darüber hinaus helfen diese Kumites dabei, Selbstvertrauen und Entscheidungsfähigkeit aufzubauen, was sie zu einer wertvollen Übung für die körperlichen und geistigen Aspekte des Karate macht. Ob Anfänger oder erfahrener Kampfkünstler, diese Kumites bieten eine interessante und spannende Herausforderung, um Ihre Karatefähigkeiten auf das nächste Level zu bringen.

Kapitel 8: Schwarzgurt-Katas I

Bringen Sie Ihre Kampfkunstfähigkeiten mit fortgeschrittenen Schwarzgurt-Katas auf die nächste Stufe. Diese komplizierten Formen sind nichts für schwache Nerven, sondern für diejenigen, die bereit sind, Zeit und Mühe zu investieren. Beim Jitte werden scharfe, präzise Bewegungen ausgeführt, um den Gegner im Unklaren zu lassen. Tekki Nidan und Tekki Sandan stellen eine Herausforderung dar, da sie sich auf Kraft und Gleichgewicht konzentrieren. Beim Bassai-Sho stehen Kraft und Geschwindigkeit im Vordergrund, sodass Sie immer auf Trab bleiben.

Als Träger des schwarzen Gürtels sind diese Katas der ultimative Test für Ihre Fähigkeiten und zeigen Ihre Hingabe für den Kampfsport. Dieses Kapitel hilft Ihnen, sich der Herausforderung zu stellen und diese beeindruckenden Formen in Ihr Kampfsport-Arsenal aufzunehmen. Sie erfahren alles über die Bedeutung, Techniken, Schritte, das Timing und die Tipps jeder Kata. Am Ende sind Sie bereit, sich selbstbewusst den fortgeschrittenen Katas für den schwarzen Gürtel zu stellen.

Jitte Kata

Ausführung und Bewegungen der Jitte Kata

Beim Karate geht es um das Ausführen von Würfen, Tritten und Schlägen sowie um künstlerische Bewegungen, die als Katas bezeichnet werden. Kata ist eine Abfolge von Bewegungen, die einen Kampf gegen einen imaginären Gegner nachahmen. Eine der Katas, die jeder Karateka mit Schwarzgurt beherrschen sollte, ist die Jitte Kata. Leider ist diese Kata ein verborgenes Juwel, das nur von wenigen beherrscht wird. In diesem Abschnitt lernen Sie, wie Sie die Jitte Kata korrekt ausführen.

Bedeutung

Jitte bedeutet auf Japanisch zehn Hände. Der Zweck der Kata besteht darin, zu zeigen, dass ein Karateka mit der richtigen Technik und dem richtigen Timing zehn Gegner abwehren kann. Die Jitte Kata hilft Ihnen, Ihr Gleichgewicht, Ihre Konzentration und Ihre Koordination zu verbessern. Sie schult das Bewusstsein für Ihre Umgebung und nutzt Kampfstrategien.

Techniken und Schritte

Die Jitte Kata besteht aus 24 Bewegungen, die in zwei Teile unterteilt sind. Der erste Teil enthält zehn Bewegungen, die Blocktechniken beinhalten, während der zweite Teil vierzehn Aktionen umfasst, die Schlagtechniken beinhalten.

1. Beginnen Sie mit Standbein links, die Fäuste an den Hüften.
2. Machen Sie einen Schritt nach rechts in die Reiterstellung und führen Sie gleichzeitig einen Block nach unten aus (Gedan Barai).
3. Machen Sie einen Schritt nach vorne mit dem vorderen Fuß und führen Sie einen inneren Block in der Mitte aus (Uchi Uke), während Sie sich auf dem hinteren Fuß drehen, bereit für einen Frontkick (Mae Geri).
4. Mit dem hinteren Fuß einen Schritt nach vorne machen und den Frontkick (Mae Geri) ausführen.
5. Landen und den vorderen Fuß zurückziehen und einen abwärts gerichteten Mittelblock (Chudan Gedan Barai) ausführen.
6. Mit der vorderen Hand eine Finte ausführen und einen abgesenkten modifizierten Speerhandschlag auf die Leiste (Nage-Azuki) ausführen.
7. Ohne die Speerhand zurückzuziehen, drehen Sie sich um 270 Grad im Uhrzeigersinn.
8. Nehmen Sie eine Vorwärtsstellung ein und führen Sie einen steigenden Block (Age Uke) aus.
9. Machen Sie mit dem hinteren Fuß einen Schritt nach vorne und führen Sie einen Frontkick (Mae Geri) aus.
10. Landen Sie und ziehen Sie den vorderen Fuß zurück und führen Sie einen mittleren inneren Block (Uchi Uke) aus.
11. Schieben Sie den linken Fuß in die richtige Position und heben Sie den rechten Fuß an, um einen linken Frontkick auszuführen.

Der zweite Teil beinhaltet Schlagtechniken und besteht aus vierzehn Bewegungen. Wie im ersten Teil erfordern alle Bewegungen hervorragende Beinarbeit, Balance und Koordination.

Timing

Die Jitte Kata erfordert Präzision und Timing. Jede Bewegung ist eine Reaktion auf einen Angriff eines imaginären Gegners. Daher ist es wichtig, die Abfolge der Bewegungen genau zu verstehen, bevor man die Kata übt. Üben Sie jeden Schritt methodisch und achten Sie darauf, dass jede Bewegung reibungslos in die nächste übergeht. Achten Sie beim Üben auf Ihre Atmung und stellen Sie sicher, dass sie mit Ihren Handlungen synchronisiert ist.

Tipps

- Das Üben mit einem Partner hilft Ihnen, das Timing und den Fluss der Bewegungen zu verstehen.
- Wenn Sie die Bedeutung dieser Kata verstehen, können Sie sie aus der richtigen Perspektive ausführen.
- Konzentrieren Sie sich auf Ihre Haltung. Achten Sie darauf, dass sie stabil ist und Ihre Hüften und Schultern richtig ausgerichtet sind.

- Beständigkeit ist für die Beherrschung unerlässlich. Üben Sie regelmäßig und versuchen Sie, sich bei jedem Training zu verbessern.

Die Jitte Kata ist eine wichtige Kata, die jeder Karateka lernen sollte. Das Erlernen und Beherrschen der Kata erfordert Hingabe, Übung und Geduld. Bei korrekter Ausführung zeigt die Kata jedoch Ihre Koordination, Ihr Gleichgewicht und Ihre Konzentration. Wenn Sie die Anweisungen in diesem Abschnitt befolgen, können Sie die Jitte Kata schnell und sicher ausführen.

Tekki Nidan Kata

Tekki Nidan (Ne2)

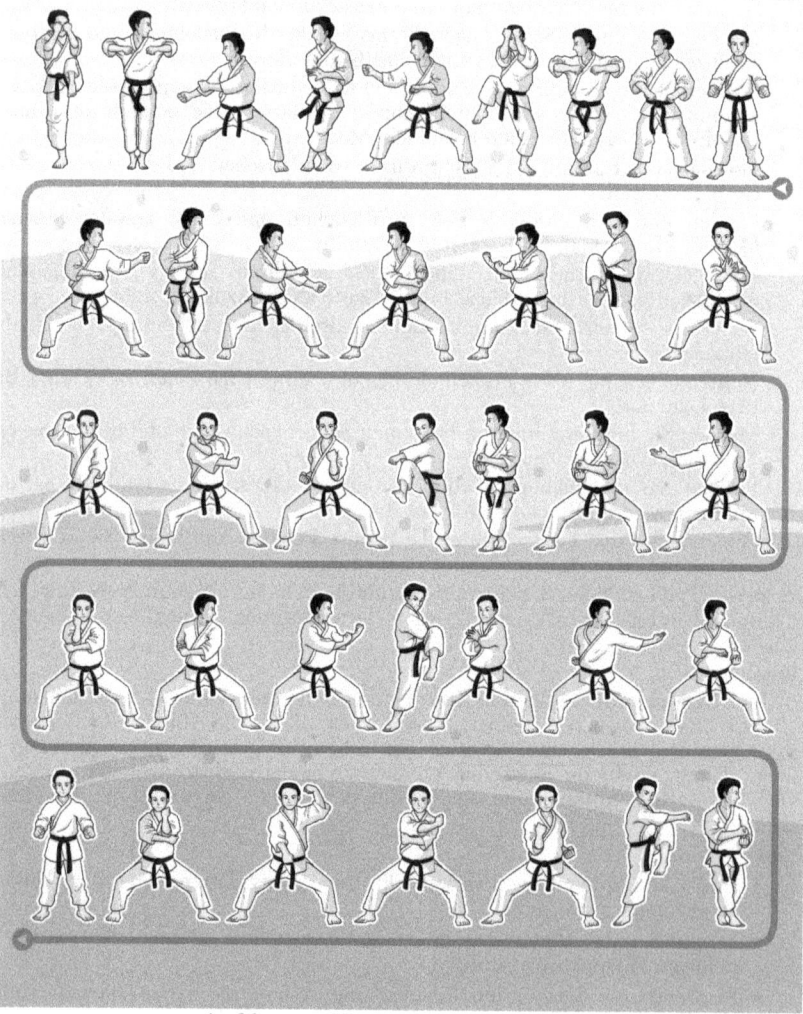

Ausführung und Bewegungen von Tekki Nidan

Eine Kata ist der Grundstein des traditionellen Karatetrainings und Tekki Nidan ist eine der wichtigsten und beliebtesten Formen. Eine Kata ist eine Reihe von vorab festgelegten Bewegungen und Techniken, die eine Selbstverteidigungssituation simulieren, und Tekki Nidan Kata gilt als eine der fortgeschrittensten Formen. Diese uralte Kata ist eine Grundkata, die sich hervorragend zum Lernen und Perfektionieren eignet. In diesem Abschnitt werden die Bedeutung, Techniken, das Timing und Tipps für die Ausführung von Tekki Nidan Kata erläutert.

Bedeutung

Tekki Nidan, auch bekannt als Naihanchi Nidan, ist eine kraftvolle und dynamische Kata, die einen Nahkampf simuliert. Der Name leitet sich vom japanischen Wort Tekki für Eisenpferd und Nidan für zweite Stufe oder zweiter Schritt ab. Bei dieser Kata bewegen Sie sich linear, fest auf dem Boden verankert wie ein Eisenpferd. Tekki Nidan Kata kräftigt die Beinmuskulatur, verbessert das Gleichgewicht und fördert eine kämpferische Geisteshaltung.

Techniken und Schritte

Tekki Nidan Kata besteht aus 24 Bewegungen, die präzise ausgeführt werden müssen. Die Bewegungen umfassen tiefe Stände, Schläge, Blöcke, Tritte und Drehungen. Die Kata bewegt sich linear, mit vielen Drehungen und Richtungswechseln. Die Techniken und Schritte in Tekki Nidan Kata entwickeln die Kraft des Ober- und Unterkörpers, verbessern das Gleichgewicht und fördern die Beweglichkeit. Zu den wesentlichen Techniken dieser Kata gehören Shuto Uke (Block mit der Schwerthand), Soto-Uke (Block von außen) und Gedan-Barai (tiefer Schwung). Hier ist eine schrittweise Aufschlüsselung der Tekki Nidan Kata:

1. Beginnen Sie in einer Grundstellung und führen Sie einen Shuto Uke aus, drehen Sie sich dann und führen Sie einen Soto-Uke aus.
2. Treten Sie mit dem linken Fuß nach vorne in eine seitliche Stellung (Jodan Uke).
3. Führen Sie einen rechten Fauststoß aus und nehmen Sie eine vordere Haltung ein (Chudan Uke).
4. Treten Sie mit dem linken Fuß zurück und führen Sie einen Block nach innen aus (Gedan-Barai).
5. Treten Sie mit dem rechten Fuß nach vorne in eine vordere Haltung und führen Sie einen Ellenbogenschlag nach innen aus (Empi-Uchi).
6. Treten Sie mit dem linken Fuß zurück und führen Sie einen tiefen Block aus (Gedan-Barai).
7. Gehen Sie mit dem rechten Fuß in einer tiefen Haltung nach vorne und führen Sie dabei einen Block nach innen aus (Gedan-Barai).
8. Gehen Sie mit dem linken Fuß nach vorne und führen Sie einen Shuto-Uke aus.
9. Gehen Sie mit dem linken Fuß zurück und führen Sie einen tiefen Block aus (Gedan-Barai).
10. Gehen Sie nach links und führen Sie einen Block nach außen aus (Soto-Uke).
11. Treten Sie mit dem rechten Fuß nach vorne in einen seitlichen Stand und führen Sie einen Frontschlag aus.
12. Treten Sie mit dem linken Fuß nach vorne in einen natürlichen Stand und führen Sie einen Shuto-Uke aus.

Timing

Das Timing ist bei der Ausführung von Tekki Nidan Kata von entscheidender Bedeutung. Das Timing Ihrer Bewegungen muss präzise und gut koordiniert sein, um eine tatsächliche Selbstverteidigungssituation zu simulieren. Führen Sie diese Kata in einem langsamen, kontrollierten Tempo aus, bis Sie die Techniken und Bewegungen beherrschen. Wenn Sie sich mit der Kata vertraut gemacht haben, können Sie das Tempo erhöhen. Die Kata sollte mit gleichmäßigen Bewegungen ausgeführt werden, ohne zwischen den Bewegungen anzuhalten.

Tipps

Um Tekki Nidan Kata effektiv auszuführen, sollten Sie folgende Tipps beachten:
1. Achten Sie während der gesamten Kata auf einen niedrigen Schwerpunkt, um das Gleichgewicht zu halten und Ihre Bewegungen auf dem Boden zu halten.

2. Konzentrieren Sie sich während der Ausführung der Kata auf Ihren Gegner.
3. Atmen Sie während der gesamten Kata richtig und kontinuierlich, um Ihre körperliche und geistige Ausdauer zu erhalten.
4. Üben Sie die Kata so lange, bis Ihre Bewegungen flüssig und kraftvoll sind.
5. Lernen Sie, Ihren Körper und Ihre Handlungen zu kontrollieren, um jede Technik mit Präzision und Kraft auszuführen.

Tekki Nidan Kata ist eine dynamische und anspruchsvolle Kata, deren Beherrschung Zeit und Hingabe erfordert. Sie müssen Flexibilität, Kraft und Ausdauer entwickeln, um diese Kata zu perfektionieren. Tekki Nidan Kata mag auf den ersten Blick einfach erscheinen, ist aber eine komplexe Form, die fortgeschrittene Techniken und präzises Timing erfordert. Mit viel Übung und Hingabe können Sie jedoch lernen, diese dynamische Kata in Perfektion auszuführen. Nehmen Sie sich also Zeit, bleiben Sie konzentriert und genießen Sie den Prozess, während Sie die Techniken und das Timing dieser uralten Kata erlernen.

Tekki Sandan Kata

Tekki Sandan

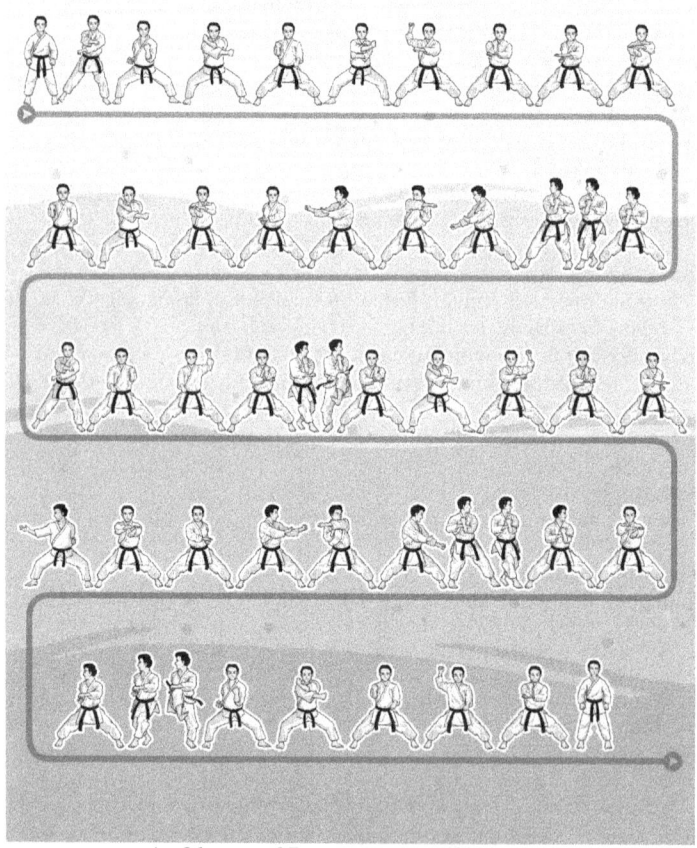

Ausführung und Bewegungen von Tekki Sandan

Die Tekki Sandan Kata ist eine Basiskata, die nach dem Blaugurtgrad gelehrt wird. In diesem Abschnitt werden die Bedeutung der Tekki Sandan Kata, die Techniken, Schritte, das Timing und Tipps zur Beherrschung dieser Kata behandelt.

Bedeutung

Tekki Sandan Kata bedeutet übersetzt Eisenreiter. Es ist eine hervorragende Darstellung der Bewegungen und Stellungen bei der Ausführung der Kata. Die symbolische Bedeutung ergibt sich aus der Standfestigkeit des Pferdes und dem Gleichgewicht. Das Gleichgewicht zwischen Vorder- und Hinterfüßen muss präzise sein, wobei beide Füße in senkrechte Richtungen zeigen und eine stabile Grundlage bilden.

Techniken und Schritte

Die Tekki Sandan Kata beinhaltet grundlegende Techniken, die für die Beherrschung der Kampfkunst entscheidend sind. Eine der zentraleren Techniken ist die Shuto Uke - Technik oder der Schwerthandblock. Weitere Bewegungen in dieser Kata sind der Handballenstoß, der Fauststoß und der Frontkick. Die Kata ist in ihren Schritttechniken recht komplex und erfordert eine kontinuierliche seitliche Bewegung der Beine. Denken Sie daran: Übung macht den Meister. Beginnen Sie mit der richtigen Beinarbeit und arbeiten Sie dann an der Beherrschung der verschiedenen Techniken.

Timing

Timing ist in den Kampfkünsten alles. Bei der Tekki Sandan Kata sind die Bewegungen schnell und ziemlich kompliziert. Für das ungeübte Auge können sie jedoch langsam erscheinen. Die Kata besteht aus 26 Bewegungen und dauert etwa 50 Sekunden. Der Trick besteht darin, sich mit gleichmäßiger Geschwindigkeit zu bewegen und sicherzustellen, dass jede Aktion synchron ist.

Tipps

1. Konzentrieren Sie sich auf Ihre Atmung. Denken Sie daran, während der Bewegungen ein- und auszuatmen.
2. Achten Sie auf Ihre Körperhaltung und stellen Sie sicher, dass sie korrekt ist. Eine falsche Körperhaltung kann zu einem Ungleichgewicht führen.
3. Achten Sie darauf, dass jede Bewegung präzise ist. Es wird eine Weile dauern, bis Sie es richtig machen, aber mit etwas Übung werden Sie es schaffen.

Ihre Positionen müssen fest und stabil sein. Die Technik wird mühelos, wenn Ihre Positionen korrekt sind.

Das Erlernen der Tekki Sandan Kata legt eine solide Grundlage für die Beherrschung der Kampfkunst. Zunächst ist es wichtig, die Bedeutung hinter der Kata, die Techniken und Schritte sowie das Timing zu verstehen und die Tipps zu lesen, die Ihnen bei der Beherrschung helfen. Dann werden Sie die Kata mit regelmäßiger Übung, Entschlossenheit und Geduld mühelos ausführen.

Bassai-Sho Kata

Bassai-Sho

Ausführung und Bewegungen von Bassai-Sho

Die Bassai-Sho-Kata ist eine Kampfkunstform, die aus Okinawa in Japan stammt. Diese traditionelle Karateform wird von Kampfsportlern weltweit praktiziert – und das aus gutem Grund. Die Bassai-Sho-Kata verkörpert Beweglichkeit, Kraft und Kontrolle und fordert Körper und Geist heraus. In diesem Abschnitt erfahren Sie alles über diese dynamische Karateform, einschließlich ihrer Bedeutung, Techniken, des Timings und Tipps zur Verbesserung Ihrer Fähigkeiten.

Bedeutung

Bassai-Sho bedeutet auf Japanisch „eine Festung durchdringen". Die Kunst der Bassai-Sho Kata basiert auf den beiden Konzepten der Durchdringung und des Ausweichens. Die Bewegungen der Bassai-Sho Kata ermöglichen es einem Kampfsportler, einen Gegner durch direkte, konsequente und effektive Schläge zu besiegen. Zu den Grundprinzipien der Bassai-Sho Kata gehören die Beherrschung der Beinarbeit, die richtige Ausrichtung und die Konzentration auf die Atmung.

Techniken und Schritte

Bei der Ausführung der Bassai-Sho Kata kommen mehrere Techniken und Schritte zum Einsatz. Zu den wichtigsten gehören jedoch folgende Bewegungen:

1. **Hachiji-Dachi:** Diese Haltung bildet die Grundlage für viele Bewegungen in der Bassai-Sho Kata.
2. **Chudan-Uke:** Hierbei handelt es sich um einen mittleren Block, bei dem Sie einen Angriff auf Ihren Oberkörper mit Ihrem Unterarm abwehren.
3. **Age-Uke:** Bei diesem steigenden Block wird der Arm verwendet, um Angriffe auf das Gesicht abzuwehren.
4. **Kiba-Dachi:** Diese Haltung dient für Gegenangriffe, bei denen die Beine des Gegners getroffen werden.
5. **Empi-Uchi:** Dies ist ein kraftvoller Ellenbogenschlag, um einen Gegner aus nächster Nähe zu treffen.

Timing

Das richtige Timing ist ein wesentlicher Bestandteil der Bassai-Sho Kata. Hierbei geht es darum, den richtigen Moment für einen Angriff oder eine Verteidigung gegen einen Gegner zu erkennen. Das richtige Timing erfordert das Erkennen geeigneter Gelegenheiten für die Ausführung einer Bewegung, was zu einer erhöhten Genauigkeit und Präzision führt. Der Schlüssel zum richtigen Timing liegt darin, die Bewegungen des Körpers zu kontrollieren, um zu vermeiden, dass der nächste Schritt verraten wird. Die richtige Ausrichtung, Beinarbeit und Atmung sind für das Timing in der Bassai-Sho Kata von entscheidender Bedeutung.

Tipps

- **Regelmäßig trainieren:** Wie bei jeder Kampfkunstform sorgt auch bei der Bassai-Sho Kata kontinuierliches Training dafür, dass man sie beherrscht. Darüber hinaus hilft regelmäßiges Üben dabei, sich mit den Bewegungen und Techniken vertraut zu machen und so die eigenen Fähigkeiten zu verbessern.
- **Kräftigen Sie Ihren Rumpf:** Die Kraft des Rumpfs ist für die Ausführung der Bewegungen der Bassai-Sho Kata von entscheidender Bedeutung. Stärken Sie Ihren Rumpf durch Übungen wie Sit-ups und Unterarmstütz.
- **Holen Sie sich Feedback:** Ihre Bewegungen sind so gut wie Ihre Fähigkeit, sie im Karate auszuführen. Holen Sie sich Feedback von Ihrem Sensei oder Mitschülern, um zu verstehen, in welchen Bereichen Sie sich verbessern können.
- **Konzentrieren Sie sich auf die Atmung:** Karatemeister betonen, wie wichtig eine kontrollierte Atmung während des Trainings ist. Konzentrieren Sie sich auf eine gleichmäßige und tiefe Atmung, während Sie Bewegungen ausführen.

Das Erlernen der Bassai-Sho Kata erfordert Zeit, Mühe und Hingabe. Es erfordert ständiges Üben, Disziplin und Konzentration auf die Beherrschung der Bewegungen und Techniken. Mit Geduld und Ausdauer können Sie jedoch große Erfolge in Bezug auf körperliche Fitness und mentale Stärke erzielen. Ob Sie für den Sport oder zur Selbstverteidigung lernen, Bassai-Sho Kata ist eine hervorragende Ergänzung Ihres Kampfkunstrepertoires. Denken Sie immer an die entscheidenden Komponenten von Bassai-Sho Kata, einschließlich der Bedeutung, Techniken, des Timings und der Tipps, da sie die Grundlage für Ihr Wachstum in dieser schönen Kampfkunstform bilden.

Die Schwarzgurt-Katas sind eine fortgeschrittene traditionelle Karateform. In diesem Kapitel wurden die Bedeutung, Techniken, Schritte und das Timing der beliebtesten Katas unter fortgeschrittenen Praktizierenden behandelt. Mit Übung, Disziplin und Konzentration können Sie sich die Fähigkeiten aneignen, die erforderlich sind, um die Hürden dieser Katas zu überwinden und an Kraft, Beweglichkeit und geistiger Klarheit zu gewinnen. Denken Sie daran, bei Bedarf Feedback einzuholen, sich beim Üben auf die kontrollierte Atmung zu konzentrieren und Ihren Rumpf zu stärken, um die Stabilität zu erhöhen.

Kapitel 9: Schwarzgurt-Katas II

Die Schwarzgurt-Katas sind ein wesentlicher Bestandteil des Trainingsplans eines jeden Kampfsportlers im Karate. Von Kanku-Sho bis Gankaku stellt jede Form eine einzigartige Herausforderung dar, die die Kraft, Beweglichkeit und mentale Konzentration eines Praktizierenden auf die Probe stellt. Zum Beispiel betont Hangetsu die Bedeutung von Gleichgewicht und Atemkontrolle. Sochin fordert selbst die erfahrensten Kämpfer mit komplizierten Handbewegungen und präziser Beinarbeit heraus. Ob Anfänger oder erfahrener Profi – um diese Katas zu meistern, sind Hingabe und Engagement erforderlich. Aber nichts geht über das Gefühl, jede Bewegung mit Präzision und Anmut auszuführen.

Dieses Kapitel ist den vier Schwarzgurt-Katas gewidmet und enthält detaillierte Beschreibungen. Es behandelt die Umsetzung und Bedeutung jeder Kata, beschreibt die Bewegungen und gibt wertvolle Tipps, um sie zu meistern. Am Ende dieses Kapitels werden Sie die vier Katas verstehen und auf dem besten Weg sein, einen Schwarzgurt zu erhalten. Der Weg ist lang, aber die Belohnung ist großartig.

Kanku-Sho

Kanku-Sho

Ausführung und Bewegungen der Kanku-Sho

Karate ist eine dynamische Kampfkunst, die Disziplin, Konzentration und kontinuierliches Training erfordert. Wie jede Kampfkunst hat sie ihre eigenen Katas oder choreografierten Bewegungsmuster. Eine dieser Katas ist die Kanku-Sho Kata, eine Kata der zweiten Stufe, die für ihre komplizierten Bewegungen und Symbolik bekannt ist. In diesem Abschnitt werden die Interpretation, Bedeutung und Aussagekraft der Kanku-Sho Kata untersucht. Außerdem erhalten Sie Tipps, wie Sie diese einzigartige Kata meistern können.

Bedeutung

Kanku-Sho Kata bedeutet Blick in den Himmel. Dieser Name leitet sich von einer der Bewegungen in der Kata ab, bei der der Ausführende einen Aufwärtsblock mit einer Hand ausführt, während die andere nach oben ausgestreckt wird, als würde er etwas vom Himmel herabwinken oder herabrufen. Diese Bewegung soll einen Moment der Meditation darstellen, in dem der Ausführende innehält, um nachzudenken und sich mit dem Universum zu verbinden. Die meisten Ausführenden glauben, dass diese Kata den Weg zur Erleuchtung symbolisiert. Sie ist eine kraftvolle Erinnerung daran, dass mit Hingabe und Konzentration alles möglich ist.

Bewegungen

Die Kanku-Sho Kata besteht aus 27 Bewegungen, die in drei Teile unterteilt sind: die Eröffnung, die Mitte und den Abschluss. Jedes Element hat seine eigenen Aktionen und Bedeutungen. Zunächst führt der Ausführende eine Reihe von defensiven und offensiven Bewegungen aus, die die Notwendigkeit symbolisieren, sich vor äußeren Bedrohungen zu schützen. Der mittlere Teil konzentriert sich auf langsame, überlegte Bewegungen, die Gleichgewicht, Kontrolle und Konzentration betonen. Der abschließende Teil beinhaltet Finishing-Moves, um die Kata kraftvoll und anmutig zu beenden. Während der Ausführung jeder Bewegung muss der Ausführende konzentriert bleiben und seine Umgebung wahrnehmen.

Tipps

Um die Kanku-Sho Kata zu meistern, sollten Sie zunächst die Bewegungen und ihre Bedeutung auswendig lernen. Üben Sie jede Bewegung langsam und bewusst und konzentrieren Sie sich dabei auf Form, Haltung und Atmung. Wenn Sie die Bewegungen auswendig können, üben Sie, sie fließend und anmutig auszuführen, wobei Sie Ihre Bewegungen präzise und kontrolliert halten und immer Blickkontakt mit Ihrem imaginären Gegner halten sollten. Üben Sie die Kata regelmäßig, um Ihre Ausdauer und Belastbarkeit zu steigern. Je mehr Sie üben, desto besser wird Ihre Ausführung.

Die Kata Kanku-Sho ist eine faszinierende und tiefgründige Kata, die Disziplin, Konzentration und Übung erfordert. Ihre Bewegungen und Symbolik repräsentieren die Essenz des Karate, das Streben nach körperlicher und geistiger Perfektion. Wenn Sie diese Kata beherrschen, lernen Sie, sich zu verteidigen und eine tiefere Verbindung mit dem Universum zu entwickeln. Üben Sie also weiter, bleiben Sie konzentriert und denken Sie immer daran, in den Himmel zu blicken.

Hangetsu

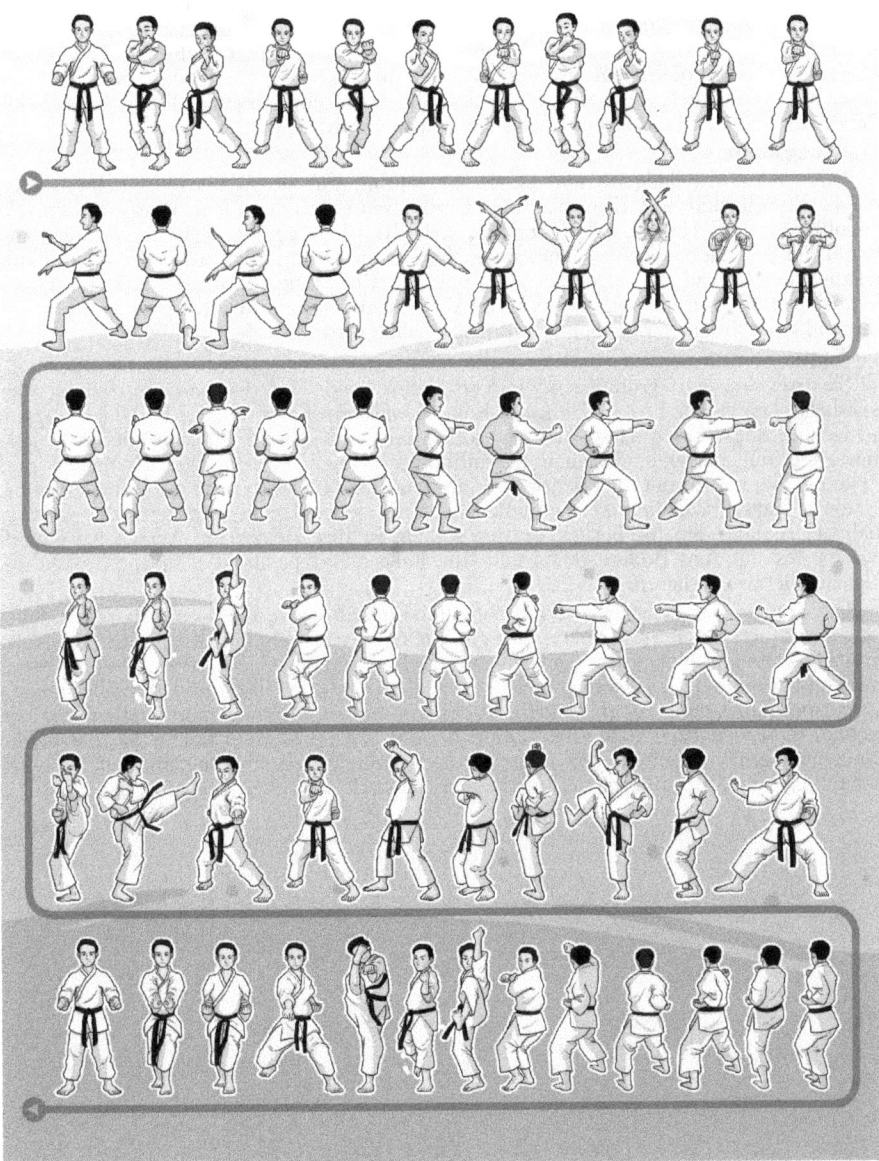

Ausführung und Bewegungen der Hangetsu Kata

Für Karateenthusiasten ist die Hangetsu Kata eine Form, die man kennen muss. Diese besondere Kata ist eine der einzigartigsten und anspruchsvollsten. Hangetsu bedeutet Halbmond und symbolisiert das Gleichgewicht zwischen japanischen und chinesischen

Kampfkünsten. Diese Kata ist ein hervorragendes Mittel, um die mentale Konzentration, das körperliche Gleichgewicht und die Präzision zu verbessern. In diesem Abschnitt werden die Bedeutung und die Bewegungen der Hangetsu Kata untersucht und Tipps zur Beherrschung der Kata vorgestellt.

Bedeutung

Die Hangetsu Kata kombiniert zwei Formen, Gojushiho und Sanchin Kata. Der Halbmond symbolisiert das Gleichgewicht zwischen Körper und Geist, äußeren Kampfkünsten und innerer Energiekunst. Die Kernidee hinter dieser Kata ist die Entwicklung innerer Kraft, Geschwindigkeit und scharfer Bewegungen. Sie betont tiefe, stabile Stände, die das Gleichgewicht und die Stabilität erhöhen, während Bewegungen ausgeführt werden, die den Angriff des Gegners umlenken oder neutralisieren. Das Ende dieser Kata wird durch eine Stellung markiert, die den Vollmond symbolisiert, wobei beide Hände mit offenen Handflächen nach oben gehalten werden.

Bewegungen

Diese Kata wird langsam und präzise ausgeführt, was sie zu einer der schwierigsten macht. Es erfordert viel Kontrolle und Gewichtsausgleich, um jede Bewegung korrekt auszuführen. Die Hangetsu Kata enthält viele Kreisbewegungen, Blöcke, Schläge und Tritte. Sie beginnt mit einem langsamen Neko Ashi Dachi, auch als Katzenfussstellung bekannt, der Sie auf die folgenden gleichmäßigen Bewegungen vorbereitet. Die Sequenz beinhaltet eine Atemübung, die sich auf die Entspannung Ihres Körpers konzentriert, während ein konstanter Energiefluss aufrechterhalten wird.

Tipps

Sie müssen ein grundlegendes Verständnis und die Körperbeherrschung der Basishaltungen haben, um die Hangetsu Kata zu meistern. Es ist wichtig, die Dinge langsam anzugehen, sogar noch langsamer als sonst, und sich darauf zu konzentrieren, jede Bewegung mit perfekter Balance auszuführen. Achten Sie auf jede Bewegung und verstehen Sie, wie sie mit der nächsten verbunden ist. Kontrollieren Sie auch Ihre Atmung, da diese Kata Präzision und Aufmerksamkeit für jedes Detail erfordert. Ein weiterer wichtiger Aspekt, den Sie berücksichtigen sollten, ist Ihre Beinarbeit. Achten Sie darauf, dass Sie fest auf dem Boden stehen und Ihre Füße richtig positioniert sind, um nicht das Gleichgewicht zu verlieren.

Die Hangetsu-Kata ist eine der wichtigsten Karateformen, die Kampfsportlern dabei hilft, ihre innere Kraft zu entfalten und ein Gleichgewicht zwischen Körper und Geist zu erreichen. Die komplexen Bewegungen und die Betonung des Gleichgewichts von Körper und Geist bieten eine einzigartige Gelegenheit, Ihre Kraft, Präzision und Ihre allgemeinen Kampfsportfähigkeiten zu entwickeln. Probieren Sie es also aus und erleben Sie die Freude, diese anspruchsvolle, aber lohnende Kata zu meistern. Denken Sie daran, die Dinge langsam anzugehen, die richtigen Atemtechniken beizubehalten, sich auf Ihre Bewegungen zu konzentrieren und mit beiden Beinen fest auf dem Boden zu bleiben.

Gankaku

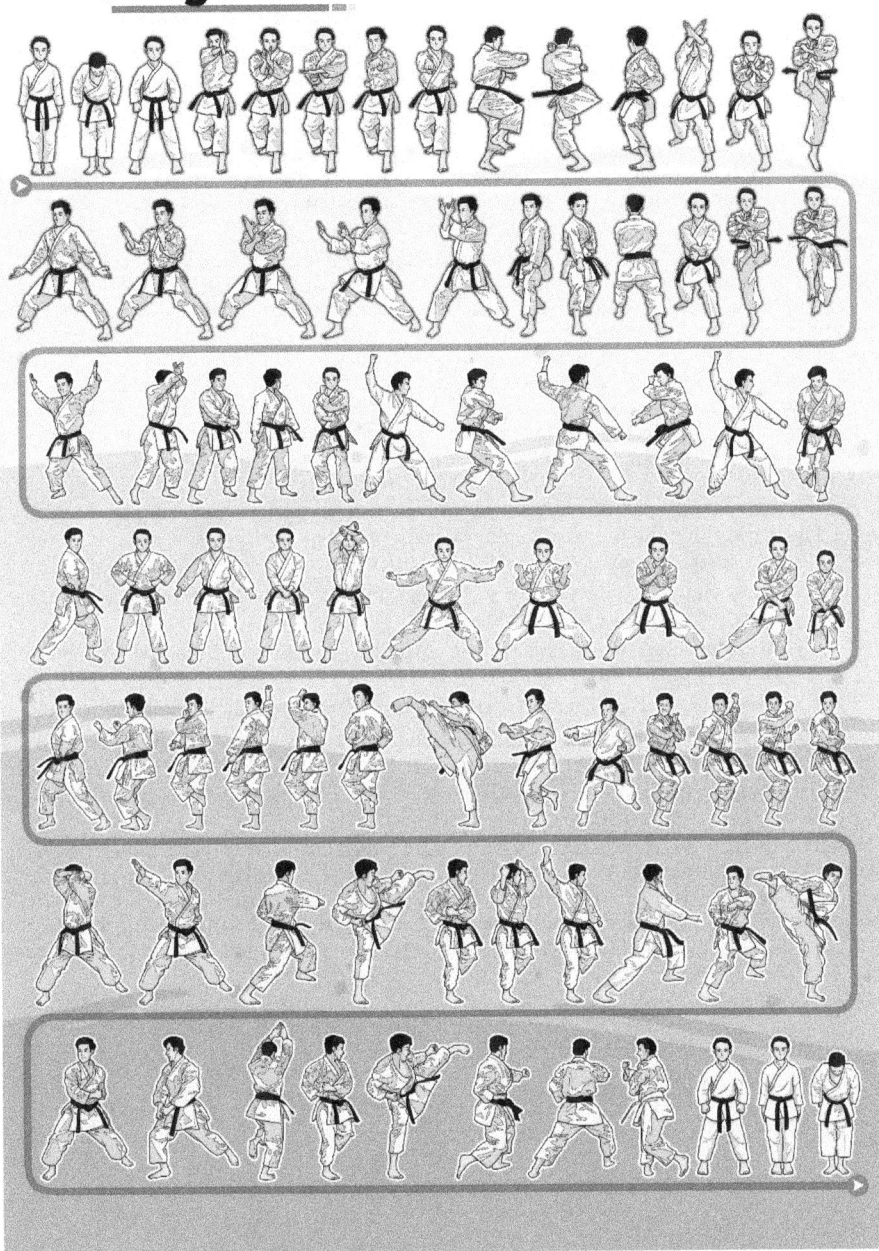

Ausführung und Bewegungen der Gankaku Kata

Karate, eine Kampfkunst, die aus Okinawa, Japan, stammt, verfügt über eine Vielzahl von Kata (Ausführungen) mit unterschiedlichen Techniken und Bewegungen. Eine davon ist die Gankaku-Kata, die auch als Kranich auf einem Felsen-Kata bekannt ist. Diese Kata kombiniert auf einzigartige Weise Stände, Tritte, Schläge und Blöcke und ist für ihre fließenden Bewegungen und Anmut bekannt. In diesem Abschnitt wird die Gankaku-Kata näher beleuchtet und wir befassen uns mit ihrer Bedeutung, ihren Bewegungen und geben Tipps zum meistern dieser Kata.

Bedeutung

Die Gankaku-Kata, auch Chinto-Kata genannt, bedeutet übersetzt Kranich auf einem Felsen oder Kampf auf einem Felsen. Man geht davon aus, dass sie aus der chinesischen Kampfkunst stammt und von einem chinesischen Kampfkünstler namens Chintō nach Okinawa gebracht wurde. Die Kata ist nach einer kleinen Insel in der Nähe von China benannt, die felsiges Gelände aufweist und der Position des Kranichs auf einem Felsen ähnelt. Die Kata enthält Bewegungen eines Kranichs, die Langlebigkeit, Anmut und Gleichgewicht symbolisieren, und gilt als eine der schönsten Katas im Karate.

Bewegungen

Die Gankaku-Kata enthält 42 Bewegungen, darunter verschiedene Tritte, Schläge und Blöcke. Die Kata beginnt mit einer weichen und entspannten Haltung, gefolgt von der Bewegung Kranich auf einem Felsen, einschließlich einer Kranichhaltung auf einem Bein, während das andere in einer Frontkick-Position angehoben wird. Die Kata wird mit verschiedenen Stellungen in unterschiedlichen Höhen fortgesetzt, einschließlich hoher Tritte, Kniestöße und Ellenbogenschläge. Sie beinhaltet auch Handschläge und eine einzigartige Bewegung namens Koko – die Vogelschnabel-Technik, um den Arm eines Gegners zu kontrollieren. Die Kata endet mit einem Schmetterlings-Tritt, bei dem die Füße in der Luft gekreuzt werden, gefolgt von der Kranich auf einem Felsen-Pose.

Tipps

Die Beherrschung der Gankaku-Kata erfordert Zeit, Mühe und Übung. Hier sind einige Tipps, die Ihnen helfen, die Kata besser auszuführen:

- Konzentrieren Sie sich auf das Gleichgewicht und die Präzision jeder Bewegung. Zum Beispiel erfordern die Kranichstellung und der Frontkick ein gutes Gleichgewicht und Koordination.
- Konzentrieren Sie sich auf Ihre Atmung. Tiefes, kontrolliertes Atmen hilft Ihnen, sich zu entspannen und zu konzentrieren.
- Üben Sie die Kata langsam, bevor Sie das Tempo und die Intensität erhöhen.
- Stellen Sie sich Ihren Gegner vor und führen Sie jede Bewegung mit Absicht und Zielstrebigkeit aus.
- Trainieren Sie mit einem Partner oder Trainer, um Feedback zu erhalten und Ihre Technik zu verbessern.

Gankaku Kata ist eine anspruchsvolle Kata, die die Bewegungen eines Kranichs nachahmt, um Anmut, Balance und Fluss zu erreichen. Sie ist ein Zeugnis für die Kernprinzipien des Karate, darunter Disziplin, Konzentration und Präzision. Um diese Kata zu meistern, sind Geduld, Hingabe und konsequentes Training erforderlich. Ob Anfänger oder erfahrener Praktiker, die Gankaku Kata ist eine hervorragende Ergänzung für Ihr Karatetraining.

Sochin

Sochin Ausführung und Bewegungen

Die Sochin Kata, auch bekannt als die Kraft in der Ruhe, ist eine der bekanntesten Katas im Karate. Diese Kata stammt aus Okinawa, Japan, und wird aufgrund ihrer positiven Wirkung auf Körper und Geist sowohl von Anfängern als auch von erfahrenen

Kampfsportlern praktiziert. Die Sochin Kata ist eine kraftvolle Routine, die Konzentration, Flexibilität und Disziplin erfordert. In diesem Abschnitt erfahren Sie mehr über die Bedeutung dieser Kata, ihre Bewegungen und einige Tipps, wie Sie sie meistern können.

Bedeutung

Sochin Kata bedeutet übersetzt ruhige Kraft oder Kraft in der Ruhe. Diese Kata wurde von Chojun Miyagi, dem Begründer des Goju-Ryu-Karate, im frühen 20. Jahrhundert entwickelt. Die Kata kombiniert harte und weiche Techniken, die durch die sanften und plötzlichen Übergänge zwischen verschiedenen Stellungen dargestellt werden. Das Training der Bewegungen in der Sochin Kata macht den Ausführenden stabiler, geerdeter und kraftvoller.

Bewegungen

Die Sochin Kata besteht aus 41 Bewegungen und wird in einem langsamen, kontrollierten Tempo ausgeführt. Die Kata beginnt mit einer langsamen Gehbewegung, gefolgt von einer Reihe von Schlägen und Tritten. Die Bewegungen innerhalb der Sochin Kata werden in einer Kampfhaltung ausgeführt, während in bestimmten Mustern geatmet wird. Diese Bewegungen dienen nicht nur dem körperlichen Training, sondern auch dazu, den Geist auf die Techniken zu konzentrieren. Die Sochin Kata legt den Schwerpunkt auf eine starke, stabile Standhaltung mit weiten Blocks und tiefen Tritten. Die Kata wird langsam und bedächtig ausgeführt, um Konzentration und Disziplin zu fördern.

Tipps

Um die Sochin Kata gut auszuführen, müssen Sie Atemtechniken und Bewegungsabläufe beherrschen. Atmen Sie beim Ausführen der Kata kräftig und kraftvoll aus, um bei jeder Bewegung mehr Kraft zu entwickeln. Um sicherzustellen, dass jede Bewegung präzise und genau ausgeführt wird, ist es wichtig, sich auf die Technik und Form zu konzentrieren. Nehmen Sie sich für jede Bewegung Zeit und üben Sie, bis sie sich angenehm anfühlt. Fahren Sie dann mit der nächsten Bewegung fort. Üben Sie die Kata vor einem Spiegel, um Ihre Technik zu beobachten und verbesserungswürdige Bereiche zu identifizieren.

Sochin Kata ist eine kraftvolle Karate-Kata, die Ihnen dabei hilft, Achtsamkeit, Disziplin und Stabilität zu entwickeln. Die langsamen und bedächtigen Bewegungen der Kata ermöglichen es Ihnen, sich auf Ihre Technik und Atmung zu konzentrieren und Körper, Geist und Seele zu stärken. Sochin Kata ist eine beeindruckende Routine und eine Disziplin, die Ihnen dabei hilft, ein besserer Kampfkünstler zu werden. Mit beständiger Übung, Konzentration und Disziplin können Sie Großes vollbringen und die Kraft in der Ruhe voll und ganz verkörpern.

Den ersten Rang des schwarzen Gürtels erreichen

Der Weg zum schwarzen Gürtel ist kein leichtes Unterfangen. Er erfordert Hingabe, Disziplin und Ausdauer. Das Erfolgserlebnis und der Stolz, diesen ersten Rang zu erreichen, sind jedoch unermesslich. Um diesen Meilenstein zu erreichen, müssen Sie 26 Katas mit jeweils einzigartigen Techniken und Bewegungen meistern. Das Glossar am Ende dieses Handbuchs enthält alle Namen und Informationen zu diesen Katas, sodass Sie sie weiter recherchieren können.

Sie können Ihren schwarzen Gürtel durch konsequentes Üben und Engagement erreichen und Ihre Kampfkunstreise fortsetzen. In diesem Kapitel wurden die drei schwarzen Gürtel-Katas behandelt: Kanku-Sho, Hangetsu und Sochin. Wenn Sie die Grundlagen dieser Katas studieren, die Techniken analysieren und die richtigen Bewegungen beherrschen, werden Sie Ihr Ziel, den schwarzen Gürtel, erreichen. Der Weg dorthin ist anspruchsvoll, aber die Belohnung ist es wert. Jetzt, da Sie diese Katas besser verstehen, können Sie sie üben und meistern.

Die folgenden Kapitel dieses Buches führen Sie durch die Verteidigungstechniken, Trainingsübungen und Dojo-Etikette, um ein Karatemeister zu werden. Es mag entmutigend erscheinen, aber mit der richtigen mentalen Einstellung und Anleitung können Sie jede Herausforderung meistern und beweisen, dass Sie Großes erreichen können. Stellen Sie sich die Genugtuung vor, wenn Sie sich endlich den begehrten schwarzen Gürtel verdient haben, und das Erfolgserlebnis, das damit einhergeht. Üben Sie also weiter, und schon bald werden Sie einen schwarzen Gürtel mit großem Stolz tragen.

Kapitel 10: Gürtel und Dojo verstehen

Um die Kunst des Karate zu meistern, ist es unerlässlich, die Feinheiten der alten Traditionen und Bräuche zu verstehen. Das Rangsystem im Karate basiert auf farbigen Gürteln, wobei jede Farbe für Ihr Können steht. Mit zunehmendem Trainingsfortschritt erwerben Sie das Recht, einen höheren Gürtel zu tragen. Aber es geht nicht nur um den Gürtel. Es geht um die Erfahrung. Das Dojo, oder die Trainingshalle, ist ein Ort, an dem Sie körperlich und geistig an Ihre Grenzen gehen können. Hier lernen Sie Disziplin, Respekt und Bescheidenheit und knüpfen Kontakte zu anderen Praktizierenden, die Ihre Leidenschaft teilen.

Wenn Sie die Nuancen der Karategürtel und des Dojos verstehen, tauchen Sie vollständig in die Kunst ein und erschließen ihre wahre Kraft. In diesem Kapitel werden das zehn Kyu- und Dan-Rangsystem, die Titel im Karate und die damit verbundene Etikette genau unter die Lupe genommen und Sie lernen, wie man einen Gürtel bindet. Das Abenteuer Karate beginnt, wenn Sie das Dojo betreten. Also, fangen wir an.

Betreten des Dojos

Denken Sie darüber nach, an einem Kampfsportkurs teilzunehmen, um Ihr körperliches und geistiges Wohlbefinden zu verbessern? Dann ist Ihre Suche hier beendet. Karate könnte genau das Richtige für Sie sein. Diese alte japanische Kampfkunst fördert Disziplin, Konzentration und Respekt für sich selbst und andere. Ob Sie Ihre Selbstverteidigungsfähigkeiten verbessern oder die körperlichen und geistigen Vorteile des Trainings erleben möchten, Karate könnte die perfekte Aktivität für Sie sein. Lesen Sie weiter, um mehr über diese großartige Kunstform zu erfahren und herauszufinden, warum Sie noch heute in ein Karate-Dojo eintreten sollten.

Die körperlichen Vorteile von Karate

Karate verbessert das Gleichgewicht, die Koordination und die Beweglichkeit. Darüber hinaus trägt die Art der Bewegungen und Schläge, die im Karate geübt werden, dazu bei, mit der Zeit einen schlanken und beweglichen Körper zu entwickeln. Folglich führt regelmäßiges Karatetraining zu einem robusteren und gesünderen Körper. Außerdem baut das Üben von Karate Stress ab, da die Konzentration, die für die Ausführung der Bewegungen und Techniken erforderlich ist, dabei hilft, negative Gedanken und Emotionen aus dem Kopf zu verbannen.

Ein weiterer Grund, den Beitritt zu einem Karate-Dojo in Betracht zu ziehen, ist der Gemeinschaftsaspekt. Ein Karate-Dojo ist ein einladender Ort für Menschen jeden Alters. Es ist ein Ort, an dem man Freunde finden, Menschen aus verschiedenen Lebensbereichen treffen, Kontakte knüpfen und Spaß haben kann. Darüber hinaus kann das Üben von Karate mit Menschen, die die gleichen Ziele verfolgen, unglaublich motivierend und aufbauend sein.

Tipps

Wenn Sie einem Dojo beitreten möchten, müssen Sie einige Dinge beachten. Zunächst ist es wichtig, das richtige Dojo auszuwählen. Stellen Sie sicher, dass die Trainer zertifiziert und erfahren sind und aus einem renommierten Dojo stammen. Nehmen Sie sich Zeit, um ein oder zwei Kurse zu beobachten, bevor Sie sich für eine langfristige Mitgliedschaft entscheiden. Es lohnt sich, sich Bewertungen von früheren oder aktuellen Mitgliedern, die Einrichtungen und die vorhandenen Sicherheitsmaßnahmen anzusehen. Was das Training betrifft, denken Sie daran, dass Karate ein gewisses Maß an Respekt und Disziplin erfordert. Pünktliches Erscheinen, korrekte Ausführung der Bewegungen und Rücksichtnahme auf die anderen Übenden im Dojo sind unerlässlich.

Dojo- und Sparring-Etikette

Die Etikette wird in den meisten Dojos sehr ernst genommen und ist die Grundlage für das Training eines Schülers. Ein Teil des Trainings umfasst Sparring, was für Anfänger dieser Sportart eine einschüchternde Erfahrung sein kann. In diesem Abschnitt werden die Dojo- und Sparring-Etikette besprochen, die von Anfängern und fortgeschrittenen

Karatepraktizierenden erwartet werden. Wenn Sie diese Richtlinien befolgen, zeigen Sie Ihren Mit-Karatekas Respekt und werden ein besserer Kampfkünstler.

Verbeugen

Das Erste, was Ihnen auffallen wird, wenn Sie das Dojo betreten, ist, dass sich alle verbeugen, wenn sie den Raum betreten und verlassen. Die Verbeugung ist ein Zeichen des Respekts und sollte sehr ernst genommen werden. Die Verbeugung vor und nach jeder Sparringsession vor Ihrem Trainingspartner ist eine erwartete und akzeptierte Praxis. Denken Sie daran, dass Ihr Partner beim Sparring nicht Ihr Gegner, sondern Ihr Trainingspartner ist. Die Verbeugung zeigt, dass Sie ihn und seine Fähigkeiten respektieren.

Kleiderordnung

Im Dojo wird angemessene Kleidung erwartet. Dazu gehört der Karate-Gi oder die Uniform, die vor jeder Trainingseinheit gereinigt und gebügelt werden sollte. Lange Haare sollten zusammengebunden und kein Schmuck getragen werden. Unangemessene Kleidung zeugt von mangelndem Respekt gegenüber der japanischen Kampfkunst und den anderen Karatekas.

Sparring-Regeln

Fragen Sie Ihren Partner vor dem Sparring, ob er bereit ist. Sie sollten niemals jemanden schlagen, der nicht mental oder körperlich darauf vorbereitet ist. Die Schläge sollten so leicht sein, dass Ihr Partner nicht verletzt wird. Jeglicher Kontakt mit dem Gesicht oder der Leistengegend ist strengstens verboten. Zum Schluss bedanken Sie sich bei Ihrem Partner und verbeugen sich vor ihm als Zeichen des Respekts.

Respekt für den Lehrer

Im Dojo muss Ihr Lehrer respektiert werden und man sollte zu ihm aufschauen. Sie sollten vor ihm als Zeichen des Respekts verbeugen und seinen Anweisungen aufmerksam zuhören. Befolgen Sie beim Sparring seine Anweisungen und widersprechen Sie ihm nie. Denken Sie daran, dass Ihr Lehrer dazu da ist, Ihnen beim Lernen und Wachsen zu helfen.

Respekt für das Dojo

Das Dojo ist ein heiliger Ort, an dem Schüler trainieren und sich verbessern. Daher muss es mit Respekt behandelt werden. Essen, trinken oder kauen Sie im Dojo keinen Kaugummi und halten Sie den Geräuschpegel so niedrig wie möglich. Räumen Sie nach sich auf und lassen Sie keine Ausrüstung herumliegen. Indem Sie das Dojo respektieren, respektieren Sie die Kunst des Karate. Ein Karateka muss immer danach streben, bescheiden und respektvoll zu sein, selbst wenn er an Wettkämpfen teilnimmt. So hinterlässt er einen besseren Eindruck von der Kunst.

Japanische Wörter im Karatetraining verstehen

Japanische Wörter sind in die Kunstform eingebunden. Sie zu kennen ist unerlässlich, da sie während des gesamten Karatetrainings verwendet werden. In diesem Abschnitt werden die Geheimnisse des Karate entschlüsselt, indem die im Karatetraining verwendeten japanischen Wörter entschlüsselt werden, damit Sie sicher an Ihr Training herangehen können.

- **Sensei:** Sensei bedeutet auf Japanisch Lehrer. Dieser Begriff zeigt Respekt gegenüber dem Lehrer, der als Mentor und Führer angesehen wird. Daher ist die korrekte Anrede Ihres Sensei ein Zeichen des Respekts und ein wesentlicher Aspekt des Kampfsporttrainings.
- **Obi:** Ein Obi ist ein breiter Gürtel, der um die Taille mit einem Karate-Gi getragen wird. Er steht für Rang und Fortschritt in der Kunst, wobei verschiedene Farbgürtel verschiedene Leistungsstufen in der Praxis darstellen.
- **Shihan:** Ein Shihan ist ein Meister einer Kampfkunst. Dies ist der höchste Titel, den man im Karate erreichen kann, und erfordert viele Jahre der Hingabe und des Engagements für die Kunst.
- **Reigi:** Reigi ist der japanische Begriff für Etikette. Respektvolles Verhalten und Manieren sind im Karate unerlässlich und sollten beim Training und im Dojo immer beachtet werden.

- **Sempai:** Ein Sempai ist ein Senior der Kohai oder jüngeren Schüler. Der Sempai muss seinem Lehrer und den älteren Schülern gegenüber Respekt zeigen. Oft helfen sie den Kohai, die gelehrten Techniken zu verstehen.
- **Rei:** Rei bedeutet Respekt. Es ist die Verbeugung im Karate, die ein Zeichen von Respekt und Dankbarkeit ist. Sie sollte vor und nach dem Training und bei der Begrüßung von Personen im Dojo durchgeführt werden.

Karategürtel

TAK Belt Ranking System

Color Belt	Black Belt
Yellow Belt	1ST DAN Black
Orange Belt	2ND DAN Black
Purple Belt	3RD DAN Black
Blue Belt	4TH DAN Black
ADV. Blue Belt	5TH DAN Black
Green Belt	6TH DAN Black
ADV. Green Belt	7TH DAN Black
Brown Belt	8TH DAN Black
INT. Brown Belt	9TH DAN Black
ADV. Brown Belt	10TH DAN Black
Master Brown	

Einstufungssystem für Karategürtel

Einer der bekanntesten Aspekte des Karate ist, wie Schüler Gürtel erwerben, die ihre Fähigkeiten und ihr Engagement auszeichnen. Darüber hinaus symbolisiert der farbenfrohe Aufstieg vom weißen zum schwarzen Gürtel harte Arbeit, Ausdauer und Respekt gegenüber sich selbst und anderen. In diesem Abschnitt erfahren Sie mehr über den Weg zum Erwerb von Karategürteln und was dies für Schüler und Lehrer bedeutet.

Die Grundlagen

Bevor Schüler einen Karategürtel erwerben können, müssen sie die Grundlagen der Kunst beherrschen, einschließlich des Erlernens der richtigen Stellungen, Fußarbeit, Schläge, Blöcke und Tritte. Die Grundlagen sind das Fundament, auf dem alle fortgeschrittenen Techniken aufbauen. Nur mit einem starken Fundament können Schüler Fortschritte machen. Daher achten die Ausbilder genau darauf, wie die Schüler die Grundlagen ausführen, was ihre Disziplin und ihr Engagement für die Kunst widerspiegelt. Schüler, die versuchen, Abkürzungen zu nehmen oder die Grundlagen vernachlässigen, benötigen zusätzliche Hilfe, um einen Karategürtel zu erwerben.

Die Reise eines Anfängers

Als Karateanfänger erscheint der Weg zum Erlangen der Gürtel oft abschreckend. Es ist jedoch wichtig, die bei jedem Schritt erzielten Fortschritte anzuerkennen. Anfänger beginnen mit einem weißen Gürtel und müssen sich durch konsequentes Üben, Engagement und harte Arbeit die höheren Ränge verdienen. Der erste Gürtel ist oft am schwierigsten zu erlangen, da er den Ton für den Rest der Reise angibt. Die Ausbilder arbeiten eng mit den Anfängern zusammen und bieten ihnen Anleitung und Ermutigung, um ihnen zu helfen, Herausforderungen zu meistern und ihre Fähigkeiten zu verbessern.

Die Bedeutung der Gürtelfarben

Jede Gürtelfarbe im Karate hat eine bestimmte Bedeutung und Aussagekraft. Zum Beispiel steht der gelbe Gürtel für die aufgehende Sonne und den Beginn eines neuen Tages auf dem Weg zum Meister. Der grüne Gürtel steht für eine wachsende Pflanze und symbolisiert Wachstum und Fortschritt. Je weiter die Schüler in den Gürtelteststufen voranschreiten, desto besser verstehen sie die Kunst und ihre Prinzipien. Bei den Gürteltests geht es um die Beherrschung von Techniken und Katas, Etikette und Respekt gegenüber Lehrern und Mitschülern.

Die Rolle des Wettkampfs

Beim Erlangen von Karategürteln geht es nicht darum, Wettkämpfe zu gewinnen, aber Wettkämpfe sind auf dem Weg dahin von Bedeutung. Wettkämpfe ermöglichen es Schülern, ihre Fähigkeiten gegen andere zu testen und in einer kontrollierten Umgebung Erfahrungen zu sammeln. Das Ziel ist nicht, Wettkämpfe zu gewinnen, sondern aus den Erfahrungen zu lernen und die Fähigkeiten zu verbessern. Trainer ermutigen Schüler oft, an Wettkämpfen teilzunehmen, um ihr Verständnis für Karate und sich selbst zu verbessern.

Die Belohnung für das Erlangen eines schwarzen Gürtels

Das ultimative Ziel vieler Karateschüler ist es, einen schwarzen Gürtel zu erwerben, der die Beherrschung der Kunst bedeutet. Der Erwerb eines schwarzen Gürtels ist eine bedeutende Leistung, die für jahrelange Hingabe und harte Arbeit steht. Ein schwarzer Gürtel ist mehr als nur ein physisches Symbol, er steht für eine mentale Einstellung, die von Bescheidenheit, Respekt und kontinuierlichem Lernen geprägt ist. Schüler, die einen schwarzen Gürtel erwerben, empfinden den Weg oft als lohnender als das Ziel, da sie in allen Aspekten ihres Lebens gewachsen sind.

Das 10 Kyu und Dan-Einstufungssystem

Ein wesentlicher Aspekt des Karate ist das Einstufungssystem, das den Fortschritt und die Fähigkeiten eines Schülers beschreibt. Das Einstufungssystem ist als 10 Kyu und Dan-System bekannt und wird weltweit von Karateschulen und -organisationen verwendet. In diesem Abschnitt werden das 10 Kyu und Dan-Einstufungssystem, die Bedeutung der verschiedenen Ränge und der Aufstieg durch die Stufen erläutert.

Mit den Graduierungssystemen 10 Kyu und Dan werden die Fähigkeiten und das Wissen der Schüler im Karate eingestuft. Das System umfasst zehn Kyu-Ränge, vom niedrigsten bis zum höchsten. Farbige Gürtel repräsentieren die Kyu-Ränge, und jeder Rang hat seine eigenen Fähigkeiten und Techniken. Zum Beispiel ist der niedrigste Rang der weiße Gürtel, gefolgt vom gelben, orangefarbenen, grünen, blauen, violetten und den braunen Gürteln. Die verschiedenen Ränge stehen für die verschiedenen Lernstufen, wobei jede Farbe für ein bestimmtes Leistungsniveau steht.

Nach den Kyu-Rängen folgen die Dan-Ränge. Dies sind die Schwarzgurt-Ränge, die in zehn Grade unterteilt sind. Der Schwarzgurt des ersten Grades ist Shodan. Der höchste Rang ist der zehnte Grad, der an Meister vergeben wird. Die Dan-Ränge stehen für ein bestimmtes Maß an Können und sind ein Symbol für hervorragende Leistungen im Karate. Dan-Ränge werden in der Regel nach mehreren Jahren des Übens und Hingabe vergeben. Das Erreichen eines schwarzen Gürtels ist keine leichte Aufgabe und erfordert harte Arbeit, Disziplin und Ausdauer.

Eine Möglichkeit, im Rangsystem voranzukommen, ist der regelmäßige Besuch von Karatekursen. Regelmäßiges Üben und Training sind unerlässlich, um die Ränge zu durchlaufen. Viele Schulen haben eine Mindestwartezeit für den Aufstieg zwischen den Rängen, in der Regel drei bis sechs Monate. Dadurch wird sichergestellt, dass die Schüler genügend Zeit haben, die für die nächste Stufe erforderlichen Fähigkeiten und Kenntnisse zu erlernen.

Karateschüler müssen eine Prüfung ablegen, um in den nächsthöheren Rang aufzusteigen. Die Schüler werden auf ihre Techniken, ihr Karatewissen und ihre körperlichen Fähigkeiten getestet. Die Prüfung wird in der Regel von einer Gruppe von Schwarzgurt-Trainern abgenommen, die die Leistung der Schüler bewerten. Die Prüfung kann Kata-Tests, eine festgelegte Abfolge von Bewegungen, Sparring und das Zerbrechen von Brettern umfassen.

Karatetitel

Karate ist eine der ältesten Kampfkünste der Welt und wird von Millionen Menschen auf der ganzen Welt praktiziert. Aber wussten Sie, dass es im Karate ein einzigartiges System von Titeln gibt? Diese Titel zeigen an, welches Niveau an Fachwissen und Können die Praktizierenden erreicht haben. In diesem Abschnitt werden die verschiedenen Karatetitel und ihre Bedeutung vorgestellt. Also, schnallen Sie sich an und tauchen Sie ein in die faszinierende Welt der Karatetitel.

Die Anfängertitel

Im Karate wird der Anfängergrad als Kyu-Grad bezeichnet. Üblicherweise beginnen Karatekas beim 10. Rang und arbeiten sich von dort aus weiter nach oben. Die Kyu-Ränge sind nummeriert, beginnend mit zehn und absteigend bis eins. Jeder Schüler unterhalb des Kyu-Rangs wird als Anfänger betrachtet. Die Kyu-Rangtitel sind in der Regel farbige Gürtel, die das Kompetenzniveau des Schülers anzeigen. Zum Beispiel steht ein gelber Gürtel für den fünften Kyu-Rang, während ein blauer Gürtel den dritten Kyu-Rang kennzeichnet.

Die Dan-Titel

Nach dem Durchlaufen der Kyu-Ränge steigt ein Schüler in einen Dan-Rang auf. Die Dan-Ränge beginnen mit dem ersten Dan, der den ersten Grad des schwarzen Gürtels kennzeichnet. Dan-Ränge reichen bis zum zehnten Dan, der höchsten Stufe im Karate. Die Dan-Titel werden in der Regel auf der Grundlage der Beherrschung verschiedener Karatetechniken durch den Schüler, seiner Leistung bei Wettkämpfen und seines Beitrags zur Karategemeinschaft vergeben.

Die Meistertitel

Die Meistertitel werden in der Regel an die ranghöchsten Karatekämpfer vergeben. Zu diesen Titeln gehören Renshi, Shihan, Kyoshi und Hanshi. Diese Titel werden durch jahrzehntelanges Beherrschen verschiedener Karateformen und -techniken erworben. Ein Renshi ist in der Regel ein Lehrer, der seinen fünften Dan abgeschlossen hat. Ein Shihan ist ein Lehrer, der seinen achten Dan abgeschlossen hat und ausgezeichnete Lehrfähigkeiten besitzt.

Die Referenztitel

Neben den Kyu-, Dan- und Meistertiteln gibt es im Karate viele Referenztitel, die den Beitrag einer Person zum Karate auszeichnen. Zu diesen Titeln gehören Soke, Kokusai Budoin und Kaiso. Ein Soke ist eine Person, die einen bestimmten Karate-Stil gegründet hat und als dessen Vater gilt. Der Kokusai Budoin ist eine Organisation, die herausragende Karatepraktiker weltweit auszeichnet.

Die Zeremonie der Titelverleihung

Die Verleihung von Titeln gilt in der Karategemeinschaft als höchste Auszeichnung. Während der Zeremonie wird dem Übenden sein neuer Titel verliehen und seine Leistungen werden gewürdigt. An der Zeremonie nehmen in der Regel andere Karateschüler teil, die ähnliche Titel erreicht haben.

Schritt-für-Schritt-Anleitung zum Binden eines Gürtels

Wenn Sie neu im Karate sind, müssen Sie als Erstes lernen, wie Sie Ihren Gürtel binden. Er ist nicht nur ein wesentlicher Bestandteil Ihrer Uniform, sondern auch ein Symbol für Ihren Fortschritt und Ihr Engagement für die Kampfkunst. Beim ersten Versuch, Ihren Gürtel zu binden, mag es schwierig erscheinen, aber mit etwas Übung geht es wie von selbst. Diese Schritt-für-Schritt-Anleitung führt Sie durch den Prozess, damit Sie Ihren Gürtel wie ein Profi binden können.

- **Schritt 1**: Legen Sie die Mitte des Gürtels auf Ihren Bauchnabel und wickeln Sie ihn um Ihre Taille. Achten Sie darauf, dass beide Seiten gleich lang sind.
- **Schritt 2:** Kreuzen Sie die Enden auf der Rückseite und führen Sie sie wieder nach vorne.
- **Schritt 3:** Nehmen Sie das rechte Ende des Gürtels und stecken Sie es unter beide Schichten. Ziehen Sie es nach oben und über das linke Ende des Gürtels. Nehmen Sie als Nächstes das linke Ende des Gürtels und stecken Sie es unter das rechte Ende und durch die soeben entstandene Schlaufe. Ziehen Sie beide Enden des Gürtels fest, um den Knoten zu sichern.
- **Schritt 4:** Passen Sie den Gürtel an, indem Sie an den Enden ziehen, damit er bequem sitzt. Achten Sie darauf, dass der Gürtel gleichmäßig um Ihre Taille liegt und der Knoten mittig auf Ihrem Körper sitzt.
- **Schritt 5:** Stecken Sie alle losen Enden des Gürtels in die Falten an Ihrer Taille. Stellen Sie sich aufrecht hin, stolz und bereit, mit dem Karatetraining zu beginnen.

Das Binden des Karategürtels mag anfangs verwirrend sein, aber wenn Sie die oben genannten Schritte befolgen, werden Sie es im Handumdrehen beherrschen. Denken Sie daran, dass Ihr Gürtel nicht nur ein Kleidungsstück ist, sondern ein wichtiges Symbol für Ihren Weg im Karate. Behandeln Sie ihn daher immer mit Respekt und Sorgfalt. Üben Sie das Binden Ihres Gürtels vor dem Unterricht, damit Sie sich vor dem Training nicht gehetzt oder unter Druck gesetzt fühlen.

Gürtel und Ränge sind im Karate nicht nur symbolisch. Sie stehen für Ihre Fähigkeiten, Ihren Fortschritt und Ihre Leistungen. Von der Anfängerstufe, den zehn Kyu-Graden, bis zur Fortgeschrittenenstufe, dem Dan-Rangsystem, ist jede Stufe anspruchsvoll und lohnend. Denken Sie an die Karatetitel, die Praktizierende dazu inspirieren, bessere Kampfkünstler zu werden, wie Sensei, Shihan und Hanshi. Respekt für das Dojo, Ihren Lehrer und Ihre Mitschüler ist von entscheidender Bedeutung. Außerdem werden eine angemessene Sparring-Etikette und einfache japanische Wörter wie Oss und Rei Ihre Trainingserfahrung verbessern.

Kapitel 11: Wie Sie sich mit Karate selbst verteidigen können

Beim Erlernen von Karate geht es nicht nur darum, eine neue Fähigkeit zu erlernen. Es geht darum, Selbstvertrauen zu gewinnen, um sich in jeder Situation verteidigen zu können. Ob Sie spät abends nach Hause gehen oder sich einem Mobber stellen, zu wissen, wie Sie sich mit Karate schützen können, kann den entscheidenden Unterschied ausmachen. Mit seinem Fokus auf Disziplin, Fitness und Selbstverteidigung gibt Ihnen Karate die Werkzeuge an die Hand, um sich zu schützen und gleichzeitig Ihre allgemeine Gesundheit und Ihr Wohlbefinden zu verbessern.

Karate kann Ihnen Disziplin beibringen und Ihnen helfen, sich zu verteidigen."

In diesem Kapitel wird erklärt, warum Karate ein hervorragendes Mittel zur Selbstverteidigung ist. Es wird erläutert, wie Shotokan-Karate als Kunst der Selbstverteidigung entstanden ist, und Sie erhalten Tipps, wie Sie Karate in verschiedenen Situationen einsetzen können. Schließlich werden die entscheidenden Punkte untersucht, auf die Sie sich konzentrieren sollten, um sich effektiv zu verteidigen. Niemand sollte sich hilflos oder ängstlich fühlen, wenn er sich in der Öffentlichkeit aufhält. Mit den richtigen Techniken kann Karate Ihnen das Selbstvertrauen und die Fähigkeiten vermitteln, um sicher zu sein.

Warum Karate Ihre erste Wahl für Selbstverteidigung sein sollte

Selbstverteidigung ist in der heutigen Welt unerlässlich geworden. Angesichts der steigenden Zahl an Verbrechen ist der Selbstschutz zu einer Priorität geworden. Infolgedessen wurden viele Kampfsportarten entwickelt, und die Wahl der richtigen für die Selbstverteidigung kann überwältigend sein. Karate hat sich jedoch bewährt und als wirksames Verteidigungsmittel erwiesen. In diesem Abschnitt erfahren Sie, warum Karate die Kampfkunst Ihrer Wahl für die Selbstverteidigung sein sollte.

Karate ist eine hervorragende Kampfkunst, die Ihnen dabei hilft, körperlich und geistig leistungsfähiger zu werden. Es ist eine körperliche Übung und konzentriert sich auf mentale Disziplin. Die Ausübung von Karate erfordert Hingabe und Disziplin und hilft Ihnen, Ausdauer, Kraft und Konzentration zu entwickeln. Darüber hinaus werden Sie durch das Üben von Karate körperlich leistungsfähiger und selbstbewusster, was Ihnen bei der Verteidigung gegen einen potenziellen Angreifer hilft.

Karate konzentriert sich auf Schläge, Tritte und Blöcke und ist damit die perfekte Kampfkunst zur Selbstverteidigung. Diese Schläge können einen Angreifer außer Gefecht setzen, ohne ihm schwere Verletzungen zuzufügen. Außerdem ist Karate nicht auf Waffen angewiesen, sodass Sie sich in jeder Situation verteidigen können. Die im Karate erlernten Blöcke und Schläge können mit Geschwindigkeit, Kraft und Präzision ausgeführt werden, um einen Angreifer effektiv zu neutralisieren.

Karate lehrt Sie, Angriffen auszuweichen und sie zu vermeiden. Die beste Möglichkeit, einen Angriff zu verhindern, besteht darin, die Anzeichen für eine Gefahr frühzeitig zu erkennen. Karate lehrt Sie, Ihre Umgebung wahrzunehmen, potenzielle Bedrohungen zu erkennen und schnell zu handeln. Techniken wie Körperverlagerung und Distanzierung können Raum zwischen Ihnen und dem Angreifer schaffen, sodass Sie sich erfolgreich verteidigen können.

Ein weiterer Vorteil von Karate ist, dass es von jedem, unabhängig von Alter und Geschlecht, ausgeübt werden kann. Es ist eine großartige Möglichkeit, fit zu werden, aktiv zu bleiben und Stress abzubauen. Wenn Sie Karate lernen, gewinnen Sie das Selbstvertrauen, sich selbst, Ihre Lieben und Ihr Eigentum zu schützen. Durch das Üben von Karate lernen Sie Selbstdisziplin, Selbstbeherrschung und Selbstbewusstsein, wesentliche Fähigkeiten in jeder Selbstverteidigungssituation.

Shotokan-Karate: Eine Kunst der Selbstverteidigung

Angesichts zunehmender Gewalt in der Gesellschaft ist es notwendig geworden, Selbstverteidigung zu lernen. Wenn es um Kampfsport zur Selbstverteidigung geht, sollte man Shotokan-Karate in Betracht ziehen. Diese Kampfsportart, die ihre Wurzeln in Japan hat, bietet ein umfassendes System von Schlägen, Tritten, Blocks und Würfen zur Verteidigung gegen einen Angreifer. In diesem Abschnitt tauchen wir tiefer in die Kunst des Shotokan-Karate ein, erforschen seine Geschichte, Philosophie und Techniken und erklären, warum es sich lohnt, sich um seine Fitness und Selbstverteidigung zu kümmern.

Geschichte und Philosophie

Die Wurzeln des Shotokan-Karate gehen auf Gichin Funakoshi zurück, der diese Kunst im frühen 20. Jahrhundert auf der Grundlage der Prinzipien des Okinawa-Karate entwickelte. Funakoshis Ziel war es, körperliche und geistige Disziplin, Charakterentwicklung und gegenseitigen Respekt durch Kampfsporttraining zu fördern. Er nannte seine Kunst Shotokan, was Haus von Shoto, seinem Künstlernamen, bedeutet. Heute ist Shotokan-Karate mit Millionen von Praktizierenden weltweit zu einer der beliebtesten Kampfkunstarten geworden. Der Schwerpunkt liegt auf grundlegenden Techniken wie Schlagen, Treten, Stoßen und Blocken, die darauf ausgelegt sind, Kraft, Geschwindigkeit und Koordination aufzubauen.

Die Techniken des Shotokan-Karate

Shotokan-Karate ist für seine kraftvollen und energiegeladenen Techniken bekannt, die viel Konzentration und Präzision erfordern. Die Kunst legt den Schwerpunkt auf stabile Stände, eine korrekte Körperhaltung und effektive Atemtechniken, um Kraft und Schnelligkeit zu erzeugen. Hier sind einige der gängigen Shotokan-Karate-Techniken, die Sie in einem Anfängerkurs lernen werden:

- **Schläge**: Im Shotokan-Karate gibt es vier grundlegende Schläge, darunter der gerade Fauststoß (Jodan Zuki), der entgegengesetzte Fauststoß (Gyaku Zuki), der Aufwärtshaken (Chudan Zuki) und der Hakenstoß (Kagi Zuki).
- **Tritte**: Shotokan-Karate beinhaltet verschiedene Tritte, darunter einen Fronttritt (Mae Geri), Seittritt (Yoko Geri), Roundhouse-Kick (Mawashi Geri) und einen Rücktritt (Ushiro Geri).
- **Blocks**: Effektives Blocken ist unerlässlich, um sich gegen Angriffe zu verteidigen. Die Kunst des Shotokan-Karate umfasst mehrere Blocktechniken, darunter den hohen Block (Age Uke), tiefer Block (Gedan Barai), den außen gerichteter Block (Soto Uke) und den nach innen gerichteter Block (Uchi Uke).

Vorteile von Shotokan-Karate

Das Shotokan-Karatetraining bietet viele Vorteile, die über die Selbstverteidigung hinausgehen. Hier sind einige Vorteile, die Sie durch das Üben von Shotokan-Karate erzielen können:

- **Verbesserte körperliche Fitness:** Shotokan-Karate bietet ein umfassendes Training, das die kardiovaskuläre Gesundheit verbessert, die Kraft und Flexibilität erhöht und das Gleichgewicht und die Koordination verbessert.
- **Gesteigertes Selbstvertrauen:** Mit zunehmendem Fortschritt in Ihrem Shotokan-Karatetraining gewinnen Sie Vertrauen in Ihre Fähigkeiten, was sich auch auf andere Bereiche Ihres Lebens auswirkt.
- **Selbstdisziplin:** Shotokan-Karate erfordert Hingabe, Engagement und Konzentration und fördert so die Selbstdisziplin und Entschlossenheit.
- **Stressabbau:** Die körperliche und geistige Anstrengung beim Shotokan-Karate-Training sorgt für einen kathartischen Abbau von Stress und Anspannung.

Shotokan-Karate ist eine ganzheitliche Praxis mit zahlreichen Vorteilen zur Steigerung des körperlichen und geistigen Wohlbefindens. Wenn Sie also Ihre Selbstverteidigungsfähigkeiten verbessern, Ihr Selbstvertrauen stärken oder Ihre Fitness steigern möchten, ist Shotokan-Karate eine ausgezeichnete Wahl. Es ist eine Disziplin, die Geduld, Engagement und Übung erfordert, aber die Mühe lohnt sich.

Karatetechniken gegen unbewaffnete Angreifer

Machen Sie sich Sorgen, wenn Sie nachts allein nach Hause gehen? Oder müssen Sie durch eine zwielichtige Gegend gehen, um an Ihr Ziel zu gelangen? Wenn ja, ist es wichtig, einige Selbstverteidigungstechniken zu kennen. Karate ist eine der gängigsten und effektivsten Formen der Selbstverteidigung. In diesem Abschnitt werden einige Karatemanöver vorgestellt, die Sie gegen unbewaffnete Täter einsetzen können.

- **Schlag mit der Handkante:** Diese Technik eignet sich perfekt, um die Nase oder das Kinn eines Angreifers zu treffen, der Sie am Kragen oder an der Schulter gepackt hat. Um dieses Manöver auszuführen, machen Sie eine Faust mit Ihrer Hand und drehen Sie sie so, dass sie nach innen zeigt. Schlagen Sie dann mit Ihrer Handkante kräftig auf das Kinn oder die Nase Ihres Gegners. Dadurch sollte er nach hinten stolpern, sodass Sie Zeit haben, zu entkommen.
- **Knieschlag:** Der Knieschlag ist ideal für einen Angreifer, der vor Ihnen steht. Um dieses Manöver auszuführen, bringen Sie Ihr Knie nach oben und stoßen Sie es in Richtung Leistengegend Ihres Gegners. So haben Sie mehr als genug Zeit, um zu entkommen oder den Angreifer abzuwehren.
- **Ellenbogenschlag:** Der Ellenbogenschlag ist eine großartige Technik, wenn Sie in beengten Räumen kämpfen, z. B. in einer Bar oder zu Hause. Führen Sie diese Bewegung aus, indem Sie Ihren Ellenbogen direkt in Richtung des Kiefers Ihres Gegners stoßen. Diese Bewegung kann einen Angreifer ausschalten und Ihnen genug Zeit geben, um zu fliehen.
- **Rückwärts-Kick:** Der Rückwärts-Kick ist perfekt, wenn sich jemand von hinten an Sie heranschleicht. Um diese Technik anzuwenden, bringen Sie Ihren Fuß hinter sich in die Höhe und drehen sich dann um, um direkt nach hinten zu treten. Dieser Tritt kann einen Angreifer aus dem Gleichgewicht bringen und ihn taumeln lassen, sodass Sie genug Zeit haben, um zu entkommen.
- **Hammerfaustschlag:** Diese Technik eignet sich perfekt, um den Gegner am Hinterkopf zu treffen. Um einen Hammerfaustschlag auszuführen, ballen Sie Ihre Hand zur Faust und schlagen Sie mit dem flachen Teil Ihrer Hand auf den Kopf Ihres Gegners. Diese Aktion kann dazu führen, dass Ihr Gegner lange genug das Bewusstsein verliert, damit Sie entkommen können.

Wenn Sie grundlegende Karategriffe kennen, können Sie sich sicherer fühlen, wenn Sie alleine oder in einer unbekannten Gegend unterwegs sind. Man weiß nie, wann man eine Selbstverteidigungstechnik anwenden muss, um sich zu schützen. Wenn Sie diese fünf Methoden erlernen, verfügen Sie jedoch über die notwendigen Werkzeuge, um sich im Bedarfsfall effektiv verteidigen zu können. Denken Sie daran, dass der Einsatz von Selbstverteidigungstechniken immer das letzte Mittel sein sollte und dass es immer Ihre erste Handlung sein sollte, die Behörden um Hilfe zu bitten.

Verteidigung gegen bewaffnete Angreifer

Eine der schrecklichsten Situationen, in die man geraten kann, ist eine Konfrontation mit einem bewaffneten Angreifer. Niemand möchte Opfer eines bewaffneten Überfalls werden. Aber was ist, wenn es Ihnen passiert? Wie können Sie sich in einer solchen Situation verteidigen und sicher bleiben?

- **Seien Sie vorbereitet:** Vorbereitung ist in jeder Verteidigungssituation von entscheidender Bedeutung. Im Falle eines bewaffneten Angriffs sollten Sie sich mit Ihrer Umgebung auskennen und einen Fluchtplan haben. Denken Sie daran, dass jede Sekunde zählt, wenn Sie einem bewaffneten Angreifer gegenüberstehen. Es lohnt sich also, vorbereitet zu sein.

- **Bewahren Sie Ruhe:** In einer Stresssituation ruhig zu bleiben, ist eine Herausforderung, aber es ist entscheidend, wenn man einem bewaffneten Angreifer gegenübersteht. Der Angreifer ist bereits in einem erregten Geisteszustand, sodass eine Eskalation die Situation nur verschlimmert. Wenn Sie ruhig bleiben, können Sie rational denken und handeln, was Ihnen hilft, die Kontrolle über das Problem zu erlangen.

- **Wehren Sie sich:** Wenn Sie angegriffen werden und weglaufen keine Option ist, kann es sein, dass Sie sich nur noch wehren können. Wenn Sie grundlegende Selbstverteidigungstechniken wie Tritte, Schläge und Blocken beherrschen, können Sie den Angreifer abwehren und sich genug Zeit verschaffen, um Hilfe zu rufen oder auf das Eintreffen der Behörden zu warten.

- **Verwenden Sie verfügbare Werkzeuge:** Im Falle eines bewaffneten Angriffs kann jedes Werkzeug hilfreich sein. Zum Beispiel können Gegenstände wie Schlüssel, Pfefferspray oder ein Stift zur Selbstverteidigung eingesetzt werden. Diese Werkzeuge mögen klein erscheinen, aber sie können einem Angreifer schweren Schaden zufügen und Ihnen die Flucht oder die Kontrolle über die Situation ermöglichen.

- **Suchen Sie nach Schulungen:** Es ist wichtig, sich in der Verteidigung gegen bewaffnete Angriffe schulen zu lassen. Sie müssen kein Kampfsportprofi sein, um sich verteidigen zu können. Ein grundlegendes Selbstverteidigungstraining wie Krav Maga oder Kickboxen kann jedoch in einer Situation, in der es um Leben und Tod geht, einen großen Unterschied machen.

Karatetechniken zur Verteidigung gegen verschiedene Waffenangriffe

Karate ist eine Selbstverteidigungskunst, die in verschiedenen Situationen nützlich ist, insbesondere bei Waffenangriffen. Wenn Sie wissen, wie Sie sich gegen Messer, Baseballschläger oder Schlagstöcke verteidigen können, gibt Ihnen das ein Gefühl von Sicherheit und Stärke. Hier sind einige Karatetechniken, die Sie zum Schutz vor Waffenangriffen erlernen können.

- **Gegen Messerangriffe:** Um sich gegen einen Messerangriff zu verteidigen, positionieren Sie Ihre Hände vor Ihrem Gesicht, wobei ein Fuß nach hinten und der andere nach vorne zeigt. Warten Sie, bis der Angreifer auf Sie zukommt, und blockieren Sie mit Ihrem Unterarm die Hand, die das Messer hält. Schlagen oder treten Sie dann schnell auf das Gesicht, den Hals oder die Leistengegend des Angreifers, um ihn abzulenken und eine Gelegenheit zu schaffen, ihn zu entwaffnen.

- **Gegen Angriffe mit einem Baseballschläger:** Wenn Sie jemand mit einem Baseballschläger angreift, weichen Sie zur Seite aus, um einen direkten Schlag zu vermeiden, und blocken Sie den Schläger mit Ihrem Unterarm. Schlagen Sie dann mit Ihrem anderen Arm mit der Faust oder dem Ellenbogen auf den Hals oder das Gesicht des Angreifers. Sie können auch gegen die Knie des Angreifers treten, um ihn zu destabilisieren und eine Gelegenheit für einen Gegenangriff zu schaffen.

- **Gegen Schlagstockangriffe:** Bei einem Schlagstockangriff sollten Sie den Aufprall mit dem Unterarm abblocken und dann mit einem Faust- oder Handkantenschlag auf den Kopf, den Hals oder die Brust des Angreifers schlagen. Wenn der Angreifer den Schlagstock mit beiden Händen hält, können Sie den Angriff mit einem doppelten Unterarmblock abwehren und dann mit einem Faustschlag oder Tritt kontern.

- **Gegen mehrere Waffen:** Wenn der Angreifer mehr als eine Waffe hat, müssen Sie sich aller Bedrohungen bewusst sein und Ihre Verteidigung priorisieren. Eine Strategie besteht darin, sich schnell zu bewegen und den Angriffen auszuweichen, während Sie nach Möglichkeiten suchen, den Angreifer zu entwaffnen. Ein anderer Ansatz besteht darin, sich jeweils gegen eine Waffe zu verteidigen und das Gleichgewicht und die Haltung des Angreifers zu neutralisieren.
- **Gegen Überraschungsangriffe:** Bei einem Überraschungsangriff sind Ihre Reaktionszeit und Ihre Aufmerksamkeit entscheidend. Bleiben Sie entspannt, aber wachsam, und nutzen Sie Ihre periphere Sicht, um Anzeichen von Gefahr zu erkennen. Wenn Sie einen Angriff spüren, weichen Sie schnell zur Seite aus und nutzen Sie eine Kombination aus Blocken und Schlagen, um sich Raum und Zeit zum Reagieren zu verschaffen.

Karatetechniken können ein wertvolles Instrument zur persönlichen Verteidigung gegen verschiedene Angriffe mit Waffen sein. Um diese Techniken zu beherrschen, sind jedoch Übung, Engagement und die Anleitung eines erfahrenen Lehrers erforderlich. Denken Sie daran, dass die beste Verteidigung darin besteht, gefährliche Situationen zu vermeiden und bei Bedrohungen die Hilfe der Strafverfolgungsbehörden oder anderer Behörden in Anspruch zu nehmen. Achten Sie also auf Ihre Sicherheit und bleiben Sie am Ball.

Kapitel 12: Tägliche Trainingseinheiten

Die Teilnahme an einem Karatetrainingsprogramm kann eine der wichtigsten Entscheidungen sein, die Sie je treffen werden. Es fördert die körperliche Fitness und kultiviert das geistige und emotionale Wohlbefinden. Regelmäßige Bewegung kann Stress und Angst reduzieren, die Konzentration und die kognitiven Funktionen verbessern und Symptome von Depressionen lindern. Aber was Karate von anderen Trainingsformen unterscheidet, ist die erforderliche Disziplin und Hingabe. Dadurch verbessern Sie Ihre körperliche Leistungsfähigkeit und erwerben wertvolle Lebenskompetenzen wie Geduld, Selbstbeherrschung und Ausdauer.

In diesem Kapitel stellen wir Ihnen ein tägliches Karatetrainingsprogramm vor, das Sie im Fitnessstudio oder bequem zu Hause absolvieren können. Es werden verschiedene Übungen und Routinen vorgestellt, um die körperliche Fitness, Beweglichkeit, Schnelligkeit und Kraft zu verbessern. Die Übungen sind für Anfänger geeignet und können für Fortgeschrittene angepasst werden.

Durch regelmäßiges Training können Sie Ihre Fortschritte im Karate verbessern.[87]

Aufwärmübungen

Karate beinhaltet viele kraftvolle Bewegungen, daher ist ein richtiges Aufwärmtraining unerlässlich, um Verletzungen zu vermeiden. Ein gutes Aufwärmtraining sollte Ausdauerübungen zur Steigerung der Herzfrequenz und Dehnübungen zur Vorbereitung der Muskeln und Gelenke beinhalten. Zu den empfohlenen Aufwärmübungen gehören Hampelmänner, Seilspringen, Beinschwingen und Hüftrotationen.

Tritt- und Schlagübungen

Beim Karate geht es darum, die verschiedenen Tritte und Schläge zu meistern. Das wiederholte Üben dieser Bewegungen, allein und mit Partnern, ist unerlässlich, um diese Bewegungen zu perfektionieren. Trainingsgeräte wie Boxsäcke und Trittpolster können Ihren Übungen mehr Widerstand und Intensität verleihen. Durch kontinuierliches Üben wird das Muskelgedächtnis aufgebaut, was zu automatischen Bewegungen und einer besseren Gesamttechnik führt.

Muskelaufbau

Für Karate braucht man solide und kräftige Muskeln, um Bewegungen schnell und präzise ausführen zu können. Wenn Sie Übungen wie Kniebeugen, Ausfallschritte und Liegestütze in Ihr Trainingsprogramm aufnehmen, können Sie Kraft und Ausdauer aufbauen. Diese Übungen stärken die Rumpfmuskulatur, die für Gleichgewicht und Stabilität unerlässlich ist. Mit Hanteln oder Kettlebells können Sie Ihr Muskelaufbautraining auf die nächste Stufe bringen.

Plyometrisches Training

Plyometrisches Training ist ein spezielles Training zur Verbesserung der Explosivkraft. Im Karate bedeutet dies höhere Sprünge, schnellere Tritte und entschlossenere und schnellere Schläge. Zu den plyometrischen Übungen gehören Kniebeugen, Burpees und Box Jumps, bei denen der Schwerpunkt auf der schnellen Kontraktion und Streckung der Muskeln liegt. Bei korrekter Ausführung kann Plyometrie die körperliche Leistungsfähigkeit erheblich verbessern. Es ist jedoch entscheidend, die Übungen fehlerfrei auszuführen und sich Zeit dafür zu nehmen.

Widerstandsbänder

Widerstandsbänder eignen sich hervorragend, um schwächere Muskelgruppen zu trainieren und den Körper auf kraftaufwendige Bewegungen vorzubereiten. Ein umfassendes Trainingsprogramm wird durch die Konzentration auf bestimmte Muskelgruppen abgerundet, die beim Karatetraining am häufigsten zum Einsatz kommen. Der Widerstand der Bänder hilft dabei, Kraft, Ausdauer und Flexibilität aufzubauen.

Herz-Kreislauf-Training

Beim Karate liegt der Schwerpunkt auf der allgemeinen Fitness und Gesundheit, einschließlich eines soliden Herz-Kreislauf-Systems. Die Kombination von Ausdauerübungen wie Laufen oder Radfahren mit anaeroben Übungen wie Springen oder Sprinten bietet ein effektives Trainingsprogramm, das das Herz stärkt und die Ausdauer verbessert. Eine gute Mischung aus Übungen mit hoher und niedriger Intensität ist ideal für ein ausgewogenes Training. Absolvieren Sie zum Beispiel mindestens zweimal pro Woche eine 30-minütige Ausdauereinheit, um die Ausdauer und die kardiovaskuläre Gesundheit zu fördern.

Stabilität und Rumpftraining

Übungen, die auf die Förderung von Gleichgewicht, Stabilität und Koordination abzielen, helfen dabei, verschiedene Karatepositionen effizient auszuführen. Zu diesen Übungen gehören Unterarmstütz, Mountain Climbers und Gleichgewichtsübungen auf einem Bein, die die Muskeln um die Hüften, den Unterkörper und die Wirbelsäule stärken. Kniebeugen und Kreuzheben haben zwar keinen direkten Bezug zu Kampfsportarten, stärken aber auch die Rumpfmuskulatur. Der Rumpf ist für das Gleichgewicht und die Stabilität in allen Kampfsportarten unerlässlich, daher sollten Sie diese Übungen in Ihr Trainingsprogramm aufnehmen.

Cool-Down-Übungen

Nach einem anstrengenden Karatetraining ist es wichtig, eine angemessene Abkühlphase einzulegen, um Muskelschmerzen und Verletzungen vorzubeugen. Dehnübungen und langsame Ausdaueraktivitäten wie Joggen oder Walken senken die Herzfrequenz allmählich und fördern eine bessere Durchblutung der Muskeln, was wiederum die Muskelregeneration unterstützt. Nehmen Sie sich nach jedem Training Zeit für Dehnübungen, um Ihre Beweglichkeit zu verbessern und Muskelverspannungen vorzubeugen. Wenn Sie nach dem Training starke Schmerzen verspüren, kann ein Eisbad oder eine kalte Kompresse Wunder wirken, um Muskelentzündungen in Schach zu halten.

Meditation

Gönnen Sie sich eine Auszeit von Ihrem vollen Terminkalender, um sich zu entspannen und sich auf die Atmung zu konzentrieren. Das kann die Konzentration verbessern, Stress reduzieren und das allgemeine Wohlbefinden steigern. Verwenden Sie Meditation, um bestimmte Bewegungen oder Techniken zu visualisieren, damit Sie sie besser verstehen. Es gibt viele Möglichkeiten zu meditieren, also experimentieren Sie ruhig und finden Sie diejenige, die am besten zu Ihnen passt. Schon ein paar Minuten konzentrierter Meditation können Ihnen helfen, während des Trainings konzentriert und motiviert zu bleiben.

Wöchentliche Routine

Jetzt, da Sie die Grundlagen kennen, ist es an der Zeit, eine Routine zu erstellen. Streben Sie 3-4 Tage Karatetraining pro Woche an, je nach Ihrem Können und Ihren Fitnesszielen. Ergänzen Sie Ihr Training mit anderen Übungen wie Laufen oder Schwimmen, um ein komplettes Workout zu erhalten. Achten Sie darauf, dass jede Trainingseinheit Aufwärmübungen, plyometrische Übungen, Übungen mit dem

Widerstandsband, Ausdauertraining, Stabilitäts- oder Rumpfübungen und Entspannungsübungen umfasst. Es ist wichtig, Ruhe- und Meditationstage in Ihre Routine einzubauen. Ihr Körper braucht nach einem anstrengenden Training Zeit, um sich zu erholen. Nehmen Sie sich also mindestens einen Tag pro Woche frei, damit Ihre Muskeln heilen können und Verletzungen vermieden werden.

- **Montag:** Ausdauertraining – 30 Minuten
- **Dienstag:** Plyometrische Übungen – 20 Minuten
- **Mittwoch:** Ruhe und Meditation
- **Donnerstag:** Übungen mit dem Widerstandsband – 25 Minuten
- **Freitag:** Rumpf- und Stabilitätstraining – 20 Minuten
- **Samstag:** Karateübungen – 40 Minuten
- **Sonntag:** Dehn- und Entspannungsübungen – 20 Minuten

Mit diesem Trainingsplan bleiben Sie in Form, verbessern Ihre Technik und erweitern Ihre Karatefähigkeiten. Da jeder Mensch anders ist, können Sie auch gerne mit anderen Übungen und Trainingsplänen experimentieren, bis Sie den für Sie optimalen Plan gefunden haben.

Ein umfassendes Karatetrainingsprogramm hilft Ihnen, Ihre Ziele zu erreichen, indem es sich auf Ihr körperliches und geistiges Wohlbefinden konzentriert. Ein gründliches Karatetraining, das Aufwärmübungen, Tritt- und Schlagübungen, Muskelaufbauübungen, plyometrisches Training, Übungen mit dem Widerstandsband, Herz-Kreislauf-Training, Stabilitätsübungen, Rumpfübungen und Cool-down-Übungen umfasst, ebnet Ihnen den Weg zum Karateerfolg. Darüber hinaus führen regelmäßiges Training, Engagement, Disziplin bei der Verfolgung Ihrer Karateziele und konsequentes Üben, verbunden mit Einsatz, zum Erreichen Ihrer Karateziele. Eine ausgewogene Ernährung mit der richtigen Nährstoffzufuhr ist ebenfalls wichtig. Also, legen Sie los, erstellen Sie Ihren Trainingsplan und erreichen Sie im Karate Spitzenleistungen.

Zusatz: Übersicht über Druckpunkte und Karatebegriffe

Ob Sie nun ein erfahrener Praktiker sind oder gerade erst anfangen, das Verständnis von Druckpunkten ist für die Beherrschung der Kunst des Karate von entscheidender Bedeutung. Durch das gezielte Anvisieren dieser spezifischen Körperbereiche können Sie einen Gegner schnell außer Gefecht setzen und in einem Kampf die Oberhand gewinnen. Da Karate ein einzigartiges Vokabular hat, werden in diesem letzten Kapitel beliebte Begriffe untersucht, mit denen Sie vertraut sein sollten. Machen Sie sich also bereit, sich mit Tritten, Schlägen und Hieben den Weg zum Erfolg zu bahnen.

Schlagpunkte und ihre Lage

Bei der Selbstverteidigung ist es wichtig zu wissen, welche lebenswichtigen Schlagpunkte jemanden zu Fall bringen können, insbesondere wenn Sie körperlich kleiner sind als Ihr Angreifer. Schlagpunkte sind Druckpunkte am ganzen Körper, die Schmerzen, Gleichgewichtsstörungen und sogar Bewusstlosigkeit verursachen können. Hier sind einige Punkte, die Sie beachten sollten:

- **Schläfenpunkt:** Einer der häufigsten Angriffspunkte ist die Schläfe. Durch Schläge auf den Schläfenpunkt auf beiden Seiten des Kopfes, in der Nähe des Haaransatzes, können Sie einen plötzlichen Schock im Gehirn auslösen, der zu Orientierungslosigkeit und Verwirrung führt. So haben Sie Zeit zu reagieren und sich gegen den Angreifer zu verteidigen.
- **Kieferlinie:** Ein weiterer wichtiger Angriffspunkt ist die Kieferlinie unterhalb des Ohrs. Bei einem korrekten Treffer verursacht sie starke Schmerzen, Orientierungslosigkeit und eine Schädigung des Innenohrs des Angreifers, was zu Gleichgewichtsstörungen führt. Andererseits kann ein starker Faust- oder Ellenbogenschlag auf diesen Punkt den Angreifer vorübergehend bewegungsunfähig machen, sodass Sie Zeit haben, zu fliehen.
- **Schlüsselbeinpunkt:** Der Schlüsselbeinpunkt befindet sich am unteren Rand der Vorderseite des Schlüsselbeins. Ein Schlag auf diesen Punkt kann extreme Schmerzen und Unbehagen verursachen, was zu vorübergehender Lähmung und Atembeschwerden führt. Wenn Sie jedoch von vorne angegriffen werden, kann Ihnen ein Schlag auf diesen Punkt einige Sekunden Zeit verschaffen, um zu entkommen.
- **Solarplexus-Punkt:** Der Solarplexus-Punkt befindet sich in der Mitte des Rumpfes, direkt unterhalb des Brustkorbs. Ein Schlag auf diesen Punkt kann zu einem plötzlichen Atemverlust führen, der eine vorübergehende Lähmung und sogar Bewusstlosigkeit zur Folge haben kann. Schläge, Tritte oder auch nur ein kurzer Stoß auf diesen Punkt können jedoch sehr effektiv sein, um einen Angreifer zu stoppen.
- **Tiefschlag:** Der Tiefschlag ist ein Angriff auf den Unterleib, der unterhalb der Gürtellinie ausgeführt wird. Ein Schlag auf diesen Punkt verursacht starke Schmerzen, insbesondere bei Männern, und führt zu vorübergehender Lähmung und Orientierungslosigkeit. Auch wenn dies nicht garantiert, dass ein Angreifer gestoppt wird, kann es Ihnen Zeit verschaffen, zu entkommen oder den Angreifer zu Boden zu bringen.

Karateterminologie

Nachdem Sie nun die wesentlichen Angriffspunkte kennen, ist es an der Zeit, die Grundlagen der Karateterminologie zu erlernen. Hier sind Begriffe und Ausdrücke, mit denen Sie vertraut sein sollten:

26 Katas

1. Heian Shodan
2. Heian Nidan
3. Heian Sandan
4. Heian Yondan
5. Heian Godan
6. Tekki Shodan
7. Tekki Nidan
8. Tekki Sandan
9. Bassai - Dai
10. Bassai - Sho
11. Kanku - Dai
12. Kanku - Sho
13. Empi
14. Hangetsu
15. Jion
16. Ji'in
17. Wankan
18. Meikyo
19. Unsu
20. Sochin
21. Nijushiho
22. Gojushiho - Sho
23. Chinte
24. Jitte
25. Gankaku
26. Gojushho-Dai

Japanische Zahlen

1. Ichi
2. Ni
3. San
4. Shi/Yon
5. Go
6. Roku
7. Shichi/Nana
8. Hachi
9. Ku/Kyu
10. Ju

Karatestellungen

- Zenkutsu-Dachi (Vorwärtsstellung)
- Kiba-Dachi (Reiterstellung)
- Heiko-Dachi (Parallelstellung)
- Shiko-Dachi (Sumo-Stellung)
- Tsuru-Ashi-Dachi (Kranichfussstellung)
- Neko-Ashi-Dachi (Katzenfussstellung)
- Kokutsu-Dachi (Rückwärtsstellung)
- Hangetsu-Dachi (Halbmondstellung)

Karatetechniken

- Uke (blocken)
- Zuki (stoßen)
- Uchi (schlagen)
- Geri (treten)
- Kihon (Fundamentaltraining)
- Kata (Form oder Muster)
- Kumite (Sparring)
- Tanden (Schwerpunkt)
- Goshin-Jitsu (Selbstverteidigung)

- Shime-Waza (Techniken des Grappling)
- Atemi-Waza (Treffer auf Vitalpunkte)
- Kime (Energie)
- Jiyu-Kumite (freies Sparring)
- Ukemi (Falltechnik)
- Ikken Hisatsu (Töten mit einem Schlag)
- Kyusho-Jitsu (Ausübung von Druck auf Vitalpunkte)

Da Sie nun die wesentlichen Angriffspunkte, Stellungen und Techniken des Karate kennen, ist es an der Zeit, mit dem Training zu beginnen. Suchen Sie nach Karatekursen in Ihrer Nähe und beginnen Sie mit einem erfahrenen Lehrer zu trainieren. Mit Übung und Hingabe werden Sie die Kunst des Karate meistern und schon bald ein versierter Kämpfer sein.

Schlussfolgerung

Karate ist eine alte Kampfkunst, die seit Jahrhunderten praktiziert wird und ihren Ursprung in Okinawa, Japan, hat. Es handelt sich um eine äußerst disziplinierte Form der Selbstverteidigung, die sich auf körperliches und mentales Training konzentriert, um Geist und Körper zu entwickeln. Bei dieser Kampfkunst geht es um Schläge und Tritte und die Entwicklung einer starken mentalen Einstellung, Disziplin, Respekt und Demut. Im vorliegenden Handbuch wird alles von den Grundlagen bis hin zu den fortgeschrittenen Techniken des Karate behandelt.

Die mentale Einstellung beim Karate ist einer der wichtigsten Aspekte dieser Kampfkunst. Karate lehrt Sie, diszipliniert, konzentriert und mental stark zu sein. Es ist eine Lebenseinstellung, die Respekt für sich selbst und andere erfordert. Sie müssen sich Ihrer Praxis widmen und schwierige Situationen durchstehen, um diese Geisteshaltung zu entwickeln. Versuchen Sie außerdem, bescheiden zu sein und eine positive Grundhaltung einzunehmen. Meditations- und Visualisierungsübungen sind für die Entwicklung des Karatemindsets unerlässlich.

Kihon ist das grundlegende Training des Karate und umfasst grundlegende Stellungen und Blöcke. Diese Techniken sind die Bausteine für fortgeschrittenere Techniken. In diesem Leitfaden wurden Ihnen grundlegende Stellungen wie die Vorwärts-, Rückwärts- und Reiterstellung erklärt. Sie haben die grundlegenden Blöcke wie den nach innen, nach außen und den steigenden Block gelernt. Diese Techniken sind für die Verteidigung von entscheidender Bedeutung und werden in Verbindung mit Schlägen eingesetzt. Dieses Buch behandelt die richtigen Schlagtechniken wie den geraden Schlag, den Hakenschlag und den Aufwärtshaken und befasste sich mit verschiedenen Tritten, darunter dem Front-, Roundhouse- und dem Kick zur Seite. Die richtige Ausführung und Technik sind für effektive Schläge unerlässlich.

Katas sind vorab festgelegte Bewegungsabläufe, die einen echten Kampf simulieren. Kumite oder Sparring ist ein weiterer wesentlicher Bestandteil des Karatetrainings. Dieses umfassende Handbuch behandelt die Katas und Kumite-Techniken für jede Gürtelstufe. Sie lernten, die Katas korrekt auszuführen, die Bedeutung der richtigen Technik und wie Sie Ihre Techniken im Kumite anwenden, um sich gegen Gegner zu verteidigen. Darüber hinaus bietet dieses Buch einen Leitfaden zum Verständnis der Gürtel und der Dojo-Kultur. Es werden die verschiedenen Gürtelstufen, ihre Bedeutung und die im Dojo erwartete Etikette erläutert.

Dieses Handbuch bietet einen Überblick über Druckpunkte und ein Glossar mit Begriffen. Wenn Sie die Druckpunkte des Körpers kennen, können Sie Ihren Gegner bewegungsunfähig machen und die Situation kontrollieren. Für eine reibungslose Kommunikation im Dojo ist es unerlässlich, die Karateterminologie zu verstehen. Am Ende dieses Buches sollten Sie über ein solides Verständnis der Grundlagen, Fähigkeiten und Kenntnisse verfügen, um Ihr Karatetraining auf die nächste Stufe zu heben. Mit konsequentem Training und Engagement können Sie die Kunst des Karate meistern und eine starke mentale Einstellung entwickeln, die Ihnen bei der Selbstverteidigung von Nutzen sein wird.

Von den grundlegenden Stellungen und Blöcken bis hin zu den fortgeschrittenen Katas und Selbstverteidigungstechniken für den schwarzen Gürtel bietet Karate körperliches und mentales Training für Menschen jeden Alters und Hintergrunds. Durch regelmäßiges Üben und Training können Sie Ihre Fähigkeiten verbessern, eine starke mentale Einstellung entwickeln und Ihre Karateziele erreichen. Schauen Sie sich außerdem das Glossar am Ende an, um Ihr Wissen aufzufrischen und Ihre Kenntnisse im Karate zu erweitern. Viel Erfolg und viel Spaß beim Training.

Teil 6: Taekwondo

Ein umfassendes Handbuch zu den Techniken, Grundlagen und Prinzipien des Taekwondo für Anfänger, die diese Kampfkunst meistern möchten

Einleitung

Wie bei jeder anderen Sportart können die ersten Trainingseinheiten im Taekwondo für Anfänger entmutigend sein. Obwohl Taekwondo einige Ähnlichkeiten mit anderen Kampfsportarten aufweist, ist es in vielerlei Hinsicht bemerkenswert anders. Deshalb müssen Sie zunächst die Grundlagen kennenlernen, um sich so eine solide Basis für Ihr Training zu schaffen.

Die Geschichte der Kampfsportart Taekwondo erstreckt sich über mehrere Jahrhunderte hinweg. Die frühen Vorläufer des Sports reichen über 2000 Jahre in die Vergangenheit zurück. Taekwondo heißt übersetzt so viel wie „der Weg der Faust und des Fußes" und ähnelt in diesem Sinne vielen anderen antiken Kampfkünsten, die schließlich in den 1940er und 1950er Jahren vereinheitlicht wurden.

Taekwondo ist eine Kontaktkampfsportart, aber kein unstrukturierter Freizeitsport. Es gibt klare Regeln und spezifische Techniken, an die man sich halten muss. Über die körperliche Komponente hinaus gibt es einzigartige Prinzipien und Grundsätze, die ebenfalls gelernt werden müssen. Taekwondo lehrt die Kämpfer des Weiteren eine verbesserte Disziplin und legt den Schwerpunkt sowohl auf die Entwicklung des Geistes als auch auf die Kräftigung des Körpers.

Taekwondo ist für jeden geeignet und bietet Ihnen eine großartige Möglichkeit, um zu häufiger zu trainieren, Ihre Kraft zu steigern, ausgezeichnete Führungsqualitäten zu entwickeln und Ihre Kampffähigkeiten zu verbessern. Möchten Sie mit dem Taekwondo Training anfangen und alle seine Vorteile genießen können? Dann lesen Sie weiter und lernen Sie die Grundlagen, Lehren und Techniken dieser alten Kampfkunst besser kennen.

Kapitel 1: Eine kurze Geschichte des Taekwondo

Das Taekwondo ist eine koreanische Kampfsportart, die sich durch schnelle und kraftvolle Fußtritte auszeichnet. Der Name der Kunst bedeutet übersetzt so viel wie „der Weg des Fußes und der Faust". Heutzutage ist das Taekwondo eine der bekanntesten Kampfsportarten und einer der am einfachsten zu erlernenden Kampfstile für Menschen jeden Alters weltweit.

Obwohl die ursprünglichen Formen der Kampfkünste, aus denen Taekwondo hervorgegangen ist, weit in die Vergangenheit zurückreichen, hat es in seiner heutigen Form lediglich eine sehr kurze Geschichte. Im Vergleich zu anderen asiatischen Kampfsportarten, wie beispielsweise Karate, ist es aber noch sehr jung.

Die Entwicklung des Taekwondo, wie wir es heute kennen, begann in den 1940er Jahren. Diese Form des Sportes entstand durch die gemeinsamen Bemühungen verschiedener Kampfsportler. Sie entstand aus einer Kombination aus älteren Stilen wie beispielsweise den chinesischen Kampfkünsten. Auch koreanische Kampfkünste wie etwa Taekkyeon, das sich auf dynamische Fußarbeit und Schläge konzentriert, Subak, dem Kampfkunstvorläufer von Taekkyeon, und Gwonbeop, die koreanische Version der chinesischen Kampfkünste hatten einen Einfluss.

Alte Geschichte

Wie bereits erwähnt, hat Taekwondo, auch wenn es noch relativ jung ist, seine Wurzeln in den alten koreanischen Kampfkunstformen. Daher ist es unmöglich, über die Geschichte des Taekwondo zu sprechen, ohne kurz zu erläutern, wie diese älteren Kampfsportarten entstanden sind.

Der alten koreanischen Mythologie zufolge wurde die koreanische Nation 2333 v. Chr. von den Tangun oder Dangun (Gottkönigen) gegründet. Es gibt jedoch keine Aufzeichnungen über Kampfsportarten aus dieser Zeit. Die erste Erwähnung von Kampfkünsten ist mit der Ära der Drei Reiche verbunden. Unsere Taekwondo Geschichte beginnt daher mit der Gründung dieser drei Königreiche: Silla, Goguryeo und Baekje, im Jahr 57 v. Chr., 37 v. Chr. und 18 v. Chr.

Während der Ära der Drei Reiche bat das Königreich Silla, das das kleinste der drei Reiche war, Baekje um Hilfe, um sich gegen Goguryeo und die Piraten zu verteidigen, die es terrorisierten. Das Baekje-Königreich verfügte über einen grundlegenden Kampfkunststil, den es den Silla-Soldaten beibrachte, um ihnen bei der Verteidigung ihres Königreichs zu helfen.

Chin Heung, der 24. König von Silla, steigerte die Popularität dieser Kampfkunst, indem er sie in das grundlegende militärische Trainingsprogramm mit einbezog. Er gründete eine Gruppe junger Kämpfer, die in diesen Kampfkünsten ausgebildet werden sollten. Diese Gruppe wurde unter dem Namen Hwa Rang Do, was übersetzt „Blühende Jugend" bedeutet, bekannt.

Der Subak, die von dieser Gruppe von Soldaten praktizierte Kampfkunst, war einer der frühen Vorläufer des Taekwondo. Neben dem physischen Kampf lernten die Krieger auch den Umgang mit Waffen wie Schwertern, Bögen und Speeren. Die Subak-Praxis umfasste außerdem auch Lektionen in ethischen Regeln, die den Lehren der buddhistischen Mönche entsprachen. Dazu gehörten Selbstlosigkeit und die Hingabe, dem Königreich und seinem Volk zu dienen und einen vorbildlichen Lebensstil zu führen. Diese Prinzipien ähneln vielen der Lehren des Taekwondo, die auch heute noch verbreitet werden.

Die Truppen von Hwa Rang Do waren sehr erfolgreich bei ihren militärischen Eroberungen, und mit ihrer Hilfe besiegte das Königreich Silla seine Feinde. Dieser Sieg führte außerdem auch zur Vereinigung der drei getrennten Königreiche zu einem einzigen Königreich auf der koreanischen Halbinsel.

Im Jahr 936 n. Chr. gründete Wang Kon das Königreich Koryo, und der Subak (Handkampf) wurde zum dominanten Kampfstil. Er wurde nicht nur für den militärischen

Kampf eingesetzt, sondern auch zur Selbstverteidigung und als Übungsform praktiziert.

Da die Kampfkunst schnell zu einem beliebten Zeitvertreib des Volkes wurde, genossen Männer, die die Kunst des Subak ausübten, weithin großen Respekt. Sie war bei den Bürgern der Koryo-Dynastie sehr beliebt, ähnlich wie American Football heute in den Vereinigten Staaten bekannt ist.

In dieser Zeit wurde Subak für mehr als nur zum militärischen Kampftraining eingesetzt. Auch dem einfachen Volk wurde dieser Kampfstil beigebracht, was seine Popularität weiter steigerte.

In den 1300er Jahren entwickelte sich aus dem Subak-Kampfkunststil das Taekkyeon, ein Kampfstil, bei dem gezielte Tritte im Vordergrund standen. Auch die Geschichte des Namens „Taekwondo" ist mit der Kampfform Taekkyeon verbunden.

Während der Joseon-Dynastie (Yi-Dynastie), die von 1392 bis 1910 andauerte, wechselte das Militär des Landes seine philosophischen Ideale und ging vom Buddhismus zum Konfuzianismus über. Dadurch verloren Subak und Teakkyeon bei den Eliten und der herrschenden Klasse an Beliebtheit; beide wurden eine Zeit lang nur noch von den einfachen Leuten praktiziert.

Japanische Besetzung

Die Japaner marschierten im Jahr 1909 in Korea ein und besetzten das Land bis zum Ende des Zweiten Weltkriegs im Jahr 1945. Während dieser Zeit wurden alle Elemente der koreanischen Kultur unterdrückt und die japanische Regierung verbot alles, was mit dem koreanischen Erbe und seinen Kampfkunstformen verbunden war, einschließlich von Teakkyeon und Subak.

Während dieser Zeit wurden die japanischen und chinesischen Kampfkünste anstelle der traditionellen koreanischen Kampfkünste gelehrt. Infolge dieser Unterdrückung mussten viele Taekkyeon- und Subak-Meister untertauchen oder in andere Länder fliehen, um ihre Fähigkeiten weiter zu lehren und zu praktizieren.

Modernes Taekwondo

Die Ära des modernen Taekwondo begann nach dem Zweiten Weltkrieg, der die Befreiung der koreanischen Halbinsel zur Folge hatte. Die Koreaner waren nun erneut in der Lage, ihre traditionellen Kampfkünste zu praktizieren.

Nach 1945 wurden in Seoul, in Südkorea, mehrere neue Kampfkunstschulen eröffnet, um die alten Kampfstile Subak und Taekkyeon wiederzubeleben und zu unterrichten. All diese Kampfsportschulen behaupteten, „echte" oder „traditionelle" koreanische Kampfkunstmethoden unterrichten zu können. Diese Künste waren nicht nur vielfältig, sondern enthielten auch Elemente dessen, was sie während der japanischen Besatzung gelernt hatten, darunter unter anderem Kung Fu und Karatetechniken.

In den 1960er Jahren gab es neun namhafte Kampfkunstschulen (auch Kwans genannt), die jeweils einen etwas anderen Kampfstil praktizierten. Aber sie alle hatten einige Ähnlichkeiten mit den alten Künsten Subak und Taekkyeon.

Obwohl sich alle Stile in ihren Herangehensweisen unterscheiden und Merkmale ausländischer Kampfkünste enthalten, werden die vielen Arten von Kampfkunststilen, die in den Kwans praktiziert werden, manchmal mit dem Begriff „traditionelles Taekwondo" beschrieben. Zu dieser Zeit entschied sich das südkoreanische Militär dazu, das traditionelle Taekkyeon zur offiziellen unbewaffneten Kampfkunstart des Landes zu ernennen, was seine Popularität stark erhöhte. Im Jahr 1952 fand der südkoreanische Präsident Syngman Rhee eine Taekkyeon-Demonstration des Militärs so beeindruckend, dass er diesen Kampfstil bei der Ausbildung aller Soldaten des Landes zur Pflicht machte. General Choi Hung-hi, damals Hauptmann, wurde mit der Aufgabe betraut, ein standardisiertes Trainingsprogramm zu entwickeln, das die alten Künste Subak und Taekkyeon zu ihren Wurzeln zurückführen sollte. Das bedeutete, dass die neun verschiedenen Kwans vereint werden konnten und ihre verschiedenen Techniken von allen Kung-Fu- und Karate-Einflüssen befreit wurden.

Die Meister der verschiedenen Kwans arbeiteten anschließend bis in das Jahr 1955 zusammen, um eine einzige gemeinsame koreanische Kampfkunststrategie zu entwickeln. Tae Soo Do war der ursprüngliche Name des neu gegründeten Stils - von dem koreanischen Wort *Tae* für „stampfen oder trampeln", *Soo* für „Hand" und *Do* für „Weg" oder „Disziplin".

General Choi Hong Hi schlug später vor, das Wort „Soo" durch „Kwon" zu ersetzen, was „Faust" bedeutet. Damit war der Name Taekwondo geboren. Dieser einheitliche Name und die neu eingeführten Stile wurden von den verschiedenen Kwans, die diese Kunst lehrten, übernommen.

Die Taekwondo Verbände

Einige Jahre später, im September 1961, wurde im Rahmen der Bemühungen, die Aktivitäten der verschiedenen Kwans weiter zu vereinheitlichen, offiziell die Koreanische Taekwondo Association gegründet. Die KTA wurde der Taekwondo Hauptverband für das ganze Land und wurde von keinem Geringeren als General Choi geleitet.

Taekwondo entwickelte sich durch den Einfluss des Generals auf entscheidende Art weiter. Meister der Kampfkunst wurden an eine Reihe von Orten auf der ganzen Welt geschickt, um die Lehren des Taekwondo zu verbreiten und das Ansehen des Landes auf diese Art zu fördern. Er legte außerdem den Grundstein für die Gründung einer neuen internationalen Organisation, der International Taekwondo Federation, die ihren Sitz in Südkorea haben sollte.

Als Leiter der KTA spielte General Choi bei der Entwicklung und Popularität des Kampfstils eine wichtige Rolle. Doch seine ehrgeizigen Bemühungen, das Taekwondo zu verbreiten, brachten ihn schließlich in Ungnade bei der koreanischen Bevölkerung und Regierung. Im Jahr 1966 schickte er eine Delegation von Taekwondo Lehrern in diplomatischer Mission nach Nordkorea. Das kam bei der südkoreanischen Regierung nicht gut an, da sich die beiden Länder derzeit im Krieg befanden; General Choi wurde daraufhin von seinem Posten enthoben.

Wütend verließ General Choi das Land und zog nach Toronto, Kanada. Von dort aus gründete er die International Taekwondo Federation und distanzierte sich 1972 von der KTA. Die International Taekwondo Federation konzentriert sich mehr auf den traditionellen Taekwondostil, der von General Choi weiterhin entwickelt und verfeinert wurde.

Die südkoreanische Regierung gründete ein Jahr nach der Gründung der ITF eine neue nationale Akademie für den Taekwondo Unterricht. Diese Akademie trug den Namen Kukkiwon. Auch die World Taekwondo Federation während dieser Zeit des Umbruchs gegründet. Zweck der WTF war es, Taekwondo auf internationaler Ebene zu fördern.

Der Stil und die Regeln des Taekwondo, die von der WTF übernommen wurden, sind als Kukkiwon-Stil oder WTF-Stil bekannt. Diese Version des Sportes entspricht dem olympischen Stil und ist mit dem Kampfstil internationaler Wettkämpfe identisch. Die

Bemühungen der WTF führten dazu, dass Taekwondo als internationale Sportart anerkannt wurde. Derzeit ist Taekwondo neben Judo eine von nur zwei asiatischen Kampfsportarten, die bei den Olympischen Spielen vertreten sind. Im Jahr 2010 wurde es auch bei den Commonwealth Games als Sportart anerkannt.

Taekwondo in Amerika

Jhoon Goo Rhee gründete im Jahr 1962 die erste Taekwondo Schule in Amerika, in Washington DC. Rhee wird oft als der Vater des amerikanischen Taekwondo bezeichnet, aber vor seiner Ankunft gab es bereits andere Meister des Sports im Land. Die ersten Taekwondo Meister kamen in den 1960er Jahren aus Korea in die Vereinigten Staaten, um die Kunst zu lehren. Sie traten dabei als Vertreter der damaligen KTA auf. Im Jahr 1963 wurde in den Vereinigten Staaten eine Taekwondo Demonstration durchgeführt, die allgemein positiv aufgenommen wurde und zur Gründung der Taekwondo Federation der Vereinigten Staaten unter der Aufsicht der Amateur Athletischen Union und der Taekwondo Union der Vereinigten Staaten führte. Die World Taekwondo Federation erkannte die Taekwondo Union der Vereinigten Staaten im Jahr 1984 als regulierende Organisation für Wettkämpfe in den Vereinigten Staaten an. Das Olympische Komitee der Vereinigten Staaten übernahm die Union 2004 aufgrund eines internen Problems, und der Sport wurde im folgenden Jahr mit dem Titel „USA Taekwondo" umbenannt. Haeng Un Lee gründete 1969 die American Taekwondo Association, nachdem er 1968 General Choi getroffen hatte, um von ihm das traditionelle Taekwondo zu erlernen. Die Organisation hat ihren Sitz in Little Rock, in Arkansas, und besitzt über 350.000 Mitglieder, die den Sport regelmäßig betreiben. Der Songaham-Stil des Taekwondo ist derjenige, der von der ATA verwendet wird (er ist auch unter dem Namen „Pine Tree" (Kiefernbaum) oder „Rock-Stil" (Steinstil) bekannt). Bei diesem Ansatz werden die Schüler als Kiefernbaum bezeichnet, der von einem schwachen kleinen Schössling zu einem großen, prächtigen Baum mit felsenfesten Wurzeln heranwächst. Die ATA hat sehr strenge Anforderungen, und die Schulen, die Mitglied sind, sind verpflichtet, sich an das Geschäftsmodell der Vereinigung zu halten. Die ATA wird wie ein Unternehmen geführt, mit einem CEO (der einen schwarzen Gürtel 9. Grades haben muss) und einem Vorstand von Entscheidungsträgern.

WTF und Olympische Geschichte

Die World Taekwondo Federation ist seit 1973 mit verschiedenen Taekwondo Schulen in über 160 Ländern verbunden. Der Hauptsitz der Organisation befindet sich in Kukkiwon, Seoul, Südkorea. Seit 1980 hat das Internationale Olympische Komitee (IOC) die Organisation als offiziellen Hauptverband des Sports anerkannt. Nach Angaben auf der offiziellen Website der Organisation gibt es derzeit mehr als 5 Millionen WTF-zertifizierte Kämpfer, die im Besitz eines schwarzen Gürtels sind. Taekwondo debütierte bei den Olympischen Spielen von 1988 als Demonstrationssportart und erfreute sich 1992 erneut großer Beliebtheit. Bei den Olympischen Spielen im Jahre 2000 in Sydney, in Australien, wurde Taekwondo daraufhin offiziell als olympische Sportart anerkannt.

Die WTF-Praktiken und -Trainingsmethoden tendieren eher zu einer sportlichen Form des Taekwondo als die ITF-Stile, die sich mehr auf das traditionelle Taekwondo konzentrieren. Viele Meisterlehrer behaupten jedoch, dass bestimmte traditionelle Taekwondo Aspekte auch in den WTF-Trainingsprogrammen weiterhin vorhanden sind. Die World Taekwondo Federation sanktioniert und fördert internationale, nationale, regionale und lokale Taekwondo Turniere. Die WTF fördert den Sport auch in lokalen Gemeinschaften durch akademische Einrichtungen (derartige Institutionen werden auch Dojangs genannt), die Erwachsene und Kinder in den Kampfkünsten unterrichten, um so ihre Fitness und körperliche Gesundheit zu verbessern. Ihre Lehrmethoden sind mit den Hwa Rang Do Lehren vergleichbar, die Subak unter dem einfachen Volk verbreiteten.

Kapitel 2: Die ursprünglichen Meister des Taekwondo

Die Pioniermeister des Taekwondo sind eine Gruppe von 12 südkoreanischen Kampfkunstlehrern. Diese Gruppe gründete in den 1960er Jahren die Korea Taekwondo Association (KTA) und ihre Mitglieder hatten auch in der Internationalen Taekwondo Federation (ITF) wichtige Rollen. Im Laufe der Zeit zogen die meisten Mitglieder der Gruppe nach Nordamerika, Australien und Europa. Der Titel „Pioniermeister" bedeutet jedoch nicht, dass diese Personen die ersten KTA-Meister waren. Die KTA wurde von neun Männern gegründet, die alle jeweils ihre eigenen Kwans leiteten, eine andere Gruppe von Personen als die auf der Liste, die wir besprechen werden. Aber viele von ihnen übten die Kampfkunst unter anderen Namen aus, wie z.B. Kong Soo Do und Tae Soo Do, und weigerten sich, den Namen Taekwondo anzunehmen. Im Folgenden finden Sie eine Liste der ersten Männer, die den Namen Taekwondo einsetzten und aktiv für dessen Verbreitung warben.

- **Choi Chang Keun**
C. K. Choi wurde im Jahr 1940 in Korea geboren und begann sein Kampfkunsttraining um 1956 in der koreanischen Armee. Er begann 1964, in Malaysia Taekwondo zu unterrichten und zog später im Jahr 1970 nach Vancouver um. Er wurde 1981 zum 8. Dan und 2002 zum 9. Dan befördert, nachdem er im Jahr 1973 mit dem Grad des 7. Dan begonnen hatte. Bis heute lebt er noch immer in Vancouver.

- **Choi Kwang Jo**
K J Choi wurde im März 1942 in Daegu, in Korea, geboren und begann schon als Kind, die Kampfkünste zu trainieren. Choi lernte Hong Hi Choi während seiner Zeit in der südkoreanischen Armee kennen. Zwischen 1966 und 1967 unterrichtete er Schüler in Singapur, Malaysia, Indonesien und Hongkong in Taekwondo. Er wurde jedoch durch Verletzungen, die er sich beim Training zuzog, im Jahr 1970 dazu veranlasst, sich in den Vereinigten Staaten medizinisch behandeln zu lassen. Im Jahr 1987 gründete er daraufhin die Choi Kwang-Do Organisation und lebt bis heute in Atlanta. Er hat den Rang des 9. Dan in Choi Kwang-do.

- **Han Cha Kyo**
C. K. Han wurde im Jahr 1934 in Seoul, in Korea, geboren und trainierte unter nicht weniger als drei Meistern - Woon Kyu Um, Duk Sung Son und Tae Hi Nam. Im März 1959 war er der erste Pioniermeister, der Taekwondo außerhalb Koreas praktizierte, indem er nach Vietnam und Taiwan reiste. Nachdem er 1971 aus der südkoreanischen Armee ausgeschieden war, wanderte er in die Vereinigten Staaten aus und ließ sich schließlich in Chicago nieder. Im Jahr 1980 gründete er die Universale Taekwondo Stiftung und unterrichtete dort bis zu seinem Tod im Jahr 1996.

- **Kim Jong Chan**
Der im Jahr 1937 geborene J. C. Kim unterrichtete Taekwondo während der 1960er Jahre in Malaysia. Im Jahr 1979, reiste er nach Argentinien, nachdem er den Titel des 7. Dan erhalten hatte, um dort Taekwondo zu praktizieren und zu lehren. Chan wurde in einem Brief, der später im Black Belt Magazin im Juli 1985 veröffentlicht wurde, als Präsident des Welt Tukido Councils bezeichnet. Heute lebt er in Vancouver, Kanada.

- **Kim Kwang II**
K.I. Kim trug wesentlich zur Einführung des Taekwondo in Westdeutschland bei und war bis 1971 ITF-Chefausbilder in Westdeutschland. Im Jahr 1975 wurde er zum 6. Dan befördert und 1976 beförderte er Rolf Becking, den Leiter des Technischen Komitees der ITF Deutschland, zum 2. Dan. Von 1974 bis 1977 betrieb er sein eigenes Restaurant in Stuttgart und beendete vor dessen Eröffnung seine Ausbildung zum Braumeister.

- **Kong Young II**
Y I Kong wurde 1943 in Korea geboren und begann 1952 mit dem Training im Shotgun Karate. Er diente von 1963 bis 1967 in der südkoreanischen Armee und stieg bis zum Rang eines Feldwebels auf. Während dieser Zeit und nach seinem Ausscheiden aus

der Armee nahm er weltweit an Demonstrationen teil und wanderte um das Jahr 1968 in die USA aus. Im Jahr 1968 gründete er zusammen mit seinem Bruder Young Bo Kong die Young Brothers Taekwondo Associates. 1997 wurde er in Polen von H. H. Choi zum 9. Dan befördert. Er wohnt derzeit in Las Vegas.

- **Park Jong Soo**

J S Park wurde 1947 in Chung-Nam, Südkorea, geboren und trainierte unter H. H. Choi. Er reiste 1965 nach Westdeutschland, um das Amt eines Trainers des Deutschen Taekwondo Verbandes zu übernehmen. Im Jahr 1966 zog er in die Niederlande, wo er die niederländische Abteilung des Verbandes gründete. Im Jahr 1968 zog er nach Kanada, wo er noch immer lebt und den 9. Dan trägt.

- **Park Jung Tae**

H. T. Park wurde 1943/44 (das genaue Jahr ist unklar) in Korea geboren und lernte als Kind das Boxen, bevor er später zu Judo und Taekwondo überging. Von 1965 bis 1967 war er Leiter des militärischen Taekwondo Trainings in Vietnam, bevor er 1970 nach Kanada zog. Im Jahr 1984 wurde er mit dem 8.th Dan der ITF ausgezeichnet, verließ die ITF jedoch 1989 aufgrund politischer Probleme. Er gründete im Jahr 1990 die Globale Taekwondo Federation und lebte bis 2002 in Mississauga, wo er starb.

- **Park Sun Jae**

S J Park, einer der Begründer des Taekwondo, besuchte 1964 Kroatien, um Vorträge über diese Art der Kampfkunst zu halten. Er präsentierte sie 1968 in Italien und erhielt damals den 5. Dan, den er 1975 auf den 7. Dan erhöhte. Dan. 1976 wurde er während der Gründungsversammlung der Stiftung zum Vizepräsidenten der Europäischen Taekwondo Union gewählt. Im Jahr 2002 wurde er Mitglied des WTF-Schiedsgerichts für die Weltmeisterschaften und im Jahr 2004 nach dem Rücktritt von Un Yong Kim wurde er schließlich zum amtierenden Präsidenten der WTF ernannt. Er ist immer noch Vizepräsident des Welt Taekwondo Verbandes für Italien und wurde 1998 zum Präsidenten des italienischen Taekwondo Verbandes gewählt.

- **Rhee Chong Chul**

C C Rhee wurde 1935 in Korea geboren und wuchs dort mit Kampfsport, Gymnastik, Boxen, Gewichtheben und Basketball auf. Er diente drei Jahre lang bei der koreanischen Marine als Lehrer für den unbewaffneten Kampf und unterrichtete dort die Marine Truppen, die Brigade am Marinehauptsitz und die zweite Marine Infanterie Division. Rhee war einer der Pioniere bei der Verbreitung von Taekwondo in Südostasien, vor allem in Singapur und Malaysia, aber auch in Brunei, Indonesien und Hongkong. Etwa um das Jahr 1965 gründete er die Rhee Taekwondo Organisation in Australien und lebt noch immer in Sydney.

- **Rhee Chong Hyup**

C. H. Rhee wurde 1940 in Korea geboren und half Mitte der 1960er Jahre dabei, Taekwondo in Singapur und Malaysia einzuführen. Er zog im Jahr 1970 nach Melbourne in Australien, und leitet dort seitdem die Rhee Taekwondo Organisation.

- **Rhee Ki Ha**

K H Rhee wurde 1938 in Seoul, Korea, geboren und begann im Alter von 7 oder 8 Jahren mit dem Training. Er diente in der südkoreanischen Armee, wo er H. H. Choi traf und Taekwondo lernte. Ab dem Jahr 1964 begann er, Taekwondo für Angehörige der Royal Air Force zu unterrichten, die in Singapur stationiert waren, und 1967 zog er nach London in England um. Im Jahr 981 wurde er mit dem 8. Dan ausgezeichnet und erlangte 1997 in St. Petersburg den 9. Dan. Heute ist er als Vater des irischen und britischen Taekwondo bekannt und lebt derzeit in Glasgow.

Kapitel 3: Graduierung und das Taekwondo Gurtsystem

Im Taekwondo werden die farbigen Gürtel als Kup-Grade bezeichnet und sie symbolisieren den Rang, den eine Person in dem Sport erreicht hat. Interessanterweise war das heutige Bewertungssystem kein ursprünglicher Bestandteil des Sports. Das komplexe Bewertungssystem wurde eingeführt, als Taekwondo sich in der westlichen Welt zunehmend zu verbreiten begann.

Ursprünglich wurden die Schüler nach jahrelangem Training nur vom weißen zum schwarzen Gürtel befördert. Es wurde jedoch festgestellt, dass dieses Format nicht zu den westlichen Praktizierenden passte, die sich einen kontinuierlicheren Anreiz wünschten, um weiter zu trainieren. Daher wurde das System der Gürtelgraduierung eingeführt.

Zusätzlich zu der Möglichkeit, mit den Hauptfarben ausgezeichnet zu werden, wurden weitere Anhänger eingeführt, um neun verschiedene Gürtel (auch als Stufen oder Gups bekannt) zu schaffen. Die Schüler müssen sich heutzutage von Weiß zu Gelb, Grün, Blau, Rot und schließlich zum schwarzen Gürtel hocharbeiten.

Die Häufigkeit der Einstufung oder Beförderung hängt davon ab, wie oft ein Schüler trainiert. Je mehr Unterrichtsstunden Sie besuchen und je härter Sie trainieren, desto wahrscheinlicher ist es, dass Sie sich den nächsten Gürtel erarbeiten können. Das Bewertungssystem basiert auf einem Test, der die körperlichen Fähigkeiten der Schüler bewertet – gleichzeitig wird von den Schülern aber auch die richtige Einstellung zu den Lehren der Kampfkunst verlangt.

Die Benotung erfolgt auf einer 3-Monats-Basis, aber die Schüler können nicht jedes Mal erfolgreich durch die Benotung anerkannt werden, es sei denn, sie haben konsequent geübt und sind äußerst engagiert. Es gibt eine Mindestanzahl von Lektionen, die ein Schüler absolvieren muss, bevor er in die nächste Stufe des Taekwondo eingestuft wird. Es gibt auch bestimmte Strategien, die beherrscht werden müssen, und eine Liste von Übersetzungen, die getestet werden müssen. All dies wird in der Regel in einem Lehrplan festgehalten.

Schüler benötigen in der Regel 3 bis 4 Jahre, die mit rigorosen Trainingsaktivitäten gefüllt sind, um vom weißen zum schwarzen Gürtel zu gelangen. Diese Zeitspanne kann jedoch länger oder kürzer sein, abhängig von den besonderen Umständen und dem Trainingsengagement des Schülers.

Während die Ausbilder Sie bei Ihrer Ausbildung unterstützen und anleiten, ist es die Aufgabe jedes Schülers, zu üben und die Anforderungen für die Einstufung zu meistern. Sobald ein Schüler die für die Einstufung erforderliche Anzahl von Lektionen absolviert hat, bezieht der Lehrer diese bei der Bewertung des Schülers mit ein, um festzustellen, ob er bereit dazu ist, für die nächste Stufe eingestuft zu werden.

Was Sie am Tag der Benotung erwartet

Ihr Lehrer wird Sie über den Tag und den Ort der Benotung informieren. Von den Schülern wird erwartet, dass sie am Tag der Benotung in einer sauberen und gut gebügelten Uniform und mit dem ausgefüllten Benotungsformular erscheinen. Am Prüfungsort werden die Schüler dann aufgefordert, sich wie in einer normalen Klasse geordnet aufzustellen. Die Prüfer stellen sich vor die Gruppe und verkünden Informationen zum geplanten Tagesablauf.

Normalerweise sitzen die Schüler in ihren jeweiligen Klassenstufen im hinteren Teil der Halle und werden nach vorne gebeten, wenn es Zeit für die Prüfung ist. Bei der Prüfung werden die Schüler anhand der Standardtechniken für jeden Grad bewertet, einschließlich der Grundlagen, Routinen, Sparring- und Falltestfähigkeiten. Darüber hinaus werden die Schüler auch in Taekwondo Theorie und auf ihre Übersetzungsfähigkeiten geprüft.

Wenn Sie zu Ihrer Prüfung aufgerufen werden, wird Ihr Name vorgelesen und Sie werden auf die Startposition für Ihre Benotung hingewiesen, die normalerweise mit einem X auf dem Boden markiert ist. Wenn Ihr Name aufgerufen wird, antworten Sie mit

„Jawoll" und laufen zu dem markierten Platz. Wenn Sie an der richtigen Stelle sind, nehmen Sie eine aufmerksame Haltung ein, heben die Hände und nennen Ihren Namen und Ihre Klassenstufe, z.B. Johann Schmitt, 10. Kup. Anschließend verbeugen Sie sich und verharren in der Ausgangsposition, während Sie auf die weiteren Anweisungen des Prüfers warten.

Wer sind die Prüfer?

Die Taekwondo Prüfer bestehen in der Regel aus Top-Trainern. Die Trainer werden Sie dabei beobachten, wie Sie die Anforderungen des Lehrplans Ihres Grades absolvieren und Sie dann auf Grundlage Ihrer Leistung bewerten. Wenn Sie gut geübt haben, sollten Sie zuversichtlich sein, dass Sie dabei gut abschneiden und die Prüfer zufrieden stellen werden.

Benotungsergebnisse

Die Ergebnisse werden in der Regel etwa eine Woche nach einer Prüfung von Ihrem Lehrer während einer normalen Unterrichtsstunde bekanntgegeben. Den Schülern, die die Prüfung bestanden haben, werden neue Gürtel oder Noten und ein Zertifikat zugewiesen. Zusätzlich erhalten alle Teilnehmer auch ein Prüfungszeugnis. Die Standard-Taekwondo Prüfungsergebnisse lauten bestanden oder nicht bestanden. Wenn Sie nicht bestanden haben, muss Ihr Lehrer Ihnen die Gründe für diese Entscheidung erklären und mit Ihnen zusammenarbeiten, um sich auf die nächste Graduierungsprüfung vorzubereiten. Wenn Sie nur knapp bestanden haben, kann Ihr Lehrer von Ihnen verlangen, dass Sie über einen längeren Zeitraum mehr Unterricht nehmen, bevor Sie Ihre nächste Prüfung ablegen.

Für exzellente Leistungen kann ein A-Pass vergeben werden. Dies ist jedoch sehr selten, da der Kandidat in solchen Fällen in jedem Bereich der Einstufung eine hohe Note erzielen muss. Wer eine solche Benotung erzielt hat, kann schon bereits nach einem Monat des weiteren Trainings den nächsten Einstufungstest ablegen.

Zeitliche Anforderungen und Benotung

Das Durchlaufen aller Taekwondo Grade dauert einige Zeit, und die Standardzeit, die zwischen den einzelnen Graden liegen muss, wird immer länger, je weiter Sie vom weißen zum schwarzen Gürtel kommen. Der blaue und der schwarze Gürtel sind die beiden wichtigsten Meilensteine, die für den Schüler einen erheblichen Schritt nach oben bedeuten.

Ihr Taekwondo Lehrplan enthält Einzelheiten zu den Anforderungen für jeden Grad, einschließlich der Anzahl der Unterrichtsstunden, an denen Sie teilnehmen müssen, um sich für eine Graduierungsprüfung zu qualifizieren. Beachten Sie dabei, dass diese Zeiten nur ein Minimum darstellen. Ihr Lehrer kann Ihre Einstufung je nach seiner Einschätzung Ihrer Leistungen verschieben.

- Weißer Gürtel (10. Kup) - Mindestens 3 Monate Training und 20 Lektionen
- Weißer Gürtel, Gelber Tag (9. Kup) - Mindestens 3 Monate Training und 20 Lektionen
- Gelber Gürtel (8. Kup) - Mindestens 3 Monate Training und 20 Lektionen
- Gelber Gürtel, Grüner Tag (7. Kup) - Mindestens 3 Monate Training und 30 Lektionen
- Grüner Gürtel (6. Kup) - Mindestens 3 Monate Training und 30 Lektionen
- Grüner Gürtel, Blauer Tag (5. Kup) - Mindestens 3 Monate Training und 40 Lektionen
- Blauer Gürtel (4. Kup) - Mindestens 6 Monate Training und 60 Lektionen
- Blauer Gürtel, Red Tag (3. Kup) - Mindestens 6 Monate Training und 70 Lektionen
- Roter Gürtel (2. Kup) - Mindestens 6 Monate Training und 70 Lektionen
- Roter Gürtel, Black Tag (1. Kup) - Mindestens 6 Monate Training und 80 Lektionen
- Schwarzer Gürtel (1. Dan)

Obwohl der schwarze Gürtel oft als das Nonplusultra angesehen wird, ist er in Wirklichkeit nur der Anfang. Nach ihm gibt es noch weitere Dan-Grade und andere Taekwondo Qualifikationen, die man sich auch als Schwarzgurtträger noch erarbeiten kann.

Inhalte des Einstufungstests

Im Rahmen Ihrer Graduierung werden Sie in verschiedenen Kernbereichen getestet. Neben der Demonstration der Bewegungen für Ihre Graduierung werden Sie auch auf Übersetzungsfähigkeiten, Durchbrechen und auf Ihre Sparringleistung geprüft.

Übersetzungen

Die Übersetzungen, die Sie abhängig von Ihrer Klassenstufe lernen müssen, werden im Lehrplan aufgeführt. Diese Liste ist aber nur ein Anhaltspunkt. Sie können in jeder Übersetzung geprüft werden, die Sie nach Meinung des Prüfers für Ihr Niveau und die niedrigeren Stufen kennen sollten. Die Übersetzungen beinhalten die koreanischen Begriffe, die für die Bezeichnung der Bewegungen und Stellungen im Taekwondo verwendet werden; daher sollten Sie sich mit diesen gut vertraut machen.

Durchbrechen

Das Durchbrechen ist nicht für jedermann geeignet, und nur Schüler über 16 Jahren müssen im Rahmen ihrer Ausbildung an diesen Lektionen teilnehmen. Für jede Fähigkeitsklasse gibt es bestimmte Bewegungen, die Sie einsetzen müssen, um Ziegelsteine oder Bretter aus Holz und Ziegeln zu zerschlagen. Ihre Bewertung basiert dabei auf Ihrer Technik, Genauigkeit, Kraft und auf Ihrer Fähigkeit, das Brett zu zerschlagen.

Bevor Sie versuchen, den Gegenstand zu durchbrechen, müssen Sie üblicherweise demonstrieren, dass Sie die Technik beherrschen, indem Sie das Ziel zunächst langsam berühren. Auf diese Weise kann der Prüfer Ihre technischen Fähigkeiten einschätzen und beurteilen, ob Sie sie richtig durchführen und das Brett sicher treffen können. Danach haben Sie ein paar Versuche, um den Gegenstand tatsächlich zu durchbrechen.

Vergewissern Sie sich dabei, dass Sie die verschiedenen Durchbrechungsmethoden für Ihre Note vor dem Einstufungstest ausreichend geübt haben. Zielen Sie auf die Mitte des Brettes und schlagen Sie durch das Brett hindurch (nicht nur auf das Brett). Selbstvertrauen ist eines der Dinge, die von den Prüfern bewertet werden. Atmen Sie also tief durch und schlagen Sie auf das Brett, ohne lange zu zögern.

Partnerarbeit

Bei der Demonstration einiger Techniken, wie beispielsweise des Sparrings und der Selbstverteidigung, wird ein Partner benötigt. In der Regel wählen die Prüfer einen Partner für Sie, der selbst Schüler ist und den gleichen Grad anstrebt.

Die Bewertung Ihrer Darbietung durch den Prüfer basiert auf Ihrer Technik, Ihrem Selbstvertrauen und Ihrer Kontrolle bei der Arbeit mit Ihrem Partner. Es kann auch sein, dass Sie während einer Darbietung mit verschiedenen Partnern arbeiten müssen, da die Prüfer Sie manchmal mehreren Personen zuteilen, um zu beurteilen, wie Sie auf verschiedene Personen reagieren, je nachdem, wie deren Fähigkeiten im Vergleich zu Ihren eigenen sind.

Zu Beginn jeder dieser Aktivitäten wird Ihr Prüfer Ihnen klare Anweisungen geben, bevor er Sie zur Aufmerksamkeit aufruft.

Kapitel 4: Grundlegende Bewegungen im Taekwondo

Es gibt über 3000 Bewegungen, die die Grundelemente des Taekwondo bilden und auch oft mit Musiknoten verglichen werden. Wenn diese richtig verbunden sind, ergeben sie ein harmonisches Ergebnis, das dem Sport Anmut und Schönheit verleiht.

Die grundlegenden Bewegungen im Taekwondo beziehen alle Teile des Körpers mit ein und werden auf der Grundlage der Krafttheorie harmonisch durchgeführt. Von Schülern aller Klassenstufen wird erwartet, dass sie diese Bewegungen üben und souverän beherrschen. Auf diese Weise können sie sie bei Bedarf sicher einsetzen.

Die Beherrschung der grundlegenden Bewegungen ist der Kern des Taekwondo Trainings. Diese Bewegungen sind in der Regel eine Kombination aus bestimmten Positionen mit spezifischen Hand- und Fußtechniken, aber auch andere Körperteile wie der Kopf und die Knie werden mit einbezogen. Neben der Beherrschung der Grundbewegungen wird von Taekwondo Schülern erwartet, dass sie sich mit den verschiedenen Angriffswaffen und mit allen lebenswichtigen Punkten des Körpers ihres Gegners auskennen. Eine Kombination aus all diesen Bewegungen stellt einen beeindruckenden Angriff oder auch eine effektive Verteidigung dar.

Im Taekwondo steht jede der grundlegenden Bewegungen für einen Angriff, einen Gegenangriff oder eine Verteidigungsmöglichkeit gegen eine bestimmte Zielregion oder eine Aktion gegen einen realen oder imaginären Gegner. Dabei gilt es zu verstehen, wie diese grundlegenden Bewegungen mit Ihrer Gesamtkompetenz als Lernender zusammenhängen, während Sie die Lektionen durchlaufen. Davon hängt ab, wie sie im tatsächlichen Kampf angewandt werden können.

Mit ständiger Übung können Sie sich die Taekwondo Bewegungen dann allmählich verinnerlichen. Die Schüler müssen sich bemühen, die Kraft und das Gleichgewicht ihrer Bewegungen zu verbessern und die Stellungen zu wechseln, um einen Gegner aus dem Gleichgewicht zu bringen oder anzugreifen, ohne dabei die richtige Haltung zu verlieren.

Sobald Sie diese grundlegenden Bewegungen im Einzeltraining gemeistert haben, werden Sie lernen, sie im Sparring Gegnern gegenüber in Bewegung einzusetzen.

Die Haltungspositionen

Die Haltung bezieht sich darauf, wie Sie stehen und ist wohl der wichtigste Aspekt des Taekwondo Trainings und jeder anderen Form der Kampfkunst. Die Haltung ist ein wesentlicher Faktor, auf dem alle Ihre zukünftigen Lektionen beruhen und der Grund dafür, warum sie Sie von Anfang an beherrschen müssen.

Im Taekwondo gibt es zahlreiche Stellungen, die Schüler lernen und beherrschen sollten. Jede Stellung spielt eine wichtige Rolle bei der Entwicklung von Angriff und Verteidigung und ist auch für die Entwicklung der körperlichen Stärke eines Schülers unerlässlich.

Die Taekwondoübungen sind das Fundament, auf dem alle offensiven und defensiven Bewegungen aufgebaut sind. Die richtige Haltung ist entscheidend für das korrekte Absolvieren von Tritten, Schlägen und Blockierungen. Wenn Sie die Bedeutung einer guten Haltung nicht zu schätzen lernen, verlieren Sie schneller an Gleichgewicht und Kraft. Die richtige Haltung ermöglicht es Ihnen auch, Schläge und Tritte mit größerer Genauigkeit einzusetzen.

Die Grundsätze der richtigen Taekwondo Haltung

Jede Haltung im Taekwondo hat einen bestimmten Zweck. Die Gehstellung bietet Ihnen beispielsweise eine starke Basis für Vorwärts- und Rückwärtsbewegungen. Die sitzende Haltung gibt Ihnen eine solide Basis für seitliche Schläge, die Ihre Vorwärtstechniken verbessern. Die L-Haltung ist in erster Linie eine Kampfhaltung.

Es ist äußerst wichtig, dass Sie von Beginn Ihres Taekwondo Trainings an die Prinzipien der richtigen Körperhaltung für jede Stellung beherrschen. Dies wird Ihnen dabei helfen, ein gewisses Muskelgedächtnis zu entwickeln, das jede Bewegung für Sie allmählich flüssiger und müheloser macht. Je weiter Sie in Ihrem Training fortschreiten oder je mehr Sie sich den Herausforderungen des Sparrings stellen, desto komplizierter werden Ihre Bewegungen. Ihr Körper wird allmählich auf natürliche Weise jede benötigte Haltung einnehmen, die Sie zuvor gelernt haben.

Sie müssen nur die Grundprinzipien verstehen und sich damit vertraut machen, wie sich eine korrekte Haltung anfühlt. Mit der Zeit werden Sie alle Stellungen korrekt durchführen, ohne sie zunächst überprüfen zu müssen. Zu den Prinzipien einer korrekten Haltung gehören:

- **Gleichgewicht:** Wie bei jeder anderen Kampfsportart ist auch beim Taekwondo das Gleichgewicht sehr wichtig. Die Ausbilder betonen oft, wie wichtig das Gleichgewicht ist. Ohne diese Bedingung wird es immer Fehler in Ihrer Haltung und folglich in Ihrem Angriff und Ihrer Verteidigungsleistung geben.
- **Entspannen Sie sich:** Ein angespannter Körper kann die Bewegungen nicht korrekt durchführen, also müssen Sie Ihren Körper in jeder Position entspannen. Das verleiht Ihren Bewegungen mehr Flüssigkeit und hilft Ihnen dabei, wenn nötig schneller zu reagieren. Später in diesem Buch werden Sie mehr über Meditation erfahren und darüber, wie sie Ihnen dabei helfen kann, Ihren Geist beim Taekwondo zu beruhigen.
- **Lassen Sie Ihren Rücken gerade:** Bei jeder Position muss Ihr Rücken gerade und aufgerichtet sein. Wenn Ihre Wirbelsäule nicht so gerade ausgerichtet ist, wie sie sein sollte, ist Ihre Ausgangsstellung höchstwahrscheinlich nicht in Ordnung.
- **Spannen Sie Ihre Bauchmuskulatur an:** Ihre Körpermitte (also Ihr Bauch) muss straff sein, wenn Sie die verschiedenen Stellungen einnehmen, denn so können Sie Ihre Bewegungen besser kontrollieren. Probieren Sie verschiedene Methoden aus, um Ihren Bauch zu straffen, ohne Ihren Körper anzuspannen.
- **Platzierung der Füße:** Ihre Füße dienen als die Basis jeder Position und müssen daher richtig platziert werden. Im Sinne der richtigen Haltung müssen Sie auf den Fußballen stehen, um eine gleichmäßige Gewichtsverteilung zu gewährleisten und Ihre Reaktionszeit verkürzen zu können.
- **Atmung:** Eine der Möglichkeiten, um dafür zu sorgen, dass Ihr Körper entspannt bleibt, besteht darin, gleichmäßig zu atmen. Dadurch wird Ihnen das Einnehmen der korrekten Haltung erleichtert.

Im Taekwondo gibt es mehrere verschiedene Stellungen. Jeder Taekwondo Verband hat seine eigene Liste von Stellungen, die von den Praktizierenden beherrscht werden müssen. Die folgenden Übungen sind die grundlegenden Positionen, die jeder Schüler kennen sollte.

Die Schritthaltung

Wie der Name schon sagt, sieht die Schritthaltung so aus, als ob Sie einen Schritt nach vorne machen wollten. Der linke Fuß ist nach vorne gerichtet und steht in einem Winkel von etwa 30 Grad auf dem Boden, während der rechte Fuß gerade nach vorne zeigt. In dieser Haltung wird der gesamte Körper in einem Winkel von etwa 45 Grad zum natürlichen Winkel rotiert. Diese Haltung fördert das Gleichgewicht. In den meisten Fällen wird Ihr Gewicht gleichmäßig auf beide Füße verteilt. Die Platzierung der Füße in dieser Haltung macht sie zu einem geeigneten Angriffsmittel.

Die Reiterhaltung (Jucum Seogi, oder Annun Seogi)

Die Reiterhaltung ähnelt der Beinposition eines Reiters, der auf einem Pferd sitzt. Die Platzierung der Füße variiert dabei abhängig von dem Taekwondostil, der praktiziert wird. Beim Kukkiwon oder WTF-Stil stehen die Füße etwa zwei Schulterbreiten auseinander. Beim ITF-Stil werden die Füße weniger weit auseinandergebracht, etwa eineinhalb Schulterbreiten voneinander entfernt.

Ihre beiden Füße sollten dabei nach vorne zeigen. Die Knie sind vom Körper weg nach außen gebeugt. Das Ausmaß der erforderlichen Beugung variiert von Schule zu Schule. Bei der Reiterstellung wird das Gewicht gleichmäßig auf beide Füße verteilt. Die Hüften werden nach vorne geschoben, und der Oberkörper bleibt gerade und senkrecht. Ihre Fäuste sollten die Körperseiten berühren und der Bauch sollte angespannt sein.

Die Reiterstellung dient dazu, die Beinkraft zu trainieren, und wird in der Regel zum Üben verwendet. Die Reiterstellung kann aber auch eine offensive Haltung sein, von der aus Sie Schläge und Tritte absolvieren können.

Die Reiterhaltung

Rückenlage (Dwi Kubi Seogi)

Diese Position ist im ITF-Stil des Taekwondo auch als die L-Stellung bekannt. Bei einigen traditionellen Taekwondo Stilen wird die Rückhaltung auch als Kampfstellung bezeichnet.

Bei dieser Haltung wird ein Fuß vor den anderen gesetzt. Der hintere Fuß wird im rechten Winkel zum vorderen Fuß aufgestellt. Die Positionierung der beiden Füße im Verhältnis zueinander sollte den Buchstaben L bilden.

Der vordere Fuß sollte etwa einen Schritt, also etwa 90 cm, vor dem hinteren Fuß stehen. Bei der Rückhaltung sollte der Großteil Ihres Gewichts auf den hinteren beiden Beinen ruhen. Die Knie sollten leicht gebeugt sein, und beide Füße sollten flach auf dem Boden stehen.

Diese Position folgt nicht der normalen Konvention im Taekwondo. Normalerweise impliziert die korrekte Version jeder Haltung, dass Ihr rechter Fuß der führende Fuß ist und der linke Fuß hinter dem rechten stehen sollte. Aber für die hintere Stellung gilt diese Regel nicht. Bei der Rechts-zurück-Haltung steht der rechte Fuß hinter dem anderen und wird als *hinterer Fuß* bezeichnet, während der linke Fuß die Vorwärtsrolle spielt.

Rückhaltung (Dwi Kubi Seogi)

Tigerhaltung oder Katzenhaltung (Beom Seogi)

Bei dieser Haltung wird der vordere Fuß nach vorne gestellt, wobei die Ferse leicht angehoben werden soll, etwa 10 - 13 cm hoch. Das bedeutet, dass nur der Ballen Ihres Vorderfußes auf dem Boden stehen sollte. Der hintere Fuß sollte etwa um 30 Grad nach außen zeigen.

Wenn Sie Ihre Füße so positionieren, verlagert sich der Großteil Ihres Gewichts auf den hinteren Fuß, und beide Beine sollten in den Knien gebeugt sein. Bei der der ITF-Version dieser Haltung sollte Ihr vorderer Fuß etwa eine Schulterbreite weiter vorne stehen als der hintere.

Tigerhaltung oder Katzenhaltung (Beom Seogi)

Vorderhaltung oder Lange-Vorwärts-Haltung (Ap Kubi)

Vorderhaltung oder Lange-Vorwärts-Haltung (Ap Kubi)

Diese Position ähnelt der Schritthaltung. Bei der Vorderhaltung steht der vordere Fuß weit vor dem hinteren Fuß, bis zu zweieinhalb Fuß entfernt. Der vordere Fuß zeigt geradeaus, während der hintere Fuß in einem Winkel von etwa 25-30 Grad nach außen gerichtet ist.

Ihr vorderes Knie sollte dabei gebeugt werden, sodass sich Ihr Schienbein parallel zum Boden befindet. Wenn Sie die vorderen Zehen Ihrer Füße noch sehen können, ist Ihr Knie in der Regel nicht ausreichend gebeugt. Das hintere Bein muss nicht gebeugt werden, und der Fuß sollte flach auf dem Boden stehen, ohne dass die Ferse dabei angehoben wird. Das vordere Bein trägt den größten Teil des Gewichts (etwa zwei Drittel) Ihres gesamten Gewichts.

Bei dieser Haltung neigt man dazu, sich nach innen zu lehnen oder die Hüfte zu rotieren. Um diese Haltung korrekt auszuführen, müssen die Hüften nach vorne verlagert werden, damit der Körper gerade bleibt. Damit haben wir alle grundlegenden Haltungen im Taekwondo abgedeckt. Das Erlernen und Ausführen aller anderen Bewegungen werden für Sie viel einfacher, wenn Sie gelernt haben, diese Haltungen richtig durchzuführen.

Blockierungen

Die Bewegungen zum Blockieren gegnerischer Angriffe gehören zu den grundlegendsten Bewegungen im Taekwondo. Das Ziel dieser Manöver ist es, zu vermeiden, von einem Gegner getroffen zu werden. Fast jeder Teil des Körpers kann genutzt werden, um einen drohenden Angriff abzuwehren und stattdessen den Gegner zu treffen.

Obwohl es sich beim Blockieren um eine defensive Bewegung handelt, muss sie gleichzeitig auch stark und schnell sein, damit Sie Angriffe erfolgreich stoppen können. Das ist der Zweck des Erlernens dieser Bewegung in den frühen Stadien der Taekwondo Lehre

Jede der verschiedenen Blockierungsbewegungen hat eine Drehung am Ende, um den ankommenden Schlag effektiv abblocken zu können, und es braucht viel Übung, um die Methoden zum Blockieren von Angriffen zu perfektionieren. Das mittlere, hohe und niedrige Blockieren, die Messerblockierung und die äußere Unterarmblockierung gehören zu den Hauptbeispielen für Blockierungsbewegungen im Taekwondo.

- **Das niedrige Blockieren:** Dies ist eine der grundlegendsten Blockierungsbewegungen, die Sie lernen müssen, wenn Sie mit dem Taekwondo beginnen. Legen Sie Ihre Faust auf die gegenüberliegende Schulter und schlagen Sie sie vor Ihrem Becken nach unten; stoppen Sie die Bewegung auf der gleichen Seite, in der Nähe des Beinansatzes, wie Ihr Schlagarm.

Niedriges Blockieren

- **Innenblockieren:** Hierbei handelt es sich um eine nach innen schwingende Bewegung, mit der Sie Ihren Körper schützen, indem Sie Angriffe seitlich von Ihrem Körper abwehren. Dazu bewegen Sie den Unterarm des blockierenden Arms nach innen, um Ihr Gesicht oder Ihren Körper zu schützen und den Angriff des Gegners abzufeilschen, während Sie sich zur Seite bewegen.

Innenblockieren

- **Gesichtsblockierung:** Um die Gesichtsblockierung einzusetzen, bewegen Sie Ihren Arm abrupt in einem Winkel nach oben und halten knapp über Ihrer Stirn inne. Die Bewegung sollte so aussehen, als ob Sie ein Dach oder einen Kirchturm mit den Armen formen wollten. Mithilfe dieser Blockierung können Sie einen Schlag abprallen lassen, indem Sie Ihren Kopf schützen. Diese Art von Blockierung eignet sich hervorragend für die Verteidigung gegen Waffen.

Gesichtsblockieren

Hand-Klinge

- **Hand-Klinge/Doppeltes Unterarmblockieren:** Hierbei handelt es sich um eine komplexere Blockierungsstrategie, da sie gleichzeitig als Angriffsbewegung dient. Dabei blockiert eine Ihrer Hände den Angriff, während die andere bereit ist, dem Gegner einen Nachschlag zu versetzen. Dieser Bewegungsablauf hat es in sich und wird von vielen Anfängern oft missverstanden.

Angriffe

Ursprünglich wurden die Angriffe im Taekwondo nur mit den Beinen durchgeführt. Im Laufe der Zeit wurde der Sport erweitert und umfasst nun auch Schläge und Treffer mit den Armen. Angriffsmanöver hingegen werden typischerweise auf höheren Stufen des Sports gelehrt, da man die Angriffsmethoden nicht lernen kann, anzugreifen, ohne zuerst zu erfahren, wie man sich richtig verteidigt. Schlagbewegungen sind seitdem zu einer wichtigen Waffe im Taekwondo geworden, und deshalb ist es entscheidend, dass Sie auch diese beherrschen lernen. Im Folgenden werden einige der grundlegenden Schlag- und Tritttechniken, mit denen Sie als Anfänger vertraut sein sollten, genauer erläutert:

- **Gerader Schlag:** Beim geraden Schlag beginnt die Bewegung der Faust in der Hüftgegend und wird gerade nach vorne gestoßen. Die beiden großen Fingerknöchel werden dabei dazu verwendet, den Schlag durchzuführen. Dieser Schlag sollte aus der Vorderhaltung oder der Reiterhaltung heraus durchgeführt werden.

Gerader Schlag

- **Vorwärtstritt:** Diese Bewegung bildet die Grundlage für fast alle Trittbewegungen im Taekwondo. Fast jede andere Trittbewegung beginnt zunächst mit einem Vorwärtstritt.

Vorwärtstritt

- **Messerhandschlag:** Dieser Schlag wird oft auch als Karateschlag bezeichnet. Der Angriff erfolgt dabei nach unten in Richtung der Körperaußenseite, wobei Ihre Handfläche nach unten zeigen sollte. Sie können ihn auch nach innen gerichtet durchführen, wobei Ihre Handfläche nach oben zeigen sollte. Der Schlag wird dabei mit dem Messer oder dem Handballen ausgeübt. Als Angriffsbewegung zielt der Messerhandschlag in der Regel auf die Halsseite, die Luftröhre oder die Schläfe des Gegners ab.

Messerhandschlag

- **Seitentritt:** Hierbei handelt es sich um eine weitere sehr beliebte Angriffsbewegung im Taekwondo, und es ist im Sinne dieser Bewegung üblich, dass die gesamte Taekwondo Fähigkeit einer Person auf der Grundlage des Seitentritts beurteilt wird. Der Seitentritt wird als einfacher Vorwärtsstoß mit dem hinteren Bein durchgeführt. Dazu müssen Sie Ihr Bein ganz zur Seite bringen und es nach vorne in Richtung des Gegners stoßen. Diese Bewegung kann für viele Menschen eine ziemliche Herausforderung sein.

Seitentritt

- **Rundtritt:** Der Rundtritt erfreut sich auch in vielen anderen Kampfsportarten großer Beliebtheit, aber die Art und Weise, wie er im Taekwondo durchgeführt wird, ist einzigartig. Drehen Sie Ihre Hüfte, während Sie Ihr Gewicht auf dem vorderen Fuß balancieren, während Sie das Knie des hinteren Beins nach oben bringen. Treten Sie Ihr Bein in Richtung des Ziels in einer durchgehenden Bewegung nach vorne. Diese Fähigkeit kann zum Beispiel beim Sparring sehr nützlich sein.

Rundtritt

Andere gängige Angriffsbewegungen

- Drehung der Schlaghand
- Doppelter Messerhandschlag
- Vordertritt
- Rückwärtstritt
- Axthieb

Neben diesen grundlegenden Bewegungen gibt es auch viele Variationen, die Ihnen die Möglichkeit geben, sich auf weiter fortgeschrittene Taekwondo Bewegungen vorzubereiten. Der Schlüssel zum Erlernen und Beherrschen dieser Bewegungen ist das regelmäßige Üben. Je mehr Sie üben und daran arbeiten, Ihre Fähigkeiten zu verbessern, desto sicherer werden Sie sich beim Durchführen der verschiedenen Bewegungen fühlen und sich schließlich zu komplexeren Bewegungen hocharbeiten.

Kapitel 5: Meditation und Taekwondo

Ob Sie es glauben oder nicht, Taekwondo geht Hand in Hand mit der Kunst der Meditation. Die Meditation gilt seit Jahren als ein sehr nützliches Werkzeug, das der Welt der Kampfkünste vielfältigen Einsatz findet, und dies wird sich auch in Zukunft nicht ändern. Wissenschaftliche Untersuchungen haben bewiesen, dass die Meditation Praktizierenden ausgezeichnete gesundheitliche Vorteile bietet. Dazu gehören unter anderem:

- Die Verringerung der Schlaflosigkeit
- Die Steigerung der Intelligenz
- Eine Verringerung des Krankheitsrisikos
- Eine Verbesserung der Fokussierungs- und Konzentrationsfertigkeit
- Die Steigerung der persönlichen Entwicklung
- Die Senkung des Blutdrucks
- Eine Verringerung des Risikos durch Herz-Kreislauf-Erkrankungen
- Weniger Stress und eine Minderung von Angstzuständen

Das ist doch großartig, oder nicht? Es scheint, als ob die Meditation denjenigen, die sich mit ihr beschäftigen, einen viel stärkeren und gesünderen Körper verleiht. Die Meditation ist für jeden von uns von großer Bedeutung. Kinder nutzen sie, um sich zu beruhigen, bevor sie einen wichtigen Mathe- oder Rechentest schreiben. Erwachsenen, die schüchtern sind oder die Angst vor öffentlichen Auftritten haben, wird geraten, die Meditation vor stressigen Momenten wie einem Vorstellungsgespräch oder einer Präsentation zur Beruhigung zu nutzen. Jeder, der sich in einer stressigen Situation befindet, kann sich durch gleichmäßige Atmung und gute Konzentration deutlich beruhigen. Beides sind Fähigkeiten, die durch die Meditation gelehrt werden.

Atmung und Fokus

Die Meditation trägt viel zur Verbesserung der Taekwondo Leistung bei, sie gibt Ihnen zum Beispiel einen willkommenen Energieschub, der sich positiv auf Ihr Training auswirkt. Für diejenigen, die gerade erst mit der Meditation anfangen, ist es oft am besten, sich anfangs auf die Atmung zu konzentrieren. Ein paar Minuten konzentriertes Atmen reichen dabei schon aus. Beginnen Sie am besten mit kleinen Herausforderungen, um ein gutes Atemmuster zu entwickeln, um so Zugang zu Ihrem inneren Selbst zu finden. Achten Sie darauf, dass Sie dabei die Augen schließen.

Bildquelle[59]

Beim Taekwondo ist die Kontrolle Ihres Atems von größter Bedeutung, denn die Bewegungen erfordern ein korrektes Atemmanagement. Taekwondo nutzt geschickte und präzise Bewegungen, aber diese müssen fließend absolviert werden. Das Meditationstraining erhöht Ihre Lungenkapazität, was sich durch bessere Atemmuster ausdrückt und fortgeschrittene Meditationsfähigkeiten können diese Vorteile noch intensivieren.

Ein erhebliches Konzentrationsniveau ist beim Taekwondo zwingend erforderlich. Die Konzentration ist beim Taekwondo entscheidend. Eine falsche Fehlkalkulation oder ein einziger Ausrutscher können dazu führen, dass Sie mehrere Treffer einstecken müssen. Glücklicherweise können Sie die Meditation einsetzen, um die eigene Konzentration zu verbessern. Das konsequente Meditieren gibt Ihrem Geist einen Rhythmus, der Ihnen unvergleichliche Konzentrationsfähigkeiten zugänglich macht.

Viele Menschen glauben fälschlicherweise, dass es bei den Kampfkünsten nur um die Steigerung der körperlichen Stärke geht. Selbstverständlich darf die körperliche Stärke in der Kampfkunst nicht unterschätzt werden, da sie sehr hilfreich ist. Trotzdem gibt es mehrere Fälle, in denen ein viel kleinerer Gegner einen körperlich stärkeren Gegner überwältigt. Das liegt daran, dass Intelligenz und Konzentration in jeder Situation Vorrang vor roher Gewalt haben. Meistens unterliegen die großen Gegner den kleineren Kämpfern, weil es ihnen an einem fokussierten Geist mangelt. Wenn Sie während eines Kampfes ruhig und konzentriert bleiben, können Sie dadurch die richtigen Bewegungen wählen und dadurch rechtzeitig auf die Vorstöße Ihres Gegners reagieren.

Meditation meistern - Tipps für Anfänger

Im vorherigen Abschnitt haben wir die hervorragenden Vorteile der Meditation detailliert beschrieben. Tatsächlich schneiden Taekwondosportler, die Meditation in ihr Training einbauen, besser ab als diejenigen, die das nicht tun. Wie also lässt sie sich in Ihr Training einbauen?

Wie bei allem anderen, gibt es auch bei der Meditation verschiedene Möglichkeiten. Als Anfänger sollten zwanzig Minuten Meditationstraining pro Tag für Sie ausreichen, um Ihnen den Einstieg zu erleichtern.

Suchen Sie sich einen ruhigen Ort. Es ist unmöglich, inmitten von Lärm und ungesunden Geräuschen zu meditieren. Denken Sie daran, dass sich Ihr Geist konzentrieren muss. Sie können Ihren ruhigen Ort überall finden - zum Beispiel in Ihrem Schlafzimmer oder Ihrem Büro; wichtig ist dabei nur, dass Sie ungestört sind. Sie sollten sich keinen Ort suchen, den jemand leicht erreichen und Sie stören kann. Die meisten Taekwondo Trainingsclubs verwenden den Dojang. Das ist eine recht effektive Strategie und etwas, das auch Sie sich zunutze machen können.

Was erhoffen Sie sich von Ihrer Meditation? Worauf wollen Sie sich in diesem Moment konzentrieren? Auf den Tag? Bei der Meditation geht es um Konzentration, und Konzentration bedeutet Absichtlichkeit. Sie müssen sich bewusstmachen, worauf Sie sich genau konzentrieren wollen. Wollen Sie Ihre Technik perfektionieren? Stellen Sie sich vor, Sie kämpfen für beide Seiten. Planen Sie. Meditation braucht Absicht, sonst kann das Ziel nicht erreicht werden.

Beginnen Sie mit dem Einatmen und Ausatmen. Atmen Sie langsam von der tiefsten Stelle Ihres Bauches aus ein. Halten Sie den Atem so lange wie möglich an und atmen Sie dann langsam durch den Mund wieder aus. Wenn Sie dies dreimal tun, kommt Ihr Körper in einen Zustand der Ruhe und Entspannung, ebenso wie Ihr Geist. Konzentrieren Sie sich dann einfach. Konzentrieren Sie sich auf Ihre Atmung und genießen Sie jeden Atemzug, so dass Ihre Gedanken in den Hintergrund treten.

Ihre Gedanken werden dadurch zweifellos in Ihrem Kopf herumschwirren. Das ist unvermeidlich; nehmen Sie sie zur Kenntnis und lassen Sie sie wieder gehen. Wenn Sie sich von zu vielen Gedanken aufhalten lassen, konzentrieren Sie sich wieder ausschließlich auf Ihre Atmung, bis Ihre Stoppuhr abgelaufen ist. Sie werden sich viel ruhiger und entspannter fühlen.

Am besten meditieren Sie mithilfe einer Stoppuhr. Das ist hilfreich, wenn es darum geht auf dem richtigen Weg zu bleiben, falls Sie das Zeitgefühl verlieren; das passiert oft, wenn Sie in den sogenannten „Flow-Zustand" (Zustand eines Arbeitsflusses) kommen. Wenn das passiert, fühlen sich zwanzig Minuten wie fünf Minuten an. Übung macht dabei den Meister, und je öfter Sie meditieren, desto leichter wird es Ihnen fallen, länger zu meditieren.

Als Anfänger müssen Sie lernen, geduldig mit sich selbst zu sein und sich nicht unnötig unter Druck zu setzen. Die Meditation fühlt sich für jeden von uns anders an und ruft auch bei jedem eine andere Reaktion hervor. Eines müssen Sie jedoch verstehen: Der Arbeitsfluss kommt mit der Beständigkeit. Meditation funktioniert am besten, wenn sie jeden Tag zur gleichen Zeit oder regelmäßig vor Taekwondo Turnieren oder Übungseinheiten durchgeführt wird. Geraten Sie aber nicht in Panik, wenn Sie feststellen, dass Sie nicht lange meditieren können. Manchmal fühlt sich Ihr Geist ständig von Gedankengängen überwältigt. Es fängt nicht immer für jeden gut an. Die Meditation braucht Zeit. Wenn Sie sich die Gewohnheit durch Beständigkeit aneignen, werden Sie zunehmend mehr Erfolg haben.

Die Verbindung zwischen Kampfkunst und Meditation verstehen

Die in den Kampf eingebettete Meditation gibt es nicht erst seit heute. Tatsächlich gibt es sie schon seit Anbeginn der Zeit. Beispielsweise wendeten antike Krieger verschiedene Atemmethoden an, um ihren Geist und Körper zu beruhigen, bevor sie an tödlichen Kämpfen teilnahmen. Die Meditation hingegen wurde erst einige Jahrzehnte später in die Kampfkünste integriert.

Bildquelle[60]

Die traditionellen Kampfkünste verfügen über mehrere philosophische Konzepte zur Verbesserung der geistigen und körperlichen Fähigkeiten der Schüler. Eines davon ist ein ruhiger Geist und die Fähigkeit, sich die Kontrolle über die mentale Physis und die Emotionen zu bewahren. Diese sind zur Absolvierung komplexer Kampfsportbewegungen unerlässlich. Es gibt bestimmte Atemtechniken, die ebenfalls als Meditation anerkannt werden.

Kampfsporttraining und Wettkämpfe sind nichts für schwache Nerven. Tatsächlich sind diese sehr anstrengend und deren Feinheiten ziemlich kompliziert, besonders für Anfänger. Wenn Sie ein Neuling sind und gerade erst mit Taekwondo beginnen, können Sie wahrscheinlich nachvollziehen, wie es ist, ständig zu versagen oder Ihren Ärger auf der Matte zu unterdrücken, wenn Ihr Gegner die Oberhand gewinnt. Aus diesem Grund müssen Sie meditieren. So beruhigen Sie Ihren Geist und erhöhen Ihre Konzentration.

Durch die Meditation können wir Menschen einen mentalen Zustand erreichen, der als „Flow State" (Arbeitsfluss) oder „Zone" bekannt ist. Wenn Sie sich in diesen Zustand intensiver Konzentration begeben, erhöht sich dadurch Ihre Kampffähigkeit, da sich die Art und Weise, wie Sie Schmerzen wahrnehmen und verstehen, ändert. Dies hilft Ihnen dabei, während der Kämpfe ein konstant hohes Energieniveau aufrechtzuerhalten. Im Folgenden finden Sie drei beliebte Methoden und Übungen, mithilfe derer Sie meditieren können, bevor Sie das Taekwondo Training beginnen:

Atmung und Körperkontrolle

Da Taekwondo in der Lage ist, Geist und Körper miteinander zu verbinden, darf die Bedeutung der Atmung hierbei nicht außer Acht gelassen werden. Wenn Sie kurz vor einem Kampf stehen, müssen Sie einatmen, während Sie sich auf die Bewegung vorbereiten, und ausatmen, sobald die Bewegung abgeschlossen ist. Sie können sowohl Verteidigungs- als auch Angriffsbewegungen absolvieren, wenn Sie sich auf Ihre Atmung konzentrieren.

Tiefere Bedeutung

Oft sind es ganz bestimmte Dinge, die einen wahren Kampfsportler daran hindern, sein volles Potenzial zu erreichen. Dazu können beispielsweise ein großer und tiefer persönlicher Verlust, die Angst vor dem Tod oder kolossale Verletzungen gehören. Um das wahre Kampfpotenzial zu entfesseln, das unweigerlich zu Spitzenleistungen führt, braucht der Künstler ein umfassendes Verständnis der Welt um ihn herum und seines wahren Selbst.

Selbstverteidigungpraxis

Hierbei geht es darum, das Unterbewusstsein zu wecken und sich darauf zu konzentrieren, Techniken, die Sie schon zuvor gelernt haben, mental zu integrieren. Das Ziel ist es dabei, dass Ihr Unterbewusstsein eine automatische Reaktion zeigt. Auch wenn es in diesem Zusammenhang einfach und vereinfacht klingt, kann es einige Zeit dauern, bis es perfekt ist.

Achtsamkeit und Taekwondo

„Achtsamkeit bedeutet, auf eine bestimmte Art und Weise aufmerksam zu sein, absichtlich, im gegenwärtigen Moment und ohne zu urteilen" - Jon Kabat Zinn

Die Achtsamkeit ist lediglich eine der vielen Meditationstechniken, die es gibt, aber beim Taekwondo ist sie besonders wichtig. Sie verlangt von Ihnen, dass Sie der Gegenwart bewusst Ihre volle Aufmerksamkeit schenken, ohne über sie zu urteilen oder sie zu kritisieren. Um die Achtsamkeit formell zu praktizieren, müssen Sie sich jeden Tag etwas Zeit dafür nehmen. Informell bedeutet, dass Sie zu jeder Tageszeit auf das achten müssen, was Sie gerade tun.

Bildquelle [61]

Das Gute an der Achtsamkeit ist, dass Sie mit dem Alltäglichen beginnen können - Duschen, Anziehen, Essen und so weiter. Ich würde dabei empfehlen, mit der informellen Praxis zu beginnen und sie zu meistern, bevor Sie zur formellen Praxis übergehen. Und warum? Sie können klein und einfach anfangen und sich dann hocharbeiten. Der Schlüssel sind dabei Ihre Aufmerksamkeit und Ihr Mangel an Urteilsvermögen.

Starten Sie jetzt einen ernsthaften Versuch. Machen Sie es sich an einem ruhigen Ort bequem, schließen Sie die Augen und atmen Sie ein. Richten Sie Ihre Aufmerksamkeit ausschließlich auf Ihren Ein-Aus-Atemrhythmus und auf nichts anderes. Ihre Gedanken sollten dabei umherschweifen und Ihre Sinne sollten Ihnen zunehmend geschärft vorkommen. Nehmen Sie Ihre Sinneseindrücke zur Kenntnis, aber richten Sie Ihre Aufmerksamkeit immer wieder auf Ihre Atmung. Mit der Zeit werden Sie feststellen, dass Sie sich entspannen. Die Entspannung ist im Taekwondo sehr wichtig, denn Sportpsychologen und Analytiker haben festgestellt, dass Angst eine verbreitete Ursache für Misserfolge ist. Je weniger ängstlich Sie sich fühlen, desto besser. Auch Ihr Energielevel wird so leichter regulierbar, aber die verbesserte Konzentration ist der vielleicht wichtigste Vorteil der Achtsamkeit.

Im Rahmen der Achtsamkeit dürfen Ihre Gedanken nun wandern. Ihre Aufgabe ist es dabei, Ihren Geist ohne Bewertung zu dem von Ihnen gewählten Fokus der Aufmerksamkeit zurückzubringen. Wenn Sie das tun, werden Sie feststellen, dass diese Übung unaufhörlich weitergehen kann. Ablenkungen tauchen auf, aber Sie fokussieren sich wieder und wieder. Schließlich werden Sie die Kraft verspüren, sich auf das zu konzentrieren, was Sie wollen, und nicht auf das, was Ihr Gehirn will. Diese Konzentration ist im Taekwondo lebenswichtig, denn Sie müssen sich auf die Aktionen Ihres Gegners konzentrieren und nicht auf Emotionen wie Angst oder Zweifel.

Der größte Vorteil der Meditation im Taekwondo besteht darin, dass sie Ihnen dabei hilft, sich von Ängsten, Zweifeln und Scham zu befreien, wenn Sie mit klarem Verstand und einem einzigen Ziel auf die Matte gehen. So lernen und wachsen Sie viel und sind in der Lage, die relevanten Faktoren für Ihren Erfolg zu nutzen. Seit Anbeginn der Zeit gehört dies zu den Kampfritualen erfahrener Krieger, und es gibt immer wieder neue Trends, Studien und Analysen.

Nicht alle Trainer integrieren die Meditation in ihren Unterricht, aber Sie werden gut daran tun, sie als Anfänger konsequent zu praktizieren. Das regelmäßige Üben wird Ihnen helfen, Ihren Erfolg mit der Kampfkunst zu steigern.

Denken Sie daran, dass alles, was Sie wollen, von der Konsistenz bei Ihrem Training abhängig ist.

Kapitel 6: Die 24 Hauptmuster im Taekwondo

Der Begriff „Muster" bezieht sich im Taekwondo auf die grundlegenden Bewegungen der Verteidigung und des Angriffs in sequenzieller Reihenfolge, gegen einen oder mehrere imaginäre Gegner. Diese Muster, die auch als Formen (Teul) bezeichnet werden, sind ein wesentlicher Bestandteil des Taekwondo Trainings und werden verwendet, um zu messen, wie weit Sie als Schüler gekommen sind und welche Fähigkeiten Sie entwickelt haben.

Es werden Muster gelehrt und geübt, damit die Schüler ihre Kenntnisse der Taekwondo Techniken verbessern können, von denen viele einzigartig für das Taekwondo geeignet sind. Durch das Üben dieser Muster bauen Sie eine verbesserte Flexibilität und Beweglichkeit auf. Außerdem verbessern Sie Ihre Sparring-Fähigkeit, die Kontrolle über Ihren Atem, den Tonus und den Aufbau Ihrer Muskeln; Sie werden gleichzeitig aber auch eine Verbesserung des Gleichgewichts und der Koordination feststellen. Diese Muster werden typischerweise in Übereinstimmung mit den Büchern von General Choi Hong Hi, dem Begründer des Taekwondo, absolviert.

Warum gibt es 24 Hauptmuster?

Die 24 Muster des Taekwondo basieren auf der Philosophie von Großmeister General Choi Hong Hi. Er war der Meinung, dass wir Menschen uns bemühen sollten, der zukünftigen Generation ein spirituelles Vermächtnis zu hinterlassen, um Unsterblichkeit zu erlangen und ein sinnvolles Leben zu führen, Der General meinte, dass die Existenz des Menschen auf der Erde nur eine sehr kurze Zeit im Raum einnimmt, und er benutzte die 24 Muster, um dies darzustellen. In seinem Vermächtnis, sagte er,

„Hier hinterlasse ich Taekwondo für die Menschheit als eine Spur des Menschen im 20. Jahrhundert. Die 24 Muster stehen für 24 Stunden, einen Tag oder mein ganzes Leben."

Er schuf diese Kernmuster, um das Leben der Menschen an nur einem Tag darzustellen. Die Muster symbolisieren viele bedeutende Ereignisse und bekannte Personen, die die Geschichte des koreanischen Volkes beeinflusst haben. Taekwondo hat 24 Muster, die sich über 19 bis 72 Bewegungen erstrecken.

Jedes der 24 Muster drückt eine Botschaft aus, die Sie in Ihrem Alltag und bei der Ausführung der Bewegungen inspirieren soll. Diese synchronisierten Bewegungen reichen von einfach bis komplex. Die ersten sind eine Kombination aus symmetrischen Bewegungen, die mit beiden Seiten Ihres Körpers ausgeführt werden sollen. Jedes Muster beginnt und endet an der gleichen Stelle, so dass Sie die grundlegenden Kicks und Blocktechniken beherrschen und einen stabilen Stand entwickeln können.

Diese Muster zielen auch darauf ab, die koreanische Geschichte zu ehren und jeden Schüler mit koreanischem Geschichtswissen und einem umfassenden Verständnis der Taekwondo Techniken auszustatten. Jedes Muster hat ein Diagramm und eine bestimmte Anzahl von Bewegungen, die von einem Ereignis oder einer heldenhaften Person in der Geschichte erzählen. Die ausgewählten Geschichten sind realistisch und die Kämpfe der einzelnen Charaktere sind für Menschen aus anderen Nationen und Kulturen, die nicht aus Korea stammen, gut nachvollziehbar. Die Muster im Taekwondo lehren Sie eine universelle Moral und inspirieren Sie als Schüler dazu, nach einem Leben des Vermächtnisses und der Hingabe an ein höheres Gut zu streben.

Die 24 wesentlichen Muster im Taekwondo

Chon Ji
Das erste der Hauptmuster umfasst 19 Bewegungen, die mit einer parallelen Bereitschaftshaltung beginnen und mit der Rückkehr des linken Fußes enden. Es wird mit „Himmel der Erde" übersetzt. Es bezieht sich auf die Geschichte und die Schöpfung der Menschheit und ist normalerweise das erste Muster, das ein Anfänger im Taekwondo lernt. Die Bewegungen, die in diesem Muster enthalten sind, sind in zwei ähnliche Teile unterteilt; Ein Teil symbolisiert den Himmel und der andere die Erde.

Dan Gun
Dies ist das nächste wichtige Muster. Es ist nach dem Mann benannt, der 2.333 v. Chr. die Nation Korea gründete. Es umfasst 21 Bewegungen, erfordert eine parallele Bereitschaftshaltung und endet mit dem Rückzug des linken Fußes.

Do San
Dieses Muster ist nach dem Nationalpatrioten Ahn Chang-Ho benannt worden, der unter dem Pseudonym Do San bekannt war. Er widmete sein ganzes Leben Korea und kämpfte für dessen Unabhängigkeit und Bildungsrechte. Bei diesem Muster müssen Sie 24 Bewegungen ausführen, die mit einer parallelen Bereitschaftsstellung beginnen und mit der Rückkehr des rechten Fußes enden.

Won Hyo
Im Jahr 686 n. Chr., während der Silla-Dynastie, wurde ein Mönch namens Won Hyo für die Einführung des Buddhismus in das Land verantwortlich gemacht, und dieses Muster wurde nach ihm benannt. Wenn Sie Won Hyo praktizieren, machen Sie 28 Bewegungen, beginnend mit einer angespannten, breiten Standhaltung, einer abwartenden Haltung und endend mit der Rückkehr des rechten Fußes.

Yul Gok
Yul Gok, auch bekannt als der „Konfuzius von Korea", war ein Pseudonym des Gelehrten und Philosophen Yil aus dem 16. Jahrhundert. Bei seinem Taekwondo Muster müssen Sie 38 Bewegungen durchführen, die den 38. Breitengrad des Geburtsortes des Philosophen darstellen. Die Bewegungsabfolge beginnt mit einer Bereitschaftshaltung und endet mit der Rückkehr des linken Fußes. Das Wort „Gelehrter" wird durch die Grafik, die dieses Muster zeigt, dargestellt.

Joong Gun
Das sechste Taekwondo Muster wurde nach Ahn Joong Gun benannt, einem koreanischen Nationalisten, der den ersten japanischen Generalgouverneur nach der Vereinigung von Korea und Japan tötete. Im Alter von 32 Jahren wurde er inhaftiert und im Jahr 1910 im Lui-Shung-Gefängnis gehängt. Die 32 Bewegungen, die für dieses Muster erforderlich sind, repräsentieren das Alter von Joong Gun, zum Zeitpunkt seines Todes. Das Muster beginnt mit einer geschlossenen, erwartenden Haltung und endet mit dem Rückzug des linken Fußes.

Toi Gye
Dieses Muster wurde nach dem Pseudonym des berühmten Gelehrten und Gurus des Neokonfuzianismus aus dem 16. Jahrhundert, namens Yi Hwang, benannt. Für dieses Bewegungsmuster müssen Sie 37 Positionen einnehmen, beginnend mit der geschlossenen, abwartenden Haltung B und endend mit dem Rückzug des rechten Fußes. Die 37 Bewegungen stehen für den 37. Breitengrad des Geburtsortes des Gurus, und auf dem Diagramm für dieses Muster wird der „Gelehrte" abgebildet.

Hwa Rang
Während der Zeit der Silla-Dynastie im frühen 7. Jahrhundert wurde eine Kompanie von Soldaten gegründet, die als Hwa Rang Do bekannt war. Dieses Muster wurde nach ihnen benannt. Um es durchzuführen, müssen Sie 29 Bewegungen absolvieren, die mit einer geschlossenen, abwartenden C-Haltung beginnen und mit dem Rückzug des rechten Fußes enden. Die 29 Bewegungen, die in diesem Muster enthalten sind, stehen für den Ort, an dem Taekwondo als Kampfkunst verfeinert wurde: die 29. Infanteriedivision.

Choong Moo
Dieses Muster wurde nach dem berühmten Admiral der Yi-Dynastie, Yi Soon-Sin, benannt. Ihm wird 1592 die Erfindung der Kobukson zugeschrieben, dem ersten gepanzerten Schlachtschiff. Man sagt, dass seine Erfindungen den Weg für die heutigen U-Boote geebnet haben. Bei diesem Muster müssen Sie 30 Bewegungen durchführen, die mit einer parallelen Beinhaltung beginnen und mit der Rückkehr des linken Fußes enden. Die letzte Bewegung dieses Musters ist ein Angriff mit der linken Hand, der repräsentiert, wie der große Admiral starb.

Kwang Gae
Das Kwang Gae Muster ist nach dem berühmten 19. Herrscher der Goguryeo-Dynastie, Gwang-Gae-Toh-Wang, benannt. Er ist für die Rückeroberung des größten Teils der Mandschurei und aller anderen Gebiete, die einst an den Feind verloren worden

waren, bekannt. Um dieses Muster auszuführen, müssen Sie 39 Bewegungen durchführen, die mit einem parallelen Stand mit himmelwärts gerichteter Hand beginnen und mit dem Rückzug des linken Fußes enden. Die 39 Bewegungen, die dieses Muster abdeckt, stehen für die ersten beiden Ziffern des Jahres, in dem Kwang Gae seine Herrschaft antrat, nämlich 391 n. Chr. Das Diagramm für dieses Muster zeigt die zurückgewonnenen Gebiete und die damit verbundene Expansion.

Po Eun
Das Po Eun Muster ist nach dem Pseudonym eines berühmten Dichters und Untertanen der Koryo-Dynastie aus dem 15. Jahrhundert benannt. Er war einer der bedeutendsten Physiker seiner Zeit und verfasste ein Gedicht mit dem Titel „Ich würde keinem zweiten Meister dienen, auch wenn ich hundertmal gekreuzigt würde", das in Korea immer noch sehr bekannt ist. Für dieses Muster müssen Sie 36 Bewegungen durchführen, die mit einer abwartenden Haltung bei der eine Hand zum Himmel zeigt beginnen und mit dem Rückzug des linken Fußes enden. Das Diagramm für dieses Muster zeigt Po Euns unendliche Loyalität gegenüber seinem Land und dem Herrscher jener Zeit.

Ge Baek
Bei diesem Muster müssen Sie 44 Bewegungen meistern, die mit einer parallelen abwartenden Haltung beginnen und mit dem Rückzug des rechten Fußes enden. Es wurde nach Ge Baek benannt, einem der berühmtesten Generäle der Baek Je Dynastie im Jahr 660 n. Chr. Die militärische Disziplin des Generals wird im Diagramm dieses Musters dargestellt.

Eui Am
Eui Am bezieht sich auf den Decknamen des Anführers der koreanischen Unabhängigkeitsbewegung vom 1. März 1919, der den Namen Son Byong Hi trug. Das Muster verlangt von Ihnen, 45 Bewegungen auszuführen, die mit der Bereitschaftshaltung D beginnen und mit der Rückkehr des rechten Fußes enden. Die 45 Bewegungen dieses Musters entsprechen dem Alter von Byong Hi, als er 1905 Dong Hak in Chong Kyo (Orientalische Kultur in Himmlische Religion) umwandelte. Das Diagramm, welches dieses Muster zeigt, stellt seinen unüberwindlichen Charakter zu der Zeit, zu der er sein Land anführte, dar.

Choong Jang
General Kim Duk Ryang, ein General der Yi-Dynastie im 14. Jahrhundert, erhielt das Pseudonym General Kim Duk Ryang. Es verlangt von Ihnen 52 Bewegungen, die mit der Bereitschaftshaltung A beginnen und mit der Rückkehr des linken Fußes enden. Die letzte Bewegung dieses Musters ist ein Angriff mit der linken Hand, der den vorzeitigen Tod des Generals im Gefängnis darstellt. Er war 27 Jahre alt.

Ko Dang
Das Ko Dang-Muster verlangt von Ihnen 45 Bewegungen, die mit einer parallelen Ausgangshaltung und einem beidseitig angewinkelten Ellbogen beginnen und mit dem Rückzug des rechten Fußes enden. Es wurde nach dem Pseudonym eines der koreanischen Nationalpatrioten, Cho Man Sik, benannt. Er widmete sein Leben der Unabhängigkeitsbewegung seines Landes und kämpfte für die Bildung der Koreaner. Die 45 Bewegungen dieses Musters stehen für die letzten beiden Ziffern des Jahres, in dem Korea von den Japanern befreit wurde: 1945.

Juche
Juche ist die philosophische Ansicht, dass der Mensch der Herrscher der Welt und damit auch seines Schicksals ist. Das heißt, der Mensch hat die Autorität über alles in dieser Welt und bestimmt seinen eigenen Weg. Dieses Konzept stammt vom Berg Baekdu, der den Geist des koreanischen Volkes widerspiegeln soll. Die Ausführung dieses Musters erfordert 45 Bewegungen, die mit dem Rückzug des rechten Fußes enden. Das Diagramm des Juche-Musters symbolisiert den Baekdu-Berg.

Sam-IL
Dieses Muster repräsentiert die historische Periode der koreanischen Unabhängigkeitsbewegung, die am 1. März 1919 begann. Um dieses Muster durchzuführen, müssen Sie 33 Bewegungen abschließen, die mit einer geschlossenen, abwartenden C-Haltung beginnen und mit dem Rückzug des rechten Fußes enden. Die 33 Bewegungen dieses Musters symbolisieren die 33 Pionierpatrioten, die die

Unabhängigkeitsbewegung organisiert haben.

Yoo-Sin
Bei diesem Muster müssen Sie 68 Bewegungen durchführen, beginnend mit der Bereitschaftshaltung des Kriegers, Bereitschaftsstellung B, und endend mit der Rückkehr des rechten Fußes. General Kim Yoo-Sin, einer der führenden Generäle der Silla-Dynastie, war die Inspiration für dieses Muster. Die Ausgangsposition des Kriegers stellt ein Schwert dar, das auf der rechten, statt auf der linken Seite gezogen wird. Dies stellt die Weigerung des Generals dar, den Anweisungen des Königs zu gehorchen und an der Seite fremder Truppen gegen sein eigenes Land zu kämpfen. Die letzten beiden Ziffern des Jahres der Vereinigung Koreas, 668 n. Chr., werden als Symbol für die 68 Bewegungen interpretiert.

Choi Yong
General Choi Yong, der Oberbefehlshaber und Premierminister der Streitkräfte der Koryo-Dynastie aus dem 14. Jahrhundert, hat einen Einfluss auf dieses Muster. Er war sehr beliebt und wurde für seine Aufrichtigkeit und Hingabe respektiert. Er wurde von einigen seiner untergebenen Offiziere ermordet, die von General Yi Sung Gae befehligt wurden, der später der erste Kaiser der Lee-Dynastie wurde. Dieses Muster erfordert 45 Bewegungen, um korrekt durchgeführt zu werden. Das Muster beginnt mit einer abwartenden C-Haltung und endet mit dem Rückzug des rechten Fußes.

Yon Gae
Yon Gae Somoon war ein bekannter General während der Goguryeo-Periode; dieses Muster wurde nach ihm benannt. Um dieses Muster durchzuführen, müssen Sie 49 Bewegungen ausführen, die mit der Bereitschaftshaltung A beginnen und mit dem Rückzug des linken Fußes enden. Die 49 Bewegungen entsprechen dem Jahr, in dem Yon Gae die Yang-Dynastie zwang, aus Korea zu fliehen, nachdem er über 300.000 ihrer Krieger bei Ansi Sung vernichtet hatte. Es war das Jahr 649 n. Chr.

UL-JI
Bei diesem Muster müssen Sie 42 Bewegungen absolvieren, wobei Sie sich mit parallel zueinanderstehenden Beinen und den Händen in einer überkreuzten Haltung positionieren sollten, und die Bewegung mit dem Rückzug des Fußes beenden. Das Muster wurde nach General Ul-Ji Moon Dok benannt, dem die Verteidigung Koreas gegen eine fast eine Million Mann starke Invasion der Tang im Jahr 612 n. Chr. zugeschrieben wird. Mit einer Guerilla-Taktik, bei der er auf der Stelle zuschlug, gelang es dem General, einen Großteil der Truppen zu vernichten. Die Bewegungen dieses Kampfmusters haben die Form des Buchstabens „L", was für den Nachnamen des Generals steht. Die 42 Bewegungen, die das Muster formen, stehen für das Alter des Autors, der das Diagramm entworfen hat.

Moon-Moo
Der 30. König der Silla-Dynastie, der am Dae Wang Am (was übersetzt Großer Königsfelsen heißt) begraben wurde, inspirierte das Moon-moo Taekwondo Muster. Der König bat darum, dass sein Leichnam nach seinem Tod im Meer versenkt wurde. Dadurch erhoffte er sich die Fähigkeit, sein Land vor Japan zu schützen. Der Sok Gul Am (Höhlenstein) war ein bemerkenswertes Artefakt der Kultur der Silla-Dynastie. Es wurde geschaffen, um sein Grab nach seinem Begräbnis zu schützen. Dieses Muster erfordert 61 Bewegungen, die den letzten beiden Zahlen des Jahres entsprechen, in dem Moon Moo den Thron bestieg, um das Jahr 661 n. Chr. herum.

So-San
Dieses Muster erfordert 72 Bewegungen, beginnend mit einer geschlossenen, angespannten Standposition und endend mit dem Rückzug des linken Fußes. Choi Hyong Ung, ein Mönch aus der Lee-Dynastie im 16. Jahrhundert, gab diesem Muster seinen Namen. Die 72 Bewegungen des Musters weisen auf das Alter des Mönchs hin, als er 1592 zusammen mit seinem Schüler Sa Myung Dang ein Bataillon von Mönchsoldaten zusammenstellte, um den japanischen Piraten auf der koreanischen Halbinsel zu widerstehen.

Se Jong
Dieses Muster ist nach Se-Jong benannt, dem großen koreanischen König und berühmten Meteorologen, dem die Erfindung des Alphabets für die koreanische Sprache im Jahr 1443 zugeschrieben wird. Um dieses Muster zu meistern, müssen Sie 24

Bewegungen durchführen, beginnend mit der Bereitschaftshaltung B und endend mit der Rückkehr des linken Fußes. Die 24 Bewegungen stehen für die 24 Buchstaben des koreanischen Alphabets, während das „Z"-Diagramm für dieses Muster den König symbolisiert.

Tong-IL
Bei diesem Muster müssen Sie 42 Bewegungen absolvieren, die mit einer abwartenden Haltung im parallelen Stand und einer übereinanderliegenden Rückhand beginnen und mit dem Rückzug des linken Fußes enden. Dieses Muster symbolisiert die Vereinigung der koreanischen Nation, die seit 1945 getrennt war. Das Diagramm, welches das Muster darstellt, hat die Form des Buchstaben „I", was für eine einheitliche und einzige Ethnie steht.

Wichtige Tipps für das Meistern für Taekwondo Muster

Es wird von Ihnen erwartet, dass Sie jedes Muster an derselben Stelle beginnen und wieder beenden. Das zeigt, wie genau Sie das Muster durchführen.

- Sie müssen sich jederzeit die richtige Körperhaltung und den richtigen Gesichtsausdruck bewahren.
- Sie müssen sicherstellen, dass Ihre Muskeln im entscheidenden und präzisen Moment, wenn Sie die Bewegung durchführen, entweder erwartungsvoll angespannt oder völlig entspannt sind.
- Sie müssen jedes Muster mit rhythmischen Bewegungen absolvieren, die frei von Steifheit sind.
- Sie müssen dafür sorgen, dass die Muster gemäß den gegebenen Anweisungen beschleunigt und verlangsamt werden.
- Sie müssen jedes Muster perfektionieren, bevor Sie zum nächsten Übergehen.
- Von Ihnen als Schüler wird erwartet, dass Sie den Zweck jeder Bewegung kennen.
- Als Schüler müssen Sie jedes Muster gewissenhaft durchführen.

Kapitel 7: Die fünf Lehren des Taekwondo

Wenn Sie schon mal an einem normalen Taekwondo Kurs teilgenommen haben, dann haben Sie diesen Satz sicher schon einmal gehört. Die Lehren des Taekwondo werden in den meisten Schulen als Teil des Schwurs der Taekwondo Schüler rezitiert. Zu Beginn des Unterrichts rezitieren die Schüler den Schwur, entweder im Gleichklang oder indem sie ihn ihrem Lehrer nachsprechen.

Der Taekwondo Schülerschwur dient dazu, die Schüler an ihre Verantwortung gegenüber sich selbst, der Kunst, ihrem Lehrer, ihren Mitschülern und der Gesellschaft zu erinnern. Daher sind die Lehren ein integraler Bestandteil des Schwurs, mit dem sich alle Schüler vertraut machen sollten.

Glücklicherweise können Sie sich als Anfänger, der dieses Buch liest, früher als die meisten mit ihnen vertraut machen. Sie lernen dadurch nicht nur, wie man kämpft, sondern Sie lernen auch einige der grundlegenden Ideen des Sports kennen und schätzen.

Zunächst müssen wir verstehen, was ein Glaubenssatz ist. Ein Wörterbuch oder eine Enzyklopädie definiert einen Glaubenssatz als eine Meinung, ein Dogma, ein Prinzip oder eine Doktrin, die eine Person oder eine Organisation glaubt, praktiziert und für wahr hält.

Das ist vielleicht eine treffende Definition, aber sie wird der reichen Geschichte und dem Erbe nicht gerecht, die den Lehren des Taekwondo zugrunde liegen. Wichtig ist, dass Sie die Rolle dieser Lehren verstehen. Sie wurden geschaffen, um die Motivation der alten Krieger zu stärken, und dasselbe gilt auch heute noch als treibende Kraft, die allen Lernprozessen zugrunde liegt.

- Freundliche Grundhaltung
- Integrität
- Beharrlichkeit
- Selbstbeherrschung
- Unbeugsamer Geist

Dies sind die fünf Lehren des modernen Taekwondo, aber deren Vorgänger hatten noch etwas andere Kernbestandteile. Die alten Lehrsätze der Taekwondo Kunst waren als Hwarang-Verhaltenskodex bekannt und bestanden aus fünf Regeln. Sie haben die gleiche Bedeutung wie die modernen Regeln, sind aber in einer blumigeren und umständlicheren Sprache verfasst worden. Der Hwarang-Kodex lautet:

- Strenge Loyalität gegenüber dem König und dem Land
- Respekt und Gehorsam gegenüber den eigenen Eltern
- Unbedingte Loyalität und Vertrauen gegenüber Freunden
- Mutig sein und sich im Kampf niemals zurückziehen
- Besonnenheit bei der Anwendung von Gewalt und beim Töten von Menschen

Auch wenn es schwierig ist, zu erklären, wie das eine zum anderen kam, sind die Ähnlichkeiten der Kernaussagen doch zu erkennen. Respekt und Gehorsam sind ein Synonym für Höflichkeit. Loyalität und Vertrauen sind ein wesentlicher Bestandteil von Integrität. Besonnenheit bei der Anwendung von Gewalt und beim Töten ist Selbstbeherrschung. „Mutig sein und niemals zurückweichen" zeigt Beharrlichkeit und einen unbeugsamen Geist.

Wie immer bleibt das Taekwondo seinen Wurzeln treu.

Die fünf Lehrsätze sind eine Quelle der Orientierung für ernsthafte Schüler der Kunst. Sie sind ein moralischer Kodex und müssen befolgt werden, nicht nur jedes Mal, wenn Sie im Dojang sind, sondern jedes Mal, wenn Sie die Fertigkeiten anwenden. Das Taekwondo ist eine spirituelle Philosophie und ebenso sehr eine geistige wie eine körperliche Disziplin. Ihr Erfolg beim Verstehen des geistigen Teils des Taekwondo wird auch Ihren körperlichen Erfolg bestimmen.

Der Respekt vor der reichen Geschichte und Tradition des Taekwondo muss immer wieder neu in den Köpfen der Menschen verankert werden. Deshalb rezitieren die meisten Trainer und Ausbilder einmal alle Lehren, nachdem sich die Schüler auf der Matte verbeugt haben, um die Schüler daran zu erinnern, dass es im Taekwondo um

Selbstverbesserung und Demut geht. Das Schönste an den Grundsätzen des Taekwondo ist, dass sie Ihnen auch im täglichen Leben weiterhelfen können.

Analysieren der Lehren

Bildquelle⁶³

Mit freundlicher Genehmigung (Yah Yie)

Höflichkeit ist ein anderes Wort für Zuvorkommenheit und Bescheidenheit und drückt dauerhaften Respekt vor sich selbst und vor anderen aus. Es zeigt immense Rücksichtnahme auf andere und wird normalerweise im Dojang gesehen und gezeigt. Im Dojang werden die Schuhe als Zeichen des Respekts für die Trainingseinrichtung ausgezogen, und die Schüler verbeugen sich vor den Großmeistern und Schwarzgurtträgern, um ihren Respekt für deren Leistungen auszudrücken. Wenn ihnen der Großmeister oder der Ausbilder eine Lektion erteilt, müssen die Schüler schweigen und aktiv zuhören; Diskussionen am Rande symbolisieren Respektlosigkeit. Wenn Sie ein Anfänger sind, der noch nie in einem Dojang war, müssen Sie sich diese Dinge merken.

Oftmals schleichen sich im Laufe des Aufstiegs des Schülers und der Freundschaft mit den Lehrern und Vorgesetzten Nachlässigkeiten in Bezug auf die Höflichkeit ein, und dann ist Wachsamkeit gefragt. Freundlichkeit ist zwar großartig, aber um eine perfekte Verkörperung dessen zu sein, der sich jederzeit an die Lehren hält, ist noch wichtiger. Und die Höflichkeit erfordert auch Respekt, ohne dabei nach Befriedigung zu streben. Manchmal sind Studenten nur zu ihren Vorgesetzten höflich, um das zu bekommen, was sie wollen, aber nie zu Neuankömmlingen; das wird als inakzeptabel eingeschätzt.

Die Wahrheit ist, dass Ihre Hingabe zu den Grundsätzen in der Anfangsphase des Taekwondo nicht auf die Probe gestellt wird. Für einen Anfänger ist es leicht, sich an diese Grundsätze zu halten, aber wenn Sie mehr Erfahrung sammeln, brauchen Sie mehr Selbstbewusstsein und verstehen die Notwendigkeit, Ihre Hingabe ständig zu erneuern. Es ist nicht verwunderlich, dass junge Künstler höflich sind, wenn sie auf der untersten Sprosse der Leiter stehen, nur um dann den schwarzen Gürtel zu gewinnen und sich in etwas zu verwandeln, das niemand anerkennt.

Integrität (Yum Chee)

Die Integrität ist das unerschütterliche Festhalten an einem strengen moralischen und ethischen Kodex. Taekwondo hat seine eigene Ethik, und geschulte Ausbilder, Großmeister, Schwarzgurte, Schüler und Anfänger müssen sich alle daranhalten. So dürfen Ausbilder beispielsweise keine Kampfmethoden lehren oder demonstrieren, die dem Gegner des Schülers absichtlich schaden. Selbst wenn den Schülern die knochenbrechenden Bewegungen der Selbstverteidigung beigebracht werden, wird stets auf den Grundsatz Wert gelegt, dass sie nur ausgeführt werden, wenn die Anwendung oder Androhung von Gewalt lebensbedrohlich ist.

Als angehender Kampfsportler müssen Sie erkennen, dass Integrität eine der Tugenden ist, die Sie hochhalten müssen. Sie müssen lernen, sich selbst, Ihrem Dojang, Ihrem Großmeister und Ihrem Trainingsinstitut treu zu bleiben. Erinnern Sie sich dabei daran, dass Moral und Ethik genauso wichtig sind wie das Erlernen von Taekwondo Methoden. Im Taekwondo bedeutet Integrität auch, dass Sie zu Ihrem Wort stehen. Heute sind Sie noch ein Anfänger, aber eines Tages werden Sie sich so weit entwickeln, dass Sie andere unterrichten. Wie werden Sie mit dieser Fähigkeit umgehen? Sie müssen in der Lage sein, selbstlos andere zu lehren und bereitwillig denen zu helfen, die Hilfe brauchen. Integrität bedeutet Respekt und Loyalität. Es bedeutet, dass Sie Ihrem Wort und sich selbst treu bleiben. Es bedeutet, richtig und falsch klar zu definieren und auf Ihr Gewissen zu hören.

Beharrlichkeit (Inn Nae)

Ein altes asiatisches Sprichwort sagt: Geduld führt zu Wert oder Verdienst. Folglich ist eine gute Ausdauer eine Eigenschaft, die man für die persönliche Entwicklung braucht, und als Anfänger kann man nicht gut genug betonen, wie wichtig dies für ist. Taekwondo ist ein komplexer Sport, und Sie können nicht schwach im Herzen sein und hoffen, in diesem Sport ohne weiteres zu brillieren. Lernen Sie stattdessen, Ihre Fähigkeiten zu perfektionieren - sie zu üben, bis Sie die Lektionen gemeistert haben – das ist nur durch Ausdauer zu erreichen. *Diejenigen, die den schwarzen Gürtel tragen, sind nicht zufällig an ihr Ziel gekommen!*

Die Ausdauer bei einer Aufgabe ist an sich schon eine besondere Fähigkeit. Wenn Sie beim Taekwondo Fortschritte machen, werden Sie Ihre einzigartigen Stärken und Schwächen entdecken. Bestimmte Bewegungen sind dann für Sie leicht zu perfektionieren und andere nicht so ganz so einfach. Aber ganz gleich, wie schwierig oder mühsam der Prozess ist, Sie müssen lernen, beharrlich zu sein und niemals aufzugeben, um Ihre Schwächen zu perfektionieren. Ausdauer ist der einzige Grundsatz, der Sie zu Spitzenleistungen führen und Ihnen ein Gefühl der Erfüllung geben wird, wenn Sie das erreichen, an dem Sie eifrig gearbeitet haben.

Sie müssen Ihre Treue zur Ausdauer bei jeder Gelegenheit erneuern. Es wird Zeiten geben, in denen Sie sich bei bestimmten Bewegungen sicher fühlen, und glauben, diese perfektioniert zu haben, bis Sie beim Training oder gar bei einem Turnier ein böses Erwachen zu erleben. Es ist die Beharrlichkeit, die Sie zurück auf die Matte bringt und dafür sorgt, dass Sie das, was Sie zu beherrschen glaubten, weiter trainieren und verfeinern.

Für Anfänger ist es oft die beste Strategie, einen Tag nach dem anderen zu nehmen, um die Herausforderungen des Schülerseins zu beherrschen. Streben Sie jeden Tag danach, erfolgreicher zu sein als den vorherigen. Wenn Sie diesen Grundsatz ständig im Hinterkopf behalten, werden Sie Taekwondo immer besser beherrschen lernen, bis Sie schließlich zu den Besten gehören.

Selbstbeherrschung (Kook Kee)

Taekwondo ist eine Kampfsportart, bei der es um Fußschläge, Tritte und Schläge geht. Sie müssen sich eine eiserne Selbstkontrolle aneignen, denn es ist sehr leicht, die Beherrschung zu verlieren. Stellen Sie sich zum Beispiel vor, dass Sie einen schwarzen Gürtel haben und mit jemandem trainieren, den Sie nicht ausstehen können. Es könnte in einer solchen Situation verlockend sein, diese Person mit makellosen Bewegungen zu Tode zu prügeln, und ja, das könnte Ihnen ein gutes Gefühl geben, aber darum geht es im Taekwondo nicht. Ein Mangel an Selbstbeherrschung kann sich sowohl für den Gegner als auch für den Schüler als katastrophal erweisen.

Selbstbeherrschung bedeutet auch, dass Sie auf Ihren Ausbilder hören und sich keinen Zentimeter bewegen, bis Sie dazu aufgefordert werden. Es bedeutet, dass Sie die Ruhe bewahren, während Ihr Gegner Sie heftig verprügelt. Es bedeutet, dass Sie gut auf Kritik reagieren, egal wie wütend sie Sie macht. Neben Taekwondo erfordern alle Kampfkünste von Ihnen jahrelanges Verständnis und geduldiges Üben. Wenn Sie keine Selbstbeherrschung haben, werden Sie nicht durchhalten können.

Unbeugsamer Geist (Back Jok Bool Kool)

Beim Taekwondo geht es um Selbstverbesserung. Wann immer Sie das Terrain schwierig finden, erinnern Sie sich daran, warum Sie überhaupt mit dem Training begonnen haben.

Haben Sie den epischen Film Troja gesehen? Darin spielt Hollywoods Powerhouse-Schauspieler Brad Pitt den legendären griechischen Krieger Achilles. In der ersten Schlacht, in der die griechische Armee vorrückt, nehmen es Achilles und seine Myrmidonen im Alleingang mit den furchterregenden Kriegern von Troja am Strand auf. Diese Kämpfer waren widerstandsfähig genug, um eine Stadt einzunehmen, die noch nie zuvor erobert worden war.

Denken Sie zum Beispiel einmal an die Kampfkunst. Erinnern Sie sich an den Film „Karate Kid"? (Spaß beiseite, der Film sollte eigentlich „Kung Fu Kid" heißen, denn Dre Parker lernt eigentlich Kung Fu und nicht Karate). Während des Turniers wurde Dre schwer verwundet und man sagte ihm, dass seine Verletzung so schlimm sei, dass es ratsam sei, mit dem Kämpfen aufzuhören, doch er ließ nicht locker, weil er fest dazu entschlossen war, in dieser Nacht seine Ängste zu besiegen.

Ziehen Sie noch eine letzte Filmreferenz in Betracht, die Ihnen diesen Punkt verdeutlichen kann: Erinnern Sie sich an den Schlachtfilm 300? Leonidas und seine Armee von 300 spartanischen Kriegern stellten sich der mächtig überlegenen Armee von Xerxes entgegen und bestanden eine der größten Mutproben, die die Welt je gesehen hat. Ihre Grabinschrift lautet: Hier ruhen 300, die ihre Pflicht taten.

Bildquelle[68]

Diese Filme sollen uns als Beispiele dienen, weil sie alle Kriegerfilme sind. Selbst wenn Sie im Moment nur ein Anfänger sind, müssen Sie verstehen, dass Sie an dem Tag, an dem Sie sich dazu entschieden haben, den Boden eines Trainingszentrums zu betreten, zum Krieger wurden. Und als Krieger müssen Sie Mut zeigen, selbst im Angesicht der größten Herausforderungen.

Die Ausdauer ist die körperliche Anstrengung, die erforderlich ist, um sich derartigen Herausforderungen zu stellen. Dabei ist ein unbeugsamer Geist so etwas wie der Wille der Seele, der notwendig ist, um diesen Widerstand zu überwinden. Sie zeigen immer dann einen unbeugsamen Geist, wenn Sie sich konsequent dafür entscheiden, die Ängste, die an Ihrem Herzen nagen, zu überwinden. Außerdem zeigen Sie einen unbeugsamen Geist, wenn Sie sich entscheiden, nicht willensschwach zu sein und sich Ihrem Gegner ohne Angst zu stellen. Sie zeigen einen unbezähmbaren Geist, wenn Sie sich entscheiden, weiterhin an Turnieren teilzunehmen, obwohl Sie schon so oft verloren haben. Sie zeigen einen unbeugsamen Geist, wenn Sie Schwierigkeiten dabei haben, Ihre Bewegungen zu kontrollieren, aber nie aufhören, zum Training zu erscheinen. Sie brauchen einen Kampfgeist, um im Leben erfolgreich zu sein, und Taekwondo ist da keine Ausnahme.

Zeitgenössische Kampfsportler ignorieren die fünf Grundsätze des Taekwondo weitgehend, auch wenn sie in der Schule wie ein Mantra gesungen werden. Es mag verlockend sein, das Gleiche zu tun, und vielleicht treffen Sie sogar auf diejenigen, die Ihnen sagen, dass diese Lehren altmodisch sind. Doch seien Sie versichert, dass die Einhaltung dieser Grundsätze eine sichere Erfolgsgarantie ist.

Außerdem können Ihnen diese Grundsätze im Leben gute Dienste leisten. Selbstbeherrschung lehrt Sie, wie Sie auch in heikleren Situationen einen kühlen Kopf bewahren können. Es gibt ein Sprichwort, das besagt, dass Sie die Härte Ihrer Worte bereuen können, wenn Ihre Wut verraucht ist, aber Sie können niemals das Schweigen bereuen, das Sie sich bewahrt haben. Integrität hilft Ihnen dabei, Ihr Wort zu halten und in Ihren Beziehungen zu anderen loyal zu bleiben. Die Höflichkeit sorgt dafür, dass Sie jeden respektieren, auch Menschen, die Sie nicht kennen. Ausdauer und ein unbeugsamer Geist verleihen Ihnen immense Willenskraft und Mut, um alle Ihre Träume zu verwirklichen, die Sie außerhalb des Taekwondo haben.

Taekwondo ist nicht nur eine Art der Kampfkunst. Es drückt auch eine entscheidende Lebenskompetenz aus. Wenn Sie Ihr Leben im Sinne der fünf Grundsätzen führen, werden Sie nicht nur zu einem besseren Kämpfer, sondern auch zu einem besseren Menschen. Taekwondo kann Ihnen die notwendige körperliche und geistige Disziplin verleihen, um alle Bereiche Ihres Lebens zu verbessern. Die Grundsätze lassen sich mühelos mit Ihren religiösen oder philosophischen Überzeugungen in Einklang bringen. Studieren Sie also die fünf Lehren und lassen Sie sich auf Ihrem Weg durch die Kampfkünste von ihnen leiten. So können Sie eine der besten lebensverändernden Entscheidungen treffen, die Ihnen in Ihrem Leben zur Verfügung steht.

Kapitel 8: Taekwondo Handbewegungen

Die meisten Menschen glauben, dass Taekwondo eine Kampfsportart ist, bei der sich alles rund um die Tritte dreht, und sie liegen damit auch nicht ganz falsch. Aber obwohl Tritte besonders zu Zeiten der Anfänge des Sports eine wichtige Rolle gespielt haben und auch heute noch ein fester Bestandteil des Kampfsports sind, gibt es eine Vielzahl von Handbewegungen, die ebenfalls häufig verwendet werden. Dieses Kapitel konzentriert sich auf einige der Handschläge, die Sie im Taekwondo lernen können, sowie auf Tricks und Strategien, um Ihre Fähigkeiten zu verbessern.

Der perfekte Schlag im Taekwondo braucht, wie bei jeder anderen Kampfsportart auch, ausreichend Zeit und Übung. Sie müssen lernen, jede Bewegung richtig durchzuführen, um alle notwendigen Fähigkeiten zu erlangen. Dadurch verschaffen Sie sich einen Vorteil, besonders in Wettkämpfen.

Im Taekwondo gibt es mehrere Kombinationen von Handbewegungen. Einige sind dabei beliebter als andere, und auch die Komplexität ist bei den verschiedenen Methoden variabel. Im Folgenden stehen ein paar Dinge, die Sie über die Handbewegungen im Taekwondo wissen sollten.

Schläge sind wie eine Art Geheimwaffe

Die Schläge werden im Taekwondo meist zu wenig eingesetzt, vor allem bei Wettkämpfen. Die meisten Leute konzentrieren sich auf Tritte, ohne ihren Handfertigkeiten genügend Aufmerksamkeit zu schenken. Das könnte ein Vorteil für einen Gegner sein, der sich darum bemüht hat, seine Handbewegungen für den Kamps zu perfektionieren.

Die Leute vergessen nicht nur, Schläge im Kampf einzusetzen, sondern sie verteidigen sich auch kaum gegen sie. Das ist recht interessant, wenn man bedenkt, dass man für einen Schlag zwischen 1 und 2 Punkten erhalten kann, je nach den Regeln des Wettbewerbs.

Die mexikanische Taekwondo Nationalmannschaft macht sich dies zunutze. Sie ist derzeit eines der Top-Teams weltweit und dominiert die Wettkämpfe seit mehr als zwei Jahrzehnten. Sie werden beim Zusehen feststellen, dass ihre Darbietungen mehr Schlagbewegungen enthalten als die meisten anderen, was zu ihrer Dominanz in diesem Sport beiträgt - ein weiterer Beweis dafür, dass Sie mit Schlägen wertvolle Punkte sammeln können, wenn Sie wissen, wie Sie Ihre Handangriffe richtig platzieren.

Wie man im Taekwondo einen guten Faustschlag austeilt

Entgegen der landläufigen Meinung brauchen Sie mehr als nur Ihre Hände, um im Taekwondo Schlagtreffer zu landen. Bei vielen Handangriffsmethoden im Taekwondo müssen Sie Ihren ganzen Körper einsetzen. Neben Ihren Händen können auch Ihr Arm, Ihr Bauch und Ihre Füße zur Wirksamkeit Ihres Schlags beitragen.

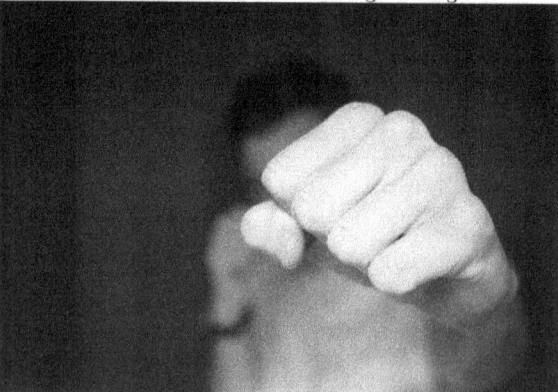

Bildquelle[64]

- **Füße:** Beim Taekwondo dienen Ihnen Ihre Füße als solide Basis und als Fundament. Sie müssen so stabil und ausbalanciert wie möglich auf dem Boden stehen, um genügend Kraft in Ihren Schlag einzubringen. Die meisten Bewegungen erfordern, dass Sie auf den Fußballen stehen, um Ihre Schläge richtig zu stoppen, zu drehen und zu schwenken.
- **Abdomen:** Dies ist die Mitte Ihres Körpers. Bei allen körperlichen Sportarten, einschließlich Taekwondo, dienen die Bauchmuskeln dazu, Ihre Hände mit Ihren Füßen zu verbinden. Die von den Füßen erzeugte Kraft wird also auf die Hände übertragen. Sie müssen lernen, Ihre Körpermitte anzuspannen, um sicherzustellen, dass Sie die Kraft hinter Ihrem Schlag nicht verlieren.
- **Arme:** Während die meisten Handbewegungen im Taekwondo die Hand betreffen, sind die Arme ebenso wichtig, um die Schläge zu platzieren. Ihre Faust und Ihr Handgelenk müssen bei einem Schlag ausreichend angespannt sein, um Verletzungen zu vermeiden.

Taekwondo Handbewegungen

Es gibt eine Reihe von Schlägen und Handbewegungen im Taekwondo und im Folgenden beschreiben wir einige der beliebtesten.

Der kurze Direktschlag

Diese Methode wird im Taekwondo sowohl zur Verteidigung als auch zur Distanzmessung eingesetzt. Der Direktschlag kann auch verwendet werden, um den Gegner zu ködern und ihn so für einen Gegenangriff anfällig zu machen. Diese Bewegung dient dazu, Ihren Gegner zu einem Angriff zu provozieren, während Sie mit einem Tritt kontern. Der Direktschlag wird als Schlag aus mäßiger Distanz ausgeübt, wobei Ihr Arm über Ihren vorderen Fuß bewegt wird. Diese Bewegung muss schnell und explosiv vollführt werden, wenn Sie Ihren Gegner überrumpeln wollen. Sie wird in der Regel von einer leichten Drehung der Hüfte und des Oberkörpers begleitet. Die Faust wird durch den Schlag in einem 90-Grad-Winkel gedreht und beim Aufprall in die Horizontale gebracht.

Bringen Sie die führende Schulter nach oben, um Ihr Kinn zu schützen, während Sie die Hand vollständig ausstrecken; die andere Hand bleibt dabei neben Ihrem Gesicht, um Ihren Kiefer zu schützen. Bringen Sie Ihre führende Hand in eine Schutzposition vor Ihrem Gesicht zurück, sobald Sie Kontakt mit dem Ziel haben. Anstatt nur mit der Hand zu schlagen, sollten Sie auch einen Teil Ihres Körpergewichts in den Schlag verlagern, um Ihre Kraft noch zusätzlich zu ballen. Um die maximale Wirkung zu erzielen, sollten Sie einen Treffer etwa 10 bis 15 cm hinter der Zielfläche anstreben. Versuchen Sie im Kampf quasi durch Ihren Gegner hindurchzuschlagen, anstatt nur die Oberfläche zu treffen.

Als Vorsichtsmaßnahme sollten Sie darauf achten, dass Ihr Handgelenk richtig ausgerichtet wird, wenn Sie den Schlag platzieren. Sie riskieren sonst eine Verletzung, wenn Sie sich beim Aufprall Ihr Handgelenk verbiegen, insbesondere bei einem festen Untergrund.

Gerader oder überkreuzender Schlag

Ein gerader oder überkreuzender Schlag ähnelt einem Direktschlag, nur dass Sie die Oberfläche, beziehungsweise den Gegner mit der Rückseite Ihrer Hand und nicht mit der vorderen Faust treffen. Da Sie Ihren Körper bei dem Hieb mit in die Schlagrichtung drehen müssen, hat ein gerader Schlag normalerweise mehr Kraft als ein Direktschlag. Bei einem Kreuz- oder geraden Schlag treffen Sie Ihren Gegner mit den ersten beiden Fingerknöcheln Ihrer Faust. Je nach den Regeln des Wettkampfs kann der Schlag gegen den Kopf oder gegen den Körper gerichtet werden. Wenn Ihr Gegner auf Sie zukommt, sind gerade Schläge also die beste Option.

Unterhieb

Der Aufwärtshaken ist ein Schlag, bei dem Sie Ihren Oberkörper in einer Aufwärtsbewegung bewegen, während Sie Ihren Gegner mit einem Schlag treffen. Drehen Sie Ihren Oberkörper nach oben, um den Arm zu belasten, und schießen Sie Ihre Hände nach oben, um den Gegner zu treffen. In einer Nahkampfsituation ist ein Aufwärtshaken am besten geeignet, um einen Körpertreffer bei Ihrem Gegner zu landen. Um dabei die maximale Wirkung zu erzielen, müssen Sie Ihre Schulter zusammen mit Ihren Knien senken. Dann treiben Sie Ihren Körper nach oben und nach vorne und strecken Ihre Faust in Richtung Kinn und Gesicht des Gegners aus.

Aufwärtshaken

Hakenschlag

Hierbei handelt es sich um eine kompaktere oder kürzere Variante des normalen, geraden oder gekreuzten Schlags. Er wird normalerweise mit der vorderen Hand geworfen und zielt auf die Seiten des Gegners. Wenn Sie den Hakenschlag einsetzen, macht Ihr Körper eine enge, leichte Drehbewegung.

Hakenschlag

Im Taekwondo gilt der Hakenschlag als eine kontrollierte und effektivere Alternative zu ähnlichen Schlägen. Nutzen Sie diesen Hieb, um im Nahkampf einen Körpertreffer zu landen oder um die Deckung des Gegners zu überwinden. Der Hakenschlag gilt als besonders schwer zu parieren.

Sie können einen Kreuzschlag mit einem Hakenschlag kombinieren und auch noch weitere Hiebe in die Schlagfolge einbauen. Der Haken ist auch als Gegenschlag gegen einen Gegner wirksam. Bewegen Sie das vordere Bein nach vorne und drehen Sie den Fuß, während Sie die Faust zum Schlag vorwärtsbewegen. Durch den Einsatz des ganzen Körpers verleihen Sie dem Schlaf viel Kraft.

Rückfaust

Im Taekwondo gibt es verschiedene Arten von Rückfaustangriffen. Derartige Bewegungen werden meistens mit der vorderen Hand eingeleitet, ähnlich wie beim Direkthieb. Im Falle der Rückhand wird jedoch der gepolsterte Bereich der Hand eingesetzt. Am Ende dieses Schlagangriffes sollten Sie mit Ihrer Hand den Kopf des Gegners treffen (wobei es aber bei einigen Organisationen verboten ist, den Gegner mit dem gepolsterten Teil der Hand zu treffen).

Im Taekwondo gibt es zwei Versionen der Hinterfaust: die Drehfaust und die Wirbelfaust. Der Unterschied ist dabei sehr subtil.

Die Wirbelfaust: Bei der Wirbelfaust sollten Sie Ihre Hand um 180 Grad drehen, bevor Sie einen Gegner mit dem Handrücken schlagen.

Die Drehfaust: Bei der Drehfaust wird die Hand um 360 Grad gedreht. Diese Art von Schlag folgt in der Regel auf einen anderen Schlag, der die Drehung einleitet. Beide Arten von Hinterfaustangriffen werden in der Regel mit einem Schlag oder Tritt eingeleitet.

Hammerfaust

Um die Hammerfaust einzusetzen, sollten Sie eine Bewegung machen, die so aussieht, als wollten Sie einen Hammer schwingen. Mit dem fleischigen Teil Ihrer Hand sollten Sie dazu eine Abwärtsbewegung ausüben. Die Hammerfaust kann genutzt werden, um die Deckung des Gegners anzugreifen, und sie kann auch aus einer Drehung heraus nach vorne geworfen werden, um die Wirkung zusätzlich zu verstärken.

Hinterfaust

Hammerfaust

Schwingen Sie Ihre Faust nach unten in Richtung des Ziels, um den Hammerfausthieb einzuleiten. Einer der Hauptvorteile der Bewegung besteht besonders für Anfänger darin, dass sie ziemlich sicher ist und kein großes Verletzungsrisiko birgt. Da Sie das Ziel mit dem unteren gepolsterten Teil Ihrer Faust treffen, besteht kein Risiko für Ihre Hand oder Knöchel.

Verlängerter Schlag

Ein verlängerter Schlag mit dem Schlagring ist eine Variation der traditionellen Faustform, die für einen normalen Schlag eingesetzt wird. Bei einem Schlag mit gestrecktem Fingerknöchel ragt ein Finger nach vorne (normalerweise der Knöchel des Mittelfingers). Der Fingerknöchel wird beim Aufprall verwendet, um mehr Kraft auf eine kleinere Angriffsfläche zu bringen und so eine größere Wirkung zu erzielen.

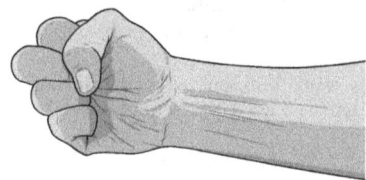

Verlängerter Schlag

Die verlängerte Schlagstrategie wird oft eingesetzt, um die Druckpunkte des Gegners anzugreifen. Diese Strategie entstammt ursprünglich dem traditionellen Kung Fu. Sie gilt jedoch als Taekwondo Bewegung auf hohem Niveau, die nur von fortgeschrittenen Schülern verwendet wird, da sie ein Maß an Genauigkeit und Kondition erfordert, dass die meisten Anfänger nicht haben.

Entspannen Sie Ihren Körper während des Schlags so weit wie möglich, um die Methode zu meistern. Spannen Sie sich dann direkt beim Aufprall anspannen und ihn beim Zurückziehen der Hand wieder entspannen. Die Abfolge von Entspannung und Anspannung des Körpers hilft dabei, die höchstmögliche Geschwindigkeit zu erreichen und gleichzeitig eine maximale Kraftübertragung zu erzielen.

Speerhandschlag

Der Speerhandschlag ist ein Schlag mit der offenen Hand. Der Name wurde dabei treffend gewählt, denn die Hand ist vollständig ausgestreckt, so dass sie wie ein Speer aussieht. Der Schlag wird mit den Fingerspitzen durchgeführt und zielt normalerweise auf das Auge, die Kehle oder andere empfindlichere Ziele am Körper ab. Ein wesentlicher Vorteil dieser Strategie besteht darin, dass sie die Reichweite der Hand um einige Zentimeter vergrößert.

Beachten Sie unbedingt, dass der Speerhandschlag mit Vorsicht eingesetzt werden muss. Wenn Sie Ihr Ziel verfehlen und versehentlich ein hartes Ziel treffen, riskieren Sie dabei, Ihre Finger zu verletzen. Auch wenn diese Strategie im Taekwondo häufig gelehrt wird, gilt sie bei Turnieren oft als illegal.

Barrierehandschlag

Der Barrierehandschlag ist eine weitere gängige Methode, bei der die offene Hand genutzt wird. Bei diesem Angriff werden Ihre Hände und Finger gestreckt, während Sie das Ziel mit der Daumenseite Ihrer offenen Hände treffen.

Diese Schlagbewegung ist sehr effektiv. Die Methode ähnelt einem Haken oder einem

Speerhandschlag

Oberhandschlag. Um dabei Verletzungen zu vermeiden, sollten Sie jedoch Ihren Daumen in die Handflächen stecken, um Verletzungen zu vermeiden, wenn Sie das Ziel treffen.

Unterschiede zwischen den Klassifikationen der Taekwondo Organisationen bei den Regeln für die Handschlagmethode

Es gibt unterschiedliche Regeln für die verschiedenen Handschlagmethoden im Taekwondo. Die WTF, ITF und ATA haben jeweils spezifische Regeln darüber, welche Schläge erlaubt sind und welche Körperteile tabu sind.

World Taekwondo Federation (WTF): Gemäß den WTF-Richtlinien dürfen Kampfsportler nur gerade Schläge mit dem Knöchelbereich ihrer Hände einsetzen. Außerdem dürfen Schläge nur auf den Bauch, den Rumpf oder die Schlaghände abzielen.

Internationaler Taekwondo Verband (ITF): Die Regeln der ITF für Handangriffsschläge sind ähnlich wie die der WTF, mit der Ausnahme, dass die ITF Schläge auf den Kopf erlaubt. Darüber hinaus erlaubt die ITF den Wettkämpfern eine Vielzahl Schlagrichtungen und nicht nur gerade Schläge.

American Taekwondo Association (ATA): Die Regeln für Sparring bei der ATA sind mit denen der WTF vergleichbar. Nur gerade Unterleibsschläge sind erlaubt.

Tipps zur Verbesserung der Handbewegungen im Taekwondo

Beständiges Üben und Training sind unbedingt erforderlich, um Ihre Schlagtechnik zu verbessern. Wie bei allem im Taekwondo gilt auch hier: Je mehr Sie üben, desto besser werden Sie. Es ist dabei auch wichtig, dass Sie die Philosophie hinter der Nutzung der Schlagbewegung verstehen, und sich im Sinne von deren Einsatz mit Druck und Zug sowie mit harten und weichen Bewegungen auskennen.

Das Prinzip von Druck und Zug hat einen großen Einfluss auf die Schlagbewegungen beim Taekwondo. Wenn Sie Ihre Schlaghand nach vorne schieben, müssen Sie die nichtschlagende Hand mit der gleichen Kraft nach hinten ziehen, mit der Sie die schlagende Hand nach vorne geschoben haben. Das gleiche Prinzip gilt für das Blocken. Wenn Sie blocken, ziehen Sie die nicht blockende Hand mit der gleichen Kraft wie die andere Hand, um ihr volles Potenzial auszuschöpfen.

Außerdem müssen Sie unbedingt lernen, wie Sie in verschiedenen Aspekten Ihrer Technik weiche und harte Bewegungen nutzen können. Zu harte Bewegungen sind nicht gut, und umgekehrt sind zu sanfte Bewegungen auch nicht hilfreich. Es ist wichtig, den goldenen Mittelweg zwischen beiden Extremen zu finden. Ein Kampfsportler muss lernen, sich zu entspannen, bevor er eine Technik einsetzt und sich genau im richtigen Moment anzuspannen, um seine ganze Kraft hinter einem Schlag zu bündeln, und so die maximale Wirkung zu erzielen.

Wie bereits erwähnt, beziehen Handbewegungen Ihren gesamten Körper mit in den Schlag ein und nutzen nicht nur Ihre Hände. Alles, von Ihren Füßen (Ihrem unteren Energiezentrum) bis hin zur Fingerspitze, muss an der Ausführung eines Schlags beteiligt sein. Ihre Hüfte dient dazu, die Peitsche zu schwingen, um genügend Kraft und Geschwindigkeit für Ihre Schläge zu erzeugen.

Außerdem müssen Sie bei jedem Handschlagangriff Sicherheitsbedenken berücksichtigen und ihnen die nötige Aufmerksamkeit widmen. Sonst riskieren Sie eine Verstauchung, eine Verrenkung oder sogar einen Bruch Ihrer Hand, wenn Sie Ihre Handschläge nicht richtig durchführen.

Übungen zum Verbessern Ihrer Handbewegungen

Es gibt verschiedene Trainingsmethoden, mit denen Sie Ihre Handbewegungen verbessern können. Zu den drei gängigsten Methoden, um Ihre Schläge zu verbessern, gehören:

- **Trainieren Sie mit einem Boxsack:** Taekwondo Schulen verfügen in der Regel über einen Boxsack, den Sie zum Training verwenden können. Um Ihre Handbewegungen zu verbessern, sollte Ihr Trainer Sie zu Trainingseinheiten mit dem Sandsack anleiten.

Bildquelle[65]

- **Handschuh Training:** Auch das Training mit Handschuhen kann von Trainern zur Unterstützung der Trainings eingesetzt werden, diese können als Ersatz für einen Boxsack genutzt werden. Dabei wird den Schülern beigebracht, wie sie ihre Schläge synchronisieren können, während sie Handschuhe halten, die sie treffen sollen. Auch Konditionstraining wird mit dieser Herangehensweise durchgeführt.

- **Technisches Sparring:** Die Schüler werden manchmal mit einem Sparringspartner gepaart, mit dem sie gemeinsam verschiedene Handbewegungen üben können. Beachten Sie dabei, dass Taekwondo Schläge und -Schlagmethoden am besten unter der Aufsicht Ihres Lehrers geübt werden.

Kapitel 9: Taekwondo Fußbewegungen

Es ist allgemein bekannt, dass es beim Taekwondo eine Reihe interessanter Trittbewegungen gibt. Diese werden auf Koreanisch Chagi genannt und gelten als der bekannteste Aspekt des Sports. Taekwondo Tritte können auf unterschiedliche Weise durchgeführt werden, z.B. als Sprungtritte aus verschiedenen Höhen, als Drehtritte oder als Kombination der verschiedenen Methoden. Welche Art von Tritt verwendet wird, hängt immer von der jeweiligen Situation ab. Während einige Tritte hervorragend zur Selbstverteidigung geeignet sind, eignen sich andere eher für Angriffe im Wettkampf. In diesem Kapitel können Sie sich einige gängige Taekwondo Tritte ansehen, und mehr darüber lesen, wie sie genutzt und durchgeführt werden.

Der Vorwärtstritt („Ap Chagi")

Der Vorwärtstritt, der auch als Flashtritt oder Schnapptritt bekannt ist, weil bei diesem Tritt alles so schnell gehen muss, gehört zu den ersten Bewegungen, die Sie als Anfänger lernen werden. Dies ist ein kraftvoller Tritt, der sowohl für Anfänger als auch für Fortgeschrittene gut geeignet ist.

Beim Vorwärtstritt heben Sie das Knie des kickenden Beins bis auf Hüfthöhe an. Danach bewegen Sie Ihren Fuß nach vorne in Richtung des Ziels. Dadurch wird die Kraft nach vorne eingesetzt, und Ihr Ziel nach hinten gedrückt. Mit dem Vorwärtstritt können Sie erheblichen Schaden anrichten.

Bei jedem Taekwondo Tritt ist das ruhende oder angewinkelte Bein genauso wichtig wie das Trittbein. Beim Vorwärtstritt wird das Standbein leicht gebeugt, um den Tritt zu ermöglichen. Ihr Gewicht sollte auf dem Fußballen ruhen und nicht flach auf dem Boden liegen. Sie können Ihren Fuß auch leicht vom Boden abheben, aber achten Sie dabei darauf, dass Sie es nicht übertreiben. Während des Tritts sollte sich der hintere Fuß leicht vom Ziel wegdrehen.

Auch die Position Ihrer Arme und Ihres Oberkörpers sind für die Bewegung wichtig. Bringen Sie Ihre Faust wie bei einer Blockadeposition nach oben zur Brust. Wenn das Trittbein nach vorne gebracht wird, sollte der Arm auf dieser Seite nach unten gebracht und zurückgezogen werden.

In den WTF- und ITF-Stilen werden die Zehen bei der Durchführung dieses Tritts nach oben gebogen, um sicherzustellen, dass Sie das Ziel mit dem Fußballen treffen können. In einigen anderen Stilen zeigen die Zehen gerade in die gleiche Richtung wie der Rest des Fußes. Auf diese Weise wird die Oberseite Ihres Fußes benutzt, um das Ziel zu treffen. Bei diesem Stil wird auch die Reichweite Ihres Beins verlängert.

Der Seitenhieb („Yeop Chagi")

Der Seitenhieb ist eine weitere Bewegung, die Sie wahrscheinlich schon früh in Ihrer Taekwondo Karriere lernen sollten. Der Seitenhieb ist ebenfalls ein kraftvoller Tritt, der abhängig von den relevanten Taekwondo Regeln, die Sie befolgen, unterschiedliche Auswirkungen haben kann.

Heben Sie für diesen Tritt das Knie an und drehen Sie gleichzeitig Ihren Körper um 90 Grad drehen. Üben Sie dann Kraft aus, indem Sie Ihr Bein strecken. Bei diesem Tritt sollten Sie auf sich auf dem Fußballen des Standbeins drehen, so dass er im Moment des Aufpralls vollständig vom Ziel weggedreht ist.

Ihr Oberkörper muss während des Seitenhiebs zu einer Seite gebeugt werden; dies ist besonders wichtig, wenn Sie einen hohen Seitenhieb platzieren wollen. Wenn Sie mit dem rechten Bein treten, sollte sich Ihr rechter Arm hinter Ihr Trittbein bewegen, während Sie das Bein nach vorne bringen. Der linke Arm wird gleichzeitig in Richtung Brustbereich angezogen und die Hand zu einer Faust geballt.

Wie beim Vorwärtstritt hängt auch hier der Teil des Fußes, mit dem Sie das Ziel treffen, von den Taekwondo Regeln ab, die Sie befolgen - abhängig davon nutzen Sie entweder die Außenkante des Fußes oder die Ferse.

Der Rundtritt („Dollyeo Chagi")

Der Rundtritt ist der Taekwondo Tritt, auf den in der Popkultur wohl am meisten Bezug genommen wird. Dieser Tritt ist sehr kraftvoll, solange Sie ihn beherrschen können. Beim Rundtritt heben Sie das Knie des Trittbeins an und richten es auf das Ziel. Als

Nächstes drehen Sie die Fußballen Ihres Standfußes und die Hüfte leicht, um Ihren Körper seitlich zum Ziel zu drehen. Dann strecken Sie, während Sie treten, Ihr Bein und bewegen das Schienbein parallel zum Boden.

In einigen Versionen ist die Oberseite Ihres Fußes die Hauptangriffsfläche bei diesem Tritt. In diesem Fall sollten Sie Ihren Knöchel gerade halten, um ihn mit dem Rest Ihres Beins in einer Linie auszurichten und zeigen mit den Zehen in dieselbe Richtung. In anderen Versionen der Bewegung wird der Tritt mit den Fußballen durchgeführt. Wenn Sie dies beabsichtigen, sollten Sie Ihren Knöchel und Ihre Zehen nach oben beugen.

Ihr nicht tretendes Bein ist ein wichtiger Teil des Rundtritts. Es treibt Ihren Körper an, während er sich dreht, um Ihre Körperseite dem Ziel zuzuwenden. Es ist wichtig, dass Sie sich auf dem Ballen Ihres ruhenden Fußes drehen. Normalerweise muss der nicht tretende Fuß im Moment des Aufpralls vom Ziel weggedreht werden.

Wenn Sie sich drehen, um den Rundtritt mit dem rechten Bein durchzuführen, müssen Sie Ihren rechten Arm nach rechts unten bringen; er sorgt für eine Gegenrotation zu Ihrem tretenden Bein. Manche Leute ziehen es auch vor, die rechte Hand im Moment des Aufpralls hinter das rechte Bein zu bringen.

Der Rückwärtstritt („Dwit Chagi")

Der Rückwärtstritt ist eine der komplexeren Taekwondo Bewegungen. Wie der Name schon sagt, müssen Sie sich bei diesem Tritt vom Ziel weg hinstellen. Wenn Sie dies nicht machen, werden Sie das Gleichgewicht verlieren oder umfallen.

Um den Rückwärtstritt durchzuführen, müssen Sie sich von Ihrem Gegner wegdrehen und einen geradlinigen Tritt nach hinten ausüben, sobald Sie sich vom Ziel abwenden. Es ist wichtig zu wissen, dass, obwohl viele Leute diesen Tritt als Rückdrehkick bezeichnen, das kickende Bein keine Drehbewegung macht und die Drehung nur insofern stattfindet, dass der Kampfsportler sich während des Trittes dreht.

Ihr Oberkörper sollte sich bei der Ausführung des Kicks leicht nach vorne neigen, um die Höhe des Kicks zu erhöhen. Drehen Sie außerdem Ihren Kopf zur Seite, wenn Sie den Tritt ausführen, damit Sie sehen können, wohin Sie treten.

Der Äußere/Innere Halbmondtritt („An Chagi / Bakkat Chagi")

Es gibt zwei Varianten des Halbmondtritts: den inneren und den äußeren. Beide werden gemeinhin auch als Innen- und Außensichelkick bezeichnet. Bei beiden Varianten wird beim Treten eine Art Bogen gebildet. Bei dem einen Tritt geht der Bogen von innen nach außen, bei dem anderen von außen nach innen.

Beide Bewegungen beginnen auf die gleiche Weise: Das Bein wird angehoben und gebeugt, als wollten Sie einen Vorwärtstritt durchführen. Das Knie wird dann auf die linke oder rechte Seite des Ziels gerichtet. Anschließend peitscht das Bein in Richtung Ihres Ziels in einem Bogen und lenkt die Energie des Beines von der Seite auf das Ziel.

Diese Bewegung eignet sich hervorragend, um auf die Verteidigung des Gegners abzuzielen - schlagen Sie den Kopf oder schlagen Sie die Hände nieder, bevor Sie einen Nahangriff starten.

Bei einem Auswärtssichelkick bildet sich der Bogen in der Mitte Ihres Körpers und bewegt sich nach außen. Sie treffen das Ziel auf diese Weise mit der Außenkante Ihres Fußes.

Beim Innensichelkick beginnt die bogenförmige Bewegung an der Seite Ihres Körpers und bewegt sich allmählich nach innen zur Mitte. Auf diese Weise wird der Tritt mit der Innenkante Ihres Fußes abgeschlossen.

Der Hakentritt („Huryeo Chagi")

Der Hakenkick ist eine neuere Taekwondo Bewegung. In der Ausführung ähnelt er dem Rundtritt, allerdings mit einer Abwandlung. Am Ende des Tritts, wenn der Fuß gestreckt ist, gibt es eine rückwärts gerichtete Bewegung, während Ihr Bein das Ziel trifft und den Hakentritt abschließt.

Wenn Sie den Hakentritt einsetzen, treten Sie den Gegner mit der Ferse Ihres Fußes (oder beim Sparring mit der flachen Seite). Der Beginn des Hakentritts ist so ähnlich wie der Seitenhieb. Sie heben das Knie des Trittbeins dazu nach vorne in Richtung des Ziels, woraufhin Sie den abgewandten Fuß zur Seite drehen und die Hüfte des Trittbeins nach vorne bewegen.

Wenn Sie mit einem Hakentritt auf ein Ziel zuschießen, sollten Sie Ihr Bein bewusst in Richtung der Fußspitzen des tretenden Fußes anwinkeln. Wenn Ihr Bein auf das Ziel trifft, wurde es so bereits ein wenig zur Seite gestreckt. Ihre Ferse trifft bei voller Streckung auf das Ziel, dann beugen Sie das Knie, während Sie die Position treffen und bewegen es zur Seite.

Normalerweise wird für den Hakentritt die Rückseite Ihrer Ferse verwendet, aber bei einer geringeren Entfernung kann auch die Rückseite der Wade oder die Rückseite eines gebeugten Knies zum Treten dienen.

Der Axthieb („Naeryeo Chagi")

Hierbei handelt es sich um eine weitere, sehr junge Ergänzung der Taekwondo Wettkampfstritte. Wie der Name schon sagt, ähnelt dieser Tritt der Bewegung einer Axt, die beim Fällen eines Holzstammes benutzt wird. Beginnen Sie damit, die Axt über Ihren Kopf zu heben und sie in Richtung des Holzstammes zu schwingen (in einem leichten Winkel, um ihn besser zu treffen).

Der Axthieb funktioniert auf die gleiche Art und Weise. Sie ziehen Ihr Bein ruckartig nach unten, indem Sie Ihr Bein anspannen, während Sie Ihre Ferse nach unten zum Boden gerichtet halten, nachdem Sie sie zunächst hoch in Richtung eines Gegners angehoben haben. Jeder Bereich des Körpers oberhalb des Rumpfes kann als Ziel für diesen Tritt dienen, einschließlich des Rumpfes, des Kopfes, des Schlüsselbeins oder der Schulter.

Der Axthieb unterscheidet sich in seiner Durchführung von den anderen Tritten. Während Sie bei den meisten anderen Tritten zuerst Ihr Knie beugen, ist dies beim Axthieb nicht der Fall. Stattdessen wird das Trittbein gerade gehalten, während es angehoben wird (leicht zur Seite des Ziels) und kraftvoll nach unten gebracht wird.

Wie bei den Halbmondkicks gibt es auch beim Axthieb zwei Varianten. Wenn das Bein zur Körpermitte hin angehoben und beim Abwärtsschlag leicht nach außen gebracht wird, spricht man von einem Innen-Außen-Axthieb. Wird das kickende Bein dagegen zur Außenseite Ihres Körpers hin angehoben und im Bereich der Körpermitte leicht nach unten gebracht, handelt es sich um einen Axthieb von außen nach innen.

Der Axthieb

Der Knietritt („Mureup Chigi")

Wenn wir die Definition des Wortes im wörtlichen Sinne bedenken, so handelt es sich bei dem Knietritt nicht wirklich um einen „Tritt". Das Knie ist jedoch ein wesentlicher Bestandteil jedes guten Tritts und kann dem Gegner bei richtiger Anwendung einen kraftvollen Hieb verpassen.

Der Knietritt

Der Knietritt kann auf verschiedene Weise durchgeführt werden. Die wichtigste Voraussetzung ist jedoch, dass Sie den Gegner in die Knie zwingen oder ihm das eigene Knie entgegenstrecken. Kniestöße sind in den Mixed Martial Arts (MMA) und anderen Kampfsportarten häufiger anzutreffen. Im Taekwondo zielt ein Knietritt auf den Kopf oder den Körper Ihres Gegners ab. Um diese Bewegung einzusetzen, müssen Sie den Körper oder den Kopf Ihres Gegners kontrollieren und das Knie gleichzeitig nach vorne bringen. Anschließend wird das Knie angehoben, um den Gegner zu treffen. Wenn Sie diese Bewegung nutzen, lassen Sie den Knöchel Ihres Schlagbeins gerade (und nach unten ausgerichtet).

Der Scherentritt („Kawi Chagi")

Dies ist ein fortgeschrittener Tritt, der durch einen Sprung in die Luft möglich gemacht wird. Der Scherentritt wird wegen seiner komplexen Ausführung in der Regel nicht bei Wettkämpfen oder gar zur Selbstverteidigung eingesetzt. Stattdessen ist er besonders für Demonstrationen gut geeignet.

Der Scherentritt

Beim Scherentritt springt der Kämpfer hoch, um einen Tritt auszuüben, der zwei Gegner gleichzeitig treffen kann, wobei mit jedem Bein ein anderer Gegner angegriffen wird. Natürlich ist dies eine sehr beeindruckende Bewegung, wenn sie richtig durchgeführt wird, aber in einer Kampfsituation ist sie kaum praktikabel.

Fliegende Seiten- und Rücktritte („Twi Myo Yeop Chagi / Twi Myo Dwi Chagi")
Diese beiden Tritte sind die vielleicht legendärsten im Taekwondo. Sie gelten als fortgeschrittene Version des Seitenhiebs und des Rückwärtstritts, wobei der Hauptunterschied darin besteht, dass sie im „Flug" durchgeführt werden.

Um zu verstehen, wie dieser Tritt funktioniert, ist es wichtig, dass Sie den Unterschied zwischen einem Sprungtritt und einem Flugtritt verstehen. Tritte werden oft als „fliegend" beschrieben, um darauf hinzuweisen, dass der Körper des Kampfsportlers beim Ausüben der Bewegung einen erheblichen Schwung hat. Um einen Flugtritt zu absolvieren, muss der Kampfsportler Anlauf nehmen, um genügend Schwung für den Tritt zu erzeugen.

Beim fliegenden Rückwärtstritt laufen Sie vorwärts auf den Gegner zu, drehen Ihren Körper dann um 180 Grad, so dass Sie vom Ziel wegschauen, und vollführen dann den Tritt. Der fliegende Rückwärtstritt trifft das Ziel geradlinig, d.h. das Bein macht auf dem Weg zum Ziel keinen Bogen, sondern stößt direkt zu, während es sich noch in der Luft befindet.

Der fliegende Seitenhieb und der fliegende Rückwärtstritt werden hauptsächlich in Demonstrationen und nicht in tatsächlichen Kampfsituationen eingesetzt, können aber manchmal auch im Sparring verwendet werden.

Tipps zur Verbesserung Ihrer Tritte im Taekwondo

Um Ihren Tritten mehr Kraft und Geschwindigkeit zu verleihen, müssen Sie an der Stärkung Ihrer Muskeln arbeiten. Um Ihre Form zu verbessern und die Trittechniken richtig durchzuführen braucht es eine Kombination aus Übungen, einer Dehnungsroutine und regelmäßigem Training, um Ihre Technik zu perfektionieren.

Trainieren Sie Ihre wichtigsten Muskelgruppen
Zunächst müssen Sie sich mit den relevanten Muskelgruppen vertraut machen, die die Stärke und Geschwindigkeit Ihrer Tritttechniken bestimmen. Ihre Oberschenkelmuskeln, Waden, Bauchmuskeln, unteren Rückenmuskeln und seitlichen Schrägmuskeln spielen eine wichtige Rolle bei den Tritttechniken im Taekwondo.

Wenn Sie diese Muskeln während Ihres Trainings ansprechen, wird sich Ihre Leistung verbessern, da sie ein zusammenhängendes Netzwerk bilden, das zu den Gesamtergebnissen Ihres Kicks im Taekwondo beiträgt. Wenn ein Teil dieser miteinander verbundenen Bewegungen durch einen Fehler, eine persönliche Schwäche oder eine Verletzung fehlt, wird es für Sie unmöglich, die Taekwondo Fertigkeit mit der richtigen Geschwindigkeit und Kraft durchzuführen. Um dies zu verhindern, sollte Ihre Trainingsroutine spezifische Übungen enthalten, die auf jeden dieser Muskeln explizit abzielen. Das Ziel ist es dabei, die Stärke und Flexibilität jedes Muskels zu verbessern, um die Gesamtleistung zu steigern.

Übungen für den Quadrizeps
Der Quadrizeps setzt sich aus vier Muskeln zusammen, die die Bewegung des Beins koordinieren. Kniebeugen, Beinstreckbewegungen und Ausfallschritte gehören zu den idealen Übungen, um vor allem diese Muskeln zu trainieren. Das Gute daran ist, dass Sie diese Übungen zu Hause machen können, ohne dass Sie dazu spezielle Trainingsgeräte benötigen. Sie können die Intensität dieser Workouts auch zu Hause oder in einem öffentlichen Fitnessstudio mit Langhanteln, Kurzhanteln, Kugelgewichten und anderen Hilfsmitteln steigern.

Kniesehnen
Sie brauchen Ihre Kniesehnen für die Fußrotation während jedes Kicks. Die Stärke Ihrer Kniesehnen ist außerdem auch entscheidend für die Hüftstreckung und Kniebeugung, die für ein gutes Durchführen des Kicks erforderlich sind. Ausfallschritte gehören zu den ausgezeichneten Übungen, die diese Muskelgruppe ansprechen. Außerdem sind auch Bewegungen wie Gesäß- und Oberschenkelheben und Kreuzheben, Kniebeugen und Rundhantel-Schwünge nützlich, um Ihre explosive Kraft zu steigern.

Kälber

Die meisten Menschen glauben, dass die Wadenmuskeln eine untergeordnete Rolle bei der Trittproduktion spielen. Dabei verpassen sie jedoch eine Menge. Die Wadenmuskeln sind ein wichtiger Teil der vernetzten Kette, und ohne sie ist Ihr Tritt schwach. Zu den Übungen, mit denen Sie die Wadenmuskeln stärken können, gehören Treppensteigen, Wadenwippen und Ausfallschritte.

Bauchmuskulatur

Ihre Bauchmuskulatur befindet sich in der Körpermitte und stellt nicht nur für Tritte, sondern auch für Schläge und Blockierungsbewegungen eine wichtige Bedingung dar. Bei fast allen Kampfsportarten, einschließlich des Taekwondo, wird auf die Stärkung der Körpermitte großen Wert gelegt und Übungen wie Liegestütze, Hebebewegungen, Klimmzüge und Sit-ups werden oft empfohlen, um die Bauch- und Körpermuskeln zu stärken.

Unterer Rücken

Ihr unterer Rücken trägt eine Menge Gewicht, besonders wenn Sie Trittbewegungen machen. Stärken Sie Ihre unteren Rücken, um die Kraft und Geschwindigkeit, die sich hinter Ihren Tritten verbirgt zu erhöhen und Zerrungen und anderen Verletzungen vorzubeugen. Um Ihre untere Rückenmuskulatur zu trainieren, sollten Sie Übungen wie Klimmzüge, Pull-ups und Kurzhantelhebeübungen ausprobieren.

Seitliche Bauchmuskulatur

Diese Muskelgruppe ist besonders bei Dreh- und Schleuderstößen wichtig. Da es bei diesen Bewegungen auf eine starke seitliche Beugungs- und Rumpfrotationsfähigkeit ankommt, um optimale Ergebnisse zu erzielen, ist die seitliche Bauchmuskulatur bei diesen Bewegungstechniken besonders wichtig. Übungen wie einseitige Klimmzüge und Halteübungen aus der Liegestützposition heraus eignen sich hervorragend dazu, Ihre seitliche Bauchmuskulatur zu stärken.

Dehnübungen und Taekwondo

Die meisten Tritte im Taekwondo erfordern von Ihnen eine überdurchschnittlich gute Beweglichkeit, um die Bewegungen richtig durchführen zu können. Um diesen Grad an Mobilität zu erreichen, sollten Sie eine Dehnübungsroutine mit in Ihr Trainingsprogramm einbauen, da das regelmäßige Trainieren so auch die Flexibilität Ihrer Muskeln fördert. Dehnübungen helfen Ihnen außerdem beim Muskeltraining und bei der Verletzungsvorsorge.

Bildquelle[66]

Es ist jedoch wichtig, dass Sie nicht direkt mit dem Dehnen beginnen. Bevor Sie mit dem Dehnen anfangen, sollten Sie ein kurzes Aufwärmprogramm absolvieren, damit Ihre Durchblutung angeregt und die Muskulatur warm wird. Wärmen Sie sich etwa drei bis fünf Minuten lang auf; Sie können bei der Gelegenheit auch Schattenboxen oder Seilspringen in Ihr Trainingsprogramm einbauen, bevor Sie sich den Dehnübungen widmen.

Nach den Zehen greifen

Eine der typischsten Dehnübungen zur Steigerung der Flexibilität in den Beinen ist das nach den Zehen greifen, das lässt sich auch relativ einfach probieren. Beugen Sie sich vor und bewegen Sie die Hände zum Boden, während Sie Ihre Beine schulterbreit voneinander entfernt lassen. Versuchen Sie, diese Position etwa 10 Sekunden lang zu halten, bevor Sie Ihre Hände von einer Seite Ihres Körpers zur anderen bewegen.

In die Hocke gehen

Beugen Sie sich zu einer Seite Ihres Körpers, wobei ein Knie zur Seite gebeugt sein sollte und das andere Knie gerade gelassen werden muss. Versuchen Sie, in dieser Position etwa 10 Sekunden lang zu verharren, bevor Sie auf die andere Seite wechseln und den gleichen Vorgang dort wiederholen. Machen Sie dies auf beiden Seiten Ihres Körpers etwa zwei bis dreimal.

Reiter- oder Ausgangsposition

Diese Position wurde weiter oben in diesem Buch bereits ausführlich erklärt. Bei der Reiterposition werden die Knie auf halbem Weg zwischen der hockenden Position und dem geraden Stand leicht gebeugt. Um die Spannung bei der Dehnung zu maximieren, achten Sie darauf, dass Ihr Rücken senkrecht bleibt, strecken Sie die Brust nach vorne und drücken Sie Ihre Beine nach außen, während Sie Ihre Hände ebenfalls nach unten drücken. Verharren Sie etwa 30 Sekunden bis eine Minute lang in dieser Position.

Spagat

Der Spagat wird häufig in der Kampfkunst eingesetzt und Taekwondo ist dabei keine Ausnahme. In fast jeder Taekwondo Schule gehört der Spagat zum Training dazu. Halten Sie den Spagat für etwa 30 Sekunden durch (oder noch länger, wenn Sie ihn noch halten können). Es kann sein, dass Sie anfangs nicht dazu in der Lage sind, den Spagat ganz unten am Boden zu halten, aber wenn Sie regelmäßig an Ihrer Dehnung arbeiten, werden Sie ihn schließlich meistern.

Dehnung durch Trittbewegungen

Die Dehnung mithilfe von Trittbewegung ist schwieriger zu meistern, da Sie dabei die Trittbewegung im Kampf nachahmen müssen. Beginnen Sie die Bewegung aus der Hüfte heraus und heben Sie Ihr Bein dann allmählich weiter an, bis es hoch genug ist, um einen imaginären Gegner auf Kopfhöhe zu treten.

Andere Übungen zur Steigerung der Geschwindigkeit und Kraft Ihrer Tritte

Laufen Sie ein paar Kilometer

Regelmäßiges Laufen gehört zu den altbewährten Fitnesszeitvertreiben und kann Ihre Muskeln stärken sowie Ihre Leistung zu verbessern. Sie sollten mindestens dreimal pro Woche etwa vier bis fünf Kilometer weit laufen, wenn Sie Ihr Training ernst nehmen. Sie müssen aber nicht gleich so weit laufen; Sie können mit zwei Kilometern anfangen und sich dann allmählich steigern.

Schwimmen funktioniert auch

Das Schwimmen bietet Ihnen eine großartige Alternativmöglichkeit für Kampfsportler, die ihre Ausdauer trainieren wollen. Durch das Schwimmen bauen Sie Ihre Muskeln auf und trainieren Ihre Ausdauer. Sie können entweder als Alternative zum Laufen schwimmen oder es als Ergänzung zu Ihrem normalen Übungsprogramm einsetzen.

Box-Sprünge

Bei dieser Übung müssen Sie sich schnell und explosiv bewegen. Workouts wie dieses sind großartig geeignet, um die explosive Energie hinter Ihrem Tritt zu intensivieren. Versuchen Sie, 5-10 Wiederholungen von Box Sprünge zu machen, und zwar 3 bis 5 Mal. Sie können dies in einer angenehmen Höhe tun, damit Sie sich nicht überanstrengen.

Üben Sie Ihre Tritte

Wenn es etwas gibt, das Sie als Kampfsportler oft tun sollten, dann ist es üben. Je mehr Sie üben, desto raffinierter werden Ihre Tritte und desto mehr verbessen Sie Ihre Technik. Üben Sie Ihre Tritte, um sie nach einiger Zeit hervorragend beherrschen zu lernen. Tägliches Üben wird Ihnen dringend empfohlen.

Tipps für effektives Tritttraining im Taekwondo

Wir müssen an dieser Stelle anmerken, dass wiederholtes Üben nicht viel bringt, wenn Ihre Technik dabei schlecht ist. Auf diese Weise wird sich Ihr Gehirn am Ende nur die falschen Bewegungen einprägen. Da das Muskelgedächtnis bei Tritten im Taekwondo eine große Rolle spielt, führt das richtige Üben zu besseren Ergebnissen, als wenn Sie immer nur üben, aber dabei nie auf die Form oder die Genauigkeit Ihrer Bewegungen achten. Im Folgenden finden Sie einige hilfreiche Tipps, um die Effektivität Ihres Taekwondo Trainings zu verbessern.

Lernen Sie die richtige Technik

Jede Bewegung im Taekwondo hat eine bestimmte Abfolge von Bewegungen, die für einen maximalen Übungserfolg befolgt werden müssen. Es empfiehlt sich außerdem, die richtigen Techniken anzuwenden, um Verletzungen vorzubeugen.

Richten Sie Ihre Tritte richtig aus

Wie bereits erwähnt, ist die Vorbereitung auf den Tritt einer von dessen wichtigsten Aspekten – hier geht es vor allem darum, Ihre Technik richtig einzusetzen. Wenn Sie weiterhin unkontrolliert treten, können Sie schnell das Gleichgewicht verlieren. Wenn Sie Ihren Tritt nicht richtig ausrichten, kann dies zu schweren Verletzungen führen.

Eine stabile Standbasis beibehalten

Um die gewünschte Kraft und Geschwindigkeit in Ihren Tritt zu bringen, müssen Sie während der gesamten Bewegung eine solide Standbasis beibehalten. Stehen Sie zum Beispiel immer auf den Fußballen und nicht plattfüßig an Ihrem Platz. So können Sie genug Kraft in den Boden treiben, um Ihren Tritt mit maximaler Geschwindigkeit und Kraft auszuüben.

Auf die Winkel kommt es an

Tritte erscheinen uns meist schneller, als sie wirklich sind, wenn Sie sie im richtigen Winkel durchgeführt werden. Wenn Sie den Winkel bei Ihren Tritten beherrschen, können Sie ihnen dadurch mehr Geschwindigkeit verleihen.

Versuchen Sie nicht, die gleiche Geschwindigkeit wie Ihr Gegner zu erreichen

Nehmen Sie diesen Rat an, wenn Sie mit einem Gegner trainieren, der schneller tritt als Sie selbst. Das Schlimmste, was Sie tun können, ist zu versuchen, die gleiche Geschwindigkeit wie er zu erreichen. Dadurch bleiben Sie ihm immer unterlegen, weil Sie ein langsamer Kämpfer sind, und fangen sich am Ende eine fast sichere Niederlage ein.

Was können Sie also tun? Wir empfehlen Ihnen, sich auf das zu konzentrieren, was Sie kontrollieren können, nämlich Ihre Strategie. In Ermangelung von Schnelligkeit ist Klugheit Ihre einzige Chance, um einen schnelleren Gegner zu besiegen. Wenn Sie eine gute Strategie haben, können Sie die Bewegungen Ihres Gegners beobachten und Ihre Züge so planen, dass Sie sie besser kontern oder blockieren können.

Es ist wichtig zu beachten, dass die Liste der Tritte in diesem Kapitel nicht erschöpfend diskutiert worden ist. Es gibt noch einige andere Arten von Tritten im Taekwondo, mit denen Sie sich vertraut machen sollten. Diese sind in Ihrem Lehrplan enthalten, und Sie werden sie nach und nach erlernen, während Sie von einer Stufe zur anderen aufsteigen. Natürlich ist das Erlernen der Tritte immer nur die halbe Miete. Sie müssen sie auch richtig beherrschen und lernen, wie Sie Ihre Geschwindigkeit und Kraft steigern können. Dazu benötigen Sie die in diesem Kapitel behandelten Tipps, um Ihr Tritttraining und Ihre Strategie in einer Sparringssituation zu verbessern. Je mehr Sie dazu bereit sind, sich anzustrengen, desto stärker und schneller werden Ihre Tritte werden.

Kapitel 10: Selbstverteidigung im Taekwondo

Der Wunsch, die eigenen Selbstverteidigungsfähigkeiten zu verbesseren, gehört zu den Hauptgründen, warum sich Menschen überhaupt für das Erlernen von Kampfsportarten interessieren. Irgendwann im Leben wird jeder von uns mit einer lebensbedrohlichen Situation konfrontiert, und manche haben das Pech, häufiger in solche Situationen zu geraten als andere. Das Erlernen einiger grundlegender Selbstverteidigungstechniken wird Sie geistig und körperlich darauf vorbereiten, mit einschüchternden Situationen umzugehen, so dass Sie in gefährlichen Situationen nicht völlig hilflos dastehen.

Natürlich ist das Taekwondo eine der weltweit beliebtesten Kampfsportarten, die genau zu diesem Zweck erlernt werden. Obwohl es sich beim Taekwondo um eine brutale Art der Kampfkunst handelt, wird es heutzutage nicht mehr hauptsächlich zu diesem Zweck praktiziert. Heute lernen die Menschen Taekwondo, um bei Turnieren anzutreten und um sich in schwierigen Situationen verteidigen zu können.

Taekwondo verfügt über verschiedene Angriffs- und Blockierungstechniken, die für die Selbstverteidigung sehr nützlich sind. Seine Effizienz wird durch die Tatsache bewiesen, dass es bei koreanischen und vietnamesischen Kämpfen zur Selbstverteidigung eingesetzt wurde. Taekwondo ist ein Kampfstil, der Spaß macht und leicht zu erlernen ist und auch heute noch aktuell bleibt.

Auch wenn Taekwondo heute meist als Kampfsportart gelehrt wird, kann es noch immer zur Selbstverteidigung eingesetzt werden; man braucht dazu nur ein fein abgestimmtes aktives Denken, um Kampfszenarien bei der Selbstverteidigung richtig einzuschätzen. Welche Art von Taekwondo Training Sie erhalten, hängt meist von Ihrer Kampfkunstschule ab. Einige Schulen lehren Taekwondo speziell für den Kampf gegen einen bewaffneten Angreifer, gegen mehrere Angreifer auf einmal oder für den Fall, dass Sie bei einem Kampf im Nachteil sind. Das kann beispielsweise vorkommen, wenn Sie mit einem Kind oder in Begleitung einer älteren Person angegriffen werden. Wenn Ihr Angreifer eine Waffe hat, ändert sich das ganze Szenario völlig. Jede unvorsichtige Bewegung kann zu schweren Verletzungen führen oder Sie sogar das Leben kosten. Manchmal müssen Sie bei der Selbstverteidigung auch improvisierte Waffen einsetzen. So lernen Sie, wie Sie in brenzligen Situationen richtig reagieren und sich gegen einen Angreifer erfolgreich verteidigen können, ganz gleich, ob es sich um einen Straßenräuber, einen Dieb oder einen Fremden handelt, der Sie belästigen will.

Wenn Sie konsequent und korrekt trainieren, kommen Sie irgendwann an einen Punkt, an dem sich Taekwondo völlig natürlich anfühlt und an dem Ihr Körper förmlich instinktiv auf Angriffe reagiert.

Selbstverteidigung im Taekwondo

Das Kampfkunsttraining kann Ihnen zu einem gesteigerten Selbstvertrauen und einer verbesserten Selbstachtung verhelfen. Wenn Sie in Ihrem Leben eine unvermeidlich einsame Straße allein hinuntergehen oder sich gegen einen Straßenräuber verteidigen müssen, kommt Ihnen die Situation dann nicht mehr ganz so beängstigend vor - zumindest nicht mehr so sehr wie früher.

Je mehr Sie trainieren, desto mehr steigert sich Ihr Selbstvertrauen in Ihre Fähigkeiten. Gleichzeitig wird auch Ihr Selbstwertgefühl gestärkt. Noch entscheidender für Ihr Verhalten ist aber die Tatsache, dass Sie sich in Zeiten der Gefahr weniger ängstlich fühlen müssen. Ihr neu gewonnenes Selbstvertrauen kann sich dann auch auf andere Bereiche Ihres Lebens übertragen, z.B. auf Ihre Arbeit. Das gesteigerte Selbstvertrauen ist einer der wichtigsten Vorteile der Selbstverteidigungsfähigkeiten, die Sie das Taekwondo lehren kann. Ihr gestärktes Selbstvertrauen gibt Ihnen das Gefühl, bestimmte Situationen in Ihrem Leben besser beherrschen zu können, und Ihre mentale Stärke hat einen direkten Einfluss darauf, wie erfolgreich Sie sich verteidigen können.

Taekwondo kann auch Ihre Konzentration und Ihre Selbstdisziplin verbessern und Ihnen einen festen, starken Willen verleihen. Mit zunehmender Intensität beim Training werden Sie feststellen, dass Ihre Fähigkeit, sich zu konzentrieren und selbst die kleinsten Details zu beachten, stetig zunimmt.

Taekwondo Lektionen sind repetitiv. Die ständige Wiederholung derselben Bewegung, bis Sie diese perfektioniert haben erfordert ein hohes Maß an Selbstdisziplin. Sie können nicht nur Ihr verbessertes Selbstvertrauen sondern auch Ihre gesteigerte Selbstdisziplin und Konzentrationsfähigkeit bewusst auf andere Bereiche Ihres Lebens anwenden, um produktiver zu werden. Sie werden merken, dass Sie diese Fähigkeiten in relevanten Situationen zunehmend instinktiv einsetzen, vor allem dann, wenn Sie hart trainiert haben und das Taekwondo zu einem Teil von Ihnen geworden ist.

Selbstverteidigungsfähigkeiten

Der Begriff „Hosinul" beschreibt die Selbstverteidigungsmechanismen im Taekwondo. Mithilfe von Hosinul können Sie Ihren Gegner schnell entwaffnen und seine Bewegungen effektiv einschränken. Dieser Ansatz stützt sich auf die Theorie, dass Sie in der Lage sein sollten, Ihren Angreifer mit einer einzigen schnellen Bewegung auszuschalten. Sie müssen allerdings einen beachtlich langen Zeitraum lang trainieren, um sich die Fähigkeiten für dieses Kunststück anzueignen.

Kurz- und Langstreckenangriffe sowie Ringen am Boden gehören ebenfalls zu den Konfrontationen, mit denen Sie rechnen sollten, und gegen die Sie eine Verteidigungsstrategie entwickeln sollten, da Sie sich nie sicher sein können, welchen Kampfstil Ihr Angreifer wann gegen Sie einsetzen wird. Wenn Sie eine dieser Fähigkeiten nicht beherrschen, könnten Sie sich dadurch einen großen Nachteil einräumen.

Die Größe, Ausdauer und Aggressivität Ihres Angreifers sind ebenfalls Faktoren, die Sie bei einer möglichen Konfrontation berücksichtigen müssen. Darüber hinaus sind die Art des Trainings, das Sie absolviert haben, Ihre Hingabe zum Training, die Fähigkeit, die Vorhaben Ihres Gegners vorauszusehen, und der richtige Angriffszeitpunkt ebenfalls entscheidend. Wenn Sie konsequent trainieren und an Ihrer körperlichen Konditionierung arbeiten, ebnen Sie sich den Weg für den Erfolg im Kampf. So bestimmen Sie, wie effektiv Taekwondo im tatsächlichen Kampf für Sie nutzbar ist.

Sie brauchen nur das Nötigste

Sie müssen sich bewusst der Aufgabe widmen, die Grundtechniken des Taekwondo beherrschen zu lernen. Fortgeschrittene Taktiken sind, auch wenn sie Ihnen raffinierter erscheinen, für den Selbstverteidigungskampf in einer realen Situation selten geeignet. Derartige Versuche machen Sie anfälliger und offener für Angriffe und sind in tatsächlichen Kampfsituationen nicht wirklich praktikabel. Ihr primäres Ziel in einem Kampf zur Selbstverteidigung ist es schließlich nicht, Ihre ausgefallenen Kampfmethoden zur Schau zu stellen, sondern in erster Linie, sich zu verteidigen, um der Bedrohung so schnell wie möglich zu entkommen.

Sie müssen lernen, wie Sie die richtigen Bewegungskombinationen aus den Ihnen bekannten Verteidigungstaktiken zu Ihrem Vorteil nutzen können. Konzentrieren Sie sich beim Üben oder Training stets darauf, die Bewegungen korrekt durchzuführen. Dazu müssen Sie eine Reihe von Fähigkeiten meistern, insbesondere Gelenkverrenkungen, Bretter brechen, kraftvolle Tritte und Schläge, sowie Hand-, Ellbogen- und Kniestöße. Außerdem müssen Sie wissen, wie Sie Druckpunkte bei Ihrem Gegner lokalisieren und zu Ihrem Vorteil nutzen können.

Sie haben sicher bereits genug Zeit in das Taekwondo Training investiert, um zu wissen, dass der Schwerpunkt beim Taekwondo auf Trittbewegung liegt, obwohl Armschläge im Kampf Ihnen manchmal als die schnellere Option erscheinen mögen. Tatsächlich besagt der Ansatz beim Taekwondo, dass Ihre Beine stärker und länger sind als Ihre Arme und dass sie daher im Kampf effektiver eingesetzt werden können. Dieser Grundgedanke ist durchaus berechtigt, zumindest wenn Sie so gewissenhaft trainiert haben, dass Ihre Beine mittlerweile genauso schnell bewegen können wie Ihre Arme.

Des Weiteren ist es wenig ratsam, Blockierungen gegen Tritte in der Selbstverteidigung einzusetzen. Wenn Sie sich überhaupt dazu entscheiden, Tritte einzusetzen, dann nur als allerletztes Mittel, denn das Blockieren zur Verteidigung gegen kräftige Tritte kann leicht zu Verletzungen an Ihren Händen führen. Die beste Möglichkeit, um Angriffen auszuweichen, ist die, sich mit verschiedenen Ausweichtechniken vertraut zu machen. So können Sie eingehenden Angriffen Ihres Gegners leicht ausweichen und sich Kraft für einen Gegenangriff aus dessen toten Winkeln sparen.

Grundlegende Taekwondo Bewegungen, die für die Selbstverteidigung nützlich sind

Tritte

Wie bei den Schlägen gibt es auch bei den Tritten verschiedene Optionen, die für bestimmte Zwecke eingesetzt werden können. Mit kräftigen Tritten können Sie Ihre Angreifer auf sichere Distanz halten. Um sich im Kampf schnell zu erholen und den Unterkörper Ihres Gegners richtig anzugreifen, nutzen Sie am besten Trittbewegungen aus der Rotation heraus, wie beispielsweise den 45iger Tritt. Der Vorteil besteht dabei darin, dass diese Bewegung sowohl in der Nähe des Gegners, als auch aus der Distanz heraus einsetzbar sind. Mithilfe dieser Tritte können Sie die Kraft Ihres Gegners durch Angriffe auf dessen Rippen, dessen Beine oder auf jede andere verwundbare Körperstelle, an Kraft verliert. Die Angriffe sind sogar noch effizienter, wenn Sie Rundtritte und Schläge beim Angriff im Nahkampf kombinieren.

Vorwärts- und Stoßtritte werden am besten dann eingesetzt, wenn Sie Ihren Gegner wegstoßen wollen, und sind insbesondere dann effektiv, wenn Sie einen Angreifer davon abhalten wollen, Ihnen den Fluchtweg zu versperren. Nutzen Sie die defensiven Seitentritte, um gleichzeitig Angriffstritte zu kontern und um Ihrem Gegner durch Ihre Trittkraft Schmerzen zuzufügen. Ein harter, schneller Tritt in die Leiste bietet Ihnen beispielsweise eine gute Möglichkeit, um Ihren Gegner außer Gefecht zu setzen.

Vorwärtsschläge

Es gibt verschiedene Ansätze, um einen effizienten Schlag gegen Ihren Gegner zu landen. Die Schläge unterscheiden sich abhängig von der Technik des Gegners, und dem Maß an Kraft, das in dessen Bewegungen steckt. Daher ist es wichtig, den richtigen Zeitpunkt für einen bestimmten Schlag genau abschätzen zu können. Ein Schlag, der sich in vielen Situationen gut eignet, kann in einem bestimmten Szenario nutzlos oder sogar irrelevant sein. Ein Schlag nach vorne ist beim Taekwondo besonders effektiv, wenn er hart und schnell ist. Es ist im Allgemeinen ziemlich schwierig, gerade Schläge vorherzusehen und ihnen auszuweichen. In der Regel ist Ihr Angreifer nicht auf einen geraden Schlag vorbereitet, so dass Sie mehr Chancen haben, ihn schnell k.o. zu schlagen. Die Kombination aus geraden Schlägen, Vorwärtstritten und niedrigen Blöcken gibt Ihnen zusammen eine gute Basis zur Selbstverteidigung.

Ihre Kampfhaltung

Die Kampfhaltung ist eines der Dinge, die man in einer Kampfsituation richtig machen muss. Die richtige Haltung hängt von Ihrem bevorzugten Kampfstil ab, und stellt sicher, dass Sie sich vor Deckungslosigkeit und anderen vermeidbaren Angriffen schützen. Bei der Kampfhaltung stehen Sie mit den Füßen schulterbreit auseinander, und achten darauf, dass Sie gut ausbalanciert sind. Bringen Sie Ihr Kinn nach unten und heben Sie Ihre Hände, bereit für einen Angriff. Ihre Haltung sollte flexibel genug sein, um Ihnen einen schnellen Angriff, die Abwehr gegen einen Gegenangriff und Verteidigungsbewegungen gleichermaßen gut zu ermöglichen.

Bildquelle⁶⁸

Ellbogen- und Kniestoß

In Selbstverteidigungssituationen müssen Sie möglicherweise jeden Teil Ihres Körpers im Kampf einsetzen, besonders wenn Sie keine Waffe haben. Sogar Ihre Ellbogen können hier nützlich sein. Die meisten Menschen sind sich nicht bewusst, wie viel Schaden ein Ellbogen während eines Kampfes beim Gegner anrichten kann. Wenn Sie jemandem mit dem Ellbogen auf den Kopf schlagen oder von einem Ellbogen am Kopf getroffen werden, kann das sehr schmerzhaft sein. Sie können Ihrem Angreifer unerträgliche Schmerzen zufügen, wenn Sie seinen Kopf packen und ihn mit einem sauberen Ellbogenschlag treffen. Kniestöße sind ebenfalls sehr effektiv. Beachten Sie aber, dass Sie gut ausbalanciert und sicher stehen müssen, um einen richtigen Kniestoß platzieren zu können. Der Angriff mit dem Knie eignet sich nicht gut, wenn Sie in einem offenen Raum kämpfen. In derartigen Situationen machen Sie sich dadurch für Gegenangriffe anfällig; stattdessen ist es ratsam, Ihren Gegner in einen Engpass zu bringen, bevor Sie Ihren Kniestoß im Kampf einsetzen.

Mit der Handkante blockieren

Diese Bewegung ist auch als doppeltes Blockieren mit dem Unterarm bekannt. Bei dieser Bewegung blockiert eine Ihrer Hände einen Angriff, während die andere Hand bereit dazu ist, den nächsten eingehenden Angriff abzufangen.

Das Gesicht mit Handflächenbewegungen schützen

Instinktiv heben Sie normalerweise Ihre Hände, um Ihre Augen, Ihr Gesicht und Ihren Kopf bei einem Angriff vor Schlägen zu schützen. Die Lehren darüber, wie man Angriffe mit der Handfläche blockiert, um Verletzungen zu vermeiden, ohne dass man dabei die Gelassenheit oder das eigene Gleichgewicht einbüßen muss. Diese Fertigkeit hilft außerdem gleichzeitig bei der Vorbereitung auf einen erfolgreichen Gegenangriff.

Der Messerhandschlag und die hintere Faust

Der Messerhandschlag zielt hauptsächlich auf die Luftröhre, die Nackenseiten und die Schläfen Ihres Angreifers ab und kann entweder mit nach innen oder mit nach außen gedrehter Handfläche eingesetzt werden. Der Schlaf mit der hinteren Faust folgt dann schnell und wird zum Angriff auf den Kopf oder den Spalt zwischen Nase und Oberlippe verwendet.

Treffer mit dem Handballen

Schläge mit dem Handballen eignen sich hervorragend für kraftvolle Angriffe, bei denen Sie an Ihrer Hand oder am Rest Ihres Körpers keine ernsthaften Verletzungen riskieren wollen. Ein Handballenschlag ist daher die perfekte Wahl, wenn Sie sich in einem Kampf nicht unbedingt die Hand brechen oder die Knöchel quetschen wollen. Sie müssen sich also keine Sorgen um schwere Schäden oder Schmerzen an Ihrer Hand machen, wenn Sie sich in einer Selbstverteidigungssituation mit diesem Schlag gegen den Angriff Ihres Gegners wehren.

Fußarbeit

Die Seitwärtsbewegung beansprucht defensive Fußarbeit und eignet sich hervorragend für Gegenangriffe und zum Ausweichen vor Schlägen. Es handelt sich hierbei um eine Fähigkeit, die Zeit und Mühe erfordert, bevor sie richtig beherrscht werden kann. Ausweichbewegungen sind dann nützlich, wenn Ihr Gegner seine gesamte Beinlänge ausnutzt, z.B. wenn Ihr Gegner mit einem Messer bewaffnet ist und Sie sich in seine Trittreichweite und wieder aus ihr heraus bewegen. Dadurch können Sie Ihren Gegner treten und ihn eventuell sogar entwaffnen.

Selbstverteidigungstaktiken für verschiedene Situationen

In Situationen, in denen Sie sich verteidigen müssen, sollten Sie Ihre Erwartungen herunterschrauben; vielleicht kämpft Ihr Angreifer nicht fair. Um sich selbst zu schützen, müssen Sie sich also auch nicht unbedingt an die Regeln halten, die Sie im Unterricht und bei Turnieren befolgen. So sind zum Beispiel Schläge zum Körper und ein Tritt mit voller Wucht in Richtung des Kopfes bei manchen Wettbewerben nicht erlaubt. Aber wenn es um lebensbedrohliche Situationen geht, kümmert es niemanden, ob Sie sich an alle Regeln halten oder nicht. Tatsächlich sind Sie sogar im Nachteil, wenn Sie sich an alle Regeln halten. Hier sind ein paar Beispiele für gängige Angriffe, die mit einer direkten Konfrontation einhergehen, und Details dazu, wie Sie sich als Anfänger verteidigen können.

Frontaler Würgeangriff
In dieser Situation versucht Ihr Angreifer, Sie von vorne am Hals zu packen und Sie zu würgen. Verteidigen Sie sich, indem Sie Ihren Gegner mit dem Messerschlag auf die Brust oder Rippen attackieren, um ihn etwas abzulenken. Entfernen Sie mit beiden Händen die Arme des Angreifers von Ihrem Hals und lenken bringen Sie ihn mit einem Schlag auf den Nacken aus der Fassung.

Griff an den Kragen
Wenn Ihr Gegner nach Ihrem Kragen greift, können Sie sich gegen den Angriff wehren, indem Sie eine der Hände Ihres Gegners kräftig nach unten bewegen und die andere nach oben treiben. Danach können Sie ihm einen Ellbogenschlag gegen das Kinn versetzen.

Schultergriff
Greifen Sie nach der Hand, die der Gegner zum Angriff nutzt, und halten Sie seinen Ellbogen mit der anderen Hand fest. Verbreitern Sie Ihren Stand, um Ihr Gleichgewicht zu verbessern und drücken Sie die Hand kräftig nach unten, um Ihren Angreifer außer Gefecht zu setzen.

Hinterer Schultergriff
Wenn Ihre Schulter von hinten gepackt wird, sollten Sie als Erstes Ihre Schultern entspannt lassen. Schauen Sie nach hinten und heben Sie Ihren Arm, um die Ellbogen Ihres Gegners zu umkreisen und sie fest zu fixieren. Dann können Sie mit Ihrer anderen freien Hand einen Schlag in Richtung Brustkorb durchführen.

Haare Ausreißen
Wenn der Gegner Sie von vorne an den Haaren packt, bewegen Sie sich zur Seite und durchbrechen Sie den Griff des Gegners mit der Handfläche. Versetzen Sie Ihrem Angreifer anschließend einen harten Schlag in den Magen. Ihre schnelle Reaktion bestimmt, wie effizient dieser Gegenangriff sein wird.

Direkte und kreisförmige Taekwondo Selbstverteidigungstaktiken

Im Taekwondo können die meisten Taktiken in direkte kreisförmige Bewegungskategorien unterteilt werden.

Direkte Verteidigungstaktiken
Diese Art von Angriff wird auch als harte Taktik bezeichnet und besteht aus direkten Schlägen, Tritten und Kopfstößen. Derartige Bewegungen erfordern große Kraft, um richtig durchgeführt zu werden. Die Wahl Ihrer Taktik hängt dabei weitgehend von der Entfernung zwischen Ihnen und Ihrem Angreifer ab. Wenn Ihr Gegner Ihnen sehr nah ist, ist der Einsatz Ihrer Knie oder Ellbogen meist die beste Wahl. Wenn er etwas weiter entfernt ist, verwenden Sie Schläge und Tritte, wenn Ihr Angreifer außerhalb Ihrer Reichweite ist. Ihr Angreifer sollte mit einem einzigen Angriff und der richtigen Taktik ausgeschaltet werden, vor allem, wenn Sie es mit mehr als einem Gegner auf einmal zu tun haben.

Kreisförmige Verteidigungstaktiken
Diese Taktiken sind auch als die sogenannten weichen Taktiken bekannt. Die Bewegungen in dieser Kategorie sind meist kreisförmig, wie der Name schon sagt. Die kreisförmigen Bewegungen hängen größtenteils davon ab, dass Sie Ihrem Gegner Gegenangriffe liefern. Diese Kategorie von Bewegungen ist eher defensiv ausgerichtet und erfordert einen geringeren Kraftaufwand als direkte Angriffe.

Die Kreistaktiken zielen darauf ab, die Angriffe Ihres Gegners umzulenken und Ihnen dadurch einen Vorteil zu verschaffen. Mit anderen Worten: Wenn Ihr Gegner angreift, machen Sie eine kreisförmige Bewegung, um ihn aus dem Gleichgewicht zu bringen und den Angriff zu manipulieren, so dass Ihr Angreifer gezwungen ist, seine Position zu verändern oder in einer bestimmten Position zu verharren, was Ihnen einen Vorteil verschafft. Dann haben Sie die Chance, den Kampf zu beenden.

Kapitel 11: Die Kunst des Angriffsdurchbrechens im Taekwondo

Unter Blockieren versteht man im Taekwondo und in anderen Kampfkünsten das Abwehren oder Unterbinden eines gegnerischen Angriffs, damit dieser nicht mit dem eigenen Körper in Berührung kommt. Beim Blockieren wird normalerweise eine Gliedmaße quer zur Angriffslinie positioniert. Obwohl das Blockieren die direkteste Art von Verteidigungstaktiken in den Kampfkünsten ist, gibt es noch andere Möglichkeiten, um gegnerische Angriffe abzuwehren. Zu den anderen Ausweichstrategien gehören beispielsweise das Ausweichen, das Fallenstellen und Abfälschen. All diese Taktiken sind als „weiche" oder ausweichende Bewegungen zu verstehen. Beim Blockieren von Angriffen wird von Ihnen meist erwartet, dass Sie Ihren Körper so weit wie möglich entspannen, aber Ihre Muskeln beim Aufprall gerade genug anspannen, um die Kraft des Gegners abzufangen. Dann folgen der Rückstoß und die Entspannung, nachdem der Zusammenstoß stattgefunden hat. Dieser Zyklus aus Entspannung und Rückstoß sorgt dafür, dass das Blockieren stets die größtmögliche Wirkung erzielt. Die Entspannung verleiht der Gliedmaße, die Sie zur Abwehr nutzen, eine gute Geschwindigkeit, während die Steifheit am Aufprallpunkt eine optimale Kraftübertragung gewährleistet.

Grundprinzipien des Durchbrechens

Wenn Sie das Blockieren einsetzen, müssen Sie einige grundlegende Prinzipien beachten, um Ihre Sicherheit zu gewährleisten und die Wirkung der Bewegung zu maximieren. Im Folgenden werden einige der Prinzipien zusammengefasst:

1. Lassen Sie Ihren Arm in einem Winkel von etwa 15 bis 45 Grad angewinkelt. Auf diese Weise fangen Sie den Angriff nicht frontal, sondern in einem schrägen Winkel ab.
2. Strecken Sie Ihren abwehrenden Arm nicht über den Fokuspunkt des Angreifers hinaus.
3. Senken Sie Ihren abwehrenden Arm zum Zeitpunkt des Kontakts mit dem Gegner leicht.
4. Sie sollten Ihren abwehrenden Arm fast immer sofort nach dem Kontakt mit dem Angreifer zurückziehen.
5. Am Kontaktpunkt des Angriffs bildet der durchbrechende Arm idealerweise eine Art Dreieck im Verhältnis zum angreifenden Arm.

Bildquelle[69]

Wie das Durchbrechen von Angriffen im Taekwondo klassifiziert wird

Es gibt verschiedene Blockiertaktiken, die sich nach der relativen Position der durchbrechenden Hand, der zugewandten Haltung, der Art des Blockierwerkzeugs und der Methode, die beim Blockieren eingesetzt wird, sowie natürlich nach dem Zweck des Blockierens richten.

Klassifizierung von Blockierversuchen basierend auf der Blockierungsebene

Blockierungen können als hoch, mittelhoch, niedrig, und als nach innen oder nach außen gewandt klassifiziert werden, basierend auf der Ausrichtung der Durchbrechungsbewegung, die Sie zum Blockieren einsetzen.

Hohes Blockieren (Nopunde Makki)

Sie haben hoch blockiert, wenn Ihre Faust im Moment des Aufpralls die gleiche Höhe wie Ihre Augen erreicht hat. Hohe Blockierungen sind am besten für Situationen geeignet, bei denen Sie einen Angriff abfangen, der auf einen Bereich in der Nähe oder oberhalb Ihres Halses gerichtet ist. Sie können den Angriff aus fast allen Positionen heraus durchbrechen. Diese Art des Blockierens kann als Unterarmblockieren, Messerhand, umgekehrte Messerhand, Handflächenschlag, Seitenfaust oder Doppelarmblockieren durchgeführt werden.

Mittleres Blockieren (Kaunde Makki)

Wenn Ihre Faust oder Ihre Fingerspitzen beim Blockieren die gleiche Höhe wie Ihre Schulter erreichen, gilt dies als mittleres Blockieren. Diese Art von Blockieren eignet sich besonders gut, um einen Angriff abzuwehren, der auf Ihren Solarplexus und alle darüberliegenden Körperbereiche abzielt. Wie beim hohen Blockieren kann auch das mittlere Blockieren aus jeder Ausgangsposition heraus eingesetzt werden. Das mittlere Blockieren wird mit der Hand und dem Fuß durchgeführt. Die seitliche Fußsohle, der seitliche Spann, der Fußballen und die hintere Sohle können beim Blockieren eine wichtige Rolle spielen.

Niedriges Blockieren (Najunde Makki)

Sie können niedrige Blockierungen einsetzen, um eine angreifende Hand oder einen Fuß abzufangen, die auf Ihren Unterbauch oder einen anderen Bereich an Ihrem Körper ausgerichtet sind. Der Teil Ihres Körpers, den Sie zum Blockieren nehmen, muss den Aufprall des Angriffs auf der gleichen Höhe wie der Zielbereich am Körper abfangen. Sie können ein tiefes Blockieren mit dem äußeren Unterarm, der umgekehrten Messerhand, der Handfläche oder der seitlichen Fußsohle durchführen.

Blockieren nach innen (Anuro Makki)

Wenn Sie beim Blockieren einen Angriff, der von außen nach innen auf Sie zukommt und auf Ihren Brustkorb abzielt abwehren, nennt man diese Bewegung ein Einwärtsblockieren. Sie können Angriffe aus jeder Grundposition heraus auf diese Art blockieren. Das Einwärtsblockieren wird genutzt, um einen Angriff zu vereiteln, der auf den Brustkorb abzielte. Diese Art von Blockieren kann mit jedem Kampfstil kombiniert werden, auch mit Bewegungen der Rückhand und mithilfe des inneren Unterarms.

Blockieren nach außen (Bakuro Makki)

Wenn Ihr Blockierwerkzeug das Ziel aus einer Bewegung die von innen nach außen geht trifft, wird dies als ein nach außen gerichtetes Blockieren beschrieben. Angriffe können aus jeder Grundposition heraus auf diese Weise blockiert werden, aber Sie können die Handfläche bei dieser Bewegung nur mit Mühe mit einsetzen.

Vorderes Blockieren (Ap Makki)

Wenn Sie einen Angriff von vorne blockieren, so ist diese Bewegung auch als vorderes Blockieren bekannt. In solchen Situationen ist Ihr Körper dem Ziel vollständig zugewandt und die Körperteile, die Sie zum Blockieren nutzen wollen, finden sich in der Körpermitte. Das vordere Blockieren kann aus jeder Grundhaltung heraus durchgeführt werden, unabhängig von der Ausgangsposition des Gegners. Sie können das vordere Blockieren mit dem äußeren Unterarm, der Doppelhand, der Messerhand oder Ihrer eigenen Handfläche durchführen.

Seitliches Blockieren (Yop Makki)

Beim seitlichen Blockieren geht es um eine Bewegung, bei der Ihr Körper dem Gegner zugewandt ist, während Sie den Angriff blockieren. Er kann aus verschiedenen Ausgangshaltungen heraus durchgeführt werden, unabhängig von der Position Ihres Gegners. Das Seitenblockieren kann mit jedem beliebigen Blockierwerkzeug eingesetzt werden und konzentriert sich oft mit der Bewegung auf die Mitte der Schultern des Verteidigers.

Andere Möglichkeiten, um das Blockieren zu klassifizieren

Das Blockieren kann anhand der Höhe beim Blockieren, der Position Ihrer Hand, der Ausrichtung des Körpers und mithilfe diverser anderer Anhaltspunkte klassifiziert werden.

Klassifizierung des Blockierens anhand der Handposition

Beim Benennen von Blockierbewegungen können verschiedene Modifikatoren eine Rolle spielen, je nachdem, wie Ihre Hand während der Bewegung positioniert war. Im vorherigen Abschnitt haben wir bereits einige Beispiele beschrieben. Einige gängige Handpositionen, die Sie zum Blockieren nutzen können, sind zum Beispiel die Messerhand, Kammhand, Handballenabsatz usw.

Klassifizierung von Blockierversuchen anhand der Ausrichtung

Die Richtung, aus der die Hand beim Blockieren eingesetzt wird, ist entscheidend um zu beschreiben, welche Art von Blockierversuch durchgeführt wurde. Beispielsweise hängt die Seite des Unterarms, die als Blockierfläche dient, davon ab, ob Ihre Handfläche bei der Ausführung eines Blocks nach oben oder nach unten zeigt. Beim konventionellen Außenblockieren nutzen Sie zum Beispiel Ihren äußeren Unterarm, was bedeutet, dass Ihre Faust bei der Bewegung mit der Handfläche nach unten zeigt. Wird dagegen der innere Unterarm eingesetzt, wird die Faust beim Blockieren mit der Handfläche nach oben gehalten.

Klassifizierung von Blockierversuchen anhand der Position Ihrer Vorhand

Bei den meisten Arten von Blockierversuchen sollte sich die Standardposition Ihrer freien Hand in einer Richtung befinden, die der Bewegung der Blockierbewegung entgegengesetzt ist. Diese entgegengesetzte Bewegung trägt zu einem Aktion-Reaktion-Effekt bei, welcher wiederum eines der wichtigsten Prinzipien des Taekwondo ist. In manchen Situationen kann Ihre freie Hand jedoch mit in die Bewegung einbezogen werden. Hier sind einige Beispiele:

- **Stützendes Blockieren:** Der durchbrechende Arm muss in diesen Fällen auf dem anderen Arm ruhen.
- **Hilfsblockieren:** Diese Bewegung gilt als Hilfsblockieren, wobei Ihre Außenhand dem blockierenden Arm einen zusätzlichen Schub verleiht.
- **Verstärktes Blockieren:** Wenn sich die freie Hand in der Nähe des blockierenden Arms befindet und nicht zurückgezogen ist, wird das Blockieren dadurch verstärkt.

Dabei ist es wichtig zu beachten, dass diese verschiedenen Beschreibungen von Blockierungsbewegungen nicht immer konsistent sind und je nach dem angewandten Organisationsstandard variabel sein können.

Blockierstrategien im Taekwondo

In diesem Abschnitt gehen wir kurz auf einige gängige Blockierstrategien im Taekwondo ein. Die meisten der hier aufgelisteten Bewegungen sind grundlegend, aber auch einige fortgeschrittene Strategien, die ein gutes technisches Verständnis erfordern, werden beschrieben.

Blockieren mit dem äußeren Unterarm (Bakat Palmok Makgi)

Der äußere Unterarm kann auf drei verschiedene Arten zum Blockieren genutzt werden: hoch, mittel oder niedrig. Um diese Bewegungen durchzuführen, sollte Ihr Unterarm aus einer horizontalen Ausgangsposition heraus nach vorne schnappen. Dabei wird die Kraft des Angriffs auf die Außenseite Ihres Unterarms ausgeübt. Diese Art des Blockierens wird häufig aus der Schrittstellung heraus eingesetzt. In der Regel blockiert man Angriffe aus der Ausgangsposition heraus und geht dann beim Blockieren in die Schrittstellung über.

Inneres Unterarmblockieren (An Makgi)

Hierbei handelt es sich um das Gegenteil des Blockierens mit dem äußeren Unterarm, da hier die Bewegung mit dem inneren Unterarm durchgeführt wird. Sie machen einen

Schritt nach vorne und bewegen Ihren Arm in einer entschlossenen Bewegung. Der Arm wird dabei senkrecht gehalten, wobei die Handfläche nach innen zeigt, und der Schlag wird auf die Innenseite des Arms ausgerichtet.

Aufsteigendes Blockieren (Chookya Makgi)

Beim aufsteigenden Blockieren wehren Sie den Angreifer von einem relativ hohen Angriffspunkt aus ab, die Bewegung eignet sich insbesondere zur Abwehr bei Schlägen auf den Kopf und auf die Schultern. Wenn Sie Ihren Arm waagerecht über Ihren Kopf heben, können Sie die Innenseite Ihres Unterarms nutzen, um den Schlag abzufangen. In Situationen, in denen Ihr Gegner eine Waffe hat, ist diese Art des Blockierens auch zur Selbstverteidigung nützlich.

Schutzblockieren (Daebi Makgi)

Das Schutzblockieren wird besonders von Menschen, die den ITF-Stil des Taekwondo bevorzugen eingesetzt. Das Schutzblockieren wird üblicherweise aus einer L-Stellung heraus oder mit dem Gewicht auf dem Hinterfuß durchgeführt. Ihre Vorhand wird nach vorne geschlagen, um den Schlag des Gegners am Auftreffpunkt mit offensiver Kraft zu treffen, während die ruhende Hand seitlich an der Brust platziert wird. Aus dieser Position heraus sollte die schützende Hand Ihnen ausreichend Deckung für den Großteil Ihres Körpers bieten.

Gedrehtes Blockieren

Das gedrehte Blockieren wird möglich, wenn sich Ihr Oberkörper in Richtung des Schlags dreht. Einer der größten Vorteile dieser Art von Blockieren ist der, dass Sie Ihren Gegner anschließend packen können. Das gedrehte Blockieren kann auch mit dem Messerhandangriff kombiniert werden.

Scherenblockieren (Kawi Makgi oder Gawi Makgi)

Beim Scherenblockieren wird eine Kombination aus Abwärtsblockieren und einem äußeren Unterarmblockieren eingesetzt. Beide Aktionen sollten gleichzeitig durchgeführt werden, wobei beide Arme eine scherenartige Bewegung über der Brust durchführen. Mit dem Scherenblock können Sie verschiedene Körperteile gleichzeitig mit einer einzigen Bewegung schützen.

Kreuzblockieren oder X-Block (Otgoreo Makgi)

Im ITF-Taekwondo Stil wird Kreuzblockieren auch als X-Block bezeichnet. Überkreuzen Sie hierzu Ihre Handgelenke vor Ihrem Körper auf der gleichen Seite wie Ihr vorderes Bein, wobei die Handflächen nach außen zeigen sollten. Sie können sich dann mit Ihrer Faust oder mit der Messerhand gegen hohe, mittlere und niedrige Angriffe verteidigen.

Handflächen Blockieren (Sonbadak Naeryo Makgi)

Hier halten Sie Ihre offene Handfläche vor Ihr Gesicht, um es abzuschirmen. Beim korrekten Handflächenblockieren sollten alle Ihre Finger miteinander verbunden und nicht ausgestreckt sein. Wenn Sie einen angreifenden Schlag oder Tritt mit einer Stoßbewegung abwehren, verhindert der Rückstoß, dass Sie sich selbst ins Gesicht treffen.

Einarmiges Unterarmblockieren (Wae Sun Palmok)

Sie können Tritte mit dem Unterarm abwehren, die auf Ihren Oberkörper zielen. Ihre Führungshand zielt dabei auf Ihre gegenüberliegende Schulter, während Ihr anderer Arm schnell nach unten gesenkt wird, um den gegnerischen Tritt zu vereiteln. Für diese Art des Blockierens wird der Unterarm eingesetzt.

Doppeltes Unterarmblockieren

Hierbei handelt es sich um eine Variante des Unterarmblockierens, mit der Sie gleichzeitig hohe und mittlere Angriffe abwehren können. Sie beginnen dazu in der Regel mit einem vor der Brust gekreuzten Arm. Dann führen Sie ein hohes Blockieren mit dem äußeren Arm und ein mittleres Blockieren mit dem inneren Arm durch.

Doppeltes Messerhandblockieren (Yangsonnal Momtang Magki)

Das doppelte Messerhandblockieren ist identisch mit dem Außenblockieren, mit der Ausnahme, dass die Messerhand eingesetzt wird, während Sie Ihr Gewicht nach hinten verlagert haben. Diese Bewegung kann zum Blockieren von hohen oder niedrigen Angriffen genutzt werden.

Doppeltes Unterarmblockieren (Doo Palmok Makgi)

Diese Art von Blockieren ist vergleichbar mit dem Unterarmblockieren, das die meisten Menschen kennen. Bei dieser Bewegung platzieren Sie jedoch Ihre unterstützende Hand hinter Ihrer blockierenden Hand, um dem blockierenden Arm zusätzlichen Halt zu geben. Das macht es Ihnen auch einfacher, einen zweiten Angriff, falls nötig, abzuwehren.

Neunerblockieren (Gutja Makgi)

Das Neunerblockieren beschreibt eine technisch komplexe Strategie, mit der Sie Ihren Rumpf gegen eine Vielzahl von Angriffen verteidigen können. Der Name dieser Blockiertechnik leitet sich von der Position der Hand ab, wenn Sie die Bewegung durchführen. Das Neunerblockieren wird in der Regel in einer Gehhaltung durchgeführt.

Stoßtritte (Mireo Chagi)

Obwohl der Stoßtritt streng genommen keine einfache Durchbrechenstaktik ist, kann er dennoch zur Abwehr eines gegnerischen Schlags benutzt werden. Bringen Sie dazu Ihr Knie zur Brust und stoßen Sie Ihr Bein nach außen in Richtung Ihres Gegners. Damit lenken Sie nicht nur den Schlag Ihres Gegners ab, sondern verschaffen sich auch reichlich Platz für einen Gegenangriff.

Schnitttritt

Der Schnitttritt kann ähnlich wie der Stoßtritt eingesetzt werden, um den Angriff des Gegners abzuwehren. Er sieht aus wie ein Seitentritt und wird häufig eingesetzt, um Schläge aus der Drehung bei Sparringkämpfen zu kontern. Wenn Ihr Gegner einen Drehtritt einsetzt, können Sie sich mit einem Schnitttritt gegen die Hüfte oder den unteren Rücken verteidigen, um ihn von den Füßen zu stoßen. Der Schnitttritt verschafft Ihnen außerdem genügend Zeit für einen Gegenangriff.

Bergblockieren (Santul Makgi)

Das Bergblockieren ist eine der beliebtesten Bewegungen im WTF-Stil. Sie wird genutzt, um mehrere auf Ihr Gesicht gerichtete Angriffe gleichzeitig zu durchbrechen. Die Innenkante des einen Handgelenks bewegt sich dabei im Uhrzeigersinn, während sich die Außenkante des anderen Handgelenks in die entgegengesetzte Richtung bewegt, wenn Sie diese Art des Blockierens einsetzen.

Tipps zum Üben von Taekwondo Blockieren

Die verschiedenen Taekwondo Blockiertaktiken, die in diesem Kapitel beschrieben werden, sind einfach durchführbar, und es gibt viele weitere Variationen zu jeder dieser Bewegungen. Wie bei jedem anderen Aspekt des Sports liegt der Schlüssel zur Verbesserung Ihrer Blockierfähigkeiten im Taekwondo in der Übung.

Um das Blockieren zu üben, können Sie dies entweder alleine tun, indem Sie verschiedene Muster üben, oder indem Sie mit einem Sparringspartner zusammen üben. Wenn Sie mit einem Teamkollegen das Blockieren trainieren, sollten Sie sich beim Üben bestimmter Bewegungsmuster abwechseln. Wenn Ihr Partner eine Angriffsposition einnimmt, übernehmen Sie die Verteidigung und umgekehrt. Während des Trainings sollten Sie angreifende Tritte und Schläge mit weniger als der Hälfte Ihrer normalen Geschwindigkeit durchführen, um ausreichend Freiraum und Zeit zu haben, um die Blockierbewegungen zu perfektionieren.

Wenn Sie die Bewegungsmuster zum Blockieren allein üben wollen, geht das auch vor dem Spiegel. Auf diese Weise können Sie beobachten, ob Sie die Bewegungen korrekt durchführen und Ihre Hände dabei in der richtigen Position halten.

Beim Taekwondo gibt es eine umfangreiche Bibliothek von Blockiertaktiken. Während Sie die verschiedenen Stufen durchlaufen, werden Sie einige dieser Bewegungen kennenlernen.

Kapitel 12: Dehnung und Trainingsroutinen

Taekwondo ist eine Kombination aus vielen verschiedenen Dingen - Kampfkunst, Verteidigungstaktiken, eine Möglichkeit zu einer energiegeladeneren und bereichernden Lebenserfahrung und eine explosive Mischung aus chinesischen und koreanischen Traditionen. Im Kern handelt es sich jedoch um eine waffenlose traditionelle Kampfkunst, die den Schwerpunkt auf Sprungtritte, kopfhohe Tritte, Seitentritte und Schläge legt. Eine durchschnittliche Taekwondo Stunde umfasst Trittübungen, Schlagübungen und Geschwindigkeitsziele. Diese Übungen dienen der Verbesserung der motorischen Fähigkeiten und der Flexibilität.

Taekwondo hat viele Vorteile für die körperliche Fitness. Die Forschung zeigt, dass es die kardiovaskuläre Gesundheit dramatisch verbessert, die athletischen Fähigkeiten steigert und das Gleichgewicht und die Koordination fördert. Im Jahr 2014 fanden Forscher heraus, dass Taekwondo Sportler eine gute Ausdauer, Kraft im Ober- und Unterkörper, erhöhte Flexibilität und anaerobe Kraft aufweisen. Diese Vorteile sind das Ergebnis von effektiven Trainingsprogrammen und Dehnübungen.

Da es sich um eine körperlich defensive Sportart handelt, werden die Übungen in der Regel mit anderen Körpergewichtstrainingsübungen und weiteren Kraft- und Konditionierungsübungen kombiniert, um ein gut abgestimmtes Workout zu gewährleisten. Diese sind vorteilhaft, weil sie Ihre Fähigkeiten steigern, während Sie sich kontinuierlich weiterentwickeln können. Es gibt verschiedene Möglichkeiten für effektive Dehnübungen. Dehnen folgt oft auf ein Aufwärmen, um kalte Muskeln zu aktivieren. Ein Aufwärmen ist notwendig, weil sich kalte Muskeln nicht gut dehnen lassen. Einige Taekwondo Trainingseinheiten werden auch mit Dehnübungen abgeschlossen. Die Idee dahinter ist, dass Sie daran denken, dass alle Muskeln zu diesem Zeitpunkt vollständig aufgewärmt sein sollten. Werfen wir einmal einen Blick auf die Bedeutung des Dehnens, bevor wir die verschiedenen Arten von Dehnübungen analysieren.

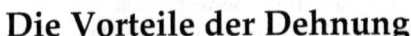

Die Vorteile der Dehnung

Bildquelle[70]

- Dehnung erhöht die Flexibilität. Der menschliche Körper braucht im Allgemeinen viel Flexibilität, aber für Kampfsportler ist sie besonders wichtig, vor allem in den Hüften, im unteren Rücken und in den Beinen.
- Auch der Bewegungsradius wird durch die Dehnung vergrößert. Gute Dehnbarkeit hilft Ihnen, höhere Tritte erzielen zu können und anspruchsvolle Bewegungen und Positionen besser zu bewältigen.
- Wenn Ihre Muskeln durch Dehnen konditioniert werden, kommt es beim Training und bei Wettkämpfen in der Regel zu weniger Verletzungen.
- Oft spielt das Dehnen eine Rolle bei der Genesung von Verletzungen. Fitnesstrainer setzen nach Verletzungen sanfte Dehnübungen ein, um die Flexibilität und Kraft des Körpers wiederherzustellen.

- Die Dehnung erhöht die Durchblutung und fördert das Muskelwachstum. Dehnen fördert außerdem die geistige Konzentration, weil es einen gesteigerten Fokus voraussetzt. Viele Künstler nutzen es auch als eine Art von Meditation.
- Die Dehnung reduziert den Muskelkater nach dem Training und sorgt für eine bessere Bewegungsflexibilität, damit Sie gut schlagen oder treten und sich blitzschnell bewegen können.
- Das Dehnen hilft, Verletzungen vorzubeugen, denn es ermöglicht Ihnen einen vollen Bewegungsumfang beim Taekwondo Training, ohne dass Sie sich die Muskeln zerren oder gar zerreißen werden. Taekwondo erfordert einen aktiven Einsatz der Beine. Wenn Sie sich richtig dehnen, können Sie Ihre Beine in die erforderlichen Positionen bringen, ohne sie zu sehr zu belasten. Mit angespannten Muskeln ist das nicht möglich, und falsche Bewegungen können zu bösen Verletzungen führen.
- Da das Dehnen die Flexibilität fördert, wehren sich Ihre Muskeln zunehmend weniger gegen komplizierte Kampfbewegungen oder neue Positionen. Das Ergebnis ist eine stetig zunehmende Geschwindigkeit, die Ihre Leistung verbessert. Die höhere Geschwindigkeit ebnet Ihnen den Weg für mehr Kraft, eine bessere Flexibilität und einen größeren Bewegungsradius. Das verbessert wiederum Ihre Gesamtleistung als Taekwondo Kämpfer in Sachen Geschwindigkeit und Kraft.

Die Dehnung muss richtig und konsequent geübt werden. Beim Dehnen handelt es sich um eine Schlüsselkomponente jeder Sportart, aber für Taekwondo ist es aufgrund der explosiven Verteidigungsstrategien noch wichtiger. Als Anfänger sollten Sie verstehen, dass es gefährlich ist, wenn Sie sich nur an Trainingstagen dehnen. Auch an trainingsfreien Tagen sollten Sie zu Hause an Ihrer Flexibilität arbeiten, um Ihre Beweglichkeit so schnell wie möglich zu verbessern.

Arbeiten Sie mit dem Tempo, das Ihr Körper von Ihnen verlangt, sonst könnten Sie mit komplizierten Verletzungen zu kämpfen haben. Wenn Sie sich jedoch nur an den Trainingstagen dehnen, wird sich Ihre Beweglichkeit nur langsam verbessern und Sie werden häufig von denjenigen übertroffen, die dem Dehnen die nötige Priorität einräumen. Wenn Sie sich zu Hause dehnen, sollten Sie dies lieber morgens als abends tun.

Verschiedene Arten von Dehnübungen

Hinweis: Als Anfänger sollten Sie diese Dehnübungen am besten zuerst mit Ihrem Lehrer oder Trainer ausprobieren. Die meisten Kampfsporttrainer sind Profis mit jahrelanger Erfahrung. Einige der folgenden Dehnübungen sind riskant für ungeschulte Kämpfer. Daher sollten Sie sie nur dann zu Hause ausprobieren, wenn Sie eine gute Vorstellung davon haben, wie Sie die Bewegungen sicher und effektiv absolvieren können.

Im Stehen und Sitzen

- **Nackenrollen:** Bewegen Sie einfach Ihren Nacken in einer kreisförmigen Bewegung im Uhrzeigersinn herum. Wenn Sie eine Variation ausprobieren wollen, setzen oder stellen Sie sich mit geradem Rücken hin und schauen Sie direkt nach vorne. Führen Sie Ihre Arme vor Ihren Körper und strecken Sie sie aus, verschränken Sie sie dann fest vor der Brust. Drehen Sie Ihren Kopf so, dass sich Ihr Kinn über Ihrer Schulter befindet. Diese Dehnung fördert die Beweglichkeit von Ihrem Kiefer bis zu Ihrem Schlüsselbein.
- **Nacken dehnen:** Bewegen Sie den Kopf nach vorne und hinten und dann zu beiden Seiten. Nutzen Sie Ihre Hände, um vorsichtig gegen Ihren Kopf zu drücken oder sanft an ihm zu ziehen, um die Dehnung zu intensivieren, wenn Sie Intensität steigern wollen.
- **Schultern:** Beugen Sie Ihre Arme so, dass sich Ihre Fäuste in der Nähe Ihrer Schultern befinden, und drehen Sie Ihre Arme erst im und dann gegen den Uhrzeigersinn. Um Ihre Schultern zu dehnen, strecken Sie einen Arm gerade vor sich aus und ziehen Sie ihn dann mit dem anderen Arm zu Ihrer Brust. Legen Sie den anderen Arm knapp unterhalb des Ellbogens des gestreckten Arms an und drücken Sie ihn in Richtung Brust, um die Dehnung weiter zu

verstärken. Das Ziel ist es, dass Sie die Dehnung in der gesamten Schulter spüren.

- Um die Vorderseite Ihrer Schulter zu dehnen, sollten Sie sich mit den Füßen schulterbreit auseinanderstellen und geradeaus schauen. Verschränken Sie Ihre Hände hinter dem Rücken, während Sie die Arme gerade halten. Bewegen Sie nun Ihre Hände sanft nach hinten, so weit wie es Ihnen möglich ist, und drücken Sie Ihre Ellbogen gegeneinander.
- Um die Rückseite der Schulter zu dehnen, stellen Sie sich zunächst mit den Füßen ein wenig weiter auseinander und schauen Sie gerade nach vorne. Bringen Sie Ihren Arm gerade nach oben, so dass er sich parallel zum Boden befindet. Führen Sie den Arm über die Brust und lassen Sie dabei die Schultern unten. Drücken Sie den Arm mit dem anderen Arm gegen die Brust, indem Sie den Unterarm knapp unterhalb des Ellenbogens des gestreckten Arms anlegen.

Rückendehnung

- **Unterer Rücken:** Legen Sie sich mit angewinkelten Knien auf den Rücken auf den Boden. Ziehen Sie Ihre Knie zu Ihrer Brust. Achten Sie bei dieser Dehnung darauf, dass Sie Ihren Rücken nicht durchbiegen.
  - **Rücken:** Knien Sie sich auf den Boden und halten Sie die Knie fest zusammengedrückt. Strecken Sie die Arme nach oben und beugen Sie sich dann von der Taille aus vor, legen Sie den Brustkorb auf die Knie und legen Sie die Hände flach auf den Boden. Lassen Sie sie gerade ausgestreckt. Setzen Sie sich nach einer Weile wieder auf Ihre Fersen, um zu spüren, wie die Dehnung in Ihren unteren Rücken eindringt. Für eine Dehnung nach hinten beugen Sie sich so weit wie möglich nach hinten und schauen dabei über Ihren Kopf nach hinten. Lassen Sie Ihre Beine schulterbreit auseinanderstehen und stützen Sie Ihre Hände auf den Hüften ab.
  - **Rückendehnung aus der Hocke:** Knien Sie sich auf alle Viere. Schauen Sie mit geradem Rücken auf den Boden. Beugen Sie Ihren Rücken nach oben und lassen Sie Ihren Kopf auf den Boden sinken. Kehren Sie in die Ausgangsposition zurück und senken Sie den Bauch (nicht die Brust) zum Boden. Richten Sie Ihren Blick weiterhin nach vorne und halten Sie Ihre Knie und Hände bei dieser Dehnung schulterbreit voneinander entfernt.

Für eine Partner-Rückendehnung verschränken Sie die Ellbogen und stellen Sie sich Rücken an Rücken mit Ihrem Partner hin. Heben Sie den Oberkörper abwechselnd vom Boden ab, indem Sie sich nach vorne beugen.

Taillenrotation

Bewegen Sie Ihre Taille in einer kreisförmigen Bewegung, wobei Sie Ihre Hände auf die Hüften legen und die Beine schulterbreit auseinanderstellen. Achten Sie darauf, die Hüften langsam zu bewegen. Für eine seitliche Dehnung beugen Sie Ihre Hüfte zu einer Seite und beugen Sie sich dann zur anderen Seite. Versuchen Sie dabei, Ihren Arm über Ihren Kopf zu heben.

Neben Hüftdrehungen ist auch eine Fußballendehnung erforderlich. Legen Sie sich flach auf den Boden und greifen Sie beide Füße mit dem Ziel, sie über Ihren Kopf zu ziehen. Das Ziel ist es dabei, dass Ihre Füße Ihre Stirn berühren und dort mindestens eine Minute lang festgehalten werden.

Beindehnübungen

Legen Sie sich flach auf den Rücken, beugen Sie ein Knie und ziehen Sie es bis zur Brust. Auf diese Weise dehnen Sie Ihren Po von der Oberseite Ihres Beins bis hin zum unteren Rücken. Um die Außenseite Ihrer Hüfte zu dehnen legen Sie sich flach auf den Rücken und strecken Sie Ihre Arme aus. Beugen Sie ein Knie nach oben, fassen Sie es dann mit der anderen Hand und bringen Sie es über die Brust auf den Boden. Lassen Sie das andere Bein gerade und die Schultern auf dem Boden. Ziel ist es hierbei, das äußere Bein bis zu Ihrer Hüfte zu strecken.

Um Ihre Leiste zu dehnen, können Sie sich mit geradem Rücken auf den Boden setzen und die Beine ausstrecken. Spreizen Sie Ihre Füße dabei so weit wie möglich und lassen Sie die Beine gerade. Lassen Sie den Rücken gerade, während Sie Ihre Brust auf den Boden senken und Ihre Arme vor sich ausstrecken. Gehen Sie so weit wie möglich nach vorne und verharren Sie dann in der Dehnung. Nehmen Sie dabei die Ellbogen zur Hilfe.

Wenn Sie die Vorderseite Ihrer Oberschenkel dehnen wollen, stellen Sie sich auf ein Bein und bringen Sie die gegenüberliegende Ferse bis zu Ihrem Po. Fassen Sie an Ihren Fuß und ziehen Sie ihn sanft nach oben.

Stellen Sie sich mit gestreckten Beinen hin und bringen Sie Ihre Füße zusammen, um die Rückseite Ihrer Oberschenkel zu dehnen. Heben Sie die Hände über den Kopf, beugen Sie sich nach unten und versuchen Sie, Ihre Zehen zu berühren.

Taekwondo Training verstehen

Beim Taekwondo verteidigt man sich ohne Waffen, d.h. Sie verlassen sich ausschließlich auf Ihre Sparring-Fähigkeiten, um sicher und effektiv zu kämpfen. Das Sparring ist das Herzstück des Taekwondo, und das Wichtigste ist dabei, dass Sie immer die Kontrolle behalten und es nicht aus dem Ruder laufen lassen. Wenn Sie Angst davor haben, geschlagen oder verletzt zu werden oder gar eine andere Person zu verletzen, bedeutet das aber nicht, dass Taekwondo nichts für Sie ist.

Ihre Ängste sind verständlich, denn der menschliche Körper verfügt über einen starken Selbsterhaltungssinn. Die Übungen wurden jedoch entwickelt, um Sie beim Sparring zu unterstützen. Wenn Sie also bei Turnierkämpfen oder beim Mattentraining erfolgreich sein wollen, müssen Sie lernen, effektiver an Ihren Sparring-Fähigkeiten zu arbeiten. Sparring simuliert eine tatsächliche Kampfsituation. Es hilft Ihnen dabei, sich ein breiteres Verständnis der Kampfmuster zu erarbeiten, und fördert die Entwicklung von Fähigkeiten wie Geschwindigkeit, Distanzkontrolle und Kraft.

Bevor Sie mit den Übungen beginnen, sollten Sie zunächst einen offenen Raum von etwa 10 Quadratmetern (3.5 Meter breit und 3.5 Meter lang) zur Verfügung haben. Das ist mehr als genug Platz für Sie, wenn Sie allein und zu Hause trainieren. Aber als Anfänger ist es besser, mit dem Training in einem Trainingszentrum zu beginnen, da Sie dort einen Partner für die Übungen haben.

Schattenkämpfe

Schattenkämpfen wird normalerweise vor einem Spiegel geübt. Hierzu müssen Sie Tritte, Schläge und Ellbogenbewegungen einsetzen. Außerdem müssen Sie gute Fußarbeit leisten, während Sie eine gute Reichweite in Ihren fließenden Bewegungen beibehalten. Das Gute am Schattenkampf ist, dass Sie sich selbst sehen können, so dass Sie Ihre Fehler leicht erkennen können. Wenn Sie jedoch mit einem Partner schattenkämpfen, müssen Sie sich auf Ihren Gegner und nicht auf sich selbst konzentrieren, sonst werden Sie getroffen.

Sparring mit Boxsack

Das Sparring mit dem Boxsack gilt als großartiger Ausgangspunkt für Anfänger, die ihre Trainingsdrills üben möchten. Das Schlagen auf einen schweren Sandsack vermittelt Ihnen eine Vorstellung davon, was Sie erwartet, wenn Sie einem echten Gegner gegenüberstehen. Sie lernen dadurch zu verstehen, wie viel Kraft und Geschwindigkeit Sie im Kampf einsetzen müssen. Da es sich bei Ihrem Gegner bloß um einen Sandsack handelt, können Sie mit Ihren Tritten, Schlägen, Ellbogen und Handkantenschlägen brutal vorgehen. Wenn der Sack nach vorne schwingt, nutzen Sie dies, um Ausweichtaktiken zu üben, bevor Sie wieder zuschlagen.

Kampf mit dem Dummy

Der Kampf mit dem Dummy ist ideal für Anfänger, die ihre Verteidigungsfähigkeiten verbessern möchten. Dummys werden häufig in der Kampfkunst und sogar in der Waffenkontrolle verwendet, weil sie viel sicherer zum Üben sind. Ein Dummy ist hilfreich, um offensive und defensive Schläge und den gleichzeitigen Einsatz beider Hände zu erlernen. Wie beim Sandsack können Sie Ihre Schläge austeilen, aber Sie müssen nicht ausweichen, da die Puppe nicht reagieren kann. Konzentrieren Sie sich also sehr bewusst auf Ihr Kraftniveau.

Sparring im Kreis

Diese Übung ist ziemlich fortgeschritten, aber selbst wenn Sie erst ein Anfänger sind, werden Sie irgendwann mit dieser Trainingsmethode konfrontiert werden. Bei dieser Übung geht es vor allem darum, das Bewusstsein für Ihre Umgebung zu schulen. Beim Sparring im Kreis werden Sie von sechs oder mehr Personen umgeben, die Sie nacheinander angreifen. Dieser Ansatz testet Ihre Geschwindigkeit, Kraft, Fähigkeiten und Ihr Vermögen, unter Druck intuitiv zu reagieren. Es bleibt dann keine Zeit mehr zum Nachdenken. Entweder Sie handeln schnell oder Sie verlieren. Normalerweise sind Ihre Mitkämpfer auf dem gleichen Niveau wie Sie. Aber wenn Ihre Fähigkeiten wachsen, kann das Sparring im Kreis intensiver werden, weil Sie von mehr als einer Person gleichzeitig angegriffen werden. Als Anfänger sollten Sie sich diese Übung für den Schluss aufheben und erst andere Übungen ausreichend beherrschen lernen, bevor Sie sich den Angriffen von sechs Personen stellen.

Zusätzliche Dinge, die es zu beachten gilt

Die Schnelligkeit ist im Taekwondo von enormer Bedeutung. Wie schnell sind Sie derzeit? Wie schnell glauben Sie, dass Sie in Zukunft sein können? Sparringskämpfe sind sehr kurz und dauern normalerweise nicht länger als zwei Minuten. Die Verbesserung Ihrer Tritte ist eine von mehreren hervorragenden Möglichkeiten, um Ihre Geschwindigkeit zu erhöhen, Ihren nächsten Schritt zu planen, noch bevor Sie einen Schlag ausführen, und mehr als einen Tritt für Ihre Angriffe einzuplanen. Wenn Sie sich angemessen vorbereitet haben, müssen Sie Ihren nächsten Schritt nicht schon auf der Matte im Kopf planen. Das sollten Sie tun, bevor Sie überhaupt auf die Matte treten.

- Schnellere Tritte basieren auf entspannten Muskeln, und deshalb sind die Meditation und Dehnung so wichtig. Verkrampfte, angespannte Muskeln werden immer langsamer reagieren, niemals schneller. Bevor Sie Ihre Tritte üben, entspannen Sie Ihre Muskeln, damit Ihre Tritte in einer flüssigen, leichten Bewegung durchgeführt werden können.

- Die Kraft ist auch beim Taekwondo Sparring von enormer Bedeutung. Sie müssen Ihre Kraft ständig steigern. Wenn Sie dies im Hinterkopf behalten, maximieren Sie die Wirkung Ihrer Tritte oder Schläge und Sie können Ihre Tritte oder Schläge so planen, dass sie mit dem auf Sie zustürmenden Gegner zusammenstoßen. So vervielfachen Sie die Kraft Ihres Angriffs und die Kontergeschwindigkeit Ihres Gegners. Um Ihre Kraft zu steigern, sollten Sie auch lernen, Kniebeugen und Sprünge in Ihre Aufwärmübungen einzubauen, da sie die Oberschenkelmuskeln aufbauen. Denken Sie daran, dass Sie die Übungen vorsichtig und in Anwesenheit eines Profis durchführen sollten. Ein zu hoher Trainingsdruck kann unweigerlich zu Verletzungen führen.

- Eine letzte Sache, die Sie immer im Hinterkopf behalten sollten, ist die Tatsache, dass Sie mit Ihren Tritten, Schlägen oder Stößen stets genau sein müssen. Eine Möglichkeit, um die Genauigkeit zu verbessern, besteht darin, das Treten von kleinen Objekten zu üben, bis Sie Ihre Ziele immer wieder genau treffen. Das ist meist eine Herausforderung, da die Trainingsziele kleiner sind als das, was Sie von den üblichen Zielen gewohnt sind. Kleine Ziele helfen Ihnen nicht nur dabei, Ihre Treffsicherheit zu verbessern, sondern sie helfen Ihnen auch, Ihre Reaktion auf ein sich bewegendes Objekt zu trainieren. Das Training ist von entscheidender Bedeutung, denn Ihr Gegner ist ein sich bewegendes Objekt im Ring, und Sie sollten geschickt genug sein, um dessen Reaktion mit Geschwindigkeit zu steuern. Das Training mit Freunden bietet Ihnen eine gute Möglichkeit, um Ihre Genauigkeit zu verbessern. Achten Sie nur darauf, dass Sie alle in Schutzkleidung gekleidet sind.

Taekwondo ist eine recht anspruchsvolle Kampfsportart. Er wird Ihre körperliche und geistige Leistungsfähigkeit auf vielfältige Weise auf die Probe stellen. Einige Schüler erreichen hervorragende Fähigkeiten, andere geben auf und können dem Druck nicht standhalten. Als Anfänger müssen Sie herausfinden, auf welcher Seite Sie stehen wollen. Studieren Sie die Gewohnheiten der besten Sportler, um die nötige Trainingsdisziplin besser zu verstehen. Die Profis scherzen weder mit ihren Dehnübungen, noch geben sie dem Druck nach. Sie legen eine starke Kombination aus Genauigkeit, Geschwindigkeit und Kraft an den Tag. Wenn auch Sie danach streben, diese Eigenschaften perfekt zu verkörpern, dann begeben Sie sich auf den besten Weg zum Erfolg.

Kapitel 13: Die Taekwondo Gewohnheiten: Training, Disziplin und Einstellung

Das Erlernen von Taekwondo hat mehrere Vorteile. Taekwondo ist eine der vielfältigsten Kampfsportarten, die man erlernen kann, denn sie verbessert Ihre Selbstverteidigungsfähigkeiten und wirkt sich auch positiv auf andere Bereiche Ihres Lebens aus. Taekwondo verbessert Ihre Gesundheit, Ihre Fitness und Ihre Einstellung zum Leben, daher kann sich durch die Teilnahme an diesem Sport Ihre ganze Lebensqualität steigern.

Die vielen Vorteile dieses Sports ergeben sich aus der Vielfalt der Taktiken und Disziplin beim Training, sowie durch die erforderliche Einstellung, um zum Meister zu werden. Taekwondo ist mehr als nur ein körperlicher Trainingsansatz oder ein Wettkampfsport, es ist ein Lebensstil, der den Einzelnen auf verschiedene Weise stärken kann. Jeder der diesen Sport betreibt, kann erwarten, dass er ein gewisses Maß an Selbstvertrauen und Spannung in sein Leben zurückbringt.

Was kann man vom Taekwondo lernen?

Viele Menschen nehmen den Taekwondo Unterricht zur Selbstverteidigung oder um körperliche Stärke und Beweglichkeit zu erlangen. Mit der Zeit werden Sie jedoch feststellen, dass die Vorteile des Taekwondo über die körperlichen Aspekte hinausgehen. Vielleicht wissen Sie es noch nicht, aber die Beherrschung der Hand- und Fußbewegungen kann Ihnen helfen, Ihre Sicht auf das Leben zu verändern und sich selbst auf vielfältige Weise zu verbessern. Einige der zusätzlichen Vorteile von Taekwondo sind:

Höflichkeit und Respekt

Eine der ersten Lektionen, die Ihnen in Ihrer ersten Taekwondo Übungsstunde beigebracht wird, ist das respektvolle Verbeugen vor dem Training. Diese Verbeugung wird nicht nur von Anfängern gemacht, sogar Lehrer und erfahrene Kämpfer verbeugen sich stets, bevor der Kampf beginnt. Auf diese Art lehrt man Respekt vor dem Gegner.

Indem Sie sich vor jedem verbeugen, unabhängig von dessen Alter, Rang oder Fähigkeiten, lernen Sie Höflichkeit und reduzieren Ihr Ego. Sie können Ihren Status im wirklichen Leben nicht überall

Bildquelle[71]

mit hinnehmen. Beim Taekwondo gehört auch dazu, dass Sie sich vor dem Gegner verbeugen. Das mag Ihnen anfangs zwar lächerlich erscheinen, aber dieser Akt lehrt Sie eine wichtige Lektion: Im wirklichen Leben müssen Sie lernen, andere Menschen zu respektieren, auch wenn Sie eine andere Meinung haben als Sie selbst oder einfach nicht mit Ihren Entscheidungen übereinstimmen.

Beharrlichkeit

Es gibt einen guten Grund dafür, warum Beharrlichkeit und Unbeugsamkeit zu den Grundsätzen des Taekwondo gehören. Es dauert Jahre, bis Sie die Kunst des Taekwondo beherrschen. Sie werden wochen- und monatelang ununterbrochen üben müssen, um von einer Übungsstufe zur nächsten zu gelangen, und dabei mit Beharrlichkeit bei Ihrer Arbeit bleiben. Selbst wenn Sie die höchste Stufe erreicht und den schwarzen Gürtel erworben haben, kann das Lernen im Taekwondo immer noch ein nachhaltiger und dauerhafter Aspekt Ihres Lebensstils bleiben.

Das lehrt Sie, dass Sie Ihre Tränen und Ihren Schweiß in den Sport investieren müssen, um eine bessere Version Ihrer selbst zu werden. So ist es überall im Leben. Widrigkeiten werden Ihnen in vielen Bereichen beggnen, aber Sie müssen stark bleiben und ausharren, wenn Sie die Früchte Ihrer Arbeit ernten wollen.

Sie werden jeden Tag etwas Neues lernen

Im Taekwondo werden Sie feststellen, dass das Lernen nie aufhört. Unabhängig davon, wie viel Sie gelernt haben oder welche Gürtelfarben Sie erreicht haben, müssen Sie neue Fähigkeiten erlernen und sich ständig weiterentwickeln. Der beste Kampfsportler ist derjenige, der nie die Tür vor einer Gelegenheit verschließt, und stets bereit ist, etwas Neues zu lernen.

Disziplin vor allem anderen

Wenn Sie mit dem Taekwondo Training beginnen, sollten Sie immer daran denken, dass Disziplin für Ihren Erfolg im Taekwondo und in Ihrem täglichen Leben unerlässlich ist. Viele Menschen werden versuchen, Sie von Ihrem Weg abzubringen. Irgendwann im Laufe Ihrer Trainingslaufbahn könnte es Ihnen so vorkommen, als würden Sie nicht so viele Fortschritte machen, wie Sie sollten. In solchen Momenten liegt es an Ihnen, zu entscheiden, wie Sie in Zukunft auf Rückschläge reagieren wollen.

Taekwondo Training

Inzwischen wissen Sie wahrscheinlich, dass Taekwondo körperlich sehr anspruchsvoll ist. Sie brauchen viel körperliche Kraft, Ausdauer und Flexibilität, wenn Sie auf hohem Niveau trainieren wollen. Deshalb ist das Taekwondo Training am besten für junge und agile Menschen geeignet. Aber ein gehobenes Alter muss Sie nicht vom Training abhalten, und mit dem richtigen Maß an Willenskraft ist alles möglich, unabhängig vom Alter.

Dabei reicht es nicht aus, jung und stark zu sein, um im Taekwondo zu glänzen, und viele junge Menschen haben immer noch Schwierigkeiten, mit dem Trainingstempo mitzuhalten. Sie müssen an Ihre Grenzen gehen, um die richtige Einstellung und die nötigen Gewohnheiten zu entwickeln, die Sie brauchen, um ein erfolgreicher Taekwondo Kämpfer zu werden.

Im Vergleich zu vielen anderen Kampfsportarten ist Taekwondo zwar recht aggressiv, aber die Verletzungsrate und die Gefahr von bleibenden oder schweren Verletzungen ist sehr gering. Dennoch ist es wichtig, dass Sie sich der Gefahren und der Härte dessen, worauf Sie sich einlassen, bewusst sind. Kampfsport ist schließlich gefährlicher als Malen oder andere sanftere Hobbys. Daher müssen Sie wichtige Sicherheitstipps beachten und die Trainingsanweisungen gut befolgen, um die Verletzungsgefahr zu verringern. Der Irrglaube, dass Taekwondo ein sicherer Sport ist, ist nicht das einzige Missverständnis, das es über den Sport gibt.

Fangen Sie gerade erst mit dem Training an? Wir haben Neuigkeiten für Sie

Es gibt eine gute und eine schlechte Nachricht. Wir können beide direkt konfrontieren, sodass Sie dann Ihre eigene Entscheidung treffen können. Fangen wir mit der schlechten Nachricht an.

Taekwondo ist nicht einfach. Beginnen Sie nie mit der Illusion, dass Sie einen sanften Sport betreiben, der leicht zu meistern ist. Wie Sie zu Beginn Ihrer Reise feststellen werden, braucht es für den Weg vom weißen zum schwarzen Gürtel ein hohes Maß an Hingabe und Konsequenz.

Die gute Nachricht ist, dass es möglich ist, Ihre Fähigkeiten schnell zu verbessern und dadurch beeindruckende Ergebnisse zu erzielen. Zunächst sollten wir Ihnen an dieser Stelle gratulieren. Die Tatsache, dass Sie den Großteil dieses Buches bis zu diesem Punkt gelesen haben und noch nicht auf die Trainingsmatte gegangen sind, ist großartig. Um diese Leistung zu feiern, erhalten Sie einen weißen Gürtel, was schon mehr ist, als wenn Sie die Matte gar nicht betreten hätten. Also, klopfen Sie sich ruhig selbst auf die Schulter.

Sie sollten wissen, dass die Entscheidung, Taekwondo Unterricht zu nehmen, auch bedeutet, dass Sie sich einer großen, aber beeindruckenden Herausforderung stellen. Aber wie Sie bald herausfinden werden, ist der Weg von hier bis zur Spitze steil. Es ist möglich, dass Sie sich am Anfang etwas verloren fühlen und sich sogar albern vorkommen, wenn Sie versuchen, die Bewegungen anderer zu imitieren, die sich mit ihrer ausgeklügelten Fußarbeit und ihren anmutigen Drehtritten viel souveräner zu bewegen scheinen.

Wie also können Sie sich das Taekwondo Training leichter machen und es gleichzeitig beschleunigen? Dabei müssen wir wohlgemerkt betonen, dass Taekwondo nicht einfach ist, aber dass Sie es sich deutlich leichter machen können, wenn Sie ein paar einfache Tipps befolgen. Behalten Sie die folgenden Dinge im Hinterkopf, wenn Sie mit dem Training beginnen und die richtigen Gewohnheiten entwickeln.

Entspannen Sie sich

Wenn es etwas gibt, das Sie wissen müssen, dann ist es die Tatsache, dass angespannte Muskeln beim Kampfsport nicht gut funktionieren. Ihre Bewegungen werden durch die Anspannung langsamer und Ihre Tritte und Schläge werden schwächer. Außerdem werden Sie während des Trainings schnell an Kraft verlieren.

Also, bleiben Sie locker und entspannt. Das müssen Sie tun, wenn Sie die richtigen Übungstechniken entwickeln wollen. Üben Sie also, wie Sie nicht nur Ihre Glieder, sondern auch Ihren Geist entspannen können. Meditation und Achtsamkeitsübungen sind für dieses Ziel unerlässlich. Üben Sie regelmäßig mit einem klaren und entspannten Geist, und Sie werden rasch eine deutliche Verbesserung Ihrer Fähigkeiten feststellen. Je öfter Sie dies tun, desto automatischer und flüssiger werden Ihre Bewegungen. Zu Beginn müssen Sie sich vielleicht aktiv zur Entspannung zwingen, aber mit der Zeit werden Sie feststellen, dass Sie nicht mehr so viel darüber nachdenken müssen.

Regelmäßig üben

Sie müssen an den Trainingskursen teilnehmen und Ihren Lektionen Aufmerksamkeit schenken. Sie werden jedoch bemerkenswerte Ergebnisse erzielen, wenn Sie regelmäßiger üben. Das bedeutet, dass Sie mehr Zeit benötigen als den regulären Unterricht, den Ihnen Ihre Lehrer bieten können. Sie müssen zusätzlich zu Hause alleine üben. Wer Taekwondo alleine zu Hause übt, wird wahrscheinlich besser abschneiden als diejenigen, die das nicht tun.

Außerdem sollte Ihr Training Einzelstunden umfassen, um Ihre Fähigkeiten zu verbessern und Ihr technisches Wissen in Ihrem eigenen Tempo auszubauen. Dennoch ist auch Sparring ein wichtiger Teil des Taekwondo Trainings. Die Forschung hat gezeigt, dass das Üben unter Bedingungen, die Sie an gewohnte motorische Fähigkeit erinnern, die Beherrschung Ihrer Bewegungen deutlich verbessern. Dies ist besonders wichtig, wenn Sie Taekwondo zur Selbstverteidigung oder für Wettkämpfe erlernen. Es ist wichtig zu wissen, dass Sie als Anfänger sofort kämpfen dürfen, aber wenn Sie erfahrener werden, wird das Sparring ein fester Bestandteil Ihrer Trainingsroutine.

Übung

Regelmäßige Übungen sind wichtig, um Ihre Muskeln zu stärken und Ihre Flexibilität zu verbessern. Sie müssen sich auf Dehnungen und andere Übungen konzentrieren, die die Stärke der gewünschten Muskelgruppen verbessern.

Es wird empfohlen, dass Sie Dehnübungen nach Ihrem täglichen Training (nicht davor) machen. Das Dehnen am Ende des Trainings verhindert, dass Ihre Muskeln verkrampfen, und fördert die Flexibilität. Ihre Muskeln sind nach dem Training bereits aufgewärmt und elastisch, so dass Sie mit Ihren Dehnungen bessere Ergebnisse erzielen werden.

Sie sollten auch Übungen machen, die Ihre Körpermitte und Ihr Gesäß stärken (Kniesehnen, Hüfte und Gesäß). Beim Taekwondo werden Sie viel treten, und die Effektivität Ihrer Tritte hängt von der Stärke Ihres Rumpfes und der Rückenmuskulatur ab. Workouts mit Sit-ups, Kniebeugen und Klappmesser sind für diese Muskelgruppe besonders förderlich. Sie können aber auch Liegestütze, Klimmzüge und andere Übungen machen, um Ihren Oberkörper zu stärken, damit Sie besser zuschlagen können.

Meditieren und Dinge visualisieren

Manchmal sind die besten Trainingseinheiten die, die Sie machen, ohne einen einzigen Muskel zu bewegen. Mit Meditations- und Visualisierungsübungen können Sie Ihre Fähigkeiten verbessern und Ihren Geist schärfen, während Sie bei der Arbeit, beim Kochen oder sogar im Bett sind.

In Kapitel 4 dieses Buches haben wir bereits viel zum Thema Meditation beschrieben. Lesen Sie sich dieses Kapitel ruhig nochmal in Ruhe durch, um sich besser an die wichtigsten Lektionen zu erinnern. Bei der Visualisierung stellt man sich vor, dass man die verschiedenen Bewegungen sorgfältig durchgeht, um sie zu perfektionieren. Es ist wie eine Übung, die nur in Ihrem Kopf geschieht. Die Forschung hat gezeigt, dass derselbe Bereich Ihres Gehirns, der an der physischen Ausführung dieser Bewegungen beteiligt ist, stimuliert wird, wenn Sie sich diese Bewegungen vorstellen. Das hilft Ihnen dabei, starke Nervenbahnen aufzubauen, um Ihre Fähigkeiten zu verbessern.

Diese nicht-körperlichen Fähigkeiten sind auch dann nützlich, wenn Sie zu beschäftigt, verletzt oder zu krank sind, um körperlich zu trainieren, und Sie eine Zeit lang außer Gefecht gesetzt sind.

Fazit

Taekwondo ist eine der am einfachsten zu erlernenden Kampfsportarten, aber das bedeutet nicht, dass man beim Training mit weniger Herausforderungen konfrontiert wird. Es braucht Entschlossenheit und Ausdauer, um die verschiedenen Aspekte des Sports zu meistern und die eigenen Fähigkeiten wiederholt zu übertreffen.

Es gibt eine große Vielfalt an Taktiken und Stilen zu meistern. Sie werden feststellen, dass es viele Unterschiede zwischen dem, was Sie in diesem Buch gelesen haben, und den Informationen, die Sie anderswo finden werden, gibt. Viele der Lektionen des Taekwondo wurden von verschiedenen Meistern entwickelt. Außerdem wird der Sport weltweit von verschiedenen Organisationen betrieben, die unterschiedliche Regeln und Konventionen haben. Obwohl Sie die Lektionen, die Sie in diesem Buch gelernt haben, möglicherweise lehrreich und nützlich finden, bitten wir Sie, stets auf Ihre Lehrer zu hören. Ihre Lehrer haben nicht nur das letzte Wort, wenn es um die Techniken geht, die Sie beherrschen müssen, sondern bestimmen auch das Tempo, in dem Sie die verschiedenen Bewegungen lernen sollten. Sie müssen sich an den Rat Ihres Ausbilders halten, wenn Sie die besten Ergebnisse erzielen wollen.

Übernehmen Sie sich nicht. Konzentrieren Sie sich auf das Beherrschen der Grundlagen und arbeiten Sie sich allmählich hoch. Der Drehschlag sieht vielleicht super aus, aber Sie müssen der Versuchung ihn anzuwenden widerstehen, bis Sie geistig und körperlich dazu bereit sind. Die fortgeschrittenen Bewegungen und Taktiken werden später gelehrt, und viele von ihnen sind Variationen der Grundlagen, die Sie schon als Anfänger kennenlernen. Wenn Sie die Grundlagen nicht richtig beherrschen, werden Sie in den fortgeschrittenen Phasen wahrscheinlich noch größere Schwierigkeiten haben.

Abschließend hoffen wir, dass dieses Buch für Sie von Nutzen war und dass es Ihr Training effektiv ergänzt.

Teil 7: Kung Fu

Das ultimative Handbuch für Shaolin Kung Fu mit Bewegungsanleitungen und Positionen

Einführung

Die meisten Menschen lernen Kampfsportarten zum ersten Mal entweder durch Filme oder Fernsehsendungen kennen. In diesen sehen Sie starke, unerschütterliche, disziplinierte Helden, die gegen scheinbar unüberwindbare Hindernisse mit nichts weiter als ihren Armen, Händen, Beinen und Füßen kämpfen. Diese Helden sind Botschafter. Sie haben ihre Kampfkunstform einem Publikum außerhalb Chinas und Hongkongs nähergebracht. Heutzutage müssen Sie nicht mehr an einem dieser Orte leben, um Kung Fu richtig beherrschen zu lernen.

Dieses Buch ist Ihr Portal zu den Dojos und Kwoons. Mithilfe der enthaltenen Anleitungen können Sie bequem von zu Hause aus und in Ihrem eigenen Tempo die eindrucksvollen Tritte und zielgerichteten Bewegungen des Kung Fu ausführen. Ganz gleich, ob Sie Anfänger sind oder ob Sie bereits Trainingserfahrungen gesammelt haben, dieses Buch soll nicht nur Ihr Wissen über die Kampfkunst vertiefen, sondern auch die positiven Auswirkungen, die das Erlernen der Kampfkunst auf alle Bereiche Ihres Lebens haben kann, für Sie verstärken.

Kung Fu bringt Ihnen mehr bei als nur präzise Schläge und Tritte. Es geht bei diesem Sport vor allem um Disziplin. Diese Kampfkunstart bietet Ihnen eine fantastische Möglichkeit, um Ihre körperliche Verfassung zu verbessern und in Form zu bleiben. In der heutigen hektischen und oft anspruchsvollen Welt kann der Sport Ihnen als ein fantastisches Ventil dienen, durch das Sie Stress und Ängste abbauen können. Wenn Sie Ihren Körper stärken, schärfen Sie dadurch gleichzeitig auch Ihren Geist und verbessern Ihre Konzentration.

Bei Ihrer Arbeit mit diesem Buch können Sie Ihr Selbstvertrauen steigern, das Ihnen vielleicht momentan fehlt, oder das Selbstvertrauen weiter stärken, das Sie bereits haben. Wenn Sie mithilfe dieses Handbuches Kung Fu lernen, werden Sie, wenn auch nicht physisch, so doch im Geiste mit all den Praktizierenden verbunden sein, die vor Ihnen kamen. Sie werden Teil einer uralten Gemeinschaft, in der alle Kämpfer das Ziel hatten, die Kunst der Selbstverteidigung zu erlernen und sich weiter zu verbessern.

Kung Fu ist eine Kunst, die den Selbstausdruck fördert. Sie können die Grundlagen lernen und sie anschließend selbstständig ausbauen, um sich etwas ganz Eigenes zu schaffen. Wie ein Maler stellt Ihnen dieses Buch die Farben, die Pinsel und die Leinwand zur Verfügung. Und es lehrt Sie, wie man malt, während das Endprodukt ganz Ihnen überlassen bleibt.

Kapitel 1: Was ist Kung Fu?

Bevor Sie Kung Fu lernen, müssen Sie unbedingt mehr über seine Ursprünge erfahren. Um das Beste aus den Lektionen dieses Buches und der Kampfkunst herauszuholen, ist es wichtig, dass Sie deren Geschichte und Ursprünge kennenlernen. Dieses Wissen ist einer der Bausteine, auf denen die ganze Kampfdisziplin aufgebaut ist. Wie bei einem Haus hilft auch beim Kung Fu das Fundament dabei, die ganze Struktur zusammenzuhalten und so zu verhindern, dass alles in sich zusammenbricht.

Es gibt mehrere allgemein akzeptierte Definitionen oder Übersetzungen des Begriffes „Kung Fu". Einige Menschen interpretieren es als „Arbeit und Anstrengung". Andere meinen, dass die Übersetzung „harte Arbeit eines Mannes" sinngemäßer ist. Welche Übersetzung Sie auch bevorzugen, es werden immer zwei Kernelemente betont: harte Arbeit und Hingabe. Die Beherrschung der Kampfkunst erfordert beides.

Die Ursprünge des Kung Fu sind umstritten. In einem Land, das so alt und reich an Geschichte ist wie China, ist es fast unmöglich, sich auf eine einzige Quelle zu beschränken. Dennoch gibt es mythologische und historische Spuren, denen Sie folgen können, um einen groben Zeitplan für den Ursprung der Kampfkünste zu erstellen.

Viele Menschen glauben, dass die Anfänge dessen, was schließlich zum modernen Kung Fu werden sollte, mit der Einführung und Verbreitung der Kampfkünste in China begannen. Huangdi, der später als „Gelber Kaiser" bekannt wurde, soll einige der ersten Anleitungen zu militärischen Taktiken und Selbstverteidigungstechniken verfasst haben, die sich später zu einer eigenen Kampfdisziplin entwickeln sollten.

Der Legende nach sagten die Sterne die Geburt und das große Schicksal des Gelben Kaisers voraus. Huangdi wurde während einer Zeit großer Unruhen und kriegerischer Stämme geboren und sollte die verschiedenen Stämme, die entlang des Gelben Flusses lebten, vereinen. Vereint bildeten diese Gruppen später die erste Version des chinesischen Staates.

Der Gelbe Kaiser beeinflusste nicht nur die politische und militärische Landschaft Chinas, sondern er war auch der Urvater der chinesischen Medizin. Seine Philosophien und medizinischen Entdeckungen sollten sich später zu einigen der zentralen Lehren des Kung Fu entwickeln. Diese Schriften gehören zu den ältesten, die jemals in der Geschichte der Menschheit entdeckt wurden.

Nach dem Tod des legendären Gelben Kaisers wurden seine Lehren über die Kampfkünste fortgeführt und weiterentwickelt. Das noch junge China war jahrhundertelang von Kleinkriegen zwischen Feudalherren geprägt, in denen es um alles Mögliche ging, von Landrechten bis hin zu persönlichen Kränkungen. Während dieser Zeit wurden Huangdis Philosophien über Kampfkunst, Kriegsführung und Selbstverbesserung von verschiedenen Regionen des riesigen Landes übernommen und für deren Zwecke angepasst.

Die Philosophien des Gelben Kaisers entwickelten sich zu den „Sechs Künsten" des alten China. Ähnlich wie beim westlichen Konzept des „Renaissancemenschen" wurden chinesische insbesondere Männer der Oberschicht, zum Lernen der Künste ermutigt. Die Sechs Künste waren: Bogenschießen, Kalligraphie, Wagenreiten, Musik, Mathematik, und Riten.

Während der Han-Dynastie trat eine weitere Kernfigur für die Entwicklung der chinesischen Kampfkünste an die Spitze der Bewegung. Er handelte sich um den berüchtigten Arzt und Chirurgen namens „Hua Tuo". Dem bekannten Arzt wird nicht nur die Entdeckung der Anästhesie zugeschrieben, sondern er soll auch die Lücken in den Lehren des Gelben Kaisers in Bezug auf die Medizin gefüllt haben.

Ein weiterer gigantischer Beitrag zum Kung Fu, der Hua Tuo zugeschrieben wird, war die Entwicklung von Übungstechniken, die zahlreiche gesundheitliche Vorteile für seine Patienten hatten. Diese Techniken basierten auf den Bewegungen von Tieren, die er beobachtet hatte. Er entwickelte ein System, das später in den aus Shaolin stammenden Kung Fu-Techniken verwendet wurde, indem er die von ihm beobachteten Bewegungen integrierte.

Weitere Jahrhunderte vergingen, in denen verschiedene Kampfstile, Techniken und Lebensphilosophien auf dem chinesischen Festland kultiviert wurden. Erst als ein ausländischer buddhistischer Mönch aus Südindien, „Bodhidharma", das Land besuchte, wurde das eigentliche Kung Fu entwickelt.

Bodhidharma kam irgendwann zwischen 450-500 n. Chr. auf das chinesische Festland. Einzelheiten dazu, wie er dorthin kam und wie er durch das Land reiste, sind bis heute unklar. Es gibt nicht viele überlieferte Aufzeichnungen über seine Reisen. Bekannt ist aber, dass er ursprünglich kam, um zu lehren und das Wort dessen zu verbreiten, was später unter dem Namen Xiao Sheng Buddhismus bekannt werden sollte.

Die Ankunft von Bodhidharma wurde von den indischen Königen angekündigt, die die chinesischen Königreiche darum baten, sich gut um ihren Mönch zu kümmern, der gekommen war, um die Lehren des Buddha zu verbreiten. Wohin er auch kam, die Chinesen waren begierig darauf, ihn zu sehen, ihn sprechen zu hören und von ihm zu lernen. Daher waren sie überrascht, als er nicht sprach, sondern einfach still meditierte. Einige waren davon fasziniert, andere verwirrt und es gab sogar einige, die durch die Meditation verärgert waren. Wie auch immer sie reagierten, die meisten Chinesen, denen der Mönch begegnete, verstanden nicht alles, was er ihnen predigte. Dennoch verbreitete er seine Ankunft und seine radikalen Lehren nah und fern.

Schließlich erreichten diese Geschichten von Da Mo (Bodhidharma), dem meditierenden indischen Mönch, den Herrscher von Chinas südlichem Königreich, Kaiser Wu. Der Kaiser, ein gläubiger Buddhist, legte Wert darauf, Denkmäler, Statuen und Tempel zu errichten, die er der Religion widmen konnte. Als er also von diesem indischen Mönch hörte, der eine neue Sichtweise auf das hatte, was er liebte, wollte er ihn unbedingt kennenlernen.

Es gibt eine berühmte Geschichte über die erste Begegnung zwischen Kaiser Wu und Bodhidharma. Der Kaiser erkundigte sich, ob der Mönch das Engagement des Herrschers für den Buddhismus und die großzügigen Spenden an die religiösen Huldigungsstätten für gut und moralisch hielt. Zu seiner Überraschung sagte der Mönch „Nein". Als der Kaiser daraufhin fragte, ob ein Buddha in seiner Welt lebte, sagte der Mönch wiederum „nein".

Es versteht sich wohl von selbst, dass Bodhidharmas Antworten Kaiser Wu verärgerten. Doch seine Argumentation war einfach und zeigte, wie der Mönch die Welt sah und was er durch seine Lehren fördern wollte. Kaiser Wus große Spenden an Tempel und buddhistische Einrichtungen waren nichts, womit man prahlen oder worauf man stolz sein konnte. Nach Ansicht des Mönchs entsprechen Sie lediglich der Pflicht eines Herrschers. Selbst die Frage danach, ob ein Buddha unter den Menschen lebte, zeugte von einem klaren Mangel an Glauben an die Religion. Nach dem Treffen mit dem Kaiser wurde Bodhidharma angewiesen, das Königreich zu verlassen und nie wieder zurückzukehren.

Nach seiner Verbannung aus dem Reich des Kaisers Wu führte Bodhidharmas Reise in den Norden Chinas zu einer Versammlung in dem Dorf Nanjing. Dort traf er auf einen ehemaligen, erfolgreichen General namens „Sheng Guang". Der General wurde von Schuldgefühlen geplagt, wegen all der Menschen, die er direkt oder indirekt getötet hatte, und wegen der Auswirkungen, die dies auf die Freunde und Familien seiner Opfer gehabt hatte. Diese Gefühle hatten den General dazu veranlasst, ein buddhistischer Mönch zu werden.

An diesem Tag sprach Sheng Guang in Nanjing zu einer Menge von Dorfbewohnern und lehrte sie traditionelle buddhistische Lehren. Bodhidharma hörte ihm zu und reagierte ehrlich auf seine Aussagen, ob er nun mit dem Gesagten einverstanden war oder nicht. Die Tatsache, dass dieser Ausländer die Frechheit besaß, den Kopf zu schütteln und mit seinen Lehren nicht einverstanden zu sein, machte Sheng Guang wütend. Diese Wut kochte so hoch, dass der ehemalige General dem Mönch die buddhistischen Perlen vom Hals riss und einige davon nach ihm warf, die ihn im Gesicht trafen, ihn blutig machten und ihm ein paar Zähne ausschlugen.

Natürlich dachte Sheng Guang, dass sein wütender Ausbruch zu einer Konfrontation mit dem südindischen Mönch führen würde. Überraschenderweise lächelte Bodhidharma einfach und ging weg. Dieser Akt der Selbstbeherrschung und die Fähigkeit, auch nach dem Angriff auch noch die andere Wange hinzuhalten, beeindruckten den ehemaligen General zutiefst. Der Mönch hatte dadurch einen Kernbestandteil des Kung Fu demonstriert: Disziplin, Kontrolle und die Fähigkeit, den eigenen Ärger zu beherrschen. Dies beeindruckte Sheng Guang so sehr, dass er Bodhidharma bis zum Shaolin-Tempel folgte.

Die Legende besagt, dass Bodhidharma, als er den Shaolin-Tempel erreichte, von begeisterten Mönchen begrüßt wurde, die von ihm und seinen Lehren gehört hatten. Sie waren sehr begierig darauf, ihn kennenzulernen. Aber er ging einfach an allen vorbei, ohne ein Wort zu sagen oder ihre Anwesenheit auch nur zu würdigen. Stattdessen machte er sich auf den Weg in den hinteren Teil des Tempels. Dort angekommen, fand er eine Höhle, setzte sich in sie hinein und begann zu meditieren.

Es heißt, dass Bodhidharma neun Jahre lang in dieser Höhle saß und auf eine Wand starrte, nicht einmal auf den Eingang. Können Sie sich das vorstellen? Fast ein Jahrzehnt lang an demselben Ort und an derselben Stelle zu sitzen, ohne auch nur ein einziges Wort zu murmeln? Es heißt, dass sein Meditieren und Beten so intensiv war, dass seine Silhouette einen Abdruck an der Wand hinterließ.

Die Shaolin-Mönche waren von Bodhidharmas Hingabe und Glauben überwältigt. Sie bauten ihm ein Zimmer im Tempel und boten es ihm an. Obwohl er nie ein Wort sagte, stand der indische Mönch nach neun Jahren auf und ging in den Raum, der ihm angeboten wurde. Er setzte sich hin und meditierte weitere vier Jahre lang.

Um Bodhidharma entstand eine Mystik. Seine unorthodoxen Lehren begannen bei den Shaolin-Mönchen Anklang zu finden. Sie fingen an, seine Herangehensweise an die religiösen Lehren, denen sie ihr Leben gewidmet hatten, zu schätzen. Obwohl sie weder körperlich noch geistig stark genug waren, um in seine Fußstapfen zu treten, glaubte der ausländische Mönch, dass die Mönche weiter gestärkt werden konnten.

Damals in Südindien gehörte Bodhidharma der Kriegerkaste an, einem Kshatriya. Mit den Techniken, die er als Krieger gelernt hatte, begann er, die Shaolin-Mönche zu trainieren. Mit seinen erlernten Atemtechniken und Bewegungen legte er unwissentlich den Grundstein für das, was später unter dem Namen „Kung Fu" bekannt werden sollte.

Diese primitive Form des Kung Fu war stark an die buddhistischen Philosophien von Bodhidharma angelehnt. Sie konzentrierte sich in erster Linie auf die Beherrschung des inneren Selbst. Er glaubte, dass man durch die Verbesserung der eigenen Gesundheit, der Konzentration und der Kontrolle über den eigenen Geist näher an Buddha herankommen konnte.

Bodhidharmas Lehren im Shaolin-Tempel führten zur weiteren Entwicklung der Kampfkunst. Von diesem berüchtigten Ort aus verbreitete sich das Kung Fu im ganzen Land und schließlich in der ganzen Welt.

7 Kung Fu-Disziplinen

Es gibt Hunderte von Teildisziplinen, die unter dem Dach des Kung Fu vereint sind. Es wäre *nahezu unmöglich*, sie alle einzeln in diesem Buch durchzugehen, und dies würde Ihnen auch nicht die Grundlagen vermitteln, die Sie auf Ihrer Reise durch die verschiedenen Kampfkünste benötigen. Stattdessen werden Sie sieben der populärsten und grundlegenden Disziplinen kennenlernen, die die perfekte Basis für den Anfang der Kung Fu Kunst darstellen.

1. Baguazhang

Baguazhang, die „Acht-Trigram-Handfläche", ist ein weicher Kung Fu-Stil, der seinen Ursprung im China des neunzehnten Jahrhunderts hat. Der Stil basiert auf einer Technik, die darauf abzielt, die Kraft und das Gewicht des Gegners gegen ihn einzusetzen. Dabei werden die Schläge umgelenkt, um den Gegner aus dem Gleichgewicht zu bringen. Da es sich in erster Linie um einen defensiven Kampfstil handelt, erfordert er viel innere Ruhe und einen klaren Geist, um optimal angewandt zu werden.

Was Baguazhang einzigartig macht, ist die Integration einer Vielzahl von Kampftechniken in ein vereintes System. Es ist so konzipiert, dass ein Praktizierender bis zu acht Gegner auf einmal angreifen kann.

Baguazhang ist unter anderem besonders effektiv aufgrund der ständigen Bewegung und komplizierten Fußarbeit. Wenn sich der Kämpfer ständig bewegt, dreht und verrenkt, ist es schwierig, ihn mit einem Treffer zu erwischen. Dadurch entfällt bei diesem Kampfstil die Notwendigkeit, übermäßig zu blocken, und Sie können stattdessen antäuschen und ausweichen.

Wenn der Gegner aus dem Gleichgewicht gebracht wird, können die Schläge mit praktisch jedem Körperteil des Trainierenden ausgeführt werden. Baguazhang nutzt das Körpergewicht und den Schwung des Gegners und setzt Würfe, Unterwerfungen und

Grifftechniken ein, um einen Angreifer zu neutralisieren.

Das Baguazhang-Training beginnt zunächst mit der Stärkung des Geistes, bevor Sie die eigentlichen Kampfbewegungen lernen. Es handelt sich um einen introspektiven Stil des Kung Fu. Er erfordert die Fähigkeit, sich geistig und mental zu zentrieren. Da sich alles um das Sinnbild des Flusses dreht, muss der Praktizierende in der Lage sein, sich anzupassen, wie ein reißender Fluss um die Felsen, die aus dem Wasser ragen.

Nachdem ein Kampfkünstler ein angemessenes geistiges Niveau erreicht hat, muss er zunächst die kreisförmigen Bewegungen lernen, die für Baguazhang von zentraler Bedeutung sind. Es wird dabei angenommen, dass das Kreisen eine Art Wirbel aus natürlichen Erdenergien erzeugt, die man zur Verteidigung nutzen kann. Es gibt noch eine zweite, geradlinige Methode, die die Vielfalt dieser vielseitigen Kung Fu-Disziplin weiter vergrößert.

2. Nordische Gottesanbeterin

Nehmen wir an, Sie haben jemals Kung Fu in den populären Medien gesehen. In diesem Fall sind Sie zweifellos mit der aus Nordchina stammenden Disziplin der Gottesanbeterin in Berührung gekommen. Diese Darstellungen sind jedoch oft ungenau und werden der Komplexität dieser dreieinhalb Jahrhunderte alten Sammlung von Techniken nicht gerecht. Was damit begann, dass ein Mönch eine Gottesanbeterin dabei beobachtete, wie sie eine Zikade tötete, entwickelte sich zu einer der wichtigsten Varianten der Kampfkunst.

Ähnlich wie Baguazhang setzt der Stil der Nordische Gottesanbeterin mehr auf Technik und Bewegung als auf rohe Kraft. Mit kurzen, etwas ruckartigen, rückstoßartigen Bewegungen ist die Variante des Sieben-Sterne-Stils die dominanteste und wird allgemein als besser angesehen als das im Shaolin-Tempel entwickelte Original. Da die Kraft aus der Taille und der Körpermitte kommt, können Praktizierende mit weniger körperlicher Kraft die Chancen ausgleichen, wenn sie stärkeren Gegnern gegenüberstehen.

Der Stil der Nordischen Gottesanbeterin konzentriert sich mehr auf die Beine als auf den Oberkörper des Trainierenden. Das macht durchaus Sinn, wenn Sie darüber nachdenken. Ihre Beine sind der wahrscheinlich stärkste Teil Ihres Körpers. Mit diesem Stil können Sie verheerende Schläge mit minimaler Anstrengung oder Belastung ausführen, indem Sie schnelle, durch die Kraft der Bauchmuskulatur angetriebene Tritte einsetzen. Das passt perfekt zur Philosophie dieser Technik, die auf die effiziente Nutzung von Energie ausgerichtet ist.

3. Tai Chi

Tai Chi ist eine der beliebtesten Formen des Kung Fu. Es handelt sich um eine Disziplin, mit der Sie wahrscheinlich bereits mehr in Berührung gekommen sind, als Ihnen bewusst ist. Denken Sie einmal darüber nach. Haben Sie jemals eine Gruppe von Menschen, oft ältere Menschen, gesehen, die in Parks etwas praktizieren, das wie eine langsame Kampfsportart aussieht? Diese Menschen haben wahrscheinlich Tai Chi geübt.

Beim Tai Chi dreht sich alles um Harmonie. Die kontrollierten Bewegungen und Atemtechniken sind darauf ausgerichtet, Chi zu erzeugen, auch als Lebensenergie bekannt. Das wirkt sich sowohl auf das Innere als auch auf das Äußere aus.

Es ist außerordentlich schwierig, eine so komplexe Disziplin wie Tai Chi in wenigen Worten zu definieren. Um sie wirklich zu verstehen, müssen Sie es praktizieren. Ähnlich wie beim Baguazhang dient das Wasser als Inspiration für die geschwungenen, abgerundeten Bewegungen, die die Energie umlenken sollen. Im Gegensatz zu Baguazhang ist diese Disziplin dazu gedacht, die Fähigkeiten und die Gesundheit eines Praktizierenden zu stärken und zu ergänzen, nicht zum Angriff oder zur Selbstverteidigung.

In vielerlei Hinsicht ist die Harmonie, die Tai-Chi bietet, eine Bereicherung für einen Kampfsportler. Wenn Sie es praktizieren, können Sie Ihre Flexibilität verbessern und Ihre körperlichen Fähigkeiten erweitern. Das Tai Chi kann Ihre Muskeln, Knochen und Sehnen stärken. Die Wiederholung und Beherrschung der kontrollierten Bewegungen kann Ihre Beweglichkeit verbessern und Ihr Gleichgewicht stärken. Die Disziplin bietet Ihnen so viele potenzielle gesundheitliche Vorteile, dass Mediziner einige ihrer Formen und Prinzipien für die Behandlung ihrer Patienten übernommen haben.

Die endlose Liste der potenziellen Vorteile des Tai Chi beginnt und endet aber nicht mit dem *Körperlichen*. Stattdessen hat sich gezeigt, dass es auch die geistige Gesundheit verbessert. Das Gleichgewicht und die Harmonie, auf denen Tai Chi basiert, erfordern einen gesunden Geist. Glücklicherweise ist das keine Voraussetzung, um mit dem Erlernen dieser Disziplin zu beginnen, da sie in der Praxis verbessert wird.

Tai Chi hat etwas Geheimnisvolles an sich. Niemand weiß wirklich, wo seine Grenzen liegen. Sein breites Spektrum an körperlichen und geistigen Vorteilen macht dieses grenzenlose Potenzial für Kampfsportler und normale Menschen gleichermaßen faszinierend.

4. Xing Yi Quan

Versuchen Sie, sich einen Speer vorzustellen und darüber nachzudenken, wie dieser geführt wird - stellen Sie sich in Ihrem Kopf den Stoß der scharfen Speerspitze vor. Nehmen Sie sich einen Moment Zeit und denken Sie darüber nach, wie diese Waffe eingesetzt wird, wie sie mit subtilen Bewegungen die gegnerischen Angriffe umleitet. Der Speer basiert auf denselben Grundideen wie die Kung Fu-Disziplin Xing Yi Quan.

Während einige Kung Fu-Disziplinen hübsch, ja sogar extravagant sind und elegante, extravagante Bewegungen verwenden, ist Xing Yi Quan viel nutzenbezogener. Seine Formen sind eher auf Effektivität im Kampf ausgelegt, als dass sie die Kunst dahinter zur Schau stellen. Hinter diesem scheinbar einfachen Ansatz verbirgt sich allerdings eine tiefe Komplexität. Das macht das Erlernen des Xing Yi Quan zu einer ernsthaften Herausforderung und sollte von denjenigen vermieden werden, die nicht viel Zeit für Ihre Übungen aufwenden können.

Die Komplexität des Xing Yi Quan beginnt mit der Tatsache, dass es eine relativ gleichmäßige Mischung aus inneren, sanften Krafttechniken und traditionellen Kampfkunstbewegungen erfordert. Mit anderen Worten, es erfordert die Beherrschung des Geistes und der Seele sowie diverser körperlicher Fähigkeiten. Aber damit hört die Komplexität noch nicht auf.

Das Erlernen des Xing Yi Quan, das aus einer Vielzahl miteinander verbundener komplexer Formen und Positionen besteht, erfordert einen sehr methodischen Ansatz. Um es zu meistern, müssen Sie jede einzelne Position wie eine Übung wiederholen, wobei jeder Schritt auf dem vorhergehenden aufbaut. Diese weniger persönliche Herangehensweise macht es ideal für die gleichzeitige Unterweisung großer Gruppen. Das hat zu vielen Theorien geführt, dass der Ursprung der Technik beim Militär liegt - sowohl was das Trainingssystem als auch die Technik selbst betrifft.

Praktizierende des Xing Yi Quan verlassen sich stark auf direkte Angriffe und Gegenangriffe. Sie verwenden kraftvolle Schläge, um die Verteidigung des Gegners zu durchbrechen. Einige Unterdisziplinen verwenden schnelle Tritte, wie etwa den Stil der Nordischen Gottesanbeterin, während andere sich auf Gelenkmanipulationen konzentrieren. Dieser Kampfstil ist sehr vielseitig, mit starken nützlichen Eigenschaften, die ihn zu einer der praktischeren Kung Fu-Disziplinen machen.

5. Shaolin-Stil

Wenn Sie an Kung Fu denken, was kommt Ihnen in den Sinn? Was sind die ersten Bilder, die Ihnen durch den Kopf schießen? Wahrscheinlich denken Sie an Martial-Arts-Filme der alten Schule oder an sehnige, mit eisengekleideten Mönchen in orangefarbenen Roben. All diese Bilder sind von dem berühmten spirituellen Mekka der Kampfkunst, dem Shaolin-Tempel, beeinflusst worden.

Der vielleicht berühmteste Stil des Kung Fu ist der Shaolin-Stil. Er stammt nicht nur aus demselben Ort, aus dem die Kampfkunst selbst nach der Ankunft von Bodhidharma entstand, sondern ist auch eine der buntesten und extravagantesten Disziplinen. Dies hat dazu geführt, dass er in fast jede Facette der Populärkultur eingeflossen ist, von Film und Fernsehen bis hin zu Videospielen und Musik.

Die praktische Anwendung des Shaolin Kung Fu konzentriert sich darauf, Ihren Gegner mit verschiedenen Schlägen und Blockierungen zu besiegen, auszuschalten und zu entwaffnen. Diese Disziplin verzichtet größtenteils auf Würfe und Gelenkmanipulationen und legt den Schwerpunkt auf weite Stellungen, kraftvolle Tritte sowie Schläge mit der offenen und der geschlossenen Hand.

Der Shaolin-Stil unterscheidet sich von vielen anderen Kung Fu-Disziplinen durch seine vielen Unterdisziplinen. Diese oft theatralischen Zweigstile verwenden oft sehr agile akrobatische Bewegungen, die die Zuschauer verblüffen können. Manchmal konzentrieren sie sich auf die Abhärtung von Körperteilen, was zu aufregenden Demonstrationen von Kraft und Schmerztoleranz führt. Andere Unterdisziplinen basieren auf Tieren oder Symbolen aus der Natur.

Wenn die meisten von uns an den Shaolin-Stil denken, ist der Aspekt, der am meisten hervorsticht, seine schiere Schönheit. Shaolin ist wahrscheinlich der kunstvollste aller Kampfkünste der Welt. Diese Disziplin wird auch heute noch praktiziert. Ursprünglich war diese Kung Fu-Variante für ihre Kraft und die furchteinflößende Fähigkeiten der Praktizierenden bekannt. Heute ist er eher eine Form der Unterhaltung und dient vor allem dem Aufbau innerer Stärke.

6. Bajiquan

Nehmen wir einmal an, Sie sind mehr an Explosivität interessiert, an plötzlichen, kraftvollen Schlägen, die die Verteidigung des Gegners durchbrechen können. In diesem Fall könnte Bajiquan genau Ihr Ding sein. Seine furchterregende Wirkung beruht auf der Vorstellung, dass der menschliche Körper über angeborene Kräfte und Schutzmechanismen verfügt, die man sich zur Selbstverteidigung zunutze machen kann.

Beim Bajiquan geht es vor allem darum, nah an den Gegner heranzukommen, die Distanz zu verringern und nicht nur Fäuste oder Füße einzusetzen. Knie, Ellbogen, Schultern und sogar Ihr Kopf sind natürliche und mächtige Waffen, die in anderen Kung Fu-Disziplinen oft übersehen werden. Sie sind sogar so stark, dass sie, wenn sie richtig eingesetzt werden, jeden Mangel an Kraft oder körperlichen Fähigkeiten ausgleichen können, den ein Praktizierender haben mag. Das bedeutet, dass es sich um ein ideales System für Anfänger oder diejenigen handelt, die sonst körperlich im Nachteil sein könnten.

Die Kraft des Bajiquan beruht nicht nur darauf, mit welcher Extremität Sie Ihren Gegner treffen. Es geht auch darum zu lernen, wie man durch Technik die stärkstmöglichen Schläge erzeugt. Obwohl es einige Aspekte der sanften Kampfstile hat, erfordert die überwältigend starke Kraft, die hierzu benötigt wird, eine entsprechend aggressive Denkweise. Sie müssen sich ständig weiterentwickeln und mit Ihren Bewegungen und Schlägen so effizient wie möglich sein, um Energie für wirkungsvolle explosive Schläge zu sparen.

Um Bajiquan zu lernen, müssen Sie zunächst Ihre Knochen konditionieren und stärken, damit Sie das anstrengende Training aushalten können. Außerdem müssen Ihre Knochen dazu in der Lage sein, die kraftvollen Schläge zu tragen, die Sie im Training und in der Praxis ausführen werden. Obwohl Bajiquan auch für diejenigen geeignet ist, die keine umfassenden Kung Fu-Kenntnisse haben, ist es eine der anspruchsvollsten Disziplinen, folglich müssen Sie auch viel aushalten können, wenn Sie versuchen, diesen Stil zu erlernen.

Bajiquan wird noch heute in chinesischen und taiwanesischen Spezialeinheiten verwendet. Das liegt daran, dass es eine so effektive Disziplin ist. Der Kampfstil kann auch tödlich sein, was ihn zu einem unverzichtbaren Bestandteil des Arsenals derjenigen macht, die regelmäßig ihr Leben aufs Spiel setzen müssen. Auch wenn der Stil seinen Ursprung in China hat, finden sich ähnliche Prinzipien auch in den Kampfkünsten von Ländern wie Israel, Brasilien, Russland und den Vereinigten Staaten wieder.

7. Wing Chun

Eines Tages beobachtete Ng Mui im Shaolin-Tempel den Kampf zwischen einer Ratte und einem Storch. Obwohl die Ratte bösartig war, kratzte und sogar biss, gelang es dem Vogel, das Ungeziefer abzuwehren. Durch die Kombination von Flügeln und Beinen setzte sich der Storch durch und vertrieb die Ratte.

Ng Mui war eine der furchtbarsten Kriegerinnen in ganz China. Sie nutzte die Lektionen, die sie beim Kampf zwischen Storch und Ratte gelernt hatte, um eine neue Kung Fu-Disziplin zu entwickeln. Nachdem sie diese entwickelt hatte, nannte sie ihre neue Kunst „Wing Chun".

Das für Kung Fu-Verhältnisse junge Wing Chun entstand, weil Ng Mui den Wunsch hatte, die Kampfkunst zu vereinfachen. Sie nahm alle Stärken, die sie von anderen Disziplinen gelernt hatte, und versuchte, deren Schwächen zu beseitigen. Geschwindigkeit, Präzision und Anpassungsfähigkeit waren der Schlüssel zu einer effektiven Kampftechnik.

Wing Chun wurde entwickelt, um in den dicht besiedelten und oft städtischen Umgebungen zu funktionieren, in denen es geboren wurde, kann aber auch in weniger beengten Räumen effektiv eingesetzt werden. Es wurde kreiert, um in Engpässen wie Gassen oder Treppenhäusern eingesetzt zu werden. Es erfordert schnelle Schläge und überragende Reflexe, um jeden Angreifer abzuwehren, so können auch bewaffnete Angreifer bezwungen werden.

Obwohl Wing Chun von einem Kampf auf Leben und Tod zwischen einem Vogel und einer Ratte inspiriert wurde, basieren die Prinzipien des Wing Chun auf der menschlichen Anatomie. Ein ausgeprägtes Verständnis dafür, wie der Körper funktioniert und wie man das Beste aus ihm herausholen kann, führt dazu, dass man bei diesem Stil weniger Zeit zum Erlernen und Beherrschen benötigt als bei anderen Kung Fu-Disziplinen. Im Gegensatz zu anderen Stilen kann er auch an verschiedene Körpertypen angepasst werden. Es heißt, dass Frauen lange Zeit die besseren Wing-Chun-Kämpferinnen waren.

Wing Chun wird, wie auch der traditionelle Shaolin-Stil, oft in der Popkultur verwendet. Eines der berühmtesten Produkte dieses Kampfstils, eigentlich ein Ableger der Disziplin, war der Hollywood-Actionfilmstar Bruce Lee. Er nutzte die Philosophien und Prinzipien der Disziplin und schuf eine lockerere, freizügigere Version namens Jeet Kun Do. Seine Version war mehr wie Jazz. Es wurde mehr improvisiert und die Bewegungen hatten einen natürlichen Fluss.

Der berühmteste traditionelle Wing Chun-Kämpfer und derjenige, der es inmitten der chinesischen Kulturrevolution davor bewahrte, in den Annalen der Geschichte unterzugehen, ist Ip Man. Er wurde zu einer seltenen modernen Kung Fu-Legende. Die Kämpfe und das Leben von Ip Man sind in einer äußerst erfolgreichen Filmreihe und in unzähligen Büchern verewigt worden.

Kapitel 2: Shaolin Kung Fu im Vergleich zu anderen Stilen

Kung Fu ist ein Begriff, der viele verschiedene Stile der Kampfkünste umfassen kann. Es gibt jedoch sechs Hauptstile auf der Welt. In diesem Kapitel werden wir uns ansehen, wie Shaolin Kung Fu im Vergleich zu anderen Kung Fu Stilen abschneidet. Wir werden Shaolin mit Wing Chun, Tai Chi, Nordische Gottesanbeterin, Baguazhang und Xing Yi Quan vergleichen, um zu sehen, was es einzigartig macht.

Was macht die verschiedenen Kung Fu-Stile so besonders?

Vielen Menschen fällt es schwer, zwischen Shaolin Kung Fu und anderen Formen des Kung Fu zu unterscheiden. Jeder Stil unterscheidet sich durch seine Ursprünge, seine Geographie, seine Eigenschaften, seine Techniken und seine Philosophien. Neben den oben erwähnten Kung Fu-Stilen gibt es noch einige andere alte Stile. Diese werden jedoch nicht mehr so häufig praktiziert.

Jeder einzelne Stil entwickelte sich in Abhängigkeit davon, wie die ursprüngliche Kunstform gelehrt wurde. Während Shaolin Kung Fu die älteste und bedeutendste ist, sind die anderen Stile wie Wing Chun und Tai Chi schon seit Hunderten von Jahren weit verbreitet. Während Shaolin Kung Fu für seine weiten Stellungen, Tritte und Handschläge bekannt ist, ist Tai Chi eher eine innere Kampfkunst, die sich mit langsamen körperlichen Bewegungen auf Geist und Energie konzentriert. Auch andere Formen wie Wing Chun und Nordische Gottesanbeterin sind zwar außerhalb Chinas weniger populär, gehören aber dank ihrer wendigen, explosiven Bewegungen aus nächster Nähe und ihrer animalischen Haltungen zu den wirkungsvollsten Selbstverteidigungstechniken.

In diesem Kapitel vergleichen wir Shaolin Kung Fu mit anderen Stilen, um zu sehen, was sie einzigartig macht.

Shaolin Kung Fu verstehen

Shaolin Kung Fu ist einer der ältesten Kampfkunststile in China. Er wurde vor über 1.500 Jahren von buddhistischen Mönchen in einem Shaolin-Tempel entwickelt. Die populärste Form, die seit Jahrhunderten in ganz Asien studiert wird, ist dabei Wushu (Kung Fu Sport). Die wenigsten Menschen wissen jedoch, dass es mehrere andere Arten von Kung Fu gibt, die auf verschiedenen Schulen und Stilen basieren.

Shaolin Kung Fu legt den Schwerpunkt auf verschiedene Techniken, darunter unter anderem weite Stellungen, Tritte und Schläge mit der offenen und geschlossenen Hand. Shaolin Kung Fu ist vielleicht einer der bekanntesten und anspruchsvollsten Kung Fu-Stile.

Shaolin Kung Fu betont die Tierstile, darunter unter anderem Tiger, Leopard, Schlange, Kranich und Drache.

Philosophie des Shaolin Kung Fu

Beim Shaolin Kung Fu zielt der Übende darauf ab, seine körperliche und geistige Verfassung durch rigoroses Training zu verbessern. Bei diesem Stil sind die Bewegungen im Kampf sehr fließend, weshalb er auch oft „Der Tanz der tausend Hände" genannt wird.

Shaolin Kung Fu betont mehrere Eigenschaften, darunter die Erzeugung von Kraft aus der Stille, Sensibilität, Stabilität und Geschwindigkeit. Eines der wichtigsten Dinge, die Sie über Shaolin Kung Fu wissen sollten, ist die Tatsache, dass es sowohl ein Kampfstil, eine Kunstform als auch eine Lebensphilosophie ist.

Es handelt sich um die einzige Kampfsportart, die alle Kampfstile umfasst, vom Ringen und Bodenkampf bis hin zu Schlägen und Tritten aus großer Entfernung.

Die folgenden Dinge sind einige der wichtigsten Ziele des Shaolin Kung Fu:
- Aufbau von Kraft und Ausdauer
- Steigerung des geistigen und spirituellen Bewusstseins
- Lernen, wie man die innere Kraft, bekannt als Chi/Qi, im Kampf nutzt

Kampftechniken und Methoden des Shaolin Kung Fu

Beim Shaolin Kung Fu versucht der Übende, seinen Gegner durch tiefe Stellungen aus dem Gleichgewicht und aus der Stabilität zu bringen. Dieser uralte Stil gilt als eine der besten Kampfsportarten Chinas, weil er jeden Teil des Körpers zur Selbstverteidigung einsetzt.

Shaolin Kung Fu betont auch verschiedene Angriffs- und Blockierungsstrategien, darunter Tritte aus großer Entfernung, Schläge mit der offenen und geschlossenen Hand und Schlagkombinationen.

Shaolin Kung Fu ist bekannt für den Einsatz von Waffen wie Stäben, Schwertern, Messern usw.

Wing Chun

Wing Chun ist eine Art von Kung Fu, die von der buddhistischen Nonne Ng Mui und ihrem Schüler Yim Wing Chun entwickelt wurde. Diese Kampfkunst, konzentriert sich auf den Nahkampf und umfasst verschiedene Arten von Blockierungen, Schlägen, Tritten und Stößen, um den Gegner schnell zu besiegen. Das System wurde über Generationen hinweg im Geheimen gelehrt, bis einer seiner Schüler, Ng Chung-sok, in den 1930er Jahren mit der Zustimmung seines Meisters das erste Handbuch veröffentlichte.

Wing Chun konzentriert sich auf den Nahkampf, Schläge, defensive Taktiken wie Ducken und Ausweichen und Beweglichkeit. Wing Chun ist besonders berühmt für seine Armschläge, die auf Druckpunkte am Körper abzielen und dem Übenden helfen können, seinen Gegner in einem Kampf schnell außer Gefecht zu setzen. Es beinhaltet verschiedene Arten von Blockierungen mit gekreuzten Armen, um einen Angriff abzuwehren, bevor ein Gegenangriff gestartet wird.

Wing Chun wird oft als einer der kraftvollsten Stile des Kung Fu bezeichnet, weil es den Schwerpunkt auf kraftvolle Schläge und Blockierungen legt und sich auf Geschwindigkeit konzentriert.

Wing Chun ist eine praktische Form der Selbstverteidigung, die in realen Situationen eingesetzt wird, um sich gegen Angreifer oder Straßenräuber zu verteidigen, ohne dabei bleibende Verletzungen zu verursachen. Allerdings muss man die Techniken regelmäßig und unter der Aufsicht eines erfahrenen Lehrers üben, um sie richtig beherrschen zu lernen.

Wing Chun ist die einzige Kung Fu-Variante, die nach Frauen benannt wurde.

Wing Chun vs. Shaolin Kung Fu

Wing Chun ist einer der praktischsten Kung Fu-Stile, die man lernen kann, weil es sich auf den Kampf aus kurzer Distanz konzentriert. Es legt dabei Schwerpunkt auf Schnelligkeit und Beweglichkeit und nicht auf kraftvolle Schläge, die einen Gegner leicht ausschalten oder dauerhafte Verletzungen verursachen. Wing Chun-Praktizierende verwenden beim Training „weiche" Techniken, um Verletzungen zu vermeiden.

Heute wird Shaolin Kung Fu eher zur Show als zur Selbstverteidigung praktiziert. Dennoch kann dieser Kung Fu-Stil sehr effektiv sein, wenn er auf die richtige Weise praktiziert wird.

Tai Chi

Tai Chi ist eine Form des Kung Fu, die langsame und sanfte Bewegungen anstelle von schnellen Schlägen oder Blockierungen beinhaltet. Hierbei handelt es sich um eine eher meditative Kunst, bei der sich der Übende auf den Geist statt auf die Kampfmethode konzentriert. Dieser Ansatz gilt als eine der besten Kampfkünste für die Gesundheit, weil er die Flexibilität der Muskeln und die Körperkoordination fördert und die Atemkapazität verbessert.

Tai Chi wird vor allem in China praktiziert und existiert schon seit Jahrhunderten. Es wurde aus älteren Kung Fu-Stilen wie dem Tiger-Kranich-Stil entwickelt. Es ist eine sanfte Art der Kampfkunst, bei der der Schwerpunkt eher auf der Verteidigung als auf dem Angriff liegt, da die Praktizierenden mit langsamen Bewegungen einem eingehenden Schlag ausweichen, bevor sie einen Gegenangriff auf ihren Gegner starten.

Tai Chi ist ein hervorragender Kung Fu-Stil, den Sie erlernen können, wenn Sie Ihre Gesundheit und Ihr körperliches Wohlbefinden verbessern wollen. Die sanften Bewegungen können Ihnen dabei helfen, Stress abzubauen, den Geist zu beruhigen und die Muskeln im Alter flexibler zu machen.

Shaolin Kung Fu vs. Tai Chi

Tai Chi ist eine sanfte Form der Kampfkunst, mit der man sich gegen einen Angreifer verteidigen kann, ohne dabei bleibende Verletzungen zu verursachen. Die Bewegungen sind langsam und sanft, was es perfekt für Menschen macht, die Kung Fu lernen möchten, aber nicht die körperliche Kraft oder Ausdauer haben, um andere Stile zu praktizieren.

Andererseits ist Shaolin Kung Fu eine aggressive Kampfkunstform mit mehreren kraftvollen Blockierungen und Schlägen. Es gilt als einer der besten Stile für Kung Fu Anfänger, da es bei regelmäßigem Training die körperliche Kraft, die Ausdauer und die geistigen Fähigkeiten des Praktizierenden verbessern kann.

Nordische Gottesanbeterin

Das Kung Fu der Nordischen Gottesanbeterin ist einer der beliebtesten Stile, die in China praktiziert werden. Er wurde während der Song-Dynastie von Wang Lang entwickelt, der seine eigene Version kreieren wollte, nachdem er mehrere Gottesanbeterinnen beobachtet hatte, die sich gegenseitig um Nahrung und Territorium bekämpften. Die Nordische Gottesanbeterin konzentriert sich auf Geschwindigkeit, Beweglichkeit und schnelle Gegenangriffe auf den Gegner.

Das Kung Fu der Nordischen Gottesanbeterin ist eine praktische Kampfkunstart, die in nur wenigen Monaten erlernt werden kann. Dennoch dauert es Jahre, bis man sie richtig beherrscht und sie im Training oder in realen Situationen effektiv gegen Gegner einsetzen kann, ohne dabei bleibende Verletzungen zu verursachen.

Shaolin Kung Fu vs. Kung Fu der Nordischen Gottesanbeterin

Das Kung Fu der Nordischen Gottesanbeterin ist ausgezeichnet, weil Sie mit dessen Hilfe erlernen können, wie Sie Geschwindigkeit und Beweglichkeit in Ihren Bewegungen entwickeln. Seine schnellen Gegenangriffe machen diesen Ansatz zu einem sehr praktischen Stil. Da es diesem Ansatz jedoch an kraftvollen Schlägen mangelt, braucht man jahrelanges Training, um diese Art des Kung Fu in Selbstverteidigungssituationen effektiv gegen einen Angreifer einzusetzen, ohne bleibende Verletzungen zu riskieren.

Baguazhang

Baguazhang ist ein weicher Kung Fu-Stil, der im 19. Jahrhundert in China von Dong Haichuan entwickelt wurde. Er gilt als einer der effektivsten Stile, weil er alle Teile Ihres Körpers einsetzt, einschließlich der Arme, Beine und sogar des Kopfes, um den Angriff eines Gegners zu kontern oder dessen Schläge zu blockieren. Baguazhang-Praktizierende setzen keine rohe Gewalt ein, um ihre Gegner anzugreifen. Stattdessen versuchen sie, ruhig zu bleiben und sich darauf zu konzentrieren, einem eingehenden Schlag auszuweichen, bevor sie einen Gegenangriff starten.

Baguazhang gilt als einer der anmutigsten Stile, weil er kreisförmige Bewegungen mit schnellen Schritten kombiniert, um die Schläge eines Angreifers abzuwehren, ohne dabei Verletzungen zu verursachen, insbesondere dann, wenn es um die Selbstverteidigung geht.

Hierbei handelt es sich um eine introspektive Form der Kampfkunst, die für Menschen geeignet ist, die Kung Fu lernen möchten, aber nicht die körperliche Kraft haben, die für andere Stile erforderlich ist.

Baguazhang bedeutet „Handfläche mit acht Trigrammen" und bezieht sich auf die Trigramme des I-Ching, einem klassischen chinesischen Text, der vor Tausenden von Jahren geschrieben wurde. Die Bewegungen des Stils basieren auf dieser Theorie. Die

Praktizierenden verbringen viele Jahre damit, zu lernen, wie sie ihre Hände einsetzen können, um einen eingehenden Schlag abzuwehren, bevor sie in Trainingseinheiten oder Selbstverteidigungssituationen einen Gegenangriff auf den Gegner starten, ohne ihn dabei zu verletzen.

Es ist noch heute einer der beliebtesten Stile, die in China praktiziert werden. Dong Haichuan demonstrierte Baguazhang zum ersten Mal im Pekinger Opernhaus, wo er mehrere Angreifer besiegte, ohne Waffen oder physische Gewalt anzuwenden.

Shaolin Kung Fu vs. Baguazhang

Baguazhang ist eine interne Form des Kung Fu, die sich eher auf die Verteidigung als auf den Angriff konzentriert. Seine kreisförmigen Bewegungen in Kombination mit schnellen Schritten machen ihn zu einem der anmutigsten Stile. Da es diesem Ansatz jedoch an kraftvollen Schlägen mangelt, benötigen die Praktizierenden jahrelanges Training, bevor sie sie in Selbstverteidigungssituationen effektiv einsetzen können, ohne dem Gegner bleibende Verletzungen oder Schäden zuzufügen.

Xing Yi Quan

Zhang Sanfeng entwickelte diesen Stil im 14. Jahrhundert und er basiert auf der taoistischen Theorie, die besagt, dass alle Dinge eine gemeinsame Lebensenergie haben, die mit Hilfe von Atemmustern und mentalen Fähigkeiten kontrolliert werden kann. Der Stil konzentriert sich auf schnelle Bewegungen in Kombination mit kraftvollen Schlägen, um Gegner in Selbstverteidigungssituationen zu besiegen, ohne ihnen dauerhaft Schaden zuzufügen.

Xing Yi Quan bedeutet „Form und Absicht" und bezieht sich auf die Notwendigkeit, sowohl Körperbewegungen als auch mentale Fähigkeiten einzusetzen, um die Aktionen Ihres Gegners während des Trainings oder in realen Situationen zu verstehen.

Xing Yi Quan ist ein externer Kung Fu-Stil, der viele praktische Anwendungen in Selbstverteidigungssituationen hat. Die Praktizierenden verbringen Jahre damit, ihre Muskelbewegungen, Atemmuster und mentalen Fähigkeiten zu perfektionieren, um die Theorie hinter jeder Angriffsform zu verstehen, bevor sie sie gegen einen Gegner anwenden.

Shaolin Kung Fu vs. Xing Yi Quan

Xing Yi Quan ist eine äußere Form der Kampfkunst, die sich darauf konzentriert, Gegner anzugreifen, anstatt sich gegen sie zu verteidigen. Seine schnellen Bewegungen in Kombination mit kraftvollen Schlägen machen ihn zu einem der aggressivsten Stile. Da es ihm jedoch an defensiven Bewegungen mangelt, müssen die Praktizierenden jahrelang ihre Muskelbewegungen perfektionieren, bevor sie sie in der Selbstverteidigung effektiv einsetzen können.

Bajiquan

Bajiquan ist eine beliebte chinesische Kampfsportart, die während der Tang-Dynastie entwickelt wurde. Dieser Kung Fu-Stil konzentriert sich auf explosive Schläge oder Stöße aus kurzer Distanz mit Ellbogen oder Schultern.

Der Begriff „Baji" kann mit „acht Stangen" oder, wörtlich, „acht Teilabschnitte" übersetzt werden. Dies bezieht sich auf die acht Abteilungen des Körpers, die während der Trainingseinheiten verwendet werden.

Bajiquan ist ein externer Stil, der sich darauf konzentriert, den Gegner mit Schlägen und nicht mit Tritten oder anderen Bewegungen anzugreifen. Seine schnellen Bewegungen in Kombination mit kraftvollen Hieben machen ihn zu einem der aggressivsten Stile. Das Fehlen defensiver Bewegungen bedeutet jedoch, dass die Praktizierenden Jahre damit verbringen müssen, ihre Muskelbewegungen zu üben, bevor sie sie effektiv zur Selbstverteidigung einsetzen können.

Jin, eine Methode der Kraftübertragung, ist der Kern des Bajiquan. Jin und die acht Schlagmethoden sind die Essenz des Bajiquan.

Shaolin Kung Fu vs. Bajiquan

Bajiquan ist ein externer Stil, der sich auf den Angriff auf den Gegner konzentriert, anstatt sich gegen ihn zu verteidigen. Seine schnellen Bewegungen in Kombination mit kraftvollen Schlägen machen ihn zu einem der aggressivsten Stile.

Vorteile des Kung Fu Trainings

Kung Fu hat viele Vorteile, wie zum Beispiel:
- Aufbau von Kraft und Ausdauer
- Verbesserung der Flexibilität
- Erhöhung der Knochendichte zur Vorbeugung von Knochenbrüchen im Alter. Kung Fu-Training kann das Sturzrisiko bei älteren Menschen um bis zu 20 Prozent senken. Das liegt daran, dass es die geistige und körperliche Koordination, das Gleichgewicht und die Balance trainiert, was wiederum dabei hilft, eine gute Körperhaltung beizubehalten und letztlich Stürze zu vermeiden.
- Es lehrt Selbstbeherrschung, Disziplin, Geduld und Respekt für andere. Kung Fu-Training kann dazu beitragen, Ihr Bewusstsein für die Welt um Sie herum zu verbessern und Ihnen ein Gefühl für den Sinn Ihres Lebens zu geben. Es ermutigt die Menschen auch dazu, während der Trainingseinheiten miteinander zu interagieren und schafft so ein Gefühl der Zugehörigkeit innerhalb verschiedener Gemeinschaften weltweit.

Welchen Kung Fu Stil sollten Sie lernen

Es gibt viele verschiedene Kung Fu-Stile, darunter Shaolin, Wing Chun, Tai Chi, Nordische Gottesanbeterin und Baguazhang. Welchen Kampfkunststil Sie am besten erlernen sollten, hängt von dem Grund ab, aus dem Sie ihn überhaupt betreiben wollen. Manche Menschen wollen Kung Fu nur des Aussehens wegen machen. Sie lieben das Aussehen der Kung Fu-Bewegungen, wenn sie geübt werden, während andere sich für Kung Fu interessieren, weil sie die Herausforderung genießen, die durch das Erlernen einer neuen Sportart entsteht.

Sie sollten auch abwägen, wie viel Zeit und Mühe Sie in das Training investieren wollen. Einige Kung Fu-Stilrichtungen erfordern zum Beispiel weniger körperliche Kraft als andere, bieten aber dennoch viele Vorteile für Ihren Geist und Körper, wenn Sie sie richtig ausüben.

Was ist der tödlichste Kung Fu-Stil?

Wing Chun ist der wahrscheinlich tödlichste Kung Fu-Stil, denn es handelt sich um eine Form der Kampfart, die sich auf defensive Bewegungen konzentriert, um die Angriffe des Gegners zu kontern. Wing Chun verwendet viele Tritttechniken, Handbewegungen und Blockierungen, was es zu einem der effektivsten Stile im Kampf gegen Gegner macht, die andere physische Kampfmethoden verwenden.

Praktischster Kung Fu Stil zur Selbstverteidigung

Wing Chun ist der praktischste Kung Fu-Stil für die Selbstverteidigung, da er sich auf defensive Bewegungen konzentriert, um Angriffe zu kontern. Wing Chun verwendet viele Tritttechniken, Handbewegungen und Blockierungen, was es zu einem der effektivsten Stile im Kampf gegen Gegner macht, die andere physische Kampfmethoden verwenden.

Die Entscheidung, welchen Kung Fu-Stil Sie erlernen möchten, hängt davon ab, warum Sie überhaupt daran interessiert sind, Kung Fu zu lernen und wie viel Zeit und Mühe Sie in das Training investieren wollen. Auch die Verfügbarkeit von Meistertrainern kann eine große Rolle bei der Entscheidung spielen, welchen Kung Fu-Stil Sie lernen möchten.

Kung Fu und die moderne Welt

Kung Fu ist ein traditioneller chinesischer Kampfkunststil, der Hunderte von Jahren zurückreicht. Seine Geschichte lässt sich bis 500 v. Chr. zurückverfolgen, als Bodhidharma, der in China auch als Ta Mo bekannt ist, die Kung Fu-Schule gründete, von der manche glauben, dass sie die erste der Welt war.

Der Sport hat sich zu einer äußerst beliebten Kampfart auf der ganzen Welt entwickelt und wird von schätzungsweise 200 Millionen Menschen praktiziert. Er hat seinen Weg in die moderne Kampfkunst gefunden und taucht in Filmen wie „Kill Bill" und „Der Mann mit der Todeskralle" auf.

Kung Fu wurde populärer, als es in die moderne Welt der Kampfkünste eingeführt wurde. Seitdem wurde es in andere Kampfstile integriert, die in den Medien auf der ganzen Welt sehr bekannt geworden sind, darunter Krav Maga, eine Mischung aus Kung Fu und Karate.

Dieser Stil wurde in den 1970er Jahren erstmals in Filmen verwendet und ist seitdem in zahllosen Filmen und Fernsehsendungen wie Crouching Tiger, Hidden Dragon (2000), der Matrix-Trilogie (1999-2003) und der Ip Man-Serie zu sehen.

Einige moderne Kampfsportarten, wie Taekwondo und Karate, wurden aus traditionellen Kung Fu-Stilen entwickelt. Manche Menschen sind jedoch der Meinung, dass einige Formen des Kung Fu nicht zur Selbstverteidigung geeignet sind, weil die Bewegungen in einer realen Situation nicht anwendbar sind.

Die Popularität von Kung Fu Stilen in westlichen Ländern

Kung Fu ist in den letzten Jahren in den westlichen Ländern sehr populär geworden, da es in vielen verschiedenen modernen Kampfsportarten in Filmen und Fernsehsendungen eingesetzt wird. Heutzutage können Sie in einigen Fitnessstudios sogar Kung Fu-Kurse belegen.

Viele Menschen wissen jedoch nicht, dass es Hunderte, wenn nicht Tausende von Kung Fu-Stilen gibt, und nicht alle sind für die Selbstverteidigung geeignet. Einige Stile konzentrieren sich auf defensive Bewegungen, die Gegenangriffe ermöglichen, während andere sich darauf konzentrieren, den Gegner anzugreifen oder sich selbst vor Schaden zu bewahren.

Einige Kung Fu-Stile sind in westlichen Ländern beliebter als andere Formen, was mit der Verfügbarkeit von Meistertrainern, der verfügbaren Trainingszeit und dem Bekanntheitsgrad des Stils in den Medien zusammenhängen kann.

Shaolin Kung Fu und Tai Chi sind zwei der beliebtesten Stile in westlichen Ländern, während Wing Chun und Nordische Gottesanbeterin weniger bekannt sind.

Die Kung Fu-Stile haben sich weiterentwickelt, und zahlreiche Stile wurden wegen ihrer unterschiedlichen Vorteile praktiziert. Heute werden nur noch sieben Stile praktiziert. Einige konzentrieren sich mehr darauf, den Feind anzugreifen oder vor Schaden zu bewahren, während andere darauf abzielen, Angriffe mit defensiven Bewegungen zu kontern.

Alle Kung Fu-Stile konzentrieren sich auf Haltung und Beinarbeit sowie das innere und äußere Training des Körpers. Diese Stile zielen darauf ab, gesundheitliche Vorteile wie einen verbesserten Muskeltonus und eine erhöhte Flexibilität zu erreichen sowie eine Vielzahl weiterer Vorteile.

Kung Fu hat sich von einer Kampfsportart zu einem Trainingsprogramm für die Gesundheit entwickelt, weshalb so viele Menschen in den westlichen Ländern Kurse besuchen, um ihre Fitness zu verbessern.

Shaolin Kung Fu und Tai Chi sind zwei der beliebtesten Stile in westlichen Ländern, während Wing Chun und der Stil der Nordischen Gottesanbeterin weniger bekannt sind. Die Entscheidung, welchen Stil Sie lernen möchten, hängt davon ab, warum Sie Kung Fu lernen möchten und wie viel Zeit Sie in das Training investieren wollen.

Kapitel 3: Die 5 Tiermuster des Kung Fu

Die Inspiration für die verschiedenen Kung Fu-Disziplinen ist oft aus einer Vielzahl von Quellen hervorgegangen. Einige wurden aus einem einfachen Bedürfnis nach Selbstverteidigung entwickelt. Das China, in dem viele dieser Disziplinen ihren Ursprung haben, war ein gewalttätiger Ort. Die Feudalherren befanden sich oft im Krieg und überließen es den Bürgern, die Hauptlast der Auswirkungen zu tragen und sich mit umherstreifenden Banden von Banditen oder eigensinnigen Soldaten auseinanderzusetzen, die entschlossen waren, die Bevölkerung zu berauben, zu vergewaltigen, zu verstümmeln und manchmal sogar zu töten.

Eine der Hauptantriebsquellen für die Entwicklung von Kung Fu-Stilen war die Selbstverbesserung. Angespornt durch die Lehren des Gelben Königs, fühlten sich Teile der chinesischen Bevölkerung dazu motiviert, an ihrer Selbstverbesserung zu arbeiten. Dazu gehörte auch, dass man sich auf die geistige und körperliche Gesundheit konzentrierte. Beides miteinander in Einklang zu bringen, war für die Menschen von entscheidender Bedeutung, um das Gleichgewicht zu finden, das sie brauchten, um die beste Version ihrer selbst zu werden.

Wie Bodhidharma gezeigt hat, kann religiöse Frömmigkeit durch das Praktizieren von Kampfkünsten gestärkt werden. Einer der populärsten Wege zum Verständnis der Natur des Buddha ist Kung Fu. Die meditative und bescheidene Natur seiner vielen Disziplinen ist inspiriert durch eine große Auswahl an möglichen Optionen, die den Bedürfnissen und Eigenschaften eines Praktizierenden entsprechen.

Eine der bekanntesten Inspirationen für die verschiedenen Kung Fu-Stile stammt schließlich aus der Natur selbst. Dabei ging es nicht nur um elementare Kräfte wie Wind, Feuer, Wasser und Erde. Tiere wurden beobachtet, kopiert und studiert, um schließlich fünf von Tieren inspirierte Techniken zu entwickeln, die zum Synonym für die Kampfkunst wurden.

Lassen Sie uns einen Blick auf die fünf Tiermuster und Techniken werfen, die für Kung Fu von Bedeutung sind.

Tiger

Der Tiger ist die größte Raubkatze und eines der furchterregendsten Raubtiere der Natur. Heute geht die Tigerpopulation langsam zurück, was Tiger auf die Liste der gefährdeten Arten gebracht hat. Im alten China waren sie jedoch alles andere als vom Aussterben bedroht. Diese gefährlichen Kreaturen waren eine echte Gefahr und bedrohten Bauern und Reisende gleichermaßen. Mit der Furcht vor den Tieren ging auch ein tiefer Respekt einher. Kung Fu-Praktizierende entwickelten nach und nach eine Bewunderung für die Furchtlosigkeit von Tigern. Ihr Mut und ihre Wildheit wurden zum Symbol für innere Stärke. Eine derartige Stärke soll dazu beitragen, dass man geradlinige Formen mit klarer Absicht ausführt. Das macht einen nicht nur mutiger, sondern auch zu einer kraftvollen Bedrohung.

Stil und Technik

Kung Fu-Praktizierende lassen sich von einer der bösartigsten Waffen inspirieren, über die ein Tiger verfügt, nämlich von seinen Krallen. Der Tiger-Stil verwendet sehr starke Handbewegungen, die auf der „Tigerfaust" basieren. Die Hände des Trainierenden werden dabei zu Krallen geformt, um die Großkatze zu imitieren. Um die Hände in etwas zu verwandeln, das genauso hart ist wie die Krallen an den Enden der Pfoten der

Tiger

riesigen Kreatur, muss zunächst ein hartes, schmerzhaftes Trainingsprogramm absolviert werden.

Dabei werden mehrere beliebte Trainingstechniken kombiniert, um die Hand zu stärken, wenn man den Tiger-Stil praktiziert. Eine dieser Techniken wird oft als „Klauenglas" bezeichnet. Falten Sie Ihre Hand zu einer Tigerfaust und nehmen Sie ein großes leeres Glas oder ein Keramikgefäß zur Hand. Füllen Sie das Gefäß bis zum Rand mit Wasser. Sie können es anfangs auch nur bis zur Hälfte füllen, um zu üben. Versuchen Sie, es fünf bis zehn Minuten lang so viel wie möglich in Ihrer Hand zu bewegen. Fügen Sie jeden Tag eine weitere Tasse hinzu, bis das Gefäß bis zum Rand gefüllt ist. Als Nächstes wiederholen Sie den gleichen Vorgang mit Sand. Dieses Trainingsregime wird dazu beitragen, jeden Teil Ihrer Hand und Teile Ihrer Arme zu stärken und zu kräftigen. Es ist ganz einfach und Sie können alles, was Sie brauchen, zu Hause finden, um gleich mit dem Ausbau Ihrer Fähigkeiten zu beginnen.

Übungen

Eine weitere Übung zum Aufbau einer kraftvollen Tigerfaust heißt „Zähmung des Tigers", hierbei geht es darum, die Muskeln und Sehnen in den Fingern zu stärken. Nehmen Sie zunächst eine Liegestützposition ein. Strecken Sie Ihre Finger aus, bis sie Ihr gesamtes Körpergewicht tragen. Beugen Sie bei gestreckten Fingern die Arme und senken Sie Ihren Körper ab, um ihn nahe an den Boden zu bringen (aber lassen Sie ihn den Boden nicht berühren). Nachdem Sie Ihren Körper einige Sekunden lang in dieser Position gehalten haben, ziehen Sie ihn wieder nach oben, um in Ihre Ausgangsposition zurückzukehren.

Sie können die Zähmung des Tigers in Ihrem eigenen Tempo üben und so viele Wiederholungen auf einmal machen, wie Sie möchten. Erhöhen Sie jedoch jedes Mal, wenn Sie üben, die Anzahl der Wiederholungen und die Zeitspanne. Nehmen Sie sich jeden Tag mindestens eine Stunde Zeit zum Üben und versuchen Sie, mindestens dreißig bis fünfzig dieser mit den Fingern gestützten Liegestütze zu machen, bevor Sie zum eigentlichen Training übergehen. Eine beliebte Trainingsmethode im Tiger-Stil ist das „Bohnenstechen". Als Erstes müssen Sie Ihre Tigerfäuste (Hände) in eine Wanne oder einen Korb stecken, der so breit wie Ihre Schultern und mit trockenen Bohnen gefüllt ist.

Nehmen Sie den Pferdestand ein und achten Sie darauf, Ihre Wirbelsäule gerade zu halten. Beide Oberschenkel müssen parallel zur Erde, der Matte oder dem Boden sein. Heben Sie Ihre Hände, strecken Sie die Finger gerade aus (halten Sie sie steif) und stoßen Sie sie abwechselnd in den Bohnenbehälter. Versuchen Sie, die Kraft, die Sie in diese Bewegung stecken, zurückzuhalten. Diese Übung dient nicht nur der Stärkung Ihrer Hände, sondern hilft Ihnen auch dabei, auf natürliche Weise mehr Kraft zu entwickeln und ein Muskelgedächtnis aufzubauen. Wiederholen Sie die Übung ein paar Mal.

Drache

Der Drache steht für die mystische und spirituelle Energie im Kung Fu. Die drei stärkenden oder grundlegenden Einheiten dieser Kampfkunst sind Jing (innere Kraft), Chi (innere Energie) und Shen (Geisteskraft), die zusammen eine Einheit bilden und in Harmonie gedeihen. Sie sind als die „drei Schätze" bekannt. Obwohl der Drache ein Fabelwesen ist, wird er in der chinesischen Kultur und Philosophie ernst genommen. Das Tier steht für den Kampfgeist eines Menschen und wandelt seine Energie in physische Kraft um. Er unterstreicht auch die Bedeutung von Flexibilität und Anmut und repräsentiert damit die „Chi"-Energie.

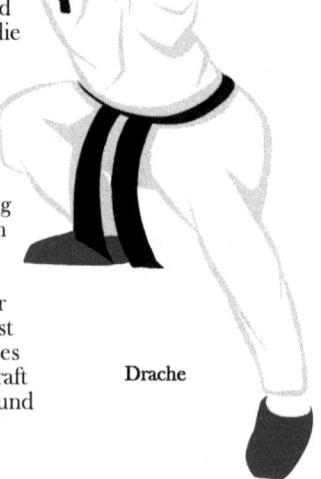

Drache

Symbolik

Der Drache steht für Wohlstand, Erfolg und Glück. Das aus dem Wasser stammende Geschöpf nimmt in der chinesischen Mythologie eine wichtige Stellung ein. Seine fließenden Bewegungen und seine wogende Kraft werden im Shaolin Kung Fu hoch angesehen. Tatsächlich sind einige der schwierigsten Bewegungen in dieser Kampfkunst von den schnellen Bewegungen des Drachens inspiriert worden. Seine vom Wasser getragene Identität hilft, innere Stärke zu entwickeln und Flexibilität in die Bewegungen zu bringen. Shen bedeutet „Geist" oder „Verstand", und der Drache motiviert die Praktizierenden dazu, innere Stärke aufzubauen. Gleichzeitig inspiriert er sie auch dazu, geistig gesund, frisch und friedlich zu bleiben, um Kung Fu mit Anmut zu praktizieren.

Der Drache ist extrem mächtig und arbeitet nach seinem eigenen Willen. Er kann jederzeit erscheinen oder verschwinden und sich in einen übernatürlichen Zustand versetzen, wann immer es ihm gefällt. Drachen sind stark, unberechenbar und trügerisch. Die vier Shaolin-Tiere repräsentieren gemeinsam die innere und äußere Stärke und kombinieren mehrere Tritte und Faustkombinationen. Sie müssen entspannt bleiben und sich auf Ihre Bewegungen konzentrieren, wenn Sie sich vom Drachen inspirieren lassen, um Ihre Fähigkeiten zu verbessern. Im Gegensatz dazu kann der Drache extrem gefährlich sein, wenn er unglücklich oder von negativer Energie umgeben ist. Diese gegensätzliche Eigenschaft spiegelt sich auch in ihren Übungen und ihrer Technik wider.

Übungen und Techniken

Die beiden berühmten, vom Drachen inspirierten Kung Fu-Bewegungen sind die „Drachenklaue" und der „Drachenschwanz-Kick". Beide Trainingsübungen verwenden schnelle Bewegungen, schnappende Tritte und geballte Fäuste als Hauptstrategien. Die Techniken kombinieren auch verschiedene Bewegungen und Übungen von anderen Tieren. Im Grunde trainieren die Meister darin, beweglicher, flexibler und stärker zu werden. „Schwimmender Drache spielt mit Wasser" und „Grüner Drache schießt Perlen" sind zwei weitere Drachenbewegungen. Wie bereits erwähnt, können die vom Drachen inspirierten Bewegungen verwirrend sein. Einerseits bewegt man sich sanft und anmutig, andererseits muss man voller Energie und bereit sein, den Gegner zu schlagen.

Im Grunde können Sie jede Bewegung, jede Technik und jeden Kampf an Ihre Umgebung und den Gegner, mit dem Sie kämpfen, anpassen. Sie sind das komplette Gegenteil Ihres Gegenübers, was Ihnen genug Flexibilität und Freiheit gibt, um den Kampf zu gewinnen. Typische Kung Fu-Kämpfer im Drachenstil reagieren auf die Bewegungen ihres Gegners, nachdem sie dessen Bewegungen genau unter die Lupe genommen haben und kontern, indem sie dessen Schwachpunkte erkennen und ausnutzen. Sie sind auch als Counterpuncher bekannt. Beim Nördlichen und Südlichen Drachenstil handelt es sich um zwei Arten des vom Drachen inspirierten Kung Fu.

Die erste Fähigkeit motiviert den Kämpfer, den Boden zu halten, während die zweite den Kampf flüssig und flexibel macht. Im Kung Fu des Nördlichen Drachenstils werden einige drehende Ausweichmanöver mit schnellen Tritten und Blockierungen gepaart. Im Kung Fu des südlichen Stils hingegen verwirren die Kämpfer ihre Gegner und weichen ihnen aus, um das Spiel zu gewinnen. Die Technik der „Drachenklaue" ist eine der häufigsten und zugleich einzigartigsten Bewegungen im Kung Fu. Sie stärkt Ihre Klauenkraft und hilft Ihnen dabei, mit der Kraft Ihrer Hand gegen Ihren Gegner zu gewinnen.

Um diese Bewegung zu üben, krümmen Sie Ihren Mittelfinger, Zeigefinger und Daumen wie eine Zange, um nach den Bändern oder Sehnen Ihres Gegners zu greifen und den Kampf dadurch zu gewinnen. Wenn Sie dafür trainiert sind, können Sie auch eine offene Handfläche oder den Handballen verwenden, um Ihren Gegner zu Boden zu bringen.

Kranich

Der Kranich steht im Kung Fu für Ausgeglichenheit, Anmut und Standfestigkeit. Die von diesem Tier inspirierten Techniken erfordern relativ wenig Kraft und basieren auf Ausweichbewegungen. Wenn er ruhig ist, steht der Vogel elegant auf einem Bein. Wenn er jedoch steigende Gezeiten und Winde sieht, wird er aktiv und zeigt Präzision, um die Situation zu bewältigen. Aus diesem Grund inspiriert der Vogel verschiedene Kung Fu-Techniken. Der Kranich kann Sie auch in Ihrem täglichen Leben inspirieren. Er lehrt Eleganz und Anmut. Wenn Sie ungeschickt sind oder mehr Eleganz entwickeln wollen, sollten Sie vom Kranich lernen und Ihren Selbstverbesserungsprozess vorantreiben.

Symbolik

Der Kranich repräsentiert die „Jing"-Energie. Seine Hauptmerkmale sind Essenz und Eleganz. Im Idealfall bleibt der Kranich stets still, ausgeglichen und ruhig. Wenn nötig, kann er jedoch auch aktiv werden. Selbst wenn er in Aktion ist, sind die Bewegungen auf ein Minimum reduziert und einfach. Das berühmte Shaolin-Zitat „Der Geist des Kranichs wohnt in der Stille" ist die Hauptmotivation hinter den Kung Fu-Bewegungen. Der Vogel geht weniger in die Offensive und konzentriert sich auf die Schwachstellen des Gegners. Obwohl er im Kung Fu weniger beliebt ist als andere Tiere, sind die Energie und die Verteidigungsmechanismen des Kranichs wahrscheinlich die stärksten und im Grunde unschlagbar.

Kranich

Einige vitale und weiche Bereiche, auf die der Vogel abzielt, sind die Kehle, die Augen, die Rippen, die Seiten des Kopfes und das Herz. Genau wie der Kranich muss der Praktizierende aufgerichtet sein und über eine hohe Konzentrationsfähigkeit verfügen. Außerdem muss er auch ein gutes Gleichgewicht haben und die Fähigkeit besitzen, so wenig Energie wie möglich zu verbrauchen. Noch wichtiger ist, dass er in der Lage ist, über einen längeren Zeitraum hinweg still und ruhig zu bleiben, was bedeutet, dass er extrem geduldig sein sollte. In Krisensituationen nutzt der Kranich seine Schwerelosigkeit, um die Dinge unter Kontrolle zu halten und mit Präzision die begehrten Ergebnisse zu erzielen.

Übungen und Techniken

Wie bereits erwähnt, benötigen Praktizierende nur minimale Kraft, wenn sie die Kung Fu-Techniken, die mit dem Kranich assoziieren vollführen. Beim Angriff konzentriert man sich auf die oberen Körperteile des Gegners. Kritische Bereiche wie die Kehle und die Augen sind dabei die primären Angriffspunkte. Die Techniken beruhen auch auf Selbstverteidigungsmechanismen, die den Ausübenden optimale Kraft verleihen und ihnen dabei helfen, ihre Gegner aus dem Gleichgewicht zu bringen. Eine berühmte Übung des sanften Stils, die von diesem Tier inspiriert wurde, ist der „Kranichschnabel". Praktizierende, die Schwierigkeiten dabei haben, an Kraft zu gewinnen, oder die körperlich schwach sind, können sich auf die Kranichschnabel-Technik verlassen, um im Kampf zu triumphieren.

Wenn Sie diese Technik üben, müssen Sie Zeigefinger, Mittelfinger und Daumen zu einer hakenähnlichen Form zusammenführen, die an den Schnabel eines Kranichs erinnert. Konzentrieren Sie sich dann auf einen einzigen Punkt und bewegen Sie Ihre Hand in einer pickenden Bewegung mit stoßender Kraft. Auch Tritte sind ein wesentlicher Bestandteil der kranichbezogenen Kung Fu-Bewegungen. In Kombination mit der „Phönix-

Augen-Faust" werden die Kranichschnabel-Bewegungen stärker, da sie gemeinsam die Vitalpunkte angreifen. Der „Zufriedene wiedergeborene Kranich" und der „Kranich inmitten von Hähnen" sind zwei weitere Übungen oder Techniken, die aus der Haltung und den Bewegungen des Kranichs heraus entwickelt wurden.

Schlange

Schlange

Wie das Shaolin-Sprichwort: „Hart wie Stahl und weich wie ein Seidenfaden" andeutet, kann die Schlange sowohl stark als auch trügerisch sein. Sie ist schnell, wendig, präzise und genau in ihren Bewegungen. Sie kann Menschen leicht einschüchtern, indem sie sie anfaucht, sie aber nicht unbedingt angreift. Das Reptil bleibt stets wachsam und kann seine Feinde durch wiederholte Wickelbewegungen und den Einsatz seiner dünnen, aber schnellen Muskeln erschrecken. Sie kann sich auch leicht vor Gegnern verstecken und hat so die Möglichkeit, sie präzise anzugreifen. Jede Bewegung und jeder Biss der Schlange ist giftig und gefährlich. Deshalb muss derjenige, der sie angreift, besonders aufmerksam sein, wenn er sich mit ihr anlegt.

Symbolik

Die Schlange repräsentiert die „Chi"-Energie, die für tiefes Einfühlungsvermögen und geistiges Erwachen steht. Die Kreatur ist sich jederzeit ihrer Umgebung bewusst und daher bereit, ihre Gegner zu jedem Zeitpunkt anzugreifen. Sie ist als „Erddrache" bekannt und gleitet geschmeidig vor sich hin, um ihre Ziele zu erreichen. Der Geist und die Energie sind eng miteinander verbunden, genau wie die Eigenschaften der Schlange. Sie gedeiht in Harmonie mit der Chi-Energie, die gemeinsam für Ausdauer und Fließfähigkeit steht. Sie treibt die innere Kraft an und hält die Bewegungen der Praktizierenden geschmeidig. Wenn sich die Schlange vollkommen bewusst ist, kann sie ihre gesamte Muskelkraft und ihr Gedächtnis für gezielte Schläge geballt einsetzen.

Die Schlange dient auch als Offenbarung, um gute Werte in Ihrem täglichen Leben zu fördern. Zum Beispiel vermittelt sie Ihnen, wie wichtig es ist, geerdet zu bleiben, sich präzise zu bewegen und sich seiner selbst bewusst zu sein. Sie symbolisiert auch Glück und Gesundheit. Die Schlange spornt Sie an, weiter zu trainieren und hart zu arbeiten. Ihre Schwächen können sich in Ihre Stärken verwandeln, wenn Sie engagiert und konsequent bleiben. In der chinesischen Astrologie ist die Schlange ein wichtiges Symbol, das vom Kaiser verwendet wird. Die Schlange stellt auch bestimmte Zeichen dar, die die anderen vier Tiere im Shaolin Kung Fu auch besitzen, und sorgt so für Harmonie zwischen allen Lebewesen.

Übungen und Techniken

Eine der beliebtesten, von der Schlange inspirierten Techniken ist die „Schlangenhandform", eine kraftvolle Verteidigungstechnik. Sie verwendet einen oder zwei Finger, um eine stoßende Kraft auf den Gegner auszuüben. Diese Bewegung kann auch jeden Gegner überrumpeln, da sie extrem wendig und explosiv ist. Der Kämpfer muss seine Muskeln trainieren, da die Technik große Muskelkraft erfordert. Er muss auch schnell auf den Beinen sein und eine schlanke Silhouette für schnelle Bewegungen aufbauen. Die wichtigsten Körperteile, die mit dieser Technik angegriffen werden, sind die Kehle, das Gesicht und die Augen, die als Schwachpunkte des Gegners gelten.

Die „Schlangenhand" und die „Speerhand" sind zwei weitere beliebte Angriffstechniken im Kung Fu, die von der Schlange inspiriert sind. Zu den weiteren, weniger bekannten Techniken gehören „Schlange im Nebel", „Weiße Schlange durchquert das Tal" und „Giftige Schlange schießt Gift". Ein wichtiger Teil des Trainings für die Schlangentechniken im Kung Fu ist die Entwicklung des Selbstbewusstseins. Einige Trainer bitten ihre Schüler, ihr Selbstbewusstsein zu stärken und ihre Konzentration zu verbessern. Dies kann ihnen helfen, sich ihrer unterbewussten Gedanken und ihrer Umgebung bewusster zu werden, was notwendig ist, um die Selbstverteidigung zu verbessern und Gegner mit Präzision zu schlagen. Das wiederum spart Ihnen auf Dauer auch eine Menge Energie.

Leopard

Leopard

Der Leopard steht im Shaolin Kung Fu für das Sprichwort „Beuge die Finger hart wie Eisen". Der Leopard steht für Geschwindigkeit, Berechnung, Effizienz, Heimlichkeit und Stärke. Leoparden sind auch für ihre Jagdfähigkeiten und ihre hohe Geschwindigkeit bekannt, besonders wenn sie nur eine kurze Strecke zurücklegen. Wenn sie ihre Beute erspähen, verstecken sie sich oder lauern ihr auf, immer bereit, zuzuschlagen. Ohne ihre Beute zu alarmieren, suchen sie nach dem perfekten Moment, um das kleinere Tier anzugreifen.

Symbolik

Der Leopard symbolisiert blitzschnelle Geschwindigkeit. Seine Bewegungen sind explosiv und er konzentriert sich auf Gegenangriffe, um das Spiel zu gewinnen. Er steht für die „Li"-Energie, die die Bedeutung der Muskelkraft betont. Wenn Sie wie ein Leopard trainieren, können Sie die Kämpfe des Alltags mit Leichtigkeit meistern und sich schnell durch Ihre täglichen Aufgaben bewegen. Sie können auch eine Steigerung Ihrer Geschwindigkeit feststellen, wenn Sie wichtige Vorhaben angehen und die dafür notwendigen Maßnahmen ergreifen wollen. Manche Menschen vergleichen die Eigenschaften und Techniken des Leoparden mit denen des Tigers, da beide zur gleichen

Tierfamilie gehören. Es gibt jedoch einen großen Unterschied zwischen beiden Tieren in Bezug auf ihre Bewegungen und ihre Effizienz.

Der Tiger konzentriert sich auf Kraft und Stärke, während der Leopard auf Präzision und Schnelligkeit achtet. Genau wie ein Leopard müssen Praktizierende eine geschmeidige Kraft aufbauen, um leicht zuzuschlagen und ihre Gliedmaßen ebenso schnell zurückziehen zu können, um einen effizienten Schlag auszuführen. Der Leopard ist tapfer, mutig und grimmig. Anstatt sich zu fürchten, schüchtert das Tier seine Gegner ein, indem es wie aus dem Nichts auftaucht. Der Übende muss auch seine Rumpfkraft stärken und seine Beweglichkeit im Bereich der Taille entwickeln, da dieser Bereich ihm hilft, schnelle Bewegungen durchzuführen. Gleichzeitig sind hohe Geschwindigkeit und Kraft die beiden anderen Qualitäten, die der Praktizierende verbessern und aufrechterhalten muss.

Übungen und Techniken

Die Hauptstrategie der Kung Fu-Bewegungen, die mit dem Leoparden verwandt sind, ist *Heimlichkeit und Schnelligkeit*. Genauso wie der Leopard mit Schnelligkeit angreift, greifen Kung Fu-Praktizierende an, um ihren Gegnern Schmerzen zuzufügen, um sie abzulenken, und sie versetzen ihren Gegnern einen besonders großen Schlag, um sie zu töten. In gewisser Weise nutzen sie die Ablenkung, um zu gewinnen. Die Hauptangriffsbereiche sind dabei die Achselhöhlen, die Leistengegend, der Nacken, die Ohren und die Schläfen, d.h. alle Regionen mit weichem Gewebe. Der Praktizierende muss Kraft aufbauen und Muskeln entwickeln, um sich auf den Gegner zu stürzen, ihm Schmerzen zu bereiten und dadurch abzulenken. Eine weitere Voraussetzung für diese Übung ist die geschmeidige Kraft des Leoparden. Die Technik „Goldener Leopard bewacht das Feuer" und die Übung „Goldener Leopard rast durch den Wald" sind weitere typische Leopardenkampftechniken.

Die wichtigste Technik in dieser Form des Kung Fu ist allerdings die „Leopardenpfote", bei der der Übende eine halbe Faust macht und den Gegner mit zwei Fingerknöcheln direkt angreift. Dieser Schlag ist intensiv und kann schmerzhaft Kontakt mit dem Ziel am Körper des Gegners herstellen. Die Leopardenpfoten-Technik ist äußerst wichtig, da sie der erste Instinkt eines jeden Angriffs ist. Je stärker der Schlag ist, desto schwächer wird der Gegner, der sich von Anfang an wehren muss. Die Bewegung sollte blitzschnell, effizient und scharf sein. Die Meister empfehlen ihren Schülern, hart an der Verbesserung ihrer Präzision zu arbeiten, da der Schlag an genauen Stellen und Punkten platziert werden sollte.

Kapitel 4: Positionen im Kung Fu

Es gibt mehrere Positionen im Kung Fu, und die meisten von ihnen können von den fünf primären Positionen abgeleitet werden. Dieses Kapitel konzentriert sich auf diese fünf Hauptpositionen: die Pferdeposition, die Katzenposition, die Vorwärtsposition, die Drehposition und die Kranichposition. Das Kapitel beginnt mit einem Überblick über die Bedeutung der Positionen im Kung Fu und hebt auch andere Bewegungen hervor, die für Sie von Interesse sein könnten.

Bedeutung der Positionen im Kung Fu

Die Positionen spielen eine grundlegende Rolle, wenn Sie Shaolin Kung Fu praktizieren wollen. Sie bilden die Grundlage für das Erlernen dieser Kampfkunst, aber die meisten Schüler brauchen in der Regel lange, um ihre wahre Bedeutung zu erkennen. Am ersten Tag, an dem er Shaolin Kung Fu lernt, werden jedem Schüler die Grundpositionen erklärt. Dazu gehören die Vorwärtsposition, die Pferdeposition und die Katzenposition. Während der Einführungsstunde entwickeln die meisten Schüler ein starkes Interesse daran, mehr über diese Positionen zu erfahren. In diesem Stadium ist der Schüler begierig darauf, hohe Tritte, einige ausgefallene Bewegungen und andere eindrucksvolle Kampftechniken zu lernen.

Aber erst wenn Sie bereits lange Zeit trainiert haben, können Sie die Bedeutung der Positionen im Shaolin Kung Fu richtig einschätzen. Die Positionen sind zwar grundlegend wichtig und werden in der Regel in der ersten Unterrichtsstunde gelehrt, aber das ständige Training entscheidet darüber, ob Sie die Fähigkeit, sie richtig anzuwenden, beherrschen lernen oder nicht. Anfänger sind in der Regel daran interessiert, die Handbewegungen zu beobachten, aber erfahrene Praktizierende beobachten bei den Positionen hauptsächlich die Körperarbeit, wenn sie sich die Vorführung ansehen. Die Positionen steuern die Handbewegungen, die ihnen Kraft verleihen.

Außerdem sind die Positionen entscheidend, denn sie ermöglichen es Ihnen, Ihren Körper effektiv einzusetzen. Mit einer korrekten Haltung können Sie die Bewegung Ihres Körpers kontrollieren. Alle Körperbewegungen durchlaufen verschiedene Positionen, die Ihnen Handbewegungen und eine solide Grundlage für die Koordination der verschiedenen Körperteile bieten. Die Positionen helfen Ihnen auch dabei, die Bodenkraft zu nutzen, wenn Sie verschiedene Bewegungen ausführen. Im folgenden Abschnitt werden die grundlegenden Positionen des Shaolin Kung Fu genauer erläutert.

Pferdeposition

Der Pferdestand ist die erste Position, die Sie lernen werden, wenn Sie mit der Kung Fu Lehre beginnen. Die Pferdeposition beschreibt im Grunde genommen eine Reitstellung und steht für eine weite Hockposition. Sie können diese Haltung ganz einfach einnehmen, indem Sie mit den Füßen aufstehen und darauf achten, dass Ihre Beine weit auseinanderstehen. Ihre Füße sollten dabei etwa schulterbreit auseinanderstehen. Wenn Sie sich in dieser Haltung befinden, beugen Sie Ihre Knie und versuchen Sie, Ihren Körper nach unten zu bewegen.

Diese Haltung bildet die Grundlage für das Training verschiedener Kung Fu-Stilrichtungen. In erster Linie spielt die Pferdeposition eine entscheidende Rolle bei der Stärkung der Beine. Um ein effektiver Kämpfer zu sein, müssen Ihre Beine genügend Kraft haben, um das Gleichgewicht zu halten. Mit anderen Worten, der Hauptzweck dieser Haltung ist das Ausdauertraining, das zur Stärkung der Sehnen und Beinmuskeln beiträgt. Sie lehrt die Schüler auch, sich in ihrer Haltung so zu entspannen, dass ihr Schwerpunkt niedrig liegt. Es ist

Pferdeposition

nicht nötig, den Brustkorb in dieser Position nach außen zu drücken. Das ist wichtig, da die Kraft im Kung Fu aus dem Boden gewonnen wird. Die Schüler können auch in einer bestimmten Haltung sitzen, während sie verschiedene Handgriffe üben. Sie können aus dem Sitzen heraus zum Beispiel unterschiedliche Schläge üben und gleichzeitig lernen, wie man Angriffen ausweicht.

Wenn Sie diese Haltung üben, achten Sie unbedingt darauf, dass Ihre Füße nach außen zeigen und breiter als Ihre Schultern voneinander entfernt stehen. Lassen Sie die Füße nach vorne gerichtet und gehen Sie langsam in die Hocke, so als ob Sie auf einem Pferd reiten würden. Passen Sie auf, dass Ihre Haltung flach ist und die Wirbelsäule eine gerade Position einnimmt. Wie tief Sie in diese Haltung kommen, hängt stark von dem Kung Fu-Stil ab, den Sie praktizieren möchten.

Wenn Sie die Pferdestellung trainieren möchten, sollten Sie sich zunächst einen Stock besorgen und diese Position einnehmen. Legen Sie in dieser Position den Stock auf Ihre Knie und halten Sie Ihre Arme nach außen. Die Handflächen sollten parallel zu Ihrem Körper sein. Sie sollten den Stock nicht fallen lassen. Wiederholen Sie die Übung, bis Sie sich mit dieser Haltung vertraut gemacht haben.

Vorwärtsposition

Bei dieser Übung handelt es sich um einen entscheidenden Schritt im Shaolin Kung Fu. Sie ist nützlich, weil sie Ihren Körper vorwärtsbewegt, und Ihnen hilft, eine stabile Basis zu bilden, die es Ihnen ermöglicht, Kraft zu erzeugen und fortgeschrittene Bewegungen auf dieser Basis erfolgreich auszuführen. Wenn Sie einen Gegner angreifen, müssen Sie diese Stellung nutzen, um sicherzustellen, dass Sie in der richtigen Position sind. Ihr Gewicht liegt dabei auf dem vorderen Bein und bestimmt die Aktion, die Sie ausführen werden.

In dieser Haltung beugen Sie Ihr vorderes Knie, während Ihr hinteres Bein gerade bleibt. Wenn Sie diese Position von der Seite betrachten, sieht sie wie ein gespannter Bogen aus. Daher wird sie auch als Bogenposition bezeichnet. Andere ziehen es vor, sie als Vorwärtsposition zu bezeichnen, und sie wird in verschiedenen Kampfkunststilen verwendet. Die Schultern und Hüften sollten nach vorne ausgerichtet bleiben. Im Wesentlichen besteht der Hauptzweck dieser Haltung darin, dem Übenden die Ausrichtung des Bewegungsapparats beizubringen, die eine entscheidende Rolle dabei spielt, dem Schlag die Kraft, die von

Vorwärtsposition

der Erdmasse ausgeht, zu verleihen. Mithilfe dieser Position haben Sie eine große Chance, mehr Vorwärtskraft zu erzeugen. In die umgekehrte Richtung kann jedoch nur sehr wenig Kraft erzeugt werden.

Im Kung Fu wird die Vorwärtsposition in verschiedenen Variationen geübt, je nachdem, welchen Stil Sie praktizieren möchten. Die andere Funktion des Standes besteht darin, Ihnen Stabilität zu geben, während Sie das Gewicht Ihres Körpers nach vorne verlagern. Dies geschieht häufig beim Schlagen, um Ihrem Gegner einen kräftigen Schlag zu versetzen. Wenn Sie zuschlagen, sollten Sie darauf achten, dass der Schlag stark genug ist, um einen Wettbewerbsvorteil gegenüber dem Gegner zu erzielen.

Ihr gerades hinteres Bein schiebt den Schwerpunkt nach vorne und sorgt dafür, dass das gesamte Körpergewicht hinter Ihrem Schlag liegt. In diesem Fall hilft das gebeugte vordere Bein dabei, das Körpergewicht zu stützen. Darüber hinaus können Sie die Vorwärtsposition nutzen, um sich vorwärts oder rückwärts zu bewegen, solange Sie sicher sind, dass der Schwerpunkt oder das Körpergewicht dabei nach vorne projiziert werden.

Der Schwerpunkt ist von entscheidender Bedeutung, da er die Kraft des Schlags und seine Auswirkungen auf das Opfer bestimmt. Im Gegensatz dazu wird das Gewicht nach hinten verlagert, um den Körper in eine zurückgelehnte Position zu bringen. Diese Position nehmen Sie zum Beispiel dann ein, wenn Sie sich nach hinten bewegen, um einem Angriff auszuweichen.

Katzenposition

Die Katzenposition ist in erster Linie für die Beweglichkeit des Kämpfers und ähnliche Übergangsbewegungen von einer Position zur anderen gedacht. Ihr gesamtes Körpergewicht lastet auf dem hinteren Bein, während das vordere Bein auf dem Fußballen der Zehe ruht. Ihr vorderes Bein sollte so aussehen, als seien Sie eine Katze, die ihre Pfote ausstreckt, wenn sie einen Schritt nach vorne macht. Auf der Pfote lastet währenddessen kein Gewicht, daher kommt auch der Name. Sie können das vordere Bein benutzen, um in eine andere Position zu wechseln oder Ihren Gegner zu treten.

Es ist immer noch in Ordnung, wenn Sie Ihre Haltung von einer höheren Ebene aus beginnen und sich dann mit Ihrem Training langsam nach unten bewegen. Diese Position ist vielseitig und ermöglicht es Ihnen, sich schnell zu bewegen und stets leichtfüßig zu bleiben. Wenn Sie diese Position einnehmen, müssen Sie sich die Katze vorstellen, die sich dazu bereit macht, schnell vorzuspringen, um ihre Beute zu fangen. Das sollten Sie auch anstreben, wenn Sie diesen speziellen Stil anwenden wollen.

Katzenposition

Wenn Sie die linke Katzenposition üben möchten, treten Sie mit dem rechten Fuß aus der Ausgangsposition zurück. Drehen Sie den rechten Fuß, den Sie zurückgesetzt haben, in einem Winkel von etwa 45 Grad im Uhrzeigersinn, damit Sie ein besseres Gleichgewicht bekommen. Als Nächstes beugen Sie Ihr rechtes Knie so, dass Sie etwa 90% Ihres Gewichts auf dieses Bein verlagern können. Ihr linker Fuß sollte dabei nach vorne gestreckt sein, und Sie sollten ihn mit dem Fußballen auf den Boden setzen. Setzen Sie Ihren linken Fuß nicht mit der Fußsohle auf. Sie werden mit Ihrem linken Bein nur sehr wenig Druck nach unten ausüben können. Der Vorteil dieser Bewegung ist es, dass nur wenig Schaden angerichtet wird, wenn der Gegner versucht, Ihr Führungsbein unter Ihnen wegzuschwingen. Außerdem können Sie Ihr Führungsbein auch dazu verwenden, den Angriff, der Ihnen die Beine wegziehen soll, zu vermeiden.

Die Katzenposition bietet Ihnen ein ausgezeichnetes Gleichgewicht, wenn Sie sie als Ausgangspunkt für einen Vorwärtsschlag so einsetzen, dass Sie den Gegner auf Distanz halten können. Da nur wenig Gewicht auf Ihrem vorderen Bein lastet, können Sie es schnell einsetzen und den Fußballen dabei als Waffe verwenden. Diese Ausgangsposition bietet Ihnen eine effektive Möglichkeit, Ihren Gegner anzugreifen, wenn Sie sie zur Selbstverteidigung einsetzen wollen.

Drehposition

Die Drehposition ist eine Übergangsstellung, bei der Ihre Beine zeitweise verdreht erscheinen, um Ihnen zu helfen, Ihre nächste Bewegung präzise auszuführen. Ihr vorderer Fuß sollte nach außen gedreht sein, während Ihr hinterer Fuß auf dem Fußballen ruht. Sie können diese Haltung einsetzen, um auf den Gegner zuzugehen oder auch, um sich zurückzuziehen, wenn Sie merken, dass Sie unter Druck stehen. Sie können die Position auch verwenden, um die Ausrichtung Ihres Körpers zu ändern. Wenn Sie die Richtung ändern wollen, verändern Sie die Beinstellung und nehmen Sie die Position wieder ein, sobald Sie erneut richtig positioniert sind.

Sie können die Drehposition auch verwenden, um einen verdeckten Seittritt auszuführen. Die Drehposition ist gut dafür geeignet, weil sie Ihnen zu einem guten Gleichgewicht verhilft, mit dem Sie verschiedene Bewegungen ausführen können, wenn Sie dem Gegner gegenüberstehen. Wenn der Gegner versucht, Ihr vorderes Bein unter Ihnen wegzutreten, können Sie das Gleichgewicht halten, weil Sie Ihr Körpergewicht auf die andere Körperseite verlagert haben. Außerdem können Sie den Angriff kontern, indem Sie den Gegner mit einem weiteren Tritt erneut angreifen. Die Stellung wird auch eingesetzt, um niedrigen Angriffen auszuweichen.

Die Drehposition ist auf verschiedene Arten und Weisen nützlich, je nachdem, wie Sie sie gerade einsetzen wollen. Die Art und Weise, wie Sie in diese Haltung kommen oder aus ihr herauskommen, bestimmt, wie Sie sie effektiv einsetzen können. Sie können sich in viele Bewegungen hineindrehen oder Ihren Drehschwung direkt nutzen, um den Gegner zu Fall zu bringen. Sie können auch selbst versuchen, den Gegner mit einem Rundkick anzugreifen, wenn sich Ihre Hände gleichzeitig in die entgegengesetzte Richtung bewegen.

Drehposition

Kranichposition

Die Kranichposition ähnelt der Art und Weise, wie ein Kranich auf einem Bein balanciert. Bei dieser Haltung stehen Sie folglich auf einem Bein, während das andere angehoben ist. Die Stellung wird häufig im Kung Fu und in anderen Kampfsportarten verwendet, da sie die Körperkoordination und das Gleichgewicht fördert. Im Wesentlichen geht es bei der Haltung darum, dass der Schüler das Gleichgewicht hält, während er auf einem Bein steht.

Sie können diese Haltung einsetzen, um den Gegner zu treten oder ihm auszuweichen und ihn anschließend anzugreifen. Wenn Sie den Gegner mit dieser Haltung treten, können Sie den Tritt höher ansetzen. Sie können alternativ auch Seitentritte ausüben, während Sie das Gleichgewicht Ihres Körpers auf einem Bein stabil halten. Die Kranichposition wird eingenommen, indem Sie Ihr Knie bis zur maximalen Höhe anheben, während Sie mit Ihrem Rumpf dem Gegner zugewandt bleiben.

Denken Sie daran, dass Ihr Standbein bei der Kranichhaltung auf Kniehöhe gebeugt sein sollte. Das hilft Ihnen dabei, das Gleichgewicht zu halten und die saubere Ausführung Ihrer Tritte zu verbessern. Wenn Sie Ihr Knie blockieren, können Sie sehr leicht das Gleichgewicht verlieren und dem Gegner Raum für einen Angriff geben. Sie haben dadurch aber eventuell auch Schwierigkeiten, Folgetechniken auszuführen, weil Ihr Knie blockiert ist. Letztendlich wird diese Position in solchen Fällen nutzlos.

Der Seittritt, den Sie aus der Kranichposition heraus einsetzen können, kann mit einem Rückwärtsschlag kombiniert werden. Wenn Sie Ihren Seittritt gegen den

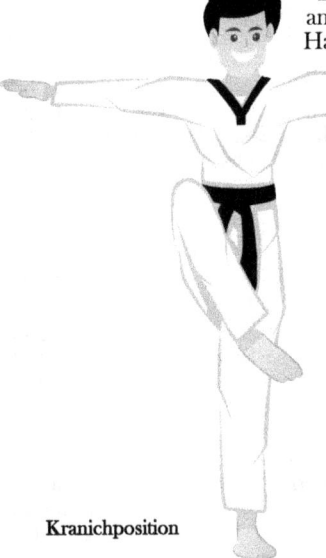

Kranichposition

Gegner anwenden, fällt dieser auf Sie zu und Sie können ihm dann mit der hinteren Faust auf den Kopf schlagen. Sie können sich also Ihrem Gegner gegenüber einen Vorteil erkämpfen, wenn Sie diese Haltung einnehmen und Ihre Tritte zielgenau ausführen.

Sie haben nun die fünf grundlegenden Positionen im Shaolin Kung Fu kennengelernt. Wenn Sie ein Meister dieser Kampfkunst werden wollen, werden Sie im Laufe Ihres Trainings werden feststellen, dass es noch einige andere Positionen gibt, die Sie ebenfalls kennen müssen. Im Folgenden finden Sie einige der Positionen, die Sie auf Ihrem Weg Übungsweg zur Steigerung Ihrer Kung Fu Fähigkeiten erlernen sollten.

Bogenposition

Bogenposition

Die Bogenposition ist eine Variation der Vorwärtsposition und spielt im Kung Fu eine entscheidende Rolle. Bei dieser Grundstellung bewegen Sie Ihren Körper nach vorne, was Ihnen die nötige Stabilität verleiht, um mehr Kraft zu erzeugen und Ihre Bewegung voranzutreiben. Sie können aus dieser Haltung heraus den Schwerpunkt Ihres Gewichts auf das vordere Bein verlagern, um die maximale Kraft zu erzielen, wenn Sie Ihr Ziel treffen. Ihr hinteres Bein sollte gleichzeitig gerade sein, während Ihr vorderes Knie gebeugt bleiben sollte. Wenn Sie diese Position von der Seite betrachten, sieht sie wie ein gespannter Bogen aus, weshalb sie auch als Bogenposition bezeichnet wird. Sie sollten darauf achten, dass beide Fersen in einer Linie stehen. Achten Sie bei der Vorwärtsbewegung darauf, dass Ihre hintere Ferse richtig rotiert bleibt.

Tiefe Position

Die meisten Kung Fu-Schüler mögen diese Haltung nicht, weil sie von Ihnen verlangt, dass Sie einen sehr weiten Pferdestand einnehmen. Dazu müssen Sie das gesamte Gewicht Ihres Körpers auf ein Bein verlagern und so tief wie möglich in die Hocke gehen. Diese Haltung ist in erster Linie dazu gedacht, hohe Angriffe, sowie Knie-, Knöchel- und Leistenangriffe zu vermeiden. Da Sie in dieser Haltung sehr tief in die Hocke gehen müssen, übt sie einen gewissen Druck auf Ihre unteren Muskeln aus, der bei Ihnen Schmerzen verursachen kann.

Wenn Sie sich darauf freuen, Kung Fu zu lernen, werden Sie in Ihrer ersten Lektion die verschiedenen Positionen kennenlernen. Sie müssen sorgfältig auf diese Übungen achten, da sie fast jede Ihrer Bewegungen beeinflussen und zur richtigen Koordinierung von Elementen wie Körperbewegung und Fußarbeit beitragen. Daher sollten Sie die verschiedenen Stellungen nicht vernachlässigen, da sie fast alles, was Sie im Kung Fu tun, beeinflussen.

Kapitel 5: Das Lohan-Muster

Das Lohan-Muster ist einer der wichtigsten Bestandteile des Kung Fu. Es handelt sich dabei um eine Serie von 18 Handbewegungen, die für verschiedene Zwecke verwendet werden, einschließlich der Selbstverteidigung und zur Förderung der Gesundheit. Das Lohan-Muster stammt aus buddhistischen Schriften, wurde aber im Laufe der Jahre modifiziert und an verschiedene Kung Fu-Stile angepasst. In diesem Artikel werden wir jede Bewegung im Detail besprechen, um eine nach der anderen besser kennenzulernen.

Ursprung des Lohan-Musters

Das Lohan-Muster wurde erstmals im 18. Jahrhundert bei den Shaolin-Mönchen eingeführt, als Daai Yuk auf buddhistische Schriften stieß, in denen die Handbewegungen als „18 Hände von Luohan" beschrieben wurde. Diese Handbewegungen wurden als das Lohan-Muster bekannt und die Bewegungsabfolge wird seither in vielen Kung Fu-Stilen verwendet.

Einer alten Legende zufolge meditierte der buddhistische Mönch Bodhidharma, der als Begründer des Shaolin Kung Fu gilt, viele Jahre lang, um die Erleuchtung zu erlangen. Während dieser Zeit verlor er seine ganze Energie und Kraft, weil er sich nicht bewegen konnte. Er erkannte, dass er seine Kräfte nur durch rigorose Übungen wiedererlangen könnte. Diese Übungen sollten anderen zeigen, wie auch sie ihre Gesundheit und ihr geistiges Wohlbefinden verbessern konnten.

Das Lohan-Muster ist eine der Grundlagen des Wushu-Trainings, denn es hilft dem Praktizierenden dabei, das Bewusstsein und die Koordination durch bestimmte Bewegung zu fördern. Es lehrt Praktizierende aber auch, wie man sich im Bedarfsfall verteidigen kann, was aus vielen verschiedenen Gründen nützlich sein kann (z.B. für Selbstverteidigungsübungen oder wenn Sie angegriffen werden). Die Bewegungsmuster sind als eine Form der Meditation gedacht, bei der sich Ihr Geist ganz auf die Bewegungen konzentrieren kann. Durch das Üben dieser Handmuster können Sie Stress abbauen, Ihre Koordination verbessern und eine konzentriertere Denkweise entwickeln.

Die Bedeutung des Lohan-Musters für Kung Fu

Wenn Sie das Lohan-Handmuster verstehen, wird sich Ihr Kung Fu dadurch verbessern. Es handelt sich um eine Reihe von 18 Übungen, die ursprünglich dazu gedacht waren, gezielt Kraft, Flexibilität und Koordination im Körper zu entwickeln. Viele Schulen haben die Übungen jedoch im Laufe der Zeit modifiziert, um auch Selbstverteidigungsfähigkeiten in das Training zu integrieren. Einige Bewegungen werden zum Beispiel verwendet, um den Gegner zu fangen oder zu packen, während andere dem Praktizierenden helfen, den Körper nach einem Kampf wieder zu entspannen.

Die Zahl 18 hat im Buddhismus eine große Bedeutung, was ebenfalls dazu beiträgt, dass das Lohan-Muster zu einem festen Bestandteil des Kung Fu geworden ist. Obwohl jeder Stil seine eigene Interpretation des Musters haben mag, legen alle Stile Wert darauf, diese Muster in- und auswendig zu kennen. Wenn Sie das Muster vollständig verstehen, können Sie Ihre Kung Fu-Fähigkeiten dadurch deutlich verbessern.

Diese Handmuster werden auch Qigong-Übungen genannt und wurden im berühmten Shaolin-Tempel viele Jahre lang geheim gehalten. Obwohl sie mit Mönchen und anderen Kung Fu-Meistern geteilt wurden, sollten die Bewegungen heimlich geübt werden, damit niemand den Kampfstil kopieren konnte.

Die Bedeutung des Chi Kung für Kung Fu

Chi Kung (auch bekannt als Qi Gong) ist ein Aspekt des Kung Fu, der sich auf die Kultivierung und Kontrolle der Energie im gesamten Körper konzentriert. Dabei muss der Praktizierende auch lernen, die Energie zu nutzen, um den Körper stärker und flexibler zu machen oder sogar bestimmte Krankheiten zu heilen.

Chi gibt es zwar schon seit vielen Jahren, es wurde aber erstmals in China vom Gelben Kaiser erwähnt. Er erklärte, dass es zwei Energien in allen Lebewesen gebe: Yin und Yang. Yin sei die weibliche Energie, während Yang die männliche Energie ausdrücke. Laut dem Kaiser sollen beide Energien in Harmonie zusammenarbeiten, um gemeinsam Chi (Energie) zu erzeugen. Man glaubt, dass dies zu guter Gesundheit und sogar zur Erleuchtung beitragen kann, wenn man sich die Energien richtig zunutze macht.

Das Lohan-Muster ist eine von vielen Übungen, die Ihnen bei der Nutzung Ihres Chi Kung helfen können. Die Ausführung dieser Bewegungen hilft Ihnen dabei, Ihre Flexibilität, Kraft und Koordination zu verbessern, was wiederum zu besseren Kung Fu-Fähigkeiten führt.

Für Wushu-Enthusiasten bedeutet dies, dass sie die Handmuster lernen müssen, um bessere Kampfsportler zu werden.

Das Üben des Lohan-Musters

Das Lohan-Muster wird oft fälschlicherweise für eine rein körperliche Übung gehalten. Es ist jedoch viel mehr als das. Tatsächlich handelt es sich um eine Chi Kung-Übung, die sowohl den Geist als auch den Körper anspricht, um so wunderbare Ergebnisse zu erzielen.

Deshalb ist es wichtig zu lernen, wie man dieses Muster richtig ausführt. Der häufigste Fehler ist dabei der Mangel an Fokus und Konzentration, während der Ausführung der Bewegungen. Sie müssen mit ganzem Herzen bei der Sache sein, um den Zweck des Kung Fu Lernens besser zu verstehen.

Um den maximalen Nutzen aus den Lohan-Übungen ziehen zu können, sollten Sie sie zusammen mit der Chi Kung-Atmung durchführen. Dadurch wird die Energie in Ihrem Körper aufgebaut und Sie fühlen mit jeder Bewegung eine stärkere Verbindung.

Die Bedeutung des Übens mit einem Meister

Die in diesem Kapitel beschriebenen Übungen sind lediglich physische Beispiele für die Übung. Um den vollen Nutzen aus der Praxis zu ziehen, ist es entscheidend, dass Sie zusätzlich mehr über den Geist und die damit zusammenhängende Energie lernen. Die Meister des Shaolin lehren diese introspektiven Techniken. Daher sollten Sie, wenn es Ihnen möglich ist, bei jeder Gelegenheit unter der Anleitung eines Meisters des Shaolin Kung Fu üben.

Die Grundlagen des Lohan-Musters

Im Folgenden finden Sie eine kurze Erläuterung der 18 Bewegungen mit einigen Bildern, die Ihnen dabei helfen sollen, die Gesten besser zu verstehen.

Den Himmel hochheben

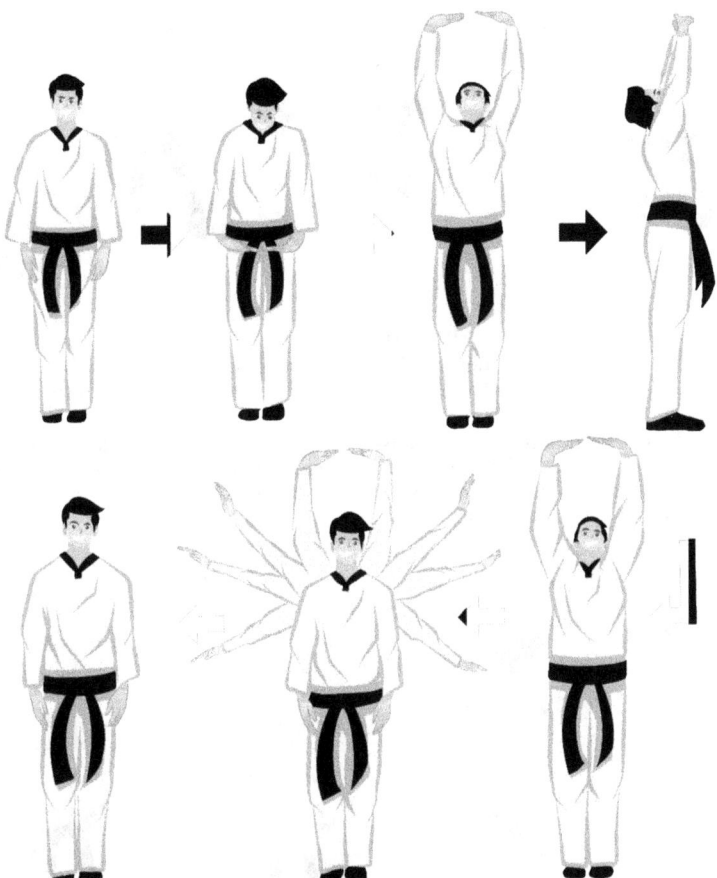

Den Himmel hochheben

Das erste Muster beginnt damit, dass Sie beide Hände nach oben zum Himmel strecken. Anschließend sollten Sie die Hände an beiden Seiten Ihres Körpers entlang nach unten führen.

Das bedeutet, dass Sie sich nach vorne strecken und Ihre Arme über den Kopf heben müssen, so als ob Sie etwas Schweres wie beispielsweise einen Sack Reis anheben wollten. Bei dieser Übung sollten Ihre Handflächen nach oben zeigen, was vielleicht das genaue Gegenteil von dem ist, was Sie von dieser Übung erwartet hätten.

Nachdem Sie sich nach oben gestreckt haben, werden die Hände auf beiden Seiten Ihres Oberkörpers wieder nach unten gebracht, um eine gerade Linie zu bilden, wobei beide Arme vollständig ausgestreckt sein sollten.

Pfeile schießen

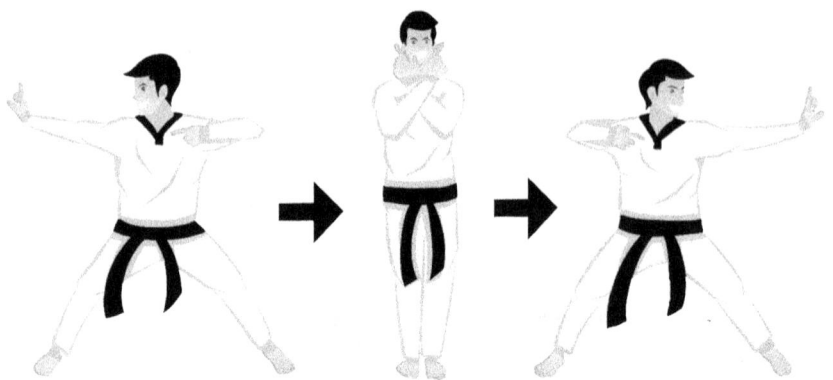

Pfeile schießen

Bei der nächsten Bewegung werden die Dinge ein wenig komplizierter. Hier wird eine Hand schussartig vom Körper wegbewegt, während die andere pfeilartig zurückgezogen wird.

Ein häufiger Fehler besteht dabei darin, dass Praktizierende beide Hände zusammen zu bewegen, so dass sie parallel oder sogar leicht nach unten gerichtet sind. Achten Sie stattdessen darauf, jeweils einen Arm zu bewegen. So stellen Sie sicher, dass Sie bei dieser Übung Ihre Rumpfmuskulatur richtig anspannen.

Sterne pflücken

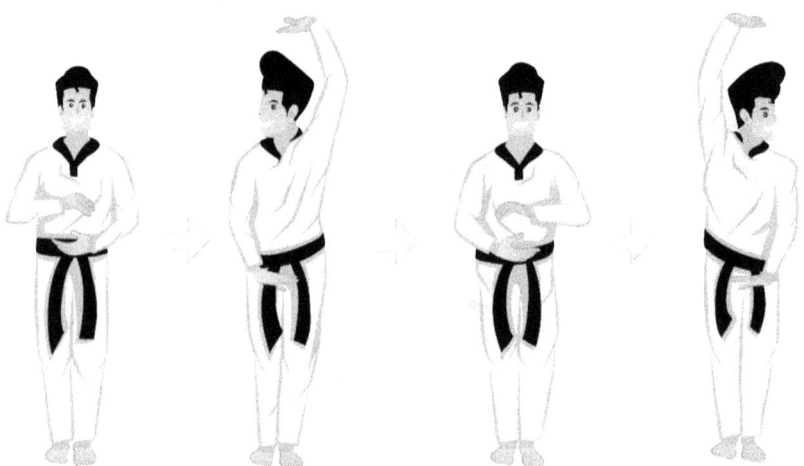

Sterne pflücken

Strecken Sie eine Hand mit der Handfläche nach oben zeigend zum Himmel und strecken Sie die andere Hand mit der Handfläche nach unten in Richtung Boden aus. Halten Sie die Arme dabei nahe am Körper und strecken Sie sie nach oben.

Bringen Sie dann diesen Arm zurück zur Seite, während Sie den anderen Arm in einer Aufwärtsbewegung ausstrecken.

Wenn Ihre Hand den Höhepunkt der Bewegung erreicht, sollte sie mit der Handfläche nach oben zeigen, während Ihr anderer Arm immer noch an Ihrer Seite verharren sollte. Wenn Sie diesen Arm wieder zur Ruhe bringen wollen, können Sie den anderen Arm wieder nach unten ausstrecken.

Kopfrotation

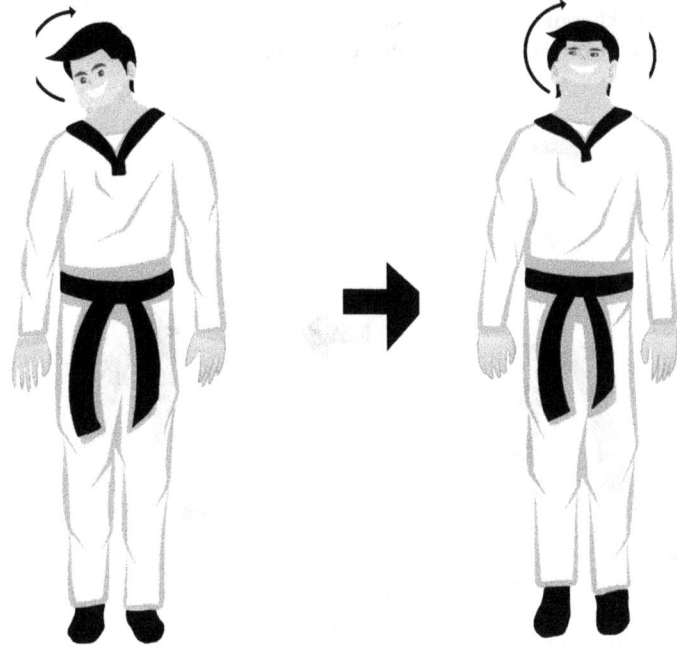

Kopfrotation

Rotieren Sie Ihren Kopf mehrfach im Kreis herum, als wollten Sie hoch in den Himmel schauen.

Der Kopf ist ein entscheidender Teil dieser Übung, da er unseren Geist mit unserem Körper verbindet. Sie sollten daher darauf achten, dass Sie Ihren Nacken gerade halten und ihn nicht unbeholfen nach vorne drücken oder ziehen, während Sie diese Bewegungen ausüben.

Dieses Muster hat bekanntermaßen zahlreiche Vorteile für das Nervensystem.

Karussell

Karusell

Bringen Sie Ihre Hände zusammen und verschränken Sie Ihre Finger. Stellen Sie sich nun vor, Sie hielten einen Stock in der Hand. Lassen Sie Ihre Arme gerade ausgestreckt um Ihren Körper kreisen. Bewegen Sie sich dabei aus der Taille heraus.

Diese Übung ist gut dazu geeignet, um den Praktizierenden zu animieren und kann die Durchblutung anregen.

Stichwaffe

Stichwaffe

Stellen Sie sich breitbeinig hin, und achten Sie darauf, dass Ihre in einem 180-Grad-Winkel von Ihnen wegzeigen. Bringen Sie nun stoßartig Ihre Arme nach vorne, als wollen Sie einen Schlag ausüben. Achten Sie dabei darauf, einen Arm über dem anderen zu positionieren.

Bringen Sie beim Ausstrecken Ihrer Arme beide Fäuste zusammen, um mit den Händen eine L-Form vor Ihrem Körper zu bilden. Bringen Sie sie dann wieder zur Ruhe, indem Sie beide Hände auf Brusthöhe übereinander kreuzen und dabei die breitbeinige Standposition beibehalten.

Das Stichwaffen-Muster ist eine großartige Übung für Ihr Herz, Ihre Lungen, Ihre Nieren und Ihr Verdauungssystem.

Den Mond tragen

Den Mond tragen

Dieses Muster beginnt damit, dass Sie sich in der Taille nach vorne beugen, ohne dabei die Knie zu beugen. Versuchen Sie dabei, sich so weit wie möglich in Richtung Ihrer Zehen zu beugen. Heben Sie nun im nächsten Schritt Ihre Arme nach oben, um den Rumpf in die richtige Position zu bringen. Im letzten Schritt lösen Sie Ihre Hände wieder voneinander, indem Sie sie seitlich nach unten wandern lassen.

Diese Übung fördert die Jugend und Vitalität und ist hervorragend zur Linderung von Rückenbeschwerden geeignet.

Nieren pflegen

Nieren pflegen

Beginnen Sie mit beiden Armen auf Höhe Ihrer Taille. Beugen Sie sich nach hinten. Beugen Sie sich anschließend aus der Taille heraus vorwärts und berühren Sie mit den Fingern Ihre Zehen, ohne dabei die Knie zu beugen.

Die Nierenfunktion ist dabei eng mit dem reproduktiven Wohlbefinden verbunden. Diese Position soll für die Fruchtbarkeit, die Vitalität und bei Ischiasproblemen entscheidend helfen.

Drei Stufen zum Boden

Bei dieser Übung handelt es sich um eine einfache Kniebeuge, bei der Ihre Arme seitlich ausgestreckt sein sollten. Diese Übung ist auch als „Froschposition" bekannt und ist sehr effektiv für Ihre Beine.

Mehrere Wiederholungen erhöhen Ihre Herzfrequenz und verbessern die kardiovaskuläre Fitness.

Tanzender Kranich

Beugen Sie die Knie und verlagern Sie Ihr Gewicht auf ein Bein. Bewegen Sie nun den anderen Fuß nach vorne, während Sie das Knie in einem 90-Grad-Winkel gebeugt halten und mit beiden Beinen eine L-Form bilden.

Diese Übung ist hervorragend dazu geeignet, um die Flexibilität der Gelenke zu erhöhen und starke Knochen aufzubauen, indem die Kalziumproduktion im Körper angeregt wird.

Berge tragen

Stellen Sie sich in eine aufrechte Position. Heben Sie Ihre Arme seitlich bis auf Schulterhöhe an. Drehen Sie sich nun aus der Taille heraus, so dass Ihr Unterkörper nach vorne und Ihr Oberkörper (Taille nach oben) zur Seite zeigt. Wiederholen Sie diese Bewegung auf beiden Seiten. Diese Position ist ideal für Menschen, die an chronischen Rückenschmerzen leiden.

Pfeil ziehen

Beginnen Sie in einer aufrechten Position, beide Füße sollten dabei nebeneinanderstehen. Halten Sie die Position kurz. Stellen Sie sich dann vor, dass Sie mit einem Arm etwas hinter Ihrem Rücken halten. Heben Sie den anderen Arm und führen Sie ihn nun hinter Ihren Kopf zu Ihrem Rücken, um den anderen Arm zu berühren. Stellen Sie sich vor, Sie zögen dabei einen Pfeil aus Ihrem Köcher.

Krallen ausfahren

Krallen ausfahren

Stellen Sie sich breitbeinig hin und heben Sie Ihre Hände zur Brust, die Handflächen sollten dabei nach außen zeigen. Beugen Sie nun Ihre Finger, als seien Sie Krallen. Sie befinden sich nun in der Ausgangsposition. Bewegen Sie im zweiten Schritt eine Hand an Ihre Seite und heben die andere in Richtung Himmel. Um von dort aus die Schlussposition zu erreichen, beugen Sie sich von der Taille aus zur Seite, so dass sich die angehobene Hand in die entgegengesetzte Richtung über Ihren Kopf bewegt. Wiederholen Sie diese Bewegung auch auf der anderen Seite.

Berge verschieben

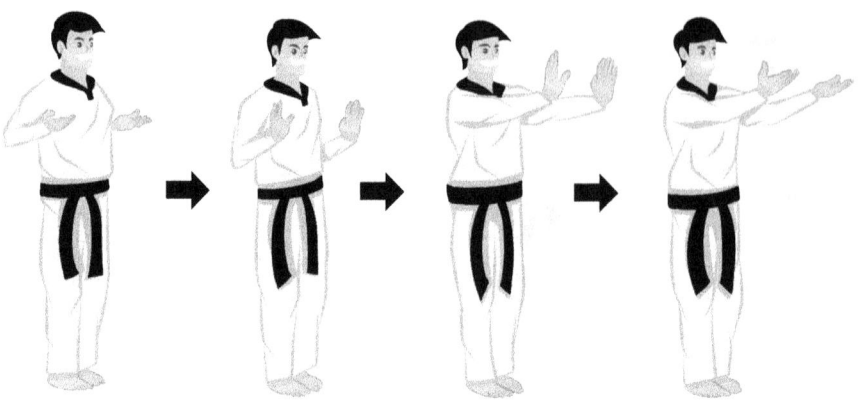

Berge verschieben

Lassen Sie Ihre Knie leicht gebeugt. Drücken Sie die Handflächen beider Hände zusammen, als ob sie aneinanderkleben würden. Tun Sie so, als wollten Sie gegen eine Wand drücken.

Dieses Muster ist großartig geeignet, um Stress abzubauen und den ganzen Körper zu stärken. Mit der Zeit werden durch diese Übung besonders Ihre Beine und Arme gestärkt, da die Position deren Durchblutung fördert.

Wasser durchteilen

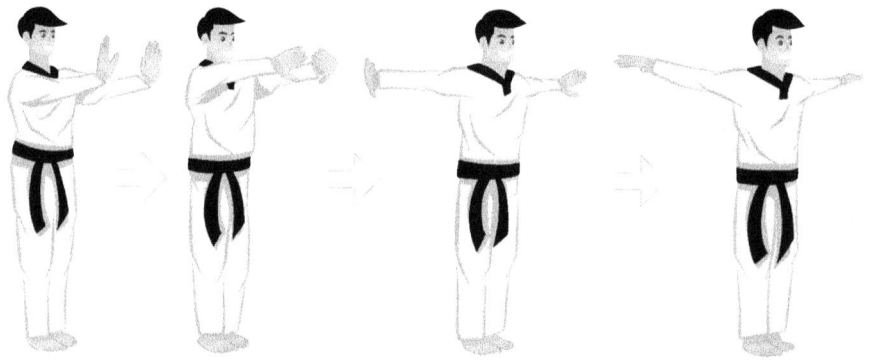

Stellen Sie beide Füße dicht nebeneinander und bringen Sie Ihre Arme an Ihre Seite. Heben Sie nun beide Arme seitlich auf Schulterhöhe an. Bringen Sie sie dann nach vorne und schwingen Sie sie anschließend wieder zu den Seiten nach hinten, so als ob Sie schwimmen würden. Dieses Muster kann beim Trainieren der Armkraft sehr nützlich sein.

Große Windmühle

Diese Übung ist ganz einfach. Machen Sie einfach mit einem Arm einen 360 Grad Kreis, während Sie aufrecht stehenbleiben. Wiederholen Sie die Übung auf beiden Seiten.

Tiefe Kniebeugen

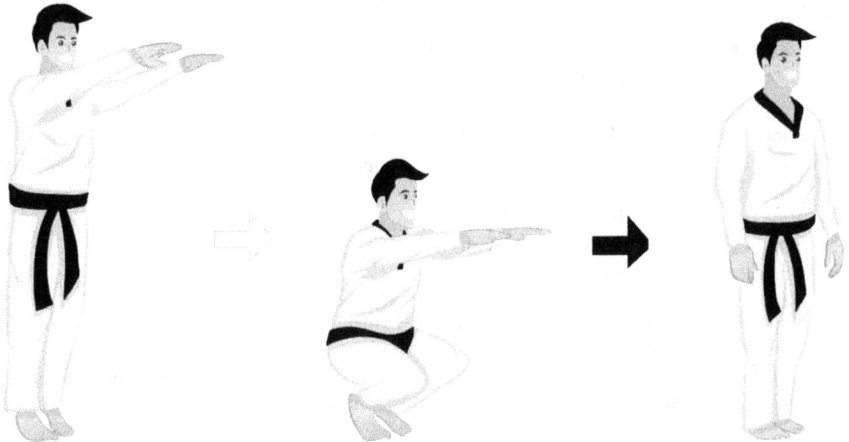

Die tiefe Kniebeuge verlangt Ihnen nicht weiter ab, als tief in die Knie zu gehen und Ihre Arme dabei vor Ihrem Körper auszustrecken. Die Arme sollten dabei parallel zum Boden ausgerichtet werden. Diese Übung ist auch hervorragend zur Stärkung des Herz-Kreislaufs geeignet.

Knie kreisen

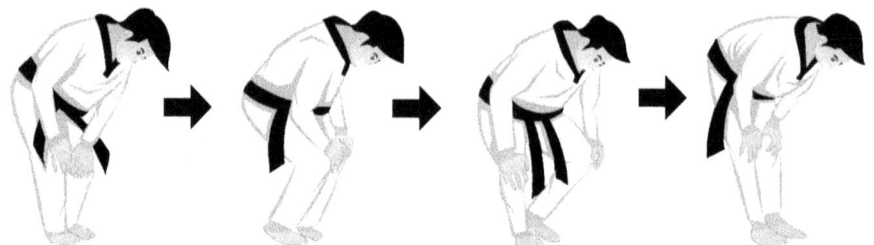

Stellen Sie sich zu Beginn dieser Übung aufrecht hin. Beugen Sie sich dann nach vorne und fassen Sie mit den Händen an beide Knie. Bewegen Sie langsam beide Knie in einer kreisförmigen Bewegung, zuerst mit dem und dann gegen den Uhrzeigersinn.

Diese Übung ist nützlich, um Knieschmerzen zu lindern und hilft auch bei der Straffung Ihrer Beine. Um die besten Ergebnisse zu erzielen, sollten Sie die Übung mehrmals wiederholen. Achten Sie dabei stets auf Ihre Haltung und seien Sie vorsichtig, um Ihre Knie nicht durch zu schnelle Bewegungen zu verletzen.

Übungsplan für das Lohan-Muster

Wie bereits erwähnt, steigert das Lohan-Muster effektiv die körperliche Kraft und beruhigt gleichzeitig den Geist. Versuchen Sie, die Übungen mindestens einmal am Tag zu praktizieren, um die bestmöglichen Trainingsergebnisse zu erzielen.

Im Folgenden finden Sie einen Beispiel-Trainingsplan:

Montag – Knie kreisen (20 Mal mit und 20 Mal gegen den Uhrzeigersinn)
Dienstag - Tiefe Kniebeugen (50 Mal)
Mittwoch - Berge verschieben (je 20 Mal)
Donnerstag – Pfeile ziehen (15 Mal auf beiden Seiten)
Freitag - Tanzender Kranich (50 Wiederholungen) & Berge verschieben (25 Mal pro Arm).
Samstag - Große Windmühle (25 Mal im und 25 Mal gegen den Uhrzeigersinn)
Sonntag - Wasser durchteilen (100 Wiederholungen)

Wenn Sie diesen Trainingsplan einen Monat lang befolgen, wird sich Ihre körperliche und geistige Gesundheit dadurch deutlich verbessern. Achten Sie darauf, dass Sie Lebensmittel mit Konservierungsstoffen und viel raffiniertem Zucker vermeiden, während Sie das Lohan-Muster Training absolvieren.

Sobald Sie sich mit allen Übungen vertraut gemacht haben, sollten Sie versuchen, täglich mindestens ein paar Wiederholungen zu machen.

Suchen Sie sich einen Kung Fu Meistertrainer

Es kann sein, dass Sie sich überwältigt fühlen, wenn Sie die Übungen alleine trainieren müssen. Daher empfehlen wir Ihnen, dass Sie sich einen Kung Fu-Meistertrainer suchen, der Sie beim Training begleiten kann. Es kann aber sein, dass Sie anfangs Schwierigkeiten haben, einen solchen Meistertrainer zu finden. Fragen Sie am besten etwas herum oder suchen Sie online nach Trainingsressourcen.

Sie können sich auch ein paar Videos auf YouTube ansehen, die Ihnen die Übungen im Detail erklären.

Lohan-Muster Übungen für Anfänger

Wenn Sie gerade erst mit dem Training anfangen, sollten Sie mit einfachen Übungen wie beispielsweise dem Kreisen von Armen oder Knien beginnen. Achten Sie darauf, langsam anzufangen und steigern Sie Ihr Tempo dann mit der Zeit, wenn Ihre Bewegungen flüssiger werden.

Sobald Sie genug Ausdauer beim Training der einfacheren Muster aufgebaut haben, können Sie zu anderen Mustern übergehen. Einige der fortgeschritteneren Übungen, wie das Ziehen des Pfeils und der Tanz mit einem Kranich, müssen Monate lang trainiert werden, bis Sie sich schließlich an sie gewöhnt haben. Seien Sie also geduldig und überstürzen Sie nichts.

Außerdem ist es wichtig, dass Sie sich stets auf die richtige Haltung konzentrieren, anstatt sich zu sehr um die Anzahl der Wiederholungen zu kümmern. Eine gute Haltung gibt Ihrem Körper Stabilität und trägt dazu bei, dass Ihre Muskeln gleichmäßig gestärkt werden.

Lohan-Muster Übungen zum Abnehmen

Wenn Sie das Lohan-Muster zum Abnehmen nutzen wollen, sollten Sie mit den tiefen Kniebeugen beginnen. Das liegt daran, dass diese Übung eine erhöhte Intensität hat und Ihnen dabei helfen kann, schneller abzunehmen, als es Ihnen die anderen Übungen ermöglichen.

Allgemein wird jedoch empfohlen, dass Anfänger anfangs vorsichtig sind, weil sie noch nicht an solch anstrengende Aktivitäten gewöhnt sind. Das Kreisen der Knie oder Arme ist ebenfalls perfekt als Einstiegsübung geeignet, um die überflüssigen Pfunde zu verlieren.

Das Lohan-Muster bietet Ihnen eine Reihe von Übungen, die sowohl körperliche als auch geistige Vorteile mit sich bringen können. Diese Übungen können wahre Wunder bewirken: Sie helfen beim Abnehmen, verbessern die Körperhaltung, lindern Gelenkschmerzen und geben Ihnen die Möglichkeit, einfach wieder tief durchzuatmen. Allerdings sind sie nicht ganz einfach. Fangen Sie langsam an und nehmen Sie sich die nötige Zeit, um jedes Muster in Ruhe beherrschen zu lernen, bevor Sie zu schwierigeren Übungen wie dem Tanzen des Kranichs übergehen. Denken Sie auch daran, sich stets auf die richtige Haltung zu konzentrieren, anstatt sich nur auf Wiederholungen zu verlassen, wenn Sie diese Bewegungen absolvieren. Eine gute Haltung gibt Ihrem Körper Stabilität und hilft Ihnen dabei, alle Muskeln gleichmäßig zu stärken, wenn Sie die Übungen richtig trainieren.

Obwohl alle diese Übungen einfach aussehen, sind sie nicht leicht. Tatsächlich erfordern sie viel Konzentration und Geduld, um jedes Bewegungsmuster zu perfektionieren. Wir empfehlen Ihnen daher, bei Ihrer Übungsroutine nicht zu überstürzen und jeden Tag mindestens 15 Minuten für das Lohan-Muster Training einzuplanen, um die bestmöglichen Trainingsergebnisse zu erzielen.

Kapitel 6: Chi und Zen im Kung Fu

Wenn Sie Shaolin Kung Fu praktizieren, sollten Sie stets bedenken, dass es dabei um mehr geht als nur um die körperlichen Aspekte der Kampfkunst. Stattdessen ermutigt es die Praktizierenden auch dazu, neben der Verbesserung der Kampffähigkeiten auch spirituell an sich zu arbeiten, und zwar durch die Konzentration auf zwei Hauptkonzepte: Chi und Zen.

Chi verstehen

Das chinesische Wort Chi, manchmal auch als Qi bekannt, kann wörtlich mit „Dampf", „Luft" oder „Atem" übersetzt werden. Im übertragenen Sinne wird es außerdem oft mit „Lebensenergie", „materielle Energie", „Lebenskraft" oder einfach nur mit „Energie" übersetzt.

Dieses Konzept ist für eine Reihe traditioneller chinesischer Überzeugungen und Praktiken von entscheidender Bedeutung, darunter unter anderem der Taoismus, die traditionelle chinesische Medizin und die chinesischen Kampfkünste, einschließlich des Kung Fu.

Um dieses Konzept besser zu verstehen, können Sie sich ansehen, wie das Wort im Chinesischen geschrieben wird. Das Symbol für „Chi" besteht aus einer Kombination aus zwei anderen chinesischen Symbolen, nämlich denen für „Dampf" und „Reis".

Laut der Schreibweise steht Chi also buchstäblich für den Dampf, der aus dem Reis aufsteigt oder, genauer gesagt, für die Energie, die der Reis abgibt.

Im Grunde genommen ist das genau das, was mit Chi gemeint ist. Die Energie oder die Lebenskraft, die die Welt belebt. Es umfasst eine Vielzahl von Phänomenen, die der westlichen Welt bekannt sind, und stellt den Fluss und die Schwingungen dar, die kontinuierlich auf der molekularen, atomaren und subatomaren Ebene der Natur stattfinden.

Obwohl Chi in der modernen westlichen Welt nicht besonders gut verstanden - und noch weniger akzeptiert - wird, haben eine Vielzahl anderer Kulturen die Idee einer Lebenskraft, die durch alles Lebendige fließt, beschrieben. Diese Lebenskraft ist unter verschiedenen Namen bekannt, zum Beispiel als:

- Ki in Japan
- Prana oder Shakti in Indien
- Ka im alten Ägypten
- Großer Geist unter amerikanischen Ureinwohnern
- Pneuma im alten Griechenland
- Ashe auf Hawaii
- Ha oder Mana unter den hawaiianischen Ureinwohnern

In der Tat setzen einige Theoretiker das Chi sogar mit dem christlichen Verständnis des Heiligen Geistes gleich.

Die Arten von Chi

Es gibt zahlreiche verschiedene Arten von Chi/Qi, die von den Ärzten der traditionellen chinesischen Medizin identifiziert wurden. Dazu gehören:

- **Yuan Qi:** Das angeborene Chi, mit dem wir geboren werden. Es ist auch als Qi der Vorfahren bekannt.
- **Himmlisches Qi oder Tian Qi:** Dieses Chi besteht aus natürlichen Kräften, einschließlich des Regens und der Sonne.
- **Erd-Qi oder Di-Qi:** Dieses Chi wird vom Himmels-Qi beeinflusst. Zu viel Sonne führt zum Beispiel zu Trockenheit, während zu wenig Sonne die Pflanzen zum Absterben bringt.

- **Menschliches Qi oder Ren Qi:** Wird vom Qi der Erde beeinflusst, so wie auch der Mensch von der Erde beeinflusst wird.
- **Hou Tain Qi (auch bekannt als postnatales Qi):** Das Chi, das Sie aus der Nahrung, dem Wasser und der Luft aufnehmen, die Sie während Ihres Lebens konsumieren.
- **Wei Qi (oder schützendes Qi):** Das Chi, das Ihren Körper wie eine schützende Hülle umgibt.

Außerdem hat jedes innere Organ sein eigenes Chi. Dazu gehören unter anderem die Milz, die Leber, die Lunge und die Nieren.

Die taoistische Kosmologie geht davon aus, dass es zwei weitere wichtige Formen des Chi gibt: Yin-Qi und Yang-Qi, die ursprünglichen männlichen und weiblichen Energien, die durch die Welt fließen.

Andererseits werden bei der Ausübung von Qigong oft sowohl die Himmels- als auch die Erd-Qis eingesetzt, während Feng Shui das Gleichgewicht aller drei – des Qi's des Himmels, der Erde und der Menschen – ist.

Jedes Chi hat eine eigene Wirkung und Verwendung.

Gefühls-Chi

Im Qigong und in der traditionellen chinesischen Medizin trägt ein ausgeglichenes und frei fließendes Chi zu einer guten Gesundheit bei. Wenn Sie hingegen unter stagnierendem oder unausgewogenen Chi leiden, kann dies zu Beschwerden führen. Dies gilt sowohl für die Mikro- (Mensch) als auch für die Makroebene (Ökosystem). Unausgewogenes Chi kann demnach zu Problemen in der Natur der Dinge führen.

Es gibt zahlreiche Möglichkeiten, um den freien Fluss des Chi durch Ihren Körper wiederherzustellen, unter anderem lässt sich dies durch die Praxis von Qigong und Feng Shui bewirken. Eine der Fähigkeiten, die Ihnen ebenfalls dabei helfen kann, ist die Fähigkeit, den Fluss des Chi wahrzunehmen, sowohl in Ihnen als auch in anderen (lebhaften und weniger lebhaften) Menschen in Ihrem Umfeld.

Sie sollten unbedingt bedenken, dass die Fähigkeit, das Chi zu spüren, eine Fertigkeit ist, was bedeutet, dass manche Menschen einfach von Natur aus begabter sind als andere. Wenn Sie geschickt genug sind, können Sie sogar das Chi in Ihrem Umfeld wahrnehmen.

Haben Sie jemals mit jemandem gesprochen und ein „schlechtes Gefühl" dabei gehabt? Oder haben Sie einen Raum betreten und gemerkt, dass die Stimmung angespannt ist? In beiden Situationen geht es im Wesentlichen um Ihre Fähigkeit, das Chi der Menschen und Dinge um Sie herum zu spüren, das sich manifestiert.

Der reibungslose Fluss des Chi in Ihrem Körper macht Sie nicht nur aufmerksamer, sondern fördert auch Ihre Kreativität und stabilisiert Ihre Stimmung. Außerdem hilft es Ihnen dabei, einen höheren Bewusstseinszustand zu erreichen.

Mit dem Chi arbeiten

Es gibt zahlreiche Möglichkeiten, um mit Ihrem Chi zu arbeiten. Zu den gängigsten Methoden gehören:

- **Akupunktur:** Akupunkturpunkte können benutzt werden, um den Fluss des Chi durch die Meridiane Ihres Körpers umzuleiten. Die Meridiane sind die „Fäden", die die Akupunkturpunkte miteinander verbinden und als „Durchgangswege" dienen, durch die die Energie durch Ihren Körper fließt.
- **Qigong:** Qigong ist ein System aus Körperbewegungen und Positionen, die beim Kung Fu-Training helfen und Ihr Chi kultivieren und ausgleichen können. Tai Chi ist eng mit Qigong verbunden. Bei beiden Bewegungsarten handelt es sich um einen internen Kampfstil, der komplexere Bewegungen beinhaltet, die zusammen mit Atemarbeit choreografiert worden sind und zur Selbstverteidigung eingesetzt werden können. Viele Gelehrte betrachten Tai Chi als eine Untergruppe von Qigong statt als völlig anderen Stil.
- **Yoga und Meditation:** Yoga und Meditation können Ihnen dabei helfen, den Körper und den Geist zu vereinen. Bestimmte Yogastellungen können dazu

beitragen, dass sich das Chi staut und blockiert. Es wird freigesetzt, wenn Sie die Stellung verlassen, damit das gesammelte Chi durch Ihren Körper fließen kann. Meditation hilft Ihnen außerdem dabei, sich besser zu konzentrieren, damit Sie andere Blockaden, die den Fluss Ihres Chi behindern, loswerden können.

Chi Übungen

Die folgenden zwei Übungen können bei der Arbeit an Ihrem Chi eingesetzt werden:

Atemübungen
Für diese Übung:
- Machen Sie es sich bequem. Sie können die Übung im Sitzen, im Stehen oder sogar im Liegen machen.
- Atmen Sie durch die Nase ein und durch den Mund aus und verlängern Sie das Ausatmen dabei so lange wie möglich.
- Lassen Sie Ihren Körper automatisch einatmen. Wenn die Luft durch die Nase in Ihre Lungen eindringt, öffnen Sie den Mund und lassen Sie sie wieder ganz ausströmen.
- Wiederholen Sie die Übung so lange wie möglich. Dadurch gelingt es Ihnen, Ihr Chi allmählich zu trainieren und Sie können wieder zu Atem kommen. Wenn Sie sich manchmal atemlos fühlen, kann Ihnen das Training dabei helfen, Ihr Energieniveau wieder zu steigern.

Energieball
Um Energie für diese Übung zu ballen, müssen Sie:
- Ihre Hände energisch aneinander reiben.
- Ihre Hände vor Ihr Gesicht führen und Sie dort in einer entspannten Gebetshaltung ruhen lassen. Achten Sie dabei darauf, dass sich die Hände nicht berühren.
- Ihre Energie auf die Mitte zwischen Ihren Handflächen konzentrieren. Sie sollten dadurch ein Gefühl spüren, das einer Art magnetischer Kraft zwischen Ihren Handflächen ähnelt.
- Versuchen Sie sich vorzustellen, wie sich diese Kraft oder Energie zwischen Ihren Handflächen zu einem kleinen Ball aus Lichtenergie zusammenzieht.

Nun können Sie mit dem Energieball arbeiten. Dazu müssen Sie Folgendes tun:
- Lösen Sie Ihre Hände langsam voneinander und schließen Sie sie dann wieder (ohne dass sie sich dabei berühren). Sie sollten einen leichten Widerstand zwischen Ihren Handflächen spüren, so als ob sich zwei Magnete gegenseitig abstoßen würden.
- Wiederholen Sie den obigen Schritt, damit Sie sich mit dem Gefühl der Energie vertraut machen können.
- Sobald Sie sich bereit fühlen, üben Sie, den Energieball von einer Hand in die andere zu werfen, und dann, ihn mit einer Hand zu werfen und mit der anderen zu fangen.
- Achten Sie darauf, den gleichen Abstand zwischen Ihren Handflächen einzuhalten und versuchen Sie, den Ball zwischen Ihren Händen zu drehen.

Chi verbinden
Mit dieser Übung werden Sie sich der Formen des Chi, die Sie umgeben, bewusster und beginnen zu verstehen, wie Sie sie harmonisch miteinander verbinden können. Um die Übung durchzuführen, befolgen Sie folgende Schritte:
- Stellen Sie sich mit leicht gebeugten Knien und schulterbreit auseinanderstehenden Füßen aufrecht hin.
- Verlagern Sie Ihr Gewicht auf die Fußballen und konzentrieren Sie sich auf die Vorderseite Ihres Körpers. Konzentrieren Sie sich außerdem auf die Energie, die durch Ihre Beine, Ihre Brust, Ihren Rumpf, die Oberseiten Ihrer Arme und Hände und Ihr Gesicht fließt.

- Nachdem Sie in dieser Position verharrt haben, verlagern Sie Ihr Gewicht zurück auf Ihre Fersen. Konzentrieren Sie sich nun darauf, wie Ihre Energie durch den hinteren Teil Ihres Körpers fließt, vom Hinterkopf über die Arme und die Wirbelsäule bis hinunter zu den Beinen.

Hinweis: Zu Beginn werden Sie diese und die darüber liegende Position nur etwa eine Minute lang halten können, aber mit etwas Übung sollten Sie in der Lage sein, sie bis zu 5 Minuten am Stück durchzuhalten.

- Wiederholen Sie die obigen Schritte, aber konzentrieren Sie sich diesmal auf die linke und rechte Seite des Körpers und nicht auf den Rücken und die Vorderseite.
- Wiederholen Sie sorgfältig die ersten drei Übungsschritte. Wiederholen Sie sie so, dass die Bewegung für das bloße Auge so unsichtbar wie möglich ist. Nutzen Sie stattdessen Ihren Geist, um Ihr Gewicht zu verlagern, während Sie spüren, wie Ihr Chi durch die Vorder- und Rückseite Ihres Körpers fließt.
- Versuchen Sie, den Fluss des Chi gleichzeitig auf der Vorder- und Rückseite Ihres Körpers zu spüren und ihn nicht als unterschiedliche Bewegungen wahrzunehmen.

Chi, Qigong und Shaolin Kung Fu

Es gibt zwei Aspekte des traditionellen Kung Fu: Neigong (die äußeren, körperlichen Übungen) und Neijing (innere Übungen, die sich auf das Chi konzentrieren).

Das Üben von Qigong und die Arbeit mit Ihrem Chi helfen Ihnen dabei, Ihre Fähigkeiten im Neijing zu verbessern. Das wiederum verschafft Ihnen einen Vorteil, wenn Sie die Kampfkunst in einer Konfrontation einsetzen wollen. Mit Neijing können Sie zum Beispiel die Energie, die Sie besitzen, sammeln und diese Energie über den Kontaktpunkt am Körper des Gegners umleiten. Der Kontaktpunkt ist das einzige Tor, durch das Sie Neijing-Energien leiten können.

Ohne bewusste Kontrolle über Ihr Chi ist es schwierig (wenn nicht gar unmöglich), das Neijing zu erlernen. Wenn Sie mit ein paar kleinen Übungen beginnen, können Sie Ihr Chi so weit kontrollieren lernen, dass Sie es im Shaolin Kung Fu einsetzen können.

Zen verstehen

Zen ist die japanische Bezeichnung für das chinesische Wort „Chan", welches wiederum das chinesische Äquivalent des Sanskrit-Wortes „Dhyana" („Meditation") ist. Es handelt sich um die Bezeichnung für eine bestimmte Schule des Mahayana-Buddhismus, die sich in China während der Tang-Dynastie entwickelte, bevor sie über Ostasien nach Japan gelangte. Bevor diese Praxis sich in Japan verbreitete, war sie als Chan-Buddhismus bekannt.

Der Zen-Buddhismus betont die Praktiken der Meditation, der rigorosen Selbstkontrolle und der Erforschung der Natur des Geistes und der Natur der Dinge. Diese Einsicht soll im täglichen Leben zum Ausdruck kommen, und vor allem, um anderen zu helfen.

Im Wesentlichen konzentriert sich der Zen-Buddhismus weniger auf Doktrinen und Sutren als auf die tatsächliche spirituelle Praxis, um das eigene Selbst, die Welt um einen herum und den Buddhismus selbst besser verstehen zu lernen.

Es ist zwar unbestreitbar, dass der Zen-Buddhismus die Art und Weise, wie die Außenwelt den Buddhismus als Religion betrachtet, beeinflusst hat - denken Sie nur daran, wie das Wort „Zen" heute verwendet wird -, aber das erklärt nicht, inwiefern er für das Shaolin Kung Fu relevant ist.

Zen und Shaolin Kung Fu

Das Shaolin Kung Fu ist als solches bekannt, weil es in Chinas berühmtem Shaolin-Tempel entwickelt wurde. Chinesische Kampfkünste gab es zwar schon vor der Entwicklung des Shaolin Kung Fu, aber mit dem Aufstieg des Tempels wurde die Praxis zum ersten Mal institutionalisiert.

Der Shaolin-Tempel war außerdem einst die Heimat des Mönchs Bodhidharma, dem traditionell die Verbreitung des Chan-Buddhismus in China zugeschrieben wird.

Die Legende besagt, dass Bodhidharma etwa 30 Jahre nach der Gründung des Shaolin-Tempels diesen zum ersten Mal erreichte und um Einlass bat. Als ihm dieser verweigert wurde, kletterte er in die Berge und meditierte neun Jahre lang in einer Höhle, bevor ihm schließlich der Zutritt gewährt wurde.

In diesen neun Jahren soll Bodhidharma regelmäßig trainiert haben, um fit zu bleiben. Seine Übungen wurden später zur Grundlage für das Shaolin Kung Fu. Daher wird er als der Erfinder des Shaolin Kung Fu angesehen.

Es gibt zwar Zweifel an der Glaubwürdigkeit dieser Geschichte, aber es lässt sich nicht leugnen, dass der Shaolin-Tempel einst sowohl das Zentrum des Chan- (oder Zen-) Buddhismus als auch des Kung Fu war.

Im Jahr 618 n. Chr. nahmen die Mönche des Shaolin-Tempels an Schlachten zur Verteidigung der Tang-Dynastie teil, und im 16. Jahrhundert verteidigten sie die japanische Küste vor Piraten und bekämpften Banditenarmeen.

Aufgrund dieser Verbindung wurde Shaolin Kung Fu lange Zeit allgemein als eine Form der Ausübung des Chan-Buddhismus und des Zens angesehen. Tatsächlich wurde ihm der Name „Wuchan" oder „martialischer Chan" gegeben, was im Chan-Buddhismus eine Form der inneren Kultivierung beschrieb. Auch der chinesische Buddhismus hat diese Kultivierungsübungen später als Mittel zur Steigerung der Konzentration übernommen. In gewisser Weise kann Shaolin Kung Fu sogar als der physische Weg zum Zen betrachtet werden.

Zen wird als eine Möglichkeit angesehen, um Shaolin Kung Fu von anderen ostasiatischen Kampfkünsten wie Judo und anderen Sportarten zu unterscheiden.

Es verleiht den Shaolin Kung Fu-Praktizierenden außerdem die Fähigkeit, sich selbst besser zu verstehen, indem es bis in den Kern des Geistes der Krieger vordringt. Jede Kung Fu-Bewegung setzt Energiekontrolle und geistiges Bewusstsein voraus, die durch die Praxis des Zen verstärkt werden.

Zusätzlich hilft Zen in Kombination mit Shaolin Kung Fu den Menschen dabei, ein ausgeglichenes und positives Leben zu führen.

Während der legendäre Shaolin-Tempel während der Qing-Dynastie unterging, ist er nach wie vor ein buddhistischer Tempel, in dem noch immer Shaolin Kung Fu gelehrt wird. Während viele Menschen glauben, dass das Shaolin Kung Fu, das heute im Tempel gelehrt wird, der ursprünglichen Form der Praxis entspricht, behaupten andere, dass das ursprüngliche Shaolin Kung Fu zu stark war, so dass die Mönche später begannen, eine weniger aggressive Version zu lehren.

Unabhängig davon, welche dieser Theorien wahr ist, wird der Shaolin-Tempel nicht nur als Geburtsort des Shaolin Kung Fu anerkannt, sondern dient auch als Erinnerung daran, dass Zen und Kung Fu untrennbar miteinander verbunden sind.

Wie Sie Zen in Ihrem täglichen Leben finden und meistern

Sie müssen kein Experte im Shaolin Kung Fu sein, um Zen in Ihrem Leben zu meistern. Tatsächlich müssen Sie sich nicht einmal viel Zeit nehmen, um sich auf dieses Vorhaben zu konzentrieren. Im Folgenden erfahren Sie mehr über einige einfache Möglichkeiten, um Zen in Ihrem täglichen Leben zu finden und zu meistern:

Atmen

Beim Zen geht es darum, die Stille und den Frieden in Ihrem Leben zu finden. Das Chaos des Tages kann jedoch oft zu Sorgen führen, was der Suche nach innerem Frieden nicht förderlich ist.

Die einfachste Möglichkeit, um sich wieder ins Gleichgewicht zu bringen, besteht darin, sich die Zeit zu nehmen, tief zu atmen. Das muss nicht besonders lange dauern. Wenn Sie sich das nächste Mal zunehmend gestresster fühlen, nehmen Sie sich eine kurze Auszeit und atmen Sie ein paar Augenblicke lang tief durch. Stellen Sie sich vor, dass Sie mit jedem Atemzug Gelassenheit ein und Ihre Sorgen ausatmen. Sie werden erstaunt davon sein, wie effektiv diese Übung sein kann.

Schließen Sie die Augen

Der Ratschlag, die Augen zu schließen, um die Welt auszublenden, mag zwar wie ein Klischee klingen, aber diese Strategie kann tatsächlich sehr wirkungsvoll sein.

Wenn Sie sich vom Leben überwältigt fühlen, nehmen Sie sich einen Moment Zeit, um innezuhalten, sich zurückzulehnen und Ihre Augen zu schließen. Konzentrieren Sie sich auf Ihr Inneres, nicht auf das Chaos in Ihrem Umfeld, und genießen Sie das Gefühl der Stille, das sich allmählich einstellt.

Wenn Sie dies noch nie getan haben, müssen Sie Ihre Fähigkeiten, sich zu entspannen, gegebenenfalls langsam aufbauen. Vielleicht bemerken Sie auch, dass sich aufdringliche Gedanken nach ein paar Momenten der Stille wieder in Ihren Geist einschleichen, wenn Sie diese Methode zum ersten Mal ausprobieren.

Konzentrieren Sie sich in solchen Fällen einfach weiterhin auf Ihr Inneres. Schon bald werden Sie feststellen, dass Sie zunehmend länger in der Stille Ihrer inneren Welt schwelgen können.

Machen Sie eine Pause und meditieren Sie

Sie müssen nicht stundenlang Zeit haben, um erfolgreich zu meditieren. Fünf Minuten zwischen den verschiedenen Aufgaben des Tages reichen völlig aus.

Folgen Sie den Anweisungen, um sogar mitten in Ihrem Büro eine Mini-Meditationssitzung durchzuführen:

- Setzen Sie sich bequem hin.
- Schließen Sie die Augen
- Atmen Sie tief und vollständig ein und aus. Atmen Sie dabei durch Ihre Nase.
- Wiederholen Sie den letzten Schritt und achten Sie dabei auch auf Ihre Gedanken. Konzentrieren Sie sich dabei nicht zu sehr auf das, was Sie denken, denn das kann Sie ablenken. Nehmen Sie Ihre Gedanken stattdessen einfach wahr und lassen Sie sie vorbeiziehen, wie Autos, die auf einer Autobahn an Ihnen vorbeifahren.

Gestehen Sie sich Ihre Gefühle ein

Viele von uns versuchen, den Stress und das Chaos des täglichen Lebens zu nutzen, um herausfordernden, schwierigen und unangenehmen Gefühlen aus dem Weg zu gehen. Die Verleugnung verschlimmert die innere Unruhe jedoch auf Dauer nur.

Stattdessen ist es wichtig, ehrlich zu sein und zuzugeben, was Sie fühlen, auch wenn Sie es nur sich selbst gegenüber tun. Wenn Sie nicht dazu bereit sind, mit einem vertrauenswürdigen Freund, Ihrem Partner oder einem Therapeuten über das, was Sie beschäftigt zu sprechen, kann es helfen, Ihre Gefühle in einem Tagebuch aufzuschreiben oder laut mit sich selbst über sie zu sprechen.

Denken Sie daran, dabei einfühlsam zu bleiben und nichts Negatives über Ihre Emotionen zu denken oder sie zu verurteilen, wenn Sie über Ihre Gefühle nachdenken. Wenn Sie sich mit Abwertung betrachten, macht das alles nur noch schlimmer.

Nehmen wir beispielsweise an, dass Sie sich Sorgen um ein bevorstehendes Vorstellungsgespräch machen. Dabei ist es wichtig, dass Sie:

- Sich eingestehen, dass Sie besorgt sind.
- Zuversichtlich bleiben, ohne sich selbst zu verunglimpfen, weil Sie besorgt sind. Wenn Sie Dinge sagen oder denken wie „Ich bin so dumm, weil ich mir Sorgen mache" oder „Ich bin nicht qualifiziert, natürlich werde ich die Stelle nicht bekommen", wird Ihr innerer Zwiespalt nur noch schlimmer. Versuchen Sie stattdessen bewusst, Ihre abschätzigen Gedankenmuster auf mitfühlendere Gedanken umzustellen, wie z.B. „Es ist verständlich, dass ich mir Sorgen mache, aber ich bin zuversichtlich, dass ich es schaffen werde" oder „Es gibt keinen Grund, mir Sorgen zu machen. Ich bin ausreichend qualifiziert und kenne mein Handwerk in- und auswendig."

Loslassen

Das Festhalten an Gedanken, Sorgen und allen anderen negativen Dingen kann nicht nur zu körperlicher und geistiger Unordnung in Ihrem Leben führen, sondern es kann es auch schwieriger für Sie machen, das Hier und Jetzt zu schätzen. Das Loslassen fällt uns zwar meist nicht einfach, aber wir sollten es so oft wie möglich üben.

Nehmen Sie sich einen Moment Zeit, um Ihren Arbeitsplatz zu entrümpeln und Gegenstände, die Sie nicht mehr brauchen, wegzuwerfen oder Ihre Gedanken zu protokollieren, damit Sie sie anschließend hinter sich lassen können und sich zu überzeugen, dass sie der Vergangenheit angehören. Entrümpeln Sie Ihr Umfeld sowohl im materiellen Sinne als auch im Geiste, soweit es Ihnen möglich ist.

Nachdem Sie nun die Bedeutung von Chi und Zen im Kung Fu verstanden haben, ist es ebenfalls wichtig, dass Sie sich vor Augen halten, dass sich Kung Fu sowohl auf das Spirituelle als auch auf das Physische konzentriert. Chi und Zen helfen Ihnen dabei, den Wert der spirituellen Aspekte des Kung Fu zu verstehen, aber es geht bei der Kampfkunst letztlich um mehr als nur das Spirituelle.

Im nächsten Kapitel werden Sie sich noch einmal mit den physischen Aspekten der Kampfkunst befassen und die 18 Waffen des Kung Fu genauer kennenlernen.

Kapitel 7: Waffen des Kung Fu

Während in vielen Kampfsportarten der Körper an sich als Waffe betrachtet wird, werden die Waffen im Kung Fu lediglich als Verlängerung Ihres Körpers angesehen. Um die Shaolin-Kunst effektiv beherrschen zu lernen, müssen Sie dazu in der Lage sein, Waffen effektiv einzusetzen. Das bedarf einer Reihe besonderer körperlicher und geistiger Fähigkeiten, die Ihnen ermöglichen, sich die Waffe als Teil Ihres Körpers vorzustellen und in diesem Sinne an sie zu glauben und sie zu akzeptieren. Demnach sollte es genauso einfach sein, ein schweres Breitschwert gekonnt zu schwingen, wie einen gegnerischen Schlag mit dem Kranich anmutig abzuwehren. Auch der perfekte Umgang mit einem Kampfstab muss für Sie zu einem ganz natürlichen Gefühl werden.

Jahrelanges Training und Übung ermöglichen es Praktizieren, die zahlreichen Kung Fu-Körperbewegungen, -Techniken und -Katas zu meistern, aber es kann noch einige weitere Jahre dauern, bis Schüler den Umgang mit Waffen meistern. Das liegt daran, dass es nicht nur ein oder zwei Schwerter oder Stäbe gibt, mit denen Sie üben müssen, sondern ganze 18 verschiedene Waffen, die in der Welt der Shaolin als heilig gelten und auch die Achtzehn Waffen des Wushu genannt werden. Sobald Sie jedoch dazu in der Lage sind, mit jeder dieser Waffen gekonnt zu kämpfen und sich zu verteidigen, können Sie sich auch gegen Angriffe mit jeder Art von Waffe schützen.

In diesem Kapitel bringen wir Ihnen die Natur, den Gebrauch, die kämpferischen Fähigkeiten und die Verteidigungszwecke für jede der 18 heiligen Waffen des Kung Fu näher. Seien Sie jedoch sehr vorsichtig, wenn Sie mit diesen Waffen umgehen. Jede der Waffen ist sehr mächtig und kann in den Händen eines Shaolin-Meisters souverän kontrolliert werden. Bedenken Sie aber, dass sie gleichzeitig für den Krieger und den Gegner gleichermaßen gefährlich sein können, wenn sie von einem Amateur geführt werden. Abgesehen davon können Sie Kung Fu-Waffen nicht einfach auf magische Weise nutzen lernen. Vergessen Sie also nicht, jeden Tag mit jeder Waffe in einer sorgfältig ausgewählten, sicheren Umgebung zu üben.

1. Stab

Vier Waffen werden mehr verehrt als die übrigen 14. Dabei handelt es sich um das gerade Schwert, den Breitschwert, den Stab und den Speer. Der Stab ist die grundlegendste, von allen am höchsten geschätzte Waffe. Er kann als „Vater der Waffen" verstanden werden. Es gibt mehrere verschiedene Arten von Stäben, die im Kung Fu eingesetzt werden. Es gibt den Khakkhara mit einer kunstvoll gestalteten Oberkante, die Pistole, die wie ein normaler schlanker Stab mit einem etwas breiteren Griff aussieht, und den dreiteiligen Stab, der aus drei starken Stäben besteht, die mit Seilen oder Metallringen verbunden sind, um nur einige Beispiele zu nennen. Von diesen Stäben sind besonders die Pistole oder der Bo ideal für Trainingszwecke geeignet.

Der Bo-Stab ist in der Regel aus Holz gefertigt und wird sowohl für offensive als auch für defensive Zwecke verwendet. Er sieht zwar so ähnlich aus wie ein Billardstab, wird aber nicht auf dieselbe Weise gehalten. Stattdessen müssen Sie ihn mit beiden Handflächen an der Unterseite greifen und Ihre Bewegungen aus dieser Position heraus üben. Als lange Nahkampfwaffe hat der Stab eine außergewöhnliche Reichweite im Kampf und kann die meisten anderen Shaolin-Waffen leicht abwehren. Gleichgewicht ist der Stab der Schlüssel zur Beherrschung der Kung Fu Kunst, aber Sie brauchen ein bisschen mehr davon, um den Stab richtig zu handhaben.

2. Gerades Schwert

Jeder liebt das eindrucksvolle Aussehen und das Gefühl des geraden Schwertes. Schließlich handelt es sich hierbei um die Waffe der Wahl vieler Helden unserer Kindheit, seien sie mythisch oder real. Nicht umsonst wird das gerade Schwert der Shaolin auch „der Gentleman" genannt, denn es war in der Tat lange Zeit lang die bevorzugte Waffe der bewundernswert sanften und doch außerordentlich tapferen Menschen. Seit 2.500 Jahren verwenden chinesische Kung Fu-Spezialisten ein zweischneidiges gerades Schwert (auch jian genannt), aber auch ein einschneidiges Schwert eignet sich für Ihre Übungszwecke.

Das Jian mag aus der Ferne wie ein Ninjaken oder ein Katana aussehen, aber die Unterschiede zwischen den legendären japanischen Ninjawaffen und ihrem Shaolin-Equivalent sind aus der Nähe deutlich zu erkennen. Zum einen hat das Jian einen längeren und breiteren Griff, um die Handflächen besser vor dem Schwert des Gegners zu schützen. Zweitens sind zweischneidige Shaolin-Geradschwerter beliebter als die von den Japanern bevorzugten Einschneidigen.

Viele Kampfsportler glauben, dass das Jian die einzige Waffe ist, mit der sie ihren einzigartigen Kung Fu-Stil zum Ausdruck bringen können. Seine Klinge wird in der Regel mit einer speziellen Technik namens Sanmei aus Stahl geschmiedet. Dabei wird eine harte Stahlplatte zwischen zwei relativ weiche Platten geklemmt. Wenn Sie jedoch ein To-dai oder ein Anfänger im Kung Fu sind, sollten Sie Ihr Training mit einem geraden Holzschwert mit stumpfen Kanten beginnen.

3. Breitschwert

Ein Breitschwert ist schwerer als ein gerades Schwert, kann aber leicht mit einer Hand gehalten werden. Ein chinesisches Breitschwert hat nichts mit den Schwertern aus den Artuslegenden gemein. Seine Klinge wird vom Griff aus breiter, bevor sie sich an der Spitze krümmt. Es ist einschneidig geschmiedet und wird in der Shaolin-Kultur als Dao bezeichnet. Es gibt es in vielen verschiedenen Längen, aber Kung Fu-Meister glauben, dass das von Ihnen gewählte Schwert bis zu Ihrer Augenbraue reichen sollte, wenn Sie es senkrecht in Ihrer Handfläche halten und in Richtung Ihres Gesichts ausrichten.

Von allen 18 Waffen des Wushu ist das Dao der „Marschall" oder der „General", was bedeutet, dass es alle anderen Schwerter versammelt und in den Kampf führt. Normale chinesische Breitschwerter haben eine breitere Klinge, aber es gibt auch Daos mit einer geringeren Breite, die alternativ manchmal auch als Säbel bekannt sind. Das Breitschwert ist in erster Linie eine Offensivwaffe, die vor allem für Hieb- und Stichwaffen verwendet wird. Der Griff ist in die entgegengesetzte Richtung der Klinge gebogen, um die Wucht Ihres Schnitts zu maximieren.

Das Dao war einst die meistgenutzte Waffe des chinesischen Militärs, denn es dauerte nur etwa eine Woche, um seine Grundlagen beherrschen zu lernen. Aber machen Sie sich nicht zu große Hoffnungen. Lesen Sie diesen Satz noch einmal. *Eine Woche, um die Grundlagen zu beherrschen.* Kung Fu ist eine fortgeschrittene Kampfkunst, und es kann mehrere Monate oder sogar Jahre dauern, bis Sie das Dao effektiv für offensive Zwecke einsetzen können.

4. Speer

Der Kung Fu-Speer mag wie eine gewöhnliche Waffe aussehen und klingen, also weder wie ein vollwertiger Stab noch wie ein vollständiges Schwert, aber seine Verwendung in Shaolin zeugt von seiner Außergewöhnlichkeit. Nicht umsonst wird der Qiang (chinesischer Name für den Speer) als „König" aller 18 Waffen bezeichnet. Er hat eine blattförmige Klinge, die an der Spitze eines normalen Stabes befestigt ist und ihm eine unvergleichliche Reichweite im Zweikampf verleiht.

Im Gegensatz zum chinesischen Schwert, bei dem eine Quaste um den Knauf gewickelt ist, wird beim Qiang eine Quaste direkt unter die Klinge gebunden. Die Farbe dieser Quaste gibt den Rang der Infanterie an. Sie kann am besten eingesetzt werden, um den Gegner in schnellen Nahkämpfen abzulenken. Sie ist außerdem ideal geeignet, um das Blut aufzusaugen und zu stoppen, das den Griff hinunterfließt, so dass er stets sauber bleibt.

In den Kung Fu-Trainingszentren gehört das Qiang zu den ersten Waffen, deren Benutzung den To-dai beigebracht wird, denn es ist das perfekte Werkzeug, um die Erweiterungen der verschiedenen Shaolin-Stile zu lernen. Die Kanten sind dabei beim Training stumpf und die Griffe sind aus Wachsholz gefertigt, um die Leistung der Schüler zu verbessern. Die Länge des Speers ist unterschiedlich und kann zwischen neun bis über 21 Fuß reichen, abhängig von der Größe und den Fähigkeiten des Anwenders.

5. Kwan Dao

Wie der Name schon vermuten lässt, ist das Kwan Dao, auch oft als Guandao bekannt, eine längere Version des Daos (Breitschwert). Die Breite der Klinge ist ausgeprägter, um ein gesundes Gleichgewicht mithilfe des langen Griffs aufrechtzuerhalten, aber die Form ist der des Dao sehr ähnlich.

Das Kwan Dao ist außerdem auch mit dem Speer verwandt (Dao-Klinge auf einer langen Holzstange), nur dass der Griff des Kwan Dao in der Regel aus Metall geschnitzt ist und seine Klinge eher einem Breitschwert als einem Messer ähnelt. Die scharfe Biegung an der Spitze der Klinge in Verbindung mit der großen Reichweite macht das Guandao zu einem außergewöhnlichen Werkzeug, das eingesetzt werden kann, um die Waffe des Gegners festzuhalten und seine Angriffe effektiv zu parieren.

6. Pu Dao

Das Pu Dao ist fast genau dasselbe wie das Kwan Dao. Der einzige Unterschied besteht darin, dass sein Griff normalerweise kürzer ist als der des Kwan Dao. Die übrige Struktur, bis hin zur Krümmung der Klinge und ihrer Verwendung beim Parieren und Verteidigen von Angriffen, ist die gleiche wie beim Guandao.

7. Shaolin-Gabel

Die Shaolin-Gabel, auch Tigergabel oder Dreizack genannt, wird wie jede andere Wushu-Langstreckenwaffe eingesetzt. Eine dreizackige Stahlgabel ist an einem Metallstab befestigt. Um den Gegner zu verwirren, wird in der Regel direkt unter dem Dreizack eine Quaste gewickelt. Viele der Kung Fu Stile ähneln dem Speer und dem Kwan Dao, aber die Techniken variieren in vielen anderen Formen und Katas. Die Shaolin-Gabel eignet sich perfekt, um im Nahkampf einen Gegenangriff zu starten.

8. Dreipunktiges, zweischneidiges Schwert

Aus der Ferne kann das dreipunktige zweischneidige Schwert leicht mit einer Shaolin-Gabel verwechselt werden, aber bei näherem Hinsehen können Sie die Unterschiede zwischen den beiden deutlich erkennen. Wenn Sie sich für Kunst interessieren, wird Ihnen sofort auffallen, dass die Klingen des dreipunktigen Schwertes wie ein Lotus geformt sind, wobei sich zwei seitliche Krümmungen nach außen biegen und die in der Mitte nach oben schießen. Der Rest der Struktur, bis hin zum verwendeten Material, ähnelt der Form einer Gabel. Es wird typischerweise im Parier- und Stichkampf eingesetzt.

9. Axt

Es gibt keinen nennenswerten Unterschied zwischen einer Holzfälleraxt und einer Wushu-Axt. Ein hölzerner Stiel, der an einer massiven, gebogenen Stahlscheibe befestigt ist, macht jede Art von Axt in den Händen eines Shaolin-Mönchs tödlich. Zu den Kung Fu-Variationen gehören in der Regel die unterschiedliche Länge des Stiels und das Material, aus dem er geschmiedet wurde. Manchmal trifft man auch auf eine zweischneidige Axt mit einer scharfen Spitze, die genau wie eine Dreizackaxt geformt ist. Hacken und Aufschlitzen sind der Hauptzweck der Axt im Kung Fu, aber die Waffe wird auch oft mit künstlerischer Anmut geführt, um den Traditionen der Kampfform zu entsprechen.

10. Spaten des Mönchs

Bei dem Spaten handelt es sich um eine Wushu-Verteidigungswaffe, die der Gabel ähnelt, sich aber in ihren Übungsstilen stark unterscheidet. Der Mönchspaten ist doppelt so schwer wie der Dao, was den Kraftfaktor des Kampfkünstlers durchaus relevant macht. Während jeder To-dai mit einem hölzernen Shaolin-Spaten in einem Dojo trainieren kann, können nur sehr wenige einen echten Spaten im Kampf verwenden. Der Spaten besteht aus einer halbmondförmigen Klinge, die an einer langen Stange befestigt wurde, wobei das andere Ende wie ein Spaten geformt aus dem Metall geschmiedet worden ist. Aufgrund der Schärfe und Krümmung der Klinge wird sie vor allem zur Verteidigung gegen Angriffe und zur Verstümmelung des Gegners verwendet, ohne ihm dabei tödliche Verletzungen zuzufügen.

11. Da Mo Stock

Der Da Mo Stock, auch bekannt als Bodhidharma-Stock nach dem Begründer des Kung Fu und des Zen, ist eine der ältesten Waffen der Shaolin-Verteidigungskunst. Er hat die Form eines typischen Stocks ohne scharfe Kanten und ist ideal zum Erlernen der Tigerkrallen Wushu Technik. Suchen Sie sich einfach einen Da Mo-Stock aus, der Ihrer Körpergröße entspricht, so dass er für das Begehen von Bergpfaden gut geeignet ist, und beginnen Sie Ihre Verteidigungskatas damit, die grundlegenden Blockierungshaltung zu trainieren.

12. Neunteilige Peitsche

Die neunteilige Peitsche wird häufig auch Kettenpeitsche genannt. Der Name wurde auf Neunteilige-Peitsche geändert, um die Anzahl der Kettenabschnitte widerzuspiegeln, die sie enthält. Die verschiedenen Kettenpeitschen können weniger oder mehr Abschnitte haben, und sie werden entsprechend benannt. Die Variante mit neun Abschnitten wird in den chinesischen Kampfkünsten schon seit Generationen verwendet. Tatsächlich gab es in der frühesten Wushu-Periode nur die Peitschen mit sieben und neun Abschnitten, aber heute können Sie sogar Peitschen mit bis zu 13 Abschnitten finden.

Jedes Segment der Kette ist aus rostfreiem Stahl gefertigt. An einem Ende befindet sich ein Holzgriff und am anderen ein Metallpfeil. Die neunteilige Peitsche gilt weithin als die am schwersten zu beherrschende Waffe. Sie sollten daher in der Lage sein, die Peitsche in schnellen Bewegungen hin und her zu wirbeln und zu peitschen, so dass der Pfeil zu einem unsichtbaren Fleck, der durch die Luft saust, wird.

13. Handpfeil

Ein Shaolin Handpfeil ist länger und schwerer als ein normaler Dartpfeil. Eine federleichte Quaste wird an das spitze Ende des Pfeils gebunden, damit er den Wind besser durchschneiden kann. Der Pfeil wurde traditionell aus Stein gefertigt, wird aber heute aus Eisen und Stahl geschmiedet. Er wird in der Regel als Langstreckenprojektil eingesetzt, um weit entfernte Ziele auszuschalten.

14. Fliegender Pfeil

Der Fliegende Pfeil ist in der Regel leichter als der Hand Dart. Diese Waffe wird so genannt, weil er in die Hand des Angreifers zurückfliegen kann. Am stumpfen Ende des Metallpfeils wird dazu ein langes Seil befestigt, mit dem der Kampfsportler die Waffe nach Belieben herumschwingen kann. Ein geübter Kämpfer kann den Fliegenden Pfeil einsetzen, um seinen Gegner von allen Seiten zu durchbohren, sogar von hinten. Diese Waffe und die Neunteilige-Peitsche sind Teil der Seilpfeil-Familie der alten chinesischen Waffen.

15. Eisenstift

Suchen Sie sich einen Gegenstand in Ihrem Haus aus, der wie ein langer, dünner Stift aussieht. Sie können diesen Gegenstand als Ihren Eisenstift nutzen. Das erfordert einen sanften Griff und die dazugehörigen Kung Fu-Bewegungen sind ebenfalls sehr sanft und elegant. Ein typischer Shaolin-Eisenstift ist in der Regel viel schwerer und länger als ein normaler, aus Messing geschnitzter Stift. Er ist ideal geeignet, um Ihre Fingerspitzen mit der Chin Na-Technik zu stärken. Wenn die Spitze schärfer und der Griff in der Mitte ausgeprägter ist, können Sie ihn auch für einige offensive und defensive Manöver verwenden.

16. Dorn

Es gibt wirklich nicht viel mehr über den Dorn zu sagen, denn der Name spricht für sich selbst. Der Shaolin-Dorn ist wie jeder andere Dorn, nur länger und spitzer. Je nach Wunsch des Angreifers kann er mit Gift bedeckt werden oder ohne Zusätze zum Angriff genutzt werden. Im Allgemeinen ist der Dorn die bevorzugte Waffe für weibliche Kung Fu-Spezialisten, denn sie können den Dorn leicht in ihren langen Haaren verstecken oder ihn in einem Dutt verbergen. Die Waffe wird mit Präzision und der Absicht, die Person zu schwächen und sie zum Bluten zu bringen, auf den Gegner geschleudert. Verwechseln Sie ihn aber nicht mit dem afrikanischen Stammesdorn, der durch ein dünnes, rundes Mundstück auf den Gegner geschossen wird.

17. Eisenflöte

Die Eisenflöte ist genau das, was der Name suggeriert, nämlich eine Flöte aus Eisen. Sie kann gespielt werden, um eine süße Melodie zu flüstern, die Ihnen dabei hilft, zu meditieren und Ihre Sinne zu beruhigen, Ihren Geist zu beruhigen und sich auf die nächste Sitzung der Wushu-Katas vorzubereiten. Gleichzeitig ist die Eiserne Flöte auch eine Waffe, die auf die gleiche Weise eingesetzt werden kann wie die Eisenfeder. Das ist der Hauptgrund dafür, warum die Chinesen die Holzflöte nicht der Eisenflöte vorziehen. Letztere mag zwar einen besseren Klang erzeugen, aber sie kann nicht als effektive Waffe eingesetzt werden.

18. Shaolin-Sicheln

Viele der alten chinesischen Kung Fu-Praktizierenden waren Bauern. Daher lag es nahe, dass sie die Sichel, eines der am häufigsten verwendeten landwirtschaftlichen Werkzeuge, in eine tödliche Wushu-Waffe verwandelten. Shaolin-Sicheln werden normalerweise paarweise geführt. Sie bestehen aus massivem Eisen mit einer gebogenen Oberkante und einer weiteren kurzen Kante, die aus der Biegung hervorgeht. Letztere ist vor allem für defensive Bewegungen wichtig, um die Waffe des Gegners abzuwehren, während Sie mit der zweiten Sichel einen offensiven Schlag ausführen.

Wie Sie vielleicht schon erraten haben, sind die meisten der 18 Waffen des Wushu lediglich abgewandelte Versionen von alltäglichen Arbeitsgeräten, mit Ausnahme der vier Hauptwaffen, dem Stab, dem geraden Schwert, dem Breitschwert und dem Speer. Im Grunde kann ein sehr erfahrener Kampfkunstmeister jeden verfügbaren Gegenstand als Waffe verwenden. Wenn Sie also keinen leichten Zugang zu einer der 18 Waffen haben, können Sie sich stattdessen ein Werkzeug aus Ihrer Garage nehmen, das einer Waffe ähnelt, und damit Ihre Kung Fu Bewegungen üben.

Die ideale Umgebung, in der Sie jede dieser Waffen einsetzen und üben können, ist ein Dojo unter den wachsamen Augen eines Shifu. Wenn es jedoch kein Dojo in Ihrer Nachbarschaft gibt und Sie dazu gezwungen sind, zu Hause zu üben, sollten Sie Ihr Zimmer von allen empfindlichen, zerbrechlichen Gegenständen befreien, insbesondere von Fernsehern, Lampen, Kronleuchtern und Vasen. Der Keller kann sich ebenfalls perfekt für das Waffentraining eignen und wenn Sie ein freies Zimmer mit wenigen Möbeln haben, ist das sogar noch besser geeignet.

Kapitel 8: Schlagen und Lama Pai Kung Fu

Das Lama Pai Kung Fu ist eine der begehrtesten chinesischen Kampfkunststile, da dessen Schläge sowohl Elemente der Tierstile als auch der Präzisionstechniken beinhalten. Die Schläge im Kung Fu werden unter dem Oberbegriff „Lama Pai" zusammengefasst, was so viel bedeutet wie „Brüllen des Löwen". Die Praxis geht auf eine tibetische Tradition zurück und kann bis in die Qing-Dynastie zurückverfolgt werden. Tatsächlich sind der Hop Gar und der Tibetische Weiße Kranich die älteren Versionen dieser Kampfkunst und werden heute unter dem Namen Tibetisches Lama Pai zusammengefasst. Alle relativen Techniken, Bewegungen und Unterkategorien des Lama Pai fallen unter eine Figur namens „Sing Lung". Im Lama Pai wurden die Schlagbewegungen vom Kranich inspiriert, während die Greiftechniken dem Affen zugeschrieben werden können.

Es wird angenommen, dass das System von einem Mönch namens Dai Dat Lama oder Ah Dat-Ta erfunden wurde. Der Mönch war ein Forscher und reiste mit seinem Nomadenstamm durch Qinghai und Tibet, um Frieden zu finden und in Abgeschiedenheit zu meditieren. Ah Dat-Ta fand einen abgelegenen Ort und wohnte in den Bergen, um buddhistische Schriften zu studieren und inneren Frieden zu erreichen. Gleichzeitig übte der Mönch auch fleißig seine Kampfkünste. Als er eines Tages bei seiner Meditation durch einen Kampf zwischen einem Kranich und einem Affen gestört wurde, sah er das Szenario als Inspiration, um eine neue Kampfkunst zu entwickeln, die auf den Bewegungen des Kranichs und des Affen basierte.

Besondere Grundlagen des Lama Pai

Typischerweise basiert Ah Dat-Tas Kampfkunst auf einigen effektiven Greifbewegungen, die von den energischen Schlagbewegungen des Affen und des weißen Kranichs inspiriert worden sind. Er beobachtete, wie der Vogel mit seinen riesigen Flügeln um sein Leben kämpfte und die Schwachstellen des Affen attackierte, während der Affe sich wehrte und mit seinen kraftvollen Handbewegungen und Schwüngen zurückschlug. So besteht das typische Lama Pai System aus acht Ellbogenschlägen, acht Handflächenschlägen, acht Faustschlägen, acht Tritttechniken, acht Schrittmustern, acht Stellungen, acht Krallen- oder Greiftechniken und acht Fingerschlägen. Dies macht das Kampfkunstsystem zu einem Satz von acht Schlägen mit acht Bewegungen in jedem Satz.

Die Kampfmuster und Techniken enthalten auch Spuren von Shuai Jiao (oder mandschurischem Ringen), mongolischem Ringen, indischen Handtechniken und Langarmtechniken. Auch verschiedene Fußbewegungen wurden nach und nach zu einem Teil des Lama Pai. Idealerweise ist diese Kampfkunst auf diese acht Prinzipien beschränkt und war nie offen für die weitere Entwicklung oder Erweiterung durch Praktizierende und Meister des Kung Fu.

Verschiedene Schlagtechniken

Verschiedene Schlagtechniken im Lama Pai Kung Fu sind sowohl für Anfänger als auch für Profis wichtig. Praktizierende lernen eine Vielzahl von Schlägen, die viele Hand- und Ellbogenbewegungen beinhalten.

Acht Fausthiebe - Kyuhn Faat

Im Idealfall schließt jeder Kämpfer seine Hand, um seine Fäuste in eine Waffe zu verwandeln, um den Gegner anzugreifen oder sich selbst zu schützen. Während die alten Chinesen ihre eigene Form des Einsatzes der Fäuste zur Selbstverteidigung entwickelt haben,

haben auch die alten Griechen eine Methode gefunden, die geschlossenen Fäuste in den Kampf einzubinden. Im Vergleich zu allen anderen Kampfkunstformen hat Lama Pai besonders viele Faustschläge in einer kreisförmigen Bewegung. Die grundlegendsten Formen der Faustschläge sind der Aufwärtshaken - Paau Choih, der gerade Schlag - Chyuhn Choih, die horizontale Gegenfaust (der Daumen zeigt zum Himmel), der Oberhandschlag - Kahp Choih, der Hakenschlag - Gok Choih, der Unterarmschlag, der einwärts gerichtete Schlag - So Choih und der 45-Grad-Schlag mit der Gegenfaust - Gwa Choih (die Handfläche zeigt dabei zum Himmel).

Einige andere Formen von Faustschlägen sind die Hackfaust - Pek Choih, der Peitschenschlag - Bin Choih und der kleine Fangschlag - Siu Kau Dah. Auch wenn Faustschläge kraftvoll sind und als starke, sofortige Waffen wirken, müssen sie mit anderen Schlagformen kombiniert werden, um effektive Ergebnisse zu erzielen und einen starken Angriffs- und Verteidigungsmechanismus zu etablieren. Lama Pai konzentriert sich auch auf das Prinzip, die Schläge auf die oberen und unteren Körperteile zu verteilen und dadurch die Angriffskraft zu verbessern. Wenn der Praktizierende den Kopf des Gegners direkt angreift, bleibt sein Brustkorb unverteidigt, so dass der Praktizierende die verwundbaren Beine angreifen kann.

Wenn Sie die Faustkombinationen im Lama Pai anwenden, muss der Gegner ständig Schläge auf seinen Oberkörper einstecken, was ihn verlangsamt und seine Beinarbeit schwächt. Im Gegenzug ist er nicht mehr dazu in der Lage, seine Hände und Fäuste einzusetzen. Selbst wenn der Gegner Schläge abfangen kann, kann ein Lama Pai-Praktizierender den Schlägen ausweichen, indem er die rechte Seitenhaltung oder den Peitschenschlag in Kombination einsetzt. In dem er seine Bewegungen mit dem Innenschwung-Schlag kombiniert, kann der Praktizierende mit maximaler Kraft angreifen und sich ebenso effektiv verteidigen.

Acht Ellenbogenschläge - Jaang Faat

Die acht grundlegendsten Formen von Ellbogenschlägen sind:

- Hyuhn Jaang (runder Ellbogen)
- Tai Jaang (nach oben gerichteter Ellbogen)
- Chum Jaang (nach unten gerichteter Ellbogen)
- Deng Jaang (gerader Ellbogen)
- Kahp Jaang (Überhand-Ellbogen)
- Bong Jaang (umgekehrter erhobener Ellbogen)
- Bui Jaang (Ellbogen nach hinten)
- Bouh Jaang (Gebeugter Ellbogen)

Einige dieser Schläge können unabhängig voneinander eingesetzt werden, während andere mit anderen Techniken kombiniert werden müssen, um im Angriff wirksam genutzt zu werden.

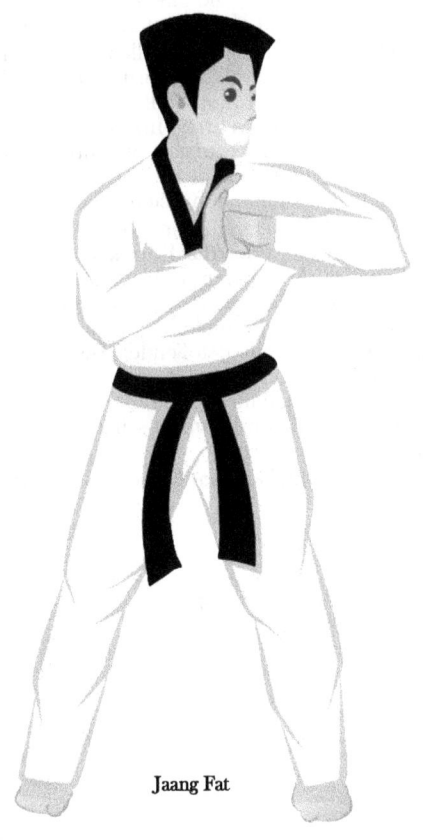

Jaang Fat

Acht Handflächenschläge - Jeung

Jeung

Die acht grundlegendsten Formen von Handflächenschlägen sind die Zwillingsstoßhand, die Schaufelhand, die Hackhand, die Einzelstoßhand, die Leistenschlaghand, die Stampfhand, die Druckhand und die Schneidehand.

Die Handflächen und Krallenschläge sind die stärksten Angriffsmethoden im Lama Pai, da sie extrem vielseitig genutzt werden können. Wenn Sie eine offene Hand vor sich halten, wird Ihre Kampfkraft stärker, da es für den Gegner schwieriger sein kann, eine offene Hand abzuwehren. Im Gegensatz zu einer geschlossenen Faust kann eine offene Hand mehrere Bewegungen ausführen und in mehrere Richtungen geschwungen werden, daher sind Handflächen- und Krallenschläge effektiver als Faustschläge (nicht unbedingt in jedem Fall, aber in den meisten Fällen).

Eine offene Handfläche gibt dem Kämpfer zwei Möglichkeiten zu kämpfen: Er kann die Handfläche oder die Handkante (primäre Schlagflächen) einsetzen. Wenn Sie diese Taktik mit kreisenden oder hackenden Bewegungen kombinieren, können Sie den Oberkörper des Gegners angreifen, und insbesondere Bereiche wie das Schlüsselbein, den Hals, den Unterarm und die beweglichen Rippen attackieren. Die Kanten der Handflächen können auch in einer stoßenden Bewegung eingesetzt werden. Die Fläche der Handfläche kann größere Teile des Oberkörpers und des Gesichts abdecken. Einige Kämpfer halten sich mit der Handfläche die Ohren zu. In manchen Fällen können Sie die Handflächen auch einsetzen, um Raum zu schaffen, indem Sie Ihren Gegner schubsen und ihn aus dem Gleichgewicht bringen.

Acht Techniken zum Klauen oder Greifen - Jau

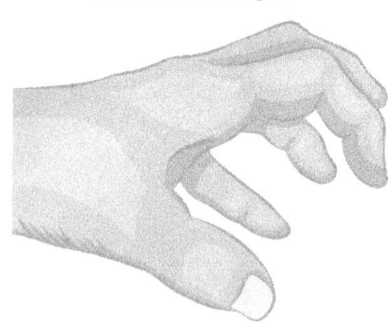

Jau

Die acht grundlegendsten Formen von Klauenschlägen sind „Einsamer Tiger erklimmt den Berg", „Armgreifende Klaue nach oben", Kranichklaue, Zwillingsklaue nach unten, Große Fangklaue, Kleine Fangklaue, „Bodhisattva unterwirft einen Tiger" und „Nach innen gerichteter Griff".

Wie die Fäuste und die Handflächen kann ein Kämpfer auch seine Klauen einsetzen, um den Gegner zu packen oder nach ihm zu greifen. Die Krallen dienen dabei als Zugwaffen, um ein Ungleichgewicht zu schaffen und sich vor entgegenkommenden Angriffen und Schlägen zu schützen. Kämpfer können mit ihren Krallen an den Muskeln und der Haut des Gegners ziehen, gegen ihn drücken und seine Haut verdrehen und ihm so Schmerzen zufügen, um ihn abzulenken.

Acht Fingerhiebe - Jih

Die acht grundlegendsten Formen von Fingerschlägen sind Fingerspeer auf die Augen, Kranichschnabel, Drachenkopf, Phönixauge, Schneidender Finger, Pfeilfinger, Stoßender Finger und Nadelfinger.

Fingerschläge sind ein weiterer entscheidender Teil der Handbewegungen der Lama Pai Kung Fu Übungen. Es ist notwendig, dass Sie Kraft und Widerstand in den Fingern aufbauen, um sie konsequent in Ihrer Kung Fu-Praxis einzusetzen. Zu diesem Zweck entwickeln Kung Fu Schüler die Fähigkeit des „Biu Gung", die die Fingermuskeln trainiert und die Knochen stärkt, damit sie bei Angriffen und schweren Schlägen im Kampf nicht brechen. Praktizierende benutzen ihre Finger, um einige der empfindlichsten und unbedeutendsten Teile des Körpers zu bekämpfen, wie etwa die Augen und die inneren, weichen Teile des Körpers. Duhk Ngaan Jih bezieht sich auf die Finger, die zum Vergiften (Angreifen) der Augen verwendet werden, und Biu Jih bezieht sich auf die Hauptstoß- oder Angriffsfinger. Manchmal werden bei Kämpfen auch die Daumen und die zweiten Fingerknöchel eingesetzt.

Acht Tritttechniken

Die acht grundlegenden Formen der Tritttechniken sind Vorderer Knöcheltritt, Rücktritt, Seitentritt, Hakenstoß, Bodenstoß, Innerer Halbmondtritt, Tornadotritt und Kreuztritt.

Acht Schrittmuster

Die acht grundlegenden Formen von Schrittmustern sind die 7-Sterne-Fußarbeit, die Pflaumenblüten-Fußarbeit, die Baat Gwa-Fußarbeit, die Meridian-Fußarbeit, der Bik Bouh, das Gleiten, die Fußarbeit des gestohlenen Schrittes und der Springende Rückzug.

Acht Positionen

Die acht grundlegenden Positionen sind die Fallposition, die Einbeinige Position, die Kniende Position, die Katzenposition, die Kreuzposition, die Pferdeposition, die Achterposition und die Bogenposition.

Lama Pai und die Wichtigkeit der Selbstverteidigung

Da es sich hierbei um eine traditionelle Kampfkunst handelt, wird die Eignung des Lama Pai für die Selbstverteidigung und zum Gegenangriff häufig hinterfragt. Da sich einige Kampfstrategien nur auf den Angriff konzentrieren, kann der Gegner in manchen Fällen leicht einen Gegenangriff starten und den Kampf gewinnen. Bei vielen Kung Fu-Stilen und -Techniken ist es üblich, einen Arm unterhalb der Taille oder hinter dem Körper zu schwingen, was weitere Möglichkeiten für einen Gegenangriff entblößt. Wenn der Übende nicht sehr erfahren oder nicht ausreichend geschickt ist, muss er sich dieser Haltungen bewusst sein und seine Techniken mit Präzision anwenden, um sich erfolgreich zu verteidigen. Dies wird durch die Lama Pai Kung Fu Techniken gewährleistet.

Bei dieser Art der Kampfkunst schwingt der Übende automatisch seine vordere Hand nach vorne, legt sie vor seinen Körper und schwingt sie dann wieder zurück, um sich zu verteidigen. In solchen Fällen sollten Sie mit der hinteren Hand zuschlagen. Man findet diese Angriffsstrategie auch im westlichen Boxen, das zum Teil auf den Lehren des Lama Pai basiert. Allerdings kann der Übende dabei als offenes Ziel wahrgenommen werden, und die Bewegungen der Führungshand können fälschlicherweise als Angriffsgelegenheit interpretiert werden. In Wirklichkeit lenkt die Bewegung der Führungshand einen Schlag oder Stoß vom Gegner ab und schützt ihn vor einem Angriff. Auf diese Weise können Sie die Kontrolle des Gegners leicht mit der hinteren Hand treffen, während Sie sich selbst verteidigen. Im Gegenzug erhalten Sie so die vollständige Kontrolle über den Kampf.

Obwohl Lama Pai großen Wert auf Selbstverteidigung und Gegenangriffe legt, betont es gleichzeitig auch die Punkte, an denen die Teilnehmer angreifen müssen, um die Situation zu kontrollieren und die Dinge zu ihren Gunsten zu wenden. Wie ein westlicher Boxer bringt ein Lama Pai-Praktizierender seine Fäuste nahe an seinen Oberkörper und sein Gesicht, um den Gegner anzugreifen und sich gleichzeitig vor einem Gegenangriff zu schützen. Das westliche Boxen und viele moderne Kampfsportarten können wertvolle Lektionen vom Lama Pai Kung Fu lernen, vor allem, was die verschiedenen Selbstverteidigungstechniken betrifft. Da ein westlicher Boxer viele lebenswichtige Punkte für die Angriffe des Gegners offen lässt, kann Lama Pai ihn lehren, wie er effektiv kontern oder sich verteidigen kann.

Drei Formen oder Hauptkategorien von Lama Pai

Diese acht Stilrichtungen wurden als verschiedene Kategorien oder Angriffsformen vereinfacht, um die Kampfkunst leichter verständlich und lehrbar zu machen. Zu diesen Strategien gehören „Dou Lo Hände", „Maitreya Hände" (Neih Lahk Sau) und „Fliegende Kranichhände" (Fei Hok Sau).

Dou Lo Hands

Dieser Name basiert auf einer indischen Pflanze, die innen weich wie Baumwolle und außen hart wie eine Kokosnuss ist. Die harte Schale schützt die weichen inneren Samen. „Dou Lo Hände" konzentriert sich nicht unbedingt auf die Hauptaspekte des Lama Dai, sondern stattdessen auf die introspektiven Strategien und Lehren, auf denen es basiert. Die „Fähigkeit, die Adern zu wechseln" ist daher ein wichtiger Bestandteil dieses Angriffsschlagsystems.

Maitreya Hände - Neih Lahk Sau

Diese Strategie entspricht einer fortgeschrittenen Version der grundlegenden Lama Pai-Kampfkunst und kombiniert mehrere neue Handtechniken, um die vitalen Körperteile oder Arme des Gegners zu halten, zu ergreifen oder zu verdrehen. Diese Fertigkeit erfordert viel Übung und wird in Anlehnung an ihren ursprünglichen Namen auch „Venenfresserhand" genannt.

Fliegende Kranichhände - Fei Hok Sau

Diese Kampfform beinhaltet hauptsächlich offene Hände und Faustbewegungen, um den Gegner an seinen schwachen oder verletzlichsten Stellen anzugreifen. Sie verwendet hauptsächlich die grundlegenden Stufen des Lamai Pai und die Schlagtechniken, zusammen mit ausweichender Fußarbeit und Tritttechniken. Außerdem werden bei dieser Kampfstrategie viele Handschläge und kreisende Bewegungen durchgeführt, um die Aufmerksamkeit des Gegners zu erhalten.

Fei Hok Sau

Bis heute wird Lama Pai oder das Kung Fu des brüllenden Löwen in ganz China und einigen östlichen Regionen gelehrt. Auch in der westlichen Welt gewinnt es zunehmend an Bedeutung. Im Laufe der Zeit hat sich die Kampfkunst weiterentwickelt, da mehrere Meister sich mit der Erforschung dieser Kampfkunst befasst haben. Buddhistische Wächter, die als Gam Gong (Diamanten) bekannt sind, und Heilige, die als Lo Han bekannt sind, haben im Laufe der Jahre viele Handgriffe und Schläge inspiriert. Nachdem sich das Kung Fu des brüllenden Löwen in Lama Pai verwandelt hatte, wurde es allmählich von der neuen Kampfform überholt und die Grundlagen wurden nur noch neugierigen oder fortgeschrittenen Schülern vermittelt. Die acht Grundlagen wurden jedoch von den Meistern aus der Vergangenheit sorgfältig aufgezeichnet, daher kennen wir noch heute das von Ah Dat-Ta entwickelte Kung Fu-Kampfkunstsystem.

Kapitel 9: Tritte im Kung Fu

Tritte sind ein wichtiger Bestandteil vieler Kampfsportarten, und sind insbesondere im Kung Fu entscheidend. Auch wenn Tritte im Kung Fu in der Regel die zweite Verteidigungslinie darstellen, werden sie dennoch als nützliches Werkzeug angesehen. Aufgrund der Vorherrschaft von Handtechniken in der Kung Fu-Kampfkunst nehmen viele Menschen an, dass es im Kung Fu nur wenige oder gar keine Tritte gibt. Tatsächlich ist das Gegenteil der Fall. Shaolin Kung Fu verfügt über etwa 36 Tritttechniken, wobei jede mehr als eine Art von Tritt beinhaltet. Obwohl das grundlegende Kung Fu-Training nur fünf Tritttechniken umfasst, sind die fortgeschrittenen Techniken stets leichter zu meistern, wenn Sie zunächst die grundlegenden Prinzipien jeder Technik lernen.

Tritte werden jedoch aufgrund ihrer relativen Schwächen nicht so häufig wie Schläge im Kampfsport eingesetzt. Obwohl Ihre Beine etwa 70 % Kampfkraft haben sollen, während Ihre Hände über 30 % Kampfkraft verfügen, besteht trotzdem für Sie ein größeres Risiko, wenn Sie Ihre Beine zum Angriff verwenden. Die Gefahr, dabei das Gleichgewicht zu verlieren, ist bei Tritttechniken größer als bei Schlagtechniken. Da das Treten eine schwieriger zu erlernende Kampfstrategie ist und zahlreiche Sicherheitsrisiken mit sich bringt, ist es wichtig, dass Sie so viel wie möglich über die verschiedenen Kampfmethoden lernen, bevor Sie mit dem Training beginnen.

Die Merkmale eines guten Tritts

Wegen der vielen Sicherheitsrisiken sind Tritttechniken schwieriger zu beherrschen. Kämpfer müssen bestimmte Eigenschaften besitzen, um diese Strategie effektiv einzusetzen. Ein guter Tritt sollte die folgenden Merkmale aufweisen.

1. Instinktive Treffsicherheit

Ein guter Tritt sollte zielsicher durchgeführt werden, um den Gegner souverän zu treffen. Als Kampfsportler sollten Sie außerdem in der Lage sein, die richtige Tritttechnik für die jeweilige Situation auszuwählen. Es gibt verschiedene Faktoren, die Ihre Wahl beeinflussen, darunter beispielsweise die die räumliche Distanz, mögliche Schmerzpunkte und wie viel Schaden Sie dem anderen Kämpfer zufügen wollen. Ihr Instinkt sollte Ihnen dabei helfen, vorherzusagen, welche Körperstelle Sie treffen wollen, wobei Sie auch stets an Ihre eigene Sicherheit denken sollten. Wenn Sie z.B. mit den Zehen den Knochen Ihres Gegners treffen, könnte dies eine schwere Fraktur verursachen und Tritte für Sie eine Weile unmöglich machen, ganz zu schweigen von den immensen Schmerzen, die dies bei Ihnen verursachen würde.

2. Konzentration

Obwohl die Beine angeblich mehr Kraft ausüben können als die Arme, können sie gleichzeitig auch völlig nutzlos sein, wenn Sie nicht wissen, wie Sie diese Kraft richtig einsetzen. Wenn Ihr Tritt nicht dazu in der Lage ist, eine bestimmte Wirkung auf den Gegner zu erzielen, ist er nutzlos und Ihr Gegner wird keinen Schaden erleiden. Deshalb ist es wichtig, dass Sie jede Kampfmethode vollständig verstehen und wissen, wie Sie Ihre Tritte präzise platzieren müssen, um maximalen Schaden zu verursachen.

3. Geschwindigkeit

Die Geschwindigkeit, mit der Sie treten, spielt ebenfalls eine wichtige Rolle dabei, wie effektiv Ihre Tritte sind. Wenn Sie Ihr Tempo hochhalten, ist die Wahrscheinlichkeit geringer, dass Sie abgefangen werden oder dass Ihr Gegner Ihnen ausweichen kann. Langsamere Tritte machen Sie hingegen nur für Angriffe auf den unteren Teil Ihres Körpers anfällig. Es wird Ihrem Gegner dadurch leichter fallen, Sie zu Fall zu bringen, weil Ihre Tritttechniken in dieser Situation zu langsam sind. Ganz zu schweigen davon, dass Ihnen die Kraft nicht dauerhaft erhalten bleibt. Schnelles Treten ist eine fortgeschrittene Fähigkeit, die von Ihnen harte Arbeit und viel Übung erfordert, aber Sie können Ihren Ansatz immer weiter verbessern, wenn Sie ihn erst einmal gelernt haben. Stellen Sie unbedingt sicher, dass Sie auch an anderen Fähigkeiten wie Kraft, Gleichgewicht und Instinkt arbeiten, denn ohne diese wird Ihnen die Geschwindigkeit nicht viel nützen.

4. Zeitplanung

Jede Kampfsituation ist unterschiedlich und erfordert daher eine gut abgestimmte Zeitplanung, damit Ihr Tritt sein Ziel präzise treffen kann. Erstens müssen Sie dazu herausfinden, ob Sie genug Zeit haben, um einen Treffer zu landen, ohne dass der Gegner von Ihrem Vorhaben erfährt. Zweitens müssen Sie überlegen, welche Tritttechnik Sie in dem Zeitraum, den Sie haben, am besten anwenden können. Wenn Sie Ihren Tritt richtig planen, erhöht sich die Wahrscheinlichkeit, dass er Ihren Gegner effektiv trifft. Andernfalls können Sie Ihr Ziel verfehlen und sich anfällig dafür machen, etwas zu stolpern oder sogar zu fallen.

5. Muskelkette

Wenn Sie die maximale Anzahl Ihrer Körpermuskeln nutzen, um einen Tritt auszuführen, kann dies Ihre Bewegung unendlich viel kraftvoller machen als ein normaler Tritt. Das liegt daran, dass durch den Einsatz der Muskelkette die Gefahr einer Unterbrechung des Energieflusses bei Ihren Bewegungen geringer ist und Sie sich wesentlich weniger anstrengen müssen als bei einem normalen Tritt.

6. Unberechenbarkeit

Eine der wichtigsten Eigenschaften eines erfolgreichen Tritts ist dessen Unberechenbarkeit. Wenn Ihr Gegner ein guter Kämpfer ist, wird er dazu in der Lage sein, Ihre geplanten Bewegungen früh zu erkennen und entweder Ihren Tritt zu blockieren, abzuwehren oder Ihren Unterkörper anzugreifen, um Sie zum Stolpern zu bringen. Deshalb sollten Sie zunächst jede Technik lernen und diese Strategien einplanen, um Ihre Trittfähigkeiten deutlich zu verbessern.

Einfache Tritte

Es gibt sechs grundlegende Arten von Tritten, die Sie zuerst lernen müssen, wenn Sie später auch die fortgeschrittenen Tritttechniken im Kung Fu verstehen wollen. Wenn Sie die grundlegenden Prinzipien und Bewegungen dieser verstehen, macht es Ihnen später das Erlernen von komplexeren Techniken deutlich einfacher.

1. Rückwärtstritt

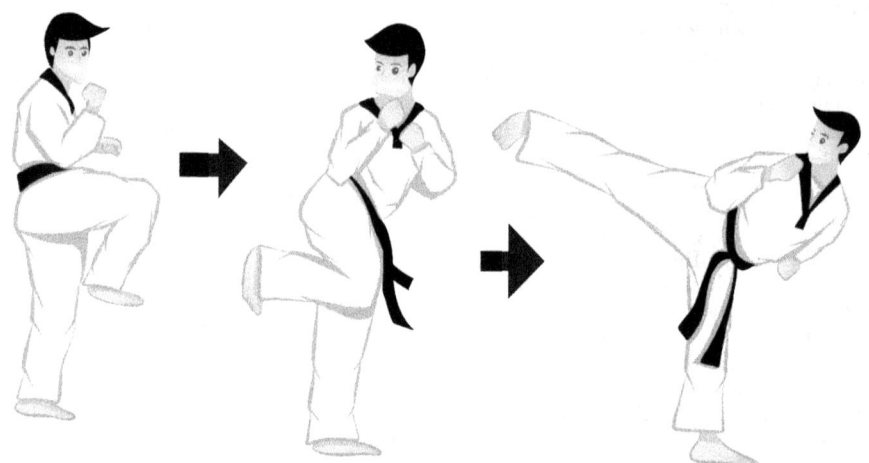

Rückwärtstritt

Bei dieser Übung handelt es sich um eine der am häufigsten verwendeten Tritttechniken in zahlreichen Kampfsportarten. Rückwärtstritte sind kraftvoll und fügen Ihrem Ziel maximalen Schaden zu. Befolgen Sie die folgenden Anweisungen, um diese Bewegung zu meistern.

- Benutzen Sie Ihr hinteres Bein für diesen Tritt, heben Sie Ihr Bein an und drehen Sie Ihren Körper nach rechts, bis Sie sich von Ihrem Ziel abgewandt haben.

- Drehen Sie sich dann noch weiter nach rechts und haben Sie dabei weiterhin ein Auge auf Ihren Gegner, indem Sie über Ihre rechte Schulter blicken.
- Heben Sie Ihr rechtes Knie zur Brust und treten sie dann mit der Ferse Ihres Fußes direkt auf Ihren Gegner.
- Nachdem Sie Ihr Ziel getroffen haben, sollten Sie schnell wieder in eine defensive Position zurückkehren und sich schnell für den nächsten Tritt bereitmachen.

2. Vorwärtstritt

Vorwärtstritte sind einfach, präzise und treffen das Ziel mit maximaler Kraft, um erheblichen Schaden anzurichten. Wenn Sie Ihr Ziel so angreifen, treffen Sie es in der Regel mit dem Ballen oder der Ferse Ihres Fußes. Folgen Sie den Anweisungen, den Vorwärtstritt zu meistern.

- Heben Sie das Knie des dominanten Beins an und bewegen Sie den Fuß nach vorne.
- Versuchen Sie, Ihren Gegner mit dem Ballen oder der Ferse Ihres Fußes zu treffen - achten Sie darauf, dass Sie ihn nicht mit den Zehen treffen.
- Ziehen Sie Ihre Zehen vor dem Tritt nach oben, um Verletzungen zu vermeiden.
- Nachdem Sie Ihr Ziel getroffen haben, müssen Sie Ihr Bein zügig zurückziehen, um nicht gepackt oder aus dem Gleichgewicht gebracht zu werden.

Vorwärtstritt

3. Axthieb

Ein Axthieb ist ein Tritt, der den Kopf oder das Schlüsselbein des Gegners treffen soll. Die folgenden Anweisungen stellen sicher, dass Sie die dazu nötigen Bewegungen richtig durchführen.

- Heben Sie Ihr hinteres Bein (das dominante Bein) so hoch wie möglich und bringen Sie es in eine vertikale Position.
- Versuchen Sie, Ihr Ziel mit der Ferse zu treffen. Der harte Knochen Ihrer Ferse ist effektiver als ein Tritt mit dem Fußballen.
- Versuchen Sie dabei entweder auf das Gesicht oder den Schulterknochen Ihres Gegners abzuzielen, um maximalen Schaden anzurichten.
- Achten Sie auf Ihren Unterkörper, denn der ist bei dieser Methode allen Angriffen schutzlos ausgesetzt.

Axthieb

4. Seitentritte

Obwohl Seitentritte als sehr kraftvoll gelten, sind sie gleichzeitig auch viel langsamer als die anderen Tritttechniken und lassen Ihren Körper weit offen für Gegenangriffe. Seitentritte können mit dem hinteren oder mit dem vorderen Bein durchgeführt werden und erfordern von Ihnen, dass Sie Ihre Kraft ballen, bevor Sie Ihr Ziel treffen. Die folgenden Anweisungen verdeutlichen, wie Sie sicherstellen können, dass Sie den Seitentritt, effektiv einsetzen.

- Drehen Sie Ihren Körper, bis er sich in einem 90-Grad-Winkel zu Ihrem Gegner befindet.
- Drehen Sie sich um weitere 180 Grad auf dem vorderen Bein
- Bringen Sie Ihr hinteres Bein während der Drehung nach vorne, bis sich Ihr Knie in der Nähe Ihrer Taille befindet. Ihr Fuß sollte dabei dem Angreifer zugewandt sein.
- Ihr Knie sollte sich in einem Winkel von fast 270 Grad zur Ausgangsposition befinden, wenn Sie Ihren Tritt korrekt abschließen wollen.
- Stoßen Sie Ihren Fuß nach vorne und benutzen Sie die Ferse oder die Klinge (Außenkante) Ihres Fußes, um Ihr Ziel zu treffen.

Seitentritt

5. Roundhouse-Tritt

Die Roundhouse-Tritttechnik gehört zu den beliebtesten Tritten der Kampfkunst und ist gleichzeitig einer der einfachsten. Im Gegensatz zu den anderen Trittarten konzentriert sich dieser Tritt nicht darauf, ein bestimmtes Körperteil des Gegners anzugreifen, sondern kann vielmehr auf jeden beliebigen Teil des Körpers abzielen. Egal, ob Sie das Knie, die Brust oder den Kopf Ihres Gegners angreifen wollen, Sie können Ihren Tritt entsprechend verstärken und einen effizienten und starken Stoß ausüben. Sie können damit beginnen, den Roundhouse-Tritt zu trainieren, indem Sie die folgenden Übungsschritte befolgen.

- Benutzen Sie entweder Ihr vorderes oder Ihr hinteres Bein, abhängig davon, was Sie bevorzugen.
- Nehmen Sie Ihre Kampfhaltung ein, indem Sie mit dem linken Bein einen großen Schritt nach vorne machen und das rechte Bein ganz natürlich zur Seite wandern lassen.
- Heben Sie Ihr Bein an und winkeln Sie es nach hinten ab, so dass es den Oberschenkel des anderen Beines berührt.
- Bringen Sie Ihr angewinkeltes Bein zur Seite, so dass Ihr Knie einen Winkel bildet.
- Lassen Sie Ihr Bein nach vorne kippen und drehen Sie sich auf dem unteren Fuß zur Seite. Achten Sie darauf, dass Sie das Ziel berühren, bevor Ihr Bein vollständig gestreckt ist, um die Kraft des Aufpralls zu maximieren.
- Ziehen Sie Ihr Bein zurück, nachdem Sie getroffen haben und nehmen Sie erneut Ihre Kampfhaltung ein.

Roundhouse-Tritt

6. Halbmond-Tritt

Sie haben die Wahl zwischen diversen fortgeschrittenen Methoden, um den Halbmond-Tritt auszuführen, aber zu den für Anfänger am besten geeigneten gehören der Innen- und Außensichelkick. Folgen Sie unserer Anleitung, um sicherzustellen, dass Sie den Tritt richtig durchführen.

- Beugen Sie das Trittbein ähnlich wie bei einem Vorwärtstritt an.
- Richten Sie Ihr Knie entweder auf die rechte oder die linke Seite des eigentlichen Ziels.
- Bewegen Sie Ihr Bein in einem peitschenden Bogen und treffen Sie Ihr Ziel dabei von der Seite.
- Abhängig von der Technik, die Sie dazu einsetzen, beginnt die bogenförmige Bewegung in der Körpermitte und bewegt sich dann nach außen oder nach innen.

Halbmond-Tritt

Fortgeschrittene Tritte

Die fortgeschrittenen Tritttechniken werden im Grunde genommen von den grundlegenden Tritttechniken abgeleitet und sollten daher für Sie leichter zu meistern sein. Im Folgenden finden Sie einige der vielen fortgeschrittenen Kung Fu-Tritttechniken, die es gibt. Befolgen Sie sorgfältig die Übungsschritte für die verschiedenen Techniken und üben Sie zunächst alleine, bevor Sie gemeinsam mit einem echten Gegner trainieren.

1. Schmetterlings-Tritt

- Vergewissern Sie sich, dass Sie in die Richtung schauen, in die Sie Ihren Tritt ausführen möchten.
- Beugen Sie sich nach vorne, indem Sie die Beine weiter auseinanderstellen und beide Füße in einem 45-Grad-Winkel positionieren.
- Strecken Sie dann die Arme aus, um mehr Schwung für den Tritt aufzubauen.
- Heben Sie Ihre Fersen vom Boden hoch und drehen Sie Ihre Füße um 90 Grad.

- Schwingen Sie Ihre Arme nach vorne und hinten, um mehr Schwung zu bekommen.
- Beugen Sie Ihren Körper nach vorne und drehen Sie sich um 180 Grad auf einem Bein, heben Sie dann das Bein an und strecken Sie es hinter sich aus.
- Springen Sie von Ihrem anderen Bein ab, bewegen Sie es in einer kreisenden Bewegung, um Ihr Ziel zu treffen, und landen Sie anschließend wieder auf demselben Bein.

Schmetterlings-Tritt

2. Ratschlag-Tritt

- Positionieren Sie Ihren rechten Fuß hinter Ihrer Schulter und verlagern Sie Ihr Gewicht nach rechts.
- Heben Sie Ihren linken Unterarm an, um die verwundbare Körperstelle zu schützen.
- Verlagern Sie Ihr Gewicht nach links und beugen Sie sich zur Seite. Drücken Sie sich dabei mit dem linken Bein und der linken Hand in den Boden.
- Heben Sie Ihr rechtes Bein hoch und treten Sie gegen das Ziel.

Ratschlag-Tritt

3. Hoher Rückwärtstritt

- Nehmen Sie eine ähnliche Ausgangsposition wie auch beim Rückwärtstritt ein. Achten Sie gleichzeitig darauf, dass Sie Ihren Gegner über Ihre Schulter hinweg im Auge behalten.
- Heben Sie Ihr Bein nach hinten an, bis Sie es auf Oberschenkelhöhe gebracht haben.
- Benutzen Sie nun die Ferse Ihres Fußes, um die Schmerzpunkte Ihres Gegners zu treffen.
- Stellen Sie dabei sicher, dass Ihre Hände sich in einer Abwehrposition befinden, um mögliche Gegenangriffe abzuwehren.

Hoher Rückwärtstritt

4. Wirbelnder Hakentritt

- Nehmen Sie eine Kampfstellung mit gebeugten Knien und weit gespreizten Beinen ein.
- Schwingen Sie Ihre Arme um das Standbein herum, um Schwung für den Angriff aufzubauen.
- Drehen Sie sich anschließend um 180 Grad und schauen Sie über Ihre Schulter, um die nötige Kraft und die Entfernung für den Tritt abzuschätzen.
- Heben Sie Ihr Trittbein an und zielen Sie mit Ihrem Tritt auf die Brust oder auf die Schulter Ihres Gegners.

Wirbelnder Hakentritt

Auch wenn Ihnen das Üben dieser Tritte harmlos erscheinen mag, sollten Sie sich beim Training von einem Kung Fu-Kampfkunstspezialisten anleiten lassen. Und wenn Sie diese Tritte an einem Gegner ausprobieren, sollten Sie darauf achten, dass Sie keine schädliche Kraft auf den Körper Ihres Gegners ausüben, da dies zu bleibenden Verletzungen führen kann. Es ist außerdem eine gute Idee, zunächst die grundlegenden Arten von Tritten im Detail zu lernen, und bevor Sie zu den fortgeschrittenen Tritten übergehen, da die Grundprinzipien immer gleichbleiben. Es gibt zahlreiche fortgeschrittene Techniken, die Sie nicht lernen werden, wenn Sie nicht zuerst die Grundlagen eines einfacheren Tritts gelernt haben. Übung macht den Meister und Sie sollten so viel wie möglich üben, wenn Sie diese Tritttechniken perfektionieren wollen.

Kapitel 10: Selbstverteidigung im Kung Fu

Kung Fu ist viel mehr als nur eine Kampfsportart. Es ist eine wahre Kunstform, die uns zahlreiche Lektionen fürs Leben lehrt. Während viele Menschen davon ausgehen, dass alle Kampfkünste primär auf den Angriff ausgerichtet sind, sind sich nur wenige des defensiven Wertes dieser Künste bewusst. Wing Chun ist ein einzigartiger Kung Fu-Stil, der sich in erster Linie auf die Selbstverteidigung konzentriert. Dieser Kampfstil ist anmutig und kompliziert und in der Lage, Praktizierenden beizubringen, wie man sich gegen fast jeden möglichen Angriff verteidigen kann.

Wing Chun ist so beliebt, dass es in vielen Teilen der Welt ein anerkannter Sport ist. Es gibt einen sehr logischen Grund für diese Popularität, und zwar die Tatsache, dass Wing Chun mit den heutigen Bedürfnissen von Kämpfern am meisten übereinstimmt. Kampfsportarten sind nicht mehr das, was sie einmal waren, denn wir leben in einer relativ sicheren, gesetzlich geregelten Gesellschaft. Da wir das tödliche Potential der Kampfkünste in der modernen Gesellschaft nicht mehr viel brauchen, bietet Wing Chun allen Menschen, die stattdessen mehr über die Selbstverteidigung lernen wollen, eine hervorragende Alternative.

Die Kernelemente des Wing Chun sind das gleichzeitige Blockieren und Schlagen, gepaart mit dem Festhalten des Gegners, dem Angriff aus nächster Nähe, dem Druck auf den Gegner durch ständige Bewegungen und einem effektiven Schlagabtausch. Viele weitere Elemente verleihen dem Wing Chun seinen einzigartigen Ruf, aber dies sind die bekanntesten und deutlichsten Merkmale. Die einzigartige Eigenschaft des Wing Chun, die es von anderen Kampfsportarten oder sogar Kung Fu unterscheidet, ist die Tatsache, dass es besonders effektiv ist, wenn es in einem Selbstverteidigungsszenario angewendet wird. Das liegt vielleicht daran, dass Wing Chun einen Angreifer lähmen kann, ohne ihn tödlich zu verletzen. Die Fähigkeit, sich selbst zu verteidigen und dabei auf der richtigen Seite des Gesetzes zu bleiben, ist etwas, das sich jeder Mensch wünscht, und genau da glänzt Wing Chun am meisten.

Wing Chun Heute

Bevor wir weiter besprechen, wie Wing Chun bei der Selbstverteidigung helfen kann, ist es wichtig, ein wenig mehr über den aktuellen Stand dieser Form der Kampfkunst zu sagen. Das meiste Training, das von nicht-einheimischen Meistern im Wing Chun angeboten wird, ist entweder nur für Trainingszwecke gedacht oder einfach völlig falsch. Es ist zwar in Ordnung, wenn man sich zu Anfang rein auf das Training konzentriert, aber Wing Chun ist eine praktische Kunstform, die in erster Linie regelmäßig geübt werden muss.

Das Training kann natürlich nicht das gleiche Maß an Erfahrung und Wissen vermitteln wie das Üben von Wing Chun mit einem Partner oder in Wettkämpfen. Mit der Zeit haben diese unrealistischen Trainingsmethoden dazu geführt, dass Wing Chun ein viel weicheres Image entwickelt hat, als dem, für das es einst bekannt war. Die extrem komplexen Techniken haben alle ihren eigenen Wert, aber nicht im Fall von Selbstverteidigungsszenarien.

Wir werden Ihnen verschiedene Methoden nahebringen, die nur aus ästhetischen Gründen nicht so sehr im Vordergrund stehen wie einige der ausgefalleneren Kampfmethoden. Diese weniger bekannten Methoden sind in keiner Weise weniger effektiv als die, die in fast jedem Kampfsport-Dojo gelehrt werden. Im Gegenteil gehören die Ansätze, die wir hier besprechen wollen, zu den wichtigsten, die Sie im Sinne der Selbstverteidigung lernen sollten.

Wing Chun hat über die Jahre hinweg eine Tendenz zur Effekthascherei entwickelt, und viele Techniken und Methoden sind in einem realen Szenario daher absolut überflüssig. Probleme wie diese entstehen in der Regel aufgrund der Wandelbarkeit des Wing Chun. Wenn wir über Wing Chun im Kontext der Selbstverteidigung sprechen wollen, müssen wir gleichzeitig verstehen, dass es sich von den normalen Variationen der Kampfkunst unterscheidet. Das Gleiche gilt jedoch für jede Kampfsportart, die sowohl für Demonstrationen als auch für die Selbstverteidigung geeignet ist.

Grundlagen der Selbstverteidigung

1. Struktur

Wing Chun ist eine Kampfsportart, die sowohl auf den Angriff als auch auf die Verteidigung ausgerichtet ist. Das Hauptziel eines Wing Chun-Praktizierenden ist es daher, die Gliedmaßen des Gegners festzuhalten, Angriffe zu parieren oder den Gegner einzuklemmen, um die Angriffsmöglichkeiten einzuschränken. Ein Wing Chun-Kämpfer muss nicht nur seine Kraft trainieren, sondern sich auch darauf konzentrieren, seine Methoden mit Struktur zu entwickeln, damit seine Kraft erfolgreich vervielfacht wird. All die verschiedenen Techniken fallen unter Untergruppen wie Schläge, Blockierungen und Tritte. Wenn Sie lernen, diese Methoden in Verbindung mit dem Vorwärtsbewegungsaspekt des Wing Chun einzusetzen, werden Sie dadurch in der Lage sein, jeden Gegner zu besiegen.

2. Offensive gegen Defensive

Ich habe dieses Argument in diesem Kapitel schon oft betont, aber seine Bedeutung ist so wichtig, dass ich es noch einmal wiederhole. Wing Chun ist ein Kung Fu-Stil, der eine Symmetrie zwischen Offensive und Defensive verlangt, was bedeutet, dass jedes Mal, wenn Sie den Gegner blockieren, die Blockierung von einem Schlag begleitet werden sollte. Das Gleiche gilt für die Schläge, die Sie gegen Ihren Gegner ausüben. Sie werden lernen, verschiedene Schläge auszuüben, um Angriffe abzuwehren. Diese Strategie existiert nur in einigen wenigen anderen Kampfsportarten wie beispielsweise Muay Thai. Die übrigen Kampfsportarten nutzen diesen ausgeklügelten Kampfstil nicht, und deshalb ist Wing Chun technisch anspruchsvoller. Praktizierende müssen ihr offensives und defensives Training in allen Phasen ihrer Entwicklung ausbalancieren.

3. Stellen Sie Fallen

Das Fallenstellen ist eines der Merkmale des Wing Chun, das aufgrund schlechter Lehr- und Übungsmethoden an Popularität verloren hat. Während die Experten das Stellen von Fallen im Wing Chun nutzen können, um einen Gegner effektiv zu überwältigen, hat die große Mehrheit der Praktizierenden absolut keine Ahnung, wie man so etwas macht. Da es den meisten Menschen an regelmäßigem Training und Sparringkampfgelegenheiten mangelt, verlassen sich die Kämpfer lieber auf andere, dominantere Aspekte des Wing Chun. Aus diesem Grund sind die meisten Sportler der Meinung, dass Wing Chun Sparringkampf in Szenarien wie einem Mixed Martial Arts Kampf oder einem anderen Selbstverteidigungsszenario nicht angewendet werden kann.

Tatsächlich sind Fallen etwas, auf das sich jeder Kämpfer konzentrieren sollte. Wenn Sie sich über die verschiedenen Fallen des Wing Chun-Stils in Kenntnis setzen, wird dies dazu beitragen, dass Ihre Stärke im Kampf verstärkt wird. Dabei ist es jedoch wichtig zu verstehen, dass die ausgefalleneren Fallen nichts anderes als eine Ansammlung kleinerer Fallen sind, die miteinander kombiniert werden. Diese werden nie so effektiv sein wie die einfacheren, weniger auffälligen, aber viel effektiveren Fallen.

4. Sparringkampf

Der Sparringkampf ist eine Herausforderung, der sich alle Wing Chun-Praktizierenden stellen müssen, nachdem sie eine Weile trainiert haben. Egal, wie viel Sie in Ihrem Leben trainiert haben, Sie können sich nicht gegen gegnerische Angriffe verteidigen, wenn Sie nicht alle Ihre Bewegungen auch in einem realen Szenario üben. Aus diesem Grund ist der Sparringkampf ein entscheidender Teil des Wing Chun. Er hilft Ihnen dabei, Ihre Grenzen beim Training mit einem Partner zu erweitern, ohne gleichzeitig tödliche Verletzungen zu riskieren.

Der Sparringkampf ist deshalb so effektiv, weil die Bewegungen Ihres Gegners unvorhersehbar sind. Wenn Sie mit dem Sparringkampf trainieren, sollten Sie Ihren Partner vorsichtig angreifen, da Sie Ihren Partner nicht verletzen wollen. Der Sparringkampf ist mehr wie ein Tanz als ein Kampf, denn Sie müssen die Bewegungen mit gleicher Kraft erwidern. Der größte Fehler, der beim Sparringkampf gemacht wird, ist der, dass beide Kämpfer versuchen, ihre Wing Chun-Techniken gleichzeitig zu üben. Das ist zwar aus wettkampfmäßiger Sicht völlig in Ordnung, aber in einem Straßenkampf ist es nicht sehr nützlich! Ein Partner sollte idealerweise die Bewegungen eines untrainierten Kämpfers nachahmen, denn es ist höchst unwahrscheinlich, dass Ihr Gegner im wirklichen Leben auch Wing Chun beherrscht.

Strategien des Wing Chun

Wann immer ein Kämpfer, ein Krieger oder ein Soldat in die Schlacht zieht, muss er das richtige Werkzeug in den Kampf mitbringen. Im Falle der Selbstverteidigung sind Ihre Strategien und Kampfmethoden Ihre Werkzeuge. Sie sollten diese perfekt beherrschen, um sich so gut wie möglich verteidigen zu können. Jeder Kämpfer sollte über eine Vielzahl von Werkzeugen verfügen, um den verschiedenen Situationen zu begegnen, in die er geraten könnte, und deshalb müssen Sie zu einem Experten für verschiedene Strategien werden.

In diesem Abschnitt werden wir uns die verschiedenen Strategien genauer ansehen, die Sie zur effektiven Selbstverteidigung beherrschen sollten. Auch wenn die ausgefalleneren Techniken sicherlich ein Publikumsmagnet sind, liegt unser Schwerpunkt hier auf Effizienz und auf der Fähigkeit, sich selbst so gut es geht zu verteidigen. Aus diesem Grund werden wir uns nur die grundlegenden Techniken ansehen, die Sie zuerst beherrschen sollten, bevor Sie sich komplexeren Strategien zuwenden.

1. Handschläge

Handschläge gehören zu den wichtigsten Schlägen in jeder Kampfkunst, denn unsere Hände sind der Teil des Körpers, mit dem unsere Intuition am meisten verbunden ist. Das Schlagen mit den Händen wird im Wing Chun nicht so stark betont wie das Blockieren von Schlägen, und das liegt vor allem an dessen defensivem Fokus. Dennoch spielen diese Schläge eine wichtige Rolle, und wir werden uns einige der wichtigsten Handschläge ansehen, die Sie lernen sollten.

Bin Sau: Biu Sau, auch bekannt als die Technik der stoßenden Finger, besteht einfach darin, dass Sie Ihre Hand mit enormer Kraft nach vorne schleudern, um die weichen Stellen am Körper Ihres Gegners zu treffen. Denken Sie daran, dass die Finger hier eine entscheidende Rolle spielen und dass die richtige Konditionierung der Finger Ihre oberste Priorität sein sollte.

Lin Wan Kuen: Dies ist nicht nur ein einzelner Schlag wie bei dem vorherigen Angriff. Stattdessen wird diese Methode auch als Kettenschlag bezeichnet, weil er aus einer Reihe von Schlägen besteht, die der Übende lernen muss. Das Hauptziel ist es, Ihren Gegner durch die Bewegungen zu überwältigen. Lin Wan Kuen ist eine der überraschendsten Verteidigungsmöglichkeiten, die Sie im Kampf einsetzen können.

Schläge: Diese Kategorie ist breiter angelegt als die beiden vorherigen und umfasst mehrere Arten von Schlägen im Wing Chun. Sie sollten versuchen, den Zoll-Schlag, den doppelten Schlag und ein paar andere grundlegende Schläge zu üben, damit Ihr Arsenal nicht zu begrenzt und damit vorhersehbar ist.

2. Tritte

Im Gegensatz zu Kampfsportarten, die sich hauptsächlich auf Tritte konzentrieren, wie z.B. Tae Kwon Do, konzentriert sich Wing Chun mehr auf Oberkörperangriffe und Blockierungen. Dennoch ist es sehr wichtig zu lernen, wie man einen gut ausgeführten Tritt einsetzt, da Tritte dazu beitragen, Ihre Reichweite und Ihre Fähigkeit, dem Gegner zu schaden zu erhöhen. Jeder Kampfsportler sollte ein paar grundlegende Tritte wie den geraden Tritt, den seitlichen Tritt, den Hammerkick und den runden Tritt beherrschen. Für die Selbstverteidigung brauchen Sie keine ausgefallenen Tritte wie den Roundhouse-Tritt oder den Tornado-Tritt zu lernen, da Sie in einem echten Kampf nicht die Zeit haben werden, diese einzusetzen.

3. Schläge mit dem Ellbogen

Ellbogenschläge werden meist mit Kampfsportarten wie Muay Thai in Verbindung gebracht und können besonders verheerend sein, solange sie richtig ausgeführt werden. Der größte Vorteil von Ellbogenschlägen besteht darin, dass Sie Ihren Gegner überraschen und ihm einen blitzschnellen Schlag versetzen können, der ihn fast garantiert für einen kurzen Moment lang lahmlegt. Der beliebteste Ellbogenschlag im Wing Chun ist der Pai Jarn, bei dem in der Regel der Kopf des Gegners getroffen wird, um den Schaden zu erhöhen.

4. Blockieren

Das Blockieren von Angriffen ist einer der wichtigsten Aspekte des Wing Chun. In der Regel wird eine Blockierung von einem Wing Chun-Kämpfer immer von einem Angriff begleitet. Das bedeutet, dass Sie massiven Schaden anrichten können, während Sie gleichzeitig die Wahrscheinlichkeit verringern, dass Sie dabei verletzt werden.

Biu Sau: Wir haben Biu Sau in dem Kapitel zum Thema Schläge bereits besprochen. Es handelt sich um eine äußerst vielseitige Bewegung, die gleichzeitig zum Ablenken, Angreifen und Kontern verwendet werden kann.

Chi Sau: Chi Sau, auch bekannt als die Technik der stechenden Hände, beinhaltet schnelle Handbewegungen, die durch die Reflexe und die Schnelligkeit des Angreifers unterstützt werden. Mit dieser Strategie können Sie eine Reihe von Angriffen durch Ihren Gegner leicht und schnell abwehren, so dass Sie reichlich Gelegenheit haben, den Feind mit Gegenangriffen zu treffen.

Huen Sau: Diese Methode wird manchmal auch als Technik der kreisenden Hände bezeichnet. Sie ist sehr nützlich, wenn Sie die Position wechseln und dabei die Kontrolle über den Arm des Gegners behalten wollen.

Kwan Sau: Die Technik der rotierenden Hand ist besonders nützlich, wenn Sie gleichzeitig Angriffe Ihres Gegners auf niedriger und hoher Ebene blockieren wollen. In einem echten Kampf wird Ihr Gegner oft versuchen, Sie mit solchen Angriffen zu überwältigen, und wenn Sie diese Blockierung einsetzen, können Sie diese Angriffe vollständig zunichtemachen.

Pak Sau: Diese Strategie ist auch als Schlaghand-Blockierung bekannt und sehr nützlich, wenn Sie einen eingehenden Angriff mit Leichtigkeit abwehren müssen. Dabei nutzen Sie Ihre Handfläche, um den Angriff abzuwehren, und können sogar die Richtung des Angriffs umlenken, was dazu führen kann, dass Ihr Gegner das Gleichgewicht verliert.

Kapitel 11: Tägliche Trainingsübungen

Nachdem wir all die verschiedenen Strategien, Stile und Übungen behandelt haben, die zu einer abgerundeten Kung Fu-Routine dazugehören, gilt wie bei vielen anderen Dingen im Leben auch hier: Übung macht den Meister. Selbst einfache Bewegungen wie etwa die grundlegenden Schläge und Tritte müssen gründlich geübt werden, wenn Sie die Kampfkunst beherrschen und Ihr Kung Fu auf die nächste Stufe bringen wollen.

Ohne regelmäßiges Training und die richtige Konzentration auf die Verbesserung Ihrer Fähigkeiten wird es für Sie nahezu unmöglich sein, sich als Kampfsportler zu verbessern. Ob Sie nun ein absoluter Anfänger sind, der nur die Grundlagen gelernt hat, oder ein Fortgeschrittener, der die technisch komplizierteren Bewegungen bereits kennt, Kung Fu erfordert immer ständige Arbeit. Beim Kampfsport kommt es darauf an, dass Sie die Bewegungen kennen und das Konzept theoretisch verstehen und dieses Wissen auf Ihren Körper übertragen und ihm beibringen, sich auf eine bestimmte Art und Weise zu bewegen. Genau wie beim Boxen, bei gemischten Kampfsportarten und bei jeder anderen Art von körperlicher Betätigung werden diese Informationen durch Wiederholung in Ihr Muskelgedächtnis eingebrannt und in Ihrem Nervensystem verankert. Dies ist entscheidend, wenn es darum geht, eine Bewegung wirklich zu perfektionieren. Noch wichtiger ist aber, dass Sie, wenn Sie eine dieser Bewegungen in einem Kampf oder sogar im Alltag anwenden müssen, keine Zeit haben werden, darüber nachzudenken. Sie müssen in der Lage sein, schnell und effizient zu reagieren.

Wenn Sie sich Profifußballer ansehen, werden Sie feststellen, dass sie während der Trainings- und Wettkampfsaison das ganze Jahr über Hunderte von Malen dieselben Bewegungsabläufe üben. Wenn sie dann tatsächlich ein Spiel bestreiten, müssen sie nicht mehr nachdenken, da ihr Körper bereits weiß, was zu tun ist. Dies gilt für fast jede Sportart und verbessert effektiv nicht sowohl die Spielstrategie als auch konkrete Spielzüge, die ein Spieler einsetzt.

Beim Kung Fu ist das nicht anders. Je weiter Sie beim Üben kommen, desto komplexer werden Ihre Fähigkeiten, und Ihr Muskelgedächtnis wird immer wichtiger. Sie wollen schließlich die neuen Dinge nicht auf Kosten älterer und oft grundlegenderer Fähigkeiten erlernen. Wenn Sie weiterhin auch an den grundlegenden Bewegungen arbeiten, bleibt Ihr Körper geschmeidiger und bereit dazu, neue, fortgeschrittenere Fähigkeiten aufzunehmen, die auf diesen grundlegenden Bewegungen aufbauen.

Wenn Sie die Zeit haben, sich in einer Kampfsportakademie anzumelden, sollten Sie das unbedingt tun. Sie werden nicht nur das trainieren, was Sie brauchen, sondern auch die Möglichkeit haben, in eine tolle Atmosphäre einzutauchen und Gleichgesinnte kennenzulernen. Hier haben Sie Zugang zu einer Vielzahl von Geräten und qualifizierten Lehrern, die Ihnen bei der Verbesserung Ihrer Übungsstunden behilflich sein werden. Lassen Sie sich jedoch nicht durch den Mangel an Ressourcen oder Zeit in Ihrem Kung Fu Training einschränken. Auch wenn Sie alleine sind und keine Ausrüstung zum Trainieren haben, können Sie eine sehr erfolgreiche Trainingseinheit absolvieren, die sowohl Ihrer körperlichen Fitness als auch Ihrem Kung Fu zugutekommt.

Wenn Sie es jedoch wirklich ernst meinen, sollten Sie auf jeden Fall eine Grundausstattung in Betracht ziehen. Diese muss nicht unbedingt teuer sein. Tatsächlich lässt sich das Meiste, was Sie brauchen, recht günstig erwerben. Eine mittelgroße Holzpuppe, ein paar Dehnbänder und ein paar einfache Widerstandsgeräte sind beispielsweise nicht sehr teuer. Sie können diese Dinge auch leicht mitnehmen, wenn Sie häufig unterwegs sind. Außerdem sind diese Trainingsgeräte zu Hause sehr leicht zu handhaben und nach dem Training wieder zu verstauen. Wenn Sie ernsthaft an Ihrem Kung Fu arbeiten wollen, ist eine gute Ausrüstung ein Muss.

Um das tägliche Training ein wenig überschaubarer zu machen, sehen wir uns im Folgenden einige spezifische Dinge an, die Sie tun können, um bestimmte Fähigkeiten zu verbessern, und werfen einen Blick auf einige der ganzheitlichen Trainingsroutinen, die Sie anwenden können.

Dehnung

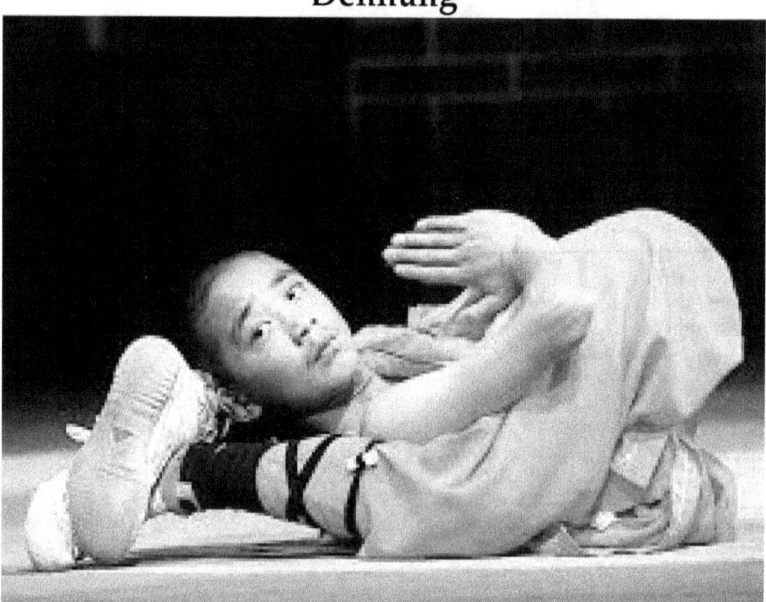

Dies ist ein entscheidender Teil jeder guten Trainingsroutine und besonders wichtig, wenn Sie alle Bewegungen richtig durchführen wollen. Nahezu jede Art von Bewegung, die Sie machen, sei es eine Drehung, ein Tritt oder ein Schlag, erfordert gesunde Gelenke und die Fähigkeit, Ihre Gliedmaßen und Ihren Oberkörper vollständig und richtig zu strecken. Selbst bei einfachen Atemübungen müssen Sie Ihren gesamten Oberkörper vollständig ausdehnen und kontrahieren können, damit Sie die maximale Menge an Sauerstoff in Ihr System bekommen und bei Schlägen die maximale Kraft erzeugen können. Auch die Flexibilität der Hüften, des unteren Rückens und der Taille ist für die Kampfkünste äußerst wichtig. Ob Sie nun schlagen, treten, ausweichen oder etwas anderes versuchen wollen, Ihre Beweglichkeit ermöglicht es Ihnen, den nötigen Schwung zu erzeugen.

Jede Dehnübung sollte sich auf diese Bewegungen beziehen, insbesondere bei der Dehnung der Rumpfmuskulatur und des Rests Ihrer Wirbelsäule. Es ist außerdem wichtig, dass Sie beim Dehnen zu Beginn des Trainings langsam vorgehen und keine schnellen oder explosiven Bewegungen erzwingen. Sie können das Dehnen in Ihr Aufwärmprogramm einbauen oder es separat durchführen, wobei Sie sich auf bestimmte Bereiche Ihres Körpers, die sich verspannt anfühlen, besonders konzentrieren sollten. Idealerweise sollten Sie ein bisschen von beidem machen, d.h. das Dehnen als Teil Ihres Aufwärm- und Abkühlprogramms in Ihr Training integrieren. Sie können auch separate Zeit einplanen, zu der Sie sich nur auf das Dehnen und auf die Flexibilität konzentrieren.

Aufwärmen

Wenn Sie einen erfahrenen Kampfsportler fragen, was der Schlüssel zu einem gesunden und nachhaltigen Trainingsprogramm ist, wird er Ihnen sagen, dass es das richtige Körpermanagement ist, und das beginnt mit dem Aufwärmen. Sie können viele Probleme vermeiden und Ihr Verletzungsrisiko deutlich verringern, wenn Sie sich vor dem Training zehn Minuten länger aufwärmen und nach dem Training ein paar Minuten mehr Zeit nehmen, um Ihren Körper richtig abzukühlen. Aufwärmübungen müssen nichts mit Ihrem Kampfsporttraining zu tun haben. Sie können alles Mögliche tun, wie z.B. spazieren gehen, schwimmen, joggen oder einfach nur ein paar Ausdauerübungen machen, um sich aufzuwärmen. Tatsächlich beginnen die Shaolin-Mönche und viele andere östliche Kampfsportler ihren Tag und ihr Training immer mit einem kurzen Lauf.

Dazu können Sie zwischen 10 bis dreißig Minuten lang laufen, wichtig ist dabei nur, dass das Laufen dazu dient, Sie sanft aufzuwärmen, um den gesamten Körper auf das Training vorzubereiten. Wenn Sie zu Hause ein Laufband haben, ist das fantastisch. Wenn nicht, gehen Sie einfach ein wenig draußen spazieren und wärmen Sie sich richtig auf, bevor Sie mit dem Training beginnen. Wenn Sie explosive Bewegungen in Ihr Training einbauen wollen, ist es besonders wichtig, dass Sie sich ausreichend aufwärmen. Beim Aufwärmen geht es ebenso sehr um Ihr Herz-Kreislauf-System wie auch um die gute Durchblutung Ihrer Muskeln. Wenn beides richtig aufgewärmt ist, sind Sie bereit für das Training.

Kämpfen

Im Grunde genommen besteht der Zweck des intensiven Kung Fu-Trainings darin, Sie zu einem besseren Kämpfer zu machen und Ihnen alle Fähigkeiten und Kenntnisse zu vermitteln, die Sie benötigen, um die Kampfbewegungen besser absolvieren zu können. Aber auch bei den verschiedenen Fähigkeiten, die Sie dazu brauchen, gibt es eine Vielzahl von Möglichkeiten, sie für unterschiedliche Zwecke anzuwenden. Mit den verschiedenen Kampfstilen wie etwa dem Tiger-Stil, dem Drachen-Stil, dem Gottesanbeterinnen-Stil, dem

Leoparden-Stil und anderen Bewegungsstilen können Sie Ihre Fähigkeiten besser einsetzen und Ihren Gegner effizienter ausschalten. Diese verschiedenen Kampfstrategien beinhalten alle ihre eigenen einzigartigen Bewegungen und Methoden. Wenn Sie einen bestimmten Stil wirklich beherrschen wollen, müssen Sie erst die kleinen Variationen der einzelnen Stile verstehen lernen.

Die kleinen Unterschiede, wie z.B. die leicht abweichende Handposition beim Drachen- im Vergleich zum Tiger-Stil, können einen großen Einfluss darauf haben, wie die Bewegung ausgeführt wird. Noch wichtiger ist aber, dass die verschiedenen Stile auch Ihre gesamte Kampfstrategie beeinflussen. Während einige Stile wie der Tiger-Stil aggressiver sind und ein offensiveres Vorgehen erfordern, können Sie bei anderen Stilen wie dem Drachen-Stil eher ausweichen und strategisch vorgehen.

Auch die Art des Stils, den Sie verfolgen möchten, hat einen großen Einfluss auf die Art des Trainings und darauf, wie Sie Ihren Körper stärken, um einen bestimmten Kampfstil zu unterstützen. Wenn Sie z.B. den Tiger-Kampfstil verfolgen möchten, wird größerer Wert auf die körperliche Fitness gelegt. Er erfordert mehr Gymnastik und der Sparringkampf wird mehr betont, ohne lediglich Wert auf die Bewegungen zu legen.

Schlagfertigkeit

Bei jeder Art von Kampfsport geht es um die Selbsterhaltung. Sie versuchen, sich vor einem Angreifer zu schützen. Um dies effektiv zu tun, müssen Sie in der Lage sein, mit Kraft, Genauigkeit und Geschwindigkeit zuzuschlagen. Ohne eine gute Kombination dieser drei Faktoren könnten Sie zwar immer noch kämpfen, aber Ihr Versuch, den Angreifer aufzuhalten, wird nicht effektiv sein, und er wird weiter angreifen, während Ihnen die Energie ausgeht und Sie schließlich besiegt werden.

Wenn Sie das Schlagen üben, müssen Sie sicherstellen, dass Sie die Bewegungen gezielt durchführen. Das bedeutet, dass Ihr Schlag schnell und kraftvoll sein sollte und auf die richtigen Bereiche abzielen muss. Wenn Sie einen sehr komplexen Angriff ausführen wollen, aber nicht genügend Kraft aufbringen können oder Ihre Strategie nicht gut genug ist, um die Verteidigung des Gegners zu durchbrechen, nützt Ihnen die Komplexität Ihrer Bewegungen nichts.

Beim Schlagen ist das Erste, was Sie beachten müssen, Ihre Haltung, denn sie ist die Basis, von der aus Sie den Angriff starten. Sie müssen sich in einer guten Position befinden und lernen, wie Sie sich im Ring oder wo auch immer effizient positionieren können, um einen guten Angriff zu beginnen. Das Wichtigste an einer guten Haltung sind die Position Ihrer Füße und die gleichmäßige Verteilung des Gewichts.

Als Nächstes müssen Sie sich über Ihren Abstand zum Gegner im Klaren sein. Ganz gleich, ob Sie Ihre Hände und Beine für Schläge und Tritte einsetzen oder eine Waffe verwenden wollen, der richtige Bewegungsradius wird Ihnen dabei helfen, das Beste aus dem Angriff herauszuholen. Wenn Ihr Gegner zu weit weg oder zu nah dran ist, wird die Kraft, die Sie erzeugen können, negativ beeinträchtigt und Sie können den Schlag vielleicht nicht einmal dort platzieren, wo Sie ihn haben wollen. Achten Sie also stets auf Ihren Abstand zum Gegner.

Ein guter Schlag muss den schnellsten Weg nehmen und mit einer zügigen Bewegung absolviert werden. Es sind keine großen, fließenden Bewegungen nötig, wenn Sie einen Rückwärtstritt landen wollen - mehr Bewegung verringert in diesem Fall die Effizienz. Damit der Schlag hart ist, muss er schnell sein und vom Start bis zum endgültigen Aufprall eine ausgezeichnete Dynamik haben. Außerdem sollten Sie darauf achten, dass Sie Ihr Chi einsetzen, um zusätzliche Energie in den Schlag zu bringen. Machen Sie die Dinge nicht zu kompliziert und bewegen Sie sich schnell, um so viel Kraft wie möglich zu erzeugen.

Egal, ob Sie eine Waffe oder Ihre Hand benutzen, Sie sollten so viel Kraft wie möglich in die Bewegung einbringen. Das bedeutet, dass Sie Ihren gesamten Körper in die Bewegung mit einbeziehen müssen. Masse in Kombination mit Geschwindigkeit erzeugt Kraft, und wenn Sie Ihren gesamten Körper in die Bewegung integrieren, erhöht sich die Masse exponentiell. Achten Sie sehr genau darauf, in welche Richtung sich Ihr Körper bewegt, wenn Sie einen Angriff starten, und versuchen Sie, Ihren gesamten Körper zu straffen, um so einen soliden Schlag zu erzeugen.

Eine weitere großartige Möglichkeit, um Ihrem Schlag Schwung und Kraft zu verleihen, ist die Rotation. Eine Drehung auf den Fersen, eine Drehung aus der Hüfte oder einfach eine Verlagerung des Gewichts von einem Fuß auf den anderen bietet Ihnen eine großartige Möglichkeit, das Drehmoment zu Ihrem Vorteil zu nutzen. Sie sollten es dabei jedoch vermeiden, eine Gegenrotation zu erzeugen, da diese den Schwung verringert und die Bewegung verlangsamt.

Wenn Sie einen Schlag durchführen, müssen Sie auch besonders auf den Winkel achten, aus dem Sie ihn ausführen, und auf den Winkel, in dem der Schlag auf den Gegner auftreffen wird. Dies kann oft den Unterschied zwischen einem Schlag, der nur eine geringe Wirkung hat, und einem, der den Kampf beendet, ausmachen. Machen Sie sich klar, wo Sie den Gegner treffen müssen und welche Art von Winkel für diesen Teil des Körpers am effektivsten ist. Passen Sie Ihren Angriffswinkel dann entsprechend an.

Treten

Im Kung Fu können Sie sich mit unzähligen Tritten verteidigen, aber im Allgemeinen lassen sich diese Tritte in Vorwärtsstöße, Hebefiguren und Drehungen einteilen. Darüber hinaus gibt es noch weitere Tritte, die für den Nah- oder Fernkampf eingesetzt werden können, aber auch sie basieren entweder auf einem Stoß, auf einem Heben oder auf einer Drehung. Idealerweise sollten Sie eine Vielzahl von Tritten beherrschen. Tritte helfen Ihnen dabei, den Gegner auf Distanz zu halten und erzeugen viel mehr Kraft, als ein Schlag je erreichen könnte.

Selbstverteidigung

Wenn Ihr Ziel die Selbstverteidigung ist, dann ist das Kung Fu etwas, das sich als äußerst nützlich erweisen kann. Es entstand einst auf dem Schlachtfeld als Kampfstrategie, die einen Gegner mit vielen Arten von Schlägen außer Gefecht setzt. Wenn die Bewegungen richtig durchgeführt wurden, konnten sie tödlich sein. Um Ihr Kung Fu noch gefährlicher zu machen, müssen Sie keine sehr fortgeschrittenen Bewegungen beherrschen, aber Sie müssen die Grundlagen extrem gut beherrschen. So wichtig der Angriff auch ist, die Verteidigungstechniken und Ausweichmanöver müssen ebenso souverän beherrscht werden, wenn Sie die Absicht haben, sich richtig zu schützen. Mit der richtigen Bewegungskombination aus Verteidigung und Angriff können Sie jeden Gegner ausschalten. Wenn Sie sich nur auf eine dieser beiden Komponenten verlassen, wird Ihnen dies in den meisten Situationen nicht weiterhelfen.

Allgemeine Trainingsideen zum Kung Fu

Wie Sie sehen, geht es bei einer guten Kung Fu-Trainingsroutine um viele Dinge, aber besonders um ein ausgewogenes Training. Sie brauchen eine gute Mischung aus unterschiedlichen Trainingselementen, um sich eine solide Grundlage im Kung Fu zu erarbeiten, die Sie auf das Erlernen fortgeschrittener Fähigkeiten vorbereiten kann. Viele Meister und sogar Großmeister absolvieren aus diesem Grund noch immer jeden Tag ein sehr grundlegendes Trainingsregime. Tatsache ist, dass diese Grundlagen oft neuen Kämpfern nicht beigebracht werden, weil sie einfach sind und daher übersehen werden. Die Pferdeposition ist ein perfektes Beispiel für diese Tendenz, denn sie ist in vielerlei Hinsicht sehr wichtig. Wenn Sie einfach jeden Tag dreißig Minuten lang im Pferdestand verharren, ist das eine fantastische Übung.

Sie können jedoch auch einige allgemeine Übungsprinzipien nutzen, um effektiver zu trainieren.

Aufwärmen - 15 Minuten Laufen oder Seilspringen oder 30 Minuten spazieren gehen.

Workout
- 4-Sekunden-Dehnung (4-mal pro Seite)
- 2-Sekunden-Dehnung (4-mal pro Seite)
- Beinschwingen (10-mal mit jedem Bein, sowohl nach vorne als auch zur Seite)
- Tiefe Tritte (5-Mal auf jedem Bein)
- 9-fache Liegestütze (mindestens 10 oder so viele, wie Sie schaffen)
- Knöchelliegestütze (Versuchen Sie so viele wie möglich in einem Satz zu schaffen)
- Rumpfbeugen (auch Sit-ups genannt) (auch hier gilt: Absolvieren Sie Ihr Tagesziel in einem Übungssatz)
- Pferdesstand (beginnen Sie damit, die Position 1 Minute lang zu halten und steigern Sie sich jede Woche um 30 Sekunden. Anfänger sollten eine Gesamtzeit von 5 Minuten anstreben, (Fortgeschrittene 10 Minuten und Fortgeschrittene 20 Minuten)
- Kniesehnendehnung, Grätsche, Schmetterlingsdehnung, Drachendehnung, Rotationsdehnung (jeweils 2 Minuten, insgesamt 10 Minuten)

Dieser Trainingsplan ist nur ein Beispiel für Übungen, die Sie problemlos jeden Tag durchführen können, da er nicht viel Ausrüstung erfordert, schnell geht und effektiv ist. Wenn Sie sich auf eine bestimmte Art von Training konzentrieren wollen, können Sie sich natürlich eine eigene Routine erarbeiten, die besser auf Ihre Bedürfnisse abgestimmt ist. Für Ihr tägliches Training brauchen Sie jedoch etwas, das Ihre allgemeine Kraft, Flexibilität und die Grundvoraussetzungen für die Kung Fu-Bewegungen trainiert.

Fazit

In diesem ultimativen Handbuch zum Thema Kung Fu haben wir Ihnen einen umfassenden und praktischen Einblick in diese Form der Kampfkunst gegeben. Das Buch deckt wichtige Bestandteile des Kung Fu ab, wie etwa unterschiedliche Positionen, verschiedene Muster, Waffen, Möglichkeiten zur Selbstverteidigung und tägliche Trainingsübungen. Schließlich müssen Sie in der Lage sein zu verstehen, wie Sie die verschiedenen Bewegungen gegen den Gegner durchführen können, bevor Sie eine der Bewegungen zur Selbstverteidigung einsetzen. Nutzen Sie dieses Buch, um diese erstaunliche Kampfkunst Schritt für Schritt zu erlernen.

Viele Menschen haben schon Mal von Kung Fu gehört und manche glauben, dass es eine außergewöhnliche Sportart für hochbegabte und besonders geschickte Menschen ist. Doch mit dem entsprechenden Wissen können auch Sie die Kunst des Kung Fu beherrschen lernen. Dieses Buch bietet Ihnen all die nötigen Informationen zu den wichtigsten Strategien und Techniken, die Sie benötigen, um zu verstehen, wie Sie Ihre Gegner überwinden können. Es erklärt Ihnen außerdem, wie sich Kung Fu von anderen Kampfsportarten unterscheidet.

Wenn Sie daran interessiert sind, Ihre Kenntnisse und Fähigkeiten im Kung Fu weiterzuentwickeln, sollten Sie wissen, wo es Ähnlichkeiten und wo es Unterschiede zu anderen Kampfsportarten gibt. Die Informationen, die Sie in diesem Buch erhalten, sollen Ihnen dabei helfen, sich mit der Disziplin des Kung Fu vertraut zu machen und Sie gleichzeitig auf den Ernstfall vorbereiten. Wenn Sie dieses Buch lesen, werden Sie sich theoretisches Wissen und leicht anwendbare Techniken aneignen.

Das Handbuch ist voll mit Bildern und leicht verständlichen Anleitungen zu den verschiedenen Bewegungen und Positionen, die Sie kennen sollten. Dank der vielen Details können Sie jede Bewegung leicht üben. Die vielen Bilder helfen Ihnen dabei, sich eine bessere Vorstellung davon zu machen, wie einige der Bewegungen und beschriebenen Positionen in der Praxis aussehen.

Das Buch ist einzigartig, da es speziell für Anfänger und neu am Kung Fu-Interessierte konzipiert ist. Alle Begriffe werden einfach und deutlich erklärt. Die Inhalte des Buches sind außerdem auf dem neuesten Stand und enthalten Vergleiche mit anderen Kampfsportarten. Kung Fu entwickelt sich ständig weiter und diese Einführung bietet Ihnen die neuesten Informationen, die Sie benötigen, um Ihre Fähigkeiten zu verbessern.

Wenn Sie auf der Suche nach Expertentipps sind, um Ihre Kung Fu-Kenntnisse zu verbessern, ist dieses Buch genau die richtige Ressource für Sie. Es bietet Ihnen einen praktischen Leitfaden, der Anfängern hilft, verschiedene Kampfstrategien zu meistern. Sie benötigen zwar außerdem einen Trainer, der Ihnen verschiedene Elemente der Kampfkunst beibringt, aber mithilfe dieses Buches werden Sie feststellen, dass Sie sich einige Dinge auch selbst beibringen können. Noch wichtiger ist aber, dass alle enthaltenen Informationen leicht zu verstehen sind und dass Sie einige der Übungen auch ohne Hilfe machen können. Wenn Sie nach der ultimativen Möglichkeit suchen, um Ihre Kung Fu-Reise zu beginnen, ist dieses Buch die beste Wahl für Sie.

Teil 8: Judo

Ein leicht verständlicher Leitfaden für Anfänger, die Selbstverteidigungs- oder Wettkampftechniken erlernen möchten

Einleitung

Judo ist eine japanische Kampfkunst, die sich auf Grappling- und Wurftechniken konzentriert. Es ist eine olympische Sportart und kann auch zur Selbstverteidigung eingesetzt werden. Die Philosophie hinter Judo besteht darin, die Kraft des Gegners gegen ihn selbst zu verwenden, was Judo perfekt für kleinere Menschen macht, die sich gegen Angreifer verteidigen müssen. Du brauchst auch keine Erfahrung oder spezielle Ausrüstung, um anzufangen! In diesem Buch erfährst du alles, was du über die Grundlagen des Judo wissen musst, damit du noch heute mit dem Training beginnen kannst!

Dieses Buch stellt Selbstverteidigung und Wettkampfaspekte der Kampfkunst vor und ist ein praktischer Leitfaden für alle, die sich für Judo interessieren. Es veranschaulicht Techniken, Strategien, Denkweise/Philosophie und Disziplin. Der Schwerpunkt liegt auf der Anwendung dieser Elemente in realen Situationen, wie der Verteidigung gegen bewaffnete Gegner oder mehr als einen Gegner und in Wettkämpfen.

Das Buch ist ein gut geschriebener, anfängerfreundlicher und korrekter Leitfaden für alle, die sich für Judo interessieren. Der Autor vermittelt dem Leser eine Fülle seines Judo-Wissens und seiner Erfahrung, wobei jedes Kapitel auf dem vorherigen aufbaut.

Die Leidenschaft und Liebe des Autors für Judo sind auf jeder Seite spürbar. Zusammen mit den ansprechenden Illustrationen ist es ideal für Anfänger. Die Leser werden das Gefühl haben, von einem Freund zu lernen, der möchte, dass sie Erfolg haben, und nicht nur von einem Lehrer oder Trainer.

Die Bilder und Fotos veranschaulichen die im Buch vorgestellten Techniken und erleichtern es dem Leser, die grundlegenden Konzepte von Griffen oder Würfen zu verstehen.

Dieses Buch behandelt alle grundlegenden Würfe und Takedowns, die für jeden, der lernen möchte, wie man seine Gegner leicht umwirft, unerlässlich sind. Wir gehen auch auf einige der häufigsten Submissions und Locks ein, sodass es selbst dann, wenn dich jemand während eines Kampfes zu fassen bekommt, Wege aus fast jeder Situation gibt! Schließlich besprechen wir, wie Judo auf höchstem Niveau aussieht - Wettkampfregeln und Strategien, um Kämpfe gegen andere geschickte Kämpfer zu gewinnen. Ob du nach der Arbeit etwas unternehmen möchtest, das Spaß macht, oder davon träumst, eines Tages Olympiasieger zu werden - dieses Buch hat alles, was du brauchst!

Die Kunst des Judo ist eine großartige Möglichkeit, um in Form zu kommen und aktiv zu bleiben. Es ist auch eine ausgezeichnete Selbstverteidigungsform, die dich vor Schaden bewahren kann.

In diesem Buch lernst du die Grundlagen des Judo, sodass du sofort loslegen kannst. Es sind keine Vorkenntnisse erforderlich! Sobald du die Grundlagen verstanden hast, wird das Üben zu Hause oder in deinem örtlichen Dojo ganz einfach sein.

Kapitel 1: Judo-Regeln und -Philosophie

Ursprünge

Judo unterscheidet sich stark von allen anderen Kampfsportarten. Es handelt sich um eine sehr junge Kampfsportart, die es erst seit etwas mehr als einem Jahrhundert gibt. Im Gegensatz zu anderen Kampfsportarten, bei denen die Entwicklung des Sports im Laufe der Zeit das Ergebnis der Beiträge vieler Menschen ist, kann Judo einer einzigen Person zugeschrieben werden, Kano Jigoro.

Jigoro wurde 1860 in Japan geboren und war ein Mann mit vielen Talenten, von Beruf Lehrer und ein begeisterter Kampfsportler. Mit 17 Jahren war Jigoro ein sehr dünner und schlanker junger Mann. Da er während seiner gesamten Schulzeit immer wieder gemobbt wurde, war er sehr daran interessiert, eine Kampfkunst zu erlernen, um sich verteidigen zu können. Mitte bis Ende des 18. Jahrhunderts verlor Ju-Jitsu an Popularität und es fiel Jigoro sehr schwer, einen Lehrer zu finden. Außerdem war seine kleine Statur nicht gerade vorteilhaft und die wenigen Lehrer, die er finden konnte, akzeptierten ihn aufgrund seiner Größe nicht.

Später nahm ihn Fukuda Hachinosuke als Schüler an. Diese Beziehung hielt jedoch nicht allzu lange, und etwas mehr als ein Jahr nach Beginn seiner Ausbildung wurde Hachinosuke krank und starb. Jigoro machte sich auf die Suche nach einem anderen Lehrer, Iso Masatomo. Unter Masatomo lernte er viel und machte gute Fortschritte. Schon bald konnte er den Titel eines Kampfkunstmeisters (Shihan) erwerben und wurde Assistenzlehrer.

Jigoros letzter Lehrer war Likubo Tsunetoshi von der Kito-Ryu-Schule, einer anderen Schule als die Tenjin Shin Ro-Ryu-Schule für Kampfkunst, aus der seine ersten beiden Lehrer stammten. Während seiner gesamten Ausbildung lernte Jigoro jedoch immer von Meistern, die alle großen Wert auf freies Üben legten und sich auf die perfekte Form konzentrierten, anstatt auf geballte Energie. Diese Konzentration auf Form, freie Bewegung und die Kernprinzipien des Ju-Jitsu legte den Grundstein für die neuen Techniken, die Jigoro entwickelte, und schuf im Wesentlichen Judo, wie wir es heute kennen.

Judo und Ju-Jitsu

Wie du siehst, entstand Judo aus Ju-Jitsu, wurde aber für einen ganz anderen Zweck entwickelt. Während Ju-Jitsu auf dem Schlachtfeld entstand, entstand Judo in einer Zeit des Friedens, in der der Fokus auf Strategie, Disziplin, Kontrolle und Sportlichkeit lag. Tatsächlich bezieht sich der Name Judo auf Sanftmut, Weichheit und Geschmeidigkeit und verdeutlicht, dass es beim Judo um die sanfte Methode geht.

Während es bei traditionellen Kampfkünsten um Kraft, Stärke und Energie ging, mit dem Ziel, den Gegner schwer zu verletzen oder zu töten, geht es beim Judo darum, den Gegner zu verstehen und Techniken einzusetzen, um seine Kraft gegen ihn zu verwenden. Aus diesem Grund werden beim Judo anstelle von harten Angriffen und Blockaden viele Hebelbewegungen eingesetzt, bei denen ein Judoka versucht, den Gegner aus dem Gleichgewicht zu bringen, seinen Schwung umzulenken und sich mehr auf kluge Bewegungen als auf rohe Gewalt zu verlassen.

Ähnlich verhält es sich mit Judo, das nicht nur eine Kampfkunst ist, sondern vielmehr eine Denk- und Lebensweise, die darauf abzielt, den Praktizierenden körperlich, geistig, emotional und sogar spirituell zu verbessern. Daher lernen diejenigen, die Judo erlernen möchten, nicht nur eine Kampfkunst, sondern, was noch wichtiger ist, eine Lebensweise.

Etikette

Ein Judolehrer wird als Sensei bezeichnet. Ein Schüler hingegen wird als Judoka bezeichnet, obwohl der Begriff Judoka traditionell für Schüler reserviert war, die den 4. Dan oder höher erreicht hatten. Neue Schüler bis zum 3. Dan werden als Kenkyu-sei (Auszubildende) bezeichnet. Die Kleidung, die Judokämpfer tragen, wird als Judogi bezeichnet. Diese Uniform wird auch von vielen anderen Kampfsportarten verwendet und wurde ursprünglich 1907 von Jogori entwickelt.

Bei großen Wettkämpfen und bei den Olympischen Spielen fällt auf, dass ein Kämpfer weiß und der andere blau trägt. Dies erleichtert es den Juroren, Schiedsrichtern und Zuschauern, die Kämpfer zu unterscheiden. In Japan wird dieser Trend jedoch missbilligt. In Japan tragen beide Kämpfer Weiß mit einem roten Gürtel.

Die Verbeugung

Gute Etikette ist bei einem Judokampf von größter Bedeutung, und Verbeugungen spielen eine große Rolle. Während Verbeugungen in der japanischen Kultur im Allgemeinen wichtig sind, sind sie im Judosport von entscheidender Bedeutung. Von den Spielern wird erwartet, dass sie sich vor den Trainern verbeugen, wenn sie einen Kampf betreten oder verlassen. Während eines Kampfes und sowohl vor als auch nach einem Kampf wird auch erwartet, dass sich die Kämpfer voreinander verbeugen. Dies ist ein Zeichen von Sportlichkeit und Höflichkeit, das zeigt, dass die Spieler einen professionellen und fairen Kampf wünschen.

Bescheidenheit

Von Judokämpfern wird kein lautes Jubeln oder emotionale Reaktionen erwartet. Jede Art von Prahlerei, Mobbing oder beleidigender Sprache ist völlig inakzeptabel. Judokämpfer müssen ihre Gegner vor, während und nach dem Kampf respektieren. Von den Siegern wird nicht erwartet, dass sie viel Aufhebens um ihren Sieg machen, und von den Verlierern wird erwartet, dass sie die Niederlage mit Würde hinnehmen. Insgesamt wird von Judokämpfern erwartet, dass sie äußerst rücksichtsvoll gegenüber dem Gegner und allen anderen sind, die den Kampf möglicherweise beobachten.

Respekt

Judo-Kämpfer sollten nicht nur Bescheidenheit zeigen, sondern auch einander mit größtem Respekt behandeln und sehr vorsichtig sein, wie sie ihre Fähigkeiten einsetzen. Einige der erlernten Fähigkeiten können bei Gegnern schwere Verletzungen verursachen, daher wird von Judo-Kämpfern erwartet, dass sie dieses Wissen situationsgerecht und im Einklang mit dem Ziel des Spiels einsetzen und nicht in einem emotionalen Rausch, mit dem Ziel, den Gegner zu verletzen. Auch dies ist eine der Eigenschaften, die dazu beitragen, bei den Kämpfern einen starken Charakter, Integrität und Bescheidenheit zu entwickeln, die sich auch auf andere Bereiche ihres Lebens auswirken.

Ausdauer

Judo kann eine besondere Herausforderung darstellen, insbesondere wenn man gegen einen technisch versierteren Gegner antritt. Es kann anstrengend und psychisch belastend sein, den Bewegungen des Gegners nichts entgegenzusetzen zu haben, und die Kämpfer sind stets motiviert, weiterzumachen. Selbst wenn sie einen Kampf verlieren, wird von ihnen erwartet, dass sie mit der gleichen Konzentration und Disziplin weiter trainieren und weiter lernen. Es gibt viele Dan-Grade im Judo und viele Bewegungsabläufe, deren Beherrschung eine ganze Weile dauern kann. Daher ist es ein grundlegendes Prinzip, ein lebenslanger Schüler dieser Kunst zu sein.

Modernes Judo

Kodokan, das Wort für eine Judoschule, bedeutet wörtlich übersetzt der Ort, an dem der Weg gelehrt wird.

Im Kern besteht Judo aus verschiedenen Rollen, Stürzen, Takedowns, Würgegriffen und Hebeln. Kämpfer im Judo verlassen sich selten auf Schläge und Tritte, aber sie sind mit ihnen vertraut und können sie bei Bedarf einsetzen.

Der Schwerpunkt beim Judo liegt auf Würfen (nage-waza) und Grappling (katame-waza). Darüber hinaus können Würfe in Standtechniken (tachi-waza) und Opfertaktiken (sutemi-waza) unterteilt werden. Ebenso können die Bodenkampftechniken in drei Hauptkategorien von Angriffen unterteilt werden, bei denen ein Kämpfer gegen Hebel (Kansetsu-waza), Würgegriffe (Shime-waza) oder Haltetechniken (Osaekomi-waza) kämpft.

Mit zunehmender Steigerung und technischer Verbesserung lernen die Kämpfer immer kompliziertere und komplexere Techniken, die in jedem Bereich des Kampfes eingesetzt werden. Zum Beispiel können Wurftechniken im Stehen weiter in Hand, Hüfte, Fuß und Bein unterteilt werden. Dann gibt es mehrere Techniken unter jeder Unterkategorie dieser Bewegungen. Es gibt so viele Bewegungen, dass die meisten Kämpfer nicht alle davon üben. Stattdessen konzentrieren sie sich auf die nützlichsten Techniken, die ihnen helfen, einen Kampf zu gewinnen. Dies ist häufiger geworden, seit Judo zu einem Breitensport geworden ist, und es ging weniger um die Kunst des Judo als vielmehr darum, Punkte zu sammeln, um zu gewinnen.

Im Judo gibt es eine Praxis, die als Randori bekannt ist und freies Training bedeutet. Dabei handelt es sich um eine Art Trainingseinheit, bei der die Kämpfer nicht an die Regeln des Wettkampf-Judo gebunden sind und beispielsweise Tritte und Schläge in ihren Kampf einbauen können. Ebenso können sie auch Messer- und Schwerttechniken anwenden. Diese Art des Trainings ist jedoch in der Regel nur für fortgeschrittene Schüler erlaubt. Der Hauptgrund, warum dies nicht erlaubt ist - nicht einmal im Training - ist die Sicherheit der Schüler. Diese Art von Waffen und Übungsstilen kann extrem gefährlich sein und ist nur Schülern eines bestimmten Alters oder Ranges erlaubt.

Der Aufbau eines Randori ähnelt dem vieler formeller Turniere, bei denen die Kämpfer gegeneinander antreten, bis einer aufgibt. Das Ziel des Kampfes ist es, den Gegner in einen Würgegriff oder eine Hebeltechnik zu bringen und ihn zur Aufgabe zu zwingen.

Judo als Sport

Moderne Judo-Kämpfe werden in Fünf-Minuten-Matches zwischen Gegnern derselben Gewichtsklasse ausgetragen. Bevor du verstehst, wie ein Kampf gewonnen wird, abgesehen von der Aufgabe durch Submission, ist es hilfreich, das verwendete Punktesystem zu verstehen.

Punktevergabe im Judo

Formales Judo besteht aus drei Hauptpunktarten und zwei Arten von Strafen.

Punkte
1. **Ippon** - Dies wird als Reaktion auf einen vollständigen Wurf vergeben. Damit ein Wurf als vollständiger Wurf gewertet wird, muss ein Kämpfer in der Lage sein, seinen Gegner kraftvoll und schnell auf die Matte zu werfen, sodass dieser auf dem gesamten Rücken landet. Wenn es einem Kämpfer gelingt, den Gegner 20 Sekunden oder länger festzuhalten, oder wenn der Gegner während des Grapplings
2. **Waza-Ari** - Diese Wertung wird für einen sehr guten Wurf vergeben, der nicht ganz so präzise ist wie ein Ippon-Wurf. Außerdem erhält ein Kämpfer eine Waza-Ari-Wertung, wenn er seinen Gegner 15 bis 20 Sekunden lang durch Grappling bewegungsunfähig machen kann. Wenn ein Kämpfer während eines Kampfes zwei Waza-ari erhält, entspricht dies einem Ippon und beendet den Kampf.
3. **Yuko** - Diese Wertung wird für einen Wurf vergeben, der die drei Hauptkomponenten eines guten Wurfs weitgehend aufweist, d. h. mangelnde Geschwindigkeit, mangelnde Kraft oder wenn der Gegner nicht auf dem Rücken landet. Ein Yuko wird auch vergeben, wenn der Kämpfer den Gegner 10 bis 15 Sekunden lang bewegungsunfähig machen kann. Yukos werden nicht zu Waza-ari oder Ippon addiert und sind eine eigene Wertungsstufe.

Wenn du dir einen Kampf ansiehst, siehst du normalerweise drei Spalten, die die einzelnen Punktekategorien darstellen, die ein Kämpfer während des Kampfes bisher erzielt hat. Eine einfachere Version dieser Wertung ist die Betrachtung in Form von kumulativen Punkten, wobei:

Ippon = 100 Punkte
Waza-Ari = 10 Punkte
Yuko = 1 Punkt

Strafen
1. **Hansoku-Make** - Dies ist ein schwerer Fehler, der den Kämpfer sofort disqualifiziert. Der absichtliche Versuch, den Gegner zu verletzen, unprofessionelles Verhalten, wiederholte Regelverstöße und anderes unfaires Verhalten führen zu einem Hansoku-Make. Dies ist das negative Äquivalent zu einem Ippon.

2. **Shido** - Dies ist ein leichter Regelverstoß und kann Dinge wie zu wenig Aktivität im Kampf, zu defensive Haltung, das Verdecken des Gesichts des Gegners usw. umfassen. Nach den Standardregeln gibt es eine Begrenzung von drei Shido-Verwarnungen. Wenn ein vierter Shido erteilt wird, entsprechen diese Shidos einem Hansoku-Make und führen zur Disqualifikation des Kämpfers.

Es gibt einige Möglichkeiten, wie eine Person einen Kampf gewinnen kann; dazu gehören:
1. Erziele einen Ippon.
2. Erziele zwei Waza-Aris.
3. Der Gegner erhält ein Hansoku-Make.
4. Der Gegner erhält vier Shido-Strafen.
5. Der Gegner kann aufgrund einer Verletzung nicht kämpfen.
6. Der Gegner gibt auf.

Wenn der Kampf die volle Kampfzeit erreicht, wird der Gewinner anhand der Anzahl der Waza-Aris ermittelt, die jeder Kämpfer erzielt hat. Wenn beide Kämpfer die gleiche Anzahl an Waza-Aris haben, kommt es darauf an, wie viele Yukos sie erzielt haben. Wenn auch die Anzahl der Yukos gleich ist, kommt es darauf an, wie viele Punkte jeder Kämpfer erzielt hat und wer weniger Strafen erhalten hat. Wenn alles, einschließlich der Anzahl der Strafen, gleich ist, wird der Kampf durch einen Golden Score entschieden. Dies ist eine sogenannte Sudden-Death-Situation. Die Golden-Score-Runde hat kein Zeitlimit und der Kampf endet, sobald der erste Punkt gewonnen wurde. Erhält ein Kämpfer im Golden-Score-Match einen Shido, gewinnt der Gegner.

Hauptregeln im Judo

Die wichtigsten Regeln im Judo sind recht einfach:
1. Das absichtliche Verletzen des Gegners ist nicht erlaubt.
2. Schläge und Tritte sind nicht erlaubt.
3. Das Berühren des Gesichts ist nicht erlaubt.
4. Das Angreifen anderer Gelenke als des Ellbogens ist nicht erlaubt.
5. Kopfstöße sind nicht erlaubt.

Vorteile von Judo

Judo ist eine sehr explosive Sportart, die viel Kraft und scharfen Verstand erfordert. Im Stehen ist Kraft erforderlich, um einen Gegner hochzuheben und zu Boden zu werfen, und am Boden sind sowohl Geschicklichkeit als auch Strategie gefragt, um den Gegner durch verschiedene Hebel und Würgegriffe am Boden zu fixieren.

Aus körperlicher Sicht ist Judo ein sehr guter Sport, um funktionelle körperliche Stärke zu entwickeln. Allein durch die Übungen und das Sparring kann ein Kämpfer ein ziemlich intensives körperliches Training absolvieren. Judokämpfer können kräftige und starke Körper entwickeln, die sehr flexibel sind. Sie haben nicht nur große Muskeln, sondern können ihre Kraft auch im Alltag und in vielen anderen Bereichen einsetzen, sogar außerhalb des Judosports.

Auf mentaler Ebene ist Judo ein fantastisches Strategiespiel. Da das Ziel des Kampfes nicht darin besteht, dem Gegner Schaden zuzufügen, sondern ihn zu überlisten, kann es äußerst nützlich sein, die Taktiken dieses Spiels zu erlernen. Dies erfordert, dass der Kämpfer schnell denkt, in der Lage ist, Situationen in Bewegung zu analysieren, vorhersagen kann, was der Gegner als Nächstes tun wird, und darauf vorbereitet ist, mit jedem Angriff des Gegners fertig zu werden. In Kombination mit dem hohen moralischen Standard, den Judokämpfer einhalten sollen, und dem sozialen Umfeld einer Judoschule oder -klasse kann Judo für junge Erwachsene eine großartige Möglichkeit sein, soziale Normen zu erlernen und wichtige Eigenschaften wie Ausdauer, Disziplin, Respekt und Sportlichkeit zu entwickeln.

Da es sich um eine recht komplexe Sportart handelt, deren Beherrschung eine ganze Weile dauern kann, hilft sie außerdem dabei, Geduld und eine gründliche Arbeitsmoral zu entwickeln. Jeder, der gut im Judo sein oder an Wettkämpfen teilnehmen möchte, wird schnell verstehen, dass es nicht einfach darum geht, andere Menschen herumzuschubsen.

Wie Judo zur Bildung beigetragen hat

Jigoro war sowohl akademischer Lehrer und Gelehrter als auch Judo-Sensei. Im Mittelpunkt seines Unterrichts stand sein Ziel, sowohl die Art und Weise wie junge Menschen unterrichtet wurden, als auch deren Lernweise zu verbessern. Sein Wunsch war es, dass Judo ein Sport wird, der zur Entwicklung des Menschen beiträgt und hilft, eine stärkere Gesellschaft zu schaffen.

Es ist ein Sport, der sowohl den Geist als auch den Körper trainiert und einem Menschen helfen kann, sich in jedem Aspekt seines Lebens weiterzuentwickeln.

Einer der Kerngrundsätze des Sports ist *Seiryoku Zenyo* (oder maximale Effizienz). Dies lehrt die Schüler das einfache Konzept, dass alles erreicht werden kann - aber nur, wenn sowohl der Körper als auch der Geist mit maximaler Effizienz auf dieses Ziel ausgerichtet sind. Dies gilt sowohl für Judo als auch für das Leben. Mit diesen Konzepten der maximalen Effizienz, des gegenseitigen Wohlergehens und des Nutzens können wir auf die Schaffung einer Gesellschaft hinarbeiten, die für den Menschen ideal und frei von den vielen Mängeln ist, die wir in Gesellschaften weltweit sehen. Obwohl es viele religiöse, politische und philosophische Ideologien gibt, die die Gesellschaft verbessern sollen, sehen wir immer noch eine Trennung in jeder Kultur weltweit. Durch die Integration der Prinzipien des Judo in das Bildungssystem auf der ganzen Welt können wir darauf hinarbeiten, unserer jüngeren Generation ein größeres Maß an Mitgefühl, Disziplin, Empathie und Integrität zu vermitteln.

Die Kirschblüte

Bildquelle[72]

Der Kirschblütenbaum und die Kirschblüte haben einen besonderen Platz in der japanischen Kultur und im Judo. Das internationale Zeichen für Judo ist in der Tat die Kirschblüte. Dies wurde jedoch erst lange nach dem Tod von Jigoro offiziell. Die Kirschblüte spielt in den Kampfkünsten und insbesondere im Leben eines Samurai eine wichtige Rolle. Die Kirschblütenzeit ist ein wichtiger Teil des japanischen Jahres, und viele Menschen besuchen Japan speziell zu dieser Jahreszeit. Einheimische verbringen ihre Tage in Parks voller Kirschblütenbäume, verbringen Zeit mit Freunden und Verwandten und genießen die Natur.

Für Samurais und Judokas symbolisiert die japanische Kirschblüte etwas von extremer Schönheit und Zerbrechlichkeit. Die Kirschblüte fällt oft auf dem Höhepunkt ihrer Blüte vom Baum - und das ist für einen Krieger wichtig zu verstehen. Wenn er in Topform ist, ist er am anfälligsten für den Tod auf dem Schlachtfeld, und das ist nichts, wofür man sich schämen müsste. Im Gegenteil, es ist etwas unglaublich Schönes, den Tod auf dem Höhepunkt seiner Fähigkeiten zu umarmen und auf eine Weise, die das Engagement für die Rolle als Krieger unterstreicht. Aus diesem Grund steht in vielen Kampfkunstschulen der Kirschblütenbaum oder die Kirschblüte im Mittelpunkt der Meditation.

Judo und die Olympischen Spiele

Judo trat erstmals bei den Olympischen Spielen 1932 in Los Angeles auf die große Bühne. Jigoro und fast 200 Schüler gaben eine Live-Demonstration des Sports. Es dauerte jedoch fast 30 Jahre, bis Judo zu einer offiziellen olympischen Sportart wurde. Das erste Mal, dass Judo bei den Olympischen Spielen als Wettkampfsportart ausgetragen wurde, war 1964 (als die Olympischen Spiele in Tokio stattfanden). Bei den Olympischen Spielen 1964 war Judo noch eine reine Männersportart, und erst bei den Olympischen Spielen 1992 gab es auch einen Judo-Wettbewerb für Frauen. Derzeit gibt es im olympischen Judo sieben Gewichtsklassen für Männer und Frauen.

Kapitel 2: Kata-Judo und Randori-Judo

In diesem Kapitel werden wir diese beiden Methoden des Trainings vergleichen und die Vorteile jeder einzelnen Methode erörtern. Jeder weiß, dass regelmäßiges Üben der beste Weg ist, um eine neue Fähigkeit zu erlernen. Üben bedeutet, etwas immer und immer wieder zu tun, bis es automatisch abläuft. Beim Judo ist es genauso, aber es gibt zwei Arten zu üben: Kata oder Randori.

Der Unterschied zwischen Kata und Randori-Judo

Kata wird nach einem formellen System von vorab festgelegten Übungen geübt. Im Gegensatz dazu wird Randori oder Sparring frei mit Gegnern geübt, die einen echten Kampf so genau wie möglich simulieren. Du kannst entweder die Rolle des Angreifers oder des Verteidigers übernehmen und Techniken, die du aus Kata gelernt hast, zu deinem Vorteil anwenden, um die Kontrolle über deinen Gegner zu erlangen.

Beim Randori geht es um Technik und Form, um das Wissen darüber, was bei verschiedenen Gegnern am besten funktioniert, damit man sich bei echten Kämpfen entsprechend anpassen kann, während das Kata-Training dazu beiträgt, ein tieferes Verständnis von Judo zu entwickeln. Je mehr du Randori übst, desto besser wird dein Kata-Training sein, weil es dazu beiträgt, ein tieferes Verständnis von Judo zu entwickeln.

Die Grundlagen des Kata-Judo

Kata Judo basiert auf vorher festgelegten Übungen. Die Schüler üben Techniken in einer bestimmten Form, damit sie die Prinzipien der korrekten und effektiven Ausführung von Bewegungen entwickeln können. Mit vorher festgelegten Formen werden unter anderem Disziplin, Detailgenauigkeit, Präzision, Rhythmus, Timing und Distanzkontrolle gefördert.

Die sieben offiziellen Kata

Es gibt sieben offizielle Formen der Kata.
1. Goshin-Jutsu Kata.
2. Itsutsu-No Kata.
3. Ju-No Kata.
4. Katame-No Kata.
5. Kime-No Kata.
6. Koshiki-No Kata.
7. Nage-No Kata.

Goshin-Jutsu Kata

Goshin-Jutsu Kata ist die einzige Kata, die sich mit Selbstverteidigungstechniken befasst. Sie ist sehr praktisch anwendbar und ihre Bewegungen ähneln denen der Ju-No Kata. Sie umfasst Techniken zur Verteidigung gegen bewaffnete Angriffe (Dolch, Stock und Pistole) und unbewaffnete Angriffe.

Itsutsu-No Kata

Itsutsu-No Kata besteht aus fünf Bewegungen, die jeweils eine andere Technik verwenden. Diese Kata hat mehr als eine Anwendung und ihr Hauptzweck ist es, den Schülern beizubringen, wie sie Judo-Bewegungen anwenden und ihre Geschwindigkeit und Kraft entwickeln können. Die fünf Techniken, die nach Zahlen benannt sind, sind: direkter Stoß (Ichi), Ablenkung (Ni), kreisförmige Energie (San), Aktion und Reaktion (Shi) und Leere (Go).

Ju-No Kata

Ju-No Kata ist eine dreiteilige Routine, die von zwei Personen ausgeführt werden kann, wobei jeweils eine Person als Uke und die andere als Tori agiert. Die drei Sets beinhalten Techniken wie Handstöße, Schulterstöße, Griffe, Hiebe und Drehungen.

Katame-No Kata

Katame-No Kata besteht aus 15 Techniken, die in drei Haupttechniken unterteilt sind: Halten, Würgen und Hebel. Diese Kata soll den Schülern beibringen, wie sie sich mit harten und weichen Techniken gegen Angriffe verteidigen können. Es gibt drei verschiedene Gruppen von Grappling-Methoden mit jeweils fünf verschiedenen Techniken. Das Ziel des Katame-No Kata-Trainings ist es, die Fähigkeiten zu erlernen, die benötigt werden, um den Gegner in einem Kampf zu kontrollieren.

Kime-No Kata

Knien (idori waza) und Stehen (tachi waza) sind die beiden Ausgangspositionen für jede Technik in dieser Serie. Es gibt acht Techniken. Beide Gruppen von Techniken beinhalten Verteidigung gegen bewaffnete und unbewaffnete Angriffe.

Koshiki-No Kata

Dies ist eine Reihe von Formen, die aus alten Techniken stammen und für *Kumiuchi* entwickelt wurden, die im feudalen Zeitalter beliebte Praxis des Grapplings von gepanzerten Kriegern. Bei dieser Bewegung müssen sich beide Partner vorstellen, dass sie eine Rüstung tragen, während sie die Kata ausführen.

Nage-No Kata

Die Nage-No Kata besteht aus 15 Techniken in fünf Hauptkategorien. Zu den Techniken gehören Handtechniken, Techniken mit der Hüfte, Fußtechniken sowie Opfertechniken von hinten und von der Seite. Sowohl die Rechts- als auch die Linkshändertechniken werden zweimal in derselben Reihenfolge auf beiden Seiten ausgeführt.

Im modernen Judo verwendete Techniken

Es gibt eine Reihe weiterer Techniken, die zu den ursprünglichen Formen hinzugefügt wurden. Dazu gehören:

Okuri Eri Kata – Diese Technik wird mit einem Partner geübt, der auf dem Bauch liegt, während der andere ihn auf verschiedene Weise festhält und dann umdreht. Diese Technik zielt darauf ab, das Timing und die Distanzkontrolle für Wurftechniken zu entwickeln.

Koshi Guruma – Dies ist eine Hüfttechnik, bei der der Tori den Uke über seine Hüfte hebt und dreht.

Sumi Gaeshi – Dies ist eine Erweiterung von Koshi Guruma, bei der der Tori auf ein Knie fällt, während er den Uke nach hinten über sich wirft.

Ippon Seio Nage – Wörtlich übersetzt bedeutet dies einarmiger Schulterwurf. Diese Technik ähnelt Seio Nage, jedoch wird dabei ein Arm unter dem Bein hindurchgeführt.

Yoko Guruma – Bei dieser Technik hebt der Tori den Uke über seine Schultern und landet in einer stehenden Position mit dem Gegner auf dem Rücken.

Uki Goshi – Ein Hüftwurf, bei dem der Uke über die Hüfte gehoben wird.

Uchi Mata – Eine Wurftechnik, bei der der Gegner von den Füßen gehoben und seitlich fallen gelassen wird, um ihn zu Boden zu bringen.

Nami Ashi Dori – Wörtlich übersetzt bedeutet dies Wellenfüße greifen, es handelt sich um einen Fußfeger, bei dem jeweils ein Bein eingesetzt wird.

O Uchi Gari – Hierbei muss der Tori den Standfuß des Uke mit seinem Bein von innen einhaken.

O Soto Gari – Eine beliebte Technik, bei der der Gegner zu Boden gebracht wird, indem sein Standbein auf eine Seite gefegt wird.

Ko Uchi Gari – Bei dieser Technik beugt sich der Tori an der Hüfte nach vorne und fegt mit dem inneren Arm und der Schulter das äußere Bein des Uke nach außen.

Ko Soto Gari – Eine ähnliche Technik wie Ko Uchi Gari, bei der der Tori jedoch mit dem Arm und der Schulter statt mit der Hüfte nach außen fegt.

O Guruma – Bei dieser Technik wird der Gegner über die Schultern geworfen, indem man sich auf ein Knie fallen lässt und ihn dabei um die Taille greift.

O Goshi – Ein Hüftwurf, der eine Drehbewegung mit dem Heben und Ablegen des Uke auf dem Rücken kombiniert.

Banana Split (Yoko Sumi Gaeshi) - Dies ist eine fortgeschrittene Version von Uki Goshi, bei der du dich an der Hüfte nach vorne beugst, während du den Uke festhältst.

Juji Gatame - Hierbei handelt es sich um eine umgekehrte Armhebeltechnik, bei der der Tori den Arm seines Gegners zu einem X beugt, bevor er ihn auf den Boden drückt.

Osoto Guruma - Der äußere Beinschwung, bei dem der Tori den Standfuß des Uke von außen einhakt und gleichzeitig nach außen schwingt.

Sasae Tsurikomi Ashi - Diese Technik wird eingesetzt, um die Bewegungen des Gegners mit den Beinen zu blockieren, bevor sein Standbein nach außen gefegt wird.

Soto Makikomi - Eine Wurftechnik, bei der du deine Beine um den Uke schlingst, während du ihn vom Boden abhebst.

Kata Guruma - Das Schulterrad, eine fortgeschrittenere Form von Uki Goshi, bei der der Tori den Uke vom Boden abhebt, während er sich im Kreis dreht.

Okuri Ashi Barai - Diese Technik ähnelt Hiza Guruma, wobei der Tori den Uke über seine Hüfte hebt, während er eines seiner Beine unter ihm wegzieht.

Harai Goshi - Der Hüftwurf wird eingesetzt, um den Gegner zu Boden zu bringen, indem das Standbein auf einer Seite mit ausgestrecktem Arm weggezogen wird.

Hane Goshi - Hierbei wird der Standfuß des Uke auf einer Seite mit dem inneren Arm gegriffen, wobei der Knöchel des Uke eingehakt wird.

Hiza Guruma - Das Knierad, eine fortgeschrittenere Form von Uki Goshi, bei der der Tori den Uke vom Boden hebt, bevor er ihn über die Hüfte auf den Rücken fallen lässt.

Ippon Seoi Nage - Der Schulterwurf, bei dem der Tori sich hinter den Uke fallen lässt, bevor er eines seiner Beine mit ausgestrecktem Arm fegt.

Kibisu Gaeshi - Ein Wurf im Stehen, bei dem der Tori das Standbein des Uke von außen wegzieht und ihn gleichzeitig nach innen und von den Füßen fegt.

Hikikomi Gaeshi - Eine Wurftechnik, bei der der Tori den Gegner nach hinten zu Boden zieht, indem er ein oder beide Beine des Uke an den Knöcheln greift, während dieser versucht, eine Bewegung nach vorne auszuführen.

Ko Soto Gake - Ein Wurf, bei dem der Tori das Standbein des Uke mit seinem inneren Arm auf einer Seite einhakt und ihn gleichzeitig nach außen fegt, um ihn zu Boden zu bringen.

Kata Gatame - Ein Schultergriff, bei dem du deinen Arm um den Hals deines Gegners legst, bevor du ihn mit deinen Armen nach unten ziehst und auf seinen Hinterkopf fallen lässt.

Ude Garami - Hierbei handelt es sich um einen Schultergriff, bei dem du den Ellbogen deines Gegners nach innen beugst, während du das Handgelenk nach oben drückst, um deinen Gegner auf den Rücken zu zwingen.

Kesa Gatame - Der Schalgriff - bei dem der Tori den Uke festhält, indem er einen seiner Arme um den Hals des Uke legt und ihn mit der anderen Hand festhält.

Ude Gatame - Ein Armhebel, bei dem du einen der Arme deines Gegners am Ellbogen beugst, bevor du ihn nach unten drückst, um ihm Schmerzen zuzufügen. Drücke mit beiden Händen auf sein Handgelenk, bis er sich ergibt oder durch den Druck k. o. geht.

Die Grundlagen des Randori-Judo

Randori-Judo, was wörtlich freies Training bedeutet, ist Freikampf. Beim Randori-Training simulieren die Gegner einen echten Kampf so realistisch wie möglich. Du kannst entweder die Rolle des Angreifers oder des Verteidigers übernehmen und die Techniken, die du in der Kata gelernt hast, zu deinem Vorteil einsetzen, um die Kontrolle über deinen Gegner zu erlangen. Das Randori-Training ermöglicht es dir, deinen Kampfgeist zu entwickeln, indem es dir beibringt, dich schnell an jede Situation anzupassen.

Beim Randori geht es um Technik und Form. Du musst die Distanz, das Timing und den Griff berücksichtigen, die erforderlich sind, um die Techniken richtig anzuwenden, ohne dich Gegenangriffen deines Gegners auszusetzen. Das Randori-Training hilft dir, Selbstvertrauen zu entwickeln, indem du lernst, in jeder Situation kreativer zu sein, und dir Wissen darüber aneignest, was bei verschiedenen Gegnern am besten funktioniert, damit du deine Haltung in Live-Kämpfen entsprechend anpassen kannst. Je mehr du Randori übst, desto besser wird dein Kata-Training sein, weil es dir hilft, ein tieferes Verständnis für Judo zu entwickeln.

Regeln und Tricks für Randori

Die Regeln für Randori-Judo ähneln denen für Kata-Judo. Der einzige Unterschied besteht darin, dass du beim Randori-Training alle Techniken mit vollem Kontakt anwenden kannst, sodass dein Gegner nicht wie in einer realen Situation kontern kann.

Beim Randori-Judo gibt es keine spezifischen Regeln, da diese Art des Trainings dazu dient, deine Judofähigkeiten zu verbessern, indem du das anwendest, was du über das Kata-System gelernt hast.

Beim Randori gibt es keinen Gewinner oder Verlierer, also lass dich einfach frei darauf ein, ohne daran zu denken, dass du geworfen werden könntest. Entspanne dich und erlaube deinem Körper und Geist, sich frei zu bewegen. Halte deine Arme locker. Halt dich leicht fest, aber lass nicht los.

Führe jede Strategie zu Ende. Vermeide es, eine Strategie nur halb auszuführen und dann neue Techniken auszuprobieren.

Achte darauf, dass du mit deinen Füßen festen Kontakt zur Matte hast. Für zusätzliche Kraft stoße einen lauten *Kiai* aus. Achte auf deine Atmung, um die Kontrolle zu behalten. Halte deine Ellbogen eng am Körper, wo sie effektiver sind. Schaue deinem Gegner immer ins Gesicht und drehe ihm niemals den Rücken zu. Deine Füße sollten nicht geschlossen sein.

Die Bedeutung der Beherrschung von Kata

Es ist wichtig, Kata zu beherrschen, bevor man zum Randori-Sparring übergeht, denn Kata hilft dir, die technischen Fähigkeiten zu entwickeln, die du brauchst, um zu gewinnen, wenn du eine bestimmte Technik im Randori anwendest.

Judo wurde durch Kata-Training geformt, und es wird den größten Teil deines Trainings ausmachen. Hier lernst du alles über verschiedene Arten von Techniken, Griffen und Kontern mit Hilfe eines Partners, der mit dir auf der Matte übt.

Das Kata-Training hilft dir dabei, zu lernen, wie du verschiedene Techniken anwendest, wenn du in Randori-Kämpfe einsteigst, bei denen es keine Grenzen gibt und alles erlaubt ist. Stelle also sicher, dass deine Kata-Fähigkeiten auf dem neuesten Stand sind, bevor du überhaupt mit dem Randori-Sparring beginnst, damit du die Techniken, die du brauchst, um gegen einen Gegner zu gewinnen, effektiv einsetzen kannst.

Die Bedeutung der Einhaltung von Judo-Sicherheitsregeln und -Etikette

Das Hauptziel der Einhaltung der Sicherheitsregeln und Etikette beim Judo-Sparring ist es, dich und deinen Gegner während des Trainings zu schützen.

Wärme dich auf und dehne alle Muskeln deines Körpers, bevor du mit dem Sparring beginnst. Dies ist wichtig, um Muskelzerrungen, Verstauchungen und andere Arten von Verletzungen zu vermeiden, die durch plötzliche Bewegungen während der Randori-Trainingseinheiten verursacht werden können. Achte immer darauf, dass du die richtige Schutzausrüstung trägst, wie z. B. einen Mundschutz oder einen Kopfschutz.

Verhalte dich während des Randori-Trainings respektvoll und gehe es langsam an - verschwende keine Energie, insbesondere wenn Judo noch neu für dich ist oder du nur wenig Erfahrung hast. Um ein besserer Judoka zu werden und ein besseres Verständnis für alles zu erlangen, was Judo zu bieten hat, kannst du jederzeit an der Entwicklung deiner Techniken arbeiten, indem du mit erfahreneren Kämpfern und anderen Personen, die diese Kunstform auf einem höheren Niveau als du ausüben, trainierst. Achte beim Randori-Training oder bei Sparringsessions darauf, dass du deine Umgebung und die Menschen um dich herum im Blick hast, damit sich niemand während der Trainingseinheit verletzt. Dies gilt insbesondere dann, wenn viele Menschen an einer Veranstaltung teilnehmen oder daran beteiligt sind. Am besten wäre es, wenn sich die Teilnehmer des Randori-Trainings auf eine Reihe von Regeln einigen würden, insbesondere für diejenigen, die gerade erst anfangen.

Nimm dir immer Zeit und konzentriere dich auf den Ablauf des Sparrings, damit du deine Technik verbessern kannst, ohne jede Runde so schnell wie möglich beenden zu wollen. Es ist wichtig zu wissen, wie viel Kraft man bei der Ausführung verschiedener Techniken anwenden muss, damit man seinen Gegner nicht verletzt.

Höre auf, wenn der Schiedsrichter pfeift.

Greife deinen Gegner nicht an, wenn er nach einem Wurf oder einem Griff auf der Matte liegt.

Verbeuge dich immer vor und nach Sparringskämpfen, unabhängig davon, ob einer der beiden Kämpfer gewonnen oder verloren hat.

Vergewissere dich, dass dein Gegner bereit ist, bevor du mit dem Randori beginnst. Wenn er es nicht ist, warte höflich, bis er vollständig auf den Kampf vorbereitet ist.

Fange immer leicht an und steigere die Intensität des Sparrings allmählich, wenn du dich mit dem Judo-Training oder den Übungseinheiten wohler fühlst.

Mache keine plötzlichen Bewegungen, während dein Gegner eine Technik auf dich anwendet, da dies zu Verletzungen bei dir oder deinem Gegner führen kann.

Du solltest dich vor und nach dem Kampf immer vor deinem Gegner verbeugen, um Respekt für sein Training zu zeigen, Höflichkeit zu beweisen und Missverständnisse zu vermeiden, die zu Verletzungen führen könnten. Du kannst auch guten Sportsgeist zeigen, indem du dich vor dem Schiedsrichter verbeugst, wenn du der Meinung bist, dass er eine unfaire Entscheidung getroffen hat.

Die Vorteile von Judo-Sparring

Judo-Sparring ist ein gutes Ausdauer-Training und hilft dir, dein Durchhaltevermögen zu verbessern. Es ist auch eine intensive Art des Trainings, die dir helfen kann, deine Geschwindigkeit, Ausdauer und Kraft zu verbessern, indem du die richtigen Techniken zur richtigen Zeit, während Randori- oder Freikampfübungen anwendest. Sparring ist großartig, um Selbstvertrauen aufzubauen, wenn du gegen andere Kämpfer antrittst.

Randori ist eine gute Möglichkeit, die erlernten Techniken in die Praxis umzusetzen und auf verschiedene Szenarien anzuwenden, insbesondere wenn du über deine Grenzen hinausgehen oder dich selbst herausfordern willst, besser zu werden. Das tägliche Training mit neuen Leuten mit unterschiedlichem Erfahrungsniveau wird dich geistig und körperlich herausfordern. Es ist auch eine gute Gelegenheit für dich, aus deinen Fehlern zu lernen und sie in zukünftigen Trainingseinheiten zu korrigieren, und eine Zeit, in der du deine Technik durch Erfahrung verbessern kannst.

Nage No Kata und Katame No Kata meistern

Nage No Kata (Wurftechniken) und Katame No Kata (Grappling-Techniken) kannst du nur durch kontinuierliche Übung meistern. Da es sich bei Nage No Kata um festgelegte Formen handelt, kannst du die Abfolge der Schritte leicht befolgen, ohne darüber nachdenken zu müssen, da sie in deine Übungs- oder Randori-Trainingseinheiten integriert werden.

Beim Kata-Training lernst du, wie du Judotechniken in einer sicheren und kontrollierten Umgebung anwendest. Daher ist es wichtig, diese Formen mit 100 % Konzentration zu üben. So lernst du, wie du Judowürfe richtig ausführst. Hier kann dein Sensei dich coachen und deine Fehler korrigieren, während du gleichzeitig deine Ausdauer aufbaust, um für das Randori-Training bereit zu sein. Beim Randori-Training kämpfst du gegen Gegner, die jederzeit aus jeder Richtung angreifen können. Beim Randori müssen Judokämpfer auch mental konzentriert und auf alles vorbereitet sein. Deshalb sind beide Übungsformen wichtig, wenn es darum geht, die Kunst und den Sport des Judo zu erlernen.

Nage No Kata und Katame No Kata sind die wichtigsten technischen Trainingsübungen im Judo. Sie ermöglichen es dir, deine Wurf- und Grappling-Techniken ohne den Druck von Randori oder Kämpfen gegen einen Gegner während der freien Trainingseinheiten zu üben. Nage No Kata bietet den Kämpfern auch eine großartige Gelegenheit, ihr Timing und ihr Distanzgefühl zu verbessern und neue Wurftechniken zu erlernen, mit denen sie durch das Katame No Kata-Training möglicherweise nicht vertraut sind.

Diese Techniken werden in den folgenden Kapiteln ausführlich erklärt.

Die beiden Formen des Judo (Kata und Randori) haben ihre eigenen Vorteile. Der Schlüssel zur Verbesserung deiner Fähigkeiten liegt darin, die richtige Form zur richtigen Zeit zu üben, um diese Techniken zu beherrschen. Gehe beim Judo-Sparring mit Vorsicht vor, damit du dich oder andere nicht verletzt, während du gleichzeitig dein Training durch die Konzentration auf verschiedene Aspekte wie Geschwindigkeit, Ausdauer, Kraft und Selbstvertrauen durch Randori-Trainingseinheiten optimierst.

Kapitel 3: Judo-Grundlagen und Ukemi bzw. sicheres Fallen

In diesem Kapitel werden wir uns mit den Grundlagen des Judo und Ukemi befassen. Ukemi ist der japanische Begriff für die Kunst des sicheren Fallens. Wir beginnen mit einem kurzen Überblick darüber, was Judo ist, warum es in Japan so beliebt ist und wie man grundlegende Posen und Bewegungen korrekt ausführt. Im Anschluss daran befassen wir uns mit Shisei bzw. der Körperhaltung – also der idealen Form, die du beim Judo anstreben solltest. Schließlich werden wir auf verschiedene Möglichkeiten eingehen, wie man sicher fällt, wenn man entweder von einem Gegner geworfen wird oder selbst einen Wurf ausführt.

Shisei (Körperhaltung)

Shisei ist der japanische Begriff für Körperhaltung. Beim Judo-Training strebt man danach, jederzeit eine perfekte Shisei zu bewahren – das bedeutet, aufrecht zu stehen, mit erhobenem Kopf und leicht nach hinten gewölbtem Rücken. Die Füße sollten schulterbreit auseinanderstehen, sodass sie gerade nach vorne zeigen, im rechten Winkel zum Oberkörper, der ebenfalls nach vorne zeigen sollte. Die Knie sollten leicht gebeugt sein, der Bauch eingezogen und die Schultern nach hinten.

Das Konzept von Shisei besteht darin, dass der Körper in einer natürlichen stehenden Position sein sollte, um maximale Balance zu erreichen. Es gibt drei Hauptpositionen: Shinzei-Tai (natürliche Grundstellung), Shinzen-Hontai, Migi-Shizen-Tai und Hidari-Shizen-Tai.

Shisei

Shinzei-Tai (natürliche Grundstellung)

Diese Haltung ist die häufigste bei Anfängern, und du solltest versuchen, dich von dieser Haltung aus zu steigern. Dein Gewicht ist gleichmäßig auf beide Beine verteilt, wobei deine Füße gerade nach vorne zeigen. Das bedeutet, dass du eine natürliche Standhaltung einnimmst. Ziehe dein Kinn ein, strecke den Nacken und spanne die Gesäßmuskeln an. Es mag anfangs schwierig erscheinen, diese Haltung beizubehalten – aber mit der Zeit und fortgesetzter Übung wirst du dich daran gewöhnen. Der Oberkörper sollte aufrecht sein und nicht nach vorne geneigt. Die Position der Hüfte sollte leicht nach hinten gedrückt sein, sodass zwischen dem Oberkörper und der Hüfte ein 45-Grad-Winkel entsteht.

Die natürliche Grundstellung setzt sich aus Shinzen-Hontai, Migi-Shizen-Tai und Hidari-Shizen-Tai zusammen.

Shinzei-Tai

Shizen-Hontai

Die Shizen-Hontai ist die natürlichste aller Körperhaltungen, weil es die Position ist, in der du stehst, wenn du dich ausruhst. Dein Körpergewicht wird gleichmäßig verteilt, wobei deine Fersen und Hüfte in einer Linie stehen, sodass beide Beine parallel verlaufen. Deine Füße sollten schulterbreit auseinander stehen und gerade nach vorne zeigen. Die Knie sollten leicht gebeugt sein, aber nicht mehr als in einem 15-Grad-Winkel zu deinem Oberkörper stehen. Der Kopf ist aufrecht, das Kinn fest an den Hals gezogen und der Rücken leicht nach hinten gewölbt.

Shizen-Hontai

Migi-Shizen-Tai

Diese Haltung ist eine weitere natürliche Stehposition, bei der das Körpergewicht gleichmäßig auf beide Beine verteilt ist und der rechte Fuß nach vorne zeigt. Hüfte und Schultern sollten in einer Linie mit den Beinen sein. Der Brustkorb ist aufgerichtet, das Kinn ist zurückgezogen und die Knie sind leicht gebeugt, genau wie bei Shizen-Hontai.

Migi-Shizen-Tai

Hidari-Shizen-Tai

Die letzte natürliche Grundstellung ist Hidari-Shizen-Tai, bei der der linke Fuß nach vorne zeigt. Das Körpergewicht wird gleichmäßig auf beide Beine verteilt, wobei Hüfte und Schultern in einer Linie sind, genau wie bei der Migi-Shizen-Tai-Haltung. Der einzige Unterschied zwischen dieser Position und Migi-Shizen-Tai besteht darin, dass man nach rechts schaut, anstatt geradeaus.

Verteidigung im Judo

Beim Judo geht es bei der Verteidigung nicht darum, sich gegen einen Angriff zu verteidigen, sondern vielmehr darum, den Schwung zu negieren und ihn in einen Wurf umzulenken. Es geht darum, die Kraft des Gegners gegen ihn zu verwenden. Der beste Weg, dies zu tun, ist, seinen Vorwärtsschwung gegen ihn einzusetzen.

Um einen Gegner davon abzuhalten, dich zu werfen, bleibe ruhig und entspannt. Meistens wirst du sehen, dass dein Gegner sich anspannt, wenn er versucht, jemanden zu werfen, weil es für die werfende Person eine große Anstrengung bedeutet - es ist, als würde man etwas mit aller Kraft schieben oder ziehen.

Wenn ein Gegner versucht, dich zu werfen, versuche, dich nicht zu wehren und dich nicht anzuspannen, denn das macht es für ihn nur einfacher - deshalb ist es am besten, entspannt und ruhig zu bleiben, wenn man es mit einem größeren, stärkeren Gegner zu tun hat. Wenn dein Gegner versucht, dich nach hinten zu werfen, achte darauf, dass du nicht mit demselben Fuß zurücktrittst, den er benutzt (wenn er mit dem rechten Fuß nach vorne tritt, solltest du mit dem linken Bein

Hidari-Shizen-Tai

zurücktreten). Wenn er versucht, dich seitlich zu werfen, wende dasselbe Prinzip an – tritt in die entgegengesetzte Richtung, in die er wirft.

Die Bedeutung der Körperhaltung bei der Verteidigung

Wenn du übst, jemanden zu werfen, denke daran, dass deine Körperhaltung wichtig ist. Wenn du schwach bist und die Person nicht so leicht wie sonst hochheben kannst, liegt das wahrscheinlich daran, dass dein Gleichgewicht nicht stimmt; du bist vielleicht aus dem Gleichgewicht oder lehnst dich zu sehr nach vorne/hinten usw. Achte also beim Üben darauf, dass du nicht aus dem Gleichgewicht gerätst.

Verteidigungsstellungen im Judo (Jigo Tai)

Jigo Tai, oder die Verteidigungshaltung, ist eine Reihe von Stellungen, die du beim Judo-Training erlernen wirst. Sie ermöglichen es dir, die Kraft eines Angriffs zu absorbieren und sie dann auf deinen Gegner zurückzuwenden. Diese Stellungen werden verwendet, um dich vor Schaden oder Verletzungen zu schützen.

Es gibt drei grundlegende Stellungen: Jigo-Hontai, Migi-Jigo-Tai und Hidari-Jigo-Tai.

Im Judo wird die Haltung, bei der die Hüfte gesenkt und beide Beine geöffnet werden, als Jigo-Hontai bezeichnet.

Jigo-Hon Tai

Öffne deine Füße weit, wenn du dich in der Migi-Jigo-Tai-Haltung mit dem rechten Bein vorne befindest.

Migui-Jigo-Tai

Ähnlich dazu wird die Haltung, bei der der Körper gesenkt und beide Füße weit geöffnet werden, ausgehend von der Position des linken Fußes nach vorne, als Hidari-Jigo-Tai (linke Verteidigungshaltung) bezeichnet.

Suri Ashi (Fußarbeit)

Wenn du die Kunst des Judo erlernst, ist die Fußarbeit ein entscheidender Faktor für deinen Erfolg. Die Fähigkeit, sich ohne Stolpern zu bewegen und eine gute Position einzunehmen, um jemanden zu Boden zu werfen, indem man ihm das Gleichgewicht nimmt oder ihn aus dem Gleichgewicht bringt, damit er sich nicht so leicht verteidigen kann, ist der Schlüssel.

Wenn du im Dojo kämpfst, achte auf die richtige Beinarbeit. Wenn du nicht weißt, wie das geht oder wie du deine Füße richtig einsetzen kannst, um jemanden zu Boden zu werfen, bitte einen erfahreneren Mitschüler um Hilfe. Er kann dir alles zeigen und beibringen, von der richtigen Körperhaltung und dem richtigen Stand bis hin zu verschiedenen Wurftechniken.

Suri Ashi ist der Begriff, der verwendet wird, um die Fußarbeit im Judo zu beschreiben. Wenn du trainierst, laufe nicht einfach nur während des Trainings herum. Verwende Suri Ashi (bewege deine

Hidari-Jigo-Tai

Füße schnell, indem du sie über den Boden gleiten lässt), anstatt große Schritte zu machen. Achte darauf, deinen Rücken gerade zu halten und dich vorwärtszubewegen, ohne unnötige Schritte zu machen!

Der Begriff Suri Ashi bezieht sich auf die Beinarbeit, die während eines Wettkampfs oder Randori eingesetzt wird, um bei Bewegungen das Gleichgewicht zu halten.

Der Wettkämpfer vermeidet es, sein Bein zu weit vom Boden abzuheben, indem er mit dieser Suri Ashi-Methode (Beinarbeit) vorwärts geht, die es ihm ermöglicht, sich schnell zu bewegen und dabei sein Körpergewicht im Gleichgewicht zu halten.

Ayumi-Ashi und Tsugi-Ashi

Der Begriff *Ayumi Ashi* bezieht sich auf die Fußarbeit, die bei Tai Sabaki (Körperdrehungen) eingesetzt wird. Diese Technik ermöglicht schnelle, große Schritte, ohne dabei das Gleichgewicht oder die Körperhaltung zu verlieren. Der Wettkämpfer sollte schnell vorwärts gehen, indem er seine Füße über den Boden gleiten lässt, um nicht aus dem Gleichgewicht zu kommen, während er sein Körpergewicht gleichmäßig verteilt.

Der Begriff *Tsugi-Ashi* bezeichnet eine Beinarbeitstechnik, die für schnelle Bewegungen nach vorne ohne Verlust des Gleichgewichts oder der Haltung verwendet wird. Dabei werden die Füße über den Boden geschoben, anstatt sie anzuheben und große Schritte zu machen. Diese Technik wird auch als Schlurfen bezeichnet.

Rutsche beim Judo mit den Füßen über den Boden und achte darauf, eine starke Körperhaltung beizubehalten. Die richtige Beinarbeit und Haltung verschaffen dir einen Vorteil gegenüber deinen Gegnern, die ihre Kampfstrategien während des Trainings nicht richtig anwenden können. Probiere also verschiedene Positionen aus, bis du eine findest, die für dich funktioniert!

Um die Sicherheit beim Judo-Training/Sparring zu gewährleisten, achte darauf, dass du dein Gleichgewicht und deine Haltung beibehältst, damit du dich nicht verletzt. Es ist auch wichtig, die Fußarbeit im Judo zu kennen, sei es Ayumi-Ashi oder Tsugi-Ashi - achte darauf, dass du beide übst!

Tai Sabaki (Körperdrehungen)

Einer der wichtigsten Aspekte, die du beim Judo lernen wirst, ist Tai Sabaki, oder wie du deinen Körper effizient und effektiv bewegst. Die Art des Tai Sabaki, die du benötigst, hängt davon ab, ob Würfe oder grundlegende Techniken in deinem Training oder

Freikampf enthalten sind. Unabhängig davon ist es einer der wichtigsten Aspekte beim Judo, zu wissen, wie man seinen Körper richtig bewegt.

Wenn du versuchst, jemanden zu Boden zu werfen, ist es am besten, Tai Sabaki zu verwenden, um in die richtige Position zu kommen. Achte beim Tai-Sabaki im Training oder Kampf auf eine gute Balance und Körperhaltung. Wenn du das nicht tust, kannst du leicht geworfen werden – und das solltest du deinem Gegner nicht ermöglichen!

Tai-Sabaki ist ein wichtiger Bestandteil des Judo. Übe daher verschiedene Tai-Sabaki-Techniken, bis du diejenige gefunden hast, die für dich am besten funktioniert.

Tai-Sabaki (japanisch) bezieht sich auf die Art und Weise, wie sich die Körperposition und -ausrichtung eines Wettkämpfers ändert, wenn er eine Waza ausführt oder erhält.

Die vier grundlegenden Tai-Sabaki-Techniken (Körperdrehung/Körperbeherrschung) sind wie folgt:

1. Mae-Sabaki bedeutet, dass du einen Schritt nach vorne machst, um deinen Fuß vor den Fuß der anderen Person zu setzen. Ein Fuß muss sich vor dem Gegner befinden.

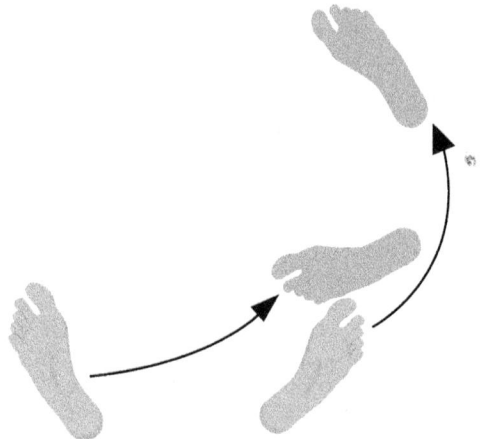

2. Ushiro-Sabaki bedeutet, dass du mit einem Fuß einen Schritt zurücktrittst und ihn im rechten Winkel neben den Fuß der anderen Person stellst. Achte darauf, dass du dabei in Position bleibst.

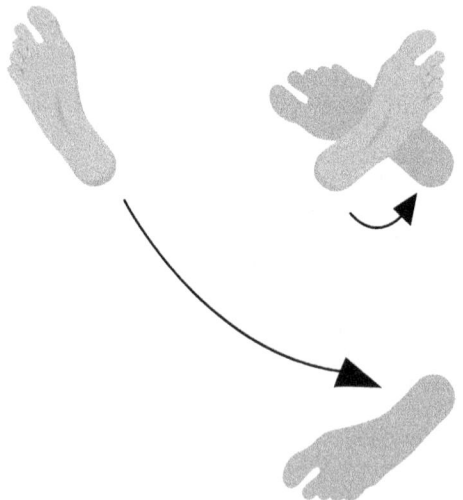

3. Mae-Mawari-Sabaki ist der Name einer Bewegung, bei der man mit einem Fuß nach vorne tritt und sich vor der Person herumdreht.

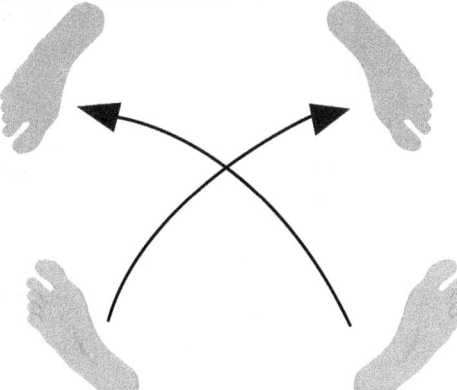

4. Ushiro-Mawari-Sabaki ist eine Bewegung, bei der du einen Fuß nach hinten bewegst, bevor du dich in die andere Richtung drehst.

Das Erlernen dieser verschiedenen Tai-Sabaki-Techniken ist einer der wichtigsten Bestandteile der Judo-Ausbildung. Stelle also sicher, dass du diese verschiedenen Tai-Sabaki-Techniken wiederholt übst, bis sie dir in Fleisch und Blut übergehen!

Vermeidung von Verletzungen durch Ukemi-Techniken

Es ist wichtig, Verletzungen zu vermeiden, wenn man im Judo Ukemi (Falltechniken) ausführt. Wer weiß, wie man Ukemi richtig und sicher ausführt, kann Verletzungen vermeiden, während sich jemand, der nicht weiß, wie man richtig fällt, beim Training oder im Kampf sehr wohl verletzen kann!

Du musst lernen, wie du richtig landest, wenn du Ukemis machst, nämlich auf der Seite deiner Hüfte oder deines Arms. Du solltest es unbedingt vermeiden, auf deinem unteren Rücken zu landen – besonders wenn du Anfänger bist!

Der Hauptgrund, warum es wichtig ist, Ukemi richtig zu machen, ist, dass man sich sehr leicht verletzen kann, wenn man dies im Training nicht übt.

Ukemi-Tipps

Form und Gleichgewicht verstehen

Einer der wichtigsten Aspekte beim Ukemi ist eine gute Form und Balance.

Je nach Geschlecht, Größe, Gewicht und Körperbau lässt sich der Winkel beim Ein- und Ausleiten des Ukemi verändern und die Körperkanten abrunden, bis du zufrieden und entspannt bist.

Stell dir vor, du spürst die Matte mit deinem ganzen Körper; höre auf das, was dein Körper dir zu sagen hat. Während du Ratschläge befolgst, achte darauf, was für dich funktioniert und was nicht.

Entspanne dich und atme

Wenn du beim Ukemi nervös oder angespannt bist, macht das alles nur noch schlimmer und erhöht das Verletzungsrisiko.

Wenn du merkst, dass du dich anspannst, versuche, dich zu entspannen, indem du tief einatmest und die Luft langsam wieder ausatmest, während du an etwas Beruhigendes denkst.

Wehre dich nicht gegen die Technik des Tori

Wehre dich nicht gegen den Versuch des Tori (des Kämpfers, der die Technik ausführt), einen Wurf oder eine andere Waza auszuführen. Wenn du dich anspannst, ist die Wahrscheinlichkeit, dass du gekontert wirst, viel höher und es steigt die Wahrscheinlichkeit, dass sich beide Kämpfer verletzen!

Energie und Selbstvertrauen

Wenn du Ukemi machst, solltest du selbstbewusst und voller Energie in deinen Handlungen sein. Dadurch wird es einfacher, in die richtige Position für den Wurf zu kommen, und viel schwieriger für den Tori (den Kämpfer, der die Technik ausführt), zu kontern.

Übung, Übung, Übung!

Je mehr du Ukemi übst, desto besser werden dein Gleichgewicht und deine Form. Du wirst auch in der Lage sein zu erkennen, was in Bezug auf Winkel, Geschwindigkeit usw. für dich funktioniert, sodass du Ukemi jederzeit während eines Kampfes oder einer Trainingseinheit leicht ausführen kannst.

Ukemi-Methoden

Um deine Ukemi-Techniken zu verbessern, musst du flüssige Bewegungen und Entschlossenheit haben, was mit Übung einhergeht. Die beste Art zu lernen ist, sich werfen zu lassen und Ukemi zu üben. Beginne mit einem Fall in sitzender Position, dann in der Kniebeuge und arbeite dich schließlich bis zum Stehen vor.

Es gibt drei Arten von Stürzen: Erstens, direkt auf den Boden zu fallen und die Energie über Arme und Beine abzuleiten. Zweitens, mit dem Boden zu rollen, und drittens, eine Kombination aus beidem.

Die Fähigkeit, richtig zu fallen, ist für das Judo-Training und den Wettkampf unerlässlich. Ein häufiger Fehler, den viele machen, wenn sie zum ersten Mal lernen, wie man Ukemi während eines Kampfes oder Trainings macht, ist, den Körper und den Kopf zu stark zu verdrehen, was gefährlich sein kann, da es zu einem Schleudertrauma führen kann.

Auch wenn man denkt, dass Fallen einfach ist, braucht es viel Übung und Geduld, um es zu lernen, ohne sich zu verletzen.

Mae Ukemi (Vorwärtsfall) und Ushiro Ukemi (Rückwärtsfall)

Der Vorwärtsfall ist wichtig zu lernen, da er verhindert, dass der Kopf eines Schülers auf den Boden aufschlägt, wenn er von hinten angegriffen wird.

Eine Person sollte aus der aufrechten Position gerade nach vorne fallen. Achte darauf, dass dein Oberkörper steif bleibt. Du solltest dich nicht nach vorne beugen.

Der Kopf wird nach links oder rechts gedreht und kurz vor dem Bodenkontakt leicht angehoben, um zu vermeiden, dass das Gesicht (oder die Nase) auf dem Boden aufschlägt. Hebe deine Arme mit den Daumen auf Ohrhöhe; vermeide es, dich mit den Armen abzustützen, um Ellbogenverletzungen zu vermeiden.

Der Rückfall ist eine grundlegende Judo-Technik, die man unbedingt lernen sollte, da ein falscher Fall beim Werfen zu Rücken- und Kopfverletzungen führen kann. Dabei kniet man und fällt auf einen gerollten Rücken, wobei der Kopf immer mit nach vorne gezogenen Armen geschützt wird. Dieser Fall ist schwierig, da man nicht hinter sich sehen und den Raum hinter sich einschätzen kann.

Yoko Ukemi (Seitlicher Fall)

Dieser Fall wird geübt, wenn ein Bein blockiert oder weggerissen wird. Drücke ein Bein zur gewünschten Fallseite. Führe diese Bewegung mit einer schwungvollen Bewegung vor dem anderen Fuß aus. Beuge dabei die Knie, bis du auf die Seite fällst.

Du musst dich mit ausgestrecktem Arm und Hüfte voran auf die Tatami rollen. Um Verletzungen zu vermeiden, ist es wichtig, den Winkel zwischen Arm und Körperachse zwischen 20 und 40 Grad zu halten. Achte auch darauf, Kopfverletzungen zu vermeiden.

Tipps für sicheres Fallen

- Achte darauf, entspannt zu sein, aber sei zuversichtlich, dass du alles aushältst, was dein Gegner für dich bereithält!
- Übe Ukemi-Techniken, um Gleichgewicht und Form zu verbessern. Du wirst auch herausfinden, was in Bezug auf Winkel, Geschwindigkeit usw. für dich funktioniert – so dass es einfach ist, Ukemi jederzeit während eines Kampfes oder einer Trainingseinheit auszuführen.

- Um Ukemi zu lernen, musst du fließende Bewegungen und Entschlossenheit haben, was mit Übung einhergeht. Der beste Weg, es zu lernen, ist, sich werfen zu lassen und dann Ukemi zu üben. Beginne mit einem Fall in sitzender Position, dann in der Kniebeuge und arbeite dich schließlich bis zum Stehen vor.
- Auch wenn du vielleicht denkst, dass Fallen einfach ist, braucht es viel Übung und Geduld, um es zu lernen, ohne sich zu verletzen. Ein häufiger Fehler, den viele machen, wenn sie zum ersten Mal lernen, wie man während eines Kampfes oder Trainings Ukemi macht, ist, den Körper und den Kopf zu stark zu verdrehen, was gefährlich sein kann, da es zu einem Schleudertrauma führen kann.
- Während der Vorwärts- oder Frontfall unbedingt erlernt werden muss, ist eine weitere wichtige Technik der Rückfall, da er den Kopf eines Schülers davon abhält, auf den Boden zu schlagen, wenn er von hinten angegriffen wird. Um dies zu tun, falle richtig, knie nieder und falle auf einen gerollten Rücken, wobei du deinen Kopf jederzeit mit nach vorne gezogenen Armen schützt. Achte auch darauf, dass du deinen Oberkörper steifhältst und dich nicht nach vorne beugst. Achte außerdem auf die richtige Kopf-Hals-Position, indem du deinen Kopf leicht zur Seite drehst, damit deine Nase nicht auf dem Boden aufschlägt.

Ein weiterer häufiger Fehler, den viele machen, wenn sie Ukemi zum ersten Mal während eines Kampfes oder Trainings anwenden, ist, den Kopf nicht an die Brust zu ziehen. Dies führt zu übermäßigen Nackenverletzungen! Um dieses Problem zu vermeiden, musst du dich mit einem geraden, flachen Arm (und der Hüfte zuerst) auf die Seite rollen. Denke daran, dass es wichtig ist, den Winkel des Arms zur Körperachse zwischen 20 und 40 Grad zu halten, um Verletzungen zu vermeiden.

Judo ist eine Sportart, die sowohl Beweglichkeit als auch Ausdauer erfordert. Die richtige Körperhaltung, oder Shisei, macht dich nicht nur beweglicher, sondern kann auch dazu beitragen, deinen Rücken vor Verletzungen zu schützen, wenn du zu Boden geworfen wirst. Diese Techniken sind für jeden Judokämpfer unerlässlich, da sie ihn auf den Beinen halten, egal wie viele Würfe ein Gegner während eines Kampfes ausführt! Achte darauf, diese grundlegenden Judo-Posen und -Bewegungen zu üben und dabei herauszufinden, was für dich beim Üben von Ukemi am besten funktioniert. Sobald du es beherrschst, wirst du wissen, welche Winkel und Geschwindigkeiten für dich beim Ukemi am besten geeignet sind. Auch wenn sie anfangs nicht einfach erscheinen mögen, wirst du mit der Zeit, viel Einsatz und vor allem Übung in diese Techniken hineinwachsen!

Kapitel 4: Te Waza: Handtechniken

Nage Waza ist eine Klasse von Wurftechniken im Judo. Dazu gehören Sweeps, Hebel, Stolperfallen, Festhalten und viele weitere Submission Holds. Te Waza ist der Name für Wurftechniken, bei denen Hände oder Arme zum Einsatz kommen. Nachdem du deinen Gegner mit den Armen geworfen hast, kontrollierst du ihn sofort, während er noch am Boden liegt oder versucht, aufzustehen.

Im Judo gibt es keine Regeln dafür, wie man einen Gegner wirft. Es gibt nur ein Ziel, nämlich ihn zu Boden zu bringen. Bei größeren Gegnern funktionieren Standardwürfe jedoch manchmal nicht. In diesem Fall kannst du auf Te Waza-Techniken zurückgreifen. Diese gelten als sicherer als Nage Waza, da sie keinen Ganzkörperkontakt erfordern. In diesem Kapitel wirst du dich eingehender mit den Details der Te-Waza-Techniken befassen, mit denen sich größere, stärkere Gegner leicht kontrollieren oder sogar zu Boden bringen lassen. Außerdem werden die 15 Te-Waza-Techniken behandelt.

Te Waza und Nage Waza

Te Waza ist die erste der drei Hauptkategorien im Kodokan-Judo, die von Jigoro Kano geschaffen wurden. Sie bestehen aus sechsunddreißig Techniken oder Waza, die aus dem Stand heraus ausgeführt werden und den Gegner aus dem Gleichgewicht bringen. Der Hauptunterschied zwischen Te Waza und den beiden anderen Judotechniken besteht darin, dass diese Kategorie keine Bodentechniken oder Mattenarbeit umfasst.

Die Idee hinter Te Waza ist es, deine Arme oder Hände so einzusetzen, dass sie für dich sicher und für deinen Gegner gefährlich sind. Wenn du die Kontrolle über das Gleichgewicht deines Gegners übernehmen kannst, ohne deine Beine zu benutzen, dann kann er nichts tun, um dem Wurf entgegenzuwirken. Nachdem du die Kontrolle über ihn erlangt hast, ist es einfach, ihn auf den Boden zu bringen.

Dies ist völlig anders als bei Nage Waza, bei dem der ganze Körper des Werfers zum Einsatz kommt. Wenn dein Gegner nicht fällt, kann er dich kontern. Wenn du deinen Gegner jedoch mit Te Waza geworfen hast, kann er nichts mehr tun, sobald du die Kontrolle über sein Gleichgewicht übernommen hast. So kannst du ihn festhalten, bewegungsunfähig machen oder alles andere, was du tun möchtest.

Das Ziel von Te Waza ist einfach: Übernimm die Kontrolle über deinen Gegner, bevor er die Kontrolle über dich übernimmt. Wenn du immer das perfekte Gleichgewicht hast, kannst du gegen Gegner jeder Größe kämpfen, egal ob sie größer sind als du oder nicht. Die Techniken von Te Waza erhöhen deine Chancen, beim Grappling die Oberhand zu gewinnen, erheblich.

Te Waza-Techniken

Insgesamt 15 Te Waza-Techniken können eingesetzt werden, um einen Gegner zu werfen. Mit den ersten drei Techniken kannst du selbst die stärksten Gegner sicher und einfach zu Boden bringen. Die letzten zwölf Techniken eignen sich besser für normal große Personen, die bereits zu Boden gebracht wurden.

1. Kata Guruma (Schulterrad)
Diese grundlegende Te Waza-Technik wird aus der Kumi-Kata heraus ausgeführt. Etwas genauer erklärt, kannst du einen Standard-Harai Goshi mit deinem rechten Bein ausführen und dann den Gegner auf den Rücken werfen, nachdem du dich auf deine linke Seite gedreht hast. Durch die Drehbewegung kannst du ihn leicht unter der Schulter hochheben, sodass er sich nicht wehren kann.

2. Morote Seoi Nage (Schulterwurf mit zwei Händen)
Die zweite Technik wird ähnlich wie Ippon Seoi Nage ausgeführt. Du kannst den Gegner mit beiden Händen am Nacken greifen und ihn dann mit Schwung über deinen Körper werfen. Dies ist am einfachsten, wenn du ihn bereits aus dem Gleichgewicht gebracht oder zu Boden geworfen hast, indem du einen seiner Arme hinter seinem Rücken festhältst.

3. Tai Otoshi (Körperwurf)

Die dritte Technik ist etwas gefährlicher. Dabei wird einer der Arme des Gegners hinter dessen Rücken festgehalten, der Gegner mit beiden Händen hochgehoben und dann über den eigenen Körper geworfen. Dies ist besonders einfach, wenn der Gegner nach vorne lehnt, was diese Technik perfekt für Judo-Wettkämpfe macht.

4. Morote Gari (Doppelter Beinhebel)

Diese Te-Waza-Technik ist etwas schwieriger auszuführen, da sie von den Füßen aus ausgeführt wird. Sie ist jedoch einfach, wenn dein Gegner bereits auf den Knien oder auf dem Bauch liegt, da es dann einfacher ist, einen seiner Arme unter deinem Bein einzuklemmen. Danach brauchst du nur noch einen kleinen Schubs von dir und einen Zug von ihm, um ihn auf den Rücken zu bringen.

5. Ippon Seoi Nage (Einarmiger Schulterwurf)

Wie bei den anderen Seoi-Nage-Techniken ist dies ein ziemlich grundlegender Wurf, den man erst einmal richtig beherrschen muss. Er kann aus einem Standard-Harai-Goshi heraus ausgeführt werden, bei dem du den Arm des Gegners unter seiner Schulter anhebst. Danach musst du nur noch seine andere Hand greifen und ihn auf den Rücken werfen. Diese Technik funktioniert am besten gegen schwächere Gegner, die nicht damit rechnen, geworfen zu werden.

6. Sukui Nage (Schaufelwurf)

Diese Technik ist äußerst nützlich, da sie aus fast jeder Position ausgeführt werden kann. Wenn du deinen Gegner unter den Armen festhältst, musst du ihn nur noch hochheben und seinen Schwerpunkt über deine Schulter werfen. Alternativ kannst du ihn auch aus dem Gleichgewicht bringen, indem du ihm ein Bein wegziehst, sodass er auf die Knie geht. Die Möglichkeiten sind endlos, was diese Technik zu einem Favoriten der Judoka macht.

7. Obi Otoshi (Gürtelwurf)

Die nächste Te Waza-Technik wird am besten ausgeführt, wenn dein Gegner in der Defensive steht. Es ist immer nützlich, wenn seine Füße den Boden verlassen, aber du kannst die Technik auch anwenden, wenn er auf einem Bein steht. Um es genauer zu erklären: Greife ihn mit beiden Händen am Gürtel und drücke ihn dann nach hinten und von dir weg. So kannst du ihn leicht aus dem Gleichgewicht bringen, zu Boden werfen und auf ihm landen.

8. Kibisu Gaeshi (Fersenwurf)

Bei dieser Technik wirfst du den Gegner an der Ferse, nachdem du ihn flach auf den Rücken gelegt hast. Das funktioniert nur, wenn du genug Abstand hast, um seine Ferse mit einer Hand zu greifen. Anschließend musst du dich nur noch gerade aufrichten, ihn an der Ferse anheben und seinen Schwerpunkt über deinen Bauch bringen.

9. Kuchiki Taoshi (Baumstammwurf)

Bei der nächsten Technik hältst du einen oder beide Arme deines Gegners mit deinen Beinen fest, bevor du ihn über dich ziehst. Dadurch wird es extrem einfach, ihn mit einem Schwung zu Boden zu bringen und auf ihm zu landen. Wenn du es richtig machst, sitzt du am Ende aufrecht da und der Gegner liegt flach auf dem Rücken, während du ihn über dich ziehst.

10. Morote Gari (Zweihand-Reap)

Bei dieser Wurftechnik wirfst du den Gegner über deine Schulter, während du einen seiner Arme festhältst. Das ist im Allgemeinen einfach, da du nur einen deiner Arme brauchst, um seinen Arm zu blockieren und ihn dann hochzuheben, wenn er aus dem Gleichgewicht gerät. Setz dich aufrecht hin, zieh ihn über deine Schulter und lande dann auf ihm.

11. Sumi Otoshi (Eckensturz)

Beim nächsten Wurf wirfst du den Gegner zur Seite, wobei du seinen Arm festhältst. Dann musst du ihn nur noch aus dem Gleichgewicht bringen und über deinen Körper ziehen. So kannst du leicht auf ihm landen, während er flach auf dem Rücken liegt. Danach musst du dich nur noch gerade aufsetzen, um ihn umzudrehen.

12. Uki Otoshi (Schwebehandzug)
    Hierbei ziehst du deinen Gegner über deine Schulter, wobei du seinen Arm festhältst. Du musst schnell sein, um ihn aus dem Gleichgewicht zu bringen und seinen Arm zu ziehen, bevor er die Matte greifen kann. Sobald du dies getan hast, setze dich aufrecht hin und ziehe ihn über deine Schulter, um ihn auf den Rücken zu werfen. Du kannst die Kraft erhöhen, indem du ihn mit beiden Armen nach oben und über deine Schulter ziehst.

13. Uchimata Sukashi (Schenkelwurf)
    Bei der nächsten Te Waza-Technik ziehst du deinen Gegner über deine Hüfte, nachdem du sein Bein zu Fall gebracht hast. Auf diese Weise kannst du ihn leicht aus dem Gleichgewicht bringen und über deine Hüfte ziehen, während du aufrecht sitzt. Dann kannst du direkt auf ihm landen, wobei entweder ein Bein zwischen seinen Beinen oder beide Beine außerhalb seiner Beine sind. Bei beiden Techniken sitzt du am Ende aufrecht und er liegt flach auf dem Rücken.

14. Yama Arashi (Bergsturm)
    Bei dieser Te-Waza-Technik hältst du einen oder beide Arme deines Gegners fest, bevor du ihn über deine Hüfte ziehst. So kannst du ihn leicht aus dem Gleichgewicht bringen und auf den Rücken werfen. Diese Technik funktioniert auch, wenn dein Gegner beide Arme über deinen Schultern hat, denn dann kannst du ihn einfach über eine Seite deines Körpers ziehen.

15. Seoi Otoshi (Schultersturz)
    Die letzte Te Waza-Technik besteht darin, den Gegner auf die Seite zu werfen, wobei einer seiner Arme festgehalten wird. Halte einfach seinen Arm fest und ziehe ihn über deinen Körper, um ihn auf die Seite zu werfen. Von dort aus musst du dich nur noch gerade hinsetzen, um den Wurf leichter auszuführen. Du musst deine Hüfte unter ihn bringen, bevor er den Boden berührt.

    Da Te Waza die erste Hauptkategorie im Judo ist, solltest du diese Kategorie beherrschen, bevor du dich anderen zuwendest. Das Üben dieser Techniken wird deine allgemeinen Fähigkeiten im Judo verbessern und dich auf das Studium komplexerer Wurftechniken wie Osaekomi Waza vorbereiten. Das Wichtigste, woran du dich bei Te Waza erinnern solltest, ist, dass du immer versuchen solltest, beide Arme des Gegners zu greifen, bevor du ihn wirfst, damit er sich nicht an der Matte festhalten kann. Wenn es dir gelingt, beide Arme des Gegners zu fassen, bevor du ihn wirfst, wird der Wurf mit Sicherheit einfacher.

    Die fünfzehn Techniken oder Waza werden ausgeführt, indem man einen oder beide Arme des Gegners vor dem Wurf fasst. Sie sollten aus dem Stand heraus ausgeführt werden, wobei der Gegner aus dem Gleichgewicht gebracht wird, wodurch es einfacher wird, ihn zu Boden zu bringen und direkt auf ihm zu landen. Die fünfzehn Techniken werden oft kombiniert, um noch effektivere Bewegungsabläufe zu erzielen, die fließend von einer Technik zur nächsten übergehen. Es sollte einfach sein, eine Te-Waza-Technik zu finden, die gut zu deinem Körpertyp und deinem Judowissen passt.

Kapitel 5: Koshi Waza: Hüftwürfe

Die Grundidee von Koshi Waza besteht darin, den Gegner aus dem Gleichgewicht zu bringen, indem man ihn zu sich heranzieht und ihn dann mit Hilfe der Hüfte zu Boden wirft. Koshi Waza wird normalerweise aus einer statischen Position oder während Tai-Otoshi ausgeführt, kann aber auch als Kontertechnik nach einem unsauberen Wurf eingesetzt werden. In diesem Kapitel werden die Grundidee und die richtigen Bewegungen aller 11 Koshi-Waza-Techniken erklärt.

Die Grundlagen von Koshi Waza: Hüftwürfe

Diese Techniken werden eingesetzt, um den Gegner zu werfen, indem die Hüfte als Kraftquelle genutzt wird. Wenn ein Judoka mit Judo beginnt, lernt er Koshi Guruma als erste Technik. Es ist daher wichtig, Koshi Waza von Anfang an zu lernen, da dies die Grundlage für spätere Waza bildet. Mit Koshi Waza kannst du kraftvolle Techniken ausführen, die so aussehen, als würdest du deinen Gegner schieben. Die Kraft, um diese Techniken auszuführen, kommt aus deinem ganzen Körper und nicht nur aus deinen Armen. Anstatt der Kraft der Arme zu nutzen, nutzt du den ganzen Körper, um diese Techniken mit der Hüfte auszuführen. Du kannst Koshi Waza als Wurftechnik oder als Kontertechnik nach einem Wurf einsetzen.

Bei allen Koshi Waza-Techniken muss man zunächst den Körper des Gegners mit beiden Händen greifen. Man beginnt damit, die Kleidung des Gegners zu greifen. Dies ist jedoch nicht der traditionelle Griff namens *Sumi-Kakae* (Eckumgriff). Du musst das Revers deines Gegners mit deiner blockierenden Hand und den Ärmel deines Gegners mit der anderen Hand greifen. Achte darauf, dass du den traditionellen Griff namens Sumi-Kakae nicht änderst, während du Koshi Waza ausführst, sonst wird daraus eine andere Technik.

Bei einigen Waza musst du den Gegner aus dem Gleichgewicht bringen, indem du einen Schritt machst und deinen Gegner mit demselben Fuß blockierst. Als Erstes machst du einen Schritt mit dem rechten Fuß nach vorne. Wenn du deinen Gegner mit der Hüfte werfen willst, musst du schnell deinen linken Fuß auf den Boden setzen, damit du deine Hüfte als treibende Kraft einsetzen kannst. Wenn es nötig ist, musst du den rechten Fuß deines Gegners mit deinem linken Fuß blockieren.

Jetzt musst du versuchen, mit deiner rechten Hand den Gürtel oder die Hose deines Gegners zu greifen und deinen linken Arm gerade zu halten. Dann ziehst du deinen Gegner zu dir, während du mit deiner rechten Hand und deinem linken Fuß den Fuß deines Gegners blockierst. Schließlich wirfst du deinen Gegner mit deiner rechten Hand und deiner Hüfte.

Beim Werfen des Gegners kannst du entweder versuchen, ihn hochzuheben und dann zu Boden zu werfen (Kata-Guruma) oder ihn direkt auf den Boden zu werfen (Uki-Goshi). Bei der Ausführung von Kata-Guruma musst du versuchen, deinen Gegner hochzuheben und ihn dann direkt zu Boden zu werfen. Bei der Ausführung von Uki-Goshi musst du deinen Gegner zunächst hochheben, aber anstatt ihn direkt zu Boden zu werfen, musst du hochspringen und ihn zur Seite werfen.

Koshi Waza-Techniken

Es gibt 11 Koshi Waza-Techniken. Sie werden im Folgenden zusammen mit den Regeln für ihre Anwendung erklärt. Es ist jedoch wichtig, sich daran zu erinnern, dass man diese Techniken mit ein paar geringfügigen Änderungen auf unendlich viele Arten anwenden kann. Das ist das Schöne am Judo.

1. Daki Age – Hochheben

Bei dieser Technik wird der Gegner hochgehoben und dann direkt nach unten geworfen. Daki-Age Waza beginnt jedoch mit dem Greifen der Schultern oder Ärmel des Gegners und kann auf viele verschiedene Arten angewendet werden. Sobald du deinen Gegner gepackt hast, musst du die Kraft deiner Arme nutzen, um ihn anzuheben. Dann hältst du deinen Gegner mit beiden Händen fest und hebst ihn gerade bis auf Schulterhöhe an. Der nächste Schritt besteht darin, schnell das linke Bein anzuheben, während du deinen Gegner weiterhin festhältst. Nun musst du auf deinem linken Fuß landen, während du deinen Gegner mit Hilfe deiner Hüfte zu Boden wirfst.

2. Hane Goshi - Springhüftwurf

Diese Technik muss im Stehen angewendet werden, wobei der linke Fuß nach vorne und der rechte Fuß nach hinten zeigt. Greife mit deinen Händen die Schultern oder Ärmel deines Gegners. Im nächsten Schritt ziehst du den Gegner mit deiner rechten Hand schnell zu dir heran. Die rechte Hand führt dabei eine kleine Kreisbewegung aus, wobei dein Ellbogen das Zentrum bildet, sodass du den Gegner mit deinem Zug aus dem Gleichgewicht bringen kannst. Dann wirfst du den Gegner mit deiner Hüfte.

3. Harai Goshi - Sweep mit der Hüfte

Diese Technik wird auf sehr ähnliche Weise wie Hane Goshi angewendet. Diesmal greifst du mit deiner rechten Hand, der äußeren Hand, das linke Revers deines Gegners. Dann greifst du mit deiner Blockierhand den Ärmel deines Gegners. Der rechte Arm dient bei dieser Technik als Kraftquelle, daher musst du deinen Gegner zu dir ziehen, indem du die rechte Hand in einer kreisenden Bewegung drehst. Wenn du deinen Gegner zu dir gezogen hast, wendest du Harai Goshi an, indem du deinen Gegner mit deiner Hüfte zu Boden wirfst.

4. Koshi Guruma - Hüftrad

Um Koshi Guruma erfolgreich auszuführen, musst du mit dem linken Fuß nach vorne und dem rechten Fuß nach hinten in einer stehenden Position sein. Greife mit beiden Händen den Gürtel oder die Hose deines Gegners. Der nächste Schritt besteht darin, den linken Fuß des Gegners schnell mit deinem linken Fuß zu blockieren. Du musst den Gegner dann mit deiner Hüfte und deiner rechten Hand nach werfen. Du darfst deine Arme nicht benutzen, um deinen Gegner anzuheben, sondern musst versuchen, ihn so nah wie möglich am Boden zu halten. Die Rotation erfolgt um eine Achse, die durch das Bein deines Gegners und deinen eigenen Körper verläuft. Koshi Guruma ist eine schwierige Technik, aber für jemanden mit guter körperlicher Kraft und Flexibilität ist sie machbar.

5. O-Goshi - Großer Hüftwurf

Diese Technik ähnelt Koshi Guruma sehr. Der einzige Unterschied besteht darin, dass O-Goshi den Fuß des Gegners nicht blockiert, um ihn zu werfen. O-Goshi ist eine sanfte Technik, an die man sich erst gewöhnen muss, wenn man es gewohnt ist, Menschen mit Kraft zu werfen. Sie ist jedoch sehr effektiv, um Kinder oder kleinere Gegner zu werfen. Alles, was du tun musst, ist, den Gegner mit deinen Armen zu dir zu ziehen. Dabei musst du ihn hochziehen und dann eine schnelle Bewegung mit einem Fuß nach vorne machen, während du den Gegner auf deinen Knien zu Boden wirfst.

6. Sode Tsurikomi Goshi - Hüftwurf durch Anheben und Ziehen am Ärmel

Bei dieser Technik greifst du mit der linken Hand den linken Ärmel deines Gegners und mit der rechten Hand den Kragen oder den Gürtel. Die rechte Hand ist die Kraftquelle für diese Technik, daher musst du den Gegner zu dir ziehen, indem du deinen Ellbogen als Zentrum verwendest und deine rechte Hand in einer kreisenden Bewegung drehst. Anschließend ziehst du deinen Gegner zu dir und wirfst ihn mithilfe deiner Hüfte zu Boden.

7. Tsuri Goshi - Hüftzug

Dieser Wurf ist fast identisch mit Sode Tsurikomi Goshi. In diesem Fall musst du jedoch den Gürtel deines Gegners mit der linken Hand und die Rückseite seines Kragens mit der rechten Hand greifen. Auch bei dieser Technik ist die rechte Hand die treibende Kraft, und du musst deinen Gegner zu dir ziehen, indem du deinen Ellbogen als Zentrum verwendest und deine rechte Hand in einer kreisenden Bewegung drehst. Dann wirfst du deinen Gegner zu Boden, wobei du deine Hüfte als Drehpunkt verwendest.

8. Tsurikomi Goshi - Hüftwurf durch Anheben und Ziehen

Tsurikomi Goshi ist eine Variante der Technik Sode Tsurikomi Goshi. In diesem Fall greifst du mit der linken Hand den Ärmel deines Gegners und mit der rechten Hand die Rückseite seines Gürtels oder Kragens. Dann ziehst du den Gegner zu dir heran, indem du deinen Ellbogen als Drehpunkt verwendest und deinen rechten Arm in einer kreisenden Bewegung drehst. Anschließend hebst du deinen Gegner an und ziehst ihn nach unten, um ihn zu werfen.

9. Uki Goshi - Hüftschwung

Dies ist eine sehr traditionelle Technik, die normalerweise nur Schwarzgurten beigebracht wird. Es ist schwieriger, einen Hüftschwung auszuführen, daher solltest du diesen erst versuchen, wenn du mit den Grundlagen sehr vertraut bist. Uki Goshi wird ausgeführt, indem du den Gürtel deines Gegners mit der rechten Hand greifst. Dann ziehst du den Gegner zu dir und hebst sein linkes Bein hoch in die Luft. Danach führst du eine schnelle Bewegung mit dem rechten Fuß aus, die den Gegner auf den Boden wirft.

10. Ushiro Goshi - Hüftgegenwurf

Diese Technik wird normalerweise Weißgurten beigebracht. Du musst hinter deinem Gegner stehen, deine Arme um seinen Körper legen und deinen Rücken leicht nach hinten beugen. Danach hebst du ihn mit Hilfe deiner Hüfte in die Luft und wirfst ihn dann über deine Schulter zu Boden. Beim Ushiro Goshi darfst du deine Knie nicht beugen und musst deine Füße während der gesamten Wurfbewegung in derselben Position halten.

11. Utsuri Goshi - Wechselhüftwurf

Dies ist ein weiterer Hüftwurf, der erst ab dem Schwarzgurt gelehrt wird. Es ist eine schwer zu erlernende und auszuführende Technik, da sie auf sehr subtilen Bewegungen beruht. Du musst deinen Gegner zunächst an seiner Schulter oder seinem Handgelenk zu dir ziehen und ihn zwingen, sein Gewicht auf ein Bein zu verlagern, sodass er sich zu dir lehnt. Danach hebst du ihn an und verlagerst deine Hüfte zur Außenseite seines Beins, um ihn zu Boden zu werfen.

Judo Koshi Waza (Hüftwürfe) nutzen die Hüfte als Drehpunkt und erfordern, dass du den Gegner aus dem Gleichgewicht bringst. Die Haupttechnik bei allen oben aufgeführten Hüftwürfen besteht darin, den Gegner heranzuziehen und dann mithilfe der Hüfte zu Boden zu werfen. Es kann sehr schwierig sein, Hüftwürfe zu erlernen und auszuführen, weshalb sie erst dann unterrichtet werden, wenn du die Anfängerstufe hinter dir gelassen hast. Du solltest dich darauf konzentrieren, die Grundlagen zu perfektionieren, bevor du eine dieser fortgeschrittenen Techniken ausprobierst. Alle diese Techniken, mit Ausnahme von Ushiro Goshi und Utsuri Goshi, können sowohl von Männern als auch von Frauen ausgeführt werden. Du kannst jede dieser Judo-Techniken auf jedem Wettkampfniveau ausführen, und sie können in einem Kampf sehr nützlich sein. Wie immer ist es wichtig, diese Techniken mit einem ausgebildeten Judo-Trainer zu üben, um sicherzustellen, dass du sie richtig ausführst. Sobald du diese Hüftwürfe beherrschst, können sie ein sehr wirksames Mittel zur Selbstverteidigung sein.

Kapitel 6: Ashi Waza: Fußtechniken

Ashi Waza ist eine Kategorie von Techniken im Judo, die Sweep-, Haken- und Reaping-Würfe sowie Opferwürfe umfasst. Der Begriff Ashi Waza kann in zwei Wörter zerlegt werden: *Ashi* bedeutet Fuß, und *Waza* bedeutet Technik. Ashi Waza kann also als Fußtechnik übersetzt werden. Dieses Kapitel konzentriert sich auf die 21 Fußtechniken, die von der International Judo Federation (IJF) anerkannt sind.

Das Hauptprinzip von Ashi Waza

Das Hauptprinzip hinter jeder Ashi Waza-Technik besteht darin, den Gegner durch Fußfeger, Hakentechniken oder Sichelbewegungen aus dem Gleichgewicht zu bringen. Sobald der Gegner aus dem Gleichgewicht gebracht wurde, muss er geworfen oder zu Boden gedrückt werden. Wie der Name schon sagt, werden bei Ashi Waza die Füße und nicht die Hände eingesetzt, um einen Gegner zu werfen. Es gibt 21 anerkannte Ashi-Waza-Techniken. Dazu gehören alle Opferwürfe, Sweeps, Hakentechniken und Sichelbewegungen. Obwohl viele dieser 21 Techniken den Handtechniken von Katame Waza ähneln, sind sie dennoch einzigartig und wichtig zu erlernen.

Judo Ashi Waza: Fußtechniken-Liste

Die folgenden 21 Judo Ashi Waza-Techniken sind von der IJF anerkannt. Jede dieser Techniken sollte in zwei verschiedenen Phasen geübt werden: Angriff und Ausführung. Der Angriff besteht darin, den Fuß des Gegners zu fegen oder zu haken, um ihn aus dem Gleichgewicht zu bringen. Die Ausführung besteht darin, auf den Fuß des Gegners zu drücken, eine Wurftechnik anzuwenden und den Gegner zu Boden zu werfen.

1. Hiza Guruma (Knierad)
Bei dieser Technik fegst oder hängst du den Führungsfuß deines Gegners mit deinem Führungsbein ein. Fege den Fuß in einer kreisförmigen Bewegung nach außen, während du mit dem Wadenbein deines Beins auf der gleichen Seite Druck auf den Führungsfuß deines Gegners ausübst. Fege den Führungsfuß deines Gegners in deine Brust, während du dein anderes Bein über das Führungsbein deines Gegners schwingst.

2. Kosoto Gake (Kleiner Außenhaken)
Bei dieser Bewegung hakt man mit dem eigenen Standbein den äußeren Fuß des Gegners ein. Hake den Fuß deines Gegners mit dem Spann deines Fußes direkt über oder unter dem Knöchel ein. Es ist wichtig, dass du deine Hände auf der Brust oder den Schultern deines Gegners hältst, während du seinen Fuß einhakst. Wirf deinen Gegner dann nach hinten.

3. Kosoto Gari (Kleine Außensichel)
Diese Sequenz ähnelt Kosoto Gake, aber dein Gegner hat seine Hände nicht auf der Matte. Führe mit deinem Führungsbein einen Sweep am äußeren Fuß deines Gegners am Knöchel oder weiter oben am Schienbein aus. Führe den Fuß deines Gegners in einer Abwärtsbewegung, während du den Kontakt zwischen deiner Brust und dem Rücken deines Gegners hältst. Führe deinen Gegner dann nach hinten und zu Boden.

4. Kouchi Gari (Kleine Innensichel)
Ähnlich wie Kosoto Gari - nur dass sich der Führungsfuß deines Gegners auf der Innenseite seines Körpers befindet. Sweep mit dem Führungsbein tief am äußeren Fuß deines Gegners. Sweep den Fuß nach innen und außen, als würdest du einen Sumi Gaeshi (Eckenwurf) ausführen. Bei diesem Wurf ist der Rücken des Gegners zu dir gerichtet und ihr schaut in die gleiche Richtung. Lehne deinen Oberkörper vor dem Wurf so vor den Gegner, dass du parallel zum Boden stehst.

5. Guruma (Großes Rad)
Diese Technik wird ausgeführt, indem du das Standbein deines Gegners mit deinem Spielbein schwingst. Halte die Hände auf den Schultern oder der Brust deines Gegners, während du seinen Fuß in einer großen Kreisbewegung fegst. Drücke oder ziehe den Sweep und wirf ihn dann zu Boden. Denke daran, deine Hüften von den Hüften deines Gegners fernzuhalten, wenn du diese Technik ausführst.

6. Okuriashi Barai (Folgender Fußfeger)

Diese Technik wird ausgeführt, indem du den vorderen Fuß deines Gegners mit der Rückseite der Wade deines Beins auf derselben Seite fegst. Schwinge mit deinem Standbein tief auf den vorderen Fuß deines Gegners. Fege den vorderen Fuß deines Gegners schnell, um ihn aus dem Gleichgewicht zu bringen, während du deine Hände auf seiner Brust oder seinen Schultern hältst.

7. O Uchi Gari (Große Innensichel)

Ähnlich wie Kouchi Gari, nur dass dein Gegner in die entgegengesetzte Richtung schaut. Führe mit deinem hinteren Bein einen tiefen Sweep am inneren Fuß deines Gegners aus. Führe den Fuß nach innen und hinten und wirf deinen Gegner auf die Matte. Lehne deinen Oberkörper vor dem Wurf so vor deinen Gegner, dass du parallel zum Boden stehst. Dein Arm auf der gegenüberliegenden Seite sollte zur Unterstützung und zum Ausgleich gegen deinen Körper gedrückt werden.

8. O Uchi Gaeshi (Große Innendrehung)

Ähnlich wie O Uchi Gari, nur dass du deinen Sparringspartner über deine gegenüberliegende Schulterseite wirfst. Führe mit deinem hinteren Bein einen tiefen Sweep am inneren Fuß deines Gegners aus. Schwinge den Fuß deines Gegners nach innen und hinten und drehe deinen Körper, während du ihn von den Füßen fegst. Dadurch landet dein Gegner auf dem oberen Rücken und den Schultern.

9. Osoto Gari (Große Außensichel)

Diese Technik ähnelt Kosoto Gari, außer dass du bei dieser Bewegung den vorderen Fuß deines Gegners mit deinem hinteren Bein fegst und dabei in die entgegengesetzte Richtung schaust. Es ist wichtig, dass du deine Hände auf der Brust oder den Schultern des Gegners hältst, während du seinen Fuß fegst. Sweep den vorderen Fuß deines Gegners in einer kreisenden Bewegung nach außen, während dein äußerer Fuß fest auf der Matte bleibt. Du musst den Kontakt zwischen deiner Brust und dem Rücken deines Gegners halten, während du seinen Fuß nach außen schwingst, um ihn aus dem Gleichgewicht zu bringen. Lehne dich beim Sweep deines Gegners mit deinem Oberkörper nach vorne, sodass du parallel zum Boden bist.

10. Osoto Gaeshi (O-Soto-Gari-Konter)

Diese Technik wird ausgeführt, wenn du den Standfuß deines Gegners mit deinem hinteren Bein fegst und er in die entgegengesetzte Richtung schaut. Halte den Kontakt zwischen deiner Brust und dem Rücken deines Gegners, während du seinen Standfuß fegst. Schwinge den Fuß deines Gegners nach außen und wirf ihn auf die Matte. Lehne dich beim Fegen deines Gegners mit deinem Oberkörper nach vorne, sodass du parallel zum Boden bist.

11. Osoto Guruma (Größeres Außenrad)

Wenn du das vordere Bein deines Gegners fegst, fegst du mit deinem hinteren Bein auf derselben Seite und drehst dich dabei um 180 Grad. Diese Technik ähnelt Osoto Gaeshi, nur dass du dem Gegner den Rücken zudrehst. Drücke deinen gegenüberliegenden Arm gegen deinen Körper, um das Gleichgewicht zu halten und dich abzustützen. Diese Technik ist nützlich, wenn du einem Gegner mit einer starken Verteidigung gegenüberstehst, da der Gegner nicht in der Lage sein wird, deinen Sweep zu stoppen oder ihm entgegenzuwirken.

12. Osoto Otoshi (Großer äußerer Fall)

Bei dieser Bewegung schwingst du das nach vorne ausgestreckte Bein deines Gegners mit dem hinteren Bein auf derselben Seite. Genau wie bei Osoto Gari fegst du mit deinem Führungsbein tief nach dem vorderen Fuß deines Gegners. Ohne Energie in den Sweep zu stecken, bringst du schnell beide Beine zusammen und drehst dich leicht, um den vorderen Fuß deines Gegners zu fegen. Verlagere dein Gewicht während der Bewegung nach vorne, schwinge den Fuß und beuge ein Knie, um dich abzustützen. Lehne dich beim Sweep mit dem Oberkörper leicht nach vorne, damit dein Gegner über dich fällt.

13. Sasae Tsurikomi Ashi (Hebezug Fußhalten)

Diese Technik wird angewendet, wenn dein Gegner entweder stillsteht oder sich auf dich zubewegt. Genau wie bei Kouchi Gari fegst du mit deinem hinteren Bein die Innenseite des vorderen Fußes deines Gegners und ziehst ihn nach oben und hinten, um ihn aus dem Gleichgewicht zu bringen. Fege den Fuß nach innen und hinten. Lehne deinen

Oberkörper nach vorne über deinen Gegner. Halte deine Hände auf deinem Gegner und benutze sie, um ihn aus dem Gleichgewicht zu bringen oder bei Bedarf abzustützen.

14. Tsubame Gaeshi (Schwalbengegenwurf)

Diese Ashi Waza wird verwendet, wenn das Standbein des Gegners auf die gegenüberliegende Seite gefegt wird. Hake den vorderen Fuß deines Gegners mit deinem hinteren Bein ein und fege ihn zur Seite. Senke deinen Körper, indem du dich in die gleiche Richtung wie beim Sweep lehnst. Senke dich nach dem Sweep noch weiter ab und schicke deinen Gegner über dich hinweg. Ziehe den Körper deines Gegners mit deinem Arm auf derselben Seite an dir vorbei, während du den Kontakt mit seinem Rücken aufrechterhältst, um das Gleichgewicht zu halten.

15. Uchimata (Schenkelwurf)

Bei dieser Technik hat dein Gegner sein Gewicht über dem vorderen Bein zentriert. Führe einen Sweep mit deinem hinteren Bein am vorderen Fuß des Gegners aus und führe ihn nach innen und hinten. Dadurch gerät dein Gegner aus dem Gleichgewicht und fällt auf den Rücken. Lehne dich mit deinem Oberkörper nach vorne, um den Wurf zu erschweren. Halte den Kontakt zwischen deiner Brust und dem Rücken deines Gegners aufrecht und stütze dich mit dem anderen Arm ab. Halte den Gegner nah bei dir, während er fällt, um ihn weiter aus dem Gleichgewicht zu bringen und die Wahrscheinlichkeit eines Gegenangriffs durch deinen Gegner zu verringern.

16. Ashi Guruma (Beinrad)

Dein Gegner sollte nach vorne sein. Schwinge den vorderen Fuß deines Gegners mit deinem hinteren Bein, ziehe ihn heraus und vor dich. Halte den Gegner nah bei dir, während er auf den Rücken fällt, indem du den Kontakt zwischen deiner Brust und seinem Rücken hältst.

17. De Ashi Harai (Fußfeger)

Wenn dein Gegner mit seinem Gewicht zentriert über seinen Füßen steht, fegst du seinen Standfuß mit deinem hinteren Bein nach innen und ziehst ihn nach vorne und oben, sodass du und dein Gegner zu Boden fallen. Lehne deinen Oberkörper leicht in Richtung seines Rückens, um beim Sweep die Kontrolle zu behalten. Sweepe hoch genug, um sicherzustellen, dass dein Gegner dein Bein auf dem Weg nach unten nicht greifen kann.

18. Hane Goshi Gaeshi (Spring-Hüftwurf-Konter)

Diese Technik wird angewendet, wenn dein Gegner mit seinem Spielbein einen Sweep gegen dich ausführt. Führe einen Sweep an der Außenseite seines Spielbeins nach innen in Richtung deiner Körpermitte aus. Senke deinen Oberkörper und deine Hüfte, um es deinem Gegner zu erschweren, einen Wurf nachzusetzen. Nutze den Schwung aus dem Sweep seines Spielbeins, um deinen Gegner an dir vorbei und aus dem Gleichgewicht zu werfen.

19. Harai Goshi Gaeshi (Hüftfeger-Konter)

Diese Technik wird angewendet, wenn dein Gegner mit seinem hinteren Bein einen Sweep gegen dich ausführt. Greife die Innenseite seines vorderen Beins nach innen in Richtung deiner Körpermitte. Halte deine Hände an seiner Hüfte, um ihn aus dem Gleichgewicht zu bringen und den Wurf abzuschließen. Bei dieser Technik ist keine Rückwärtsbewegung deinerseits erforderlich.

20. Harai Tsurikomi Ashi (Hebezug-Fußfeger)

Diese Technik wird angewendet, wenn dein Gegner aus dem Gleichgewicht ist oder von der anderen Seite fegt. Du fegst mit deinem hinteren Bein über die Innenseite seines Standbeins direkt unter dem Knie. Fege gerade nach innen und oben und verlagere dabei den Großteil deines Gewichts auf dein hinteres Bein. Halte deine Hände an der Hüfte des Gegners, um ihn aus dem Gleichgewicht zu bringen und den Wurf abzuschließen.

21. Hiza Guruma (Knierad)

Dein Gegner ist aus dem Gleichgewicht oder steht gerade. Führe einen Sweep an der Außenseite seines hinteren Beins mit deinem führenden Bein aus und ziehe es hinter ihm nach oben. Halte deine führende Hand zur Kontrolle auf seiner Schulter, während du den Sweep ausführst, und achte darauf, dass du während des Sweeps einen Teil deines Gewichts auf dem hinteren Bein behältst. Sobald sich das Sweep-Bein hinter ihm befindet, ziehe den Körper deines Gegners mit deinem anderen Arm an dir vorbei und auf den Rücken.

Ashi Waza könnte nützlich sein, wenn du deine Würfe effektiver machen und deinen Gegner aus dem Gleichgewicht bringen möchtest. Wenn du mit einem Partner trainierst und deine Würfe langsam beschleunigst, kannst du die Körperbeherrschung und das Timing entwickeln, die für diese effektive Wurftechnik erforderlich sind. In diesem Kapitel wurden 21 der häufigsten Ashi Waza oder Fußtechniken erklärt. Es wurden die wichtigsten Prinzipien dieser Techniken untersucht und erklärt, wie sie in der Praxis angewendet werden. Dazu gehören die Prinzipien Sweep, Haken, Fangen und Kontern. Diese Techniken können nützlich sein, wenn du Judo machen oder effektive Würfe lernen möchtest.

Kapitel 7: Sutemi Waza: Opfertechniken

Im Judo fallen Sutemi Waza, der japanische Begriff für Opfertechniken, unter die Kategorie der Wurftechniken, oder Nage Waza. Eine Opfertechnik besteht aus zwei Komponenten, Tori und Uke.

Der Tori ist der Ausführende der Technik und der Uke ist der Gegner, der den Angriff erhält. Um eine Opfertechnik auszuführen, schlingt der Tori den Körper des Uke um seinen eigenen und fällt mit dem Uke zu Boden.

Der Begriff *Sutemi* kann mit *Wirf den Samen weg* übersetzt werden. Am häufigsten wird der Begriff jedoch mit Opfer übersetzt. Das Wort *Waza* bezieht sich auf eine Technik, insbesondere eine Wurftechnik. Der Name verdeutlicht, dass ein Judoka sich auf den Rücken werfen und sein Gleichgewicht opfern muss, um den Wurf auszuführen.

Die Opferwürfe sind nützlich, wenn beide Gegner zu Boden fallen, aber auch als Strategie im Freikampf. Der Einsatz von Opferwürfen kann eine schnelle Möglichkeit sein, die Situation zu wenden.

Einige Sutemi-Waza-Bewegungen sind nicht so kraftvoll wie die Uke Waza, die auch als Schwebetechnik bekannt ist. Andere Bewegungen, wie Tomoe Nage oder das Kopfschwungrad, können jedoch sehr kraftvoll ausgeführt werden.

Sutemi Waza wird weiter in zwei Gruppen unterteilt: Ma-Sutemi Waza und Yoko-Sutemi Waza. Ma-Sutemi Waza bezieht sich auf Würfe mit Opferung nach hinten, während Yoko-Sutemi Waza sich auf Würfe mit Opferung zur Seite bezieht.

In diesem Kapitel werden die Opfertechniken des Judo eingehender untersucht. Wir werden auch die Bedeutung von Ukemi besprechen und erklären, wie schädlich die Opfertechniken sein können, wenn sie nicht korrekt ausgeführt werden. Im Folgenden findest du eine Liste der verschiedenen Ma-Sutemi Waza und Yoko-Sutemi Waza sowie eine Erklärung, wie sie ausgeführt werden.

Ukemi in Sutemi Waza

Bei der Technik Sutemi Waza wirft sich der Ausführende absichtlich zusammen mit seinem Gegner zu Boden. Wenn dies nicht korrekt und vorsichtig ausgeführt wird, kann der Schaden, den der Angreifer erleidet, dem des Gegners ähneln.

In jeder Kampfdisziplin haben die Ausführenden immer einen Plan oder eine Strategie. Zusätzlich zu diesen Faktoren ist es wichtig, dass der Ausführende seinen Sturz genau plant, wenn er die Ausführung von Sutemi Waza beabsichtigt.

Ukemi, das bereits besprochen wurde, ist die richtige Art zu fallen und sehr wichtig, um Verletzungen zu vermeiden. Das Üben von Ukemi ist ein wichtiger Teil des Lernens und Ausführens von Sutemi Waza. Die Anwendung dieser Technik sollte zu einer instinktiven Bewegung werden, was durch das Muskelgedächtnis möglich ist.

Ukemi kann generell in vier Richtungen ausgeführt werden, wie in einem vorherigen Kapitel besprochen wurde. Dies sind Ushiro Ukemi für Rückwärtsstürze, Mae Ukemi für Vorwärtsstürze und Yoko Ukemi für Stürze auf die rechte und linke Seite. Das bedeutet, dass es immer eine Möglichkeit gibt, deinen Sturz abzufangen, unabhängig davon, ob du dich für Ma-Sutemi Waza oder Yoko-Sutemi Waza entscheidest.

Die Entwicklung großartiger Ukemi-Fähigkeiten erfordert viel Übung und Wiederholungen, und diese Ausführung macht dich zu einem guten Judoka, denn Ukemi-Techniken sind der Schlüssel zu guten Judo-Fähigkeiten. Sie können dir nicht nur dabei helfen, Sutemi Waza korrekt und sicher auszuführen, sondern auch, dich leicht und schnell von den Angriffen deines Gegners zu erholen.

Mögliche Risiken

Sutemi Waza-Bewegungen funktionieren aufgrund des Schwungs deines Gegners. Bei der Ausführung der Bewegung versucht der Ausführende nicht, den Gegner aufzuhalten. Er nimmt vielmehr dessen Schwung auf und nutzt ihn zu seinem eigenen Vorteil. Er lenkt die Bemühungen des Gegners um und nutzt dessen Bewegung und Gleichgewicht.

Diese Würfe können sehr riskant sein, wenn sie falsch oder zögerlich ausgeführt werden. Der Grund dafür ist, dass der Angreifer sich selbst in eine nachteilige Position bringen muss; dies ist der aufopfernde Teil der Technik. Wenn eine fehlerhafte Falltechnik angewendet wird, können die Folgen verheerend sein. Ebenso gibt Zögern dem Gegner Kraft. Da die Position des Angreifers in Sutemi Waza bereits nicht ideal ist, gibt Langsamkeit oder Zögern dem Gegner einen Vorteil.

Sutemi Waza kann zwar riskant sein, ist aber vergleichsweise einfach auszuführen. Der Schwung, der durch den fallenden Körper entsteht, verleiht dem Wurf viel Kraft. Das bedeutet, dass nur sehr wenig Kraft erforderlich ist, so überraschend das auch klingen mag. Die Wirkung des Wurfs kann jedoch unglaublich sein.

Deshalb muss die Ausführung von Sutemi Waza von Anfang bis Ende ein sehr reibungsloser Prozess sein. Man sollte sich mit dem Körper des Gegners bewegen, seinen Schwung akzeptieren, Ukemi anwenden, um sicher auf den Boden zu fallen, und den Wurf schnell und sauber ausführen.

Ma-Sutemi Waza

Es gibt fünf Selbstfalltechniken auf den Rücken oder Ma-Sutemi Waza-Techniken, die angewendet werden können.

1. Hikikomi Gaeshi

Hikikomi Gaeshi bedeutet rückwärts ziehen. Bei dieser Technik muss der Ausführende seinen Gegner nach vorne ziehen und ihn dann über und hinter seinen Kopf werfen.

Um den Hikikomi Gaeshi auszuführen, musst du eine Vorwärtsbewegung machen und deinen Fuß auf halbem Weg zwischen den Füßen deines Gegners platzieren. Dann solltest du deine Hiki-Te, oder Zughand, benutzen, um den Gegner nach vorne zu ziehen. Dadurch verliert er das Gleichgewicht. Wenn er anfängt, nach vorne zu fallen, benutze deine Tsurite oder hebe eine Hand, um über seine Schulter zu greifen. Greife dann nach seinem Gürtel. Gleichzeitig setzt du erneut Hiki-Te ein, um die Seite deines Gegners zu umfassen oder seine Hose zu greifen. Nach dieser Bewegung verlagerst du deinen Schwerpunkt nach hinten. Während du deinen Gegner festhältst, rollst du ihn weiter zurück und wirfst ihn über und hinter deinen Kopf. Während des Werfens musst du nach oben und gegen die Oberschenkel deines Gegners treten, um seinen Körper zu beschleunigen.

2. Sumi Gaeshi

Sumi Gaeshi bedeutet Eckenwurf. Bei dieser Technik muss der Ausführende den Gegner nach vorne ziehen, ihn destabilisieren und aus dem Gleichgewicht bringen, bevor er zurückfällt und ihn über den Kopf wirft.

Um in Position zu kommen, stellst du dich in die Kenka-Yotsu-Position und greifst deinen Gegner mit deinem Tsurite an der Rückseite seiner Uniform. Dann ziehst du den Gegner mit Tsurite und Hiki-Te nach vorne. Wenn er das Gleichgewicht verliert, beginnst du, deinen Gegner von hinten zu sichern, indem du dein Bein in den Schritt des Gegners hängst. Du musst schnell nach oben treten, um ihn über deinen Kopf zu werfen.

3. Tawara Gaeshi

Tawara Gaeshi bedeutet Reissackwurf. Bei dieser Technik muss der Kämpfer seinen Gegner über den Kopf und hinter sich werfen, als wäre der Gegner ein Reissack.

Diese Technik wird in der Regel als Gegenangriff auf Morote-Gari oder den beidhändigen Wurf eingesetzt. Wenn also die Hüfte des Gegners gesenkt ist und er sich in einer Bewegung nach vorne befindet, um deinen Oberkörper zu greifen, fasst du hinter seine Schultern. Du solltest ihn dann in einer Umarmung halten, die aussieht, als würdest du dich vorbeugen. Sein Kopf zeigt zu diesem Zeitpunkt nach unten. Du musst den Oberkörper deines Gegners festhalten und ihn nach vorne destabilisieren. Rolle dich dann auf den Rücken und wirf deinen Gegner dabei über deinen Kopf und hinter deinen Rücken.

Wie oben erklärt, setzt du dabei nicht wirklich deine Kraft oder deine Arme ein. Es ist jedoch der destabilisierte Körper deines Gegners, der zusammen mit deiner eigenen Rollbewegung eine Verlagerung seines Schwerpunkts bewirkt, die dir bei der Ausführung der Technik hilft.

4. Tomoe Nage

Tomoe Nage bedeutet kreisender Wurf und ist auch als U-Boot-Technik bekannt. Dies liegt daran, dass der Tori bei dieser Technik unter dem Uke hindurchtauchen und ihn mit einem Beinwurf in die Luft schleudern muss.

Während du in einer neutralen Haltung stehst, führt der Gegner eine seitliche Bewegung aus, die du antizipierst. Während er sie ausführt, musst du deine Knie beugen und abstoßen. Dann benutzt du deinen Körper, um eine Vorwärtsrolle zu machen, wobei sich dein Körper stark zusammenrollt. Aus dieser Position heraus tauchst du unter dem Gegner hindurch. Du musst deinen Fuß auf den Oberschenkel deines Gegners in der Nähe seines Rumpfes setzen und deine ganze Kraft einsetzen, um dein Knie zu strecken. Die Federkraft des ausgestreckten Knies schleudert den Gegner nach oben. Dann setzt du deinen Tsurite zusammen mit deinem Hiki-Te in Harmonie mit deiner Trittkraft ein.

5. Ura Nage

Ura Nage bedeutet Rückenwurf. Wenn du mit professionellem Ringen vertraut bist, wirst du feststellen, dass die Technik ähnlich wie der Backdrop ist. Bei dieser Technik muss der Ausführende seinen Gegner von hinten umarmen und ihn nach oben und hinter den Kopf werfen.

Wenn dein Gegner einen Angriff versucht und nach vorne tritt, um dich am Kragen zu packen, solltest du ihn mit beiden Armen umarmen oder greifen. Du kannst sogar in die Knie gehen, um Widerstand zu leisten, wenn er versucht, eines deiner Beine einzuhaken. Dann musst du deinen Gegner nach hinten ziehen und deinen eigenen Schwerpunkt verlagern. Zu diesem Zeitpunkt befindet er sich auf deinem Bauch. Strecke deine Beine aus, um die Federkraft deiner Knie zu nutzen und deinen Gegner nach hinten zu werfen.

Yoko-Sutemi Waza

Es gibt 15 Seitopferwürfe oder Yoko-Sutemi Waza-Techniken, die du anwenden kannst.

1. Daki Wakare

Daki Wakare bedeutet Umarmungsriss. Der Tori muss den Uke von hinten umarmen und werfen.

Wenn dein Gegner einen Seoi-Nage oder einen ähnlichen Angriff versucht, konterst du, indem du ihn mit Hand an der Seite greifst. Dadurch weitet er seine Standfläche und gerät aus dem Gleichgewicht. In diesem Moment musst du den anderen Arm um seinen Hals legen und die Rückseite seines Kragens oder seine Schulter auf der Gegenseite greifen. Drücke dann seinen Rücken zur Seite, beuge sein Knie und stelle einen Fuß vor ihn. Halte das Knie deines Gegners fest, um zu verhindern, dass er sich zur Seite dreht. Wirf ihn dann zur Seite, umarme ihn auf halbem Weg und drehe deinen eigenen Körper kraftvoll. So bringst du deinen Gegner in die Nähe deines Bauches. Strecke deinen Bauch heraus, wie bei einer Brücke, und stütze dann deine Ellbogen auf dem Boden ab. Führe ein Seitopfer aus, während du ihn in einer Drehbewegung wirfst.

2. Hane Maki Komi

Hane Maki Komi bedeutet Springdrehwurf.

Nach einem misslungenen Hane-Goshi oder einem Hüftschwung kannst du einen Hane Maki Komi versuchen. Was du tun solltest, ist, deine rechte Hand loszulassen, sie nach außen zu strecken und nach links zu drehen. Dadurch wickelst du den Körper deines Gegners um dich herum. Zum Schluss wirfst du ihn, indem du dich abrollst und nach vorne auf die Matte fällst.

3. Harai Maki Komi

Harai Maki Komi bedeutet Fegedrehwurf.

Um den Wurf auszuführen, bringst du deinen Gegner in die rechte vordere Ecke oder die vordere Ecke, um ihn aus dem Gleichgewicht zu bringen. Nachdem du in Harai-Goshi bist, musst du deinen rechten Griff loslassen und dich nach links drehen. Dann wickelst du den Körper deines Gegners um deinen eigenen, indem du seinen rechten Arm unter deine Achselhöhle nimmst. Schließlich fällt er nach vorne und du bringst ihn mit deinem Wurf zu Boden.

4. Kani Basami
Kani Basami bedeutet Beinschere. Dieser Opferwurf wurde jedoch bei allen Judo- und den meisten brasilianischen Jiu-Jitsu-Wettkämpfen weltweit verboten.

5. Kawazu Gake
Kawazu Gake bedeutet Einhänger und ist ebenfalls bei Wettkämpfen verboten.

6. O Soto Maki Komi
O Soto Maki Komi bedeutet großes Außendrehen.

Ein O Soto Maki Komi muss von einem O Soto Gari aus ausgeführt werden. Wenn du dich in dieser Position befindest, sollte deine rechte Hand am Revers deines Gegners sein. Du musst diese Hand loslassen und dich nach links drehen. In diesem Moment führst du deinen Arm über den rechten Arm deines Gegners. Dadurch wird sich sein Körper um deinen schlingen. Setze deine Bewegung fort, um den Wurf auszuführen.

7. Soto Maki Komi
Soto Maki Komi bedeutet Außendrehwurf.

Beginne damit, deinen Gegner aus dem Gleichgewicht zu bringen, indem du ihn in deine rechte vordere Ecke lenkst. Lasse dann deine rechte Hand los und drehe dich nach links. Achte darauf, deinen rechten Arm um den rechten Arm deines Gegners zu legen, und drücke diesen mit deiner Achselhöhle. Dadurch wird sich sein Körper um deinen wickeln. Bewege dich dann in dieser Position weiter, um deinen Gegner nach vorne zu werfen.

8. Tani Otoshi
Tani Otoshi bedeutet Talfallzug.

Um den Tani Otoshi auszuführen, musst du deinen Gegner aus dem Gleichgewicht bringen und in die rechte hintere Ecke werfen. Anschließend musst du deinen linken Fuß an der Außenseite seines Fußes hinter seine beiden Füße bewegen. Um den Vorgang abzuschließen, musst du dich nach links opfern und deinen Gegner dabei in die rechte hintere Ecke werfen.

9. Uchi Mata Maki Komi
Uchi Mata Maki Komi bedeutet Schenkeldrehwurf.

Um in diese Position zu gelangen, musst du sie aus Uchi Mata oder dem inneren Oberschenkelgriff herausführen. Dann musst du mit der rechten Hand loslassen und dich nach links drehen. Bringe deinen rechten Arm nach außen, sodass der Körper deines Gegners sich um deinen eigenen wickelt. Drehe dich weiter und bringe dich dann zu einem Sturz, wobei du deinen Gegner mit dir zu Boden ziehst.

10. Uki Waza
Uki Waza bedeutet Rückfallzug.

Du musst deinen Gegner aus dem Gleichgewicht bringen und ihn in die rechte vordere Ecke werfen. Dann weitest du deinen Stand und streckst deinen linken Fuß aus, um die Außenseite des rechten Fußes deines Gegners zu blockieren. Schließlich fällst du schnell auf deine linke Seite, um deinen Gegner zu werfen.

11. Uchi Maki Komi
Uchi Maki Komi bedeutet innerer Drehwurf.

Um in Uchi Maki Komi zu gelangen, musst du aus einer Ippon-Seoi-Nage- oder einarmigen Schulterwurfposition starten. Schiebe dann deine Hüfte in einer großen Bewegung außerhalb der Wurfrichtung. Du musst den rechten Arm deines Gegners in die Beuge deines Ellbogens nehmen. Dann opfere dich selbst und wirf deinen Gegner um.

12. Yoko Gake
Yoko Gake bedeutet Seitfallzug.

Du musst deinen Gegner aus dem Gleichgewicht bringen und ihn in die rechte vordere Ecke werfen, in Richtung seiner linken Finger. Dann bringst du ihn auf die rechte Seite deines Gegners und benutzt deinen linken Fuß, um seinen rechten Fuß unter ihm wegzuziehen. Du solltest dann mit deinem Gegner nach links fallen.

13. Yoko Guruma

Yoko Guruma bedeutet Seitenrad.

Du musst das Waza deines Gegners kontern, indem du dich nach vorne bewegst. Dann wirfst du deinen Gegner mit einer Art Rad um dich herum.

14. Yoko Otoshi

Yoko Otoshi bedeutet Seitfallzug.

Diese Technik bringt deinen Gegner nach rechts aus dem Gleichgewicht. Dann bewegst du dein Bein zur Außenseite seines rechten Fußes. Schließlich musst du dich nach links fallen lassen und deinen Gegner umwerfen.

15. Yoko Wakare

Yoko Wakare bedeutet Seitenriss.

Du musst deinen Gegner aus dem Gleichgewicht bringen, entweder in die rechte vordere Ecke oder nach vorne. Dann lässt du dich entweder auf die linke Seite oder nach hinten fallen und streckst deine Beine vor deinem Gegner aus. Zum Schluss wirfst du ihn über deinen Körper.

Judokas, Ringer und alle anderen Kampfsportler geraten leicht aus dem Gleichgewicht, wenn sie aus der Guard-Position oder aus der Überraschung heraus angegriffen werden. Wenn sie nicht schnell handeln, können diese Situationen ihre Position im Kampf sehr gefährden. Glücklicherweise kann die Sutemi Waza eine unerwünschte Haltung eines Judokas in eine vorteilhafte verwandeln.

Der Schlüssel zu jeder Sportart, nicht nur zu den Kampftechniken, ist die Kontrolle über Körper, Geist und Bewegung. Daher ist es nie ein gutes Zeichen, das Gleichgewicht zu verlieren, und es geschieht selten absichtlich. Die Ausführung von Sutemi Waza ermöglicht es Judokas jedoch, ihr Gleichgewicht bewusst zu opfern, um den Angreifer zu werfen. Auf diese Weise gewinnen sie die Kontrolle über ihren eigenen Körper, ihre Entscheidungen und den Kampf zurück und gewinnen gleichzeitig Einfluss auf ihren Gegner.

Kapitel 8: Osae Komi Waza: Haltetechniken

Es gibt viele Dinge, die Menschen tun, um sich zu verteidigen, sowohl körperlich als auch geistig. Eine Form der Selbstverteidigung sind Grappling-Techniken, die Osae Komi Waza oder Haltetechniken genannt werden. Dabei wird das Körpergewicht eingesetzt, um den Gegner auf dem Rücken liegend festzuhalten. Haltetechniken sind ein wesentlicher Bestandteil der Selbstverteidigung, da man jemanden so lange festhalten kann, bis er sich ergibt oder Hilfe eintrifft. Diese Griffe helfen dem Kämpfer, seinen Gegner auf dem Rücken zu halten, was ein wesentlicher Bestandteil des Kampfes ist.

Judo-Kämpfer müssen wissen, wie man Osae Komi Waza anwendet, da Grappling eine wichtige Rolle im Judo spielt. Viele Judokas trainieren hart, um ihre Fähigkeit zu perfektionieren, einen Gegner festzuhalten, sogar für einen ganzen Kampf. Diese Technik entwickelte sich zu einem eigenen Satz von Griffen, die Katame Waza genannt werden. Da Osae Komi Waza ein so wichtiger Teil des Sports ist, braucht es eine eigene Kategorie, und Schüler müssen alles über diese Art von Bewegung lernen. Dieses Kapitel hilft dir, die richtigen Osae Komi Waza-Techniken mit Schritt-für-Schritt-Anleitungen zu erlernen.

Das Hauptprinzip von Osae Komi Waza

Das Hauptprinzip von Osae Komi Waza besteht darin, dass ein Kämpfer seinen Gegner fixieren muss, indem er sich auf ihn legt und sein gesamtes Gewicht einsetzt. Das Ziel besteht darin, den Gegner bewegungsunfähig zu machen, was zu einer Submission oder einem Übergang von einer Technik zur anderen führen kann. Eine gute Möglichkeit für Anfänger, sich die richtige Positionierung zu merken, besteht darin, sich vorzustellen, dass sie eine schwere Decke sind, die ihren Gegner bedecken muss.

Der Angreifer greift zunächst mit beiden Händen die Uniform des Verteidigers und bringt seine Brust auf dessen Brust. Das Gewicht sollte minimiert werden, indem Unterarme, Ellbogen, Handflächen und Knie stets Kontakt mit der Matte haben. Diese Körperteile werden als Drehpunkt verwendet, um das Gewicht von einer Seite auf die andere zu verlagern.

Der Verteidiger muss seine Ellbogen in Kontakt mit der Matte halten und versuchen, sich nicht zu viel zu bewegen, während der Angreifer auf ihm liegt. Die Technik kann leicht durch eine leichte Bewegung der Hüfte aus der Mitte heraus abgeschlossen werden, wodurch du den Kragen des Gegners greifen kannst, während du eines deiner Beine verwendest, um sein Bein nahe am Körper festzuhalten.

Sowohl der Angreifer als auch der Verteidiger müssen versuchen, ihre Hüften unten zu halten, indem sie beide Knie auf der Matte lassen. Wenn ein Kämpfer seine Hüfte zu hoch hebt, kann der andere ihn umdrehen und einen Gegenangriff starten. Durch die richtige Körperhaltung können beide Kämpfer Energie sparen, während sie versuchen, ihren Gegner festzuhalten.

1. Yoko Shiho Gatame – Seitlicher Haltegriff

Dies ist die erste und grundlegendste aller Osae Komi Waza-Techniken, aber auch eine der wichtigsten, da es Variationen gibt, mit denen du deinen Gegner besiegen kannst. Um diese Technik auszuführen, brauchst du eine gute Beweglichkeit in der Hüfte. Sonst funktioniert es nicht. Diese Technik kann verwendet werden, um deinen Gegner durch Würgegriffe oder Armlocks zur Aufgabe zu zwingen, daher ist sie ein wichtiger Bestandteil des Trainings.

Wenn du diese Technik bei jemandem anwendest, der steht, kann es sein, dass er versucht, sein Gewicht gegen dich einzusetzen. Du musst also eine gute Körperhaltung haben, wenn du dich für den Griff in Position bringst. Achte beim Üben von Shiho Gatame darauf, dass dein Gegner dir seine Schulter entgegenstreckt, damit du Druck auf die Seite seines Nackens ausüben kannst.

2. Kuzure Yoko Shiho Gatame – Variation des seitlichen Haltegriffs

Anders als beim normalen Yoko Shiho Gatame wird diese Technik ausgeführt, wenn dein Gegner liegt. Achte beim Üben darauf, dass du deine Hüften tief hältst und ausreichend Druck ausübst, um deinen Gegner zu pinnen.

Wenn du diese Variante an einer stehenden Person anwendest, kann diese eines deiner Beine greifen und versuchen, dich zu sich heranzuziehen. In diesem Fall solltest du dich mit den Armen nach vorne ziehen, damit du weiterhin Druck auf den Nacken und die Schultern deines Gegners ausüben kannst.

3. Tate Shiho Gatame – Unterer Vierpunkthaltegriff

Sobald du dich in der Tate Shiho Gatame-Position befindest, wird dein Gegner versuchen, mit seinen Hüften Platz zwischen euch zu schaffen. Um dies zu verhindern, legst du einen deiner Arme unter seinen Nacken, was es ihm erschwert, sich aus dem Weg zu bewegen. Sobald er merkt, dass er nicht entkommen kann, wird er versuchen, seine Hüften nach hinten zu bewegen, aber du kannst dein Gewicht nutzen, um ihn festzunageln.

Achte beim Üben dieser Technik darauf, dass dein Arm fest unter dem Nacken sitzt. Andernfalls kann sich dein Gegner befreien. Wenn er versucht, seine Hände zum Gesicht zu führen, greife einen der Arme und blockiere den Ellbogen mit deiner Schulter.

4. Tate Shiho Gatame – Variation des unteren Vierpunkthaltegriffs

Dies ist eine weitere Variante von Tate Shiho Gatame, die bei einem stehenden Gegner angewendet werden kann. Wenn du mit dieser Methode zuschlägst, halte deine Hüfte tief und übe Druck auf den Arm deines Gegners aus. Wenn ein Gegner versucht, seinen Ellbogen in Richtung Gesicht zu bringen, greife mit beiden Händen nach einem seiner Arme und blockiere die Ellbogen mit deiner Schulter. Wenn er versucht, seine Hüfte anzuheben, drücke deine Hüfte nach unten, damit er sich nicht aus der Technik befreien kann.

Bei dieser Technik ist es wichtig, die Hüften tief zu halten und den Körperschwerpunkt beizubehalten. Ein häufiger Fehler, den Anfänger bei dieser Bewegung machen, ist, dass sie zu hoch stehen, was es dem Gegner leicht macht, sich aus dem Griff zu befreien. Wenn dein Gegner seine Hüfte tief hält, kannst du diesen Griff außerdem dazu verwenden, ihn zu besiegen.

5. Kesa Gatame – Schärpenhaltegriff

Der Kesa Gatame ist eine sehr berühmte, unkomplizierte Technik, die nicht viel Kraft erfordert. Dieser Griff erfordert den Einsatz des gesamten Körpers und eine bewegliche Hüfte. Übe diese Bewegung auf beiden Seiten des Körpers deines Gegners, damit du auf jede Situation vorbereitet bist.

Sobald ein Gegner seinen Arm unter deiner Achselhöhle hat, kann er sein Gewicht auf dich verlagern, sodass du keine Chance hast, ihn in den Kesa Gatame zu bekommen. Um aus dieser Position herauszukommen, nimmst du eines deiner Beine und hängst es um seine Hüfte und ziehst es nach vorne. Dadurch sollte er auf den Rücken gezwungen werden und du kannst den Kesa Gatame ansetzen.

6. Kuzure Kesa Gatame – Variation des Schärpenhaltegriffs

Kuzure Kesa Gatame ist eine weitere Variante dieser beliebten Pinning-Technik. Um in Position zu kommen, muss dein Gegner eine Bewegung aus der Hüfte machen und versuchen, zu entkommen. Greife stattdessen mit einer Hand nach seinem Revers und lege den anderen Arm in seine Achselhöhle. Schiebe ihn dann über seinen Nacken und fixiere deinen Unterarm mit der anderen Hand.

Bei dieser Variante solltest du deinen Brustkorb oben halten und deine Knie einsetzen, um den nötigen Druck auszuüben, den du benötigst, um deinen Gegner festzuhalten. Wenn dein Gegner versucht, seinen Ellbogen an sein Gesicht zu bringen, greife mit beiden Händen nach einem seiner Arme und blockiere den Ellbogen mit deiner Schulter. Du musst eine gute Körperhaltung einnehmen, wenn du deinen Gegner festhältst.

7. Kami-Shiho-Gatame – Oberer Vierpunkthaltegriff

Kami-Shiho-Gatame ist eine weitere Variante von Kesa Gatame, bei der du deinen Gegner dazu bringen musst, die Beine auseinander zu nehmen. Um in Position zu kommen, legst du deinen Arm in die Achselhöhle deines Gegners und schiebst ihn nach oben über seinen Nacken, während du ihn auf der anderen Seite am Kragen festhältst. Greife dann mit der anderen Hand den Ärmel und setze dich auf den Bauch deines Gegners.

Bei dieser Variante solltest du daran denken, deine Brust aufrecht zu halten und mit deinem Körpergewicht Druck auf deinen Gegner auszuüben. Sobald er versucht, seine Arme nach oben zu bringen, greife mit beiden Händen nach einem seiner Arme und blockiere den Ellbogen mit deiner Schulter.

8. Kuzure Kami Shiho Gatame – Variation des Oberen Vierpunkthaltegriffs

Kuzure Kami Shiho Gatame ist eine weitere Variante dieser beliebten Methode, um den Gegner festzunageln. Um in Position zu kommen, muss der Gegner seine Hüfte nach außen bringen und versuchen, zu entkommen. Greife stattdessen mit einem Arm in die Achselhöhle und fasse mit der freien Hand den Kragen auf der anderen Seite. Bringe dann diesen Arm über den Hals des Gegners, sodass sich der Arm nun vor dem anderen Arm befindet.

Um in Position zu kommen, musst du deine Hüfte richtig einsetzen. Wenn ein Gegner versucht, seine Arme vor sein Gesicht zu bringen, dann greife mit beiden Händen nach einem seiner Arme und blockiere den Ellbogen mit deiner Schulter. Du musst deinen Brustkorb oben halten und deine Knie benutzen, um ihn festzuhalten.

9. Morote Shiho Gatame – Oberer Vierpunkthaltegriff mit zwei Händen

Dies ist eine effektive Pinning-Technik, bei der beide Arme eingesetzt werden. Diese Bewegung erfordert die Nutzung der Kraft aus der Körpermitte und der Hüfte, sodass sie nicht einfach zu meistern ist. Um in Position zu kommen, musst du deinen Arm unter die Achselhöhle deines Gegners bringen und ihn dann nach oben über seinen Nacken schieben. Du solltest schnell sein, damit dein Gegner nicht versucht, deinen Arm wegzudrücken. Dann greifst du mit der anderen Hand den Ärmel. Deine Beine sollten sich bereits zwischen denen deines Gegners befinden, sodass du nur noch deine Hüfte über ihn bewegen und Druck ausüben musst.

Es kostet viel Energie, jemanden festzuhalten, daher musst du während des gesamten Griffs eine gute Körperhaltung beibehalten. Wenn dein Gegner versucht, seine Ellbogen in Richtung deines Gesichts zu heben, greifst du mit beiden Händen nach einem seiner Arme und blockierst den Ellbogen mit deiner Schulter.

10. Makura Kesa Gatame – Kissenschalgriff

Diese Pinning-Technik ist schwieriger in Position zu bringen, als sie aussieht. Anstatt den Ärmel mit der freien Hand zu greifen, musst du deinen Arm unter die gegenüberliegende Achselhöhle deines Gegners schieben und ihn auf derselben Seite am Kragen greifen. Bringe dann diesen Arm über seinen Nacken, sodass er sich vor seinem anderen Arm befindet.

In dieser Position beginnst du damit, deine Beine anzuheben, um sie um seine Taille zu legen. Lehne dich dann nach vorne und führe den Arm über seinen Hals unter die Achselhöhle deines freien Arms. Sobald er versucht, sich aufzurichten, setzt du dich auf ihn und nutzt dein Gewicht, um ihn unten zu halten. Achte auf eine gute Körperhaltung, damit du nicht selbst ermüdest.

Es ist wichtig, daran zu denken, dass diese Pinning-Techniken einen großen Druck auf den Rücken und die Brust des Gegners ausüben. Das bedeutet, dass es für ihn schwierig ist, seine Arme zu benutzen, und er sich nicht so frei bewegen kann wie sonst. Wenn dein Gegner auf diese Weise fixiert ist, kann er dir nicht so leicht entgegentreten. Dies gibt dir eine großartige Gelegenheit, eine Submission zu versuchen.

Diese zehn Pinning-Techniken helfen dir, einen Gegner so lange wie möglich auf dem Rücken zu halten, damit du eine Submission anstreben kannst. Obwohl es wichtig ist zu wissen, wie diese Pins funktionieren, verschafft dir erst die Beherrschung dieser Fertigkeit durch Übung und Training einen Vorteil im Wettkampf. Aber denke immer daran, auf deine Sicherheit zu achten.

Kapitel 9: Shime Waza: Würgetechniken

Es gibt drei Hauptarten von Würgegriffen, je nachdem, wo die Kompression stattfindet. Sie betreffen den Hals, die Luftröhre oder den Brustkorb. Diese gelten aufgrund der Gefahren für den Gegner als Kunstgriffe und sollten nur unter Aufsicht eines ausgebildeten Judotrainers geübt werden. Würgetechniken können einen Gegner mit weniger Kraft als Schläge außer Gefecht setzen, was sie im Judo besonders nützlich für Selbstverteidigungsanwendungen macht. In diesem Kapitel werden die drei Arten von Würgegriffen vorgestellt und insgesamt zwölf Würgetechniken im Judo beschrieben und veranschaulicht.

Würgetechniken werden aus verschiedenen Positionen des Grapplings heraus ausgeführt, mit dem Ziel, die Blutzufuhr zum Gehirn zu unterbrechen und gleichzeitig die Bewegungsfreiheit des Gegners einzuschränken. Würgetechniken werden im Judo seit Jahrzehnten, wenn nicht sogar Jahrhunderten, eingesetzt. Einige dieser Techniken wurden bereits Mitte des 19. Jahrhunderts in traditionellen japanischen Jiu-Jitsu-Schulen geübt und gelehrt.

Würgetechniken funktionieren, indem sie die Halsschlagadern auf beiden Seiten des Halses blockieren, über die wir normalerweise mit Sauerstoff angereichertes Blut in unseren Körper transportieren. Beim Judo werden diese Arterien durch Würgen nicht vollständig blockiert, sondern der Blutfluss wird nur so weit eingeschränkt, dass das Gehirn allmählich beeinträchtigt wird.

Das Hauptprinzip von Shime Waza

Beim Judo besteht das Hauptprinzip von Shime Waza darin, einer Person das Gleichgewicht und die Standposition zu nehmen, indem man ihr Gewicht gegen sie verwendet. Obwohl dies kompliziert klingt, kann es durch eine Vielzahl von Bewegungen erreicht werden, darunter Heben, Stürzen und Werfen. Wenn ein Gegner geworfen wird und auf dem Rücken oder Nacken landet, ist er nicht in der Lage, mit einem angemessenen Verteidigungsmanöver fortzufahren. Er kann zwar aufrecht auf dem Boden landen und stehen bleiben, solange Shime Waza vom Praktizierenden, der den Druck ausübt, richtig kontrolliert wird, sollte es zu keiner Verletzung kommen.

Bei Shime Waza ist es besonders wichtig zu bedenken, dass der Gegner bewusstlos gemacht werden soll. Da der Gegner steht und in seiner Bewegung eingeschränkt ist, kann er nicht abklopfen. Deshalb ist es sehr wichtig, dass die Person, die Shime Waza ausführt, darauf achtet, wie lange sie den Druck ausübt. Bei richtigem Druck kann der Gegner das Bewusstsein verlieren, aber wenn zu viel Kraft angewendet wird, kann dies zu schweren Schäden führen. Daher ist es unbedingt erforderlich, keine zu große Kraft anzuwenden. Im Allgemeinen ist es eine gute Idee, nur unter Aufsicht eines ausgebildeten Lehrers zu üben, während du im Unterricht bist.

Shime Waza-Techniken

Es gibt insgesamt zwölf verschiedene Arten von Würgetechniken. Sie werden Shime Waza oder Würgetechniken genannt. Alle Würgetechniken im Judo ähneln denen, die in anderen Kampfsportarten wie Aikido, Jiu-Jitsu und Karate verwendet werden. Einige der Würgetechniken im Judo ähneln denen, die auf der Straße angewendet werden. Zum Beispiel können Würgegriffe im Gi auch bei Personen angewendet werden, die keine Judo-Uniform tragen. Aus diesem Grund ist es wichtig, dass die Polizei und verwandte Berufsgruppen diese Techniken beherrschen.

1. Do Jime – Körperschere

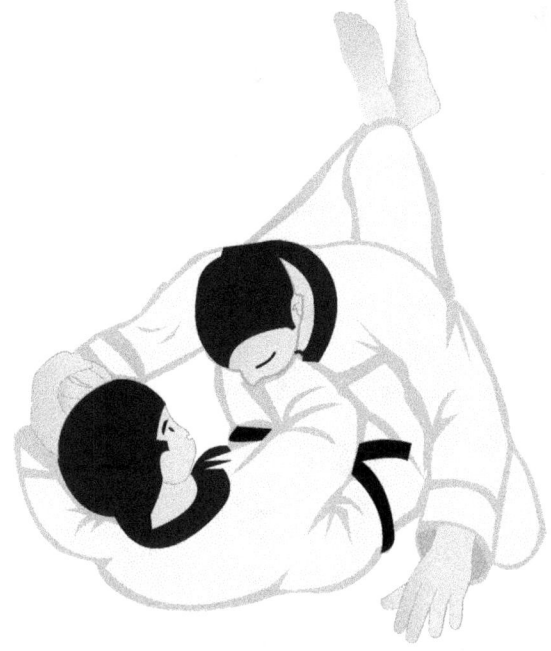

Do Jime

Diese Würgetechnik ist auch als Köperschere bekannt. Um diese Technik anzuwenden, muss dein Gegner flach auf dem Rücken liegen. Greife den Arm deines Gegners und drehe ihn so, dass die Handfläche nach oben zeigt. Schiebe nun deinen rechten Arm unter den Kopf und den Nacken deines Gegners. Übe mit deinem Unterarm Druck auf die Luftröhre aus, die sich nun unterhalb des Arms deines Gegners befinden sollte. Wenn du erfolgreich bist, gibt dein Gegner auf.

2. Gyaku Juji Jime – Umgekehrtes Kreuzwürgen

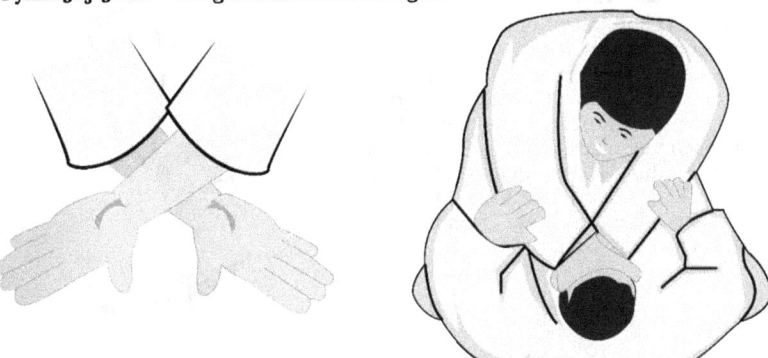

Gyaku Juji Jime

Diese Würgetechnik wird auf die gleiche Weise wie Do Jime angewendet. Wenn du jedoch mit deinem Unterarm Druck auf die Luftröhre deines Gegners ausübst, benutze die gegenüberliegende Seite deines Arms. Das bedeutet, dass die Luftröhre von unterhalb des Arms deines Gegners anstelle von dessen Oberseite gedrückt wird, wodurch die Würgetechnik enger wird, was deine Chancen erhöht, innerhalb weniger Sekunden ein Tap-out zu erzielen.

3. Hadaka Jime – Freies Würgen

Hadaka Jime

Bei dieser Würgetechnik greifst du deinen Gegner am Kragen und legst deinen Arm um seinen Hals. Greife dann mit der anderen Hand hinter deinen Handrücken. Halte beide Hände nahe am Hals deines Gegners. Ziehe die Hände nun zu dir und nach oben, sodass das Kinn deines Gegners nach unten gedrückt und sein Hals gestreckt wird. Diese Würgetechnik wird genauso gegen einen stehenden Gegner angewendet. Diese Technik ist äußerst effektiv, da sie deinen Gegner überrascht.

4. Kata Ha Jime – Hinteres Schulterwürgen

Um diese Technik anzuwenden, muss dein Gegner auf dem Rücken liegen und du neben ihm stehen oder knien. Lege deinen rechten Arm über die Brust deines Gegners und greife den Kragen seiner Uniform. Drehe deine Hand so, dass sie nach unten zeigt, und ziehe sie nach oben, sodass das Kinn deines Gegners angehoben wird. Dadurch bleibt die Luftröhre deines Gegners frei und du kannst den Würgegriff leichter ansetzen.

Kata Ha Jime

5. Kata Juji Jime – Kreuzwürgen

Kata Juji Jime

Diese Würgetechnik ist auch als *Diagonale* bekannt. Sie wird auf die gleiche Weise wie Kata Ha Jime angewendet. Der einzige Unterschied besteht darin, dass du deinen Handgelenksgriff von der gegenüberliegenden Seite aus anwenden musst. Sie wird von der linken Seite deines Gegners aus angewendet, was bedeutet, dass du deinen rechten Arm verwenden musst. Achte darauf, deinen rechten Arm unter den Hals deines Gegners zu bewegen und ihn auf der rechten Seite seiner Luftröhre zu platzieren. Ziehe ihn nach oben, sodass der Hals deines Gegners gestreckt wird und die Luftröhre freiliegt.

6. Kata Te Jime – Würgegriff mit einer Hand

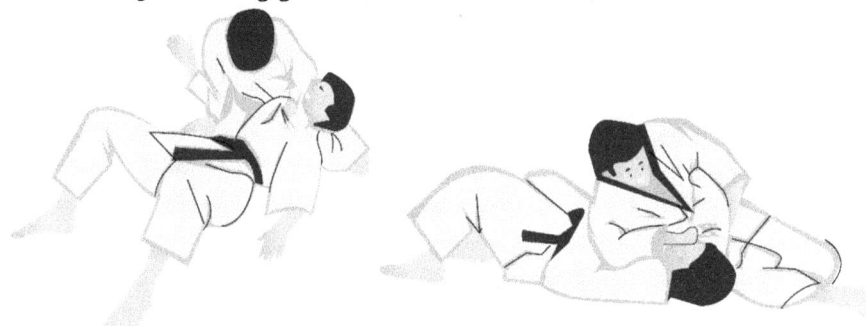

Kata Te Jime

Um diese Methode anzuwenden, muss dein Gegner auf dem Rücken liegen und du neben ihm stehen oder knien. Dein rechter Arm liegt um den Hals und den Arm deines Gegners. Der einzige Unterschied besteht darin, dass du deine linke Hand nimmst, sodass du eine deiner Hände verwenden kannst. Das Wichtigste bei dieser Technik ist, dass du darauf achtest, dass sich beide Arme nahe am Hals deines Gegners befinden. Das ist wichtig, weil du dadurch mehr Hebelkraft hast und der Würgegriff enger wird.

7. Nami Juji Jime – Normaler Kreuzwürgegriff

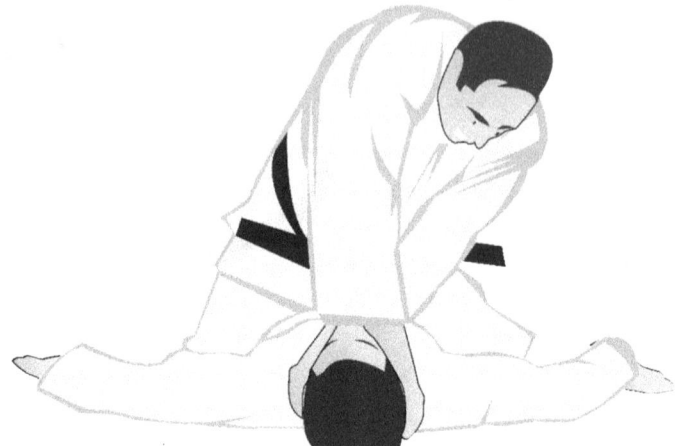

Nami Juji Jime

Diese Würgetechnik wird auf die gleiche Weise wie die Kata Te Jime angewendet. Allerdings musst du beide Hände benutzen. Das bedeutet, dass du deine linke Hand von hinten um den Hals deines Gegners legen und deinen rechten Arm greifen musst. Dadurch wird Druck auf die Luftröhre deines Gegners ausgeübt, und wenn du erfolgreich bist, gibt er sofort auf. Genau wie bei der Kata Te Jime solltest du darauf achten, dass sich beide Arme nahe am Hals deines Gegners befinden. Wenn du die richtige Technik anwendest, wird der Würgegriff enger und deine Chancen steigen, dass dein Gegner aufgibt.

8. Okuri Eri Jime – Kragenwürgen

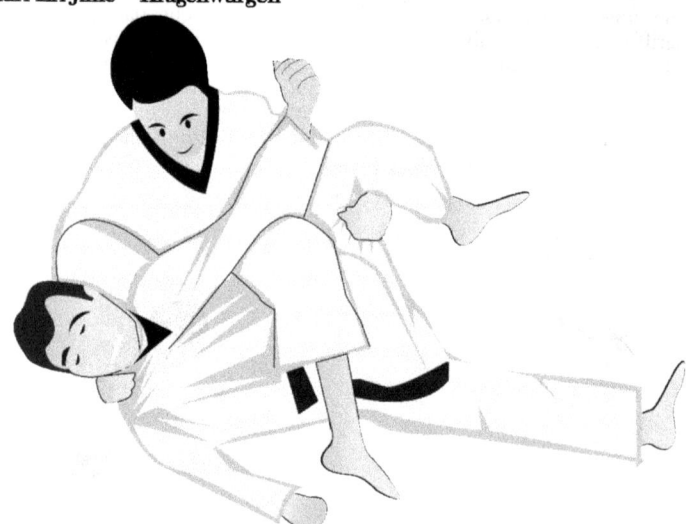

Okuri Eri Jime

Wende diese Würgetechnik auf die gleiche Weise an wie die Kata Ha Jime. Greife dazu mit der linken Hand den Kragen deines Gegners und lege dann deinen Arm um seinen Hals. Greife dabei die Rückseite deiner rechten Hand. Halte beide Hände nahe am Hals deines Gegners. Ziehe die Hände nun zu dir und nach oben, sodass das Kinn deines Gegners nach unten gedrückt und sein Hals gestreckt wird. Diese Würgetechnik kann im Stehen oder im Liegen angewendet werden. Wenn du sie im Stehen anwendest, ziehe deinen Gegner zu dir heran und bringe ihn aus dem Gleichgewicht.

9. Ryo Te Jime - Parallelwürgen

Ryo Te Jime

Dieser Würgegriff wird auf die gleiche Weise wie alle oben genannten Techniken angewendet. Der Unterschied bei dieser Methode besteht darin, dass du beide Hände verwenden musst. Diese Technik wird normalerweise angewendet, wenn du in einer liegenden Position bist und es dir gelungen ist, alle Verteidigungsversuche deines Gegners zu überwinden. Um diesen Würgegriff anzuwenden, musst du die rechte Hand deines Gegners mit der linken greifen und dann deinen rechten Arm um seinen Hals legen. Sobald du diese Position eingenommen hast, achte darauf, dass sich beide Hände nahe am Hals deines Gegners befinden. Dadurch hast du mehr Hebelwirkung und es wird deinem Gegner schwerer fallen, sich zu befreien.

10. Sankaku Jime - Dreieckswürge

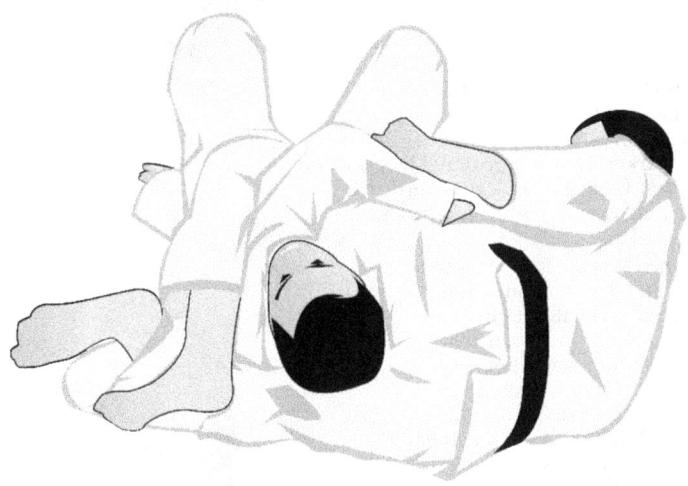

Sankaku Jime

Um diese Würgetechnik anzuwenden, muss dein Gegner auf dem Rücken liegen. Du kniest mit deinem linken Knie neben seinem Kopf und deinem rechten Bein über seiner Brust. Greife mit deiner linken Hand den Kragen deines Gegners und lege deinen rechten Arm um den Hals deines Gegners. Danach hältst du den linken Arm mit deinem rechten Arm fest und legst ihn nahe am Hals deines Gegners an. Um den Würgegriff zu verstärken, drückst du mit deinem linken Knie auf die Schulter deines Gegners.

11. Sode Guruma Jime – Ärmelradwürgen

Diese Würgetechnik wird auf die gleiche Weise wie die Kata Te Jime angewendet. Der einzige Unterschied bei dieser Technik besteht darin, dass du beide Hände verwendest, um den rechten Ärmel deines Gegners zu greifen. Um diese Würgetechnik anzuwenden, greifst du mit deinem rechten Arm beide Schultern deines Gegners und legst ihn dann um seinen Hals. Beende das Ganze, indem du seinen linken Ärmel greifst. Dadurch wird ihm die Luft abgeschnürt und er ist gezwungen, aufzugeben.

Sode Guruma Jime

12 Tsukkomi Jime – Würgegriff mit Stoß

Um diese Würgetechnik anzuwenden, musst du dich in einer stehenden Position befinden und deinem Gegner zugewandt sein. Greife dann mit deiner linken Hand den Kragen des Judogi deines Gegners und lege deinen rechten Arm in seine Achselhöhle. Greife nun mit deiner rechten Hand den Handrücken deiner linken Hand. Ziehe dann deine Arme zu dir und nach oben, sodass die Schulterblätter deines Gegners fest zusammengedrückt werden. Dadurch entsteht ein starker Druck um den Hals und du hast einen guten Griff. Dein Gegner wird sich nach kurzer Zeit ergeben, aufgeben oder ohnmächtig werden.

Die Shime Waza sind wichtige Techniken, die man beim Judo lernen sollte. Sie sind äußerst effektiv in realen Situationen, in denen du dich möglicherweise gegen einen Angreifer auf der Straße verteidigen musst, oder im Unterricht während des Sparrings. Wenn du diese Techniken richtig lernst und trainierst, werden sie dir bald in Fleisch und Blut übergehen und du wirst sie selbstbewusst und kompetent anwenden können. In diesem Kapitel wurden zwölf der häufigsten Würgegriffe aus dem Shime Waza aufgeführt und ihre Ausführung erklärt. Außerdem wurde erklärt, wie du die Techniken üben kannst, damit sie sich dir einprägen.

Tsukkomi Jime

Kapitel 10: Kansetsu Waza: Gelenkhebeltechniken

Im Judo gibt es verschiedene Gelenkhebel, die du anwenden kannst, um deinen Gegner zu besiegen. In diesem Kapitel werden Tipps und Techniken für die 10 häufigsten Gelenkhebel im Judo erklärt, die du kennen solltest. Es enthält Details darüber, wie du jede der Techniken anwenden kannst, um deinen Gegner durch Grappling und das Blockieren eines Gelenks durch Beugen in die entgegengesetzte Richtung hilflos zu machen.

Was du über Gelenkhebel wissen solltest

Bei einem Gelenkhebel werden die Gelenke des Gegners so manipuliert, dass sie ihre maximale Bewegungsfreiheit erreichen. Wie der Name schon sagt, verursacht eine Gelenkhebeltechnik starke Schmerzen und macht den Gegner bewegungsunfähig. Gelenkhebel können verschiedene Formen von Verletzungen wie Bänder-, Sehnen- und Muskelschäden verursachen. Je nach Auswirkung können sie auch schwere Verletzungen, wie Knochenbrüche oder Verrenkungen, verursachen. Im Kampfsport werden Gelenkhebel oft auf sichere und kontrollierte Weise geübt. Im Judo gibt es verschiedene Arten von Gelenkhebeln. Die folgenden 10 sind die offiziellen Techniken, die erlaubt sind.

1. Ude Garami - Armbeugehebel

Der Armbeugehebel ist auch als oberer Schulterhebel, gebeugter Armhebel oder V1-Armhebel bekannt. Es handelt sich um eine Methode des Grapplings, bei dem Ellbogen, Schulter und - in geringerem Maße - das Handgelenk des Gegners gebeugt werden. Greife mit der linken Hand nach der rechten Hand deines Gegners. Dies ermöglicht es dir, den Arm so auf den Boden zu drücken, dass der Ellbogen im rechten Winkel abgeknickt wird und die Handfläche nach oben zeigt.

Der Ausführende schiebt anschließend seinen linken Arm unter den Oberarm des Gegners. Wenn du der Ausführende bist, verschaffst du dir so einen Vorteil gegenüber deinem Gegner. Du musst das Handgelenk des Gegners in Richtung seines Unterkörpers drücken, um die Technik zu vollenden. Während du dies tust, musst du den Unterarm und den Ellbogen gleichzeitig in einer Sweep-Bewegung anheben. Dadurch werden die Gelenke deines Gegners gebeugt und schmerzen. Wenn sich der Gegner nicht rechtzeitig ergibt, kann er sich verletzen.

Ude Garami

2. Ude Hishigi Juji Gatame - Armstreckhebel zwischen den Oberschenkeln

Ude Hishigi Juji Gatame

Der Armstreckhebel ist eine Judo-Technik, die auch als Kreuz-Armbar, Armbar oder Straight Bar bekannt ist. Die Technik findet auch in anderen Kampfsportarten mit Grappling Anwendung. Der Angreifer hält den ausgestreckten Arm des Gegners am Handgelenk fest. Dies geschieht durch Drücken der Knie auf den Arm des Gegners. Um den Gegner zu überwältigen, wird ein Bein über seine Brust gelegt und das andere über sein Gesicht (oder direkt unter sein Kinn). Die Hüfte wird fest an die Achselhöhle gedrückt, während die Oberschenkel den Arm halten. Wenn du das Handgelenk des Gegners an deine Brust hältst, kannst du seinen Arm leicht strecken und den Ellbogen überstrecken. Du kannst den Druck auf das Ellbogengelenk weiter erhöhen, indem du deine Hüfte gegen den Ellbogen drückst. Diese Technik wird häufig in verschiedenen Kampfsportarten, darunter Judo, eingesetzt.

3. Ude Hishigi Ude Gatame - Drehstreckhebel

Ude Hishigi Ude Gatame

Diese Armlock-Technik kannst du anwenden, wenn der Gegner auf dem Bauch liegt und du seinen Arm mit dem Ellbogen unter deiner Achselhöhle gefangen hast. Die Hand des Gegners ist angehoben und sein Ellbogengelenk überstreckt. Wenn du die Technik ausführst, greifst du zuerst mit beiden Händen nach dem ausgestreckten Arm und drückst ihn dann an deine Brust. Dann ziehst du das Handgelenk in Richtung Gesicht und drückst das Knie gegen die Seite deines Gegners. Der Arm wird sich nicht ohne Weiteres bewegen lassen, was zu Schmerzen führt.

Auf diese Weise wird die Seite fixiert, während du den Arm weiter beugst, um den Druck zu erhöhen. Wenn du den fixierten Arm in Richtung deines Bauches ziehst, wendest du den Ellenbogengelenkhebel an. Der Gegner kann in diesem Stadium aufgeben, wenn er es nicht schafft, sich aus dem festen Griff des Gelenkhebels zu befreien.

4. Ude Hishigi Hiza Gatame - Armstreckhebel mit dem Knie

Ude Hishigi Hiza Gatame

Wie der oben beschriebene Armlock wird der Armstreckhebel mit dem Knie verwendet, um das Kniegelenk des Gegners zu fixieren. Wenn der Gegner mit dem Gesicht nach unten liegt, kannst du den Armstreckhebel mit dem Knie am Ellbogen des Gegners anwenden. Du kannst auch Druck nach oben auf das Handgelenk ausüben, während du mit dem Knie Druck nach unten auf den Ellbogen ausübst. Du kannst auch die Innenseite des Knies verwenden, um die Schulter oder den Ellbogen aus einer unteren Position zu strecken.

Nachdem du den Arm deines Gegners zu dir gezogen und zwischen deinen Beinen eingeklemmt hast und mit deinen Knien das Ellbogengelenk fixierst, wird es deinem Gegner schwerfallen, Bewegungen auszuführen. Er wird Schmerzen verspüren, die dazu führen können, dass er sich ergibt.

5. Ude Hishigi Waki Gatame - Armstreckhebel mit der Achsel oder Seite

Ude Hishigi Waki Gatame

Diese Technik des Gelenkhebels ist gefährlich und kann eine Strafe nach sich ziehen. Beim Armstreckhebel mit der Achsel drehst du den Arm deines Gegners hinter seinem Rücken und fixierst das Ellbogengelenk. Wenn der Gegner am Boden liegt, greifst du seinen Arm fest am Handgelenk und ziehst ihn kräftig unter deine Achsel. Während du diese Aktion ausführst, spreizt du deine Beine weit, um das Gleichgewicht zu halten und zu verhindern, dass der Gegner entkommt. Dies ist eine Niederdrücktechnik, die mit übermäßiger Kraft ausgeführt wird und zu Schäden an den Ellbogenbändern oder sogar zu Knochenbrüchen führen kann.

6. Ude Hishigi Hara Gatame - Streckhebel mit Hilfe des Bauches

Ude Hishigi Hara Gatame

Dieses Manöver wird hauptsächlich von Kämpfern mit großem Bauch eingesetzt, um einen der Arme des Gegners zu fixieren. Während du auf allen vieren neben dem Gegner kniest, greifst du hinten an dessen Kragen und Gürtel und ziehst dann in einer diagonalen Bewegung nach vorne. Dadurch streckt dein Gegner seinen Arm aus, wodurch eine Lücke zwischen seiner Seite und seinem Arm entsteht. Dann nutzt du die Gelegenheit, um dein Bein in die Lücke zu schieben und den Arm deines Gegners gegen deinen Bauch zu drücken. Der Arm ist eingeklemmt und du kannst dein Körpergewicht auf den Arm verlagern, um das Ellbogengelenk zu fixieren.

7. Ude Hishigi Ashi Gatame - Streckhebel mit Hilfe des Beins

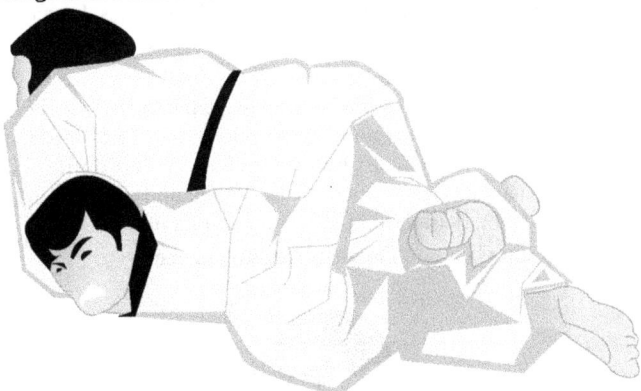

Ude Hishigi Ashi Gatame

Bei dieser Technik greifst du mit beiden Beinen das Ellbogengelenk deines Gegners an. Du klemmst seinen Arm zwischen deinen Beinen ein, um das Ellbogengelenk zu fixieren. Dieser Beinhebel umfasst mehrere Varianten, die du bei einem am Boden liegenden Gegner anwenden kannst. Wenn dein Gegner mit dem Gesicht nach unten auf dem Boden liegt, greifst du einen seiner Arme und schlingst ein Bein darum. Gleichzeitig legst du deinen Oberkörper auf den Rücken deines Gegners. Umklammere das Bein, das um den Gegner geschlungen ist, so, dass es die Form eines Dreiecks bildet, und drücke auf seinen Ellbogen. Wenn du die Technik aus dieser Haltung heraus ausführst, lehnst du deinen Körper nach hinten, damit du den Ellbogen deines Gegners in die entgegengesetzte Richtung beugen kannst.

Wenn der Gegner auf dem Rücken liegt, legst du deinen Arm von oben um seinen Hals und ziehst seinen Körper zu dir, während du einen seiner Arme zwischen deinen Beinen einklemmst. Dann hebst du den Oberkörper des Gegners mit deinem Unterschenkel an, um mit deinem Oberschenkel Druck auf seinen Ellbogen auszuüben.

8. Ude Hishigi Te Gatame - Armstreckhebel mit der Hand

Ude Hishigi Te Gatame

Zum Angriff auf das Ellbogengelenk deines Gegners verwendest du beide Hände. Es gibt mehrere Varianten, um das Ellbogengelenk deines Gegners zu fixieren. Du kannst seinen Arm greifen und über den Oberschenkel deines Beins legen. Drücke dann den unteren Teil des Arms nach unten, sodass du den Ellbogen des Gegners nach hinten beugen kannst. Bei einem seitlichen Vier-Ecken-Griff hältst du den Arm auf die gleiche Weise und führst die Aktion aus.

Dann drückst du den Ellbogen, um mit dem Handrücken des Gegners Druck auszuüben. Umschließe dann den gegenüberliegenden Arm fest, um weiteren Druck auszuüben und gleichzeitig jede Bewegung zu verhindern. Wenn du die Hand in einem Armhebel fixierst, kann sich der Gegner nicht mehr drehen und wird sich ergeben, wenn es keine andere Möglichkeit gibt, dem festen Griff zu entkommen.

9. Ude Hishigi Sankaku Gatame - Dreiecks-Armstreckhebel

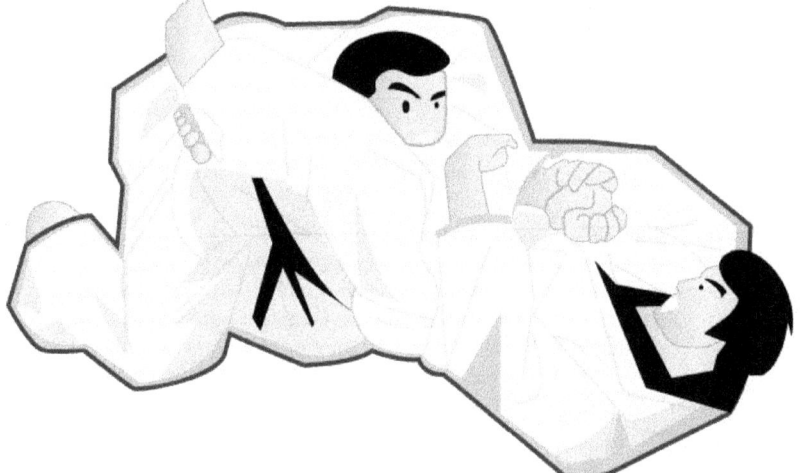

Ude Hishigi Sankaku Gatame

Bei dieser Technik umschließt man den Arm des Gegners mit den Beinen und fixiert das Ellbogengelenk. Der Name Dreiecks-Armstreckhebel leitet sich von den ineinander verschränkten Beinen ab, die eine Dreiecksform bilden, während sie den Arm des Gegners halten. Um diese Technik auszuführen, greifst du den Arm deines Gegners, während er auf allen vieren ist, und verdrehst ihn schnell mit beiden Beinen. Du musst sowohl den Arm als auch den Hals des Gegners festhalten.

Diese Haltung mag so aussehen, als würdest du deinen Gegner nach unten und vorne ziehen, aber deine Beine halten ihn fest. Dadurch kann nur der Arm nach vorne gezogen werden. Diese Haltung ermöglicht es dir, deinen Bauch rauszustrecken, um den Arm deines Gegners nach hinten zu beugen und sein Ellbogengelenk zu blockieren. Dadurch wird Druck auf den Arm des anderen Kämpfers ausgeübt, sodass er ihn nicht frei bewegen kann.

10. Ashi Garami - Beinbeugehebel

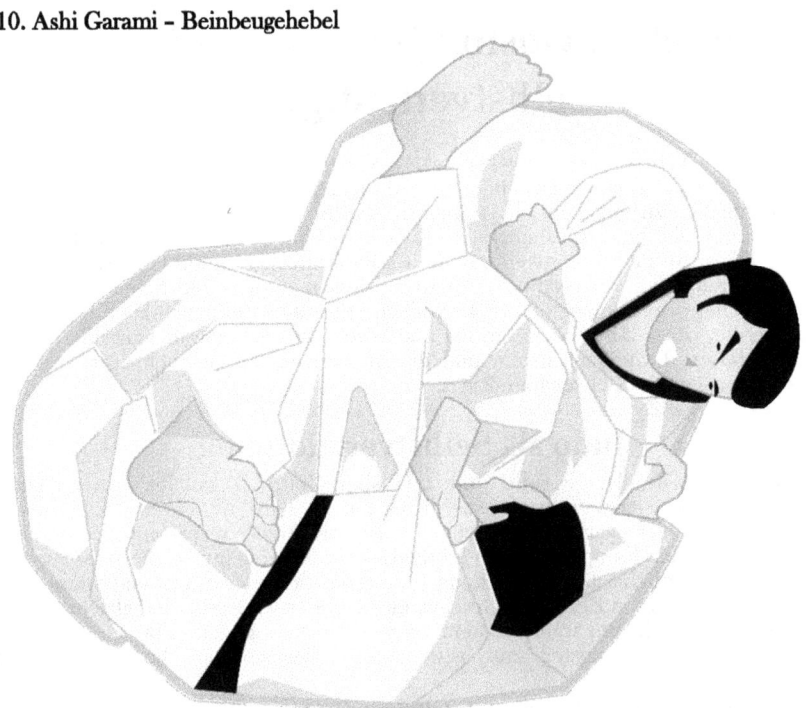

Ashi-Garami

Bei dieser Technik umklammerst du die Beine deines Gegners mit deinen Beinen. Drehe sein Bein, sodass du sein Kniegelenk blockierst. Bei dieser Technik liegt der Gegner normalerweise mit dem Gesicht nach unten auf der Matte. Achte darauf, dass deine Beine fest um die Beine deines Gegners geschlungen sind, während du deinen Körper zu den Beinen deines Gegners drehst. Es ist gut möglich, dass dein Gegner ebenfalls eine Drehbewegung ausführt.

Um den Hebel stark und effektiv zu machen, greife den Ärmel des Gegners und ziehe ihn gleichzeitig mit den Beinen zusammen, um einen starken Knieschluss zu erzielen. Diese Art der Beinverflechtung stellt ein hohes Verletzungsrisiko für die Beingelenke des anderen dar. Der Hebelstil ist verboten, aber du musst ihn vielleicht lernen. Du kannst ihn zur Selbstverteidigung einsetzen, wenn du einer Gefahr oder einer unerwünschten Handlung ausgesetzt bist.

Gelenkhebel werden im Judo speziell eingesetzt, um die Gelenke des Gegners zu greifen und ihn so zu überwältigen. Wenn auf das Gelenk so viel Druck ausgeübt wird, dass es seine maximale Bewegungsfreiheit erreicht, wird der Gegner hilflos. Es gibt verschiedene Techniken, die du üben kannst, aber du solltest wissen, wann du sie anwenden musst.

Kapitel 11: Goshin Jutsu Kata, die Judo-Selbstverteidigung

Judo beinhaltet Würfe, Grappling-Techniken, Gelenkhebel und Würgegriffe, mit dem Ziel, eine beliebige Technik anwenden zu können, um einen Gegner anzugreifen und bewegungsunfähig zu machen. Ursprünglich wurde es für Selbstverteidigungszwecke entwickelt und als Judo Goshin Jutsu Kata bezeichnet, was Selbstverteidigungsform bedeutet. Dabei werden Techniken aus dem standardmäßigen Judo-Lehrplan verwendet. Es gibt vier Katas, die unbewaffnete Angriffe, Messer-, Stock- und Schusswaffenangriffe umfassen. Diese entsprechen 12 Techniken für unbewaffnete Angriffe, drei für Messerangriffe, drei für Stockangriffe und drei für Schusswaffenangriffe. Manche Menschen fassen die unbewaffnete und die Messerkatas zu einer einzigen zusammen, aber im Original gibt es vier separate Katas.

Judo als Selbstverteidigung

Es gibt viele Gründe, warum Judo Goshin Jutsu Kata für jeden gut als Selbstverteidigungsmethode geeignet ist. Ein Grund ist, dass sie sich darauf konzentriert, jemanden, der größer, stärker oder schneller ist, zu Boden zu bringen, bevor er dich angreifen kann. Viele Kampfsportarten lehren das Gegenteil, nämlich zuerst zuzuschlagen, bevor der Gegner zuschlägt. Die Würfe im Judo ermöglichen es dir, zu entkommen, wenn es ein Ungleichgewicht in Bezug auf Geschwindigkeit oder Kraft gibt, und gleichzeitig einen Angreifer zu kontrollieren, wenn es kein solches Ungleichgewicht gibt. Dies ermöglicht mehr Optionen im Umgang mit gewalttätigen Begegnungen bei nahezu jedem Größenvorteil.

Ein weiterer Grund, warum Judo Goshin Jutsu Kata ein gutes Selbstverteidigungsinstrument sein kann, ist die Fähigkeit, jeden Angriff gegen einen Gegner zu nutzen. Manche Menschen sind von dieser Idee abgeschreckt, weil sie nicht verstehen, dass damit jeder Angriff gemeint ist und nicht nur Schläge oder Tritte. Dazu gehören auch Waffen wie Messer, Stöcke und sogar Schusswaffen. Wenn du diesen nicht einfach ausweichen kannst, kannst du sie gegen deinen Angreifer einsetzen. Wenn dich zum Beispiel jemand mit einem Messer erstechen will, kannst du mit der Messer-Kata-Technik kontern, um ihn zu entwaffnen. Anschließend kannst du ihn mit einem Gelenkhebel oder Würgegriffen außer Gefecht setzen. Das Training in Judo Goshin Jutsu Kata kann also ein komplettes Rüstzeug für die Selbstverteidigung bieten.

Schließlich kann Judo Goshin Jutsu Kata ein sehr gutes Selbstverteidigungsmittel sein, weil es dir erlaubt, realistische Techniken zu üben. Judo basiert auf den Prinzipien von Bewegung, Körpermechanik und Schwungkraft, sodass deine Technik unabhängig von den Unterschieden in Kraft und Geschwindigkeit zwischen dir und deinem Gegner funktioniert. Das bedeutet, dass die Techniken der Judo Goshin Jutsu Kata in einer Selbstverteidigungssituation höchstwahrscheinlich auch gegen eine untrainierte Person oder jemanden, der weniger Übung hat als du, funktionieren würden. Darüber hinaus bieten die Prinzipien der Bewegung und Körpermechanik die Möglichkeit, bei Übungen Kontertechniken anzuwenden. Du kannst die Techniken beim Training in vollem Umfang nutzen, da du die technische Ausführung bei hohen Geschwindigkeiten üben kannst. So kannst du deine Technik für den Einsatz in einem echten Kampf perfektionieren.

Selbstverteidigung gegen unbewaffnete Angriffe

Die Kata für den unbewaffneten Angriff besteht aus 12 Techniken, wie z. B. Faustschlägen, Fußtritten und Handflächenstößen. Diese sind in drei Gruppen unterteilt: hohe Angriffe, Angriffe auf mittlerer Höhe und Angriffe auf niedriger Höhe. Die Reihenfolge dieser Gruppen geht von schwieriger zu weniger schwierig. Auch wenn einige der Techniken erfordern, dass du dich in Bodennähe befindest, können alle gegen jemanden eingesetzt werden, der aufrecht steht. Die Grundidee hinter dieser Kata ist, dass sie mit einfachen Techniken beginnt und mit zunehmender Steigerung komplexer wird. So kannst du dein

Technikrepertoire erweitern und es gleichzeitig so organisieren, dass es für Anfänger verständlich ist. Es ist auch sinnvoll, weil du in weniger gefährlichen Situationen einfachere Techniken anwenden solltest.

Kontertechnik 1: Hohe Angriffe - Handflächen zum Gesicht, Faustschlag zur Schläfe

Bei dieser Technik handelt es sich um einen einfachen Handflächenstoß gegen die Stirn deines Gegners. Du lernst, wie du dich näher an deinen Gegner heranbewegst, um effektive Schläge auszuführen - und dich gleichzeitig vor Gegenangriffen zu schützen. Dies ist eine Selbstverteidigungstechnik für den Fall, dass jemand mit einem Überkopfschlag angreift, z. B. mit einem Baseballschläger oder einer schlagenden Handfläche ins Gesicht. Um die Verteidigung auszuführen, trittst du einen Schritt vor und lenkst den angreifenden Arm deines Gegners um, während du ihn mit deiner eigenen Handfläche an der Schläfe schlägst.

Kontertechnik 2: Hohe Angriffe - Handkantenschlag zum Kinn, Kniestoß

Diese Abwehrbewegung beginnt mit einem Schlag deines Gegners mit der geschlossenen Faust an deinen Kiefer. Du erkennst diesen Angriff daran, dass die Hüften und Schultern deines Gegners nach unten sinken, während er sich für den Schlag in Position bringt. Unmittelbar nach dem Blocken des Schlags führst du eine Bewegung aus, bei der du ihm zwei Finger in die Augen drückst. Mit der anderen Hand kannst du dir die Haare des Gegners greifen und ihn zu Boden ziehen. Dann kannst du mit der Ferse auf sein Knie oder Schienbein treten und ihn mit einem Hüftwurf über deine Schulter werfen.

Kontertechnik 3: Hohe Angriffe - Unterarmblock mit Messerhand zum Solarplexus

Diese Bewegung beginnt damit, dass du einen Schlag deines Gegners mit erhobenen Unterarm abwehrst und dann seinen Schlagarm mit deiner freien Hand am Handgelenk greifst. Jetzt kannst du ihm mit einem Schlag mit der Messerhand in den Solarplexus treffen, um seine Atmung zu unterbrechen, was es ihm erheblich erschwert, sich zu wehren. Du kannst auch den Arm deines Gegners nach oben reißen und einen Schritt nach vorne machen, sodass du dich hinter ihm befindest. Von dort aus kannst du einen Armlock ansetzen, um ihn zu Boden zu bringen.

Kontertechnik 4: Angriffe auf mittlerer Höhe - Unterarmblock mit Schlag in die Leistengegend

Bei dieser Technik blockst du den Schlag deines Gegners zunächst mit deinem Unterarm und schlägst ihm dann hart in die Leistengegend. Es ist wichtig, dass du nah genug an deinem Gegner bist, um ihn auf dieser Höhe zu treffen. Wenn du zu weit weg bist, hat dein Schlag nicht genug Reichweite. Daher ist es wichtig, sich durch das Studium von Kata ein Bild von der für Schläge erforderlichen Distanz zu machen.

Selbstverteidigung gegen Messerattacken

In dieser Kata lernst du, wie du dich gegen eine Person verteidigst, die ein Messer hat. Die drei Techniken in diesem Abschnitt sind für den Fall gedacht, dass der Gegner mit seiner Klinge auf dich einsticht.

Kontertechnik 1: Niedrige Blöcke mit parierenden Bewegungen und Tritten in die Leiste

Bei diesem Manöver blockst du die Klinge deines Gegners zunächst mit dem Unterarm und nutzt dann die Energie, um mit der freien Hand eines seiner Beine zu treffen. Deine nächste Bewegung besteht darin, ihm einen harten Tritt in die Kniekehle zu versetzen, genau dort, wo das Knie gebeugt ist. Dadurch wird sein Bein außer Gefecht gesetzt und er für den Rest des Kampfes bewegungsunfähig gemacht. Dann kannst du ihm, während er sich vor Schmerzen krümmt, mit dem Knie ins Gesicht treten.

Kontertechnik 2: Tiefes Blocken mit Messerhand zum Hals

Zu Beginn blockst du das Messer deines Gegners mit deinem anderen Arm und ziehst ihn gleichzeitig näher zu dir. Wenn du nah genug dran bist, ziehst du seinen Kopf nach unten und schlägst ihm mit deiner Messerhand seitlich in den Nacken, um sein zentrales Nervensystem zu stören. Wenn er noch steht, kannst du ihn mit einem harten Tritt ins Knie zum Einknicken bringen und ihn dann über deine Hüfte werfen.

Kontertechnik 3: Niedrige Blocks mit Unterarmblock und Schlag an die Seite des Kopfes

Diese Technik beginnt damit, dass du die Stiche deines Gegners mit dem Unterarm blockst und dann seinen Schlag mit dem anderen Arm abblockst. Ohne das Handgelenk des Gegners loszulassen, schlägst du ihn seitlich an den Kopf, um ihn bewusstlos zu schlagen. Dann kannst du deine Füße zurückziehen und warten, bis er fällt, bevor du ihm ins Gesicht oder in den Nacken trittst.

Selbstverteidigung gegen den Stockangriff

In dieser Kata lernst du, wie du dich gegen eine Person verteidigen kannst, die dich mit einem Stock angreift. Die erste Technik ist dafür gedacht, dich gegen einen Schlag mit dem Arm des Gegners zu verteidigen, in dem er einen Stock oder Knüppel hält, und die folgenden beiden Techniken kommen zum Einsatz, wenn dein Gegner einen Knüppel gegen deinen Kopf schwingt.

Kontertechnik 1: Durchtreten und Guillotine Choke

Diese Technik beginnt damit, dass du dich vor deinen Gegner stellst, wenn er versucht, dich mit seinem Stock zu treffen. Sobald er nicht trifft, drehst du dich schnell um und greifst sein Handgelenk mit der Hand, die den Stock hält. Greife den anderen Arm von hinten mit deiner freien Hand und ziehe ihn nach unten, während du dein Gewicht auf deinen Gegner fallen lässt. Lass dabei deine freie Hand zum Nacken deines Gegners wandern und halte ihn mit einem Guillotine Choke fest.

Kontertechnik 2: Unterarmblock mit Schlag auf die Kopfseite

Bei dieser Technik blockst du den Stockschlag deines Gegners mit deinem Unterarm. Wenn der Schlag daneben gegangen ist, schlägst du ihm schnell auf die Seite des Kopfes, um ihn zu verwirren. Dann kannst du den Schwung deines Gegners ausnutzen, indem du an seiner Schulter ziehst und ihn über deine Hüfte zurückwirfst.

Kontertechnik 3: Niedrige Blocks mit Messerhand zum Nacken

Dazu blockst du zunächst den Schlag deines Gegners mit beiden Armen und setzt dann beide Hände ein, so dass die Hände deines Gegners blockiert sind. Jetzt hast du die Waffe deines Gegners im Griff und ziehst ihn damit nach vorne, während du einen Schritt zurückweichst und dich zu Boden fallen lässt. Wenn du auf dem Boden aufschlägst, stößt du dich mit den Füßen ab und wirfst deinen Gegner über deinen Kopf.

Selbstverteidigung gegen einen Pistolenangriff

In dieser Kata lernst du, wie du dich gegen eine Person verteidigen kannst, die dich mit einer Schusswaffe angreift. Die drei Techniken in diesem Abschnitt sind für den Fall gedacht, dass der Gegner seine Pistole zieht und auf dich abfeuert.

Kontertechnik 1: Abfangen und Schlag ins Gesicht

Als Erstes machst du einen Schritt nach vorne und hebst deinen Arm vor deinen Kopf, wenn du siehst, dass dein Gegner seine Waffe zieht. Sobald er schießt, blockst du die Kugel mit deinem Arm ab und schlägst ihm sofort mit deiner freien Hand ins Gesicht, um ihn zu verwirren. Während sein Kopf gedreht ist, greifst du sein Handgelenk und drehst es herum, so dass er die Pistole fallen lässt und du ihm ein Knie in die Leiste schlagen kannst.

Kontertechnik 2: Unterarmblock und Schlag an die Seite des Kopfes

Bei dieser Technik blockst du den Schuss deines Gegners mit deinem Unterarm. Verfehlt die Kugel, verpasst du ihm sofort einen harten Schlag auf die Seite des Kopfes, um ihn zu verwirren. Wenn er benommen ist, tritt ihm so fest wie möglich gegen die Kniescheibe, damit du ihn über die Hüfte werfen kannst.

Kontertechnik 3: Niedrige Blocks mit Messerhand zum Hals

Bei dieser Technik blockst du zunächst den Schuss deines Gegners mit beiden Armen und setzt dann beide Hände ein, so dass die Hände deines Gegners blockiert sind.

Jetzt hast du die Waffe deines Gegners im Griff und ziehst ihn damit nach vorne, während du einen Schritt zurücktrittst und dich zu Boden fallen lässt. Wenn du auf dem Boden aufschlägst, stößt du dich mit den Füßen ab und wirfst deinen Gegner über deinen Kopf.

Empfohlene Goshin Jutsu Kata zur Selbstverteidigung

Alternativ zu den drei Techniken in jedem Abschnitt kannst du auch eine der folgenden Katas in deine Routine einbauen:

- **Kime No Kata** - Eine großartige offensive Kata. Übe Kombinationen, bis du weißt, welcher Angriff aus welchem Ansatz resultiert.
- **Ikkyo** - Die Standard-Kata für Anfänger. Nutze sie, um dir die Grundlagen anzueignen, bevor du zu etwas Komplexerem übergehst.
- **Nikyo** - Eine weitere Kata für Anfänger, mit der du dich mit Hilfe von Gelenkhebeln aus schwierigen Situationen befreien kannst.
- **Sankyo** - In dieser Kata gibt es verschiedene Möglichkeiten, sich aus Haltegriffen zu befreien und gegen einen Gegner vorzugehen, der versucht, dich zu schlagen.
- **Yonkyo** - Übe diese Kata, damit du ein gutes Verständnis dafür bekommst, wie du deinen Gegner kontrollieren kannst.
- **Gokyo** - Diese Kata ist für Anfänger geeignet, kann aber leicht zu einer fortgeschrittenen Technik ausgebaut werden, wenn du die Kraft und Energie hast, den Druck konstant aufrechtzuerhalten.
- **Kansetsu-Waza** - Wenn dich jemand von hinten packt oder mit einem Messer angreift, benutze diese Kata, um dich zu befreien.
- **Koryu Dai San** - Wenn du von einem Gegner mit einem Stock oder einem stangenähnlichen Gegenstand von hinten angegriffen wirst, kannst du mit dieser Kata den Spieß umdrehen und ihn besinnungslos schlagen.
- **Kodokan Goshin Jutsu** - Dies ist eine Zusammenstellung verschiedener Techniken aus vielen verschiedenen Katas. Wenn du diese Kata während deines Kampfes anwendest, bekommst du einen Gesamtüberblick über die Selbstverteidigung im Judo und kannst jede der Techniken je nach Situation anwenden.
- **Aikido No Kata** -Wenn dein Gegner dich mit Schlägen und Tritten angreift, zeigt dir diese Kata, wie du dich mit Würfen und Gelenkhebeln aus einer solchen Situation befreien kannst.
- **Aiki Nage No Kata** - Ähnlich wie die Aikido No Kata lehrt diese Kata, wie du in Bodenkampfsituationen die Oberhand behältst; sie umfasst auch Schläge, wenn dein Gegner am Boden liegt, und Würgegriffe, bis er ohnmächtig wird.
- **Ju No Kata** - Mit dieser Kata lernst du, wie du die Kraft und den Schwung deines Gegners umleiten und gegen ihn verwenden kannst, wenn er versucht, dich zu schlagen.
- **Kime Katame No Kata** - Eine großartige Kata, um zu lernen, wie du dich gegen einen Haltegriff verteidigen kannst. Wende sie an, wenn jemand versucht, dich zu packen oder in einem Kampf zu Boden zu bringen.
- **Suigetsu No Kata** - Wenn jemand versucht, dich zu Boden zu bringen und festzuhalten, wende die Techniken dieser Kata an, um dich aus seinem Griff zu befreien.
- **Kodokan Akademie 1. bis 3. Kyu Katas** - Übe sie einfach um der Übung und Ausführung willen! Sie werden deinem Judo auf jeden Fall helfen.
- **Kodokan Goshin Jutsu Kata** - Nutze diese Kata, um einen Überblick darüber zu bekommen, wie du dich in einem Kampf verteidigen kannst.

Judo eignet sich hervorragend zur Selbstverteidigung, da es darauf abzielt, den Gegner unabhängig von seiner Größe oder Kraft zu Boden zu bringen, um ihn zu kontrollieren und in Gewahrsam zu nehmen. Das macht es für jeden nützlich, nicht nur für diejenigen, die körperlich fit sind oder professionelle Kämpfer werden wollen. Goshin Jutsu Kata ist eine Zusammenstellung von Kata, die du als Alternative zu den oben genannten Techniken verwenden kannst, um zu lernen, wie du dich gegen jede Art von Waffe verteidigen kannst.

Wenn du jemals in eine brenzlige Situation gerätst, werden dir diese Techniken entweder zur Flucht verhelfen oder dich ausreichend schützen, bis Hilfe eintrifft.

Judo ist ein großartiges Selbstverteidigungsmittel, das jeder nutzen kann! Wenn du lernen willst, wie du dich gegen unbewaffnete Angreifer, Waffen oder Grappling-Angriffe verteidigen kannst, übe die Goshin Jutsu Kata. In diesem Buch sind viele verschiedene Katas für Anfänger und Fortgeschrittene enthalten. Egal, auf welchem Niveau du dich befindest, konzentriere dich darauf, dein Judo zu verbessern, und diese Kata wird zu einem nützlichen Bestandteil deines Arsenals.

Wenn du auf der Straße in Gefahr gerätst, verwende Judotechniken aus anderen Katas und aus der Goshin Jutsu Kata. Übe diese Kata mit allen Schülern, die mehr Erfahrung mit verschiedenen Arten von Angriffen haben wollen. Wenn du jemals von einem Gegner mit einem Messer von hinten angegriffen wirst, verwende die Koryu Dai San Kata, um den Spieß umzudrehen. Wenn dein Gegner dich mit Schlägen und Tritten angreift, benutze die Kodokan Goshin Jutsu Kata, um zu entkommen oder dich zu verteidigen. Übe diese Techniken, um dich besser vor allen Arten von gefährlichen Situationen zu schützen!

Kapitel 12: Die wettkampforientierte Seite des Judo

In den vorherigen Kapiteln haben wir die verschiedenen Arten und Techniken des Judo erwähnt. Jetzt ist es an der Zeit, über Shiai im Judo zu sprechen. Shiai bezieht sich auf einen Wettkampf oder einen Judowettkampf zwischen zwei Judokämpfern. Es ist wichtig zu wissen, dass Judo nicht nur ein Kampfstil, sondern auch eine Form der Kampfkunst und des Sports ist. In diesem Kapitel besprechen wir Regeln, Ranglisten und Prüfungen in den verschiedenen Graduierungen und geben dir einige Insider-Tipps, wie du dich darauf vorbereiten solltest.

Judo als Kunstform und Sport

Lass uns über Judo als Kunst der Selbstverteidigung sprechen. Wenn du Judo lernen möchtest, musst du dich mit der Kultur und den körperlichen und geistigen Anforderungen dieser Sportart auseinandersetzen. Japanische Samurai praktizierten Judo zusammen mit anderen Kampfsportarten. Es war eine wichtige Übung, da sie ihnen die Kunst des Kampfes ohne Waffen lehrte.

Die körperlichen Bewegungen des Judo umfassten Kombinationen aus Schlägen, Tritten, Würfen und Techniken, um den Gegner am Boden zu halten und ihm dabei so viel Schmerz zuzufügen, dass man sich einen Vorteil verschaffen und diesen auch behalten konnte. Die Beherrschung der Kunst des Judo vermittelt Kämpfern die Techniken, um aus derartigen Situationen herauszukommen und wieder in die richtige Position zu gelangen. Hierbei handelt es sich um eine der wichtigsten Taktiken des Judo, bei der die Kämpfer aufhören, Widerstand zu leisten, wenn sie sich in einer ungünstigen Position befinden, und warten, bis ihr Gegner das Gleichgewicht verliert, um ihn dann zu Boden zu werfen. So kam es auch zu dem Namen Judo, was so viel wie sanft oder weich bedeutet.

Schauen wir uns die Techniken anhand eines Beispiels an. Nehmen wir an, dein Gegner ist stärker als du und stößt dich mit aller Kraft. Du wirst zu Boden geworfen, egal wie sehr du dich wehrst. Dies ist das Ergebnis des direkten Widerstands gegen einen heftigen Angriff. Wenn du dich jedoch entscheidest, den Widerstand aufzugeben, kannst du dein Gleichgewicht halten, indem du dich mit gleicher Kraft nach hinten bewegst. Dadurch verliert dein Gegner das Gleichgewicht, da er normalerweise eine Vorwärtsbewegung ausführt. Seine Position ist in diesem Moment aufgrund der ungewöhnlichen Haltung verwundbarer, wodurch er schwächer ist als du. Da du das Gleichgewicht hältst, kannst du deine Kraft bewahren und dich wehren. Selbst wenn wir davon ausgehen, dass du stärker bist, ist es besser, nicht von Anfang an Widerstand zu leisten, da du standhaft bleiben und auf einen Fehler deines Gegners warten solltest.

In einer anderen Situation könnte dein Gegner versuchen, dich hochzuheben und zu Boden zu werfen. Wenn du dich wehrst, wirst du aufgrund deiner verwundbaren Position trotzdem fallen. Eine gute Verteidigung besteht darin, deinen Gegner zu packen und dich absichtlich zu Boden zu werfen, während du deinen Gegner mitziehst und ihn leicht zu Boden bringst. Anhand dieser Beispiele kannst du dir vorstellen, wie Judo die Kraft und den Bewegungsschwung deines Gegners gegen ihn selbst verwendet, indem du dich nicht wehrst. Natürlich funktioniert das nicht immer. Wenn dein Gegner zum Beispiel dein Handgelenk packt und du dich nicht wehrst, kannst du dich nicht aus dieser Position herauswinden. Stattdessen solltest du deinen ganzen Arm anheben, damit du die Kraft deines Körpers nutzen kannst, um seinem Griff zu entkommen. (Diese Technik ist das Gegenteil der vorherigen, da du deine Kraft gegen seine einsetzt.)

Ein Judoka (Judokämpfer) entwickelt durch regelmäßiges Training sowohl körperliche Kraft als auch mentale Stärke, da er im Wettkampf klug vorgehen muss. Es gibt zahlreiche Möglichkeiten, die Techniken zu erlernen, wodurch jeder Judoka einen einzigartigen Stil entwickelt und sich selbstständig weiterentwickeln kann. Das Schöne am Judo ist, dass es Menschen jeden Alters und jeder Stärke willkommen heißt. Das ultimative Ziel ist es, den Kämpfern eine hervorragende Körper- und Gedankenkontrolle beizubringen und sie auf plötzliche Angriffe vorzubereiten.

Judoschüler werden darin geschult, sich der Stärken und Schwächen ihres Gegners bewusst zu sein, damit sie diese Informationen nutzen können, um einen Kampf zu gewinnen. Mentales Training ist genauso wichtig wie körperliches Training, und wenn es richtig durchgeführt wird, wird der Schüler selbstbewusst und präzise in seinen Bewegungen. Ein guter Judoka ist entschlossen und weiß, wie und wann er auf eine plötzliche Bewegung reagieren muss. Dieser Zustand mentaler Wachheit sorgt dafür, dass der Teilnehmer jederzeit aufmerksam und konzentriert bleibt, um nicht von seinem Gegner besiegt zu werden. Es ist eine gute Idee, sich regelmäßig über Judo-Kämpfe zu informieren und diese anzuschauen, um aus den Fehlern und Erfolgen anderer zu lernen. Beim Judo-Training lernst du, wie du deine Vorstellungskraft, Logik und dein Urteilsvermögen einsetzen kannst, um einen Kampf zu gewinnen.

Das regelmäßige Judo-Training ist anspruchsvoll und anstrengend. Du entwickelst deine körperliche Fitness, indem du deine Kraft, Schnelligkeit, Genauigkeit, Ausdauer, Balance und Flexibilität verbesserst. Angriffs- und Verteidigungsmanöver helfen dir, deine Reflexe und Körperkoordination zu verbessern und dein Selbstvertrauen zu stärken. Dein Körperbau wird sich nach einigen Monaten drastisch verbessern, da das Judo-Training alle deine Muskeln beansprucht. Es reicht aus, ein paar Techniken zu beherrschen, um bei Wettkämpfen erfolgreich zu sein.

Abgesehen von den körperlichen und geistigen Vorteilen lehrt Judo dich, wie du mit deinen Emotionen und Impulsen umgehen kannst. Judoschüler lernen, ihre Wut und emotionalen Ausbrüche zu kontrollieren, sonst riskierst du, deine Energie zu verschwenden und deinem Gegner die Chance zu geben, dich zu besiegen. Diese emotionale Stabilität wird dir in allen Aspekten deines Lebens zugutekommen. Wir erleben oft einen Mangel an Motivation und lassen uns leicht entmutigen, unsere Arbeit oder Projekte auszuführen. Judo lehrt dich, wie du deinen Körper und Geist einsetzen kannst, was als Seiryoku-Zenyo oder maximale effiziente Nutzung von Energie bezeichnet wird. Du kannst dieses Prinzip nutzen, um dich zu motivieren, schwierige Phasen zu überwinden.

Du wirst viel über Arbeitsethik und Etikette lernen. Junge Judoschüler beweisen Mut und die Fähigkeit, unter Druck zu arbeiten, indem sie sich nicht von Angst lähmen lassen. Die hohen Standards des Judo betonen die Prinzipien von Gerechtigkeit und fairem Kampf. Es ist mehr als nur ein Sport, denn die Moral und die Lektionen, die während des Trainings gelernt werden, vermitteln den Schülern der Kunst Demut und Anstand, die sie in die Welt tragen. Es lehrt die Lernenden, wie wichtig es ist, ihren Gemeinden zu helfen und einen Beitrag zu leisten. Die Welt des Judo dreht sich um seine einzigartigen Traditionen und die Kultur der Sanftheit. Es ist eine der beliebtesten Kampfkünste und wird in vielen Schulen und Zentren auf der ganzen Welt unterrichtet.

Beim Judo lernt man, Freundschaften und Partnerschaften aufzubauen, denn Kämpfer, die zusammen trainieren, verbringen viel Zeit damit, an ihre Grenzen zu gehen und sowohl verletzlich als auch stark zu sein. Beim Judo lernt man, dass jede Bewegung eine Bedeutung hat. Es geht nicht nur darum, bestimmte Bewegungen zu lernen und sie zu wiederholen. Es gibt unzählige Kombinationen, mit denen man einen Gegner bekämpfen kann. So wird Judo von einem gewöhnlichen Kampfstil zu einer Kunstform.

Die International Judo Federation

Als Sportart nahmen Judo-Wettkämpfe Anfang des 20. Jahrhunderts offiziell Gestalt an. 1932 wurde in Deutschland die Europäische Judo-Union gegründet. Zwei Jahre später fand in Dresden die erste Europameisterschaft statt. Zu den europäischen Ländern Deutschland, Österreich, Frankreich, den Niederlanden, Italien und der Schweiz gesellte sich Argentinien. Der Name der Vereinigung wurde in International Judo Federation (IJF) geändert, die 1951 gegründet wurde. Aufgrund des Zweiten Weltkriegs dauerte es eine Weile, bis Judo Teil der Olympischen Spiele wurde. Nach Kriegsende wurde der Sport in vielen Ländern immer beliebter. 1964 wurde Judo schließlich Teil der offiziellen Olympischen Spiele.

Die Aufgabe des Internationalen Judo-Verbands (International Judo Federation, IJF) besteht darin, Judo-Veranstaltungen auf der ganzen Welt zu organisieren und die Integrität des Sports zu schützen. Der IJF beteiligt sich an der Organisation von Kämpfen bei den Olympischen Spielen und hat sich zum Ziel gesetzt, die Ausübung von Judo als Kampfsportart unter Menschen aller Altersgruppen und Bevölkerungsschichten zu verbreiten. Der IJF ist heute mit 200 Verbänden in vielen Ländern verbunden, wobei laut Umfragen des IJF weltweit etwa 20 Millionen Menschen diese Kampfsportart ausüben. Die IJF veranstaltet seit 2009 jedes Jahr Weltmeisterschaften und die World Judo Tour.

Wenn du deine Judokenntnisse in die Praxis umsetzen möchtest, empfehlen wir dir, dir die von der IJF jedes Jahr organisierten Veranstaltungen anzusehen. Es gibt auch viele YouTube-Videos, die du dir beim Judo-Training ansehen kannst.

Regeln, Format und Wertung von Judo-Wettkämpfen

Gewichtsklassen

Es gibt sieben Gewichtsklassen für jedes der männlichen und weiblichen Teams im Judo:

Judo-Gewichtsklassen für Männer:
- Superleichtgewicht bis 60 kg
- Halbleichtgewicht bis 66 kg
- Leichtgewicht bis 73 kg
- Halbmittelgewicht bis 81 kg
- Mittelgewicht bis 90 kg
- Halbschwergewicht bis 100 kg
- Schwergewicht über 100 kg

Judo-Gewichtsklassen für Frauen:
- Superleichtgewicht bis 48 kg
- Halbleichtgewicht bis 52 kg
- Leichtgewicht bis 57 kg
- Halbmittelgewicht bis 63 kg
- Mittelgewicht bis 70 kg
- Halbschwergewicht bis 78 kg
- Schwergewicht über 78 kg

Gewichtsklassen im Judo für Kadetten und IJF-Junioren

Kadetten unter 18 Jahren
- Federgewicht bis 50 kg
- Extraleichtgewicht bis 55 kg
- Halbleichtgewicht bis 60 kg
- Leichtgewicht bis 66 kg
- Halbmittelgewicht bis 73 kg
- Mittelgewicht bis 81 kg
- Halbschwergewicht bis 90 kg
- Schwergewicht über 90 kg

Kadettinnen
- Federgewicht bis 40 kg
- Extraleichtgewicht bis 44 kg
- Halbleichtgewicht bis 48 kg
- Leichtgewicht bis 52 kg
- Halbmittelgewicht bis 57 kg
- Mittelgewicht bis 63 kg
- Halbschwergewicht bis 70 kg
- Schwergewicht über 70 kg

Junioren unter 21 Jahren
- Federgewicht bis 55 kg
- Extraleichtgewicht bis 60 kg
- Halbleichtgewicht bis 66 kg
- Leichtgewicht bis 73 kg
- Halbmittelgewicht bis 81 kg
- Mittelgewicht bis 90 kg
- Halbschwergewicht bis 100 kg
- Schwergewicht über 100 kg

IJF Frauen Junior
- Federgewicht bis 44 kg
- Extraleichtgewicht bis 48 kg
- Halbleichtgewicht bis 52 kg
- Leichtgewicht bis 57 kg
- Halbmittelgewicht bis 63 kg
- Mittelgewicht bis 70 kg
- Halbschwergewicht bis 78 kg
- Schwergewicht über 78 kg

Alle Kämpfer müssen sich einen Tag vor dem Wettkampf wiegen lassen. Jedes Land darf in jeder Gewichtsklasse zwei Kämpfer stellen, wobei ein Team aus maximal sieben männlichen und weiblichen Kämpfern bestehen darf. Die letzten acht Kämpfer des Kampfes treten in Ausscheidungswettkämpfen gegeneinander an. Die Kämpfer, die im Viertelfinale verloren haben, treten in zwei zusätzlichen Stechkämpfen um die Bronzemedaille an.

Ablauf

Bei einem Judo-Wettkampf treten zwei Kämpfer auf einer Matte oder Tatami gegeneinander an. Ein Kämpfer trägt einen weißen Judoanzug oder Judogi, der andere einen blauen Anzug. Der Schiedsrichter fordert die Kämpfer auf, sich der Matte zu nähern, sich gegenüberzustehen und sich zu verbeugen. Der Schiedsrichter gibt den Kampf mit dem mündlichen Kommando *Hajime* frei. Ein Kampf dauert sowohl bei den Männern als auch bei den Frauen fünf Minuten. Der Kampfrichter kann den Kampf mit dem Kommando *Matte* unterbrechen und ihn dann mit dem Kommando *Hajime* wieder aufnehmen. Die Uhr wird während dieser Pause angehalten. Wenn beide Kämpfer am Ende des Kampfes die gleiche Punktzahl erreicht haben, wird der Kampf nicht abgebrochen. Sie erhalten eine unbegrenzte Verlängerung oder eine Golden-Score-Periode. Der Kampf ist beendet, wenn ein Kämpfer einen Punkt erzielt und gewinnt oder eine Strafe erhält und verliert.

Regeln

Die Wettkampffläche sollte vollständig mit Judomatten oder einem anderen für diesen Sport zugelassenen Material bedeckt sein – in der vom Internationalen Judoverband bevorzugten Farbe. Die Fläche ist in zwei Teile unterteilt. Die Größe der innersten Fläche oder der Wettkampffläche liegt zwischen 8 x 8 und 10 x 10 Metern. Die äußerste Fläche oder Sicherheitsfläche ist mindestens drei Meter breit, und beide Flächen sollten in unterschiedlichen Farben gehalten sein.

Punktevergabe

Der Kampfrichter gibt Handzeichen, wenn ein Kämpfer einen Punkt erzielt oder eine Strafe erhält. Auf diese Weise teilt er den Kämpfern Anweisungen und Punkte mit. Die höchste Wertung im Judo wird als Ippon bezeichnet. Wenn ein Kämpfer einen Ippon erzielt, gewinnt er den Wettkampf und der Kampf ist beendet. Es gibt vier Möglichkeiten, einen Ippon zu erzielen. Die erste Möglichkeit besteht darin, den Gegner mit Geschwindigkeit und Kraft auf den Rücken zu werfen. Die zweite Möglichkeit besteht darin, den Gegner mit der Haltetechnik *Osae Komi Waza* auf den Boden zu drücken und ihn 20 Sekunden lang daran zu hindern, sich zu befreien. Wenn dein Gegner zweimal oder öfter mit den Händen oder Füßen abklopft oder *Maitta* ruft, bedeutet dies, dass er sich aufgrund von Würgen (oder Shime Waza) oder einem Armlock (oder Kansetsu Waza) ergibt. Während Ippon ein voller Punkt ist, ist Waza Ari ein halber Punkt. Waza Ari wird vergeben, wenn ein Element in der Wurftechnik fehlt oder wenn du deinen Gegner zwischen 10 und 20 Sekunden lang festhältst. Wenn du zwei Waza Ari erzielst, gewinnst du den Kampf. Es gab zwei weitere niedrigere Wertungen, Koka und Yuko, die jedoch 2008 bzw. 2017 abgeschafft wurden. Die letzte Wertung ist die Strafwertung oder Shido. Es gibt viele Möglichkeiten, bei einem Judo-Wettkampf Punkte aus den Fehlern des Gegners zu sammeln. Shido kann vergeben werden, wenn ein Kämpfer zu viel Zeit damit verbringt, nicht anzugreifen oder in einem Wettkampf nicht aggressiv genug ist. Wenn beide Kämpfer die gleiche Anzahl an Shidos erhalten, heben sie sich gegenseitig auf und werden nicht in die Wertung für den Gewinner einbezogen. Shido bezieht sich auf kleinere Strafen, während Hansoku Make sich auf größere Strafen bezieht. Eine solche Strafe kann auch verhängt werden, wenn ein Kämpfer drei Shidos erhält. Ein Hansoku Make ist eine schwere Strafe, da der Kämpfer vom gesamten Turnier ausgeschlossen wird.

Sicherheitsverfahren und Etikette

Die Kämpfer dürfen sich nicht absichtlich verletzen und dürfen während des Kampfes keine Tritte, Schläge oder ähnliche Angriffe ausführen. Sie dürfen sich auch zu keinem Zeitpunkt gegenseitig ins Gesicht fassen. Sie dürfen keine harten Gegenstände wie Ringe, Uhren oder Schutzausrüstung in ihren Anzügen tragen, da all dies einen Hansoku Make nach sich zieht. Die Kämpfer dürfen auch keine Kopfsprünge ausführen oder andere Gelenke als die Ellbogengelenke angreifen. Zwei weitere Techniken sind nicht erlaubt: Kawazu Gake (eine Beinverwicklungstechnik) und Kani Basami (eine Bewegung mit einem Sweep des Fußes).

Was die Etikette betrifft, müssen sich die Kämpfer zuerst verbeugen, bevor sie die Matte betreten. Sie stellen sich dann einander gegenüber und verbeugen sich vor und nach dem Wettkampf oder dem Training erneut. Die Kämpfer müssen sich anständig benehmen, daher sind keine Schimpfwörter oder Gesten erlaubt. Während des Kampfes dürfen die Kämpfer nicht zögern, eine defensive Haltung einnehmen oder die Anweisungen des Schiedsrichters ignorieren.

Der Judoanzug oder Judogi muss bestimmte Sicherheitskriterien erfüllen und Grifftechniken zulassen. Die Ärmel dürfen nicht zu kurz sein; sie müssen 5 cm über dem Handgelenk enden, wenn der Arm vor dem Körper ausgestreckt ist. Die Hose muss lang genug sein, um 5 cm über den Knöchel zu reichen. Sponsorenlogos dürfen nur in geringer Anzahl auf dem Anzug angebracht werden. Die Kleidung muss angemessen sein, andernfalls wird der Kämpfer bestraft.

Judo-Ränge und Beförderungstests

Judo wird nach einem Graduierungssystem bewertet, bei dem jede Gürtelfarbe das Niveau des Schülers angibt. Der schwarze Gürtel kennzeichnet den Meister des Sports. Im Judo gibt es zwei Hauptgrade, die Kyu- und die Dan-Grade. Kyu oder Mu-Dan-Sha ist für Schüler, die gerade erst anfangen, Judo zu lernen. Dieser Grad ist weiter in sechs Stufen unterteilt. In aufsteigender Reihenfolge wird der braune Gürtel als Ikkyu, der blaue Gürtel als Nikyu, der grüne Gürtel als Sankyu, der orangefarbene Gürtel als Yonkyu, der gelbe Gürtel als Gokyu und der weiße Gürtel als Rokyu bezeichnet. Nach dem weißen Gürtel muss der Schüler eine Aufstiegsprüfung ablegen, um seine Graduierung zu verbessern und in die Dan-Grade aufzusteigen.

Die Dan-Grade oder Schwarzgurtgruppe wird als Yū-Dan-Sha bezeichnet, was so viel bedeutet wie Träger des schwarzen Gürtels. Diese Rangfolge ist in 10 Stufen oder Grade des schwarzen Gürtels unterteilt. Zu besonderen Anlässen können alle Kämpfer einen schwarzen oder andersfarbigen Gürtel tragen. Kämpfer, die die sechste, siebte und achte Stufe des schwarzen Gürtels erreicht haben, können einen rot-weißen Gürtel tragen. Diejenigen, die die neunte und zehnte Stufe erreichen, können einen roten Gürtel tragen.

Vor deiner Aufnahmeprüfung musst du die Falltechnik beherrschen. Es ist wichtig zu lernen, wie man fällt, um sich vor schweren Verletzungen zu schützen. Du musst dich mit allen Regeln und der Etikette des Kampfes vertraut machen. Du musst die japanische Terminologie lernen und dich gegenüber deinen Lehrern und Mitspielern stets höflich und respektvoll verhalten. Du musst daran denken, deinen Judogi vor der Prüfung sauber zu halten und deine Nägel vor jedem Kampf zu schneiden. Wenn du lange Haare hast, musst du sie mit einem Gummiband gut zusammenbinden und darauf achten, dass du keine Metallgegenstände im Haar hast. Frauen dürfen ein weißes T-Shirt unter der Jacke tragen. Dein Verhalten und deine Anwesenheit sind beim Judo wichtig, daher musst du dich voll und ganz dem Sport widmen, um eine hohe Position zu erreichen.

Inzwischen hast du gelernt, dass Judo mehr ist als nur ein Kampfstil. Es ist eine Kunstform und ein angesehener Sport. Wenn du Judo lernst, kannst du enorm davon profitieren, von körperlicher Fitness bis hin zum Umgang mit Wut, und all das in deinen Alltag mitnehmen.

Kapitel 13: Tägliche Trainingsübungen

Judo ist eine der anspruchsvollsten Kampfsportarten. Obwohl es körperlich nicht so anstrengend ist wie z. B. Karate oder Taekwondo, erfordert es ein hohes Maß an mentaler Disziplin und Konzentration. Darüber hinaus gibt es viele verschiedene Bereiche, auf die du deine Judofähigkeiten ausweiten kannst - von Submissions über Würfe bis hin zu Bodentechniken und Selbstverteidigung. Wenn du hart dafür trainierst, wird jeder Bereich viel Zeit in Anspruch nehmen, bis du ihn beherrschst.

Dieses Kapitel soll dir dabei helfen, die Zeit für das tägliche Training zu finden und in dieser Kampfkunst erfolgreich zu sein.

Im Folgenden findest du einige Übungen und Routinen, die dir dabei helfen, täglich mehr Zeit mit dem Training zu verbringen. Diese können zusätzlich zu deinen Trainingseinheiten im Fitnessstudio oder zu Hause mit einem Trainingspartner durchgeführt werden. Enthalten ist eine Liste von Elementen, die du für das judospezifische Training üben kannst, darunter Muskelaufbau und Aufwärmroutinen.

Außerdem enthält dieses Kapitel Informationen zum Krafttraining. Neben dem Konditionstraining ist es auch wichtig, die Muskeln zu trainieren, um Verletzungen zu vermeiden. Selbst wenn du keine anderen Kampfsportarten ausübst, ist es wichtig, deine Muskeln zu trainieren, um die Bewegungen des Judo zu unterstützen. Für viele dieser Übungen sind eine bestimmte Anzahl von Ausführungen und Sätzen vorgesehen. Du kannst so viele Wiederholungen machen, wie du möchtest, aber übertreibe es nicht, sonst könntest du dich verletzen.

Am Ende dieses Kapitels findest du einige hilfreiche Dehnübungen, die du nach deinem Trainingsprogramm durchführen solltest. Es spielt keine Rolle, welchen Kampfsport du ausübst; du musst dich dehnen, um Verletzungen und Muskelschmerzen vorzubeugen. Dies ist besonders wichtig für Judo, da du deinen gesamten Körper einsetzt, wenn du deinen Gegner würgst, wirfst oder festhältst.

Aufwärmübungen

Judo ist eine Sportart, bei der du deinen gesamten Körper einsetzt. Daher solltest du nicht nur deine Muskeln trainieren, sondern dich auch aufwärmen, um Verletzungen zu vermeiden. Hier sind einige Aufwärmübungen, die du vor deinem Judo-Training machen kannst:

1. Halber Stand
Beginne auf allen Vieren. Bringe dein rechtes Knie in Richtung Brust und strecke es dann wieder aus. Bringe das Knie dann auf etwa Schulterhöhe und achte darauf, dass deine Bauchmuskeln angespannt bleiben. Bringe das Knie schließlich wieder auf Brusthöhe, aber kehre es diesmal in die Ausgangsposition auf allen vieren zurück. Mache drei Sätze mit 12 Wiederholungen und wiederhole dann die gleiche Anzahl von Wiederholungen mit deiner linken Seite.

2. Kindeshaltung
Beginne auf allen vieren, aber anstatt die Knie an die Brust zu ziehen, ziehst du sie nach außen. Schiebe die Hüfte nach hinten, bis deine Stirn den Boden berührt. Halte die Arme ausgestreckt vor dir, mit den Handflächen flach auf dem Boden. Halte diese Position für 30 bis 60 Sekunden.

3. Quadrizeps-Dehnung
Beginne im Stehen und beuge eines deiner Beine im 90-Grad-Winkel nach hinten. Greife nach deinem Fuß oder führe ihn zu deinem Gesäß und halte ihn mit beiden Händen fest. Dein Bein sollte nach hinten ausgestreckt sein. Lehne dich langsam nach vorne und achte darauf, dass dein Knie nicht über deine Zehen hinausgeht. Du wirst eine Dehnung an der Vorderseite deines Oberschenkels und an der Rückseite deines Beins spüren. Halte diese Position 30 bis 60 Sekunden lang und wechsle dann das Bein.

Warm-up Drills

Nachdem du dich gedehnt und aufgewärmt hast, findest du hier einige Übungen, die dein Herz zum Pumpen und dein Blut zum Fließen bringen:

1. Running Man

Diese Übung kann überall durchgeführt werden, am besten jedoch im Freien. Es ist auch eine großartige Ausdauerübung. Beginne, indem du mit ausgestreckten Armen über dem Kopf stehst. Springe dann hoch und berühre mit den Fingerspitzen den Kopf. Springe erneut, aber bringe diesmal deine Hände auf die andere Seite deines Kopfes. Wechsle immer wieder hin und her. Um deine Fähigkeiten zu verbessern, springe und berühre deine Finger auf einer Seite, wechsle dann die Arme und springe mit dem anderen Arm.

2. Hohe Knie

Laufe auf der Stelle und hebe dabei deine Knie bis etwa auf Taillenhöhe. Halte deine Arme vor dir ausgestreckt, fast im 90-Grad-Winkel. Versuche, deine Knie so hoch wie möglich zu bringen. Wenn du das Gefühl hast, langsamer zu werden, versuche, deine Arme stärker zu bewegen.

3. Hackenstöße

Eine weitere Übung, die sich gut für draußen eignet. Laufe auf der Stelle und ziehe deine Knie dabei in Richtung Brust. Versuche, dir mit den Fersen in den Hintern zu treten. Bewege deine Arme für mehr Intensität weiter auf und ab.

4. Seilspringen

Diese Übung ähnelt den Hackenstößen, aber du ziehst deine Knie dabei bis etwa auf Brusthöhe. Du springst gerade auf und ab, aber versuche, bei deinen Sprüngen etwas höher zu kommen. Bewege deine Arme beim Springen auf und ab, um die Intensität zu erhöhen.

Krafttraining für Judo

Judo ist ein Ganzkörpertraining. Dabei werden nicht nur Arme und Beine, sondern auch die Rumpfmuskulatur beansprucht. Nach dem Aufwärmen und Dehnen ist es an der Zeit, etwas Krafttraining zu machen. Hier ist eine Liste einiger Übungen, die du im Fitnessstudio machen kannst, um dein Judotraining zu ergänzen:

1. Klimmzüge/Kinnzüge

Bei einem Klimmzug zeigen deine Handflächen zu dir. Bei einem Kinnzug zeigen deine Handflächen von dir weg. Klimmzüge und Kinnzüge sind großartige Übungen, um deine Rückenmuskulatur zu stärken. Sie helfen dir auch, deinen Gegner vom Boden heben zu können. Am besten führst du sie mit einem Überhandgriff aus, d. h. deine Handflächen zeigen von dir weg. Greife die Stange mit beiden Händen schulterbreit auseinander und lass dich von der Stange hängen. Zieh dich so hoch wie möglich nach oben und lass dich dann wieder nach unten sinken. Mache drei Sätze mit je 12 Wiederholungen.

2. Bankdrücken

Dies ist eine großartige Übung, um deine Brust- und Trizepsmuskeln zu entwickeln. Lege dich auf eine Bank, und platziere eine Langhantel auf deiner Brust. Greife die Stange mit beiden Händen schulterbreit auseinander, und drücke sie nach oben, bis deine Arme vollständig über deinem Kopf ausgestreckt sind. Senke die Langhantel langsam wieder auf deine Brust ab, und wiederhole die Übung. Mache drei Sätze mit je 12 Wiederholungen.

3. Kreuzheben

Das Kreuzheben ist eine großartige Übung, um die Kraft in den Beinen zu steigern und den Rücken zu stärken. Diese Übung muss mit Vorsicht ausgeführt werden, also stelle sicher, dass du weißt, was du tust, bevor du sie ausführst. Am besten führst du diese Übung mit einem Überhandgriff und schulterbreit auseinander positionierten Armen aus. Stelle die Füße schulterbreit auseinander und beuge die Knie leicht. Senke dann die Hantel langsam auf etwa Kniehöhe ab. Halte den Rücken gerade und hebe die Hantel wieder an. Wiederhole die Übung. Mache drei Sätze mit je 12 Wiederholungen.

4. Kniebeugen

Kniebeugen sind ein großartiges Ganzkörpertraining. Dabei werden die Unterkörper- und Rumpfmuskulatur trainiert und der Rücken gestärkt. Stelle dich mit den Füßen schulterbreit auseinander hin und gehe in die Knie, als würdest du dich hinsetzen wollen. Halte deinen Rücken gerade, indem du deinen Po nach hinten streckst. Achte darauf, dass deine Knie nicht über deine Zehen hinausragen, da du dich sonst verletzen könntest. Richte dich langsam wieder auf und wiederhole die Übung. Verwende ein Gewicht, das für dich eine Herausforderung darstellt, aber noch machbar ist. Mache drei Sätze mit je 12 Wiederholungen.

5. Trizeps-Dips

Diese Übung trainiert deine Trizepsmuskeln. Sie kann zu Hause oder im Fitnessstudio durchgeführt werden, ist aber im Fitnessstudio einfacher, wenn du eine Bank oder einen Stuhl zur Verfügung hast. Greife die Kante einer Bank mit den Handflächen nach außen und den Fingern nach innen. Drücke dich mit den Zehen ab, um dich anzuheben, und lass dich dann wieder nach unten sinken. Halte deine Ellbogen während der gesamten Bewegung an den Seiten anliegend. Mache drei Sätze mit je 12 Wiederholungen.

Muskel- und Konditionstraining

1. Liegestütze

Beginne mit den Händen etwas weiter als schulterbreit auseinander. Halte den Rücken gerade und senke dich ab, bis sich deine Brust knapp über dem Boden befindet, und drücke dich dann wieder nach oben. Halte deine Bauchmuskeln angespannt, um Druck auf sie zu vermeiden und sie nicht zu verletzen. Die empfohlene Anzahl an Wiederholungen hierfür beträgt 40-50. Mache so viele wie möglich, ohne anzuhalten, aber überschreite nicht die empfohlene Anzahl, da du dich sonst verletzen könntest. Wenn du nicht stark genug bist, um so viele zu machen, fange mit den Knien auf dem Boden statt auf den Füßen an. Mache zunächst so viele wie möglich und füge dann Wiederholungen hinzu, wenn du stärker wirst.

2. Sit-ups

Setze dich auf den Boden und platziere deine Füße unter etwas Stabilem. Je stabiler das Objekt, unter das du deine Füße stellst, desto leichter wird es. Lege deine Hände hinter deinen Kopf und drücke dich nach oben, indem du deinen Oberkörper in Richtung deiner Knie anhebst. Halte diese Position für einen Moment und komme dann langsam wieder auf den Boden zurück. Achte darauf, dass du den Boden nicht mit dem Rücken berührst, da sich dieser sonst krümmt und du dich verletzen könntest. Bringe stattdessen deinen Oberkörper auf den Boden. Die empfohlene Anzahl der Wiederholungen hierfür beträgt 40-50. Auch hier gilt: Mache so viele wie möglich, ohne anzuhalten, aber überschreite nicht die empfohlene Anzahl.

3. Beinheben

Lege dich auf den Rücken und bringe deine Knie in einen 90°-Winkel. Halte sie in diesem Winkel und hebe deine Füße vom Boden. Hebe deine Beine an, bis sie senkrecht zu deinem Oberkörper verlaufen, und senke sie dann langsam wieder ab. Halte deinen Kopf auf dem Boden und rolle dich nicht zurück, um dich wieder aufzurichten. Die empfohlene Anzahl der Wiederholungen hierfür beträgt 20-30.

4. Fahrrad-Crunches

Dies ist eine weitere Ganzkörperübung, die deine Bauchmuskeln und Beine trainiert. Begib dich in die gleiche Position wie bei den Beinheben. Bei dieser Übung bewegst du deine Beine jedoch so, dass dein rechtes Knie neben deinen linken Ellbogen kommt und dann dein linkes Knie neben deinen rechten Ellbogen. Fahre mit diesem Muster abwechselnd fort. Die empfohlene Anzahl der Wiederholungen hierfür beträgt 20-30.

5. Unterarmstütz

Lege dich auf den Boden, die Ellbogen befinden sich direkt unter den Schultern und die Beine sind gerade nach hinten ausgestreckt. Halte dich mit den Fußballen und den Handrücken aufrecht und so flach wie möglich. Wenn dir das zu schwerfällt, kannst du die Knie auf dem Boden lassen. Halte diese Position so lange wie möglich. Die empfohlene Zeit beträgt 30 Sekunden.

6. Burpees

Beginne im Stehen. Lass dich auf den Boden fallen und stütze dich mit den Händen ab. Strecke die Beine nach hinten aus, sodass du in einer Liegestützposition mit ausgestreckten Armen bist. Mache ein Liegestütz, bringe dich dann wieder in die stehende Position und springe in die Luft. Beuge dich bei der Landung nach vorne und berühre mit den Fingern den Boden. Das Ziel ist es, die Füße wieder in die Luft zu bekommen, während du den Boden berührst, aber das ist nicht erforderlich. Diese Übung trainiert deine Beine, Arme, Brust und deinen Rumpf. Mache so viele Wiederholungen dieser Übung wie möglich.

7. Ausfallschritte

Stelle dich mit den Füßen schulterbreit auseinander hin. Mache einen Schritt nach vorne, sodass ein Bein nach vorne ausgestreckt ist. Halte den Rücken gerade und gehe in die Knie, bis dein hinteres Knie fast den Boden berührt. Drücke dich wieder nach oben und tritt mit dem anderen Bein nach vorne, wobei du diese Bewegung auf dieser Seite wiederholst. Achte darauf, dass du dich während der gesamten Übung nach vorne bewegst und nicht nur zur Seite trittst. Die empfohlene Anzahl der Wiederholungen hierfür beträgt 20-30. Wenn du etwas mehr Widerstand hinzufügen möchtest, kannst du Hanteln in beiden Händen halten.

Dehnen nach dem Training

Nach dem Training ist es wichtig, sich zu dehnen. Dadurch entspannen sich die Muskeln und Verletzungsrisiken werden minimiert. Zu den Dehnübungen im Stehen gehören:

- Die Zehen berühren.
- In der Baum-Pose nach oben greifen.
- Sich nach vorne beugen und versuchen, mit den Fingern den Boden zu berühren, wenn möglich.
- Auf dem Rücken liegen und beide Beine in einem 90°-Winkel anheben.
- Lege dich auf den Rücken und bringe beide Beine in einem 45°-Winkel hinter dich.
- Stehe aufrecht und strecke deine Hände nach oben, dann nach rechts und links.
- Stelle dich auf ein Bein und bringe das andere vor dich, beuge dich nach unten, um dein Knie zu berühren.
- Stelle dich auf ein Bein und bringe das andere zur Seite, beuge dich wieder nach unten, um dein Knie zu berühren.

Dehnübungen im Sitzen

- Strecke deine Zehen von dir weg und ziehe sie dann wieder zu dir heran.
- Lege dich auf den Rücken und strecke beide Beine in einem 90°-Winkel nach oben. Dann strecke sie wieder nach unten und berühre den Boden vor dir.
- Lege dich auf den Rücken und bringe beide Beine hinter dich, wieder in einem 45°-Winkel, und berühre dann den Boden vor dir.
- Setze dich hin, wobei ein Bein über dem anderen gekreuzt ist, greife dann nach deinen Zehen und ziehe sie zu dir heran.
- Setze dich hin, halte ein Bein fest und bringe es an deine Brust. Wenn möglich, greife mit der anderen Hand nach der Unterseite des Fußes und ziehe ihn näher zu dir heran.

Judo ist eine Kampfsportart, die Disziplin, Training und harte Arbeit erfordert, um den schwarzen Gürtel zu erreichen. Es kann jedoch für jeden von Vorteil sein, etwas Judo-Training in sein Trainingsprogramm aufzunehmen. Judo-Training kann dir helfen, deine allgemeine Koordination und dein Gleichgewicht zu verbessern, Muskeln aufzubauen, und ganz nebenbei Kalorien zu verbrennen. In diesem Kapitel wurden einige großartige Trainingsideen vorgestellt, mit denen du dein Judotraining beginnen oder einfach nur ein wenig Abwechslung in deinen aktuellen Trainingsplan bringen kannst. Diese Übungen können alle im Fitnessstudio oder zu Hause durchgeführt werden und erfordern keine spezielle Ausrüstung außer einer Trainingsmatte, um Stürze abzufedern.

Das Judotraining kann mit anderen Formen des Trainings kombiniert werden, idealerweise sollte es jedoch separat durchgeführt werden. Es wird empfohlen, mindestens drei Tage pro Woche zu trainieren, aber du kannst auch öfter trainieren, wenn du möchtest. Achte nur darauf, es langsam angehen zu lassen und auf die Grenzen deines Körpers zu hören. Wie immer ist es wichtig, nach dem Üben eines der Würfe/Takedowns wieder in die stehende Position zurückzukehren, um Verletzungen im Judo-Unterricht zu vermeiden. Vergiss auch nicht, dich nach dem Training zu dehnen und viel Wasser zu trinken.

Schlussfolgerung

Dieses Buch soll dir einen umfassenden Überblick über Judo in Bezug auf seine Prinzipien, Techniken und Hierarchien geben. Wir haben mit der Geschichte des Judo begonnen und erklärt, wie es aus dem Jiu-Jitsu entstanden ist und wie es von den Samurai praktiziert wurde. Wir haben besprochen, dass die Etikette ein wichtiger Aspekt des Judo ist – die Kämpfer müssen sich vor dem Betreten der Matte und vor und nach jedem Kampf verbeugen. Die Idee hinter Judo ist es, maximale Effizienz zu erreichen und dabei die eigene Energie zu bewahren. Es geht also nicht darum, die Kraft gegen den Gegner einzusetzen. Es geht darum, das Gleichgewicht zu halten und auf den richtigen Moment zu warten, um den Gegner zu Boden zu werfen. Wie aus dem Buch hervorgeht, gibt es zahlreiche Techniken und Variationen, die man bei einem Judo-Wettkampf anwenden kann.

In Kapitel 2 haben wir die beiden wichtigsten Methoden zum Erlernen von Judo erwähnt, nämlich Kata-Judo und Randori-Judo. Du hast gelernt, wie du die offensiven Handlungen deines Gegners vorhersehen und auf plötzliche Angriffe reagieren kannst. Wir haben die sieben Kata-Techniken erwähnt und welche davon bis heute verwendet werden. Randori-Judo bezieht sich auf die freiere Form des Judo, bei der du lernst, mit deinen Techniken kreativer umzugehen. Judo ist eine fließende Sportart, und es reicht nicht aus, sich nur ein paar Techniken oder Kampfkombinationen zu merken, um einen Wettkampf zu gewinnen. Beim Judo musst du wissen, wie du das Blatt zu deinen Gunsten wenden kannst, wenn du dich in einer verletzlichen Position befindest. Randori-Techniken lehren dich, wie man entweder im Stehen oder am Boden kämpft. Du musst zunächst mit den Kata-Techniken vertraut sein, bevor du zum Randori-Stil übergehst.

In den Kapiteln 3 bis 10 haben wir alle wesentlichen Techniken des Judo erwähnt, beginnend mit der grundlegendsten, nämlich dem Erlernen des sicheren Fallens und Landens, um Verletzungen zu vermeiden. Dies ist von entscheidender Bedeutung, da Judo viele Würfe und Stürze beinhaltet. Der wichtigste Aspekt bei jeder Sportart ist die Einhaltung von Sicherheit und Selbstbeherrschung, damit du nicht in Versuchung gerätst, deinen Gegner absichtlich zu verletzen (sonst wirst du vom Kampf disqualifiziert). Wir haben die Handtechniken besprochen und wie man den Oberkörper einsetzt, um einen Gegner zu werfen, indem man die 15 Te Waza-Techniken gelernt hat. Es ist auch sehr wichtig, etwas über Würfe aus der Hüfte zu lernen, denn es geht darum, den Gegner aus dem Gleichgewicht zu bringen. Dann gingen wir zu den 21 Ashi-Waza- oder Fußtechniken und Opfertechniken über, bei denen man seine Gegner austrickst, indem man sich auf den Rücken fallen lässt, um sie zu Boden zu bringen.

In den Kapiteln 9 und 10 sprachen wir über die Festhalte-, Würge- und Gelenkhebel-Techniken, die sehr wichtig sind, um einen vollen Punkt oder einen Ippon zu erzielen, womit man den Kampf gewinnt. Bei all diesen Techniken ist Vorsicht geboten und sie dürfen nur unter Aufsicht geübt werden. Danach sprachen wir über Judo als eine Kunst der Selbstverteidigung und erklärten, wie man einen größeren und viel stärkeren Gegner zu Boden bringen kann und wie man bewaffnete Angriffe überlebt. Wir haben die Wettkampfseite des Judo erwähnt, wie es zu einer Kunstform erhoben wird, alle Wettkampfregeln, den Ablauf und die Wertung und wie man sich auf Prüfungen vorbereitet. Im letzten Kapitel haben wir erklärt, wie man sich eine tägliche Routine für das Judotraining zurechtlegt, die man zu Hause oder im Fitnessstudio umsetzen kann. Wir hoffen, dass dir dieses Buch dabei hilft, alles rund um diese großartige Kampfkunst zu lernen.

Teil 9: Sambo

Ein unverzichtbarer Leitfaden zu einer Kampfkunst, die Judo, Jiu-Jitsu und Ringen ähnelt, samt Würfen, Grappling-Stilen, Griffen und Unterwerfungstechniken

Einleitung

Sambo ist eine Kampfsportart, die an Judo erinnert, aber einige Unterschiede aufweist. In diesem Buch lernst du die grundlegende Terminologie und Techniken zu Würfen, Grifftechniken, Selbstverteidigungsbewegungen in Sambo, Rolltechniken und Schlägen – und sogar Möglichkeiten, deine Fähigkeiten in diesem spannenden Sport zu verbessern.

Sambo ist eine russische Kampfkunst; der Name ist ein Akronym und bedeutet Selbstverteidigung ohne Waffen. Sie wurde ursprünglich im 20. Jahrhundert entwickelt, um dem sowjetischen Militär ein unbewaffnetes Kampftraining zu ermöglichen. Sie ist Judo, Jiu-Jitsu und Ringen sehr ähnlich, hat aber viele einzigartige Aspekte.

Obwohl Sambo vom Judo abgeleitet ist, weist es einzigartige technische Unterschiede auf. Da die Kunstform ursprünglich für das Militär entwickelt wurde, weist Sambo von Natur aus viele Kampfelemente auf. Zum Beispiel erlaubt Combat Sambo aggressivere Manöver mit Schlägen, Ellbogen, Kniestößen usw. Sambo-Meister schneiden bei Mixed-Martial-Arts (MMA)-Wettbewerben sehr gut ab – dank der Vielseitigkeit der Kampfkunst.

Wer Sambo beherrscht, hat viele Vorteile. Erstens eignet sich Sambo hervorragend zur Selbstverteidigung, da die Techniken praktisch und effizient sind. Darüber hinaus ist diese Kampfkunst hervorragend für die Fitness und die persönliche Weiterentwicklung geeignet. Sambo erfordert viel Kraft, um Würfe gegen stärkere Gegner auszuführen, wodurch letztlich die Ausdauer verbessert wird.

Sambo verfügt über eine Vielzahl von Wurftechniken. Es gibt Würfe, mit denen man seinen Gegner zu Boden bringen kann, wenn dieser steht, sitzt oder liegt. Die in Sambo verwendeten Griffe ermöglichen viele Kombinationen und Angriffe auf den Gegner – daher ist es sehr vorteilhaft, sie zu üben.

In Sambo gibt es auch viele Griffkampftechniken, die eingesetzt werden können, um sich während eines Kampfes einen Vorteil zu verschaffen. Je nach Situation kann man auch die Hände oder Beine einsetzen, um den Gegner effektiv zu kontrollieren.

Um Sambo zu meistern, ist jahrelanges, fleißiges Training erforderlich. Es ist nicht einfach, ein Sambo-Experte zu werden, aber die Vorteile sind es wert.

Dieses Handbuch im Stil einer Enzyklopädie ist ein Muss für Sambo-Kämpfer aller Niveaus. Es enthält alles von der Geschichte bis hin zu Grifftechniken, Unterwerfungen und Selbstverteidigung in einem klaren, prägnanten Format, das perfekt für Anfänger ist, die Experten werden wollen.

Durch die Einordnung der Selbstverteidigungstechniken in den Kontext wird dieses Buch zu einem leicht verständlichen Leitfaden, der die Leser mit den grundlegenden Informationen versorgt, die sie benötigen, um diese Kampfkunst zu meistern. Von Kapitel 1: „Was ist Sambo" bis Kapitel 10: „Verbesserung deiner Sambo-Fähigkeiten" werden keine Details ausgelassen.

Dieser essentielle Leitfaden stellt verschiedene Würfe und Rollen sowie Selbstverteidigung vor. Profitiere von unserem Fachwissen.

In diesem Sambo-Leitfaden lernst du die grundlegenden Elemente von Sambo kennen. Es gibt viel zu lernen, mit detaillierten Abschnitten über Würfe und Halte-Techniken, Kopf- und Würgegriffe, Armhebel und Pins. Schau dir die verschiedenen Ringkampfstile genauer an, die im Sambo angewendet werden, darunter Judo, brasilianisches Jiu-Jitsu und Ringkampfsysteme, die einen größeren Anteil an allen Wettkämpfen weltweit ausmachen.

Die meisten Bücher zu diesem Thema sind theoretische Übersichten, die grundlegende Informationen über Techniken, Strategien und Beobachtungen enthalten, ohne etwas Spezifisches für die Bedürfnisse einer Person zu bieten. Der vorliegende Leitfaden vermittelt dir das gesamte Grundwissen, um die Grundlagen durch praktisches Training mit einem erfahrenen Trainer zu erlernen. Das Buch enthält auch detaillierte Anleitungen für Solo-Übungen zum Selbsttraining.

Du wirst durch jeden Schritt geführt, von sorgfältigen Erklärungen zu Bewegungen wie Pins oder Würfen bis hin zu Beschreibungen von Stiländerungen, Positionswechseln und allgemeinen Positionen – mit klaren Anweisungen, wie diese Übergänge gemacht werden sollten.

Kapitel 1: Was ist Sambo?

Im Laufe der Jahre haben sich immer mehr Menschen für das Erlernen von Kampfkünsten interessiert. Die Sicherheit und die geistige und körperliche Gesundheit jedes Einzelnen haben oberste Priorität. Glücklicherweise gibt es nichts, das Selbstverteidigung, körperliche Kraft und Gesundheit sowie geistiges Wohlbefinden und Stimulation so gut miteinander verbindet wie die Ausübung von Kampfkünsten.

Möglicherweise überrascht es dich zu erfahren, dass es über 170 Kampfkünste gibt. China, Japan und Korea sind dafür bekannt, Ursprungsländer verschiedener Kampf- und Selbstverteidigungstechniken wie Karate, Jiu-Jitsu und Taekwondo zu sein. Sambo ist jedoch eine bekannte russische Sportart.

Sambo wurde als eine universelle Kampfkunst entwickelt. Die Anhänger arbeiteten unermüdlich daran, eine Vielzahl von Elementen zusammenzutragen, auszuwählen und nahtlos zu kombinieren, um eine Grundlage für die universelle Kampfkunst Sambo zu schaffen. Die Trainingsprogramme dieser Sportart sind sehr speziell und machen ihre Praktiker zu Meistern zahlreicher Techniken und geschickten Taktikerdenkern, was auf der Matte von Vorteil ist.

Das Akronym SAMBO leitet sich von dem Ausdruck Samooborona Bez Oruzhia ab, was übersetzt Selbstverteidigung ohne Waffen bedeutet. Es ist eher auf Verteidigung als auf Angriff ausgelegt, was in vielen Situationen, mit denen wir in der heutigen Welt konfrontiert sind, nützlich sein kann. Sambo vermittelt nicht nur wertvolle Selbstverteidigungstechniken, sondern kann auch dazu beitragen, den Charakter zu stärken. Es lehrt Ausdauer und Durchhaltevermögen, Eigenschaften, die wir brauchen, um unverzichtbare Lebenserfahrungen zu machen und ihrer Komplexität standzuhalten.

Sambo hilft uns nicht nur, uns vor potenziellen Angreifern zu schützen, sondern auch, bei anderen alltäglichen Vorfällen sicher zu bleiben. So gehören beispielsweise Ausrutscher und Stürze zu den häufigsten Ursachen für Verletzungen. Ganz gleich, ob man sich beim Gehen den Knöchel verstaucht oder auf nasser Oberfläche ausrutscht, mit der Sambo-Falltechnik kann man sich schützen. Eine sichere Falltechnik ist ein Muss für jede Kampfsportart.

Dieser Sport lehrt unzählige wertvolle Eigenschaften und Charakterzüge. Es geht um körperliche Kraft und darum, willensstarke Menschen hervorzubringen. Sambo hilft dabei, wichtige Charaktereigenschaften wie Selbstdisziplin, Kontrolle, Fleiß, Ausdauer und Willenskraft zu entwickeln. Diese Charakteraspekte können das Selbstbewusstsein außerhalb des Trainingsraums stärken.

Für manche ist Sambo die treibende Kraft, auch wenn sie es als Profisport betrachten. Andere betrachten Sambo als Hobby und als Möglichkeit, an der eigenen Weiterentwicklung zu arbeiten. Unabhängig davon, was dieser Sport für dich bedeutet, kann er eine großartige Ergänzung zu deiner Karriere sein. Er kann als Stressventil, als Auszeit oder als perfekte Gelegenheit dienen, deine Kreativität zu fördern.

Dieses Buch ist perfekt, wenn du Sambo ausprobieren möchtest. In diesem Kapitel gehen wir tief in die Materie ein und erklären, was Sambo ist und woher es kommt. Es gibt keinen besseren Weg, um sich mit dem Sport und seiner Geschichte vertraut zu machen, als sich mit dem Sport zu beschäftigen. Einige Sambo-Unterarten werden behandelt und die Unterschiede zwischen ihnen werden erläutert.

Sambo kennenlernen

Was ist Sambo? Sambo ist ein sowjetischer Kampfsport und eine Kampfkunst. Wie bereits erwähnt, ist es ein Akronym eines romanisierten russischen Ausdrucks, der Selbstverteidigung ohne Waffen bedeutet. Es gehört zu den neuesten oder modernsten Kampfkunstformen. Laut United World Wrestling ist es der drittbeliebteste internationale Wrestling-Stil.

Ursprünglich wurde Sambo für das Militär entwickelt, um Kämpfe so effizient und schnell wie möglich beenden zu können. Nicht lange danach wurde Sambo zu einem internationalen Wettkampfsport.

Judo, Jiu-Jitsu und andere Kampfsportarten dienten als Inspiration für die Grundzüge, Bewegungen und Techniken von Sambo. Die Gesamtheit dieser verschiedenen Ringer- und Kampfstile ist allgemein als Selbstverteidigungskunst bekannt.

Wie bei anderen Ringsportarten müssen die Kämpfer auch beim Sambo bestimmte Vorschriften und Regeln einhalten. An einem Kampf sind zwei Personen beteiligt, die verschiedene Tricks und Schläge anwenden. Die erzielten Punkte sind eine Bewertung ihrer Tricks, und natürlich gewinnt der Ringer mit der höchsten Punktzahl. Der Kampf kann vor Ablauf der vorgesehenen Zeit beendet werden, wenn ein Spieler erfolgreich verschiedene Tricks zur Aufgabe und zur Fixierung seines Gegners anwendet.

Wie man sieht, ist dieser Sport sehr komplex. Sambo-Ringer müssen daher ein hartes Training absolvieren, um die erforderlichen Fähigkeiten und Techniken zu erlernen. Ringer sollten in der Lage sein, im Nahkampf zu kämpfen und Treffer zu landen.

Obwohl Sambo ein Verteidigungssport ist, erfordert er dennoch ein aggressives Auftreten, insbesondere während der Kämpfe. Der Erfolg während des Kampfes hängt vom Erwerb und der Beherrschung einer Vielzahl von Fähigkeiten ab.

Für Hebel, Würfe, Würgetechniken, Tritte und Schläge sind Flexibilität und Beweglichkeit erforderlich. Diese Fähigkeiten und Bewegungen müssen während des gesamten Kampfes taktvoll eingesetzt werden.

Um Sambo zu lernen, muss man verstehen, dass es Jahre des Übens und der Hingabe erfordert, um diese Kunst zu meistern. Es ist kein Sport für diejenigen, denen es an Motivation, Entschlossenheit und Geduld mangelt. Bei Sambo geht es nicht nur darum, die Bewegungen auszuführen, sondern auch darum, die vollständige Kontrolle über jede Fähigkeit und jede Bewegung des Körpers zu erlangen.

Die Ziele und Merkmale des russischen Sambo

Die Ziele des russischen Sambo hängen vom Stil ab, auf den später noch eingegangen wird. Das oberste Ziel dieses Kampfstils ist es jedoch, einen Kampf schnell und effizient zu beenden. Dies geschieht in der Regel, indem der Gegner zu Boden gebracht wird und der Ringer schnell einen Haltegriff ausführt. Der Kämpfer folgt dem Takedown in kampforientierten Sambo-Stilen in der Regel mit schnellen Schlägen.

Jeder, der Sambo praktiziert, muss drei spezifische Elemente kennen: Beinscheren, eine nahtlose Kombination aus Judo und anderen Ringkampfmanövern und grundlegende Kontrollfähigkeiten. Der verwendete Sambo-Stil fügt darüber hinaus einige Dinge zur Grundmischung hinzu. Beispielsweise muss der Praktizierende im kampforientierten Sambo hervorragende Schlagfertigkeiten erwerben. Dennoch ist Sambo im Wesentlichen eine Kunst des meisterhaften Ringens. Unterwerfungen und Takedowns sind die Hauptschwerpunkte.

Die Geschichte von Sambo

Die Ursprünge

Sambo wurde als eine Kombination aus allen oder den meisten verschiedenen Kampfsportarten entwickelt. Das Hauptziel bestand darin, einen Stil und ein System zu entwickeln, welche die größte Effizienz bieten. Russland, die metaphorische Brücke zwischen asiatischen und europäischen Ländern, war der Umschlagplatz für verschiedene Kampfstile und -techniken.

Die auf beiden Kontinenten entwickelten Kampfkünste fanden schnell Einzug in Russland, da das Land in nahezu direktem Kontakt mit den Wikingern, Mongolen, Japanern, Tataren und mehreren anderen kampferprobten Zivilisationen stand. Die Stile und Techniken, die diese Völker den Russen vermittelten, dienten als Ausgangsmaterial für die Gründung dessen, was wir heute als russisches Sambo kennen.

Der Elite-Karate- und Judo-Ausbilder der Roten Armee, Wassili Oshchepkov war einer der Pioniere des Sambo. Wie jeder andere Trainer auch hatte er das Ziel oder den Traum, dass seine Schüler die besten, geschicktesten und kompetentesten in allen Kampfsystemen und Kampfsporttechniken sein sollten.

Oshchepkov war einer der wenigen nicht-japanischen Träger des 2. Dan schwarzen Gürtels im Judo von Jigoro Kano. Diese Leistung bestärkte ihn in der Überzeugung, dass er einen besseren Kampfkunststil entwickeln konnte. Er kombinierte die Bewegungen und Fähigkeiten, die er für die effizientesten im Judo hielt, mit denen des Karate und einigen russischen Ringertechniken.

Während dieser Zeit arbeitete Victor Spiridonov, ein sehr erfahrener Mann im griechisch-römischen Ringen und anderen Stilen, daran, alle Techniken aus den Methoden des Nahkampfs zu sortieren und auszuwählen und alles, was nicht funktionierte, wegzulassen. Spiridonov wurde früher im Russisch-Japanischen Krieg durch ein Bajonett verletzt. Diese Verletzung ließ seinen linken Arm lahm werden, was sich zweifellos auf seine Arbeit auswirkte.

Aufgrund seiner Verletzung war der Stil, den Spiridonov verwendete, im Nachhinein natürlich viel weicher. Seine Verletzung ließ ihn aus einer alternativen, eher ungewöhnlichen Perspektive denken. Normalerweise versuchen die Kämpfer, im Kampf Kraft und Stärke einzusetzen. Spiridonov hoffte jedoch, einen effektiven Stil zu entwickeln, der es ihm ermöglichte, die Kraft des Gegners gegen ihn selbst zu verwenden. Diese Technik würde funktionieren, wenn der Kämpfer die Aggression oder Kraft des Gegners auf eine Weise ablenkt, die dieser nicht leicht vorhersehen kann. Seine Technik war für verletzte oder schwächere Kämpfer von unschätzbarem Wert, da sie es ihnen ermöglichte, genauso gut zu kämpfen. Sein Stil war offiziell als Samoz bekannt.

Die Allgemeine Militärische Ausbildung (Vseobuch) wurde 1918 von Wladimir Lenin entwickelt. Dieses Programm zielte darauf ab, die Rote Armee unter der Führung von K. Woroschilow auszubilden. Das NKWD-Sportzentrum Dinamo wurde von Woroschilow gegründet. Mehrere erfahrene und professionelle Ausbilder wurden zusammengebracht, um den Erfolg dieses Zentrums sicherzustellen. Spiridonov gehörte zu den ersten Ausbildern, die Selbstverteidigungs- und Ringkampftechniken bei Dinamo unterrichteten.

1923 geschah das Magische. Spiridonov und Oshchepkov arbeiteten zusammen, um die waffenlosen Kampf- und Gefechtsmethoden der Roten Armee zu erweitern und zu verbessern. I.V. Vasiliev und Anatoly Kharlampiev, die sich hervorragend mit den weltweiten Kampfkünsten auskannten, beteiligten sich ebenfalls an dieser bedeutenden Zusammenarbeit.

Ein Jahrzehnt später war endlich ein Entwurf für das, was die Welt heute als Sambo kennt, fertig. Dieser Entwurf kombinierte alle Techniken und Stile, die die Beteiligten für äußerst effizient und effektiv hielten.

Obwohl alle fleißig an dem Projekt arbeiteten, ist Kharlampiev als Vater des Sambo bekannt, vielleicht aufgrund seiner starken politischen Verbindungen. Es ist auch eine Hommage an seine Fähigkeit und Ausdauer, der Entwicklung der Kampfkunst in ihren frühen Anfängen und Entwicklungsstadien treu zu bleiben.

Darüber hinaus war Kharlampiev die Person hinter der Kampagne, Sambo als offiziellen Kampfsport der Sowjetunion zu etablieren. Seine Träume und Bemühungen wurden 1938 Wirklichkeit. Es ist jedoch erwähnenswert, dass es Hinweise darauf gibt, dass Spiridonov der Erste war, der den Namen Sambo in Bezug auf das neu entwickelte Kampfsystem verwendete.

Sambo wurde schließlich vom sowjetischen Militär und der Polizei sowie von anderen Organisationen unterrichtet und eingesetzt, sobald seine Techniken verfeinert und ordnungsgemäß katalogisiert worden waren. Es ist jedoch zu erwähnen, dass die Techniken je nach der anvisierten oder vermuteten Zielgruppe geringfügig modifiziert wurden.

Sambo in den USA

Erst in den 1960er Jahren begann sich Sambo außerhalb Russlands zu verbreiten. Es tauchte in anderen Teilen der Welt auf, als mehrere Anhänger des Kampfstils an internationalen Judo-Wettkämpfen teilnahmen. 1968 erkannte die FILA (Fédération Internationale des Luttes Associées), die Internationale Amateur-Ringer-Föderation, Judo, Sambo und griechisch-römischen Ringkampf als internationale Ringer-Stile an.

Boris Timoshin - ein in Russland geborener Politiker und tschechoslowakischer Flüchtling - reiste 1968 in die Vereinigten Staaten. Er praktizierte Sambo und war während seines Studiums ein Champion. Er war bestrebt, weiter zu trainieren, während er eine Karriere als Sambo-Lehrer plante. Bei seiner Ankunft wurde er von jedem Kampfsportzentrum, das er aufsuchte, abgewiesen. Trotz aller Ablehnung fand er einen

Ort, an dem er Sambo trainieren und unterrichten konnte, und zwar in der 23rd Street im YMCA in New York City, wo er wunderbare Freundschaften schloss.

Obwohl seine Karriere als Sambo-Lehrer nur bis 1971 andauerte, hinterließ er einen unglaublichen Eindruck, was ihn zu einer der legendärsten Figuren in der Sambo-Gemeinschaft machte. Er erhielt den Titel Amerikas erster Sambo-Trainer.

Mitte der 1980er Jahre gewannen Sambo-Wettkämpfe an Popularität. 1985 erhielt der Sport mit der FIAS (International Sambo Federation) eine eigene Organisation. Die wahre Anerkennung und Popularität des Kampfstils setzte jedoch erst ein, als Oleg Taktarov, Träger des russischen schwarzen Gürtels im Judo und Sambo-Wettkämpfer, 1995 die UFC 6 gewann. Erst dann fügte eine außergewöhnlich große Anzahl von UFC-Kämpfern Sambo-Techniken zu ihren bestehenden Bewegungen und Techniken hinzu.

Heute gibt es zwei große amerikanische Sambo-Organisationen, die AASF oder All-American SAMBO Federation und die USA Sambo.

Sambo: Ist es eine olympische Sportart?

1980 wurde bei der Eröffnungsfeier der Olympischen Sommerspiele in Moskau eine Vorführung von Jugend-Sambo gezeigt. Obwohl darüber gesprochen wurde, dass das Internationale Olympische Komitee Sambo 1981 als offizielle olympische Sportart anerkennen würde, ist der Kampfstil noch keine olympische Sportart. Der Druck und die Hoffnung bleiben jedoch bestehen, da Präsident Wladimir Putin, Ehrenpräsident der FIAT, den Sport und die Bemühungen der Sambo-Gemeinschaft weiterhin unterstützt.

Modernes Sambo

Laut der International Sambo Federation nahmen 2016 an den Sambo-Weltmeisterschaften in Sofia, Bulgarien, über 500 Athleten teil. Diese Teilnehmer kamen aus 80 verschiedenen Ländern. Die genaue Zahl der Menschen, die weltweit Sambo praktizieren, lässt sich nicht schätzen. Im Jahr 2013 gab es jedoch allein in Russland über 410.000 Menschen, die Sambo ausübten.

Wie jede Kampfkunst hat Sambo eine sehr bewundernswerte Philosophie. Zu den Grundsätzen gehören Respekt, Selbstdisziplin, persönliches Wachstum und Entwicklung sowie Freundschaft. Diese Werte werden allen Sambo-Praktizierenden unabhängig von Alter, Rasse, Glauben, geografischer Lage oder Nationalität vermittelt, ganz zu schweigen vom großen Einfluss des Sports auf Ausdauer, Kondition und Kraft. Dies macht Sambo zur perfekten Sportart und Selbstverteidigungstechnik für Kinder und Erwachsene.

Unterarten von Sambo

Es gibt verschiedene Sambo-Stile. Die grundlegenden Prinzipien von Sambo sind zwar mehr oder weniger gleich geblieben, doch seit den Anfängen dieser Sportart sind zahlreiche Varianten entstanden. Trotz der unzähligen Stile kann der Kampfstil in Sport-Sambo und Combat-Sambo unterteilt werden. Neben diesen beiden Hauptkategorien oder Untertypen sind nur vier weitere weitläufig bekannt.

1. Sport Sambo

Sport Sambo ist hauptsächlich eine Wettkampfform von Sambo und ähnelt im Allgemeinen Judo und Ringen. Ein Wettkämpfer muss sich beispielsweise stark auf das Ringen, die Verteidigung und das Niederringen konzentrieren, um den Kampf zu gewinnen. Auch Beinscheren in all ihren Formen sind nach den Wettkampfregeln erlaubt. Beinscheren sind Armhebel sehr ähnlich. Wie der Name schon sagt, werden sie jedoch mit den Beinen ausgeführt.

Die aktuellen Gewichtsklassen bei der Weltmeisterschaft für Männer sind 52 kg, 57 kg, 62 kg, 68 kg, 74 kg, 82 kg, 90 kg, 100 kg und über 100 kg. Bei den Frauen sind die Gewichtsklassen 48 kg, 52 kg, 56 kg, 60 kg, 64 kg, 68 kg, 72 kg, 80 kg und über 80 kg.

2. Combat-Sambo

Combat-Sambo wurde ausschließlich für militärische Zwecke entwickelt. Sambo steht zwar für Selbstverteidigung ohne Waffen, aber Combat-Sambo beinhaltet Entwaffnungstechniken und den Einsatz von Waffen. Zusätzlich zu den grundlegenden Sambo-Bewegungen erfordert Combat-Sambo die Ausführung von zusätzlichen Griff- und Schlagtechniken.

Obwohl Combat Sambo ausschließlich für das russische Militär entwickelt wurde, gehört es heute zu den gängigen Sambo-Wettkampfstilen. Es unterscheidet sich von Sport Sambo dadurch, dass es Kopfstöße, Ellbogen- und Knieeinsatz, Ringen, Schläge in die Leistengegend sowie Faust- und Fußtritte umfasst. Es ähnelt dem modernen MMA. Die Wettkämpfer müssen zusätzlich zur regulären Sambo-Ausrüstung Schienbein-, Kopf- und Handschützer tragen.

Combat-Sambo wird nur von Männern praktiziert. Die aktuellen Gewichtsklassen bei Weltmeisterschaften sind 52 kg, 57 kg, 62 kg, 68 kg, 74 kg, 82 kg, 90 kg, 100 kg und über 100 kg.

3. Freestyle-Sambo

2004 entwickelte die American Sambo Association die Unterart Freestyle Sambo. Damit sollte es Nicht-Sambo-Praktizierenden ermöglicht werden, an Sambo-Veranstaltungen teilzunehmen, insbesondere solchen, die Judo und Jiu-Jitsu praktizierten. Bei diesen Veranstaltungen erlaubte man eine Reihe von Würgegriffen, die normalerweise im Sport Sambo verboten sind.

4. Selbstverteidigungs-Sambo

Bei Selbstverteidigungs-Sambo dreht sich alles um – ihr habt es erraten – Verteidigungstaktiken und -techniken. Das Tolle an dieser Sambo-Variante ist, dass sie den Praktizierenden lehrt, sich gegen Waffen und andere Angriffe zu verteidigen. Die Hauptstrategie besteht darin, die Kraft und Aggression des Gegners oder Angreifers gegen ihn selbst zu verwenden. Wie ihr euch erinnert, war dies Spiridonovs Hauptziel. Sein Einfluss ist neben dem Geist von Aikido und Jiu-Jitsu im Selbstverteidigungs-Sambo von herausragender Bedeutung.

5. Special Sambo

Special Sambo wurde für schnelle Eingreiftruppen und Spezialeinheiten der Armee entwickelt. Es handelt sich lediglich um eine spezialisiertere Version oder einen Subtyp der üblichen Sambo-Technik. Sie wurde verfeinert und perfektioniert, um den Anforderungen der jeweiligen Einheit gerecht zu werden, die sie einsetzen würde. Special Sambo ist Combat Sambo recht ähnlich. Jede Gruppe fügt jedoch der Mischung einige besondere Ziele hinzu.

6. Beach Sambo

Beach Sambo ist die unkonventionelle Version des Kampfstils. Wie der Name schon sagt, wird der Kampf am Strand ausgetragen, wodurch die Tradition des Mattenringens entfällt. Es gilt die Regel, dass der Kampf drei Minuten dauert. Es gibt keine Strafen und die Zeitzählung beginnt, sobald die erste Bewegung erfolgt ist. Auch die übliche Wettkampfuniform wurde modifiziert. Bei den Asienspielen 2016 in Danang, Vietnam, gab es für Männer die Gewichtsklassen 62 kg, 74 kg, 90 kg und über 90 kg. Für Frauen waren es die Gewichtsklassen 56 kg, 64 kg, 72 kg und über 72 kg.

Sambo wurde schnell zu einer internationalen Sportart, da es zahlreiche nationale Kampfkünste umfasst. Die Selbstverteidigungstechnik hat bereits Anhänger in über 80 Ländern gefunden, und die Zahl wächst weiter. Weltweit werden internationale Turniere und Meisterschaften ausgetragen, was bedeutet, dass es in verschiedenen Teilen der Welt spezialisierte Samboschulen oder -lehrer gibt.

Sambokämpfer sind sehr stolz auf ihren Sport. Lehrer, Schüler und sogar gegnerische Ringer sind durch Solidarität und Freundschaft verbunden. Alle Ringer müssen ihren Gegnern Respekt entgegenbringen.

Kapitel 2: Sambo im Vergleich zu Judo, Jiu-Jitsu und Ringen

In diesem Kapitel werden die Ähnlichkeiten und Unterschiede zwischen Sambo, Judo, Jiu-Jitsu und Ringen beleuchtet. Dabei wird der einzigartige Stil jeder Kampfsportart erklärt, um dir bei der Entscheidung zu helfen, welche am besten zu deinen Bedürfnissen passt.

Vergleich der Kernaspekte von Sambo, Judo, Jiu-Jitsu und Ringen

Die Kernaspekte von Sambo

Bildquelle[73]

Sambo ist eine Kampfsportart, die aus Russland stammt, aber international anerkannt ist und ausgeübt wird. Sie ist eine Mischung aus Judo und Ringen und wurde im frühen 20. Jahrhundert entwickelt. Das Hauptziel von Sambo ist es, einen Gegner so schnell wie möglich mit effektiven Hebelgriffen, Würgegriffen, Würfen, Tritten, Schlägen und anderen Techniken zu neutralisieren oder kampfunfähig zu machen. Sambo ist nicht nur für sich genommen sehr funktional, sondern stützt seine Effektivität auch stark auf Würfe und Techniken des Judo. Ein Sambo-Kämpfer muss über ein solides Fundament in dieser Disziplin und über ausgezeichnete Fähigkeiten verfügen, um Gegner zu Boden zu bringen. Im Gegensatz dazu konzentrieren sich andere Kampfsportarten mehr auf Standtechniken und weniger auf das zu Boden bringen.

Die Kernaspekte von Judo

Bildquelle[74]

Judo ist eine aus Japan stammende, aber international anerkannte Kampfkunst. Im Gegensatz zu Sambo konzentriert sich Judo mehr auf Würfe, Grappling, Würgegriffe, Hebel, Kniestöße und Tritte zum Kopf und Nacken (keine Schläge in die Leistengegend). Judo ist eine der effektivsten Kampfkünste zur Selbstverteidigung gegen größere, stärkere oder schwerere Gegner und hat seinen Platz in MMA (Mixed Martial Arts). Es ist eine ausgezeichnete Wahl für alle, die professionell an Grappling-Turnieren teilnehmen möchten.

Die Kernaspekte von Jiu-Jitsu

Bildquelle[75]

Brazilian Jiu-Jitsu ist eine Kampfkunst, die ihre Wurzeln im Jiu-Jitsu hat. Es geht hauptsächlich um Ringen und Bodenkampf. Der Fokus liegt nicht auf Standtechniken wie Treten und Schlagen. Diese Kampfkunst ist sehr effektiv zur Selbstverteidigung gegen größere, stärkere oder schwerere Gegner, da diese den Kampf höchstwahrscheinlich auf den Boden verlagern werden, wo deine kleinere Statur keine so große Rolle spielt. Allerdings kann Brazilian Jiu-Jitsu aufgrund seines Schwerpunkts auf Ringen und Bodenkampf gefährlicher sein als andere Kampfsportarten. Wenn du nicht richtig trainiert bist, kann es sein, dass dein Gegner seine Größe und Kraft gegen dich einsetzt und deine Sicherheit gefährdet.

Die Kernaspekte des Ringens

Bildquelle[76]

Ringen ist die älteste Kampfsportart, deren Ursprünge bis ins antike Griechenland zurückreichen (oder sogar noch weiter, wenn man die gemeinsamen Wurzeln mit der Jagd bedenkt). In der Selbstverteidigung ist Ringen eine der effektivsten Kampfkünste, da es dich vor größeren und stärkeren Gegnern schützt, indem sie schnell zu Boden gebracht werden. Die Berücksichtigung der Größe und Kraft eines Gegners im Kampf auf den Beinen macht Ringen auch zu einer sehr praktischen Form des Ringens für MMA, das heute eine der beliebtesten Sportarten weltweit ist.

Unterschiede in der Herkunft

Sambo wurde im frühen 20. Jahrhundert in Russland entwickelt. Es kombiniert Judo und Ringen, was es sehr effektiv für Selbstverteidigungszwecke macht (insbesondere gegen größere, stärkere Gegner) - allerdings ist es nur für Kampfsituationen wie MMA geeignet.

Judo stammt ursprünglich aus Japan und wurde 1882 von Kano Jigoro Shihan eingeführt. Judo ist eine aus den Kampfkünsten abgeleitete Methode, die sich auf Würfe, Ringen, Würgegriffe, Hebel, Kniestöße, Tritte zum Kopf- und Nackenbereich (keine Tritte in die Leistengegend) usw. konzentriert. Es ist sehr effektiv zur Selbstverteidigung gegen größere und stärkere Gegner, kann aber bei unsachgemäßem Training aufgrund seines Schwerpunkts auf Bodenkampf gefährlich sein. Seit 1964 ist Judo eine olympische Disziplin.

Das brasilianische Jiu-Jitsu ist eine Abwandlung des Jiu-Jitsu, bei dem der Schwerpunkt auf Ringen und Bodenkampf liegt und nicht auf Standtechniken wie Schläge und Tritte. Die Japaner brachten den Brasilianern diese Kunst bei. Ein Judoka-Experte, Mitsuyo Maeda, ging nach Sao Paulo, um den Brasilianern seine Technik beizubringen.

Ringen ist eine sehr alte Sportart, die ihren Ursprung in der sumerischen Ära vor 5000 Jahren hat. Es ist eine der praktischsten Kampfsportarten, da sie dich vor größeren und stärkeren Gegnern schützt, indem sie es dir ermöglicht, sie schnell zu Boden zu bringen.

Unterschiede in den Zielen

Obwohl Sambo vom Judo abgeleitet wurde und viele Ähnlichkeiten mit anderen Kampfsportarten aufweist, unterscheidet es sich in seiner Philosophie stark davon. Judo lehrt mentale Ruhe und konzentriert sich auf die Vermeidung von Konflikten, was mit der Philosophie aller japanischen Kampfsportarten übereinstimmt.

Auf der anderen Seite erlaubt Sambo, mit allen Mitteln um den Sieg zu kämpfen, auch wenn das bedeutet, den Gegner zu schlagen. Dies gilt insbesondere für Combat-Sambo, bei dem Techniken wie Tritte erlaubt sind. Im Gegensatz dazu ist Sport Sambo ruhiger und ähnelt Judo.

Die Philosophie des brasilianischen Jiu-Jitsu besagt, dass jede kleinere oder schwächere Person sich erfolgreich gegen einen größeren Gegner verteidigen kann. Es ermöglicht ihnen, vor allem mit Hebelgriffen den Gegner zu besiegen. Eines der Hauptziele des brasilianischen Jiu-Jitsu ist es, den Gegner mit Händen und Beinen zu fixieren und bewegungsunfähig zu machen.

Beim Ringen geht es darum, eine überlegene Körperposition zu erlangen, um den Gegner auf den Rücken zu drücken, und aus dieser Position herauszukommen, indem man eine Technik ausführt oder ein Ausweichmanöver durchführt, bevor man selbst auf den Rücken gedrückt wird.

Unterschiede in der Technik

Sambo konzentriert sich auf Techniken für Beinscheren, Würfe, den Bodenkampf und Unterwerfungen. Beim Sport-Sambo sind Würgegriffe im Wettkampf nicht erlaubt und es gibt einige Einschränkungen bei bestimmten Griff- und Haltetechniken.

Combat-Sambo hingegen wurde für das Militär entwickelt und ähnelt stark den Mixed Martial Arts. Diese Sambo-Variante erlaubt MMA-Formen des Schlagens und Ringens sowie kämpferischere Faustschläge, Ellbogen- und Kniestöße, Fußtritte, Würgegriffe und Kopfstöße.

Der Unterschied zwischen Sambo und Brazilian Jiu-Jitsu (BJJ) besteht darin, dass die Regeln und Vorschriften von Combat Sambo Bodenkämpfe ohne Würfe oder andere Kampftaktiken nicht zulassen, während diese Manöver beim BJJ erlaubt sind.

Das Ziel des brasilianischen Jiu-Jitsu besteht darin, einen Gegner zu Boden zu zwingen, um mögliche körperliche oder Größenvorteile durch Methoden des Bodenkampfes, Würgegriffe und Klemmtechniken zu neutralisieren.

Judo und Sambo haben sehr ähnliche Kampfstile. Beide Künste verwenden eine Vielzahl von Würfen und Grifftechniken, um einen Gegner zu Boden zu bringen. Wie bereits erwähnt, erlaubt Combat-Sambo jedoch zusätzliche Schläge sowie Knie- und Ellbogenschläge, die bei Judo-Wettkämpfen oder im Training nicht erlaubt sind.

Die Regeln des Ringkampfs erlauben es dem Gegner, den Kampf stehend fortzusetzen, nachdem er die Kontrolle über den anderen erlangt hat – dies wird als Top-Position oder Top-Kontrolle bezeichnet. Das Ziel des Ringkampfs ist es, den Gegner so lange auf den Rücken zu drücken, bis man eine vereinbarte Anzahl von Punkten erreicht und den Kampf gewinnt.

Unterschiede in den Regeln

Die maßgeblichen Regeln jeder Kampfkunst beziehen sich in der Regel auf drei Hauptkriterien:
1. Erlaubte Techniken - zum Beispiel erlauben einige Kampfsportarten Würgegriffe und Schläge, während andere dies nicht tun.
2. Gewinnkriterien - wann kann ein Wettkämpfer zum Sieger erklärt werden? Dies kann durch das Erreichen der maximalen Punktzahl, einen bestimmten Punktevorsprung oder die Ausführung des perfekten Manövers geschehen.
3. Fouls oder illegale Bewegungen und die verhängten Strafen.
4. Ein detailliertes Punktesystem, das eine bestimmte Anzahl von Punkten für bestimmte Bewegungen vergibt (oder Punkte für illegale Bewegungen abzieht).

Regeln für Sambo und Combat-Sambo

Es gibt vier Möglichkeiten, einen Kampf im Combat-Sambo zu gewinnen:
1. Wirf deinen Gegner im Stehen zu Boden. Wie du deinen Gegner wirfst, muss Kontrolle und Absicht zeigen, d. h. führe einen perfekten Wurf aus, während du in einer stehenden Position bleibst.
2. Erhalte einen Vorsprung von 8 Punkten vor deinem Gegner.
3. Bei einer Aufgabe stoppt der Schiedsrichter den Kampf, wenn der Gegner bewusstlos wird oder aus Angst aufgibt (erreicht durch Festhalten des Gegners).
4. Ein Wettkämpfer hat am Ende des Kampfes mehr Punkte als der Gegner erzielt. Dies wird durch Würfe, Takedowns und Holds erreicht, die zu deinem Sieg führen.

Würfe und Pins werden für Combat-Sambo gewertet.

Wenn der Gegner 10 bis 19 Sekunden lang festgehalten wird, erhältst du 2 Punkte. Wenn der Gegner länger als 20 Sekunden festgehalten wird, erhältst du 4 Punkte.

Würfe werden je nach deiner Position während und nach dem Wurf und der Art und Weise, wie der Gegner fällt, gewertet. Du erhältst mehr Punkte, wenn du während und nach dem Wurf aufrecht stehst.

Illegale Techniken und Zeitschinden werden im Wettkampf bestraft.

Regeln des Judo

Die Regeln im Judo sind identisch mit denen im Sambo, denn das Ziel ist es, den Gegner zu werfen, zu Boden zu bringen oder auf dem Rücken bewegungsunfähig zu machen. Ein Ippon wird vergeben, wenn du deinen Gegner 20 Sekunden lang auf dem Rücken fixiert hast. Ein Ippon beendet den Kampf sofort.

Beim Judo sind alle Würfe erlaubt, außer solche, die zu einem Knochenbruch oder einem Gelenkbruch am Ellenbogen oder an den Fingern führen. Außerdem gibt es während des Wettkampfs keine Punkte-Position, außer die Kontrolle über den Körper des Gegners durch Festhalten oder Fixieren zu erlangen. Jede Zeitspanne, in der sich der Gegner auf dem Rücken befindet, gilt als gültiger Pin.

Ein Waza-ari (oder ein halber Punkt) wird für weniger ideale Würfe vergeben oder wenn der Gegner für eine kürzere Dauer als für einen Ippon erforderlich festgehalten wird. Zwei Waza-aris in einem Kampf ergeben einen Ippon und beenden den Kampf sofort.

Schließlich ist ein Yuko die kleinste Wertung für weniger effektive Techniken.

Das Ziel ist es, einen perfekten Ippon zu erzielen, um den Gegner zu übertreffen und den Kampf mit der maximalen Punktzahl zu gewinnen.

Regeln für Jiu-Jitsu

Kämpfe im Jiu-Jitsu dauern je nach Kategorie in der Regel 3 bis 5 Minuten. Die Wettkämpfer erhalten 2, 3 oder 4 Punkte für das Erreichen dominanter Positionen oder die Ausführung von Techniken. Ein Sieg wird durch den Gegner mit den meisten Punkten oder durch eine erfolgreiche Unterwerfung errungen.

Regeln für Ringen

Ringkämpfe werden in zwei Runden zu je drei Minuten ausgetragen. Die Wettkämpfer erhalten Punkte durch:

- **Takedown** - Ein Wettkämpfer bringt seinen Gegner zu Boden, wobei mindestens ein Fuß zwischen ihm und der Ringkante oder auf dem Boden stehen muss.
- **Escape** - Ein Wettkämpfer entzieht sich der Kontrolle seines Gegners und kehrt in eine stehende Position zurück, wobei mindestens ein Fuß den Boden innerhalb des Rings (oder der Linien) nicht berühren darf, ohne dass er von einem Gegner kontrolliert wird.
- **Reversal** - Ein Wettkämpfer liegt am Boden und sein Gegner hat die volle Kontrolle über ihn. Er kann Punkte erzielen, wenn er den Griff wendet, sodass er wiederum die volle Kontrolle hat.
- **Strafen** - Wettkämpfer können für illegale Griffe oder technische Verstöße Minuspunkte erhalten.

Unterschiede in der Uniform

Diese Kampfsportarten erfordern schnelle Fußarbeit und die Techniken basieren auf komplexen Körperbewegungen. Die Uniformen für jede Sportart sind so konzipiert, dass sie maximale Flexibilität und Bewegungsfreiheit bieten. Sambo, Judo und Brazilian Jiu-Jitsu haben sehr ähnliche Kleidung, mit kleinen Unterschieden. Ringen hat jedoch eine einzigartige Uniform, die sich von den anderen deutlich unterscheidet.

Sambo-Uniformen bestehen aus vier Teilen: Jacke, Hose, Schuhe und Gürtel. Die Uniform ist rot oder blau und die Jacke ist oft wendbar. Die Uniform wird als Kurtka bezeichnet.

Die Judo-Uniform besteht in der Regel nur aus einem Judogi (ähnlich einem Karate-Gi). Der Judogi ist in der Regel weiß und besteht aus drei Teilen: Jacke, Hose und Gürtel. Er sollte ähnlich wie die Sambo- oder Jiu-Jitsu-Uniformen sitzen, ohne zu locker oder zu eng am Körper zu sein.

Die Uniform von Jiu-Jitsu besteht aus einem Gi, der dem Judo ähnelt, einer Jacke, einer Hose und einem Gürtel. Sie kann jede Farbe haben, aber bei Wettkämpfen ist Weiß am häufigsten. Es gibt ein Rangsystem für Gürtel von Weiß bis Schwarz, das von der Trainingszeit und dem Rang innerhalb der Schule oder des Verbandes abhängt.

Die Ringerkleidung ist spezifisch für den jeweiligen Wettbewerb. An amerikanischen Colleges ist der Folkstyle am weitesten verbreitet, bei dem beim Training ein Unterhemd oder enge Shorts und ein T-Shirt ohne Schuhe getragen werden. Bei Freestyle-Wettkämpfen werden engere Anzüge und Ringerschuhe getragen. Beim Folkstyle für Frauen werden anstelle von Unterhemden spandexartige kurze Anzüge getragen, um das Risiko von Hautinfektionen durch die Matten zu minimieren.

Vergleich der Gurtsysteme

Sambo, Jiu-Jitsu und Judo haben ihre eigenen Gurtsysteme. Diese zeigen den Rang eines Wettkämpfers innerhalb seiner Sportart an. In den meisten Fällen wird die Expertise auch anhand der Leistung auf regionaler und globaler Ebene gemessen. Ähnlich wie in anderen Sportarten werden Kampfsportler auch hier auf globaler Ebene eingestuft. Um in diesem Rangsystem zu bestehen, muss ein Sportler jedoch teilnehmen und gegen die besten der Welt antreten.

Im Sambo gibt es sieben Ränge. Jeder Rang wird für ein Jahr gehalten, beginnend mit Anfänger oder Stufe 1 (weißer Gürtel) bis zum 7. Jahr, 2. Meister (gelb, orange, grün, blau, braun und schließlich schwarz). Verschiedene Organisationen verleihen den Titel Meister des Sports oder Internationaler Meister des Sports an diejenigen, die sich national und international auszeichnen.

Die brasilianischen Jiu-Jitsu-Gürtel sind nach Farben unterteilt, von weiß bis rot, wobei es insgesamt acht Gürtel gibt. Für jede Gürtelstufe ist eine Mindestanzahl an Trainingsstunden erforderlich, bevor man sich einer Prüfung unterziehen kann. Je höher der Rang, desto mehr Stunden sind in der Regel erforderlich, um den nächsten Gürtel oder Titel zu erreichen.

Auch im Judo gibt es ein System zur Steigerung der Gurtfarbe, wobei der schwarze Gurt die höchste Stufe darstellt.

Im Ringen gibt es kein definiertes Gurtsystem für Wettkämpfer. Dennoch gibt es eine Steigerung, die auf der Praxis basiert. Die Weltrangliste basiert auf der Leistung in Wettkämpfen.

Möglichkeiten für Cross-Training

Viele Athleten betreiben mehr als eine Sportart und sind aufgrund der Ähnlichkeiten der Sportarten erfolgreich. Sambo, Brazilian Jiu-Jitsu und Judo sind sehr ähnlich und bieten Möglichkeiten für ein Cross-Training. Ringen ist eine Form des Unterwerfungskampfs und Sambo ist stark vom Judo beeinflusst. Ringen verwendet ähnliche Unterwerfungen wie BJJ, was es denjenigen, die beide betreiben, erleichtert, nahtlos von einer Kunst zur anderen zu wechseln.

Jede Sportart hat ihre eigenen Regeln. Dennoch basieren sie alle auf ähnlichen Konzepten, Bewegungen und Techniken, die Takedowns, Submissions und den Einsatz der Beine beinhalten. Die Ähnlichkeiten zwischen diesen Sportarten machen es für diejenigen, die in einer Sportart trainieren, einfach, mit einer anderen ähnlichen Sportart zu trainieren, was ihre Erfolgsquote in jeder Sportart erhöht und sie insgesamt zu sachkundigeren Athleten macht.

Zum Beispiel wird ein Athlet, der in Combat-Sambo trainiert ist, bei MMA-Wettkämpfen sehr gut abschneiden, dank des Cross-Trainings in Judo (Würfe und Grappling) und Schlägen, Ellbogen- und Kniestößen aus dem Combat-Sambo-Training. Aufgrund dieser Fähigkeiten werden Sambo-Kämpfer zu Recht als die Wildesten von allen bezeichnet.

Wettkämpfe

Ein intensives Kampfsporttraining führt in der Regel zu einer wettbewerbsorientierten Denkweise. Alle vier Kampfkünste haben sich im Laufe der Jahre weiterentwickelt und verzeichnen einen deutlichen Anstieg bei professionellen Weltwettbewerben und lokalen oder regionalen Veranstaltungen.

Sambo-Wettkämpfe werden von der FIAS (International Sambo Federation), dem internationalen Dachverband, geregelt. Jährlich finden zahlreiche Veranstaltungen statt, bei denen die Gewinner je nach Rang und Gürtelsystem Medaillen erhalten. Die wichtigsten Veranstaltungen sind die Weltmeisterschaft und andere internationale Meisterschaften. Die Sambo-Föderation wurde kürzlich vom IOC (Internationales Olympisches Komitee) anerkannt und könnte schon bald zu einer olympischen Sportart werden.

Bei Judo-Wettkämpfen treten in der Regel viele Athleten bei großen Turnieren wie den Olympischen Spielen, Weltmeisterschaften oder regionalen Treffen an. Darüber hinaus bieten kleinere Einladungswettkämpfe im ganzen Land den Athleten die Möglichkeit, in ihren jeweiligen Klassen anzutreten.

Das brasilianische Jiu-Jitsu wird von der IBJJF (International Brazilian Jiu-Jitsu Federation) geregelt, die Turniere und Meisterschaften organisiert. Weltweit finden viele Wettkämpfe für alle Gürtelstufen, für Männer und Frauen statt.

Ringen ist eine der beliebtesten Sportarten und auch eine olympische Sportart. Es wird von der FILA (International Federation of Associated Wrestling Styles) geleitet, die verschiedene Treffen und Wettbewerbe organisiert.

Vorteile von Sambo im Vergleich zu anderen Kampfsportarten

Sambo ist eine großartige Möglichkeit für alle, die sich für Kampfsport interessieren, aber nicht wissen, wo sie anfangen sollen. Sambo hat also viele Vorteile, die es zu einer großartigen Wahl für Anfänger machen.

Sambo ist eine effektive Kampfkunst, die durch Herz-Kreislauf-Training, Krafttraining und Selbstverteidigungsfähigkeiten ein umfassendes Fitnesstraining bietet.

Wer Sambo lernen möchte, kann mit anderen Schülern auf seinem Niveau trainieren und neue Freunde mit den gleichen Interessen finden. Diese Interaktion fördert den Zusammenhalt und ist eine großartige Möglichkeit, andere mit ähnlichen Zielen kennenzulernen.

Sambo bietet viele Möglichkeiten für diejenigen, die an Wettkämpfen teilnehmen möchten, steigert das Selbstvertrauen und bietet eine großartige Möglichkeit zum Stressabbau, die bei anderen Sportarten oder Aktivitäten oft fehlt. Es fördert Disziplin, hohe körperliche Fitnessstandards, mentale Stärke und Ausdauer.

Sambo kann von jedem ausgeübt werden, unabhängig von Alter oder Fitnesslevel. Es ist eine ausgezeichnete Option für Kinder, da es Disziplin lehrt, ohne übermäßig aggressiv zu sein. Es hilft auch, das Selbstwertgefühl zu stärken und gleichzeitig die Koordinationsfähigkeiten zu verbessern, was die schulischen Leistungen fördern kann.

Das Gurtsystem in Sambo dient den Schülern als Orientierungshilfe bei der Steigerung ihrer Fähigkeiten. Das Dienstalter der Gurte spiegelt den Wissensstand einer Person wider.

Die effektivste Kampfkunst

Obwohl im Prinzip alle Kampfkünste ihre Vor- und Nachteile in der Technik haben, wird eine in Sambo ausgebildete Person einen Kampf gewinnen. Sambo-Training, insbesondere Combat-Sambo, ist knallhart und beinhaltet Schläge, Griffe, Tritte und Techniken zum Unschädlichmachen von Waffen. Es ist die beste Kampfkunst zur Selbstverteidigung und eine großartige Form des Fitnesstrainings mit vielen mentalen und körperlichen Vorteilen.

Sambo unterscheidet sich von anderen Kampfsportarten dadurch, dass es Takedowns mit allen Körperteilen, einschließlich Beinen und Kopf, einsetzt, was Sambo von anderen abhebt. Judo ist die Mutter von Sambo und Brazilian Jiu-Jitsu, wenn auch mit gewissen Einschränkungen und weniger Brutalität.

Beim Ringen hingegen lernt der Trainierende, die Kraft des Gegners zu manipulieren und gegen ihn zu verwenden. Es ist ein Sport, bei dem die Sportler ihre Fähigkeiten in realen Situationen anwenden können, was Ringen zu einer großartigen Wahl für Selbstverteidigung und Freizeitgestaltung macht.

Zusammenfassend lässt sich sagen, dass Sambo eine fantastische Kampfkunst und eine Selbstverteidigungstechnik ist, die von fast jedem ausgeübt werden kann, unabhängig von Alter oder Fitnesslevel. Sie bietet viele körperliche und geistige Vorteile und ist daher eine ausgezeichnete Wahl für alle, die effektive Kampftechniken erlernen und ihre allgemeine Gesundheit verbessern möchten.

Verfügbarkeit von Trainingseinrichtungen und Trainern

Sambo wird an verschiedenen Orten im ganzen Land angeboten, darunter auch an Militärstützpunkten und Hochschulen. Vielleicht nicht so viele wie Judo. Du kannst jedoch im Internet nachsehen oder den Verband kontaktieren, um ein Trainingszentrum in deiner Nähe zu finden. Was die Trainer betrifft, so bieten viele erfahrene Kampfsportler Unterricht in verschiedenen Nahkampfstilen an, darunter auch Sambo.

Judo ist eine Sportart, die von Millionen Menschen auf der ganzen Welt ausgeübt wird. Viele fühlen sich von dieser Kampfkunst angezogen, weil sie sich auf Grappling-Techniken konzentriert, die in realen Situationen häufiger eingesetzt werden können als schlagende Bewegungen. Judo wird in den meisten Fitnessstudios und -zentren im ganzen Land unterrichtet, was es zu einer idealen Wahl für diejenigen macht, die regelmäßig und in einer organisierten Disziplin trainieren möchten.

Jiu-Jitsu gilt als eine der effektivsten Kampfsportarten im Bodenkampf - mit Elementen, die Sambo, Judo und Ringen ähneln. Jiu-Jitsu erfreut sich weltweit zunehmender Beliebtheit und kann von jedem ausgeübt werden. Im ganzen Land gibt es viele Jiu-Jitsu-Trainingszentren, in denen Praktizierende Kurse belegen können, in der Regel in Verbindung mit einem Fitnessprogramm.

Ringen ist ein Kampfsport, der Grappling-Techniken beinhaltet und körperliche und geistige Vorteile bietet. Daher ist es eine ausgezeichnete Wahl für Selbstverteidigung und zur Freizeitgestaltung. Trainingsmöglichkeiten für Ringen sind landesweit in Fitnessstudios und Fitnesscentern verfügbar.

Alle in diesem Kapitel beschriebenen Kampfsportarten haben ihre eigenen Philosophien, Ursprünge, Techniken, Regeln, Wettbewerbsvorteile und Vorzüge. In irgendeiner Form sind jedoch fast alle Kampfkünste vom Judo abgeleitet.

Wähle die Disziplin entsprechend der Verfügbarkeit von Trainingseinrichtungen und Trainern sowie deiner körperlichen Leistungsfähigkeit aus.

Wenn du nur für die Selbstverteidigung trainieren möchtest, ist jede Kampfkunst hilfreich. Wenn du an internationalen Wettkämpfen teilnehmen möchtest, entscheide dich für Judo oder Ringen, da es einfach ist, qualifizierte Meister in deiner Nähe zu finden. Brazilian Jiu-Jitsu ist eine gute Wahl für alle, die sich für Bodenkampf interessieren, während Sambo eine effektive Mischung aus Technik und Kampf bietet.

Kapitel 3: Bevor du anfängst: Sambo-Grundlagen und -Vorteile

Wenn du dieses Buch liest, hast du dich für Sambo als Kampfsportart entschieden. Oder vielleicht hat dein Kind bereits Gefallen daran gefunden und du möchtest nun mehr über den von ihm gewählten Sport erfahren. In jedem Fall solltest du weiterlesen. Kapitel 3 bietet dir alle Informationen, bevor du mit Sambo beginnst, einschließlich der Anforderungen an Ausrüstung und Uniform, der Vorteile des Erlernens dieser besonderen Kampfsportart, warum es sich lohnt, sie zu erlernen, und vieles mehr.

Arten von Sambo

Sambo kann anhand der Techniken in drei Arten eingeteilt werden: Sport-Sambo, Combat-Sambo oder Freestyle-Sambo.

1. Sport-Sambo

Sport-Sambo kombiniert Judo und Ringen und erlaubt Techniken wie Beinscheren und Takedowns mit Schwerpunkt auf Würfen. Würgegriffe sind beim Sport-Sambo nicht erlaubt.

2. Freestyle-Sambo

Freestyle-Sambo ist eine unabhängigere Version des Sports, bei der alle Techniken erlaubt sind, einschließlich Unterwerfung, Schläge und Ringen. Diese Form konzentriert sich auf Würfe, Takedowns und Locks.

Freestyle Sambo wurde von der American Sambo Association eingeführt. Freestyle Sambo erlaubt alle Grifftechniken, auch solche, die in den Stilarten Sport oder Combat nicht erlaubt sind. Techniken wie Neck Cranks und Twisted Leg Holds sind erlaubt, um einen Gegner zur Aufgabe zu zwingen. Schläge sind nicht erlaubt. Das Beherrschen von Würfen ist der Schlüssel zum Sieg im Kampf.

3. Combat-Sambo

Combat-Sambo ist eine realistischere Version des Sports, die Schläge und Würfe beinhaltet und damit den Mixed Martial Arts ähnelt.

Combat-Sambo kombiniert Judo, Ringen und Jiu-Jitsu und erlaubt Techniken wie Festhalten, Schläge, Würgegriffe und Beinscheren. Außerdem sind Techniken wie Ellbogen- und Kniestöße, Schläge in die Leistengegend und Kopfstöße erlaubt. Es ist die aggressivste Form von Sambo.

11 Überzeugende Gründe, Sambo zu lernen

1. Sambo ist eine überlegene Kampfkunst

Sambo wurde in der Sowjetunion als Kampfkunst für das Militär aus Judo abgeleitet. Dadurch ist Sambo eine einzigartige Kampfkunst, die die uralten Grappling-Techniken des Judo mit überlegenen Mixed-Martial-Arts-Kampffähigkeiten verbindet. Ein Sambo-Meister beherrscht Grappling, Takedowns, Dominanz und Unterwerfung am Boden. Daher ist ein Sambo-Meister in jeder Kampfsituation nahezu unschlagbar.

2. Sambo ist ein perfektes Selbstverteidigungssystem für alle, egal ob jung oder alt

Jeder kann Sambo lernen. Es spielt keine Rolle, ob du alt oder jung, groß und kräftig oder klein und schnell bist, denn Sambo eignet sich für jeden Körpertyp. Diese Kampfkunst lehrt dich, dich zu verteidigen, während sie dir gleichzeitig Respekt und Disziplin beibringt. Die Hebel, Griffe und bodennahen Techniken, die du in Sambo lernst, bereiten dich auf jede bedrohliche Situation vor.

3. Sambo ist ein Wettkampfsport

Viele denken, dass Sambo nur als Selbstverteidigungssystem funktioniert, aber es ist auch ein Wettkampfsport. Du musst nicht an Wettkämpfen teilnehmen, wenn du nicht willst. Aber es gibt viele Wettkämpfe für diejenigen, die es wollen. Es macht Spaß und ist aufregend und hilft dir, deine Fitness schnell zu verbessern. Vor kurzem hat das IOC den Sport Sambo anerkannt, und er könnte bald zu einer olympischen Sportart werden.

4. Körperliche Fitness und Ausdauer

Sambo ist ein hervorragendes Ganzkörpertraining. Es trainiert jeden Muskel und führt zu mehr Kraft und Ausdauer. Da Sambo so viele schnelle Bewegungen beinhaltet, ist es auch ein großartiges Herz-Kreislauf-Training. Egal, ob du schnell in Form kommen oder ein Ganzkörpertraining absolvieren möchtest, nach dem du dich großartig fühlst, Sambo ist die richtige Wahl.

5. Sambo ist erfolgreich in MMA

Sambo ist eine gemischte Kampfkunst. Sambo-Kämpfer werden in Grappling- und Schlagtechniken ausgebildet, sodass sie sowohl im Bodenkampf als auch im Standkampf hervorragende Leistungen erbringen können. Sambo-Kämpfer sind dafür bekannt, dass sie die besten aller MMA-Techniken beherrschen – Grappling, Würfe und Takedowns. Sambo-Meister sind auch sehr gut in Submissions und Kontertechniken. Sie gelten als die wildesten Kämpfer in diesem Sport.

6. Sambo lehrt Disziplin und Respekt

Sambo ist eine auf Disziplin und Respekt basierende Kunst. Sie lehrt die Schüler, sich ihrer Handlungen auf der Matte und im Leben bewusst zu sein. Von Sambo-Praktizierenden wird erwartet, dass sie jederzeit Selbstdisziplin zeigen, nicht nur während des Trainings. Sambo lehrt die Schüler, demütig und respektvoll gegenüber sich selbst und anderen zu sein.

7. Körperliche Stärke und Geschicklichkeit

Sambo verlangt dem Körper viel ab – Flexibilität, Koordinationsfähigkeit, Ausdauer und Kraft. Es ist ein umfassendes Training für den ganzen Körper. Mit Sambo-Training kommst du schnell in Form und entwickelst unglaubliche Kraft. Egal, ob du stärker oder flexibler werden möchtest, Sambo hilft dir, deine Ziele zu erreichen.

8. Sambo ist eine nützliche Fähigkeit für Polizeibeamte und das Militär

Polizeibeamte und Militärangehörige werden oft dazu aufgefordert, aggressive Personen zu überwältigen, die möglicherweise bewaffnet sind. In den meisten Fällen erfordert dies Grappling-Fähigkeiten. Sambo ist ein sehr nützliches Werkzeug in diesen Berufen, da es Menschen darauf vorbereitet, gefährliche Situationen zu meistern.

9. Mentale Stärke und Wohlbefinden

Sambo bietet ein großartiges Training für den Körper und eine hervorragende Möglichkeit, angespannte Nerven zu beruhigen. Die Konzentration und Energie, die du durch das Training in dieser Kampfkunst gewinnst, tragen auch dazu bei, deinen Geist wach zu halten. Körperliche Aktivität senkt nachweislich den Stresspegel, was Sambo perfekt für alle macht, die immer auf Achse sind oder ständig mit Stresssituationen zu tun haben.

10. Lerne, Verletzungen vorzubeugen

Sambo-Training eignet sich hervorragend zur Vorbeugung von Verletzungen. Im Kern ist Sambo Selbstverteidigung. Sambo hilft effektiv bei der Verteidigung gegen Aggressionen und lehrt dich, Verletzungen bei einem Sturz zu vermeiden. Wer Sambo trainiert, lernt, sich vor Verletzungen zu schützen, was für Menschen mit Jobs oder einer Lebensweise, die mit gefährlichen Situationen verbunden sind, hilfreich sein kann.

11. Sambo bietet eine hervorragende Grundlage für andere Kampfsportarten

Jeder, der daran interessiert ist, andere Kampfsportfähigkeiten zu erlernen, sollte mit Sambo beginnen. Die grundlegenden Techniken, die man in dieser besonderen Kampfkunst lernt, sind sehr nützlich, wenn man andere Kampfkünste in sein Repertoire aufnehmen möchte. Im vorherigen Kapitel haben wir gelernt, dass Sambo dem Brazilian Jiu-Jitsu (BJJ), dem Ringen und dem Judo sehr ähnlich ist. Aus diesem Grund beginnen viele Menschen mit dem Sambo-Training, bevor sie sich dem BJJ oder Judo zuwenden, da diese Künste in der Öffentlichkeit beliebter sind als Sambo. Eine gute, solide Grundlage ist jedoch unschlagbar.

Equipment und Ausrüstung für Sambo

Um das Beste aus deinem Sambo-Training herauszuholen, benötigst du bestimmtes Equipment und Ausrüstung. Sambo-Ausrüstung ist der MMA-Ausrüstung sehr ähnlich und besteht hauptsächlich aus Sambovka, Helm, Schützern, Handschuhen und Mundschutz.

Die Sambovka

Die Sambovka ist eine traditionelle Weste, die von Sambisten beim Training getragen wird. Sie ist eng anliegend geschnitten und bietet umfassenden Schutz, ohne die Beweglichkeit einzuschränken. Diese Jacke ist in der Regel rot oder blau und wird mit einem Gürtel und Shorts getragen. Ein Wettkämpfer muss in der Regel sowohl ein blaues als auch ein rotes Set haben, damit sie auf der Matte optisch unterschieden werden können.

Die Sambovka gibt in keiner Weise den Rang oder die Fachkenntnis des Wettkämpfers wieder – es gibt keine Rangabzeichen auf der Uniform.

Für die Sambovka gelten strenge Vorgaben in Bezug auf Material und Design. Sie besteht aus einem speziellen Stoff mit robusten Nähten und Schulterklappen. Um die Sambovka während des Kampfes zu sichern, wird ein Gürtel getragen. Außerdem sollte der Ärmel nicht breiter als 10 cm sein und genau bis zum Handgelenk reichen. Die Schlitze der Jacke sollten sich nur etwa 15 cm unterhalb des Gürtels der Uniform befinden.

Helm

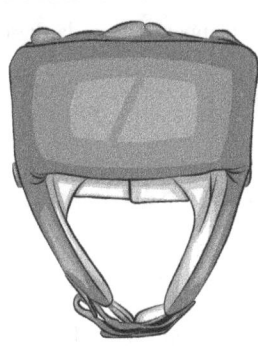

Der Sambo-Helm ähnelt dem Boxhelm und wird zum Schutz des Kopfes des Wettkämpfers getragen. Er sollte sehr leicht sein, um die Bewegungsfreiheit nicht einzuschränken und beim Training keine Beschwerden zu verursachen.

Er besteht aus festem, aber weichem Kunststoff und hat vorne Visiere für gute Sichtbarkeit beim Sparring mit Gegnern von allen Seiten. Darüber hinaus bietet er Schutz vor versehentlichen Knie- oder Ellbogenschlägen. Der Helm hat Riemen am Kinn und Hinterkopf, um vor versehentlichen Verletzungen zu schützen.

Handschuhe

Sambo-Handschuhe sind Box- und MMA-Handschuhen sehr ähnlich. Sie bieten umfassenden Schutz für Hände, Handgelenke, Finger und Knöchel während eines Trainings mit Wettkämpfern. Der Handschuh sorgt auch für einen festen Griff beim Ringen oder bei Kämpfen und schützt gleichzeitig vor unbeabsichtigten Verletzungen.

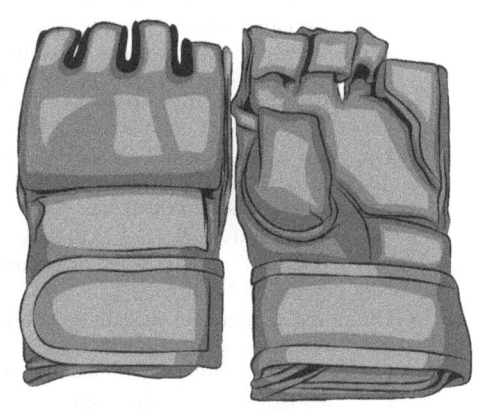

Ein Sambo-Kämpfer sollte immer rote und blaue Handschuhe haben.

Mundschutz

Der Mundschutz gilt als wichtiges Ausrüstungsstück im Sambo, da bei Stürzen Zähne verletzt ausgeschlagen werden könnten. Viele tragen ihn jedoch nicht, weil er unbequem sein und die Atmung während des Trainings beeinträchtigen kann.

Tiefschutz

Tiefschützer sind im Sambo nicht vorgeschrieben, werden aber dringend empfohlen. Sie helfen, Verletzungen der Leistengegend während des Trainings zu vermeiden.

Schuhe

Die Schuhspezifikationen sind im Sambo nicht streng. Idealerweise solltest du Wrestling-Schuhe oder Boxstiefel mit gutem Grip für die Traktion auf der Matte tragen. Diese Schuhe sollten eng anliegen und Knöchel und Fersen ausreichend stützen. Sambo-Schuhe müssen nicht schick sein und dürfen keine hervorstehenden Teile haben, die zu Verletzungen führen könnten.

Shorts

Sambo-Shorts müssen dieselbe Farbe wie die Jacke haben. Sie sollten etwa 2/3 der Länge deines Oberschenkels bedecken und bis etwa 6 cm über dein Knie reichen. Shorts mit Taschen sind nicht erlaubt. Die Farbe der Shorts muss zum Kampfanzug passen.

Was du zum Training anziehen solltest

Du brauchst keine bestimmte Kleidung oder Ausrüstung, um zu trainieren, aber du solltest etwas Bequemes tragen, das deinem Körper volle Bewegungsfreiheit lässt.

Judogi ist die am häufigsten getragene Uniform für das Sambo-Training – sie ist auf höheren Ebenen (nationale und internationale Wettbewerbe) erforderlich. Ein Judogi besteht aus einer Jacke, einem Gürtel und einer Hose. Einige Sportler tragen beim Training mit anderen Sambo-Kämpfern eine Sambovka anstelle des Judogi.

Du solltest beim Training Socken, aber keine Schuhe oder Schlappen tragen, da diese beim Ringen und Werfen zu Verletzungen führen können.

Besprich die Uniform mit deinem Trainer. Informiere ihn über eventuelle finanzielle Einschränkungen beim Kauf geeigneter Ausrüstung, da viele Meister ihre Ausrüstung spenden oder alternative Trainingskleidung vorschlagen.

Was du wissen solltest, bevor du mit dem Sambo-Training beginnst

Bevor du dich für das Sambo-Training entscheidest, solltest du Folgendes bedenken:

- Sparring und Wettkämpfe beinhalten viele Würfe, Takedowns, Grappling, Tacklings und das Hochheben des Gegners, um ihn auf die Matte zu schleudern oder zu werfen. Wenn du nicht auf solchen Körperkontakt während des Trainings vorbereitet bist, solltest du vielleicht mit Judo anfangen. Stelle sicher, dass du bei guter Gesundheit bist, bevor du anfängst.
- Du musst einen ruhigen Geist haben oder in der Lage sein, deine Emotionen zu kontrollieren, sonst kann das Training sehr frustrierend werden. Es werden immer neue Techniken gelehrt, daher ist es wichtig, sie schnell zu lernen und sich nicht aus der Ruhe bringen zu lassen, wenn jemand dich auf der Matte besiegt. Versuche es einfach weiter, bis du es richtig machst.
- Du musst Anweisungen befolgen und aufmerksam zuhören. Andernfalls lernst du nicht das, was du lernen solltest. Übe dich in Konzentration während des Unterrichts – das wird dir später nützlich sein.
- Du musst selbstständig sein. Wenn du dich nicht selbst motivieren und hart arbeiten kannst, ohne dass es dir gesagt wird, dann ist Sambo nicht die richtige Kampfkunst für dich.
- Du musst Schmerzen aushalten können. Sambo ist schmerzhaft. Wenn du geworfen, zu Boden gebracht oder festgehalten wirst, kann das wehtun, aber dein Körper gewöhnt sich mit der Zeit daran.
- Du musst gut mit anderen zusammenarbeiten können. Teamarbeit ist wichtig; wie schnell du das lernst, wirst du beim Training merken.
- Du musst schnell lernen können. Egal, wie alt du bist, wenn du Schwierigkeiten hast, etwas zu lernen, bitte die Trainer um Hilfe. Sie sind da, um dir zu helfen.

- Du musst bei Bedarf schnell in Bewegung sein. Viele der Würfe und Takedowns, die du lernst, werden schnell ausgeführt, sodass du in der Lage sein musst, schnell zu reagieren. Andernfalls landest du auf dem Boden.
- Sambo-Training kann teuer sein. Du musst mit den Kosten für Uniformen, Sparringsausrüstung und Trainingsgebühren rechnen.
- Das Training kann lange dauern. Um in diesem Sport gut zu werden, braucht man Ausdauer und Engagement.
- Sparring und Wettkämpfe können gefährlich sein, daher ist es wichtig, vor dem Antreten gut zu trainieren.
- Du musst auf Enttäuschungen gefasst sein. Wenn du nicht gewinnst, übe weiter. Die meisten Athleten haben mehr Kämpfe verloren als gewonnen.
- Je nachdem, wo du wohnst, musst du möglicherweise zum Training reisen. Sambo wird weltweit praktiziert, aber in Deutschland gibt es nicht viele Vereine – du musst also möglicherweise reisen.

Du wirst wahrscheinlich viel Spaß haben. Sambo ist mit viel körperlicher Aktivität verbunden und eine großartige Möglichkeit, in Form zu kommen und gleichzeitig etwas Neues zu lernen. Es gibt nichts Besseres, als einen Takedown zu erzielen und den Gegner zu pinnen.

Sambo-Training

Sobald du deine gesamte Ausrüstung hast, ist es an der Zeit, mit dem eigentlichen Sambo-Training zu beginnen.

Sambo ist eine dynamische Kampfkunst, die viele verschiedene Würfe und Grifftechniken umfasst. Um mit dieser Kampfkunst zu beginnen, konzentriere dich zunächst darauf, die richtige Technik für jeden Wurf oder jede Submission-Technik zu erlernen, bevor du sie in Sparringsessions gegen Partner anwendest.

Obwohl es keinen formalen Lehrplan für Sambo gibt, ist es am besten, mit dem Erlernen der grundlegenden Würfe und Grifftechniken zu beginnen, bevor man sich den fortgeschritteneren zuwendet. Du musst einige Grundprinzipien erlernen, um richtig zu trainieren und dich oder deinen Gegner während der Trainingseinheiten nicht zu verletzen:

- **Gripkampf** – wenn ihr beide versucht, euch gegenseitig gut zu greifen, um einen richtigen Wurf oder eine Submission-Bewegung auszuführen.
- **Takedowns** – bei denen eine Person ihren Gegner anhebt und ihn mit einem Arm über der Brust auf die Matte knallt, während er hart auf dem Boden landet.
- **Würfe** – bei denen beide Kämpfer stehen und eine Person ihren Gegner durch einen Tritt oder Stoß zu Boden wirft.
- **Bodenkampf** – Sobald ein Wettkämpfer zu Boden geworfen wurde, bringt sich der Angreifer in eine Position, die ihm eine bessere Verteidigung ermöglicht, und bereitet einen Angriff auf seinen Gegner vor, nachdem er die Kontrolle über dessen Körper erlangt hat.
- **Submissions** – Ein Wettkämpfer hält seinen Gegner in einer Position, die ihn einem Verletzungsrisiko aussetzt, z. B. an Gliedmaßen, Gelenken oder am Hals. Der Verteidiger gibt nach, um den Kampf zu beenden.
- **Pinning-Techniken** – Nachdem du die Kontrolle über den Körper deines Partners am Boden erlangt und ihn mit deinem Gewicht bewegungsunfähig gemacht hast, um eine Flucht zu verhindern, kannst du ihn mit diesen Techniken festhalten.

Wie viel kostet es, ein Sambo-Meister zu werden?

Die Kosten für das Erlernen von Sambo hängen davon ab, wo du dich befindest und was dein Trainer pro Unterrichtsstunde verlangt.

Sambo-Trainer sind in Regionen außerhalb Russlands selten zu finden. Daher könnte es eine teure Kunst sein, sie zu erlernen. In der Regel kostet die Mitgliedschaft in einem Sambo-Fitnessstudio, ähnlich wie in einem MMA-Fitnessstudio, zwischen 100 und 150

Euro pro Monat.

Wie bei anderen Kampfsportarten auch, fließen bei Sambo einige deiner Gebühren in die Ausrüstung und das Equipment, die du für die Trainingseinheiten benötigst.

Einige weitere Faktoren, die die Kosten bestimmen, sind:

- **Ort:** Wenn du in einer Großstadt lebst, können die Preise für Unterrichtseinheiten aufgrund der Nachfrage höher sein.
- **Trainer:** Einige Trainer verlangen aufgrund ihrer Erfahrung und ihres Rufs als Trainer oder Wettkämpfer mehr als andere.
- **Gruppenunterricht oder Privatunterricht:** Gruppenunterricht kostet in der Regel weniger pro Unterrichtseinheit, aber die Anzahl der erforderlichen Einheiten, um Sambo zu beherrschen, ist höher als bei Privatunterricht.
- **Größe der Trainingsfläche:** Wenn die Trainingsfläche klein ist, muss die Ausrüstung geteilt werden, was sich auf die Kosten auswirken kann.

Eine typische Sambo-Trainingseinheit

Am besten ist es, eine Trainingseinheit mit deinem Trainer zu beobachten, um mehr über Sambo zu erfahren.

In der Regel gibt es Aufwärmübungen, die vom Trainer geleitet werden. Diese Übungen sind darauf ausgelegt, die Kraft und Ausdauer zu steigern und die Atemkontrolle zu verbessern, bevor es mit einem Trainingspartner ins Sparring oder Ringen geht.

Nach dem Aufwärmen lernst du die grundlegenden Würfe und Takedowns. Es gibt viele verschiedene Würfe zu lernen, jeder mit seinen Vorteilen.

Sobald diese Techniken beherrscht werden, kannst du fortgeschrittenere Würfe und Bewegungen lernen.

Wenn möglich, wäre es am besten, mindestens einen Sparringspartner mit Erfahrung in Sambo zu finden, damit er dir Feedback zu deiner Technik geben und dir helfen kann, Fehler zu korrigieren.

Eine Trainingseinheit besteht in der Regel aus der wiederholten Ausführung von Techniken, bis du ein Muskelgedächtnis entwickelt hast. In einigen Trainingseinheiten werden deine Fähigkeiten auch in einem Kampf getestet. Die Kämpfe finden in der Regel gegen Gegner mit dem gleichen Fähigkeitsniveau statt.

Sambo-Meisterschaftsstufen

Das Sambo-Training ist in sieben Jahre unterteilt; jedes Jahr bringt dich einen Schritt näher an die Meisterschaft heran. Du beginnst als Anfänger im ersten Jahr und schließlich, im siebten Jahr, steigt ein Schüler zum Meister auf.

In diesem Kapitel wurden die Grundlagen von Sambo, einer einzigartigen Kampfkunst, erläutert. Wenn du auf der Suche nach einem intensiven Training bist, das deine Koordination und Reflexe verbessert und bei dem du gleichzeitig einige Selbstverteidigungstechniken erlernst, könnte Sambo genau das Richtige für dich sein. Nach dem Lesen dieses Leitfadens für den Einstieg wirst du eine bessere Vorstellung von all den Vorteilen haben, die das Erlernen dieser besonderen Kampfkunst mit sich bringt.

Sambo ist eine einzigartige Kampfkunst mit einer tiefgründigen Philosophie, die für Schüler jedweder Geisteshaltung geeignet ist. Es gibt eine Sambo-Form für diejenigen, die sich auf saubere Würfe konzentrieren möchten, und eine Variante für diejenigen, die aggressivere Tritte und Schläge bevorzugen.

In diesem Kapitel wurden Überlegungen besprochen, die man vor Beginn seiner Sambo-Reise bedenken sollte, sowie die damit verbundenen Kosten, die Ausrüstung und andere wichtige Aspekte und die Vorteile, die es mit sich bringt, ein Sambo-Schüler zu werden.

Kapitel 4: Wurftechniken

Sambo wird größtenteils als Grappling-Sportart ausgeübt. Grappling wird im Allgemeinen als Zweikampf zwischen zwei oder mehr Athleten definiert, bei dem es darum geht, eine dominante Position zu erreichen, in der man den Gegner durch Submission außer Gefecht setzen oder anderweitig besiegen kann. Dieses Kapitel konzentriert sich auf die grundlegendsten Würfe im Sambo. Die in diesem Kapitel ausgewählten Techniken sind am anfängerfreundlichsten und effektivsten für das Ringen mit einem sich wehrenden Gegner.

Die Grundlagen der Würfe

Beim Erlernen dieser Techniken ist es wichtig, die Bedeutung des Ringens oder des Grapplings im Allgemeinen zu verstehen. Beim Grappling geht es darum, den Schaden zu minimieren und gleichzeitig die Kontrolle über den Gegner zu maximieren. Der wichtigste Teil eines jeden Sambo-Wurfs ist der Clinch, bei dem der Ringer seinen Gegner in den Schwitzkasten nimmt, um dessen Bewegungsfreiheit einzuschränken. Sobald der Ringer seinen Griff etabliert hat, kann er bei korrekter Ausführung und Kontrolle über seinen Gegner Wurftechniken anwenden.

Beim Ringen gibt es verschiedene Varianten. Jede zielt darauf ab, die Bewegungen und Angriffe des Gegners einzuschränken.[77]

Effektive Ringer im Sambo nutzen den Clinch, wann immer es möglich ist. Dies verschafft ihnen einen großen Vorteil bei der Kontrolle ihres Gegners, indem sie dessen Bewegungsfreiheit einschränken und die Effizienz des Ringens erhöhen. Aus diesem Grund wird bei vielen Würfen die Schulter oder der Achselbereich gegriffen. Es sind jedoch auch andere Griffe wie Taillen- und Hüftgriffe üblich.

Wenn du mit einem Clinch beginnst, hast du den Vorteil und die Möglichkeit, zu grappeln.[78]

Von diesem Punkt aus kann der Grappler seinen Wurf ausführen, indem er seinen Fuß oder sein Bein hinter einen der Füße seines Gegners setzt und ihn aus dem Gleichgewicht bringt. Dies sollte unmittelbar nach dem Greifen des Gegners erfolgen, damit er keine Zeit hat, zu reagieren, bevor er geworfen wird. Der wichtigste Teil bei der Ausführung einer Technik ist es, deinen Gegner aus dem Gleichgewicht zu bringen, nicht ihn zu heben. Wenn du deinen Gegner anhebst, kann dies während des Wurfs zu vielen Problemen führen, wie z. B. Schweben oder Verharren in der Luft ohne Kontrolle über den Körper deines Gegners. Sobald du ihn aus dem Gleichgewicht gebracht und eine überlegene Position auf seinem Körper eingenommen hast, ist es einfach, die Technik durch einen Submission Hold oder einen Ellbogen- oder Schlag auf deinen Gegner zu beenden.

Diese Sambo-Würfe sind in Kampfsportarten wie MMA und Selbstverteidigung sehr effektiv, da sie den gesamten Körper des Gegners angreifen und nur wenig Energie vom Ringer erfordern, der bereits eine überlegene Position gegenüber seinem Gegner eingenommen hat. Grappling ist effizienter als Schläge, aber schwieriger zu erlernen und effektiv auszuführen. Diese Würfe können als Aufwärmübung oder als Übung am Ende des Grappling-Trainings geübt werden, bevor man zu effektiven Submission Holds oder Schlägen übergeht.

Bevor du diese Techniken anwendest, solltest du dir über die Bedeutung der richtigen Positionierung im Klaren sein. Bei einem sich wehrenden Gegner ist es unerlässlich, eine überlegene Position einzunehmen, um die Kontrolle über seinen Körper zu erlangen, damit er nicht entkommen kann. Die richtige Positionierung ist der Schlüssel zum Erfolg, wenn du nach einem Wurf Submissions oder Schläge auf deinen Gegner anwendest.

Denke daran, dass Sambo-Würfe darauf basieren, den Gegner aus dem Gleichgewicht zu bringen, anstatt ihn hochzuheben. Wenn du ihn aus dem Gleichgewicht bringst, hast du mehr Kontrolle über seinen Körper und es fällt deinem Gegner schwerer, Widerstand zu leisten, während du zu einem effektiven Schlag oder Submission Hold übergehst.

Versuche nicht, deinen Gegner während dieser Techniken hochzuheben; dadurch erhält er die Möglichkeit, sich zu winden und zu wehren, wodurch du dich in eine schlechtere Position bringst als zu Beginn. Einen Wurf mit einer falschen Positionierung zu versuchen, ist, als würdest du jemanden schlagen, während du auf einem Bein stehst. Du kannst nicht die Kraft aufbringen, die für eine effektive Ausführung erforderlich ist, und wirst wahrscheinlich umfallen, während du versuchst, die Technik auszuführen.

Wenn du einen Grappling-Kampf mit einem Gegner beginnst, solltest du immer versuchen, ihn zu umklammern. Grappling ist in den meisten Fällen effizienter als Schläge, aber es erfordert die richtige Positionierung, bevor eine Technik erfolgreich angewendet werden kann. Wenn du den Versuch unternimmst, einen Wurf auszuführen, ohne den Körper deines Gegners zu kontrollieren, verlierst du deine Positionierung und keiner von euch beiden erlangt einen Vorteil.

Das Training für diese Würfe kann nach dem Grappling oder als Aufwärmübung vor dem Übergang zu Submission Holds oder Schlägen erfolgen. Die Würfe müssen schnell ausgeführt werden, daher müssen deine Muskeln vor der Ausführung locker sein.

Grundlegende Sambo-Wurftechniken

1. Takedown

Die wichtigste Kampftechnik beim Ringen ist der Takedown. Im Kampfsport kann kein Grappling-Kampf gewonnen werden, wenn man nicht in der Lage ist, einen erfolgreichen Wurf auszuführen. Selbst wenn Schlagtechniken angewendet werden, ist es viel einfacher und effektiver, einen Grappler zu werfen und eine Top-Position auf dem Boden einzunehmen.

Einen Takedown ausführen: Um einen einfachen Takedown über das äußere Bein auszuführen, musst du deinen Gegner zunächst gut greifen. Sobald du ihn fest im Griff hast, blockiere seine Hüfte und drücke sein äußeres Bein mit deinem inneren Bein nach hinten. Dein Ziel ist es, deinen Gegner mit ausgestreckten Beinen nach vorne taumeln zu lassen. Lass dich dann auf ihn fallen und sichere dir die Position, indem du dich auf ihn draufsetzt.

Takedown[79]

Wenn dein Gegner sich währenddessen dreht oder windet, führe die Wurfbewegung trotzdem aus und wirf ihn zu Boden. Diese Technik ist zwar nicht so effizient wie die korrekte Ausführung, aber du bist trotzdem in einer besseren Position.

2. Judo-Sweep

Wenn du einen Judo-Sweep ohne die richtige Kontrolle über deinen Gegner versuchst, wirst du geworfen und landest auf dem Rücken. Stelle also den Untergriff her, bevor du diese Technik anwendest.

Judo-Sweep[80]

3. Back Toss

Ein einfacher Sambo-Back Toss wird ausgeführt, indem du einen Arm deines Gegners greifst, hochspringst und gleichzeitig mit deinem Arm an seiner Schulter nach unten ziehst. Diese Bewegung führt direkt in eine aufsitzende Position, wodurch du die Kontrolle über den Kampf effektiv von deinem Gegner übernehmen kannst.

Ein Back Toss erfordert das richtige Timing und die richtige Positionierung, um effektiv zu sein. Du musst also die vollständige Kontrolle über deinen Gegner haben, bevor du diese Technik anwendest. Wenn du während der Ausführung geworfen wirst, ist es dir nicht möglich, die Bewegung abzuschließen und auf deinen Gegner aufzusitzen.

4. Knee Pick

Der Knee Pick ist der einfachste aller Sambo-Würfe. Hake deinen Fuß hinter einem der Knie deines Gegners ein und hebe ihn an, sodass er auf den Rücken gedreht wird und du auf ihm sitzt. Diese Technik kann nur angewendet werden, wenn beide Kämpfer einander zugewandt sind, sodass diese Technik bei MMA-Wettkämpfen nicht so nützlich ist wie andere Würfe.

Knee Pick

Wenn du beide Beine greifst und mit den Armen ziehst, hast du mehr Hebelwirkung, als wenn du nur ein Bein anhebst. Diese Bewegung ist jedoch auch ohne die richtige Positionierung oder Kraft noch recht einfach auszuführen.

5. Back Drop

Diese Technik ähnelt einem Wurf beim Judo. Der Unterschied besteht darin, dass du mit den Füßen auf dem Boden aufkommen musst, bevor du deinen Gegner hochhebst. Nimm eine breite Haltung ein, beuge dich tief nach unten und halte beide Arme fest, während du den Kopf nach oben streckst. Diese Bewegung kann geblockt oder leicht kontert werden, wenn du nicht in der richtigen Position bist. Daher sollte sie als Überraschungstaktik und nicht als gewöhnlicher Wurf eingesetzt werden.

Back Drop

Wenn du deinen Gegner aus dem Gleichgewicht gebracht hast, wirf ihn mit Schwung auf den Boden. Wenn seine Beine nicht vollständig ausgestreckt sind, wirst du möglicherweise nach hinten statt nach vorne geworfen. Das Ziel ist es, ihn unter dir zu Boden zu drücken, um auf ihm zu sitzen.

6. Arm Drag

Ein sogenannter Sambo-Armdrag ist wie ein professioneller Wrestling-Move. Du musst beide Arme deines Gegners greifen und sie in eine Richtung ziehen, während du deine Beine gegen seine Beine drückst. Wie beim Kniewurf funktioniert ein Armdrag nur, wenn man sich direkt gegenübersteht und nicht nebeneinander.

Ein effektiver Armdrag kann ohne die richtige Kontrolle und Positionierung schwierig auszuführen sein, ist aber eine unglaublich kraftvolle Bewegung. Da der Sambo-Kämpfer bei dieser Technik nicht auf seinem Gegner liegt, kann er leicht zu einem anderen Wurf oder Submission Hold übergehen.

7. Leg Trip

Diese Bewegung erfordert nur minimale technische Fähigkeiten, was sie zu einer hervorragenden Bewegung für Anfänger macht. Führe deinen Fuß unter einen der Füße deines Gegners und ziehe ihn an deinen Körper, während du mit beiden Händen gegen seinen Oberkörper drückst. Mit dieser einfachen Technik bringst du deinen Gegner schnell zu Boden.

Ein effektiver Leg Trip kann von einem darauf vorbereiteten Gegner geblockt oder gekontert werden, daher sollte diese Technik aus nächster Nähe oder als Überraschungstaktik eingesetzt werden. Auf einen Leg Trip folgen in der Regel weitere Grappling-Techniken wie ein Clinch-Wurf oder ein Half-Guard-Wurf, die als Folgetechniken auf den ersten Wurf dienen.

8. Schulterwurf

Der Schulterwurf ist eine fortgeschrittene Technik, die am effektivsten ist, wenn sie mit anderen Würfen und Takedowns kombiniert wird. Greife den Nacken und die Schultern deines Gegners, drehe und ziehe ihn in eine Richtung, während du dich mit der Hüfte nach vorne drückst. Das Ziel ist es, nach erfolgreicher Ausführung des Wurfs schnell von einer stehenden Position in eine Sitz- oder Seitlage überzugehen.

Schulterwurf

Der anfängliche Griff muss unglaublich fest sein, um den Gegner daran zu hindern, die Bewegung zu kontern. Der richtige Winkel und die richtige Drehung müssen erfolgen, um in eine Reit- oder Seitlage zu gelangen, sodass diese Technik für Anfänger schwierig ist.

9. Sprawl

Der Sprawl ist eine Konterwurf-Technik, die nur angewendet wird, wenn man einem Takedown des Gegners entkommt. Drücke deine Hüfte nach hinten, beuge dich tief nach unten und trete deinem Gegner schnell mit den Füßen in den Bauch, sodass er über dich hinwegfliegt, während du dich unter ihm auf den Boden fallen lässt.

Diese Technik muss schnell ausgeführt werden, um die besten Erfolgschancen zu haben. Sie wird also am besten eingesetzt, wenn dein Gegner dich zu festhält oder versucht, dir mit dem Knie in den Magen zu treten. Wenn er seinen Takedown erfolgreich abschließt, kannst du dich in eine seitliche Position auf ihn fallen lassen.

Der Sprawl ist auch eine Verteidigungstechnik, um zu verhindern, dass du zu Boden gebracht wirst. Es handelt sich um eine wichtige Technik, die bei Sambo-Wettkämpfen und -Trainingseinheiten offensiv oder defensiv eingesetzt wird.

10. Throat Push

Wenn dein Gegner dich zu festhält, um andere Würfe anzuwenden, ist der Throat Push am effektivsten, aber er kann auch eine Überraschungsaktion bei Grappling- und Wrestling-Kämpfen sein. Drücke deinen Daumen in die Seite des Nackens deines Gegners und drücke mit allen fünf Fingern nach oben in Richtung seines Kinns. Sobald du fest genug gedrückt hast, um Platz zwischen dir und dem Gegner zu schaffen, drücke ihn mit deinem anderen Arm zurück oder wirf ihn aus dem Gleichgewicht.

Diese Bewegung ist ohne das richtige Timing schwierig auszuführen, aber sie ist sehr nützlich gegen Gegner, die nicht bereit sind, den Clinch zu lösen oder die dich zu festhalten. Sie ist auch eine großartige Ablenkungstaktik gegen Gegner, die glauben, dich in die Enge getrieben zu haben.

11. Hip Toss

Der Hip Toss ist eine grundlegende Wurftechnik, die gegen größere, stärkere oder schwerere Gegner effektiv ist. Beuge dich nach vorne und hake dich mit beiden Armen in die Schultern des Gegners ein, um ihn vom Boden abzuheben. Sobald du deinen Griff gesichert hast, stoße deine Hüften nach vorne und drücke den Gegner nach oben und vorne über deine Schulter.

Diese Technik kann auf verschiedene Arten enden, z. B. mit einer unmittelbaren Seit- oder Rückenlage, je nachdem, wohin du deinen Gegner wirfst. Da es sich bei dieser Bewegung um eine grundlegende Technik handelt, ist sie für Anfänger leicht zu erlernen. Wie der Leg Trip ist sie sehr effektiv, wenn sie aus nächster Nähe angewendet wird. Sie kann nur von einem Gegner geblockt oder gekontert werden, der weiß, was du vorhast.

12. Suplex

Der Suplex ist eine grundlegende Bewegung, die auf verschiedene Arten ausgeführt werden kann, je nachdem, was du bevorzugst und in welchem Ringerstil du antrittst. Ziehe deinen Gegner hoch, fasse ihn mit den Händen hinter dem Kopf und falle dann nach hinten, wobei du ihn vom Boden abhebst. Die Technik kann auch ausgeführt werden, indem du den Gegner weiter unten am Oberkörper greifst und ihn direkt in die Luft hebst.

Suplex

Der Suplex gilt als eine Bewegung, die viel Geschick erfordert und bei der es auf die richtige Dosierung von Kraft, Gleichgewicht, Beweglichkeit und Koordination ankommt, um sie effektiv auszuführen. Es ist eine großartige Technik für Anfänger, mit der sie gegen größere Gegner antreten können, aber es erfordert viel Geschick und Training, um sie richtig auszuführen.

13. Knee Pull

Der Knee Pull ist eine anfängerfreundliche Technik, um Gegner daran zu hindern, ihre Takedowns zu beenden. Greife den Oberkörper oder die Schultern deines Gegners und gehe schnell in die Kniebeuge, bevor du eines deiner Knie zwischen seine Beine schiebst. Wenn du in dieser Position bist, stehe auf und führe deine Hände hinter seinem Rücken zusammen.

Diese Technik wird eingesetzt, um einen Gegner extrem schnell von den Füßen zu holen oder zu Fall zu bringen. Sie wird häufig als Gegenbewegung zu Beinscheren eingesetzt, kann aber auch verwendet werden, wenn du bei Ringkämpfen von deinem Gegner an den Ringseilen festgehalten wirst.

14. Drop Toe Hold

Der Drop Toe Hold ist eine weitere grundlegende Technik, um einen Gegner zu Boden zu bringen. Stelle dich vor deinen Gegner und klemme eines oder beide seiner Beine zwischen deine Oberschenkel. Umfasse seinen Hinterkopf mit beiden Armen. Lehne dich in dieser Position nach vorne, während du seinen Kopf und seine Schultern fest im Griff behältst.

Diese Bewegung kann deinen Gegner auf verschiedene Weise zu Boden bringen, je nachdem, wie du ihn an den Schultern gefasst hast. Wenn er sich an deinem Rücken oder deinen Beinen festhält, fasse einen seiner Arme hinter seinem Rücken, während du dich umdrehst und von ihm wegschaust. Wenn er sich an deiner Hüfte oder deinen Unterschenkeln festhält, fasse seine Arme hinter deinem Rücken, während du auf die Tatami fällst. Diese Bewegung ist ideal für Anfänger, da sie leicht zu erlernen und einfach auszuführen ist. Außerdem bietet sie eine unglaubliche Kontrolle beim Einsatz gegen größere, stärkere Gegner.

15. Vier-Punkte-Takedown

Der Vier-Punkte-Takedown ist eine vielseitige Technik, um Gegner schnell zu Boden zu bringen. Gehe in die Kniebeuge und positioniere dich neben einem der Beine deines Gegners. Lege deinen Arm um die Rückseite seines Knies. Greife gleichzeitig mit der anderen Hand die Innenseite seines gegenüberliegenden Oberschenkels. Stehe auf und wirf oder stoße ihn auf den Rücken.

Diese Technik gilt als hochkomplexes Manöver, das viel Kraft und Training erfordert, um es zu meistern, aber es ist eine ausgezeichnete Technik für Anfänger, um sich an die Sambo-Grundlagen zu gewöhnen. Erfahrene Gegner können mit etwas Mühe kontern, aber es wird ihnen schwerfallen, die ordnungsgemäße Ausführung zu verhindern.

Es gibt viele verschiedene Sambo-Wurftechniken, um deinen Gegner zu Boden zu bringen. Diese Bewegungen werden am häufigsten in realen Situationen eingesetzt, wenn man mit einem Gegner Grappling betreibt, um nicht geschlagen oder festgehalten zu werden. Anfänger müssen mit einem Partner üben, bevor sie diese Techniken im Wettkampf anwenden, aber sie können einen erheblichen Vorteil gegenüber größeren, stärkeren Gegnern bieten. Wenn du den Dreh raus hast, kannst du einige davon in deine Trainingsroutine einbauen, während du dich an Sambo-Kämpfe gewöhnst. Je mehr Erfahrung du mit diesen Bewegungen hast, desto einfacher wird es, sie in einem realen Szenario auszuführen.

Kapitel 5: Grifftechniken

Sambo ist eine russische Kampfkunst, die sich auf Grappling und Schläge konzentriert. Sambo bietet eine hervorragende Grundlage für alle, die sich für MMA oder Selbstverteidigung interessieren.

Einer der besten Aspekte von Sambo ist die umfangreiche Verwendung verschiedener Grifftechniken. Dieses Kapitel gibt einen Überblick darüber, was man wissen muss, um die Grifftechniken von Sambo effektiv einsetzen zu können. Darüber hinaus enthält es einige Tipps, wie man mit dem Erlernen von Grifftechniken beginnen kann.

Übersicht über die Sambo-Grifftechniken

Im Sambo gibt es mehrere Methoden des Griffkampfs. Die Schüler müssen nicht alle diese Griffe lernen. Vielmehr müssen sie ihre Fähigkeiten vollständig verstehen und sich ihrer Grenzen bewusst sein.

Die erste Art des Griffkampfs im Sambo heißt Shime Waza; dies ist eine Grappling-Technik im Judo und verwandten Künsten. Dabei werden beliebige Gliedmaßen und Körperteile eingesetzt, ein Arm oder ein Bein isoliert und Druck ausgeübt, um die Verwendung dieses Körperteils zu verhindern oder Schaden zu verursachen. Ein Beispiel für Shime Waza wäre der Standard-Armhebel auf dem Rücken. Anstatt jedoch die Beine zu verwenden, um die Hüften des Gegners anzuheben und Platz zu schaffen, wird der Kopf als dritter Kontaktpunkt verwendet.

Die zweite Griffart wird Kansetsu Waza genannt und wird auch im Judo und verwandten Sportarten wie Ringen und brasilianischem Jiu-Jitsu eingesetzt. Dabei werden die Arme und Beine des Gegners isoliert, am Boden fixiert und kontrolliert, um einen Angriff mit maximaler Effizienz auszuführen. Ein Beispiel für Kansetsu Waza ist die Heel-Hook-Submission aus der Seitenkontrolle oder die Beinschere, mit der ein Gegner im Stehen fixiert wird.

Die dritte Griffkampfart im Sambo wird Submission Wrestling genannt. Dieses Grappling ist eine Mischung aus Shime Waza und Kansetsu Waza. Beim Submission Wrestling werden Arm- und Beinhebel, Würgegriffe und Pins eingesetzt, um den Gegner zu bezwingen oder ihn aufgrund einer Verletzung zur Aufgabe zu zwingen. Es wird Submission Wrestling genannt, weil es keine grundlegenden Techniken oder Methoden zum Festhalten am Boden beinhaltet.

Die vierte Griffkampfart im Sambo heißt Combat Grip Wrestling (CGW). Bei diesem Grappling geht es um Kämpfe auf Leben und Tod mit einem Gegner, bei denen es keine Regeln gibt und der einzige Weg zum Sieg darin besteht, eine Submission zu erreichen.

Da du nun einen Überblick über die vier verschiedenen Arten des Griffkampfs im Sambo hast, lass uns einige grundlegende Griffmethoden aus jeder Art betrachten.

Grundlegende Griffmethoden im Sambo

Im Sambo gibt es mehrere grundlegende Griffmethoden, von denen ausgehend ein Kämpfer zu komplexeren Methoden übergehen kann.

Georgian Grip

Die erste Methode ist der Georgian Grip. Lege deinen vorderen Arm über den Rücken deines Gegners und greife mit deiner Hand den Gürtel oder Gi. Der Kopf deines Gegners befindet sich unter deiner Achselhöhle und du lehnst dich gegen seinen Körper, um zusätzliches Gewicht zu erzeugen. Mit der anderen Hand greifst du den Ärmel deines Gegners. Aus dieser Position können verschiedene Würfe ausgeführt werden.

Georgian Grip

Figure-Four-Griff

Figure-Four-Griff

Die zweite Methode wird Figure-Four-Griff genannt. Um diese Methode anzuwenden, greifst du mit einer Hand das Handgelenk deines Gegners und mit der anderen Hand den gegenüberliegenden Ellbogen. Indem du den Arm am Ellbogen beugst und zu dir ziehst, kannst du ihn kontrollieren.

Figure-Four-Reverse-Griff

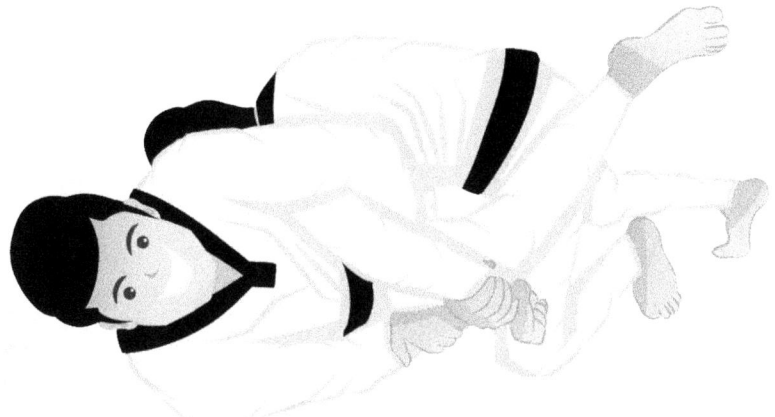

Figure-Four Reverse Grip

Die dritte Methode wird Figure-Four Reverse Grip genannt. Um diese Methode anzuwenden, greifst du mit einer Hand das Handgelenk deines Gegners und mit der anderen Hand den gegenüberliegenden Ellbogen. Indem du den Arm am Ellbogen beugst und von dir wegdrückst, kannst du ihn kontrollieren.

Turtling

Turtling

Die vierte fesselnde Methode wird Turtling genannt, weil die Arme verwendet werden, um Kopf, Hals und Gesicht zu bedecken. Ringer verwenden diesen Griff häufig zusammen mit dem Über-Unter-Griff und beim Stand-up-Grappling. Ziehe die Arme deines Gegners zu dir, während du deinen Kopf gegen seine Brust drückst. So kannst du dich um ihn herum drehen und ihm in den Rücken fallen.

Combat-Sambo-Grifftechniken

Combat Sambo kombiniert die vier grundlegenden Methoden des Grappling mit Schlagtechniken, um einen explosiven und effektiven Stil zu kreieren. Combat Sambo ähnelt aus gutem Grund stilistisch den Mixed Martial Arts (MMA). Die Regeln für Sambo-Wettkämpfe erlauben Schläge am Boden und ein Gegner kann durch Submission oder technischen Knockout gewinnen.

Head and Arm Choke

Die erste Grappling-Technik wird Head and Arm Choke genannt, weil der Arm den Kopf deines Gegners kontrolliert, während du ihn mit deinem anderen Bein zu Fall bringst. Greife den Kopf deines Gegners mit deiner Hand und ziehe ihn zu dir, während du deinen Fuß auf seiner Hüfte platzierst. Drücke die Seite seines Gesichts in die Matte und drücke seine Schulter nach unten, bis er sich ergibt oder bewusstlos wird.

Russian Twist

Die zweite Grappling-Technik wird Russian Twist genannt, weil sie einer Submission ähnelt, wie man sie im MMA sieht. Greife die Arme eines Gegners, während er steht, und ziehe ihn zu dir, während du dich in Bauchlage fallen lässt. Gehe

Head and Arm Choke

in eine sitzende Schutzposition über und schlinge deine Beine um seinen Kopf. Rolle ihn auf den Rücken oder die Seite und zwinge ihn, sich durch die Schmerzen eines Haltegriffs zu ergeben.

Reverse Head and Arm Choke

Die dritte Grappling-Technik wird Reverse Head and Arm Choke genannt. Du ziehst den Arm deines Gegners in Richtung seines Nackens, während du mit der anderen Hand an seinem Kopf ziehst. Greife das Handgelenk deines Gegners mit der Innenseite deines Arms und lege es gegen die Vorderseite seiner Schulter. Lege deinen Arm um seinen Kopf und halte ihn in einem Schwitzkasten, bevor du an beiden Armen ziehst, bis er sich ergibt.

Turtle Guard Sweep

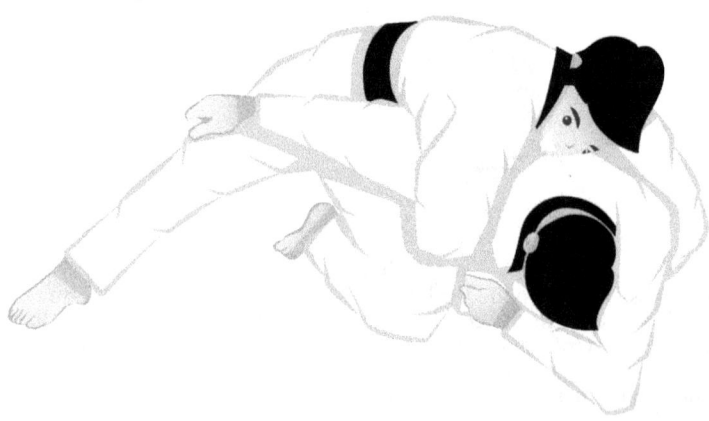

Turtle Guard Sweep

Der Turtle Guard Sweep ist die letzte Grappling-Technik im Combat-Sambo. Diese Technik hat ihren Namen, weil die Bewegung an eine Schildkröte erinnert, die sich in ihren Panzer zurückzieht. Greife die Arme deines Gegners, während er steht, und ziehe sie zu dir, während du dich auf den Rücken fallen lässt. Schlinge deine Beine um seinen Kopf und reiße ihn zur Seite, bis er umfällt oder aufgibt. Diese Technik ist nicht einfach, kann aber verheerend sein, wenn sie erfolgreich ausgeführt wird. Beende die Siegesserie deines Gegners mit dem Turtle Guard Sweep.

Leg Grips

Beim Grappling in einem Combat-Sambo-Kampf ist die Wahrscheinlichkeit groß, dass dein Gegner versucht, dich mit diesen Griffen zu Boden zu werfen. Hier sind einige der häufigsten Leg Grips:

Triangle Grip

Der Triangle Grip ist eine der einfachsten Möglichkeiten für Ringer, ein Bein zu sich zu ziehen, um eine Schwung- oder Wurftechnik auszuführen. Greife den Knöchel und den Oberschenkel des Gegners, bevor du das Bein zu dir ziehst. Wenn es dir gelingt, den Gegner aus dem Gleichgewicht zu bringen, kannst du den Gegner mit einem Schwung zu Boden bringen, während du mit einem Angriff fortfährst, um ihn unvorbereitet zu erwischen.

Einbeiniger Slicing Grip

Der einbeinige Slicing Grip ist genau das, wonach er klingt. Greife den Knöchel deines Gegners und platziere deinen Nacken an seinem Knie, bevor du ihn zu dir ziehst. Wenn dein Gegner versucht, sich durch einen Schritt von dir weg zu befreien, nutze diese Gelegenheit, um einen Sweep oder Wurf auszuführen, wodurch du die Kontrolle über den Kampf übernehmen kannst.

Zweibeiniger Leg Grip

Der Double Leg Grip ähnelt dem einbeinigen Slicing Grip, nur dass du beide Beine deines Gegners kontrollierst. Greife beide Knöchel und lege deinen Nacken gegen die Knie deines Gegners, bevor du ihn zu dir ziehst. Wenn dein Gegner versucht, sich durch Wegtreten von dir zu befreien, nutze diese Gelegenheit, um einen Sweep oder Wurf auszuführen, wodurch du die Kontrolle über den Kampf übernehmen kannst.

Gängige Griffe im Brazilian Jiu-Jitsu und Ringen

Beim Grappling in einem Sambo-Kampf ist die Wahrscheinlichkeit hoch, dass du mit Griffen konfrontiert wirst, die im brasilianischen Jiu-Jitsu oder Ringen verwendet werden. Hier sind einige der häufigsten Griffe, die dein Gegner versuchen wird:

Over-Under-Griff

Der Over-Under-Griff ist einer der häufigsten Griffe im brasilianischen Jiu-Jitsu. Greife das Handgelenk des Gegners und gleichzeitig seine gegenüberliegende Schulter. Ziehe den Gegner zu dir heran, bis er keine Bewegung mehr ausführen kann.

Doppelter Reversgriff

Der doppelte Reversgriff ist ein weiterer häufig verwendeter Griff im Judo, brasilianischen Jiu-Jitsu und Ringen. Greife das Revers des gegnerischen Gi und ziehe ihn zu dir heran, um den Abstand zwischen euch zu verringern. So kannst du die Haltung des Gegners schwächen und mehrere Würfe ausführen.

Kreuzgriff (oder Unter-Unter-Griff)

Der Kreuzgriff ist schwieriger anzuwenden als die meisten Griffe, kann aber bei richtiger Anwendung durch einen erfahrenen Ringer äußerst effektiv sein. Stelle dich neben deinen Gegner, greife mit einer Hand nach seinem Handgelenk und fasse mit der anderen Hand über seinen Rücken auf seine gegenüberliegende Schulter. Ziehe ihn von dort aus zu dir heran, bis er keine Bewegung mehr ausführen kann.

Pendelgriff (oder Untergriff)

Der Pendelgriff ähnelt dem Über-Unter-Griff; der einzige Unterschied besteht darin, dass deine Arme über den Schultern deines Gegners gekreuzt werden. Greife mit beiden Händen einen der Arme deines Gegners, bevor du ihn zu dir ziehst, bis er sich nicht mehr nähern kann.

Reversgriff mit Knieeinsatz

Der Reversgriff mit Knieeinsatz ist einer der häufigsten Griffe, die von Kämpfern im brasilianischen Jiu-Jitsu und Ringen verwendet werden. Greife den Gi deines Gegners an der Hüfte und ziehe ihn gleichzeitig zu dir heran, bis er keine Bewegung mehr ausführen kann.

Andere Grifftechniken und Würfe

Bei Sambo-Wettkämpfen werden unzählige andere Griffe und Wurftechniken eingesetzt, die jedoch ein gewisses Maß an Geschick und Fertigkeit erfordern, um erfolgreich ausgeführt zu werden. Es gibt jedoch einige Grifftechniken und Würfe, die auch Anfänger einsetzen können, um sich einen Vorteil gegenüber ihren Gegnern zu verschaffen:

Flying Armbar

Flying Armbar

Der Flying Armbar ist einer der besten Würfe, die du für einen Sambo-Wettkampf lernen kannst. Greife mit beiden Händen den rechten Arm deines Gegners und ziehe ihn zu dir heran. Setze einen Fuß auf seine Hüfte, springe in die Luft und ziehe gleichzeitig seinen Arm nach unten.

Leg Throw

Dieser Wurf ist äußerst effektiv gegen Gegner, die ihre Gegner gerne an den Beinen packen, während sie um die Kontrolle über den Kampf kämpfen. Ziehe deinen Gegner zu dir heran, während du eines seiner Beine nach oben und herum schwingst. Ziehe ihn dann zu dir heran, bevor du deine Hüften von ihm wegbewegst, um den Wurf zu vollenden.

Russian Hook-Sleeve Takedown

Diese Takedown-Technik wird angewendet, wenn es deinem Gegner gelingt, dich gleichzeitig an beiden Ärmeln zu packen, sodass du keine Möglichkeit hast, die Kontrolle über seine Taille oder seinen Oberkörper zu erlangen. Ziehe deinen Gegner zu dir heran, während du beide Ärmel in die entgegengesetzte Richtung drückst. Von dort aus hakst du eines seiner Beine mit deinem Bein ein, bevor du ihn über dich auf den Boden ziehst und einen Pin ausführst.

Griff für die Kontrolle des Rückens

Dieser Griff kann verwendet werden, wenn es deinem Gegner gelingt, hinter dich zu gelangen, und dir jegliche Kontrolle raubt. Bringe einen Arm über den Rücken deines Gegners, bevor du unterhalb seiner Taille greifst. Von dort aus schiebst du seinen Arm über deine Brust, führst ihn bis zu seinem Nacken und fixierst ihn dort, um ihn zu würgen oder zu pinnen.

Sleeve Takedown aus dem Stand

Diese Bewegung wird eingesetzt, wenn dein Gegner nach deinen Ärmeln greift, ohne Kontrolle über deine Taille oder deinen Oberkörper zu haben. Diese Bewegung ist im Wettkampf sehr verbreitet, kann aber vermieden werden, indem man sich von ihr abwendet. Fasse den greifenden Arm deines Gegners und ziehe ihn zu dir heran, bis er sich nicht mehr nähern kann. Greife mit dem anderen Arm nach seinem Ärmel und ziehe ihn für einen Pin zu Boden.

Scissor Takedown Methode 1

Der Scissor Takedown ist einer der am häufigsten verwendeten Würfe im Sambo, kann aber vermieden werden, indem du Abstand zu deinem Gegner hältst oder dich hinter ihm positionierst. Ziehe deinen Gegner zu dir, indem du seinen Ärmel greifst und eines deiner Beine vor seinem platzierst. Führe einen Scissor-Kick mit deinem Bein aus, bevor du deinen Gegner zu Boden bringst und festhältst.

Scissor Takedown Methode 2

Diese Version des Scissor Takedown kann angewendet werden, wenn dein Gegner vor dir steht und seine Waden an der Rückseite deiner Oberschenkel anliegen, sodass du ihn mit anderen Methoden nicht unter Kontrolle bringen kannst. Ziehe deinen Gegner zu dir heran, indem du seine Ärmel greifst und beide Füße auf seine legst. Mit einem Scissor-Kick umschlingst du seine Beine, bis er sich nicht mehr bewegen kann. Nimm eines seiner Beine und drücke es nach unten, bevor du seinen Oberkörper über dein anderes Bein bringst, um ihn zu pinnen.

Belt Grip Takedown Methode 1

Diese erste Version des Takedowns mit dem Griff am Gürtel wird angewendet, wenn dein Gegner nach dem Gürtel an deiner Hose greift und dich daran hindert, die Kontrolle über ihn aus einer anderen Position zu übernehmen. Lege eine Hand auf seine Brust, während du mit dem anderen Arm seinen Gürtel greifst, und ziehe ihn für einen Pin zu Boden.

Belt Grip Takedown Methode 2

Diese zweite Version des Belt Grip Takedowns kann angewendet werden, wenn es deinem Gegner gelingt, beide deiner Ärmel zu greifen, sodass du keine Kontrolle über seinen Oberkörper erlangen kannst. Lege eine Hand auf seine Brust. Greife mit dem anderen Arm die gegenüberliegende Seite seiner Taille und ziehe ihn für einen Pin zu Boden.

Sambo-Ringer und Submission-Grappler können davon profitieren, zu wissen, wie sie ihre Gegner effektiv greifen können, um das Beste aus jeder ihrer Bewegungen herauszuholen. Ein Wettkämpfer verwendet viele Techniken, um einen Gegner zu greifen und festzuhalten. Dieses Kapitel konzentriert sich jedoch auf anfängerfreundliche Takedown-Techniken, die gegen Gegner eingesetzt werden können, die noch keine effektive Verteidigung entwickelt haben. Diese Takedown-Techniken verschaffen dir auch einen erheblichen Vorteil gegenüber Gegnern, die sie nicht erwarten, und erhöhen so ihre Effektivität. Sambo-Takedown-Techniken können in Brazilian Jiu-Jitsu- oder Wrestling-Spiele integriert werden, um deine Chancen zu verbessern, sie erfolgreich gegen erfahrene Gegner einzusetzen.

Kapitel 6: Selbstverteidigung im Sambo

Wenn du eine Kampfkunst erlernen möchtest, musst du immer wissen, dass die Beherrschung der Selbstverteidigung ein wesentlicher Bestandteil des Prozesses ist. Dies gilt insbesondere für Sambo, von dem wir bereits wissen, dass es eine Kampfsportart ist, die waffenlose Selbstverteidigungstaktiken beinhaltet.

Niemand kann sich ausschließlich auf seine Fähigkeit verlassen, in den vollen Angriff überzugehen und Schläge, Tritte, Hebel und was auch immer ihm sonst noch einfällt, einzusetzen. Ein Kämpfer kann nie erfolgreich sein, ohne Verteidigungstechniken zu beherrschen, egal wie gut oder stark er ist.

Selbstverteidigung zu lernen ist auch dann von Vorteil, wenn man nicht auf der Matte steht. Du wirst dich nicht nur geschickt und effizient gegen potenzielle Angreifer verteidigen können, sondern Selbstverteidigung zu lernen fördert auch dein emotionales, kognitives und körperliches Wohlbefinden auf vielfältige Weise.

Ein Teil des Lernprozesses der Selbstverteidigung erfordert, dass du dir selbst und deinen Fähigkeiten vertraust. Die Techniken, die du erlernst, werden dir ein hohes Maß an Bewusstsein für deinen Geist und Körper vermitteln, was dich dazu antreiben kann, an deine Grenzen zu gehen, die du sonst für unerreichbar gehalten hättest. Du wirst auch eine allgemeine Verbesserung deiner Gesundheit feststellen. Diese Aspekte werden dir einen Schub an Selbstvertrauen geben und dabei automatisch andere Bereiche deines Lebens verbessern. Ein großes Selbstvertrauen steigert nicht nur deine Leistung im Ring, sondern hilft dir auch, die Beförderung zu bekommen, von der du weißt, dass du sie verdienst.

Disziplin ist der Schlüssel zur Beherrschung der Selbstverteidigung. Es ist keine Überraschung, dass der Grad der Disziplin darüber entscheidet, ob wir in einem Sport oder Lebensbereich erfolgreich sind. Selbstverteidigung lehrt uns, Angriffen physisch, mental und emotional auszuweichen, sie zu überstehen und sich von ihnen zu lösen. Dies ist im Allgemeinen eine sehr nützliche Fähigkeit im Leben. Auch wenn das Leben uns keine physischen Schläge versetzt, gibt es doch eine ganze Reihe von Hindernissen.

Das Selbstverteidigungstraining hilft den Schülern auch dabei, die Fähigkeit zu erwerben, sich kleine und große Ziele zu setzen und die notwendigen Schritte zu unternehmen, um diese zu erreichen. Selbstverteidigungstaktiken sind nicht einfach zu meistern. Der Prozess und die Art und Weise, wie er gelehrt wird, helfen dir jedoch dabei, Ziele für dich selbst zu setzen und diese zu erreichen, auch wenn sie unmöglich erscheinen. Jeder weiß, dass man im Leben keinen Erfolg haben kann, wenn man keine festen Ziele hat.

Beim Erlernen von Selbstverteidigung geht es nie nur um den aktuellen Moment. Verteidigungstechniken umfassen Jahrhunderte von Werten, Fähigkeiten und Traditionen. Bedenke, was ein integrativer und umfassender Sport wie Sambo alles zu bieten hat. Wenn man das weiß, bedeutet das Erlernen der Fähigkeiten nicht nur, sich ausreichendes Wissen anzueignen, um sie auszuführen. Die Pflicht, die Fähigkeiten konstruktiv, richtig und verantwortungsbewusst einzusetzen, wird jedoch automatisch an dich weitergegeben.

Dieses Kapitel enthält einige Tipps, wie du dich gegen viele der Würfe verteidigen kannst, die im vorherigen Kapitel besprochen wurden. Es werden auch einige Verteidigungstaktiken für die Submissions behandelt, die in den folgenden Kapiteln erklärt werden. Du wirst auch lernen, dich taktvoll gegen jemanden mit einer Waffe zu verteidigen, einschließlich einer Schritt-für-Schritt-Anleitung.

Sambo und Selbstverteidigung

Sambo bietet die effizientesten und effektivsten Selbstverteidigungstechniken neben Karate, Judo, Boxen und Jiu-Jitsu. Nicht nur, weil es eine Sammlung von deren besten Bewegungen ist, sondern weil es so konzipiert wurde, dass es sich um Probleme des realen Lebens sowie um Kämpfe dreht.

Selbst wenn sie sich nicht auf dem Schlachtfeld befinden, benötigen Strafverfolgungspersonal Kenntnisse und Fähigkeiten in Selbstverteidigung, um grundlegende Missionen zu erfüllen, wie z. B. Kriminelle zum Verhör zu bringen. In der Zwischenzeit brauchen Einzelpersonen im Gefecht und im Kampf einen Vorteil gegenüber ihren Gegnern; für die russischen Soldaten bot Sambo diesen wesentlichen Vorteil.

Letztendlich ist Sambo ein Kampfkunstsystem, das entwickelt wurde, um gezielt nur die besten Elemente, Bewegungen, Schläge, Submissions, Tritte, Sweeps, Würfe, Trips, Armbars, Chokes, Holds und Leg Bars aus verschiedenen Kampfsportarten zu sammeln. Alles, was als minderwertig angesehen wurde, wurde sofort aus diesem perfektionierten System entfernt.

Anwendung im echten Leben

Sambo wurde für Menschen entwickelt, die in ständig wechselnden Situationen sofort reagieren müssen. Es ist für alle gedacht, die einen Gegner mit nichts als den Werkzeugen, die sie bereits haben, d. h. ihren Händen, einem Stuhl oder einer Schaufel, außer Gefecht setzen müssen. Das System wurde entwickelt, um Trainierenden dabei zu helfen, ihre Gegner schnell zu entwaffnen, um die Gefahr zu minimieren und den Einsatz so einfach wie möglich zu gestalten. Ziel ist es, einen Kampf schnell und ein für alle Mal zu beenden.

Obwohl es ursprünglich für sowjetische Soldaten entwickelt wurde, ist Sambo zu einer der besten Möglichkeiten für den Durchschnittsbürger geworden, sich und seine Familie vor den Widrigkeiten der modernen Welt zu schützen. Leider sind tragische Vorfälle wie Raubüberfälle, Übergriffe und Vergewaltigungen heutzutage weit verbreitet. Noch erschreckender ist, dass die Mehrheit der Angreifer Waffen besitzt. Daher ist es notwendig, Selbstverteidigungstechniken zu erlernen, die Entwaffnungsstrategien umfassen, um sich zu schützen.

Bei einem regulierten Wettkampf weiß man, was einen erwartet. Die Teilnehmer wissen, welche Bewegungen und Elemente erlaubt sind, wie viel Zeit zur Verfügung steht (falls diese begrenzt ist) und was verboten ist. Allerdings weiß niemand, was der Gegner in echten Kämpfen auf Lager hat. Sambo lehrt seine Schüler, wie sie sich in zahlreichen Situationen strategisch verhalten, was sie gegen einen oder mehrere Gegner einsetzen können und wie sie sich im Falle einer Bewaffnung verhalten sollen.

Der Vorteil der Verteidigung

Man erkennt dies vielleicht erst, wenn man es selbst erlebt hat. Dennoch sollte erwähnt werden, dass eine perfekt ausgeführte Sambo-Bewegung den Gegner außer Gefecht setzen kann; dies gilt insbesondere für Gegner, die nicht darin geübt sind, Stürze richtig abzufangen. Man kann davon ausgehen, dass ein Kampf an diesem Punkt endet, da das menschliche Gehirn nicht sehr empfänglich dafür ist, den Kontakt zum festen Boden oder zu einem Bezugspunkt zu verlieren. Wenn der Gegner sich nicht richtig für den Sturz positioniert, wird sein gesamter Körper den Aufprall oder die Energie absorbieren. Wenn man die durch die Hebelwirkung erzeugte erhöhte Beschleunigung berücksichtigt, können die Folgen verheerend sein.

Als jemand, der sich mit Sambo-Selbstverteidigung auskennt, hat man dadurch einen unglaublichen Vorteil. Zunächst einmal hilft das Erlernen der richtigen Falltechniken dabei, zu verhindern, dass einem so etwas passiert. Darüber hinaus kann man, wie bereits erwähnt, die Defizite des Gegners in der Selbstverteidigung gegen ihn verwenden, wenn dieser in der Defensive ist.

Viele Menschen denken, dass es beim Sambo-Training darum geht, Beinscheren zu lernen und die Gelegenheit zu nutzen, ein paar Würfe zu üben. Das ist jedoch bei weitem nicht alles. Sambo ist ein ganzes System; diejenigen, die es noch nie praktiziert haben, denken, dass es nur um Grappling und Würfe geht. Ein begeisterter Sambokämpfer weiß, dass die richtige Ausführung von Sambo-Techniken eine umfassende körperliche Vorbereitung und ein Verständnis für Hebelwirkung und die grundlegenden Gesetze der Physik erfordert.

Einzigartige Ausführung

Sambo lehrt dich die Ausführung von Techniken für die stressigsten und schwierigsten Situationen. Es lehrt dich Selbstvertrauen und hilft dir, es zusammen mit Schnelligkeit in deine Technik zu integrieren; darin unterscheidet sich Sambo von anderen Kampftechniken. Die Leute denken, dass Judo und Sambo ähnlich sind, und die Athleten beider Disziplinen können beides. Dennoch erkennen nur wenige, dass Sambo-Ringer unglaubliche Judo-Kämpfer sein können, während das Gegenteil nicht unbedingt der Fall ist.

Deshalb ist es so wichtig, den richtigen Sambo-Trainer zu wählen. Eine Regel, an die man sich immer halten sollte, ist, einen Trainer zu wählen, der sich Sambo verschrieben hat, und nicht jemanden, der dreimaliger Aikido-Meister und Judo-Schwarzgurt ist. Der Erfolg in anderen Kampfstilen bedeutet nicht, dass man auch in Sambo gut ist.

Du musst dein Leben nicht dem Sambo widmen oder als Wettkampfsport betreiben, um erfolgreich zu sein. Du weißt, dass du ein großartiger Sportler bist, wenn du alles, was du gelernt hast, nützlich findest und es leicht in deinen Alltag integrieren kannst. Betrachte Sambo als eine zusätzliche überlebenswichtige Fähigkeit oder als Handwerkszeug, das dir vielleicht das Leben retten kann.

Grundlagen der Verteidigung

Das Beste an Sambo ist die Zusammenführung der meisten Kampfstile. Dieser Aspekt bereitet die Praktizierenden gut auf verschiedene Kampfstile vor, ohne dass sie verschiedene Kampftechniken einzeln erlernen müssen.

Griffbrechende Techniken

1. Technik 1

Um sich aus dem Griff des Gegners zu befreien, greife mit zwei Händen seinen Ärmel. Drücke seine Hand in einem 45-Grad-Winkel von deinem Gi weg. Diese Bewegung sollte kraftvoll und schnell ausgeführt werden, während du eine gute Körperhaltung beibehältst. Achte darauf, dass du deinen Körper in die entgegengesetzte Richtung der Hand bewegst. Zu diesem Zeitpunkt sollte sich sein Griff lockern. Lasse deinen Griff nicht los und drücke seine Hand weiter von deinem Körper weg.

2. Technik 2

Wenn der Ärmel deiner Schlaghand die ist, die dein Gegner festhält, beuge deinen Arm am Ellbogen. Die Spannung in deinem Ärmel löst sich, sobald du deinen Daumen zur Schulter führst. Hebe dann deinen Ellbogen und reiße deinen Arm aus dem Griff deines Gegners in Richtung deines Rückens. Wenn du deinen Arm wegziehst, löst du dich aus dem Griff deines Gegners.

3. Technik 3

Eine weitere Möglichkeit, sich aus dem Griff des Gegners zu befreien, besteht darin, den Arm am Ellbogen zu beugen. Bringe den Daumen zur Schulter, um den Ärmel zu spannen. Führe dann den Daumen in einer kreisenden Bewegung zum Handgelenk des Gegners und hebe ihn zum Ohr. Ziehe dich mit Kraft und Schnelligkeit vom Gegner weg.

4. Technik 4

Eine vierte Möglichkeit, deine starke Hand zu befreien, besteht darin, deine Hand nach hinten zu beugen und das Handgelenk des Gegners zu greifen. Strecke deinen Rücken und runde ihn, während du auf sein Handgelenk drückst, um den Griff zu lösen. Drücke sein Handgelenk so weit wie möglich von dir weg.

5. Technik 5

Wenn der Ärmel deiner starken Hand im Griff deines Gegners ist, lege deine starke Hand auf sein Handgelenk und strecke deinen Arm, während du deine kräftige Hand nach unten drückst. Seine starke Hand sollte sich am Ärmel verfangen, wodurch der Griff gelöst wird.

Takedown-Verteidigung

1. Fußarbeit

Vorsicht ist besser als Nachsicht. Wenn der Gegner dich nicht berühren kann, kann er dich nicht zu Boden bringen. Jeder weiß, dass gute Fußarbeit die Essenz der Selbstverteidigung ist. Um den Gegner zu Boden zu bringen, muss man sich in einem bestimmten Bereich befinden. Durch Kreisen, seitliche Bewegungen und Ausweichen kannst du Takedowns verhindern.

- Bleibe nicht mit durchgedrückten Knien stehen
- Hör nicht auf, deine Füße zu bewegen
- Achte auf deine Low Kicks, da sie dich aus dem Gleichgewicht bringen können
- Versuche, zu treten und zu schlagen, während du in Bewegung bleibst

2. Schlagen

Wenn der Takedown aus dem Clinch heraus beginnt, musst du wahrscheinlich auf Schläge zurückgreifen. Dies ist eine gängige Wrestling-Technik, die dir dabei hilft, den Gegner davon abzuhalten, unterzuhaken. Wenn er dies schafft, hat er viel Hebelkraft. Dein Ziel ist es, auf den Versuch, unterzuhaken, mit Schlägen zu reagieren, in den doppelten Untergriff zu kommen und dich schließlich zu lösen. In diesem Fall kannst du einen Takedown ausführen.

3. Ausweichen

Ausweichen ist eine effektive Methode, um sich gegen Takedowns mit einem oder beiden Beinen zu verteidigen. Mit Ausweichmanövern kannst du verhindern, dass der Gegner dich packt. Außerdem kannst du dich so auf Angriffe von hinten vorbereiten.

Wenn der Angreifer sich für einen Takedown von unten nähert, drücke seinen Nacken, Kopf oder seine Schulter nach unten. Lass dabei deine Beine und Hüften nach hinten fallen. In diesem Moment sollte sich dein Körpergewicht unter ihnen befinden. Versuche, in dieser Position einen Headlock oder Choke zu erzielen, oder umkreise deinen Gegner, um ihn in den Rücken zu fallen.

4. Würgegriffe

Obwohl Würgegriffe in einigen Sambo-Unterarten nicht erlaubt sind, kannst du dich mit Würgegriffen gegen einen feindlichen Angriff verteidigen. Diese Strategie ist jedoch riskant. Allerdings kann sie einen Kampf sofort beenden. Du kannst einen Ninja-, peruanischen oder Guillotine-Würgegriff anwenden.

5. Kniestoß

Du kannst dein Knie einsetzen, um einen Gegner davon abzuhalten, dich zu Boden zu werfen. Bei dieser Verteidigungsstrategie ist jedoch das richtige Timing entscheidend. Du kannst beide Beine einsetzen, um den Gegner unvorbereitet zu erwischen. So gewinnst du einen Moment, bevor er einen weiteren Takedown versucht.

Schlagabwehr

1. Der Low Roundhouse Kick

Wenn du nicht sehr fit bist, solltest du nicht höher als bis zum Knie zielen. In diesem Fall ist ein Low Roundhouse Kick sehr praktisch. Wenn deine Arme Probleme machen, bewege dein dominantes Bein ein gutes Stück nach hinten, um die maximale Kraft zu erreichen. Achte darauf, dass du eine stabile, ausbalancierte Position einnimmst und drehe den Fuß deines nicht dominanten Beins nach außen, während du deine Schultern in die gleiche Richtung bewegst. Verwende dann schnell dein dominantes Bein, um den Gegner zu treten. Achte jedoch darauf, dein Knie so hoch wie möglich zu heben, bevor du dein Bein ausstreckst. Verwende die obere Ferse deines Fußes und nicht die Seite, um die Innen- oder Außenseite des Knies deines Gegners zu treffen. Wenn du die richtige Stelle triffst, wird dein Gegner unerträgliche Schmerzen erleiden und nicht in der Lage sein, den Angriff fortzusetzen.

Low Roundhouse Kick

2. Der Schlag mit der offenen Handfläche

Schlag mit der offenen Handfläche

Wenn du dir deiner Fähigkeiten nicht sicher bist, solltest du im Kampf nicht mit den Fingerknöcheln zuschlagen. Verwende stattdessen den Schlag mit der offenen Handfläche. Achte auf den Moment, in dem dein Gegner sein Gesicht ungeschützt lässt. Beuge die oberen Fingerglieder, sodass deine Handfläche sichtbar wird, und konzentriere deine ganze Kraft auf deine Handfläche. Der ideale Punkt für den Schlag ist die Nase oder das Kinn deines Gegners. Wenn du auf das Kinn zielst, musst du von unten nach oben schlagen.

3. Der Ellbogenstoß

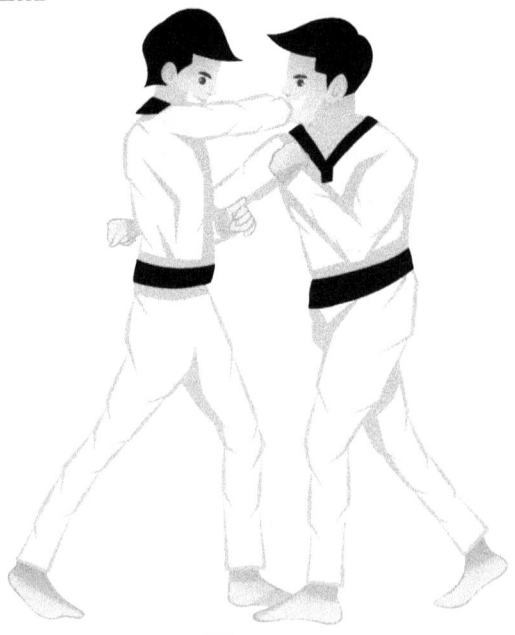

Ellbogenstoß

Natürlich sind wir darauf konditioniert, unseren Kopf bei einem Angriff zu schützen. Wenn du zwischen dem Bedecken deines Kopfes und dem Kampf um dein Leben hin- und hergerissen bist, wähle den Ellbogenstoß. Wenn der Gegner auf deinen Kopf zielt und Schläge darauf richtet, musst du sicherstellen, dass dein Kopf vollständig von deinen Armen bedeckt ist. Deine Ellbogen sollten vorne sein und leicht gespreizt, damit du sehen kannst. Die gesamte Kraft muss auf die Ellbogen konzentriert werden, um den Gegner wie ein Rammbock zu treffen. Ziel der Schläge ist die Innenseite des Oberarms oder die Nase. Wenn du die richtigen Bereiche mit der richtigen Kraft triffst, wird der Gegner große Schmerzen haben, sodass du Zeit hast, den nächsten Schritt zu planen.

Verteidigung gegen Submission

Die beste Art, mit einer Submission umzugehen, ist, sie ganz zu vermeiden. Daher ist das Timing entscheidend. Es spielt keine Rolle, ob du neu im Sambo bist oder seit Jahren Selbstverteidigungstaktiken beherrschst. Wie du dich verhältst, kurz bevor der Gegner eine Submission ausführt, bestimmt, ob du abklopfst oder nicht. Warte nicht, bis eine Submission ausgeführt wird, um dich zu verteidigen, da dies deine letzte Verteidigungslinie sein sollte.

Wenn du mit dem Sport beginnst, wirst du feststellen, dass es einige Dinge zu beachten gilt, bevor du dich auf eine Submission einlässt. Du musst sicherstellen, dass du die richtigen Griffe hast, den richtigen Winkel einnimmst und, was am wichtigsten ist, die Verteidigung deines Gegners durchbrichst. So hast du Zeit und Gelegenheit zu handeln.

1. Kontrolliere den Winkel

Verschiedene Submission-Angriffe erfordern, dass der Gegner sich in einem bestimmten Winkel befindet. Wenn er beispielsweise ein Dreieck anstrebt, erschwert es ihm, den Angriff abzuschließen, wenn er sich im rechten Winkel zu dir befindet, da der Druck auf den Nacken fehlerhaft ist. Dies gilt für Beinscheren, Armbars, Würgegriffe und fast alle anderen Submissions. Wenn du den Gegner aus dem Winkel werfen kannst, bevor er angreift, bist du auf der sicheren Seite.

2. Kontrolle der Mittellinie

Du musst bedenken, dass du jedes Mal einem Submission-Risiko ausgesetzt bist, wenn du die Körpermitte deines Gegners oder deine eigene überschreitest. Damit Gegner beispielsweise Armbars ausführen können, muss sich dein Arm in der Körpermitte ihres Körpers befinden. Wenn du deine Mittellinie kontrollierst, bist du sicher.

3. Verteidigungslinien

Es gibt verschiedene Verteidigungslinien, die du nutzen kannst. Die ersten finden statt, bevor die Submission ausgeführt wird, wie das Durchbrechen des Winkels und die Kontrolle der Mittellinie. Du kannst dich auch während der Submission verteidigen, indem du deine Arme im Falle eines Armbar-Angriffs versteckst. Deine letzte Abwehrmöglichkeit ist, wenn du dich in der Submission befindest, kurz bevor du zum Abklopfen gezwungen wirst. In diesem Fall kannst du einen Armbar-Ausbruch oder einen Hitchhiker ausführen. Du kannst das Knie deines Gegners ziehen, wenn du dich in einer Kneebar-Submission befindest.

Verteidigung gegen Angriffe mit Waffen

Achte darauf, dass der Gegner nicht hinsieht, oder mache keine plötzlichen Bewegungen, wenn er dich ansieht oder auf dich zielt.

1. Greife nur an, wenn er 1,5 bis 3 Meter von dir entfernt ist.
2. Entkomme dem Blickfeld des Schützen und bewege dich zur Außenseite der Waffe.
3. Was auch immer du tust, nähere dich nicht der Brust des Angreifers.
4. Benutze deine dominante Hand, um das Handgelenk des Gegners zu umschließen oder zu schlagen, um ihn zu entwaffnen. Du kannst auch auf die Außenseite seines Handgelenks schlagen.
5. Die Waffe wird dem Angreifer wahrscheinlich aus der Hand fallen. Greife sie in diesem Fall schnell oder drücke sie so weit wie möglich von dir weg.

6. Wenn er die Waffe noch hat, greife schnell sein Handgelenk, um ihn daran zu hindern, auf dich zu schießen. Halte seinen Arm so fest wie möglich.
7. Ziehe das bewaffnete Handgelenk nach unten zum Boden. Bringe es in eine kreisende Bewegung, um den Angreifer aus dem Gleichgewicht zu bringen.
8. Verdrehe schließlich den Arm. Wahrscheinlich lässt der Angreifer die Waffe fallen. Wenn nicht, kannst du sie leicht wegziehen.

Ähnlich wie im Angriffsmodus brauchst du intensive Bewegung, um in der Selbstverteidigung zu glänzen. Auch wenn es so aussieht, als würdest du nur eine Kampfdisziplin oder einen Kampfstil lernen, unterscheidet sich dein Ansatz stark, je nachdem, auf welcher Seite des Kampfes du stehst. Selbstverteidigung erfordert ein völlig anderes Fitnessprogramm, von dem dein Körper sicherlich profitieren wird. Außerdem kannst du dich in unglücklichen Situationen selbst schützen.

Kapitel 7: Offensivwürfe und -schläge

Würfe und Schläge sind ein entscheidender Bestandteil eines Sambo-Kampfes. Schläge sind eine sehr effiziente Methode, um einen Gegner in die Defensive zu drängen, und können als Vorbereitung für einen Wurf oder Takedown mit hoher Punktzahl dienen. Wenn du aus dem Stand heraus schlägst, kannst du deinen Körper außerdem nah am Gegner halten, sodass es für ihn schwierig ist, sich gegen Würfe oder Tricks zu verteidigen, die du möglicherweise versuchst.

Eine weitere Angriffstechnik sind Rollen. Rollen ähneln dem Purzelbaum. Allerdings verhindern einige zusätzliche Regeln im Sambo, dass Überschläge und Drehungen mit voller Kraft ausgeführt werden. Wenn du zum Beispiel im Sambo eine Vorwärtsrolle ausführen möchtest, musst du mit mindestens einer deiner Schultern Kontakt zur Matte halten. Außerdem wird die Richtung deiner Rolle, wie beim Takedown, von der Schulter bestimmt, die zuerst Kontakt zur Matte hat.

In diesem Kapitel werden einige Grundlagen des Sambo-Rollens erläutert und einige Variationen vorgestellt, die als Angriffstechnik eingesetzt werden können. Es gibt komplexere Rollen mit viel Potenzial für Variationen, die später in diesem Buch behandelt werden.

Die Grundlagen des Rollens

Bevor wir die verschiedenen Variationen des Rollens besprechen können, ist es wichtig, die grundlegenden Mechanismen einer Rolle zu verstehen. Es gibt zwei Möglichkeiten, wie ein Wettkämpfer eine Vorwärtsrolle im Sambo ausführen kann:

- Führe mit deinem Kopf und deiner Schulter
- Führe mit deinen Hüften und halte deine Beine hinter dir

Die erste Option ist im Allgemeinen sicherer, da sie deinen Kopf vor Tritten oder Kniestößen deines Gegners ins Gesicht schützt. Sie hat jedoch auch ihre Nachteile. Wenn du deinen Kopf beim Rollen nicht drehst, landest du kopfüber und bist Angriffen völlig schutzlos ausgeliefert.

Du musst mit dem Konzept des Wechsels der Standposition vertraut sein, um bei einer Vorwärtsrolle im Sambo mit beiden Schultern führen zu können. Ein Wechsel der Standposition liegt vor, wenn du deine dominante Standposition während der Bewegung in die entgegengesetzte Richtung wechselst. Dies ist in den meisten Kampfsportarten mit Schlägen, wie z. B. Faustschlägen oder Tritten, üblich, da der Schlag aus einer Standposition ausgeführt wird, aber in einer anderen landet.

Mit der Hüfte voranzugehen und die Beine hinter dir zu halten, ist etwas komplexer, wird aber im Allgemeinen als die beste Option für eine Vorwärtsrolle im Sambo angesehen. Sie sorgt für einen großen Schwung beim Rollen und bietet einen guten Schutz vor Schlägen und Takedowns deines Gegners. Selbst wenn du bei dieser Rolle den Kontakt zum Gegner verlierst, bist du durch deine Beine immer noch geschützt.

Die beliebteste Rolle im Sambo ist die Vorwärtsrolle. Sie wird verwendet, um schnell hinter den Gegner zu gelangen, ohne zu rennen, was für jede Annäherung, die einen Angriff aus dem Stand erfordert, von entscheidender Bedeutung ist. Hier sind einige Punkte, die bei der Ausführung einer Vorwärtsrolle zu beachten sind:

- Halte deinen Rücken gerade und strecke deine Beine so weit wie möglich aus.
- Sobald du mit der Rolle beginnst, stoße dich mit den Händen von der Matte ab und drücke deine Hüfte nach oben.
- Rolle so weit wie möglich, wobei du die ganze Zeit über den Rücken gerade halten musst.
- Rolle weiter, bis du Kontakt mit deinem Gegner hast oder einen sicheren Abstand zu ihm erreichst.

Weitere Angriffsrollen im Sambo

Die Rückwärtsrolle

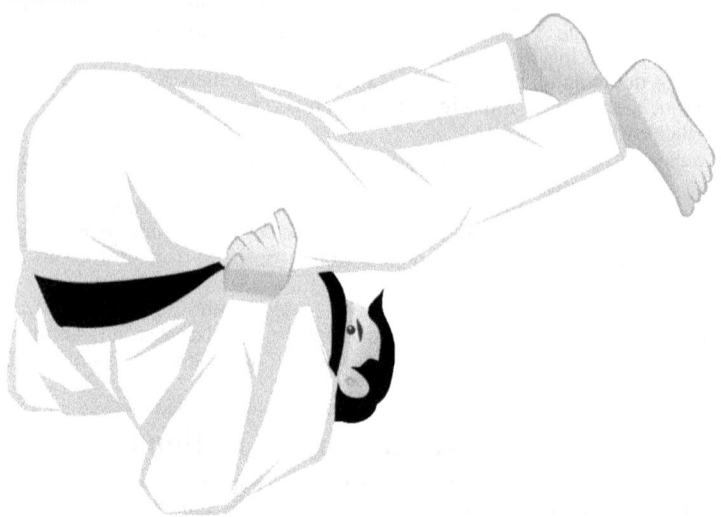

Rückwärtsrolle

Die Rückwärtsrolle wird im Sambo nicht oft eingesetzt, aber es ist dennoch wichtig, sie zu lernen und zu beherrschen. Wenn du dich zum Beispiel während eines Kampfes in der Nähe der Mattenkante befindest, kann es sehr nützlich sein, sich mit einer Rückwärtsrolle hinter den Gegner zu bringen, wenn dies mit einem aggressiven Aufstehspiel kombiniert wird. Hier sind einige wichtige Punkte, die du bei der Ausführung dieser Technik beachten solltest:

- Halte deine Beine und Arme gerade, aber nicht ausgestreckt.
- Halte während der Rückwärtsrolle den Kopf eingezogen und wende dich von deinem Gegner ab.
- Wenn du die Richtung ändern oder die Rolle vorzeitig stoppen musst, stütze dich schnell mit beiden Händen auf der Matte ab und benutze sie, um dich neu auszurichten.

Wie bei Vorwärtsrollen werden Rückwärtsrollen durch Abstoßen von der Matte mit den Händen begonnen. Allerdings musst du dich von deinem Gegner wegdrücken, anstatt auf ihn zu. Wenn du die Rolle beendet hast und wieder in eine stehende Position zurückkehren möchtest, benutze beide Arme, um dich nach oben zu drücken.

Wenn du während einer Angriffsrolle einen Schlag ausführst, denke daran, dass es einige Zeit dauern kann, bis du deine Rolle beendet hast und in eine neutrale Position zurückgekehrt bist. Je nach Situation kann dies gefährlich sein, da dein Gegner dadurch ausreichend Zeit hat, deinen Fehler auszunutzen.

Die Head-Snap-Rolle

Wenn sie aus dem Stand ausgeführt wird, ist dies eine der beliebtesten Rollen im Sambo. Ihr Hauptzweck besteht darin, hinter deinen Gegner zu gelangen und ihn gleichzeitig in eine Bewegung nach hinten zu versetzen, sodass du für jede beliebige Folgetechnik gut vorbereitet bist. Hier sind einige wichtige Punkte, die du beim Ausführen einer Head-Snap-Rolle beachten solltest:

- Halte deine Beine gebeugt und spanne deine Beine und Arme an.
- Achte wie bei anderen Rollen darauf, dass der erste Kontakt mit der Matte über die Schulter erfolgt.
- Strecke sofort nach dem Aufprall auf der Matte beide Beine so weit wie möglich nach vorne und oben, um deinen Gegner zurückzustoßen.

Die seitliche Head-Snap-Rolle

Diese Variante der Head-Snap-Rolle ist sehr nützlich, wenn du deinen Gegner mit der Schulter treffen, ihn aber auch ein wenig von dir wegbewegen möchtest. Da sie im Vergleich zum ursprünglichen Head-Snap Rolle in einer anderen Position beginnt und endet, kann sie deinen Gegner bei Bedarf auch seitlich versetzen. Hier sind einige wichtige Punkte, die du beim Ausführen dieser Variante beachten solltest:

- Achte darauf, dass deine Beine angewinkelt bleiben und spanne sie während der gesamten Rolle an.
- Stoße beide Beine nach vorne, während du gleichzeitig deinen Kopf mit aller Kraft nach hinten ziehst.
- Versuche, deine Schulter direkt auf der Matte aufzusetzen, damit sie der erste Kontaktpunkt ist.
- Sobald die Schulter auf der Matte aufschlägt, stoße deine Beine nach vorne und oben, um deinen Gegner zurückzustoßen.

Die Knee Slider-Rolle

Diese Sambo-Rolle ähnelt einem Radschlag oder einem Kip-up, da sie den Schwung der Beine nutzt, um sich von der Matte abzustoßen und wieder in eine stehende Position zu gelangen. Die Knee Slider-Rolle ist nützlich, da sie keine Zeit verschwendet, um dich wieder auf die Beine zu bringen, sodass du den Schwung des Kampfes schnell zu deinen Gunsten nutzen kannst. Hier sind einige wichtige Punkte, die du beim Ausführen dieser Variante beachten solltest:

- Achte darauf, dass deine Füße während der Rolle so nah wie möglich an der Matte bleiben.
- Streck deine Beine so schnell wie möglich nach außen und oben, als würdest du versuchen, dich auf einen Stuhl direkt hinter dir zu setzen.
- Sobald dein Rücken die Matte berührt, stoße sofort beide Beine nach vorne, damit sie dir beim Abstoßen helfen.

Die Feuerwehrrolle

Dies ist eine weitere Variante der Sambo-Rolle, die dazu dient, deinen Gegner mit der Schulter zu treffen. Sie ähnelt der ursprünglichen Head-Snap-Rolle, aber anstatt beide Beine nach vorne zu stoßen, trittst du sie nach außen und bringst sie sofort wieder nach innen. Dies ist nützlich, wenn du nach der Rolle eine leichte Bewegung von deinem Gegner weg benötigst. Hier sind einige wichtige Punkte, die du beim Ausführen dieser Variante beachten solltest:

- Halte auch hier während der gesamten Rolle die Spannung in deinen Beinen aufrecht.
- Halte deine Füße so nah wie möglich an der Matte, bis du nach außen trittst und wieder zur Matte zurückkehrst.
- Strecke beide Beine nach vorne, sobald du die Matte berührst, um deinen Gegner zurückzustoßen.

Die Cross-Knee Head-Snap-Rolle

Es gibt so viele Varianten der Head-Snap-Rolle, dass es fast unmöglich wäre, sie alle aufzulisten. Diese Cross-Knee-Head-Snap-Rolle ist jedoch einzigartig, weil du dein Knie anziehst, damit du es greifen kannst, sobald du auf der Matte aufschlägst. Sie ist nützlich, wenn du am Boden von einer dominanten Position in eine andere wechseln musst, um die Dominanz zurückzugewinnen. Hier sind einige wichtige Punkte beim Ausführen dieser Variante:

- Bringe dein Bein nach oben, sodass es parallel zum Boden ist, sobald du auf der Matte aufschlägst.
- Wenn du mit der Matte in Kontakt kommst, greife mit beiden Händen nach deinem Knie direkt über der Kniescheibe.
- Stemme beide Beine nach vorne, um deinen Gegner nach unten zu drücken, sobald du aufstehst.

Die Ankle-Pick-Head-Snap-Rolle

Eine weitere großartige Variante der Head-Snap-Rolle ist diese Ankle-Pick-Variante, die es dir ermöglicht, die Dominanz zu behalten, während du in eine andere dominante Position übergehst. Diese Rolle ist sehr nützlich, wenn dein Gegner versucht, sein Bein abzusetzen, während du versuchst, von der Matte aufzustehen. Hier sind einige wichtige Punkte, die du beim Ausführen dieser Variante beachten solltest:

- Verteile dein Gewicht auf beide Hände und Füße, um während der Rolle das Gleichgewicht zu halten.
- Sobald dein Kopf nach hinten schnellt, greifst du mit einer Hand nach dem Knöchel deines Gegners.
- Verwende deine andere Hand, um deinen Gegner daran zu hindern, sich mit den Händen abzustützen (was wahrscheinlich eine Verteidigungsposition ist).
- Verwende unmittelbar nach dem Ergreifen des Knöchels beide Hände und Füße, um aufzustehen.

Die einbeinige Body-Hook-Head-Snap-Rolle

Dies ist eine weitere Variante der Head-Snap-Rolle, bei der du nur ein Bein verwendest, um während der gesamten Rolle das Gleichgewicht zu halten. Sie ist besonders nützlich, wenn du das Gefühl hast, dass dein Körper weit vom Bein deines Gegners entfernt ist, sodass es schwierig ist, seinen Knöchel mit beiden Händen zu greifen. Hier sind einige wichtige Punkte, die du beim Ausführen dieser Variante beachten solltest:

- Versuche, während der gesamten Rolle so viel Gleichgewicht wie möglich auf einem Bein zu halten.
- Halte dein anderes Knie gebeugt und bereit, hart auf der Matte aufzuschlagen.
- Greife mit beiden Händen nach dem Knöchel deines Gegners, sobald du auf der Matte aufschlägst.
- Rolle dich zurück, sodass dein Kopf von ihm wegschnellt, und richte dich sofort mit beiden Händen und einem Fuß in einer dominanten Position auf.

Sambo-Schläge

Sambo ist eine Vollkontakt-Kampfkunst, bei der du Submissions, Würfe, Takedowns und Schläge einsetzen kannst, um deinen Gegner vollständig k. o. zu schlagen. Das Beste an Sambo-Schlägen ist, dass sie sehr einfach, aber effektiv sind. Hier sind einige der beliebtesten Sambo-Schlagtechniken, die du kennen solltest:

Der Jab

Beim Sambo ist ein Jab ein gerader Schlag, der durch das vordere Bein unterstützt wird. Beim Brazilian Jiu-Jitsu ist es ein Front-Snap-Kick, da das Bein normalerweise am Knie gebeugt wird, um mehr Kraft auf den Schlag zu bringen. Ein richtiger Sambo-Jab kann auf lange oder mittlere Distanz ausgeführt werden, d. h. du kannst ihn im Stehen oder am Boden ausführen. Hier sind einige wichtige Punkte beim Ausführen dieser Variante:

- Ziehe deine linke Schulter leicht nach hinten, um mehr Kraft in deinen Schlag zu bekommen.
- Hebe dein vorderes Bein gerade so weit an, dass es parallel zum Boden ist, um besser das Gleichgewicht zu halten.
- Dein vorderer Fuß sollte leicht nach außen gedreht sein (auch als Franklin-Stance bezeichnet).

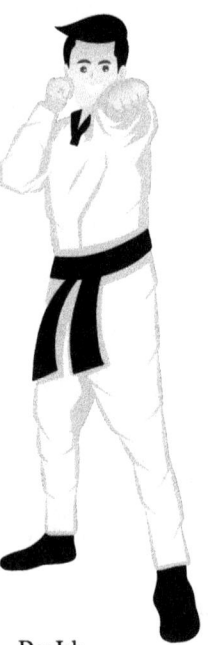

Der Jab

Der Cross

Der Cross ist einfach ein gerader Rechtshaken, der jedoch mit dem hinteren statt dem vorderen Bein ausgeführt wird, wie beim Jab. Da dieser Schlag aus großer Distanz ausgeführt wird, kann er nur am Boden eingesetzt werden. Hier sind einige wichtige Punkte, die beim Ausführen dieser Variante zu beachten sind:

- Achte darauf, dass deine Schulter am Ende vor dir ist.
- Dein vorderer Fuß sollte leicht nach innen gedreht werden, um das Gleichgewicht zu verbessern.
- Verwende dein hinteres Bein, um dein vorderes Bein gerade so weit anzuheben, dass es parallel zum Boden ist.

Der Hook

Ein Hook ist ein Rundumschlag, der von der Innen- oder Außenseite deines Körpers ausgeführt werden kann. Wenn du zum Beispiel einen Inside Hook ausführst, sollte dein Körper so gedreht sein, dass dein vorderes Bein näher am Ziel ist. Wenn du einen Außenhaken ausführst, sollte dein Körper so gedreht sein, dass dein vorderes Bein weiter vom Ziel entfernt ist. Hier sind einige wichtige Punkte, die du beim Ausführen dieser Variante beachten solltest:

- Halte dein Bein so nah wie möglich am Boden, damit du es bei Bedarf schnell zurückziehen kannst.
- Führe deinen Haken mit dem Fußballen aus, um mehr Kraft zu erzeugen.
- Drehe deinen gesamten Körper, um bei diesem Tritt das Gleichgewicht zu halten.

Der Kniestoß

Der Kniestoß ist ein gerader Schlag mit dem Knie anstelle der Hand. Dieser Schlag kann äußerst effektiv sein, insbesondere am Boden. Hier sind einige wichtige Punkte, die du beim Ausführen dieser Variante beachten solltest:

- Halte dein Knie gebeugt, während du deinen Körper leicht drehst, um dich zu einem kleineren Ziel zu machen.
- Lehne dich leicht nach vorne, damit du deinen Gegner mit der Oberseite deines Knies statt mit dem unteren Teil treffen kannst.
- Verwende dein hinteres Bein, um dein vorderes Bein gerade so weit anzuheben, dass es parallel zum Boden ist.

Kniestoß

Der Ax Kick

Ein Ax Kick ist ein Rundumtritt mit dem hinteren Bein. Diese Technik kann auf kurze oder mittlere Distanz eingesetzt werden, also nur am Boden oder im Stehen. Hier sind einige wichtige Punkte beim Ausführen dieser Variante:

- Halte dein vorderes Bein gerade so weit angehoben, dass es in einem 45-Grad-Winkel vom Boden abhebt.
- Dein hinteres Bein bleibt gebeugt und hebe die Vorderseite deines Fußes an, damit du mit dem Fußballen zuschlagen kannst.
- Lehne dich leicht nach hinten, damit dein Gewicht auf deinem hinteren statt auf deinem vorderen Bein liegt, um mehr Kraft zu erzeugen.

Der Aufwärtshaken

Ein Aufwärtshaken ist ein gerader Schlag, der aus nächster Nähe von unten nach oben ausgeführt wird. Du kannst einen Schlag auf die Rippen, das Kinn oder den Bauch deines Gegners ausführen (wenn du ihn schnell außer Gefecht setzen willst). Hier sind einige wichtige Punkte, die du beim Ausführen dieser Variante beachten solltest:

- Halte deine Knie gebeugt, um das Gleichgewicht zu halten.
- Ziehe dein Kinn ein, um die Wahrscheinlichkeit eines Treffers zu verringern.
- Halte deine Hände zum Schutz oben.

Der Frontkick

Ax Kick

Ein Frontkick ist ein Stoßtritt mit dem vorderen Bein. Der Fußballen wird verwendet, um mehr Kraft zu erzeugen. Dieser Schlag kann nur im Stehen ausgeführt werden, da er ein gutes Gleichgewicht und Flexibilität im vorderen Bein erfordert. Hier sind einige wichtige Punkte, die du beim Ausführen dieser Variante beachten solltest:

- Halte deine Hände oben, um dich zu schützen, während du deinen Körper leicht drehst, um dich zu einem kleineren Ziel zu machen.
- Halte deine Hände oben, während du mit dem Fußballen kickst, um zusätzliche Balance zu erhalten.
- Beuge dein vorderes Bein leicht, um die Balance zu verbessern.

Sambo ist eine russische Kampfkunst und ein Kampfsport, bei dem ein Kämpfer eine Kombination aus Grappling und Schlägen einsetzt, um einen Gegner zu besiegen. Dabei werden verschiedene Taktiken, darunter Würfe, Hebel, Schläge und Manöver zum Brechen von Gelenken, eingesetzt, um eine Submission-Technik in einem Arm oder Bein zu bewirken. Für eine effektive Vorwärtsrolle ist eine gute Flexibilität in den ipsilateralen Bereichen von Hüfte, Knie und Knöchel erforderlich. Außerdem können Vorwärtsrollen aus verschiedenen Positionen am Boden ausgeführt werden, z. B. wenn man flach auf dem Rücken liegt oder sich aufsetzt. Wenn du einen der oben erläuterten Schläge variieren möchtest, kannst du eine Kombination aus Taekwondo-Rundumkicks verwenden. Diese Angriffe sind äußerst effizient und stilvoll. Viel Erfolg.

Kapitel 8: Oberkörper-Submissions

Submissions spielen im Sambo eine entscheidende Rolle, da sie den Gegner im Spiel unterwerfen. Verschiedene Submission-Techniken können angewendet werden, um Druck und Schmerz auf den Gegner auszuüben, damit er sich ergibt oder aufgibt. Dieses Kapitel konzentriert sich auf Neck Cranks, Chokes und Arm-Submissions. Es erklärt auch, wie man jede Submission anwendet und warum sie effektiv ist.

Liste der Brazilian Jiu-Jitsu Submissions

Submissions sind ein wichtiger Bestandteil des Brazilian Jiu-Jitsu (BJJ) und vermitteln denjenigen, die ihre Gegner bezwingen, sofort ein Gefühl von Leistung und Sieg. Die Kunst der Submission entwickelt sich ständig weiter und umfasst verschiedene Formen aus anderen Sportarten wie Judo und Ringen. Im Folgenden werden einige der beliebtesten Submissions am Oberkörper vorgestellt, darunter Würgegriffe, Haltegriffe, Chokes und Cranks. Diese Submissions werden aus verschiedenen Positionen ausgeführt.

Chokes und Cranks

Ein Neck Crank (auch Neck Lock genannt) wird an der Halswirbelsäule des Gegners angewendet, um eine Hyperflexion, Hyperextension, Hyperrotation oder Extensionsdistraktion zu verursachen. Diese Submissions werden durch Verdrehen, Beugen, Ziehen oder Strecken des Halses und des Kopfes über den normalen Rotationsbereich hinaus angewendet. Dabei wird eine Choke herbeigeführt, die den Gegner zur Aufgabe zwingt.

Guillotine

Guillotine

Die Guillotine-Submission ist sehr vielseitig. Der Ausführende kann sie verwenden, um den Hals des Gegners aus nächster Nähe in den Schwitzkasten zu nehmen. Es ist die erste Submission, die Weißgurt-Schüler lernen, und sie kann aus verschiedenen Positionen heraus ausgeführt werden. Einige Positionen, in denen du diese Submission anwenden kannst, sind offene Deckung, Mount, Stehen, Gi und No-Gi-Anwendungen. Du kannst die geeignete Position je nachdem wählen, was du erreichen möchtest.

Rear Naked Choke

Rear Naked Choke

Dieser Choke wird sowohl mit als auch ohne Gi ausgeführt und beinhaltet eine übliche Submission beim Grappling, bei der du den Hals deines Gegners von hinten zusammendrückst, um ihn bewegungsunfähig zu machen. Du verwendest beide Unterarme, um den Rear-Naked Choke auszuführen, normalerweise aus der Rückenlage. Du hast mehr Kontrolle, wenn du dich hinter deinem Gegner befindest, und kannst deine Füße und Hände für maximale Balance und Effektivität einsetzen. Der Rear-Naked Choke wird unter anderem auch als Naked Strangle bezeichnet.

Triangle Choke

Triangle Choke

Der Triangle Choke ist eine Grappling-Submission, bei der du deine Beine und den Arm deines Gegners zur Ausführung verwendest. Der Triangle Choke stammt ursprünglich aus dem Judo, ist aber inzwischen eine beliebte Submission im Brazilian Jiu-Jitsu. Du kannst die Submission aus verschiedenen Positionen heraus ausführen, einschließlich der Gi- und No-Gi-Einstellungen. Diese vielseitige Bewegung kann aus der geschlossenen Deckung, dem Mount, dem Stand, der halben Deckung, der Rückenkontrolle oder der offenen Deckung wie Spinne und Z-Deckung ausgeführt werden.

Bow and Arrow Choke

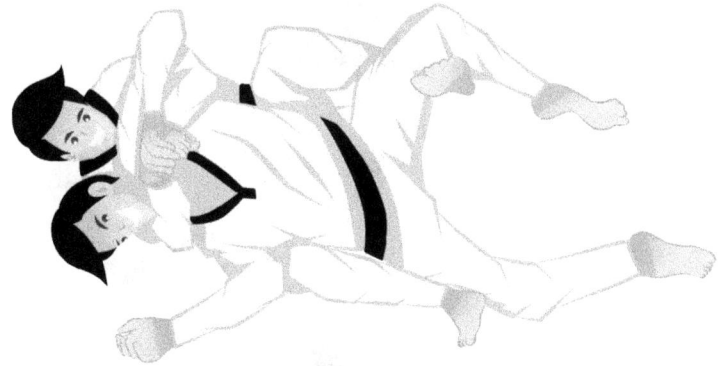

Bow and Arrow Choke

Der Bow and Arrow Choke umfasst den Kragen und wird aus der Rückenkontrolle heraus ausgeführt. Verwende das Revers und ein Bein deines Gegners, um den Würgegriff zu vollenden, während du seine Bewegungen mit deinen Beinen kontrollierst. Es handelt sich um einen Gi-Würgegriff, und der Name leitet sich von der Kombination zweier Körper während des Würgegriffs ab. Du kannst diesen speziellen Würgegriff aus der geschlossenen Deckung, der Turtle-Stellung und der Seitenlage heraus einleiten.

Ezekiel Choke

Ezekiel Choke

Dieser Gi-Würgegriff ist ein Ärmelwürgegriff. Lege deine Unterarme um den Hals deines Gegners und greife in die Innenseite deiner Ärmel, um eine Hebelwirkung zu erzielen. Dieser Submission-Würgegriff ist vielseitig und kann aus dem Nahkampf, dem Mount, der Rücken- und der Seitenkontrolle deines Gegners ausgeführt werden. Während du deinen Gegner würgst, hast du genügend Spielraum, um verschiedene Bewegungen auszuführen, ohne dich in Gefahr zu bringen.

D'Acre Choke

Der D'Acre ist ein weiterer Arm-Dreieck-Würgegriff, bei dem du deinen Unterarm zusammen mit dem Arm und der Schulter deines Gegners verwendest. Dieser Würgegriff im Gi ähnelt dem Brabo-Würgegriff, bei dem auch das Revers des Gegners verwendet wird. Du kannst diesen Würgegriff aus der Turtle-Stellung, der halben Deckung und der Seitenlage ausführen.

Cross-Collar Choke

Cross-Collar Choke

Der Cross-Collar Choke wird ausgeführt, indem du den Kragen deines Gegners mit beiden Händen greifst, wenn diese überkreuzt sind. Ziehe deinen Gegner zu dir und beuge dein Handgelenk in Richtung des Halses deines Gegners, wobei du die Hände überkreuzt hältst. Der Cross-Collar Choke ist sehr effektiv und gehört zu den Submissions, die Brazilian Jiu-Jitsu-Schüler lernen, da er einfach auszuführen ist. Er hat wie andere Brazilian Jiu-Jitsu Submissions Judo-Wurzeln. Der Cross-Collar Choke ist aus verschiedenen Positionen möglich, darunter Mount, Back Control und Closed Guard.

Baseball Bat Choke

Ein weiteres Beispiel für einen Würgegriff am Kragen ist der Baseball Bat Choke. Dabei greifen die Hände den Kragen des Gegners wie bei einem Baseballschläger. Drehe deinen Körper, während du den Griff beibehältst, was zu Blutstau führt. Auch diesen Würgegriff kannst du aus verschiedenen Positionen wie Seitenkontrolle, unterer Halbschutz und Knie auf dem Bauch anwenden.

Clock Choke

Clock Choke

Der Clock Choke ist ein Würgegriff, der am Kragen des Gegners ansetzt. Greife den Gegner am Kragen und lege deine Brust oder Hüfte auf seinen Hinterkopf. Du kannst diese Submission aus der Seitenlage oder der Turtle-Stellung anwenden, wie bei anderen Würgegriffen.

North-South Choke

North-South Choke

Wie der Name schon sagt, wird der North-South Choke von oben nach unten ausgeführt. Lege deinen Bizeps über den Hals deines Gegners, um bei dieser Submission Druck auf den Kopf auszuüben. Die Füße beider Kämpfer zeigen in entgegengesetzte Richtungen. Allerdings kann es schwierig sein, diesen Choke zu beenden, da er sehr präzise ausgeführt werden muss. Du musst also sehr vorsichtig sein, um nicht selbst zum Opfer zu werden. Der Choke wird oft aus der Seitenlage ausgeführt.

Crucifix Choke

Crucifix Choke

Dieser Würgegriff ähnelt dem Rear-Naked Choke, der einzige Unterschied besteht darin, dass er mit einem Arm aus der Crucifix-Position ausgeführt wird. Diese Crucifix-Position sieht aus wie ein christliches Kreuz und ist eine Technik zur Kontrolle des Rückens. Schlinge deine Beine um einen der Arme und Schultern deines Gegners. (Wenn sich der Gegner in der Turtle-Position befindet, kannst du den Crucifix Choke einleiten.) Du kannst den Crucifix Choke auch verwenden, um den Gegner mit verschiedenen Armlocks zur Aufgabe zu zwingen. Wenn du Druck auf den Arm ausübst, wird der Gegner den Schmerz spüren und schnell aufgeben.

Thrust Choke

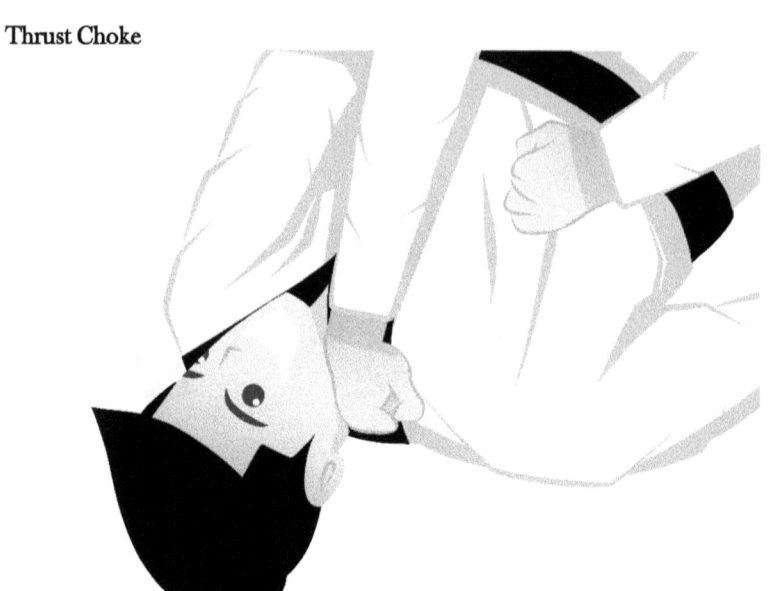

Thrust Choke

Du kannst den Thrust Choke als Teil des Blockens oder vom Aufsitzen aus einleiten. Ziehe das Revers des Gegners fest über deinen Hals, während du deine Faust in den Nacken drückst. Versuche, mehr Druck auf das Revers des Gegners auszuüben, damit er den Schmerz spürt und schnell nachgibt. Du musst in der richtigen Position sein, um diesen Würgegriff richtig auszuführen.

Anaconda Choke

Anaconda Choke

Der Anaconda Choke ähnelt dem Schwitzkasten. Verwende deine Arme zusammen mit der Schulter deines Gegners, um den Würgegriff auszuführen. Diese Bewegung beinhaltet eine rollende Bewegung, sobald du den Griff hergestellt hast. Du kannst diesen Würgegriff aus einer offenen Deckung oder einem Frontschwitzkasten heraus einleiten. Du musst die ideale Position wählen, um diesen Würgegriff auszuführen.

Peruvian Necktie

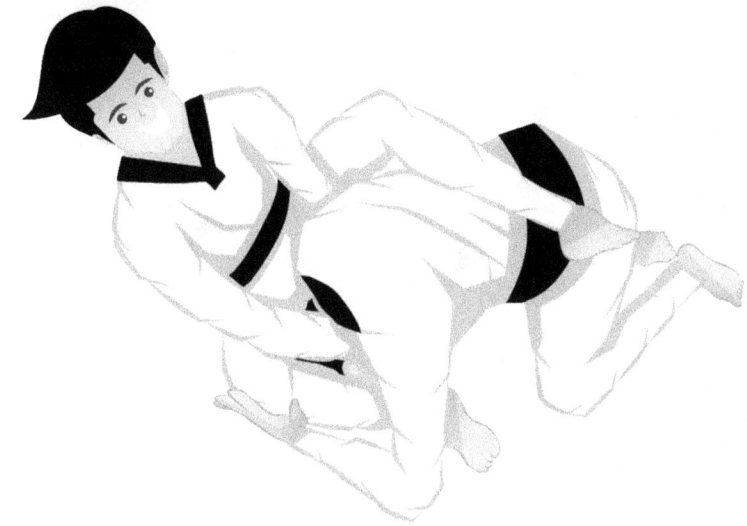

Peruvian Necktie

Dies ist eine weitere Variante des Schwitzkasten-Würgegriffs, die du aus der Turtle-Position heraus anwenden kannst. Deine Beine müssen sich über dem Kopf und dem Rücken des Opfers befinden, um den Würgegriff zu vervollständigen.

Japanese Necktie

Setze deine Brust und Arme am Hinterkopf deines Gegners an. Verwende auch die Schulter und den Arm deines Gegners, um den Würgegriff zu vervollständigen. Je nachdem, wie du ihn anwendest, kann dies auch eine Hebelwirkung haben. Du kannst einen japanischen Würgegriff aus der Turtle-, der Halbsitz- und der Seitenlage heraus einleiten.

Loop Choke

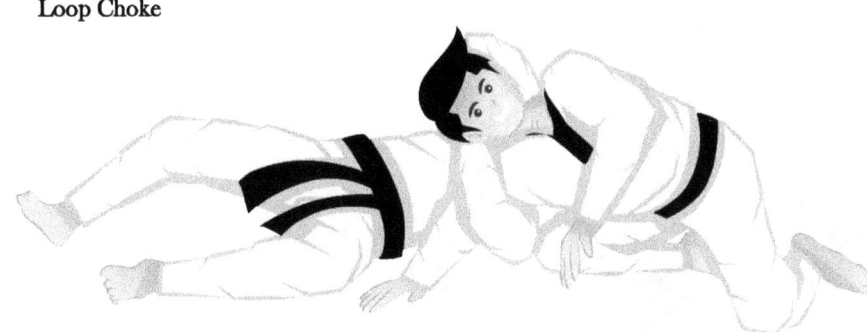

Loop Choke

Der Loop Choke ist eine Halsdrosselung, bei der du deinen freien Arm hinter den Nacken deines Gegners bringst, um die Drosselung zu beenden. Du kannst den Loop Choke als Konter gegen einen Guard-Pass einsetzen. Wie andere Halsdrosselungen ist der Loop Choke vielseitig und kann aus verschiedenen Positionen ausgeführt werden, darunter Seitenlage, offene Deckung, Turtle-Stellung und geschlossene Deckung.

Step Over Choke

Step Over Choke

Dieser Würgegriff wird normalerweise von oben ausgeführt, um die Kontrolle zu behalten. Greife den Gegner am Kragen und übe Druck auf den Hals aus. Lege dein Bein über den Kopf des Gegners, um den Würgegriff zu verstärken. Du kannst den Step-Over-Choke aus der Turtle-Stellung oder mit dem Knie auf dem Bauch einleiten. Bei dieser Bewegung ist jedoch Vorsicht geboten.

Paper Cutter Choke

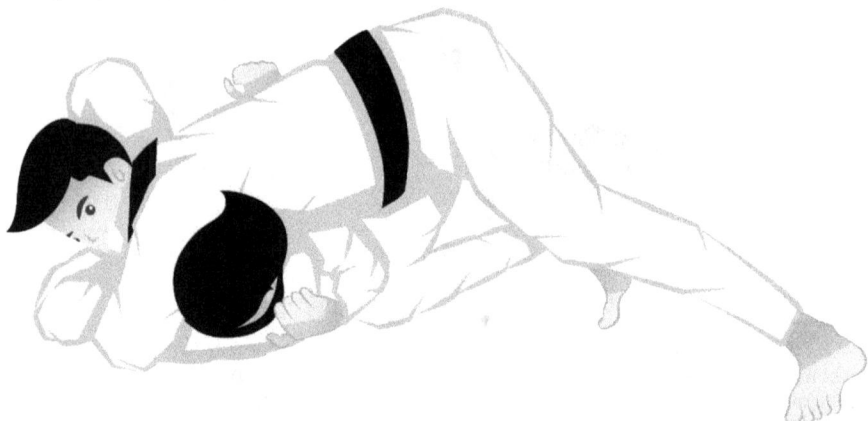

Paper Cutter Choke

Dieser Choke besteht aus einem Würgegriff, bei dem der Unterarm des Angreifers um den Hals des Opfers gelegt wird. Der Choke wird normalerweise in der Seitenlage durchgeführt. Diese Submission ist hinterhältig und viele Gegner rechnen nicht damit oder sehen sie nicht kommen. Um deinen Gegner auszutricksen, solltest du den Paper Cutter Choke in Betracht ziehen.

Gogoplata

Gogoplata

Dies ist eine seltene Submission, bei der du deinen Gegner mit Hand und Fuß würgst. Du musst flexibel genug sein, um dein Bein um seinen Hals und seine Schulter zu schlingen. Nur sehr wenige Menschen können diese Leistung mit Leichtigkeit vollbringen. Du kannst die Gogoplata im Gi und No-Gi ausführen, einschließlich verschiedener Positionen wie Mount, Closed Guard und Rubber Guard.

Brabo Choke

Brabo Choke

Dies ist ein Revers-Würgegriff, der oft aus der oberen Halbdeckung heraus ausgeführt wird. Dabei musst du das Revers des Gegners von oben lösen und dann unten greifen. Wickle das Revers um den Hals deines Gegners und vollende den Griff, indem du umgreifst. Du kannst den Brabo Choke aus verschiedenen Positionen heraus ausführen, darunter geschlossene Deckung, Halbdeckung und Seitenlage.

Von Flue Choke

Von Flue Choke

Um diesen Würgegriff auszuführen, drückst du mit deiner Schulter in den Nacken deines Gegners. Diese Submission wird normalerweise ausgeführt, wenn du dich mit der Oberkörper-Seitenlage gegen die Guillotine verteidigst. Die Art und Weise, wie der Von Flue Choke angewendet wird, überrascht den Gegner oft.

Arm- und Schulterhebel-Submissions

In diesem Abschnitt werden verschiedene Arm- und Schulterhebelpositionen vorgestellt, die du kennen solltest, um deinen Gegner im Kampf zur Aufgabe zu zwingen. Auch diese Submissions variieren, und du musst die richtigen Positionen einnehmen, um sie auszuführen.

Monoplata

Monoplata

Der Monoplata ist ein Schulterwurf, den du aus einer ¾-Haltung oder einer vollständigen Haltung heraus einleiten kannst. Benutze deine Beine, um den Arm des Gegners zu fixieren und die Submission zu vervollständigen. Diese Submission ist vielseitig und kann aus dem Spidermove, der vollständigen Haltung, dem misslungenen Schwitzkasten und dem Guard-Passing heraus eingeleitet werden.

Americana

Americana

Die Americana Submission zielt hauptsächlich auf die Schulter des Gegners ab. Um diese Submission auszuführen, ziehe den Arm und den Ellbogen deines Gegners nach oben, während du deinen Körper kontrollierst und den Gegner an der Bewegung seines Arms hinderst. Americana Submissions sind vielseitig und werden aus der Seitenlage, dem Mount, dem Scarf Hold oder dem Closed Guard eingeleitet.

Kimura

Kimura

Kimura ist eine Submission im Brazilian Jiu-Jitsu, die aus dem japanischen Jiu-Jitsu stammt. Drücke mit beiden Händen einen Arm deines Gegners hinter dessen Rücken. Diese Aktion überschreitet den normalen Bewegungsbereich und verursacht Schmerzen. Denke daran, deinen Körper zu kontrollieren, während du gleichzeitig auf den Schultergelenkpunkt zielst. Die Submission wurde nach dem japanischen Judoka Masahiko Kimura benannt, der Hélio Gracie zu Boden brachte, was zu einem Armbruch führte. Du kannst eine Kimura-Submission aus der Seitenlage, der Kontrolle von oben, der geschlossenen Deckung, der Rückenlage und der Z-Deckung einleiten.

Armbar-Submission aus dem Brazilian Jiu-Jitsu

Brazilian Jiu-Jitsu Armbar Submission

Ein Armbar ist eine der ältesten Methoden der Submission, die es seit Tausenden von Jahren gibt. Ein Armbar ist eine Submission, die durch Druck auf den Arm in einem bestimmten Winkel erzwungen wird, um Schmerzen oder Verletzungen zu verursachen. Diese Submission entwickelt sich ständig weiter und wird in verschiedenen Grappling-Praktiken eingesetzt. Die Armbar-Technik funktioniert genauso wie ein Hebel. Wenn du Druck auf das Ellbogengelenk deines Gegners ausübst, wird er sich wahrscheinlich schnell ergeben.

Du kannst Armbar-Bewegungen aus verschiedenen Positionen ausführen, z. B. aus der Guard-Position. Diese Submission aus der Guard-Position auszuführen, um deinen Gegner zu unterwerfen, ist die beste Option. Du zielst darauf ab, den Arm am Trizeps zu greifen und den Gegner bewegungsunfähig zu machen, um ihn daran zu hindern, sich zu positionieren. Deine Beine sollten sich ebenfalls in der richtigen Position befinden, um die Kontrolle zu erleichtern und die Position des Gegners zu durchbrechen. Achte darauf, dass deine Knie fest bleiben, während du die letzten Schritte des Armbar ausführst. Die Armbar Submission ist vielseitig und kann aus verschiedenen Positionen eingeleitet werden, darunter Mount, geschlossener Guard, Seitenlage, S-Mount, Knie auf dem Bauch, Back Control, Turtle und Flying Armbar.

Cutting Armbar

Cutting Armbar

Dies ist eine weitere Version der regulären Armbar Submission. Benutze deinen Kopf und deine Schulter, um den Arm deines Gegners zu fixieren, und deine Knie, um die Schulter deines Gegners festzuhalten. Schließe diese Variante ab, indem du Druck auf die Rückseite des Oberarms deines Gegners ausübst. Du kannst die Cutting Armbar aus dem Mount, dem Closed Guard, der Seitenlage und dem Butterfly Guard ausführen.

Bicep Slicer

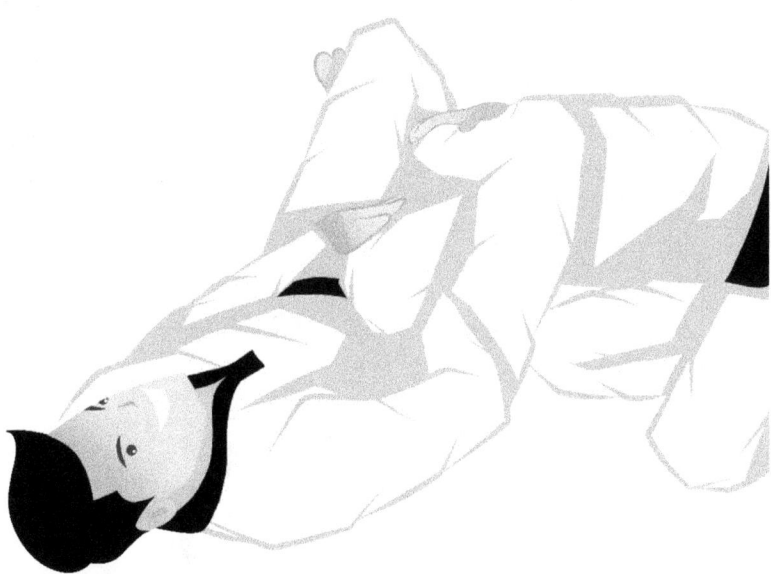

Bicep Slicer

Bei der Bicep Slicer Submission wird mit dem Unterarm der Bizeps des Gegners zusammengedrückt. Diese Submission lässt sich leicht positionieren und kann als Konter gegen die Armbar-Verteidigung eingesetzt werden. Bicep Slicers sind in bestimmten Gurtklassen erlaubt, insbesondere ab der braunen Klasse. Du kannst diese Submission aus der geschlossenen Deckung, der Seitenlage und dem Konter gegen die Armbar-Verteidigung einleiten.

Omoplata

Omoplata

Bei dieser Submission handelt es sich um eine Schultergelenkhebel, bei dem du deine Beine einsetzt, um die Arme deines Gegners zu fixieren und zu kontrollieren. Um die Submission zu vollenden, musst du dich in eine Position setzen, in der du die Schulter deines Gegners über ihren normalen Bewegungsbereich hinaus drehen kannst, wie beim Kimura. Du kannst diese Submission aus verschiedenen Positionen ausführen, darunter aus dem Mount, dem Closed Guard, dem Half Guard und dem Spider Guard. Es gibt auch andere Varianten der Omoplata, die unten aufgeführt sind.

- **Marceloplata** - Diese Omoplata-Version ermöglicht es dir, die Bewegung zu beenden, wenn der Gegner dein unteres Bein blockiert.
- **Baratoplata** - Diese Omoplata-Version wird verwendet, wenn dein Gegner deinen Arm verdeckt.
- **Tarikoplata** - Dies ist eine Version des Schultergriffs gegen den Gegner, der mit einem angewinkelten Arm angreift.

Wristlock

Wristlock

Die Wristlock-Submission zielt auf das Handgelenk deines Gegners ab, indem es ihn zu Bewegungen außerhalb des normalen Bewegungsbereichs zwingt. Dies kann durch Rotation, Hyperflexion oder Hyperextension erreicht werden. Um diese Submission erfolgreich auszuführen, musst du zuerst den Ellbogen und den Unterarm deines Gegners immobilisieren. Beende die Technik, indem du die Handfläche nach vorne oder hinten drückst, je nach deiner Position. Handgelenkshebel sind vielseitig und können aus verschiedenen Positionen heraus eingeleitet werden, darunter Reiterstellung, Seitenlage, Guard und Rückenlage.

Calf Slicer

Calf Slicer

Hierbei handelt es sich um eine Kompressions-Submission. Platziere deinen Unterarm hinter dem Knie deines Gegners und ziehe dann an dem Bein, um die Wade zusammenzudrücken. Dieses Manöver verursacht Schmerzen und führt dazu, dass sich der Gegner ergibt. Du kannst den Calf Slicer aus verschiedenen Positionen heraus einleiten, darunter Turtle, Halb-Mount, Truck, offene Deckung, X-Deckung und Knie auf dem Bauch. Diese Submission ist jedoch nur für Träger von Gürteln im oberen Bereich erlaubt.

Wie du in diesem Kapitel gesehen hast, dienen mehrere Submission Holds in den Kampfkünsten dazu, den Gegner zu überwältigen. Zu den gängigen Submissions am Oberkörper gehören Würgegriffe, Kompressionsgriffe und Gelenkhebel, die aus verschiedenen Positionen heraus angewendet werden können. Das nächste Kapitel konzentriert sich auf Submissions am Unterkörper und ist Pflichtlektüre für alle, die Sambo-Experte werden wollen.

Kapitel 9: Submissions am Unterkörper

Dieses Kapitel konzentriert sich auf die Bedeutung grundlegender Techniken und Submissions im Sambo. Wie im vorherigen Kapitel hervorgehoben, helfen Submissions dem Wettkämpfer, den Gegner zu bezwingen. Hier besprechen wir die Techniken verschiedener Bein-, Fuß- und Knöchelhebel sowie Kniestützen.

Leg Lock Submissions

Im Sambo gibt es verschiedene Leg Lock Submissions, die hauptsächlich auf der Ausübung von Druck auf die Muskeln oder Gelenke der Beine basieren. Daher haben verschiedene Leg Locks unterschiedliche mechanische Prinzipien. Darüber hinaus sind verschiedene Leg Locks unterschiedlich erfolgreich und eignen sich für unterschiedliche Situationen. Wenn das Bein des Gegners von zwei Beinen eingeklemmt wird, ist es für ihn äußerst schwierig, sich aus dem Leg Lock zu befreien. In der Regel ist eine Submission die einzige praktikable Option. Im Folgenden findest du eine Liste von Unterkörper-Submissions, die du für Wettkämpfe und zur Selbstverteidigung kennen solltest.

Ankle Locks

Ankle Locks sind erlaubt und werden in Wettkämpfen in jeder einzelnen Gurtstufe für Erwachsene eingesetzt. Der Knöchel und der Fuß bilden ein komplexes Gelenk mit etwa 26 Knochen, was bedeutet, dass durch den Druck, der bei einem Lock ausgeübt wird, mehrere Bänder und Knochen beschädigt werden können. Wenn du den Knöchel deines Gegners lockst, wird er Schmerzen verspüren und handlungsunfähig sein.

Ankle Locks

Bei einem Ankle Lock geht es in erster Linie darum, eine Verdrehung und Überstreckung des Gelenks zu verursachen. Achte darauf, dass du deine Arme richtig um den Fuß legst. Der knöcherne Teil deines Handgelenks muss gegen den untersten Teil der Achillessehne oberhalb der Ferse positioniert werden. Die Handflächen sollten ausreichend Druck auf die Sehnen ausüben, was zur Submission des Gegners führt, wenn dieser sich nicht aus dem festen Griff befreien kann. Wenn du diese Technik anwendest, musst du sicherstellen, dass der Gegner sich nicht einfach aus deinem Griff befreien kann.

Toe Holds

Ein Toe Hold ist eine erlaubte Submission im Sambo, aber du kannst sie nur auf höheren Stufen anwenden. So ist dieser verheerende Griff erst ab der Stufe des braunen Gürtels erlaubt.

Toe Holds

Die Submission mit dem Toe Hold basiert hauptsächlich auf einer Drehmechanik. Greife den Fuß deines Gegners wie beim Kimura mit vier Fingern. Lege deine Finger um den kleinen Zeh und drehe ihn in eine beliebige Richtung, sodass er über seine normale Beweglichkeit hinaus gezwungen wird. Wenn du den Zeh deines Gegners zusammendrückst, entsteht Druck, der große Schmerzen in den Bändern um den Zeh herum verursacht und deinen Gegner zur Aufgabe zwingt.

Kneebars

Eine Kneebar ist eine Submission, bei der du deine gesamte Körperkraft gegen ein Gelenk des Gegners einsetzt, ähnlich wie bei einem Armbar. Umklammere das Bein des Gegners fest, um seine Rotation zu kontrollieren. Übe Druck in die entgegengesetzte Richtung der natürlichen Beugung des Knies aus, das du hältst. Du wirst feststellen, dass deine Körperhaltung bei einer Kneebar der Haltung bei einem Armbar ähnelt.

Dein ganzer Körper muss auf dem Bein des Gegners positioniert sein, sodass sich deine Hüfte über seiner Kniescheibe befindet. Du kannst auch andere Griffe in Betracht ziehen, z. B. den Fuß in die Achselhöhle zu nehmen. Diese Optionen sind jedoch nicht so verheerend. Eine Kneebar-Submission ist vielseitig und kann aus verschiedenen Positionen angewendet werden, von unten, oben oder im Stehen. Außerdem sind Kneebar-Submissions für Kämpfer mit niedrigerem Rang als dem braunen Gürtel erlaubt. Es handelt sich um eine der sichersten Submissions, die für verschiedene Verteidigungssituationen in Betracht gezogen werden können.

Heel Hooks

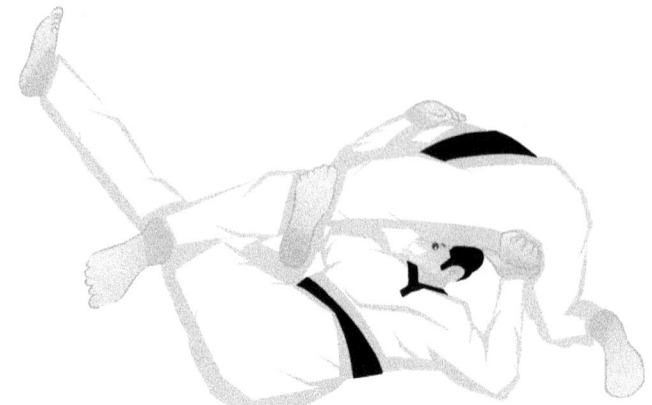

Heel Hooks

Die Heel Hook Submission ist die führende Technik bei den Beinschlingen und die brutalste. Diese Technik wirkt auf das Fußgelenk und kann leicht die innere Struktur des Knies zerstören. Sofern nicht anders angegeben, ist diese spezielle Bewegung nicht bei allen Gi-Wettkämpfen erlaubt. Sie ist jedoch eine gute Wahl für die Selbstverteidigung. Du kannst den Heel Hook in zwei Varianten ausführen. Die erste ist der reguläre Heel Hook und die zweite ist der Reverse Heel Hook, der gefährlicher ist.

Beide Varianten haben jedoch eine ähnliche Mechanik. Die Zehen deines Gegners werden in die Achselhöhle gedrückt und die Ferse ragt heraus. Fasse die Ferse mit einem Arm und lege sie wie beim Ankle Lock unter den Daumen. Wenn du die Ferse mit einer Drehbewegung ziehst, führt dies zu einer Überdehnung des Knies und kann die meisten Bänder vollständig zerreißen. Wenn du diese Submission ausführst, achte darauf, dass du dich in der richtigen Position befindest. Denke daran, dass diese Submission illegal ist, du sie also nur zur Selbstverteidigung einsetzen darfst.

Straight Ankle Lock

Der Straight Ankle Lock ist auch als Straight Foot Lock oder Achilles Lock bekannt. Diese Technik ist sehr verbreitet und nutzt deine Beine, um das Bein deines Gegners zu kontrollieren. Übe mit deinen Armen Druck auf dessen Knöchel und Fuß aus. Bei der Anwendung des Straight Ankle Lock gibt es hauptsächlich zwei Arten von Druck, die den Gegner zur Aufgabe zwingen. Die erste besteht in der Überdehnung der Bänder und Muskeln über dem Fuß. Die zweite besteht in der Kompression der Achillessehne an der Rückseite des Beins.

Die Straight Ankle Lock-Technik bildet die Grundlage für mehrere andere Leg Locks, wie Toe Holds, Heel Hooks und Steering Wheels. Diese Submission lehrt dich auch, wie du die Bewegung des gegnerischen Beins kontrollierst, während du eine sichere Form des Angriffs anwendest. Ein weiterer wichtiger Punkt, den du wissen solltest, ist die richtige Positionierung.

Calf Crusher

Die Calf Crusher Submission, auch bekannt als Knee Slicer, ähnelt dem Bicep Slicer Lock, außer dass du sie am Bein deines Gegners und nicht an seinen Armen anwendest. Allerdings ist diese Technik bei vielen Gi-Turnieren bis zur Schwarzgurtstufe verboten, ebenso wie der Bicep Slicer. Wenn du aus irgendeinem Grund die Submission nicht abschließen kannst, kann sie gut in die Rückenlage übergehen. Wenn du dich für diese spezielle Technik entscheidest, solltest du deine Position kennen, um Fehler zu vermeiden, die nach hinten losgehen könnten.

Figure 4 Toe Hold

Der Figure 4 Toe Hold ist ein vielseitiger Leg Lock, den du am Fuß deines Gegners anwenden kannst, wenn du ihm nahe kommst. Du kannst diese Submission als Hauptangriff einsetzen. Alternativ kannst du diese Technik als Folge anderer Leg Locks verwenden. Der Figure 4 Toe Hold ähnelt dem Heel Hook, ist aber im Vergleich zu anderen rotierenden Leg Locks eine legale Technik. Das bedeutet, dass du die Situation verstehen musst, um diese Technik und die darauf folgende Aktion anwenden zu können.

Reverse Heel Hook

Die Submission mit dem Reverse Heel Hook ist sehr effektiv, obwohl sie bei den meisten Turnieren verboten ist. Du solltest also wissen, wann du diese Methode anwenden kannst. Bei dieser Submission handelt es sich um einen rotierenden Leglock, der deinem Gegner sofort Schmerzen und Schaden zufügt. Durch den Adrenalinschub spürt dein Gegner schnell die Wirkung dieser Technik, was zu einer schnellen Submission führt.

Auch wenn die Technik illegal ist, sollten Sambokämpfer sich mit dem Heel Hook zur Selbstverteidigung vertraut machen. Wenn jemand diese Technik bei dir anwendet und du dich nicht befreien kannst, ist eine frühzeitige Submission unerlässlich, um schwere Verletzungen an deiner Ferse zu vermeiden. Wenn du die Technik zu Trainingszwecken anwendest, solltest du sie nur leicht ausführen, damit du die Bänder deines Trainingspartners nicht verletzt.

Abgesehen vom regulären Heel Hook ist der Reverse Heel Hook schlimmer und verursacht mehr Schaden. Beim Reverse Heel Hook wird das Bein des Gegners nach außen statt nach innen gedreht, was zu einer schnelleren Submission führt. Ebenso solltest du diese Technik nicht während einer Trainingseinheit anwenden. Außerdem solltest du deine Grenzen kennen, wenn du diese spezielle Technik anwendest.

Banana Split Hiplock

Der Banana Split Hiplock ist auch als Leistenstrecker, Elektrischer Stuhl und Schrittreißer bekannt. Diese Submission ist ein effektiver Leglock, der auf die Hüften und den Leistenbereich abzielt. Du kannst diese Submission mit anderen Bewegungen wie Foot Locks und Calf Slicers kombinieren. Bei der Variante Elektrischer Stuhl wird die Position des Figure 4 Leg Lock verwendet, um die Aktion zu kontrollieren, während die Arme zusammen mit dem anderen Bein ausgestreckt werden.

Leg Lock-Positionen

Bei verschiedenen Submission-Optionen solltest du die bestmögliche Position einnehmen, um die optimalen Ergebnisse zu erzielen. Du kannst deine Beine nicht wahllos einsetzen, ohne sie richtig zu positionieren, da dies deine beabsichtigte Taktik beeinträchtigen könnte. Die Verwendung eines Leg Locks, um eine schnelle Submission zu erreichen, könnte aufgrund mangelnder Kontrolle unwirksam sein. Daher gibt es ideale Beinpositionen, die du kennen solltest. Einige Submissions sind aus mehreren Beinpositionen möglich.

Ashi Garami

Die Ashi-Garami-Position ist die beste im gesamten Unterkörper-Submission-System, da sie kontrollierbar ist. Diese Position steht für Beinschlingen und basiert auf der Single-Leg-X-Guard-Version. Der einzige Unterschied besteht darin, dass der Fuß, der bei einem einzelnen Bein am Po gehalten wird, nun auf der gegenüberliegenden Seite eingehakt wird.

Ashi Garami

Diese Position gibt dir auch Kontrolle über Knie, Hüfte, Knöchel und die richtigen Griffe. Wenn du in dieser Position bist, kannst du den Gegner vollständig immobilisieren, was dir Möglichkeiten für verschiedene Angriffe bietet. Der Heel Hook ist die beste Option für eine Submission in dieser Position, gefolgt vom Ankle Lock. Wenn der Gegner versucht zu entkommen, ziehe die Alternative Toe Hold in Betracht. Diese Position gibt dir ausreichende Kontrolle über die Situation und erhöht die Chancen, deinen Gegner zur Aufgabe zu zwingen. Diese Position ist legal und kann bei Sambo-Wettkämpfen eingesetzt werden.

Outside Ashi Garami

Die Outside Ashi Garami ist die zweitbeste Position für Leg Locks. Sie gibt dir eine bessere Kontrolle als die Standard-Ashi. Je nach Situation hast du mit dieser Position auch bessere Übergangsoptionen. Was die verschiedenen Bewegungsabläufe betrifft, bleibt das untere Bein in der gleichen Position wie bei der Standard-Ashi Garami. Das obere Bein, mit dem du den seitlichen Po deines Gegners in Ashi einhakst, geht über die Hüfte auf der gleichen Seite des Beins, das angegriffen wird.

Outside Ashi Garami

Im Wesentlichen werden beide Füße an der Außenseite der Hüfte deines Gegners platziert, wodurch du mehr Kontrolle über die Hüfte hast. Allerdings könntest du etwas Kontrolle über das Knie einbüßen. Das Gute an dieser Position ist, dass du die Kontrolle über verschiedene Bewegungen hast. Der Ankle Lock und der Heel Hook sind die am besten geeigneten Submissions für diese Position. Toe Holds sind auch von einer Top-Position aus auf die gleiche Weise wie beim Ashi Garami möglich. Kneebar ist eine weitere kurze Übergangsposition von Outside Ashi Garami.

411, Honey Hole, Saddle, Inside Sankaku

Für die ultimative Position mit Kontrolle über den Rücken ist 411 der Champion unter den Leg Locks. Diese Position bietet dir die volle Kontrolle über verschiedene Submission-Optionen, um den Gegner zu bezwingen.

411, Honey Hole, Saddle, Inside Sankaku

In dieser Position bildest du mit deinen Beinen ein Dreieck um das Bein deines Gegners. Diese Dreiecksstruktur gibt dir die ultimative Kontrolle über das Glied, das du angreifst. Mit anderen Worten bedeutet die 411-Position, dass deine Beine zwischen den Beinen des Gegners eine Dreiecksform bilden sollten. Wenn du dein Knie um die Hüfte des Gegners hältst, werden die Kraft und der Druck dieser Position noch verstärkt.

Der Fuß des Gegners wird ebenfalls über deinen Körper gelegt, wodurch der Inverted Heel Hook eröffnet wird. Einige Submissions in dieser Position sind Ankle Locks, Toe Holds und Kneebars. Es ist für den Gegner schwierig, aus dieser Position zu entkommen, was dir mehr Kraft und Kontrolle verleiht. Die 411-Position ist jedoch illegal. Sie kann zu schweren Verletzungen wie Knieverletzungen führen. Der Inverted Heel Hook führt zur sofortigen Disqualifikation, wenn du ihn in einem Brazilian Jiu-Jitsu- oder Sambo-Wettkampf anwendest. Daher musst du vorsichtig sein, wenn du diese spezielle Position in regulierten Wettkämpfen anwendest.

Sambo Knot

Ein anderer Name für den Sambo Knot ist Kniereißer, was darauf hindeutet, dass es sich um eine gefährliche Position handelt, die schwere Verletzungen verursachen kann. Bei dieser Position wird eines der Beine deines Gegners in ein Dreieck gebracht und der Fuß auf dem angegriffenen Bein auf derselben Seite gehalten. Du kannst das andere Bein kontrollieren, indem du deine Füße um den Knöchel deines Gegners legst und es auf dem Boden und gebeugt hältst. Der Sambo-Knoten bietet effektive Leg Locks. Du kannst Heel Hooks und Toe Holds mit nur einer Hand ausführen, während du in die 411-Position übergehst. Die 411-Position ist bei Gi-Wettkämpfen verboten, aber du kannst sie zur Selbstverteidigung anwenden.

Sambo Knot

50/50 Guard

Die 50/50 Guard-Position ist in Sambo erlaubt und liegt zwischen dem Triangle und dem Ashi Garami in Control. Die Position bildet ein Dreieck, befindet sich aber außerhalb der Hüfte des Gegners. Die Submission der Wahl für diese Position ist ein Heel Hook, obwohl du sie auch bei Toe Holds und Ankle Locks anwenden kannst. Der größte Nachteil dieser Position ist jedoch, dass sich der Gegner in genau derselben Position wie du befindet, was bedeutet, dass er dich gleichzeitig mit Leg Locks angreifen kann, was dir einen Nachteil verschafft, wenn du nicht aufpasst.

50/50 Guard

Der Truck
Die Truck-Position wurde von Eddie Bravo entwickelt und liegt auf halbem Weg zwischen der Rücken- und der Seitenlage. Sie bietet dem Ausführenden verschiedene Submission-Optionen. Du kannst diese Position leicht auf den Calf Slicer und den Twister anwenden. Wenn du diese Position wählst, musst du dich auf die Submission konzentrieren, die du einleiten möchtest. Wenn du dich in der richtigen Position befindest, kannst du die Absichten deines Gegners leicht lesen und geeignete Maßnahmen ergreifen, um ihnen entgegenzuwirken.

Verschiedene Leg Locks sind sicher und effektive Submissions helfen dir, deinen Gegner zu kontrollieren und zu überwältigen. Während andere Submissions illegal sind, solltest du sie zur Selbstverteidigung erlernen und nur in solchen Situationen anwenden. Denke daran, dass nicht jeder Leg Lock immer und bei jedem funktioniert. Daher ist es wichtig zu wissen, wann man zu einem anderen Angriffssystem wechseln muss, bevor es zu spät ist. Noch wichtiger ist, dass du die Sambo-Spielregeln genau kennst, um Strafen zu vermeiden. Im nächsten Kapitel geht es um Tipps und Maßnahmen, die du umsetzen kannst, um deine Sambo-Fähigkeiten zu verbessern.

Kapitel 10: Die eigenen Sambo-Fähigkeiten verbessern

Dieses letzte Kapitel konzentriert sich auf das Schärfen des Schwertes und die Anwendung fortgeschrittener Trainingsmethoden auf deine Sambo-Fähigkeiten. Sobald du die Grundlagen beherrschst, ist es wichtig, täglich zu trainieren, indem du Körperkonditionierungsübungen, wiederholte Drills und Beinarbeit durchführst, um eine solide Grundlage zu schaffen. In den folgenden Abschnitten wird die Verbesserung deiner Fähigkeiten durch tägliches Training erörtert, wobei du viele Einblicke in die Strukturierung deines Trainingsprogramms vom Anfänger- bis zum Fortgeschrittenenniveau erhältst. Angesichts der Verfügbarkeit von erfahrenen Samba-Trainern werden die Möglichkeit, die Methoden und die Effektivität von Einzeltraining und Training zu Hause behandelt.

Die Bedeutung des täglichen Trainings

Tägliches Training ist nicht nur wichtig, um Sambo-Techniken und -Taktiken zu beherrschen, sondern auch, um deine körperliche Fitness zu erhalten. Sport ist Teil eines gesunden Lebensstils und sollte als wesentlicher Bestandteil deines Trainings betrachtet werden.

Tägliche Sambo-Konditionierungsübungen bereiten dich besser auf Wettkämpfe vor, bei denen du unter Druck mit 100 %iger Leistung und präziser Technik auftreten musst. Darüber hinaus kann durch diese Übungen Verletzungen vorgebeugt werden, indem die Bänder und Sehnen, die Gelenke wie Knie und Ellbogen stützen, gestärkt werden.

Durch tägliches Training lernst du, aus verschiedenen Positionen heraus richtig zu reagieren, sei es in der Reiterstellung, in der Seitenlage, in der Guard-Position usw. Wenn sich dann beim Sparring oder Wettkampf eine Gelegenheit ergibt, weiß dein Körper genau, was zu tun ist.

Solo-Sambo-Übungen sind eine hervorragende Möglichkeit, deine Technik zu verbessern und Kombinationen und Angriffe oder Konter ohne Einmischung einer anderen Person zu üben. Du kannst sie auch als Konditionierungsübungen für bestimmte Positionen wie Grappling, Werfen, Pinnen, Aufsitzen, Zurückdrängen usw. verwenden. Allerdings kannst du Sambo nicht beherrschen, indem du einfach nur die Bewegungen der täglichen Übungen durchführst.

Ein richtiges Verständnis der Positionen und Übergänge ist wichtig, was nur durch die Zusammenarbeit mit einem erfahrenen Trainer oder Partner erreicht werden kann, der deine Technik genau beobachtet.

Die Bedeutung von Sparringsübungen (Sparring mit einem Partner)

Solotraining ist beim Üben von Beinarbeit und Bewegungsabläufen begrenzt. Beim Grappling mit einem Partner kannst du die Bewegungen auf der Matte und den Übergang von einer Position zur anderen üben, bis du deine Form perfektioniert hast.

Bestimmte Würfe können nicht ausgeführt werden, ohne dass man sich vorher einen effektiven Griff an der Uniform oder der Person des Gegners verschafft – daher ist es sinnvoll, Griffe und Würfe zu üben.

Sparring-Übungen (oder Randori in japanischen Kampfsportarten wie Judo und Aikido) sind die beste Möglichkeit, Sambo-Techniken durch wiederholte Ausführung zu meistern. Es ist unmöglich vorherzusagen, was dein Gegner tun oder wie er reagieren wird, aber es ist möglich, wiederholt unter Bedingungen zu trainieren, die einem echten Kampf sehr nahe kommen.

Es ist einfach, den Kampf zu simulieren, aber du musst darauf achten, dass du dich nicht zu sehr engagierst oder dich ernsthaft verletzt. Sparringsübungen ermöglichen einen Vollkontaktwiderstand und minimieren gleichzeitig das Verletzungsrisiko aufgrund ihrer kontrollierten Natur. Beide Teilnehmer wissen, was bei jeder Übung erwartet wird. Sie beginnen in der gleichen Position und die Übung endet, wenn ein Teilnehmer aufgibt oder fixiert wird.

Das Üben von Sambo-Techniken mit einer schrittweisen Steigerung von einfach bis fortgeschritten ist wichtig, wenn du für einen Wettkampf trainierst. Wenn deine Techniken während des Sparrings oder des Kampfes aufgrund mangelnder Erfahrung und Vorbereitung fehlschlagen, musst du an deinen Schwächen arbeiten und dich schrittweise verbessern. Übung macht den Meister.

Die meisten Sambo-Techniken werden mit einem Partner ausgeführt, sei es beim Sparring oder im Wettkampf. Sparring oder Wettkampf sind keine Einzelaktivitäten. Du darfst dich nicht als Einzelkämpfer betrachten und die Bewegungen ausführen, ohne zu erkennen, wie alles mit den Aktionen und Reaktionen deines Gegners zusammenhängt.

Konditionierungstraining und -übungen

Sparring und Wettkämpfe sind körperlich anstrengende Aktivitäten. Daher ist es wichtig, durch tägliche Übungen, die Muskeln, Bänder, Sehnen und alles, was die Gelenke stützt, wie Knie und Ellbogen, zu stärken, um den Körper in guter Form zu halten. Regelmäßiges Körperkonditionierungstraining beugt Verletzungen während des Trainings oder Wettkampfs vor und hilft dir, deine Sambo-Fähigkeiten weiter zu verbessern.

Was ist Körperkonditionierung?

Bei der Körperkonditionierung geht es darum, deinen Körper in Form zu halten, ihn zu stärken und zu flexibilisieren.

Nur durch eine Verbesserung deiner körperlichen Fitness kannst du Verletzungen vorbeugen und beim Sparring und bei Wettkämpfen ein hohes Leistungsniveau aufrechterhalten. Konditionierungsübungen werden in allen Sportarten zu genau diesem Zweck eingesetzt, nicht nur im Sambo.

Unter Körperkonditionierung versteht man alles, was deine körperliche Fitness durch mentale oder körperliche Betätigung verbessert.

Übliche Übungen zur Körperkonditionierung

- Kniebeugen/Ausfallschritte - Die Kraft der gesamten Beinmuskulatur wird verbessert.
- Power-Skipping-Rope - Die Ausdauer wird durch den Einsatz der unteren Körpermuskulatur verbessert.
- Doppelte Ausfallschritte - Die Beine werden durch dreifache Streckung an Knöcheln, Knien und Hüften gestärkt.
- Donkey Kicks mit dem Fitnessball - verbessert das Training für Bauch und Gesäß.
- Hantel-Drückübungen - sorgen für ein ausgewogenes Training der Brustmuskulatur.
- Liegestütze - beanspruchen die wichtigsten Muskelgruppen zur Stärkung des Oberkörpers, insbesondere die Brustmuskeln, vordere Schultermuskeln, Bizeps, Trizeps und die Musculi serrati anterior.
- Fighter Dips - Dies ist eine sehr intensive Übung, daher ist es am besten, mit einer geringen Wiederholungszahl zu beginnen, bevor man die Anzahl erhöht.
- Gewichtete Klimmzüge - Die Kraft des Oberkörpers wird im Latissimus dorsi-Muskel des Rückens, im Bizeps (Arme) und im Deltamuskel (Schultern) trainiert.
- Unterarmstütz - Die Kraft der Bauchmuskeln, der unteren Rückenmuskulatur und des Gluteus maximus wird trainiert.
- Beinheben - Training für Bauchmuskeln und Hüftbeuger.

Dies sind nur einige der vielen Übungen zur Körperkonditionierung, die täglich durchgeführt werden können. Diese Übungen verbessern deine körperliche Fitness und beschleunigen die Muskelregeneration nach Trainingseinheiten, Sparring und Wettkämpfen.

Es ist wichtig, nicht jeden Tag die gleichen Fitnessübungen zu machen, da dies zu Übertraining und Verletzungen aufgrund wiederholter Bewegungen führen kann. Am besten ist es, diese Übungen zu mischen, um wöchentlich verschiedene Körperteile zu trainieren (z. B. an einem Tag Kniebeugen/Ausfallschritte, am nächsten Tag Power-Skipping usw.).

Mentale Konditionierung für Sambo

Mentale Konditionierung ist für eine hohe Leistung genauso wichtig wie körperliche Konditionierung.

Es geht darum, Disziplin, Selbstvertrauen und Konzentration aufrechtzuerhalten, um beim Sparring und im Wettkampf erfolgreich zu sein. Die mentale Vorbereitung beginnt mit der Festlegung von Zielen, die du innerhalb eines bestimmten Zeitrahmens erreichen möchtest, und der anschließenden Aufteilung dieser Ziele in wöchentliche oder monatliche Schritte, damit du deine Steigerung verfolgen und die Reise zur Erreichung dieser Ziele genießen kannst.

Die Konzentration aufrechtzuerhalten ist ebenfalls ein wichtiger Teil der mentalen Konditionierung, denn es ist eine Sache, sich ein Ziel zu setzen, aber du musst auf dieses Ziel fokussiert bleiben, damit es erreicht werden kann. Es erfordert Disziplin und Geduld, da einige Tage produktiver sind als andere (d. h., an einem Tag bist du konzentriert und entschlossen, am nächsten Tag bist du vielleicht müde und unmotiviert).

Es ist auch wichtig, Dinge zu vermeiden, die dich ablenken könnten, wie z. B. Musik hören oder fernsehen vor dem Training oder Wettkampf. Diese Ablenkung kann deine Denkweise verändern oder dir die mentale Energie nehmen, die du brauchst, um deine beste Leistung zu erbringen.

Andere Möglichkeiten, die mentale Kondition zu verbessern, sind Visualisierung, positive Selbstgespräche in alltägliche Gespräche einfließen zu lassen und Belohnungen festzulegen, wenn du wöchentliche oder monatliche Ziele erreichst.

Bei der Visualisierung stellst du dir vor, wie du jeden Schritt einer bestimmten Aufgabe ausführst, sei es im Wettkampf oder beim Training, bevor du die Übung machst. So kannst du dich auf die Aufgabe vorbereiten und bei regelmäßiger Anwendung Vertrauen in deine Fähigkeiten entwickeln.

Positive Selbstgespräche sind eine weitere Technik zur mentalen Konditionierung, bei der du dich unabhängig von der Situation (d. h. ob du gewinnst oder verlierst) als Gewinner betrachtest. Das bedeutet, dass du alle negativen Gedanken, die deine Leistung beeinträchtigen könnten, ignorierst.

Wenn du dich für das Erreichen wöchentlicher oder monatlicher Ziele belohnst, kannst du deine Motivation beibehalten. Das kann etwas so Einfaches sein wie mit Freunden essen zu gehen oder den neuesten Film anzusehen, aber was auch immer es ist, belohne dich nach jedem Meilenstein, denn das hilft dir, dich auf zukünftige Aufgaben zu konzentrieren.

Dies sind einige Möglichkeiten, die mentale Konditionierung für eine höhere Leistung im Sambo zu verbessern.

Solotraining für Sambo-Anfänger

Sambo-Solotraining ist für Anfänger sehr wichtig, da es die beste Möglichkeit ist, sich mit den grundlegenden Bewegungen im Sambo vertraut zu machen.

Hier sind einige Solotrainings, die Anfänger regelmäßig durchführen sollten:

Rock and Kick

Die Rock-and-Kick-Übung ist eine gute Möglichkeit, um zu lernen, wie man seine Hüften bewegt, um sich erfolgreich gegen die Takedown- oder Submission-Versuche eines Gegners zu verteidigen. Sie hilft auch dabei, die Beweglichkeit der Hüfte zu entwickeln, was wichtig ist, um die Guard-Position zu halten und in andere Techniken überzugehen.

Technik: Lege dich auf den Rücken. Rolle dich nach oben, hebe dabei beide Beine mit leicht gebeugten Knien an und führe eine Schaukelbewegung aus. Wiederhole diese Bewegung mehrmals, um deinen Oberkörper zu stärken und dich daran zu gewöhnen, mit deinem Unterkörper Schwung zu holen.

Kick nach oben
Diese Bewegung hilft dir, Verteidigungstechniken für Würgegriffe, Armbars und Omoplatas zu meistern.

Technik: Das Aufwärtskicken ist eine Erweiterung der vorherigen Bewegung. Lege dich auf den Rücken. Hebe deine Beine zusammen zur Decke und simuliere einen beidbeinigen Kick. Gehe so hoch wie möglich. Spüre die Spannung in deinen unteren Bauchmuskeln.

180 Rock
Der 180 Rock Drill macht deinen Körper mit Winkeländerungen vertraut, während du auf dem Boden liegst. Es ist wichtig, diese Bewegung zu beherrschen, damit du dich bei der Ausführung deines Schutzes leicht um die Matte drehen kannst.

Technik: Beginne wieder auf dem Rücken. Rolle dich mit einem angewinkelten und einem ausgestreckten Bein auf, sodass du dich nun in einer seitlichen Position befindest. Halte beide Hände zum Schutz in der Nähe deines Gesichts. Rolle dich herum und führe eine 180-Grad-Drehung aus, wobei du deinen Kopf und deine Schultern als Drehpunkt verwendest. Wiederhole dies mehrmals.

Rocking S Sit
Diese Übung ermöglicht es dir, nach einem Angriff schnell wieder auf die Beine zu kommen.

Technik: Lege dich flach auf die Matte. Rolle dich in eine sitzende Position und bleibe dort eine Sekunde lang, bevor du dich nach hinten rollst, um wieder in eine umgedrehte L-Sitzposition zu gelangen (die Beine sind immer noch um 90 Grad angewinkelt). Rolle dich zurück in die Ausgangsposition. Wiederhole diese Übung mehrmals, bevor du andere Übungen machst.

Abwechselnder S-Sitz
Diese Übung simuliert die Bewegung, die man macht, wenn man nach einem Wurf wieder auf die Beine kommt.

Technik: Beginne in der L-Sitz-Position, rolle dann auf eine Seite in den S-Sitz und rolle dann wieder zurück. Wiederhole diese Bewegung mehrmals für jedes Bein. Diese Übung hilft dir, die Kraft und Geschwindigkeit zu entwickeln, die du brauchst, um aus der Seitenlage deines Gegners zu entkommen.

Gyro-Übungen
Mit der Gyro-Übung lernst du, wie du kleine Schwenkbewegungen in der Hüfte ausführst, eine sehr wichtige Bewegung im Sambo.

Technik: Setze dich mit angewinkelten Beinen und den Füßen flach auf dem Boden etwa schulterbreit auseinander. Lehne dich so weit wie möglich zurück und hebe beide Arme zur Decke. Lehne deinen Körper zur einen Seite und dann zur anderen, wobei du dich von einer vollständigen Sitzposition in eine L-Sitzposition mit geraden Beinen bewegst. Wiederhole diese Übung mehrmals für jedes Bein, bevor du mit der nächsten Übung fortfährst.

Seilziehen
Diese Übung hilft dir dabei, zu lernen, wie du fest und sicher auf deinen Beinen stehst.

Technik: Lege dich auf die Matte und strecke die Arme in Schulterhöhe nach vorne aus. Schwinge beide Beine nach oben in Richtung deines Kopfes und halte sie zusammen (es ist einfacher, wenn du sie leicht beugst). Bringe ein Bein zurück und dann das andere. Ziehe sie nach vorne. Wiederhole diese Bewegung mehrmals, um sie zu meistern, bevor du mit der nächsten Übung fortfährst.

Shoulder Rolls
Diese Übung hilft dir, die Kraft in deinen Hüften zu entwickeln, die für den Wechsel zwischen verschiedenen Techniken während eines Kampfes erforderlich ist.

Technik: Lege dich flach auf den Boden, strecke die Arme in Schulterhöhe nach vorne und spreize die Beine. Rolle dich nach vorne auf deine Schultern und dann nach hinten. Wiederhole diese Bewegung mehrmals.

Tuck Front Roll
Diese Übung hilft dir, beim Aufstehen schneller zu werden und die Übergänge zwischen verschiedenen Techniken während eines Kampfes zu verbessern.

Technik: Lege dich flach auf den Rücken und strecke die Arme in Schulterhöhe nach vorne aus. Rolle dich in eine sitzende Position und rolle dich dann schnell wieder zurück, um in die Ausgangsposition der Tuck Front Roll zu gelangen.

Bridging

Diese Übung hilft dir dabei, zu lernen, wie du deine Hüften einsetzen kannst, um schnell aufzustehen.

Technik: Lege dich auf den Rücken, die Beine sind am Knie angewinkelt und liegen eng am Gesäß an. Hebe langsam das Gesäß an und komme in eine Tischposition. Dein Oberkörper sollte dabei extrem stabil und gerade sein, sodass eine Tasse Kaffee darauf balancieren könnte. Lege dich dann wieder auf die Matte. Wiederhole diese Bewegung mehrmals.

Übungen für Fortgeschrittene und Profis

Diese Übungen sind für erfahrene Kämpfer gedacht. Stelle sicher, dass du die Grundfertigkeiten beherrschst, bevor du zu diesen schwierigeren Übungen übergehst.

Shrimping

Die Shrimp-Übung hilft dir dabei, schnell wieder auf die Beine zu kommen.

Technik: Lege dich auf den Rücken. Beuge deine Knie und bringe deine Fersen näher an dein Gesäß. Drehe dich zur Seite und drücke mit Armen und Beinen, als ob du etwas wegschieben würdest. Wiederhole dies auf der anderen Seite.

Leg Circles

Diese Übung hilft dir, deine Beinarbeit und Koordinationsfähigkeiten zu verbessern.

Technik: Lege dich auf den Boden, hebe deine Beine und ziehe imaginäre 360-Grad-Kreise. Wiederhole die Bewegung mehrmals. Diese Übung eignet sich hervorragend zur Stärkung der Körpermitte.

Brücken mit Beinwechsel

Mit dieser Übung lernst du, deine Hüften einzusetzen, um schnell aufzustehen, und verbesserst gleichzeitig deine Hand-Augen-Koordination.

Technik: Es handelt sich um eine Brückenübung auf abwechselnden Beinen. Begib dich in die Brückenposition und balanciere deinen Körper nur auf einem Bein anstatt auf beiden. Wechsle die Beine immer ab.

Krabbenlauf

Diese Übung hilft dir dabei, schnell wieder auf die Beine zu kommen und die Geschwindigkeit beim Wechsel zwischen verschiedenen Techniken während eines Kampfes zu verbessern.

Technik: Beginne in sitzender Position mit nach vorne ausgestreckten Beinen. Halte beide Hände auf der Matte, die Handflächen zeigen nach unten. Hebe dein Gesäß an und bewege dich in einer tischähnlichen Position im Raum. Du kannst dein Gesäß jedoch auch tiefer halten, ohne den Boden zu berühren.

Variationen des Triangle Choke

Diese Übung hilft dir, schneller aufzustehen und die Übergänge zwischen verschiedenen Techniken während eines Kampfes zu verbessern.

Technik: Beim Sparring wird ein Triangle Choke angewendet. Bei dieser Bewegung schlingt der Angreifer seine Füße um den Hals des Gegners und wickelt einen der Arme des Gegners um sein Bein. Diese Bewegung kann in einer Soloübung wiederholt geübt werden, bis sie zum Muskelgedächtnis wird.

Quick Knee Cut

Mithilfe dieser Übung kannst du die Geschwindigkeit verbessern, mit der du während eines Kampfes zwischen verschiedenen Techniken wechselst.

Technik: Beginne in der Knie-Ellenbogenlage, die Hände befinden sich senkrecht zu den Schultern. Hebe das linke Bein und die linke Hand an und schneide zur anderen Seite, indem du das Knie streckst. Kehre sofort in die Ausgangsposition zurück und wiederhole die Übung mit dem anderen Bein.

Paper Mills
Diese Übung hilft dir, deine Geschwindigkeit zu steigern und die Übergänge zwischen verschiedenen Techniken während eines Kampfes zu verbessern.
Technik: Beginne in einem hohen Unterarmstütz. Hebe eine Hand und verlagere dein gesamtes Gewicht auf die andere Hand. Mache langsame kreisende Bewegungen, wobei du dein gesamtes Gewicht auf einer Hand abstützt. Wiederhole dies mit der anderen Hand. Wiederhole einen Satz als Variation auf dem Ellbogen.

Bear Crawl
Dies ist eine großartige Aufwärmübung, die auch die Kraft im Rumpf erhöht.
Technik: Bear Crawl ist ziemlich einfach. Gehe in den Vierfüßlerstand, die Hände senkrecht zu den Schultern und die Knie auf der Matte. Hebe die Knie und krieche durch den Raum.

Übungen zur Verbesserung des Gleichgewichts

Gleichgewicht ist für die Verbesserung deiner Fähigkeiten im Sambo unerlässlich. Beim Sparring wirst du geworfen, in den Grappling-Kampf verwickelt und führst explosive und schnelle grundlegende Techniken aus. Dies erfordert eine gute Körperhaltung und die Fähigkeit, sich schnell wieder ins Gleichgewicht zu bringen. Um eine ausbalancierte Körperhaltung zu erreichen, musst du also hart trainieren.

Hier sind ein paar Übungen, die dir helfen, dein Gleichgewicht und deine Körperhaltung zu verbessern:

1. Einbeiniger Stand ohne Hände (2x 5 Min. pro Tag)
Diese Übung ist für die meisten Menschen anfangs eine ziemliche Herausforderung, aber sie verbessert das Gleichgewicht und die Kraft sehr schnell. Du kannst dich selbst herausfordern, indem du den Schwierigkeitsgrad allmählich erhöhst, d. h. du kannst die Zeit, die du auf einem Bein das Gleichgewicht halten kannst, ohne eine Oberfläche zur Unterstützung zu berühren, allmählich erhöhen.

2. Unterarmstütz (3x 30 Sek. pro Tag)
Der Unterarmstütz ist eine einfache und sehr effektive Übung, die deine Rückenmuskulatur stärkt und sich auch hervorragend für die Körperhaltung eignet, da sie deinen Körper trainiert, den Rücken gerade zu halten. Die dafür verantwortlichen Muskeln werden oft ignoriert, sind aber sehr wichtig, um eine gute Körperhaltung bei der Arbeit oder zu Hause zu bewahren.

3. Wall-Sits (2x 30 Sek. pro Tag)
Bei dieser Übung setzt du dich einfach mit dem Rücken an eine Wand und rutscht nach unten, bis die Oberschenkel parallel zum Boden sind. So trainierst du deine Muskeln, um eine Sitzposition, die gegen die Schwerkraft ist, länger zu halten. Wenn du dich dabei unwohl fühlst, es gegen eine Wand zu tun, mache es stattdessen im Stehen.

4. Nackenübungen (2x 10 Wiederholungen pro Tag)
Diese Übung ist selbsterklärend. Bewege deinen Nacken einfach im Uhrzeigersinn und dann gegen den Uhrzeigersinn.

5. Gehe mit geschlossenen Augen (5-10 Minuten pro Tag)
Dies ist eine weitere Übung, die dich darin schult, dich besser auf das Gleichgewicht zu konzentrieren. Sie eignet sich daher hervorragend für Menschen, denen leicht schwindelig wird oder die leicht das Gleichgewicht verlieren. Achte darauf, dass du sie langsam und ohne Ablenkungen ausführst, da sie leicht gefährlich sein kann, wenn du nicht genug auf deine Umgebung achtest.

In diesem Buch haben wir uns eingehend mit Sambo im Vergleich zu anderen Kampfsportarten befasst. Wir haben ausführlich über die verschiedenen Techniken, die Grundlagen für den Einstieg, globale Wettkämpfe und alles, was es über diese Kampfsportart zu wissen gibt, gesprochen.

In diesem abschließenden Kapitel haben wir darüber gesprochen, wie du deine Sambo-Fähigkeiten durch Übung, Gruppen- und Einzelübungen verbessern kannst. Das Kapitel gibt auch einen Einblick in einige Übungsaufgaben, die du durchführen kannst, um die Geschwindigkeit und Übergänge während eines Kampfes zu verbessern.

Für die Beherrschung von Sambo ist Übung unerlässlich. Es ist nicht einfach, ein Experte zu werden. Der erste Schritt ist jedoch ganz einfach.

Schlussfolgerung

Wie du festgestellt hast, lag der Schwerpunkt dieses Buches in erster Linie darauf, ein praktisches und umfassendes Verständnis von Sambo und seinen wesentlichen Elementen wie Würfen, Griffen und Bewegungsabläufen zu vermitteln. Sambo ist eine Kampfkunst, die zur Selbstverteidigung eingesetzt werden kann, und dieses Buch lieferte alle Informationen über die grundlegenden Techniken. Bevor du Sambo einsetzen kannst, um dich gegen einen Gegner zu verteidigen, musst du wissen, wie man verschiedene Bewegungen ausführt.

Dieses informative Buch wurde sorgfältig geschrieben, um hilfreiche Details über Submissions und Würfe zu vermitteln. Viele Menschen haben von der Disziplin Sambo als Kampfkunst gehört, aber die meisten haben Angst, sie auszuprobieren. Tatsächlich kann die Ausführung verschiedener Moves für Anfänger überwältigend sein. Mit dem entsprechenden Wissen über die Kampfkunst wirst du jedoch feststellen, dass alles erreichbar ist. Dieses Buch bietet eine Schritt-für-Schritt-Anleitung zum Verständnis der entscheidenden Bewegungen und Würfe, die dir helfen, den Gegner zu besiegen.

Darüber hinaus bietet dieses Buch ein grundlegendes Verständnis von Sambo und zeigt, wie sehr es sich von anderen Kampfsportarten unterscheidet. Kampfsport ist eine Disziplin, die Menschen Selbstverteidigungsfähigkeiten vermittelt, wenn sie sich in bedrohlichen Situationen befinden. Es gibt verschiedene Kampfsportarten, die jeweils für unterschiedliche Zwecke konzipiert sind. Sambo unterscheidet sich jedoch in mehrfacher Hinsicht erheblich von anderen Disziplinen.

Wenn du dich für Sambo interessierst, solltest du die Ähnlichkeiten und Unterschiede zu anderen Kampfsportarten kennen. Die Informationen in diesem Buch helfen dir, dich mit dem Thema vertraut zu machen und dich auf den Ernstfall vorzubereiten. Du kannst deine Fähigkeiten erheblich verbessern, wenn du über theoretisches Wissen über Sambo verfügst. Dieses Grundlagenbuch vermittelt leicht anwendbare Techniken. Bilder helfen dir beim Erlernen der verschiedenen Ausführungen.

Außerdem enthält das Buch klare Anweisungen, die dir helfen, den Grund hinter jeder Bewegung zu verstehen, wenn du Sambo übst. Darüber hinaus sind Links zu relevanten Videos enthalten, die dir helfen, verschiedene Bewegungen, mit denen du dich vertraut machen möchtest, schnell zu erfassen. Du musst jedoch die Anweisungen im Buch sorgfältig befolgen.

Dieses Buch ist einzigartig, da es speziell für Anfänger und Sambo-Interessierte konzipiert wurde. Es ist leicht verständlich und alle komplexen Begriffe werden einfach erklärt. Darüber hinaus ist das Buch auf dem neuesten Stand und enthält Informationen, die in der Welt des Sambo neu sein könnten. Man muss bedenken, dass sich diese Disziplin weiterentwickelt hat und heute anders ist als in ihren Anfängen. Daher bietet dir dieses Buch die neueste Version deines Lieblingskampfsports in vereinfachter Form.

Es ist ideal für Anfänger, da es praktische Anleitungen bietet, mit denen man verschiedene Techniken schnell erlernen kann. Zwar braucht man einen Lehrer oder Trainer, um Sambo zu lernen, aber mit den im Buch beschriebenen Techniken kann man zu Hause oder mit einem Sparringspartner üben. Noch wichtiger ist, dass das Buch leicht verständlich ist und man verschiedene Techniken ausführen kann, ohne die Hilfe des Trainers in Anspruch nehmen zu müssen.

Wir hoffen, dass es dir Spaß gemacht hat, etwas über Sambo zu lernen!

Teil 10: Capoeira

Das ultimative Handbuch zu Capoeira-Bewegungen und -Techniken für Anfänger

Einführung

Capoeira ist eine ausdrucksstarke Form des Kampfsports, die mehr als nur Kampfbewegungen beinhaltet. Obwohl es als Kampfsport gilt, ist es eher ein Tanz als alles andere. In diesem Buch erfährst du auch etwas über die Musik, die bei Capoeira-Aufführungen verwendet wird, und über die Geschichte dahinter. Wenn du daran interessiert bist, einen ausgefeilten und einzigartigen Tanzstil zu erlernen, wird dir dieses Buch helfen, dich mit den Grundtechniken vertraut zu machen und dich auf den richtigen Weg zu bringen, Capoeira zu lernen.

Viele Kampfsportler/innen lernen Capoeira, weil es eine großartige Möglichkeit ist, zu trainieren. Die meisten anderen Kampfsportarten beinhalten Stellungen oder Pausen, um den Kämpfern die Möglichkeit zu geben, ihre Gegner einzuschätzen. Bei Capoeira ist das nicht der Fall. Du bewegst dich ständig im Rhythmus der Musik. Das steigert deine körperlichen und geistigen Fähigkeiten. Capoeira verbessert deine Konzentration und lehrt dich, die Bewegungen deines Gegners zu antizipieren, während du dich selbst bewegst. Außerdem wird deine Beweglichkeit deutlich verbessert, weil du alle Muskeln dehnst und dich auf eine Weise verbiegst, wie du es noch nie getan hast. Auch dein Gleichgewicht und die Koordination deines Ober- und Unterkörpers werden verbessert, wenn du dich daran gewöhnst, deine Rumpfmuskeln, Arme, Hände, Beine und Füße für die Capoeira-Aktionen einzusetzen. Das ist ein tolles Ganzkörpertraining.

In den nächsten Kapiteln erfährst du mehr über die Ursprünge von Capoeira und seine einzigartige Geschichte. Außerdem erfährst du, wie sich Capoeira von anderen Kampfsportarten unterscheidet und was es so fesselnd macht! Capoeira-Darbietungen auf der Straße werden weltweit immer beliebter, und in vielen Ländern gibt es Trainingszentren. Die unglaublichen Fähigkeiten und die fließenden Bewegungen der Capoeira-Künstler/innen sind es, die die Menschen dazu bringen, diese Sportart zu lernen. Wenn du zu diesen Menschen gehörst, aber nicht weißt, wie oder wo du anfangen sollst, lies dieses Buch. Der Inhalt dieses Buches ist für dich konzipiert. Du findest die Grundlagen mit detaillierten Anleitungen für zu Hause und leicht verständlichen Illustrationen.

Dieses Buch vermittelt dir einen grundlegenden Einblick in die Welt des Capoeira und macht dich zu einem echten Capoeirista! Wir empfehlen dir auch, dir Videos mit Capoeira-Techniken anzusehen, damit du beim Lesen dieses Buches visuellen Input bekommst. Wir haben die Geschichte und die grundlegenden Techniken, die du für dein Capoeira-Training brauchst, zusammengefasst - also nichts wie los!

Kapitel 1: Was ist Capoeira?

Capoeira ist eine Form der Kampfkunst, die im 16. Jahrhundert von afrikanischen Sklaven in Brasilien entwickelt wurde. Sie hat eine gewisse Ähnlichkeit mit dem brasilianischen Jiu-Jitsu. Der Hauptunterschied besteht darin, dass Capoeira-Kämpfer/innen keinen Kontakt zueinander haben. Die Techniken bestehen aus vielen Trittbewegungen, die mit Tänzen und gymnastischen Übungen kombiniert werden. Im Gegensatz zu anderen Kampfsportarten wird Capoeira traditionell von Musik und Gesang begleitet. Sie gilt als künstlerischer als andere Kampfsportarten, da sie eher ausdrucksstark als kämpferisch ist. Kampfsportler/innen, die an Wettkämpfen teilnehmen, trainieren in der Regel Capoeira, um ihren Bewegungsradius zu vergrößern, ihre Fitness zu erhalten und ihre Flexibilität zu verbessern. Tauchen wir nun in die Welt der Capoeira ein und besprechen ihren Ursprung, ihre Geschichte und wie sie sich von anderen Kampfsportarten unterscheidet.

Ein Überblick über Capoeira

Capoeira beinhaltet eine Menge Beinarbeit und akrobatische Bewegungen. Capoeira-Kämpfer/innen bewegen sich in einem Kreis umeinander, der *Roda* genannt wird. Die Aufführung wird als Spiel und nicht als Kampf betrachtet. Die Kämpferinnen und Kämpfer zeigen ihre gymnastischen Fähigkeiten, indem sie Rückwärts-, Vorwärts- und Seitwärtssprünge mit bestimmten Handbewegungen ausführen, die einem Tanz ähneln. Musik ist ein wesentliches Element einer Capoeira-Aufführung. Die Instrumente, die gespielt werden, und die Worte, die während der Vorführung gesungen werden, leiten die Spieler/innen durch ihre Darbietung. Die Musik illustriert in der Regel die Geschichte und die Entstehung von Capoeira. Diese einzigartige Kampfkunst beinhaltet scharfe Bewegungen, die die Gewalt, den Rassismus und schließlich die Freiheit widerspiegeln, die die Menschen erlebten, als Capoeira entstand. Die ganze Routine ist philosophischer Natur und fängt die Essenz der afrikanischen Kultur ein, als sie in Brasilien eingeführt wurde.

Die Musik, die beim Capoeira gespielt wird, besteht aus traditionellen Liedern, die sich je nach Gruppe oder Region ein wenig unterscheiden können. Jede Gemeinschaft hat einzigartige Lieder geschaffen, indem sie ein wenig von ihrer eigenen Kultur einfließen ließ. Das Hauptinstrument der Capoeira ist die Berimbau, ein Holzinstrument, das als etwas Heiliges gilt, da es mit der Sklaverei und den Ungerechtigkeiten, denen die Sklaven damals ausgesetzt waren, in Verbindung gebracht wird. Zu den traditionellen Capoeira-Liedern gehört der Samba de *Roda*, der den Samba-Melodien ähnelt und eine Mischung aus brasilianischer und afrikanischer Musik enthält. Mit anderen Liedern wird eine langsame Aufführung mit niedrigen, bodennahen Bewegungen eingeleitet. Einige Lieder erinnern an die Geschichte des Sports, andere sind energiegeladen und peppig und werden meist mit einem schnellen und kraftvollen Tanz zelebriert.

Wenn du dir Videos über Capoeira ansiehst, bist du vielleicht eingeschüchtert von den Fähigkeiten und der Fitness der Ausführenden. Bedenke, dass es Jahre dauert, diese Form des Kampfsports zu beherrschen. Du brauchst vielleicht ein Jahr regelmäßiges Training, um deinen ersten Gürtel zu bekommen, und noch länger, um die nächste Stufe zu erreichen. Capoeira-Experten helfen dir gerne dabei, dich weiterzuentwickeln, denn eines der wichtigsten Prinzipien dieses Spiels ist es, denjenigen zu helfen, die weniger Erfahrung haben als du. Denk daran, den Lernprozess zu genießen und einen Schritt nach dem anderen zu machen. Kein Ausbilder wird dich drängen, Backflips zu lernen, wenn du gerade erst anfängst. Du musst viel trainieren, um die Kraft zu bekommen, die du brauchst, um die Bewegungen auszuführen, ohne dich zu verletzen. Mithilfe der Anleitungen in diesem Buch und dem Anschauen von Capoeira-Videos kannst du mit dem Training beginnen.

Das Capoeira-Training wird dir helfen, konzentriert zu bleiben und dich motivieren, deine Fähigkeiten zu verbessern. Wie jede andere Sportart oder Kampfsportart erfordert auch Capoeira regelmäßiges Üben mit höchster Konzentration und Engagement. Am Anfang bist du vielleicht etwas überfordert, aber Ausdauer ist der Schlüssel zum Erreichen fortgeschrittener Stufen. Mach es dir zur Gewohnheit, Capoeira-Musik zu hören und Videos anzuschauen, sowohl von Aufführungen als auch von Trainingseinheiten.

Regelmäßiges Dehnen ist immer gut, auch außerhalb der Trainingsstunden. Dadurch trainierst du deine Muskeln und machst sie flexibler, ohne dass du das Gefühl hast, es sei eine lästige Pflicht. Wenn du diese Praktiken in deinem Leben anwendest, wird dir das helfen, die Welt von Capoeira zu verstehen, zu schätzen und zu genießen.

Der Ursprung und die Geschichte von Capoeira

Capoeira wurde angeblich im 16. Jahrhundert von versklavten Afrikanern entwickelt, die von den Portugiesen nach Brasilien gebracht wurden. Die Tradition des rituellen Tanzes mit Tritten, Schlägen, Handbewegungen und kunstvollen Bewegungen wurde von Afrikanern praktiziert, die ursprünglich aus dem heutigen Angola kamen. Dieses religiöse Ritual wurde durchgeführt, weil die Menschen glaubten, dass es sie mit ihren Vorfahren im Jenseits verband.

Die portugiesischen Kolonisten versklavten Afrikaner, um auf den Zuckerrohrfeldern zu arbeiten. Sie wurden gezwungen, unter unmenschlichen Bedingungen zu arbeiten. Sie konnten sich nicht gegen die Kolonisten auflehnen, weil ihnen Waffen und Kenntnisse über das neue Land fehlten. Capoeira war eine Möglichkeit, der Folter zu entkommen, der sie jeden Tag ausgesetzt waren. Die Bewegungen wurden genutzt, um auszudrücken, wie sie einen Kampf gegen die feindlichen Kolonisten unbewaffnet gewinnen konnten. Capoeira wurde auch als Tanz benutzt, um die Tatsache zu verschleiern, dass sie eigentlich eine Kampfsportart trainierten.

In den nächsten Jahrhunderten blieben die Techniken des Capoeira erhalten und die Kampfkunst florierte. Viele versklavte Menschen nahmen Jobs an, die über die Arbeit hinausgingen, die sie für ihre Herren verrichten mussten, und erhielten dafür einen Teil ihres Lohns. Sie übten Capoeira während und nach ihrer Arbeitszeit. Das ging bis zum 19. Jahrhundert so, als das Verbot von Capoeira in Kraft trat. Das herrschende Regime sah darin eine Bedrohung, und so wurde jeder, der bei der Ausübung von Capoeira erwischt wurde, verhaftet.

Widerstandsgruppen

Einigen versklavten Afrikanern gelang es, ihren Unterdrückern zu entkommen, indem sie externe Gemeinschaften, sogenannte Quilombos, bildeten. Sie zogen in abgelegene Regionen außerhalb der Reichweite der Kolonisten und wurden immer größer, da sich ihnen nach und nach andere versklavte Menschen, brasilianische Einheimische und sogar europäische Gesetzlose anschlossen. Einige Gemeinschaften wuchsen so stark, dass sie einen von Brasilien getrennten Staat bildeten und verschiedene Ethnien umfassten. Die Menschen durften frei leben und ihre Traditionen pflegen, wie es ihnen gefiel, fernab von den Vorschriften des Kolonialrechts. Durch die Vermischung der Kulturen entwickelte sich Capoeira von einem traditionellen Tanz zu einer Kampfsportart mit Techniken, die im Krieg eingesetzt werden konnten.

Eine der größten und bekanntesten Gemeinschaften hieß Quilombo dos Palmares. Sie bestand mehr als hundert Jahre lang und umfasste zahlreiche Dörfer. Sie überlebten mehrere Angriffe und Invasionen. Die portugiesischen Kolonialbeamten berichteten, dass es schwierig war, die Menschen zu Fall zu bringen, weil sie beim Kämpfen seltsam strukturierte Kampfbewegungen verwendeten.

Capoeira verbreitete sich verstärkt in den Städten, als diese immer größer wurden und mehr versklavte Menschen in Großstädte wie Rio de Janeiro gebracht wurden. Zu dieser Zeit erließ die Regierung Gesetze, um Menschen, die Capoeira praktizierten, zu kriminalisieren, weil sie mit Rebellen gegen das aktuelle Regime in Verbindung gebracht wurden. Koloniale Bedienstete machten Capoeira-Praktizierende ausfindig, um sie öffentlich hinzurichten. Etwa ein Drittel der damals verhafteten Menschen wurde wegen der Ausübung von Capoeira angeklagt.

Ende des 19. Jahrhunderts fand die Sklaverei allmählich ein Ende. Grund dafür waren die zunehmenden Angriffe von rebellischen Gruppen, die immer strukturierter und schwer bewaffnet waren. Die ehemaligen Sklaven hatten keine Arbeit und kein Zuhause mehr und wurden von den einheimischen Brasilianern diskriminiert. Daraufhin begannen die Menschen, Capoeira auf einzigartige Weise zu nutzen. Sie arbeiteten für Banden als Leibwächter und überfielen sogar Städte. Zu diesen kriminellen Gruppen gehörten

Capoeira-Experten aus verschiedenen Kulturen und Ethnien. Die neue brasilianische Regierung kriminalisierte Capoeira immer noch, aber die Menschen übten es in abgelegenen Regionen aus, die vom Zugriff der Polizei verschont blieben.

Zu Beginn des 20. Jahrhunderts wurden die diskriminierenden Gesetze gegen Capoeira-Praktizierende gelockert, als Kampfsportlehrer begannen, die Bewegungen in ihr Training einzubeziehen. Sie mischten die Bewegungen mit anderen Kampfsportarten, um Selbstverteidigungstechniken zu entwickeln. Einige Trainer ließen den musikalischen Teil von Capoeira weg, um das Training vor der Polizei zu verschleiern. Nach und nach erlebten die Capoeira-Techniken ein Comeback, aber sie verloren den kulturellen Aspekt, weshalb die ursprüngliche Form von Capoeira als Kunst zu verblassen begann.

Das war so lange, bis ein Capoeira-Meister aus Salvador namens Mestre Bimba ein Trainingssystem namens Luta Regional Baiana entwickelte, um die ursprüngliche Form des Capoeira zu lehren, und 1932 die erste Schule gründete. Acht Jahre später wurde Capoeira schließlich legal, und 1941 gründete Mestre Pastinha eine weitere Capoeira-Schule namens Centro Esportivo de Capoeira Angola, die bei den traditionellen Capoeira-Künstlern sehr beliebt war. Der traditionelle Stil wurde später als Capoeira Angola bekannt. Die Regierungsbeamten fühlten sich immer noch von der Ausübung von Capoeira bedroht, aber in den 1980er Jahren akzeptierte das derzeitige Regime die Praxis unter den Schülern als eine Form der tänzerischen Kampfkunst, so dass sie heute als solche bekannt ist.

Heute ist Capoeira als einzigartiger Teil der brasilianischen Kultur bekannt und wird in vielen Ländern unterrichtet. Besonders beliebt ist diese fantastische Kampfsportart bei Touristen, die jedes Jahr nach Brasilien kommen, um sich Straßenvorführungen anzusehen. Capoeira-Enthusiasten auf der ganzen Welt bemühen sich, Portugiesisch zu lernen, damit sie die Lieder verstehen können, die während der Vorführungen gespielt werden. In den letzten Jahren sind Capoeira-Darbietungen, die akrobatische und rhythmische Bewegungen beinhalten, weltweit immer häufiger zu sehen.

Wie sich Capoeira von anderen Kampfkünsten unterscheidet

Die meisten Kampfkünste haben ihren Ursprung in asiatischen Ländern wie China und Japan. Auf den ersten Blick sieht eine Capoeira-Darbietung eher wie ein Tanz als eine Kampfsportart aus. Die Bewegungen sind weicher und fließender als die gezielten und kraftvollen Tritte und Schläge anderer Kampfsportarten wie Judo oder Taekwondo. Ein Capoeira-Tänzer bleibt ständig in Bewegung, und die Capoeira-Musik begleitet seine Kicks und Flips während der Darbietung.

Capoeira-Bewegungen sind näher am Boden, da sich der Kämpfer mehr auf seinen Unterkörper verlässt, um komplizierte Bewegungen auszuführen. Die Kernbewegung von Capoeira heißt *Ginga*. Anders als bei anderen Kampfsportarten stehen Capoeira-Sportler/innen nicht still, sondern schaukeln in großen Schritten vor, zurück und zur Seite. Diese Techniken dienen dazu, den Kämpfer oder die Kämpferin zu einem schwierigen Ziel zu machen und den Gegner daran zu hindern, seinen nächsten Zug vorauszusehen. Im Vergleich zu anderen asiatischen Kampfsportarten zeichnet sich Capoeira durch fließende, tänzerische Bewegungen aus, während andere Kampfsportarten wie Karate mit scharfen Bewegungen und plötzlichen Positionswechseln arbeiten.

Capoeira ist in diesem Bereich nicht gerade effektiv, wenn es um Selbstverteidigung geht. Da es bei einer *Roda* keinen Kontakt zwischen den Beteiligten gibt, ist Capoeira keine brauchbare Option, um gegen einen Gegner zu kämpfen. Viele Kampfsportlehrer/innen nutzen jedoch Capoeira-Techniken, um ihre Schüler/innen zu trainieren, weil sie die Flexibilität, Fitness und Kraft fördern.

Terminologien

Capoeira wird als Teil der brasilianischen Kultur durch eine Darbietung oder ein Spiel zwischen zwei Personen zelebriert. Eine Capoeira-Routine wird als Präsentation für die Massen oder zu Trainingszwecken aufgeführt. Es geht nicht darum, den Gegner zu verletzen, sondern eher darum, die eigenen Fähigkeiten zu zeigen. Als Capoeira-Experte oder Capoeirista achtest du darauf, dass du deinen Gegner nicht mit dem Fuß triffst, denn du hast bereits bewiesen, dass deine Fähigkeiten besser sind. So läuft es normalerweise auf der Straße ab, aber bei privaten Veranstaltungen mit fortgeschrittenen Capoeiristas kann es auch gewalttätiger zugehen.

Ein Capoeira- Match kann überall stattfinden, aber meistens findet es innerhalb eines Kreises oder einer *Roda* statt, die von den Musikern oder Kämpferinnen gebildet wird. Die Musiker spielen traditionelle Instrumente und singen Lieder, die für die Capoeira-Kultur typisch sind. Diese Musik gibt das Tempo des Spiels vor. Jedes Spiel kann enden, wenn ein Spieler die *Roda* verlässt oder ein anderer sie betritt. Es kann auch enden, wenn einer der Berimbau-Spieler beschließt, aufzuhören. Straßenvorführungen beinhalten mehr akrobatische Bewegungen als ernsthafte Kämpfe, die mehr Takedowns als öffentliche Präsentationen beinhalten.

Ein anderer Begriff für eine *Roda* ist *Batizado*, was eine zeremonielle Straßenvorführung ist. Neue Capoeira-Schüler/innen werden in einem *Batizado* als frischgebackene Absolvent/innen vorgestellt, und fortgeschrittene Schüler/innen können für das Erreichen eines höheren Grades ausgezeichnet werden. Normalerweise treten die Schüler/innen in einem *Batizado* gegen ihren Meister oder einen erfahrenen Spieler an. Das endet normalerweise mit einem Takedown des Schülers. Ein Ruf oder *Chamada* kann während eines Spiels zu den Melodien von Angola erfolgen. Der ranghöhere Spieler leitet diesen Teil ein, indem er seinen Gegner auffordert, an einem Tanzritual teilzunehmen. Der neuere Kämpfer oder die Kämpferin antwortet, indem sie sich auf den Rufenden zubewegen, und sie gehen gemeinsam Seite an Seite, bevor sie das Spiel fortsetzen.

Wenn zwei Kontrahenten ihre aktuellen Bewegungen abgeschlossen haben, beginnen sie, sich in entgegengesetzten Richtungen zu umkreisen, in einer Bewegung, die *Volta ao mundo* oder Auszeit genannt wird. Sie nutzen diese Bewegung, um kurz zu pausieren, bevor sie ihr Spiel fortsetzen. Die Kämpfer oder Kämpferinnen müssen die Fähigkeit besitzen, die böswilligen Absichten ihres Gegners vorauszusehen, was als *Malandragem* bezeichnet wird. Sie können auch *Mandinga* oder Magie einsetzen - nicht im wörtlichen Sinne, sondern als Konzept. Diese Technik wird von cleveren Kämpfern oder Kämpferinnen eingesetzt, um ihre Gegner zu täuschen.

Musikinstrumente und Lieder

Wir haben bereits festgestellt, dass Musik ein wichtiger Teil der Capoeira-Kultur ist. Bei einer *Roda* stehen die Musiker in einer Reihe oder einer *Bateria*, was Schlagzeug bedeutet. Diese Reihe ist ein beliebtes Konzept im brasilianischen Samba. Zur traditionellen Aufstellung gehören Berimbau-, *Pandeiro*-, *Atabaque*-, *Agogô*- und *Ganzá*-Spieler, deren Anzahl je nach Kultur der Gruppe variiert. Berimbau-Spieler/innen geben den Ton für das gesamte Musikstück an, indem sie das Tempo der Musik und das Tempo des gesamten Spiels bestimmen. Die tiefen Berimbau-Spieler/innen spielen die Basstöne, und der/die hohe Spieler/in improvisiert eine Soloperformance. Die anderen Instrumente werden gespielt, um die Hauptperformance des Berimbauers zu ergänzen. Alle Musiker/innen müssen perfekt miteinander harmonieren, denn sie geben den Rhythmus des Capoeira-Spiels vor.

Beim Singen und Chanten rufen sich die Sängerinnen und Sänger entweder gegenseitig etwas zu oder erzählen etwas über die Geschichte des Capoeira. Einige Lieder erwähnen berühmte Capoeira-Künstler, andere werden gesungen, um die Spieler zu motivieren, ihr Spiel zu verbessern. Die *Ladaínha* ist ein Lied, das traditionell zu Beginn eines Spiels von dem bekanntesten Capoeirista in der *Roda* gesungen wird. Auf dieses Solo folgt ein *Louvação*, mit dem Gott in einer Art Ruf und Antwort gedankt wird. Jeder Sänger ruft ein Wort, und die anderen Sänger antworten mit einem anderen Wort.

Das zweite Grundlied ist die *Chula*, die von einem Solosänger oder einer Solosängerin gesungen wird und auf die der Chor nur wenig antwortet oder sie unterstützt. Der Solist kann bis zu acht Strophen singen, wobei der Chor mit einer Strophe antwortet, aber dieses Format kann je nach Gruppe variieren. Das dritte Capoeira-Grundlied ist der *Corrido*, bei dem der Hauptsänger und der Chor die gleiche Anzahl von Strophen singen, in der Regel jeweils zwei. Das letzte Grundlied heißt *Quadra*. Dabei wird eine Strophe viermal gesungen, wobei der Hauptsänger drei Strophen singt und der Chor mit einer Strophe antwortet.

Capoeira mag aufgrund seiner ausgefeilten Bewegungen und Techniken unmöglich zu erlernen erscheinen. Aber wie bei jeder anderen Sportart oder Kampfsportart braucht man eine gewisse Zeit, um sich mit dem Training vertraut zu machen, und es hilft, dass Musik im Spiel ist. Sie macht die Aufführungen viel angenehmer, als wenn man eine auf den Kampf ausgerichtete Form der Kampfkunst praktiziert. Die meisten Menschen fühlen sich von Capoeira angezogen, weil es so faszinierend aussieht. Obwohl die Fußarbeit scharfe und spezifische Bewegungen beinhaltet, werden diese Techniken nicht eingesetzt, um einen Gegner zu verletzen, da es bei einer *Roda* keinen Kontakt zwischen den Spielern gibt. Capoeira-Spieler/innen führen ihre Übungen aus Liebe zum Tanz, zur Kultur und zur Musik dieser wunderbaren Kampfsportart aus.

Kapitel 2: Roda, Jogo und das Graduierungssystem

Dieses Kapitel erklärt einige der wichtigsten Begriffe, die beim Capoeira verwendet werden, wie *Roda* und *Jogo*. Es hilft dabei, mehr über das Rangsystem zu erfahren und hebt einige der wichtigsten Konzepte und Ideen hinter Capoeira hervor.

Was ist Capoeira Roda?

Bildquelle[81]

Capoeira ist eine brasilianische Kampfsportart, die aus Akrobatik, Tanz und Musik besteht. Capoeira wird normalerweise im Kreis ausgeführt und hat starke Wurzeln in Afrika. Historisch gesehen wurde Capoeira von afrikanischen Sklaven praktiziert, die im 16. Jahrhundert nach Brasilien kamen.

Capoeira beinhaltet komplexe Manöver und Akrobatik, die häufig aus Rückwärtskicks bestehen und bei denen die Hände auf dem Boden platziert werden. Es handelt sich hauptsächlich um fließende Bewegungen statt um feste Schritte. Der Begriff Capoeira stammt von den Tupi-Wörtern *ska'a* (Wald) und *paũ* (rund), was sich auf vegetationsarme Gebiete bezieht. Dort versteckten sich früher entlaufene Sklaven in Brasilien. Ein Capoeirista ist derjenige, der diese Art von Kunst ausübt. Musik und Tanz wurden hinzugefügt, um die Tatsache zu verschleiern, dass es sich um eine Kampfkunst handelt, und Capoeiristas, die beim Training erwischt wurden, wurden verhaftet und sogar hingerichtet.

Capoeira ist eine Kombination aus Musik, Tanz, Philosophie und rituellen Elementen. All diese Komponenten bilden ein spezielles Spiel, das als *Jogo* de Capoeira (Capoeira-Spiel) bekannt ist. Das Spiel hat deutliche Einflüsse aus der brasilianischen und afrikanischen Kampfkunst und Kultur. Es besteht hauptsächlich aus Ellbogenschwüngen, Tritten, Kopfstößen, Kniehieben und Drehungen, bei denen es auf Irreführung, Geschmeidigkeit und Flexibilität ankommt. Das Ziel ist es, alle Angriffe des Gegners zu blockieren und gleichzeitig zu versuchen, den Bewegungen des Gegners zu folgen, bis sich das perfekte Angriffsfenster bietet.

Das Spiel dreht sich um trickreiche Bodenbewegungen, dynamische Akrobatik und den strategischen Einsatz von Schlägen. Die Spannung liegt in den Herausforderungen, denen sich die Spieler/innen stellen müssen, wenn sie versuchen, sich gegenseitig auszumanövrieren. Capoeira macht nicht nur unheimlich viel Spaß, sondern hilft den Spielern auch, ihre geistigen und körperlichen Fähigkeiten weiterzuentwickeln. Ursprünglich wurde dieses Spiel entwickelt, um die afrikanischen Traditionen zu bewahren, die durch die harte Realität der Sklaverei vom Aussterben bedroht waren. Für die Sklaven war dieses Spiel eine Möglichkeit zu rebellieren und es half ihnen, ihr Erbe zu bewahren, denn es beinhaltete afrikanische Tänze wie den N'Golo aus Angola und traditionelle afrikanische Instrumente.

Die Person, die die *Roda* kontrolliert, spielt eine wichtige Rolle im Spiel, und nicht jeder qualifiziert sich dafür. Alle Teilnehmer/innen an der *Roda* sind gleich wichtig, und das Publikum ist normalerweise groß und umfasst bis zu 100 Personen.

Die Roda verstehen

Die Capoeiristas spielen in einem Kreis, der *Roda* genannt wird, und dessen Radius 2 bis 3 Meter beträgt. Während des Spiels befinden sich die beiden Teilnehmer oder *Jogan* innerhalb der *Roda*, während die anderen Capoeiristas außerhalb des Kreises singen und in die Hände klatschen. Die zuschauenden Capoeiristas sitzen oder stehen. Der Capoeira-Meister hat die höchste Autorität und ist für das Geschehen in der *Roda* verantwortlich. Mehrere Regeln bestimmen das Verhalten der Spieler/innen im Spiel und helfen, auftretende Streitigkeiten zu schlichten.

Wenn die beiden Capoeiristas bereit sind, berühren sie mit ihren Händen den Boden. Sie können auch das Berimbau berühren, um sich zu segnen. Sie können auch ihre Hände in den Nacken oder auf die Stirn legen. Das ist ein Ritual, das speziell dazu dient, um Schutz während des Spiels zu bitten, und es ist abhängig von den religiösen Überzeugungen des Spielers. Die Spieler schütteln sich die Hände, bevor sie anfangen.

Die Capoeiristas betreten die *Roda* durch einen Bereich namens *Boca-da-roda*. Dieser Bereich befindet sich normalerweise vor den Instrumenten. Sobald sie drinnen sind, bleiben sie nach ein paar Schritten stehen und treten einander gegenüber in der Mitte des Stammes auf. Wenn zwei Capoeira Mestres spielen, kann niemand sie herausfordern. Wenn du ein Mestre wirst, erhältst du die höchste Autorität, um das Spiel zu kontrollieren. Wenn einer der Capoeiristas das Spiel beenden will, streckt er seine Hand nach dem Gegner aus. Dabei ist jedoch Vorsicht geboten, da dies als Taktik genutzt werden kann, um ahnungslose Spieler/innen in einen Hinterhalt zu locken. Beide Spieler/innen können sich dann gegenseitig segnen und verlassen die *Roda* an der gleichen Stelle, an der sie sie betreten haben.

Wer mitspielen will, muss seine Absichten kundtun und den Gegner auswählen, bevor er die *Roda* betritt. Jeder hat die Möglichkeit, am Hodder teilzunehmen, der höchsten Stufe des Capoeira. Allerdings besteht der Hodder oft aus vielen Profis, was es den Spielern aus dem unteren Feld schwermacht, teilzunehmen.

Symbolik

Die alten Capoeiristas glaubten, dass es eine perfekte Analogie zwischen der *Roda* und der Welt gibt. Das Gute an Capoeira ist, dass es die Teamarbeit betont. Die *Roda* zu betreten ist, als würde man die ganze Welt umrunden. Der Boden in der Capoeira ist das Äquivalent zum Himmel in westlichen Kulturen, und niemand darf ihn ohne Erlaubnis betreten. Auch das Verlassen der *Roda* erfordert eine Erlaubnis.

Um ein effektiver Capoeirista zu werden, solltest du sowohl singen als auch Instrumente spielen können. Das macht dich zu einem kompletten Spieler. Auch wenn du in der Schule verschiedene Techniken lernen kannst, solltest du dich immer weiterbilden. Alle Instrumente spielen eine entscheidende Rolle bei der Erfüllung der religiösen Überzeugungen des Spiels.

Kurzübersicht über Jogo

Jogo ist ein Spiel, das in einem Kreis namens *Roda* gespielt wird. Die Spieler stehen in der Mitte dieses Kreises und das Publikum um sie herum. Die Musik spielt bei der Ausübung von Capoeira eine zentrale Rolle. Sie setzt sich aus einer *Bateria* (Orchester) zusammen, die aus dreisaitigen Instrumenten besteht, die einem Bogen (Berimbau), *Pandeiros* (Tamburin) und einer *Agogo* (Glocke) ähneln. Zu Beginn singen die Spieler/innen ein rituelles Lied namens *Ladainha*. Als Nächstes wird ein *Corrido* gesungen, der für den Rest des Spiels zu hören ist. Die Musik hilft, die Handlung zu steuern, inspiriert die Spieler und bestimmt ihren Rhythmus. Die wahre Essenz von Capoeira ist zu spüren, wenn die Musik und die Bewegungen der Spieler/innen in perfekter Harmonie zusammenfließen.

Das Capoeira Graduierungssystem

Vor der Einführung des Gürtelsystems gab es beim Capoeira nur zwei Ränge: den Schüler und den Meister/Mestre. Früher wurden farbige Tücher für die Graduierung verwendet, aber diese wurden inzwischen zugunsten des Kordelsystems aufgegeben. Dieses System stellt das Graduierungssystem im Capoeira dar, das eine klare lineare Steigerung zeigt: Schüler, Lehrer und Mestre. Für jeden einzelnen Titel gibt es dabei unterschiedliche Steigerungen. Im Folgenden findest du die modernen Steigerungen der Stufen.

Aluno oder Schüler (6-12 Monate)

Aluno bedeutet auf Portugiesisch Schüler, und es gibt mehrere Schülergürtel in verschiedenen Gruppen. Von den Schülern wird erwartet, dass sie mit jeder Stufe, die sie erreichen, mehr Dinge lernen. Die Gürtel symbolisieren die harte Arbeit, die man geleistet hat, und werden einem während einer Zeremonie, der *Troca de Cordeõs*, überreicht, die normalerweise einmal im Jahr stattfindet. Die Feier wird von der Schule oder dem Zentrum in der Region ausgerichtet. Den ersten Gürtel bekommt man nach 6 bis 12 Monaten. Dieses Ereignis wird als *Batizado* bezeichnet und stellt den Einstieg in die Welt des Capoeira dar. Es ist der Beginn der Reise zum Mestre-Level.

Als *Aluno* ist es nun die Aufgabe des Schülers, das, was er vom Lehrer lernt, in die Praxis umzusetzen. Die Schüler/innen sollten ihre Lehrer/innen immer fragen, was die verschiedenen Dinge im Capoeira bedeuten und wie man bestimmte Bewegungen ausführt. Ausdauer und Geduld sind die Schlüsselkomponenten, die helfen können, Capoeira zu meistern. Ständiges Training ist wichtig, denn es hilft dabei, seine Fähigkeiten zu verbessern.

Graduado/Monitor

Dies ist der Grad des fortgeschrittenen Schülers, den man nach 5-7 Jahren Erfahrung erreicht. Es gibt verschiedene Bezeichnungen für fortgeschrittene Schüler. Die Verantwortung, die man als fortgeschrittener Schüler hat, hängt von der Beziehung zum Lehrer ab. Ein/e Monitor/in oder fortgeschrittene/r Schüler/in kann aufgefordert werden, Aufwärmübungen zu zeigen, oder sie/er kann auch aufgefordert werden, andere Schüler/innen zu unterrichten. Zu diesem Zeitpunkt beginnt man, ein gewisses Maß an Unabhängigkeit und Selbstvertrauen zu entwickeln, um andere zu unterrichten. Lehrerinnen und Lehrer haben viele Aufgaben, und sie können alle Instrumente gut spielen. Sie müssen auch gut darin sein, andere zu unterrichten. Neue Schüler/innen werden zu Ihnen aufschauen, wenn Sie das Stadium des Monitors erreichen. Es ist wichtig, dass man sich voll und ganz seiner Verantwortung stellt, damit die Schüler von einem und seiner Arbeitsmoral lernen können.

Instrutor/Professor

Um Instrutor/in oder Professor/in zu werden, muss man mindestens 8-12 Jahre Erfahrung vorweisen können. Instrutor ist der gebräuchlichste Titel, und das Erreichen dieses Titels bedeutet, dass man bereit ist, anderen Capoeira beizubringen. Es ist jedoch wichtig zu wissen, dass Instrutoren und Professoren ihre Fähigkeiten auch nach der Erlangung dieses Grades noch weiter entwickeln müssen. Deshalb ist es wichtig, in der Nähe seines Mestre zu bleiben, damit man weiterhin von ihm lernen kann. Bei dieser Gelegenheit kann man auch Dinge auffrischen, die man vielleicht aus der Studienzeit vergessen hat. Viele Leute werden einen auf die eine oder andere Weise auf die Probe stellen, wenn man diese Stufe erreicht hat, also muss man auf alles gefasst sein. Wenn man Capoeira auf einem höheren Niveau spielt, gewinnt man mehr Autorität und wird mit weniger Herausforderungen konfrontiert. Auf dieser Stufe darf man andere Spielerinnen und Spieler unterrichten, oder man kann auch gebeten werden, mit einem anderen Lehrer oder Mestre zu spielen.

Conta Mestre

Nach 15 Jahren in der unteren Position wird man zur rechten Hand des Mestre. Dies ist die Stufe direkt vor dem Mestre. Wenn man zum Contra Mestre wird, gehört man zu den fortgeschrittensten Schülern und ist einen Schritt näher dran, ein Meister zu werden. Als rechte Hand des Mestre wird erwartet, dass du in seine Fußstapfen trittst, wenn er dich braucht. Es wird erwartet, dass man Unterricht erteilt und den Schülern hilft, sich zu verbessern. Bevor man diesen Rang erlangt, muss man eine Menge lernen. Viele Menschen trainieren oft 20 oder mehr Jahre, um den Rang eines Contra Mestre zu erreichen.

Mestre/ Meister

Der Mestre ist der höchste Rang im Capoeira und wird nach 25 Jahren Erfahrung oder mehr erreicht. Das Erreichen dieses Ranges bedeutet jedoch nicht, dass man am Ende angelangt ist. In der Welt des Capoeira wird es immer mehr zu lernen geben. Es ist unmöglich, alles zu lernen, was es im Capoeira gibt, und das ist der Hauptgrund, warum die Menschen immer nach neuen Dingen streben.

Grao Mestre/ Großmeister

Dieser Titel ist kein offizieller Titel. Man bekommt ihn von der Capoeira-Gemeinschaft. Er ist eine Anerkennung für all die harte Arbeit, die man geleistet hat, und für alles, was man zum Capoeira beigetragen hat. Diese Ehre ist normalerweise Menschen vorbehalten, die 30 bis 50 Jahre Erfahrung im Unterrichten und Trainieren von Capoeira haben. Dieser Titel wird nicht einfach so vergeben. Er symbolisiert eine Person, die die Welt des Capoeira in vielerlei Hinsicht maßgeblich beeinflusst hat. Obwohl es für diesen Titel keinen Gürtel gibt, wird er von den Mitgliedern der Gemeinschaft mit großem Respekt und Bewunderung getragen.

Das Graduierungssystem im Capoeira unterscheidet sich deutlich von dem anderer Kampfsportarten, die ein Gürtelsystem verwenden, da Kordeln vergeben werden. Beim Capoeira werden für jede Stufe verschiedenfarbige Kordeln verwendet, um die Spieler/innen zu unterscheiden. Die höchste Stufe, die du in dieser Kampfsportart erreichen kannst, ist Mestre oder Meister. Im nächsten Kapitel geht es um die defensiven Capoeira-Bewegungen.

Kapitel 3: Warum wird Capoeira als Kampfsportart praktiziert?

Capoeira ist für seinen akrobatischen, athletischen Stil bekannt. Diese 500 Jahre alte Kampfkunst, die mit einer Form von Tanz verbunden ist, hat ihren Ursprung im Nordosten Brasiliens. Diese energiegeladene brasilianische Kunstform verbindet auf einzigartige Weise Musik, Kunst, Tanz und Akrobatik miteinander und verwendet hochbewegliche Techniken, die Kraft und Flexibilität erfordern. Mit Capoeira bleibst du nicht nur fit und gesund, sondern es hat auch viele andere Vorteile. Wenn du denkst, dass du niemals Capoeira machen kannst, dann irrst du dich. Du musst kein Akrobat sein, um Capoeira zu machen. Mit genügend Übung, Entschlossenheit und Ausdauer kann das jeder. Egal, wie alt du bist, du kannst mit nur ein paar Monaten Training fitter und gesünder werden. Beim Capoeira gibt es keine Grenzen. Je nach Alter, Größe oder Gewicht kannst du die Form von Capoeira finden, die für dich geeignet ist.

Es ist wichtig, dass du keine unmöglichen Erwartungen an dich stellst. Es gibt keinen Grund zur Eile. Genieße diese Kampfsportart so lange du kannst. Du musst mit dem *Ginga* beginnen, aus dem sich alle anderen Bewegungen entwickeln. *Ginga* bedeutet schwingen. Du wirst lernen, dass alle Capoeiristas ihren eigenen individuellen Stil haben, der ihre Persönlichkeit unterstreicht. Du musst versuchen, deine eigenen Bewegungen zu entwickeln, anstatt zu versuchen, jemand anderen nachzuahmen, der vielleicht mehr beherrscht. Das Beste an Capoeira ist, dass dir jeder hilft, dein höchstes Potenzial auszuschöpfen. Das ist eine große Chance für dich, deine Fähigkeiten zu entwickeln.

Außerdem kannst du lernen, indem du deinen Partner spiegelst. Auf diese Weise kannst du dich schnell weiterbilden und schließlich deinen eigenen Stil entwickeln. Die Ausübung von Capoeira hat viele Vorteile. Werfen wir einen Blick auf einige davon:

Hilft beim Stressabbau

Bewegung ist eine großartige Möglichkeit, Stress abzubauen und deinen Körper und Geist zu entspannen. Wenn du in diese Kunstform eintauchst, wirst du herausfinden, was für dich gut ist. Capoeira ist eine Möglichkeit, der Arbeit, persönlichen Problemen und allem, was dir Stress bereitet, zu entkommen. Außerdem steigert das Training den Endorphinspiegel in deinem Gehirn, was deine Stimmung sofort verbessert und dich glücklich macht.

Es macht dich stärker

Die Ausübung von Capoeira steigert die Kraft und macht dich extrem stark. Es erfordert komplexe Hand- und Armbewegungen, Tritte, Handstände und viele Posen, die es dir ermöglichen, deine Kraft im ganzen Körper zu trainieren. Diese Bewegungen stärken deinen Oberkörper, indem sie deine Körpermitte ansprechen und deine Bauchmuskeln trainieren. Capoeira-Bewegungen machen dich flexibler, verbessern die Atmung, fördern die Durchblutung, verbessern die Hand- und Augenkoordination und bauen langsame und schnell einsetzbare Muskelfasern auf.

Verbesserung deiner Koordinationsfähigkeit

Das Üben von Capoeira verbessert deine eigene Koordination und die Koordination mit anderen. Die Art der Bewegungen hängt von der Art der Ausübung von Capoeira ab. Die flüssigen Bewegungen sind jedoch für alle Formen charakteristisch. Wenn du deine Bewegungen mit Live-Musik koordinierst, entspannt das deinen Geist, deinen Körper und deine Seele und verbessert dein Rhythmusgefühl.

Es macht dich beweglicher

Bildquelle[82]

Capoeiristas sind dank der verschiedenen Bewegungen, die sie ausführen müssen, äußerst bewegliche Menschen. Durch ihre Flexibilität und Kraft können sie das Verletzungsrisiko drastisch reduzieren und ihre Beweglichkeit verbessern. Wenn du also Yoga machen willst, um deine Flexibilität zu erhöhen, gib Capoeira eine Chance, denn es wird dich stärker und widerstandsfähiger machen.

Steigert deine Ausdauer

Ein Capoeira-Workout wird dich schon nach wenigen Minuten außer Atem bringen. Selbst wenn du athletisch, oder es gewohnt bist, mit hoher Intensität zu trainieren, musst du dich nicht wundern, wenn du am Ende einer Capoeira- Trainingseinheit nach Luft schnappst. Es trainiert die meisten deiner Muskelgruppen und ist ein gutes Ausdauertraining. Capoeira erhöht deine Ausdauer und hilft dir, längere und harte Trainingseinheiten durchzustehen.

Gewinne mehr Selbstvertrauen

Capoeira ist eine schwierige Kunstform, die sowohl Spaß macht als auch eine Herausforderung darstellt. Wenn du endlich anfängst, dich zurechtzufinden, fühlst du dich selbstbewusster, lebendiger und glücklicher. Außerdem ist das Gefühl unvergleichlich, wenn du weißt, dass deine Freunde die Bewegungen, die du kannst, nie hinbekommen würden. Diese wunderbare Kampfsportart gibt dir die Möglichkeit, dich durch deinen Körper auszudrücken. Sie ermöglicht es dir, dich endlich von den Fesseln deiner eigenen Grenzen zu befreien und dein wahres, authentisches Selbst zum Vorschein zu bringen.

Mehr soziale Kontakte

Capoeira wird in Teams praktiziert, und alles wird in Gruppen ausgeführt. Das gibt dir die Chance, wunderbare neue Leute kennenzulernen, die die gleichen Interessen haben wie du. Diese Kampfkunstform gibt dir die Chance, aus deinem Schneckenhaus herauszukommen und weniger schüchtern zu sein. Es bietet dir unvergessliche individuelle und gemeinschaftliche Erfahrungen. Eine Capoeira-Gruppe ist eher wie eine Familie, die dich ermutigt, dein wahres Ich zu leben. Wenn du Capoeira in einer Gruppe übst, wirst du mehr Selbstvertrauen und ein großes Gefühl des Stolzes gewinnen. Neue Leute kennenzulernen und sich mit Gleichgesinnten auszutauschen, ist nur einer der Vorteile von Capoeira.

Mehr als ein Sport

Capoeira umfasst verschiedene Kunstformen, darunter Tanz, Musik und Selbstverteidigung. Du kannst nicht nur mitmachen und in der *Roda* sein, sondern auch Komponist oder Choreograf werden.

Inklusion

Capoeira mit verschiedenen Gruppen von Menschen mit unterschiedlichem Hintergrund zu praktizieren, hilft dir, andere Kulturen zu verstehen und ihre Traditionen kennenzulernen. Dadurch wirst du integrativer und toleranter gegenüber anderen. Außerdem ist der Respekt vor anderen ein zentraler Wert beim Capoeira. Denn diese Kampfkunst verlangt von dir, dass du dein authentisches Selbst zum Ausdruck bringst, um die Kunst vollständig zu erleben. Auch der Respekt vor deinem Lehrer ist ein wichtiger Grundsatz des Capoeira, denn er lehrt dich nicht nur Dinge aus seiner eigenen Erfahrung, sondern er vermittelt dir auch viele Werte, die für dein Leben wichtig sind.

Erlerne eine neue Sprache

Wenn du Capoeira in einer Gruppe lernst oder übst, wirst du mit vielen Menschen zu tun haben, die brasilianisches Portugiesisch sprechen. Das wird dir helfen, die Sprache zu verstehen und vielleicht sogar ohne große Schwierigkeiten selbst zu sprechen.

Erfahre eine neue Kultur

Im Gegensatz zu anderen Kampfsportarten hat Capoeira seine Wurzeln bewahrt und pflegt seine traditionellen und kulturellen Werte. Auf diese Weise lernst du nicht nur eine neue Kultur kennen, sondern kannst auch deinen Horizont erweitern und mehr Verständnis und Akzeptanz für andere Menschen entwickeln.

Es macht Spaß!

Ist ein Ort mit guter Musik, Tanz und fröhlichen Menschen nicht auch eine Party? Capoeira hat all das. Es ist ein großartiges Erlebnis, den Capoeiristas beim Üben zuzusehen, wenn sie zu den Klängen von Live-Musik tanzen. Ihre hypnotisierenden Bewegungen geben dir ein Gefühl von Energie und Freude.

Techniken zur Selbstverteidigung

Capoeira ist eine tolle und unterhaltsame Art, Selbstverteidigung zu lernen. Beim Capoeira lernst du, die Bewegungen deines Gegenübers zu erkennen und schnell zu reagieren. Wenn du in der Lage bist, die Absichten deines Gegenübers schnell zu erkennen, kannst du dich schützen und sogar einen Gegenangriff starten. Es ist wichtig zu wissen, dass Capoeira nicht dazu auffordert, den Gegner zu schlagen. Trotzdem ist es eine gute Möglichkeit, jungen Kindern Selbstverteidigungstechniken beizubringen und ihnen gleichzeitig zu vermitteln, dass es nie klug ist, Gewalt anzuwenden.

Beziehe deine Familie mit ein

Diese Kampfsportart bietet dir die Möglichkeit, mit deiner Familie zu üben. So lernst du nicht nur eine wertvolle Fähigkeit, sondern kannst auch viel Zeit mit deiner Familie verbringen, um die Bindung zu ihr zu stärken. Jeder kann diese Kunstform ausüben. Wenn du mit deinen Kindern spielst und lernst, eröffnen sich mehr Kommunikationskanäle zwischen euch. Außerdem lernt ihr, euch gegenseitig zu akzeptieren und zu verstehen, wie ihr seid.

Verbesserung der allgemeinen Fitness

Capoeira ist eine hervorragende Kampfsportart, die sowohl deiner körperlichen als auch deiner geistigen Gesundheit guttut. Sie verbessert deine Beweglichkeit, Ausdauer und Kraft und macht dich gleichzeitig entspannter und stressfreier.

Herausforderungen beim Capoeira

Du denkst jetzt bestimmt, dass Capoeira so viele Vorteile hat, dass es unmöglich sein muss, es zu lernen und zu praktizieren. Das ist aber nicht der Fall. Wie alles im Leben bringt auch Capoeira eine Reihe von Herausforderungen mit sich, aber es ist machbar. Egal, für wie unflexibel oder schwach du dich hältst, du kannst es trotzdem schaffen. Als Anfänger musst du dir darüber im Klaren sein, dass du auf deinem Weg auf viele Hindernisse stoßen wirst. Deshalb musst du weiter lernen und danach streben, Perfektion zu erreichen.

Beweglichkeit

Beim Capoeira gibt es viele Übungen, bei denen du beweglich bleiben musst. Beweglichkeit ist eine Mischung aus Flexibilität und Kraft. Beispiele für Beweglichkeit sind hohe Tritte, niedrige Kniebeugen, Radstellungen oder Brücken. Für viele Menschen ist es eine Herausforderung, da sie anfangs nicht so flexibel sind, wie sie sein sollten, um einige der Bewegungen auszuführen. Den meisten Anfängern fallen niedrige Kniebeugen schwer, weil es ihnen an Flexibilität in den Knöcheln und Hüften mangelt.

Außerdem kann die fehlende Kraft in den Muskeln um Hüfte und Knöchel dazu führen, dass sie umfallen oder zusammenbrechen. Aus diesem Grund finden sie, dass die Beweglichkeit der schwierigste Teil von Capoeira ist. Wenn du jedoch hart genug daran arbeitest, diese Herausforderungen zu meistern, wirst du im Handumdrehen an Kraft und Beweglichkeit gewinnen.

Rhythmus

Capoeira ist zwar die einzige Kampfsportart mit Musik, aber die Eigenschaften von Rhythmus und Timing sind auch im Boxen, Kung Fu und MMA sehr verbreitet. Wenn du keine Erfahrung mit dem Spielen eines Musikinstruments hast oder Probleme damit hast, einem Takt zu folgen, könnten dir die musikalischen Aspekte von Capoeira schwerfallen. Das Gute daran ist, dass du es immer lernen kannst. Rhythmus, Timing und Tonhöhe kann man lernen, wenn man sich schrittweise an die Musik gewöhnt. Du musst geduldig und konsequent bleiben, um den musikalischen Aspekt von Capoeira zu lernen.

Propriozeption

Propriozeption bedeutet, dass du weißt, wo sich dein Körper im Raum befindet. Menschen mit schlechter Koordination haben wahrscheinlich auch eine schlechte Propriozeption. Um ein Rad zu schlagen, musst du eine gute Propriozeption haben. Wenn du eine schlechte Koordination hast, könnte es dir schwerfallen, ein Rad zu schlagen. Gerade bei Anfängern ist das ganz normal. Du wirst nach und nach lernen, damit umzugehen, denn Capoeira kann dir sehr dabei helfen, das nötige Bewusstsein zu entwickeln.

Improvisation

Flow und Improvisation sind beim Capoeira ziemlich anspruchsvoll, weil du deine Bewegungen mit einem anderen Mitglied der Gruppe koordinieren musst. Alleine Sequenzen zu improvisieren kann ziemlich beeindruckend sein, aber wenn du es synchron mit jemand anderem machst, fühlt es sich noch besser an. Es ist extrem schwierig, aber wenn du erst einmal den Dreh raus hast, wirst du merken, wie toll es sich anfühlt.

Der Einfluss von Capoeira auf die Gesellschaft

Es ist wichtig zu wissen, dass Capoeira einen großen Einfluss auf die Gesellschaft hat. Capoeira ist nicht nur eine Kampfsportart, bei der es um Angriff und Verteidigung geht, sondern sie betont auch Gemeinschaft, Positivität, Geist und Zusammenhalt. Capoeira spielt eine wichtige Rolle, wenn es darum geht, Menschen zusammenzubringen und das Bewusstsein für wichtige Anliegen zu schärfen. Sie hat ihre Wurzeln in der Sklaverei. Den versklavten Menschen war es nicht erlaubt, das Kämpfen zu trainieren, was sie dazu brachte, Capoeira zu entwickeln. Sie tarnten diese Kampfkunst als Tanz, damit sie trotzdem Selbstverteidigungstechniken lernen konnten. Da Capoeira in einer Gruppe praktiziert wird, hilft es der Gemeinschaft, sich auf einer spirituellen Ebene zu verbinden, und der Einzelne fühlt sich unterstützt und wertgeschätzt.

Wenn junge Menschen kein Ventil für ihre Wut und Frustration finden, wenden sie sich der Gewalt zu. Eine Capoeira-Gruppe bietet jungen Menschen einen sicheren Raum, in dem sie ihr wahres, authentisches Selbst ohne Zögern zum Ausdruck bringen können. Außerdem fördert sie die Gleichstellung. Das bedeutet, dass sich jeder in der Gruppe zugehörig fühlen kann. Unabhängig davon, wer du bist oder womit du dich identifizierst, wirst du in der Gruppe akzeptiert. Deine Größe, dein Alter und deine Fähigkeiten haben keinen Einfluss auf deine Chancen, aufgenommen zu werden. Du musst nur bereit sein, es zu versuchen, dann wirst du willkommen geheißen, ohne dass du verurteilt oder vorverurteilt wirst. Beim Capoeira ist jeder anders und hat seinen eigenen Stil. Deshalb wirst du nicht gedrängt oder gar gezwungen, einen bestimmten Stil zu lernen. Einer der wichtigsten Gründe, einer Capoeira-Gruppe in deiner Nähe beizutreten, ist, dass du dich in einen akzeptierenden Raum begibst, in dem du dich sicher und verstanden fühlst. So kannst du als Person wachsen und lernen, wie du auf andere Menschen eingehen kannst. Bei Capoeira-Gruppen geht es vor allem darum, der Gemeinschaft etwas zurückzugeben. Warum also nicht heute damit anfangen?

Capoeira ist ein wunderbarer Sport, der sich aus verschiedenen Kunstformen zusammensetzt, darunter Tanz, Musik, Kampfsport und Selbstverteidigung. Die Ursprünge gehen auf die Zeit der Sklaverei zurück, die in Brasilien weit verbreitet war. Damals durften Sklaven keine Kämpfe austragen oder gar trainieren. Deshalb haben sie Capoeira erfunden. Es ist eine Kampfsportart, die als Tanz getarnt ist. Das Üben von Selbstverteidigungstechniken sah für die Ahnungslosen wie ein Tanz aus. Es ist jedoch wichtig zu wissen, dass der Zweck von Capoeira nicht darin besteht, den Gegner zu verletzen, sondern sich vor Risiken zu schützen und Angriffen auszuweichen. Einen Gegenangriff kannst du nur zur Selbstverteidigung ausführen. Ansonsten ist die Praxis an sich recht friedlich. Diese Kunstform hat verschiedene Vorteile und ist für ihre unglaubliche Wirkung auf Menschen und Gemeinschaften bekannt.

Capoeira als Kampfsportart macht dich stärker, flexibler und ausgeglichener, aber sie verhilft dir auch zu mehr Entspannung und Stressabbau. Dieser Sport hilft dir, verschiedene Kunstformen zu erlernen, einschließlich Musik und Tanz. Er wird dich dazu ermutigen, aus deinem Schneckenhaus herauszukommen und dein wahres Ich zu akzeptieren. Aber wie alles im Leben hat auch dieser Sport seine eigenen Herausforderungen. Einige Aspekte von Capoeira scheinen dir vielleicht zu komplex und herausfordernd zu sein, um sie zu erreichen. Es ist möglich, dass du nicht so beweglich oder flexibel bist, wie du es gerne wärst, oder dass du nicht musikalisch veranlagt bist. Es ist auch möglich, dass du unter Koordinationsproblemen oder der Unfähigkeit zu improvisieren leidest. All das ist nicht wirklich wichtig. Mit Übung und Beständigkeit wirst du deine Ziele in kürzester Zeit erreichen und mit jedem Tag besser werden. Ein weiterer toller Aspekt von Capoeira ist die Gemeinschaft. Du wirst dich wertgeschätzt und verstanden fühlen. Einer der Grundwerte von Capoeira ist es, jeden zu respektieren, vor allem die Lehrer/innen. Deshalb ist es ein sicherer Raum, in dem jeder sich selbst sein kann, ohne Angst vor Verurteilung. Da jeder, egal welcher Altersgruppe, an dieser Kampfkunst teilnehmen kann, kannst du mit deiner ganzen Familie üben, um stärkere Bindungen aufzubauen und den Zusammenhalt zwischen den einzelnen Familienmitgliedern zu verbessern. Capoeira ist wirklich ein inklusiver, respektvoller und spaßiger Sport, der allen die Chance gibt, ihr höchstes Potenzial zu erreichen.

Kapitel 4: Capoeira Angola vs. regionales Capoeira

Capoeira erlaubt es jedem Einzelnen, seinen eigenen Stil zu entwickeln. Es gibt drei verschiedene Stile: Angola, Regional und Contemporanea. Doch bevor wir uns mit den Unterschieden beschäftigen, wollen wir ein wenig über die Geschichte dieser Stile erfahren. Capoeira Regional und Capoeira Angola wurden von Mestre Bimba bzw. Mestre Pastinha eingeführt. Mestre Bimba führte einige Bewegungen aus dem Batuque und einige aus dem Jiu-Jitsu in die Capoeira ein, um sie effektiver und interessanter für die Jugend zu machen. Der Grund für diese Änderung war, das Interesse der Brasilianerinnen und Brasilianer an dieser Kampfsportart wieder zu wecken, da sie sich immer mehr für andere Kampfsportarten aus anderen Ländern interessierten. Als Mestre Bimba sah, dass Capoeira in seinem Volk immer mehr an Bedeutung verlor, veranlasste er ihn, die Kunstform zu verändern.

Diese Bemühungen von Mestre Bimba führten zur Schaffung eines neuen Stils und zur Legalisierung des Trainings in diesem Stil, der ursprünglich verboten war. Mestre Pastinha führte die Capoeira Angola ein, um die ursprüngliche Form der Capoeira zu erhalten. Das Wort Angola kommt von dem afrikanischen Land, aus dem Capoeira ursprünglich stammt. Die Bemühungen dieser Mestres bewahrten Capoeira vor dem Niedergang und brachten es zurück in die brasilianische Gesellschaft. Es ist wichtig zu wissen, dass sich die Ausübung von Capoeira zu Zeiten der Sklaverei von der heutigen Form des Sports unterscheidet. Damals wurden Sklaven aus verschiedenen Ländern und afrikanischen Stämmen an einem Ort zusammengeführt. Das führte dazu, dass Capoeira eher ein Tanz war, der von einer Gruppe verschiedener Menschen entwickelt wurde. Es ist möglich, dass die unterschiedlichen Stämme ihren eigenen Capoeira-Stil hatten.

Ein anderer Capoeira-Stil wird Capoeira Contemporanea genannt. Dieser Name wird sowohl für Capoeira Angola als auch für die Ausübung von Capoeira Regional verwendet. Einige Leute haben diese Bezeichnungen allerdings verworfen und einen Capoeira-Stil gewählt, bei dem Ästhetik und akrobatische Bewegungen im Vordergrund stehen. Da Capoeira jedem erlaubt, seinen eigenen Stil zu entwickeln und zu praktizieren, kann es schwierig sein, Capoeira nur in diese drei Kategorien zu unterteilen. Manche Leute bezeichnen ihre Gruppen nach dem Namen ihres Mestres, andere halten sich an die traditionellen Kategorien Capoeira Angola, Regional oder Contemporanea. Eine Sache, die jedoch allen Capoeira-Formen gemeinsam ist, ist der Gemeinschaftsgeist.

Nachdem du dich nun mit der Geschichte der verschiedenen Capoeira-Stile vertraut gemacht hast, kommen wir zum ursprünglichen Thema zurück: Was ist der Unterschied zwischen Capoeira Angola und Capoeira Regional?

Capoeira Angola

Bildquelle[83]

Capoeira Angola wird derzeit auf viele verschiedene Arten praktiziert, je nachdem, welche Mestres es unterrichten. Manche Mestres sind schneller und manche langsamer, manche sind ruhiger, andere heftiger. Außerdem spielen manche Mestres gerne näher am Boden, während andere höhere Stellungen bevorzugen. Dennoch gibt es einige Elemente, die alle Mestres gemeinsam haben:

Capoeira Angola verwendet die *Bateria*, die aus drei Berimbaus, mindestens einem oder zwei *Pandeiro*, einem *Agogo*, einem *Reco-Reco* und einem *Atabaque* besteht. Dieses Ensemble kann variieren, aber größtenteils bleibt es gleich.

Sao Bento Grande de Angola ist der Hauptrhythmus, der von der Berimbau Gunga gespielt wird. Allerdings wird Sao Bento Grande de Angola nur selten verwendet, obwohl er in den Akademien, die Capoeira Angola unterrichten, gelehrt wird.

- Capoeira Angola verwendet *Chamadas* (bestimmte Routinen) während des Spiels.
- Es werden spezifische Lieder verwendet.
- Die Capoeiristas müssen im Kreis oder in der *Roda* sitzen bleiben, es sei denn, sie sind mit dem Spiel dran.
- Es ist Pflicht, Mestre Pastinha als Hauptdarsteller der Capoeira Angola zu erkennen.
- Akrobatische Bewegungen werden nur selten verwendet.
- Es gibt keinen Farbcode, der den Rang des Capoeirista kennzeichnet, und es gibt keine Graduierung, bei der ein Capoeirista von einer Stufe zur nächsten aufsteigt.
- Die Mestres halten sich streng an die Form der Capoeira Angola.
- Die Capoeiristas müssen in die Hose gesteckte, kurzärmelige T-Shirts tragen.
- Oft wird von ihnen verlangt, dass sie mit Schuhen spielen und trainieren.
- Normalerweise tragen sie ihre Hosen mit Gürteln.

Abgesehen von diesen Ähnlichkeiten sind die Unterschiede in der Farbe der Kleidung, in den Rhythmen, die von den verschiedenen Berimbaus - Medio und Viola - gespielt werden, und in den verschiedenen Bewegungen, die im Spiel verwendet werden, sichtbar. Auch die *Ginga* kann in verschiedenen Gruppen und sogar unter Schülern, die unter Mestre Pastinha ausgebildet wurden, variieren. Capoeira Angola enthält viele Elemente, die in den anderen Stilen nicht vorkommen, da sie der ursprünglichen Form der Capoeira am ähnlichsten ist. Die meisten dieser Elemente drehen sich um Rituale und Religion. Deshalb zollen viele Mestres ihrer Religion mit einem Lied Tribut. Das soll die Kraft der Praktizierenden verstärken. Dies ist seit den Anfängen vor Jahrhunderten zu einem Ritual geworden.

Es ist wichtig zu wissen, dass Capoeira Angola vor allem durch die Energie, die dabei entsteht, definiert ist und nicht nur durch die einzelnen Elemente beschrieben werden kann. Es gibt nichts, was diese Energie beschreiben kann. Sie muss gefühlt und erlebt werden. Da Capoeira Angola normalerweise nahe am Boden gespielt wird, ist die Energie, die dabei entsteht, sehr intensiv, fließend, lebendig und konzentriert. Diese Energie kann auch als ursprünglich bezeichnet werden und entspringt direkt der Erde. Capoeira Angola hat kein Gürtelsystem. Sie hält sich lieber an die Tradition. Ein Capoeirista erhält den Titel eines Mestre nach einem Jahr Training, das auf vielen Faktoren basiert.

Capoeira Regional

Mestre Bimba baute strukturierte und methodische Trainingstechniken in Capoeira ein, weil er der Meinung war, dass Capoeira als eine Kampfkunst zur Selbstverteidigung angesehen werden sollte. Das Capoeira Regional unterscheidet sich vor allem dadurch von anderen Capoeira-Stilen, da es schneller ist, die beteiligte *Bateria* einfach, aber kompakt ist, die Schläge direkt sind und es einen klaren Spielverlauf vorgibt.

Eines der Elemente, die Capoeira Regional einzigartig machen, ist die Aufnahmeprüfung, eine körperliche Prüfung mit Capoeira-Bewegungen, um die Fähigkeiten des Schülers zu beurteilen. Dieser Capoeira-Stil besteht auch aus Sequenzen, die auf 17 zentralen Capoeira-Angriffsbewegungen basieren, denen entsprechende

Verteidigungsbewegungen gegenüberstehen. Diese werden als *Sequências* bezeichnet. Außerdem ist es wichtig, die verschiedenen Rhythmen des Spiels und die spezifischen Trainingsbewegungen zu lernen: Angriffsbewegungen, Ausweichbewegungen, Verteidigungsbewegungen und miteinander verbundene Bewegungen. Im Capoeira Regional gibt es ein Diplom namens *Formatura* und spezielle Prüfungen für Fortgeschrittene namens *Especializacdo* und *Emboscada*. Es ist jedoch wichtig zu wissen, dass einige der Gruppen, die heute Capoeira Regional praktizieren, einen ganz anderen Stil als der von Mestre Bimba haben. Es gibt einige Gebote, Prinzipien und Traditionen, die Bimba mit seiner Methode geprägt hat und die befolgt werden müssen. Diese Grundsätze werden auch heute noch von einigen Gruppen befolgt. Hier sind einige der Prinzipien von Mestres Bimba:

- Die Übenden dürfen nicht rauchen oder trinken, da dies ihre Leistung ernsthaft beeinträchtigen kann.
- Überraschung ist ein wichtiges Element beim Capoeira. Deshalb muss ein Capoeirista vermeiden, seine Fortschritte außerhalb der Akademie zu zeigen.
- Die Praktizierenden müssen jeden Tag bestimmte Bewegungen üben.
- Der Gegner darf nicht gefürchtet werden, denn das hilft bei der Verbesserung der Abwehr- und Angriffsbewegungen und hält den Körper entspannt.

Bestimmte Gebote waren spezifisch für Bimbas Methode. Hier sind ein paar von ihnen:

- *Gingar Sempre* bedeutet, dass du immer *Ginga* (die grundlegende Capoeira-Bewegung) machen musst, um während des Kampfes im ständigen Fluss zu sein.
- *Esquivar sempre* bedeutet, dass du immer ausweichen musst.
- Alle Bewegungen müssen ein Ziel haben und dürfen nicht nur der Ästhetik wegen eingesetzt werden. Sowohl die Angriffs- als auch die Verteidigungstechniken müssen koordiniert sein.
- Bleib nicht stehen. Ein fester Stand und das Vermeiden von Sprüngen oder akrobatischen Bewegungen machen dich verwundbar.
- Die Capoeiristas müssen sich an den Rhythmus des Berimbaus halten.
- Respekt ist eine wichtige Komponente im Capoeira. Du musst die Integrität des Spielers respektieren, wenn er sich nicht mehr gegen einen Angriff schützen kann.
- Der stärkste Spieler muss das schwächste Mitglied schützen. Die Praktizierenden müssen die moralische und körperliche Integrität des Gegners schützen.

Es gibt einige Traditionen und Rituale, die Teil seines Trainings geworden sind:

- Anfänger müssen mit einem Stuhl trainiert werden.
- *Charanga* ist das Capoeira-Orchester, das aus einem Berimbau und zwei *Pandeiros* besteht.
- Die von Bimba komponierten Lieder zur Unterstützung des Spiels (*Quadras e corridos*)
- Das erste Mal, wenn ein Schüler zum Rhythmus der Berimbau spielt, wird als *Batizado* oder Taufe bezeichnet.

Capoeira Contemporanea

Das Capoeira Contemporanea wurde in den 60er Jahren von den Capoeiristas entwickelt, die das Bedürfnis hatten, Capoeira Angola und Capoeira Regional zu vermischen. Dieser Stil entstand durch die Nutzung der akrobatischen Bewegungen und anderer verlorengegangener Elemente des Capoeira aus der Vergangenheit. Dies begann nach dem Einfluss von Mestre Bimba. Dieser Stil wurde entwickelt, um Capoeira zu vereinheitlichen. Capoeira Contemporanea wird in der Regel zum Rhythmus von Sao Beno Grande de Angola in einer klareren Art und Weise und mit einem höheren Tempo gespielt. Dieser Stil hat eine andere Methode des Trainings, nutzt aber technische Grundlagen, die dem

Training von Mestre Bimba ähnlich sind.

Capoeira Contemporanea ist der bekannteste aller Stile. Es ist der Capoeira-Stil, der normalerweise im Fernsehen, in Filmen, Shows usw. gezeigt wird. Die Spiele sind schneller, technischer und bestehen aus akrobatischen Bewegungen. Deshalb halten die Spielerinnen und Spieler aus Sicherheitsgründen einen gewissen Abstand zueinander. Die beiden Hauptgruppen, die zur Entwicklung dieses neuen Stils beigetragen haben, sind Abada Capoeira, gegründet von Mestre Peixinho, und Capoeira Senzala, entwickelt von Mestre Camisa Roxa und seinem Bruder Mestre Camisa. Alle Contemporanea-Gruppen haben unterschiedliche Arten, eine *Roda* zu organisieren und zu spielen. Hier sind ein paar Elemente, die alle Contemporanea-Gruppen praktizieren:

- Alle Capoeiristas müssen in der *Roda* stehen, genau wie in der Capoeira Regional, einigen Angola-Gruppen und in den älteren Capoeira-Gruppen.
- Sao Bento Grande und Angola oder *Benguela* sind die beiden wichtigsten Rhythmen, die verwendet werden.
- Es gibt ein Graduierungssystem.
- Die meisten Gruppen spielen in weißen Anzügen (Abadas) und sind barfuß.
- Die Spiele beinhalten *Floreios* (blumige Bewegungen).
- Die Spiele sind schnell, lebhaft, kompakt, dynamisch und luftig.
- Die *Bateria* ist der Capoeira Angola sehr ähnlich, denn sie besteht aus 3 Berimbaus, 1 oder 2 *Pandeiros*, 1 *Agogo*, 1 *Reco-Reco* und 1 *Atabaque*.
- Es ist wichtig zu wissen, dass jede Gruppe einzigartig ist und dass es immer Unterschiede geben wird.

Graduierung

Bei der Graduierung haben alle Capoeira-Stile ein gemeinsames Ziel: den Titel des Mestre, der nach jahrelangem Training verliehen wird. Die Capoeira Angola Gruppe folgt keinem Kordelsystem und hält sich an die Tradition. In einer Contemporanea-Gruppe wird der Mestre-Titel durch eine rote Kordel verliehen. Bevor man jedoch den Titel eines Mestre erhält, werden den Capoeiristas verschiedene andere Titel verliehen. Der häufigste ist der Titel Contra-Mestre. Alle Gruppen und alle Stile erkennen diesen Titel an. Auch der Titel Professor ist weit verbreitet. Ein Professor ist jemand, der die Lizenz zum Unterrichten hat, während ein Mestre jemand ist, den seine Schüler und seine Kollegen als solchen anerkennen.

Das Graduierungssystem wurde von Mestre Bimba ins Leben gerufen und hat sich seither ständig weiterentwickelt. Ursprünglich gab es nur den Titel Mestre, der an einen Capoeirista vergeben wurde, der die Kunst der Capoeira beherrscht. Für Capoeira Regional sind die Regeln genau festgelegt. Es wird zu Rhythmen gespielt, die von Mestre Bimba kreiert wurden. Er hat den *Benguela*-Rhythmus entwickelt, um den Spielern des Capoeira Regional die Möglichkeit zu geben, mit den Spielern des Capoeira Angola zu interagieren. Dieser Rhythmus basiert auf dem Rhythmus von Angola. Allerdings würde der Spieler niemals die gleichen Bewegungen machen wie ein Spieler aus Angola. Zum Beispiel gibt es keine *Chamada* oder eine Kopfbewegung. Sie würden auch nicht von der Berimbau für eine kurze Spielunterbrechung zurückgerufen werden, egal aus welchem Grund. Nichtsdestotrotz gibt es das so genannte *Madingua* immer noch, auch wenn es vielleicht in einem anderen Stil gespielt wird.

Quiz

Bist du immer noch unsicher, welcher Capoeira-Stil der beste für dich ist? Hier ist ein Quiz:

1) Willst du strenge Regeln befolgen, um eine Kampfkunst zu lernen?
   a) Ja
   b) Nein
   c) Vielleicht
2) Willst du akrobatische Bewegungen in deinem Capoeira-Stil üben?
   a) Nein
   b) Ja
   c) Vielleicht
3) Möchtest du eine Abschlussfeier haben, um in die nächste Stufe aufzusteigen?
   a) Nein, das ist unnötig.
   b) Ja, natürlich.
   c) Das ist mir egal.
4) Willst du bestimmte Lieder in deinem Training verwenden?
   a) Ja.
   b) Nein.
   c) Ich möchte mir meine Optionen offenhalten.
5) Beim Capoeira sollte es nur um Abwehr- und Angriffstechniken gehen.
   a) Ja
   b) Nicht wirklich.
   c) Es kann nicht schaden, einige akrobatische Techniken anzuwenden.
6) Ich will mich nicht durch Regeln einschränken lassen.
   a) Nein.
   b) Ja, Regeln sind das Schlimmste!
   c) Es sollte ein paar Regeln geben.
7) Der Schwerpunkt von Capoeira sollte auf der Technik liegen.
   a) Nein, Strategie und Täuschung sind auch wichtig.
   b) Ja.
   c) Auf jeden Fall.
8) Wie magst du deine Ginga?
   a) Improvisatorisch.
   b) Standard.
   c) Kadenziert.
9) Willst du, dass deine Angriffe schnell sind?
   a) Nein, sie sollten langsam und gleichmäßig sein.
   b) Ja, sie sollten schnell und kompakt sein.
   c) Auf jeden Fall!
10) Fühlst du dich von Titeln angezogen?
    a) Nein, ganz und gar nicht.
    b) Ja, sie sind toll!
    c) Ja, es kann nicht schaden, sie zu haben.

Antwort

Wenn du Option a am meisten gewählt hast, solltest du dich für Angola entscheiden.

Wenn du Option b am meisten gewählt hast, solltest du dich für Contemporanea entscheiden.

Wenn du die Option c am häufigsten gewählt hast, solltest du dich für Capoeira Regional entscheiden.

Capoeira hat eine reiche Geschichte und Traditionen, die den Ausübenden viele Vorteile bringen. Capoeira Angola und Capoeira Regional mögen einige Unterschiede aufweisen, aber die inhärenten Selbstverteidigungstechniken und die Elemente des Respekts und der Verwendung von Rhythmen beim Spielen sind allen Capoeira-Stilen gemeinsam. Capoeira Angola wurde von Mestre Pastinha eingeführt, der daran glaubte, an den traditionellen Prinzipien von Capoeira festzuhalten, die von den Capoeiristas der Vergangenheit verwendet wurden, während Mestre Bimba das Capoeira Regional einführte. Er vermischte Capoeira mit anderen Kampfsportarten, darunter Kung Fu und Jiu-Jitsu. Damit wollte er die Jugend zurück zur Capoeira-Kunst locken, da die Menschen das Interesse daran verloren hatten und sich von anderen Kampfsportarten ablenken ließen. Mestre Bimba wird für seinen Einsatz für den Capoeira-Sport und dafür, dass er ihn in die brasilianische Gemeinschaft zurückgebracht hat, geschätzt.

Eine weitere Form von Capoeira wird Contemporanea genannt. Es handelt sich um eine Mischung aus den beiden Stilen Capoeira Angola und Capoeira Regional. Es werden Praktiken aus beiden verwendet, um Capoeira interessanter zu machen, und es ist der bekannteste Stil von allen. Contemporanea ist fast immer der Stil, der in Fernsehsendungen, Filmen usw. gezeigt wird. Er wird aufgrund seiner akrobatischen Bewegungen und seines Fokus auf Ästhetik besonders geschätzt. Du musst entscheiden, welcher Capoeira-Stil am besten zu dir passt und mit der Art von Erfahrung übereinstimmt, die du suchst. Das Beste an Capoeira ist, dass jeder seinen eigenen Stil finden kann. Mach das Quiz, um eine klare Vorstellung davon zu bekommen, was du willst, und begib dich dann auf die Reise, ein Capoeirista zu werden.

Kapitel 5: Grundlegende Capoeira-Prinzipien und -Bewegungen

Da die Geschichte von Capoeira nicht so gut dokumentiert ist, wissen wir nicht, was der ursprüngliche Zweck dieser Kunstform war. Heute wird Capoeira als Kampfsportart eingestuft. In diesem Kapitel erfährst du mehr über die Bewegungen, die in dieser Kampfsportart verwendet werden, die Tanzbewegungen sehr ähneln.

Es ist wichtig zu wissen, dass Capoeira während des portugiesischen Kolonialismus in Brasilien entstand, als die Sklaverei weit verbreitet war und die Sklaven ihre eigenen Traditionen, Religionen und Kulturen nicht ausüben durften. Außerdem gab es in dieser Region Sklaven aus der ganzen Welt, so dass es schwer ist, eine einzige Kultur zu bestimmen, aus der Capoeira entstanden sein könnte.

Es ist schwer zu glauben, dass er nur als eine Form des Kampfes gedacht war. Er wurde geschickt hinter Musik und Rhythmus als Tanz getarnt. Die weiten, fließenden Bewegungen in Kombination mit den explosiven Angriffs- und den raffinierten Verteidigungsstrategien sind schwer zu entschlüsseln.

Man sollte bedenken, dass der Hauptzweck von Capoeira nicht das Kämpfen ist. Es wird als Spiel betrachtet, und beide Teilnehmer streben immer den Sieg an, anstatt den Gegner zu besiegen. Um zu gewinnen, muss man den Gegner zu Fall bringen, und dazu gehört viel mehr als nur rohe Kraft.

Schauen wir uns einige der Grundprinzipien von Capoeira an und wie sie sich in den wichtigsten Bewegungen widerspiegeln.

Grundprinzipien

1. Interaktion

Capoeira kann auf viele verschiedene Arten gespielt werden, von einer Interaktion, die einer lockeren Unterhaltung ähnelt, bis hin zu etwas, das wie die physische Darstellung eines hitzigen Streits aussieht. Diese Interaktion ist ein grundlegender Bestandteil dieser Kampfsportart. Du wirst feststellen, dass die Gegner während des Spiels intensiven Blickkontakt halten und vielleicht sogar miteinander reden. Ihre Bewegungen spiegeln wider, was sie sagen und was in diesem Moment passiert.

Capoeira ist ebenso ein mentales wie auch ein körperliches Spiel. Jeder Spieler versucht, den anderen zu studieren, um eine Antwort zu entwickeln, auf die der Gegner hoffentlich nicht reagieren kann, vor allem wenn er seine Verteidigung durchbricht oder einen Gegenangriff startet.

Beim Capoeira ist es auch üblich, dass die Spieler sich gegenseitig mit Ohrfeigen, Stößen, Rückstoßtritten und verschiedenen Handständen ablenken oder verspotten. Das sind alles Dinge, die man ganz beiläufig tun kann, um der anderen Person zu zeigen, dass sie besser aufpassen muss. Die Intensität, die hinter einigen dieser Bewegungen steckt, macht den Unterschied zwischen einem sanften Rückwärtskick und einem, der dich außer Atem versetzt.

Spieler können in die Defensive oder in die Offensive gehen. Wenn ein Spieler in der Lage ist zu verstehen, was der andere tut, und die Fähigkeit hat, den Angriff abzufangen, kann er unabhängig von seinem Capoeira-Stil gewinnen.

2. Bewegung

Bildquelle[84]

Bewegung und Dynamik sind die Grundpfeiler dieses Spiels. Selbst die Grundhaltung, die ein Spieler einnimmt, ist nicht unbeweglich. Vielmehr sind die Spieler/innen ständig in Bewegung, wechseln die Plätze und sind immer bereit, nahtlos in eine andere Bewegung überzugehen.

Diese Flüssigkeit bedeutet, dass kein Angriff eine harte Bewegung und keine Verteidigung ein harter Block ist. Stattdessen liegt der Schwerpunkt auf dem Ausweichen und der Nutzung des Schwungs aus der ständigen Bewegung, um einen starken Angriff zu entwickeln, den der andere Spieler nicht kommen sieht. Gleichzeitig muss ein Spieler aber auch flexibel genug sein, um jedem dieser Angriffe auszuweichen.

Aus diesem Grund kann Capoeira körperlich sehr anstrengend sein und man braucht viel Energie, um im Kampf zu bleiben, und eine Menge Ausdauer, um die brutalen Schläge zu verkraften. Mit dem ganzen Schwung, den sie durch die ständige Bewegung gewinnen, können Capoeira-Kämpfer/innen sehr kraftvolle Schläge, Tritte und sogar Kopfstöße ausführen.

3. Täuschung

Die ständige Bewegung führt zu einer Menge Täuschungen und Fehlschlägen. Selbst in der Grundstellung, in der ein Spieler oder eine Spielerin von einem Fuß auf den anderen schlurft, weiß man zum Beispiel nie, ob er oder sie gleich zum Angriff übergeht oder sich verteidigen will. Die verschiedenen Stellungen sind extrem offen, so dass der Spieler alles tun kann, was er will, und es für den Gegner sehr schwierig ist, sie zu analysieren und vorauszusehen.

Es gibt sogar eine ganze Reihe von Moves, die als *Floreios* bekannt sind und speziell darauf ausgelegt sind, den Gegner auszutricksen. Alles, was einem einfällt, um den Gegner abzulenken oder zu täuschen, gehört zu diesem Spiel. Egal, ob du auf etwas außerhalb der Arena zeigst oder vorgibst, verletzt zu sein - all das gehört zu dieser Kampfkunst.

4. Widerstand

Capoeira begann mit den Sklaven. Da sie unterdrückt wurden, wussten sie, dass sie mit Gewalt nichts erreichen konnten. Stattdessen verließen sie sich darauf, clevere Techniken anzuwenden und die Eigendynamik des Angreifers zu verändern, um gegen ihn zu arbeiten. Das hat sich in den verschiedenen indirekten Abwehrmaßnahmen niedergeschlagen, mit denen ein Angriff geschickt umgangen werden kann. In manchen Fällen weicht der Spieler oder die Spielerin einfach energiereichen Angriffen aus, bis der Gegner erschöpft ist, oder er oder sie schlängelt sich durch die Angriffe hindurch, um eine Schwachstelle zu finden, die er oder sie treffen kann.

Wenn du es vor deinen Augen siehst, denkst du vielleicht, dass es choreografiert ist, aber in Wirklichkeit steckt hinter jeder Bewegung eine Menge Überlegung und Strategie, und die perfekte Ausführung dieser Bewegungen hängt von einem starken Körper ab.

Die wichtigsten Bewegungen

Der gesamte Tanz des Capoeira besteht aus einigen verschiedenen, klar erkennbaren Bewegungen, die so zusammengesetzt sind, dass sie nahtlos ineinander übergehen. Manche Sequenzen sind so nahtlos, dass der Gegner nicht weiß, was als Nächstes kommt. Dazu trägt auch bei, dass jede Bewegung von jedem Punkt aus ausgeführt werden kann, wenn der Spieler geschickt genug ist. Im Folgenden findest du eine kurze Übersicht über die wichtigsten Bewegungskategorien und einige der häufigsten Manöver.

1. Grundlegende Bewegungen

Im Gegensatz zu anderen Kampfsportarten wird beim Capoeira sogar die anfängliche oder untätige Haltung eines Spielers als Bewegung gewertet. Es gibt zwar ein paar Grundstellungen, die alle Spieler/innen verwenden, aber mit zunehmender Erfahrung können sie diese individuell anpassen und ihnen ihre eigene Note geben.

Der Ginga - Schwungschritt von einer Seite zur anderen

Der Ginga[85]

Der Spieler steht nahe am Boden, die Knie sind gebeugt, die Arme sind ausgestreckt und schwingen. Der Spieler wechselt die Position von einem Fuß auf den anderen und behält dabei immer ein solides Fundament bei. Dies ist eine fantastische Ausgangsposition, und der Spieler kann den Schwung nutzen, um in jede Art von Angriff oder Verteidigung zu gehen.

Die *Ginga* ist die häufigste Haltung, die in jeder Art von Capoeira verwendet wird. Es gibt ein paar Variationen, aber das Grundprinzip bleibt dasselbe. Wenn die Spieler/innen fortgeschrittener sind, können sie ihre *Ginga* je nach Spielplan und Gesamttechnik verändern.

Aú - Radschlagen

Aú[86]

Im Grunde genommen ist das ein Rad, aber es gibt viele Variationen, die für unterschiedliche Zwecke genutzt werden können. In der einfachsten Form handelt es sich um eine langsame kreisförmige Bewegung, bei der die Spieler/innen tief und eng stehen, um einen niedrigen Schwerpunkt und ein kleineres Profil zu erhalten. In manchen Fällen hält der Spieler in einem Handstand an, um eine andere Bewegung zu machen, oder er durchläuft den ganzen Zyklus, um auf den Füßen zu landen.

Wie vieles im Capoeira kann das Au als Übergang zu einer Bewegung oder als Ausweichmanöver verwendet werden. Außerdem kann es mit verschiedenen anderen Bewegungen kombiniert werden, um ein komplizierteres Manöver zu schaffen.

Eine der fortgeschritteneren Bewegungen ist die *Bananeira*, ein Handstand, der einem Bananenbaum ähnelt. Bei dieser Bewegung hat der Gegner die Hände etwa schulterbreit auseinander und kann die Beine zusammen oder auseinander halten. Die Beine können seitlich oder vorne und hinten gespreizt sein, wodurch viele Bewegungen des Gegners effektiv geblockt werden können. Diese Bewegung unterscheidet sich von anderen Handständen, weil der Spieler während der Bananeria immer noch dem Gegner zugewandt ist und die Schrittbewegung je nach Erwartung des Gegners ändern kann.

2. Defensiv-Bewegungen

Das Wort *Esquivas* bedeutet wörtlich Angriffe abwehren.

Im Capoeira gibt es eine Menge defensiver Bewegungen, Strategien und Techniken, aus denen die Spieler/innen wählen können. Der Equivas ist eine der am häufigsten verwendeten Abwehrtechniken. Genauer gesagt handelt es sich um eine Technik, bei der ein Spieler versucht, einem Angriff auszuweichen oder ihn zu kontern, indem er den Schwung nutzt, den der Angriff selbst erzeugt.

In dieser Sportart wird jeder Angriff, vor allem wenn es sich um einen Tritt handelt, mit so viel Drehmoment und Schwung ausgeführt, dass der Versuch, ihn zu blocken, trotzdem viel Schaden anrichtet. Die effizienteste Strategie ist es, diesen Power Moves auszuweichen, eine Schwachstelle zu finden und einen Gegenangriff zu starten - und das alles in einer einzigen fließenden Bewegung.

3. Tritte

Das ist wahrscheinlich eines der Highlights von Capoeira: Tritte, die so kraftvoll sind, dass du dich ernsthaft verletzen kannst, wenn du versuchst, sie zu blocken. Sie können in diesem Spiel auf verschiedene Arten eingesetzt werden und können die Form eines Angriffs, einer Verteidigung oder eines Ausweichens annehmen.

Einer der stärksten Kicks in diesem Sport ist der *Armada*. Dabei handelt es sich um einen umgekehrten Roundhouse-Kick, auch bekannt als Spinning, also von innen nach außen gerichteter Sichelkick.

Dieser Tritt kann entweder mit den Armen auf dem Boden ausgeführt werden oder mit einem Sprung, bei dem der Oberkörper in der Luft aufrechtgehalten wird. In beiden Fällen wird die Kraft durch die Drehung der Hüfte und des Oberkörpers erzeugt, wodurch ein unglaublich kraftvoller Tritt entsteht. Es gibt viele Variationen der *Armada*, je nachdem, wie sie ausgeführt wird und ob sie den Oberkörper oder den Unterkörper des Gegners angreifen soll.

Armada

Ein weiterer häufig verwendeter und sehr effektiver Tritt ist der Bencao, was wörtlich übersetzt Segen bedeutet. Dabei handelt es sich um einen geraden, frontalen Tritt, der normalerweise aus dem Stand ausgeführt wird und den Gegner entweder mit der flachen Fußsohle oder der Ferse trifft. Dieser Tritt ist vielseitig einsetzbar und kann als defensiver Pushback oder als eigenständiger Angriff verwendet werden. Er zielt normalerweise auf die Brust oder den Rumpf, kann aber auch auf das Kinn, das Gesicht oder den Kopf gerichtet werden.

Bencao

Martelo

Ein weiterer fataler Tritt ist der *Martelo*. Das ist ein Tritt, bei dem der Spieler einen Schritt nach vorne macht und dann mit dem unteren Teil seines Schienbeins auf den Körper des Gegners zielt. Dieser Tritt kann jeden Bereich des Gegners treffen, aber der effektivste Schlag zielt auf die Schläfe des Gegners. Das ist normalerweise ein K.O.-Schlag, wenn der Gegner nicht ausweicht oder ihn blockt. Der Schritt nach vorne erzeugt Schwung, und die Gesamtbewegung des Beins verleiht dem finalen Schlag noch mehr Drehmoment.

4. Hand- und Armtechniken

Die Fußarbeit ist der wichtigste Teil des Capoeira, aber auch die Arme und Hände werden ausgiebig eingesetzt. Mit der richtigen Technik und Bewegungsauswahl können sie genauso effektiv sein wie ein guter Tritt.

Hände und Arme werden auch als Mittel zur Täuschung eingesetzt. Spielerinnen und Spieler fuchteln oft mit den Armen herum oder machen übertriebene

Armbewegungen, um zu suggerieren, dass ein Handangriff bevorsteht, während sie in Wirklichkeit einen Tritt ausführen wollen.

Eine der effektivsten Armbewegungen ist die sogenannte *Cotovelada*. Dabei handelt es sich um einen Ellbogenschlag, der, wenn er richtig ausgeführt wird, schwere Schäden verursachen kann. Wenn er im Gesicht landet, sind Brüche des Schädels, des Kiefers oder Schäden an den Augenhöhlen unvermeidlich. Dies ist eine sehr kraftvolle Bewegung, die vor allem im Nahkampf eingesetzt wird.

Cotovelada

Eine weitere Bewegung ist der *Galopante*, der eigentlich ein Schlag ins Gesicht oder ans Ohr ist. Er dient eher zur Ablenkung und als Botschaft an den Gegner, ist aber auch ein sehr effektiver Schlag, wenn er richtig ausgeführt wird.

5. Takedowns

Capoeira ist ein Sport, in dem Nahkampf und Ringen keine große Rolle spielen, aber einige Arten von Takedowns werden in bestimmten Situationen eingesetzt. In den meisten Fällen handelt es sich um Takedowns in Form von Beintritten.

Einer der Gründe, warum Takedowns nicht so häufig eingesetzt werden, ist, dass Capoeira sich nicht wirklich auf das Bodenspiel konzentriert. Viele machen zwar einbeinige und beidbeinige Takedowns, aber danach gibt es am Boden nicht mehr viel zu tun.

In den meisten Fällen werden Takedowns mit den Beinen ausgeführt, um sich zu verteidigen und andere Trittangriffe zu kontern. Das Timing ist der Schlüssel zu einer solchen Bewegung, und das sieht man, wenn man fortgeschrittenen Spielern zuschaut.

6. Floreios

Traditionell sind diese Bewegungen visuell ansprechend und meist akrobatisch. Das heißt nicht, dass sie als Verteidigung oder Angriff nicht effektiv sind, aber das Hauptziel ist es, entweder eine Ablenkung zu schaffen oder einfach nur Können zu zeigen. Je nachdem, in welcher Situation sie eingesetzt werden, können sie beiden Zwecken dienen.

Eine der beliebtesten Bewegungen in dieser Kategorie ist der Helikopterkick, auch bekannt als *Helicoptero*. Bei diesem Manöver vollführt der Spieler ein Rad, landet aber mit dem Fuß, mit dem er als letztes den Boden verlassen hat. Auf diese Weise führt er mit einem Bein eineinhalb Drehungen und mit dem anderen eine große sichelförmige Bewegung aus. Dies kann als Angriff oder Verteidigung genutzt werden, oder aber als raffiniertes Ausweichen, um einem entgegenkommenden Angriff zu entgehen.

Capoeira heute

In den Hunderten von Jahren, in denen es diese Kampfkunst gibt, hat sich einiges verändert. In früheren Zeiten und auch heute noch kann Capoeira in manchen Situationen ein tödlicher Sport sein. Mit den unzähligen Techniken, die einem Spieler zur Verfügung stehen, kann er seinem Gegner Schaden zufügen, der sogar tödlich sein kann.

Modernes Capoeira ist jedoch eher eine Kunst und die Spieler/innen zielen eher darauf ab, einen herausfordernden strategischen Kampf zu führen, als den anderen Spieler/innen zu schaden.

In der Vergangenheit wurden einige Bewegungen verwendet, die heute im formellen Capoeira nicht mehr eingesetzt werden. Schläge gegen die Augen und Tritte gegen die Kehle können leicht tödlich enden oder eine Person für den Rest ihres Lebens beeinträchtigen.

Die raueren Formen des Straßen-Capoeira, bei denen es keine formalen Regeln gibt, schränken die Art der Bewegungen nicht ein, aus denen die Spieler wählen können. In den offiziellen Schulen werden diese Dinge nicht mehr gelehrt, und es wird mehr Wert auf strategisches Spiel gelegt.

Um in Capoeira weiterzukommen und die Technik deines Spiels wirklich zu verbessern, musst du nicht nur die Bewegungen kennen, sondern auch in fantastischer körperlicher Verfassung sein.

Viele der Bewegungen, die die Spielerinnen und Spieler anwenden, dienen gleichzeitig als Übungen zur Stärkung der Kraft und werden ausgiebig trainiert, bevor sie zu fortgeschritteneren Techniken übergehen können.

Kapitel 6: Angriffsbewegungen beim Capoeira

Zu den Angriffen beim Capoeira gehören Bewegungen, die auf den Gegner gerichtet sind, wie Handflächenschläge, Tritte und Kopfstöße. Die meisten Angriffe sind kreisförmige Tritte oder gerade Tritte, die aus dem Ginga kommen. Da Capoeira ein berührungsloser Sport ist, erreichen die meisten dieser Angriffe den Gegner nicht. In diesem Kapitel geht es speziell um die grundlegenden Capoeira-Angriffsbewegungen, die du kennen solltest.

Capoeira-Bewegungen

Capoeira-Bewegungen und -Techniken bestehen aus einzigartigen Bewegungen, die von intensiven Tritten bis hin zu Ausweichmanövern reichen. Diese Bewegungen sind wichtig für die flüssige Natur des Spiels, und du solltest sie lernen, dir merken und anwenden. Es gibt viele Arten von effektiven Bewegungen, aber sie können für Anfänger überwältigend sein. Im Folgenden findest du die grundlegenden Capoeira-Bewegungen, die du anwenden kannst.

Gängige Capoeira- Bewegungen

Die gängigen Capoeira-Bewegungen lassen sich je nach ihrer Hauptfunktion in fünf Gruppen einteilen. Im Folgenden sind die fünf Gruppen aufgeführt.
1. Verlagerungsbewegungen (Movimentos)
2. Angriffe (Attaka)
3. Verteidigungen (Defensa)
4. Verstärker/akrobatische Bewegungen (*Floreio*s)
5. Verlagerungen/Stürze (Deslocamentos/Quedas)

Je nachdem, wie die Bewegungen eingesetzt werden, können einige von ihnen zu mehr als einer Kategorie gehören. Deine Erfahrung entscheidet darüber, ob du die verschiedenen Kategorien von Bewegungen miteinander verbinden kannst.

Verlagerungsbewegungen (Movimentos)

Verlagerungsbewegungen verwendest du, wenn du deine Position verändern oder dich im Capoeira ständig bewegen willst. Ein Capoeirista ist ständig in Bewegung und wechselt die Richtung. Du kannst dich auf und ab, vorwärts oder rückwärts bewegen. Die Grundbewegungen bieten dir die Grundlage, um Capoeira zu spielen, da du sie rund um die *Roda* anwenden kannst. Zu den grundlegenden Bewegungen für den Ortswechsel, die du kennen solltest, gehören *Rolê* und *Ginga*. Diese Bewegungen werden häufig zur Verteidigung, für akrobatische Einlagen und für Angriffe verwendet. Wenn du im Capoeira gut sein willst, ist es wichtig, die Bewegungen für die Verlagerung zu beherrschen.

Angriffsbewegungen

In diesem Kapitel geht es vor allem um die Angriffsbewegungen, die du als Anfänger/in anwendest. Capoeira beinhaltet keinen Körperkontakt, aber Angriffe sind Teil des Spiels. Angriffe können aus Tritten, Kopfstößen oder Handflächenschlägen bestehen. In den meisten Fällen werden jedoch Tritte eingesetzt. Die Angriffe können zirkulär, rund oder gerade sein, und sie alle gehen von *Ginga* aus. Wie du im folgenden Abschnitt sehen wirst, hilft die *Ginga*, Angriffe zu verbergen, weshalb Capoeira auch als Tanz bezeichnet wird. Er sorgt für Spaß und unterhält auch die Zuschauer.

Ginga

Dies ist eine grundlegende Bewegung im Capoeira, die jeder Spieler kennen sollte. Es handelt sich um eine konstante rhythmische Bewegung, die nur in wenigen anderen Kampfsportarten vorkommt. Die *Ginga* gibt es in verschiedenen Formen und ihr Hauptzweck ist es, deinen Körper auf verschiedene Bewegungsarten vorzubereiten, wie z. B. Angriffe auszuführen, auszuweichen und Täuschungen anzubringen. Mit anderen Worten: Es ist die Grundlage für Verteidigungen, Angriffe und *Floreios*.

Wenn du diese Bewegung beginnst, sollten deine Füße parallel zueinander stehen und du solltest versuchen, die Breite deiner Schultern beizubehalten. Mache mit deinem rechten Bein einen Schritt nach hinten und vermeide es, zu weit zu gehen. Während sich das Bein rückwärts bewegt, bewegst du deinen rechten Arm vor dein Gesicht und achtest darauf, dass die Finger nach links zeigen. Diese Position wird *Ginga* genannt. Du kannst den Vorgang von vorne beginnen und das linke Bein und den linken Arm nach rechts zeigen lassen. Wenn du diese Bewegung fortsetzt, indem du zwischen rechts und links wechselst, machst du die *Ginga*. Um dich mit dem *Ginga* vertraut zu machen, fang an, ihn von einer Position aus zu üben, und versuche dann, ihn im Kreis zu machen.

Da der Capoeirista ständig in Bewegung ist, hilft das, den vorrückenden Gegner zu frustrieren. Die Bewegung bietet eine Synchronisation der Armbewegungen, um Angriffen auszuweichen; die Beine und der Oberkörper helfen, hohe Tritte zu verhindern und gleichzeitig das Gleichgewicht zu halten. Während des Ginga hältst du keine statische Position, und der Rhythmus, der von der *Bateria* kommt, bestimmt die Geschwindigkeit.

Cadeira

Cadeira

Der *Paralelo* oder die *Cadeira* ist eine Position, die im *Ginga* vorkommt und bei der beide Beine gekreuzt werden. Das macht die Bewegung zu einer geeigneten Basis für die *Ginga*. Die *Cadeira* ist normalerweise eine tiefe Position, die der eines Shortstops beim Baseball ähnelt. Außerdem hat sie viele Gemeinsamkeiten mit der Pferdestellung, die oft in östlichen Kampfkünsten vorkommt. Bei dieser Bewegung schützt man mit einem Arm das Gesicht, während der andere die andere Seite schützt. Dabei setzt du die meisten deiner Körpermuskeln ein, um dein Gleichgewicht zu halten.

Verschiedene Angriffe, Ausweichmanöver und Bewegungen können aus dieser Position heraus leicht ausgeführt werden. Dazu gehören *Balança*, *Queda de rins*, *Au*, *Resistência*, *Martelo*, *Cabeçada* und andere. Im folgenden Abschnitt wird erklärt, wie die grundlegenden Capoeira-Angriffe ausgeführt werden können.

Rolé

Diese Bewegung soll dir helfen, am Boden zu bleiben, während du dich verlagerst, um einen schnellen Weg zu finden, aufzustehen und zum *Ginga* zurückzukehren. Es gibt verschiedene Methoden, um ins *Rolé* zu kommen. Du kannst mit der *Queda de Quatro*-Position beginnen, in der du dann die Richtung bestimmst, in die du gehen willst. Wenn du nach rechts rollen willst, sollte dein rechter Fuß nach außen stehen und deine Zehen sollten nach rechts zeigen. Während du deine linke Hand anhebst, versuchst du, deinen Kopf zu erreichen und ihn auf den Boden zu legen. Versuche, das linke Bein gleichzeitig über das rechte Bein zu führen. Am Ende müssen beide Beine parallel zueinander auf dem Boden stehen und auch die Hände müssen flach sein. Mit der nächsten Bewegung kommst du wieder in den Quatro und machst in der gleichen Richtung weiter. Dein linkes Bein sollte unter dem rechten Bein sein und du solltest genau dort landen, wo du angefangen hast.

Rolé
Wenn du den *Rolé* zum Aufstehen nutzen willst, musst du die obigen Schritte etwas anpassen. Du musst dein *Rolé* nach rechts machen und deinen Fuß und deine Zehen nach rechts zeigen lassen. Versuche dann, deine angehobene Hand zu erreichen und sie auf den Boden zu legen. Gleichzeitig musst du dein linkes Bein über dein rechtes Bein legen. Für welche Bewegung du dich auch entscheidest, du landest in einer *Ginga*-Position.

Rolé wird vor allem dann eingesetzt, wenn du dich schnell in die *Roda* verlagern willst. Das hilft dir, schneller aufzustehen und etwas Angriffsdistanz zwischen dir und deinem Gegner zu schaffen. Die Richtung deiner Füße gibt vor, wohin du gehen wirst. Du kannst *Rolé* einsetzen, um einen Angriff abzuwehren oder um einen Angriff zu verschleiern. Du kannst ihn auch benutzen, um einen Angriff zu initiieren, wenn du willst. Diese Bewegung ist vielseitig und ein Muss, wenn du deine Capoeira-Fähigkeiten verbessern willst. Du kannst den Rolé auch mit *Aú* kombinieren, um *Aú Rolé* zu machen.

Benção
Benção bedeutet Segen und bezieht sich auf einen geraden Push Kick, der vom *Ginga* ausgeht. Diese Bewegung kannst du nutzen, um den Gegner anzugreifen, und sie ist einer der wichtigsten geraden Tritte, die du im Capoeira lernen kannst. Du benutzt das hintere Bein zum Treten. Hebe das hintere Bein an, führe das Knie zur Brust und lege dann die Hände vor dich, als ob du ein Brett halten würdest. Achte darauf, dass du das andere Bein benutzt, um dich im Gleichgewicht zu halten.

Tu so, als wolltest du das Brett mit den Fußsohlen brechen. Mit ihnen drückst du dich nach vorne, während du deinen Arm nach hinten ziehst. Ziehe dein gestrecktes Bein zurück in die *Ginga*-Position, um den Kick zu beenden.

Benção ist ein Tritt, mit dem du vor allem den Rumpf oder eine Stelle zwischen Hüfte und Hals angreifst. Obwohl der Tritt einfach auszuführen ist, kann es wegen der Distanz und des Gleichgewichts eine große Herausforderung sein, ihn effektiv einzusetzen. Du musst die folgenden Dinge beachten, wenn du den *Benção* anwendest:

- Du solltest nicht zu nah dran sein, damit du nicht verwundbar bist. Sonst hat der Tritt wenig Wirkung.
- Wenn du zu weit weg stehst, wird dein Tritt unwirksam sein. Du trittst nur in die Luft, und die Gegner haben keinen Grund zu reagieren.

Deshalb ist es wichtig, den idealen Abstand zu finden, um diese Bewegung effektiv auszuführen. Du musst üben, indem du den Tritt langsam ausführst und dabei auf eine markierte Stelle an der Wand oder ein anderes Ziel zielst, das du gut kennst. Du solltest darauf achten, dass du beim Kontakt mit der Wand einen guten Abstand einhältst und deine Knie nicht zu weit nach oben beugst. Du solltest einen guten Abstand anstreben, bevor du die Wand berührst, und darauf achten, dass du die Knie nicht zu weit durchbeugst.

MeiaLua de Frente

Dieser Halbmondkick ist einer der Grundkicks, die du beherrschen solltest, wenn du mit dem Üben beginnst. Da dieser Tritt die Form eines Halbkreises hat, gehört er zu der Kategorie rund/kreisförmig. Wenn du diesen Tritt ausführst, schwingt dein rechtes Bein von hinten und bewegt sich quer über den Körper. Dein rechtes Bein ist hinten, wenn du aus der *Ginga*-Position startest.

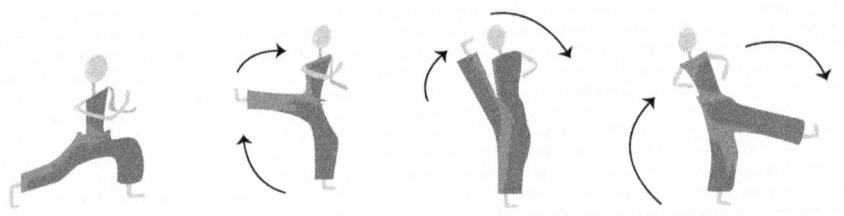

MeiaLua de Frente

Diese Art von Tritt gilt als eine der ersten, die jeder lernen sollte, denn es ist eine perfekte Bewegung, wenn sie mit Kontrolle und Kraft ausgeführt wird. Da dieser Tritt die Form eines Halbkreises hat, gehört er zur Kategorie rund/kreisförmig. Bei der Ausführung dieses Kicks schwingt das Bein von hinten, macht einen Halbkreis von außen und bewegt sich quer über den Körper. Du beginnst in der *Ginga*-Position, und dein rechtes Bein ist hinten.

Martello

Dieser gerade Tritt bedeutet übersetzt Hammer und wird zum Angriff verwendet. Er ähnelt einem Roundhouse Kick, mit dem du die Seite des Körpers oder den Kopf angreifst.

Martello

Dieser gerade Tritt ist auch als Hammer bekannt. Er wird verwendet, wenn du deinen Gegner angreifst. Der Roundhouse-Kick wird speziell bei Angriffen auf die Seite des Körpers oder den Kopf im Capoeira verwendet. Wenn du Capoeira spielst, solltest du nicht gegen die Beine oder Knie deines Partners treten, da dies zu schweren Verletzungen führen kann. Als Anfänger/in solltest du immer versuchen, deine Tritte auf die Bereiche oberhalb des Rumpfes zu richten.

Armada

Diese Bewegung ist ein kreisförmiger Tritt, bei dem sich der ganze Körper dreht, und du kannst ihn zum Angriff nutzen. Du beginnst in der *Ginga*-Position, wenn du diesen Tritt ausführen willst, und stellst sicher, dass dein linkes Bein vorne und das rechte Bein hinten ist. Deine Haltung sollte so sein, als ob du im Stehen die Beine gekreuzt hättest. Der Oberkörper sollte in die Richtung des rechten Beins gedreht sein.

Aú

Aú heißt auf Deutsch so viel wie Wagenrad. Es wird anders ausgeführt als das bekannte Rad. Bei dieser Bewegung gehst du mit den Händen, aber du schaust nach vorne, nicht zum Boden. Dazu musst du dein Kinn auf deine Brust legen. Die *Aú*-Bewegung ist speziell dafür gedacht, das visuelle Element des Capoeira zu verbessern, und du kannst sie für einen Angriff oder eine Verteidigung einsetzen. Deine Absicht bestimmt, wie du die *Aú*-Bewegung einsetzt.

Bananeira

Bananeira

Bananeira kommt vom Bananenbaum - und ist ein Handstand. Wenn du Capoeira machst, musst du in der Lage sein, im Handstand zu gehen. Du musst geradeaus schauen, nicht auf den Boden, wenn du auf den Händen gehst. Das hilft dir dabei, dich deinem Gegner zuzuwenden und die visuellen Elemente des Spiels zu verbessern. Du kannst deine Beine zum Angreifen und Verteidigen benutzen. Du kannst diese Bewegung auch nutzen, um eine kurze Pause einzulegen oder den Gegner in eine Falle zu locken, während er dich bei deinen Possen beobachtet. Das ist eine weitere Möglichkeit, dein Gleichgewicht unter Beweis zu stellen, denn der andere Zweck von Capoeira ist es, für Unterhaltung zu sorgen.

Tipps zum Erlernen der Bewegungen

Es ist nicht ganz einfach, einige der Angriffsbewegungen im Capoeira zu lernen. Die folgenden Tipps können dir helfen, konzentriert zu bleiben und schnell zu lernen.

- Trainiere mit einem erfahrenen Lehrer. Auch wenn es einfach erscheinen mag, verschiedene Bewegungen ohne Lehrer nachzuahmen, ist es wichtig, mit einem erfahrenen Profi zu arbeiten. Ein guter Lehrer hat viel Erfahrung, von der du profitieren kannst, und er weiß auch, was du brauchst, um verschiedene Techniken zu beherrschen.
- Aufwärmen. Du musst dich aufwärmen, bevor du eine Capoeira-Bewegung versuchst. Das Dehnen bereitet deine Muskeln auf die für dich noch neuen Bewegungen vor, damit du dich nicht verletzt.
- Üben. Etwas zu wissen ist etwas anderes als es zu tun. Viele Menschen denken, dass sie verschiedene Dinge ausführen können, weil sie über theoretisches Wissen verfügen, aber das ist nicht immer der Fall. Übung hilft dir, verschiedene Bewegungen zu lernen, und erst nach mehreren Versuchen kannst du Vertrauen gewinnen. Du solltest niemals aufgeben, wenn dein erster Versuch nicht den gewünschten Erfolg bringt. Durch ständiges Üben wirst du die dringend benötigte Erfahrung sammeln.
- Sei achtsam. Du solltest immer auf jede Bewegung achten, um zu verstehen, wie du dein Gewicht verlagern oder welche Position du einnehmen solltest. Du kannst dich verletzen, wenn du die grundlegende Abfolge der einzelnen Bewegungen nicht verstehst.
- Sei selbstbewusst. Du musst dir sicher sein, dass du die Bewegung, die du übst, auch ausführen kannst. Habe Vertrauen in deine Fähigkeiten.

Zusätzlich zu diesen Tipps musst du eng mit deinem Ausbilder zusammenarbeiten, um verschiedene Elemente zu trainieren. Du musst jede Gelegenheit nutzen, um nachzufragen, wenn du etwas nicht verstehst. Außerdem musst du bestimmte Bewegungen wiederholen, die Anfängern nur schwer gelingen. Capoeira zu lernen ist ein langer Prozess. Das Üben hilft dir, dich mit verschiedenen Bewegungen vertraut zu machen, die deine Fähigkeiten erheblich verbessern können.

Wenn du Capoeira spielst, solltest du dich ständig in der *Roda* bewegen. Diese Bewegungen sind grundlegend für das Capoeira-Spiel, und sie können dir auch helfen, mehr Taktik zu begreifen. Mit diesen Tipps kannst du deine Fähigkeiten deutlich verbessern. Vergiss nicht, dass das Lernen von Capoeira nie aufhört. Es gibt immer etwas Neues zu meistern.

Kapitel 7: Verteidigungsformen im Capoeira

Beim Capoeira sollte es keinen Körperkontakt geben, aber es gibt defensive Bewegungen, die du kennen solltest. Wenn du angegriffen wirst, solltest du wissen, wie du dich schützen kannst, um ernsthafte Verletzungen zu vermeiden. In diesem Kapitel geht es um verschiedene Bewegungen zur Verteidigung und wie du sie effektiv ausführen kannst.

Capoeira zur Selbstverteidigung

Du fragst dich, ob Capoeira die effektivste Kampfsportart ist, die du zur Selbstverteidigung einsetzen kannst? Viele Menschen ziehen Kampfsportarten in Betracht, um sich selbst zu schützen. Capoeira wird jedoch als Spiel angesehen und ist weniger effektiv für die Selbstverteidigung, aber du kannst es trotzdem nutzen, um Angriffen auszuweichen. Obwohl weithin angenommen wird, dass Capoeira kontaktlos ist und hauptsächlich der Show dient, kann es die beste Option zur Selbstverteidigung sein. Capoeira ist im Straßenkampf sehr beliebt, da es dich darauf vorbereitet, beweglich zu sein, und dir einige vielseitige Bewegungen beibringt.

Defensive Capoeira-Bewegungen

Es gibt verschiedene Capoeira-Bewegungen, die du zur Verteidigung einsetzen kannst. Im Folgenden sind die gängigsten defensiven Bewegungen aufgeführt.

Ginga

Im Capoeira ist *Ginga* die grundlegendste Bewegung, die du kennen solltest. Um diese Bewegung auszuführen, musst du dich abwechselnd mit beiden Beinen erst nach hinten, dann nach vorne und dann zur Seite bewegen. Auch deine Hände bewegen sich mit deinem Körper, um die Stellen zu schützen, die anfällig für Angriffe sind. *Ginga* ist eine grundlegende Bewegung des Capoeira, und nur sehr wenige Kampfsportarten nutzen diese Strategie.

Der Hauptzweck von *Ginga* ist es, deinen Körper auf verschiedene Bewegungen vorzubereiten, wie z.B. das Ausweichen und Abwehren von Angriffen. Als Capoeirista bist du ständig in Bewegung, was dazu beiträgt, den Gegner zu frustrieren und ihn in Schach zu halten. Das ist eine effektive Verteidigungstechnik, die dir dabei hilft, dein Momentum zu halten. Außerdem hilft es dir, in entscheidenden Momenten nicht das Gleichgewicht zu verlieren.

Balanca

Balanca ist eine Kombination aus seitlichen Bewegungen, die speziell darauf abzielen, den Gegner zu täuschen. Außerdem ist es für den Gegner schwer, deine nächste Bewegung vorherzusehen. Die Arme des Capoeirista bewegen sich beim *Balanca* immer seitwärts, um das Gesicht zu schützen. Damit kannst du dich ideal gegen schnelle Tritte, Handschläge und Kopfstöße verteidigen. In dieser Bewegung verlagerst du auch das Gewicht deines Körpers von einem Bein auf das andere, während du das Gleichgewicht hältst. Wenn du das perfektionierst, kannst du unerwartete Schläge ausführen.

Negativa

Capoeiristas nutzen diese spezielle Bewegung, um Angriffe abzuwehren, indem sie ihren Körper auf den Boden absenken. Du kannst deinen Körper auf eine Seite absenken, wobei eine Hand ihn stützt, während die andere das Gesicht schützt. Die Beine werden nahe beieinander gehalten, und der Körper muss in einer strategischen Position sein, um Verletzungen zu vermeiden. Du kannst diese Bewegung üben, wenn du mit dem Bauch auf dem Boden liegst. Es kann auch als Sweep eingesetzt werden. Wenn der andere Spieler einen stehenden Tritt ausführen will, wird sein gesamtes Gewicht von nur einem Bein getragen. Das ist die perfekte Gelegenheit, mit deinem gestreckten Bein das andere Bein von hinten einzuhaken und es aus dem Stand zu fegen. Diese Bewegung ist hervorragend geeignet, um dein Gesicht zu schützen.

Cocorinha

Cocorinha ist eine einfache und effektive Abwehrbewegung, die dich vor Rundtritten schützt, die auf deinen Oberkörper oder Kopf gerichtet sind. Du musst mit den Füßen flach auf dem Boden in die Kniebeuge gehen und die Knie nahe an die Brust ziehen, um deinen Körper zu schützen. Benutze eine Hand, um den Kopf zu schützen, während die andere Hand dich flach auf dem Boden stützt. Du kannst auch mit über dem Gesicht verschränkten Armen in die Kniebeuge gehen. Auf diese Weise kann dein Körper leicht nach unten gehen, so dass du allen ankommenden Tritten ausweichen kannst. Wenn du mit dem linken Arm balancierst, sieht es durch die Position des rechten Arms so aus, als würdest du an der rechten Achselhöhle schnuppern. Die rechte Faust sollte nach links zeigen und umgekehrt, wenn du den linken Arm zur Verteidigung einsetzt.

Wenn du den *Cocorinha* aus der *Ginga*-Position ausführen willst, sollte das rechte Bein hinten sein, während der rechte Arm oben ist. Tritt mit dem rechten Fuß parallel zum linken Fuß nach vorne und gehe dann in die Kniebeuge, während du dich vorwärtsbewegst. Achte darauf, dass beide Füße flach auf dem Boden stehen und die linke Hand ebenfalls auf dem Boden liegt. Achte darauf, dass dein rechter Arm über dem Kopf ist und die Faust zur linken Seite zeigt, während du nach vorne gehst. Du kannst die *Ginga*-Position wieder einnehmen, sobald der Tritt vorbei ist.

Esquiva

Beim *Esquiva* handelt es sich um ein tiefes Ausweichen, mit dem du Tritten ausweichen kannst, indem du dich nach rechts oder links bewegst, je nachdem, woher der Tritt kommt. *Esquivas* unterscheiden Capoeira von anderen Kampfsportarten, da sie mit dem Fluss des Angriffs einhergehen und gleichzeitig einen potenziell verheerenderen Angriff auslösen. Die meisten Capoeira-Angriffe sind volle Tritte, die mehr Verletzungen verursachen können, wenn du versuchst, sie zu blockieren, anstatt ihnen auszuweichen. Es gibt hauptsächlich zwei Arten von *Esquiva*, nämlich *Esquiva de Baixa* und *Esquiva Lateral*.

Esquiva de Baixa

Die Bewegung ähnelt dem *Ginga*, aber dein Körper ist näher und tiefer am Boden. Die Hände und die Beine bewegen sich gemeinsam, während du die Hüften auf den Boden bringst. Du beugst den Oberkörper nach vorne, bringst den Kopf nach unten und benutzt die linke Hand, um das Gesicht zu schützen.

Esquiva Seitwärts

Diese Bewegung wird mit seitlichem Ausweichen oder seitlicher Flucht übersetzt und du kannst dich je nach Richtung des Kicks nach rechts oder links bewegen. Du kannst eine Hand benutzen, um den Körper zu stützen, während die andere dein Gesicht schützt.

Esquiva Diagonal

Esquiva Diagonal ist ein weiteres Beispiel für ein Ausweichen, das gleichzeitig mit einem Vorwärtskommen einhergeht. Anstatt zur Seite zu gehen, um einem Angriff auszuweichen, trittst du diagonal nach rechts oder links des Angriffs. Das bietet dir die Chance zum Gegenangriff, bei dem der rechte Arm das Gesicht schützt und der andere Arm das Körpergleichgewicht hält.

Queda de Quatro

Bildquelle[87]

Der *Queda Quatro* bedeutet Fall auf alle viere und besteht aus einem Verteidigungsmechanismus, einer sehr einfachen Bewegung, die du ausführen kannst, wenn du nach hinten fällst. Das ist so, als ob du nach unten gestoßen wirst und mit beiden Händen hinter dir auf dem Boden landest. Dein Oberkörper und dein Hintern dürfen jedoch nicht den Boden berühren. Du kannst diese Bewegung als Verteidigung gegen einen geraden Angriff einsetzen. Die Bewegung ist auch gegen einen Schubser oder einen geraden Tritt wirksam, da du absichtlich nach hinten fällst, um dem Tritt zu entgehen.

Du kannst deinen Fall geschickt kontrollieren und die Bewegung macht die Wirkung des Tritts zunichte. Du kannst auch in eine Krebsgang-Position fallen und von deinem Gegner weglaufen. Während du am Boden liegst, kannst du den Gegner beobachten und seine nächste Aktion erkennen.

Resistência

Bildquelle[88]

Die *Resistência*-Bewegung ähnelt der *Negativa*, aber die Fußsohlen stützen dein Gewicht nicht. Der Ballen deines Fußes ist der Stützpunkt, während dein Arm auf der gegenüberliegenden Seite hilft. Um dein Handgelenk zu schützen, musst du die Finger der unterstützenden Hand auf dem Boden spreizen. Du solltest den anderen Arm anheben, um das Gesicht zu schützen, und das Bein leicht nach außen strecken, aber mit einer Beugung. Die Beugung ist wichtig, denn sie hilft, dein Bein vor Druck zu schützen, der zu Verletzungen führen könnte, und deine Gastro-Soleus- und Quadrizeps-Muskeln zu unterstützen, um längeren Druck auf das Knie zu verhindern.

Während die meisten Anfänger in dieser Position auf den Boden schauen wollen, wird empfohlen, dass du nach oben schaust. Das hilft dir, deinen Gegner im Auge zu behalten, damit du seine Bewegungen oder Angriffe genau beobachten kannst. Wenn du die Absicht deines Gegners nicht erkennst, kannst du dich möglicherweise nicht verteidigen.

Rolê

Du kannst Rolê oder die rollende Bewegung zusammen mit dem *Aú* und *Ginga* anwenden, um dich als Verteidigungsstrategie um die *Roda* herum zu bewegen. Mit dieser Methode kannst du dich zur Seite drehen und tief auf dem Boden bleiben, während du den anderen Spieler beobachtest. Wenn du diese Bewegung ausführst, achte darauf, dass du Blickkontakt mit dem Gegner hältst und alle seine Bewegungen genau beobachtest. Diese Bewegung kann in *Negativa*, *Ginga* oder verschiedenen Arten von *Esquivas* enden. Du kannst zu verschiedenen Techniken übergehen, um dir einen Vorteil zu verschaffen, und alle Angriffe aus einer sicheren Entfernung beobachten.

Andere Defensiv-Bewegungen

Du kannst beim Capoeira auch verschiedene Arten von Tritten zur Verteidigung einsetzen.

Armada

Du kannst diese Bewegung als *Rabo-de-Arraia* verwenden, bei der deine Hände nicht auf dem Boden sind. Der Kopf fällt leicht unter die Taille, und du führst den Tritt mit der Ferse aus. Alternativ kannst du auch den *Meia Lua de Costas* oder einen Halbmond von hinten ausführen, um einen Drehkick mit aufrechtem Körper auszuführen. Dabei schlägst du mit der Außenseite des Fußes auf die Oberfläche. Das Drehmoment, das du auf deine Hüfte überträgst, spielt eine entscheidende Rolle für die Kraft der *Armada*. Du lässt dein kickendes Bein los, um den Bogen zu vollenden, und kommst zurück, um parallel zum anderen Bein zu werden, während deine Hände dich vor Schlägen schützen.

Armada Pulada

Das ist die Art von *Armada*, die du nach einem Sprung auslöst. Genau wie bei der normalen *Armada* kann der Capoeirista eine beliebige Seite wählen, um den Drehkick aus der Luft auszuführen. Dies sollte geschehen, nachdem sich Nacken, Kopf und Schultern nach vorne gedreht haben.

Armada Dupla

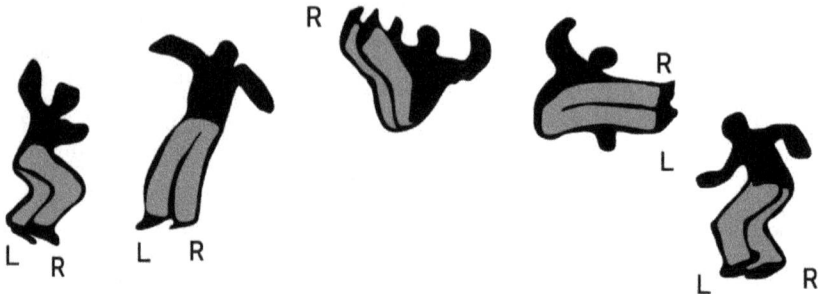

Diese Bewegung wird auch *Envergado* genannt. Das Hauptunterscheidungsmerkmal ist, dass deine Beine beim Abheben, bei der Ausführung und bei der Landung zusammenbleiben. Der Name bedeutet auch doppelte *Armada*, und dein Oberkörper bleibt aufrecht, gewinnt aber an Kraft, wenn du deine Beine nach oben und herum schwingst. Wenn du den Höhepunkt dieser Bewegung erreichst, nimmt dein Körper die Form eines V an. Während sich dein Körper auf die Landung vorbereitet, schwingen deine Beine weiter, und die Bewegung wird als Doppel-Bein bezeichnet. Dieser Tritt ist das Markenzeichen von Capoeira und bietet dir auch die Möglichkeit, dich gegen einen Gegner zu verteidigen.

Armada com Martelo

Diese Bewegung ist im Grunde ein sich drehender Doppelkick, der mit einer *Armada pulada* beginnt und mit einem *Martelo* endet. Du beginnst mit der gleichen *Armada*-Bewegung. Wenn du dein erstes Bein anhebst, springst du von deinem hinteren Bein ab. Wenn das erste Bein den Bogen vollendet hat, kommt das Bein, von dem du abgesprungen bist, wie ein springender *Martelo rotado* herum.

Bênção

Bildquelle[89]

Dies ist ein direkter Frontaltritt, der häufig auf die Brust oder den Bauchbereich zielt. Du schlägst mit der gesamten Fußsohle oder der Ferse zu, und die Wirkung hängt von deiner Absicht und deiner Reichweite ab. Der *Chapa* zum Beispiel ist als Fußsohlenschlag bekannt und wird für gerade Tritte mit der Ferse verwendet. Mit dieser Art von Tritt kannst du den Gegner wegstoßen, während du dich selbst verteidigst. Im Folgenden sind die Arten von Tritten aufgeführt, die du mit deiner Fußsohle ausführen kannst.

Chapa-de-Costas

Diese Art von Tritt ähnelt einem Pferdekick. Du führst ihn aus, indem du den Gegner trittst, während du mit beiden Händen auf dem Boden stehst. Der Tritt kann auf das Knie oder die Leiste des Gegners zielen.

Chapa-de-Frente

Dies ist ein gerader Tritt, den du mit dem Gesicht zum Gegner ausführst und der wie ein *Bençao a Queda de Quatro* aussieht.

Pisão

Das ist ein Seitwärtstritt, bei dem der erste Spieler das Knie des Beins, mit dem er treten will, auf Hüfthöhe anhebt.

Obwohl Capoeira keinen Körperkontakt beinhaltet, gibt es bestimmte Bewegungen, die du zur Verteidigung einsetzen kannst. Du kannst jede Bewegung für verschiedene Situationen nutzen. Versuche, für jede Situation die passende Abwehrbewegung zu finden, und setze nicht leichtsinnig eine Bewegung ein, die dir schaden kann. Noch wichtiger ist, dass du jede einzelne Bewegung, die du findest, üben solltest. Du kannst nie zu bereit sein.

Kapitel 8: Grundlegende Techniken im Capoeira

Wenn wir uns die verschiedenen Bewegungen ansehen, die im Capoeira verwendet werden, ist es einfacher, sie im Spiel zu verstehen. Im Capoeira Contemporanea werden zum Beispiel die gleichen Bewegungen wie im Angola verwendet, aber der Zweck und die Strategie sind sehr unterschiedlich. Ebenso werden bei verschiedenen Arten von Capoeira-Spielen unterschiedliche Strategien verwendet, und je nach Situation können bestimmte Bewegungen sinnvoller sein als andere.

Floreios zum Beispiel kann viele Formen annehmen. Im Allgemeinen versteht man unter *Floreios* die blumigen, akrobatischen oder ästhetischen Bewegungen im Capoeira. Die meisten Spielerinnen und Spieler, die diese Bewegungen ausführen, konzentrieren sich auf Handstände und Saltos, so dass der *Floreios* den Ruf hat, nur aus Saltos zu bestehen. Wie wir bereits besprochen haben, dienen *Floreios* vor allem der Ablenkung und Täuschung, die sich hinter einer akrobatischen und optisch ansprechenden Darbietung verbergen. Entgegen der landläufigen Meinung sind *Floreios* nicht nur Flips, sie sind viel mehr als das.

Da es sich um sehr technische Bewegungen handelt, die sowohl Geschick als auch Kraft erfordern, sind sie nicht weit verbreitet. Die meisten Menschen, die Capoeira oder die *Floreios* erlernen wollen, sehen darin eine akrobatische Übung, eine Kunst, und vergessen dabei, dass sie in Wirklichkeit ein wichtiger Bestandteil der Kampfkunst sind, der einen sehr funktionalen Zweck erfüllt.

Noch wichtiger ist, dass *Floreios* viel mehr sind als nur Saltos. Es gibt auch viele Bewegungen, die unter die Kategorie *Floreios* fallen, die nicht besonders schön anzusehen sind, aber außergewöhnlich gut funktionieren, wenn es darum geht, den Gegner zu täuschen. Zu den *Floreios* gehören nicht nur Saltos, sondern auch eine Reihe von Handbewegungen, Tritten, Kopfdrehungen, Bodenbewegungen, Variationen des Radschlags, Seitwärtssaltos und viele andere. Ein Spieler oder eine Spielerin kann diese Techniken wählen, wenn es die Situation erlaubt und erfordert.

Einer der Hauptgründe, warum sie nicht häufig eingesetzt oder geübt werden, ist, dass viele Spiele im Capoeira so eng sind, dass es einfach nicht genug Platz gibt. Die Spieler verlassen sich mehr auf Schnelligkeit und Beweglichkeit als auf Täuschung.

Bei anderen Spielarten, wie z.B. der *Roda*, werden mehr *Floreios* eingesetzt, aber auch hier achten die Spieler mehr auf den ästhetischen Teil der Bewegung als auf den Täuschungsaspekt. Viele Schulen trainieren diese Bewegungen sogar speziell wegen ihrer optischen Attraktivität. Manche Schüler/innen sind mehr daran interessiert, etwas zu machen, das gut aussieht, als etwas Effektives, das in einem Kampf eingesetzt werden kann.

Floreios spielt eine große Rolle bei der grundlegenden Technik im Capoeira. Nachfolgend sind einige der effektivsten Bewegungen aufgeführt.

Aú
Der Radschlag ist eine sehr dynamische Bewegung, die in vielen Capoeira-Spielen eine wichtige Rolle spielt. Es gibt viele Variationen dieser Bewegung, um jedem Bedürfnis und jeder Situation gerecht zu werden. Hier sind einige der am häufigsten verwendeten *Floreios*-Karussells, die zum Angriff, zur Verteidigung oder zur Ablenkung eingesetzt werden können. Außerdem sind Radschläge eine gute Möglichkeit, um Raum zu gewinnen und die Position schnell zu wechseln. Allerdings können sie dich entblößen und es erfordert Geschick und Timing, sie richtig auszuführen.

Aú De Cabeca
Diese Bewegung ist ein guter Einstieg, da sie einfach und sicher auszuführen ist. Diese *Aú* ist eher in Angola-Spielen verbreitet, da sie eine langsame Bewegung ist und in schnelleren Spielen nicht so effektiv ist.

1. Beginne in der regulären *Negativa*-Position mit einer Hand auf dem Boden seitlich deines Körpers.
2. Stütze dich auf die Hand am Boden, lege deinen Kopf auf den Boden und lege dann deine andere Hand auf den Boden.
3. Wenn du anfängst, deinen Körper zu bewegen, verlagere das Gewicht auf deinen Kopf und beginne den Schwung mit deinem ersten Bein.
4. Beide Beine schwingen horizontal über den Körper weg von deinem Kopf und folgen dabei der gleichen Linie.

Aú Fechado

Dies ist ein fantastisches defensives Rad, da es deinen Brustkorb während der Drehung schützt. Anders als bei anderen Radschlägen, bei denen deine Beine nach oben und außen gestreckt sind, sind deine Knie in diesem Fall näher an deiner Brust. Das macht dieses Rad aber auch so anspruchsvoll.

1. Beginne das *Aú,* indem du deine Hand auf den Boden legst und in die Bewegung einsteigst, um ein seitliches *Aú* auszuführen.
2. Das Wichtigste ist, dass du deine Beine nur leicht anhebst und deine Knie gebeugt hältst, damit deine Oberschenkel deine Brust schützen.
3. Dies ist eine langsame Bewegung, bei der du während des Überganges fast einen Handstand machst.
4. Halte deine Beine während der gesamten Bewegung angezogen.

Aú De Frente

Das Frontalrad ist eine großartige Bewegung, die dir bei vielen Drehtritten und anderen frontalen Bewegungen helfen wird. Das ist eine schnellere Bewegung, die Rhythmus erfordert. Achte darauf, dass du in diese Bewegung hineingehst und deine Hüfte oben hältst, wenn du nicht flach auf dem Boden landen willst.

1. Führe die Bewegung aus und setze deine Hände auf den Boden, um die *Aú* zu beginnen. Achte darauf, dass du den Schwung des ersten Schritts beibehältst.

2. Das Bein, mit dem du den Boden zuerst verlassen hast, sollte als erstes wieder aufsetzen.

3. Während des Übergangs ist es wichtig, dass du deine Hüfte aufrecht und das Landebein ganz gerade hältst. Wenn du ein Gefälle hast, auf dem du die Bewegung ausführen kannst, kannst du sie viel leichter lernen.

Helikopter

Dies ist ein sehr beliebter *Aú*, der im Kampf zwar nicht viel Anwendung findet, aber optisch sehr ansprechend ist. Das Wichtigste ist, dass du dich während des *Aús* gerade hältst, damit du richtig landen kannst.

1. Beginne den Aú mit den Beinen leicht nach vorne, damit sie nicht direkt über deinen Kopf gehen.
2. Das Wichtigste ist, dass du dein Drehbein während der Bewegung zurückbringst, als ob du eine weitere Drehung damit machen würdest. So kann dein Landebein die richtige Position einnehmen.
3. In diesem Aú landest du mit demselben Bein, mit dem du die Bewegung begonnen hast, also achte darauf, dass du gerade bleibst, damit du genug Zeit hast, dieses Bein hinüberzubringen.

Macaco

Diese Bewegung wird im Capoeira häufig verwendet - wahrscheinlich ist sie deshalb auch eine beliebte Bewegung, die immer wieder gerne gelernt wird. Es handelt sich dabei eher um eine Art Sprung aus der Kniebeuge als aus dem *Aú*, mit dem Unterschied, dass du nicht rückwärts springst.

1. Gehe in die Kniebeuge und lege deine Hände so weit wie möglich nach hinten. Je weiter hinten du bist, desto leichter wird es sein.
2. Stoße dich mit beiden Füßen vom Boden ab, während du die Hände auf dem Boden abstützt.
3. Deine Hände müssen sich schnell in Bewegung setzen, um dein Gewicht in der Luft zu halten.
4. Halte deine Körpermitte angespannt und deine Beine nah an der Brust. Halte den Schwung in einer gleichmäßigen Bewegung und lande schließlich auf beiden Füßen.

S-Dobrado

Der Hauptunterschied zwischen dieser Bewegung und dem *Macaco* ist der Absprung. Anstatt mit beiden Beinen abzuspringen, startest du mit einem Bein, was diese Bewegung sehr viel schwieriger macht. Um dies zu umgehen, kannst du von einer *Esquiva baixa* zum *S-Dobrado* übergehen, indem du die Beine wechselst und dann in den *S-Dobrado* startest. Wenn du die Kraft dazu hast, kannst du auch einen direkteren Ansatz wählen.

1. Aus der *Esquiva baixa* verlagerst du dein Gewicht auf das andere Bein und streckst einen Arm hinter dich.
2. Verlagere dein Gewicht auf den ausgestreckten Arm und stoße dich von dem Bein ab, das auf dem Boden liegt.
3. Bewege deinen anderen Arm in Position und schwinge deinen Körper hinüber.

Queda De Rins

Der *Queda De Rins* ist eine grundlegende Bewegung, die dir hilft, die Fähigkeiten für viele andere Bewegungen zu entwickeln. Das Wichtigste ist, dass du deinen Schwerpunkt richtig ausrichtest, um darauf aufbauend die anderen Variationen zu machen.

1. Beginne damit, deinen Kopf, zwei Hände und zwei Füße auf dem Boden zu positionieren.
2. Von diesem Punkt aus kannst du dazu übergehen, deine Füße vom Boden zu nehmen und dein Gewicht nur mit deinem Oberkörper zu tragen.
3. Sobald du in dieser Position das Gleichgewicht halten kannst, kannst du eine Reihe von Variationen ausführen.

Ponte

Diese Übung ist für die meisten Menschen etwas schwierig, deshalb ist es am besten, wenn du sie zuerst an der Wand ausprobierst, um die Bewegung zu verstehen. Ziel ist es, von der Ponte in den Vierfüßlerstand und dann wieder zurück in die Ponte zu kommen.

1. Stütze dich mit den Händen hinter dir an der Wand ab, wie du es bei einer Brücke auf dem Boden tun würdest.
2. Wenn du dich nach rechts bewegst, halte deine rechte Hand an der Wand und drehe deinen Körper um.
3. Vermeide es, dich in den Knien zu beugen, denn das macht es schwieriger. Das Hauptaugenmerk liegt auf der Drehung des Oberkörpers.
4. Sobald du diese Bewegung an der Wand sicher ausführen kannst, kannst du auf eine geneigte Fläche wechseln oder die Bewegung direkt auf dem Boden üben.

Corta Capim

Dies ist eine weitere sehr beliebte Bewegung im Capoeira, die du häufig bei anderen Kampfsportlern und sogar Breakdancern gesehen hast. Es handelt sich um eine sehr unauffällige Bewegung, die in vielen verschiedenen Situationen eines Kampfes sehr effektiv eingesetzt werden kann. Sie hilft auch dabei, den nötigen Schwung für andere Bewegungen zu erzeugen.

1. Beginne mit den Händen vor dir und halte dein Gewicht, während du mit einem Bein in die Kniebeuge gehst und das andere Bein gerade ausstreckst.
2. Das Ziel ist es, das Bein in einem Kreis unter dir zu drehen. Bewege deine Hände mit dem anderen Bein über sie, um die Bewegung zu vollenden.
3. Du kannst auch ganz einfach zwischen den Beinen wechseln und die Bewegung so schnell ausführen, wie du willst, wenn du erstmal mit der Bewegung vertraut bist.

Piao De Mao

Im Grunde ist dies ein Kopfstand mit einer Drehung, aber es ist oft sehr schwierig, ihn auszuführen und zu meistern. Diese Bewegung ist nicht ganz einfach und erfordert, dass du die Übung in einer einzigen fließenden Bewegung ausführst, um dein Gleichgewicht zu halten.

1. Mache einen Seitwärtsschritt und gehe in einen Kopfstand, damit du den Schwung für die Drehung hast.
2. In der Mitte des Kopfstandes bewegst du dich in einen einarmigen Kopfstand, wobei du deinen Kopf eng in die Achselhöhle legst. Außerdem musst du deine Hand so positionieren, dass das Gewicht auf deinem Piriformis liegt, also auf dem Knochen, der in einer Linie mit deinem kleinen Finger und am nächsten zu deinem Handgelenk liegt.
3. Du kannst mit einer einzigen Drehung beginnen. Wenn du mehr Stabilität entwickelst, kannst du so viele Drehungen machen, wie du willst, und während der Drehung sogar verschiedene Beinbewegungen ausführen.

Relogio

Dies ist eine weitere sehr beliebte Bewegung, die in vielen Bereichen außerhalb von Capoeira eingesetzt werden kann. Um sich auf diese Bewegung vorzubereiten, ist es hilfreich, die *Piao De Mao* und die *Queda de Rins* zu beherrschen, da dies eine Kombination aus diesen beiden Bewegungen ist.

1. Beginne mit dem *Queda de Rins* Stand und verlagere dein Gewicht auf eine Handfläche, während du darauf achtest, dass dein Ellbogen fest an deinem Körper anliegt.
2. Beuge deine Füße nach hinten, während du die Drehung einleitest. Das hilft dir, dein Gewicht zu zentrieren und im Gleichgewicht zu halten.
3. Wenn das ganze Gewicht dort ist, wo es sein soll, und dein Gleichgewicht auf der Handfläche stimmt, kannst du mit einer oder mehreren Drehungen in die Bewegung gehen.

Piao De Cabeca

Diese Bewegung sieht zwar einfach aus, erfordert aber eine Menge Gleichgewicht und Kraft. Achte außerdem darauf, dass du einen guten Kopfschutz hast, bevor du sie ausführst. Du kannst sie auch auf einer gut gepolsterten Unterlage ausführen, da dein ganzes Gewicht auf dem Kopf ruht. Da der Schädel kein Fleisch hat, das ihn abfedern könnte, kann es sehr schmerzhaft sein. Außerdem hilft es, deine Nackenmuskeln für diese Bewegung zu trainieren, denn wenn du noch nie für eine ähnliche Bewegung trainiert hast, kannst du dein Gewicht vielleicht nicht halten.

1. Du beginnst in einer Ponte-Position und hebst dich in einen niedrigen Handstand.
2. Lege deinen Kopf auf den Boden und verteile dein Gewicht gleichmäßig auf deine Handflächen und deinen Kopf.
3. Zu Beginn kannst du versuchen, dich mit deinen Händen und deinem Kopf zu drehen. Wenn du diese Bewegung mit der Zeit verbesserst, kannst du versuchen, deine Hände zu heben, so dass du dich nur noch mit dem Kopf drehst.

Viele dieser Bewegungen spielen eine wichtige Rolle bei anderen größeren Bewegungen und anderen Routinen. Die Entwicklung von Muskelkraft und Stabilität ist der Schlüssel für jede Capoeira Bewegung, aber ganz besonders für *Floreios*. Wenn du die Bewegungen im Capoeira meistern willst, ist es wichtig, dass du die *Floreios* perfektionierst, denn sie sind das Sprungbrett, das dir hilft, die Kraft und die Fähigkeiten aufzubauen, die du für andere Bewegungen brauchst. Sei vorsichtig, wenn du diese Bewegungen ausführst, denn sie erfordern oft, dass du dein ganzes Körpergewicht auf sehr kleine und empfindliche Teile wie deinen Nacken, deine Wirbelsäule, deine Handgelenke und deine Handflächen legst. Die beste Lösung ist, klein anzufangen und langsam und schrittweise vorzugehen.

Kapitel 9: Die Verbindung von Capoeira mit Tanz und Musik

Wie in den vorherigen Kapiteln beschrieben, hat Capoeira seine Wurzeln bei den versklavten Menschen aus Westafrika, die nach Brasilien gebracht wurden. Es wird angenommen, dass die Kampfkunst entstand, um Gesetze zu umgehen, die Sklaven daran hinderten, Kampfkünste und andere kulturelle Traditionen zu praktizieren.

Um den Zweck der Kunst zu verschleiern, entwickelten die ersten Praktizierenden einen einzigartigen Stil, der als Tanz getarnt werden konnte. Deshalb hat Capoeira seit seinen Anfängen eine besondere Verbindung zu Musik und Tanz, die bis zum heutigen Tag anhält.

Capoeira und die Bateria

Musik ist ein fester Bestandteil von Capoeira, vor allem, wenn sie als Spiel und nicht als reine Kampfkunst ausgeführt wird.

Während der *Roda*, dem Kreis, in den die Capoeira- Spieler/innen eintreten, bestimmen die Mitglieder das Tempo des Spiels, indem sie traditionelle Lieder singen und zur Musik in die Hände klatschen.

Die Musik bestimmt nicht nur das Tempo des Spiels, sondern auch den Stil, der gespielt wird. Verschiedene Lieder werden mit verschiedenen Arten von Capoeira in Verbindung gebracht, und die beiden Capoeiristas im Kreis ändern ihre Bewegungen, um dies widerzuspiegeln.

Die Musik kann auch bestimmen, wann das Spiel endet. Einer der Berimbau-Musiker im Kreis kann das Spiel beenden, aber auch, wenn einer der Capoeiristas beschließt, den Kreis zu verlassen oder wenn das Spiel von einem anderen Capoeirista unterbrochen wird.

Die Musik der Capoeira wird sowohl von den Sängern als auch von den Instrumenten geformt und besteht aus verschiedenen Rhythmen, den sogenannten *Toques*, die von sehr langsam bis sehr schnell reichen.

Die Instrumente, die während einer *Roda* gespielt werden, sind in einer Formation angeordnet, die als *Bateria* bekannt ist, was auf Portugiesisch und Spanisch Schlagzeug bedeutet. Die *Bateria* besteht traditionell aus drei Berimbaus, zwei *Pandeiros*, drei *Atabaques* sowie einem *Agogô* und einer *Ganzá*.

Diese Anordnung kann jedoch je nach Capoeira-Gruppe und Stil der *Roda* variieren. Oft wird die *Bateria* durch andere Instrumente ergänzt, z. B. durch das *Reco-Reco*. Mestre Bimba, der Begründer der Capoeira Regional, bevorzugte es zum Beispiel, eine Berimbau und zwei Padeiros in seinen *Rodas* zu verwenden. Unabhängig von der Gruppe ist jedoch immer mindestens ein Berimbau bei der *Roda* dabei.

Die Berimbau ist immer das führende Instrument und bestimmt sowohl den Stil als auch das Tempo der Musik, die der Rest der *Bateria* spielt. Der Berimbau-Teil der *Bateria* besteht aus zwei tiefen Instrumenten (bekannt als *Medio* und *Gunga*), die die Basis bilden, und einem hohen Instrument (auch als *Viola* bekannt).

Die anderen Instrumente der *Bateria* folgen dem Rhythmus der Berimbau-Gruppe, können aber auch improvisieren und die Musik je nach Tradition der jeweiligen Capoeira-Gruppe ein wenig variieren.

Da die Musik den Stil, die Geschwindigkeit und die Aggressivität bestimmt, ist sie der treibende Faktor des Spiels. Ohne sie würde das Spiel ganz anders aussehen.

Berimbau

Das Berimbau ist ein einsaitiges Instrument, das einem Bogen ähnelt. Sein Ursprung ist noch nicht genau erforscht, aber wahrscheinlich stammt es aus Afrika und ist eine Adaption der afrikanischen Tradition der Kürbisbögen.

Bildquelle[90]

Es gibt drei Hauptklänge, die ein Berimbau während eines Capoeira-Spiels erzeugt:
- Der Brummton
- Der Klang der offenen Saite
- Der hohe Ton

Es gibt zwar noch andere Töne, die das Instrument erzeugen kann, aber diese drei Töne bestimmen den Rhythmus des Spiels.

Es gibt drei Berimbaus, die während eines Capoeira-Spiels gespielt werden:

    1. Die Gunga: Sie wird von den besten Capoeirista gespielt. Je nach Stil der Capoeira-Gruppe kann der Gunga-Spieler entweder improvisieren oder sich an den Hauptrhythmus halten. In der Regel spielt der Anführer der *Roda* die Gunga, und die anderen Instrumente folgen ihm. Außerdem ist der Gunga-Spieler oft auch der Hauptsänger der *Roda*. Das Instrument wird benutzt, um die Spieler zum Fuß des Berimbau zu rufen, von wo aus sie die *Roda* betreten.

    2. Der Medio: Der Dialog zwischen dem Medio und der Gunga trägt dazu bei, dem Toque der Capoeira seinen Charakter zu verleihen.

    3. Die Viola: Die Viola sorgt für Variationen und Improvisationen der Toque. Sie wird oft als die Hauptgitarre der *Bateria* bezeichnet.

Atabaque

Die *Atabaque* ist eine afro-brasilianische Handtrommel, die traditionell aus Jacaranda-Holz und Kalbsfell hergestellt wird, zusammen mit Seilen und einem Metallring am Körper, der als Stimmmechanismus dient. Manchmal wird sie auch als *Atabaque* de Corda bezeichnet.

Bildquelle[91]

Die Trommeln kamen ursprünglich mit versklavten Afrikanern, als diese von den portugiesischen Kolonialherren nach Brasilien gebracht wurden. Sie spielen nicht nur im Capoeira eine Rolle, sondern werden auch im afro-brasilianischen Tanz *Maculelê* verwendet und gelten in den Religionen der *Candomblé* und *Umbanda* als heilige Instrumente.

Die *Atabaque* gehört nicht so sehr zu einem Capoeira-Spiel wie die Berimbau. Aufgrund ihrer Größe wird sie bei spontaneren *Rodas* oft weggelassen oder durch ein anderes Schlaginstrument ersetzt, das einen ähnlichen Klang erzeugt. Je nach Spieler und Capoeira-Gruppe kann die *Atabaque* entweder mit den Händen, den Stöcken oder einer Kombination aus beidem gespielt werden.

Pandeiro

Das *Pandeiro* ist eine Rahmentrommel, die mit der Hand gespielt (und gehalten) wird und dem bekannteren Tamburin sehr ähnlich ist. Es ist eines der beliebtesten Instrumente in Brasilien und wird oft als das inoffizielle Nationalinstrument des Landes bezeichnet.

Bildquelle[92]

Der wichtigste Unterschied zwischen Tamburinen und *Pandeiros* ist der Klang, den beide erzeugen. Die Töne, die das *Pandeiro* erzeugt, sind rauer, weniger lang anhaltend und schärfer als die des Tamburins. Wie das Tamburin wird auch das *Pandeiro* mit den Fingerspitzen, der Handfläche und dem Daumen gespielt, und die Art und Weise, wie der Spieler diese abwechselnd einsetzt, hilft dabei, den Rhythmus zu erzeugen. Dieses Instrument ist kompakt und leicht zu transportieren, zwei Faktoren, die zu seiner Beliebtheit beitragen. Deshalb ist es auch eines der häufigsten Instrumente im Capoeira - anders als die *Atabaque* ist es Teil fast jeder *Roda*.

Agogô

Das *Agogô* ist eine Doppelglocke, die ursprünglich von den *Yoruba* und *Edo* in Westafrika stammt. Sie hat die höchste Tonhöhe aller *Bateria*-Instrumente und gilt als das älteste Capoeira-Instrument.

Es wird angenommen, dass sie auf den Einzel- und Doppelglocken der *Yoruba* basiert. Die Glocke ähnelt einer westlichen Kuhglocke und wird mit einem Holzstab gespielt. Der Name *Agogô* ist eine Lautmalerei für den Klang, den sie beim Spielen erzeugt.

Ganzá

Die *Ganzá* ist ein rasselähnliches Instrument, das als Schlaginstrument verwendet wird. Es ist ein Zylinder aus Metall oder einem handgeflochtenen Korb, der mit Metallkugeln, Perlen, Kieselsteinen und ähnlichen Gegenständen gefüllt ist. Es trägt dazu bei, der Musik ein grundlegendes Rhythmusgefühl zu verleihen.

Reco-Reco

Der *Reco-Reco* ist ein Schrapinstrument, das seinen Ursprung in Afrika hat. Er wird traditionell aus Bambus oder Holz hergestellt, aber auch *Reco-Recos* aus Metall werden immer häufiger verwendet. Es wird mit einem Holz- oder Metallstab gespielt, wobei die Metallmodelle einen viel lauteren Klang erzeugen als die Holz- und Bambusvarianten. Das *Reco-Reco* begleitet den Rest der *Bateria* rhythmisch.

Andere Elemente der Capoeira-Musik

Einige Theoretiker behaupten, dass die Musik während der *Roda* eingesetzt wird, um einen heiligen Raum zu schaffen. Sowohl die Formation des Kreises als auch die Musik selbst dienen dazu, eine Verbindung zur Geisterwelt herzustellen. Sogar die verwendeten Instrumente sind von Bedeutung. Die *Atabaque* hat in vielen afro-brasilianischen Religionen eine religiöse Bedeutung, während die Berimbau in Afrika und in der versklavten afrikanischen Diaspora in Ritualen verwendet wurde, um mit den Ahnen zu kommunizieren. Sogar die Bewegungen im Capoeira sollen den Capoeiristas spirituelle Kraft verleihen.

Neben den *Bateria* sind auch die Lieder, die zusammen mit den Instrumenten gesungen werden, ein wichtiges Element der Capoeira-Musik. Jedes Lied hat normalerweise eine Bedeutung und ein Thema, z.B:

- Volkstümliche Lektionen
- Die Würdigung der Geschichte
- Die Würdigung der Sklaverei und der Wurzeln der Capoeira
- Die Würdigung der symbolischen Aspekte der Capoeira
- Die Würdigung der physischen Wurzeln von Capoeira
- Biografien und Autobiografien
- Mythologie
- Metaphorische Kommentare zum gespielten Spiel
- Direkte Kommentare zum gespielten Spiel
- Lieder zur Begrüßung und Verabschiedung
- Lieder, die Frauen in der *Roda* willkommen heißen
- Meta-Capoeira-Lieder - Lieder, die sich direkt auf Capoeira beziehen

Von den oben genannten Themen ist eines der interessantesten die direkte Kommentierung des gespielten Spiels. Diese Form des Gesangs hat oft einen direkten Einfluss auf das Spiel, auch wenn dies für jemanden, der kein Portugiesisch spricht, nicht sofort erkennbar ist.

Bei dieser Art von Liedern beginnt der Leiter des Liedes mit einem Kommentar zum laufenden Spiel. Dazu gehört, dass er sich über Fehler lustig macht und vor allem, dass er einem Spieler sagt, was er tun soll. Wenn der Anführer das Gefühl hat, dass das Spiel zu heftig wird, kann er den Capoeiristas sagen, dass sie langsamer machen sollen. Umgekehrt kann er die Capoeiristas auffordern, schneller zu werden, wenn er das Gefühl hat, dass das Spiel zu langsam ist.

Es gibt drei Hauptgesangsstile, die das Schlussstück bilden: die *Ladainha*, der *Corrido* und die *Quadra*. Außerdem gibt es den *Louvação*, der den Anfang des Ruf- und Antwortteils der *Roda* bildet.

Ladainha

Die *Ladainha* steht am Anfang der *Roda* und ist ein Solo, das vom ältesten Mitglied der Gruppe gesungen wird. Der Sänger ist normalerweise auch derjenige, der die Berimbau spielt.

Die Lieder können an Ort und Stelle improvisiert werden, aber es gibt auch einen Kanon von *Ladainhas*, aus dem die Sängerinnen und Sänger wählen können. Sie variieren in der Länge von wenigen Zeilen bis zu 20 Zeilen.

Die Themen der *Ladainha* umfassen oft Geschichten, Mythologie, Geschichte und moralische Lektionen. Sie sind zwar fast immer metaphorisch, können aber je nach Anlass auch reine Poesie oder ein aktuelles Thema sein. Die Melodie bleibt während des *Ladainha* relativ konstant, obwohl es einige kleine Variationen geben kann, und die erste Zeile wird normalerweise wiederholt.

Corrido

Corridos sind überlappende Ruf- und Antwortabschnitte, die traditionell in der afrikanischen Musik vorkommen und mit einem *Louvação* eingeleitet werden. Dieser Abschnitt ist ein kurzes Lied, das eine Antwort enthält, die normalerweise unverändert bleibt.

Der *Corrido* bietet den Sängerinnen und Sängern die Möglichkeit, mit dem Geschehen in der *Roda* zu kommunizieren und dient als Mittel, um

- die Spieler anzuspornen
- das Geschehen zu kommentieren
- die Spieler zu loben oder zu warnen
- Geschichten zu erzählen
- Moralische Werte zu lehren
- Jemanden oder etwas auffordern

Es gibt verschiedene *Corridos*, die jeweils unterschiedlichen Zwecken dienen. Sie können auch eine Herausforderung sein. Das ist der Fall, wenn der Chorleiter einen *Corrido* singt und kurz darauf einen anderen, sehr ähnlichen singt. Der Chor muss genau auf den Text achten, um die richtige Antwort zu singen.

Corridos sind seltener als *Ladainhas* und verlangen von den Sängerinnen und Sängern mehr Können. Wenn der *Corrido* entfällt, wird die Herausforderung während der *Ladainha* gestellt.

Jeder *Corrido* hat eine andere Melodie, es kann aber auch *Corridos* mit der gleichen Melodie geben. So können die Sängerinnen und Sänger ein großes Repertoire an *Corridos* lernen, ohne dass sie zu viele Dinge auswendig lernen müssen. Die *Corrido*-Antwort wird vom Chor unisono gesungen, und eine gelegentliche Harmonisierung kann von einem der Sänger oder einer Sängerin als Interpunktion verwendet werden.

Quadra

In einigen Schulen der Capoeira Regional und der Capoeira Contemporânea ersetzt die *Quadra* die *Ladainha*. Sie ist eine Erfindung von Mestre Bimba und ein Lied, das auf die *Louvação* folgt.

Der Hauptunterschied zwischen der *Ladainha* und der *Quadra* besteht darin, dass die *Quadra* keine Standardmelodie hat (oder ein Melodiemodell, an dem sich das Modell orientiert). Es gibt eine größere Vielfalt, aus der die Sängerinnen und Sänger schöpfen können. Je nach Text können *Quadras* auch als Abwandlung des *Corrido* funktionieren.

Louvação

Der *Louvação* ist der Beginn des *Corrido*, des Ruf- und Antwortteils der *Roda*. Während er traditionell eine Anrufung Gottes und der Mestres und eine Art des Dankes ist, kann er auch einen improvisierten Inhalt haben, was bedeutet, dass der Chor auf den Ruf-Teil achten muss, damit er die richtige Antwort geben kann.

Anders als beim *Corrido* und der *Quadra* gibt es bei den *Louvações* keine unterschiedlichen Melodien. Wie beim *Corrido* singt der Chor den Antwortteil des

Louvação in der Regel einstimmig, und einer der Sänger kann gelegentlich eine Harmonisierung als Form der Interpunktion verwenden.

Capoeira und Tanz

Capoeira ist zweifellos eng mit der Musik verbunden, hat aber auch eine enge Beziehung zum Tanz. Wenn du anfängst, diese Kunstform zu lernen, wirst du bald merken, dass die Bewegungen einem schnellen, energiegeladenen Tanz ähneln.

Capoeira kann auch gewalttätiger sein als andere Kampfsportarten. In der Blütezeit der Kunstform trugen Capoeiristas oft Messer und Klingenwaffen bei sich. Oft wurden sie bei tanzähnlichen Ritualen in den Berimbaus versteckt. Im frühen 20. Jahrhundert misstrauten die brasilianische Gesellschaft und die Regierung den Capoeiristas. Capoeira überlebte diese Zeit, indem sie zu einer eher gesitteten Tanzform wurde, bis sie Anfang der 1940er Jahre wieder mehr Akzeptanz in der Öffentlichkeit fand.

In den 1970er Jahren begannen die Capoeira Mestres aus Brasilien auszuwandern und machten den Rest der Welt auf Capoeira aufmerksam. Viele von ihnen wanderten in die Vereinigten Staaten aus, darunter auch Mestre Jelon Vieira. Zusammen mit Loremil Machado war Mestre Vieira der erste Capoeira-Mestre, der in den Vereinigten Staaten lebte und unterrichtete.

Zur gleichen Zeit, als Vieira im Capoeira in New York unterrichtete, wurde Breakdance in der afroamerikanischen Gemeinschaft in den Vereinigten Staaten populär. Obwohl der Breakdance seine Wurzeln in anderen Tanzformen wie dem Lindy Pop und dem Charleston sowie in den Bewegungen von James Brown hat, ist klar, dass sich die Bewegungen von Breakdance und Capoeira unheimlich ähnlich sind.

Die Parallelen zwischen Breakdance und Capoeira sind so stark, dass manche meinen, Capoeira habe die Art und Weise, wie Breakdance heute getanzt wird, maßgeblich beeinflusst. In den 1980er und 1970er Jahren war Capoeira im Bewusstsein der Menschen weit verbreitet und erschien auf verschiedenen Ausgaben und auf der Titelseite des populären Black Belt Magazine. Auch in anderen Publikationen, die sich vor allem an ein farbiges Publikum richten (die Gemeinschaft, die den Breakdance entwickelt hat), wurde Capoeira behandelt.

Außerdem veranstalteten Vieira und Machado Vorführungen und Kurse in ganz New York. Vieira tat sich mit der Theaterregisseurin Ellen Stewart zusammen, um Kurse im East Village anzubieten, und Capoeira fand in den 1970er Jahren seinen Weg in die South Bronx.

Allerdings ist diese Verbindung alles andere als sicher. Die Journalistin und Tanzhistorikerin Sally Banes stellte bei ihrer Berichterstattung über Breakdance fest, dass die räumliche Ebene des Breakdance an Capoeira erinnerte, die spektakuläre brasilianische Tanz-Kampfkunstform, die sich durch Radschlagen, Tritte und Tricks in Bodennähe auszeichnet, aber die beiden waren sich in Form und Timing so unähnlich, dass Capoeira allenfalls ein entfernter Verwandter zu sein schien.

Unabhängig davon, ob Capoeira den Breakdance direkt beeinflusst hat oder nicht, zeigt die Ähnlichkeit zwischen den beiden Stilen auf jeden Fall die tiefe Verwandtschaft der Kunstform mit dem Tanz - eine Verwandtschaft, die bis zum heutigen Tag anhält.

Im Capoeira geht die Geschichte nicht auf eine afrikanische Kampfkunst zurück, sondern auf einen rituellen Tanz, der mehrere der heute bekannten Bewegungen wie Kopfstöße, Ohrfeigen, Tritte, Täuschung und Ausweichen beinhaltet. Dieser Tanz war ein religiöser Tanz, der den Ausführenden eine Verbindung zum Jenseits verschaffte und es ihnen ermöglichte, ihre Ahnen zu channeln.

Die Verbindung von Capoeira mit Tanz und Musik ist unbestreitbar. Ohne den Einfluss dieser Ausdrucksformen auf die Kunstform sähe Capoeira ganz anders aus, sowohl in Bezug auf die Bewegungen als auch auf die Kultur, die sie umgibt.

Capoeira ist nicht nur von Tanz und Musik inspiriert, sondern beeinflusst auch Tanz und Musik. Es ist eine großartige Form des Ausdauertrainings und wird unter Fitnessbegeisterten auf der ganzen Welt immer beliebter. Im nächsten Kapitel erfährst du mehr über die Beziehung von Capoeira und Fitness.

Kapitel 10: Capoeira und Fitness

Im Capoeira wird der ganze Körper trainiert, denn es ist rhythmisch und schnell. Da die tanzähnlichen Bewegungen eine Vielzahl von Tritten, Handständen und Akrobatik beinhalten, können Menschen jedes Fitnesslevels das Brennen fast sofort spüren. Aber ist es auch sicher? Viele Menschen sind von der Intensität des Trainings eingeschüchtert oder machen sich Sorgen, ob ihr Körper mit solch athletischen Bewegungen zurechtkommt. Obwohl ein außergewöhnlich intensives Training ein gewisses Risiko mit sich bringt, ist das Verletzungsrisiko minimal, wenn du Spaß an Capoeira hast und es richtig ausübst. Richtig bedeutet, von einem qualifizierten Lehrer zu lernen, es am Anfang langsam anzugehen und die richtige Reihenfolge der Bewegungen einzuhalten.

In diesem Kapitel wird der Zusammenhang zwischen Capoeira und Fitness beleuchtet. Es hilft dir, die verschiedenen gesundheitlichen Vorteile dieser brillanten Tanzform zu entdecken, die mit außergewöhnlichen Aspekten des Kampfsports durchsetzt ist. Am Ende dieses Kapitels wirst du die Effektivität von Capoeira als Sportart und seine erstaunlichen gesundheitlichen Vorteile verstehen.

Die Verbindung zwischen Capoeira und Fitness

Das Schöne an Capoeira ist, dass es ein Ganzkörpertraining ist. Du musst deinen ganzen Körper einsetzen. Außerdem ist es ein effizienter Weg, um aktiv zu bleiben und deine kardiovaskuläre Fitness zu verbessern. Es steigert die Ausdauer, verbessert die Flexibilität und stärkt deine Körpermitte. Bedenke, dass Capoeira zwar ein Ganzkörpertraining ist, Anfänger aber besonders gefährdet sind, ein Muskelungleichgewicht zu entwickeln. Wenn du neu im Capoeira bist, ist es wichtig, dass du vor und nach dem Unterricht Zeit für Dehnübungen einplanst. So kannst du deine Muskeln entspannen und Verletzungen vorbeugen.

Bildquelle[93]

Capoeira bildet eine solide Grundlage für Muskelausdauer, Koordination und Flexibilität. Es ist ein hochintensives Training, bei dem die Herzfrequenz schnell ansteigt und für kurze Zeit hoch bleibt, vor allem, wenn du das Berimbau in deine Bewegungen einbeziehst. Die Geschwindigkeit und die Intensität der Capoeira-Bewegungen bewirken, dass ein Überschuss an Sauerstoff in deinem Körper zirkuliert. Denk daran, dass dies nur der Fall ist, wenn die Bewegungen richtig ausgeführt werden. Wenn du sie unsachgemäß ausführst oder durch eine Sequenz hetzt, wird dein Körper nicht den vollen Nutzen aus Capoeira ziehen.

Capoeira verbrennt auch erstaunlich viele Kalorien, vor allem wenn du das Berimbau mit einbeziehst. Das ständige Schwingen des Berimbau erzeugt Wärme in deinem Körper und bringt dich zum Schwitzen. Die Kombination aus Schwingen, Springen, Treten und Drehen kann schon nach dreißig Minuten Spielzeit zu einem erheblichen Kalorienverbrauch führen.

Capoeira erfüllt eine Vielzahl von Fitnesszielen

Das Hauptziel im Capoeira ist es, deinen Körper in Bewegung zu halten. Es ist ein dynamisches Workout, bei dem alle Muskeln beansprucht werden. Abhängig von der Intensität, dem Tempo und der Art und Weise, wie du das Berimbau in deine Bewegungen einbeziehst, kann Capoeira an eine Vielzahl von Fitnesszielen angepasst werden. Du kannst die Intensität niedrig halten, um es Anfängern und älteren Menschen zugänglicher zu machen, oder du kannst das Berimbau benutzen, um das Tempo und die Intensität zu erhöhen, was es zu einem hochintensiven Workout macht.

Aerobic Capoeira vs. Anaerobic Capoeira

Aerobic Capoeira besteht aus langsamen, kontrollierten Bewegungen, die einen kontinuierlichen Bewegungsfluss erzeugen. Es wird meist mit einer moderaten Intensität und einem moderaten Tempo ausgeführt. Diese Art von Capoeira ist besser geeignet, um den Körper zu straffen und Gewicht zu verlieren, da es sich um ein Training mit geringer Intensität handelt, das deinen Körper nicht zu sehr belastet. Die anaerobe Capoeira hingegen besteht aus schnelleren Bewegungen mit höherer Intensität und Kraftanstrengung. Das Berimbau wird eingesetzt, um die Geschwindigkeit und Intensität zu erhöhen, was es zu einem großartigen Workout für Menschen macht, die ihre Körpermitte stärken und Fett verbrennen wollen. Der Hauptunterschied zwischen aerobem und anaerobem Capoeira ist die Geschwindigkeit der Bewegungen.

Bildquelle[94]

Obwohl Aerobic Capoeira oft als weniger intensiv als Anaerobic Capoeira angesehen wird, solltest du bedenken, dass diese Art von Capoeira auch für Menschen mit einem niedrigeren Fitnesslevel geeignet ist. Abhängig von der Intensität, der Geschwindigkeit und dem Tempo der einzelnen Bewegungen kann Anaerobic Capoeira sowohl für Anfänger als auch für Fortgeschrittene geeignet sein. Der einzige Unterschied zwischen den beiden ist, dass beim Anaerobic Capoeira das Berimbau verwendet wird, um die Geschwindigkeit und Intensität zu erhöhen.

Was sind die Vorteile von Capoeira?

Capoeira bringt viele Vorteile mit sich. Es ist eine effektive Methode, um gesund zu bleiben und deine körperliche und geistige Fitness zu verbessern. Es ist ein Ganzkörpertraining, bei dem du mit jeder Bewegung Kalorien verbrennst, deine Körpermitte stärkst, deine Muskeln kräftigst und deine Koordination und Flexibilität verbesserst. Hier sind einige der wichtigsten Vorteile, die Capoeira mit sich bringt.

Großartiges Herz-Kreislauf-Training

Capoeira ist ein großartiges Herz-Kreislauf-Training, das die Ausdauer verbessert, die Gesundheit des Herzens fördert und die Atemwege stärkt. Auch wenn es nach einer weniger intensiven Form des Ausdauertrainings aussieht, solltest du bedenken, dass Capoeira ein rasantes Training ist, das deine Herzfrequenz schnell in die Höhe treibt. Es handelt sich außerdem um ein intervallbasiertes Ausdauertraining, bei dem du dich in kurzen Intervallen intensiv bewegst, gefolgt von einer Erholungsphase.

Das ständige Schwingen und Treten im Capoeira stärkt deine Körpermitte und trainiert die Muskeln deines Oberkörpers. Die einzige Ausrüstung, die du für Capoeira brauchst, ist ein gutes Paar Schuhe, was es zu einer kostengünstigen Möglichkeit macht, gesund und fit zu bleiben. Indem du das Berimbau in deine Bewegungen einbeziehst, kannst du deine Körpermitte beim Treten, Springen und Drehen aktiv mit einbeziehen. Das bedeutet, dass du deine Körpermitte bei jeder Bewegung stärkst und kräftigst.

Strafft und trainiert die Arme und Beine

Obwohl Capoeira oft vernachlässigt wird, wenn man an Beintraining denkt, ist es eine der besten Methoden, um deine Beine und deinen Unterkörper zu trainieren. Die Sprünge und Drehungen im Capoeira trainieren deine Quadrizeps, Kniesehnen und Gesäßmuskeln, während die Tritte deine Oberschenkel stärken. Die Dreh- und Schwenkbewegungen stärken auch deine Knöchel, während das ständige Schwingen der Hüften die Muskeln deiner Beine formt.

Das ständige Schwingen und Treten macht Capoeira zu einem tollen Training für deine Arme. Außerdem verbessert es die Kraft des Oberkörpers, da es mehrere Armbewegungen und Aktivitäten beinhaltet, die deinen Oberkörper und deine Körpermitte mit einbeziehen.

Verbessert die Knochendichte und senkt das Osteoporoserisiko

Die Kombination von Capoeira mit anderen Sportarten ist eine gute Möglichkeit, deine Knochendichte zu verbessern. Wenn du Übungen mit hoher Belastung in dein Trainingsprogramm aufnimmst, z. B. Laufen oder Aerobic, kannst du die Kraft deiner Knochen verbessern und das Osteoporoserisiko verringern. Capoeira ist ein effektiver Weg, um deine Knochendichte zu erhöhen, denn es fordert dich auf, verschiedene Bewegungen auszuführen, bei denen du springen musst, um dein Gleichgewicht, deine Koordination und deine Kraft zu verbessern.

Capoeira ist eine gelenkschonende Sportart, bei der deine Knochendichte verbessert und dein Osteoporoserisiko verringert werden kann, da deine Knochen nicht übermäßig beansprucht werden.

Das macht es zu einem idealen Training für Menschen mit schwachen Knochen oder geringer Knochendichte.

Mentale Stärke und Klarheit

Capoeira mag wie ein einfaches Training erscheinen, aber die Tatsache, dass es mehrere Bewegungen und Positionen beinhaltet, bedeutet, dass es deinen Fokus, deine mentale Kraft und deine Klarheit verbessern kann. Es stärkt deinen Geist und deinen Körper, da es eine Kombination aus aeroben und anaeroben Aktivitäten beinhaltet, die deinen Geist und deinen Körper trainieren. Es kann helfen, das Gedächtnis und die Problemlösungsfähigkeiten zu verbessern und die Symptome von Depressionen zu verringern. Es hilft auch, deine Problemlösungsfähigkeiten und kognitiven Funktionen zu verbessern. Das hohe Tempo und die Bewegungen, bei denen du schnell denken musst, tragen dazu bei, deine Aufmerksamkeit und Reaktionszeit zu verbessern.

Bildquelle[95]

Reduziert Stress und Ängste

Die rasanten Bewegungen im Capoeira machen es zu einem effektiven Training, um Stress und Angst abzubauen. Du musst nicht stundenlang im Fitnessstudio trainieren und kannst es in kurzer Zeit ausführen, was es zu einem idealen Training macht, um Stress und mentale Müdigkeit abzubauen. Der spielerische Charakter von Capoeira gibt dir außerdem die Möglichkeit, Gefühle auszudrücken, die sich in dir aufgestaut haben.

Es hilft dir, beweglicher zu werden

Obwohl viele Menschen denken, dass Capoeira nur ein Workout ist, kann es in Wirklichkeit auch als Selbstverteidigung genutzt werden. Capoeira beinhaltet verschiedene Bewegungen, mit denen du dein Gleichgewicht, deine Beweglichkeit und deine Koordination verbessern kannst. Es ist auch eine gute Möglichkeit, deine Flexibilität und deinen Bewegungsradius zu verbessern, da du dich bei verschiedenen Bewegungen dehnen musst. Es ist ideal für Menschen, die ihre Beweglichkeit verbessern möchten, und eine gute Möglichkeit für Senioren, aktiv zu bleiben.

Bekämpft Fettleibigkeit

Auch wenn es auf den ersten Blick nicht so aussieht, ist Capoeira ein ideales Training, um Fettleibigkeit zu bekämpfen. Indem du verschiedene Bewegungen in dein Trainingsprogramm einbaust, bei denen du dich schnell bewegen musst, ist Capoeira ein echter Kalorienkiller. Außerdem musst du bei verschiedenen Bewegungen deine Atmung kontrollieren, was deine Herzfrequenz erhöht und deine Atemfunktion verbessert. Die Erhöhung deiner Herzfrequenz und die Stärkung deiner Atemfunktion helfen dir enorm, deine Fitness zu verbessern.

Bekämpft Arthritis

Capoeira ist eine großartige Methode, um die Symptome von Arthritis zu bekämpfen. Es beinhaltet verschiedene Bewegungen, die die Mobilität und Flexibilität verbessern. Es kann helfen, die mit Arthritis verbundenen Schmerzen zu lindern und den Knorpelverschleiß zu verhindern. Es wurde auch festgestellt, dass es die Steifheit der Gelenke verringert und die Beweglichkeit der Hüfte verbessert, so dass du dich leichter bewegen kannst. Auch für Menschen, die an Rheuma leiden, ist es von Vorteil, da es die Beweglichkeit der Gelenke verbessert und so die Schmerzen lindert.

Verbessert deine Atemfunktion

Im Capoeira gibt es mehrere Bewegungen, bei denen du deine Atmung kontrollieren und koordinieren musst. Das liegt daran, dass du im Capoeira zwischen schnellen, kraftvollen Bewegungen und solchen, bei denen du kleine Muskeln einsetzen musst, wechseln musst. Dies trägt zur Verbesserung deiner Atemfunktion bei, da du dich auf die richtige Atmung konzentrieren musst und deine Lungenkapazität verbessert wird. Das kann dazu beitragen, Atemwegsprobleme wie Asthma und chronisch obstruktive Lungenerkrankung (COPD) zu verringern. Da es dich dazu anregt, schnell zwischen Bewegungen, die eine kräftige Atmung erfordern, und solchen, die eine langsame, kontrollierte Atmung erfordern, zu wechseln, kann es außerdem dazu beitragen, deine Atemkapazität zu verbessern.

Ankurbelung des Stoffwechsels

Da Capoeira mehrere muskelstraffende Bewegungen und Bewegungen mit hoher Intensität beinhaltet, ist es eine gute Möglichkeit, deinen Stoffwechsel anzukurbeln. Es kann dir helfen, Kalorien und Fett zu verbrennen und deine Muskelmasse zu erhalten. Die hochintensiven Bewegungen im Capoeira sind ideal, um deinen Stoffwechsel anzukurbeln, auch wenn du mit dem Training fertig bist. Das bedeutet, dass Capoeira ein effektiver Weg ist, um Gewicht zu verlieren, da es dir hilft, Kalorien zu verbrennen und Pfunde abzubauen. In Kombination mit einer gesunden Ernährung und einem effektiven Krafttrainingsprogramm ist es außerdem eine gute Möglichkeit, deine Muskeln zu definieren und einen straffen Körper zu bekommen.

Beugt Krankheiten vor

Es ist eine großartige Form der Bewegung, um deinen Kreislauf und deine Atemwege zu verbessern. Außerdem kann es helfen, deine Knochendichte zu verbessern und Krankheiten wie Osteoporose, Arthritis und Diabetes zu verhindern. Regelmäßiges Capoeira-Training hilft dir, deinen Kreislauf aufrechtzuerhalten, und kann dein Risiko für Herzkrankheiten senken. Auch für Menschen, die an Diabetes leiden, ist Capoeira eine gute Sportart, denn es hilft, den Blutzuckerspiegel zu kontrollieren und die Insulinproduktion zu regulieren.

Verbessert deine Laune

Capoeira ist eine großartige Sportart, um deine Stimmung zu verbessern. Wenn du hochintensive Bewegungen in dein Training einbaust, bei denen du dich auf die Kontrolle deiner Atmung konzentrieren musst, erhöht sich deine Herzfrequenz. Da es deine Atemfunktion verbessert, kann es dir auch helfen, dich zu entspannen und den Stresspegel zu senken, der bekanntermaßen depressive Symptome verschlimmern kann. Es kann dir auch helfen, einen tiefen Entspannungszustand zu erreichen, da es die Achtsamkeit fördert, die es dir ermöglicht, dich auf die Gegenwart zu konzentrieren und stressige Gedanken loszulassen.

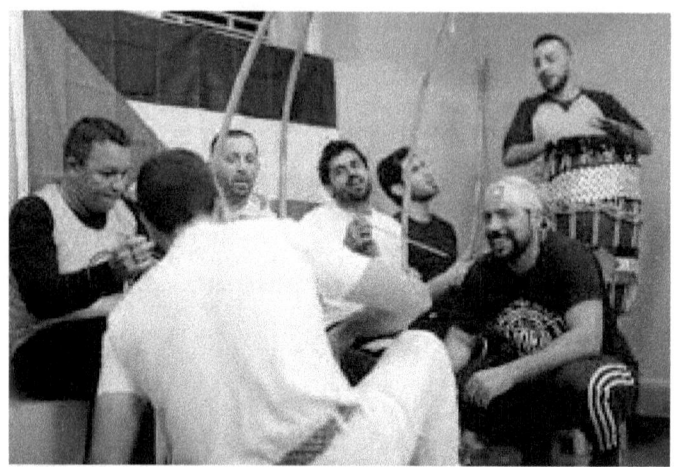

Verbessert dein Gleichgewicht

Capoeira ist eine großartige Methode, um dein Gleichgewicht zu verbessern. Es verlangt von dir, dass du in der Bewegung stabil bleibst, was dir helfen kann, deine Koordination und dein allgemeines Gleichgewicht zu verbessern. Da du mehrere Bewegungen ausführen musst, die dir helfen, schnell zwischen verschiedenen Haltungen zu wechseln, ist Capoeira eine großartige Übung, um deinen Gleichgewichtssinn zu trainieren. Das hat viele Vorteile, von der Erleichterung alltäglicher Aufgaben bis hin zur Vermeidung von Verletzungen wie Stürzen und Knochenbrüchen.

Es hilft dir, dein Idealgewicht zu halten

Im Capoeira musst du schnell zwischen Bewegungen mit hoher Intensität, die die großen Muskelgruppen beanspruchen, und Bewegungen mit niedriger Intensität, die vor allem die kleineren Muskeln ansprechen, wechseln. Du musst während des gesamten Trainings eine hohe Herzfrequenz beibehalten, was bedeutet, dass es eine gute Möglichkeit ist, Fett zu verbrennen, ohne Stunden auf dem Laufband zu verbringen. Wenn du keinen Zugang zu einem Fitnessstudio hast, kann dir das regelmäßige Üben von Capoeira helfen, dein Idealgewicht zu halten und deine Muskeln zu stärken.

Verbessert deine Leistung in anderen Sportarten

Capoeira ist eine gute Möglichkeit, deine Leistung in anderen Sportarten zu verbessern, denn es hilft dir, deine Beweglichkeit, dein Gleichgewicht und deine Koordination zu verbessern. Capoeira ist auch eine großartige Trainingsform, um deine aerobe Fitness zu verbessern, da du hochintensive Bewegungen in dein Training einbauen musst. Das macht es zu einer großartigen Möglichkeit, deine Ausdauer, Koordination und mentale Konzentration zu verbessern - alles wichtige Voraussetzungen, um in jeder Sportart erfolgreich zu sein.

Beugt Verletzungen vor

Capoeira ist ein großartiges Training, um Verletzungen vorzubeugen, da es verschiedene Bewegungen beinhaltet, die die Flexibilität und Mobilität verbessern. Außerdem ist Capoeira eine sanfte Sportart, die deinen Körper nicht übermäßig belastet, so dass fast jeder sie sicher ausüben kann. Außerdem verbessert es dein Gleichgewicht und deine Koordination, was Stürzen vorbeugt, die zu Verletzungen führen können.

Vergrößert deinen Bewegungsradius

Im Capoeira musst du zwischen Bewegungen mit hoher Intensität, die die großen Muskelgruppen beanspruchen, und Bewegungen mit niedriger Intensität, die vor allem deine kleineren Muskeln ansprechen, wechseln. Capoeira ist eine großartige Übung, um deinen Bewegungsradius zu verbessern. Es ist auch für Menschen mit Verletzungen von Vorteil, da es die Muskeln in deinen Armen und Beinen stärkt, was die Genesung beschleunigen kann. Regelmäßiges Üben von Capoeira kann also dazu beitragen, deinen Bewegungsspielraum zu verbessern und Verletzungen vorzubeugen, die durch einen eingeschränkten Bewegungsspielraum entstehen.

Verbessert deine Haltung

Capoeira ist eine großartige Sportart, um deine Haltung zu verbessern, da du verschiedene Bewegungen ausführen musst, die dein Gleichgewicht und deine Koordination verbessern. So kannst du alltägliche Aufgaben mit Leichtigkeit erledigen und Rückenschmerzen und anderen Problemen vorbeugen, die auf eine schlechte Haltung zurückzuführen sind. Wenn du regelmäßig übst, verbessert sich deine Atmung, so dass du die richtige Haltung beibehalten kannst, ohne deinen Körper zu belasten.

Wenn du eine Sportart betreiben willst, die dein allgemeines Wohlbefinden verbessert, solltest du Capoeira in Betracht ziehen. Capoeira ist eine einzigartige Sportart, die verschiedene Bewegungen beinhaltet, bei denen du schnell zwischen verschiedenen Stellungen wechseln musst. Das macht Capoeira zu einem großartigen Ausdauertraining, bei dem die Herzfrequenz während des gesamten Workouts erhöht bleibt. Außerdem kann Capoeira dein Gleichgewicht und deine Koordination verbessern, so dass du alltägliche Aufgaben leichter bewältigen kannst und Verletzungen, die durch mangelndes Gleichgewicht und mangelnde Koordination entstehen, vermieden werden. Capoeira ist auch für Menschen mit Verletzungen von Vorteil, da es die Muskeln in deinen Armen und Beinen stärkt und so die Genesung beschleunigt.

Kapitel 11: Das Capoeira-Workout

Capoeira hat viele verschiedene Komponenten. Es ist mehr als nur eine gewaltfreie Sportart, sondern erfordert auch ein hohes Maß an Kontrolle und Kraft. Jede Form von Capoeira besteht aus mehreren Bewegungen, die jeweils einen bestimmten Rhythmus haben. Die Musik ist essentiell für das Spiel, da sie den Rhythmus und den Stil bestimmt. Ein häufiges Missverständnis über die Akrobatik im Capoeira ist, dass es sich dabei um reine Gymnastik oder Breakdance-Bewegungen handelt, aber das ist nicht der Fall. Die Bewegungen und Kampftechniken im Capoeira sind Kampfsportbewegungen, aber viele Bewegungen erfordern große Kraft und Stärke, um effektiv ausgeführt zu werden.

Um dir dabei zu helfen, dich auf deine Capoeira-Reise zu begeben, findest du in diesem Kapitel einige grundlegende Capoeira-Übungen und Workouts, die du in deine tägliche Routine einbauen kannst. So kannst du, auch wenn du nicht jede Woche zum Unterricht gehst, deine Fähigkeiten trainieren und aufrechterhalten und die verschiedenen Bewegungen mit Leichtigkeit ausführen.

Die Vorbereitungen

Um Capoeira zu üben, brauchst du keine besondere Ausrüstung. Alles, was du brauchst, ist eine ebene Fläche und genug Platz, um dich frei bewegen zu können. Dabei spielt es keine Rolle, ob es sich um Gras, Beton oder einen Holzboden handelt. Solange die Oberfläche nicht zu glatt ist, wie z.B. Fliesen, sollte alles in Ordnung sein. Wenn du einen harten Boden hast und den Aufprall deiner Stürze verringern willst, lege etwas Weiches wie eine Matte oder ein Kissen unter.

Du solltest bequeme Kleidung tragen, wenn du Capoeira trainierst. Es ist gut, lockere, luftige Kleidung zu tragen, in der du dich frei bewegen kannst, ohne dass dir zu heiß wird. Es ist sehr wichtig, dass du nicht zu weite Kleidung trägst, denn manche Bewegungen können ziemlich akrobatisch sein, und du solltest vermeiden, dich in deiner Kleidung zu verfangen. Außerdem kann weite Kleidung ziemlich unbequem sein, wenn du kopfüber hängst.

Als Erstes solltest du darauf achten, dass deine Schuhe für Capoeira geeignet sind. Sie sollten bequem sein und es dir ermöglichen, dich leicht zu bewegen. Turnschuhe oder Laufschuhe sind dafür am besten geeignet, da ihre Sohlen einen guten Halt bieten, was für sichere Sprünge und Landungen nützlich ist, während du dich trotzdem leicht bewegen kannst. Du solltest es vermeiden, beim Capoeira-Training hohe Absätze oder Flip-Flops zu tragen.

Aufwärmen

Bevor du mit dem Üben anfängst, ist es wichtig, dass du dich aufwärmst. Das lockert deine Muskeln und bringt dein Blut in Wallung. Dehne dich, um dich leichter bewegen zu können und um Muskelzerrungen zu vermeiden. Das Aufwärmen sollte in der Regel 10 bis 15 Minuten dauern. Die folgenden Übungen sind gut für deine Beine, Hüften und Schultern:

Hampelmänner

Springe mit beiden Füßen in die Luft und klatsche dabei mit den Händen über deinem Kopf. Springe dann auf beide Füße und klatsche seitlich neben deine Hüfte. Das ist eine vollständige Ausführung. Wiederhole sie 20 Mal und mache dann eine kurze Pause (15 Sekunden).

Einbeinige Kniebeugen

Stell dich auf dein rechtes Bein und winkle dein linkes Bein hinter dir nach oben, wobei das Knie nach vorne zeigt. Halte deine Hüfte gerade und beuge das rechte Bein, bis dein rechter Oberschenkel parallel zum Boden ist. Platziere deine Hände auf der Unterseite deines rechten Oberschenkels und schiebe dich nach oben, bis du wieder aufrecht stehst. Das ist eine vollständige Ausführung. Wiederhole die Übung 10 Mal und mache dann eine kurze Pause (15 Sekunden).

Führe die Übung erneut durch, indem du dich auf dein linkes Bein stellst.

Ausfallschritte

Mache mit deinem linken Fuß drei Schritte nach vorne. Deine Füße sollten etwa 1 Meter voneinander entfernt sein. Halte dein rechtes Knie nach oben gerichtet und beuge es so, dass es parallel zum Boden ist. Dein linkes Knie sollte jetzt fast den Boden berühren. Drücke dich mit deinem rechten Bein nach oben, bis du wieder gerade stehst. Das ist eine vollständige Ausführung. Wiederhole die Übung 10 Mal und mache dann eine kurze Pause (15 Sekunden).

Wiederhole die Übung, aber benutze diesmal dein rechtes Bein.

Stuhlpose

Stelle dich gerade hin und stelle deine Füße hüftbreit auseinander. Beuge eines deiner Knie und hebe das andere Bein zur Seite und halte es gerade. Halte die Position etwa drei Sekunden lang und setze dann deinen Fuß wieder auf den Boden. Das ist eine Ausführung. Wiederhole die Übung 10 Mal und mache dann eine kurze Pause (15 Sekunden).

Wiederhole die Übung, aber dieses Mal mit dem anderen Bein.

Nachdem du dich aufgewärmt hast, kannst du jetzt mit dem Üben beginnen.

Capoeira-Bewegungen und -Techniken

Um im Capoeira gut zu sein, musst du mehrere verschiedene Tritte beherrschen. Sie sind alle unterschiedlich und dienen bestimmten Zwecken. Es gibt auch verschiedene Rollen, Radschläge, Klimmzüge und Kopfstände, die du lernen musst, um weiterzukommen. Das Erste, was du lernen solltest, ist eine Reihe von Grundbewegungen. Sie sind einfach auszuführen und geben dir die Möglichkeit, dich an den Fluss des Spiels zu gewöhnen.

Sweep

Mit dieser Bewegung fängst du das Bein deines Gegners. Du musst deinen rechten Fuß vor dem linken Knie deines Gegners platzieren, während er versucht, dich zu treten. Gleichzeitig greifst du ihn mit der linken Hand hinten an der Hüfte und hebst ihn hoch, damit er das Gleichgewicht verliert.

Salto

Diese Bewegung ist schwieriger auszuführen, aber sehr effektiv, wenn du die Bewegungen beherrschst. Stelle zunächst deinen linken Fuß nach hinten und winkle dein rechtes Bein vor dir an. Dein linker Fuß sollte sich unter deinem rechten Knie und hinter deinem rechten Knöchel befinden. Jetzt greifst du mit deiner rechten Hand deine linken Zehen und hebst dein Bein an. Dadurch machst du einen Rückwärtssalto und landest auf deinen Händen. Nutze nun den Schwung, um wieder aufzustehen, während dein rechtes Bein in der Luft ist.

Radschlagen

Für diese Bewegung musst du mit den Beinen hüftbreit auseinander stehen. Beuge dein linkes Bein und halte es mit den Händen ein paar Zentimeter vom Boden entfernt, aber parallel zum Boden. Drücke dich nun in einen Rückwärtssalto, bis du gerade stehst und deine Arme parallel zum Boden sind. Auch hier nutzt du den Schwung deines Rückwärtssaltos.

Kopfstand

Es ist relativ einfach zu lernen, wie man einen Kopfstand macht. Du musst deine Hände vor dir auf den Boden legen und dich dann in einen Kopfstand hochdrücken.

Liegestütze

Um einen Liegestütz zu machen, musst du dich nur auf deine Hände und Zehen stützen und in Position gehen. Nun senkst du dich ab, bis deine Brust fast den Boden berührt, und drückst dich dann mit den Armen wieder nach oben. Denke daran, auszuatmen, wenn du dich hochdrückst, und deinen Rücken gerade zu halten.

Flugzeug

Diese Bewegung ist relativ einfach zu erlernen. Nimm eine Liegestützposition ein, aber stütze dich bei dieser Bewegung auf deine angewinkelten Arme. Hebe nun ein Bein nach dem anderen an, bis es parallel zum Boden ist, und stelle es dann wieder auf den Boden. Dein Gewicht sollte auf deinen Armen und deinen Schultern liegen, nicht auf deinen Füßen.

Rollen

Eine Rolle ist eine wichtige Bewegung, die du lernen musst, wenn du nicht überrumpelt werden willst. Um eine Rolle zu machen, musst du sicherstellen, dass deine Füße schulterbreit auseinander stehen und deine Beine leicht gebeugt sind. Jetzt beugst du deine Knie ein wenig und lehnst dich nach vorne. Nun drückst du dich nach oben, bis du auf deinen Händen balancierst, so dass deine Beine über dir sind und dein Rücken zum Boden zeigt. Aus dieser Position heraus drückst du dich wieder nach oben und verlagerst das Gleichgewicht auf deine Füße statt auf deine Hände. Dein Kopf sollte sich zwischen deinen Armen befinden. Jetzt musst du dich nur noch zurücklehnen, um wieder auf deinen Händen zu landen. Wiederhole diese Bewegung, bis du die andere Seite erreicht hast.

Kicks

Es gibt vier grundlegende Kicks im Capoeira: den Front Kick, den Side Kick, den Back Kick und den Axe Kick.

- **Front Kick** - Der Front Kick ist einer der grundlegendsten Kicks im Capoeira und dient vor allem dazu, die Geschwindigkeit zu trainieren. Um diese Bewegung auszuführen, stellst du dich in eine Kampfposition und hebst dein Knie vor dir an, so dass es in einem Winkel von etwa 90 Grad angewinkelt ist. Nun streckst du es mit deinen Oberschenkelmuskeln, nicht mit deinem Rücken.

- **Side Kick** - Dies ist einer der nützlichsten Kicks, die du im Capoeira lernen wirst. Um diese Bewegung auszuführen, stellst du deinen rechten Fuß hinter dich und beugst dein Bein, bis dein Knie einen Winkel von fast 90 Grad bildet. Jetzt streckst du dein Bein aus, so dass es senkrecht zum Boden steht. Dein Gewicht sollte auf deinem rechten Fuß liegen. Du kannst es anpassen, indem du dich nach vorne lehnst.

- **Back Kick** - Dieser Tritt ist etwas komplizierter als die anderen beiden, weil er eine große Bewegung der Hüfte erfordert, damit du genug Schwung für den Tritt gegen deinen Gegner bekommst. Für diese Bewegung musst du aufrecht stehen und deinen Oberkörper ein wenig nach vorne beugen. Jetzt drehst du deinen Körper nach rechts und winkelst dein linkes Bein hinter dir an. Hebe dein Bein an, bis es parallel zum Boden ist, und richte es dann mit Hilfe deiner Oberschenkelmuskeln auf. Dein Bein sollte in einem Winkel von etwa 45 Grad vom Boden weg zeigen; dein Gewicht sollte auf dem rechten Fuß liegen.

- Der **Axe Kick** ist dem Back Kick sehr ähnlich, aber er erfordert nicht so viel Kniebewegung, weil dein Bein zu Beginn gebeugt ist. Der Schlüssel zu dieser Bewegung ist die Bewegung der Hüfte und ihre Effektivität. Stell dich gerade hin und drehe dein linkes Bein nach rechts, um diese Bewegung auszuführen. Nun beugst du es hinter dir und hebst dein Bein an, bis es parallel zum Boden ist. Richte es wieder auf, indem du deine Oberschenkelmuskeln anspannst und die Zehen leicht anhebst. Dein Gewicht sollte auf dem rechten Fuß lasten, aber du kannst es anpassen, indem du dich nach vorne lehnst.

Fortgeschrittene Capoeira-Übungen

Wenn du dein Capoeira-Training ein bisschen anspruchsvoller gestalten willst, solltest du einige dieser fortgeschrittenen Übungen ausprobieren.

Seitenkick mit einer Drehung

Diese Bewegung ist sehr effektiv, wenn du deine Hüften und Oberschenkel stärken willst, aber sie ist auch sehr anstrengend. Dazu stellst du dich gerade hin, stellst den linken Fuß hinter dich und beugst dein Bein bis zu einem Winkel von etwa 90 Grad. Hebe nun dein linkes Bein so an, dass es parallel zum Boden verläuft und drehe es im Uhrzeigersinn. Nun beugst du dein Knie erneut und stellst deinen Fuß wieder in die ursprüngliche Position.

A-Frame

Diese Bewegung eignet sich hervorragend, um deine Rumpfkraft zu entwickeln und dein Gleichgewicht zu verbessern. Stell dich dazu aufrecht hin und hebe deine Arme so, dass sie parallel zum Boden sind. Sie sollten etwa schulterbreit auseinander sein, aber du kannst das bei Bedarf anpassen. Nun winkelst du dein linkes Bein an und stellst es hinter dich, so dass es einen Winkel von etwa 100 Grad zum Boden bildet. Halte diese Position so lange wie möglich.

Side-to-Side Punch

Diese Übung eignet sich hervorragend, um deine Schnelligkeit und Kraft zu steigern, aber du musst wissen, wie du die grundlegenden Schläge und Tritte ausführst, bevor du sie versuchst. Um diese Bewegung auszuführen, rennst du einfach nach vorne und schlägst auf deinen Gegner ein, wie du es in einem normalen Capoeira-Kampf tun würdest. Sobald du geschlagen hast, drehst du dich schnell nach rechts und machst das Gleiche noch einmal. Wiederhole das so lange, bis du die andere Seite erreicht hast.

Sprung nach hinten

Diese Bewegung ist dem Rückwärtskick sehr ähnlich, allerdings hüpfst du dabei, um etwas mehr Schwung zu bekommen. Diese Bewegung würdest du machen, wenn dein Gegner auf dich zustürmt. Stell dich gerade hin und bewege dein linkes Bein nach rechts. Nun winkelst du es hinter dir an und hebst dein Bein an, bis es parallel zum Boden steht. Richte es auf, indem du deine Oberschenkelmuskeln anspannst und die Zehen leicht anhebst. Drücke dich jetzt mit der Kraft in deinem Bein zurück, bis du wieder gerade stehst.

Seitwärtshüpfen

Dies ist eine tolle Bewegung, wenn du etwas Fortgeschritteneres ausprobieren möchtest. Stelle dich gerade hin und nimm dein linkes Bein auf die rechte Seite. Nun beugst du es hinter dir und hebst dein Bein an, bis es parallel zum Boden steht. Richte es auf, indem du deine Oberschenkelmuskeln anspannst und die Zehen leicht anhebst. Lehne dich aus dieser Position nach links und drücke dich zurück, um wieder gerade zu stehen.

Switch Footed Hop

Diese Bewegung sieht komplizierter aus, als sie tatsächlich ist. Stell dich gerade hin und bewege dein linkes Bein nach rechts, aber achte darauf, dass es sich leicht vor deinem rechten Bein befindet. Nun beugst du dein rechtes Bein und hebst es an, bis es parallel zum Boden steht. Richte es auf, indem du deine Oberschenkelmuskeln anspannst und die Zehen leicht anhebst. Drücke dich jetzt mit der Kraft deines linken Beins zurück, bis du wieder gerade stehst. Zum Abschluss dieser Bewegung wechselst du die Füße, so dass dein rechtes Bein vorne ist, und wiederholst die Schritte eine ganze Minute lang.

Caterpillar Jump

Diese Bewegung ähnelt dem Switch-Foot Hop, ist aber eher eine Ausdauerübung und weniger ein Capoeira-Kick. Du kannst diese Übung zum Aufwärmen oder Abkühlen verwenden. Stell dich gerade hin und bewege dein linkes Bein nach rechts, aber achte darauf, dass es etwas vor deinem anderen Bein steht. Nun beugst du dein rechtes Bein und hebst es an, bis es parallel zum Boden steht. Drücke dich jetzt mit der Kraft deines linken Beins zurück, bis du wieder gerade stehst. Zum Abschluss dieser Bewegung wechselst du die Füße, so dass dein rechtes Bein vorne ist, und wiederholst die Schritte eine ganze Minute lang.

Back Hop mit Punch

Beginne diese Bewegung auf die gleiche Weise wie den Sprung nach hinten, aber wenn du dich nach rechts zurücklehnst und nach oben drückst, schlägst du nach deinem Gegner. Bei dieser Bewegung kommt es vor allem auf das Timing an, also achte darauf, dass du die ersten beiden Schritte beherrschst, bevor du es versuchst. Denke daran, den Schwung aus dem Zurückspringen zu nutzen, um diese Bewegung zu unterstützen.

Du solltest Folgendes anstreben:

- Ein sicheres und kontrolliertes Rad.
- Handstand ohne Unterstützung.
- 10 Meter Walkover vorwärts und rückwärts.
- 15 Meter Kopfstand-Walkover.
- 10 bis 15 aufeinanderfolgende Liegestütze.
- 30 Sekunden nonstop vom Boden hochkicken, dann ein Sprung zurück auf die Füße.

- 10 Liegestütze hintereinander nur mit den Füßen, dann ein Sprung zurück auf die Füße.
- 15 bis 20 aufeinanderfolgende seitliche Beinhebeübungen, dann ein Sprung zurück auf die Füße.
- 10 Kopfstände hintereinander, dann ein Sprung zurück auf die Füße.

Das sind bei weitem nicht alle Übungen, mit denen du dich fit halten kannst, aber es ist eine gute Möglichkeit, deine Muskeln an das zu gewöhnen, was im Capoeira stattfindet. Es ist wichtig, dass du dich dehnst und aufwärmst, bevor du eine dieser Übungen ausführst. Wenn du sie mit jemandem zusammen ausführst, solltet ihr darauf achten, dass ihr genügend Abstand zueinander habt. Dieses Kapitel soll dir einen Überblick über Capoeira verschaffen und dir einen Einblick geben, was Capoeira beinhaltet. Die Bewegungen und Techniken sehen vielleicht kompliziert aus, aber das sind sie nicht. Wenn du dieses Workout jeden Tag machst und hart trainierst, werden sich deine Fähigkeiten schon nach wenigen Monaten deutlich verbessern und du wirst einen großen Unterschied sehen. Denke daran, dass es bei Capoeira darum geht, im Team zu arbeiten, und dass regelmäßiges Training der einzige Weg ist, um besser zu werden.

Kapitel 12: Verbessere deine Fähigkeiten

Es ist nie lustig, auf den Boden zu knallen, aber es kann noch schlimmer sein, wenn du merkst, dass du nur einen Zentimeter davon entfernt warst, die Person zu erwischen, die versucht hat, dir die Beine wegzuziehen. Vielleicht willst du auch wissen, wann es in Ordnung ist, eine Reihe von Schlägen auf jemanden loszulassen oder wie du dich richtig drehen kannst.

Capoeira ist berühmt für seine Geschmeidigkeit und Ausdruckskraft. Es gibt keine festen Grenzen, aber hier sind einige Tipps, die dir helfen werden, dein Spiel zu verbessern:

1. Verbessere deine Beweglichkeit

Im Moment mag es sich so anfühlen, als sei deine Wirbelsäule ein Betonpfeiler. Aber wenn du jeden Tag ein paar Dehnübungen machst, wirst du merken, wie sich deine Beweglichkeit verbessert. Du wirst erstaunt sein, wie viel besser du dich bewegen kannst und wie gut du Bewegungen ausführen kannst.

Dehnen allein reicht aber nicht aus, du musst auch deine Muskeln stärken, um Widerstandsfähigkeit und Ausdauer zu entwickeln. Wenn du zu oft trainierst, ohne dich ausreichend zu erholen, werden deine Muskeln reißen und es wird dir nicht mehr möglich sein, lange zu trainieren. Wenn deine Muskeln zu stark werden, werden sie nicht mehr so flexibel sein. Du solltest ein Gleichgewicht zwischen Kraft und Flexibilität finden.

2. Arbeite daran, deine Bewegungen zu verbessern

Jede Bewegung im Capoeira sollte schnell und geschmeidig ausgeführt werden. Du solltest deine Finger, Hände, Füße und Zehen immer geschickter einsetzen. Wenn du Schwierigkeiten hast, eine bestimmte Bewegung auszuführen, versuche, sie zu verlangsamen und zu spüren, wie sich dein Körper in diesem Moment bewegt. Beschleunige sie dann allmählich, um diese Bewegung zu perfektionieren.

Wenn du mit einer bestimmten Bewegung Schwierigkeiten hast, frage deinen Lehrer oder jemanden mit mehr Erfahrung. Sie können dir zeigen, auf welche Muskeln du dich konzentrieren solltest und dir sogar helfen, deinen Körper anzupassen.

3. Übe die grundlegenden Bewegungen jeden Tag

Am Anfang wird es sich anfühlen, als würdest du noch einmal ganz von vorne krabbeln lernen. Wahrscheinlich wirst du aufgeben wollen, bevor du überhaupt angefangen hast. Tappe nicht in diese Falle. Mach weiter und erinnere dich daran, warum du überhaupt angefangen hast.

Du solltest am besten mit den drei grundlegenden Bewegungen Sacadas, *Ginga* und Batuque beginnen. Sie geben dir eine solide Basis, auf der du später aufbauen kannst. Wenn du diese grundlegenden Bewegungen beherrschst, wird es viel einfacher sein, fortgeschrittenere Techniken wie das Berimbau Echo, Queixada und *Aú* zu lernen. Wenn du mit einer bestimmten Bewegung Schwierigkeiten hast, versuche, sie auf die halbe Geschwindigkeit zu reduzieren. So kannst du jeden Muskel spüren und sehen, wo du Fehler machst.

4. Beobachte Capoeiristas, zu denen du aufschaust

Das kann eine großartige Möglichkeit sein, sich inspirieren zu lassen. Du kannst Bewegungen sehen, die du in dein eigenes Spiel einbauen kannst, und dir gute Tipps von erfahreneren Spielern abgucken. Versuche, sie nicht einfach zu imitieren. Finde stattdessen heraus, was ihre Bewegungen einzigartig macht, und füge es zu dem hinzu, was du bereits geübt hast.

5. Übe deine neuen Bewegungen mit einem Partner

Der wahre Schlüssel zu Timing und Koordination ist das Spielen mit einem Partner. Wenn du als Anfängerin oder Anfänger mit diesem Schritt Schwierigkeiten hast, versuche, neben einer erfahreneren Person zu üben. Oder noch besser: Finde jemanden, der bereit ist, dir ein wenig Zeit zu schenken.

Wenn du über die Anfängerbewegungen hinausgehst, wirst du merken, dass du sie von Zeit zu Zeit wiederholen und üben musst. Versuche, dich nicht entmutigen zu lassen. Vielleicht freust du dich sogar darauf, eine Grundbewegung noch einmal zu üben, weil es sich so gut anfühlt, wenn du sie zum zweiten Mal beherrschst.

6. Hab keine Angst, um Hilfe zu bitten

Denke daran, dass Capoeira ein Gemeinschaftssport ist. Wir sind alle hier, um uns gegenseitig zu helfen. Wenn du mit etwas nicht zurechtkommst, frag einfach einen deiner Freunde nach einem Tipp. Sie wissen die Antwort vielleicht nicht sofort, also sei nicht sauer, wenn sie deine Probleme nicht in fünf Minuten lösen können. Je mehr du mit verschiedenen Leuten spielst, desto mehr lernst du verschiedene Bewegungen und Techniken kennen. Vielleicht entdeckst du sogar neue Techniken, von denen du gar nicht wusstest, dass es sie gibt.

7. Arbeite weiter an deiner Ausdauer

Capoeira ist eine aerobe Sportart. Es ist sehr wichtig, dass du mit der Zeit durch regelmäßige körperliche Aktivität deine Ausdauer trainierst. Das bedeutet nicht, dass du lange Strecken laufen oder Gewichte heben musst. Du kannst deine Ausdauer mit vielen Sprüngen, Tritten, Schlägen und Tanzbewegungen trainieren.

8. Übe weiter und gib nicht auf

Auch wenn du denkst, dass du eine Bewegung oder Technik beherrschst, solltest du sie noch einen Monat lang jeden Tag üben, um sicherzugehen. Dann warte weitere zwei Wochen, bevor du dich erneut testest, um sicherzugehen, dass die Technik wirklich in deinem Muskelgedächtnis verankert ist.

9. Begeistere dich für Capoeira

Vergiss nicht, dass du dich für diesen Sport entschieden hast, weil es etwas gab, das dich dazu gebracht hat, mehr darüber erfahren zu wollen. Wenn du dich beim Lernen entmutigt fühlst, versuche einen Schritt zurückzutreten und dich daran zu erinnern, warum du überhaupt angefangen hast. Erinnere dich an dein ursprüngliches Gefühl der Begeisterung und Motivation, wenn du das Gefühl hast, aufzugeben. Das wird dich motivieren, weiter nach neuen Bewegungen und Techniken zu suchen.

10. Versuche, ein Vorbild zu finden

Vielleicht gibt es einen Capoeirista, den du bewunderst. Vielleicht ist es dein Mestre oder jemand aus einer Gruppe, mit der du regelmäßig trainierst. Vielleicht können sie dir Tipps geben, wie du deine Bewegungen verbessern und flüssiger machen kannst. Und wenn du ihnen zeigst, was du geübt hast, können sie dir wahrscheinlich auch zeigen, wie man es verbessern kann.

11. Denke daran, dass es immer neue Bewegungen zu lernen gibt

Auch wenn du jahrelang geübt hast, wirst du immer wieder neue Bewegungen entdecken. Mach es dir nicht zu bequem mit deinem aktuellen Set. Bleib aufgeschlossen und halte Ausschau nach neuen Übungen, um dein Können zu verbessern.

12. Übe kontinuierlich

Da Capoeira ein fließender, improvisierter Kampfkunststil ist, ist es sehr wichtig, dass du improvisieren kannst und das, was du bereits weißt, in einem echten Kampf oder einer Konfrontation anwenden kannst. Dazu musst du alle deine Bewegungen und Techniken so lange üben, bis sie dir in Fleisch und Blut übergegangen sind.

13. Übe weiter deinen Rhythmus

Je mehr du diese Bewegungen übst, desto besser fließen sie zusammen, wenn du in einem Spiel oder *Jogo* (Kampf) bist. Du kannst alleine oder mit einer anderen Person üben. Wenn möglich, versuche, alle vier Gliedmaßen in die Rhythmen einzubeziehen, die du übst.

14. Übe weiter deine Angolas

Eine Angola ist eine Rolle, die im Rahmen von Capoeira Angola vorkommt, einem älteren Spielstil mit mehr traditionellen Wurzeln als viele moderne Spielstile. Manche Leute mögen sagen, dass diese Rollen veraltet sind, aber in einigen Gruppen sind sie auch heute noch sehr lebendig. Unabhängig vom Stil deiner Gruppe gilt: Je mehr Angolas du kennst, desto größer ist deine Chance, ein echter Capoeirista zu sein.

15. Übe weiter deine Hiebe (Golpes)

Hiebe sind Bewegungen, die im Spiel oder *Jogo* vorkommen und nicht in die anderen Kategorien wie Baloes, Sambas und Angolas passen. Diese Bewegungen sind sehr wichtig, denn sie können sowohl das Spiel von dir als auch von deinem Gegner beeinflussen. Außerdem sehen sie oft sehr beeindruckend aus, wenn sie gut ausgeführt werden.

16. Übe weiter deine Sit-Ups (Agachadas)

Capoeira Angola ist eine Kunstform, die ihre Wurzeln fest in der afrikanischen Tradition und in vielen anderen Kulturen der Welt hat. Das macht sie auch so interessant. Zu diesen Traditionen gehört auch eine Art von Tanz, der *Agogô* genannt wird. Du kannst deine *Agogôs* auf viele Arten üben, aber eine Möglichkeit ist, sie in dein Training einzubauen, indem du Sit-ups machst, während du Gewichte hältst.

17. Übe weiter deine Rollen

Wenn du noch nicht weißt, wie man rollt, solltest du so bald wie möglich damit anfangen, denn diese Fähigkeit wird dir bei vielen Gelegenheiten nützlich sein. Egal, ob du dich auf dem Boden abrollst oder versuchst, wieder auf die Beine zu kommen, wenn du von einem Gegner zu Boden gedrückt wirst, eine dieser gut geübten Rollen kann dein Leben oder zumindest deinen Stolz retten.

18. Übe weiter das Radschlagen (Rolês)

Capoeiristas sind im Grunde ihres Herzens Künstler, und eines der schönsten Dinge, die man sehen kann, ist ein gut geübtes Rad. Es ist auch sehr beeindruckend, wenn du jemanden siehst, der diese Bewegung in seiner Alltagskleidung meistert. Gut geübte Radschläge können in einem Kampf einen großen Unterschied machen.

19. Übe weiter deine Rückbeugen (Queixadas)

Obwohl die Bewegungen im Capoeira oft als sehr akrobatisch angesehen werden, wird das Rückwärtsbeugen in vielen modernen Gruppen wegen der Verletzungsgefahr nicht gefördert. Einige Capoeira-Gruppen integrieren sie aber trotzdem in ihren Stil, und es lohnt sich, sie zu lernen, wenn deine Gruppe sie unterstützt.

20. Übe weiter deine Frontbeugen (Quebradas)

Dies ist eine weitere akrobatische Bewegung, die in die Kategorie fortgeschrittenes Niveau fällt. Nicht alle Capoeira Angola Gruppen üben Frontbeugen, aber einige schon. Frontbeugen sind mit mehr Risiken verbunden als Rückbeugen. Deshalb ist es wichtig, vorsichtig zu sein und so zu üben, dass das Verletzungsrisiko verringert wird.

Dehnübungen für Capoeira

1. Wadendehnung

Diese Dehnung ist sehr wichtig, weil sie die Grundlage für viele andere Dehnungen ist. Stelle dich für diese Dehnung mit ausgestreckten Händen in Brusthöhe vor eine Wand. Stelle ein Bein vor das andere und trete so weit zurück, dass deine Ferse den Boden berührt. Achte darauf, dass du dich nach vorne lehnst und das Knie deines vorderen Beins gebeugt lässt. Drücke gegen deine Hände und lehne dich zur Wand, bis du eine Dehnung in deinen Wadenmuskeln spürst.

2. Quadrizeps-Dehnung

Stelle dich mit einem Stuhl an deine linke Seite. Stelle einen Fuß auf die Sitzfläche des Stuhls und halte ihn während der gesamten Dehnung dort. Halte dein anderes Bein gerade und drücke deine Hüfte nach vorne und unten in Richtung Boden. Du solltest eine Dehnung in deinen rechten Oberschenkelmuskeln spüren, nachdem du das eine Zeit lang gemacht hast. Achte darauf, dass du es nicht übertreibst!

3. Hürdenläufer-Stretch

Bevor du diese Dehnung ausführst, solltest du dich aufgewärmt haben, entweder durch Gehen oder Laufen. Setze dich auf den Boden und bringe die Sohle eines Fußes vor dir in Richtung Leiste. Lehne dich nach vorne und setze den Fuß auf den Boden, während du das andere Bein gerade und gestreckt hinter dir hältst. Nachdem du das eine Weile gemacht hast, solltest du eine Dehnung in der Leistengegend spüren.

4. Dehnung des unteren Rückens

Lege dich auf den Rücken, wobei beide Beine nach oben zeigen. Ziehe beide Knie nach oben und halte sie mit den Händen fest. Ziehe beide Beine nach oben zur Brust, während du deinen Kopf auf dem Boden lässt. Du solltest jetzt eine Dehnung in deinem unteren Rücken spüren. Bleibe eine Weile in dieser Position, damit sich die Muskeln entspannen können, bevor du die Knie loslässt und deine Füße sanft auf den Boden senkst (sei vorsichtig).

Damit deine Drehungen gut aussehen

1. Arbeite an deiner Beinarbeit

Hier geht es darum, deinen Schwerpunkt zu finden und die richtigen Muskeln einzusetzen, um ein schönes Rad zu drehen. Achte darauf, dass du deine Beine während des Rades so viel wie möglich einsetzt und dass du darauf achtest, wohin du gehst, damit du nach dem Rad nicht gegen etwas stößt. Denke daran: Übung macht den Meister.

2. Arbeite an deiner Hüfte

Die Bewegung der Hüfte sorgt für mehr Schwung beim Radschlagen, weshalb du dich auf diesen Aspekt der Bewegung konzentrieren solltest. Achte darauf, dass du dich so wenig wie möglich mit deinen Armen vom Boden abstößt. Arbeite mehr daran, deine Hüfte zu benutzen, damit du schnell mehr Geschwindigkeit bekommst.

3. Arbeite an deiner Rumpfrotation

Dies ist ein wichtiger Teil des Radschlags, denn du kannst nicht einfach in den Radschlag springen. Du musst zuerst eine Rumpfdrehung machen, um Schwung zu bekommen, bevor du aufstehst und deine Beine über den Kopf wirfst. Übe diese Bewegung mit Gewichten an den Knöcheln, damit du einen gewissen Widerstand hast.

Capoeira-Übungen zum Verbessern der Fertigkeiten

1. Fallen

Bei dieser Übung geht es darum, deine Koordination zu verbessern. Stell dich zunächst mit einem Fuß vor dich, um das Gleichgewicht zu halten, und verschränke deine Arme vor dir. Lehne dich leicht nach vorne und drehe deine Hüfte nach links, so dass du in einer kontrollierten Rolle auf den Rücken auf den Boden fällst. Wiederhole die Übung dann auf der anderen Seite. Achte darauf, dass du deinen Körper nicht drehst und deine Arme nicht loslässt.

2. Rollen

Beginne mit der gleichen Übung wie bei Nummer 1, aber wenn du auf den Rücken fällst, rollst du dich zur Seite und stehst schnell wieder auf. Wiederhole dies auf der anderen Seite.

3. Auffangen

Diese Übung ist ähnlich wie die vorherige, nur dass du einen Ball fangen musst, nachdem du gefallen bist. Pass auf, dass du ihn nicht fallen lässt! Wiederhole diese Übung etwa 10 Minuten lang und werde dabei immer schneller, damit du deine Koordination verbessern kannst.

4. Fangen mit Beinarbeit

Wirf den Ball leicht nach oben, nachdem du deine Arme für diese Übung verschränkt hast. Nachdem du ihn gefangen hast, schwingst du die Beine auf dem Boden und wiederholst die Übung auf der anderen Seite. Denke daran, dass du nur deine Beine benutzen darfst.

5. Radschlagen mit Gewichten (einbeinig)

Stell dich zunächst auf ein Bein und verschränke die Arme vor dir. Lehne dich leicht zur Seite und beuge dich nach unten, indem du dich von deinem hinteren Bein abstützt und deinen Oberkörper nach vorne drehst, während du dich wieder hochdrückst. Wiederhole dies etwa 5 Mal auf jeder Seite, um die besten Ergebnisse zu erzielen.

Teamübungen zur Verbesserung der Capoeira-Fähigkeiten

1. Sit-Ups

Stelle dich in zwei Reihen auf und achte darauf, dass zwischen den einzelnen Personen genügend Platz ist. Die erste Person in jeder Reihe legt sich zunächst mit gestreckten Beinen auf den Boden. Sobald sich alle wohlfühlen, setzt man sich schnell auf und zieht ein Knie mit dem Arm zur Brust. Halte an und wiederhole die Übung dann auf der anderen Seite. Das ist eine tolle Übung, die deine Körpermitte stärkt und auch deine Koordination fördert.

2. Stehauf-Drill

Diese Übung ist ähnlich wie die vorherige, nur dass du dich hinstellst, anstatt dich hinzulegen. Beginne damit, dich langsam zu beugen, und halte an, bevor du deine Beine wieder ausstreckst. Konzentriere dich auf deine Körpermitte und achte darauf, dass du nicht das Gleichgewicht verlierst, indem du vorsichtig ein Bein nach dem anderen ausstreckst.

3. Gewichte nach vorne und hinten

Diese Übung ähnelt der Übung Nummer 2, aber mit Gewichten für die Knöchel. Nimm ein paar leichte Knöchelgewichte und zieh sie an, bevor du mit dieser Übung beginnst. Beuge dich mit gestreckten Beinen nach vorne und halte an, bevor du wieder aufstehst. Es kann schwierig sein, das richtige Timing zu finden, wenn du schwerere Gewichte am Fußgelenk trägst.

Du kannst im Capoeira nie aufhören, neue Fähigkeiten zu lernen, und je mehr Zeit du mit dem Üben verbringst, desto mehr wirst du lernen. Arbeite weiter an deinen Bewegungen, bis sie perfekt sind. Lass dich nicht entmutigen, wenn du am Anfang ständig stolperst. Versuche es weiter, bis du besser wirst.

Sobald du das Gefühl hast, dass deine Grundbewegungen besser werden, kannst du versuchen, andere Capoeira-Fähigkeiten zu erlernen, z.B. die Straße, das Schwingen des Säbels und sogar das Berimbau-Spielen, wenn du daran interessiert bist. Du kannst auch versuchen, deine eigene Capoeira-Schule zu gründen oder einer beizutreten, wenn du eine noch größere Herausforderung suchst.

Fazit

Capoeira ist eine brasilianische Kampfsportart, die auf der ganzen Welt praktiziert wird. Sie verbindet Tanz-, Musik- und Akrobatikelemente zu einer einzigartigen Mischung aus Kampfkunst und Tanz und unterscheidet sich damit von anderen Kampfsportarten. Diese Kunstform stammt ursprünglich von versklavten Afrikanern in Brasilien, die ihre traditionellen Kampfkünste als Tanz tarnten. So konnten sie vermeiden, von Regierungsbeamten erwischt und als Rebellen abgestempelt zu werden.

Dieses Buch vermittelt dir ein besseres Verständnis der Geschichte der Capoeira und hilft Anfängern, diese Kampfkunst zu erlernen. Es führt dich durch die vielen ungewohnten Begriffe, die von traditionellen Capoeira-Praktizierenden verwendet werden, und erklärt das Graduierungssystem im Capoeira sowie die Bedeutung und den Sinn der *Roda* und des *Jogo*.

Außerdem werden die beiden wichtigsten Capoeira-Schulen vorgestellt - Capoeira Angola und Capoeira Regional - und du erhältst einen kurzen Einblick in die Capoeira Contemporânea. Manche Leserinnen und Leser haben vielleicht nur eine begrenzte Auswahl, welche Form sie praktizieren können, weil es in ihrer Gegend keine Lehrer gibt. Wenn du die Möglichkeit hast, dich zu entscheiden, hilft dir dieses Buch, eine fundierte Entscheidung zu treffen.

Als Nächstes führt dich das Buch durch einige der wichtigsten Prinzipien und Bewegungen der Capoeira. Dazu gehören die *Ginga*, die Tritte, das *Aú* und die *Esquivas*. Darüber hinaus lernst du die Angriffstechniken im Capoeira kennen, darunter runde, kreisförmige und gerade Angriffe. Obwohl es sich um eine berührungslose Kampfkunst handelt, solltest du besser verstehen, welche Techniken du beim Spiel in einer *Roda* oder beim eigenen Üben anwenden kannst.

Das Buch führt dich auch durch defensive Capoeira-Bewegungen und erklärt, wie du dich während eines Spiels gegen einen angreifenden Capoeirista verteidigen kannst. Einige Techniken ähneln denen der Angriffsbewegungen, andere sind einzigartig für die defensive Capoeira.

Ein weiterer Aspekt der Capoeira ist die grundlegende Technik. Sie wird auch als *Floreios* (blumige Bewegungen) bezeichnet und trägt dazu bei, Capoeira zu einem visuellen Genuss zu machen. Dabei werden die grundlegenden Bewegungen so lange weiterentwickelt, bis sie so schön sind, dass sie die Zuschauer in Staunen versetzen. Gleichzeitig helfen sie den Capoeiristas, ihr Gewicht zu verlagern und das Spiel geschmeidiger und effizienter zu machen. Das Buch führt dich durch die Grundlagen von Capoeira, so dass du alle erlernten Techniken in ein Grundlagentraining integrieren kannst, mit dem du deine Fähigkeiten verbessern kannst.

Das Buch ging auf die enge Verbindung von Capoeira mit Musik und Tanz ein und erklärte, wie diese Elemente auch heute noch eine wichtige Rolle im Capoeira spielen. Außerdem befasst es sich mit der Ausübung von Capoeira als Fitnessmethode und gibt dir ein grundlegendes Capoeira-Workout an die Hand, das du jederzeit praktizieren kannst. Um dich als Capoeirista weiterzuentwickeln, haben wir dir die Möglichkeiten aufgezeigt, wie du deine Capoeira-Fähigkeiten mit der Zeit verbessern kannst.

Viele Menschen, die sich für Capoeira interessieren, können nicht direkt von einem Lehrer lernen oder sind auf der Suche nach ergänzendem Material, um ihre Ausübung von Capoeira zu erweitern. Dieses Buch diente als umfassender Leitfaden für Anfänger im Capoeira, so dass du eine vertrauenswürdige Quelle hast, an die du dich bei allen Fragen wenden kannst.

Quellenangaben

Teil 1: Boxsport
(N.d.). Realbuzz.com. https://www.realbuzz.com/articles-interests/sports-activities/article/the-basic-skills-of-boxing/
Chen, L. (2021, June 15). The ultimate boxing workout for beginners. Byrdie. https://www.byrdie.com/boxing-workouts-5188633
Duquette, T. (2021, April 13). How to box at home - techniques for beginners. Joinfightcamp.com; FightCamp. https://blog.joinfightcamp.com/training/5-basic-boxing-techniques-to-learn-at-home-during-quarantine/
Evolve, M. M. A. (2022, October 2). 15 basic boxing combinations you should master first. Evolve Daily. https://evolve-mma.com/blog/15-basic-boxing-combinations-you-should-master-first/
Imre, B. (2020, August 14). 6 basic boxing punches & how to throw them correctly. PunchingBagsGuide. https://punchingbagsguide.com/basic-boxing-punches-guide/
Johnny, N. (2012, November 23). The BEGINNER'S guide to boxing. How to Box | ExpertBoxing. https://expertboxing.com/the-beginners-guide-to-boxing
Mahoney, K. (2020, May 2). 7 boxing fundamentals everyone should know. Muscle & Fitness. https://www.muscleandfitness.com/muscle-fitness-hers/hers-workouts/basics-boxing/
McNulty, R. (2020, May 29). The beginner's guide to boxing training. Muscle & Fitness. https://www.muscleandfitness.com/workouts/workout-tips/the-beginners-guide-to-boxing-training/
Ritterbeck, M. (2017, April 11). Boxing for beginners: Boxing basics for stance, breath, and punches. Greatist. https://greatist.com/fitness/boxing-workout-basic-moves-for-beginners

Teil 2: Brasilianisches Jiu-Jitsu
5 tips to improve your pressure jiu-jitsu style. (2020, February 24). Jiujitsu-News.Com. https://jiujitsu-news.com/5-tips-to-improve-your-pressure-Jiu-Jitsu-style/
40+ Brazilian Jiu Jitsu submissions you need to know. (2020, September 7). Bjjsuccess.Com. https://www.bjjsuccess.com/brazilian-Jiu-Jitsu-submissions/
Action reaction in Jiu-jitsu. (2020, January 29). Jiujitsu-News.Com. https://jiujitsu-news.com/action-reaction-in-Jiu-Jitsu/
Barra, G. (2014, July 31). 5 Tips on how to create pressure and be heavy on your opponent. - Gracie Barra. Graciebarra.Com. https://graciebarra.com/gb-news/tips-pressure-opponent/
Barra, G. (2021, January 25). Why Brazilian Jiu-Jitsu is the ultimate form of self-defense. Graciebarra.Com. https://graciebarra.com/chandler-az/why-brazilian-Jiu-Jitsu-is-good-for-self-defense/
Bjj, A. S. (n.d.). Learn BJJ Sequences - Combinations in Brazilian Jiu-Jitsu. Pureartbjj.Com. from https://www.pureartbjj.com/blog/bjj-sequences-combinations/
BJJ for self defence: A complete review by an ex cop. (2020). https://theselfdefenceexpert.com/bjj-for-self-defence/
BJJEE. (2020a, February 20). How to successfully use action-reaction principles when grappling. Bjjee.Com. https://www.bjjee.com/articles/successfully-use-action-reaction-principles-grappling/
BJJEE. (2020b, April 14). Marcelo Garcia on how to use combinations to finish opponents. Bjjee.Com. https://www.bjjee.com/articles/marcelo-garcia-on-how-to-use-combinations-to-finish-opponents/
bjjmindset. (2013, June 7). Action and Reaction. Wordpress.Com. https://bjjmindset.wordpress.com/2013/06/07/action-and-reaction/
BjjTribes. (2020, September 20). How many guards are there in BJJ? The Ultimate list of all of the guard positions in Brazilian Jiu Jitsu. Bjjtribes.Com. https://bjjtribes.com/list-of-all-of-the-guard-positions-in-brazilian-Jiu-Jitsu/
Brazilian Jiu Jitsu – everything about the gentle art. (2019, October 3). Bjj-World.Com. https://bjj-world.com/brazilian-Jiu-Jitsu/

Brazilian jiu jitsu what is it. (2020, April 29). Jiujitsu-News.Com. https://jiujitsu-news.com/brazilian-Jiu-Jitsu-what-is-it/

Bryers, M. (2018, December 13). Top 3 Takedowns For Brazilian Jiu Jitsu. Jiujitsuct.Com. https://www.jiujitsuct.com/3-takedowns-bjj

de Los Reyes, J. (2016, June 15). The Strengths and Weaknesses of Each Martial Art for self-defense. Kombatarts.Com. https://kombatarts.com/strengths-weaknesses-martial-art-self-defense/

Evolve, M. M. A. (2018a, January 29). The first 3 submissions you should master in Brazilian Jiu-Jitsu. Evolve-Mma.Com. https://evolve-mma.com/blog/the-first-3-submissions-you-should-master-in-brazilian-Jiu-Jitsu/

Evolve, M. M. A. (2018b, March 31). 5 basic BJJ movements beginners need to perfect. Evolve-Mma.Com. https://evolve-mma.com/blog/5-basic-bjj-movements-beginners-need-to-perfect/

Evolve, M. M. A. (2019, January 6). The 3 best BJJ takedowns for beginners. Evolve-Mma.Com. https://evolve-mma.com/blog/the-3-best-bjj-takedowns-for-beginners/

Fanatics Authors. (n.d.). Five Essential BJJ Takedowns! Bjjfanatics.Com. from https://bjjfanatics.com/blogs/news/five-essential-bjj-takedowns

Four Esoteric Principles of Martial Arts Skill Development. (2019, December 3). Sonnybrown.Net. https://www.sonnybrown.net/principles-martial-arts-skill-development/

Freeman, D. (2021a, May 14). Brazilian Jiu-Jitsu vs Japanese Jiu-Jitsu: The difference you should know. Bjjgireviews.Com. https://bjjgireviews.com/brazilian-Jiu-Jitsu-vs-japanese-Jiu-Jitsu/

Freeman, D. (2021b, May 26). 10 tips to get started in Brazilian Jiu-jitsu (2021). Bjjgireviews.Com. https://bjjgireviews.com/get-started-in-bjj/

Freeman, D. (2021c, June 3). best BJJ Solo Drills you can do at home by yourself (EVERYDAY). Bjjgireviews.Com. https://bjjgireviews.com/bjj-solo-drills

guy. (2019, September 20). 8 Mistakes Typically made by Brazilian Jiu-Jitsu Beginners. Bjjnc.Com. https://www.bjjnc.com/8-mistakes-typically-made-by-brazilian-Jiu-Jitsu-beginners/

How all Brazilian Jiu-Jitsu Submission Holds work. (2020, September 2). Bjj-World.Com. https://bjj-world.com/brazilian-Jiu-Jitsu-submission-holds/

Intermediate bjj: Building submission combinations. (2016, March 31). Jiujitsutimes.Com. https://jiujitsutimes.com/intermediate-bjj-building-submission-combinations/

Jiu Jitsu, L. (2020, April 1). 10 best BJJ drills you can do home alone. Jiujitsulegacy.Com. https://jiujitsulegacy.com/health/strength-conditioning/10-best-bjj-drills-you-can-do-home-alone/

Jiu-jitsu fight energy Management. (2020, January 29). Jiujitsu-News.Com. https://jiujitsu-news.com/Jiu-Jitsu-fight-energy-management/

Kesting, S. (2016, June 18). 37 powerful BJJ submissions for grapplers. Grapplearts.Com. https://www.grapplearts.com/37-powerful-bjj-submissions-for-grapplers/

Kesting, S. (2018, January 16). Japanese Jiujitsu vs BJJ. Grapplearts.Com. https://www.grapplearts.com/japanese-jiujitsu-vs-bjj/

Kesting, S. (2021, March 1). Top 10 throws and takedowns for BJJ. Grapplearts.Com. https://www.grapplearts.com/top-10-throws-and-takedowns-for-bjj/

leticiamedeiros. (2018, November 26). Takedowns for Jiu-jitsu - Gracie Barra. Graciebarra.Com. https://graciebarra.com/gb-learning/takedowns-for-Jiu-Jitsu/

Marlin, S. (2018, December 14). The Difference Between jiu jitsu vs bjj. Martialboss.Com. https://martialboss.com/Jiu-Jitsu-vs-bjj

Martial arts grappling techniques (beginner & advanced). (2018, September 7). Blackbeltwiki.Com. https://blackbeltwiki.com/grappling

Open guard vs closed guard BJJ explained. (2021, January 27). Jiujitsu-News.Com. https://jiujitsu-news.com/open-guard-vs-closed-guard/

Ruiz, B. (2020, May 11). 23 effective bjj takedowns. Mma-Today.Com. https://www.mma-today.com/bjj-takedowns-judo-throws/

Scandinavia, B. J. J. (2016, October 13). All guards in Brazilian Jiu Jitsu (with videos) - BJJ Scandinavia. Bjjscandinavia.Com. http://www.bjjscandinavia.com/2016/10/13/all-guards-in-brazilian-Jiu-Jitsu-with-videos/

Skoczylas, N. (2020a, October 19). Japanese Jiu-jitsu vs. Brazilian Jiu-jitsu. Projectbjj.Com. https://projectbjj.com/japanese-Jiu-Jitsu-vs-brazilian-Jiu-Jitsu/

Skoczylas, N. (2020b, October 28). What are the fundamentals in Brazilian Jiu-Jitsu? Projectbjj.Com. https://projectbjj.com/what-are-the-fundamentals-in-brazilian-Jiu-Jitsu/

Smith, A. (2017, November 11). Combinations in BJJ. HowTheyPlay. https://howtheyplay.com/individual-sports/Combinations-in-BJJ

Spot, B. (2017, November 20). 6 common BJJ mistakes you should avoid. Bjj-Spot.Com. https://www.bjj-spot.com/common-bjj-mistakes/

Spot, B. (2018a, April 29). Basic BJJ Drills you should do every day. Bjj-Spot.Com. https://www.bjj-spot.com/basic-bjj-drills/

Spot, B. (2018b, September 27). Guard retention – important moves and principles. Bjj-Spot.Com. https://www.bjj-spot.com/guard-retention/

The 17 time-tested benefits of Brazilian Jiu Jitsu. (2020, February 11). Bjjsuccess.Com. https://www.bjjsuccess.com/benefits-of-brazilian-Jiu-Jitsu/

The Benefits of Taking a Grappling Class. (n.d.). Nymaa.Com. from https://www.nymaa.com/martial-arts-blog/The-Benefits-of-Taking-a-Grappling-Class_AE92.html

The best modern BJJ stretching routine for improved grappling. (2020, April 27). Bjjsuccess.Com. https://www.bjjsuccess.com/stretching-for-bjj/

The fundamental BJJ submissions. (2020, November 4). Youjiujitsu.Com. https://youjiujitsu.com/the-fundamental-bjj-submissions/

The pressure game in Jiu-Jitsu. (2015, March 23). Jiujitsutimes.Com. https://jiujitsutimes.com/the-pressure-game-in-Jiu-Jitsu/

The top 4 bjj self defence techniques you should know. (2016, March 10). Jiujitsutimes.Com. https://jiujitsutimes.com/the-top-4-bjj-self-defence-techniques-you-should-know/

The true history of Brazilian Jiu jitsu. (2020, April 9). Bjjsuccess.Com. https://www.bjjsuccess.com/history-of-brazilian-Jiu-Jitsu/

The ULTIMATE analysis of "PRESSURE." (2016, June 19). Jiujitsutimes.Com. https://jiujitsutimes.com/ultimate-analysis-pressure/

The ultimate Brazilian Jiu jitsu guide for beginners. (2020, January 4). Middleeasy.Com. https://middleeasy.com/guides/Jiu-Jitsu-guide/

(N.d.-a). Findyourgi.Com. Retrieved from https://findyourgi.com/what-is-bjj/

(N.d.-b). Letsrollbjj.Com. Retrieved from https://www.letsrollbjj.com/bjj-white-belt-tips/

5 qualities to look for in a Brazilian Jiu-Jitsu instructor. (2016, February 27). Jiujitsutimes.Com. https://jiujitsutimes.com/5-qualities-to-look-for-in-a-brazilian-jiu-jitsu-instructor/

Barra, G. (2015, July 4). The "secret" to getting better at BJJ - Gracie Barra. Graciebarra.Com. https://graciebarra.com/gb-news/the-secret-bjj/

Battle Arts Academy. (2019, December 28). How to get better at Brazilian Jiu-Jitsu: The top tips for beginners. Battleartsacademy.Ca. https://www.battleartsacademy.ca/post/how-to-get-better-at-brazilian-jiu-jitsu-the-top-tips-for-beginners

Park, J. (2014, June 13). 57 Training Tips for Brazilian Jiu Jitsu White Belts. Crazy88mma.Com. https://www.crazy88mma.com/57-training-tips-for-brazilian-jiu-jitsu-white-belts/

Teil 3: Muay Thai

10 types of muay Thai kicks. (2019, December 11). Fijimuaythai.com. https://fijimuaythai.com/types-of-muay-thai-kicks/

14 FAV Muay Thai combos for developing RHYTHM & FLOW. (n.d.). Mmashredded.com. https://www.mmashredded.com/blog/muay-thai-combos

5 essential clinching tips. (n.d.). Muay-thai-guy.com. https://www.muay-thai-guy.com/blog/5-essential-clinching-tips

5 essential Muay Thai sparring tips for beginners. (n.d.). 5 Essential Muay Thai Sparring Tips for Beginners. https://www.ubudmuaythai.com/blog/5-essential-muay-thai-sparring-tips-for-beginners

5 essential Muay Thai sweep techniques you must know – evolve university blog. (2023, March 2). Evolve University. https://evolve-university.com/blog/5-essential-muay-thai-sweep-techniques-you-must-know/

A typical Muay Thai workout routine. (n.d.). Muay-Thai-guy.com. https://www.muay-thai-guy.com/blog/muay-thai-workout

Alexis. (2022, August 28). Dutch Kickboxing vs Muay Thai: what are the differences? Mejiro Gym Bali. https://mejirogymbali.com/blog/dutch-kickboxing-vs-muay-thai-differences/

Beginner's GuideTo knee strikes – law of the fist. (2019, June 22). Lawofthefist.com. https://lawofthefist.com/a-beginners-intro-to-the-art-of-knee-strikes/

Best Muay Thai sparring gear. (2019, April 14). Muay Thai Citizen; Kay. https://www.muaythaicitizen.com/best-muay-thai-sparring-gear/

Bryan, A. (2023, January 5). Muay Thai & spirituality. Black Belt Magazine. https://blackbeltmag.com/muay-thai-spirituality

Bryan, A. (n.d.). The ultimate guide to the Muay Thai clinch. Muay-thai-guy.com. https://www.muay-thai-guy.com/blog/clinching-for-muay-thai

Delp, C. (2004). Muay Thai: Traditionen – Grundlagen – Techniken des Thaiboxens (1st ed.). Motorbuch.

Dillon. (2020, May 27). How to practice Muay Thai by yourself: My daily routine. Oneshotmma. https://oneshotmma.com/how-to-practice-muay-thai-by-yourself-my-weekly-routine/

Dunk. (2017, February 15). Common Muay Thai routines when training in Thailand: Part I. Muay Thai; Bokun Wordpress Theme. https://kstmuaythai.com/common-muay-thai-routines-when-training-in-thailand-part-1/

Evolve Vacation. (2018, November 20). How to develop powerful knees in Muay Thai. Evolve Vacation. https://evolve-vacation.com/blog/how-to-develop-powerful-knees-in-muay-thai/

Evolve, M. M. A. (2016, March 23). 7 Muay Thai principles that will make you A better fighter. Evolve Daily. https://evolve-mma.com/blog/7-muay-thai-principles-that-will-make-you-a-better-fighter/

Evolve, M. M. A. (2018, January 15). Muay Thai 101: The roundhouse kick. Evolve Daily. https://evolve-mma.com/blog/muay-thai-101-the-roundhouse-kick/

Evolve, M. M. A. (2020, September 9). The beginner's guide to boxing sparring: 10 things to know. Evolve Daily. https://evolve-mma.com/blog/the-beginners-guide-to-boxing-sparring-10-things-to-know/

Evolve, M. M. A. (2022, February 10). The complete Muay Thai Beginner's Guide. Evolve Daily. https://evolve-mma.com/blog/the-complete-muay-thai-beginners-guide/

Evolve, M. M. A. (2022, June 21). Here's how to utilize sweeps for Muay Thai. Evolve Daily. https://evolve-mma.com/blog/heres-how-to-utilize-sweeps-for-muay-thai/

Evolve, M. M. A. (2022, October 24). Comparing Muay Thai to Dutch kickboxing. Evolve Daily. https://evolve-mma.com/blog/comparing-muay-thai-to-dutch-kickboxing/

Explorer, K. L. (2015, November 24). Muay Thai. Https://www.khaolakexplorer.com/; Khao Lak Explorer. https://www.khaolakexplorer.com/muay-thai/

Hughes, L. (2023, January 26). The Muay Thai workout routine that will get you into shape. Prime Women | An Online Magazine; Prime Women | Online Lifestyle Media for Women over 50. https://primewomen.com/wellness/fitness/muay-thai-workout-routine/

James, K. (2017, January 13). The 8 punches of muay Thai. Fightrr.com. https://fightrr.com/muay-thai/technique/punches

Jones, A. (2023, April 2). Dutch Kickboxing vs. Muay Thai. Fight Falcon – Fight With Style. https://fightfalcon.com/dutch-kickboxing-vs-muay-thai/

Mohan, C. (2020, March 5). Muay Thai training gear you must have in your gym bag. ONE Championship - The Home Of Martial Arts. https://www.onefc.com/lifestyle/muay-thai-training-gear-you-must-have-in-your-gym-bag/

Muay Sok: The Elbow Fighter (June 8th, 2022), Jacob Garner. Muay Sok https://muaythai.com/muay-sok/

Muay Thai – philosophy, techniques, training tips, and more. (n.d.). Ninjaphd.com. https://www.ninjaphd.com/muay-thai/

Muay Thai Guy (2023), 10 Key Muay Thai Defense Techniques Every Fighter Must Know. https://www.muay-thai-guy.com/blog/muay-thai-defense-techniques

Muay Thai history. (2016, March 4). World Thai Boxing Association. https://thaiboxing.com/about/muay-thai-history/

Muay Thai sparring 2023: 10 tips for beginners & more. (2023, March 12). Way of the Fighter. https://wayofthefighter.com/muay-thai-sparring/

Muay Thai Techniques. (n.d.). Blogspot.com. http://muay-thai-techniquess.blogspot.com/2011/06/muay-thai-techniques-clinch-and-neck.html

MuayThaiCitizen, (May 19th, 2022), Kay, Is Muay Thai effective in a Street Fight? https://www.muaythaicitizen.com/is-muay-thai-effective-in-a-street-fight/#:~:text=So%20is%20Muay%20Thai%20effective,of%20controlling%20what%20happens%20next

OneFc (June 30th, 2020), John Wolcott, The 5 Fundamentals Of A Solid Muay Thai Defense. https://www.onefc.com/lifestyle/the-5-fundamentals-of-a-solid-muay-thai-defense/,

Shutts, I. (2018, October 14). Muay Thai boxing and punches. LowKick MMA. https://www.lowkickmma.com/muay-thai-boxing-and-punches

Singpatong-sitnumnoi (December 4th, 2012), Elbow Techniques In Muay Thai http://www.singpatong-sitnumnoi.com/elbow-techniques-in-muay-thai/,

Thailand, M. (2021, February 16). Muay Thai knees. Muay Thailand. https://www.muaythailand.co.uk/blogs/techniques/muay-thai-knees

The 10 best beginner Muay Thai sparring tips. (n.d.). Muay-thai-guy.com. https://www.muay-thai-guy.com/blog/beginner-muay-thai-sparring-tips

The ultimate guide to Muay Thai knees – evolve university blog. (2021, August 14). Evolve University. https://evolve-university.com/blog/the-ultimate-guide-to-muay-thai-knees/

Traditional Muay Thai fighting stances: the Art's bedrock. (n.d.). Muaythai. It. http://www.muaythai.it/traditional-muay-thai-fighting-stances-the-arts-bedrock/

WayOfTheArt (January 18th, 2023), Is Muay Thai Good for Self-Defense? (Street Fight). https://wayofmartialarts.com/is-muay-thai-good-for-self-defense/

Ways Of Martial Arts (January 24, 2023). Muay Thai Elbow Techniques And Combos https://wayofmartialarts.com/muay-thai-elbow-techniques-and-combos/

What is Muay Thai, Muay Thai History of training and fighting. (2008, December 30). Tiger Muay Thai & MMA Training Camp, Phuket, Thailand. https://www.tigermuaythai.com/about-muay-thai/history

Wilmot, A. (2013, July 2). Muay Thai. Awakening Fighters. https://awakeningfighters.com/awakepedia/muay-thai/

Wolcott, J. (2019, October 22). What makes Dutch kickboxing different from other striking arts? ONE Championship - The Home Of Martial Arts. https://www.onefc.com/lifestyle/what-makes-dutch-kickboxing-different-from-other-striking-arts/

Wolcott, J. (2021, July 10). Mastering the Muay Thai stance for beginners. ONE Championship - The Home Of Martial Arts. https://www.onefc.com/lifestyle/muay-thai-stance/

Yip, R. (2022, November 14). 3 common mistakes with your Fighting Stance. Infighting. https://www.infighting.ca/kickboxing/3-common-mistakes-with-your-fighting-stance/

Yokkao (2023), Essential Elbow Techniques In Muay Thai. https://asia.yokkao.com/blogs/news/essential-elbow-techniques-in-muay-thai

Yokkao (February 9th, 2021), How To Improve Muay Thai Skills https://asia.yokkao.com/blogs/news/how-to-improve-muay-thai-skills

Teil 4: Ringen

(N.d.). Wvmat.com. https://www.wvmat.com/overview.htm

History of Ringen & UWW. (n.d.). United World Ringen.
https://uww.org/organisation/history-Ringen-uww
Overview of Ringen rules. (n.d.). Finalsite.net.
https://resources.finalsite.net/images/v1583950707/sacredsf/c1vuicxnw1w5xwmwi7vs/Ringen_packet.pdf
Rookie Road. (2019, December 29). What is Ringen? Rookieroad.com; Rookie Road. https://www.rookieroad.com/Ringen/what-is/
The history of Ringen. (2010, June 10). Athleticscholarships.net.
https://www.athleticscholarships.net/history-of-Ringen.htm
What Are the Different Types of Ringen? (2021, February 18). Fitness Quest.
https://www.fitnessquest.com/what-are-the-different-types-of-Ringen/
Wikipedia contributors. (2023, May 29). Ringen. Wikipedia, The Free Encyclopedia.
https://en.wikipedia.org/w/index.php?title=Ringen&oldid=1157634607
Wild Pages Press. (2017a). Ringen: Notebook. Createspace Independent Publishing Platform.
Wild Pages Press. (2017b). Ringen: Notebook. Createspace Independent Publishing Platform.
Ringen facts. (n.d.). Auburntakedown.com. http://www.auburntakedown.com/parents-corner/Ringen-facts.html

Teil 5: Karate

Chen, S. (2021, January 30). 14 basic karate stances help you build a strong base. The karate Blog. https://thekarateblog.com/karate-stances/
Grupp, J. (2003). Shotokan karate Kata: Volume 2 (1st ed.). Meyer & Meyer Sport. https://www.shotokankaratecalgary.com/kata.php
Jutras, M., & The karate Lifestyle. (n.d.). The complete list of basic karate stances. Thekaratelifestyle.com. https://www.thekaratelifestyle.com/list-of-karate-stances/
Karate - Belt Colours & Meaning. (n.d.). Tutorialspoint.com.
https://www.tutorialspoint.com/karate/karate_belt_colours_meaning.htm
Karate belts. (2015, June 11). Elite Martial Arts Karate Dojo. https://emadojola.com/karate-belts/
Koch, C. (2023, January 1). karate Kata list of 10 different karate styles [2023]. The karate Blog. https://thekarateblog.com/karate-kata-list/
List of Shotokan katas (with video & written instructions). (2018, September 7). Black Belt Wiki. https://blackbeltwiki.com/shotokan-karate-katas
Shotokan katas. (n.d.). Victoria Shotokan karate and Kobudo Association. https://www.shotokankarate.ca/katas
Vladisavljevic, V. (2022, July 19). Karate belt order: Ranking system explained. Way of Martial Arts. https://wayofmartialarts.com/karate-belts-ranking-system-explained/

Teil 6: Taekwondo

14 Basic Taekwondo Kicks (Everyone Should Know!). (29. November 2019a). Wu-Yi Taekwondo. https://www.wuyi-taekwondo.com/Taekwondo kicks
14 Basic Taekwondo Kicks (Everyone Should Know!). (29 November 2019b). Wu-Yi Taekwondo. https://www.wuyi-taekwondo.com/Taekwondo kicks
Basic Moves That Every Student of Taekwondo Should Know. (15. Februar 2010). Sports Aspire. https://sportsaspire.com/Taekwondo moves
billysmma. (4. Januar 2017). Basic Taekwondo Stances Explained. Legends MMA. https://legendsmma.net/basic-Taekwondo stances-explained
Blocking (막기 makgi) | Taekwondo Preschool. (k.D.). Taekwondopreschool.com. https://taekwondopreschool.com/blocks.html
Habits of a Taekwondo Martial Artist | Visual.ly. (k.D.). Visual.ly. Retrieved from https://visual.ly/community/Infographics/sports/habits-Taekwondo martial-artist
Josh. (16. Januar 2015). The 14 Basic Movements of Taekwondo. Martial Methodology. https://martialmethodology.wordpress.com/2015/01/16/the-14-basic-movements-of-taekwondo

Josh. (16. Januar 2017). How to Get Good at Taekwondo FAST(er). Martial Methodology. https://martialmethodology.wordpress.com/2017/01/15/how-to-get-good-at-Taekwondo fast

List of Taekwondo Kicks (Beginner & Advanced). (k.D.). Black Belt Wiki. https://blackbeltwiki.com/Taekwondo kicks

Murphy, M. F. (5. Februar 2013). A Beginner's Guide to Taekwondo. Frank Murphy's Masterclass. http://frankmurphysmasterclass.com/2013/02/beginners-guide-taekwondo

Punches and Strikes in TaeKwondo: A Complete List | Tae Kwon Do Nation. (k.D.). TaekwondoNation. https://www.taekwondonation.com/Taekwondo punches

Quality, F. (5. Dezember 2016). A Brief History of Taekwondo. Fight Quality. https://fightquality.com/2016/12/05/a-brief-history-of-taekwondo

Robert. (k.D.). Is Taekwondo Dangerous? Here Is What You Need To Know! Retrieved from https://wayofmartialarts.com/is-Taekwondo dangerous

aekwondo Belt | Dos Taekwondo - Best Taekwondo Academy. (26. September 2017). Dostaekwondo. https://dostaekwondo.com/Taekwondo belt-order-meaning

Taekwondo Belt System | Brisbane Martial Arts. (20. August 2009). Brisbanemartialarts.com.au. https://brisbanemartialarts.com.au/belts-and-stripes

Taekwondo Gradings - JUST KEEP KICKING. (k.D.). Justkeepkicking. Retrieved from http://justkeepkicking.com/Taekwondo gradings

Taekwondo Moves: Powerful Skills and Techniques to Challenge You. (k.D.). Made4Fighters. https://made4fighters.com/blog/Taekwondo moves

Taekwondo Punches & Strikes - Taekwondo Animals.com. (2018). Taekwondo Animals.com. https://taekwondoanimals.com/Taekwondo punches-strikes

The Philosophies Related To Taekwondo. (25. Januar 2017). Hong Ik Martial Arts. https://hongikmartialarts.com/philosophies-related-taekwondo

Tips for Taekwondo Students. (k.D.). Taekwondo Wiki. Retrieved from https://taekwondo.fandom.com/wiki/Tips_for_Taekwondo_Students

Walking Stance (앞서기 ap-sogi) | Stance (서기 sogi) | Taekwondo Preschool. (k.D.). Taekwondopreschool.com. Retrieved from https://taekwondopreschool.com/tutorialstance2.html

What is Taekwondo? A definition and short history - Master Chong's Tae Kwon Do. (2017). Master Chong's Tae Kwon Do. https://buffalotkd.com/what-is-tae-kwon-do

What You Need To Know Before You Start Taking Taekwondo.... (k.D.). Www.streetdirectory.com. Retrieved from https://www.streetdirectory.com/etoday/-wwjuuw.html

Teil 7: Kung Fu

Kung Fu - techniques, kicks, forms (taolu), etc. - black belt wiki. (8. September 2018). Blackbeltwiki.Com. https://blackbeltwiki.com/Kung Fu

Li, S. (6. März 2019). The Main Different Kung Fu Styles. China Educational Tours. https://www.chinaeducationaltours.com/guide/culture-chinese-kungfu-styles.htm

Robert. (3. Mai 2020). Kung Fu styles are explained in detail. Wayofmartialarts.Com. https://wayofmartialarts.com/Kung Fu-styles-explained-in-detail

Black Belt Magazine. (21. März 2011). Kung Fu Animal Style #3: Crane. Black Belt Magazine. https://blackbeltmag.com/the-5-Kung Fu-animal-styles-of-the-chinese-martial-arts/Kung Fu-animal-style-3-crane

Leonard Lackinger, S. W. W. (k.D.). The Five Animals of Shaolin Kung Fu - Part 1. Shaolin-Wahnam-Wien.At. Retrieved from https://www.shaolin-wahnam-wien.at/kungfu-5-tiere-1-en.php

martial. (13. Februar 2018). Kung Fu Animal Styles.

Martialtribes.Com. https://www.martialtribes.com/Kung Fu-animal-styles
Tai Chi vs. Tae Kwon Do. (9. Dezember 2010). Sportsrec.Com. https://www.sportsrec.com/329232-tai-chi-vs-tae-kwon-do.html
The Five Shaolin Animals. (k.D.). Kungfuforlife.Ca. Retrieved from https://www.kungfuforlife.ca/the-five-shaolin-animals.html
(K.D.). Laugar-Kungfu.Com. Retrieved from https://www.laugar-kungfu.com/style-5-animals
Shaolin Kung Fu Stances - Spirit Dragon Institute. (k.D.). Spiritdragoninstitute.Com. Retrieved from http://spiritdragoninstitute.com/Kung Fu/shaolin-Kung Fu-stances
The Basic Kung Fu Stances / Horse stance /Taizu Kung Fu Camp. (20. Januar 2021). Learnshaolinkungfu.Com. https://www.learnshaolinkungfu.com/Kung Fu-stances
5 KUNG FU STANCES (step by step tutorial)
Crane Stance. (k.D.). I-Budo.Com. Retrieved from http://www.i-budo.com/techniques/basics/stances/crane-stance
Korahais, S. A. (26. September 2012). History of qigong: The 18 Luohan hands. Flowingzen.Com. https://flowingzen.com/4862/18-luohan-hands-qigong
Lohan Qigong 18 hands system and history. (27. Juli 2018). Taichimontreal.Com. https://taichimontreal.com/chi-kung/lohan-qigong-system
Shaolin Eighteen Lohan Hands. (k.D.). Shaolin.Org. Retrieved from https://shaolin.org/chikung/lohan.html
5 tips for finding Zen in the chaos of everyday life. (k.D.). Retrieved from Lovehemp.com website: https://lovehemp.com/blogs/news/5-tips-for-finding-zen-in-the-chaos-of-everyday-life
8 powerful ancient qigong exercises for cultivating healing energy in the body. (19. Januar 2016). Retrieved from Consciouslifestylemag.com website: https://www.consciouslifestylemag.com/qigong-exercises-healing-energy
Bailey, P. (29. Juni 2020). 10 tips to find zen in the chaos of everyday life. Retrieved from Mindbodygreen.com website: https://www.mindbodygreen.com/0-21510/10-tips-to-find-zen-in-the-chaos-of-everyday-life.html
Editors of Consumer Guide. (19. November 2007). Taoism and Chi. Retrieved from Howstuffworks.com website: https://people.howstuffworks.com/taoism-and-chi.htm
Find calm amongst the chaos of a stressful life by following these tips to achieve a Zen state of mind. (15. März 2020). Retrieved from Healthshots.com website: https://www.healthshots.com/mind/happiness-hacks/find-calm-amongst-the-chaos-of-a-stressful-life-by-following-these-tips-to-achieve-a-zen-state-of-mind
Forms of Qi - vital substances in Chinese medicine. (k.D.). Retrieved from Sacredlotus.com website: https://www.sacredlotus.com/go/foundations-chinese-medicine/get/forms-of-qi-life-force
HeartMath LLC, C. (29. August 2013). Finding zen: Easy ways to cultivate more inner peace. Retrieved from Huffpost.com website: https://www.huffpost.com/entry/how-to-find-zen_b_3820554
McGinley, K. (15. Dezember 2019). How to find your zen when you're at your breaking point. Retrieved from Chopra.com website: https://chopra.com/articles/how-to-find-your-zen-when-youre-at-your-breaking-point
Naumann, S. (k.D.). A brief history of Shaolin temple. Retrieved from Tripsavvy.com website: https://www.tripsavvy.com/brief-history-shaolin-temple-1495708
O'Brien, B. (k.D.). Zen and Martial Arts. Retrieved from Learnreligions.com website: https://www.learnreligions.com/zen-and-martial-arts-449950
Prickril, B. (3. Januar 2014). How to harness the power of chi energy. Retrieved from RemedyGrove website: https://remedygrove.com/bodywork/How-to-Harness-Your-Chi-Power

Reninger, E. (k.D.). Qi (chi): The Taoist principle of life force. Retrieved from Learnreligions.com website: https://www.learnreligions.com/what-is-qi-chi-3183052

Retreat, N. Y. K., & View all posts by Nam Yang Kung Fu Retreat. (k.D.). Zen and the Art of Kung Fu. Retrieved from Kungfuretreat.com website: https://kungfuretreat.com/zen-and-the-art-of-Kung Fu

Robert. (30. August 2020). What is Zen in martial arts. Retrieved from Wayofmartialarts.com website: https://wayofmartialarts.com/what-is-zen-in-martial-arts

Watts, A. (2000). What is Zen? Novato, CA: New World Library.

Temple, S. (23. Juli 2015). Shaolin Monk Weapons Shaolin Weapons. Chinashaolintemple.Com. https://www.chinashaolintemple.com/shaolin-monk-weapons-shaolin-weapons

18 Weapons of Shaolin Martial Arts. (k.D.). Shaolinca.Com. Retrieved from http://www.shaolinca.com/18weapons.html

Lama Kung Fu's 8 Fundamentals. (k.D.). Angelfire.Com. Retrieved from https://www.angelfire.com/ny/sanshou/eights.html

Lama (martial art). (k.D.). Fandom.Com. Retrieved from https://gyaanipedia.fandom.com/wiki/Lama_(martial_art)

Lama Pai. (29. September 2018). Blackbeltwiki.Com. https://blackbeltwiki.com/lama-pai

Lama Pai Kung Fu striking techniques. (23. April 2016). Wordpress.Com. https://nysanda.wordpress.com/2016/04/23/lama-pai-Kung Fu-striking-techniques

(K.D.). Geocities.Ws. Retrieved from http://www.geocities.ws/Colosseum/4098/strike.html

Ben Stanley, T.-S. (15. Oktober 2016). Kung Fu kicks. Whitedragonmartialarts.Com. https://www.whitedragonmartialarts.com/Kung Fu-kicks

Five Basic Kicks. (k.D.). Shaolin.Org. Retrieved from https://shaolin.org/video-clips-3/intensive2006/kicks/kicks.html

Kongling, M. (29. Juni 2016). The characteristics of a good kick. 6Dragonskungfu.Com. https://www.6dragonskungfu.com/the-characteristics-of-a-good-kick

Functional Wing Chun. (k.D.). Retrieved from Functionalselfdefense.org website: http://www.functionalselfdefense.org/wing-chun

Wing Chun techniques for beginners – law of the fist. (k.D.). Retrieved from Lawofthefist.com website: https://lawofthefist.com/wing-chun-techniques-for-beginners

Wing Chun techniques: Punch, palm strike, chop, elbow. (k.D.). Retrieved from Wingchunlife.com website: https://www.wingchunlife.com/wing-chun-techniques-strikes.html

Kongling, M. (1. April 2019). 5 wooden dummy drills/exercises ideal for beginners. Retrieved from 6Dragonskungfu.com website: https://www.6dragonskungfu.com/5-wooden-dummy-drills-exercises-ideal-for-beginners

Kriel, F. (31. Oktober 2016). Training at home for beginning students — tiger claw Kung Fu & Tai chi. Retrieved from Tigerclawmartialarts.com website: https://www.tigerclawmartialarts.com/the-tiger-life/2016/10/31/training-at-home-for-beginning-students

Teil 8: Judo

MSISSHINRYU.COM. (n.d.). Retrieved from Msisshinryu.com website: http://www.msisshinryu.com/articles/kano/Judo-contrib.shtml

Waza (Techniques). (n.d.). Retrieved from Judo-ch.jp website: https://www.Judo-ch.jp/english/knowledge/technique/

Goshin Jutsu Kata. (2018, September 21). Blackbeltwiki.Com. https://blackbeltwiki.com/goshin-jutsu-kata

Itsutsu-No Kata. (2018, September 21). Blackbeltwiki.Com. https://blackbeltwiki.com/itsutsu-no-kata

Randori rules. (2013, October 23). Judoinfo.Com. https://Judoinfo.com/randori/

Better ukemi -Judo falling techniques (breakfalls). (2013, October 23). Judoinfo.Com. https://Judoinfo.com/breakfalls/

Glossary of Judo terminology. (n.d.). Judo-Ch.Jp. Retrieved from https://www.Judo-ch.jp/english/dictionary/terms/taisabaki/

Judo basics -beginner's lessons. (2014, April 7). Judoinfo.Com. https://Judoinfo.com/Judo-basics-beginners/

Shizentai: Natural Posture. (n.d.). Kendo-Guide.Com. Retrieved from https://www.kendo-guide.com/shizentai.html

(N.d.). Netdna-Ssl.Com. Retrieved from https://3yryua3n3eu3i4gih2iopzph-wpengine.netdna-ssl.com/wp-content/uploads/2016/07/pdf/posture.pdf

All Judo hand techniques (Te-waza). (2014, April 13). Judoinfo.Com. https://Judoinfo.com/hand-techniques-tewaza/

Glossary of Judo terminology. (n.d.). Judo-Ch.Jp. Retrieved from https://www.Judo-ch.jp/english/dictionary/terms/tewaza/

Judo techniek -Te-waza. (2012, February 21).

Judo Throws -Hand Techniques -black belt wiki. (2018, September 9). Blackbeltwiki.Com. https://blackbeltwiki.com/Judo-throws-hand-techniques

Names of Judo Techniques. (n.d.). KodokanJudoinstitute.Org. Retrieved from http://kodokanJudoinstitute.org/en/waza/list/

Te-waza (手技) Hand throwing techniques | Judo guide. (2016, January 18).

Judo techniek -Koshi-waza. (2012, February 23).

Judo Throws -Hip Techniques -black belt wiki. (2018, September 9). Blackbeltwiki.Com. https://blackbeltwiki.com/Judo-throws-hip-techniques

Koshi waza -Hip techniques. (2016, April 10).

Koshi-waza. (n.d.). Judoenlignes.Com. Retrieved from https://www.Judoenlignes.com/tachi-waza/nage-waza/koshi-waza/

Koshi-waza (腰技): hip throwing techniques. (n.d.). Akban.Org. Retrieved from https://www.akban.org/wiki/Category:Koshi-waza_(%E8%85%B0%E6%8A%80):_hip_throwing_techniques

All Judo foot techniques (Ashi-Waza). (2014, April 13). Judoinfo.Com. https://Judoinfo.com/foot-techniques-ashi-waza/

Ashi-waza -Compilation. (2019, May 16).

Ashi-waza (足技): foot throwing techniques. (n.d.). Akban.Org. Retrieved from https://www.akban.org/wiki/Category:Ashi-waza_(%E8%B6%B3%E6%8A%80):_foot_throwing_techniques

Fairbrother, N. (2020, May 26). Ashi-waza: 5 best leg throws for beginners. Kokakids.Co.Uk. https://www.kokakids.co.uk/ashi-waza

Glossary of Judo terminology. (n.d.). Judo-Ch.Jp. Retrieved from https://www.Judo-ch.jp/english/dictionary/terms/asiwaza/

Judo footsweeps in depth. (2020, January 24).

Glossary of Judo terminology. (n.d.). Retrieved from Judo-ch.jp website: https://www.Judo-ch.jp/english/dictionary/terms/sutemi/

Glossary of Judo waza (techniques) terms. (n.d.). Retrieved from Judo-ch.jp website: https://www.Judo-ch.jp/english/dictionary/technique/nage/masute/hikikomi/

Judo techniques. (n.d.). Retrieved from Ijf.org website: https://Judo.ijf.org/techniques/Hane-makikomi

Sacrifice throws. (2016, August 15). Retrieved from Wordpress.com website: https://lewesmartialarts.wordpress.com/the-techniques/throws/sacrifice-throws/

Sacrifice throws. (n.d.). Retrieved from Dpegan.com website: https://www.dpegan.com/sacrifice-throws/

Ukemi: A fundamental technique for Judo beginners. (2019, December 30). Retrieved from Amakella.com website: https://www.amakella.com/ukemi-Judo-breakfalls/

Aikido, G. (2016, September 21). Aikido Osae Waza Control or Pinning Techniques - Good Aikido -Medium. Medium. https://medium.com/@Aikido/aikido-osae-waza-control-or-pinning-techniques-dd28678b687

Glossary of Judo terminology. (n.d.). Judo-Ch.Jp. Retrieved from https://www.Judo-ch.jp/english/dictionary/terms/osaekomi/

Judo -Pinning Techniques -black belt wiki. (2018, September 9). Blackbeltwiki.Com. https://blackbeltwiki.com/Judo-pinning-techniques

Westermann, T. (n.d.). Osae komi waza -Pinning techniques. Judotechnik.Eu. Retrieved from http://www.Judotechnik.eu/Katamewaza/en_osae.php

(N.d.). Quizlet.Com. Retrieved from https://quizlet.com/35724507/yawara-osae-waza-pinning-techniques-flash-cards/

Judo -Choking Techniques -black belt wiki. (2018, September 9). Blackbeltwiki.Com. https://blackbeltwiki.com/Judo-choking-techniques

Judo Chokes (shimewaza) --choking techniques. (2013, October 23). Judoinfo.Com. https://Judoinfo.com/chokes/

Shime Waza – Kyushin Ryu Jujitsu. (n.d.). Kyushinryujujitsu.Com. Retrieved from http://www.kyushinryujujitsu.com/resources/techniques/shime-waza/

Strangles/Chokes (Shime-Waza). (n.d.). CirenJudo.Co.Uk. Retrieved from https://www.cirenJudo.co.uk/strangles-chokes-shime-waza

Waza (Techniques). (n.d.). Judo-Ch.Jp. Retrieved from https://www.Judo-ch.jp/english/knowledge/technique/

Judo joint locks – kansetsu waza. (2018, June 3).

Kansetsu waza – Launceston Judo club -university of Tasmania Judo. (2020, December 4). LauncestonJudo.Com. https://launcestonJudo.com/kansetsu-waza/

Kansetsu-waza. (n.d.). Judoenlignes.Com. Retrieved from https://www.Judoenlignes.com/ne-waza/kansetsu-waza/

Glossary of Judo waza (techniques) terms. (n.d.). Judo-Ch.Jp. Retrieved from https://www.Judo-ch.jp/english/dictionary/technique/katame/kansetu/udehara/

Goshin Jutsu Kata. (2018, September 21). Blackbeltwiki.Com. https://blackbeltwiki.com/goshin-jutsu-kata

Judo self-defense forms: Goshin jutsu. (2013, October 23). Judoinfo.Com. https://Judoinfo.com/katagosh/

KuSakuraShop. (n.d.). How to choose Judo Kata weapons for the Goshin Jutsu no Kata. Kusakurashop.Com. Retrieved from https://www.kusakurashop.com/pages/Judo-kata-weapons-bokken-jo-tanto-pistol

 (N.d.). KodokanJudoinstitute.Org. Retrieved from http://kodokanJudoinstitute.org/en/docs/goshin_jutsu.pdf

Belt Test Syllabus. (2013, July 13). Wordpress.Com. https://ucberkeleyJudo.wordpress.com/resources/belt-test-syllabus/

Judo ranking system and belt colours. (n.d.). Myactivesg.Com. Retrieved from https://www.myactivesg.com/Sports/Judo/How-To-Play/Judo-for-Beginners/Judo-ranking-system-and-belt-colours

Judo: The Japanese art of self-defense. (2013, October 23). Judoinfo.Com. https://Judoinfo.com/kano2/

mtc. (n.d.). Judo Competition Format. Teamscotland.Scot.

WHAT IS JUDO? (n.d.). Com.Au.

51 Judo exercises/drills you can do at home. (2020, March 25).

Davis, N. (2019, September 24). 30 at-home workout moves: 20-minute set, all levels, without equipment. Healthline.Com. https://www.healthline.com/health/fitness-exercise/at-home-workouts

Davis, N. (2020, September 24). 10 best exercises for everyone. Healthline.Com. https://www.healthline.com/health/fitness-exercise/10-best-exercises-everyday

Ellis, M. (2020, March 30). How often should you train Judo? [hint: It depends!]. Craftofcombat.Com. https://craftofcombat.com/how-often-should-you-train-Judo/

Strength training for Judo. (2013, October 23). Judoinfo.Com. https://Judoinfo.com/strengthtraining/

The ultimate guide of Judo exercises. (n.d.). EffectiveJudo.Com. Retrieved from https://effectiveJudo.com/the-ultimate-guide-of-Judo-exercises

Teil 9: Sambo

7 reasons to learn SAMBO. (n.d.). Retrieved from Sambo.sport website: https://Sambo.sport/en/news/7-prichin-zanyatsya-Sambo

Puncher Staff. (2018, September 26). What is Sambo? The Russian combat martial art explained Retrieved from Punchermedia.com website: https://punchermedia.com/russian-Sambo-explained

Rousseau, R. (n.d.). Russian Sambo: History and Style Guide. Retrieved from Liveabout.com website: https://www.liveabout.com/history-and-style-guide-russian-Sambo-2308279

What is SAMBO? (1483). Retrieved from Insidethegames.biz website: https://www.insidethegames.biz/articles/1045459/what-is-Sambo

Marc. (2021, May 15). BJJ vs Sambo: Key differences & similarities. Bjjsuccess.Com. https://www.bjjsuccess.com/bjj-vs-Sambo

Robert. (2021, March 15). Sambo vs judo: Differences and effectiveness. Wayofmartialarts.Com. https://wayofmartialarts.com/Sambo-vs-judo

Samhith. (n.d.). Difference between Sambo and wrestling. Differencebetween.Info. Retrieved from http://www.differencebetween.info/difference-between-Sambo-and-wrestling

Super User. (n.d.). Judo Rules. Rulesofsport.Com. Retrieved from https://www.rulesofsport.com/sports/judo.html

What martial art is the most effective: Sambo, Judo or BJJ? (n.d.). Quora.Com. Retrieved from https://www.quora.com/What-martial-art-is-the-most-effective-Sambo-Judo-or-BJJ

7 reasons to learn SAMBO. (n.d.). Sambo.Sport. Retrieved from https://Sambo.sport/en/news/7-prichin-zanyatsya-Sambo

Does Sambo have a ranked belt system? What are the grades of each Sambo belt? (2020, November 14). Budodragon.Com. https://budodragon.com/does-Sambo-have-a-ranked-belt-system

Requirements to the Sambo uniform. (n.d.). Sambogear.Com. Retrieved from https://Sambogear.com/en/pages/requirements-Sambo-uniform

r/Sambo - What does it take to be „Master of the sport" and is there an equivalent in other combat sports e.g. a 9th degree red belt in BJJ. (n.d.). Reddit.Com. Retrieved from https://www.reddit.com/r/Sambo/comments/93sy92/what_does_it_take_to_be_master_of_the_sport_and

Sambo – Overview - Physicalguru.com. (n.d.). Physicalguru.Com. Retrieved from https://physicalguru.com/sports-games/Sambo-overview

Spot, B. (2017, November 23). How effective is the Sambo? Bjj-Spot.Com. https://www.bjj-spot.com/how-effective-is-the-Sambo

What are the course fees of Mixed Martial Arts training? (n.d.). Quora.Com. Retrieved from https://www.quora.com/What-are-the-course-fees-of-Mixed-Martial-Arts-training

Fanatics Authors. (n.d.). Top 5 Sambo Fusion Grappling Techniques for BJJ. Bjjfanatics.Com. Retrieved from https://bjjfanatics.com/blogs/news/top-5-Sambo-fusion-grappling-techniques-for-bjj

Kesting, S. (2021, March 1). Top 10 throws and takedowns for BJJ. Grapplearts.Com. https://www.grapplearts.com/top-10-throws-and-takedowns-for-bjj

lvshaolin. (2019, December 9). 9 judo throws every beginner should learn. Lvshaolin.Com. https://www.lvshaolin.com/judo-throws

The core concepts of throwing techniques. (2019, November 28). Ymaa.Com. https://ymaa.com/articles/2019/12/the-core-concepts-of-throwing-techniques

BJJEE. (2020, January 15). How to use the „Georgian grip" to set up throws in BJJ. Bjjee.Com. https://www.bjjee.com/videos/how-to-use-the-georgian-grip-to-set-up-throws-in-bjj

Five Grips All Grapplers Need to Know. (2021, February 4). Gumacliftonnj.Com. https://gumacliftonnj.com/five-grips-all-grapplers-need-to-know

Heroes, B. J. J. (2016, October 25). Most common Jiu jitsu hand grips. Bjjheroes.Com. https://www.bjjheroes.com/techniques/most-common-hand-grips-in-jiu-jitsu

5 reasons you should learn self-defence. (2020, February 20). Retrieved from Com.au website: https://shirudoselfdefence.com.au/blog/5-reasons-you-should-learn-self-defence

Barlow, T. (2016, November 23). Three key concepts to defend any submission. Retrieved from Tombarlowonline.com website: https://tombarlowonline.com/three-key-concepts-to-defend-any-submission

Evolve, M. M. A. (2018, May 26). How to break grips in BJJ. Retrieved from Evolve-mma.com website: https://evolve-mma.com/blog/how-to-break-grips-in-bjj

Kongling, M. (2021, February 23). 3 self-defense striking techniques everyone should know. Retrieved from 6Dragonskungfu.com website: https://www.6dragonskungfu.com/3-self-defense-striking-techniques-everyone-should-know

The 5 most effective types of takedown defense. (n.d.). Retrieved from Nymaa.com website: https://www.nymaa.com/announcements/The-5-Most-Effective-Types-of-Takedown-Defense_AE210.html

Vorobiev, M. (2020, July 6). Combat SAMBO for Self-Defense. Retrieved from Firearmsnews.com website: https://www.firearmsnews.com/editorial/combat-Sambo-for-self-defense/378679

Ivanov, D. (2020, February 15). Does Sambo Have Striking Techniques? Mmaclan.Com. https://mmaclan.com/does-Sambo-have-striking-techniques

Ola. (2020, September 30). Striking in BJJ - all you need to know - BJJ spot. Bjj-Spot.Com. https://www.bjj-spot.com/striking-in-bjj-all-you-need-to-know

Marc. (2020, September 7). 40+ Brazilian Jiu-Jitsu submissions you need to know. Bjjsuccess.Com. https://www.bjjsuccess.com/brazilian-jiu-jitsu-submissions

Kesting, S. (2016, June 18). 37 powerful BJJ submissions for grapplers. Grapplearts.Com. https://www.grapplearts.com/37-powerful-bjj-submissions-for-grapplers

MMA Submission Holds - an online guide to mixed martial arts submissions. (2007, February 9). Mma-Training.Com. http://www.mma-training.com/mma-submission-holds

Armbar – BJJ submission explained. (2020, October 16). Lowkickmma.Com. https://www.lowkickmma.com/armbar

MMA Wiki.org Staff. (2014, February 13). Neck Crank. Mmawiki.org. https://www.mmawiki.org/en/neck-crank

Leg locks - positions & submissions - BJJ world. (2018, February 13). Bjj-World.Com. https://bjj-world.com/leg-locks-ultimate-guide-positions-submissions

Downright Nasty Sambo Submissions For BJJ. (2020, July 25). Bjj-World.Com. https://bjj-world.com/Sambo-submissions-for-bjj

Kesting, S. (2016, June 18). 37 powerful BJJ submissions for grapplers. Grapplearts.Com. https://www.grapplearts.com/37-powerful-bjj-submissions-for-grapplers

Kesting, S. (2020, July 24). The ultimate guide to BJJ solo drills. Grapplearts.Com. https://www.grapplearts.com/the-ultimate-guide-to-bjj-solo-drills

List of martial arts stretching techniques. (2018, September 7). Blackbeltwiki.Com. https://blackbeltwiki.com/stretching

No title. (n.d.). Jiujitsutimes.Com. Retrieved from https://www.jiujitsutimes.com/intermediate-bjj-building-submission-combinations

Unsymmetrical grips in judo, sambo and BJJ. https://forums.sherdog.com/threads/unsymmetrical-grips-in-judo-sambo-and-bjj.2823877/

Understanding Sambo https://matcraft.ca/blog/2018/2/13/understanding-sambo

Charles Gracie Jiu-Jitsu academy https://www.charlesgracie.com/tournament-scoring-system/

Teil 10: Capoeira

Murphy, S. (2007, March 17). All you need to know about: capoeira. The Guardian. http://www.theguardian.com/lifeandstyle/2007/mar/17/healthandwellbeing.features4

Rohrig Assuncao, M. (2004). Capoeira: The history of an Afro-Brazilian martial art. Routledge. https://www.discoverahobby.com/Capoeira

The Music and Song of Capoeira - Ginga Capoeira Regional – Ginga Capoeira Regional. (n.d.). Gingacapoeira.Com. Retrieved from http://gingacapoeira.com/music

Robert. (2021, January 3). Capoeira vs taekwondo: Which one is better for you? Wayofmartialarts.Com. https://wayofmartialarts.com/capoeira-vs-taekwondo

PeterSoto. (2021, May 12). What is Capoeira Roda? In Capoeira. Sportsandmartialarts.Com. https://sportsandmartialarts.com/capoeira-roda-capoeira

Roda of capoeira. (2018a, November 8). Decapoeira.Org. https://decapoeira.org/en/roda-de-capoeira

Howcast. (2012, October 15). What Are Capoeira & Jogo de Capoeira? Howcast. https://www.howcast.com/videos/508304-what-are-capoeira-jogo-de-capoeira-capoeira

Capoeira information. (n.d.). Tulane.Edu. Retrieved from http://www.tulane.edu/~capoeira/info.htm

The Capoeira belt system explained by a Capoeira teacher. (2019, October 19). Dendearts.Com. https://dendearts.com/the-capoeira-belt-system-explained-by-a-capoeira-teacher

Rank & Grading System. (n.d.). Capoeirabeiramar.Com. Retrieved from http://capoeirabeiramar.com/classes/rank-grading-system

5 benefits you can get from practicing capoeira. (n.d.). Redbull.Com. Retrieved September 20, 2021, from https://www.redbull.com/pk-en/5-mind-body-soul-benefits-capoeira

Benefits Of Capoeira. (n.d.). Capoeiraoxossilondon.Co.Uk. Retrieved from https://www.capoeiraoxossilondon.co.uk/benefits-of-capoeira

Capoeira's social impact. (n.d.). Lalaue.Com. Retrieved from https://www.lalaue.com/learn-capoeira/capoeiras-social-impact

Health Fitness Revolution. (2015, April 17). Top health benefits of capoeira. Healthfitnessrevolution.Com. https://www.healthfitnessrevolution.com/top-health-benefits-capoeira

Is Capoeira hard to learn? No, and here's why. (2020, May 25). Dendearts.Com. https://dendearts.com/is-capoeira-hard-to-learn-no-and-heres-why

Kingsford-Smith, A. (2013, August 12). Disguised in dance: The secret history of capoeira. Theculturetrip.Com; The Culture Trip. https://theculturetrip.com/south-america/brazil/articles/disguised-in-dance-the-secret-history-of-capoeira

Murphy, S. (2007, March 17). All you need to know about: capoeira. The Guardian. http://www.theguardian.com/lifeandstyle/2007/mar/17/healthandwellbeing.features4

Pelourinho, C. B. (2015, November 14). Top 11 reasons why you must try capoeira. Capoeirabrazilpelo.Com. http://www.capoeirabrazilpelo.com/trycapoeira

da India, S. (n.d.). Capoeira Styles. Capoeira.Online. Retrieved from https://capoeira.online/philosophy/styles

What are the different styles of capoeira? (2011, October 26). Capoeira-Connection.Com. http://capoeira-connection.com/capoeira/2011/10/what-are-the-different-styles-of-capoeira

Wood, J. (2020, July 27). Ginga! 10 Capoeira Movements for Beginners. Retrieved from Soweflow.com website: https://www.soweflow.com/blogs/journal/ginga-10-capoeira-movements-for-beginners

What are capoeira's main philosophies? (2011, October 26). Retrieved from Capoeira-connection.com website: http://capoeira-connection.com/capoeira/2011/10/what-are-capoeiras-main-philosophies

Perninha. (2020, November 13). 11 Basic Capoeira Moves To know, Practice & How to use them.

Capoeira moves, capoeira techniques, and tips for learning! (n.d.). Start-Playing-Capoeira.Com. Retrieved from https://www.start-playing-capoeira.com/capoeira-moves.html

Capoeira Movements. (2013, October 30). Wordpress.Com. https://draculinho.wordpress.com/capoeira-movements

Capoeira Movements. (2013, October 30). Wordpress.Com. https://draculinho.wordpress.com/capoeira-movements

lapinha. (2019, February 9). Is Capoeira the Best Martial Art for self-defense? Papoeira.Com. https://papoeira.com/en/is-capoeira-the-best-martial-art-for-self-defense

Moves. (n.d.). Weebly.Com. Retrieved from https://selfdefense-withcapoeira.weebly.com/moves.html

The complete list of capoeira ground movements/floreios. (2020, June 10). Retrieved from Dendearts.com website: https://dendearts.com/the-complete-list-of-capoeira-ground-movements-floreios

Atabaque · Grinnell college musical instrument collection · Grinnell college libraries. (n.d.). Retrieved from Grinnell.edu website: https://omeka-s.grinnell.edu/s/MusicalInstruments/item/1244

Capoeira and Music. (2018, November 9). Retrieved from Decapoeira.org website: https://decapoeira.org/en/capoeira-and-musica

Capoeira dance in natal: Iconic symbol of Brazilian culture. (2014, April 21). Retrieved from Natalriograndedonorte.com website: https://www.natalriograndedonorte.com/capoeira-dance-natal

Faze Staff. (2014, October 2). Capoeira: Where martial arts meet dance - faze. Retrieved from Faze.ca website: https://faze.ca/capoeira-where-martial-arts-meet-dance

Ganza Musica Brasilis. (n.d.). Retrieved from Musicabrasilis.com website: https://musicabrasilis.com/instruments/ganza

Gorlinski, V. (2018). Berimbau. In Encyclopedia Britannica.

Johnson, C. (2009, August 31). The history of breakdancing... In Capoeira? - GaijinPot InJapan. Retrieved from Gaijinpot.com website: https://injapan.gaijinpot.com/uncategorized/2009/08/31/the-history-of-breakdancing-in-capoeira

Juan Goncalves-Borrega, Smithsonian Center for Folklife and Cultural Heritage. (2017, September 21). How Brazilian capoeira evolved from a martial art to an international dance craze. Retrieved from Smithsonian Magazine website: https://www.smithsonianmag.com/smithsonian-institution/capoeira-occult-martial-art-international-dance-180964924

Kingsford-Smith, A. (2013, August 12). Disguised in dance: The secret history of capoeira. Retrieved from Theculturetrip.com website: https://theculturetrip.com/south-america/brazil/articles/disguised-in-dance-the-secret-history-of-capoeira

Murphy, S. (2007, March 17). All you need to know about: capoeira. The Guardian. Retrieved from http://www.theguardian.com/lifeandstyle/2007/mar/17/healthandwellbeing.features4

Pandeiro | musical instrument. (n.d.). In Encyclopedia Britannica.

Reco-reco. (2013, July 5). Retrieved from Allaroundthisworld.com website: https://www.allaroundthisworld.com/learn/latin-america/latin-american-instruments/reco-reco

Schmitz, S. (2015, February 5). World Music instrument: The agogô. Retrieved from Centerforworldmusic.org website: https://centerforworldmusic.org/2015/02/world-music-instruments-agogo

Style, B. O., & View my complete profile. (n.d.). Breaking and Capoeira. Retrieved from Breakingandcapoeira.com website: https://www.breakingandcapoeira.com/2019/02/the-influence-of-capoeira-on-breaking.html

The Editors of Encyclopedia Britannica. (2020). Capoeira. In Encyclopedia Britannica.

Capoeira fitness, stay in shape and prevent injuries! (n.d.). Start-Playing-Capoeira.Com. Retrieved from https://www.start-playing-capoeira.com/capoeira-fitness.html

Health Fitness Revolution. (2015, April 17). Top health benefits of capoeira. Healthfitnessrevolution.Com. https://www.healthfitnessrevolution.com/top-health-benefits-capoeira

Kuska, A. M. (2020, March 20). Is capoeira the secret to fitness? Myvetcandy.Com; Vet Candy. https://www.myvetcandy.com/livingblog/2020/3/20/is-capoeira-the-secret-to-fitness

What to expect – capoeira fitness DC. (n.d.). Capoeirafitnessdc.Com. Retrieved from https://www.capoeirafitnessdc.com/new-page

Improving your workouts with Capoeira. (2018, August 15). Brazilianculturalinstitute.Org. https://brazilianculturalinstitute.org/blog/improving-workouts-capoeira

Balacdo, V. A. P. (2017, June 12). 10 tips to be a better student in Capoeira by CM Xara. Cdohawaii.Org. https://cdohawaii.org/2017/06/11/10-tips-to-be-a-better-student-in-capoeira

Bildquellen

1. Antimenes Painter, CC BY 2.5 <https://creativecommons.org/licenses/by/2.5>, via Wikimedia Commons: https://commons.wikimedia.org/wiki/File:Boxers_Panathenaic_Met_06.1021.51.jpg
2. Siehe Seite für den Autor, CC BY-SA 3.0 NL <https://creativecommons.org/licenses/by-sa/3.0/nl/deed.en>, via Wikimedia Commons https://commons.wikimedia.org/wiki/File:Muhammad_Ali_1966.jpg
3. Brian Birzer http://www.brianbirzer.com, CC BY 2.0 <https://creativecommons.org/licenses/by/2.0>, via Wikimedia Commons https://commons.wikimedia.org/wiki/File:Mike_Tyson_Portrait_lighting_corrected.jpg
4. ian mcwilliams, CC BY 2.0 <https://creativecommons.org/licenses/by/2.0>, via Wikimedia Commons: https://commons.wikimedia.org/wiki/File:Floyd_Mayweather,_Jr._vs._Juan_Manuel_M%C3%A1rquez.jpg
5. https://pxhere.com/en/photo/1044044
6. https://www.pexels.com/photo/boxing-gloves-and-mitts-over-the-grass-5836652/
7. https://www.pexels.com/photo/blurred-sportswoman-demonstrating-technique-of-hand-bandaging-7991696/
8. https://www.pexels.com/photo/smiling-man-wearing-mouth-guard-and-boxing-gloves-7289912/
9. https://unsplash.com/photos/qPhXapAS2Ss?utm_source=unsplash&utm_medium=referral&utm_content=creditShareLink
10. https://www.publicdomainpictures.net/en/view-image.php?image=424842&picture=bicycles-abdominal-workout
11. Fotograf: Alfred Grohs, CC BY 3.0 <https://creativecommons.org/licenses/by/3.0>, via Wikimedia Commons: https://commons.wikimedia.org/wiki/File:Adolf_Grohs_Boxer_Kurt_Prenzel_Bildseite_(cropped).jpg
12. Alain Delmas (Frankreich), CC BY-SA 3.0 <http://creativecommons.org/licenses/by-sa/3.0/>, via Wikimedia Commons: https://commons.wikimedia.org/wiki/File:Slip1.jpg
13. Alain Delmas (Frankreich), CC BY-SA 3.0 <http://creativecommons.org/licenses/by-sa/3.0/>, via Wikimedia Commons: https://commons.wikimedia.org/wiki/File:Jab3.jpg
14. Delmas Alain, CC BY-SA 3.0 <https://creativecommons.org/licenses/by-sa/3.0>, via Wikimedia Commons: https://commons.wikimedia.org/wiki/File:Retrait4color.jpg
15. Alain Delmas (Frankreich), CC BY-SA 3.0 <http://creativecommons.org/licenses/by-sa/3.0/>, via Wikimedia Commons: https://commons.wikimedia.org/wiki/File:Lecon_crochet.jpg
16. Alain Delmas (Frankreich), CC BY-SA 2.5 <https://creativecommons.org/licenses/by-sa/2.5>, via Wikimedia Commons: https://commons.wikimedia.org/wiki/File:Uppercut2.jpg
17. Delmas Alain, CC BY-SA 3.0 <https://creativecommons.org/licenses/by-sa/3.0>, via Wikimedia Commons: https://commons.wikimedia.org/wiki/File:Retrait2color.jpg
18. Alain Delmas (Frankreich), CC BY-SA 3.0 <http://creativecommons.org/licenses/by-sa/3.0/>, via Wikimedia Commons: https://commons.wikimedia.org/wiki/File:Drop5.jpg
19. https://unsplash.com/photos/HG1pkXN7SVA?utm_source=unsplash&utm_medium=referral&utm_content=creditShareLink
20. https://unsplash.com/photos/misTB4pmevc?utm_source=unsplash&utm_medium=referral&utm_content=creditShareLink
21. https://unsplash.com/photos/5Ua3axiD0kA?utm_source=unsplash&utm_medium=referral&utm_content=creditShareLink
22. https://unsplash.com/photos/8Naac6Zpy28?utm_source=unsplash&utm_medium=referral&utm_content=creditShareLink
23. Gerrit Phil Baumann, CC BY 3.0 <https://creativecommons.org/licenses/by/3.0>, via Wikimedia Commons: https://commons.wikimedia.org/wiki/File:Muay_Thai_Fight_Us_Vs_Burma_(80668065).jpeg
24. Alain Delmas (France), CC BY-SA 3.0 <http://creativecommons.org/licenses/by-sa/3.0/>, via Wikimedia Commons: https://commons.wikimedia.org/wiki/File:Jab3.jpg

25 Delmas Alain, CC BY-SA 3.0 <https://creativecommons.org/licenses/by-sa/3.0>, via Wikimedia Commons: https://commons.wikimedia.org/wiki/File:Retrait4color.jpg
26 https://www.pexels.com/photo/man-doing-boxing-163403/
27 https://commons.wikimedia.org/wiki/File:Uppercut_(PSF).png
28 Delmas Alain, CC BY-SA 3.0 <https://creativecommons.org/licenses/by-sa/3.0>, via Wikimedia Commons: https://commons.wikimedia.org/wiki/File:Drop4color.jpg
29 Alain Delmas France), CC BY-SA 3.0 <https://creativecommons.org/licenses/by-sa/3.0>, via Wikimedia Commons: https://commons.wikimedia.org/wiki/File:Drop1color.jpg
30 Delmas Alain, CC BY-SA 3.0 <https://creativecommons.org/licenses/by-sa/3.0>, via Wikimedia Commons: https://commons.wikimedia.org/wiki/File:Spin-back-fist.jpg
31 Delmas Alain, CC BY-SA 3.0 <https://creativecommons.org/licenses/by-sa/3.0>, via Wikimedia Commons: https://commons.wikimedia.org/wiki/File:Flying-punch.jpg
32 Krystof Gauthier (France), CC BY-SA 3.0 <https://creativecommons.org/licenses/by-sa/3.0>, via Wikimedia Commons: https://commons.wikimedia.org/wiki/File:Lethwei-Hight-kick.jpg
33 https://unsplash.com/photos/1jaXXVuPRDc?utm_source=unsplash&utm_medium=referral&utm_content=creditShareLink
34 https://commons.wikimedia.org/wiki/File:USMC-081025-M-0884D-005.jpg
35 https://commons.wikimedia.org/wiki/File:USMC-120215-M-SR181-138.jpg
36 Claus Michelfelder, CC BY-SA 4.0 <https://creativecommons.org/licenses/by-sa/4.0>, via Wikimedia Commons: https://commons.wikimedia.org/wiki/File:WKA_World_Championship_2012_Munich_444.JPG
37 https://unsplash.com/photos/WX7FSaiYxK8?utm_source=unsplash&utm_medium=referral&utm_content=creditShareLink
38 https://unsplash.com/photos/o6h-CuvAypE?utm_source=unsplash&utm_medium=referral&utm_content=creditShareLink
39 https://www.pexels.com/photo/plus-size-woman-standing-on-scale-6551401/
40 https://www.pexels.com/photo/young-determined-man-training-alone-on-street-sports-ground-in-sunny-day-3768901/
41 https://www.pexels.com/photo/woman-in-green-sports-bra-and-black-leggings-doing-leg-lunges-999257/
42 https://commons.wikimedia.org/wiki/File:Submission_Ringen.jpg
43 daysofthundr46, CC BY-SA 2.0 <https://creativecommons.org/licenses/by-sa/2.0>, via Wikimedia Commons: https://commons.wikimedia.org/wiki/File:Antonio_Thomas_with_armbar.jpg
44 https://commons.wikimedia.org/wiki/File:DF-SD-01-06921.jpg
45 https://www.pexels.com/photo/man-in-black-t-shirt-and-black-shorts-standing-on-brown-wooden-floor-4753985/
46 https://www.pexels.com/photo/people-workout-using-resistance-bands-6516206/
47 https://unsplash.com/photos/DCqXIFXoqr0?utm_source=unsplash&utm_medium=referral&utm_content=creditShareLink
48 Gage Skidmore aus Peoria, AZ, Vereinigte Staaten von Amerika, CC BY-SA 2.0 <https://creativecommons.org/licenses/by-sa/2.0>, via Wikimedia Commons: https://commons.wikimedia.org/wiki/File:John_Cena_July_2018.jpg
49 https://unsplash.com/photos/UpFy6jbnXS4?utm_source=unsplash&utm_medium=referral&utm_content=creditShareLink
50 Martin Rulsch, Wikimedia Commons, CC BY-SA 4.0, CC BY-SA 4.0 <https://creativecommons.org/licenses/by-sa/4.0>, via Wikimedia Commons: https://commons.wikimedia.org/wiki/File:K1PL_Berlin_2018-09-16_Female_Kata_108.jpg
51 Haresh karate, CC BY-SA 4.0 <https://creativecommons.org/licenses/by-sa/4.0>, via Wikimedia Commons: https://commons.wikimedia.org/wiki/File:Karate_Kata_Heian_Nidan.jpg
52 Haresh karate, CC BY-SA 4.0 <https://creativecommons.org/licenses/by-sa/4.0>, via Wikimedia Commons: https://commons.wikimedia.org/wiki/File:Karate_Kata_Heian_Yondan_Pattern.jpg
53 Regine Becker, Copyrighted free use, via Wikimedia Commons: https://commons.wikimedia.org/wiki/File:MaeWashiGeri.jpg

54 User:Evdcoldeportes, CC BY-SA 2.5 CO <https://creativecommons.org/licenses/by-sa/2.5/co/deed.en>, via Wikimedia Commons: https://commons.wikimedia.org/wiki/File:EVD-kumite-119.jpg
55 https://www.pexels.com/photo/men-doing-martial-arts-8611418/
56 https://www.pexels.com/photo/woman-wearing-white-karati-g-under-blue-sky-3023756/
57 https://www.pexels.com/photo/man-running-on-sand-field-2827392/
58 https://unsplash.com/de/fotos/mann-in-weissem-hemd-und-schwarzer-hose-sitzt-auf-schwarzem-stuhl-auf-grunem-grasfeld-DE2VQvh2_H8
59 https://pixabay.com/photos/yoga-taoism-zen-meditation-4536546/
60 https://unsplash.com/fr/photos/personnes-portant-du-karate-ji-Xl-ilWBKJNk
61 Entworfen von Freepik, https://www.freepik.com/free-ai-image/man-practicing-yoga-mindfulness_272714579.htm
62 https://unsplash.com/photos/man-doing-karate-stunts-on-gym-ngd2uo1eyZg
63 https://unsplash.com/photos/man-in-blue-jacket-and-blue-denim-jeans-standing-on-brown-wooden-log-surrounded-by-green-G548PsS5y2I
64 https://unsplash.com/photos/person-holding-persons-hand-nRW4I8kuyd8
65 https://pixabay.com/photos/taekwondo-battle-boxing-kick-leg-1866285/
66 https://pixabay.com/photos/sport-fitness-workout-gym-crossfit-1283791/
67 https://www.pexels.com/photo/man-doing-karate-on-the-street-5081179/
68 https://www.pexels.com/photo/men-practicing-taekwondo-7045486/
69 https://www.pexels.com/photo/hands-striking-the-man-s-forearm-7045470/
70 https://www.pexels.com/photo/people-woman-girl-dancing-7045643/
71 https://www.pexels.com/photo/man-love-people-woman-7045627/
72 https://www.cleanpng.com/png-kodokan-judo-institute-jujutsu-martial-arts-united-2848649/
73 President.az, CC BY 4.0 <https://creativecommons.org/licenses/by/4.0>, via Wikimedia Commons https://commons.wikimedia.org/wiki/File:Sambo_at_the_2015_European_Games.jpg
74 Korea.net / Korean Culture and Information Service (Photographer name), CC BY-SA 2.0 <https://creativecommons.org/licenses/by-sa/2.0>, via Wikimedia Commons https://commons.wikimedia.org/wiki/File:KOCIS_Korea_Judo_Kim_Jaebum_London_36_(7696361164).jpg
75 CFS SAMBO FRANCE, CC BY-SA 2.0 <https://creativecommons.org/licenses/by-sa/2.0>, via Wikimedia Commons https://commons.wikimedia.org/wiki/File:Grand_Prix_Paris_de_Sambo_IMG_1923_(34152646253).jpg
76 https://commons.wikimedia.org/wiki/File:0432-SahinThrowsWood.jpg
77 https://pixabay.com/photos/jiu-jitsu-fight-martial-arts-2184597/
78 https://www.pxfuel.com/en/free-photo-jdshl
79 CFS SAMBO FRANCE, CC BY-SA 2.0 <https://creativecommons.org/licenses/by-sa/2.0>, via Wikimedia Commons https://commons.wikimedia.org/wiki/File:Grand_Prix_Paris_de_Sambo_2017_IMG_2953_(34124379334).jpg
80 Michael Hultström, CC BY-SA 3.0 <https://creativecommons.org/licenses/by-sa/3.0>, via Wikimedia Commons https://commons.wikimedia.org/wiki/File:O-soto-gari.jpg
81 Ricardo André Frantz (User:Tetraktys), CC BY-SA 3.0 <https://creativecommons.org/licenses/by-sa/3.0>, via Wikimedia Commons https://commons.wikimedia.org/wiki/File:Roda_de_capoeira1.jpg
82 https://unsplash.com/photos/woman-in-white-long-sleeve-shirt-and-black-pants-running-on-beach-shore-during-daytime-DNRijpyOIdg
83 TheTurducken, CC BY 2.0 <https://creativecommons.org/licenses/by/2.0>, via Wikimedia Commons https://commons.wikimedia.org/wiki/File:Capoeira_Angola_Palmares,_Rabo_de_arraia.jpg
84 Photo by Jason Briscoe on Unsplash https://unsplash.com/photos/silhouette-of-person-kicking-on-mid-air-HN_4K2diUWs
85 MartialArtsNomad.com, CC BY 2.0 <https://creativecommons.org/licenses/by/2.0>, via Wikimedia Commons https://commons.wikimedia.org/wiki/File:The_Ginga-Abada_Capoeira.jpg
86 Ferradura, CC BY 3.0 <https://creativecommons.org/licenses/by/3.0>, via Wikimedia Commons https://commons.wikimedia.org/wiki/File:Au_martelo.JPG

87 No machine-readable author provided. ST assumed (based on copyright claims)., Attribution, via Wikimedia Commons https://commons.wikimedia.org/wiki/File:CapoeiraMeialuaDeCompasso%26QuedaDeQuatro_ST_05.jpg

88 Taken by Efrat Gruner, Edited by Ester Inbar (user:ST - he:user:ST), Attribution, via Wikimedia Commons https://commons.wikimedia.org/wiki/File:CapoeiraNegativa_ST_05.jpg

89 No machine-readable author provided. ST assumed (based on copyright claims)., Attribution, via Wikimedia Commons https://commons.wikimedia.org/wiki/File:CapoeiraBencao_ST_05.jpg

90 Image by Alper Çuğun https://creativecommons.org/licenses/by/2.0/ https://www.flickr.com/photos/12505664@N00/2093817286

91 Marie-Lan Nguyen, CC BY 2.5 <https://creativecommons.org/licenses/by/2.5>, via Wikimedia Commons https://commons.wikimedia.org/wiki/File:Capoeira_demonstration_Master_de_fleuret_2013_t221419.jpg

92 Alno, CC BY-SA 3.0 <http://creativecommons.org/licenses/by-sa/3.0/>, via Wikimedia Commons https://commons.wikimedia.org/wiki/File:Pandeiro.JPG

93 Photo by Alex Shaw on Unsplash https://unsplash.com/photos/woman-in-black-tank-top-and-black-pants-doing-yoga-mSJsiQCm6og

94 Foto de Alex Shaw en Unsplash https://unsplash.com/es/fotos/chica-con-camiseta-verde-y-pantalones-grises-haciendo-yoga-en-una-alfombra-de-yoga-rosa-3HC9SIS7H_8

95 Foto de kike vega en Unsplash https://unsplash.com/es/fotos/fotografia-de-silueta-de-mujer-haciendo-yoga-F2qh3yjz6Jk

www.ingramcontent.com/pod-product-compliance
Lightning Source LLC
Chambersburg PA
CBHW051856160426
43209CB00006B/1330